道元禅師の伝記と思想研究の軌跡

吉田道興【著】

あるむ

緒　言

一、本書は、著者の所属する各種学会や単行本等に発表した論文を編集したものであり、あらかじめ体系化をめざしたものではない。

一、折々の問題意識とテーマに応えるべく執筆した各論文を、便宜上課題別にまとめたものであるため、なかには重複する叙述や統一のとれていない注などがあり、見苦しい箇所があることをお断りしておきたい。

一、人名の呼称については、道元禅師をただ「道元」と称したものや「高祖道元禅師」「高祖」と称したもの、瑩山禅師も同様に「瑩山」「太祖瑩山禅師」「太祖」と称し、統一していない。他の祖師に対しては敬称をほとんど略した。その点、読者のご諒恕を得たい。

一、論文の掲載順序は、単に時系列に並べたものではない。大きく伝記編と思想編とに分け、それぞれの課題・内容別に成立時期を踏まえ並べた。全体的には、筆者が恣意的に配列している。

一、論文の中には、執筆当初から数十年を経ているものもあり、その間の先学によってなされた研究成果に鑑み、今回、部分的に追加や削除などの訂正を施したものもある。

一、同じく内容を充実するため、各論文末の注の後に「追記」として補足文や関連書・論文等を適宜付した。

凡例

1、本文の表記は、原則として常用漢字・現代かなづかいを用いた。ただし、固有名詞・引用文などの場合、俗字や旧字を新漢字にしたものと、特に原文を重んじ表示する場合、たとえ誤字であっても、そのまま残したものとがある。

〔例〕弁道話　辦道話
懐奘　懐弉
總持寺、徧参、駒澤大学（「駒沢女子大学」はそのまま）
「独菴俗談根源鈔」の翻刻、書名の「独菴」はそのまま、他は「独庵」とした。

2、漢文の引用は、原文のまま残したもの、返り点を付したもの、さらに「読み下し文」にしたものがある。

3、本文中の暦年は、原則として和漢暦の元号に西暦を（　）で示した。月日は、ときに日付を省いた。

4、著書や論文の出版年月の〝月〟は、「初出一覧」を除き、本文や注では省略した。ただし、月刊誌の場合は例外。

5、書名・経典名・語録名・写本名などには、『　』を付し、章篇名や学術雑誌所収論文名は「　」を付し、出版社・出版年は前後に（　）を付した。

6、引用文献と所蔵先の略称

〔例〕大正蔵　大正新脩大蔵経
卍続蔵　新編　卍続蔵経（蔵経書院版、新文豊出版公司）
曹全書　曹洞宗全書（曹洞宗宗務庁出版部）
続曹全　続曹洞宗全書（同右）
全集　道元禅師全集（春秋社版、一部に岩波書店）
眼蔵　正法眼蔵（同右、河村孝道校訂・註釈）
随聞記　正法眼蔵随聞記（同右）
駒図　駒澤大学図書館

7、典拠や引用箇所を示す場合、前項の略称を用い、年号の数字、月刊誌の月、著書・論文・紀要・和本等の巻数・号数、頁数・丁数も漢数字を用いた。本文以外の「注」では巻数・号数の前の「第」の字はすべて省略した。また一頁が上下段ではa・b、上中下段ではa・b・c、和本の右（オモテ）左（ウラ）ではオ・ウと表記した。

〔例〕『大正蔵』三〇巻、二五〇頁a
『卍続蔵』六〇冊、巻一、二二五頁b～二二六頁a
『曹全書　禅戒』一〇五頁b
『続曹全　法語・歌頌』四三九頁
『全集』二巻、『眼蔵』〈別輯一〉「弁道話」四七四頁
『印度学仏教学研究』一五巻二号、一四六頁
『慧極禅師語録』巻九、一八丁オ～ウ
『傘松』八〇四号、二〇一〇年九月

8、生没年の年間表記は、同世紀の上二桁を略す。

〔例〕一二三四～一二五六 → 一二三四～五六

自序

前著『道元禅師伝記史料集成』(株)あるむ刊)は、主に近世の史料「道元伝」六十三本を選び、平成二十六年(二〇一四)一月に出版した。その体裁は、成立年代や撰者、内容や形式などに即し十項目に分け、それらの諸本を対照表にし、末尾に若干の書誌解題および索引を付したものであり、文字通り道元禅師の「伝記史料集」である。

それに対し、本書は著者の約四十年間に及ぶ各種学会における発表論文や単行本に掲載された道元禅師の伝記と思想に関連する論文を抜き出した「論文集」である。したがって両書は相互補完の関係にあり、姉妹編といえる。一方で個人的には、研究の軌跡をたどり、できるだけ気がつく範囲で修訂を加え後人に残したいとの思いを抱いている。

以下、まず前編の伝記(二十九本)の概略を述べる。

伝記編

第一章　伝記研究入門

第一節の「高祖伝研究ノート――初学者の一助として」は、面山瑞方撰『訂補建撕記』以前に成立した主だった道元伝十三本に関説する歴史的重要事項を大雑把に挙げて一覧表に整理した「覚書」である。参考までにその他の道元伝十四本を列挙し、その当時の論争となっている七項目の参考書を列挙した。現在からみれば聊か未熟な内容であるが、わが道元伝研究における最初の論稿として、あえて組み入れた。前著の『道元禅師伝記史料集成』につながる「序説」といえよう。

第二節の「興聖寺時代における懐奘禅師の行実」は、一九八〇年当時、宗学研究所が「永平寺二祖道光普照国師七百回大遠忌奉讃」の特輯企画をたて、それに応募した論文である。その頃、竹内道雄氏が『傘松』(永平寺刊)誌上に『永平二祖孤雲懐奘禅師伝』を連載中であり、それに啓発された一面もある。特に当該書における「高祖との初相見」に関して、竹内氏は建仁寺の遇居中、興福寺衆徒による日本達磨宗の本拠多武峰焼討ち事件が生じた寛喜元年(一二二九)冬十一月二日以後間もない頃と推定している。著者は寛喜二、三年頃、仏法房(道元)「洛中追放」の記事(『兵範記紙背裏打文書』)もあり、山城深草(極楽寺旧跡)閑居(『道元和尚広録』巻十)中の可能性もあり、現今、その年次は確定できず不明のまま残る旨を指摘した。再会年次は、諸伝記(延宝本『建撕記』等)に記すとおり興聖寺開創の翌年文暦元年(一二三四)冬が妥当と思われる。寛喜元年から数えると五年になる。この間、両者が何も接触した史料がないのは不自然であり、今後これを埋める史料の出現に期待したい。当該論文では、このほか「菩薩戒の授受、大悟の機縁・嗣法・任首座」に関し伝記史料十五本と『正法眼蔵随聞記』や面山撰『伝法室内密示聞記』等を使用して論じた。なお「嗣法」を裏づける「嗣書」「血脈」の史料は確認できないが、他の項目に関しては従来の説をほぼ踏襲してまとめた。

第二章　道元禅師伝の粉飾的記事　その一

伝記作者は史実を示す「資料」が少ない中、その空白をどのようにして埋め、物語や伝記を形成してきたのであろうか。史実と創造（＝信仰）力の狭間で、作者はそれぞれ創意工夫しながら自然と所謂「粉飾記事」および「霊瑞・神異譚」などを形成し、結果的にその人物を「聖人化」「神聖化」するのであろう。それをいかに受容し、正しく理解し整理するべきか。吾人、特に「研究者」はその点を充分に意識して的確に対応（理解）し、人々に伝えなければならないと思われる。

　第一節では、誕生・弾虎拄杖・一夜碧巌・一葉観音出現の逸話、特にそれらの初出史料に留意し内容を分析した。中でも「一夜碧巌（大乗寺蔵『仏果碧巌破関撃節』）」の禅師将来説に関し、竹内道雄氏と鏡島元隆氏との間で論争があり、鏡島氏は西有穆山氏の「大乗寺一夜碧巌弁」論を受け、日本達磨宗との関わりに触れている。著者はその点に留意し、禅師将来説より日本達磨宗関係者より伝来した可能性が強いと考えている。

　第二節では、はじめに伝記には、(A)歴史的真実、(B)宗教的真実、(C)文学的粉飾の例があると想定した上で、道元禅師の仏祖崇敬に関する事例を挙げた。次に史実と信仰に関連する逸話として、入宋当初の景徳寺における戒牒・新到列位、諸種の霊瑞・神異譚の逸話を挙げた。それらは、「祖師信仰」に位置づけられるものであり、日本曹洞宗教団における「道元禅師像」（高祖・宗祖）の理想化の範疇ともいえる。それは、後に触れるごとく日本仏教の開祖と尊称される聖徳太子、平安時代の天台宗開祖伝教大師最澄、同じく真言宗開祖弘法大師空海の三師における伝記にも通ずる。なお後半には本論として神秘的祥瑞の方丈不思議瑞相、僧堂芳香瑞相、羅漢現瑞、不思議鐘声等に関し諸種の異本を比較しながら、その内容について言及した。

第三章　新到列位問題

　第一節では、道元禅師が入宋し天童山に安居掛搭した際、戒臘によらず新到の末席に列されたことに対して抗議し、それを「是正」したとの逸話は、比較的古い『三大尊行状記』『三祖行業記』に所載し、禅師の「快挙」として受容され、それ以降も踏襲されてきた。しかし、道元禅師筆『明全和尚戒牒奥書』の文中「書持」の意味は、明全が東大寺の戒壇で正式に「比丘戒」を受けたものではなく、入宋し中国寺院に掛搭するため便宜的に得た「偽書」であることを暗示していることを知らねばならない。ところが伝記作者の多くは、日中の授戒制度の相違（中国では掛搭の際、小乗比丘戒を重視し、日本では大乗菩薩戒を重視していた。明全と道元は菩薩戒のみを受けていた事情）を深く考慮せず、歴史的に根拠のない禅師の「快挙」説を継続強調していることに留意したい。

　第二節「戒牒に関して」では、前述のごとく日宋における「授戒制度」の相違を考慮すべきである。比丘の携帯すべき必需品は、『禅苑清規』「掛搭章」や『慶元条法事類』によれば、出家得度の証書「度牒」（度縁・祠部牒とも）、受戒を公認する証書「戒牒」、それに現地（中国）発行と思われる比丘の熟知すべき六種の基本的重要事項「六念」と行遊（行脚）の通行証「公憑（憑験とも）」である。日本からの入宋（留学）

僧は、中央〔祠部・官庁〕より発給する査証〔ビザ〕に相当する「渡海牒」と前掲の「度牒」「〔小乗比丘戒の〕戒牒」が必要であった。また伝承されている『舎利相伝記』には、東大寺受戒の示唆や複数の記述が他の関連文献と異なること、末尾の朱印など史料的に問題があることを指摘した。

第三節「再考「新到列位問題」」の「是認論への批判」では、明全所持の「戒牒」を歴史的に入宋用の「偽書」と認識せず、「新到列位」逸話を是認している最近の研究者の方に対し、失礼ながら敢えて批判させて頂いた。その是非は客観的に読者に委ねたい。

第四章　諸種の伝記史料における書誌学的研究

第一節「宝慶記と高祖道元禅師伝」では、『宝慶記』所載中の記事から道元禅師伝に取り上げられている記事、すなわち⑴「入室参問」を請う〔尺牘文〕、⑵「身心脱落」の話、⑶如浄の「垂誡・遺嘱」〔「直に深山幽谷に居し〔中略〕国王大臣に親近すべからず」〕、⑷如浄、「斑袈裟」を着けず、以上の四話を三十種の「道元伝」において、どのように引用されているかを一覧表にして、それぞれ対比し検討したものである。

第二節「内閣文庫所蔵の道元禅師伝〔二種〕に関して」では、内閣文庫〔現在、国立公文書館に移管、「内閣文庫コレクション」〕所蔵の道元禅師伝である黄泉無著撰『永平道元禅師行状之図』・荒谷雲秀筆『永平高祖行状記』〔原本、前掲の黄泉撰、漢文体〕と大冥恵団撰『越州吉祥山永平希玄道元禅師』〔『本朝伝来略列祖伝』所収、『延宝伝灯録』を底本にした「和文体」〕の二本を書誌学的に整理した。

第三節「道元禅師伝の史料研究」《国内研修成果論文①》においては、『三大尊行状記』と『三祖行業記』の異本七種〔行状記系――石川県大乗寺蔵本、愛知県長円寺蔵本、石川県小間氏蔵本、静岡県旭伝院岸沢文庫蔵本。行業記系――続群書類従所収本〈これの清書本①内閣文庫・②宮内庁書陵部・静嘉堂文庫〉、静岡県旭伝院岸沢文庫蔵本、京都龍華院蔵本〕の書誌学的分析、諸本の比較対照、異本の系列をまとめた。

第四節「無著道忠筆『永平禅寺三祖行業記』の翻刻・紹介」《国内研修成果論文②》は京都龍華院蔵の同書を翻刻し書誌学的分析を施した。〔紙幅の関係で初祖と二祖だけで、三祖は割愛。〕当該書と異本の続群書類従本と対校した結果、本書は系統の上で『三祖行業記』に近いことが判明した。

第五節「瑩山禅師撰とされる『道元禅師伝』考」では、瑩山撰「道元禅師伝」として、『伝光録』「第五十一祖永平元和尚章」、『洞谷記』「洞谷伝灯院五老悟則并行業略記　曽祖章」が知られ、これと流布本の『三大尊行状記』と『三祖行業記』の二書を対比した結果、これも瑩山禅師の撰述とする東隆眞説に対し、これを批判した。「行状記」冒頭には「門人集記」とあり、長円寺本には「集記」、小間氏蔵本と岸沢文庫蔵本には「謹記」とある。また小間氏蔵本「三祖行業記」末尾の識語「于時元亨三年癸亥九月十三日、嗣法小師紹瑾記」は、前掲『洞谷記』「洞谷伝灯院五老悟則并行業略記」の末尾にある識語「于時元亨三年癸亥九月十三日、釈迦牟尼仏五十四世法孫洞谷紹瑾記」と関連するが、他の諸本にはなく、それは「義介伝」に限定するもので、「曽祖章」〔高祖道元〕に及ぶものとはいえないであろう。なお石川県羽咋市永光寺蔵大円満徹編及筆、元禄四年写『永平伝法記』〔合綴一冊〕所収の「永平道元禅師行状事」〔『曹洞宗全書　解題』七二一頁〕は「永平寺道元和尚行実」とも称し、大円満徹の編集本であり、瑩山の撰述書ではなかろう。

第六節「宮城県瑞川寺蔵『永平開山道元和尚行状録』について」は、まず本書の異本に関して、他に延宝元年刊本（『曹洞宗全書　史伝下』の底本）、『続群書類従』所収本、旭伝院岸沢文庫蔵本（『御開山行録』）の三本があり、これらの書誌学的分析と簡単な比較対照、また本書の末尾にある逸話の「五十問答」を翻刻した。

第七節「道元伝における天童山の「開堂演法」に関して」は、前掲論文中、「五十問答」を特化して展開したもの。この内容が荒唐無稽に近いことなどから、これは道元禅師を止揚し崇拝するために生じた伝説の一形態という視点で簡潔に論述した。

第八節「愛知県松源院所蔵『道元禅師行状之記』について」は、本文中の「開堂演法（五十問答）」に関し、前掲の二節と同じく抄物史料『太白峰記』中の諸雑記文の一篇である『梅花』『嗣書』（『梅花嗣書』とも）の類である『正法眼蔵陞座』から派生した逸話であることを確認した。そもそも『陞座』は版橈晃全により一時『正法眼蔵』に編入されそうになったが、直前に「偽書」である事を知り除外したのである。ところが本書では「付録」ではなく、本文中に論述している点に大きな特色がある。

第九節「愛知県西明寺所蔵『永平祖師行状記』について」。まず本書『永平祖師行状記』（『建撕記』の異本）を他の異本と比較し書誌学的考察をした。その後に「大陽・投子嗣承問題」「三代相論」「三日山如来寺」「遺偈」「如浄禅師画像賛」に関する問題と「永平寺開闢檀那如是」の入寂年記等の内容に関する分析を行った。

第五章　道元禅師の「絵伝」

道元禅師の代表的な絵伝は、文化三年序・文化十四年刊の『訂補建撕記図会』（面山訂補、大賢鳳樹図会）である。その前後、文化六年刊『永平道元禅師行状図会』（瑞岡撰）・文化十三年刊『永平道元禅師行状之図』（黄泉無著撰）等がある。これらは一般信者を教化するための「絵解き説法」として作成され、広く普及した。そうした環境から自然に派生したのが「彩色掛幅」の「道元伝」である。

第一節「道元禅師「絵伝」考――長野県松巌寺所蔵掛幅を中心に」では、臨江斎筆肉筆彩色掛幅『道元一代曼荼羅』（四幅、七十景）を採り上げる。絵図は黄泉無著撰『高祖行状記』を元に地元の画師臨江斎省行が適宜アレンジしている。臨江斎は文政年間に長野県下の篠ノ井玄峰院・更埴市満照寺にも同様な作品を残していることが知られる。詞書の撰者は長野市篠ノ井雪巌山玄峰院十五世然山大廓（一八四五年没）である。

第二節「道元禅師「絵伝」台本考――広島県三原市香積寺所蔵本を中心に」では、肉筆彩色掛幅『永平高祖一代記画説』（五幅、七十景）に関してまとめた。これは『訂補建撕記図会』を踏襲し画師奥郁周栄（生没年不詳）による文政九年（一八二六）の作品であり、三幅目上方（五段抜き）に正面向きで曲彔に座す「高祖像（当寺開山か）」や天保四年（一八三三）記の絵解き用「台本」（当時の住持は二十七世志徹孝義〈一八四〇没〉）が付き、臨場感あふれる用語（近称代名詞「ここ・これ」）を使うなど、非常に貴重である。

第六章　道元禅師の伝記と切紙資料について

嗣法や伝戒等、曹洞宗の室内伝授に用いられてきた「切紙」資料中、道元禅師の伝記と関連する事実や逸話である(1)如浄禅師と道元禅師との師資関係、(2)「身心脱落」の「三脱落話」への展開、(3)帰朝時の諸瑞相、(4)鎮守（白山妙理大権現）逸話、(5)如浄禅師よりの付授相承物の五項目を採り上げ、（他「嗣法論」、「仏祖正伝菩薩戒」等は割愛）それら両者の相関性を指摘し論述した。併せて「切紙」資料を通じ、宗門僧侶が道元禅師の思想と行動をどのように受けとめて「切紙」を形成し、それを信奉し継承してきたかを知るであろう。

第七章　版橈晃全撰『僧譜冠字韻類』所載の「道元伝」と「懐奘伝」

永平寺三十五世版橈晃全撰『僧譜冠字韻類』百五十巻は、一般に中国における高僧五千人余の冠字に付される韻によって配列し、その略伝を編集したものと認識されてきた。ところが熊谷忠興氏により、その巻八十八末に曹洞宗の「道元伝」とその末尾に「懐奘伝」があることが判明し、著者がその内容に関連し、若干論及したものである。

第一節では、特に「道元伝」中に両親を久我通親・藤原基房女、外舅を良観、道正庵元祖（木下隆英）の入宋時の随伴と解毒万病丸円等の記事が初出例として注目される。

第二節の「懐奘伝」では、その「出自」に関する記述を中心に、他の史料（『尊卑分脈』『公卿補任』）と対比しながらまとめたが、未解明の部分がまだまだ多いといえる。

第八章　道元禅師伝の粉飾的記事　その二

第一節「『永平開山元禅師行状伝聞記』における「伝説・逸話」の類型」に関しては、まず当該本四種の異本を書誌解題した後、本史料は、史実を中心としたものというより、江戸末期頃までに宗門において徐々に形成かつ受容されてきた信仰上の「道元禅師像」（祖師像）の集約された伝記であることを紹介した。すなわち本書は日本神話・山岳信仰の神々や中国道教（民間信仰）の神々を含む霊瑞・奇瑞、神人・異人・神仙類の挿話が多数詰め込まれ道元禅師に対する崇敬の念が極まった感のする内容である。

第二節「羅漢信仰の進展と「十六羅漢図」の流布」に関して、その中、「古写本建撕記」に所載する宝治三年（一二四九）正月一日の「羅漢供養」の際、仏前に瑞光が生じ、山奥から「生羅漢」が光臨し、木像や図像の羅漢も放光したという「逸話」から、その図像・木像の制作をはじめ、応験譚等の従来からある羅漢信仰がこれをきっかけに宗門において広く普及した状況の一端をまとめた。

第三節の「「高祖弾虎図」の成立と展開」では、道元禅師が中国を行遊（伝記史料により天台山、江西、径山と場所が異なる）中、猛虎に遭遇した際、持っていた拄杖が龍と化し、虎を追い払ったという「逸話」が種々に展開していった。そのひとつ、寒巌義尹が入宋した際、かの地の叢林において垣間見た図像（「弾虎図」）を模写し将来したと伝えるものが滋賀県大津市青龍寺に所蔵されている。それが基になり、「龍虎図」に展開する等、多数にわたり各地で描かれ普及していった状況を述べた。

第九章　道元禅師伝の粉飾的記事　その三

第一節「聖徳太子伝」と「道元禅師伝」とを対比してみると、いくつかの逸話に「仏陀伝」の投影（仏陀信仰）を共通して見ることができる。一方で「道元伝」には疑団、新到列位、碧巌書写、血脈度霊等教義や信仰に由来する独自な挿話が挿入されている。

第二節では、「最澄伝」「空海伝」「道元伝」をそれぞれ生涯の転機となる時期をいくつかに分けながら霊瑞・神異譚を比較してみると、三祖師に共通して霊夢や神祇関係の逸話が多いこと、また「最澄伝」「空海伝」には、特に当時の山岳信仰・修験道・民間信仰と密接な関係があることなどが判明した。

第十章　道元禅師伝と道正庵

江戸中期、道正庵十五世玄養の頃より伝奏役勧修寺家との間で宮廷に「禅師号」等の奏請を仲介してきたのが道正庵である。その十九世木下徳幽卜順の巧みな才覚が道正庵元祖道正と道元禅師との「逸話」(神仙解毒万病円)を創作し、道正庵と永平寺および教団との密接な関係が結ばれ、「万病円(解毒丸)」の販売促進、道正庵に衆寮の造営・修復、有力寺院への贈答等、双方に利益があった事例をいくつか上げ論述した。

第十一章　如浄禅師会下における道元禅師

第一節「『宝慶記』における叢林生活の一考察」では、『宝慶記』の前半、如浄禅師による説示「叢林生活上の諸注意(十項目)」に限定し、その内容(衣食住の三形態)に関し分析すると『禅苑清規』『法苑珠林』『梵網経菩薩戒序』および『摩訶止観』『禅門修証』等からの引用がある。限定的範囲のものであるが、それらが如浄禅師の思想的基盤の一部をなしていることが判明した。

第二節「如浄会下における道元禅師――相見・入室・身心脱落・嗣法・伝戒考」。本論は、先学の成果に導かれ、著者の考察を加え若干論述したものである。とりわけ「身心脱落」(大事了畢)は宝慶元年(一二二五)の夏安居時が有力であること、伝戒(仏祖正伝菩薩戒)はその「奥書」により同年九月十八日であるが、嗣法と「嗣書」の時期が未だに不明である。また永平寺蔵「嗣書(国宝)」には、先学の指摘するとおり書誌学的にその筆跡や三宝印の印鑑等に多くの問題を含んでいることを確認した。

思想編

後編は、道元禅師の思想関連の論文集(二十四本)である。主に道元禅師の修証観、正邪観、仏陀観、仏弟子観、女人観、霊魂観、生死観、戒律(受戒・伝戒、十六条戒)観、嗣法観などについて論述した。末尾には付随的に禅師の法孫である寂室堅光・独庵玄光・天桂伝尊等の近世における戒律観や嗣法観および在家信者の「受戒信仰」などの実態と問題点、および『学道用心集』開版に関連する内容事項にも触れた。

第一章　仏法の全道

第一節「正法眼蔵における声聞行」

道元禅師の思想研究の発端は、学部の卒論「道元禅師における信と行についての一考察」(指導教授山内舜雄先生)であった。その後、修士論文は「瑜伽師地論における瑜伽止観について」(指導教授小川弘貫先生)は、坐禅の源流である「瑜伽行」の組織的教義を探るためであった。途中、中国仏教の地論宗・摂論宗・法相宗に深入りしかけて中断し、日本曹洞宗の宗学に回帰したわけである。その唯識学と道元禅との狭間にあったときの論文が「瑜伽行者の止観について」(『宗学研究』

一五号、一九七四年。本書では除外）と「正法眼蔵における声聞行」であり、畏る恐る「宗学（道元学）」へ歩を進み始めた論文である。

一般仏教では、声聞行（三十七品菩提分法等）を修すことで縁覚と共に二乗と称されるが、道元禅師の仏法は「唯仏与仏」であり、その正法の立場から声聞行も「仏法の全道」として止揚されていることを述べた。それは『正法眼蔵』の中で「三十七品菩提分法」をはじめ「重雲堂式」「洗浄」「洗面」「安居」等の諸巻が「仏行」の諸相として編成され、かつ修行として実践されていることからも知られる。

第二章　道元禅師の修証観「修証一等」

第一節「本証妙修と自己との間」

おのれ（自己）とはなにか。自己の位置づけを究明する上で曹洞宗の宗旨「本証妙修」を設定し「只管打坐」の行証と信解をどのようにして自覚するのか。現実の自己と理想とする自己との融合をいかにして図れるか。それを自己流に「哲学的」に思索した論稿である。

第二節「心塵脱落と身心脱落について」

本師如浄禅師における『語録』の説示（五蓋五欲を除く断惑証理の「心塵脱落」）と道元禅師の在宋中の備忘録『宝慶記』（帰朝後に加筆訂正もあったか）ならびに『正法眼蔵』『道元和尚語録（永平広録）』等の説示（不染汚の修である「身心脱落」）を比較しながら、それが聞き違い（誤聴）なのか、道元禅師による独自の展開なのか、という論点から基本的な両者の思想的相違に触れながら、「身心脱落」の語句は道元禅師による思索のなかから生じたとして、その意義を論じた。

第三節「「本来本法性」疑団の考察」

『三大尊行状記』や『三祖行業記』・「古写本建撕記」等に所載する「疑団」（本来本法性、天然自性身）に関して、他の伝記史料を用いながら、それが「本覚思想」といかに関わり、それを超克して形成されてきたのか、またそれがどのように教義上位置づけられるのか、『宝慶記』の類似する語句と共に先学の成果を踏まえながら著者の見解を提示した。

第四節「道元禅師の人間性――「祇（只）管打坐」と「身心脱落」の展開」

台湾における学術大会「禅宗と人間仏教」の応募論文である。この語句「人間仏教」と「人間性」の意味に関し、著者の解釈として仏教の教えは慈悲心の実践（利他行・救済）に帰すとなした。それは道元禅師の場合、「只管打坐」と「身心脱落」とは、悟りや成仏を求めない「無所得無所悟」の純粋行であり、打坐がそのまま脱落（修証一等）であること、さらに如浄禅師が「大悲を先とし、誓って一切衆生を度す坐禅」（『宝慶記』）と説示されたことに基づいている。その上から両禅師は慈悲心・柔軟心を内面に込め、門弟教育と民衆教化などにおいて、それを展開・実践された一側面であるとの視点から論述した。

第三章　道元禅師における諸種の観点

第一節「『正法眼蔵』における正と邪」

道元禅師のライフワークともいうべき著書『正法眼蔵』中の「正法」について、その関連語である「正伝」「正師」「正嫡」「正門」、反対概念の「邪法」「邪師」「邪道」に該当する語句を抜き出し、その用例から「正法」の世界の本質的意味を多角的に導き出して整理した。

第二節「道元禅師における仏陀観」

主に『正法眼蔵』と『永平広録』から仏陀に関連する用語により、

便宜的に⑴「唯仏与仏」の世界、⑵「如来全身」の宇宙、⑶「行仏」と「見仏」の実践、⑷「即心是仏」と自己との四段構成を設定して論述し、そこから展開される「仏陀」の存在の意味やその実践の意義についてまとめた。

第三節「道元禅師の比丘尼・女人観」

道元禅師は当初、寛元元年以前、『正法眼蔵』の「弁道話」巻や「礼拝得髄」巻において「男女平等」「女人成仏」および「在家成仏」の諸論を説示していた。ところが入越以降、永平寺において説示した「三十七品菩提分法」「出家」「出家功徳」諸巻には、それをきっぱり否定して「出家至上主義」を展開している。その道元禅師の思想的変化（転換）に関し、その背景や意味について論述した。

第四節「「海印三昧」と道元禅師」

鎌田茂雄博士古稀記念論集の投稿論文である。著者は華厳学と道元禅師との接点を『正法眼蔵』「海印三昧」巻中に見出そうとして論述したもの（「三界唯心」巻は除外した）。まず禅師は東大寺戒壇の受戒は史実になく天台宗延暦寺の受戒（大乗菩薩戒）である。『眼蔵』中に『六十華厳経』の引用、『道元和尚語録（永平広録）』に『禅源諸詮集都序』の引用はあるが、共に限定的なものであり、その思想への影響は少ないように見受けられる。つまり禅師は華厳学の用語「海印三昧」を用い、「華厳の世界」を展開したものではなく、「海」「印」「水」の語を自由自在に使いながら禅師独自の融通無碍な「宇宙観」をダイナミックに論述しているといえよう。

第五節「道元禅師の霊魂観――「霊性」批判と忌辰「上堂」との間」

原則的に根本仏教では、「霊魂」や「霊性」の存在は「無我」として否定され、それゆえ比丘（僧侶）による葬儀は行われない。道元禅師の『正法眼蔵』「大修行」巻には、「百丈野狐」話を提示し、そのことを明確に論述している。一方で『道元和尚語録（永平広録）』には、ゆかりの祖師や弟子および両親を哀悼する報恩の「上堂語」と弔意の「頌古」をつくり掲載している。この矛盾をどのように会通できるか。その解釈として「霊魂」の否定は「理法（道理）」の立場、追慕・慰霊は「事法（現実）」の立場、その両面を矛盾なく使い分けていたと見なしうる。

第六節「『正法眼蔵』における生死観考――道元の生と死」

道元禅師の「生死観」に関する思索過程を時系列的に整理できないものかと試論的にまとめたもの。禅師は母の死をきっかけに「観無常心」を抱き出家の決意をし、同様に「五蘊仮和合」の身心を自覚し、「生の死となるといはず」（「現成公案」巻）、「有はみな時」（「有時」巻）、「生死去来、真実人体」（「身心学道」巻）、「生也全機現、死也全機現」（「全機」巻）、「生死は仏の御いのち」（「生死」巻の趣旨）、そして「遺偈」などを通し、禅師における生命の尊厳性、生死観を探り当てようとした。

第七節「道元禅師における仏弟子観」

まず「仏弟子」の一般概念を挙げ、次に道元禅師が明全および正師如浄禅師に対する崇敬心が非常に深く密接であることを示した。如浄禅師より「嗣法」したことにより「仏祖五十一代」の自覚が生じ、特に帰朝後の禅師は、「仏弟子」と同時に「仏祖」の一人とし、それを強く意識しながら過ごされたと思われる。最晩年に釈尊の「八大人覚」を提唱し、「遺偈」を如浄禅師に唱和して遷化された。そこに釈尊や如浄禅師への崇敬・慕情の念が凝縮しているといえよう。

第四章　道元禅師の受戒と伝戒

第一節「道元禅師の受戒と伝戒考」

道元禅師の受戒や伝戒を直接に証する原史料は不思議なことにない。間接史料として「授理観戒脈」（三国正伝菩薩戒脈）と「授覚心戒脈」（覚心授心瑜戒脈）の戒脈史料および伝記史料を用い論述した。その中で座主公円や明全から伝戒した可能性についても若干触れたが、いずれも直接的史料はなく「隔靴掻痒の感」が深い。

第二節「如浄禅師よりの伝戒に関する問題点」

はじめに「授理観戒脈」の文中にある「長重誦於両」の「両」に問題があることを指摘し、その関連で道元禅師が入宋し、如浄禅師から「伝戒」したと伝承される「仏祖正伝菩薩戒作法」と「授覚心戒脈」の奥書から、その時期は宝慶元年九月十八日となっている。そこから「嗣法」の時期はいつ行われ、「伝戒」とどう関わるのか。同時なのか別時なのか。また宗門の「十六条戒」に関し、それは如浄禅師から伝承したものかどうかの問題を含み、今後さらなる考察の必要性を痛感した。

第三節「道元禅師の十六条戒の成立について」

「仏祖正伝菩薩戒作法」「出家略作法文」「教授戒文」『正法眼蔵』「受戒」巻における「十六条戒」を対比すると、それぞれいくつも相違する。これをどのように理解するのか。数種の『授菩薩戒儀』を検討し、日本天台宗円頓戒系からの派生なのか等、種々の説を紹介しながら論述した。結論的に宗門の「十六条戒」は、池田魯參氏の指摘するごとく、如浄よりの「戒理念」を相伝した上で禅師ご自身が新しく展開したのではないか、との趣旨を暫定的に推定し論じたものである。

第四節「道元禅師と懐奘禅師との戒律観」

お二人の受戒と伝戒・伝授に関わる歴史的に記述した史料を列挙した上、先学の成果を下にして論述した。具体的には当時の「戒律復興運動」と関連しながら、道元禅師が『弁道話』において「戒行」だけによって得道すると思うのは誤りであること、『正法眼蔵随聞記』には、その説示に関し「護戒」と「坐禅」が一如であることが論述されている。また懐奘において「罪業」意識が強いことから「犯戒」と「懺悔」との関係等について種々述懐・教示していることを指摘した。

第五節「道元禅師の菩薩戒重受について」

鏡島元隆氏は、道元禅師の受戒概念を如浄禅師からの伝授を重視する立場から「単受菩薩戒」の語句によって把握すべきと規定されているが、著者はむしろ歴史的に言えば「重受菩薩戒」とすべきことを述べたものである。鏡島氏は、勿論、(1)天台円頓戒系、(2)栄西・明全所伝の南岳下系、(3)如浄所伝の青原下系の戒脈を伝授されていることをご承知である。しかし、如浄禅師ご自身「大小兼受戒」を保持されていたのであり、その上の菩薩戒とは「兼受菩薩戒」ではなかろうか。道元禅師の複数の伝戒は、心情はさておき、まさに「重受」の体験そのものと思われる。

第五章　宗門祖師の嗣法観

第一節「独庵玄光の嗣法観とその背景」

はじめに独庵の位置づけとして「一、思想形成（生い立ち、病気、修学、交友）」をして、「二、独庵の思想「嗣法観」」に「近世洞門における嗣法論争」を論じた。「伝法公事」事件をはじめ、「大陽投子代付」「拝塔嗣法」の問題、人法と伽藍法の相違等の乱れから、卍山・梅峰の尽力による「一師印証」「面授嗣法」へと収束していった過程を多くの祖師たちの撰述書によって辿りまとめたものである。

次に江戸期における曹洞宗学を促した祖師中、異端派に属する独庵玄光撰『護法集』と天桂伝尊撰『正法眼蔵弁註』を比較し、その中核的思想の「宗門と宗旨」と「嗣法の師と法」等の共通点と相違点を引用経典やその解釈との上で整理し論述した。特に「宗門と宗旨」、「嗣法の師と法」、「事本位と理本位」、「史実と宗義（代付の問題）」、「三物論」に焦点を絞った。なお当該論文は、「独庵玄光と天桂伝尊の嗣法観」（『宗学研究』二三号）と「近世洞門における嗣法論争」（『宗学研究』二四号）を合綴し、まとめたものである。

第二節「愛知学院大学図書館所蔵・横関文庫『独庵俗談根源鈔』翻刻」

本書（写本）は、冒頭文から『独庵俗談』（元禄三年刊）において「大陽・投子の嗣承問題」に関し独庵が「代付説」をとり、寛保元年（一七四一）頃、悪評が立っていたことに由来し、独庵の門下に属す某僧（不詳）がそれを弁護し師である独庵の根源的立場を示したものである。本書は、横関了胤氏が愛知学院大学図書館へ寄贈したもの、著者が発見するまで他人に知られず貴重であるため翻刻した。なお、本書は後日、至言社より『独庵玄光護法集　別冊付録』中に影印し解題（吉田）を付し刊行（一九九六年一月）されている。

第六章　近世の「受戒」・「授戒会」とその問題

第一節「道元禅師外伝「血脈度霊」逸話考――血脈授与による救済と性差別」

近世になり「道元伝」に付加された逸話「血脈度霊」の類型をその内容から便宜的にA「亡霊授戒」（五本）とB「畜生授戒」（十本）に分け、その背景に曹洞宗教団の「授戒」による民衆教化の隆盛とその促進に関わる資料としての側面があることを指摘した。一方で「血脈度霊」中に「女性蔑視」の用語があり、救済と差別が共存することに対し、その問題を充分に理解し克服する対策を立てるべきことを提示した。

第二節「伝寂室堅光撰『普勧授戒之縁由』考――「神人化度」と「授戒成仏」について」

「戒法の堅光」と推奨される寂室堅光の撰述と伝わる『普勧授戒之縁由』について、その内容紹介を施した。人物紹介の後、本書と異本の紹介、本文の内容解説、その中で「神人化度」逸話の諸例（化度者たちと授戒対象の神人・異人、その霊験）、さらに「授戒成仏」の問題（生前授戒、没後授戒、代戒。授戒会の形式化・祈祷化等）を挙げ、広く宗門僧侶が論議する必要性を述べた。

第三節「「受戒」信仰について――「受戒入位」「受戒成仏」考」

前掲の「血脈度霊」や「授戒成仏」は、民衆教化の方便であり、それなりに理解できる。しかし、道元禅師ご自身は、現状をどのように思われるであろうか。たとえば『修証義』第三章（受戒入位）の第十六節の文は、『正法眼蔵』「出家功徳」巻から、「出家」の語句を意図的に削除し「在家成仏」まで踏み込んでいるが、宗旨の上で「参禅者身心脱落也（中略）これ衆生成仏の正当恁麼時なり」とあり、「只管打坐（坐禅）」を重視している。そうした問題を多面的に論述した。

第四節「『修証義』成立後の諸問題」

明治期における「宗門の近代化に伴う在家教導」の必要性から一八八八年二月、大内青巒居士の「扶宗会」より出版されたのが『洞上在家修証義』であった。それを元に曹洞宗務局が永平寺瀧谷琢宗・總持寺畦上楪仙両禅師の修正を経て『曹洞教会修証義』として確定し、一八九〇年十二月、公布（制定）され広く普及した。特に「授戒会」のテキストとして使用されているが、現代、人権や因果論・本尊論などにおいて、その教義や信仰等、さまざまな問題が惹起している一端を説示し、慎重に取り扱うべきことを提言した。

第七章　『学道用心集』の出版

第一節「永平六世・宝慶三世曇希開版の延文二年版『学道用心集』をめぐって」

この論稿は、ごく最近、偶然、京都の古書展で個人的に入手した活字本を書誌学的に論及したものである。この『学道用心集』は永平寺六祖曇希（一二八八〜一三六二以降）が『義雲和尚語録』と共に延文二年（一三五七）に上梓した禅師の処女出版・宗門禅籍の濫觴として有名であり、それを確認する作業過程を記した。残念ながら初版ではないが、他の諸本と比較し、善本で初版に近い室町期末頃の版本（模刻）であると推定される。

道元禅師の伝記と思想研究の軌跡　目次

緒言……i
凡例……ii
自序……iii

伝記編

第一章　伝記研究入門……3
第一節　「高祖伝研究」ノート――初学者の一助として　3
第二節　興聖寺時代における懐奘禅師の行実　20
第二章　道元禅師伝の粉飾的記事　その一……26
第一節　誕生逸話・弾虎拄杖・一夜碧巌・一葉観音　26
第二節　道元の仏祖崇敬（禅宗逸話）、史実と信仰、三箇霊瑞　32
第三章　新到列位問題……44
第一節　新到列位に関して　44

第二節　戒牒に関して　50
一　日本の授戒制　50　二　中国の授戒制　51　三　『舎利相伝記』の史料的価値　52
第三節　再考「新到列位問題」——是認論を否定する　56

第四章　諸種の伝記史料における書誌学的研究……61
第一節　宝慶記と高祖道元禅師伝　61
第二節　内閣文庫所蔵の道元禅師伝（二種）に関して　69
第三節　道元禅師伝の史料研究——「三大尊行状記」と「三祖行業記」を中心に　76
第四節　無著道忠筆『永平禅師三祖行業記』の翻刻・紹介　108
第五節　瑩山禅師撰とされる『道元禅師伝』考　115
第六節　宮城県瑞川寺蔵『永平開山道元和尚行状録』について　122
第七節　道元伝における天童山の「開堂演法」に関して　128
第八節　愛知県松源院所蔵『道元禅師行状記』について　130
第九節　愛知県西明寺所蔵『永平祖師行状記』について　136

第五章　道元禅師の「絵伝」……143
第一節　道元禅師「絵伝」考——長野県松巌寺所蔵掛幅を中心に　143
第二節　道元禅師「絵伝」台本考——広島県三原市香積寺所蔵本を中心に　149

第六章　道元禅師の伝記と切紙資料について……154
第一節　室内関係資料を中心に　154
一　如浄禅師と道元禅師との師資関係　155
二　「身心脱落」と「三脱落話」への展開　155
三　帰朝時の諸瑞相　158
四　鎮守（白山妙理大権現）逸話関係　160
五　如浄禅師よりの付授相承物　166
第七章　版橈晃全撰『僧譜冠字韻類』所載の「道元伝」と「懐奘伝」……172
第一節　『僧譜冠字韻類』所載の「道元伝」考　172
第二節　永平寺二祖孤雲懐奘禅師の出自考――『僧譜冠字韻類』道元伝付記の懐奘略伝を中心に　180
第八章　道元禅師伝の粉飾的記事　その二……186
第一節　『永平開山元禅師行状伝聞記』における「伝説・説話」の類型――「混交信仰」を中心に　186
第二節　羅漢信仰の進展と「十六羅漢図」の流布　192
第三節　「高祖弾虎図」の成立と展開　203

第九章　道元禅師伝の粉飾的記事　その三……211
第一節　「聖徳太子伝」と「道元禅師伝」の霊瑞・神異譚考　211
第二節　「道元伝」の霊瑞・神異譚と「最澄伝」および「空海伝」との比較考　223
第十章　道元禅師伝と道正庵……234
第一節　高祖伝の形成と道正庵——策謀家道正庵十九世徳幽卜順　234
一　道正庵十九世徳幽卜順の才覚について　234
二　「高祖伝」中の道正庵元祖と神仙解毒万病円　236
第十一章　如浄禅師会下における道元禅師……240
第一節　『宝慶記』における叢林生活の一考察　240
第二節　如浄会下における道元禅師——相見・入室・身心脱落・嗣法・伝戒考　252
一　如浄の天童山昇住前における高祖の諸事情と「老璡」の存在　252
二　如浄の天童山入院と高祖の諸山遍歴時期　253
三　相見（面授）前後の事情と入室　253
四　身心脱落——「大事了畢・大悟・証契即通」　254
五　伝戒——『仏祖正伝菩薩戒』と嗣法　255

思想編

第一章　仏法の全道……259
第一節　正法眼蔵における声聞行　259
第二章　道元禅師の修証観「修証一等」……266
第一節　本証妙修と自己との間　266
第二節　心塵脱落と身心脱落について　271
第三節　「本来本法性」疑団の考察　276
第四節　道元禅師の人間性――「祗（只）管打坐」と「身心脱落」の展開　284
第三章　道元禅師における諸種の観点……293
第一節　『正法眼蔵』における正と邪　293
第二節　道元禅師における仏陀観　301
第三節　道元禅師の比丘尼・女人観　310
第四節　「海印三昧」と道元禅師　321
第五節　道元禅師の霊魂観――「霊性」批判と忌辰「上堂」との間　330

第六節　『正法眼蔵』における生死観考――道元の生と死　339
第七節　道元禅師における仏弟子観　350
第四章　道元禅師の受戒と伝戒……368
第一節　道元禅師の受戒と伝戒考　368
第二節　如浄禅師よりの伝戒に関する問題点　377
第三節　道元禅師の十六条戒の成立について　383
第四節　道元禅師と懐奘禅師との戒律観　390
第五節　道元禅師の菩薩戒重受について　396
第五章　宗門祖師の嗣法観……402
第一節　独庵玄光の嗣法観とその背景　402
一　序説　独庵の位置づけ　思想形成――生い立ち、病気、修学、交友　402
二　独庵の思想「嗣法観」㈠　独庵と近世洞門における嗣法論争
――伝法公事と宗統復古、独庵と天桂の嗣法観、宗門と宗旨、嗣法の師と法　429
三　独庵の思想「嗣法観」㈡　近世洞門における嗣法論争――事本位と理本位、史実と宗義、三物論　440
第二節　愛知学院大学図書館所蔵・横関文庫『独庵俗談根源鈔』翻刻　450

第六章　近世の「受戒」・「授戒会」とその問題……468
第一節　道元禅師外伝「血脈度霊」逸話考——血脈授与による救済と性差別　468
第二節　伝寂室堅光撰『普勧授戒之縁由』考——「神人化度」と「授戒成仏」について　474
第三節　「受戒」信仰について——「受戒入位」「受戒成仏」考　480
第四節　『修証義』成立後の諸問題　488
第七章　『学道用心集』の出版……496
第一節　永平六世・宝慶三世曇希開版の延文二年版『学道用心集』をめぐって
——現存する古本各種より初刻本を探る　496
初出一覧……505
あとがき……509
索　引……602
英文略解題「目次」を中心に　田中泰賢……608

道元禅師の伝記と思想研究の軌跡

伝記編

第一章　伝記研究入門

第一節　「高祖伝研究」ノート——初学者の一助として

高祖道元禅師（以下、高祖と略称）に関する伝記や研究は多数にのぼる。しかし、史実としてどれ程のことが究明され、ないし決着されているであろうか。すぐれた先学によって徐々に解明されつつある面も存するが、思想的研究と比較するとき歴史的事蹟面の研究では、まだまだ不明な点が数多く残っているといえよう。筆者は一九七八年秋の宗学大会に「高祖伝の『建撕記』における虚構性に関して——本来本法性の疑団を中心に」と題してその伝記に関する見解の一端を呈した。要するに伝記作者により字句が次第に増幅ないし変更されるにつれ、それがあたかも客観的事実としての重みが加わってくる面があるため、根本の史料そのものを白紙にもどして再検討する必要がある旨を述べた[1]（本書「思想編第二章第三節」二八〇頁参照）。

本論は、その際の資料として私的に手控えていたもので、当初、公開するつもりはなかったが、親しくしている学友の一人から要望を受けてそれに応えた形のものである。その発表の際に伝記の内容を⑴確実な史料があり史実として認められるもの、⑵典故はないが史実としてほぼ認められるもの、⑶典故はあるが史実として疑わしきもの、また典故自体に問題を含むもの、⑷典故も史実も判別不明のもの、また典故なく疑わしきもの、⑸高揚ないし神聖化のための神秘的祥瑞や霊験譚で潤色のもの、また護教的粉飾のもの、と試論的に分類してみた。しかし、それにはなお検討の余地も残っている。そこで後に掲げる一覧表は、その内容の分類はさておき、高祖伝の典故となっている史料の研究や問題点を把握しようとする初学者の便覧を意図したものである。

周知の通り、多数ある高祖の伝記中、面山撰述の『訂補建撕記』は後世への影響大なるものであったが、最近になって比較的古い異本が次々と発見されてくるにつれ再検討を要することが知られてきた。河村孝道編著『諸本対校　永平開山道元禅師行状建撕記』はそのことを吾人に教示してくれている。そこでそれに対校されている六本に「承天本」[2]と所謂『建撕記』成立以前の高祖伝六本（後記）を加え、それまでの推移を合わせて眺めようとしたものである。なお、これはあくまでも諸本における伝記内容（河村先生の前掲書における内容小見出し）を基準にその有無を概観しようとしたものであって、厳密な字句の校合対照はこの表を基にして検めて探って頂かねばならない。

本論の一覧表に用いた高祖伝の十三本は次の通りである。

⑴　『永平寺三祖行業記』（初祖道元禅師）撰述者・撰述年不詳　以

下『行業記』

(2)『元祖孤雲徹通三大尊行状記』（越州吉祥山永平開闢道元和尚大禅師行状記）門人集記　撰述年不詳　以下『行状記』

(3)『伝光録』（第五十一祖永平元和尚章）瑩山紹瑾撰　正安二年（一三〇〇）撰

(4)『洞谷記』（永平初祖章）瑩山門流編　元亨三年（一三二三）頃

(5)『元亨釈書』（巻六所載、道元禅師行状）虎関師錬著　元亨二年（一三二二）以前

(6)『碧山日録』（巻二所載、永平道元禅師行実）東福寺蔵主大極著　長禄四年（一四六〇）頃

(7)『永平八世建撕和尚記』明州筆　天文七年（一五三八）写　以下「明州本」

(8)『元古仏縁記永平開山御行状』瑞長筆　天正十七年（一五八九）写　以下「瑞長本」

(9)『道元禅師行業記』筆者不詳　延宝八年（一六八〇）写　以下「延宝本」

(10)『開山禅師之行状』門子筆　元禄七年（一六九四）写　以下「門子本」

(11)『祖山本建撕記』筆者不詳　元文三年（一七三八）写　以下「元文本」

(12)『永平建撕記全』恒川一川筆　明和八年（一七七一）写　以下「承天本」

(13)『訂補建撕記』面山瑞方編　宝暦四年（一七五四）刊　以下「訂補本」

以上、諸本の詳しい解説は、河村先生編著の前掲書や『曹洞宗全書解題・索引』などに譲るとして、次のいくつかの事柄について注意しておかねばなるまい。

　まず元は同一本と見做される撰者不明の『行業記』と『行状記』は、太祖撰とされる『伝光録』などとの密接な関係が考慮されていること、[3] また洞門外の撰者として虎関師錬の『元亨釈書』は短文であるが対外的には権威あるものとして大極の『碧山日録』などに影響を与えていること（例せば明菴栄西との相見）、そして所謂「建撕記」の成立段階には草稿本と修訂本の二本が想定され伝写本に相違が生じてきたこと、[4] そのうち「延宝本」と「訂補本」は近い関係にあることなどである。

　一覧表は、上から順に元号―西暦―本文内容―対照諸本―備考の各欄を設けた。本文内容欄は、先述の通り河村先生編著の前掲書に拠った。従ってその内容は、所謂「建撕記」の「瑞長本」をほぼ中心にしているため詳細に諸本を対照すると字句の相違や過不足があり、また「建撕記」成立以前の六本とはその順序が必ずしも一致していない点に注意することが肝要である。なお、それら六本および「瑞長本」を除く他の「建撕記」諸本の内容は、特に重要な字句が異なっていたり表現が不充分であったりする項目には△印、ほぼ一致する項目には○印を付した。次に対照諸本欄は、原則として成立順にしたが対照の便宜上から一部組み更えている。すなわち『元亨釈書』は『洞谷記』の以前に撰述されているが、『伝光録』と『洞谷記』、『元亨釈書』と『碧山日録』は各々その影響下にあるのでその順に置いた。同じく「承天本」は「訂補本」の後に書写されているが「元文本（祖山本）」との関連でその下に置き「訂補本」を最下段にした。備考欄には、本文内容と対照諸本に関する典故と関連書および問題点などをスペースの許す限り記した。なお典故の書名は略名を用いているものもある。↓は

参照を指示し、？は典故やその事項に問題を含む意味である。〈 〉は特に『曹洞宗全書』などに所載する洞門宗典を中心にその典故の底本のいくつかを示した。但し『正法眼蔵』は巻名を記すに止めた。これら備考欄は、主に面山撰「訂補本」補注、大久保道舟著『修補増訂 道元禅師伝の研究』、中世古祥道著『道元禅師研究』および『曹洞宗全書 解題・索引』などを参照した。備考欄中の略称は、一般に用いられているものを特記せずに使用した。

「訂補本」の成立までには、次の高祖伝が撰述されている。

元号	西暦	本文内容（瑞長本『建撕記』中心）	行業記	行状記	伝光録	洞谷記	元亨釈書	碧山日録	建・明州本	〃・瑞長本	〃・延宝本	〃・門子本	〃・元文本	〃・承天本	〃・訂補本	備考
		(1)述作ノ縁由														
		(イ)広ク世人ヘノ流布ヲ意図ス							○	○	○	○	○	○	○	
		(ロ)沙弥元忠ノ要望							○		○	○	○	○	○	沙弥元忠―波多野通定
正治 二	1200	(2)(イ)誕生							○	○		○	○	○	○	正月二日―延本(36)(ニ)・訂本の典故不明
		(ロ)家系	○	○	○	○	○	○	○	○	○	○	○	○	○	〔育父源亜相上堂・先妣上堂―広録五・七〈延宝元(一六七三)刊・駒図131・5―11、曹全宗下〉 〔義雲語録初祖賛〈正徳五(一七一五)序跋刊・駒図133―7、曹全語一〉 育父―実父・義父？ 久我通親・通具？ 通忠（延本） 母―能円女・基房女・通具室？ 名家譜・久我氏家譜・俗譜
		(ハ)相師ノ言	○	○	○	○		○	○	後出	後出	後出	後出	後出	後出	
		(ニ)古書ノ言	○	○	○	○			○							
		(ホ)天告ノ神異	○	○				○	○	○	○	○	○	○	○	
		(ヘ)悲母ノ潔斎									○					
		(ト)古老ノ賛辞							後出	○	○	○	○	○	後出	
建仁 三	1203	(3)生立〈元号〉								○	○	○			○	
		(イ)李嶠ノ詩ヲ学ブ	○	○	○	○		○	○	○	○	○	○	○	○	随聞記三〈慶安四(一六五一)刊・駒図131・2―W109・1B、曹全宗下〉
建永 元	1206	(ロ)左伝毛詩ヲ学ブ	○	○	○	○		○	○	○	○	○	○	○	○	同右
承元 元	1207	(ハ)悲母逝去	○	○	○	○		○	○	○	○	○	○	○	○	先妣忌上堂―広録五〈前記〉

年号	西暦	事項				典拠・備考
〃　二		㊁倶舎論ヲ学ブ	○○○○	○	○○○○○○○	
		㋭松殿基房、猶子ニ望ム	○○○		○○○○○○○	
建暦　二	1212	(4)㋑出家	○○○○	○	○○○○○○○	随聞記四〈前記〉
		㋺良顕ノ室ニ入ル（訂本良観）	○○○	○	○○○○○○○	外舅―山門系良顕・寺門系良観、？
		㋩叡山横川千光房ニ登ル	○○○	○	○○○○○○○	横川般若谷千光坊―寂静坊・四季講堂？
建保　元	1213	㊁四月九日剃髪	○○○○	○	○○○○○○○	得度地―同右
		㋭四月十日菩薩戒ヲ受ク	○○○	△	○○○○○○○	円頓戒要義（福田堯頴著）
		㋬天台真言ノ教法ヲ学ブ	○○○	△	○○○○○○○	随聞記三・五、宝慶記〈明和八（一七七一）刊・駒図131・4―1、曹全宗下〉
		㋣公円ノ人柄			○○○○○○○	天台座主記・谷阿闍梨伝・本朝高僧伝十四
建保　二	1214	(5)建仁寺参学〈元号〉			○○○○○○○	
		㋑疑団アリ（訂本）			○	↓(7)㋩
		㋺三井寺公胤、栄西ニ参ズ可キ事ヲ指示ス（訂本）			○	↓(7)㊁㋭
		㋩建仁寺ニ参ズ			○○○○○○○	元亨・碧山―明菴との相見？　宝慶記の巻頭識語〈前記〉？
建保　三	1215	(6)明全ニ参随				
		㋑栄西示寂ス			○○○○○○○	元亨釈書は七月五日京都にて。吾妻鏡は六月五日鎌倉寿福寺にて
		㋺明全ニ参学問法ス	○○○		○　○○○○○	↓(7)㋑
		㋩明全ガ師匠タル事ノ証				弁道話
		（栄西・明全ノ像アルコト）			○○○○○○○	
		（明全像ニ賛アル事）			○○○○○○○	
		（先師明全ヘノ忌辰上堂アル事）			○○○○○○○	仏樹和尚―広録六・七、仏樹先師―広録十
		（師翁栄西ヘノ忌辰上堂アル事）			○○○○○○	千光禅師―広録六・七

年号	西暦	事項			典拠
建保　五	1217	(7)明全ニ師事ス ㋑明全ノ室ニ入ル	○	○○○○○○／	↓(8)
		㋺入唐ノ望ミアリ		○○○○○○／	随聞記五〈前記〉、入宋祈願文〈曹全宗下〉？
		㋩大疑滞アリ	○○△△○	○○○○○○前出	↓(5)㋑訂本
		㋥三井寺公胤ニ参問	○○○	○○○○○○前出	随聞記二　公胤伝―三井続灯記四・園城寺長吏次第・本朝高僧伝十三等
		㋭公胤、入宋ヲ勧ム	○○	○○○○○○○	
		㋬明全ニ随従ス	○○○	○○○○○○前出	
承久　三	1221	(8)師資相伝 明全ニ師資ノ印可ヲ受ク		○○○○○○○	伝明全和尚筆師資付法偈〈永平寺蔵〉？
貞応　二	1223	(9)入宋 ㋑明全ト共ニ入宋	○○○○○○	○○○○○○○○	入宋解纜地―那の津・深江の津？ 渡海牒―正徳四焼失（訂本）、同上写―鎌倉遺文・曹洞宗古文書
		㋺同年四月着唐		○○○○○○○	眼蔵洗面
		○船中、老典座ト問答（訂本）		○	典座教訓〈寛文七（一六六七）刊・駒図162―1『永平大清規』一、曹全宗上〉
元仁　元	1224	(10)在宋参学〔一〕		○	
嘉禄　元	1225			○	
〃　二	1226			○○○○	
安貞　二	1228	㋑天童山掛錫	○○○	○○○○○○○○	眼蔵嗣書、典座教訓〈前記〉
		㋺戒次位ニ不審アリ	○○○○	○○○○○○○○	宝慶記〈前記〉。「新到列位」問題
		○上表（第一回）（訂本、上言）	○○○	○○○○○○○○	上寧宗皇帝表〈曹全宗下〉？

宋 嘉定一七	1224	㋩天童山評議シ戒位ヲ改メズ	○	○			○	○	○	○	○	○	○	○	
		㋥上表（第二回）	○	○				○	○	○	○	○	○		再上寧宗皇帝表〈曹全宗下〉？
		㋭五山評議シ、猶改メズ						○	○	○	○	○	○		
		○宋帝ニ上表（訂本）												○	
		○朝廷ノ僉議定ラズ（訂本）												○	
		㋬上表（第三回）	○	○				○	○	○	○	○	○	○	
		㋣戒臘遵守ノ勅裁アリ	○	○		○		○	○	○	○	○	○	○	
		○育王典座ト再商量（訂本）												○	典座教訓〈前記〉
		○秋、降禅ニ依リ仏眼派下ノ嗣書ヲ見ル												○	眼蔵嗣書
		○惟一ニヨリ法眼下ノ嗣書ヲ見ル			○									○	同右　惟一西堂　増集続伝灯四？
		○宗月ニヨリ雲門下ノ嗣書ヲ見ル			○									○	同右　宗月―号雪窓　同右
		○智庚ニヨリ無際（楊岐下）ノ嗣書ヲ見ル	○	○	○									○	同右
		○天童山僧堂裡、合掌被衣ノ儀ニ感ズ												○	眼蔵伝衣・袈裟功徳
		(11)在宋参学（二）													
		㋑天童山無際了派ニ参ズ	○	○	○			○	○	○	○	○	○	○	眼蔵嗣書
		㋺浙翁如琰ニ参問ス	○	○	○		○	○	○	○	○	○	○	○	同右
		㋩径山参学ノ途次猛虎ヲ退ク						○	○	後出	○	○	○	後出	↓(12)・(13)　義尹の入宋―明和本宝慶記〈前記〉
		㋥盤山思卓ニ参問ス	○	○	○			○	○	○	○	○	○	○	思卓―大慧の資　増集続伝灯一
		㋭惟一・宗月・伝蔵主元鼒等ニ参問ス	○	○	○		○	○	○	○	○	○	○	○	元鼒―眼蔵嗣書
		㋬宋朝禅者ヘノ失望、了派ノ示寂、帰国ヘノ意	○	○				○	○	○	○	○	○	○	
		㋣老璡、如浄ヘノ参問ヲ指示ス	○	○	○	○	○	○	○	○	○	○	○	○	洞谷記―老人、訂本―璡公ハ羅漢ノ応現
		㋠如浄、天童ニ晋住ス	○	○	○	○	○	○	○	○	○	○	○	○	

宋嘉定一七	1224	(12)如浄ニ参学〔一〕													
		㋑如浄ト初相見	○	○			○	○	○	○	○	○	○	○	眼蔵面授、宝慶記〈前記〉
宋宝慶元	1225	㋺明全、天童山了然寮ニテ示寂												○	舎利相伝記〈金沢松岡氏旧蔵・東大史編影写蔵、曹全宗下〉、千光法師祠堂記、明全和尚戒牒奥書〈曹全宗上口絵・曹全宗下〉
		㋩入室参問ノ自由ヲ請フ	○	○										○	宝慶記、太白峰記〈訂本注〉
		㋥如浄、入室参問ヲ許可ス	○	○	○	○	○							○	同右、眼蔵梅華・面授
		㋭七月、教外別伝ニ就イテ参問ス												○	同右
		㋬身心脱落話ニ於イテ得法ス	○	○	○		○	○	○	○	○	○	○	○	広録二・四・六〈前記〉、宝慶記等
		㋣九月十八日、戒脈ヲ受ケ洞上ノ宗旨ヲ付嘱						○	○	○	○	○	○	○	仏祖正伝菩薩戒作法〈熊本広福寺蔵、駒図172－W43、続曹全宗補〉、宝慶記
		○猛虎ヲ退ク（延本）						前出	前出	○	前出	前出	前出	後日	↓(11)㋩
宋宝慶三	1227	(13)如浄ニ参学〔二〕													嗣書―宝慶三年(一二二七)筆〈永平寺蔵〉
		㋑帰朝ニ当リ如浄ニ参問ス	○	○				○	○	○	○	○	○	○	
		㋺碧巌集ヲ書写ス					○	○	○	○	○	○	○	後出	〃一夜碧巌〃―仏果碧巌破関撃節〈大乗寺蔵〉
		㋩大陽・投子嗣承問題ヘノ示誡						○	○		○	○	○	○	大陽伝―禅林僧宝伝十三、永平室内古記曇希筆〈訂本注〉
		○猛虎ヲ退ク（訂本）					○	前出	前出	前出	前出	前出	前出	○	↓(11)㋩
		○道正家伝ノ解毒丸ノ事（訂本）												○	道正菴卜純撰系譜記〈訂本注〉
		㋥如浄、五箇条ノ垂誡						○	○	○	○	○	○	○	宝慶記〈前記〉
		○碧巌集書写（訂本）					前出	前出	前出	前出	前出	前出	前出	○	↓㋺
安貞元	1227	(14)㋑帰朝	○	○	○		○	○	○	○	○	○	○	○	日本嘉禄三年十二月十日安貞と改号
		○一葉観音ノ事（延本）							後出	○	後出	後出	後出	○	↓(17)㋥後、肥後河尻南溟山観音寺本尊
		㋺肥後河尻ニ居住						○	○	○	○	○	○	○	帰着地―鹿児島坊ノ津・肥後河尻・大渡・筑前博多・大宰府？
		㋩如来寺大慈寺ノ事						○	○	○	○	○	○		
		○帰朝時ノ将来物（延本）								○					芙蓉法衣―広福寺文書？

		(15)建仁寺ニ寓止ス	○	○	○			○	○	○		○	○	○	○	典座教訓、随聞記五、普勧坐禅儀・弁道話撰述
		○深草ニ閑居ス	○	○	○	○	○	○	○	○		○	○	○	○	〔広録十　安養院・観音導利院・極楽寺？　示了然道者 法語〈可睡斎蔵、広録九、曹全宗源上口絵〉〕
天福元	1233	(16)興聖寺開創														深草辺極楽寺之内の位置？　訂本注
		㋑宇治ニ創建	○	○				○	○	○	○	○	○	○	○	開基正覚尼？　弘誓院？　杤木興聖寺
		㋺懐奘・僧海・詮慧等参学ス	○	○							○					
		㋩心地覚心、菩薩戒ヲ受ク							後出	後出	○	後出	後出	後出	後出	↓(19)㋥　授覚心戒派〈享和元(一八〇一)写・京都妙光寺蔵、道元禅師全集下、曹全宗上〉
文暦元 嘉禎元 〃二	1234 1235 1236	(17)懐奘ノ参学														
		㋑懐奘、弟子トナル	○	○					○	○	○	○	○	○	○	
		㋺懐奘ニ大事ヲ授ク				○			○	○	○	○	○	○	○	
		㋩開堂							○	○	○	○	○	○		広録一（開、闢、初、住、本京宇治県興、聖、寺、語録）
		㋥随聞記示衆語							○	○		○	○	○		随聞記〈前記〉
		○一葉観音ノ事							○	○	前出	○	○	○	前出	↓(14)㋑・(19)㋺
		㋭随聞記示衆語							○	○	○	○	○	○		随聞記
嘉禎元	1235	(18)僧堂勧進疏														宇治観音導利院僧堂勧進疏〈曹全宗下〉？
		○興聖寺僧堂勧進疏ヲ撰ス							○	○		○	○	○	○	随聞記二、雑談集八
		○曇希の奥書							○	○		○	○	○	○	貞和三年十一月七日曇希写
文暦元 嘉禎元 〃二	1234 1235 1236	○訂補本記事														
		○懐奘ノ参随													○	
		○理観ニ明全所伝ノ戒脈ヲ授ク													○	授理観戒脈〈写・永平寺蔵、道元禅師全集下、曹全宗上〉
		○興聖寺開堂													○	↓(17)㋩

年号	西暦	事項		典拠
〃　二	〃	○懐奘秉払	○	随聞記四〈前記〉
〃　三	1237	○出家授戒作法ヲ撰ス	○	出家略作法文跋〈慶長七(一六〇二)写、石川大乗寺蔵、駒図170—W32、続曹全宗補〉
暦仁　元	1238	○一顆明珠巻示衆	○	眼蔵一顆明珠奥書
延応　元	1239	○洗浄・洗面巻示衆	○	同右洗浄・洗面奥書
仁治　元	1240	○礼拝得髄・山水経他示衆	○	同右礼拝得髄・山水経奥書
〃　二	1241	○仏祖・嗣書他示衆	○	同右仏祖・嗣書他奥書
仁治　三	1242	(19)仁治三年ノ動静		
		㋑近衛殿ト法談ス	○○　○○○○	前関白近衛兼経
		㋺一葉観音賛偈	○	↓(14)㋑・(17)㋥　一葉観音賛〈曹全宗下〉
		㋩寒巌義尹ニ大事ヲ授ク	○○○○○○○	訂本注
		㋥法灯国師、菩薩戒ヲ受ク	○○前出○○○○	↓(16)㋩　興国寺開山法灯国師年譜
		㋭如浄語録到来	○○○○○○○	広録一〈前記〉
		㋬波多野邸ニ全機一巻ヲ示衆ス	○○○○○○	眼蔵全機奥書
寛元　元	1243	(20)寛元元年ノ動静		護国正法義奏上？　極楽寺破却—渓嵐拾葉集
		㋑寂静ナル道場ノ地ヲ求ム	○○○○○○○	東福寺僧団の状勢？
		㋺義重、入越下向ヲ勧請	○○　　○　○○○○○○	志比庄の支配？　波著寺懐鑑門下の招請？
		㋩如浄ノ示誡ニ鑑ミテ下向ヲ決ス	○○○○○○○	宝慶記〈前記〉
		㋥北越入山	○○○○○○○○○○○○	眼蔵三界唯心・面授等
		○吉峰寺・禅師峰在住期間ノ事（訂本）	○	同右見仏・遍参・眼睛・家常・竜吟等
		㋭義重・覚念、寺処ヲ傘松峰下ニ得ル	○○○○○○○○	瑞長本—笠松ノ西　禅門覚念↓訂本注
		㋬吉峰ノ茆舎ヲ移ス	○○○○○○○○	「安閑の古寺・吉峰古精舎」

年号	西暦	事項	資料	備考
寛元　二	1244	㉑寛元二年ノ動静		
		㋑吉峰寺・禅師峰ノ間ヲ往来行化ス	○○○○○○○	↓⑳㊁（訂本）
		㋺天神宮ニ参籠シ天神ノ詩ニ和韻ス	○○○○○○○	広録十（文字少異あり）
		㋩禅師峰・吉峰寺往来行化ノ証	○○○○○○	眼蔵眼睛・家常
		㊁大仏寺法堂造営	○○　○○○○	大仏寺の位置—旧跡地・現永平寺？
寛元　二	1244	㉒大仏寺開堂		
		㋑吉祥山大仏寺ノ称	○○○○○○○	大仏寺—波多野義重・如是居士の号（訂本注）
		㋺偈頌	○○○○○○○	華厳経夜摩天宮品偈ノ改易（訂本注）永平寺山門額
		㋩瑞相	○○○○○○○	
		○吉祥山名ノ典拠（延本）	○	
		㊁参会ノ人衆	○○○○○○○	
		㋭興法ノ道場ニ相応ノ勝地タルヲ述懐	○○○○○○○	法要三十余箇条—宝慶記〈前記〉
		㋬吉祥山名ノ典拠	○○前出○○○○	↓㋩
		○大仏寺ヲ永平寺ト改名、ソノ縁由（延本）	○	
		㋣学道者ノ用心ヲ示ス	○○○○○○○	和論語抄八〈訂本、曹全宗下〉
		㋠法堂功成リ、開堂法要	○○○○○○○	広録二〈前記〉
		○清規ヲ行ズ（訂本）	○	空華日工集
		㋷義準、興聖寺ヨリ木犀樹ヲ送ル	○○○○○○○	広録七　義準—続伝灯広録、無量寿院門山伝灯大僧都義能伝
寛元　二	1244	㉓大仏寺僧堂上棟式ノ記	○○○○○○○	古写本建撕記・訂補建撕記
		○開山自作ノ本尊ノ事	○	
		○堂閣完備セズ僅カ二両三ノミ	○○○○○○○○○	古写本建撕記・訂補建撕記

寛元 三	1245	(24)寛元三年ノ動静		
		㋑初テ正法眼蔵ヲ示ス(五十六巻ナリ)	○○○○○○○	
		㋺大仏寺初結夏	○○○○○○○	広録二〈前記〉
		㋩瑞相	○○○○○○○	
		㊁瑞相ノ証	○○○○○○ 細注	曇希、観応二年開堂説法
寛元 四	1246	(25)寛元四年ノ動静		
		㋑大仏寺ヲ永平寺ト改称	△ ○○○○○○○	延宝本建撕記
		㋺知事清規ヲ行ズ	○○○○○○○	知事清規奥書〈永平大清規所載↓典座教訓〉
		㋩庫院ニ示ス	○○○○○○○	眼蔵示庫院文
		○斎粥米菜ニ対スル法	○○○○○○○	仏前斎粥供養侍僧事〈永平寺蔵、曹全宗下〉
		○後嵯峨院ヨリ紫衣等ヲ賜フ(延本)	○	↓訂本(32)の後に付す
宝治 元	1247	(26)宝治元年ノ動静		〃三箇霊瑞〃の一
		㋑永平寺ニ布薩説戒ヲ行フ	○○○○○○○	永平寺方丈彩雲記
		㋺方丈不思議ノ日記証文	○○○○○○○	方丈不思議日記事〈国立博物館蔵・全久院蔵〉
		㋩文永四年記ノ懐奘自筆証文	○○○○○○○	訂本注
宝治 元	1247	(27)鎌倉下向ノ事		名越白衣舎—波多野一族邸宅?
		㋑鎌倉ニ下向シ、僧俗ヲ度ス	○○ ○○ ○○○○○○○	鎌倉白衣舎示衆〈宝慶寺蔵、曹全宗下〉、傘松道詠〈合揉本↓曹全宗下〉、空華日工集
		㋺建長寺開山ニ請サルモ固辞ス	△ ○○○○○○○	碧山日録には建長寺の字なし
		㋩玄明擯罰ノ事	○○○○○○ 後出	玄明の名—御遺言記録〈宝慶二(一七五二)写・永平寺蔵、駒図131・8—W23、曹全宗下〉
		㊁玄明後日譚	○○○○○○ 後出	㋩㊁↓訂本(29)㋺の後に付す

宝治　元	1247	㉘宋僧蘭渓道隆トノ交信		蘭渓伝史料—蘭渓和尚行実・大覚禅師語録、元亨釈書、建長寺草建入仏記本朝高僧伝十九
		㋑蘭渓ヨリノ書状	○○○○○○○	
		㋺宝治元年、蘭渓ヘノ返状	○○○○○○○	贈蘭渓道隆書状〈曹全宗下〉？
		㋩蘭渓示寂年、送状年月・永平返書年月	○○○○○○○	
宝治　二	1248	㉙永平寺帰山		
		㋑鎌倉ヨリ帰山、上堂法語	○○○○○○○	広録三、詩一首—広録十
		㋺帰山ノ心境	○○○○○○○	同右
		㋩永平寺僧堂芳香瑞相ノ事	○○○○○○○	三箇霊瑞の一、訂本注、前記
宝治　三（建長元）	1249	㉚宝治三年ノ動静		
		㋑羅漢供養法会ヲ行フ	○○○○○○○	羅漢供養現瑞記〈茨城金龍寺蔵、曹全宗下〉
		㋺羅漢供養式作法奥書	○	羅漢供養講式文〈大乗寺蔵、駒図115—740、続曹全宗補〉
		㋩衆寮箴規撰述	○○○○○○○	衆寮箴規奥書〈↓永平大清規〉宣読清規開始
		㋥尽未来際、吉祥山ヲ離レザル誓約示衆	○○○○○○○	不離吉祥山示衆〈曹全宗下〉？
		○改暦ノ事（訂本）	○	広録十〈前記〉
建長　二	1250	㉛建長二年		
		㋑義重、一切経ヲ書写シ安置ス可キノ状ヲ寄ス	○○○○○○○	広録五
		㋺上堂法語	○○○○○○補注	同右
		㋩一切経写了ノ状到リ上堂	○○○○○○○	同右
建長　二	1250	㉜吉祥山山居頌ノ三首	○○○○○○○	山居頌十五首中の三首
建長　三	1251	㉝建長三年ノ動静		三箇霊瑞の一

年号	西暦	事項	記載	典拠
		(イ)不思議鐘声ヘノ答状	○○○○○○○	霊山院霊鐘記〈道元禅師全集下、曹全宗下〉、（嘉暦）梵鐘銘文〈永平寺蔵〉
		(ロ)霊山院庵室ニ花山院宰相ト談義ス	○○○○○○○	同右
建長　四	1252	(34)建長四年ノ動静		
		(イ)此年夏頃ヨリ微疾アリ	○○　　○○○○○○○○	
		(ロ)遺誡ニ八大人覚一巻ヲ撰述ス	○○○○○○○	眼蔵八大人覚
		(ハ)八数目	○○○○○○○	同右
		(ニ)同巻懐奘ノ識語	○○○○○○○	同右識語
		○旧草仮名正法眼蔵	○○○○○○○	
		○新草第十二ノ巻	○○○○○○○	
		(ホ)此巻ヲ護持遵守スベキ事	○○○○○○○	同右
建長　五	1253	(35)出山療養		
		(イ)七月、懐奘永平寺入院	○○○○○○○	自縫の袈裟―広福寺文書？
		(ロ)八月五日、療養ノ為メ出山	○○○○○○○	御遺言記録〈前記〉
		(ハ)頌歌（上洛ノ心境）	○○○○○○○	上洛療養偈頌〈道元禅師全集下、曹全宗下〉
		(ニ)俗弟子覚念邸ニ療養ス	○○○○○○○	覚念邸高辻西洞院の位置？
		(ホ)道俗接化ス	○	
		(ヘ)後深草院、官医ヲ詔シテ診療セシム	○	紀年録「太上皇詔医官診候焉」
		(ト)室内ヲ経行シ、法華経ヲ誦文	○○○○○○○	
		(チ)誦経ノ心意	○　○○○○○	
建長　五	1253	(36)示寂		
		(イ)八月二十八日、遺偈ヲ書シ入寂	○○○○○○○○○○○○	

㋺遺偈	○	○	○	○	○	○	○	○	○	○	○	○	如浄遺偈
㋩入寂ノ相							○						
㊁世寿並ビニ僧臘（延本）	○	○	○					○					
㋭遺弟僧俗ノ悲嘆						○	○	○	○	○	○	○	
㋬荼毘処						○	○	○	○	○	○	○	東山ノ赤辻（赤築地）の位置？　高台寺文書
㋣収骨シテ永平寺へ奉安ス						○	○	○	○	○	○	○	紀年録「遂移龕於興聖三日」
㋠永平寺ニ於イテ涅槃ノ儀式ヲ行ズ						○	○	○	○	○	○	○	
㋷承陽庵ニ塔ス	△	△	○			○	○	○	○	○	○	○	現永平寺一華蔵辺の位置？
㋦覚念、妙法蓮華経庵ノ真跡供養						○	○	○	○	○	○	○	
○供養処及ビ覚念ノ家系						○		○	○	○	○	○	尊卑分脈（波多野下）、諸家系図纂十八、続七国志七

すなわち懶禅舜融撰『日域曹洞列祖行業記（初祖道元禅師）』（寛文十三年刊）、撰者不詳『永平開山道元和尚行録』（延宝元年刊）、雲外性激撰『扶桑禅林僧宝伝（巻一、道元禅師伝）』（延宝三年序刊）、同右『永平元和尚道行碑銘』（延宝七年刊）、永覚元賢撰『継灯録（巻一、道元禅師伝）』（元禄五年刊）、大了愚門撰『永平仏法道元禅師紀年録』（延宝六年跋・元禄二年刊）、湛元自澄撰『日域洞上諸祖伝（巻一、道元禅師伝）』（元禄六年序・同七年刊）、卍元師蛮撰『延宝伝灯録（巻一、道元禅師伝）』（延宝八年撰・宝永三年刊）、同右『本朝高僧伝（巻十九、道元禅師伝）』（元禄十五年序刊）、大島武好撰『山城名勝志（巻十七、興聖寺条）』（宝永二年序・正徳元年刊）、面山瑞方撰『永平和尚実録』（宝永八年撰・正徳元年刊）、同右『永平祖師年譜偈（「永平元禅師語録」附録）』（享保二年刊）、嶺南秀恕撰『日本洞上聯灯録（巻一、道元禅師伝）』（享保十二年撰・寛保二年刊）、古谿秀蓮撰『日本洞宗始祖道元禅師伝（『永平元禅師語録』附録）』（享保十五年撰・同十六年刊）などである。これらの諸本は、特に「訂補本」への影響またはその関連で考慮すべきであるが本論の一覧表では煩鎖になるので割愛した。さらに広く本格的に高祖伝を研究するには、「訂補本」流伝以後の諸本も検討を要しよう。

高祖伝において古くから論争となっている課題には種々あるが、次にそれらに関する多数の研究論文中、現在迄のいくつかを列記する。なお、総合的研究書として大久保道舟著『修訂増補　道元禅師伝の研究』と中世古祥道著『道元禅師伝研究』は、以下、大久保論文・中世古論文と略称してその章・節名を挙げる。

(1)　俗系・誕生地

境野黄洋『活ける宗教　道元禅師』（東京丙午出版社、一九一四年）

大久保論文「第一章・誕生地考、第二章・俗系の研究」

柴田道賢『道元禅師の母を探ねて』（『駒澤大学仏教学部紀要』二九

号、一九七一年）
山端昭道『「伝光録」に示された高祖の慈父』（『傘松』三六七号、一九七四年）
中世古論文「第一章第一節・俗系の研究」
大久保道舟・守屋茂「道元の誕生地考」（『印度学仏教学研究』二一巻一号、一九七二年）
今枝愛真『道元とその弟子』「一、生いたちとめざめ」（毎日新聞社、一九七二年）

(2)　栄西との相見
峯玄光『道元禅師伝』「第五章第二節・建仁寺に於ける修学」（日進堂書店、一九一〇年）
大久保論文「第四章・千光法師栄西との相見について」
鏡島元隆「栄西・道元相見問題について」（『金沢文庫研究』九〇・九一号、一九六三年）
中世古論文「第三章第三節・栄西との相見問題」

(3)　身心脱落に関して
衛藤即応『宗祖としての道元禅師』「第七章・面授嗣法」（岩波書店、一九四四年）
大久保論文「第六章第六節・身心脱落の真境に達す」
伊藤俊彦「身心脱落考」（『宗学研究』九号、一九六七年）
高崎直道・梅原猛『古仏のまねび〈道元〉』（『仏教の思想11』、角川書店、一九六九年）
杉尾玄有「原事実の発見――道元禅師参究序説」（『山口大学教育学部研究論叢』二六巻一号、一九七七年）
中世古論文「第五章第三節・身心脱落」

(4)　入宋解纜地・帰着地
大久保論文「第五章第四節・博多解纜と天童山掛錫」、「第七章・帰朝の年時と帰着の地について」
水島剣城・安川浄生『道元禅師入宋帰朝地点の研究』（明光寺、一九六九年）
杉尾玄有「源実朝の入宋企図と道元禅師」（『宗学研究』一八号、一九七六年）
中世古論文「第四章・入宋」、「第六章第一節・帰国年次」

(5)　興聖寺
小林準道「興聖寺の寺名および開創の意義について」（『宗学研究』一号、一九五六年）
大久保論文「第九章第一節・興聖寺僧団の結成」
守屋茂「興聖寺の旧跡について」（『傘松』三八二号、一九七五年）
中世古論文「第七章・深草時代」

(6)　北越入山・大仏寺の位置
大久保論文「第八章・北越入山の真相」、「第九章第二節第二項・大仏寺の建立」
横山秀哉『曹洞宗伽藍建築の研究』「第三章第五節・永平寺の沿革」、「第六節・永平寺の伽藍」（『東北大学建築学報』三号別刷、一九五五年）
同右「道元禅師の伽藍観について――大仏寺趾考」（『宗学研究』二〇号、一九七八年）
笛岡自照『永平寺雑考』「第二、伝・大仏寺旧蹟考」（古径荘、一九七三年）
中世古論文「第八章第一節・志比庄下向の背景」

(7) 鎌倉行化
大久保論文「第十章・鎌倉行化に関する二三の考察」
納冨常天「道元の鎌倉行化について」(『駒澤大学仏教学部研究紀要』三〇号、一九七二年)
中世古論文「第八章第四節・鎌倉行化」

これら(1)~(7)は、高祖伝の中で著名な課題であるがその一部に過ぎない。この他に「一夜碧巌の将来」や入滅地の「高辻西洞院覚念の私宅」や荼毘地の「東山赤辻(赤築地)」の位置等の問題も存する。「一夜碧巌」に関しては竹内道雄氏の一連の論文がある。なお、高祖の遺跡に関するまとまった書としては、笛岡自照著『道元禅師御旧蹟めぐり』(古径荘、一九六二年)、大山興隆「祖跡巡拝記」(『曹洞宗報』四二六号、一九七〇年十月)、東隆眞「道元禅師の遺跡」(『駒沢女子短期大学研究紀要』七号、一九七三年)、小倉玄照『道元禅師旧蹟紀行増補修訂版』(誠信書房、二〇〇二年)がある。

注

(1) 吉田道興「「本来本法性」疑団の考察——その虚構性に関して」(『宗学研究』二一号、一九七九年、本書所収、「思想編」第二章第三節)。
(2) 石川力山「承天本『建撕記』の翻刻」(『駒澤大学仏教学部研究紀要』三六号、一九九四年所収)。
(3) 東隆眞「「行業記」と「行状記」——「行状記」の作者・成立年代の推定」(『宗学研究』六号、一九六四年所収)。
(4) 河村孝道編著『諸本対校 永平開山道元禅師行状建撕記』附録(解題)。

追記 当論文発表時に漏らしたもの、およびそれ以後の主要な論文を付記する。

(1) 俗系・誕生地
中世古祥道「道元禅師実父研究上の一資料——我が国古来の世代の数え方について」(『宗学研究』二三号、一九八一年)
同右「道元禅師の「育父」について」(『宗学研究』三八号、一九九六年)
同右「道元禅師慈母の出自考——安倍氏か」(『宗学研究』四七号、二〇〇五年)

(2) 栄西との相見
衛藤即応「道元禅師と栄西禅師の相見に就いて」(『駒澤大学仏教学会学報』八号、一九三八年)
石川力山「栄西と道元」(『国文学 解釈と鑑賞』六一巻一〇号、特集：日本人の見た異国・異国人、一九九六年)
舘隆志「栄西の入滅について」(『印度学仏教学研究』五八巻一号、二〇〇九年)
同右「栄西の入滅とその周辺」(『駒澤大学禅研究所年報』二一号、二〇〇九年)
同右「肥後広福寺所蔵『宝慶記』について——寒巌義尹・大智に伝わった伝本」(『駒澤大学禅研究所年報』二七号、二〇一五年)

(3) 身心脱落について
伊藤俊彦「道元禅師の身心脱落の年次について」(『駒澤大学仏教学部研究紀要』二四号、一九六六年)
鏡島元隆「身心脱落の年次」(①『道元禅師とその周辺』大東出版社、一九八五年、②『道元禅師』春秋社、一九九七年)
原田弘道「「身心脱落話」の意義とその歴史的展開」(『駒澤大学仏教学部論集』二三号、一九九二年)
石井清純『構築された仏教思想 道元——仏であるがゆえに坐す』(佼成出版社、二〇一六年)

(4) 入宋解纜地・帰着地
中世古祥道「道元禅師の宋よりの帰着地について」(①『傘松』四三四・四三五号、一九七九年十一・十二月、②『道元思想大系2』同朋舎出版、一

九九四年）

(5)　興聖寺

大久保道舟「道元禅師の原始教団と日本達磨宗との関係」（『道元禅師研究』道元禅師讃仰会、一九四一年）

中世古祥道「道元禅師と極楽寺」（『岡本素光博士喜寿記念論集　禅思想とその背景』春秋社、一九七五年）

高橋秀栄「達磨宗と道元」（『道元思想のあゆみ1』吉川弘文館、一九九三年）

菅原昭英「道元の勧進について――観音導利院僧堂勧進疏の史料価値」（『禅宗の諸問題』雄山閣、一九七九年）

高橋秀栄「孤雲懐奘の参学と日本達磨宗」（『曹洞宗教義法話大系5』同朋舎出版、一九九〇年）

(6)　北越入山・大仏寺の位置

古田紹欽「寛元元年を境とする道元の思想」（『結城教授頌寿記念　仏教思想史論集』所収、大蔵出版、一九六四年）

近藤良一「道元における思想展開の一考察――北越入山を契機として」（『印度学仏教学研究』一二巻一号、一九六四年）

守屋茂「道元禅師と北越移錫の真相――道元の決断と白山天台の影響」（『宗学研究』三〇号、一九八七年）

(7)　鎌倉行化

柳田聖山「鎌倉の道元」（①『金沢文庫研究』二六四号、一九八〇年、②『中世漂泊』法蔵館、一九八一年）

伊藤秀憲「道元禅師の遺偈と鎌倉行化」（『駒澤大学仏教学部論集』一二号、一九八一年）

佐藤秀孝「道元禅師と鎌倉行化とその周辺」（『駒澤大学仏教学部論集』二一号、一九九〇年）

第二節　興聖寺時代における懐奘禅師の行実

はじめに

永平寺二祖懐奘禅師（以下、二祖と略称）の伝記研究として村上素道氏の『永平二祖孤雲懐奘禅師』と現在（本論執筆時）『傘松』に連載中の竹内道雄氏の『孤雲懐奘禅師伝』があり、既にほとんどの問題が論じられているかのように思われる。しかし、以下の本論では、興聖寺時代における二祖の高祖道元禅師（以下、高祖と略称）参随に関して、その中でいくつかの問題点を指摘しておきたい。

興聖寺時代とは、高祖が帰朝して建仁寺寓居より山城深草に閑居後、正覚禅尼と弘誓院などの寄進によって観音導利（院）興聖宝林寺が創建された天福元年（一二三三）から鎌倉幕府の御家人波多野義重公の勧請によって北越下向する寛元元年（一二四三）までのおよそ十年間を指す。この期間に懐奘・懐鑑・義介をはじめとする日本達磨宗の人々による帰投、「摩訶般若波羅蜜」「現成公案」や『典座教訓』などの示衆や撰述があって所謂〝興聖寺僧団〟が形成され、大いに新興の意気が揚がっていた時期である。

この期間における高祖二祖お二人の関係を示す第一史料としては、一般に仏祖正伝菩薩戒の授受、『正法眼蔵』「光明」巻の展開『光明蔵三昧』撰述と他の諸巻の筆写、『正法眼蔵随聞記』（以下、随聞記と略称）の筆録（後人の編録）というものに限り、他はあまり知られていない。第二史料としては、後世の人による伝記で次の十五点がある。列記してみよう。

(1)『永平寺三祖行業記』二祖奘禅師
(2)『元祖孤雲徹通三大尊行状記』永平二代懐奘和尚行状記
(3)『伝光録』第五十二祖永平奘和尚
(4)『洞谷記』祖翁永平二世和尚
(5)（明州本・瑞長本）『建撕記』永平二代懐奘和尚
(6)『仏祖正伝記』二祖永平懐奘禅師
(7)『日域曹洞列祖行業記』孤雲奘禅師
(8)『扶桑禅林僧宝伝』（巻二）永平奘禅師伝
(9)『日域洞上諸祖伝』（巻上）永平寺孤雲奘禅師伝
(10)『延宝伝灯録』（巻七）越前州永平孤雲懐奘禅師
(11)『本朝高僧伝』（巻二十）越前永平寺沙門懐奘伝
(12)『洞松禅寺住山歴祖伝』永平二世孤雲奘禅師伝
(13)『日本洞上聯灯録』（巻一）越前州永平孤雲奘禅師
(14)『豊鐘善鳴録』（巻三）豊後州永慶寺孤雲禅師
(15)『月坡和尚全録』（巻二、源流略伝）永平奘禅師伝(1)

まず最初に本論の前提として、高祖との初相見の時期に関しても触れざるを得ないであろう。次に大悟の機縁となったとされる話、嗣法、興聖寺任首座などに関して、各々その内容や時期を合わせて考察してみたい。

一、高祖との初相見、菩薩戒の授受

高祖が宋より帰朝し、建仁寺に寓居されたのは安貞二年（一二二八）のことであった。なおその建仁寺寓居は、入宋前の明全和尚との因縁から滞在できたと考えられるが、具体的に寓居した建物やその位置、またその処遇などの点については誰も言及していない。高祖はその建仁寺で早くも『普勧坐禅儀』を撰述され、正伝の仏法を鼓吹されようとしていた。

『伝光録』には、その噂を聞き二祖が試みに赴いて問答商量した様子を活写している。特に「見性霊知ノ事」を談じたという描写に注目しておきたい。竹内氏は、二祖が建仁寺寓居の高祖に初相見されたのは興福寺衆徒が多武峰焼打事件が漸くおさまった寛喜元年（一二二九）十一月二日以後間もない時期であったと推定される。さらに竹内氏は、その際の問答商量は『正法眼蔵弁道話』〈拾遺〉（草案本）中の十八問答に見出されるとして、特に「見性霊知」に関連している第十問および第四問、第十一問を検討し、極めて具体的であるので高祖と二祖における初相見の対談法戦が素材になって遍述されたものではないかと推定されている。

なお、諸伝記中、その初相見に関する記述において『三祖行業記』『三大尊行状記』は全く同文（多少字句の相違はある）であり、またそれを承けていると思われる『仏祖正伝記』や他の伝記も高祖に信服した様子が描かれている中で『洞上聯灯録』には「師（二祖）往見レ之、以二所証一呈、元（高祖）不レ肯、辞游二諸方一」とあるようにお二人があたかも機縁が契わなかったと受け取られる叙述もあり、注意を要しよう。それはさておき、その後、文暦元年（一二三四）まで五年間程の空白期間がある。

竹内氏はこの五年程の空白を『伝光録』の記事すなわち「師命ニ随、時ヲ待」つの文を受け入門待期の理由として、⑴当時の社会情勢（延暦寺天台教団の新仏教に対する迫害）によったもの、⑵当時の建仁寺僧団の堕落に対する高祖の二祖への配慮、⑶多武峰達磨宗の解体・離散に対する高祖の深い思い遣りの心、と三つを想定されている。これも寛喜元年初相見を事実とした上でそれ以降の空白を考慮する上で最も妥当な説であろう。しかし、私は諸伝記の記事や竹内氏の前説をそのまま考慮しつつも、それを証明する第一史料がないこと、また再会までの期間があまりにも長く、その間に書状の往復などの消息を伝えるものがなく不自然さを感ずる上から一応疑問視する傾きが強い。伝記作者は、高祖が帰朝してから二祖との初相見をできるだけ早い時期に想定する必要性を自然に抱いたのではなかろうか。要するに空白を種々のできごとで埋める意識が働くのは伝記作者として必然的でさえある。多武峰焼打事件による日本達磨衆徒の離散という事実が、それを側面的に裏付ける点も考慮されたのであろうか。それにしても二祖の初相見は興聖寺創建後の文暦元年冬であっても、二祖はその後において高祖の正伝の仏法を究尽していくことができたと考えられる。例せば『随聞記』中の問答商量は、前述の『弁道話』十八問答と比較して一般的ではあるが、それなりに内容も豊富である。なお、参考までに『随聞記』中において二祖と問答している箇所を挙げておく。

巻二、1・4・11・16　巻三、15・16　巻四、10　巻五、4　巻六、11・13・24（岩波書店『日本古典文学大系81』底本長円寺）

今はこの『随聞記』の箇所について検討する遑がないので竹内氏の前掲書に譲っておく。ただ右の箇所に限らず『随聞記』全体を分析することによって興聖寺における諸事状の一端が窺えることは誰しも承知であろう。

記述は前後するが、建仁寺の草庵が破却（『兵範記紙背文書』）されたのは寛喜二年（一二三〇）の頃と推定されている（大久保道舟著『修訂増補 道元禅師伝の研究』）。その後、高祖が山城深草に閑居したことは『永平広録』巻十の「閑居偶作」に拠って証明されている通りである。そして天福元年（一二三三）には、深草の極楽寺旧趾に観音導利興聖宝林寺が創建され、その徳風はいよいよ高まっていた。

二祖が僧海や詮慧などと共に高祖の許に帰投してきたのはその様な時、文暦元年（一二三四）冬であったと諸伝記にある。指摘されている如く多武峰における覚晏の示寂後の事であろうから二祖は心おきなく高祖に参随できたものと思われる。二祖が所謂正伝の仏法たる只管打坐の追求とその実践に邁進される日々が続いたことは想像に難くない。その様な精進の一端を伝えているのが前掲の『随聞記』における問答商量の叙述である。換言すれば、初相見は寛喜元年の早い時期に想定せず文暦元年冬の帰投時であっても、二祖には充分の力量と精進があったと考えられる。

さてその様にして高祖に親近していた二祖が嘉禎元年（一二三五）八月十五日、仏祖正伝菩薩戒法を高祖より伝授された。その記述をしているのは『三祖行業記』『三大尊行状記』『仏祖正伝記』『列祖行業記』『洞上諸祖伝』『洞上聯灯録』『豊鐘善鳴録』の伝記七点である。この中、『列祖行業記』『洞上諸祖伝』『洞上聯灯録』『豊鐘善鳴録』には「菩薩戒」とあるが単なる略称といえる。さらに同日、理観なる僧に明全所伝の戒脈を授けていることも知られているから他にも同様のものを数人に伝授されたことが推定される。

ここで注意すべきは『建撕記』の記事で、これには同日に「伝法」とある点である。またすぐに想定されるのは、大了愚門編の『永平仏法道元禅師紀年録』と太祖瑩山禅師の提唱と伝える『報恩録』上の記事である。その『紀年録』には「嘉禎元年十二月日住二観音導利院一沙門道元〇懐奘入室領レ祖‐印居レ板‐首」、『報恩録』には「懐奘嘉禎元年伝レ法授二大事一」とあるように嘉禎元年に入室ないし伝法したというもので、先の仏祖正伝菩薩戒を授けられた時点を念頭に置いているものと思われる。これに関しては、後述する嗣法の時期を考慮する際に少しく触れることにしよう。

二、大悟の機縁・嗣法・任首座

二祖の大悟の機縁となった「一毫穿二衆穴一」話に関して先の諸伝記中には、『洞谷記』『建撕記』『洞松禅寺住山歴祖伝』を除き、他の伝記には揃って掲載されている。それには菩薩戒授受後のある時、高祖がこの話を示され、二祖は言下に大悟されたというものである。この話は、高祖の『真字正法眼蔵』すなわち『三百則』（大久保道舟編『道元禅師全集』下「三百則」上85）に所収されているもので、高祖が『正法眼蔵』の著述や示衆また上堂の際の手控えとしていたと考えられ、嘉禎元年の撰述と見做されている。

なお、この話は『永平広録』中の第一「興聖寺語録」をはじめ『正法眼蔵』や『随聞記』などには見当らない。『三百則』中の話が全て高祖の著述に活用されたり、二祖などに筆録されている訳でもないが、この話自体が請益に挙げられたことを証明する史料がない点は指摘できる。しかるに『瑩山清規』（附著）の懐奘忌疏をはじめとして諸師（月舟・卍山・三洲・面山・無得・卍海・無学・黄泉）の語録などには、八月二十四日示寂日やその像賛などに引かれている。中でも『面山広録』巻一の「永慶開山孤雲奘和尚忌上堂」は長文であり注目してよかろう。ただし面山撰『洞上夜明簾』には、『伝光録』の二祖の章に示した太祖の頌古を「孤雲懐奘永平二祖示衆」として挙げる誤りを犯している。面山ほどの学徳者が、どうしてこの様な失態を演じたか不思議な程である。『伝光録』には多数の異本があり、その構成は、まず冒頭に本則を掲げ、次にその祖師の機縁を述べ、さらに提唱がなされて、最後に頌古が付き、その祖師像が象徴的に表わされていることは周知の通りである。『伝光録』の編集には、後人の手が入っているとしても太祖の撰述がその中心をなしているものと思われるから面山が太祖によるこの二祖の頌古を二祖の「示衆」としている点はうなずけない。

繰り返すが古くより『伝光録』『三祖行業記』『三大尊行状記』『仏祖正伝記』などに掲載されているこの話は、高祖ご自身が『永平広録』などに浄祖の「身心脱落」話によって得法したと述べられ、またその話が『宝慶記』に見られるのとは相違して『三百則』にあるだけであり、それを二祖が確実に聞法したとする客観的史料に欠ける点が残念に思われるのである。なお、竹内氏が発表された如く二祖の興聖寺における最初の首座秉払の話が「洞山麻三斤」であった（『随聞記』第五）ことから嘉禎二年（一二三六）冬安居のテキストは『三百則』であったのではなかろうかと推測することも可能であるが、これとても側面的事実に過ぎないと思われる。如何であろうか。

ところで直前に触れたように、二祖が興聖寺における最初の首座に任ぜられた時期は、嘉禎二年十月十五日に興聖寺の僧堂が開単上堂（『永平広録』巻一）されている訳であるからこの年の冬安居ということになる。『随聞記』第五には、この年臘月除夜、初めて秉払をなした感激を熱っぽく述べていることも既に広く知られている。なお、年月日は記していないが『三祖行業記』『三大尊行状記』『列祖行業記』『洞上諸祖伝』には、「結夏秉払」と記されて『随聞記』と異なる説をなしているが、これは誤記ということになる。臘月除夜という特殊な日ではあるが、従来の説の通り二祖の筆録とされる『随聞記』中のご自身の記録とすれば疑うことはできないであろう。

二祖の入室伝法の時期に関して先に『建撕記』ないし『永平紀年録』『報恩録』の記事では、嘉禎元年八月十五日、仏祖正伝菩薩戒法を伝授された当日と見做される説を挙げた。これとは別に「一毫穿㆓衆穴㆒」話による大悟後のことであるとする説が『三祖行業記』『三大尊行状記』『仏祖正伝記』『列祖行業記』『洞上諸祖伝』『月坡全録』の記事である。この『三祖行業記』以下の諸伝記は、その年月日を記していないが首座秉払前のことであるので菩薩戒授受の嘉禎元年八月十五日以後から翌二年大晦日迄の間を指していると解釈されよう

『建撕記』などの記事はさておき、この様に年月日不明であった二祖の嗣法は、面山撰『伝法室内密示聞記』に「師資面授嘉禎二丙申年十一月十八日夜半道元授与懐奘」とある相州木沢松巌寺（現、神奈川県平塚市松岩寺か）室中鎮護の大事とその面山による永平寺宝蔵中の

大事の拝覧によって、ほぼ明確になったといえる。この『伝法室内密示聞記』の記事に関する限り今は信じてもよいと思われる。この点は既に村上氏が指摘し、また竹内氏も永平寺宝蔵踏査の記録の内容は、その事実および高祖自筆の大事の存在をさらに確認する余地は存しているにしてもほぼ嗣法相続の年月日はその嘉禎二年十一月十八日と決定せざるをえないとの主旨を述べられている。永平寺宝蔵（現、一華蔵と宝物館）には、現在のところ面山の言う「元祖ノ奘祖ニ授与シタマフ大事」は発見されていない。面山拝覧後、今日に至るまでの間に逸亡している訳であるが、惜しみてもなお余りある法宝といえよう。

おわりに

二祖の興聖寺時代を中心にした行実は、次の事柄が大雑把に指摘できよう。すなわち年月を示さず漠然と建仁寺寓居中の高祖に二祖が参見したというのが諸伝記の記事であった。それを具体的に寛喜元年冬頃、初相見したとする竹内氏の説はそれなりの可能性を持つ。しかし、それを裏付ける史料はない。またその初相見から再相見とされる文暦元年冬までの間、二祖は高祖に何らかの交渉や働きかけをしなかったのであろうか。竹内氏の想定する理由を考慮するにしても、その間に何の消息も伝えていないことに不自然さを感じる。

文暦元年冬に参謁随侍したとする諸伝記の記事は、高祖が仮寓中とは異なり既に興聖寺も創建されているし、二祖の側にも覚晏示寂後であろうから帰投するには条件も整っているのでたとえ史料はなくても問題はなかろう。この時が実際の初相見ではなかろうかと推定するのは早計にしても先の初相見の時期とその後の空白期間に疑問を抱くのである。次に翌嘉禎元年八月十五日、菩薩戒を伝授されたことは、同日に理観にも明全所伝の戒脈を授けられていることによって裏付けられる。同じく嘉禎二年十月十五日、興聖寺僧堂が開単され、二祖が首座に任ぜられていることは、同年臘月除夜秉払の記事『随聞記』によって証明される。この任首座の時期と前後し、二祖が何らかの機縁によって得法したことが想定されよう。そこで、「一毫穿衆穴」話の機縁によって大悟したとするのは、この話が『三百則』に掲載され、また諸伝記や諸語録に引用されているが、確実に高祖によって用いられたという客観的史料に欠ける。次に竹内氏が指摘する如く、面山によって高祖の二祖に授与された「大事」を相州松巌寺室中に拝覧したとする『伝法室内密示聞記』の記事を信ずることも許容されよう。その後、『随聞記』にある通り大晦日に「洞山麻三斤」話を挙揚した訳である。そして嘉禎年中における『随聞記』の筆録、仁治三年（一二四二）頃から『正法眼蔵』各巻の書写と侍者役を続けていくことになる。

以上の拙論を発表直後、東隆眞氏により興聖寺における二祖の首座就任前は、典座職に就いていたとする伝記（『三祖行業記』『三大尊行状記』）のご指摘があり、またそれを傍証する『洞谷記』（附録）の記事をご教示頂いた。誠に感謝に堪えない。なお、ちなみに『三祖行業記』『三大尊行状記』に「師（二祖）四（＝知）客典座及首座、多年之間、兼行侍者、従元公（高祖）」の文もあるので参考になろう。

注（追記）

（1）これらの伝記とは別に版橈晃全撰『僧譜冠字韻類』巻八十八末に「宋道元」が所載し、その末尾に「懐奘」を付記している。執筆当時、筆者は把握できず、除外した。

次に参考書として懐奘研究の関連書（単行本）と論文類を列記する。

○懐奘研究の関連書（単行本）

村上素道『永平寺二祖孤雲禅師』京都永興寺参禅会、一九二七年

大久保道舟『永平二祖孤雲禅師　附光明蔵三昧俗弁』大阪参禅会、一九二八年

上野舜穎編『永平寺二祖孤雲禅師』福井永平寺、一九三〇年

大久保道舟『永平二祖孤雲懐奘禅師伝記』山喜房佛書林、一九三〇年

同右『孤雲懐奘禅師御伝記　附光明蔵三昧・永平室中聞書』東京鴻盟社、一九三〇年

同右「原始僧団と日本達磨宗との関係」（『修訂増補　道元禅師伝の研究』筑摩書房、一九六六年）

中世古祥道『道元禅師伝研究』「第七章　深草時代」（国書刊行会、一九七九年）

熊谷忠興編輯『懐奘禅師研究』永平寺、一九八一年

竹内道雄『永平二祖孤雲懐奘禅師伝』春秋社、一九八二年

○論文類

大久保道舟「道元禅師の僧団結成とその会下の僧衆」（『駒澤大学学報』一輯、一九四一年）

古田紹欽「道元と懐奘との間」（①『印度学仏教学研究』二三巻二号、一九七五年、②「道元と懐奘との間——興聖寺僧団から永平寺僧団への推移のなかで」『古田紹欽著作集2・禅宗史研究』講談社、一九八一年）

榑林皓堂「道元高祖と二祖懐奘禅師」（『傘松』四二四号、一九七九年一月）

原田弘道「初期曹洞教団の性格」（『駒澤大学仏教経済研究』一四号、一九八五年）

中尾良信「能忍没後の達磨宗」（『宗学研究』二七号、一九八五年）

高橋秀栄「孤雲懐奘の参学と日本達磨宗」（『曹洞宗教義法話大系5』同朋舎出版、一九九〇年）

船岡誠「古風禅への志向——天台教団の圧迫」（同右）

中尾良信「初期永平寺僧団の問題点」（『禅研究所紀要』一八・一九合併号、愛知学院大学禅研究所、一九九一年）

高橋秀栄「達磨宗と道元」（『道元思想のあゆみ1』吉川弘文館、一九九三年）

守屋茂「深草・興聖寺とその寺跡」（『道元思想大系3』同朋舎出版、一九九五年）

竹内道雄「孤雲懐奘伝について——興聖寺時代の行実」（同右）

菅原昭英「道元の勧進について——観音導利院僧堂勧進疏の史料価値」（同右）

関恒久「道元禅師と檀越波多野氏について」（同右）

石川力山「『正法眼蔵随聞記』と日本達磨宗」（同右）

第二章　道元禅師伝の粉飾的記事　その一

第一節　誕生逸話・弾虎拄杖・一夜碧巌・一葉観音

はじめに

高祖道元禅師の伝記は、鎌倉時代末から江戸時代末までにおよそ六十余種を数える（『諸本対校 永平開山道元禅師行状建撕記』『禅籍目録』等参照）。これらを閲覧していくと種々に変容されていく過程がたどれる。高祖の行実を示す確かな史料が全て残っていて、それを源に編纂されたものであればともかく、必ずしもそうとは限らない。空白部分や不確実な個所を埋めるため、時に伝承を増幅させたり、伝記作者の独創的見解も付加されていくことになる。

従来、高祖伝は歴史的立場からその史実を考究され、信仰上や文学的粉飾の描写に関してはタブー視される傾向にあったように思われる。神秘のベールを外しても徒らに混乱を惹起するばかりで何ら意味がないとの批判もあろう。しかし、たとえ荒唐無稽な話であっても、伝記作者達はそれを通して何を表わそうとしているのか、その真意を探ることも必要である。それが宗教的に真実であり、高祖の人格を讃えるものであれば尚更である。つまり、伝記作者の製作態度を探り、その記述の伝播受容の過程を辿るという視点で研究する分野もあると思われる。

以上のねらいから本論では、一般的に文学的粉飾と見做されるいくつかの記述の中から次の四話を抜き出し考察してみたい。

一、誕生にまつわる話

二、中国の諸山を遊歴中、虎に遭う話

三、碧巌集の書写に異人が助筆した話

四、海が荒れた際、船中にて観音経を誦すと一葉観音が出現し風波が穏やかになった話

右の話は、高祖の伝記を全て比較参照するのが本筋であるが、比較的古い伝記類の数種を採り上げて検討するに止めることをあらかじめお断りしておきたい。

一、誕生にまつわる話

高祖の誕生にまつわる話の初出伝記史料は『元祖孤雲徹通三大尊行状記』（以下、三大尊行状記と略称）および『永平寺三祖行業記』（以下、

三祖行業記と略称）である。

初生時。相師見曰。此児異二于常童一。必是聖子也。七処平満。骨相奇秀。盻(眼)有二重瞳一。須レ非二凡流一。古書曰。誕二聖子一時。其母命危。此児七八歳時。即喪二其母一。人(母)雖レ聞二此言一。至愛鞠養。不レ驚不レ恠。常自念二此子一。懐妊時。空中有レ声。告曰。此児五百年来。無レ斉レ肩聖人也。倭国為興二隆正法一託生来。符二合相師言一。（中略）時(于時)古老名儒賛曰。此児非レ凡。可作二大器一。須レ称二神童一。

右の記事で時間上の記載順で言えば、懐妊時の「空中の声」が誕生時の前にくるべきであろうが、後になっていることを指摘するに止め、内容の検討は後述する。次に『伝光録』と『洞谷記』の該当記事を挙げよう。

正治二年初テ生ル、時ニ相師見奉テ曰、此子聖子也、眼ニ重瞳アリ、必ズ大器ナラン、古書ニ曰、人聖子ヲ生ズル時ハ、其母命アヤウシ、コノ児七歳ノ時、必ズ母死セン、母儀是ヲ聞テ驚疑セズ、怖畏セズ、増愛敬ヲ加フ、果シテ師八歳ノ時、母儀即チ死ス、人悉ク道フ、一年違ヒ有ト雖トモ、果シテ相師ノ言ニ合スト、

『伝光録』（『曹全書　宗源下』）

初生時。相師見云。七処平満。骨相奇秀。眼有二重瞳一。此児非レ凡。必是可レ為二聖子一。古書云。誕二聖子一時。其母命危。此児七八歳時。須喪二其母一。又自念応レ作レ然此児懐胎時。空中有レ声。告曰。此児五百年来。無レ双レ肩為二聖人一。倭国託生。興行正法。符二合相師言一。

『洞谷記』（同）

『伝光録』には、「正治二年」の年号が加わっているが、「七処平満、骨相奇秀」の語句はなく、「空中の声」の記述はない。『洞谷記』は、前掲の『三大尊行状記』『三祖行業記』の記述と字句の相違は多少あるが内容的には殆んど踏襲しているといってよい。

誕生時に相師を召し観相させる話は、直ちに有名な『仏所行讃』の偈文をはじめ各種の仏伝を想起できよう。仏伝中、『仏本行集経』には「相師占看品第八」があり詳しく記されている。また「七処平満」（『長阿含経』）の語は、「七処満好」（『仏本行集経』）、「七処斉満」（同上）、「七処満」（『大方便仏報恩経』）等とも称され、釈尊の誕生時に婆羅門の相師（占相婆羅門）が三十二種の大人相の一に数えている。所謂三十二相の中で「七処平満」は、両足下・両掌・両肩・頂中の七処が平満で端正な相状を言い、他の相状と比較してさほど奇抜でない点から採り上げたのであろうか。「骨相奇秀」とは、骨相学方面で常人と異なるという意味の句である。「眼有重瞳」の重瞳とは、眸子《ひとみ》が二つあることで中国の伝説上の帝舜がそうであった（『史記』五帝紀・『論衡』骨相）とされるが必ずしも聖人の表ではなく、後世に君子では項羽・王奔・呂光・李煜、臣下では沈約・魚倶・羅蕭・友孔がいる（『五雑組』人部一）といわれる。

なお、日本では、聖徳太子もそうであったとし、「智者目有重瞳」（『上宮皇太子菩薩伝』）とある。高祖が重瞳であったとする伝承は『義雲語録』の永平初祖賛に「鼻孔端有二衝天気一眼瞳重具二射レ人光一」の句があることからして早期にあったことになろう（中世古祥道著『道元禅師研究』一一頁参照）。次に「古書」の名は不明であるが、「誕聖子時、其母命危」の語は、『仏本行集経』姨母養育品第十の「摩耶夫人、寿命算数、唯在七日、是故命終、雖然但往昔来常有是法」の文意に相応するのではなかろうか。また「懐妊時、空中有声」の語は、同書私陀問瑞品第九の「童子生時、於童子上、自然而有無量音声、非人所作、復聞無量歌楽之声」の文意に相応すると思われる。但し、懐妊時では

なく誕生時である。この話は、『仏本行集経』に限る訳ではなく、仏伝類一般にも見られるものである。以上、『三大尊行状記』『三祖行業記』の作者は、高祖の誕生の話を釈尊のそれを想起しつつ模倣したと言ってよかろう。高祖に対する讃仰の念が釈尊のそれと等しかった訳である。『碧山日録』には先に指摘した時間上の記載が整理され、『永平開山道元和尚行録』には誕生時に室内を「白光が照らす」、『日域曹洞列祖行業記』には懐妊時に「悲母の潔斎」等が各々加えられ、荘厳味が増していく。

二、中国の諸山を遊歴中、虎に遭う話

高祖が中国の諸山を遊歴中、虎に遭う話の初出史料は『碧山日録』（『史籍集覧』「新加別記」第五四所収）である。

又甞游二天台一時、暫息二於哨壁之下一、忽有二猛虎一突二出於前一、師以レ杖弾レ焉、虎陥二於深一不レ得レ加レ害也。

高祖が台州小翠岩の盤山思卓を訪ねて問答をした（『三大尊行状記』『伝光録』等）とする真偽はさておくとし、平田の万年寺において元鼒に相見し嗣書を拝覧した（『正法眼蔵嗣書』）のは確かである。しかし、当時（宝慶元年春頃）、果して虎が天台山にいたかは不明である。もっとも伝説上に唐代の僧豊干《ぶかん》が寒山や拾得と交流する中で虎を自由に繰っていたとする話もあり、よく画材にもなっているが、これは全くの創作といってよかろう。なお、『碧山日録』には、この話の前に「一夜碧岩の話」があり、この文の後に「師之属徒名レ之曰二一夜碧岩弾虎主丈（ママ）二」とある。また末尾に洞僧の光篤から「弾虎杖」は「越之宝篋（ママ）寺」に秘蔵していると聞いている。ところが、明州本『建撕記』では次のような記事になっている。

○此（為）。琰和尚相見為、径山登路逢二老虎一、此時以二柱杖《ママ》一依レ玉虎羽号、今宝慶寺在レ之。

このように高祖が老虎に遭ったのは天台山ではなく径山となっている。高祖が径山万寿寺の浙翁如琰に相見したことは、『三大尊行状記』『三祖行業記』や『伝光録』の記事にあるが、虎に遭遇したことには触れていないのである。これを承けるものに瑞長本『建撕記』（虎掀ノ拄杖）、「門子本」（虎ハネノ主杖）、「元文本」（虎刎柱《ママ》杖）、「承天本」（虎刎ノ柱《ママ》杖）、および『諸嶽山總持寺旧記』（虎刎柱《ママ》杖）等がある。なお右の中「承天本」には、その虎刎の拄杖は[1]「今者在於永平室中」とあり『永平紀年録』もこれを承ける。

『永平開山道元和尚行録』（以下、行録と略称）と『日域曹洞列祖行業記』（以下、列祖行業記と略称）の記事を次に挙げよう。

師之二江西路一。日暮無レ投。更宿二荒草中一。忽有二一虎一。鼓レ牙来噛レ師。主杖子忽化為レ竜。以護二師身一。虎疾潜去。主杖存二亨今一。倭謂二之虎搏主杖一。

『行録』（『曹全書　史伝下』）

師下レ山。之二江西一。会二日暮一。蹲二坐艸中一。有レ虎目光夾レ鏡。鼓二唇牙一向レ師。師攙二向柱杖一。柱《ママ》杖忽化レ竜与闘。虎遂垂頭而去。柱杖于今。倭曰二虎歯柱杖一。

『列祖行業記』（『同　史伝上』）

このように右の二書では、天台山や径山ではなく江西において虎に遭い、おまけに拄杖が龍と化して虎と闘うことになっている。天台山や径山に虎がいたとする記録はないにしても、江西では現在でも各種の猛獣がいるとの事である。しかし、高祖が江西方面へ遊歴したとする記録はない。この二書の記事を承けるものに『扶桑禅林僧宝伝』、『永平仏法道元禅師紀年録』（虎歯拄杖）、『延宝伝灯録』、『日東洞宗初

祖永平元和尚道行碑銘』、『道元禅師行業記（建撕記延宝本）』、『日域洞上諸祖伝』、『本朝高僧伝』、それに面山の『訂補建撕記』（虎ハネノ柱杖）等に記されている。これらの中、「訂補本」の補注には、

コノ一段ハ、祖師ノ在世ニハ・知ルモノナカリキ・滅後ニ・寒巌義尹和尚入宋シテ・彼地ノ叢林ニテ・竜頭ニ僧ノ踞テ・虎ノ柱杖ヲ嚼ム・図ヲ画セルヲ見テ（中略）時ニ寒巌感幸シ・自画ニ写シテ・帰東セラレテ・日本ニハ普知セリ・寒巌ノ自画ノ図・今モ一幅現在シテ・江州大津ノ青龍寺ノ室中ニアリ・余登山シ・寺主ニ請シテ拝見ス・古奇ノ法宝ナリ

とある。この記事の通り、近江大津の青龍寺室中に寒巌の自筆画と伝えられる「永平高祖弾虎像」[2]を蔵する（『道元禅師真蹟関係資料集』大修館書店、所収）。なお總持寺には、この青龍寺蔵の画幅に関し『永平高祖弾虎像由来』の文書を有し、「青龍寺舜喜誌」と雲山愚白と千丈実巌の識語を有するが、その真偽は不明である。説経《ママ》本『越前国永平寺開山記』[3]には、高祖が老人（達磨大師の化身）から授った拄杖が大蛇（竜）ないし剣となって虎を退治する話になっている。いずれにしても実際にあったとは思われず、高祖の威神力を示す逸話であろう。

三、『碧巌集』の書写に異人が助筆した話

『碧巌集』の書写に異人が助筆した話の初出史料も『碧山日録』（前掲書『史籍集覧』所収）であり、次の通りである。

又天童入室之暇、一夕書二碧岩百則及頌一、忽有二一異人一来、焼二青蒻一束一而照レ之、始二於亥一、而畢二功於寅一、異人自号二招宝七郎一、乃不レ見。

これと同様の記事は、明州本『建撕記』にある。

来日可《シ》二帰朝一定《玉》一夜《ニ》、碧巌集一部《ヲ》書写《シ》玉、其時《ノ》大権修利菩薩助筆并燈火《ヲ》挑玉、故《ニ》土地神奉レ用也。

招宝七郎と大権修理菩薩は、「招宝七郎大権修理菩薩」と称される如く同一神である。これを承けるものに瑞長本・門子本・元文本・承天本『建撕記』がある。この中、「瑞長本」に「此助筆ノ事、伝説多レ之、本記録ニ不分明、至《テ》二後来一《ニ》、能々可《シ》レ尋レ之」とあるのが注目される。右の記事と異なるものが『行録』（前掲書）にある。

是日薄暮。得二碧岩集善本一。手繕レ之。到二三更一思念。忽劇難レ全。時有二白衣神人一。来乞二加助一。卒闋二其功一。倭謂二之一夜碧岩一存二于今一。師怪レ之問二其姓名一。曰。我乃日域男女之神也。言已即隠。越知。白山明神也。

この『行録』と同様な記事が『列祖行業記』にあり、さらに延宝本・訂補本『建撕記』等に引継がれる。

前掲の『碧山日録』に「招宝七郎」が碧巌集書写に助筆したという記事は、それ以前に洞門僧が撰者太極にその伝承を教示していた訳であるが、それを記す史料は不明である。『伝光録』や『洞谷記』にはない。

「招宝七郎」に関し、面山撰『洞上伽藍諸堂安像記』によると、中国唐代大中三年に釈提桓因（帝釈天）を「招宝七郎大権修理菩薩」と称した例、また『北澗文集』を引き、それは阿育王所造の八万四千塔の一でその「護塔之神」とする例、さらに招宝山は浙江省定海県の東にあり、七郎とは招宝山の別峰名であることを記す。一般に「招宝七郎大権修理菩薩」は、阿育王山の護法神、また土地神とされている。なお『行録』と『列祖行業記』には、宝慶三年（一二二七）冬、高祖が帰朝の際、化神が現われ、その名を問うと「龍天」と言い、中国で

は「招宝七郎」と答え、還郷するのを知り正法を護持しようと言い三寸程の白蛇となり鉢嚢中に屈蟠するのを請来したとの記事があり、延宝本『建撕記』もこれを承ける。この場合、「招宝七郎」は護法善神、「護船之神」（『禅林象器箋』）であることになる。ところでこの「招宝七郎大権修理菩薩」が「白山明神（白山権現）」にすり代ったのは、どういう背景からなのか不明である。永平寺等では、修行僧が「竜天護法善神、白山妙理権現」の軸を持ち修行の守護尊としている。

大乗寺に伝えられる通称『一夜碧巌集（仏果碧巌破関撃節）』は、果して高祖が将来したものか、またその前半の筆跡は高祖の直筆か等の問題がある。なお、高祖の著述中に引用されている『碧巌集』と「一夜本」および「流布本」との比較研究に関しては、竹内道雄氏と鏡島元隆氏との論争[4]があり、高祖の将来説に関し竹内氏は肯定説、鏡島氏は躊躇と危惧を感ずるとして否定説に傾いている。鏡島氏は、『道元禅師と引用経典・語録の研究』の中で西有穆山師の日本達磨宗の伝来という説を紹介しているが、この説を含め今後さらに検討する必要があろう。

四、海が荒れた際、船中にて観音経を誦すと一葉観音が出現し風波が穏やかになった話

海が荒れた際、高祖が船中にて観音経を誦すと一葉観音が出現し風波が穏やかになった話の初出史料は明州本『建撕記』である。これによれば、入唐《ママ》時に痢病に罹り悪風が吹き船が震動した際、観音経を読誦すると風雨が止み痢病も癒え一葉観音が出現したとする。「瑞長本」「門子本」「元文本」「承天本」はこれを承ける。なお「瑞長本」では、この文の末に「但シ本記録ナシ」、同じく「門子本」には「但無本記録之」とある点が注目される。これとは別に『行録』『列祖行業記』『扶桑禅林僧宝伝』『永平仏法道元禅師紀年録』『延宝伝灯録』『永平元和尚道行碑銘』さらに延宝本『建撕記』では、帰朝時の話になり、「訂補本」もこれを承ける。

前記の「明州本」には、安貞元年秋に帰朝して九州河尻の大渡に居住、三日の内に建立されたという三日山《さんちざん》如来寺、大梁山大慈寺があり、後に義尹が住したとする。「訂補本」の補注には三日山如来寺には触れず、川尻津に南溟山観音寺があり、その本尊が一葉観音で高祖が着岸後に自刻して安置し、後に監院僧がその像を描き洛南の高祖に参謁して賛を乞い、その監院が版を彫ったとし、その版は寺傍の民家に蔵しているとの主旨を述べている。ところがいつの頃からか、その版画は「伝道元禅師筆一葉観音」として『扶桑画人伝』に所載している（大久保道舟著『道元禅師伝の研究』[5]）とのことである（伝記では『行録』初出が、面山の記述とは矛盾するものでその真偽は不明である。

因みに一葉観音の賛偈は次の如く種々ある。

(1)　一花五葉開、一葉一如来、弘誓是深海、回之運善財
　仁治壬寅歳九月初一日　沙門元賛（永平寺蔵）

(2)　一花五葉開、一葉一如来、弘誓是深海、回々運善財
　仁治壬寅歳九月初一日、沙門道元賛（明州本・瑞長本・元文本）

(3)　一花五葉開、一葉一如来、弘誓深如海、回回運善財（訂補本）

(4)　一花五葉開、一葉一如来、弘誓是深海、回回運善財
　仁治壬寅歳九月初一日、沙門道元(并)賛
　（倉敷市地蔵院蔵・常滑市瑞泉寺蔵）

(5)　一花五葉開、一葉一如来、弘誓是深海、回向運善財

仁治壬寅歳九月初一日、沙門道元賛（東京都故小林文七氏旧蔵）

右の通り賛偈は部分的に字句が異なる。⑵⑶はともかく、⑴⑷⑸で高祖の直筆と断定されるものはない。高祖と〝観音〟の関係は、在宋参学中の嘉定十七年（一二二四）秋ないし宝慶二年（一二二六）の間に補陀洛山へ上ったと推定されていて『永平広録』巻十にその時の感懐を記している。また帰朝後の仁治三年（一二四二）四月二十六日『正法眼蔵』観音巻を示衆している。前記の通り、この年九月一日に「賛偈」を作ったとする真偽はさておき、何らかの関連を考慮する余地があろう。高祖の観音信仰に関しこれだけでは充分に論じられないが、逸話の生ずる素地はある。その「賛偈」が実際に書かれたとして、入宋時または帰朝時の逸話は、それを元に後に付加された可能性があるのではなかろうか。

以上、高祖の伝記中で粉飾的内容の特に顕著な四話は、いずれも高祖の人格を高揚するための記述であることが判明した。今後、同様な視点に立ち高祖の伝記を考究する所存である。

注

（1）「拄杖」。伝記史料により「拄杖」「主杖」（しゅじょう）と表記する。中には「柱杖」（ちゅうじょう）と誤写したものがある。その場合は原本のままにした。その杖の先端に枝が付いているものを「触頭拄杖」、それがないものを「浄頭拄杖」と称す（『禅林象器箋』第二八類、器物門）。拄杖の機能は身体を支えるばかりではなく、行脚や修行者への指導や法堂における説法の時などに用いる、という。

（2）「永平高祖弾虎像」（『道元禅師真蹟関係資料集』道元禅師筆蹟　第三類）には、「弾虎図像」（青龍寺所蔵）として掲載（一〇〇七頁）する。

（3）『越前国永平寺開山記』（浄瑠璃師結城孫三郎等記、元禄二年（一六八九）五月版行）。これは、横山重編『説経正本集』第一（角川書店、一九六八年）に所収されている。論文には中野東禅「高祖伝における庶民芸能の影響――『越前国永平寺開山記』」（『宗学研究』一一号、一九六九年）がある。

（4）一夜「碧巌集」の伝来に関する論争。
西有穆山「大乗寺一夜碧巌弁」、鏡島元隆先生の先師宗純氏の浄写・所持。

鏡島先生の後掲書『道元禅師と引用経典・語録の研究』（一七七～一七九頁）に付載。

竹内道雄「永平道元と碧巌録――一夜碧巌の道元将来説について」（『宗学研究』一号、一九五六年）。同「続永平道元と碧巌録――一夜本「碧巌集断簡」の発見に因みて」（『日本宗教史論集』上巻、一九五六年）。

鏡島元隆『道元禅師と引用経典・語録の研究』四章四節（木耳社、一九六五年）。『道元禅師とその周辺』十四章五（三）（大東出版社、一九八五年）。

鈴木大拙校印『仏果碧巌破関撃節』（一九四二年）、解題「仏果碧巌破関撃節の刊行に際して」一九頁、「宋人の書写」。

（5）「一葉観音像」伝道元禅師筆に関して。大久保道舟『修訂増補　道元禅師伝の研究』（前編　七章、五節　帰著の地に関する異説と批判）に「訂補本」の記事を引き、その版画「一葉観音」は『扶桑画人伝』所蔵には「伝道元禅師筆」となっていることの矛盾を突き、その真偽のほどは明らかでないと記す（一八〇～一八二頁）。同書には、「伝道元禅師筆一葉観音版画」（東京都故小林文七氏旧蔵）の写真があり、姿形とその筆致が美しい。吉田道興「一葉観音画賛」解説（『永平寺史料全書　禅籍編』一巻、大本山永平寺刊、七九九～八一一頁）。『道元禅師真蹟関係資料集』（大修館書店、一九八五年）には、「香積院所蔵軸　観音像賛」の写真（一〇一二頁）を掲載する。

第二節　道元の仏祖崇敬（禅宗逸話）、史実と信仰、三箇霊瑞

はじめに

　高祖道元禅師（以下、高祖と略称）の伝記に関し、筆者が論及を始めて約十年が経過する。その契機は、高崎直道氏による高祖の俗系と「身心脱落」に関する衝撃的な説（『古仏のまねび〈道元〉』仏教の思想11、角川書店、一九六九年）の発表である。その俗系説とは、大久保道舟氏の研究（『修訂増補 道元禅師伝の研究』前篇第二章「俗系の研究」四四〜七三頁）を受け、その父を久我通親(1)、その母を藤原基房の女《むすめ》伊子とし、その伊子は木曽義仲の妾であったと刺激的に述べているもの。脱落に関する説とは、高祖を把握するキーワードの一つ「身心脱落」は、如浄禅師の『語録』中に見出せる「心塵脱落」の語を誤解したと(2)の旨の発言である。その書物は、一般向けの啓蒙書であるが、それだけに影響力が大きい。高崎氏の意図はともかく、その説により一般人の誤解を招きかねないからである。すなわち、まだ学会で断定されていないのに徒らな臆測を生ずる結果になるからである。まして高崎氏は、宗門に僧籍を持つ学者（印度哲学・仏教学）で知名度も高い。失礼ながらもう少し慎重な発言が必要であったと考えられる。

　その後、他の書物や論文に同種のものがいくつかあるのに気がついた。筆者も例外ではなく、とかく啓蒙書類には、通説を安易に出しがちである。しかし、厳密にいえば、㈠学説、㈡学説の一般化した通説、㈢信仰上より生じたもの、等と区別する必要があると思われる。そのような想いが次第に大きくなってきた訳である。

　当初、高祖の伝記類諸書における伝記作者の文学的粉飾に焦点をあて、とりわけ「虚構性」を指摘した。そのために高祖を冒瀆する輩と見做す向きもあったようである。偏狭な護教精神からいえば、それも当然であろう。しかし、筆者も末孫の一人として護教精神は決して人後に落ちない心算である。

　問題は、偉人伝や聖人伝の叙述系統に連なる高祖伝の諸書をどのように把握するかである。作品そのものの内容を客観的に把えると共に、伝記作者の立場や製作態度、さらにその時代背景や影響度なども知らなくてはならぬであろう。これらについて、信者や宗門僧侶、一般人や学者などにより把握の傾向が相違するのは至極当り前である。ところで、高崎氏と同様、宗門に籍を置く筆者は、時にその事項によって信仰をとるか、学問上の立場をとるか微妙な場合がある。結局、(A)歴史的真実と(B)宗教的真実、さらに(C)文学的粉飾（時に(B)と関連）などと弁別しようとする衝動の生起することを押さえきれなかったのである。

既に筆者は、試論的に、伝記上の内容を次の如く分類している。

(1) 確実な史料（典拠）があり、史実として認められるもの。
(2) 史料はないが、客観的に史実としてほぼ認められるもの。
(3) 史料はあるが、史実として疑わしいもの。
(4) 史料がなく、史実として疑わしいもの。
(5) 前項の(3)(4)とも関連するが、潤色（仮構）のもの。神秘的祥瑞・霊験・高揚化などの類。

本論では、以下にまず史実かどうかに関わる禅宗の代表的逸話について、高祖がどのように扱われているかを考慮してみたい。次に筆者が今までに問題にした高祖伝の粉飾的記事に関する論攷の要旨を述べ、その基本的態度の一端を明らかにして、最後に高祖伝の「瑞相」記事についてまとめて論じたい。

一、高祖の禅宗逸話に関する見解

『大梵天王問仏決疑経』は、禅宗の起源を伝える霊山会上の「拈華微笑」話[3]の出典として珍重されるものであるが、忽滑谷快天氏の『禅学思想史』上巻支那の部第二編第十七節ないし二十一節に詳説されて以来、その構成と内容上から日本の撰述とされている。しかし、高祖の在世当時はもちろん、現在もその史実如何に拘わらず、宗教的真実として受容されているのは周知の如くである。

高祖は、所謂「霊山付法」話を『正法眼蔵』中の「弁道話」「葛藤」「仏道」「面授」等の諸巻に説いている。この中で、「仏道」「面授」の両巻は、『大梵天王問仏決疑経』拈華品第二の取意文、他の二巻は更に簡略化した要旨を引く。ここで注意しておきたいのは、「弁道話」巻における次の文である。

如来むかし霊山会上にして、正法眼蔵涅槃妙心、無上の大法をもて、ひとり迦葉尊者にのみ付法せし儀式は、現在して上界にある天衆、まのあたりみしもの存せり、うたがふべきにあらず、おほよそ仏法は、かの天衆とこしなへに護持するものなり、その功いまだふりず。まさにしるべし、これは仏法の全道なり、ならべていふべき物なし。（傍点は筆者。以下同じ）

この文に示されている通り、高祖にとって「霊山付法」は、史実如何の問題ではなく、仏法（＝宗教）の全道（＝真実）を述べているのである。「天衆」の存在を肯定していることなどは、科学的合理精神を超越したものである。高祖は、またこの話の釈尊と迦葉との「面授」を重視している。その展開は、「面授」巻に述べられている如く、〝道元禅〟の根本的基盤をなしている。

『禅学辞典』（神保如天・安藤文英共著）の「霊山付嘱」の項には次のように記す。

（前略）然れども宗門は正伝面授を尊ぶ、正伝面授は室内の秘訣にして門外人の窺知するところに非ず、依経の有無真偽等を論ずるが如きは抑も枝末の事に属す。寧ろ依経無きが宗門相伝の真面目を発揮するものに非ずやといふに一致するが如し（一四九九頁）

なお、同書の「大梵天王問仏決疑経」の項に、その経典は「要するに其の真偽是非遽かに判定すべからず、宗門学者の特に研究すべき事項なりとす」とある。ここに著者の宗教的見解が込められているといえよう。

禅宗初祖の菩提達磨の存在は、関口真大氏の『達磨の研究』等によって、宗門の要請に基づいて形成された象徴的かつ理想的人物像とされる。しかし、それとは別に達磨は、依然として宗門の「初祖」として不可侵的存在である。史実上の菩提達摩《ママ》『洛陽伽藍記』等にしかない。いくつかある逸話の中で、『歴代法宝記』『宝林伝』『景徳伝灯録』等に所載する光統律師（慧光）と流支三蔵による達磨の「毒薬」殺傷の話は史実ではなく、禅者と経論師との葛藤を反映したものと近年は見做されている。

　高祖の在世当時、初祖達磨は歴史的人物であり、右の逸話も歴史的事実とされていた。『正法眼蔵』「谿声山色」と「行持（下）」の両巻にその逸話を所載している。流支三蔵と光統律師を「両箇のいぬ」と批難しているのは、いわば見当違いなのであるが、その頃における僧侶の歴史観の状況から判断して致し方ないといえる。「谿声山色」巻での引用は、「小畜の大聖をあだむこと」の一例であり、名利を捨て発心弁道すべきことを強調する教訓的話である。また「行持（下）」巻では、「祖師西来」の意義を述べる中で小国小人（流支三蔵と光統律師）と大国大人（達磨）とを対比させつつ、達磨の禅を史書類の「習禅」篇に編入している至愚を言うために引いているのである。「嫡嫡正証二十八世菩提達磨尊者」（葛藤巻）、「嵩山高祖古仏」（菩提分法巻）として実在視し崇敬していたことが判る。

　『六祖壇経』に関する高祖の見解は、非常に漸新である。「見性」の語があるので偽書と断定しているのである。

　仏法いまだ其要見性にあらず。七仏西天二十八祖、いづれのところにか、仏法ただ見性のみとある。六祖壇経に見性の言あり、かの書、これ偽書なり、付法蔵の書にあらず、曹谿の言句にあらず、仏祖の児孫、またく依用せざる書なり。（『正法眼蔵』「四禅比丘」巻）

　高祖は、「即心是仏」巻にも『景徳伝灯録』巻二十八の南陽慧忠国師語の文中にある語「佗把二壇経一改換、添二糅鄙譚一、削二除聖意一、惑二乱後徒一、豈成二言教一、苦哉、吾宗喪」（『大正蔵』五一巻、四三八頁ａ）を引いているので、右の見解はこれに由来するのかも知れない。しかし、高祖一流の修証観からすれば、「見性悟道」などは当然否定されることになろう。なお高祖と『壇経』との関わりについては、『慧能研究』資料篇第一章第二節「六祖壇経について」（四〇八頁）に譲り、ここでは触れない。

　要するに、高祖にとって、教主釈尊と初祖達磨の存在は、宗教もしくは信仰上の大前提であって、それへの批判や不信がいささかも起こり得ない精神状態にあったと思われる。それに反し、『六祖壇経』への内容批判は、当時、数種の異本も知られていたことでもあり、自己の修証観に照らして、自由に出来たものであろう。

二、史実か否か

河村孝道氏の編著『諸本対校 永平開山道元禅師行状建撕記』（以下、河村本と略称）にまとめられている「古写本建撕記」六本の「本文内容」を依用し、編著者がその伝記上、史実として問題のあるものとして論及した分の項目を次に列挙し、その要旨を記そう。

(2)　誕生　㋺家系、㋩相師ノ言、㋥古書ノ言、㋭天告ノ神異、㋬悲母ノ潔斎、㋣古老ノ賛辞。（河村本、二～四頁）

(4)　出家　㋺良顕ノ室ニ入ル（訂補本―良観）、㋩叡山横川千光房ニ登ル、㋥四月九日剃髪、㋭四月十日菩薩戒ヲ受ク。（同右、六～七頁）

(5)　建仁寺参学　㋑疑団アリ（訂補本）、㋺三井寺公胤、栄西ニ参ズ可キ事ヲ指示ス（訂補本）。（同右、七～八頁）

(7) 明全ニ師事ス　㋑明全ノ室ニ入ル、㋩大疑滞アリ、㋥三井寺公胤ニ参問、㋭公胤、入宋ヲ勧ム。（同右、一〇〜一一頁）
(8) 師資相伝　㋑明全ニ師資ノ印可ヲ受ク。（同右、一一〜一二頁）
(10) 在宋参学㈠　㋺戒次位ニ不審アリ、上表（第一回）（訂補本――上言）、㋩天童山評議シ戒位ヲ改メズ、㋥上表（第二回）、㋭五山評議シ、猶改メズ、宋帝ニ上表（訂補本）、朝廷ノ僉議定ラズ（訂補本）、㋬上表（第三回）、㋣戒臘遵守ノ勅裁アリ。（同右、一三〜一六頁）
(11) 在宋参学㈡　㋩径山参学ノ途次猛虎ヲ退ク。（同右、一八頁）
(12) 如浄ニ参学㈠　㋬身心脱落話ニ於イテ得法ス、㋣九月十八日、戒脈ヲ受ケ洞上ノ宗旨ヲ付嘱、猛虎ヲ退ク（延宝本）。（同右、二四〜二五頁）
(13) 如浄ニ参学㈡　㋺碧巌集ヲ書写ス、㋩の中、猛虎ヲ退ク（訂補本）、㋥如浄、五箇条ノ垂誡、碧巌集書写（訂補本）。（同右、二六〜三二頁）
(14) 帰朝　㋑の中、一葉観音ノ事（延宝本）。（同右、三二頁）
(17) 懐奘の参学　㋥の中、一葉観音ノ事。（同右、三六〜三七頁）
(19) 仁治三年ノ動静　㋺一葉観音賛偈。（同右、四二〜四三頁）

叙述は前後するが、右の項目中、(5)の㋑疑団アリ（訂補本）と(7)の㋩の大疑滞アリについては、拙論「本来本法性疑団の考察――その虚構性に関して」（本書所収）において論じた。その「はじめに」で「山内舜雄氏は、最近この〝本来本法性〟疑団に関して一応史的事実とされた上で日本天台ないし本覚思想の面から解明している。私は疑団そのものを史的事実とする点に多少の疑義を抱くものである」と述べた。その根拠は、山内氏が、当時、「建撕記に於ける本来本法性疑団の考察――日本天台から見た一解明・『真如観』を中心として」（『駒澤大学仏教学部研究紀要』三五号、一九七八年）と「漢光類聚における本覚思想の考察――本来本法性疑団の解明の一視角」（『宗学研究』一九号、一九七七年）との二論文を発表されていたものに基づく。その前者に『建撕記』成立当時の事情を考察し、面山撰『訂補建撕記』のそれとの相違を述べ、その疑団につき、次のように述べる。

以上「不落居」までで、本来本法性に関する一般論が了り、次の「大イニ疑滞アリテ」以下は、道元禅師ご自身の提起した個人の具体的疑問と見るべきであろう。これは純然たる歴史的じつと、いちおう理解すべきである。いま、その内容を見ると、単なる上来の一般論を自己に特殊化し具体化しただけであろうか。微妙な変化を、そこによみとることができて興味ふかい。

なお山内氏は、「古写本建撕記」諸本中の該当記事を中心に論を展開しているものの、疑団の初出記事がそれ以前に成立していたとされる『三大尊行状記』『三祖行業記』『伝光録』等にあり、それを所謂『建撕記』諸本が承けているのにも拘わらず、関説していないのは、その「原初形態」の把握上、問題であろう。その後、山内氏は、前掲の論文を展開し、さらに他の論文も合わせ、大著『道元禅と天台本覚法門』（春秋社、一九八六年）をものされている。その序論と本文（第一部、第二部）において、日本天台における本覚思想および中古天台本覚法門との関連で道元禅を論じられ、「本証妙修」の思想的理解への足がかりをつけられたことは大いに教えられた。山内氏は、その疑団を設定した作者（建撕？）の思想史的意味を解明しようとされているのであり、とかく禅宗的設問ないし宗学的意識の範囲内に止まる把握を繰り返し批判しているのである。筆者とは、その視角の上で相違する。

前掲の拙論では、末尾近くにおいて、この疑団の設定を「高祖の正法眼蔵諸巻の中心思想の説示へと展開していく過程の話としてはよく出来ていると評価されよう」と述べた。筆者の想定する作者は、建撕ではなく『三大尊行状記』等の撰述者（不明）である。また『正法眼蔵』諸巻の中心思想とは、高祖の仏法そのものを意味している。それらを直ちに「本証妙修」と表現してよいのか考慮中である。一面は確かに相当しよう。いずれにしても、その作者は、『正法眼蔵』に説示される正法の世界を充分に把握し、その上で伝記の構成を考慮し、それを見事に展開させたと言い得る。

次に⑵誕生の㋩「相師ノ言」、乃至㋣「古老ノ賛辞」、⑾在宋参学の㋩「径山参学ノ途次猛虎ヲ退ク」、⑿㋣の「猛虎ヲ退ク」、⒀㋩の「猛虎ヲ退ク」、⒀㋺の「碧巌集ヲ書写ス」、㊁「碧巌集書写」、⒁㋑の「一葉観音ノ事」、⒄㊁の「一葉観音ノ事」、⒆㋺の「一葉観音賛偈」については、拙論「道元禅師伝の粉飾的記事に関して㈠」（本書所収）において次のようにまとめて論じた。

㈠ 誕生にまつわる話
㈡ 中国の諸山を遊歴中、虎に遭う話
㈢ 碧巌集の書写に異人が助筆した話
㈣ 海が荒れた際、船中にて観音経を誦すと一葉観音が出現し風波が穏やかになった話

この中、㈠は釈尊伝の『仏所行讃』『仏本行集経』や聖徳太子伝の『上宮皇太子菩薩伝』などの記事に見られる点から、その作者が高祖の誕生話を釈尊や聖徳太子と等しい崇敬や讃仰の念を抱き描いたとの旨を述べた。なお『普曜経』第二の三十二瑞品には、仏降誕の当夜に三十二種もの瑞相が現われたことを記している。

㈡は、初出史料の『碧山日録』（済門系）において、虎の出た場所を「天台」山、「古写本建撕記」の明州本・瑞長本・門子本・元文本において「径山」、同じく延宝本と訂補本において「江西」としているように、その場所が転移している点などから、その妥当性を各作者が模索したことが歴然と判るものである。従って、これは高祖の威神力を示す逸話であろうと推測した。

㈢は、㈡と同様、その初出史料が『碧山日録』であることが注目される。勿論、宗門僧がそれらの情報を撰者の大極蔵主に提供したことであろうが、提供者の名や文献は不明である。さて碧巌集書写に現われた異人は「招宝七郎」であるが、「延宝本」と「訂補本」を除く他の『建撕記』諸本には「大権修理菩薩」となっている。さらに『道元和尚行録』と『曹洞列祖行業記』には「白山明神」となり、これが「延宝本」に引継がれ、さらに「訂補本」では「白山権現」と変化する。周知の如く、加賀大乗寺に伝承される『仏果碧巌破関撃節（通称、一夜碧巌集）』について、伝記の如く高祖の将来したものか、日本達磨宗により伝来したものか、それ以外のものか。それらのいずれか、まだ定説はない。なお「瑞長本」に「此助筆ノ事、伝説多レ之、本記録ニ不分明、至二後来一、能々可レ尋レ之」（傍点は筆者）とある記事の冷静な筆致と「本記録ニ不分明」との記述に注目しておきたい。

㈣においても㈢と同様な逸話で、「瑞長本」に「但シ本記録ナシ」、「門子本」に「但無本記録之」とあって、その撰述者自身が暗に史実を疑問視し、粉飾を認めているようにも思われる。以上、㈠より㈣までの逸話について「いずれも高祖の人格を高揚するための記事である」ことを指摘した。この種の逸話の描写としては、さほど驚くに足らない。

さらに前掲の河村本における⑽の㋺より㋣までの所謂「新到列位」の問題については、拙論「「新到列位問題」㈠」（本書所収）と「「新

到列位問題」㈡戒牒に関して」（本書所収）において論じた。そこで当時の中国禅林における事情、すなわち僧侶は「度牒」や「戒牒」を携帯していなければ、安居掛搭や行遊ができなかったのであり、入宋者である高祖も比叡山の大乗菩薩戒に矜持を抱いていたとはいえ、決して例外的にそれが容認されることはなかったであろう、と推測した。『明全和尚戒牒奥書』は、その裏付史料ともいえる。そもそもこの『戒牒』は奥書に高祖が記すように明全が入宋のために「書持」したものであって、その門下であった高祖も恐らく同種のものを持参したと想定できるからである。しかし、それも確実な史料があってのものではない。今後さらに検討する所存である。

次に⑷の㈡「四月九日剃髪」と㈭「四月十日菩薩戒ヲ受ク」、⑺の㈠「明全ノ室ニ入ル」と⑻の㈠「明全ニ師資ノ印可ヲ受ク」とは、天台座主公円よりの受戒と伝戒、および明全よりの伝法を示す記事である。これに関し、拙論「道元禅師の受戒と伝戒考」（本書所収）において、日本天台円頓戒系（二種）と中国禅南岳下系との戒脈を栄西を通し明全より高祖が受け、さらに高祖が理観に授けたことを示す『授理観戒脈』による限り、公円よりの受戒は疑わしいと述べた。右の史料はあくまで「伝戒」関係のものであって、「受戒」のものではない。従ってその「受戒」の授戒師も不明である。伝記史料の各種には、その大半が公円の下で剃髪し受戒したと記すが、あまりにも未解決な問題を含み過ぎているのである。年月は不明ながら明全よりの「伝戒」は、先の史料によって証することができる。しかし、明全よりの「伝法」は、その史料や伝記の記述からあり得ないと述べた。

三、神秘的祥瑞

高祖の伝記中、神秘的祥瑞（瑞相・現瑞）として、次の項目がある。前掲・河村本に従って列挙しよう。なお前述の㈠「誕生」ないし㈣「一葉観音」の話は重複するので除く。

㉒ 大仏寺開堂　㈧瑞相。（河村本、五〇頁）

㉔ 寛元三年ノ動静　㈧瑞相、㈡瑞相ノ証。（同右、五四～五五頁）

㉖ 宝治元年ノ動静　㈠永平寺ニ布薩説戒ヲ行ウ、㈺方丈不思議ノ日記証文、㈧文永四年記ノ懐奘自筆証文。（同右、六〇～六二頁）

㉙ 永平寺帰山　㈧宝治二年永平寺僧堂芳香瑞相ノ事。（同右、七〇頁）

㉚ 宝治三年ノ動静　㈠羅漢供養法会ヲ行ウ、㈺羅漢供養式作法奥書。（同右、七一～七二頁）

㉝ 建長三年ノ動静　㈠不思議鐘声ヘノ答状、㈺霊山院庵室ニ花山院宰相ト談義ス。（同右、七六～七七頁）

一般に仏教で説かれる「瑞相」は、例えば仏陀釈尊の降誕・成道・説法・涅槃などに嘉祥の兆（吉相）として現われ、その奇瑞によって人々に崇敬の念、さらには正法を護持したりする心を自然と生起せしめるのである。

天台智者大師説『法華玄義』巻七下の末尾近くに諸種の「瑞（地動瑞・入定瑞・説法瑞・放光瑞・栴檀風瑞・天雨華瑞・天鼓自然鳴瑞）」（『大正蔵』三三巻、七七四頁b）を挙げ、同じく『法華文句』巻二下にも「六瑞（説法瑞・入定瑞・雨花瑞・地動瑞・衆喜瑞・放光瑞）」（『大正蔵』三四巻、二七頁b）を列している。

右の項目中、(22)の㋩と(24)の㋩は説法瑞・天雨華瑞、(26)の㋑もほぼ前項に近く、(29)の㋩は栴檀風瑞、(30)の㋑は放光瑞、(33)は天鼓自然鳴瑞に近いといえよう。『建撕記』諸本の記事が右の『法華玄義』や『法華文句』に直接由来するということではないにしても、作者建撕は前記と同種の効果をねらっていたといえよう。以下、各「瑞相」の様子を見ていきたい。

(22)の㋩は、寛元二年（一二四四）七月十八日、吉祥山大仏寺の開堂（説法）の際、諷経の間に「竜神降レ雨、山神興レ雲」、草木林樹が共に吉祥の瑞気を顕したというものである。有名な光宅寺法雲の『法華経』講讃時の逸話「忽感二天華一状如二飛雪一、満レ空而下延二于堂内一、昇空不レ墜訖レ講方去」（『大正蔵』五一巻、四六五頁a）を想起せしめる。

「訂補本」の注に、この開堂の際に唱えた偈頌を記す道正庵所蔵の文書は、宝治二年に「傘松峰」より「吉祥山」へと山号を変更した旨を記すが、他にこれを証する史料はない。

(24)の㋩は、寛元三年（一二四五）四月、大仏寺の初結夏の時、上堂の前後に天華が乱墜し、高祖の法席や衆僧の座上、および茶籃の中まで散入したというものである。また㋥は、高祖の滅後、暦応三年（一三四〇）三月十一日、永平寺は回禄（火炎）に遭ったが、その殿堂を再建した六世曇希が、観応二年（一三五一）四月二十一日、開堂供養の陞座説法に際し、先の天華の話を示し、高祖の威徳を挙揚したとある。しかし、その大仏寺初結夏の上堂「説法語」が、どのような語なのか不明である。恐らく逸亡したものと思われる。

(26)㋑の「宝治元年ノ動静」とある元号は、「瑞長本」に合わせたもので、他の諸本や本文にある通り、寛元五年（一二四七）正月十五日における「布薩」の時の出来事である。その時、高祖が説戒されると五色の彩雲が方丈正面の障子に立ち映り、半時ばかりあって、聴聞の道俗者の多くがそれを見たというものである。その中、河南の庄、中郷より参詣した人が、その子細を後証のためとして「起請文」を残したとし、㋺に「志比庄方丈不思議日記事」の文を付し、㋩に文永四年（一二六七）九月二十二日付の懐奘自筆の書を載せている。㋑は、『永平寺三箇霊瑞記』[4]（現、東京国立博物館所蔵）中の第二の記事に対応する。また㋺は、「瑞長本」を除く他の諸本の末尾に「此正本、永平開山函中（今）在之」とあるが、現在は豊橋市全久院に所蔵している古文書に相応しよう。恐らく㋺は、この古文書に依拠したものと思われる。ただし、全久院文書には、「仏子尊慶」等七人の氏名と花押が付いている。なお、全久院には、これとは別の文書「布薩説戒祥雲記」を所蔵する。その文は、前者より短文で、「源満約」等五人の氏名と花押を付す。またこの二種の全久院所蔵文書は、「訂補本」の注に記されているものに相当しよう。㋩は、『建撕記』諸本すべての文末に「此正本」は、永平寺（方丈）の「宝蔵」にある旨を記している。現在、永平寺に襲蔵する「布薩瑞雲記（懐奘証状）」が相当する。なお、字句上、厳密に言えば『建撕記』諸本に全く一致するものはない。「訂補本」の注にも記すが、やはり同一ではない。次にこれらの主だった史料を対照させておく。

(a)

建撕記（瑞長本）

宝治元年、寛元五年丁未正月十五日之布薩ノ時、開山和尚説戒シ給ヱハ五色之雲モ方丈ノ正面ノ障子ニ立チ移リテ、半時斗アリ、聴聞ノ道俗アマタ奉㆑見㆑之。（河村本、六〇頁）

（三箇霊瑞記の第二）

寛元五年宝治元年正月十五日説戒時、五色のくも方丈の正面にたち候て、半時はかり候てけり、聴聞の道俗あまたこれをみ候。

（『道元禅師真蹟関係資料集』六九八頁）

(b)

建撕記（瑞長本）

志比庄方丈不思議之日記ノ事

寛元五年丁未正月十五日、説戒、然ル日自リ㆓未シ之始メ㆒至㆓申ル之半分ニ㆒正面ノ障子ニ有リ㆓五色光㆒、聴聞之貴賤拝ス㆑之、其ノ中ニ自㆓吉田河南庄中ノ郷㆒企テ㆓参詣ヲ㆒奉㆑見㆑之輩廿余人、但シ説戒之日雖㆑多相㆓当斯日㆒参詣之条、令㆑ム然ラ故ヘ也。此ノ条為ヲ㆓虚言㆒者、永ク令㆑メン堕㆓在三途ニ㆒。仍自今以後為㆓伝聞テ随喜ノ㆒記置之状如㆑件、（河村本、六一頁）

志比庄方丈不思議日記事

寛元四五年歳次丁未正月十五日説戒、此日自未之始至申之半分、正面障子仁有五色光、聴聞衆貴賤拝之、其中自吉田河南庄中郷、企参詣奉見之輩貳拾余人、但説戒之日雖多、相当斯日、参詣之条令然故也、此条為虚言者、永令堕在罪三途歟、仍自今以後、為伝聞随喜記置之状如件、

仏子尊慶（花押）
同　昌圓（花押）
藤井光成（花押）
大中臣眞安（花押）
坂田守定（花押）
久瀬有光（花押）
紀　貳安（花押）

建長四年七月日
依有御薦写追方丈示之

（同右、七〇一頁）

(c)

永平寺

寛元五年丁未正月十五日、布薩説戒之時、興五色彩雲於方丈門前、聴聞衆中見之人々

源　満約（花押）
源　時幸（花押）
僧　昌圓（花押）
僧　尊慶（花押）
藤　定政（花押）

（同右、七〇〇頁）

(d)

建撕記（瑞長本）

二代和尚以㆓御自筆㆒書云、

当山開闢堂頭大和尚、就㆓方丈㆒布薩説戒之時、現ス㆓五色瑞雲於正面明障子ニ㆒、彼ノ障子経テ㆓千歳㆒破損ス。彼ノ旧破之骨紙等與当寺之重宝ニ而安㆓置之㆒、其ノ現瑞日時等記在㆓別紙㆒、今暫案㆓置ス方丈天井之上㆒、後々ニ可㆑為㆓重宝ト㆒也リ、文永四年九月廿二日記之、小師比丘懐奘判

此正、本至㆑今有㆓方丈之宝蔵ニ㆒之、

（河村本、六一～六二頁）

布薩瑞雲記

当山開闢堂頭大和尚、就方丈布薩説戒之時、現五色瑞雲於正面之明障子、彼障子経年歳而破損、彼旧破之骨紙等、当寺之重宝而安置之、其現瑞日時等記在別紙、今暫安置方丈天井之上、後々可為重宝之

文永四年九月廿二日記之、

小師比丘懐奘（花押）

（同右、六九九頁）

(29)の㋩は、宝治二年（一二四八）四月から十一月十二日まで、殊勝なる異香が僧堂の内外に薫じ渡ったというもので、『建撕記』諸本にはすべてその事を高祖が書き置かれたとの旨を記している。それは「訂補本」の注にあるように前掲の『三箇霊瑞記』中、第三の記事に対応する。大久保道舟氏は、この文書の筆は、高祖のものではなく、懐奘の代筆したものと推定しているが、その論拠も不明確であり、今後、さらに検討していきたい。次に「瑞長本」の記事と『三箇霊瑞記』の第三の記事を対照させておく。

建撕記（瑞長本）	（三箇霊瑞記の第三）
今年四月ヨリ十一月十二日迄、時々《ニ》異香ノ殊勝ナルカ〈故ニ〉(見セ消チ)僧堂ノ内外ニ薫シ渡リタルニ、開山和尚書シ置セ給ウ、（河村本、七〇頁）	宝治二年戊申四月より十一月十二日にいたるまて、ときとき異香の殊勝なる、僧堂の内外にくんし候、（『道元禅師真蹟関係資料集』六九八頁）

(30)の㋑は、「訂補本」を除く他の『建撕記』諸本において、宝治三年（一二四九）正月一日、羅漢供養法会の際、その供養を受けようと「生《いき》羅漢」達が放光し、山奥から法会の道場に降臨し、寺中の木像や画像の羅漢をはじめ、その他の諸仏が共に放光して供養を受けたというものである。ところが「訂補本」では、生羅漢の放光が消え、単に請を受けた木像画像の羅漢と諸聖とが共に放光して供養を受けたということになっている。『建撕記』諸本の末尾に、この事を高祖が自筆で書き置き、またこの記の正本は檀方の「重書箱」（訂補本には「義重の書箱」）にあると記している。しかし、「訂補本」の注にある如く面山の在世時、既に茨城県金龍寺の所蔵になっていた。その古文書『十六羅漢現瑞記』に由来する逸話であろう。なお「訂補本」の注に、その時の「十六尊者」の像は、金龍寺にあり、高祖の直筆でその像（画像）の上に書かれた話があるとして、前記の『現瑞記』の文を掲げ、その後に羅漢応現の様子などを記している。その中で面山は、自己の羅漢観、すなわち高祖に如浄禅師への参随を勧めたという径山の羅漢堂前の老人を羅漢とする見解を呈している。高祖の直筆とされる「羅漢供養式文（草稿）」の断簡は、金沢大乗寺と豊橋全久院に各々所蔵されている。面山は恐らく、これらを元に『十六大阿羅漢福田宜耕記』を撰述したものと思われる。次に「瑞長本」の記事と『十六羅漢現瑞記』の記事を対照しておこう。

建撕記（瑞長本）	十六羅漢現瑞記
宝治三年正月一日、羅漢供之法会アリ、此時《ノ》供養ヲ受ケ給ヘキ為ニ生《イキ》羅漢達放㆑光《ヲ》山ノ奥ヨリ法会《ノ》道場ヱ降臨アリ、寺中《ノ》木像画像《ノ》羅漢又諸仏相《イ》共《ニ》放㆑光供養ヲ受ケ給ウ、大唐ニハ天台山ニ五百ノ生《イキ》羅漢マシマス、吾朝ニハ此山中ナラテハ生羅漢ノ在《イマス》所ハナシト、開山和尚之御自筆ニテ書シ置セ給ウ、此正本ハ檀那ノ重書箱アリ（河村本、七一頁）	宝治三年　酉正月一日巳午《ノ》時、供㆓養《ス》十六大阿羅漢《ヲ》於吉祥山永平寺方丈《ニ》㆒、于㆑時《ニ》現瑞華記、仏前、特殊勝美妙現、木像十六尊者、皆現、絵画像十六尊者、皆現、現《ゼン》㆓瑞花《ヲ》㆒之例、大宋國台州天台山石橋而已《ノミ》、余山《ニ》未《ダ》㆓嘗《テ》聞《カ》㆒也、当山已現《ズ》㆓数番《ヲ》㆒、寔《ニ》是《レ》祥瑞《ノ》之甚《シキナリ》也、測知《リヌ》、尊者哀愍《シテ》覆護《スル》㆓当山当寺《ノ》之人法《ヲ》㆒所以、如《シ》㆑是《ノ》、開闢当山沙門希玄（『道元禅師真蹟関係資料集』三〇一頁）

(33)の㋑、建長三年（一二五一）の動静とは、永平寺の山奥から常に鐘声が聞こえてくることを檀那より尋ねられ、それに書状をもって答えたというものである。その檀那は、「瑞長本」で檀越と記され、末尾に「鐘声ニツイテ開闢檀那ヱ御返事也」とあるように波多野義重を指すものと思われる。㋺は、その答状である。『建撕記』諸本の記事は、『三箇霊瑞記』の第一にある記事に由来するものと思われるが、字句上、すべて一致するものはない。その『霊瑞記』を実際に見ている面山の「訂補本」も例外ではない。その「訂補本」の注に「コノ一件、記ノ文言具ラズ、御真蹟ハ平仮字ナリ」と指摘しながら、他の諸本と際立った相違はない。ただ本文の「花山院宰相入道と希玄と霊山院の庵室に」の箇所中「希玄と」の語句を削除している点が異なる程度である。なお「記ノ文言具ラズ」の意味はオリジナルな『建撕記』の叙述上の欠陥を指すものと思われるが、判然としない。また、その『霊瑞記』を高祖の真蹟と見做しているが、大久保氏は文中「希玄」の諱の用いられている点からいって、弟子懐奘の代筆したもの（『曹全書　解題・索引』所収「霊山院霊鐘記」の解題、『道元禅師全集』下巻所収「永平寺三箇霊瑞記」の解題）とあるが、果してどうであろうか。高祖が諱を「希玄」と一般的に広く称していたかどうかを含め、問題が残る。

　次に「瑞長本」と『三箇霊瑞記』の記事を対照させておく。

建撕記（瑞長本）	（三箇霊瑞記の第一）
建長三年当山ノ奥ニ常ニ鐘声ノ聞ユル事、自《リ》二檀越一相尋《イ》ニツイテ御返事也、御尋ニツイテ申《シ》候、此《ノ》七八年之間ハ度々ニ候也、今年正月五日子ノ時花山院宰相入道ト希玄ト霊山院《ノ》庵室ニ仏法ノ談議シ候処ニ、鐘声二百声斗聞ヘ候、其《ノ》本京《ノ》東《シ》山《マ》清水寺ノ鐘《ネ》、若シハ法勝寺ノ鐘ノ声カト聞ヱ候、随喜シテ聞キ、ソゞロニタウトクヲホエ候、宰相モ不思議ノ霊地ナリト随喜シ入テ候キ、入道グセラレ候中将兼 頼《ヨリ》朝臣、一室ニアリナカラ不レ聞トアリ、メノトコニ右近蔵人入道経資法師、コレモ不レ聞ト候、其外《カ》女房二三人 侍《サフライ》七八人候モ、皆ナウケタマワラス候ヨシ申候、鐘声ニツイテ開闢檀那ヱ御返事也、希玄トハ和尚ノ御名之。 （河村本、七六～七七頁）	当山につきかねのこゑきこへ候事、御たつねにつき候て申候、この七八年のあひたに、たひ〳〵候也、今年正月五日子時、花山院宰相入道と希玄と霊山院の庵室に仏法の談議し候ところに、かねのこゑ二百こゑはかりきこゑ候、そのあほきさ、京の東山の清水寺のかね、もしは法勝寺のかねのこゑほとに候へは、すいきしてきゝ候、そそろにたうとくおほへ候、宰相もふしきのれいちなりとすいきしいりて候き、入道くせられて候中将兼頼朝臣一室に候なからきかす候、めのと子に右近蔵人入道経資法師これもきかす候、そのほか女房二三人さふらひ七八人候も、みなうけ給り候はす候、 （『道元禅師真蹟関係資料集』六九八頁）

この「霊鐘」話は、その後、永平寺の梵鐘を鋳造する際、それを意識的に伝承してきたようである。何度か鋳造された中、嘉暦二年（一三二七）の「梵鐘銘」と嘉永五年（一八五二）の「洪鐘銘并序」との銘文にその話が刻まれている。次にその二銘文の該当箇所を挙げよう。

(1) 開山和尚在日、鐘声許多鳴二山奥一、今夏結制後朝、梵鐘忽爾響二嶺頭一、先兆冥府可レ貴者乎。

〈嘉暦二年、梵鐘銘〉

(2) 宗祖在世之日、十六尊者、影向現レ瑞、鐘声許多鳴二山奥一、聞声悟道者、亦不レ為レ少、此土西天、異レ土異レ時、先仏後仏同風一音、垂化之霊蹤、而鐘声殷殷乎。今猶二往日一、遇有二聞者一自レ非二宿善厚重者一不レ能也。今耶敢保二爾躬一、長箍二霊蹤一、一撞一撃、不レ留不レ礙、劫前劫後、妙声綿綿。

〈嘉永五年、洪鐘銘并序〉

(2)の文中にある如く、嘉永五年の頃にもその鐘声を聞くことができたということで信仰や伝説を越えた現象ということになろう。

おわりに

およそ伝記には、史実と粉飾（虚構性）の両面が混在している。史実だけでは断片的で無味乾燥になってしまうし、粉飾だけでは荒唐無稽で実感が湧かない。

伝記作者の力量は、その資料の多少に拘わらず、それをいかに効果的に使い、その人物像を描写するかが問われる。特に限られた資料しかない場合、それを最大限に駆使して点と点との間に線を結ぶ。その脚色をどうつけるか、そこが伝記作者の苦心のしどころであろう。素材となる人物が偉大であり、作者に崇敬の念が深いほど、その表現が誇張され、神秘化される面があることは止むを得ない。その場合、作者の素材となる人物のイメージが、その作品を大きく左右する。従ってその荒唐無稽な表現でも単純にそれを否定し去ることはできない。その背景に作者の「思い入れ」を看取できるからである。

拙論の後半に述べた「瑞相」の記事は、冒頭に触れたように、史実を越えた宗教現象の範疇に入るものである。敢えてそれらの逸話を構成する史料を書誌学的、かつ批判的に扱うことも可能であるが、そこに限界もある。例えば、『三箇霊瑞記』の筆蹟は高祖のものか、懐奘のものか、さらには第三者のものか。その道の専門家にとってはある程度までその判定は可能であろうが、素人の筆者には不可能である。また伝記作者が、その人物像を宗教的に描写しているのに、それを後世の第三者が「粉飾」であると叫んでもその作品は立派に存在する。

つまり、史実如何の区別をしつつも、その種の記事は別の視点から眺める必要がある。すなわち教団史における高祖像の変遷という一面である。宗門僧侶と檀信徒における高祖信仰の過程である。その伝記の考察を通して各々の時代に高祖がいかに受容されてきたかが浮き彫りにされることであろう。今後は、この面にも配慮して高祖伝を追求したい。

注

（1） 諸説ある中、道元の父として久我通親とされる場合、その母の一説として「師（道元）之母者基房公之女」『僧譜冠字韻類』（巻八十八）、「母摂政九条基房公之女也」『日域洞上諸祖伝』（巻上）と「藤原基房の女」が立てられ、それを大久保道舟氏が『尊卑分脈』に見える四人の娘を検討し、その三女に想定、『源平盛衰記』の「松殿（基房）最愛ノ女（中略）木曽推テ御婿ニ成タル」に当てはめ、その名を「伊子」として以来、定説化していたが、最近、中世古祥道氏がそれを再検討して年代的に若すぎるため相応しないと指摘されている（同氏『道元禅師伝研究』六〇～六一頁）。

（2） 『如浄語録』（讃仏祖「観音」）中の「心塵脱落」の語。「心塵脱落開岩洞、

自性円通儼紺容」における「心塵」の意味は、心に付いた塵、すなわち「煩悩」（妄念）のことであり、脱落はそれが払拭された境地である。それと道元禅師の語「身心脱落」の意味する悟境とは相似するものの、さらに「修証一等」および「只管打坐」等の教義を含め、それを深めたものであり同一ではない。『如浄語録』は異本が五種あり、鏡島元隆氏が『天童如浄禅師の研究』（春秋社、一九八三年）でそのうちの總持寺本を底本として使用されている（三四八頁）。

（3）　禅宗の起源と付法を正当化する逸話のひとつが霊鷲山上の「（世尊）拈華微笑」話である。その成立過程を探る資料が禅宗灯史類であり、それには『宝林伝』をはじめ『景徳伝灯録』『天聖広灯録』ないし『人天眼目』等があり、それらの文中に断片的に「拈華微笑」の語句が散見できる。しかし、それらの原典ともいうべきものがなかった。そうした状況下において『大梵天王問仏決疑経』が出現したのである。その『大梵天王問仏決疑経』（『卍続蔵』八七冊に二巻本〈六〇四〜六四九頁〉と一巻本〈六五〇〜六七七頁〉の二種を所収）に関し、石井修道氏の綿密な論稿「『大梵天王問仏決疑経』をめぐって」（『駒澤大学仏教学部論集』三一号、二〇〇〇年所収）、同「拈華微笑の話の成立をめぐって」（平井俊栄博士古稀記念論文集『三論教学と仏教諸思想』所収、春秋社、二〇〇〇年）があり参考になる。同書には、二種の『決疑経』の内容および諸種の説を紹介し、その中で先行研究として忽滑谷快天氏の説に言及しているが、その中で当該書『決疑経』は①日本中古時代の偽撰説（面山瑞方・諦忍律師妙龍・黄泉無著、朝川鼎・忽滑谷快天）と②中国南宋初期代の偽撰説（『景徳伝灯録』から『天聖広灯録』までの間に成立、『人天眼目』巻五の「宗門雑録」所収）がある。柳田聖山の説『初期禅宗史書の研究』（法蔵館、一九六七年）は②の説につながる。同氏によるとそれは、「『天聖広灯録』の創唱で『宗門統要集』等に発展し、拈華微笑の説は遂に『大梵天王問仏決疑経』の出現となった」との趣旨を述べている。同氏は語句の典拠と経典の成立を分けて論じ、きわめて妥当な説をとっていると思われる。石井氏ご本人は、『決疑経』の成立に関し忽滑谷氏の日本偽撰説に傾いているが、他の資料次第で今後また考慮するとし決定的な説は保留している。なお筆者は、当初の論稿で忽滑谷氏の説を粗忽にも「中国偽撰」説と見做していたが、本書では「日本偽撰」説と訂正したことをお断りし、お詫びしたい。

（4）　「三箇霊瑞記」の文書には二種①東京国立博物館所蔵本と②豊橋全久院所蔵本がある。三箇霊瑞とは、年次不順であるが、一「建長三年（一二五一）正月、霊山院庵室にて道元が法談中、遠方より鐘声が聞こえたこと」、二「寛元五年（一二四七）正月十五日、永平寺方丈で布薩説戒の際、障子に瑞雲が現れたこと」、三「宝治二年（一二四八）四月より十一月まで永平寺僧堂の内外で時折、芳香が匂い漂ったこと」である。①の東博蔵本は、これら三種の霊瑞に対し、その名称を「道元霊場記」としている。二の「布薩説戒の際、瑞雲が現れたこと（「布薩瑞雲記」と称す）」の文書は単独に永平寺に所蔵し、文永四年（一二六七）九月二十二日、懐奘の筆と伝えられる。②の全久院蔵本は、六紙継紙の巻子装に収められ、前掲「布薩瑞雲記」を「布薩説戒祥雲記」と称し、後半に瑞雲を見た五人の署名が列挙され冒頭（一面と二面）にある。次に同じ内容の文書であるが、「志比庄方丈不思議日記」と称し、重複する人物を含む九人の署名が記されている。なおこの文書二書の筆蹟が各々異なり、後者の文書の後半には「建長四年七月日、依有御尋写進方丈了」とあり、その文面から成立年月と由来が判明する。一と三の霊瑞文書は全久院にはない。なお、この「三箇霊瑞記」に関連する文書の写真と解説は、『道元禅師真蹟関係資料集』（大修館書店、六九八〜七〇一頁・一〇一六〜一〇一七頁）と『永平寺史料全書　禅籍編』二巻（大本山永平寺、五〜二〇頁）に所載する。

第三章　新到列位問題

第一節　新到列位に関して

はじめに――先覚による諸説

本論は、(1)「「本来本法性」疑団の考察――その虚構性に関して」（本書所収）と(2)「道元禅師伝の粉飾的記事に関して　誕生逸話・弾虎拄杖・一夜碧巌・一葉観音」（本書所収）と姉妹篇をなすものである。

今回は『永平寺三祖行業記』『元祖孤雲徹通三大尊行状記』をはじめ、『建撕記』諸本、『洞谷記』『道元和尚行録』『曹洞列祖行業記』『道元禅師紀年録』『洞上諸祖伝』『永平開山和尚実録』『洞上聯灯録』『永平元和尚道行碑銘』等に所載する「新到列位」に関する問題について考察したい。これは高祖道元禅師（以下、高祖と略称）が入宋して天童山景徳寺に掛錫する際、「戒次に依らず、新到の位に列せんとし」たので、まず天童山当局、次に五山、さらに聖主（寧宗）へと三回に亘り上表したとの記事[1]である。これに関し多数の先覚による説が出されている。それらの中で代表的な説を次に示しておきたい。

大久保道舟氏は、皇帝への上書に関し否定的であるが、天童山住持に向かっての上書は或いは決行されたかもしれぬ（『修訂増補　道元禅師伝の研究』一二四～一二八頁）とされる。

柴田道賢氏は、『訂補建撕記』を基にして、八年前に入宋していた栄西門下の法弟隆禅よりも明全が下位に置かれたので、その明全の席次の是正を高祖が堂頭無際了派に申し出たのではなかろうか（『禅師道元の思想』一六三～一六五頁）とされる。

今枝愛真氏は、当時の中国禅林が比丘具足戒を受けた年次を基準にしていたので入唐《ママ》者はたとえ実際に受戒しないでも東大寺の具足戒を所持して行ったこと、明全もそれを熟知して入宋したが、純粋な道元はそれを持参するような人ではなく、延暦寺で受けた大乗菩薩戒だけで入宋し、慶元府に着いて二、三か月も船中に止められていたのもこうした事情によって上陸を許されなかったのかも知れないとし、いくらか伝記作者の潤色の可能性も考慮される（『道元――坐禅ひとすじの沙門』四二～四四頁）としている。

中世古祥道氏は、前記今枝氏と同じく当時における中国禅林の事情（比丘具足戒の重視）を『明全和尚戒牒奥書』『興禅護国論』『禅苑清規』『日本紀略』『百錬抄』の史料を挙げて説明した後、『明全和尚戒牒奥書』に見える「初到二明州景福寺一」の文字からこの問題は景福寺[2]が景徳寺となり、然も如浄の肯定（『宝慶記』薬山高沙弥の話）があったことから益々天童山での出来事と訛伝され天子上表という虚飾までも生むに至ったものではないか（『道元禅師伝研究』一八六〜一九〇頁）とされる。

鏡島元隆先生もこれに関し、掛錫に必要な具足戒牒に問題があったと指摘された上、戒儀に関し天童山当局に何らかの提示を行なった事実に基づくものであろうとされ、さらに「新到列位」について『禅苑清規』掛搭章や『百丈規縄頌』を引用して原則論とは異なる柔軟な対処のあり方も示し（『道元禅師とその周辺』一五七〜一六六頁、二九八〜三〇一頁）ている。

伊藤秀憲氏は、伝記の内容構成の上からその位置を問題（「道元禅師の在宋中の動静」『駒澤大学仏教学部研究紀要』四二号、一九八四年、一〇四〜一〇六頁）にしている。

一、諸伝記の記事を糾明する

まず初めに『三祖行業記』『三大尊行状記』に所載する記事を検討することにしよう（本文略）。第一回目の上表は、天童山に掛錫する際、新戒位に列せられそうになった高祖が仏法の位次は尊卑老少に依らず受戒の先後によって定められるべきであり、どうして日本と大宋とに別異があろうかと天童山当局へ抗議したものである(3)。ここで注意すべきことは、この伝記作者は中国禅林の事情を充分承知していたのかという疑問と、高祖がこの抗議をする前にどのような度牒や戒牒(4)を持ち入宋したのかとの疑問である。全体の文面の調子からいえば、前項について作者はそれを承知せずに高祖によって倭僧の戒臘次位が中国禅林に定められたかの如き印象が強い。後項については何ら考慮せずに記している点である。高祖の三回に亘る上表の文にも比丘戒と菩薩戒の相違に触れられていないことに気が付く。さらに重大なことは、高祖がもし延暦寺の大乗菩薩戒をもって正統なものと主張しているならば、天童山側でそれは中国で通用しないと言えば済むことなのである。それはさておき、高祖の抗議に対し、天童山側は伝教弘法（最澄と空海）より師翁用詳上人（葉上房栄西）まで尽く新戒位《ママ》に就いたとの先例を出し、また大国と小国との相異として拒否したのである(5)。果してこのような差別があったかを含め、この先例なるものが最澄・空海・栄西などに適応されたかは疑問である。周知の如く、最澄と空海は唐代後期に日本政府が派遣した還学生と留学生であり、修行僧として正式な安居掛搭はしなかったであろうし、栄西は虚庵懐敞に平田万年寺にて師事後、天童山へ随侍して来たのであり、新到位に列せられることはあり得ず、三者はいずれも格別に優遇されたと思われるのである。また、たとえその言い分が単なる天童山側の方便としても、明全門下の若き高祖が果して新到位に置かれたからと言って抗議するであろうか。しかもそれを天童山側に拒否されたからと言って五山や寧宗へと第二回、第三回と上表を続けるとは到底思われない。大久保氏なども指摘の如く、寺院の重大案件を寧宗が勅宣を下し、高祖の言い分通りに倭僧の位次も臘次に依るように定められる筈はないのである。もし、末尾の文の如くこれが高祖による壮挙として有名になったとすれば、中国側の史籍にこの事が記される筈であるが『釈氏稽古略』などの類に触れられていないのであり、明らかに潤色されたものといえる。

前掲の先覚をはじめ、他の諸氏の指摘する通り、当時の中国仏教界において先ず比丘具足戒（声聞戒）を受け、次に菩薩戒を受けなければ一人前の僧と認められず、また安居掛搭もできなかったことを知る必要がある。日本のように単受菩薩戒では中国において通用せず、大小二乗の兼受菩薩戒でなければならなかったのである。(6)

この事は、諸氏の列挙する『日本紀略』『百錬抄』『小右記』『禅苑清規（受戒・護戒・掛搭の各章）』『明全和尚戒牒奥書』『永平寺知事清規（維那の項）』『正法眼蔵（受戒巻）』などによって証される。

既に明全が入宋経験者の師栄西や俊芿を通し、そのような中国の事情を知らされていて、そのため高祖が所謂「明全戒牒奥書」に、

全公本受天台山延暦寺菩薩戒、然而宋朝用比丘戒、故臨入宋時書持此具足戒牒也。宋朝之風、雖習学大乗教、僧皆先受大僧戒也。只受菩薩戒之僧、未嘗聞者也。先受比丘戒、後受菩薩戒也。受菩薩戒、而為夏臈未嘗聞也。(7)

と記すように、明全は入宋の際、この東大寺戒壇院の戒牒を用意し、恐らく度牒も携帯して出発したと思われるのである。門下で二十四歳という若き高祖も多少の危惧を抱きながら師明全の言に従ってそれらを持参したものと考えられる。中国禅林では、それらがなければ、安居掛搭は勿論州界を越えて諸山の行遊もできないことになっていたのである。

今枝氏は前述の如く、純粋な高祖が受けもしない偽の戒牒ともいうべきものを持参する筈がないという立場である。鏡島先生も高祖は大乗戒である日本の円頓戒に矜持を抱いて具足戒を携えることを潔しとしなかったであろう、とされる。確かに吾人の抱く高祖の人格は高潔であり、この種の胡麻化しを許容する方とは思われない。さらに高祖の伝記史料の諸種に目を通しても、高祖が東大寺戒壇院において受戒した記録は一つもない、高祖はあくまでも単受菩薩戒の立場であり、従って東大寺戒壇院の戒牒を受ける筈がないといえるかも知れない。しかし、何度も指摘する如くそれがなければ入宋しても掛搭や行遊ができないことになっていたのであり、高祖だけが例外的に認められるとは思われないのである。そうなれば、やはり入宋前に何らかの形で取得したと思わざるを得ないのであるが、如何なものであろう。

なお、長崎晧台寺の一丈玄長（一六九三〜一七五三）が寛保二年（一七四二）に撰した『禅戒問答』の冒頭に高祖が入宋した当時の中国において比丘戒をもって僧臘とすることを述べた後に、

永平曽て叡岳の菩薩戒を稟持せりといへども、蚤歳より渡宋の志あるが故に、南都の戒壇にして、比丘戒を受得せり、この事、永平の伝中に載せずと雖も、其戒牒今に本山に残れり（『曹全』禅戒）

とある。大久保氏は本山（永平寺）に残っている戒牒は明全のものであるし、全く信じられないとして斥けている。しかし、そう簡単に斥けられない面も有する。一丈の在世頃、永平寺に収蔵していた戒牒は、現存する明全のものと推定され、その点、一丈の誤解もあろうが、考え方としては筋が通っていると思われるからである。

次に高祖の一行が嘉定十六年（一二二三、日本貞応二年）二月二十二日に京都東山建仁寺を発ち、三月下旬に博多の津を経由して（『訂補建撕記』）、四月初めに明州（現、寧波）の港に到着しながら七月になるまで約三ヶ月も船中に滞在していたのは何故であろうか。その事情に関しては次のように考える。

その事情とは、まず天候不順などで出港が遅れ、明州の港に到着した時点で安居掛搭の時期が過ぎていたのである。『正法眼蔵』「安居」巻に拠れば、夏安居は四月十五日から始まるのであるが、少なくとも

三月下旬までに掛搭していなければならなかったのである。四月三日から五日まで衆寮前に紙牓が掲示され、十三日には僧堂前面の東壁に戒臘牌をかけ、僧衆の列位を公示するのである。高祖一行は、遅くとも三月下旬までに明州の港、さらには天童山の山門頭に到着することを或いは予定していたのかも知れない。しかし、到着が四月初めになってしまったのであり、従って解間まで待つしかなかったのではなかろうか。

なお、高祖が師明全の指示に従わず東大寺戒壇院発行の度牒や戒牒を所持せず入宋したとすれば、明州に着いてからそれらがないと安居掛搭ができないことを知り、船中にあって掛搭の資格が具備するまで待機することは誠にやむを得ない。そこでそれらを具備していた明全が先に掛搭して寺側に何らかの斡旋をするとか、さらには非常手段で日本へ向かう商船に託して東大寺の度牒と戒牒を至急に要請するとか、また中国国内でそれらを便宜的に用意するとか等が想定できるのである。

『舎利相伝記』(8)にある如く明全が夏安居中の五月十三日に、もし天童山に掛搭することができたとすれば、それは千仏閣の建立に貢献した栄西の弟子という点などが寺側に特別措置をとらせるに至ったと思われる。恐らく明全は高祖の掛搭も申請したと推定されるが功を奏しなかったとみえる。

また度縁（度牒）を持たず入宋した為にそれをとりに帰朝し再度入宋した寂照の従僧念救の例がある(9)（『日本紀略』『百錬抄』の長和四年五月七日条）。比丘戒優先のそうした事情を充分承知していた高祖の時代にこの種の失態は到底考えられないので可能性は薄い。

さらに当時の中国仏教界に「空名度牒」の売牒もあったが、金額も相当高く、外国僧の高祖がそれを入手したとしても果して当局に承認されるか疑問であり、窮余とはいえそうした手段にまで及ぶとは思われない。

高祖がはじめて天童山に寓直（掛搭）したのは「あきのころ」（『正法眼蔵』嗣書、『典座教訓』）というが、それは七月中旬の解間直後のことであろう。この時には、何ら問題となる叙述も記されていないのであるから、「度牒」「戒牒」も当然持参し提示したと思われるのである。しかし、その「度牒」「戒牒」は正式なものではなく、高祖としては不本意の念を抱かれていたと想像される。

柴田氏が「新到列位」の問題を『訂補建撕記』に依拠して論じているのは、「古写本建撕記」を無視した面山による独自の見解に沿うもので正しくないとしても、『正法眼蔵』「伝衣」巻の文中に見える「嘉定十七年癸未《ママ》冬十月中」に慶元府で高祖が三韓の僧二人に出会ったのは、州官に「公憑」の申請手続きをしていたものと推定しているが、或いはその可能性もある。高祖が入宋中、諸山を歴遊された時期とコースについては、先覚に諸説があり、本論では詳しく触れる遑はないが、いずれの際にもその都度、当時の行政区分された使衙から「公憑」を発行されて出遊したであろうことが推定されるのである。

高祖は、『正法眼蔵』「嗣書」、『永平広録』巻十によれば、台山・雁山・大梅山・補陀洛迦山へ、『三祖行業記』『三大尊行状記』によれば、径山や台山の小翠岩へも行遊したことになっていて、明らかに州界を越えているのである。

『禅苑清規』掛搭章中の「判憑式」「批憑式」に関する記事によれば、祠部より給付される度牒と戒牒、さらに戒壇所より発行される六念の三本を使衙へ呈験し、「僧尼行道公憑」の発行を受けなければ、当該の州界を出たり、九十日以上の期限を過ぎたり、途中で行先を変更したりすることはできないことになっていたのである。外国僧である高祖も恐らく例外ではなく、該当書類を所持していたと考えられる。否、外国僧はより厳しく取り締まられていたかも知れない。

次に問題となるのは、『宝慶記』所載の薬山高沙弥に関する如浄の説示である。

堂頭和尚慈誨《シテ》云《ク》、薬山之高沙弥《ハ》、不レ受《ケ》二比丘具足戒《ヲ》一、也非《タル》レ不《リシニハ》レ受《ケ》二仏祖正伝之仏戒《ヲ》一也。然《レドモ》而搭《シ》二僧伽梨衣《ヲ》一、持《セシハ》二鉢多羅器《ヲ》一、是《レ》菩薩沙弥也。排列之時《ハ》、依《リテ》二菩薩戒之臘《ノ》一、不《ル》依《テ》二沙弥戒之臘《ニハ》一也。此《レ》乃《チ》正伝之稟受也。你有《ルコト》二求法之志操《ノ》一、吾之所二懽喜《スル》一也。洞宗之所託《ハ》、你乃《チ》是《レ》也。

この説示に関し大久保氏の解釈は、高祖が宋朝禅林の法臘基準に対して多大の疑問を抱き、それを如浄に質問したもので高祖の主張が如浄に認められたものとの主旨を述べている。これに対し鏡島先生は、「道元禅師を触媒として如浄の中からよび起こされた言葉（中略）如浄と道元禅師の『感応道交』によって生まれた言葉というべきで（中略）日本天台の戒学的反映（円頓戒的立場）が看取される」と鋭く言及されている。すなわち如浄の言葉は、当時の中国禅林では、異端的なものであったことを知らねばならない。

おわりに

断るまでもなく、高祖の末孫として高祖を崇敬する心こそあれ、冒瀆する念は毛頭もっていない。しかし、「新到列位」問題の背景にある東大寺戒壇院の「度牒」と「戒牒」を携帯して入宋したかどうかに関して云えば、否定的な史料を発見したい程であるが、前述の通り肯定的に把握せざるを得ない。但し、その「度牒」と「戒牒」が形式的な書物だけのものか、また入宋直前に急拠南都に赴いて実際に受戒したものか、さらにそれらの日付はどうなっていたか等は全く不明のものであり、これらの点からもそれを断定するものではない。南宋仏教界の事情をさらに調査すると共に、入宋僧の安居掛搭を記す史料を探査し、また彼等の携帯した度牒と戒牒の真偽を究明することが先決である。

所謂『明全和尚戒牒奥書』とは、周知の通り明全が東大寺戒壇院で受けた具足戒牒とそれに高祖が奥書を認めたものである。その「戒牒」は前掲の本文にある通り、明全が入宋の際に「書持《ママ》」したもので「正治元季(年)乙未十一月八日」の日付が入っている。『舎利相伝記』に所載する明全の行歴に「八歳にして親をはなれ、叡山にのぼりてすむ、十六にして僧となり、学海をわたりゆく」とある。正治元年（一一九九）が明全の十六歳の年で紀年が符合し宛かも東大寺受具が事実と見做されそうであるが、その「奥書」の高祖の筆致は必ずしもそうではない。「書持」の表現も暗に偽書たることを示しているように思われる。その意味で『舎利相伝記』も問題の書であり、充分検討を要する。とはいえ、明全のそれが偽書であっても当時の日中仏教界の情勢からいって決して一方的に批難されるものではない。この種の便法は誠に止むを得ないといえる。例せば聖一国師円爾弁円(10)（一二〇二〜八〇）や天岸慧広（一二七三〜一三三五）の度牒や戒牒も入宋の為に用意し携帯した点で明全と同種のものである。とりわけ慧広の度牒は、祠部関係の人々が全て実在人物でなく各花押は同一筆蹟と鑑定されている。(11)

注

（1）『三祖行業記』『三大尊行状記』所載記事。「不レ依二戒次一、欲レ列二新戒位一。師表レ書曰（中略）、師又重表レ書（中略）、三表書曰（後略）」（『曹全書　史伝上』二頁a〜b・一二頁a〜b）。

（2）明州景福寺。「明全戒牒奥書」には「初到明州景福寺、于時講師、妙雲講師為堂頭」とあり、明全一行が明州港（寧波）到着後、港近くにあった同寺院（律寺）へ行き、入港手続きや「戒牒」等の事柄を教示された可能性がある（中世古祥道『道元禅師伝研究』第四章第三節「新到列位問題」一八六〜一九〇頁）。

（3）「仏法之位次、不レ論二尊卑老少一、先受戒者在レ先坐、後受戒者在レ後座。蓋是七仏諸仏通戒也。何日本大宋、可レ有レ別異」（『曹全書　史伝上』二頁a・一二頁a）。

（4）度牒や戒牒。僧尼の得度と受戒を公認する文書。詳しくは次の論稿第二節五二頁、五四〜五五頁を参照のこと。

（5）先例。「天童一山、住持両班、前資勤旧、以二先例一尚定二新戒一。其故、先入唐諸僧、如于伝教弘法、至于汝師翁用詳上人、尽著二新戒一、蓋是国例也。大国小国之別異也」（『曹全書　史伝上』二頁a・一二頁a）。

（6）大久保道舟『修訂増補　道元禅師伝の研究』第五章第五節「新到列位の基準問題」一二四〜一二八頁。

（7）『明全和尚戒牒奥書』（永平寺聖宝閣所蔵。『曹全書　宗源下』所収、口絵。『永平寺史料全書　禅籍編』第一巻、「明全和尚具足戒牒」口絵・八八九頁）。

（8）『舎利相伝記』（底本、金沢市松岡正信氏旧蔵。現、駒沢女子大学・短期大学図書館蔵。巻子装、三重箱入、推朱軸盆付、田沢方南箱書）。本文中に「ここに、貞応二年みづのとひつじ、二月二十二日、建仁寺をはなれて、はるかに大宋国におもむく。五月十三日に、慶元府太白山天童景徳禅寺にいたる。このところに錫をとどむるゆゑは、このみぎり、かの本師千光の旧游なればなり」とある。明全が道元などと貞応二年（一二二三）（中国暦、嘉定十六年）二月下旬に建仁寺を発ち、その後、潮流の具合から恐らく三月下旬に博多より出港して入宋し、四月上旬に慶元府寧波に到着、掛錫の時期が過ぎていたが、本師千光（栄西禅師）との深い縁があり、その高弟である彼は七月の秋安居の掛錫を待たず、特別扱いで五月十三日に入門できたことを証明するものであろう。門下道元等の三人は、その後、寧波港の船舶にとどまり、七月に入り天童山に安居することができた。『舎利相伝記』の内容と問題点は次の論稿第二節を参照のこと。

（9）念球の再入宋。松尾剛次『新版　鎌倉新仏教の成立――入門儀礼と祖師信仰』（吉川弘文館、四五〜四六頁）参照。一旦帰朝し、師の寂照ら五人の「度縁」を過去に遡り、官の許可の元、能書家に依頼し作成、再度の入宋に携行した。「五月七日丙戌、（中略）入唐僧寂照、元燈、念球、明蓮等五人度縁請印、撰能書以白色紙書之、以朱砂捺印、可渡大宋之故也」（『日本紀略』「長和四年（一〇一五）五月七日条」）。

（10）円爾弁円の「度縁」と「戒牒」。弁円は天台宗の三井寺にて得度（度縁）し、後に東福寺に入る。承久元年（一二一九）十月二十日付「沙弥円爾度縁」（『大日本史料』五編之十、四三八頁）。和様と唐様の二種「度縁」、「戒牒」も同一年月日。東京国立博物館寄託、重文「聖一国師度牒・戒牒」。参考、前掲の松尾剛次氏の著書（四六頁、二〇〇頁）。

（11）天岸慧広の「度縁」と「戒牒」。弘安九年（一二八六）十一月八日付、「治部尚書」の「度縁」、無学祖元を師として建長寺で得度した。発行所が「鴻臚丞」となっている。「治部尚書」と「鴻臚丞」との名称は、中国風に表記したもの。「戒牒」は延暦寺で受けたと思われるが、入宋のために東大寺で受けたとする偽文書（年月日は「度縁」と同一）を作成。神奈川県報国寺蔵。その「戒牒」は『鎌倉遺文』（一六〇三〇号文書）に所載する。「建長寺創建七五〇年記念特別展図録　鎌倉　禅の源流」所収。参考、前掲の松尾剛次氏の著書（二九、四六、一一四、一一九、一六三頁）。

第二節　戒牒に関して

はじめに

前節「新到列位に関して」において、次の事項を指摘した。

(1)『明全和尚戒牒奥書』の記事によって高祖道元禅師（以下、高祖と略称）の入宋当時、中国仏教界では比丘戒が主流で、単に菩薩戒だけでは戒臘に数えられなかったこと。先ず比丘具足戒（声聞戒）を受け、後に菩薩戒を受けなければ一人前の僧と認められなかったこと。また『禅苑清規（掛搭章）[1]』等によれば、僧は常に度牒・戒牒[2]・六念を所持し、安居掛搭の際にそれらを提示し、さらに行遊には公憑を携帯する必要があったこと。

(2)明全は、栄西や俊芿からの情報によって(1)の事情を充分承知し、東大寺戒壇院発行の戒牒を「書持」したこと。明全の戒牒は、実際に東大寺の戒壇で受戒したものではなく、便宜的に用意し持参したものと思われること。

(3)明全の門下で二十四歳という若き高祖は、天台の円頓戒すなわち大乗菩薩戒に矜持を抱き、中国の事情に多少の危惧の念を持ちながらも、師明全の言に従って同様の戒牒を持参したものと推定されること。

(4)先に挙げた(3)の事情が真実とすれば、東大寺受具を暗示する文がある『舎利相伝記[3]』も問題を含む書であること。

(5)『三祖行業記』『三大尊行状記』をはじめとする高祖の伝記中、新到列位の記事に関し、先学の諸説に傾聴すべき点が多々あるものの、一般的に高祖が安居掛搭の時に寺側と何らかの摩擦があった一端を反映していると見られているが、私は以上(1)より(3)までの事項から、この記事はすべて粉飾的虚構と見做さざるを得ない、との主旨を述べた。

今回は、(2)の事項（明全の東大寺受戒の戒牒は正式なものでないこと）を補強する上で、当時の日中両国の授戒制に即して更に考察を進めてみたい。そのためには、(1)の事項にも関連して、前回逸した『慶元条法事類』の史料を使用して補足する。また(4)に挙げた『舎利相伝記』の史料的価値に検討を加えておきたい。

一、日本の授戒制

明全の略伝ともいうべき『明全和尚戒牒』（永平寺所蔵）末尾の奥書は、まず高祖の真筆として疑いのないものであり、その記事も事実と認められている。私もこの判断に従い以下論述したい。

その記事の冒頭に「先師諱明全（中略）本是比齢《（叡）》山首楞厳院僧也」とあり、また中程に「全公本受天台山延暦寺菩薩戒」とある。明全は、紛れもなく叡山の天台僧なのである。

松尾剛次氏が論文「官僧と遁世僧——鎌倉新仏教成立と授戒制」（『史学雑誌』九四編三号、一九八五年）の中で述べているように高祖の在世当時、日本において南都六宗と真言宗および天台宗寺門派は東大寺の戒壇（同系に筑紫の観世音寺、下野の薬師寺）で『四分律』の二百五十戒を授けられ、天台宗山門派は叡山の大乗戒壇で『梵網経』の十重四十八軽戒を授けられることになっていたのである。つまり、沙弥は出家の師が大乗戒壇系か小乗戒壇系かによって、授戒する戒壇が決まっていたとされる。明全の本師棡井房明瑶（『随聞記』では明融）阿闍梨に関する伝記の詳細は不明であるが、明らかに叡山の学僧と思われる。『随聞記』巻六の記事によれば、明全の述懐として幼児より養育の恩を受け、また入宋直前、重病の本師を見舞っている。師資関係は一生涯保たれていたのである。なお明全にとって栄西は参学師（『戒牒奥書』）であり、伝戒師（『授理観戒脈』）である。ところで転派・転師をするならばともかく、所属する教団や師匠を変えずに、他系の戒壇で授戒することはできない。もしできたとすれば、その授戒そのものを冒瀆することになる。何故なら、その授戒は受ける者の内省的自覚を促す一方、その教団の成員として加わることを意味し、同時に当人はその教団の一員として充分な心得を持ち、義務を負わなければならない。従ってその教団や師匠を変えずに他系の戒壇（この場合、東大寺戒壇）で授戒したとする「戒牒」があれば、入宋などの為に特別に入手した便宜的なものであり、厳密にいえば正式なものではない。当時の日中両国の授戒制の相違から生じた誠に止むを得ない事情ともいえよう。明全自身も不本意の感を抱いていたであろう。

二、中国の授戒制

次に高祖入宋当時の中国における僧制（度牒・受戒・行遊など）に関する規定は、『慶元条法事類』[4]巻五十と巻五十一の道釈門にある。これは南宋代嘉泰二年（一二〇二）に成立したものである。これより約百年前の受戒や掛搭については、『禅苑清規』の各該当箇所の章に垣間見ることができる。また、高祖の著『永平清規』の「知事清規（維那の項）」にも『禅苑清規』本文を一部引用して、当時の掛搭や行遊の状況を記述した箇所があることは、前稿で既に触れた。それらの箇所には、所謂「新到列位」の問題を何ら言及していないことに注意しておきたい。

今、『慶元条法事類』の記事をいくつか列挙しておく。

(1) 僧道（僧侶と道士）は、官（祠部）より発給する度牒・戒牒（道士は不要）と受戒の際に寺（戒壇所）より発給する六念、また行遊には公憑を常に携帯していなくてはならない。右の度牒・戒牒・公憑・六念を亡失したり、水火盗賊などによって毀失し、十日を経ても申請しなければ還俗。〈師号度牒門の名例勅・雑勅・雑令〉

(2) 私的に剃髪し、また私的に度して僧道となり官を偽る者は各々徒刑三年、本師がその事情を知り見逃せば徒刑二年。主首もその事情を知り見逃せば笞刑一百の上、還俗。〈違法剃度門の戸婚勅〉

(3) 僧道の持つべき、それら官の公文書が偽造であれば還俗の上、徒刑は所轄の城に配される（兵役に科される）。〈違法剃度門の詐偽勅〉

(4) 戒壇は聖節の際に開かねばならない。そうでない時に行えば、授戒者も受戒者も徒刑二年、またこれに臨席した主首も同罪。聖節に受戒しても、その戒牒が偽物であれば前掲の通り処罪され、それを偽物と見破れなかった官司は笞刑一百、それを委ねた上司の官司も笞刑九十。〈受戒門の戸婚勅・詐偽勅〉

(5) 受戒する前、度牒を持ち僧司に赴き憑験を受ける。その度牒が偽物でないことが判明すれば、戒壇所の受戒許可が下り、受戒後に六念が支給される。その度牒と六念を連黏して押印され、またその度牒に戒牒発給の年月日が記入され押印して渡される。その後、所轄の官より尚書礼部に届が出される。〈受戒門の道釈令〉

(6) 僧道の行遊に関し、州界を出る場合は、まず本師や寺観の主首の承認を得て、その後に官へ身分を証明する度牒や戒牒を呈示し、許可書たる公憑の発給を申請する。〈行遊門の戸婚勅と道釈令の主意〉

(7) 公憑を所持せず行遊した場合、笞刑一百の上に還俗。また寺観の主首が不正の証明をしたり、その不正を見破れず公憑を発給した官司は、各々笞刑八十、ないし六十。〈行遊門の戸婚勅・道釈令〉

(8) 公憑を発給された僧道は、その行先が届出通りに指定されている。日程も九十日（千里以上離れている所の場合は半年）を限度とし、万一不測の事故で三十日以上を過ぎた場合は、所在の官に申告して批書（批憑）して貰わねばならぬ。途中、疾病した場合を除き一か所に再宿以上することはできず、もし留まろうとする者は所轄の官に公憑を返却する。その官司は、公憑を発給した元の官と行先の指定された所にも報告する。また行遊する僧道が寓止する寺観の主首は、その度牒や公憑を点検し真偽を確かめねばならなかった。なお僧道になりたての者や紫衣師号を得て間もない者は行遊できない。〈行遊門の道釈令の主意〉

以上は、主だった条目を拾い読みした項目である。これらは中国人の僧道向けの規定であるが、外国人である日本人僧に対してもこれに準ずる規定で行われていたと思われる。なお北宋代、入宋した成尋の弟子、沙弥長命が熙寧六年（一〇七三）三月、東京の太平興国寺資聖万善戒壇院で授戒した後に「戒牒」を発給される旨の許可状が下り、「六念」も与えられている。つまり、日本人の沙弥であっても正式に申請すれば中国で授戒できた（『参天台五台山記』巻八）のである。

ここで想起することは、『明全和尚戒牒奥書』の文中に見える「初到明州景福寺、于時講師妙雲講師為堂頭」の明州景福寺である。この景福寺は、俊芿ゆかりの律院であり、恐らく「戒牒」に関わる事柄、もしくは日本人僧に対する中国における戒律の知識を得させるための教育機関であった可能性も考えられる。

三、『舎利相伝記』の史料的価値

次に『明全和尚戒牒奥書』（以下、『戒牒奥書』と略称）の記事を基準にして、『舎利相伝記』の史料を批判的に検討してみたい。

「伊州の人、俗姓は蘇氏」とある明全の出身と俗姓は、虞樗記『日本国千光法師祠堂記』の末尾付近に「全生伊州、蘇姓」とあるものに依拠したものであろう。そうであれば撰者は必ずしも高祖に限らず、不特定多数の人の可能性もある。「俗姓は蘇氏」の後に続いて「法名は明全なり」とある法名という表現も気に懸かる。『戒牒奥書』冒頭には「諱明全」とあるのであり、その諱をこの箇所でことさら法名とするのは不自然な感がするのである。

一番問題となるのは、次の「十六にして僧となり」という箇所である。前回も指摘した通り、これが『戒牒奥書』に記す如く、明全の東大寺戒壇院における受戒の年時、正治元年（一一九九）を示すものであれば、その紀年が符合して好都合である。しかし、叡山の大乗戒壇でならばともかく、前述のように明全が東大寺で受戒することはあり得ないのである。その疑問視される紀年の記事があるからには、よく吟味して把握しなければならない。大久保道舟氏は、多少疑問を抱きながらも、明全は「戒律を研鑽せんがために早くに延暦寺を出て南都へ一時的に遊歴したもので、その受具も南都の僧となるためではなく、戒律研鑽の一面を語る記念品であったと思われる」（『修訂増補 道元禅師伝の研究』一一三頁）との主旨を述べている。いかにも栄西以来、建仁寺で戒律重視の考えを持つ明全ともいえるが、当時の授戒制からいっても不自然さが残る。第一、研鑽のためとはいえ、東大寺でそのような者に安易に正式な受戒を許すことはないと思われる。

明全が入宋のため高祖と共に建仁寺を離れたのは「貞応二年みづのとひつじ二月二十二日」であり、『戒牒奥書』と同じ「貞応癸未二月廿二日」である。なお、面山の言う「渡海牒（大久保氏の言う「後高倉院院宣」「六波羅探題下知状」）」の史料的吟味はさておき、この許可が下った日付は、二月二十一日である。もし、これが事実とすれば翌日に出発した訳であり、かなり慌しいものであったろう。あるいは、前以て内示があって、それを待ち受けていたのかも知れない。

次に問題となるのは、「かの本師千光」という箇所である。『戒牒奥書』には、前述の通り明全の本師は「明瑤阿闍梨」であって、千光法師栄西は「参学師」であったことが明瞭に記されているのである。同じ撰者であれば、何故『舎利相伝記』において栄西を「本師」と記すのであろうか。

明全の示寂年時については、『戒牒奥書』に記してあるのと同じく宝慶元年五月二十七日であり問題はなかろう。なお『舎利相伝記』に十八日から微疾を受け、示寂の二日後に火葬したと記す。この記事は他にない。またその前後の細かな描写は、側にいた人でないと表現できないような趣きを呈している。反面、いかにも潤色的表現のようにも思われる。

火葬後、堅い舎利が出たとする記事は『千光法師祠堂記』に見えるが、『舎利相伝記』には白色の舎利三顆、さらに三百六十余の舎利を得たとし、これを高祖が帰国の際に付与され、洛陽の智姉なる者に分与したという。

その洛陽の智姉とは、いかなる人物であろうか。明全の剃度の弟子であることは文面に記されている。この「智姉」に関し、東隆眞氏は瑩山禅師の祖母「明智優婆夷」である[5]とし、中世古祥道氏は「修明門院女房美作出家、法名明智」である[6]と各々想定しているが、実際のところ不明である。

末尾の紀年「嘉禄三年十月五日」は、この史料が本物であれば、既に高祖が帰朝して洛陽すなわち京へ帰っていたという証左になろう。なお自南聖薫撰『法灯国師行実年譜』の安貞元年（一二二七）の条、十月十五日の箇所に由良西方寺（後の興国寺）の額の篆字を覚心が高祖に揮毫を依頼したことが記されている。高祖の帰朝に関する説は種々あるが、『（普勧）坐禅儀撰述由来書』に「予嘉禄中従宋土帰本国」とあることから同年十二月十日（改暦安貞元年）以前であることはほぼ確実であり、その点で特に問題はない。しかし、いつ帰着し、帰京したか。その日時について現在のところ決着を見ていない。

同じく末尾の署名「門人道元記」の上に稚拙な「道元」という朱印

が押されている。勿論、現存する史料は高祖の真筆ではなく写しである。押印したりしていかにも本物らしく見せかけているが、思わぬところで馬脚を露わしている。しかし、この朱印は当初から押されていたのではないかも知れない。なお大久保氏もこの史料は、後世の写しであると断じている。(7)

現存し一般に公開されている『舎利相伝記』は、昭和八年十二月に原本を撮影した東京大学史料編纂所蔵の影写本である。この原本は、元、加賀の前田家に伝わり、後に松岡正信氏が所蔵（昭和八年当時まで）、その後、某所へ譲渡され所在不明になっている（『道元禅師真蹟関係資料集』）という。本格的な伝承経路の調査はまだしていないが、尊経閣文庫に問い合わせたところ、この史料を江戸時代に前田家が襲蔵していたことを示す文献は、現在見つからないとのことであった。

この史料が、たとえ「後世の写し」であっても、その原本の元になっている文献が本物であり、それを忠実に写したものであれば、内容上の史料的価値は何ら劣るものではない。しかし、右に検討してきた通り、この『舎利相伝記』は、諸種の矛盾や問題を含んでいることを認めねばなるまい。(8)またこの史料は、高祖のオリジナルなものが、次第に付加増幅されていったという可能性も考慮しておいてよいだろう。なお、『舎利相伝記』の史料的吟味は、これほどスペースをとることはないかも知れないが、高祖の伝記を研究する上でその検討は欠かせないという立場から行ったことを断っておきたい。

おわりに

以下は、引続き今後の課題として考慮している事項である。いずれも高祖の戒観を把握するためのものであることは言うまでもない。

(1) 受戒と戒脈
(2) 授戒と伝戒
(3) 「仏祖正伝菩薩戒」と十六条戒
(4) 公円・公胤・（栄西）・明全・俊芿・覚盛・叡尊などの人的交渉と戒観——当時の戒律思想史上との関連
(5) 著作品上の戒律観（「清規」を含む）
(6) 叢林生活と人格形成——高祖の清僧イメージ

これらの項目を総体的に把握することによって、戒牒に関する問題も解決されていくものと思われる。とりわけ興味の中心にあるのは、高祖が入宋前、どのような受戒をし、また戒脈を受けていたかである。これらの事柄は、必ずしも明らかにされていない。その手かがりになるのは、如浄所伝の禅宗青原下の戒脈と明全所伝の禅宗南岳下の戒脈が記されている「授覚心戒脈」、栄西所伝の禅宗南岳下の戒脈と同じく天台円頓戒の戒脈（基好と千命との二系）とが記されている「授理観戒脈」とである。まずこの二本の戒脈の内容とその背景とを検討することから始めねばなるまい。

注

（1）「判憑式（中略）今本名度牒・六念・戒牒共に三本を執りて、全く使衙に赴いて呈献し、判公憑を欲す」（原漢文）。
（2）「度牒」と「戒牒」。中国唐代の官制に定めた「僧制」に始まる。『（大宋）僧史略』に、「案ずるに『（宗門聯灯）会要』には則天武后の延載元年（六九四）五月十五日の勅に天下の僧尼、祠部に隷う。須らく司賓に属すべし」とある（『禅林象器箋』第二三類、簿券門）。しかし『（隆興仏教）編年通論』巻十六には、「天宝五年（七四六）五月制」、また前掲『会要』に「天宝六載制僧尼道士令祠部給牒」（丁福保編纂『仏学大辞典』中国文物出版社）と年号が異なる叙述がある。いずれにしろ「度牒」は出家の「公験」（官より出される得度の証明書）であり、「尚書省祠部司」より給付されるので「祠部牒」とも称する。修行者は行脚の際、受戒の自己意志を表白し、伝戒師等の十師の署名押印を認めた証明書である「戒牒」などと共に必ず持参し、寺院の掛搭には、その真偽が点検され安居が許される。宋代以降になっても、それはほぼ同じであった。ちなみに「戒牒」は、『会要』に「天宝六年（七四七）五月制僧尼令祠部給牒」、また『釈氏稽古略』巻三に「唐宣宗大中十年（八五六）勅法師辯章、為三教首座、初令僧尼受戒給牒」（前掲『仏学大辞典』）と述べられる。同じく「六念」とは、比丘の熟知すべき六つの重要事項（①日月、②食処、③夏臘、④衣鉢、⑤同別食、⑥身康臘）であり、北宋咸平三年（一〇〇〇）七月以降に加えられた。度牒・六念・戒牒の三本（＝公憑）は比丘の携帯必需品であった。

　参考書、榎本渉「中国史料に見える中世日本の度牒」（『禅学研究』八二号、花園大学禅学研究会、二〇〇四年）、『訳註　禅苑清規』（曹洞宗務庁、一九七二年）等。

（3）前掲、第三章第一節の注(8)参照のこと。

（4）『慶元条法事類』「慶元重修勅令格式」の利用検索のため部類門別に編成替えをした行政法典。南宋寧宗趙擴治世時の法令集、宰相謝深補（一一三九～一二〇四）等の奉勅撰、嘉泰二年（一二〇二）成立、翌年頒行（出版）、八十巻（欠本あり）。成立・出版年時から『嘉泰条法事類』とも称される。宋代の法律制度の重要参考文献とされる。そのうち巻五十・五十一「道釈門一・二」は、道教と仏教に関する宋代「宗教法制」の一資料である。同書は静嘉堂文庫本を底本として古典研究会より一九六八年に出版されている。研究書として牧野巽「『慶元条法事類』の道釈門――宋代の宗教法制の一資料　上・下」（『宗教研究』新九巻二号・四号、一九八五年）、吉田寅「『慶元条法事類』の書誌学的一考察」（『中嶋敏先生古稀記念論集』下巻、一九八一年）、河村康「宋令変容考」（『法と政治』六二（下）、二〇一一年）等がある。参照『中国史籍解題辞典』燎原書店、一九八九年。

（5）東隆眞「瑩山禅師伝」（『大乗禅』四八巻一号、一九七一年）。

（6）中世古祥道「明智優婆夷（太祖の祖母）について」（『瑩山禅師研究』所収論文、瑩山禅師奉讃刊行会、一九七四年）、同右『道元禅師伝研究』六章三節「建仁寺の随衆」二七四頁。

（7）大久保道舟『修訂増補　道元禅師伝の研究』前篇一二章一節四項、三五二～三五三頁。当該書の言及は、一一三・一二八・三三八の各頁にある。

（8）『舎利相伝記』の史料的価値・真偽問題。当該書に対し、畏友石川力山氏は、「舎利信仰」に通ずる叙述は、長円寺本『正法眼蔵随聞記』巻二冒頭のそれを否定する記事との間の説相に「かなり径庭齟齬を感じさせる」と述べている（『道元禅師全集』七巻、解題「舎利相伝記」三五三～三五五頁、春秋社、一九九〇年）。道元を中心に「舎利信仰」に特化して論じた論稿に桐野好覚「『舎利相伝記』と道元禅師の荼毘」（『宗学研究』四二号、二〇〇〇年）がある。また明全の伝記史料の一に佐藤秀孝「仏樹房明全伝の考察」（『駒澤大学仏教学部研究紀要』四九号、一九九一年）がある。その他は既述（「興聖寺時代における懐奘禅師の行実」の末尾、本書二五頁を参照）。

第三節　再考「新到列位問題」——是認論を否定する

はじめに

「新到列位問題」とは、高祖道元禅師（以下、高祖と略称）が入宋し天童山に安居掛搭した際、戒臘次第に依らず新到の末席に列されたことに対し、天童山、五山さらに皇帝（寧宗）に抗議し戒臘遵守の「勅裁」が下り名声を得たという「逸話」である。本来、「新到列位」類の案件は五山、皇帝が関与する事案ではない。筆者は四半世紀前、この「逸話」は高祖の宣揚・神格化の一端である旨を論じた。[1] 後に複数の支持論文もある。[2] しかし、最近になり、それを是認する論文と解説文（後掲）が現れ、やむを得ず、稿を改め万全を期すことにした。

一、「逸話」の有無と『明全戒牒』「奥書」

新到列位の「逸話」は、高祖伝の「略伝」を除き大半に所載するが、中国の文献記録には一切ない。高祖伝中、中国系の鼓山元賢撰『継灯録』、高泉性潡撰『扶桑禅林僧宝伝』、臨済僧の卍元師蛮撰『本朝高僧伝』『延宝伝灯録』、大冥恵団撰『本朝伝来宗門略列祖伝』にはない。それは、彼らがこの「逸話」を歴史的事象と認めていないからと思われる。なお高泉は、前掲の『僧宝伝』にはないが後年撰述の『日東洞宗初祖永平元和尚道行碑銘』にはある。

次に現存の『元祖孤雲徹通三大尊行状記』、『永平寺三祖行業記』（略称『行状記』『行業記』）と「古写本建撕記」（河村孝道編著『諸本対校永平開山道元禅師行状建撕記』所収）類における「逸話」の位置が相違している。具体的に示せば、『行状記』『行業記』の当該逸話は天童山に掛錫し「諸山遍歴」の後にあるが、中世古祥道・伊藤秀憲両氏が指摘するように[3]「古写本建撕記」類が天童山に掛錫した際と時系列に訂正している方が合理的である。

さらに伊藤氏によれば、この「逸話」は元来なく後に添入したものと理解するのが正しいとする。これを裏付けるように太祖瑩山禅師撰述の古写本『伝光録』（永享二年（一四三〇）、乾坤院本）および元亨三年（一三二三）撰『洞谷記』にもない。但し『洞谷記』の享保三年（一七一八）写本（大乗寺本）中、「洞谷伝灯院行業略記」の高祖伝に略述（一六字）する。そこで問題点は『行状記』『行業記』に附記添加した時期は一体いつであり、挿入者は誰かということになるが、現在いずれも不明である。そもそも当該逸話を載せる前掲二書（曹全書本）の字数を示すと『行状記』は三八一字／二三三六字、『行業記』は三七五字／二三四五字となり、全体の約六分の一を占める。如浄参学や身心脱落の字数より多く、これを挿入したことに依る構成上のバランスから、その不自然感は免れない。

　さらに「逸話」の挿入者は、日中双方の仏教界の正しい「戒臘」の知識や歴史観を持ち叙述したとは思われない。入宋時、掛搭行遊には「比丘（具足）戒」に伴う「度牒（縁）」「戒牒」の携帯が必要であった[4]（『慶元条法事類』）。当時の中国仏教界の事情により一種の方便として日本で偽造したのである。『（明全）戒牒』の「奥書」（高祖述）に記す全体の文意と「書持」の意味とを正しく把握すれば、当該書は明らかに「偽造書」である（『戒牒』永平寺宝物館蔵、国指定重要文化財）。

　当時、日本僧による入宋用偽造文書の「度牒（縁）」「戒牒」には以下の如き例がある。

(1)　円爾の二種の度牒（和様・唐様）と戒牒、印刻、承久元年（一二一九）十月廿日（共に同一年月日）（東福寺原蔵・東京国立博物館寄託、重文「聖一国師度牒・戒牒」）。日本なのに「皇帝官印」が捺され署名に花押がないもの、無印で署名に花押があるものの二種。[5]

(2)　無本覚心の度牒と戒牒とが『行実年譜』（続群書類従、第九集上）所収の「乙未」の項に「逸文（用例）」を掲載する。そこには「師二十九歳詣南都東大寺登壇受具、戒牒（度牒の誤り）文曰」と「又治部省與剃髪度牒（戒牒の誤り）云」との年月日が「嘉禎元年（一二三五）十月廿日」と同一である。『法灯国師縁起』（紀州由良鷲峰法灯円明国師之縁起）の「十九歳剃翠髪、即為南都東大寺具足戒」の記述とは、年齢の上で十歳も離れ齟齬をきたし、いかにも便宜的であり両方とも東大寺受具は疑わしい。

(3)　天岸慧広の度牒と戒牒、印刻、弘安九年（一二八六）十一月十日（共に同一年月日）（神奈川報国寺蔵、「建長寺創建七五〇年記念特別展図録　鎌倉　禅の源流」「図版」所収）。文面の官職名・地名は中国風（唐名）、偽の太政官印、別人なのに花押が同じものがある。

(4)　友山士偲の度牒、印刻、正和二年（一三一三）四月八日[6]（早稲田大学蔵「荻野研究室所収文書」上「寺院文書、諸大寺単一文書567」所収、文化庁監修『国宝・重要文化財大全8書籍』下巻所収）。

近・現代の研究者が当時、日本人の入宋僧が持参した「度牒」「戒牒」は大部分が「偽造書」であると認定している。[7]その傾向は元、明代まで続く。つまり高祖以降も中国仏教において「大乗菩薩戒」（延暦寺大乗戒壇）より「比丘具足戒」（東大寺・観世音寺・薬師寺各戒壇）重視の事情は以前と変わらず同じである。「度牒」と「戒牒」の真偽はさておき、掛搭はその「戒臘」を基準に厳然と行われていたと見做し得るのである。

二、『宝慶記』「薬山高沙弥話」とその関連記事

　高祖は延暦寺戒壇院で「大乗菩薩戒」を受けたのみであり、「比丘具足戒」は受けていない。上記の「逸話」は伝記作者の創作であるが、日中の戒律に関する相違は厳然とあり、「偽造戒牒」を書持していた高祖は、掛搭時に内心忸怩たる思いを抱かれていたと推測できる。その後ろめたさを幾分和ませたのが、次に示す正師如浄禅師の慈誨であった。これは第一節にも引用した。

　「堂頭和尚慈誨して云はく、薬山高沙弥は比丘具足戒を具せざるなり、仏祖正伝の仏戒を受けざるに非ず。然して僧伽梨衣を搭け、

鉢多羅器を持す、これ菩薩沙弥なり。排列の時、菩薩戒の臘に依り、沙弥戒の臘に依らざるなり。これ乃わち正伝の稟受なり。難儞（なんじ）は求法の志あり。吾の懽喜するところなり。洞宗を託するところの者は、儞、乃ちこれなり（原漢文）」（『宝慶記』、『曹全書　宗源上』所収）。

この如浄禅師の慈誨は、高祖が質問したものか、偶然、如浄禅師がされたものか不明ながら、薬山高沙弥の大乗菩薩戒（単受菩薩戒）臘による排列を是認するものであり、高祖ご自身が臍（ほぞ）おちし、内心安堵したものと思われる。

次にこの記事とは別に「明全戒牒」と高祖の「菩薩戒臘」に関連する論議が二つある。

(1)「（前略）又菩薩戒を以て、僧臘とすること、支那にあらざる義なり。永平の昔年支那に於て、戒臘の論ありしも、比丘戒の臘なりと知るべし〈（割註）支那は比丘戒にて座位を定る故に〉。永平曾て叡岳の菩薩戒ヲ稟受せりといへども、蚤歳より渡宋の志あるが故に、南都の戒壇にして比丘戒を受得せり。この事、永平の傳中に載せずと雖も、其戒牒今に本山に残れり。（中略）薬山下の高沙弥も亦禅戒を薬山より得て、菩薩の沙弥たれども、比丘戒を得ざるを以ての故に、一生高沙弥の称を改めず、高比丘と称せざるなり（以下略）」（一丈玄長撰『禅戒問答』、『曹全書　禅戒』三〇一〜三〇二頁所収）。これも第一節に触れている。

(2)「永平祖師ノ戒牒　第十一（問者髻珠秀岳、答者面山）「問、永平祖ハ、叡山ニテ圓頓戒ヲ稟受セリトイヘドモ、蚤歳ヨリ、渡宋ノ志アリシユヘニ、南都ノ戒壇ニテ聲聞戒ヲ受得セリ。コノ事、永平ノ傳ニハ、無ケレドモ、ソノ戒牒、今ニ祖山ニ遺ルト聞ハ實カ。答、ソレハ、一向ノ虚ナリ。（中略）ソノ戒牒ト云ハ、明全和尚渡宋ニヨリテ、宋朝ノ風俗ハ、官令ニテ聲聞戒ヲ用フト聞レシユヘニ、南都ニ受戒ハセラレネドモ、假ニ書シテ所持セラレシナリ。ソノ旨ヲ戒牒ノ末ニ、永平祖ノ直筆ニテ、書副アルナリ。」（面山瑞方撰『仏祖正伝大戒訣或問』、『曹全書　禅戒』一二六〜一二七頁所収）

①の文中、高祖の「比丘戒受得」は誤解、本山所蔵のものは明全の「戒牒」である。②の文、面山は、高祖が「戒牒」を「仮に書持」したこと（偽書）を充分認識している。勿論、それ以前の『永平開山和尚実録』、『永平祖師年譜偈』にも、その逸話を載せている。ところが、『訂補建撕記』には、「書持」（偽書）という事実を知りながら、その注釈をせずに掲載し宣揚化に用いている。

筆者の関心事は、「明全」と同様な「偽戒牒」を「書持」したと看做される若き高祖の心情である。高邁な理想を抱き入宋した高祖がたとえ末席を申し渡されたとしても謙虚な心情で甘受したのではなかろうか。「偽戒牒」と自認し後ろめたさのある高祖が掛錫（掛搭安居）当初、天童山・五山・皇帝へと数十日（？）もかけ、末席に固執拘泥して当局に混乱を生じさせる「厚顔無恥」の抗議行為をとるはずはない。かかる行為は、宣揚どころか反対に高祖の御徳を損じる。

三、二氏の論文・解説文批判

まず佐藤秀孝氏の論文「天童山の無際了派とその門流――道元が入宋して最初に参学した臨済禅者」中「日本僧道元と天童山の新到列位問題」（『駒澤大学仏教学部論集』三九号、二〇〇八年）を取上げる。

そもそも高祖一行が「明州の界（寧波）」に着岸したのは、「嘉定十六年四月初」（『典座教訓』）である。中国寺院に掛錫（夏安居）するには三月下旬までに「掛搭願」を提出し、四月当初、首座入寺式の前日に衆寮前及び僧堂前面の東壁に「戒臘牌」が掲げられる。彼らは、それに遅れたのである。『典座教訓』には「嘉定十六年癸未五月中、在慶元舶裏」中「倭椹」を求め来船した育王山典座と邂逅している。

佐藤氏は、高祖の師明全が「（嘉定十六年）五月十三日、慶元府太白名山天童景徳禅寺」に至る記事（『舎利相伝記』）を元に、この時「道元・廓然・高照も同道」し、この際に「新到列位の問題」が惹起したと述べるが[8]、「同年嘉定十六年也七月山僧掛錫天童、時彼典座来得相見云、解夏了退典座帰郷去」（前掲書）とあるように同年七月に掛錫したので、この説は成立しない。その上、『正法眼蔵』「嗣書」にも「嘉定十六年癸未あきのころ、道元はじめて天童山に寓止す」とある。明全を除き高祖たちは、解間の時期に掛錫したと解される。

佐藤氏は、この逸話を「日本僧の座位に対する待遇の問題」として外国僧全体に対する不当な差別待遇であり、「古写本建撕記」に「如本録寫之」（明州本）、「本記録ノ儘寫也」（瑞長本）とあることを指摘し、「古伝が多くの紙面を費やして書き残している以上、この記事を史実に即しない単なる作り話として一蹴してしまうのは、きわめて問題ではなかろうか」「（前略）かなりの面で史実を伝えていると解され、特筆すべきこととして長文の記録に残された点で、現今のあいまいな判断基準のみで無闇に抹消すべきものではなかろう。日本僧全体の体面を保つために若き道元が差別待遇に敢然と立ち向かった輝かしい功績は、辛うじて後世に残されたともいえるのである」と高揚気味に述べる。

「古伝が多くの紙面を費やして書き残している」だけで「真実」とは限らない。氏は先達の論稿類をほとんど読まず、日中間の戒儀面の相違とその事情および伝記作家の高祖宣揚という視点が欠如し、「戒牒」が偽造書であることも認識していないように思われる。

次に角田泰隆氏の「〔解題〕表書（三種）」（『原文対照現代語訳　道元禅師全集　第十七巻　法語歌頌等』春秋社）を取上げる。当該書に本「逸話」を所収すること自体が大問題。

角田氏は、この「逸話」を「史実である可能性もあると考える」として「（育王山の老）典座の方からわざわざ天童山を訪ねてきたのは、やはり、この事件（新到列位問題）によって道元禅師の名声が広く知れ渡っていたからであるとも考えられるからである[9]」と想像逞しく述べられている。

しかし、育王山の老典座が天童山に来訪し高祖と再会したのは、上掲『典座教訓』の文にあるように彼が解夏（夏間）に典座職を辞し帰郷するため、その挨拶に来たのであり、「新到列位」問題で高祖の「名声」が挙がり、それを褒め讃えるために訪れたのではない。

角田氏が上記の文章の前に「この事件そのものの史実性を疑い、こうした事実は全くなかったとする説」として挙げる境野黄洋『活ける宗教』には、「新到列位問題」の言及はどこにもない[10]。氏は当該書を未確認のまま挙げている。筆者は、この夏に地元の某古書店のネット販売で当該書を偶然見つけ購入し、その記述がないことを確認している。

暫定的まとめ

故畏友石川力山氏は、本「逸話」に関し、いくつかの疑問・問題点があるとして第一に「史実性」の有無、第二に「何らかの事件」、第三に「抗議の機関は天童山か」とした後に「もし、これが明らかに事実に反する出来事であったなら、何故にこうした逸話が成立したかという、道元像の変遷或いは教団史における要請としての問題という、別の範疇の課題となろう[11]」と述べている。筆者は、「史実如何の区別をしつつも、その種の記事は別の視点から眺める必要がある。すなわち教団史における高祖像の変遷という一面である。宗門僧侶と檀信徒における高祖信仰の過程である[12]」と述べ、期せずして同じ見解を抱いていた。高祖像宣揚は「祖師信仰」そのものであること、また「血脈度霊」や「道正庵」等の逸話は「禅戒」や「幕藩体制」の教団の要請で挿入した逸話例であることを添えておきたい。

注

（1）吉田道興①「高祖道元禅師伝考——新到列位の問題をめぐって」『宗学研究』二八号、一九八六年、②「高祖道元禅師伝研究——戒牒に関する問題」『宗学研究』二九号、一九八七年。

（2）①竹内道雄「新到列位の是正問題」『道元（新稿版）』吉川弘文館、一九九二年、②鏡島元隆『道元禅師』春秋社、一九九七年、③晴山俊英「新到列位問題について」『宗学研究』四一号、二〇〇九年、④榎本渉「中国史料に見える中世日本の度牒」『禅学研究』八二号、二〇〇四年。

（3）①中世古祥道『道元禅師伝研究』国書刊行会、一九七九年、②伊藤秀憲「道元禅師の在宋中の動静」『駒澤大学仏教学部研究紀要』四二号、一九八四年。

（4）吉田前掲注(1)①。

（5）①伊藤東涯『制度通1』五巻、②辻善之助『日本仏教史　第三巻　中世編二』。③榎本渉前掲注(2)④。

（6）相田二郎『日本の古文書』上、岩波書店、一九四九年。第二部第六類雑公文第三種に円爾と天岸の「度縁」に関し他と比較して詳述。『特別展図録』の提供は高橋秀栄氏。

（7）伊藤東涯前掲注(5)①。

（8）五月十三日に掛錫した説は石川力山「〔解題〕十二、上寧宗皇帝表（三種）」『道元禅師全集』七巻、春秋社、一九九〇年。

（9）典座の来訪を高祖の「名声」と結びつけている説は柴田道賢『禅師道元の思想』第五章3「席次是正の問題」に見える。

（10）前掲注(3)①中世古論文に「史実として抹殺するもの」として境野『活ける宗教』(丙午出版社、一九一二年)を挙げる。それを石川氏が踏襲(前掲注(8))、さらに角田泰隆氏が孫引きという次第か。中世古氏が当該書を確認の上、記したのかは不明。

（11）石川力山前掲注(8)。

（12）吉田道興「高祖道元禅師の伝記研究」おわりに『東洋学論集』朋友書店、一九九〇年。

第四章　諸種の伝記史料における書誌学的研究

第一節　宝慶記と高祖道元禅師伝

『宝慶記』は、高祖道元禅師（以下、高祖と略称）の在宋中、宝慶元年（一二二五）から数年間におよぶ天童山景徳寺如浄禅師の下における「参学記録」であり、入寂後の建長五年（一二五三）十二月十日、懐奘によって書写されたもの（「全久院本」奥書）、と伝えられる。爾来、これを原本としていくつか書写され今日に至っている。

『宝慶記』諸本（主に江戸期までに知られるもの）

(1) 建長五年写　懐奘筆。義雲奥書。豊橋全久院蔵・巻子本
(2) 筆写年不詳　義尹筆。熊本大慈寺蔵〈逸亡〉『永平室中聞書』文中
(3) 同　右　筆写者不明。越前宝慶寺蔵〈逸亡〉、昭和五年（一九三〇）大久保道舟編『道元禅師全集』対校本
(4) 同　右　義雲筆。　同　右　〈逸亡〉面山『彫宝慶記』文中
(5) 同　右　伝大智筆。熊本広福寺蔵・巻子本、嘉暦元年（一三二六）（複写・駒澤大学図書館〈以下、駒図と略〉）
(6) 延宝八年写　遼雲古峰筆。小浜永福庵蔵（同右）
(7) 宝永三年写　智田道淳筆。伊勢四天王寺蔵〈所在不明〉
(8) 宝永四年写　後越宗自筆。元信州普門庵蔵『永平頂王三昧記』と合綴（駒図）、広福寺系写本
(9) 筆写年不詳　筆写者不明。東濃玉泉室中蔵〈逸亡〉(10)の原本
(10) 享保五年写　蔵山筆。静岡最福寺蔵（複写・駒図）
(11) 筆写年不詳　春梁奥書。加賀大乗寺蔵〈所在不明〉(12)の原本
(12) 享保七年写　無著道忠筆。京都妙心寺龍華院蔵。表題「慶宝記」
(13) 寛延三年序刊　面山瑞方校。若州吉祥林蔵版（駒図）
(14) 明和八年刊　義璞跋。京都柳枝軒版（駒図）
(15) 天明九年写　弁海一雄筆。松本広沢寺蔵（駒図）

右の『宝慶記』原本の伝写本と刊本とは別に、その末疏本に関して『傘松』（三八五号、特集・宝慶記の参究㈣、一九七五年十月）「宝慶記参究の資料」中に桜井秀雄先生が十一種を挙げている。

現存する『宝慶記』の諸本中、伝承の上で「全久院本」が一番由緒ある写本といえる。次いで「広福寺本」ということになろう。ここでは、紙面の関係上、「全久院本」に限って触れておく。「全久院本」には、周知の通り懐奘と義雲の奥書がある。高祖の遺書中にこれを発見した懐奘、またそれを拝覧した義雲、両師の感激の情と共にその伝承

経路の一端も窺い知ることができる。この「全久院本」におけるその後の経路は、瑞岡珍牛誌『（全久院法宝）目録』[1]によって知られる。

この『目録』は、信州松本全久院二十七世の瑞岡が、高祖の真蹟とされる『正法眼蔵山水経』や『羅漢講式文章稿』をはじめとする十種の法宝を全久院に収納したいきさつを綴ったものである。『宝慶記』を含むそれら十種の法宝は、いつの頃からか大坂《ママ》の高須家に伝えられていたのである。瑞岡の雲水時代に面山からそれが世にあることを知らされ、それを慕い望むこと二十余年に亘っていた。寛政十年春（『目録』冒頭近くには「同（寛政）十一龍次戊午春」とある）に浪華の北郊柴島の法華寺に隠居していた師匠の海外亮天からその高須家にあることを教えられ、檀越の松永光と光壮父子の助縁によって専使を馳せ、拝請したことが記されている。その後、豊橋全久院へ移された背景や事情などは、『永平正法眼蔵蒐書大成』の別巻『道元禅師真蹟関係資料集』や「総目録」の解題に述べられているのでそれに譲り、ここでは省略したい。なお、「全久院本」で問題となるのは、他の写本に全てある冒頭の尺牘文が欠損していることである。削除の理由は不明であるが、恐らく文中の「栄西との相見」説の真偽に関係していよう。

『宝慶記』が高祖の伝記にどのような影響を及ぼしたか（また及ぼさなかったか）。換言すれば、『宝慶記』が伝記諸書に引用されたり、反映したりしているかどうか。まず、『宝慶記』の記事中から高祖の伝記に関係するものを挙げて検討してみたい。

(1)　如浄に入室参問の自由を請う。〈1〉
(2)　「身心脱落」の話において得法す。〈15〉
(3)　如浄の垂誡・遺嘱。〈10〉・〈5〉
(4)　如浄、斑袈裟を着けず。〈27〉

（末尾に付す〈　〉の数字は、大久保道舟編『道元禅師全集』下巻所収の『宝慶記』の通算番号。以下同じ）

右の他、「教外別伝」話〈2〉は、面山撰の『永平実録』と『訂補本建撕記』にのみ見える。また、伝記の本文ではないが、『訂補本』の注に「薬山高沙弥」の戒に関する話〈44〉が引かれている。この二話は外し、前記の四種に関し、比較的初期に成立した『永平寺三祖行業記』『元祖孤雲徹通三大尊行状記』（以下、文中では行業記・行状記と略称）と対照して探ってみよう。

さらに前記の四種の話が、高祖の主だった伝記諸書において、どのように引用されているかを次に一覧表を掲げ、検討していきたい。

伝記類諸書	(1) 入室参問の自由を請う。	cf. 建仁寺に参ず。A、栄西　B、明全	(2) 身心脱落の話において得法す。	(3) 如浄の遺嘱「莫近国王大臣須住深山幽谷」（五箇条垂誡）	(4) 如浄、斑袈裟を着けず。（黒衣）	cf. 後嵯峨帝の賜紫衣・禅師号があれど受けて着けず。
1 永平寺三祖行業記	○	B（公胤の指示）	○	○	○	
2 元祖孤雲徹通三大尊行状記	○	B（同右）	○	○	○	
3 伝光録	○	B A（公胤の指示）	○	○（和文）		

4	元亨釈書		A 明菴				
5	洞谷記		B				
6	仏祖正伝記		B	○	○		
7	碧山日録	○千光禅師ノ語ナシ	A 明菴	○	○		
8	永平開山御行状（明州本）	△	A 千光禅師	○	○	○	
9	元古仏縁記永平開山御行状（瑞長本）	△	A 千光禅師	○（要旨）	○（補足文アリ）	○	
10	永平開山道元和尚行録		A 建仁西公	○（要旨）	○		○賜紫方袍、号仏法禅師
11	日域曹洞列祖行業記		A 建仁西公	○（要旨）	○		○賜紫《ママ》方袍、号仏法禅師
12	扶桑禅林僧宝伝		A 建仁西公	○（大略）	○		○賜紫衣徽号
13	永平仏法道元禅師紀年録		A 千光禅師	○	○		
14	延宝伝灯録		A 建仁明菴西	○（要旨）	○		○賜紫方袍并禅師号
15	日東洞宗初祖 永平元和尚道行碑銘	○	A 明菴西公	○	○	○	○賜以甚服徽号
16	道元禅師行業記（延宝本）	△	A 千光祖師	○（要旨）	○	○	○賜紫《ママ》方袍仏法之号
17	継灯録	○千光禅師ノ語ナシ		○			○賜以甚服徽号
18	日域洞上諸祖伝		A 明菴西公	○	○		○賜以紫衣徽号
19	開山禅師之行状（門子本）	△	A 千光祖師	○（大略）	○	○	
20	本朝高僧伝		A 明菴西公	○（要旨）	○		○賜紫方袍并禅師号
21	永平実録	○	A 西公	○	○	○	○賜以紫衣徽号
22	永平祖師年譜偈		A 建仁栄西	○（大略）	○		
23	日本洞上聯灯録	○	A 建仁明菴西	○	○		○賜紫衣并仏法之号
24	日本洞宗始祖道元禅師伝		A 建仁栄西禅師	○	○		
25	祖山本 建撕記（元文本）	△	A 千光祖師	○（大略）	○	○	
26	永平行状 建撕記訂補（訂補本）	○	A（公胤の指示）千光禅師	○	○		勅号ノ事ナシ…諸伝違却アリ
27	永平建撕記（承天本）	△	A 千光祖師	○（大略）	○	○	
28	永平高祖行実紀年略		A 建仁西和尚	○（大略）			
29	永平高祖行状記		A	○（大略）	○		

注　表中の○は、該当項目がある印。△は、その項目内容が多少変容している印。

(1)　宝慶記〈広福寺本〉

道元、幼年発二菩提心一、在二本国一訪二道於諸師一、聯識二因果之所由一、雖レ然如レ是、未レ明二佛法僧之実帰一徒滞二名相之懐標一、後入二千光禅師之室一、初聞二臨済之宗風一、今随二全法師一而入二炎宋一、航海萬里、任二幻身於波濤一、遂達二大宋一、得レ投二和尚之法席一、蓋是宿福之慶幸也、和尚大慈大悲、外国遠方之小人所レ願者、不レ拘二時候一、不レ具二威儀一、頻々上二方丈一、欲レ拝二問愚懐一、無常迅速、生死事大、時レ不待レ人、去レ聖必悔、本師堂上大和尚大禅師大慈大悲、哀愍聴許、道元問レ道問レ法、伏冀慈照

小師道元百拝叩頭上覆、

元子参問、自今已後、不レ拘二昼夜時候一着衣衩衣而来二方丈一問道無レ妨、老僧一如親父恕二無礼一也、太白某甲

行業記（行状記）

道元、幼年(歳)発二菩提心一、本国(而)訪二道於諸師一、聯識二因果之所由一。雖レ然如(ナシ)是。未レ明二仏法之実帰一、徒滞二名相之懐標一、後入二于(ナシ)千光禅師之室一。初聞二臨済之宗風一、今随二全法師一而入二大宋一。航海萬里、任幻(幼年)身(ナシ)於波涛一、遂達二大宋一。得レ投二和尚之法席一、蓋是宿徳(福)之慶幸也。(願)和尚大慈大悲、外国遠方之小人。所レ願(冀)者、不レ拘二時候一不レ論二威儀不威儀一、頻々上二方丈一、欲レ拝二問愚懐一、無常迅速(生死事大、)、生死事大(無常迅速)、時待(不待)レ々レ人、去レ聖(生)必悔、本師(老師)堂上大和尚大禅師、大(悲)悲(ナシ)、哀愍聴許、天童浄和尚(老)云、元子参門、自今以後、不レ拘二昼夜時候一、著衣双(衩)衣而来。問レ道無レ妨。老僧一如親父恕二子無礼一、然問、独歩於堂奥。昼夜問レ道、入室請益、不レ拘二時節一、聞二未(不)聞一、伝二不伝一、脇不レ至(著)レ席。

「広福寺本」の本文(1)は、その初めの部分（冒頭「道元」より「小師道元百拝叩頭上覆」まで）を「全久院本」には欠損しているが、現存する他の諸本には全てある。「全久院本」の冒頭部分の不自然な切れ工合から見て、元は同じ内容の文があったと推定されているが、果してそうであろうか。今は、「広福寺本」のそれを掲げた。

右の内容は、高祖が如浄に入室参問の自由を申請した尺牘文である。それを『行業記』では、後半部の尺牘文特有の言い回しを削除したりして問答体の文章に変容している。変容していると述べたが、それは両書の成立を一般的な先後関係から出てきたものであり、この概念を一旦振り払わなければならない。それというのも、この本文の最初の方の部分が、『正法眼蔵』「弁道話」にあるものと相似していることに気がつく。また、その文は、史実上に問題を含むものであり、当初からそれが存していたか検討を要するからである。

「予、発心求法よりこのかた、わが朝の遍方に知識をとぶらひき。ちなみに建仁の全公をみる。あひしたがふ霜華、すみやかに九廻をへたり。いささか臨済の家風をきく。全公は祖師西和尚の上足として、ひとり無上の仏法を正傳せり、あへて余輩のならぶべきにあらず。予、かさねて大宋国におもむき、知識を両浙にとぶらひ、家風を五門にきく。つひに太白峯の浄禅師に参じて、一生参学の大事ここにをはりぬ」（傍線は筆者）

この文中の傍線箇所と前掲の『宝慶記』の文中にある「後入千光禅師之室、初聞臨済之宗風」の文を比較すると直ちにその相違に気が付くであろう。すなわち『宝慶記』の文は従来、栄西との相見説を証する有力な一史料とされたのである。しかし、近年、中世古祥道氏や鏡島元隆氏によりその相見説は否定されている。詳細は、それらの論文に譲る。

（中世古祥道『道元禅師伝研究』国書刊行会、同「宝慶記首文の疑点」（『傘松』三八四号、一九七五年九月）、鏡島元隆『道元禅師とその周辺』大東出版社、一九八五年）

問題となるのは、先の『宝慶記』の文が後半部の箇所を除き、殆んどそのまま『行業記』と『行状記』に引用されている事である。とはいえ、両書の日本における道元の参師訪道の記述では「建保五年丁丑。十八歳秋。始離本山。投洛陽建仁寺、従明全和尚。猶極顕密之奥源。習律蔵之威儀。兼聞臨済之宗風。即列黄竜之十世」となっており、「千光禅師」や「栄西」の名はないのであるから両書は単に『宝慶記』の文を引用するだけで栄西との相見説を証するものではない。

なお『宝慶記』の文を間接的に引用するものに『伝光録』がある。但し、和文で部分的に相違した箇所がある。また『碧山日録』も同様に間接的な引用をしているが、「千光禅師」の語はなく、その前において円公の許を拝辞した後、「建仁明菴」に参ずとしている。同じく『永平元和尚道行碑銘』では、その箇所の「千光禅師」の語を「明菴禅師」に変えているが、『継灯録』では大幅に縮少して「千光禅師」の語はなく「見諸尊宿、獲聞臨済之宗」となっている。『洞上聯灯録』は、『継灯録』の文を踏襲している。面山は、『永平実録』で栄西との相見説をとっているが、この箇所の部分ではその点を略している。しかし『訂補本建撕記』では、『宝慶記』本文を一部の箇所を除き全面的に引用している。他の『建撕記』諸本は、「入建仁開山千光禅師室、初聞臨済宗風」の文が素材となっていて多少字句に相違がある。これは、『宝慶記』というよりも『行状記』に由来しているといえよう。

これらとは別に高祖と栄西との相見説を伝記上に定着させたのは、虎関師錬撰の『元亨釈書』である。「始謁二建仁明菴一、庵《（ママ）》為二法器一」という文が、『碧山日録』に影響し「参二建仁明菴一、々一見器許、服侍六季、冥二契玄旨一」と展開している。この『碧山日録』以後、他の伝記諸書は、栄西との相見説を圧倒的多数で肯定していくのである。

次に(2)の『行業記』は、同じく『宝慶記』の文「仏祖児孫、先除五蓋、後除六蓋也。（中略）祇管打坐作功夫、身心脱落来、乃離五蓋五欲等之術也」〈30〉と共に、『正法眼蔵』「面授」巻の「道元、大宋宝慶元年乙酉五月一日、はじめて先師天童古仏を礼拝面授す。やや堂奥を聴許せらる。わづかに身心を脱落するに、面授を保任することありて日本国に本来せり」（他に眼蔵では、行持・仏経・三昧王三昧などの諸

(2)　宝慶記〈全久院本〉	行業記（行状記）
堂頭和尚示曰、参禅者身心脱落也、不レ用二焼香礼拝念仏修懺看経一、祇管打坐而已。拝問、身心脱落者何。堂頭和尚示曰、身心脱落者、坐禅也。祇管坐禅時、離二五欲一除二五蓋一也。（後略）〈15〉	天童五更坐禅。入堂巡堂。責衲子坐睡云《（曰）》、坐《（参）》禅者身心《（必）》脱落也、祇管打睡恁《（作什麼）》生。師聞豁然大悟。早晨上二方丈一、焼香礼拝。天童問云、焼香事作麼生。師云、身心落々《（脱落）》来。天童云、身心脱落、脱落身心。師云、這《（箇）》爾是暫時伎倆、和尚莫三乱印二某甲一。童云、吾不二乱印レ爾。師云、如レ是是不レ乱レ印底。童云、脱落々々《（身心）》。

(3)　宝慶記〈全久院本〉

和尚或時召示曰、你是雖二後生一、頗有二古貌一、直須下居二深山幽谷一、長中養仏祖聖胎上、必至二古徳之証処一也、于時道元、起而設レ拝二和尚足下一。和尚唱云、能礼所礼性空寂、感応道交難思議。于時和尚、広二説西天東地仏地仏祖行履一、于時、感涙沾レ襟。〈10〉
拝問、学人功夫弁道之時、有下応須二習学一心意識并行住臥上乎。和尚示誨曰、祖師西来而仏法入二振旦一、豈無二仏法之身心一乎。第一初心弁道功夫時、不レ可二長病一。（中略）
不レ可レ親二近国王大臣一。〈5〉

行業記（行状記）

遺嘱云、汝早帰二於本国一、弘二道於祖道一、侍師問云、師已為二洞山嫡孫一、何不レ露二嗣法一。童云、雲雖雖請嗣法香、且在涅槃堂裏。当焼之。汝不可覆蔵。本国而隠二居山谷一、長二養聖胎一。
寛元二年甲辰七月。草二創吉祥山永平寺一。土木未レ備。堂閣僅両三。然而以二深山幽谷一。占以レ為二一生幽棲之地一。

cf. 建撕記〈明州本〉

帰朝有、莫レ近二国王大臣一、不レ居二聚洛城邑一、須レ住二深山窮谷一、不レ要二雲集閑人一、多レ虚不レ如少レ実、撰二取真箇道人一、以為レ伴、若有レ接二得一箇半箇一、嗣二続仏祖恵命一、起二古仏家風一者也。

巻に身心脱落話を所載）と、『正法眼蔵随聞記』にある如浄が坐睡する僧を拳や履で打ち叱咤激励する話（長円寺本、巻三―二十）を元に創作した得法の話である。

とりわけ、『眼蔵』と『随聞記』の文が、その逸話の有力な史料として、これらを巧みに勘案し使用しているといえる。従って『宝慶記』の「参禅者身心脱落也」ないし「身心脱落者坐禅也」の語句が、直接に『行業記』に影響したとは言い難い。

なお、『行業記』の影響を受けたと思われる『延宝伝灯録』と『本朝高僧伝』において前記の語句の箇所は「夫坐禅者為レ脱二落身心一也」とあって、幾分『宝慶記』の文意に近いが偶然であろう。また『扶桑禅林僧宝伝』において、その箇所は「一日浄示レ僧、次師従レ傍聞レ之、豁然大悟」とあり、前に示す具体的な語句は何もない。さらに『建撕記』諸本は、各々字句を多少異にしているが、「畢竟、得法ハ身心脱落話ヲ以テ為レ要給也」（瑞長本）とあるように概して『行業記』に由来する。『元亨釈書』と『洞谷記』とには、比較的短文なこともあって、この話は所載していないが、他の伝記諸書には全て存するのである。『行業記』（ないし『行状記』）がいかに巧妙に創作したか、これによって証明される。

高祖が、いつどのようにして得法したかに関して数説ある。①宝慶元年五月一日の「面授時」、②『行業記』などの打睡僧の「叱咤時」、③宝慶元年九月十八日の「仏祖正伝菩薩戒脈」の「付嘱時」などであるが、ここでは触れない。

(3)における『宝慶記』の文は、如浄が高祖の相貌を見て激励した語句「直須下居二深山幽谷一、長中養仏祖聖胎上」と、学人の功夫弁道時における心意識をはじめ行住坐臥などにおける心がまえを説く中で「不可親近国王大臣」と言った語句である。これも『行業記』（ないし『行状記』）の撰者が巧妙に混合し、如浄が高祖の帰国する際に遺嘱した語とし、また帰国後に興聖寺へ居を移す際に想起した語句として使用している。『建撕記』諸本では、高祖の帰朝時、如浄が「五箇条の垂誡」の一として示したことにまとめられている。中でも『訂補本』は、他の異本と順序が相違し、その要約であるが、『宝慶記』に関連する語句を使用している。

『元亨釈書』『洞谷記』『継灯録』『永平高祖行実紀年略』など、略伝とも称すべき数種を除き、他の大部分の伝記がこれを採用している。これも「入越」を説明する背景として広く支持されていった。

最後に(4)の『宝慶記』の文は、如浄が斑袈裟を着けず糞掃衣を着け、当時の美衣を着けている長老達を批判したもの〈27〉であり、同様の慈誨〈31〉もある。これを『行業記』『行状記』では、高祖の質問として如浄が「黒衣」を着けている由縁について、如浄が答える形で説かれる。なお、文中の「汝在于本国、化導人天時、須著斑衣無妨」の語句は『宝慶記』にないものであり、日本の実情を反映した撰者の創案であると思われる。

この『行業記』『行状記』の文は、『永平元和尚道行碑銘』『永平実録』、さらに『訂補本』を除く他の『建撕記』諸本にも多少語句が相違する部分を有しながら、踏襲している。いずれにしても、これは如浄が清貧で、かつ高徳な人格を象徴するような表現の語である。

これと関連して『永平開山道元和尚行録』[2]（撰者不詳）に後嵯峨帝が高祖の道誉を聞き紫衣と禅師号の下賜があり、高祖は、再三辞退したが、紫衣は已むを得ず受けるも遂に身に着けなかったとする話がある。これを『曹洞列祖行業記』『扶桑禅林僧宝伝』『延宝伝灯録』『永平元和尚道行碑銘』『継灯録』『洞上諸祖伝』『本朝高僧伝』『永平実録』『洞上聯灯録』などが採用している。なお『建撕記』では「延宝本」に所載するが、他の異本にはない。面山は、『永平実録』では採用しているが、『訂補本建撕記』では、その注に「勅号ノ事ナシ（中略）諸伝違却アリ」として除外されていることに注意しておきたい。

高祖が深草興聖寺より越前永平寺へ教線を移され、本師如浄にならい黒衣で過ごされたことは事実であろう。後嵯峨帝との接触は、史実として証明されるものはない。恐らくなかったものと思われる。また、戒律を護持し清規を遵守する態度は、生涯変わりなかったものである。禁欲僧・清僧のイメージ像が定着する由縁である。こうした高祖

(4) 宝慶記〈全久院本〉	堂頭和尚慈誨曰、如浄住院以来、不㆔曽著㆓斑袈裟㆒也。近代諸方、非長老儀長老、只管著㆓法衣㆒随㆑衆、如㆑無㆓実証㆒。所以如浄、不㆔曽著㆓法衣㆒也。（中略）糞掃古蹤也、可㆑知可㆑知。〈26〉 拝問、和尚住院已来、不㆔曽搭㆓法衣㆒、意旨如何。和尚慈誨曰、吾做㆓長老㆒後、不㆔曽著㆓法衣㆒也。蓋乃倹約也。仏及弟子、欲㆑著㆓糞掃衲衣㆒、欲㆑用㆓糞掃鉢盂㆒也。（後略）〈30〉
行業記（行状記）	師又問云、和尚為㆔甚麼著㆓黒衣㆒。一如㆓常僧㆒。童云、諸方無鼻孔長老、不㆑捨㆓名利㆒。杜撰禿子等通著之(斑衣)。我為㆑異㆓彼等㆒。不㆑著㆓斑衣㆒。汝在㆓于本国㆒、化㆓導人天㆒時、須著㆓斑(斑カ)衣㆒無㆑妨(無)。此我意巧耳。芙蓉衲法衣伝来。而雖㆑在㆓這裏㆒。吾不㆑著用(ママ)㆑之。師受㆓付囑㆒而帰㆓於本国㆒。

は、所謂、「官僧」ではなく「遁世僧」(3)の類に入るものである。

さて、右に見てきた如く、高祖伝には『宝慶記』の記事に由来すると思われるものがいくつか存する。その中、初めに採り上げた(1)「如浄に入室参問の自由を請う」のようにそのまま直接引用しているものも存したが、部分的な箇所に史実上、問題を含み、果して高祖のオリジナルな『宝慶記』にそれが当初から存したか疑問である。また、他の文献といくつか重ね合わせ、再構成されたものが存することを挙げた。いずれも『行業記』(ないし『行状記』)の撰者が、『宝慶記』を重視し高祖の伝記に加味したことはほぼ確実である。

なお、『宝慶記』の記事には、右の他に叡山参学中の疑団「本来本法性」に関係するものや、入宋直後の景徳寺における戒臘次位の問題と関連する薬山高沙弥の話などもあるが、これらを積極的に採用しようとはしなかったのである。

注

(1)『全久院法宝目録〈題箋は「目録」のみ〉』一巻(巻子)、瑞岡珍牛撰、寛政十一年(一七九九)写〈瑞岡自筆〉、享和元年(一八〇一)の「識語」あり。駒澤大学図書館蔵、(MN)F一〇―二八、(影写)一一五―W三三八。

(2) 後嵯峨帝の紫衣・禅師号下賜に関する他の史料。『永平開山道元和尚行録』類写本四本、『永平開山道元和尚行状録』、『僧譜冠字韻類』、『日本洞宗始祖道元禅師伝』、『建撕記抜萃』、『訂補建撕記図会』等がある。しかし、史実的には証明するものはなく、道元に対する崇拝の念からの一種の「高揚化」とみなされる。

(3)「官僧」と「遁世僧」。官僧とは、一般に平安時代以降、朝廷から度牒を得て公的に認められた僧のこと。私的に度牒もなく僧となった私度僧に対する称。また官職に任じられた僧、勅願を得て官服や錦襴などを着する僧など(参照、中村元『仏教語大辞典』東京書籍)を指し、立身出世を志向するものが多かった。遁世僧とは、鎌倉時代になり、それを批判して寺院の籍を離れ、ひたすら修行に励む出家者たちに対する称(同右)。松尾剛次『新版 鎌倉新仏教の成立――入門儀礼と祖師信仰』(吉川弘文館)には、「第一、官僧僧団の得度制」「第二、官僧僧団の授戒制」「第三、官僧僧団の入門儀礼システム」「第四、祖師神話と遁世僧団の救済活動」のテーマにより「官僧」と「遁世僧」とを詳しく論じ展開している。

追記

○『宝慶記』のテキストと研究書

宇井伯寿訳註『宝慶記』(岩波文庫、一九三八年)、底本「全久院本」

大久保道舟編『道元禅師全集』下巻(筑摩書房、一九七〇年)、底本「全久院本」

南木国定編『鼇頭宝慶記』一巻(森江書店、一八七七年)、明和本の翻刻、駒図一三一・四―二(漢文体)

『宝慶記摘葉集』二冊(三冊)、面山撰・能仁義道編、楠俊霊校、京都神先宗八、一八七八年、駒図一三一・四―一二

『宝慶記聞解(内題「宝慶記随聞記」)』二冊、面山瑞方講義・斧山玄鈯筆録(森江書店、一八七八年)、駒図一三一・四―一〇

『宝慶記事林(宝慶記事林鈔・宝慶記渉典録とも)』一冊、面山撰、空印寺自水筆、文政七年(一八二四)、駒図一三一・四―一四(写本)

笠間龍跳編『首書傍訓宝慶記』一巻、尾張林泉寺江崎接航、一八八〇年・一八八五年、駒図一三一・四―三(漢文体)

古田梵仙編『増冠傍註宝慶記』一巻(森江書店、一八八五年)、駒図一三一・四―四(漢文体)

『宝慶記弁々』西有穆山述、池田瞻水筆録、一八九三年写、駒図忽―七三。同書の筆写本(池田騰水筆)、一九四二年

水野弥穂子「現代語訳・宝慶記」(『傘松』三八四~三八六号、一九七五年九月~十一月。大法輪閣、二〇一二年)

同右「宝慶記」(『講座道元』三巻所収、春秋社、一九八〇年)

池田魯參『宝慶記 道元の入宋求法ノート』(大東出版社、一九八九年)

第二節　内閣文庫所蔵の道元禅師伝（二種）に関して

本論は、筆者の道元禅師に関する伝記研究の一環であり、先学の研究に多少の修正を加え、書誌的にいくつか知り得たことを報告するものである。

内閣文庫所蔵の道元禅師伝二種とは、国立公文書館の同文庫に所蔵する和書の部〔二一七函―三九号〕の『合一叢書』第四冊に所載する「永平道元禅師行状」（黄泉無著撰『永平道元禅師行状之図』の図絵抜き伝記）と「天童如浄禅師之嗣、洞十四世越州吉祥山永平希玄道元禅師」（大冥恵団撰『本朝伝来宗門略列祖伝』巻四所収）との写本二種である。伝記そのものは新出資料ではない。

まず『合一叢書』に関して触れておこう。この叢書の編者は、江戸末期、尾張熱田中瀬町の出身者で本名を高橋広道という。有名な戯作者柳亭種彦に師事し、その後、筆名《ペンネーム》を笠亭仙果と称した。笠亭仙果による編著の数は、約一三〇点が知られている（参照『国書総目録』著者別索引、九六四頁）。その中の一編が『合一叢書』全六冊である。その第四冊には、前掲二種の道元禅師伝と共に「東海一休和尚一代記」（『東海一休和尚年譜』とも）、「京兆大徳寺沙門宗純伝」（卍元師蛮撰『本朝高僧伝』巻四十二所収）、「大徳寺末法嗣記（四十七世一休和尚）」、さらに「祐天大僧正（愚心）伝」等の各写本が所収されている。他の冊目の内容は省略するが、総体的に見て恐らく笠亭仙果が主に戯作のための資料用に蒐集した中の一部と察せられる。なお、右に挙げた三種の一休伝に関する資料が元になって『一休禅師御一代記』（慶応版本――東北大学図書館「狩野文庫」・無窮会図書館「織田文庫」蔵）が作られたものと思われる。但し、筆者は未確認である。大胆に推測すれば、笠亭は道元禅師伝を資料に基づき制作しようとする意図があった可能性もある。しかし乍ら、その作品は伝えられていない。一休禅師にまつわる多数の逸話に比較し、道元禅師の生涯には戯作化されにくい面が有するからであろうか。笠亭は、慶応四年（一八六八）二月九日、享年六十三歳で没している。

黄泉無著撰『永平道元禅師行状之図』（画箋二張）は、末尾に「文化十三丙子秋八月廿八日　遠孫黄泉無著焚香百拝識」と記され、二幅に装禎できる道元禅師の絵伝である。第一張には第一から第二十三まで、第二張には第二十四から第四十五までの図絵と詞書（伝記文）が収載されている。

河村孝道氏に右の復刻版『永平道元禅師行状図』（大法輪閣、一九七五年）の「別冊解説書」があり、参考になる。

文化十三年（一八一六）八月二十八日に識されたことになっているが、周知の通り「八月二十八日」は道元禅師の示寂日と伝承されているものであり、それを意識した上の記入と思われ、実際に識し畢った月日かどうかは別であり即断できない。梓行は、早ければ、その年の内、それも秋から冬頃にされたものであろう。その梓行の部数も多かったに違いない。印板も数度に亘ったと思われる。黄泉の伝記には「刻二永平行状之図一。布二之四方一。士女知結レ社詣二于祖山一者、師之化也」（『海雲山歴住略記』）と述べられ、その普及振りの一端が知られるのである。原板は、永平寺に収蔵されている。[1]

筆者は、右の黄泉撰『永平道元禅師行状之図』を(a)東京大学総合図書館所蔵本〔〇四〇－一四五三〕と(b)西尾市立図書館「岩瀬文庫」所蔵本〔辰－七〇〕の二種を実際に見た。

(a)は、筒状の帙入に前記の二張が差し込まれている。いずれも木版の素刷りで図絵には彩色されていない。印行の原初形態を保っていると判断できる。帙（和紙）の表には、梅花柄の枠内に隷書体で「永平高祖／行状之図」と二行書になっている。裏には、行書体で「此行業の図は。建撕和尚乃（の）記を本とし。釈書。／延宝伝灯已来の諸伝を校讐して。季（年）代を／正して。祖師一代の大略を図し。医師相者の／器服までも、其時代尓（に）従ひ。立幅となしてハ。／小院の真堂にも掲くるの便里（ママ）となし。横幅三巻としてハ。檀越家の仏前尓（に）も。安しやすからしめ／むと欲してなり。希くハ、一滴をくみて徳海乃（の）／全潮を知んこと越（を）。雖小菴蔵／尾州名古屋本町七丁目／書肆　永楽屋東四郎」と記されている。寺院の教化用にそのまま立軸二巻に使ってもよいし、檀信徒の家庭用に横軸三巻に仕立て安置もできて便利だという訳である。

(b)は、前者の二張を横軸一巻に仕立て、各図絵に色彩の指定をした「彩色雛形」である（同『目録』第四門、伝記部に「永平道元禅師行状ノ図／漢文絵入」とある）。巻子の題箋には『永平高祖御画伝全二巻揃、彩色雛形』と記され、内題は(a)と同じく『永平道元禅師行状之図』とある。巻頭の初め、余白部分に朱字で「一ヨリ四十五迄ソノ人々ノ衣紋二色ニナラヌ様ニスベシ／故ニイロハデ、アイ紋ヲ付申候／〇印ハ祖師ナリ、シルシナキハ見合セ」とあって図絵の各所にイロハの符号を付し、種々の色を指示している。もちろん図絵は(a)と全く同じ。なお巻尾に本文とは別に「嘉永二年五月廿八日／宇助改作」と記されている。「宇助」という人物は不明であるが、既にその「宇助」が横軸一巻に「改作」したものを岩瀬弥助によって蒐集所蔵されたものと解される。「宇助」は、所蔵者の身内（父親）の可能性もある。

河村孝道氏は『諸本対校　永平開山道元禅師行状建撕記』附録「解題」（二〇三頁）に黄泉撰の道元伝三本を挙げ、解説している。

㋑永平道元禅師行状（宮内庁書陵部蔵）

㋺永平高祖行状記（駒澤大学図書館蔵影写本）

㋩永平年譜書鈔（永久岳水氏蔵）

一巻。黄泉無著撰。文化十三年（一八一六）（写）未刊本。

この中、㋑の宮内庁書陵部蔵本は、見当らない。河村氏の感違いか、書陵部で散佚したのか、筆者の検索上の不徹底なのか、いずれにしても所在不明である。ただし、その解説文に「㋑の宮内庁本は附録として『宗門列祖伝』（四）の「道元禅師伝」を収載する」とある。前述の通り、内閣文庫蔵の『合一叢書』第四冊に右の二本を所載しているので、そこに共通点が存する。なお、河村氏は、前掲「右三本共に同一本」と記す。「同一本」の意味と範囲がはっきりしないが厳密に言えば、後述の如く異本と見做される。

㋺は千葉県の荒谷（仙峰）雲秀氏による孔版本[2]（奥書に「甲州郡内暮地福昌会中拝写之、嘉永二酉年六月十三日」とある写本を昭和十九年に万年筆で写したもの）である。『続曹洞宗全書　史伝』に収載されている

「永平高祖行状記」の実際上の底本に使った。しかし、これも後述の如く前掲の黄泉撰『永平道元行状之図』の伝記文とは多数の箇所で相違する。(ハ)は、筆者未見であり、右二本と対照していない。題名から推して別本か異本の可能性が大である。

繰り返すが、内閣文庫蔵の笠亭編『合一叢書』第四冊所収の「永平道元禅師行状」は、黄泉撰『永平道元禅師行状之図』中の図絵を省いた伝記文を書写したものであった。また前掲の東京大学総合図書館蔵本と西尾市立図書館「岩瀬文庫」蔵本とは、同一原本と見做される。これと笠亭編中の写本を比較すると、脱字と誤字を合わせ、十六箇所だけであり、割合忠実に記した写本であることが判る。

次にその原本と笠亭編の写本を対照してみよう。

(1)「第一」後半部、「母者（中略）其始懐妊之日」の文中、「始」字が脱〔傍線は筆者の付記。以下同じ〕。

(2)「第六」前半部、「舅摂政関白師家公（中略）議養為己子以後摂政之職」の文中、「以」字が脱。

(3)「第七」前半部、「建暦二年壬申（中略）祖曰、始吾母之逝也」の文中、「吾」が「我」と誤写。

(4)「第十一末尾、「祖之在建仁都計九年」の文中、「在」字が脱。

(5)「第十四」後半部、「亦参于如琰・思卓・元鼒諸名徳焉」の文中、「元鼒」が「元鼎」と誤写。

(6)「第十五」前半部、「祖遍参諸師（中略）自謂不如再参無際」の文中、「不如」が「不知」と誤写。

(7)「第廿三」中間部、「忽有一白衣神人助而写之」の文中、「一」字が脱。

(8)「第廿八」前半部、「天福改元癸巳（中略）大納言教家与尼正覚造興聖寺」の文中、「興聖寺」が「興正寺」と誤写。

(9)「第廿九」前半部、「化道増開一時之傑、覚心由良興国寺開祖 長西京九品寺主 良忠鎌倉光明寺開山」の文中、「長西京九品寺主」が脱漏。

(10)「第三十二」中間部、「於萬象之中、卓爾活鱍々、於不疑之地」の文中、二箇所の「於」字が脱。後半部「三年乙巳、祖年四十六、四月結夏上堂」の文中、「三年」が「二年」と誤写、「四月」が脱漏。

(11)「第三十七」の末尾、「摩訶般若波羅蜜」の文中、「蜜」が「密」と誤写。

(12)「第四十一」後半部、「介感師囑之厚、瞻恋号哭而別焉」の文中、「囑」が「属」と誤写。

(13)「第四十二」前半部、「上洛舘西洞院覚念之邸（中略）一日経行邸中」の文中、「邸」の二箇所が共に「邸」と誤写。

以上、笠亭編の写本における脱漏や誤写に関しまとめてみよう。(5)と(8)は固有名詞の誤写、(9)は人名の脱漏、(10)の中、年号が一年違い、月が入っていないこと等は、重大な過失といえるが、他は内容上、さほど問題にはならないであろう。概していえば、いずれも笠亭が意図的な作為を加えようとしたものではなく、単純ミスといえる。

これに対し、『続曹洞宗全書　史伝』に所収の実際上の底本になった前掲の(ハ)荒谷師の写本（原、寛永二年写本）は、脱字・誤字・誤文・挿入・省略等、合わせて八十箇所余りもあって、文化十三年黄泉撰の原本と対照すると別本に近い趣きがある。紙面の都合上、その中で問題になると思われる数項目に限って次に列挙しておこう。

(1)「第一」前半部、「永平寺開祖道元禅師者村上天皇之裔、久我内大臣通親公之子」の文中、「開祖道元禅師」が「開山道元」と変わり、「村上天皇之裔」が「村上天皇九世之裔」と「九世」の字が添加し、「通親公之子」が「通親公二男也」と「二男也」と添加。

(2)「第十一」後半部、「祖年十六、七月栄西寂」の文中、「七月五日」と「五日」の字が添加されている。

(3)「第十三」中間部、「三月解纜、四月達于明州」の文中、「解纜」と「四月」との間に「尤筑前博多之津也」が挿入され、また「一日有育王山典座某甲者」の文中、「某甲」が「大用禅師」と具体的固有名詞に変わった。

(4)「第十七」の末尾、「必也興吾宗」の後に「祖因ニ明全和尚ヲ訪ヒ玉フニ重病ニ羅リテ了然寮ニ臥シ玉ヘリ。師ノ致ルヲ見テ喜感悲傷頻ナリ。五月七日ノ辰ノ刻ノ示寂。年四十二歳」の和文が添加されている。

(5)「第廿六」後半部、「閑居于深草有偈、云生死可憐（中略）又有草庵偶詠和歌三十余首」が、「閑居于深草有偈、是略」として「生死可憐」以下の偈文が文字通り省略。

(6)「第三十五」後半部、「祖有山居偈十五首、其一ニ云西来祖道（中略）半夜坐禅僧」も前項と同様に「祖有山居偈十五首、今略此」として「其一ニ云」以下の偈も省略。

(7)「第四十四」後半部、「又有語録、寒岩(巌)伊公、携入于宋。就無外遠公訂之、遇遠為序、寧退耕、愚虚堂、倶題跋称之。今広略二本盛行于世」の文中、「訂之」が「計之」、また「広略二本」が「広略一本」と誤写。

このように㈧は、前者に比べて誤字・脱漏も多いが、右に挙げた数例の大半は、原本を部分的ではあるが、意図的に改竄しようとする傾向が明確に斟《く》みとれる。従って、黄泉撰の原本を元にしているが、「寛永二年」の写本そのものは、その原本の忠実な写本とは言い難い。『続曹洞宗全書　史伝』にこの写本を所収している訳であるが、本来は黄泉撰の原本を検索し、その詞書を掲載すべきであったと惜しまれる。

次に大冥恵団撰『本朝伝来宗門略列祖伝』[3]（以下、宗門略列祖伝と略称）に関して述べよう。撰者の大冥恵団（?〜一八一九）は、尾張葉栗郡笹野（現、一宮市笹野）の妙光寺十四世である。既に『釈迦応化略諺解』（文化二年、名古屋永楽屋東四郎刊）の著がある。大冥は、『宗門略列祖伝』の自序末尾に「妙心関山国師二十一世之孫団大冥於徳秀禅院謹題」とある通り済門の妙心寺派に所属する学僧である。中年頃、盲目となって妙光寺を退き、徳秀院に隠退し、侍者の恵然や法嗣の一山祖栄に支援され著作に専念していた様子である。

『宗門略列祖伝』の序には、洞門僧の彦根清凉寺十八世漢三道一（一七五七〜一八二五）と済門僧の尾張大和町（現、一宮市大和町）妙興寺十一世商隠令喆（?〜一八一四）と本人のもの、合わせて三種が付いている。

大冥と商隠とは、同じ妙心寺派に属し、寺も比較的近距離に位置していたので親交もあり、当然、その序も得られたと察せられる。（商隠の序によれば、妙光寺後住一山祖英が大冥の原稿を携え、商隠に題辞の申請に参集した旨を記している。）

しかし、漢三と大冥とは、それまで親交を結んでいなかった様子である。漢三の序には「遙使レ使而徴二序於余一、余雖レ未レ知二和尚一云々」とある。大冥が洞門の漢三に序を請うたのは、漢三がその師千丈実巌と同様に当時の仏教界で夙《つと》に有名であり、梓行後の流布に効果ありと目論だものと思われる。なお妙興寺の商隠と洞門の全苗（別号、洞水）月湛（一七二八〜一八〇三）とは、相互に往来のあったことが、全苗の語録『洞水和尚語録』巻九の偈文、巻六の「(洞水)行状記」によって知られる。大冥の地縁関係から云えば、妙光寺近くの出身者、永平寺五十世玄透即中（一七二九〜一八〇七）が相応しい。しかし、既に文化四年、美濃善応寺で遷化している。これらは洞済交渉史の上で考慮すべき事柄であり、本節では詳しい叙述を割愛する。

大冥撰『宗門略列祖伝』の自序には、本書の成立に参照・勘案したと見做される伝記類を列挙している。「景徳伝灯、正宗記、続伝灯、会元、会元続略、聯灯、普灯、厳統、広灯、編年通論、仏祖通載、元亨釈書、延宝伝灯、本朝高僧伝、扶桑僧宝伝、正灯録等」これらの中、道元禅師の伝記に本書が依拠したのは、後述する如く『延宝伝灯録』である。なお、その法嗣に関しては、目録の該当箇所に『洞上聯灯録』の説を採用し列ねている。

結論的に言えば、『宗門略列祖伝』巻四に所収する道元禅師は、大冥の序に記す通り大冥が恵然に命じて卍元師蛮撰『延宝伝灯録』巻一所収の道元禅師伝の原漢文を土台にして多少の字句を入れ換え、雛僧を対象に彼等の解し易い和文（漢字・片仮名混じり）に書き直させたものである。卍元には、他に『本朝高僧伝』巻十九所収の「道元伝」もあるが何故か大冥はそれを採用しなかったのである。

さらに当時、洞門において道元禅師の伝記は、面山瑞方撰の通称『訂補建撕記』が主流を占めていたのであるが、大冥はそれも採用しなかった。その背景には、卍元と大冥は同じ済門の妙心寺派に属し、一種の親近感を抱いたのであろう。恐らく済門では、洞門の面山より卍元の方が伝記作者として高く評価されていたからであろう。次に『延宝伝灯録』と『宗門略列祖伝』の両書を対照させてみよう（以下、便宜的に前書を『延』、後書を『宗』と略符号を使う）。

『延』（延宝伝灯録）	『宗』（宗門略列祖伝）
㋑京北人・源亜相通忠我久之子。生時有㆓祥瑞㆒。	㋑′師ハ京兆ノ源亜相通忠我久ノ子ナリ。生レ玉フ時。祥瑞アリ。
㋺自㆑幼俊発。相者見曰。此児骨相多㆑奇。七処平満。眼有㆓重瞳㆒。非㆓凡流㆒。必成㆓大器㆒。但恐其母寿不㆑長矣。後果然。	㋺′幼ニシテ俊発ナリ。相者師ヲ見テ曰。コノ児骨相奇多シ。七処平満ナリ。眼ニ重瞳アリ必ズ大器トナラン。但恐クハ其母寿長カラザランコトヲ。
㋩四歳読㆓李嶠百詠㆒。七歳習㆓毛詩左伝㆒。従㆑此閲㆓諸経史㆒。不㆑由㆓師訓㆒。能通㆓大義㆒。世以為㆓神童㆒。	㋩′四歳ニシテ李嶠ガ百詠ヲ読玉ヒ。七歳ニシテ毛詩左伝ヲ習玉フ。後諸人経史ヲ閲シ玉フニ師訓ニ由ズシテ能フ義ニ通ジ玉ヘリ。

右の箇所は、両書の冒頭文であり、以下の文もほぼ同様の対照が可能である。

右の㋑の冒頭「京兆人」を㋑′では「京兆ノ」と「人」を略、㋺の文中「非凡流」と文末「後果然」を㋺′では略、㋩の文中「従此」を㋩′では「後」と変え、同じく㋩の文末「能通大義」の「大」と「世以為神童」を㋩′では各々省略している。この中、㋺「非凡流」と㋩「世以為神童」とは、聖人振りを強調するものであり、省略はその抑制を意味する。

他も同様であるが、『延』の漢文体を『宗』では、ほぼそのまま和文体に直し、適宜に敬語を入れるという例が多い。さらに、その上、雛僧に理解し易いように語句を省略したり、反対に補足したりしている箇所もある。以下、種々の例をいくつか挙げてみる。

㋥師仍更レ衣参二建仁明菴西一

㋥'師乃チ衣ヲ更テ建仁㋥往テ明菴ノ西禅師ニ参ジ玉フ

㋥'には、㋥にない「往テ」を「禅師」の語を加えている。特に「栄西」に「禅師」の号を付しているのは、敬意を示すものである。

㋭嘉禎二年。開堂演法。乳香酬二長翁一。叢規典礼。一則二太白一。
㋬寛元二年・雲州太守藤義重。（波多野氏）。於越前建二永平寺一。聘為開山始祖一

㋭'嘉禎二年開堂演法シ玉ヒ叢規典礼。一ニ太白ニ則リ玉フ。
㋬'寛元二年雲州太守藤義重越前ニ於テ永平寺ヲ建テ聘シテ開山始祖トス。

㋭の文中「乳香酬二長翁一」には、雛僧にとって多少難解な語文と㋬の割注「波多野氏」を㋭'㋬'では省略している。省略の顕著な例は、「上堂語」である。

省略の顕著な例は、右㋬の文に続くもので「四来包笠。常盈二万指一。上堂」以下十五ある中で、『宗』では冒頭の二つを採るだけで残りを全て省略している。これも雛僧に対し簡便を期すようにした大冥の配慮といえる。

㋣宝治元年副元帥時頼。聘二請師於鎌倉一。受二菩薩戒一。執二弟子礼一。乃欲下建二立精藍一留上レ師。師不レ執而帰二越州一。平帥欲下捨二荘田一以充中雲厨上。師亦不レ受。

㋣'宝治元年。副元帥平ノ時頼。師ヲ鎌倉ニ請シテ菩薩戒ヲ受ケ弟子ノ礼ヲ執リ荘田ヲ捨テ雲厨ニ充ント欲スルニ師受玉ハズ。

史実はともかく、㋣の文中、「乃欲下建二立精藍一留上レ師。師不レ執而帰二越州一。平帥」の語文が、㋣'では脱落している。

㋠一夜澡浴。易レ衣書レ偈。別レ衆。端坐而化。建長五年八月二十八日。年五十四。臘四十一。

㋠'一夜澡浴シ玉ヒ衣ヲ易テ偈ヲ書シテ衆ニ別レ端坐シテ化シ玉フ八十八代後深草帝ノ建長五年癸丑ノ八月二十八日ナリ寿五十四。

㋠'には㋠文中にない「八十八代後深草帝」「癸丑」の語句が入り、反対に㋠の末尾「臘四十一」が㋠'にはない。このように相互に増減の箇所もある。

㋷諸弟子移二遺骸於興聖一。留レ龕三日。神色如レ生。異香薫レ室。茶毘拾二設利羅一。無レ数。上足奘公。奉二霊骨一。帰レ越蔵二于永平北隅一。

㋷'門人遺骸ヲ興聖寺ニ移シ龕ヲ留ルコト三日。神色生ルガ如シ異香室ニ薫ズ。茶毘（ママ）シテ舎利ヲ得コト無数ナリ。上足奘公コレヲ奉ジテ越州ニ帰テ永平ノ北隅ニ蔵ム

㋷の「諸弟子」を㋷'では「門人」に換言、㋷「茶毘拾二設利羅一、無数」を㋷'では「茶毘（ママ）シテ舎利ヲ得コト無数ナリ」とし、㋷「奉二霊骨一。帰レ越」を㋷'では「コレヲ奉シテ越州ニ帰テ」と換言している。その換言も現代では難解な場合が多い。

㋦師平素不レ著二彩衣一。遺誡俾レ不レ立レ牌。有二広録若干巻一。盛行二于世一。

㋦'師平素彩衣ヲ著玉ハズ遺誡シテ牌ヲ立ザラシメ玉フ。広録若干盛ニ世行ル、正法眼蔵、叢林清規、学道用心集等アリ。

ヌ'には、ヌ未記入の書物を加えているものである。

その他、右の諸例と前後するが、部分的に相違する語句をまとめてみよう。

ル八歳喪㆑母。因有㆓厭世志㆒。翌歳読㆓倶舎㆒。	ル'八歳ニシテ母ヲ喪シコレヨリ世ヲ厭フノ志アリ、九歳ニシテ倶舎ヲ読玉フ。
ヲ台宗教乗	ヲ'台家ノ教乗ヲ
ワ明年将㆑理㆓帰檝㆒。（中略）当世名匠。	ワ'明年将ニ帰朝セントシ玉フニ（中略）当代ノ名匠ナリ。
カ吾疇昔夜夢（中略）乃許㆓参堂㆒。	カ'吾昨夜夢ニ（中略）乃チ参堂セシム。
ヨ師在㆑傍聞㆑之、豁然大悟。	ヨ'師コレヲ聞テ豁然トシテ大悟シ玉ヒ。
タ即回太白（中略）且嘱㆑之日。你旋㆓本邦㆒隠㆓深山遠陬㆒勿㆑近㆓国王大臣㆒。	タ'師、太白ニ回テ（中略）且フ嘱シテ日、你本国ニ陬ラバ深山遠陬ニ隠テ国王大臣ニ近クコト勿レト。

国立公文書館「内閣文庫」所蔵の道元禅師伝二種の黄泉撰「永平道元禅師行状」・大冥撰「越州吉祥山永平希玄道元禅師」は、笠亭編『合一叢書』に収載される写本であり、他の異本と比較して〝善本〟に近いものと判断できる。

後者の大冥撰の写本は、卍元撰『延宝伝灯録』所収のそれを和文に書き改め雛僧に提供したもので、多少、漢文体の道元禅師伝より低い価値しかないように見做されてきたが、むしろ現代人にとって親近感を抱かれるであろう。

今回は、書誌的説明に中心を据えてまとめたものであり、両書の内容的考察には至らなかった。両書共、その記述内容の上で、史実と虚構等の問題を含んでいるのである。今後、他の道元禅師伝の史料との関係で論及することになろう。

注

（1）『永平道元禅師行状之図』の木版。当該木版は出版された文化十三年（一八一六）八月二十八日に永平寺へ寄進されている（『永平寺史』下巻、一二七二頁）。版木は、上下各十八枚、合計三十六枚。上巻冒頭には「永平道元禅師行状之図」（左から右へ）、下巻冒頭には「同右」（右から左へ）と刻まれている。上巻は「第一」から「第廿三」、下巻は「第廿四」から「第四十五」に構成され、各場面は周囲を「雲紋」で区切られ、詞書は簡潔な「漢文」で綴られている（永平寺山内「瑠璃聖宝閣」所収）。

（2）荒谷雲秀筆（孔版本）『永平高祖行状記』。その原本は黄泉無著撰『永平道元禅師行状之図』であるが、それを某氏が部分的に添加や省略や誤字等を加え、嘉永二年（一八四九）に書写したものを、さらに荒谷氏がほとんどそのまま写したものでまったく異本の趣を呈しているといえよう。

（3）大冥恵団撰『本朝伝来宗門略列祖伝』「洞十四世越州吉祥山永平希玄道元禅師」（『国東叢伝記』下巻所収）。大冥恵団は、臨済宗妙心寺派尾張葉栗郡（現、一宮市笹野）妙光寺十四世であり、卍元師蛮（一六二六〜一七一〇）撰『延宝伝灯録』巻一所収の「道元禅師伝」（原漢文）を底本として、それを和文に直し多少の増減や言い換えなどをしてやさしくしたもの。道元の帰朝時の港を大宰府とし、道元における生前および示寂後の全機大用の様子を「平素に彩衣を著けず、遺誡して牌を立てず」などの記述は底本を踏襲し、道元の清僧としての人間像をよく伝えているといえよう。

第三節　道元禅師伝の史料研究――「三大尊行状記」と「三祖行業記」を中心に

はじめに

高祖道元禅師（以下、高祖と略称）の伝記史料として大正時代末期までにまとめられた一代記には、およそ八十種[1]ほどあることが確認できる。本論では、その中の初期史料に属する「元祖孤雲徹通三大尊行状記（以下、三大尊行状記と略称）」と「永平寺三祖行業記（以下、三祖行業記と略称）」とを中心に書誌的考察を試みる所存である。

周知の如く、右の両書は、元もと同一本であるが、伝承を異にし、さらに伝写の過程で部分的に相違を生じ、現行の形態になったとされる[2]。この点は、両書の本文を比較対照することによって判明する。対校は後に付す。

両書の異本として、現在のところ五本ほど知られている。その中で東隆眞氏によって公的に紹介された形の一本は、石川県鳳至郡門前町の小間廉氏所蔵の『三祖行業記』（複写本、駒澤大学図書館〈以下、駒図と略〉蔵）である。その他に曹洞宗全書刊行会によって蒐集した三本、さらに京都龍華院（妙心寺末）所蔵の一本がある。これらの四本は、既に関係の「書目」[3]（『曹洞宗全書』「無著道忠禅師撰述書目」）に所載しているが、その内容紹介はされていない。

ところで冒頭の両書は、『曹洞宗全書　史伝上』に所収されているが、後に指摘する如く本文の語句上に数箇所の誤りがある。なお両書のうち、「三祖行業記」よりも「三大尊行状記」の方が原形を保っているという東氏の説[4]がある。これについては、異本を含め、さらに検討していく必要がある。

では、次に両書を二系統に分け、それに属すると思われる他の異本を便宜的に配し、その上で簡単に解説してみよう。

(1)「三大尊行状記」系

①「元祖孤雲徹通三大尊行状記」一巻、写本、石川県大乗寺蔵（石川県立美術館寄託）

ⓐ（複写）駒図一一四・三―W五八、（マイクロフィルム）駒図MN―F四―七

ⓑ（複写）駒図一一四・三―W八五、永久岳水筆写〈ペン写〉

②「永平三祖行業記」一冊（合綴本）、写本、暉堂宋慧筆、愛知県長円寺蔵

ⓐ（複写）静岡県岸沢文庫蔵、写本、惟安志、昭和六年写、（マイクロフィルム）駒図MN―F一〇―一九

③「永平寺三祖行業記」一冊、写本、石川県小間氏蔵本

ⓐ（複写）駒図一一四・三―W五四

④「〔道元禅師行業記〕」〔「能州大本山諸嶽山惣持寺来由記」抄出本〕一冊、写本、静岡県岸沢文庫蔵、昭和十年写、〔初祖伝のみ〕

ⓐ（複写）駒図一一四・四―W一五八

(2)「三祖行業記」系

①「永平寺三祖行業記」一冊（合綴本）、刊本、続群書類従第九輯伝部三六・巻二二五所収、昭和五年刊

同右の清書本

ⓐ国立公文書館・内閣文庫蔵、二一六函―一号

ⓑ宮内庁書陵部蔵、四五三函―二号

ⓒ静嘉堂文庫蔵、三〇三函―二号

②「永平寺三祖行業記」一冊、写本、静岡県岸沢文庫蔵

ⓐ（マイクロフィルム）駒図MN―F一〇―一三

③「永平禅寺三祖行業記」一冊（合綴本）、写本、無著道忠筆、京都市龍華院蔵。（マイクロフィルム）禅文化研究所資料室蔵〔二一五―二七六〕

〔右の書目中、(1)の①のⓐⓑ、②のⓐ、③のⓐ、④のⓐ、(2)の②のⓐは、いずれも曹洞宗全書刊行会の蒐集書である。〕

まず、(1)の①、大乗寺本の「三大尊行状記」は、(2)の①と同様、高祖・懐奘禅師・義介禅師の伝記であり、「三祖師伝」の源流をなす貴重な史料である。撰者については、一、二の説[5]があるものの不確定な状態といえ、依然として不明である。成立年代も同じく不明であるが、義介の遷化（延慶二年）後から応永年間頃迄に作られたと推定[6]されている。書写年代も不明である。恐らく上限は室町時代初期であろう。

①のⓐは大乗寺本の影写した紙焼を複写したものとそのマイクロフィルム（MN）である。『曹洞宗全書　史伝上』に所収した初版底本は、山田霊林師筆の写本（現、所在不明）が使われたが、覆刻校合底本は大乗寺本が用いられた。1のⓑは、永久岳水師筆の写本（硬筆）であるが、ⓐと共に「禁帯出、禁複写」の扱いをされている。文書の価値づけと研究上の便宜からいささか不合理な感を免れかねない。

(1)の②は、愛知県西尾市の長円寺に所蔵する写本であり、従来、一般にはその存在を知られていなかったものである。ところが、この②のⓐ（岸沢惟安師筆の写本）の外題と内題に「長円寺本」と記されていたので、平成三年五月、同寺住職成河峰雄氏に問合わせその存在を確認し、ご好意で写真撮影の許可も得た。②のⓐは、岸沢師の直筆で訂正字はあるが、誤写はない。なお、この長円寺本（原本）の一部（二祖伝と三祖伝との間）に一丁の錯簡がある。長円寺本の筆写者は、『正法眼蔵随聞記』（写本）と同じく同寺二世暉堂宋慧（生没年不詳、一六四四年前後）である。識語や奥書もなく、何によって写したのかは不明であるが、合綴[7]の前後から正保年間（一六四四～四八）頃の筆記と推定される。系統は、題名（外題）から「三祖行業記」系と思われそうであるが、本文の対照を通していえば、「三大尊行状記」に近い[8]。

(1)の③は、東隆眞氏によって紹介され、覆刻された（『宗学研究』二七号、一九八五年）ものである。「三祖師伝」の中、高祖伝はさておき、懐奘伝と義介伝とは『洞谷記』の「洞谷伝灯院五老悟則并行業略記」にあるものと指摘されている[9]。従ってその二祖師の伝記は、所謂「三大尊行状記」や「三祖行業記」とそのまま対照することはできない。この小間氏蔵本は、(1)の④と深い関係がある。

(1)の④は、岸沢文庫蔵本であり、その冒頭に「能州大本山諸嶽山惣持寺来由記抄出本」と記されている。「能州大本山諸嶽山惣持寺来由記」なるものが、いかなる文書か不明である[10]。能登の總持寺ないし永

光寺・大乗寺などに伝承されていたものと推定される。この⑴の④は、高祖伝のみで、その後に一般に御遺状「尽未来際置文」（不離吉祥山示衆）と称される文書[11]が付されている。④のⓐは、この写本を複写したものである。

前後するが、⑴の③は、義介伝の後に「尽未来際置文」が付され、恐らく⑴の④と同じ「能州大本山諸嶽山惣持寺来由記」に依拠し、『洞谷記』所収の懐奘伝と義介伝を挿入したものと言い得る。この⑴の③と④は、特殊な系統と思われるが、高祖の法脈上の算定数から便宜的に「三大尊行状記」系に属しておく。

「三大尊行状記」と「三祖行業記」との本文における相違は、後に掲げる対照表で示す通りであるが、特に目立つ点は高祖の法脈数が両書で異なるのである。すなわち、

　　洞山高祖一十三世之祖師、釈迦牟尼如来五十一代古仏（三大尊行状記）

　　洞山高祖一十四世之祖師、釈迦牟尼如来五十二代之古仏（三祖行業記）

とあって、⑴の③と④は、前者に一致するのであるが、他がすべて一致する訳ではない[12]。

次に⑵の①は、⑴の①に先んじて『続群書類従』に所収刊行されたものである。塙保己一が収集した文書は、どういうものか不明である[13]が、刊行に際し用いた清書本が内閣文庫・宮内庁書陵部・静嘉堂文庫に所蔵されている（①のⓐ、ⓑ、ⓒ）。その中、内閣文庫蔵本に別筆の手が入り、これが印行の元本になったことが判明する。部分的に言えば、問題となる箇所[14]も含む。活字化に誤植はない。

⑵の②は、岸沢文庫蔵本で題名の前に「続群書類従第九輯伝部三六巻二二五」とあり、⑵の①をそのまま筆写したものと思われるがどうした訳か数箇所に亘り、字句が異なる。またその①のⓑやⓒとも相違する。単なる筆記者の誤写なのか、他に同種の異本があるのか不明である。以下の議論では採用しない。

⑵の③は、有名な無著道忠筆の写本であり、原本は京都市右京区花園坤南町の龍華院に所蔵され、また花園大学内の禅文化研究所資料室にマイクロフィルムとして収められている。なお重複して「二祖奘禅師」伝と「三祖介禅師」伝が、〔二一五—二八一（リール番号）〕に収載されている。同書の特徴として「三祖行業記」との相違を挙げるならば、「三祖介禅師」伝末尾に義介の遺偈が一種だけであり二種はない。この点でいえば、同書は「三大尊行状記」と等しい。ただし、前掲の高祖の法脈数が「三祖行業記」と一致するので便宜的に配分したに過ぎない。

一、対校凡例

次に「三大尊行状記」（大乗寺本）と「三祖行業記」（続群書類従本）との二書を中心に対照させ、それぞれに属する異本と対校した。対校上、異本の略称は次の通りである。

「三大尊行状記」系

（長）長円寺蔵「永平三祖行業記」

（小）小間氏蔵「永平寺三祖行業記」

（岸）岸沢文庫蔵「道元禅師行業記」

右の中、（小）と（岸）とは、高祖伝のみの対校である。但し、（長）複写〈⑴の②ⓐ〉（岸）の欄外注も加えた。

「三祖行業記」系
（岸）岸沢文庫蔵「永平寺三祖行業記」
（道）無著道忠筆「永平禅寺三祖行業記」龍華院蔵

対校の際、漢字の旧字体と新字体との相違は無視した。本文対照と対校（注）との字体は、組版の便宜上、新字体に統一した。

異体字は、本文対照と対校（注）とにおいて大部分、教育漢字（↓新字体）に直したが、部分的に残した箇所もある。

返り点・句読点は、『曹洞宗全書　史伝上』の所収本を踏襲した。送り仮名は省略した。

異本対校は、本来、該当箇所の上下に付すことを意図していたが、組版の都合上、各祖師毎、初めに「三大尊行状記」、後に「三祖行業記」の順に通し番号で付した。

元祖孤雲徹通三大尊行状記[1]

越州吉祥山永平開闢道元和尚大禅師行状記[2]

門人　集記[3]

禅師。姓源氏。諱道元。[4]洛陽人也。村上天皇。九代之苗裔。後中書王八世之[5]遺胤。初生時。相師見曰。此児異二于常童一。必是聖子也。七処平満。骨相奇秀。盼（眼カ）[6]有二重瞳一。須レ非凡流一。[7]古書曰。[8]誕二聖子一[9]時。其母命危。此児七八歳時。即喪二其母一。人（母カ）[10]雖レ聞[11]二此言一。[12]至[13]愛鞠養。不レ驚不レ恠。常[14]自念二此子一。懐妊時。空中有レ声。告曰。[15]此児五百年来。無レ斎[16]肩聖人也。倭国為レ興二隆正法一託[17]生来。符二合相師言一。果[18]八歳之冬。其母即死。四歳而読二李喬之百詠一。七歳而[19]読二左伝毛詩一。時[20]古老名儒賛曰。此児非レ凡可レ作二大器一。須レ称二神童一。承元々年丁卯。[21]八歳而遇二悲母之喪一。観二薌[22]火之煙一。潜[23]悟二世間之無常一。[24]深立二求法大願一。九歳而読二世親之倶舎論一。耆年宿徳云。利如二文殊一。真大乗機（器カ）也。師幼稚耳底[25]蓄[26]二此等之言一。苦学則[27]刺レ股。昼[28]夜励レ心。于時松殿禅定尊閤者。摂関[29]家之職者。天下無レ斎[30]肩。古今[31]明鏡。王臣之師範。収レ師為二猶子一。教二国之要切一。授二家之大事一。以将レ欲レ為二朝家之要臣一。欲レ令二元服一日。[32]

永平寺三祖行業記[1]

初祖道元禅師[2]

禅師。生（姓カ）源氏。諱道元。洛陽人也。村上天皇九代之苗裔。後中書八世之遺胤。初生時。相師見曰。此児異二于常童一。必是聖子也。七処平満。骨相奇秀。眼有[3]二重瞳一。若レ異[4]二凡流一。古書曰。誕二聖子一時。其母命危。此児七八歳時。即喪二其母一。母雖レ聞二其言一。[5]至[6]愛掬養。不レ驚不レ怪。[7]又自念二此子一。懐姙時。空中有レ声。告言。此児五百年[8]来無レ斉レ肩聖人也。倭国為レ興二隆正法一。託[9]生来。符二合相師言一。果八歳之冬。其母即死。四歳而読二李喬之百詠一。七歳而読二左伝毛詩一。于時古老名儒讃[10]曰。此児非レ凡。可レ作二大器一。須レ称二神童一。承元元丁卯冬。八歳而遇二慈母[11]之喪一。観二香火之煙[12]一。潜悟二世間之無常一。深立二求法之大願一。九歳而読二世親之倶舎論一。耆年宿徳云。利如二文殊一。真大乗機也。師幼稚。耳底蓄二此等之語[13]一。苦学刺レ股。昼夜励精。[14]于時松殿禅定尊閤[15]者。摂関家之職者。天下無レ斉レ肩。古今之明鏡。王臣之師範。収レ師為二猶子一。教二国之要切一。授二家之大事一。以将欲二朝家之要臣一。欲レ令二元服一日。自謂。

自謂。世俗昇進本非二所望一。出家学道尤所二欣求一。終十三歳。建暦二年春。夜中不レ被[33]レ知レ人。而密遁二出木（去乎）之幡山荘一。尋到[34]二叡山之麓一。即入[35]二良顕法眼之室一。即師之外舅也。時之延レ之。[36]慇懃惣欣二求出家一。法眼大驚問曰。[37]元服[38]期近。親父猶父定有二其瞋一如何。師曰。[39]悲母逝世[40]時。遺嘱曰。[41]出家学道而[42]可レ弔[43]二我後世一。殊[44]祖母姨母等之養育[45]恩尤重。出家修道而欲レ資二彼菩提一。時[46]法眼感涙一。即聴二入室一。即時[47]登二横川首楞厳院般若谷千光坊[48]一。建保元年[49]癸酉四月九日。十四歳[50]礼二初任座主公円僧正一剃髪。同十日。於二延暦寺戒壇院[51]一。以二公円僧正一為二和上一。受二菩薩戒一。作二比丘一。自レ爾習二天台之風[52]兼南天[53]祕教一。大小之義理。顕密之奥旨。無レ不二習学一。十八歳内。看二閲一切経一二返[54]。学二宗家之大事。法門之大綱一。本来本法身[55]。天然自性身。顕密両宗。不レ出二此理一。大有二疑滞一。如二本[56]自法身法性一者。諸仏為二甚麼一更[57]発心修行哉[58]。三井之公胤僧正者。顕密[59]之明匠。法海之竜象。即致二此問一。胤教示曰。此問輒不レ可レ答。雖有二家[60]訓訣[61]一。未レ尽レ美[62]。伝聞。大宋[63]有レ伝二仏心印[64]一之正宗。宜二入宋求覔一。師聞二此誨励一。建保五年丁丑十八[65]歳秋。始離二本山一。投二洛陽建仁寺一。従二明全和尚一。猶極二顕密[66]之奥源一。習二律蔵之[67]威儀一。兼聞二臨済之[68]宗風一。即列二黄竜之十世一。遂随[69]二従明全一。航レ海入宋[70]。日本貞応二年癸未。大宋嘉定十六年[71]也。

掛二錫天童一。初見二派無際一。問レ道聴[72]レ法。雖レ及二嗣書拝[73]看一。未レ決二択大事一。其外。惟一西堂。宗月長老。伝蔵主。及万年寺元鼎[74]和尚。皆是帯二嗣書一尊宿也。同雖二親近一未レ契レ心[75]。於二徑（径）山一見二琰浙翁一。於二小翠岩一見二卓老[76]一。問答往復[77]而謂。日本大宋両国。如レ我無[78]二善知識一。生二大憍慢一。欲レ帰二日本一。始掛二錫[79]天童[80]一。廿四歳也。不レ依二戒[81]次一。欲レ列二新戒位一。師表書曰。此娑婆世界者[82]。釈尊遺法流布国。戒法已弘通。仏法位次。不レ論二尊卑[83]老少一。先受戒者在二先座一。後受戒者在二後座一。蓋是七仏

世俗昇進。本非二所望一。出家学道。尤所二欣求一。終十三歳。建暦二年壬申春。夜中不レ被レ知レ人。而密遁二出木幡之山庄一。尋到二叡山之麓下一。入二良顕法眼之室一。即師之外舅也。時之名匠也。慇懃欣二求出家一。法眼大驚。問云。元服期近。親父猶父。定有二其瞋一如何。師云。悲（慈カ）母逝世時。遺嘱曰[16]。出家学道。可レ訪（弔カ）二我後世一。祖母姨母等。養育之恩尤重。出家修道而欲レ資二彼菩提一。法眼感涙。即二聴入室一。即登二横川首楞厳院般若谷千光房一。建保元年癸酉四月九日。十四歳而礼二初仕[17]座主公円僧正一剃髪。同十日。於二延暦寺戒壇院一。以二公円僧正一為二和上一。受二菩薩戒一。作二比丘一。自レ爾習二天台之宗風。兼南天之秘教一。大小義理。顕密之奥旨。無レ不二習学一。十八歳内。看二閲一切経一二遍。宗家之大事。法門之大綱。本来本法性。天然自然身[18]。顕密両宗。不レ出二此理一。大有二疑滞一。如二本自法身法性一者。諸仏為二甚麼一。更発心修行。三井之公胤僧正者。顕密之明匠。法海之竜象。即致二此問一。胤教示曰。此問輒不レ可レ答。雖レ有二家訓訣一。未レ尽レ美[19]。伝聞。大宋[20]有レ伝二仏心印一之正宗一。宜二入レ宋求覔一。師聞二此誨励一。建保五年丁丑。十八歳秋。始離二本山一。投二洛陽建仁寺一。従二明全和尚一。猶極二顕密之奥源一。習二律蔵之威儀一。兼聞二臨済之宗風一。即列二黄竜之十世一。遂従二明全一。航レ海入宋。日本貞応二年癸未。大宋嘉定十六年也。

掛二錫天童一。初見二派無際一。問レ道求レ法。雖レ及二嗣書拝看一。未レ決二択大事一。其外惟一西堂。宗月長老。伝蔵主。及万年寺元靠和尚。皆是帯二嗣書一尊宿也。同雖二親近一未レ契レ心。又見二琰浙翁於径山一。見卓老二於小翠岩一。問答往来。而謂。日本大宋両国。無二如レ我善知識一。生二大憍慢一。欲レ帰二日本一。始掛二錫于天童一。時廿四歳也。不レ依二戒次一。欲レ列二新戒位一。師表書曰。此娑婆世界内。釈尊遺法流布国。戒法已弘通。仏法位次。不レ論二尊卑老少一。先受戒者在レ先坐[21]。後受戒者在レ後坐[22]。蓋是

諸祖[84]通戒也。何[85]至二日本大宋一可レ有二別異一哉[86]。天童一山住持。両班前資勤旧。以二先例一。尚定二新戒位一[87]。其故。先入唐諸僧。始[88]伝教弘法。師至二[89]汝師[90]翁用[91]詳上人一。尽著二新戒一。蓋是国例也。大国小国之別異也。師又重表書。諸仏教法。依レ国而豈可レ異乎。一家之兄弟。一仏之戒脈。都不レ可レ有二差異一。先坐後坐[92]。支干[93]分明。年月争[94]乱乎[95]。一[96]寺不レ能レ断。五山評議尚用二旧規一。三度[97]表書。云[98]。仏法偏[99]二沙界一。戒光照二十[100](方カ)分一。況[101]経曰。今此三界皆是我有。其中衆生悉是吾子。就レ中此娑婆世界者。釈迦牟尼仏仏土[102]也。国已仏国也[103]。人皆仏子也[104]。兄弟不レ可二混乱一。次位法[105]爾。具二仏法世法一。皆任二正理一。天神地祇[106]不レ昧二理非一。此理若不レ達。恐是乱世也。賢者不レ居二乱世一。直人不レ雑[107]二誑者一。仏家臈次已不レ正者。王法正理豈レ可二明察[108]一。幸仰二中和之聖徳一。泣宣[109]二倭僧之鄙懐[110]一。天裁若無レ私。伏乞正二戒次一。取レ意。嘉定聖主。被レ下二勅宣一。云。和[111]僧所レ申有二其謂一。須レ依二臈次一。自レ爾師名不レ隠二叢林一。倭[112]僧臈依レ之定了。遂掛二錫于天童一。其[113]時有[114]二老璡者一。勧云。大宋国裡[115]独有二浄和尚一。具二道眼一者。爾欲レ学二仏法一者。看レ他必有二所得[116]一。雖レ聞二璡語一。未レ遑レ参他。将レ満二一年一。爰[117]浄長老[118]作二天童之主一而来。師[119]即焼香礼拝。遂取二師資礼一。幔幢[120]乃倒。正信忽発。謹曰[121]。道元幼歳[122]発二菩提心一。本国而[123]訪二道於諸師一。聊識二因果[124]之所由一。雖レ然[125]。未レ明二仏法之実帰一。徒滞二名相之懐慄一。後入[126]二千光禅師之至一。初聞二臨済之宗風一。今随二全和尚[127]一。入二大宋一。航レ海万里。任[128]二幼年[129]波濤一。遂達二大宋一。得レ投二和尚之法席一。蓋是宿福之慶幸也。願[130]和尚大慈大悲。外国遠方之小人。所レ冀[131]者不レ拘二時候一。不レ論二威儀不威儀一。頻頻[132]上二方丈一。欲レ拝二問愚懐一。生死事大。無常迅速[133]。時不レ待レ人一。去レ生[134]必悔。本師堂上老師[135]大禅師。大悲[136]哀愍聴許。天童浄老[137]云。元子参問。自今已後不レ拘二昼夜時候一。著衣衩衣而来。問レ道無レ妨。老僧一三如親父恕[138]二子無礼一。然閒。独二歩於堂奥一。昼夜問道。

七仏諸仏通戒也。何至二日本大宋一。可レ有二別異一。天童一山。住持両班(斑カ)[23]。前資勤旧。以二先例一尚定二新戒一。其故。先入唐諸僧。如[24]二于伝教弘法一。至二于汝師翁用詳上人一。尽著二新戒一。蓋是国例也。大国小国之別異也。師又重表書。諸仏教法。依レ国而豈可レ異乎。一家之兄弟。一仏之戒脈。都不レ可レ有二差異一。先坐[25]レ先。後坐[26]レ後。支干分明。年月争乱。一寺不レ能レ断。五山評[27]議。尚用二旧規一。三表書曰。仏法偏二沙界一。戒光照二十方一。況乎経曰。今此三界。皆是我有。其中衆生。悉是吾子。就レ中此娑婆世界者。釈迦牟尼仏々主[28]也。国已仏国。人皆仏子也。兄弟不レ可レ混二乱次位一。法爾[29]具二仏法世法一。皆任二正理一。天神地祇。不レ昧二理非一。此理若不レ達。恐是乱世也。賢者不レ居二乱世一。直人不レ雑二誰(誑カ)[30]者一。仏家臘次已不レ正者。正法正理。豈可二明察一乎。幸仰二中和之聖徳一。泣宣[31]二倭僧之鄙懐一。天裁若無レ私。伏乞正二戒次一。取意嘉定聖主。被レ下二勅宣一云。倭僧[32]所レ申有二其謂一。須レ依二臘次一。自レ爾師名不レ隠二叢林一。倭国僧臘依レ之定了。遂掛二錫于天童一。于時有二老璡者一。勧云。大宋国裏。独有二浄和尚一。具二道眼一者。爾欲レ学二仏法一者。看レ他必有二所得一。師雖レ聞二璡語一。未レ遑レ参レ他。将レ満二一年一。爰浄和尚作二天童之主一而来。即焼香礼拝。遂取二師資礼一。幔幢乃倒。正信忽発。云。道元幼年発二菩提心一。本国訪二道於諸師一。聊識二因果之所由一。雖レ然如是。来レ明二仏法之実帰一。徒滞二名相之懐標一。後入二于千光禅師之室一。初聞二臨済之宗風一。今随二全法師一而入二大宋一。航海万里。任二幻身於波濤一。遂達二大宋一。得レ投二和尚之法席一。蓋是宿徳之慶幸也。和尚大慈大慈[33]。外国遠方[34]之小人。所レ願者。不レ拘二時候一。不レ論二威儀不威儀一。頻々上二方丈一。欲レ拝二問愚懐一。無常迅速。生死事大。時待レ々(不待カ)[35]レ人。去レ聖必悔。本師堂上大和尚大禅師。大慈大慈[36]。哀愍聴許。天童浄和尚云。元子参問。自今已後。不レ拘二昼夜時候一。著衣双(衩カ)[37]衣而来。問レ道無レ妨。老僧一三如親父恕二子

入室請益。不レ拘二時節一。聞不聞[139]。伝不伝[140]。脇不レ著[141]レ席。将[142]レ及二両歳一。

天童五更座禅。入レ堂[143]巡堂。責二衲子座[144]睡一。曰[145]。参禅者身心脱落也。祗管[146]打睡作二什麼[147]一。師聞豁[148]然大悟。早晨[149]上二方丈[150]一。焼香礼拝。天童問云[151]。焼香[152]事作麼生。師云。身心脱落来。天童云[153]。身心脱落。脱落身心。師云。這箇是暫時伎倆。和尚莫三乱印二某甲一。童云。吾不二乱印一。儞。師云。如何是不二乱印[154]一底。童云。脱落身心[155]。于時[156]福州広平侍者侍立曰[157]。非二細事[158]一也。外国人得二恁麼地[159]大事一矣[160]。師珍重去[161]。童曰[162]。幾回這裡喫二拳頭一。脱落甕[163]容還二霹靂一。遂以二洞上宗旨一付嘱。授二嚢祖仏戒一。遺嘱曰[164]。汝早帰[165]二本国一。弘二通[166]祖道一。于[167]時間云[168]。師已為二洞山嫡孫一。何不レ露二嗣法一。童曰[169]。雲衆雖レ請二嗣法香一。且在[170]二槃涅堂裡[171]一焼レ焉[172]。汝不レ可二覆蔵一。本国而[173]隠二居山谷一。長二養聖胎一。師又問曰。和尚為二甚麼一著二黒衣一。一二如常僧一。童曰[174]。諸方無鼻孔長老。不レ捨二名利一。杜撰禿子等。通著二班衣[175]一。我為[176]レ異二彼等一。不レ著二班衣一。汝在二于本国一。化二導人天一時。須レ著二班(班カ)衣一無レ妨。此我意巧耳。芙衲衣[177]伝来而雖レ在二這裡[178]一。吾不レ著[179]レ之。師受二付嘱一而帰二於本国一。即大宋宝慶三年丁亥歳。当二日本安貞元年丁亥歳一。于時廿八歳也。洞山高祖一十三世之祖師。釈迦牟尼如来五十一代古仏[180]。於二本国一。寓二止於建仁寺[181]一。漸求二隠居地一。有縁檀那。所[182]レ施在処[183]歴観僅一十二所。遠国畿内[184]皆不レ合レ意。暫隠二居洛陽之東南一。深草里。極楽寺旧跡一。四衆雲集。徳風漸扇。自然作二瑤(宝カ)房[185]一。不レ待作二叢[186]林一。号二興聖宝林寺一。正覚禅尼建二法堂一。弘誓院殿構二法座一。始説法開堂。為レ人垂手。最初度[187]二懐奘一。授二戒法一。以レ達磨授二恵[188]可一儀。即一山乃[189]上首。普二諸人之教授一。雖二得法人多一。奘公僧海詮恵[190]三輩是法嗣也。後波多野雲州大守[191]義重。依二固請一。移下[192]二越州一。寛元二年甲辰七月。草二創吉祥山永平寺一。土木未レ備。堂閣僅両三。然而以二深山幽谷一。

無礼一。然閒。独二歩於堂奥一。昼夜問レ道。入室請益。不二拘二時節一。聞二未聞一。伝二不伝一。脇不レ至レ席。将レ及二両歳一。

天童五更坐禅。入堂巡堂。責二衲子坐睡一云。坐禅者身心脱落也。祗管打睡恁生。師聞豁然大悟。早晨上二方丈一。焼香礼拝。天童問云。焼香事作麼生。師云。身心落々(脱落カ)[38]来。天童云。身心脱落。脱落身心。師云。這爾(箇カ)[39]是暫時伎倆。和尚莫二乱印某甲一。童云。吾不二乱印一儞。師云。如何是不二乱印一底。童云。脱落々々。于時福州広平侍者。侍立云。非細也。外国人得二恁麼大事一。師珍重便道。幾回這裏喫二拳頭一。脱落雍容還霹靂。遂以二洞上宗旨一付嘱。授二嚢祖仏戒一。遺嘱云。汝早帰二於本国一。弘二道(通カ)[40]於祖道一。侍(時カ)[41]師問云。師已為二洞山嫡孫一。何レ不露二嗣法一。童云。雲雖(マヽ)[42]雖レ請二嗣法香一。且[43]二在涅槃堂裏[44]一。当レ焼レ之。汝不レ可二覆蔵一。本国而隠居山谷一。長二養聖胎一。師又問云。和尚為二甚麼一著二黒衣一。一二如常僧一。童云。諸方無鼻孔長老。不レ捨二名利一。杜撰禿子等通著レ之。我為レ異二彼等一。不レ著二班(斑カ)衣一。汝在二于本国一。化二導人天一時。須レ著二班衣一無レ妨。気我意巧耳。芙蓉衲法衣伝来。而レ雖二在這裏一。吾不二著用一之。師受二付嘱一而帰二於本国一。即大宋宝慶三年丁亥歳。当二日本安貞元年丁亥一。于時二十八歳。洞山高祖一十四世之祖師。釈迦如来五十二代之古仏。始帰二於本国一。寓二止於建仁寺一。漸求二隠居地一。有縁旦那所レ施所々[45]歴観。僅一十二所。遠国畿内。皆不レ合レ意。暫隠二居洛陽之東南。深草里。極楽寺之旧跡一。四衆雲集。徳風漸扇。自然作二宝坊一。不レ待作二叢林一。号二興聖宝林寺一。正覚禅尼建二法堂一。弘誓院殿構二法座一。始説法開堂。為レ人垂レ手。最初度二懐奘一。授二戒法一。以下達磨授二恵可一儀上即一会之上首。普為[46]二諸人之教授一。雖二得法人多一。奘公。僧海。詮恵三輩。是法嗣也。後波多野雲州大吏義重。依二固請一。移下二越州一。寛元二年甲辰七月。草二創吉祥山永平寺一。土木未レ備。堂閣僅両三。然而二以深山占以為二一生幽棲之地一。宝治元年丁未。鎌倉西明寺殿[193]。奉[194]レ召二請師[195]一。受二菩薩戒一。奉二留住一。建二立寺院一。欲レ開二叢席一。雖二頻請[196]一。堅辞退帰二本山[197]一。恭敬餘。為レ遂二願心一。雖レ奉レ寄二進[198]越前[199]六条一不レ受レ之。道風遠聞。緇白[200]普帰。受具剃頭[201]弟子三百[202]餘人[203]。建長四年壬子秋示レ病。建長五年癸丑八月廿八日夜[204]半。示レ偈自書曰[205]五十四年。照二第一天一。打二箇跨跳一。触二破大千一。蛦。渾身無レ覓。活陥二黄泉一。擲レ笔[206]而逝。俗寿五十有四。僧臈三十有七。立二塴[207]於本山西北之隅[208]一。奘首座者継レ踵。住二永平寺一。恵首座者住二洛陽永興寺一。海首座者。師在生唱二滅興聖寺[209]一。

永平開山行状記終

幽谷一。占以為二一生幽棲之地一。宝治元年丁未。東関西明寺召請。受二菩薩戒一。奉二留住一。建二立寺院一。欲レ開二叢席一。雖二堅請留一。堅辞去下二越州一。恭敬餘。為レ遂二願心一。雖レ供二養越州六条[47]一不レ受レ之。道風遠聞。緇白普帰。受二其[48]剃頭一弟子三百餘人。受二菩薩戒一弟子七百餘人。建長四年壬子秋示レ病。建長五年癸丑八月二十八[49]日。夜半示レ偈。自書云。五十四年。照二第一天一。打二箇跨跳一。触二破大千一。咦。渾身無レ処[50]レ覓。活陥二黄泉一。擲レ筆而逝。俗寿五十有四。僧臘三十有七。塔二本山之西北隅一。奘首座[51]継住二永平寺一。恵首座[52]住二洛陽永[53]興寺一。海首座[54]。師在世[55]。死二于興聖寺一。

行状記の校注

1元祖～行状記—永平三祖行業記（長）、永平寺三祖行業記（小）、岸沢文庫蔵の「諸嶽山惣持寺来由記」抄出本には、曹全書の蒐集整理をした際、仮題「道元禅師行業記」と名づけた。 2越州～行状記—越州吉祥山永平寺開闢道元和尚大禅師行業記（長）、日本国越州吉祥山永平禅寺初祖道元禅師行業（岸）（小） 3門人集記—集記（長）、謹記（岸）（小） 4姓源氏諱道元—諱道元姓源氏（岸）（小） 5之—ナシ（岸）（小） 6有—ナシ（岸）（小） 7凡流—風流（岸） 8日—ナシ（岸） 9聖子—生子（岸） 10人—々〔母〕（長）、ナシ（岸）、母（小） 11聞—ナシ（岸） 12言ノ下—「罷」アリ（小） 13至—寵（岸）、ナシ（小） 14常—父（岸）、又（小） 15日—言（岸）（小） 16斎—斉（小） 17託—詫（岸）（小） 18果—杲（長） 19而—ナシ（長） 20時ノ上—「于」アリ（岸）（小） 21丁卯ノ下—「冬」アリ（岸）（小） 22鄕—香（岸）（小） 23潜—香（岸）（小） 24間之—門之（長）、ナシ（岸） 25幼—幻（岸） 26蓄—畜（岸）（小） 27則—ナシ（岸）（小） 28昼—書（岸） 29関—ナシ（岸）、開（小） 30斎—斉（岸）（小） 31古今ノ下—「之」アリ（岸）（小） 32服日—眼目（岸） 33被—破（岸） 34到—致（小） 35即—下（岸）（小） 36延之—名匠（岸）（小） 37日—云（岸） 38服—眼（岸） 39日—云（岸）（小） 40逝世—逝去（岸）（小） 41日—云（岸）（小） 42而—ナシ（岸）（小） 43弔—吊（長）、訪（岸）（小） 44殊—ナシ（岸）（小） 45育ノ下—「之」アリ（岸）（小） 46時—ナシ（岸）（小） 47時—ナシ（岸）（小） 48坊—房（岸）（小） 49年—ナシ（岸） 50歳ノ下—「而」アリ（岸）（小） 51壇—檀（岸）（小） 52之ノ下—「宗」アリ（岸）（小） 53天ノ下—「之」アリ（岸）（小） 54返—遍（岸）（小） 55身—性（岸）（小） 56本—ナシ（岸）（小） 57更ノ下—「発」アリ 58哉—ナシ（岸）（小） 59密—蜜（岸）（小） 60家—字（岸）（小） 61訣—訳（岸）（小） 62美—羑（岸）、義（小） 63米—宋（小） 64印—即（岸）（小） 65八—ナシ横ニ「（ママ）」（小） 66密—蜜（岸）（小） 67之—ナシ（岸）（小） 68之—ナシ（岸）（小） 69随—ナシ（岸）（小） 70宋—宗（岸） 71十六年—六年（岸）（小） 72聴—求（岸）（小） 73拝—弁（長） 74鼎—鼐（岸）（小） 75心ノ下—「又」アリ（岸）（小） 76於径山～見卓老—又見琰浙翁於径山見卓老於小翠岩（岸）（小） 77復—来（岸）（小） 78如我無—無如我（岸）（小） 79錫ノ下—「于」アリ（岸）（小） 80童ノ下—「時」アリ（岸）（小） 81戒—我（岸）（小） 82者—内（岸）（小） 83皁—早（長）、皁（岸）、早（小） 84祖—仏（岸）（小） 85何ノ下—「日」アリ（岸） 86哉—ナシ（岸）（小） 87位—ナシ（岸）（小） 88始ノ下—「于」アリ（岸）（小） 89至ノ下—「于」アリ（岸）（小） 90師ノ下—「師」アリ（岸） 91用—田（岸）

92先坐後坐―先坐先後坐後（岸）（小）93支―攴（長）（岸）（小）94月争―受（岸）95乎―「ミ」（岸）、ナシ（小）96一―ナシ（岸）97度―ナシ（岸）（小）98云―曰（岸）（小）99偏―徧（長）100分―方（岸）（小）101況ノ下―「乎」アリ（岸）（小）102仏仏土―仏之土（岸）（小）103也―ナシ（岸）（小）104也―ナシ（岸）（小）105法―自（岸）（小）106祗―祇（長）（小）107雑―離（岸）108察ノ下―「乎」アリ（岸）（小）109泣宣―位宜（岸）110懐―岸（長）（岸）111和―倭（岸）（小）112倭ノ下―「国」アリ（岸）（小）113其―于（岸）（小）114有―ナシ（岸）（小）115裡―裏（岸）（小）116得ノ下―「師」アリ（岸）（小）117爰―受（岸）（小）118長老―和尚（岸）（小）119師―ナシ（岸）（小）120幔幢―慢憧（岸）（小）121謹曰―云（岸）（小）122幼歳―幻年（岸）、幼年（小）123而―ナシ（岸）（小）124因果―曰杲（長）、曰果（岸）、同果（小）125然ノ下―「如是」アリ（岸）（小）126入ノ下―「于」アリ（岸）（小）127和尚―法師（岸）（小）、下ニ「而」アリ　128任―仕（小）129幼年―幼身（長）、幼身（岸）（小）・下ニ「於」アリ　130願―ナシ（岸）（小）131冀―願（岸）（小）132頻頻―頻（岸）（小）133生死事大無常迅速―無常迅速生死事大（岸）（小）134生―聖（岸）（小）135老師―大和尚（岸）（小）136大悲―大慈大悲（小）137老―和尚（岸）（小）138親父恕―竜又如心（岸）139不―未（岸）（小）140伝―ナシ（岸）141著―至（岸）（小）142将ノ上―「時」アリ　143堂―室（岸）（小）144座―坐（岸）（小）145日―云（岸）（小）146祗管―祇官（岸）（小）147作什麼―恁生（岸）（小）148豁―歓（岸）149晨―辰（岸）（小）150丈―ナシ（岸）151云―曰（長）（岸）（小）152香―ナシ（長）欄外ニ「安按焼字下無香字」トアリ　153云―曰（岸）（小）154印―即（小）155身心―脱落（岸）（小）156時―ナシ（岸）157曰―云（岸）（小）158事―ナシ（長）（岸）（小）159地―ナシ（岸）（小）160矣―ナシ（岸）（小）161去―ナシ（岸）（小）162曰―云（長）、便道（岸）（小）163甕―雍（岸）（小）164日―云（岸）（小）165帰ノ下―「於」アリ（岸）（小）166通ノ下―「於」アリ（岸）（小）167于―ナシ（岸）（小）168云―曰（長）169曰―云（岸）（小）170在―右（岸）171裡ノ下―「当」アリ（岸）（小）172焉―之（岸）（小）173而―ナシ（岸）（小）174日―云（岸）（小）175班衣―之（岸）（小）176為―ナシ（岸）177衲衣―衲法衣（岸）（小）178裡―裏（岸）（小）179著ノ下―「用」アリ（岸）（小）180古―台（小）181寺―ナシ（岸）（小）182所―取（岸）183在処―処所（岸）（小）184内―ナシ（岸）185琉房―宝坊（岸）（小）186叢―最（岸）187度―慶（小）横ニ「度」188恵―慧（小）189山乃―会（岸）（小）190恵―慧（小）191大守―大吏（岸）（小）192下―可（岸）193鎌倉西明寺殿―東関西明寺（岸）（小）194奉―ナシ（岸）（小）195師―ナシ（岸）（小）196頻請―堅請留（岸）（小）197辞退帰本山―辞去下越州（岸）（小）198奉寄進―供養（岸）（小）199越前―越州（岸）200緇白―細白（岸）201頭―頌（小）202百―ナシ（岸）203人ノ下―「受菩薩戒弟子七百余人」アリ（岸）（小）204夜―衣（岸）205日―云（小）206笔―筆（岸）（小）207立墖―塔（岸）（小）208於本山西北之隅―本山之西北隅（岸）（小）209奘首座～興聖寺―ナシ（岸）（小）

行業記の校注

1永平寺三祖行業記―大日本国　越州　吉祥山　永平禅寺　三祖行業記（道）2初祖道元禅師―初祖元禅師（道）3有―在（道）4若異―須非（道）5其言―此言（道）6至愛―寵愛（道）7怪―搔（岸）8年―季（道）9託―詫（道）10讃―賛（道）11慈母―悲母（道）12煙―烟（道）13語―言（道）14精―心（道）15尊閤―尊閣（道）16日―云（道）17仕―任（道）18自然―自性（道）19美―羑（道）「義」カ　20大―太（道）21坐―座（道）22同右　23斑―班（道）24如―始（道）25坐―座（道）26同右　27詳―評（道）28主―土（道）29法爾―自尓（道）30誰―誑（道）31泣―位（道）欄外に「泣」32僧―儒（道）欄外に「僧」33大慈大慈―大慈大悲（道）34遠―達（道）35待々―不待（道）36大慈大慈―大慈大悲（道）37双―衩（道）欄外に「衩」38身心落々―身心脱落（道）39這爾―這ケ（道）40弘道―弘通（道）41恃―時（道）42雲雖―雲衆（道）43且―旦（道）44涅槃―涅柈（道）45所々―処所（道）46為―ナシ（道）47六條―六条（道）48受其―受具（道）49二十八―廿八（道）50処―ナシ（道）51～52首座ノ下―「者」アリ（道）53永―求（道）欄外に「永」54首座ノ下―「者」アリ（道）55在世―在生（道）

永平二代懐奘和尚行状記[1]

禅師姓藤氏。諱懐奘。洛陽人也。九条相国為通曽孫[2]。鳥養《トリカヒ》中納言為実卿孫也。建久九稔戊午生下。礼二延歴(暦カ)寺横川円能法印一剃頭。同於二本寺戒壇院一。建保六年戊寅。受二菩薩戒一。為二比丘一。学二山家之止観一。捨二文字学解一。倶舎成実三論法相皆知二有為一。尚入二浄土一門一。雖レ極二其奥源一。又知レ非二出世之舟航一。参二多武《タフ》峯達磨宗覚晏上人一。聞二見性成仏之旨一。至二首楞(楞カ)厳之頻伽瓶喩一。知レ無二空之去来一。明レ無二識生滅一。晏即印記(託)曰。汝無始曠劫之無明。即解脱了也。晏公会裏学徒。半百中。独抜群。人所二仰讃一矣。師聞三元公伝法帰朝而寓二止建仁寺一。往而論談法戦。知レ有二長処一。帰レ心信伏。遂聞二元公住菴一。文暦元年甲午冬[3]。参二深草一改レ衣。次年八月十五日。伝二授仏祖正伝戒法一。達磨授二二祖一儀也。有時元公挙下示一毫穿二衆穴一之因縁上師於二言下一大悟礼拝。元問。礼拝事作麼生。師曰。不レ問二一毫一。如何是衆穴。[4]天微笑曰。穿了也。師即礼拝退。元公大悦而為二真法嗣一。[5]為二典座一時。元公鳴レ鼓報レ衆陞堂。令二立僧入堂一。元公元公即入室[6]。師下座低頭。叉手問云。二祖三拝依レ位而立。未審伝二什麼法一。元曰[7]。老僧答話。且寄二露柱一。自レ爾一衆皆為レ師。元和尚会裡。諸頭首不レ許二秉払一。師第一座初任。結夏十四日也。即令二秉払説法一。義信首座有レ才有レ言。一会無レ斉レ肩。雖レ望二秉払一。元師不レ許。師充レ職時。為レ衆説法耳。僧海詮恵等深草諸衆[8]。尽以レ師為二教授闍梨一。一会上足也。師知客典座及頭首。多年之間勤。兼二侍瓶侍巾一。如レ是二十年中。依二師命一。病暇十箇月際[9]。不レ看二師顔一而耳。先師在生之際。及往後十五秋内。如レ望二生身一。向二真像一晨朝夜間和尚珍重。事レ師法未二曽懈怠一。古今未レ聞行持也。元和尚以重レ師。在二室中一。其礼宛如二師範一。衆皆所レ知。元和尚移二永平寺一。始二衆行法一時。必以レ師令二始行一。師有時問曰。和尚為二什麼一行二切事一。必以二某甲一令二

二祖奘禅師

禅師。生(姓カ)藤氏。諱懐奘。洛陽人也。九条相国為通曽孫。鳥養中納言為実卿孫也。建久九年戊午生下[1]。礼二延暦寺横川円能法印一剃頭[2]。同於二本寺戒壇院一。建保六年戊寅。受二菩薩戒一。為二比丘一。学二山家之止観一。捨二文字之学解一。倶舎。成実。三論。法相。皆知二有為一。尚入二浄土之一門一。雖レ極二其奥源一。又知レ非二出世之舟航一。参二多武峯達磨宗覚晏上[3]人一。聞二見性成仏之旨一。至二首楞(マヽ)厳之頻伽瓶喩一。知レ無二空之去来一。明レ無二職[4]之生滅一。晏即座[5]記曰。汝無始曠劫之無明。即解脱了也。晏公会裏。学徒半百中。師独抜群。人所二仰賛一矣。師三聞元公伝法。帰朝而寓二止建仁寺一。往而論談法戦。知レ有二長処一。帰心信伏。遂聞二元公住庵一。文暦元年甲午冬。参二深草一改レ衣。次年八月十五日。伝二授仏祖正伝戒法一。達磨授二二祖一儀也。有時元公。挙下示一毫穿二衆穴一之因縁上師言下大悟礼拝。元問。礼拝事作麼生。師云。不レ問二一毫一。如何是衆穴。元微笑曰。穿(却イ)了也。師礼拝了退。元大悦而為二真法嗣一。師為二典座一時。元鳴レ皷報レ衆。陞座令二立僧入室一。元即入室。師下坐[6]低頭。叉手問云。二祖三拝。依レ位而立。未審伝二什麼法一。元曰。老僧答話。且寄二露柱一。自レ爾一衆皆為レ師。元和尚会裏。諸頭首不レ許二兼払一。師首座初任。結夏十四日也。即令二秉払説法一。義信首座レ有才有レ言。一会無レ斎レ肩。雖レ望二秉払一。元不レ許。師充職時。独為レ衆説法耳。僧海。詮恵等深草諸衆。尽以レ師為二教授闍梨一。一会上足也。師四客[7]典座及首座。多年之間。兼行侍者。従二元公一二十年中。依二師命一。病暇十箇日際。不レ見[8]二師顔一而已。先師在生之際。及往[9]後十五秋内。如レ望二生身一。向二真像一晨朝夜間。和南珍重之。事レ師法未二曽懈怠一。古今未レ聞行持也。元公以重レ師。有二室中一。其礼宛如二師範一。衆皆所レ知。元公移二永平寺一。始二衆行法一時。必以レ師令二始行一。師有時間云。和尚為二什麼一。行二一切事一。

始行一。和尚不二自行一乎。元曰。当山者仏法勝地也。令二法久住一。是所レ望也。吾従レ公雖二年少一。必可二短命一。公従レ吾雖二年老一。必可二長寿一。我仏法必至レ公。弘二通来際一流転無窮[10]。即公児孫耳。鎮二山門一。故令三公始二行事一。蓋是為レ令二法久住一也。師資勝強之有徳。永平門下只師独而耳。建長五年癸丑[11]七月十四日。即著二住持位一。夜間小参。早朝上堂。元和尚雖二病床一。乗[12]レ輿来聴聞証明。雖レ然事レ師不レ捨レ礼。元公上洛八月五日。随従而上。

元和尚没後。荷二担遺骨一。還二帰本山一。以レ骨如レ法喪礼。遂継二遺跡一。一切不レ異。一衆帰伏。四衆群集。道価聞高。柔和懐レ衆。納レ身節簡。臨レ衆寛放。於レ人礼深。於レ己儀正。十五年間。衆不レ下二半百一。梵宮[13]漸調。百色現成。文永四年丁卯有レ病。立目[14]所二付法一弟子義介。欲三継二住持位一。大旦那波多野出雲守次郎金吾。自来請二介公一。及花山院宰相禅門釈円下レ状請二介公一。而令二住持一。病気未二平愈一。雖レ居二東堂位一。学徒群集。受戒者多。付法弟子。義介・義尹・義準・仏僧・宗(寂カ)円。伝戒弟子。義演・道荐。皆此七人。開山元和尚小師。学徒紹二続参学一。各為二伝法伝戒之本師一。或住二持本寺一。或接二化諸方一。其外得法密証不レ能二悉記一。弘安三年庚辰夏四月示レ疾。六月中必可レ有二円寂一。都鄙陰陽勘レ之。大旦越自二六波羅一。三十日請暇而下レ国。奉レ拝二師顔一。師集二衆徒一。顧二旦那一。語曰。予者生々世々乃至先師至二成道度生時節一。一日不レ離二先師一。有レ致下如二影随一形給仕上是故死期又願可レ期二八月下旬一。此願不レ可レ差。今度旦那三十日之暇下向。芳恩難レ謝。急可二還上一。其身無レ私。国法可レ恐。慇懃垂示。旦那仰歎啼涙即帰洛。又示二門人一曰。吾没後以二遺骨一。安二先師塔傍侍者位一。別莫レ立レ墖。今現存居所。又構二先師墖傍一。昔六祖塔主令韜(ママ)。慕二古之住持一。退後雖レ居二東堂一。号二塔主一。介公又退院。一寺両東堂。名字可レ迷。吾號二塔主一。蓋令韜跡。如レ是遺誡。

必以二某甲一令二始行一。和尚[10]不二自行一乎。元曰。当山者仏法勝地也。令二法久住[11]一。是所望也。我自レ公雖少。必可二短命一。公自レ我雖レ老。必可二長寿一。我仏法。必至レ公。弘二通来際一。流伝無窮。即公児孫耳。所以鎮二山門一。故令二公行事始一。蓋是為レ令二法久住一也。師勝資強之有徳。永平門下只師独而已。建長五年癸丑七月十四日。即著二住持位一。夜間小参。早朝上堂。元公和尚。乍レ臥二病床一。乗レ輿来而聴聞証明。然而不レ捨二事師之礼一。元公上洛。八月五日。随従而上。

公没後。荷二担遺骨一。還二下本山一。以レ骨如レ法喪礼。遂継二遺跡一。一切不レ異。一衆帰伏。四衆群集。道価聞高。柔和懐レ衆。納レ身節簡。臨レ衆寛放。於レ人礼深。於レ己儀正。十五年間。衆不レ下二半百[12]一。梵宮漸調。百色現成。文永四年丁卯有レ病。立二付法弟子義介一。欲レ継二住持位一。大檀越波多野出雲次郎金吾。自来請二介公一。及花山院宰相禅門釈円。下レ状。請二介公一而令二住持一。病気平愈。雖レ居二東堂一。学徒群集。受戒者多。付法弟子義介。義尹。義準。仏僧。寂円。伝介(戒カ)弟子義演。道荐。皆此七人。開山元公小師。学徒紹続参学。各為二伝法伝戒本師一。或住二持本寺一。或接二化諸方一。其外得法密証。不レ能二悉記一。弘安三年庚辰夏四月示レ疾。六月中必可レ有二円寂一。都鄙陰陽勘レ之。大檀[13]那自二六波羅一三十日請暇而下国。師集二衆徒一。顧二檀那一。語曰。予者生々世々。乃至先師至二成道度生之時節一。一日之不レ離二先師一。有レ致レ如二影随下形之給侍上願是故。死期人(又カ)[14]期二八月下旬一。此願不レ可レ差。檀那三十日之請暇。芳恩難レ謝。須レ所二還上一。其身不レ私。国法可レ恐。慇懃垂示。檀[15]那仰歎。啼涙帰洛。又示二門人一云。吾没以二遺骨一。安二元師[16]塔旁侍者位一。別勿レ立レ塔。今現存居所。又構二元師[17]塔旁一。昔六祖塔主令瑫。慕古之住持。退後雖レ居二東堂一。介公又退院。一寺両堂。名字可レ迷。吾号二塔主一。蓋令瑫勝躅。如レ是遺囑。果八月廿四日。沐浴如レ常。入レ夜示曰。先師果而八月二十四日沐浴如レ常。入レ夜示曰。先師半夜円寂。予又慕レ焉。至二丑剋一可レ往。師日々夜々記事。至二其日一曰。今日予既死云々。所二世奇異一。時至鳴レ鐘集レ衆。求レ笔書レ偈云。八十三年如二夢幻一。一生罪犯覆二弥天一。而今足下無レ絲去。蹈二飜虚空一没二地泉一。擲レ筆而顧二視大衆一。珍重逝。俗寿八十有三。僧﨟六十有三。霊前[15]祭礼一七日間。顔貌如レ生。胸間尚暖。霊骨任二遺命一。納レ焉無レ墖。介公継二本寺第三祖位一。晩[16]年開二闢賀州大乗寺一。尹公住二鎮西聖福寺一。開二闢肥州三日大慈両寺一。準公雖レ住二永徳歓喜両寺一。晩[17]年軽二蔑宗旨一。故師没後為二竜天一所二治罰[18]一。最後蒙二魔擾一死。演公住二本寺一。荐公寺二西願衆林両寺一。僧首座。師逝後未レ満二三回一在二本寺一逝。円公越州妙法寺宝慶寺両処開闢。師雖二美味山住菴一。師没後其菴焼卻。師又為二末世規[19]矩一。在二越前中浜一。半夏行二頭陀化一。永平二代懐奘和尚行状記終[20]

半夜円寂。予又慕レ之。至レ丑可レ往。師日々記事。至二其日一記云。今日予死。所二世奇異一。時至鳴レ鐘。集レ衆求レ筆。書レ偈曰。八十三年如二夢幻[18]一。一生罪犯覆二弥天一。而今足下無絲去。瑫二飜虚[19]空一没二地泉一。擲レ筆而顧二視一衆一珍重逝。俗寿八十有一(三カ)[20]。僧臘六十有三。霊前祭礼一七日。顔貌如レ生。胸前尚暖[21]。霊骨任二遺命一納レ之無レ塔。介公継二本寺第三祖位一。晩年開二闢加州大乗寺一。尹公住二鎮西聖福寺一。開二肥州三日大茲(慈カ)[22]両寺一。準者雖二永徳歓喜両院住持一。晩年軽二蔑宗旨一故。師没後為二竜天一所二治罰一。最後蒙二魔擾一死。演公住二本寺一。荐公住二西願[23]衆林両寺一。僧首座。師逝去後。未レ満二三回一。在二本寺一逝。円公越州妙法寺。宝慶寺両山開闢。師雖二美味山住庵一。師没後。其庵焼失。師又為レ遺二末世規矩一。在二越前中浜一半夏頭院(陀カ)[24]行化矣。

行状記の校注

1行状記—行業記（長） 2相国—右横ニ「大政大臣也」トアリ 3甲—申（長）、右横ニ「ママ」トアリ 4天—元（長） 5為ノ上—「師」アリ（長） 6元公即—ナシ（長） 7曰—云（長） 8深草—深山（長）、欄外ニ「安按深、一本作深草」トアリ（岸） 9月—日（長） 10窮—窮（長） 11癸丑—关刃（長） 12乗—ナシ（長）、欄外ニ「安按輿字上恐脱乗字」トアリ（岸） 13梵宮—左横ニ「殿堂」トアリ（長） 14目—ナシ（長） 15前—ナシ（長） 16晩—脱（長） 17同右 18罰—罸（長） 19規—規（長） 20懐奘和尚行状記終—懐状和尚行業記終（長）

行業記の校注

1建久九年—欄外ニ「以弘安三年迁化歳数之則師建久九年誕自道元和尚少二年」トアリ（道） 2頭—欄外ニ「髪」アリ（道） 3覚晏—学晏（道） 4職—識（道） 5座—坐（道） 6坐—座（道） 7四客—知客（道） 8見—看（道） 9往—住（道） 10和尚ノ上ノ「時」アリ（道） 11住—注（道）、欄外ニ「住」アリ 12百—白（岸） 13檀—壇（岸） 14人—又（道） 15檀—桓（道） 16元師—先師（道） 17同右 18幻—幼（道）、欄外ニ「幻」アリ 19虚—虚（道） 20八十有一—八十有三（道） 21暖—煖（道） 22大茲—大慈（道） 23西願—西頤（道） 24頭院—頭陀（道）

大乗開山義介和尚行状記[1]

禅師名義介。生二于藤氏一。利仁《トシヒト》将軍遠孫也。越州丹生《ニウ》北足羽《アスハ》郷人也。寛喜三承久元年己卯二月二日生。十三歳而礼二同国波着寺懐監和尚一。寛喜三年辛卯秋剃髪。同四年十四歳而上二叡(山カ)生一受戒。為二比丘一。留二学山上四教大綱一。器世間相性習二学之一。依二本寺鑑公勧一。浄土参部。首楞[2]厳見性義聞レ之。従二監公一。仁治二年辛丑春。参二深草一改レ衣。于時二十三歳也。元師有時示レ衆云。古人云。是法住二法位一。世間相常住。春色百花紅。鷓鴣柳上鳴。師聞有レ省。自レ爾為レ法捨レ身之志。逐レ日増進。聞二僧海首座悟道省偈一。讃歎弥励レ志。従二元和尚一。下二越州一。且止二宿吉祥[3]古精舎一冬安居。師二為典座一。歓喜奉二給仕一。寛元々年[4]冬。殊雪深。八町曲坂担二料桶一。供二二時粥飯一。次年秋草二創永平寺一。人力一人。師為二典座一。百事照管。宝治元年充二監寺一勤労。昼夜作務夜参学。雖レ不レ闕二衆務一。打坐工夫已不レ羣。元和尚知二真道人一。建長三年辛亥春。[5]監公以二覚晏上人所得之仏照禅師下嗣書一付授。知下菩提勝二浄明心一不上従レ人得上旨。竝[6]授二元和尚所伝菩薩戒儀式一。即嘱云。吾聞元和尚会裡有二洞下嗣書一。年来有二拝看志一。先年報二此旨於和尚一。雖二聴許一。依二閑人多一。[7]且待二時節一。一生已空。汝若道熟。必須二継承一。拝看時。最初功徳為レ吾可二回向一。師聞二遺嘱一。畜念是深。有時元和尚問レ師云。監公遺物悉相伝也否。答曰。悉伝領レ之。仏照禅師嗣書。幷洞下伝戒作法。尽相二伝之一。但遺嘱曰。和尚会裡嗣書。請拝志已空。生涯所レ恨也。汝若拝看。最初功徳。可三回二向之一云云。元和尚感歎曰。先年有二此望一。閑人依レ繁[8]不レ令二拝看一。予又悔レ之耳。受二汝[9]師命一。以後必可二拝看伝授一。鑑公有二見レ人之眼一。具二知レ人之智一。汝為二彼長嫡一。吾法必汝証通。以後必為二門徒先達一。護二吾山一而勿二他遊一。況今度上洛之間。留守一大事也。思二吾山一而可二護惜一。縦予逝去。守二寺門一而勿レ令二廃壊一。故監公当国

三祖介禅師

禅師。名義介。生二于藤氏一。利仁将軍遠孫也。越州丹生北足羽郷人也。承久元年己卯二月二日生。十三歳而礼二同国波[1]着寺懐鑒和尚一。寛喜三年辛卯秋剃髪。同四年壬辰。十四歳而上二叡山一。而受レ戒為二比丘一。留二学山上一。四教大綱。器世間性相習二学之一。依二本師鑒公勧一。浄土三部。首楞厳見性義聞レ之。従二鑒公一仁治二年辛丑春。参二深草一改レ衣。時二十三也。元師有時示レ衆云。古人云。是法住二法位一。世間相常住。春色百花紅。鷓鴣柳上鳴。師聞有レ省。自レ爾為レ法捨レ身之志。逐日増進。聞二僧海首座悟道逝偈一。讃歎弥励志。従二元和尚一下二越州一。且止二宿吉峯古精舎一。冬安居。師為二典座一。歓喜奉仕。寛元元年癸卯冬。殊雪深。八町曲坂。担二料桶一而供二二時粥飯一。次年秋。草二創永平寺一。人力一人。師為二典座一。百事照管。宝治充(元カ)年丁未夏。充二監寺一勤労。昼作務。夜参学。雖レ不レ闕二衆務一。打坐工夫已不レ群。元和尚知二真道人一。建長三年辛亥春。鑒公。以二覚晏上人所伝之仏照禅師下嗣書一付授。知二菩提勝浄明心。不三従レ人得二之旨一。幷[2]授二元和尚所伝菩薩戒儀式一。天童[3]會裏受戒自記即遺嘱云。吾聞。元和尚衣裏。有二洞下嗣書一。年来有二請拝志一。先年報二此志於和尚一。和尚雖二聴許一。閑人依レ多。且待二時節一。一生已空。汝若道熟必須二継承一。拝看時。最初功徳。為レ吾可二回向一。師聞二遺嘱一。畜念是深。有時元和尚。問レ師云。鑒公遺物悉相伝也不。師云。[4]尽伝領レ之。仏照禅師嗣書。拝[5]洞下傳戒作法。尽相二伝之一。但遺嘱云。和尚衣裏嗣書。拝看志空。生涯之恨也。汝若拝看。[6]最初功徳。可レ回二向之一。元公感歎曰。先年有二此望一。閑人依レ繁。不レ令二拝看一。予又恨レ之。汝受二師命一。以後必可二拝看伝受一。鑒公有二見レ人之眼一。具二知レ人之智一。汝為二彼長嫡一。吾法必汝証通。以[7]為必為二門徒之先達一。護二吾山一而勿二他游一。況乎今度上洛間。留守一大事也。思二吾山一而可二護惜一。縦予逝去。守二寺

名人。汝又長嫡。人多知。擁二護当山一。須レ致二興隆一。山中何処之奄居無二妨。若存命而万一之帰山者。必須二紹嗣一。但汝無二老婆心一。是又自然可レ調。汝勿二遺忘一。如レ是慇懃遺命。奘公同聴レ之。元和尚没後。奘公重レ之。令レ看(首カ)[10]二於衆一。有時師問二奘和尚一云。師兄先師尋常垂二示諸法実相之宗旨一外。有二異祕説一也否。奘曰。先師示レ衆之外。別無二異法一。不レ見。先師有時示曰。吾尋常垂示。為レ人外。更無二覆蔵底法一。仏祖冥鑑其無レ私者也。師復曰。先師会二所得之身心脱落話一。奘曰好々作麼生会。師云。将謂赤鬚胡。更有二胡鬚赤一。奘曰。許多身心中有二如レ是身一。先師居裡(屋カ)[11]。仏祖室中。有二紹嗣底事一。有二住持用心一。先師門人中。只吾一人伝レ之。今[12]欲レ与二授汝之一。先師尋常話レ予曰。介弟躭レ道技羣。是真法器也。吾法必可二弘通一。今[13]於二先師所得一又有レ省。先師冥証不レ可レ疑。宗家大事不レ遺二一物一。即付二授爾一了。吾也免[14]下断二仏種一之罪上。縦受二先聖之付属一。若不レ得二其器一。断二仏種一之罪難レ免。[15]先聖皆所レ病。西天東土求レ人急。吾今得レ汝。已免二此罪一。感涙誰[16]レ抑。大事已畢。今日死非レ可レ恨。縦存命度二什麼一。汝是長嫡也。有時奘公嘱云。先師宗旨建立憑レ公。諸方叢林。宋朝風俗。就レ中先師傳道。天童山規矩。及大刹叢林規矩。記録来而可レ一二興当山叢席一。宛是先師報恩者。所以者何。元和尚先師受二浄長老先師勅命一。帰二朝本国一。欲レ一二興叢席一。

加之祖翁栄西僧正素意也。于レ然叢林微細清規。禅家諸師語録。以下一切聖教。皆以二先年興聖寺焼失時一。或紛失。[17]或焼失。才本清規雖レ有レ之。随時風俗。折中教規尤大用也。偏二参諸方一。歴二観大国一。以可レ建二立永平寺宗旨一。師受二師命一。洛陽建仁東福。関東寿福建長。遍歴処観。正元々年己未。航レ海入宋。先欲二入宋一時。発レ願刻二彫如意輪虚空蔵二菩薩像一。願書誓文曰。吾為レ果二先師唯願一。欲レ一二興永平宗風於日本国裡一。又奘師有レ命。任二身於波濤一。軽二命於師勅一。菩薩合レ力。興二行

門二而勿レ令二廃壊一。故鑒公当国名人。汝又長嫡国人多知。擁二護当山一。須レ致二興隆一。山中何処之庵居無レ妨。若存命之万一之帰山者。必須二紹嗣一。但汝無二老婆心一。此又自然可レ調。汝勿二遺忘一。如是慇懃遺命。奘公同聴レ之。元公没後。公重レ之。令レ首二於衆一。有時師問二奘和尚一曰。師兄。先師尋常垂示。諸法実相之宗旨外。有二異祕説一也不。奘云。[8]先師示衆之外。別無二異法一不レ見。先師有時示曰。吾尋常垂示為人之外。更無二覆蔵底法一。仏祖冥覧。其無レ私者也。師又曰。近日会二先師所得之身心脱落話一。奘云。[9]好好。作麼生会。師云。[10]将謂赤鬚胡。更有二胡鬚赤一。奘云。許多身中。有二如レ是身一。先師屋裏。仏祖室中。有二紹嗣底事一。有二住持用心一。先師門人中。只吾一人伝レ之。僉欲レ与二授汝一。先師尋常語レ吾言。[11]介弟耽道抜群。[12]是真法器也。吾法必可二弘通一。今於二先師得所一。又有省。先師。冥証非レ可レ疑。宗家大事。不レ遺二一事一。即付授了。吾已免二断仏種之罪一。縦雖レ受二先聖之付嘱一。若不レ得二其器一者。断二仏種一之罪難レ免。先聖皆所レ病。西天東地。求レ人急也。吾今得レ汝。已免二此罪一。感涙難レ抑。大事已畢。今日死之非レ可レ恨。縦存命度二什麼人一。公是長嫡也。奘公有時嘱云。[13]先師宗旨建立憑レ公。諸方叢林。宋朝風俗。就中。先師伝道天童山規矩。及大刹叢林現規。記録来而可レ一二興当山叢席一。宛是先師報恩者。何先師受二先師勅命一。帰二朝本国一。欲レ一二興叢席一。

加之。祖翁栄西僧正素意也。于然叢林微細規矩。[14]禅家諸師語録以下。一切聖教。皆以先年興聖寺焼失時。或紛失。[15]本清規雖レ有レ之。随二時風俗一。折中現規尤大用也。[16]遍二参諸方一。歴二観大国一。以可レ建二立永平宗旨一。師受二師命一。洛陽建仁東福。東関寿福建長。遍歴順観。正元元年己未。度[17]レ海入レ宋。欲二入宋一時発願。[18]刻二彫如意輪。虚空蔵二菩薩像一。願[19]書誓文云。[20]吾為レ果二先師往願一。欲レ一二興永平宗風於日本国裏一。

叢席一賜。若海中而没レ命。再来而果レ願。為レ奉レ記二誓約一。白檀而不レ荘。帰朝而荘レ之。若没再来而荘厳。無レ難帰朝。於二本寺一。建二山門一。造二両廊一。安レ置三尊。祖師三尊。土地五軀。悉作レ焉。四節礼儀。初後更点。粥罷諷経。掛塔[18]儀式等礼法。悉師所二調行一也。奘師称レ病令レ継二法席一。随奘師命一。檀那迎請。文永四年丁卯四月初八日入院。供衆起造説法具足。鐘鼓分明香灯不レ断。叢席一興。諸縁具足。緇白皆言。可レ謂二永平中興一。文永九年壬申二月退院。建二養母堂一養レ母。恰如二睦州陳尊宿一。美濃州有レ人。為造レ寺供養。懇二請師一。不レ得レ已明旦将レ往。其夜感レ夢。師已欲レ行出二山門一時。望二石堦一有二葛藤一。遥自二西北塔頭一下来。両茎纏二両脚一。引レ之不レ得二截断一。夢覚知二先師未レ許。不レ得レ去。庵居隠遁。送二二十一年一[19]。奘公円寂。師為二喪主一。一切照管。奘師最後八月十五日。属レ師曰。公者余長嫡也。先師開闢和尚也。与二住持職一。付与有二袈裟一。滅後二十八年頂戴。一日之不レ離レ身。一生已護持。今付二与公一衣法同伝。来際弘通勿レ令二断絶一。乃至後事又可二照顧一。師受二遺命一。至二于七年一。報恩慇重。緇白重帰伏。雲水閒参随円公如レ争レ鋒。衆中梢関隔。自然成レ党。追二遂師一。檀那理云。師者開山遺弟。二代法嗣也。即二代遺二嘱道一。誉曰。介公東堂老者吾法嫡也。又於二当山一有二大功一。況当寺前住也。徳重レ於レ山。道高レ於レ天。寔是人天導師。又乃当山至尊也。縦雖レ非二当住一。須レ奉二尊重恭敬一。乃文永九年四月。結夏小参示レ之。其会衆徒皆聞レ之。当住持為二首座一。豈可二遺忘一乎。若此長老出二寺門一者。山門衰微。門徒不幸也。須レ令レ還レ山。子息四郎金吾重通(道カ)[20]。庄内[21]郎徒奉レ送二入寺一。常住米穀以下一公分与供養。是依二当寺前住一也。全不レ可レ背レ理矣。師道徳弥顕。道価遠聞。賀州押野大乗寺本願澄海阿闍梨。参見廻レ心。改二真言院一為二禅院一。与二大旦越藤原家尚一。召請為二大乗寺第一祖一。即建二立法堂一。大檀越諸来雲集。十方施

又奘師有レ命。任二身於波濤一。軽二命於師勅一。菩薩合力而欲レ興二行叢席一。若海内而没二其命一。再来而果二心願一。為記二誓約一。白檀[21]而不レ荘。帰朝而荘レ之。若没者。再来而荘厳。無難帰朝。帰二于本寺一。建二山門一。造二両廊一[22]。安二置三尊一。祖師三尊。土地五駆悉造レ之。四節礼儀。初後更点。粥罷諷経。掛塔儀式等礼法。悉師所二調行一也。奘師称レ疾。令レ継二法席一。随二奘師命一。旦那迎請。文永四年丁卯四月八日入院。供衆起造。説法具足。鐘鼓分明。香焼不レ絶。叢席一興。諸縁具足。緇白皆言。可レ謂二永平中興一。文永九年壬申二月退院。建二養母堂一養レ母。如二睦州陳尊宿一。美濃国有レ人。為造レ寺供養。懇請レ師。不レ得レ已。明旦将レ往感レ夢。師已欲レ往出二山門一。望二石楷一有二葛藤一。遥自二西北塔頭一下来。両茎纏二両脚一。引レ之不レ得二截断一。覚而知二先師未レ許。不レ得レ去。庵居隠遁逸二二十一年一。奘公円寂。為二喪主一一切照管。奘師最後八月十五日。嘱レ師云[23]。公者予長嫡也。先師開闢和尚。与二持住職一[24]。付与有二袈裟一。滅後一十八年[25]。頂戴一日不レ離レ身。一生已護持。今付二与公一。衣法同伝。来際弘通。勿レ令二断絶一。乃至後事。又可二照顧一。受二遺命一至二十七年一[26]。報恩殷重。緇白重帰伏。雲水閒。参二髄円公一如レ争レ鋒。衆中梢関隔。徒類自然成レ党。追二逐師一。檀那[27]理云[28]。師者開闢遺弟。二代法嗣。即二代遺嘱道誉云[29]。介公東堂老者。吾法嫡也。又於二当山一有二大功一。況乎当山前住也。徳重二於山一。道高二於天一。誠是人天道(導カ)師。又乃当山至尊也。縦雖レ非二当住一。須レ奉二尊重恭敬一。乃文永九年四月結夏。小参示レ之。其会衆徒。皆聞レ之。当住時為二首座一。豈可二遺忘一乎。若此老出レ寺者。山門衰微。門徒不幸。須レ令レ還レ山。子息四郎金吾重道。庄内郎徒。奉レ送二入寺一。常住米穀以下。一切分与供養。是依二当寺前住一也。全不レ可レ背レ理矣。師道徳弥顕。後道価遠聞。加州押野大乗寺。本願[30]澄海阿闍梨。参見廻レ心。改二真言院一為二禅院一。与二大檀越[31]藤原家尚一召

主拝請令二開堂説法一。道価増高。江湖遠聞。四衆群来。得法得戒者多。付法弟子。紹瑾・宗円・懐暉老衰而不レ堪二接化一。使三紹瑾継二住持一。隠居独庵経二十年一。延慶二年己酉八月二十四日示レ疾。九月二目。沙弥童行悉令二剃髪受具一。同十二日。集二諸門弟一。委悉説二発心已来行脚為二法捨レ身事一。教二誘学者一。遺誡曰。各勿レ令二宗風墜レ地。至二十四日一。索レ筆書二両字一。課二当住紹瑾一曰。為レ我書レ之。老病逼切不レ得二自書一。即曰。七顛八倒。九十一年。芦花覆レ雪。午夜月円。暫在而逝。閲世九十有一。坐夏七十有八。建二塔於寺[22]之西北隅一。称二定光院一。大乗開山行状記終[23]

行状記の校注

1大乗開山義介和尚行状記—永平三代義介和尚行業記（長） 2楞—棱（長） 3吉祥—欄外ニ「安按吉祥二字大乗寺本亦作吉祥、群書類従作吉峰為是」トアリ（岸） 4寛元々年—寛元年（長）、欄外ニ「安按年字上恐脱元字上恐脱元字」トアリ（岸） 5春—奉（長）、欄外ニ「安按奉字一本作春」トアリ（岸） 6竝—幷（長） 7依閑人多—閑人依多（長） 8閑人依繁—依閑人繁（長） 9汝—你（長） 10看—首（長） 11居—屋居（長） 12今—命（長）、欄外ニ「又按令字一本作今字」トアリ（岸） 13今—令（長）、欄外ニ「又按令字一本作今字」トアリ（岸） 14免—兌（長） 15同右 16誰—雉〔難〕（長） 17紛失—粉矢（長）、右横ニ「ママ」トアリ 18墖—塔（長）、右横ニ「ママ」トアリ（岸） 19二十一年—二十年（長） 20重通—重道（長） 21庄内—荘内（長） 22寺—ナシ（長）、欄外ニ「安按之字上恐脱寺字」トアリ（岸） 23大乗開山行状記終—永平三祖行業記終（長）

請。為二大乗第一祖一。建二立法堂一。当住及大檀越[32]請来[33]。雲衆十方施主。拝請令二開堂説法一。道価増高。江湖聞遠。四衆群集。得法得戒者多。付法弟子。紹瑾。宗円。懐暉。老衰而不レ堪二接化一。使三紹瑾継二住持一。隠居独菴。経二十年一。延慶二年己酉八月二十四日示レ疾。九月二日。沙弥童行悉令二剃鬚受具一。同十二日。集二諸門弟一。委悉説二発心行脚。為レ法捨レ身事一。教二誘学者一。遺嘱云[34]。各勿レ令二宗風遺墜一。至二于十四日一。索レ筆書二両字一。課二当住紹瑾一云。為レ我書レ之。老病逼切。不レ得二自書一。即云。七顛八倒。九十有一[35]。蘆花覆レ雪。午夜月円。暫住而逝。閲世九十有一。坐夏七十有八。建二塔於寺之西北偶[36]（隅カ）一。称二定光院一。且遺偈云。看二行業記一忽驚情。没後生来思レ給レ師。埋二骨塔辺侍者位一。松風白月是聞奇[37]。

行業記の校注

1着—著（道） 2幷—竝（岸） 3受戒—授戒（岸） 4云—言（岸） 5拝—竝（岸） 6看—者（道） 7以為—以後（道） 8云—言（岸） 9同右 10同右 11吾—予（道） 12耽—躭（道） 13云—言（岸） 14規矩—現規（道） 15紛失—粉失（道） 16大—六（道） 17度—渡（道） 18願—頓（道） 19同右 20云—言（岸） 21白檀—白栴（道） 22廓—廊（道） 23云—言（岸） 24持住職—住持職（道） 25一十八年—二十八年（道） 26十七年—于七年（道） 27檀那—栴那（道） 28云—言（岸） 29同右 30願—頓（道） 31檀越—栴越（道） 32同右 33請来—諸来（道） 34云—言（岸） 35九十有一—九十一年（道） 36偶—隅（道） 37且遺偈云～是聞奇—ナシ（道）、末尾ニ「南極常陸杉室天童山大雄院開山行状有之」トアリ

○「三大尊行状記」（大乗寺本）及び「三祖行業記」（続群書類従）と「曹洞宗全書・史伝上」との相違（但し「高祖伝」のみ）

三大尊行状記	曹洞宗全書・史伝上	該当頁
①無斎肩聖人也	無斉肩聖人也	一一頁上
②天下無斎肩	天下無斉肩	一一頁上
③欲令元服曰、自謂	欲令元服、自謂	一一頁下
④而密遁(去乎)出木幡山荘	而密遁出木幡之山荘	一一頁下
⑤横川首棱厳院	横川首楞厳院	一一頁下
⑥於径山見琰浙翁	於径山見淡浙翁	一二頁上
⑦師表書曰、此沙婆世界者	師表書云、此沙婆世界者	一二頁上
⑧天童五更座禅	天童五更坐禅	一三頁上
⑨参禅者身心脱落	参禅者必身心脱落	一三頁上
⑩所施処歴観僅十二所	所施処観歴僅一十二所	一三頁下
三祖行業記	曹洞宗全書・史伝上	該当頁
⑪始掛錫于天童時二十四歳也	始掛錫于天童時廿四歳也	二頁上
⑫僧臘三十有七	僧臘二十有七	四頁上

右の中、①②の「斎」は、初（初版）でその右横に「(斉カ)」とあり正しいが、再（再版）では単に「斉」に代えられている。③の「曰」は、初で消え、「自」が「曷」に代わり、再でその「曷」が「自」に戻っている。④の「荘」（異体字）は、初再共「荘」、⑤の「棱」（同右）は初再共「楞」と正字になっている。⑥の「琰」は初再共誤って「淡」、⑦の「曰」は初再共別字の「云」、⑧の「座」も初再共別字の「坐」、⑨にはない「必」の字が再で加わっている。⑩の「歴観」が初再では逆になり「観歴」と代えられた。⑪の「二十四」が再で「廿四」になり、⑫の「三十」は初再共、誤って「二十」となっている。以上、原本を重視し誤りの類は横に注記すべきである。

二、題　名

次に「三大尊行状記」と「三祖行業記」との両系を前に上げた目安によって仮に分け、大乗寺本・長円寺本・小間氏蔵本・岸沢文庫蔵本、続群書類従刊本、無著道忠筆写本の各表題を掲げてみよう。

〔ⓐは、外題・内題。ⓑは、初祖の表題。
ⓒは、二祖の表題。ⓓは、三祖の表題。
↓は、各祖師伝の末尾語を示す。〕

(1)　「三大尊行状記」系

①大乗寺本「三大尊行状記」

ⓐ元祖孤雲徹通三大尊行状記

ⓑ越州吉祥山永平開闢道元和尚大禅師行状記

↓永平開山行状記終

ⓒ永平二代懐奘和尚行状記

↓永平二代懐奘和尚行状記終

ⓓ大乗開山義介和尚行状記

↓大乗開山行状記終

②長円寺本「永平三祖行業記」

ⓐ永平三祖行業記

ⓑ越州吉祥山永平寺開闢道元和尚大禅師行業記

↓永平開山行業記終

ⓒ永平二代懐奘和尚行業記

↓永平二代懐奘和尚行業記終

ⓓ永平三代義介和尚行業記

↓永平三祖行業記終

③岸沢文庫蔵本〈ⓐ・ⓒ・ⓓナシ〉

ⓑ日本国越州吉祥山永平禅寺初祖道元禅師行業

④小間氏蔵本〈ⓒ・ⓓは『洞谷記』の「洞谷伝灯院五老悟則并行業略記」より抄出〉

ⓐ永平寺三祖行業記
ⓑ日本国越州吉祥山永平禅寺初祖道元禅師行業
（ⓒ祖翁永平二世和尚）
（ⓓ先師加州大乗寺開山和尚）

(2)「三祖行業記」系

⑤続群書類従刊本「三祖行業記」
ⓐ永平寺三祖行業記
ⓑ初祖元禅師
ⓒ二祖奘禅師
ⓓ三祖介禅師

⑥無著道忠筆写本「三祖行業記」
ⓐ永平禅寺三祖行業記
ⓑ大日本国越州吉祥山永平禅寺三祖行業記　初祖元禅師
ⓒ二祖奘禅師
ⓓ三祖介禅師

東氏は、右の代表的な二書①⑤の表題の首尾を上げ、次の点を指摘している。まず「三祖行業記」の方は、永平寺中心の表題であり、「禅師」の敬称で統一されてあること、これに対し「三大尊行状記」の方は、永平寺と大乗寺とを意識した表題の名づけ方であり、「和尚」の敬称であることなど。以上の点から表題としては、三祖師の系脈の伝記である点で「三大尊行状記」がより妥当であり、敬称については、「禅師」よりも「和尚」の方が宗門では古い用法であるとの旨を述べている。そして、結果的に「三大尊行状記」の方がより原本に近いと推量されているのであるが、果たしてどうであろうか。単に右の二書だけではなく他の異本や史料を含め、総合的に判断していかねばならないと思われる。

まず三河（現、西尾市）長円寺蔵の②「永平三祖行業記」は、その表題がいわゆる「三祖行業記」と類似し、「寺」の一字がないだけであるが、前掲の高祖の法脈上の算定数および祖師の呼称で言えば、①「三大尊行状記」と一致し、また本文対照の結果、大部分が一致するので「三大尊行状記」系に属すると見られる。従って②のⓐは、確かに①のⓐと相違するが単に外題や内題が異なるだけに過ぎず、内容にまで及ぶとは言えないことである。また、①のⓓは「大乗開山義介和尚行状記」、②のⓓは「永平三代義介和尚行業記」とあり、前者は「大乗開山」を強調しているわけであるが、これとてもこの写本を伝える大乗寺の系統からすれば当然のことであろう。「永平三代」の表記も永平寺系の寺院が伝持した写本と理解すれば、右と同様に理解できるのである。

伝記の題名「行状記」と「行業記」との表記自体は、どちらも時代の差を違えて用いられることはないように思われる。第一にこの伝記史料の古い記録（『続常陸遺文』巻五、「河内郡若芝金龍寺記録」の校割帳）によれば、その題名は「永平三祖行業」（下に「応永廿癸巳年（略）希明代什物」）と記されていたことが知られる。「永平三祖行業」の表記に関して言えば、長円寺本の「永平三祖行業記」に「記」が付されているものの「寺」がなく、この点で一番近い。また。「能州大本山諸嶽山惣持寺来由記[15]」〈不明書〉に依拠すると思われる岸沢文庫蔵本と小間氏蔵本の内題「日本国越州吉祥山永平禅寺初祖道元禅師行業」は、長文であるが、末尾に「記」が無い点に着目しておきたい。また、この常陸（龍ケ崎市）金龍寺は後で述べるように、通幻下の天真自性が開いた福井（南条郡今庄町小倉谷）慈眼寺五世希明清良と関連する（金龍寺の開山は在室長端[16]、法系で希明―大見禅竜―桃庵禅洞―無底霊徹―在室と繋がる）ことも記憶しておきたい。

大乗寺本が「金龍寺記録」の「応永二十年」以前に書写され、伝承されていたことが判明すればとにかく、現在のところは、当初の題名がどのように命名されていたのか、まだ不明といえる。他の異本の例からいえば大乗寺本の表題がむしろ異質的である。

因みに続群書類従本「三祖行業記」の題名にしても、「永平寺三祖行業記」と当初から付けられていたのか判らない。版刻の元本（校訂本）は、内閣文庫蔵本であるが、その清書本の元字には、単に「初祖道元禅行業記」とあって、それを別筆で誰かが「行業記」を見せ消ちにして「師」の一字を横上に入れ、更にその前に「永平寺三祖行業記」と書き加えているのである。宮内庁書陵部蔵の清書本には、「初祖道元禅師」だけで「永平寺三祖行業記」の字がない。静嘉堂文庫蔵の清書本には「永平寺三祖行業記」の表題があり、「初祖道元禅行録」とあって「行録」を見せ消ちにし、その横に朱で「行業記」、また小さく「師脱カ」と書かれているのである。三種の清書本が各々別であった可能性があり、それを校訂者[17]が恣意的に合糅して内閣文庫蔵本に統一したことが比べてみてわかる。

続群書類従刊本と無著写本は、当初、外題がなく後人が付したものである。しかし、初祖を除く他の二祖師の表記が一致し、本文の上でも比較的共通するので同じ系統に属すると見られる。但し、初祖伝は、前者が単に「初祖元禅師」となっているのに対して、後者は「大日本国越州吉祥山永平禅寺三祖行業記」と内題があり、続いて段落を変えて「初祖元禅師」となっている。その内題と良く似たものに、小間氏蔵本がある。それには、「日本国越州吉祥山永平禅寺初祖道元禅師行業」とあり、冒頭に「大」の字がなく、末尾が高祖伝の命名になっていて、「記」の字がない。「大」と「記」の二字は、簡単に加減が可能である。次に岸沢文庫蔵の「（仮題）道元禅師行業記[18]（能州諸嶽山惣持寺来由記所載）」の内題は、「日本国越州吉祥山永平禅寺初祖道元禅師行業」であり、小間氏蔵本と全く一致する。この岸沢文庫蔵本は初祖伝のみで他の二祖師の伝記はない。更に、この末尾に「建長元年九月十日、永平和尚云」に始まる高祖の「御遺状（尽未来際置文）[19]」が付されている点と、小間氏蔵本が初祖伝の後に前述した『洞谷記』の二祖・三祖の伝記を載せ、末尾に同じく高祖の「御遺状」を付している点と軌を一にする。恐らくこの二書は、同一の写本を元にしたものであろう。

小間氏蔵本については、東氏の指摘のとおり、その二祖師伝を『洞谷記』（『常済大師全集』収録「洞谷伝灯院五老悟則并行業略記[20]」）より抜き出し、その「惣持寺来由記」の高祖伝の後に付し、合糅したものと推定できる。ただし、二、三の字句の異同がある点から、その「行業略記」は、数種ある異本の一本であろう。

三、撰述者

次に当該書の撰述者を誰に想定できるかに関わる問題が生じてくる。「三祖行業記」系にはないが、「三大尊行状記」系の冒頭には「門人集記」（大乗寺本）、「集記」（長円寺本）、「謹記」（岸沢文庫本・小間氏蔵本）とある。「門人集記」「集記」の字句により複数の撰述者であることを伝えていると見てよいと思われる。しかし、これだけでは特定の個人名は解らない。

東氏は、小間氏蔵本の末尾の識語「于時元亨三年癸亥九月十三日、嗣法小師紹瑾謹記」などにより、三祖師伝の「行状記」はすべて瑩山禅師のものと推定[21]しているが、それは『洞谷記』（「洞谷伝灯院五老悟則并行業略記」）の奘祖と介祖の伝記の奥書に依拠するものであり、高祖伝の本文と全同ではないので直ちに結びつける訳にはいかない。

東氏は、大円満徹記『永平伝法記』[22]（元禄四年記）に所載する「永平寺道元禅師行実」の末尾にある「遠孫比丘紹瑾記」と「永平二代懐奘和尚行実」の末尾にある「比丘紹瑾記」、および卍元師蛮撰『本朝高僧伝』の「援引書目」に所載する「孤雲禅師行状、瑩山瑾撰」と「徹通禅師行状、同撰」との記事により、「三大尊行状記」は瑩山禅師の撰述と推定しているのである。しかし、その「永平寺道元禅師行実」の本文は、確かに「行状記」と一致する箇所が多いのであるが、中に『元亨釈書』の文も数箇所含んでいること[23]から、瑩山禅師御自身の撰述とするには躊躇せざるを得ない。後人が仮託して瑩山禅師の撰述とした可能性も残るからである。また、卍元師蛮撰『本朝高僧伝』の「援引書目」にしてもその「孤雲禅師行状」や「徹通禅師行状」がどのようなものか、その実態は不明である。『本朝高僧伝』本文を見ると、「三大尊行状記」をベースに他のいくつかの資料を元に卍元が独自に展開している文体であり、資料そのものの字句を直接引くことは少ない。

伊藤秀憲氏は三祖師中の奘祖と介祖の伝は瑩山禅師としても高祖伝は義介の撰述も考えられ得るとしている。[24]後述するごとく多少問題は残るが、三祖師伝が同一時期にまとまって成立したのではないという点でほぼ妥当な説と思われる。

伊藤氏は、「義介伝」の依拠する史料として『御遺言記録』（『永平室中聞書』）、『義鑑附法状』（『示紹瑾長老』）、『法衣相伝書』、さらに『徹通義介禅師喪記』、『洞谷記』収録の「洞谷伝灯院五老悟則并行業略記」の「義介伝」を上げて部分的に対照させているが、この中、『徹通義介禅師喪記』の記事で数か所にわたり「三大尊行状記」義介伝と相違が見られるのである。次にその二書を対照してみよう。

○徹通義介禅師喪記／永平第三代大乗開山大和尚遷化喪事規記「抄割式」〔続曹全清規〕	○三大尊行状記「三祖介禅師」〔大乗寺本〕
新円寂当寺開山和尚 諱義介	禅師名義介。生于藤氏。利仁将軍遠孫也。
右本貫越州稲津保人事。	越州丹生北足羽郷人也。
姓藤原	（中略）
俗寿九十一。僧臘七十八。	〔閲世九十有一。坐夏七十有八。〕
就越州波著寺鑒和尚。十三而出家。	十三歳而礼同国波著寺懐鑒和尚。（中略）
貞永元年四月八日。十四而就比叡山受戒。	同四年十四歳而上叡山受戒作比丘（中略）
仁治三年四月十二日。廿四而掛塔於洛陽興聖寺。	仁治二年辛丑春。参深草改衣。于時二十三歳也。
建長元年己酉。三一而稟臨済派流。	（中略）
建長七年乙卯。三七而嗣法於永平状《ママ》和尚。	
後正元元年己未。四十一而渡海入宋。在宋五年。	正元元年己未。航海入宋。（中略）
弘長二年壬戌。四十五而帰朝。	無難帰朝。（中略）

文永四年丁卯。則永平三代法席。 文永九年告退。 而至正応五年廿一年。隠居永平寺 　麓。 永仁元年己亥。当寺開山。 永仁六年戊戌。告退菴居十二年。 今忽延慶二年己酉。九月十四日亥 　剋。坐化。般就跡。（後略） （冒頭）延慶二年己酉　八月廿二 　日示疾。 九月二日宝蔵当院。行者不論大小 都合十人悉行剃頭受戒而令作僧入 衆。（中略） 同十四日亥時。召住持曰。終焉時 至。住持白云。逝偈。纔書二字書 不正。住持問云。次字什麼。答云 顚。即課目日。手振、不成字。公 代可書。承書之。自八字至円十四 字。七顚八倒。九十一年。蘆花帯 雪。午夜月円。書偈了於客殿坐椅 子。著衣裰等。如常坐化。（略）	文永四年丁卯四月初八日入院。 （中略） 文永九年壬辰（申）二月退院。建養母堂 　養母。 （中略）庵居隠遁。送二十一年。 賀州押野大乗寺本願澄海阿闍梨。 　参見廻心 改真言院為禅院（中略）隠居独庵 　経十年。 延慶二年己酉八月二十四日示疾。 九月二日。沙弥童行悉令剃髪受具。 同十二日（中略） 至十四日。索筆書両字。課当住紹 瑾曰。為我書之。老病逼切不得自 筆。即日。七顚八倒。九十一年。 蘆花帯雪。午夜月円。暫在而逝。 （後略）

対照表で示すとおり、大部分は一致するのであるが、本貫（出身地）の記述において「本貫越州稲津保人事」と「越州丹生北足羽郷人也」とあったり、高祖への帰投時期を「仁治三年四月十二日。廿四而掛搭於洛陽興聖寺」と「仁治二年辛丑春。参深草改衣。于時二十三歳也」と一年の違いがあったり、大乗寺を退院して延慶二年（一三〇九）の遷化までの期間について「菴居十二年」と「隠居独庵経十年」と二年の違いがあったり、延慶二年の示疾時期を「八月廿二日示疾」と「八月二十四日示疾」と二日の違いがあったりするのである。

『徹通義介禅師喪記』「抄劄式」と『三大尊行状記』「三祖介禅師」との文が、同じく瑩山禅師の撰述であるとすれば、どうしてこのような矛盾が生じたのであろうか。どちらかが瑩山禅師の撰述ではなく、後人の手が加わっていると見てよいであろう。要するに、『三大尊行状記』「三祖介禅師」の本文が何の問題もなく瑩山禅師の撰述とすることはできないのである。なお、「義介伝」は、その後、主にこの『三大尊行状記』の本文が骨子となり踏襲されていくことになり、『徹通義介禅師喪記』の説は用いられることはなかった。それは、この『義介禅師喪記』が一般に知られなかったこともその一因であろう。

伊藤氏は、「懐奘伝」についてもその撰述者を瑩山禅師によるものと見ている[25]が、これにも多少問題がある。確かにこの「懐奘伝」は、『御遺言記録』の意図するところの主旨（高祖の法嗣は懐奘のみ）に合致し、本文中に「介公」と義介に対して尊称を用い、大乗寺の開闢に関し「晩年」であったという句があり、義介示寂後に「懐奘伝」が作られたという点などから推して瑩山禅師の撰述という可能性が大きいといえよう。しかし、『御遺言記録』の保持者は、瑩山禅師のみではない。無限大に下ることはできないが、義介の法嗣である宗円や懐暉の世代、また瑩山禅師の法嗣である峨山紹碩《ママ》・明峰素哲・無涯智洪・

壺庵至簡、さらに峨山下の通幻寂霊までも含め、この時代の人々を「懐奘伝」の撰述者の範囲に想定できるのではなかろうか。前に述べた『金龍寺記録』に所載する「永平三祖行業」の伝承や後で触れる『仏祖正伝記』[26]の序から、その上限を推定しての考えである。

四、成立年代

成立の順序は、当然、高祖―奘祖―介祖という次第であろう。現行の「奘祖伝」「介祖伝」が成立していない時期に「高祖伝」のみ単独に流布していた事もあったであろう。岸沢文庫蔵本の「(仮題)道元禅師行業記」は、そうした一例といえよう。実は、小間氏蔵本の「三祖行業記」中の「高祖伝」も同じような扱い方の時期のものと見てよいと思われる。東氏が前に指摘していたとおり、小間氏蔵本の「三祖行業記」の「奘祖伝」と「介祖伝」は、『洞谷記』収録の「洞谷伝灯院五老悟則并行業略記」の記述とその内容がほぼ一致しているのであるが、なぜ「高祖伝」を別本から抄出して編集したのか、その意図が解らない。完成途上における便宜上の形態なのか、また誰によってその編集がされたのか、いずれも不明である。要するにこの当時において、そうした編集が可能であり、現行の「三大尊行状記」「三祖行業記」の形態になっていなかったものとみなし得るのである。このことは、その「行業略記」の記事を更に詳細に検討し、撰述者や成立時期も特定する必要を感ずる。

従来、「三大尊行状記」「三祖行業記」の纏まった「三祖師伝」の成立は、介祖の遷化した延慶二年(一三〇九)以後、応永年間(一三九四～一四二七)の間とされてきた。事実、応永六年(一三九九)天性融石の序がある「三大尊行状記」の抄出と見做し得る『仏祖正伝記』が存在する。また、前述の茨城県龍ケ崎市の『金龍寺記録』に「永平三祖行業、書本、応永廿癸巳年／三百廿六年、希明代什物」[27]と記され、その所蔵が確認できるので、ひとまず延慶二年から応永六年までの間と定められる。なお「三百廿六年」とは、応永二十年(一四一三)から元文三年(一七三八)までの伝承年を表す。また、「希明代什物」とは、その「永平三祖行業」が、希明清良(文安二年寂。通幻下、天真自性の法嗣)の代に什物として存在していたことを示す。周知の如く龍ケ崎市の太田山金龍寺には、有名な「十六羅現瑞華記」(伝、李龍眠筆、高祖記。茨城県歴史館委託蔵)が伝承されて来た。通幻下、天真派の由緒ある寺院である。

推定の域を出ないが、希明清良の代に什物として存在していたとすれば、本師の天真自性(応永二十年寂)ないし祖翁の通幻寂霊(明徳二年寂)の在世の頃、既に成立していたと考えてもよいであろう。つまり、その「永平三祖行業」は、延慶二年以後、明徳二年(一三九一)までの間、と想定しておきたい。もうひとつ想定できるのは、高祖一百年遠忌の記念事業としての編纂である。嘉慶二年(一三八八)五月、永平寺に入院した八世喜純(生没年不詳)の代、もしくは九世宗(宋)吾(生没年不詳)の代(在住：応永七年～十二年〈一四〇〇～〇五〉)である。ただし、それを裏づける史料はない。

五、内容・構成

東氏は、「三祖行業記」と「三大尊行状記」との先後関係について、前述の表題の名づけ方や「行業記」三祖介禅師伝末尾の「遺偈」の附加で、「三大尊行状記」の方が原本に近いと推定した[28]のであるが、如何であろうか。表題の上で、「禅師」の敬称よりも「和尚」の方が宗門では古い用法であるというが、本文中のそれについては何も触れていないのである。また「行状記」の表題に高祖の敬称「道元和尚大禅師」とあり、「和尚」と「(大)禅師」が結合した用法があり、更に本文の中にも同様に如浄禅師の敬称として「本師堂上老師大禅師」とあることに何も言及していない。これは、最大級の敬称であり、号や諱のすぐ後に付す「禅師」とは異なるが、その他の敬称として「長老」「老」というのも含まれる事にも注意しておきたい。果たして「本師堂上老師大禅師」「天童浄老」が「本師堂上大和尚大禅師」「天童浄和尚」よりも古いといえるのか、同じく「波多野雲州大守義重」が「波多野雲州大吏義重」よりも古く、「鎌倉西明寺殿」が「東関西明寺」よりも古いといえるか、という点にも歴史的に探る必要があるであろう。

この点の解明は、多くの史料を収集した上でその用例を見いだし、時代区分ができるかどうかを追求する必要があろう。推定だが、「和尚」と「禅師」の呼称は、さておき、「老師」「老」と「大和尚」「和尚」とを並べると、その呼称において時代の差はつけられないように思われる。ともかく歴史学の専門知識を駆使しなければならない訳であり、筆者の今後の課題としておきたい。

三祖師の伝記としての形態は、どのような史料を参考にしたか不明であるが、およそ次のような構成である。

(1) 出自〔出身〕〔姓（名）――、諱――、――人也〕
(2) 出生〔誕生・幼少年時の逸話など〕
(3) 機縁〔出家求道〕〔参師聞法→大事了畢（嗣法）〕
(4) 接化〔開堂説法（入院）→退院〕
(5) 入寂〔遺偈、俗寿（閲世）――、僧臘（坐夏）――（付法弟子）〕

(一) 「高祖伝」

本文を読んでまず気がつくことは、右の(3)に該当する部分が多く、全体の半分強が入宋中の記事で占められ、しかも比較的詳しく書かれている点であり、帰朝後の記事がいかにも簡略過ぎるのである。入宋中の記事は、次の順で並べられている。

(1) 天童山掛錫、無際了派と相見、嗣書拝看
(2) 諸山歴遊―天台山・径山・小翠岩
(3) 新到列位問題（始掛錫天童）
(4) 老璡、如浄への参随を勧告
(5) 如浄の天童山入院、高祖の大事了畢

(3)新到列位問題[29]は、真偽論争があってさておくとして、如浄の天童山入院時期とも関連し、その記事の順序がいろいろ取りざたされている。『伝光録』では(1)(2)(4)(5)（(3)は無し）、瑞長本『建撕記』では(1)(3)(2)(4)(5)、ごく最近では(1)(4)(2)(5)という伊藤秀憲説[30]が支持されている。

この入宋中の記事には、『正法眼蔵』や『宝慶記』『典座教訓』などの記事[31]を元にしていること、また如浄の天童山入院時期、諸山歴遊の順路などの問題が指摘されている。

この記事が「高祖伝」の中核をなすことは勿論であるが、それだけにその順序など史実上、後世になり問題を残しているのである。「僧臘三十有七」の数字も問題である[32]。

末尾に「本山（永平寺）西北隅」に立塔（埋骨）したとの記事の後に「奘首座者継踵住永平寺、恵首座者住洛陽永興寺、海首座者師在生唱滅興聖寺」とある。懐奘・詮慧・僧海の昇住地ないし動向を記して

いるのは、「三大尊行状記」(大乗寺本)も「三祖行業記」(続群書類従本)も同一であるが、「惣持寺来由記」に依拠すると思われる「小間氏蔵本」と「岸沢文庫蔵本」にそれが付いていないことは既に対校により知り得た。当初からそれがあったのか、「惣持寺来由記」がそれを省略したのか、いずれか不明である。「懐奘伝」の末尾には、義介・義尹・義準・義荐・僧海・寂円の昇住地や動向を記しているが、「義介伝」の末尾にはそれが付いていないのである。この辺にも三祖師伝における構成上の不統一があるように思われる。

㈡「懐奘伝」

「高祖伝」において生じたような構成上のアンバランスや史実上の問題は比較的ない。高祖に帰投する前に比叡山で天台をはじめとする各種の教学を学び、また日本達磨宗の覚晏に師事したこと、その後、高祖に随従し勤勉実直な性格からその後継者として高祖滅後もその遺誡を守り教団の維持運営に尽くしたことなどが記されている。特に晩年、「塔主」として高祖の塔傍を守り、滅後も「侍者位」にて安骨するよう遺言している点に徹底した「孝順心」が現れている。しかし、これらの事象を証する確実な史料は少ない。

前述した記事で末尾に「付法弟子」「伝戒弟子」の昇住地やその動向を述べている箇所は、少なくとも寂円の滅後(正安元年)以降に成立したものであることが分かる。

㈢「義介伝」

義介も高祖に帰投する前、比叡山で天台学を学び、日本達磨宗の懐鑑に師事したことが記され、高祖に随従後、懐鑑より仏照下の嗣書(日本達磨宗の法灯)を授けられ、さらに高祖の滅後、懐奘に師事し遂に嗣法したいきさつを述べている。義介が高祖や懐奘からも大きな期待をかけられていたことが繰り返し説かれ、永平寺の寺務管掌、規矩と伽藍の整備などに邁進したので「永平中興」の尊称を得たことが強調されている。また、懐奘が示寂する際、宗家の大事を義介に遺属する訳であるが、それは、義介の「永平寺三代」「前住」としての正当性を誇示しているように思える。

なお、「三祖行業記」(続群書類従本)末尾の二種の「遺偈」中、後の「遺偈」が「三大尊行状記」にはない点より後人の付加であると既に指摘されている。[33] 後人の付加と推定できる根拠として、同系統と目される「無著筆写本」にその「遺偈」が付いていない点が上げられる。しかし、いつ、誰が、どのような理由で付けたのか不明である。

この点で言えば、それが付されていない方が古い可能性がある。勿論、当初からあり、何らかの意図により省略したことも考えられるが、それは稀に近いであろう。

六、異本の系列

繰り返すが、前掲の「三大尊行状記」と「三祖行業記」の対校表と、他の異本との対校により、「三大尊行状記」系には(1)大乗寺本・(2)長円寺本・(3)岸沢文庫蔵本・(4)小間氏蔵本(ただし、(3)・(4)は、「高祖伝」のみ)、「三行業記」系には(5)続群書類従刊本・(6)無著道忠筆写本とが各々あることが判明した。勿論、今後も筆写本の発見される可能性は残っていて、それにより他の系統を想定できる可能性もあるが、現今のところ、暫定的に斯様に配分してよいと思われる。

「三大尊行状記」と「三祖行業記」の対校により、その相違が一目瞭然である。ここでその相違を細説する必要はないと思われるが、「高祖伝」の例を引き、その中から固有名詞と用語のいくつかを抜き出して示そう。

		「三大尊行状記」	「三祖行業記」
(1)	①	般若谷千光坊	般若谷千光房
	②	万年寺元鼎和尚	万年寺元靠和尚
	③	浄長老	浄和尚
	④	今随全和尚入大宋	今随全法師而入大宋
	⑤	本師堂上老師大禅師	本師堂上大和尚大禅師
	⑥	天童浄老	天童浄和尚
	⑦	洞山高祖一十三世之祖師釈迦牟尼如来五十一代古仏	洞山高祖一十四世之祖師釈迦牟尼如来五十二代之古仏
(2)	⑧	波多野雲州大守義重	波多野雲州大吏義重
	⑨	鎌倉西明寺殿	東関西明寺
	⑩	本来本法身天然自性身	本来本法性天然自然身
	⑪	於径山見琰翁於小翠岩見卓老	見琰翁於径山見卓老於小翠岩
	⑫	任幼年波濤	任幻身於波濤
	⑬	生死事大無常迅速	無常迅速生死事大
	⑭	大悲哀愍聴許	大慈大慈哀愍聴許
	⑮	祇管打睡作什麼	祇管打睡恁生
	⑯	雖奉寄進越前六条不受之	雖供養越州六条不受之

右は二書の相違する箇所の代表的数例に過ぎない。中でも⑦は、何度も触れたとおり、高祖の法脈数であるが二書の相違を示す典型として扱ってよいと思われる。他の異本において、右の二系列の用語が全てこの字句とは限らない(34)。

①は、地名であるから「行状記」が正しいであろう。②は、人名で「行状記」と「行業記」も共に誤写と考えられる。③④⑤⑥、ないし⑧⑨は、人の尊称で各々二書のいずれが古いのか分からない。前述したごとく今後の検討課題である。

次に⑩は、問題の語句で二書が大きく相違する。実は「行業記」の刊本では表記の語句になっているが、清書本（内閣文庫蔵・宮内庁書陵部蔵・静嘉堂文庫）の元は、「本来本法性天然自性身」となっているのであるが、どうした訳か「内閣文庫蔵本」には校訂者の手が入り、末尾の「自性身」が「自然身」と変えられているのである。その後の「高祖伝」は、ほとんど「本来本法性天然自性身」になっている。

⑪と⑬は、語句の転倒であり、どちらでも意味が通るが、文法的に言うと⑪は「行業記」がよいのであろうし、一般用語で言えば⑬は「行状記」が通例である。

⑫と⑮は、誤写であろう。⑫では「行業記」、⑮では「行状記」がよいと思われる。また、⑭は、どちらでも意味に違いはないが「行業記」の方が丁寧な表現である。最後の⑯は、同様な意味であるが、前後のつながりから言えば「行状記」がよいであろう。なお、他の異本との相違は、ここでは触れない。

次に以上の考察から「三大尊行状記」と「三祖行業記」とを中心とし、他の異本との系列について現在の見解を示しておきたい。

まず祖型とも言うべき「高祖伝」が書かれ、次に「懐奘伝」、続いて「義介伝」が著わされ、それを集めたのが「三大尊行状記」と「三祖行業記」との原本であろう。一方で、瑩山禅師によって『伝光録』

#「三大尊行状記」と「三祖行業記」との系統図（試案）

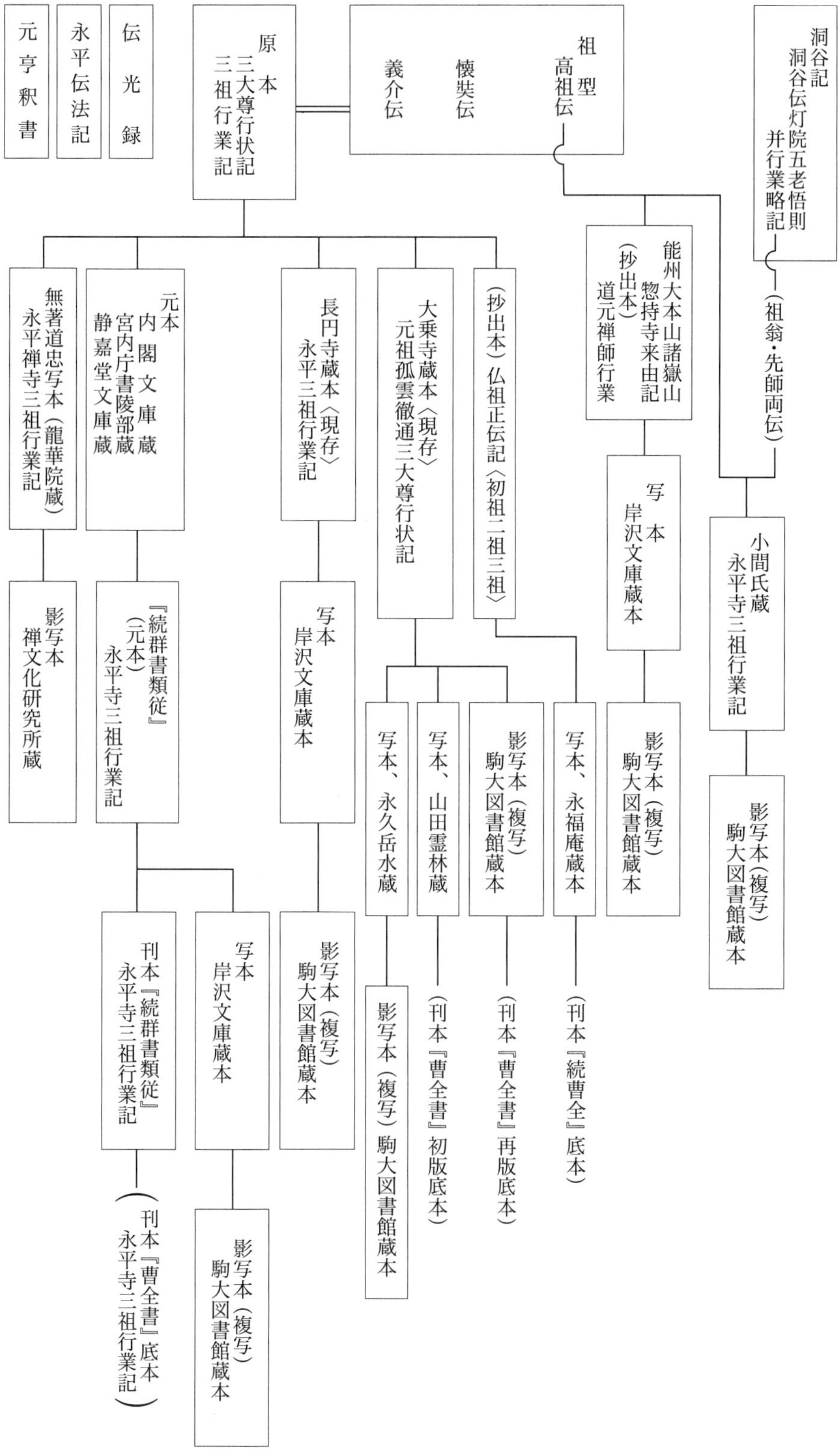

が提唱され、また『洞谷記』の「洞谷五老悟則并行業略記」が撰述されていた。祖型の「高祖伝」が単独で『能州大本山諸嶽山惣持寺来由記』なるものに所収され、それを写したのが「岸沢文庫」に所蔵する。同じ「高祖伝」と『洞谷記』の「行業略記」中の「懐奘伝」（祖翁永平二世和尚）と「義介伝」（先師加州大乗寺開山和尚）とを抜き出して合わせたのが「小間氏蔵本」であると思われる。

「三大尊行状記」と「三祖行業記」の元本は、今のところ一つは「大乗寺蔵本」ないし「長円寺蔵本」の流れ、もう一つは「無著道忠筆写本」（龍華院蔵本）ないし「続群書類従」の元になった写本（内閣文庫・宮内庁書陵部・静嘉堂文庫等）の流れが想定できる。「大乗寺蔵本」と「長円寺蔵本」とを一つの系統、「無著道忠筆写本」と「続群書類従」の写本とが別系統の一つと見るのである。

いつの頃か、「大乗寺蔵本」は山田霊林師や永久岳水師によって書写所蔵されていた。山田師の写本は前述のごとく『曹洞宗全書　史伝上』（初版）の底本として用いられた。「長円寺蔵本」は「大乗寺蔵本」と酷似しているが部分的に言えば、前掲の対校で知られるように数箇所に亘り相違するので元は別本と見るのである。「長円寺蔵本」は昭和十年、岸沢惟安師により書写され、文庫に納まっている。また「三大尊行状記」（大乗寺蔵本）の抄出とも言うべき三祖師の略伝が『仏祖正伝記』（応永六年、天性融石序）に所載されている（「扶桑歴祖―初祖・二祖・三祖」）。この『仏祖正伝記』は、福井県永福庵に書写伝承され、現今、『続曹洞宗全書　史伝』に所収されている。

「続群書類従」の写本は、その刊本である「解題」に「諸祖行実」と「名僧行録」を底本として校合の資をなしたとの旨を述べているが、その底本の所在が不明である。刊本の元本には前述のごとく「内閣文庫蔵本」が用いられている。同じ系列とみなし得る「無著道忠筆写本」は、これも前掲の対校で分かるように「続群書類従刊本」に近いのであるが全同ではない。この系統で初めて印刷に供されたのが「続群書類従刊本」であり、それを底本として『曹洞宗全書　史伝上』（初版）に用いたのである。なお、「岸沢文庫蔵本」の一本に「此本載／続群書類従第九輯／伝部三十六巻二百廿五」と記され、いかにも「続群書類従刊本」を写したかのような文がある。これも対校した結果、数か所の相違点から同一の写本ではないものと判断できる。まさか、誤写したのではなかろう。

以上の事柄からこれらの系統を次に試論的に図示してみよう。（前頁参照）

撰述者や成立年代等の項目でも触れたが、「三大尊行状記」と「三祖行業記」の撰述者を瑩山禅師とする説は、依然として幾分残るかも知れない。それは、前述した『永平伝法記』に所収する高祖伝と二祖伝の末尾に付されている「（遠孫）比丘紹瑾記」などがどのような経緯でそのように記されたのかを探る必要があるからである。そうなれば、当然、『洞谷記』に所載する例の「行業略記」、更に『伝光録』の記事との関係、また虎関師錬撰『元亨釈書』の記事、抄出本とも言うべき『仏祖正伝記』の成立過程、こうしたことが総合的に検討された後に徐々に明らかになっていくのであろう。以上、まだ論及すべき問題を多数残しているが、ひとまず擱筆する。

注

（1）(1)元祖孤雲徹通三大尊行状記　門人集記　(2)永平寺三祖行業記　(3)伝光録（第五十一祖章）瑩山撰　(4)洞谷記（「洞谷伝灯院五老悟則并行業略記」曾祖章）(5)元亨釈書（巻六、釈道元）虎関師錬撰　(6)仏祖正伝記（扶桑初祖）天性融石撰　(7)碧山日録（巻二、永平道元禅師行状）大極蔵主撰　(8)永平建撕記（永平初祖道元和尚之御行状）明州珠心写　(9)道元古仏縁記瑞長筆　(10)永平開山道元和尚行録〈撰者不詳〉(11)日域曹洞列祖行業記（初祖道元禅師）懶禅舜融撰　(12)扶桑禅林僧宝伝（巻一、永平寺開山道元禅師伝）高泉性潡撰　(13)永平仏法道元禅師紀年録　大了愚門校　(14)延宝伝灯録（巻一、道元禅師伝）卍元師蛮撰　(15)日東洞宗初祖永平元和尚道行碑銘高泉性潡撰　(16)道元禅師行業記〈筆写者不明〉(17)越前国永平寺開山記結城孫三郎等記　(18)永平語録標指鈔（永平元禅師行状記略出）安州玄貞撰(19)永平伝法記（永平寺道元和尚行実）大円満徹記　(20)継灯録（巻一、日本永平道元禅師）永覚元賢撰　(21)正法眼蔵重写記「略伝」〈筆写者不明〉(22)日域洞上諸祖伝（三上、永平寺道元禅師伝）湛元自澄撰　(23)開山禅師之行状　門子写　(24)永平語録撃節（元禅師）徳巌養存撰　(25)本朝高僧伝（巻十九、道元禅師伝）卍元師蛮撰　(26)山城名勝志（巻十七、興聖寺条、略伝）〈撰者不詳〉(27)永平実録　面山瑞方撰　(28)承陽古仏年譜吟　三洲白龍撰　(29)永平寺祖師年譜偈　面山瑞方撰　(30)日本洞上聯灯録（巻一、永平寺道元禅師）嶺南秀恕輯　(31)日本洞宗始祖道元禅師伝　古谿秀蓮撰　(32)祖山本建撕記〈筆写者不明〉(33)訂補建撕記（永平事実図会建撕記）面山瑞方訂補(34)訂補建撕記（永平開山行状建撕記）面山瑞方訂補（補注）(35)永平高祖略伝　万仭道坦撰　(36)国朝二十四流稽疑（上巻、洞上鼻祖永平元禅師）智顔白峰撰　(37)註永平年譜偈（永平高祖年譜註解）智顔白峰撰　(38)永平高祖年譜偈註解訂議　智顔白峰撰　(39)高祖禅師和讃　万仭道坦撰　(40)永平建撕記　恒山一川写　(41)永平高祖行実紀年略　玄透即中撰　(42)正法眼蔵那一宝（巻一、高祖元和尚）父幼老卯撰　(43)元祖禅師伝記〈撰者不詳〉(44)道元禅師行状録（建撕記抜翠）常翁法転述　(45)永平開山元禅師行状伝聞記〈撰者不詳〉(46)訂補建撕記図会　面山訂補・大賢等図会　(47)永平道元禅師行状図絵（永平高祖行状記）瑞岡珍牛撰　(48)本朝伝来宗門略列祖伝（巻四、洞十四世越州吉祥山永平希玄道元禅師）大冥恵団撰　(49)永平道元禅師行状之図（永平高祖行状記）黄泉無著撰　(50)永平寺開山道元禅師略行状記　知見禅達撰　(51)月坡全録（巻二、永平元禅師伝）月坡道印撰　(52)永平実録随聞記〈撰者不詳〉(53)永平和讃〈撰者不詳〉(54)永平高祖行跡図略伝　永平寺知蔵編　(55)日域曹洞高祖伝聞記　図睡快庵随筆文明輯　(56)永平寺元禅師語録考註［略伝］〈撰者不詳〉(57)永平高祖行状摘要　木村文明輯　(58)高祖大師御伝（曹洞宗両祖伝略）大内青巒　(59)承陽大師略伝大沢興国　(60)高祖承陽大師行実図会　仏鑑〈宝山〉梵成輯　(61)承陽大師御行状図解説　鷲尾透天　(62)道元禅師伝　塩沢勝五郎〈観山〉(63)承陽大師芳川雄悟　(64)聖僧道元　野崎崎次郎〈海東〉(65)承陽大師御伝記　弘津説三　(66)〈永平〉高祖伝略　(67)道元禅師伝　峰玄光著　(68)道元禅師言行録本田無外編著　(69)承陽大師小伝　弘津説三　(70)承陽大師伝（「冠註修証義」付録）(71)承陽大師和讃（高祖承陽大師年譜和讃）(72)承陽大師小伝（「正法眼蔵註解全書」付録）安藤文英・神保如天　(73)道元禅師　荒井諦禅〈涙光〉(74)道元禅師伝考（「大日本仏教全書」百十五ノ内）高楠順次郎　(75)承陽大師伝　孤峰智璨　(76)承陽大師御伝記講話　岡田宜法　(77)訂補建撕記布鼓（承陽大師――）陸鉞巌　(78)承陽大師を懐ふ（「両祖を懐ふ」ノ内）佐々木珍竜　(79)承陽大帥御略伝及御和讃　永平寺出張所編　(80)道元禅師行状記図会　富田能次　(81)沙門道元　和辻哲郎

（2）大久保道舟『道元禅師伝の研究』序論、第二章第三節「永平寺三祖行業記」の条（筑摩書房、一九五三年〈修訂増補―一九六六年〉二三～二四頁）。大久保氏は、次の三か所で誤っている。一、金龍寺所蔵の書名「永平寺三祖行業記」（正しくは「永平三祖行業」）二、金龍寺開山名「天真自性」（↓在室長端）三、目録の宛先「磯村三左衛門」（↓磯村三喜右衛門）以上の三点は、静嘉堂文庫蔵の『続常陸遺文』第五「河内郡若芝金龍寺記録」や同寺の伝承などにより指摘できる。また後に関連文で触れる。東隆眞「『行業記』と『行状記』―『行状記』の作者・成立年代の推定」（『宗学研究』六号、一九六一年）一〇一頁、鈴木泰山『曹全書　解題・索引』（曹洞宗全書刊行会、一九七八年）二二九頁

（3）(1)『曹全書　解題・索引』附録「蒐集書目録」
①「三大尊行状記」一巻一帖　写　内題「越州吉祥山永平開闢道元和尚大

禅師行状記」他　碧参四四号〈大乗寺所蔵—22〉。②「三大尊行状記」一巻一冊　写（複写）一一四・三—W八五〈永久俊雄（岳永）所蔵—33〉。③「永平（寺）三祖行業記」一巻一冊　昭和六年写（原、暉堂宋慧写本）岸沢惟安筆　内題「長円寺本永平三祖行業記」、附「義介自筆状」（MN）F一〇—一九〈旭伝院岸沢文庫所蔵—168〉。④「道元禅師行業記」他合綴一冊（昭和十年）写　内題「日本国越州吉祥山永平禅寺初祖道元禅師行業記」内容ハ「三祖行業記」中ノ道元禅師伝ニ等シク、「諸嶽山惣持寺来由記」中ヨリニ抄出ナリト、巻末附「道元和尚御遺状」（MN）F一〇—一九（影写）一一四・四—W一五八〈岸沢文庫所蔵—174〉。⑤「永平寺三祖行業記」一巻一冊　写（MN）F一〇—一三〈岸沢文庫所蔵—167〉。（各所蔵の数字は蒐集書目録の番号）

⑵「無著道忠禅師撰述書目㈠、龍華院所蔵之部」自筆写本・禅学類

①「永平禅寺三祖行業記／總持開山仏慈禅師行実その他、25—276、五四丁、「曹洞宗系諸師の伝記」この中、「永平禅寺三祖行業記」は内題「大日本国越州吉祥山永平禅寺三祖行業記」とある。合綴一冊本で、その他として以下の書を含む。

ⓐ「永平二世懐奘和尚行状」、ⓑ「加州大乗寺開山義价和尚行状」、ⓒ「瑩山和尚瑞夢之記」、ⓓ「十種疑問」、ⓔ「請峨山和尚住總持寺疏」、ⓕ「總持二世峨山和尚行状」、ⓖ「妙高開基通幻和尚行実」、ⓗ「不見和尚行状」、ⓘ「後醍醐天皇綸旨他」、ⓙ「永平寺開闢之事」、ⓚ「永平寺不立牌事」、ⓛ「永平寺三代相論之事」、ⓜ「尽未来際可為山居有誓約之法語」、ⓝ「總持寺開基二代并五院開山示寂之日」、ⓞ「峨山和尚之法嗣」、ⓟ「總持開山十箇条之亀鑑」、ⓠ「總持寺十境」、ⓡ「肥後大慈寺開山寒岩尹禅師行状」。ⓐⓑは「洞谷記」、ⓒⓔⓘⓚⓛⓜⓝⓠは『諸嶽山總持寺旧記』、ⓒⓓⓕⓖⓞⓟは『（總持寺）秘録』、ⓗは松江市竜覚寺所蔵の写本（『曹洞宗全書刊行会蒐集書』の一、駒図一一四・四—W一四九）の異本、ⓡは『続群書類従』所収本（『曹全書　史伝下』所収の底本）の異本。②「二祖奘禅師／三祖介禅師他、25—281、二七丁」この二祖師伝は、①の中より抜き出したものであり、重複している。（禅家類・通し番号①は三〇、②は三四。傍線の数字はリール番号）

（4）　前掲注（2）、東論文。氏は「三祖行業記」（『続群書類従』刊本）と「三大尊行状記」（大乗寺所蔵本）の二書を元に、その表題の差異や部分的な記述の差異によって新旧の判断をしている。

（5）　同右論文。東氏は「三大尊行状記」の「門人集記」から、その門人は義介禅師のある一人の門人であり、それは瑩山禅師であろうと推定している。

伊藤秀憲「『三大尊行状記』の成立について」（『印度学仏教学研究』三四巻四号、一九八五年）。伊藤氏は、本文にも記した通り、「義介伝」及び「懐奘伝」は瑩山禅師撰述と考えてよいとするが、「道元伝」は義介撰述も考えられ得るとしている。

（6）　前掲注（2）、大久保論文。氏は『河内郡若芝金龍寺記録』の史料（「永平三祖行業」の伝承を元に）から「この書の成立は室町期の初頭まで遡ることができる」としている。

『群書類従』解題（小林哲）にも大久保氏の説を受け、「その成立は室町初期頃と推定される」とある。

『曹全書　解題』（鈴木泰山）には、「その成立も不明であるが、室町時代の初め、応永（一三九四～一四〇九）頃の作と推定している。義介は延慶二年（一三〇九）遷化であるからその後約一世紀頃の作と推定されている」と記している。

（7）　長円寺本『永平三祖行業記』は、その外題に「千手経／趙州録附行状／高祖行業記／宋慧和尚自筆完全」とあるように「千手（千眼観世音菩薩姥陀羅尼身）経」、「趙州録」、そしてこの「高祖行業（永平三祖行業記）」の三書の合綴本であり、長円寺住持暉堂宋慧の自筆写本の完本である事がわかる。

（8）　後に掲げる対照で一目瞭然である。長円寺本『永平三祖行業記』と『三大尊行状記』とは約七十か所に亘る字句の相違があるが、『三祖行業記』と比べるとずっと少なく文意も通り、字句の相違にしても誤写の類に属するものが大半である。

（9）　東隆眞「小間氏所蔵『永平三祖行業記』紹介」（『宗学研究』二七号、一九八五年）。「本書の懐奘伝、義介伝は、『行業記』、『行状記』と全く異なり、瑩山紹瑾禅師撰述の『洞谷記』に収録する「洞谷伝灯院五老悟則并行業略記」（『常済大師全集』収録）の懐奘伝、義介伝と同じものである。然し、子細に点検すると、二、三の表記文字の異同がある」とし、本書を異本の

一本と推定している。

(10)「能州諸嶽山惣持寺来由記」の内容やその所在は不明。岸沢師がいつどこで発見し書写したのかもわからない。同種の題名として「總持寺中興縁起」、「諸嶽山總持寺旧記」、「總持寺開闢縁起」、「總持寺由緒書」（以上、いずれも鶴見總持寺所蔵）などがあるがこれらには含まれていない。能登の祖院（總持寺）や永光寺、金沢の大乗寺などに所蔵されている古文書であろう。可能性としては、小間氏所蔵『永平三祖行業記』の本文（高祖伝）とその末尾に付されている「尽未来際置文」の構成上の関係から元本は同一書と見られる。従って能登の祖院（總持寺）もしくは小間氏所蔵の古文書に含まれていたものであろう。

(11) 天正本『永平高祖行状建撕記』中、宝治三年条にこの示衆の本文がある。大久保氏は、これを「不離吉祥山示衆」との書名をつけている（『曹全書 宗源上』所収）。ただし、この「能州諸嶽山惣持寺来由記」や小間氏所蔵『永平寺三祖行業記』の末尾に付されているそれは、必ずしも同一文ではない冒頭と末尾の文が相違するのである。すなわち、「建長元年九月十日　永平和尚云／一当山者尽未来際可為山居有誓約之法語示衆云、従今日尽未来際（中略）十二時中常在山、故慕天童浄老古風不称道号、亦不着班衣、只慣懶岩作略総嫌忠国師出世、故後代之児孫於当山扱紫衣黄衣、莫作出世事、予為後鑑記之事／右永平開山道元和尚御遺筆写之者也」とあり、傍線箇所は大同小異であるが、その前後が異なる。ここでは詳しい対照を略する。

(12) 後掲の対照で明らかな如く、「高祖伝」「懐奘伝」では一、二の相違があるだけであるが、「義介伝」では十数か所の相違がある。

(13)『群書類従』解題によれば塙氏旧蔵の続類従目録（編纂台帳）には「諸行、名二ニモ」との注記から、その底本は「諸祖行実」（和学講談所の備品）、凡例により校合の資に用いたのは「名僧行録」第二である事がわかる、との趣旨を述べている。

(14) 例えば、高祖の疑団「本来本法性、天然自性身」と三本の清書本にあるが内閣文庫本に校訂者が筆を入れ、「本来本法性、天然自然身」としている。

(15)「能州諸嶽山惣持寺来由記」に関しては、前掲注(10)参照。

(16) 山本世紀論文「地方武士団の曹洞宗受容について」（今枝愛真編『禅宗の諸問題』雄山閣、一九七九年）によれば、茨城県龍ケ崎市の太田山金龍寺は、もと、群馬県太田市にあったが、天正二年に桐生市へ移り、その後天正十八年に現在地へ移転したとされる。なお、現在、群馬県太田市の太田山金龍寺は、天正十八年、館林城主榊原康政によって復興されたものである。龍ケ崎市にある「金龍寺縁起」（『上野国志』所収）に記す大観（見）禅竜が開山ではなく、「三世在室長端」が実際の開山、開基は横瀬国繁とされ、文明中期以降十九年までの間に創建された、という。横瀬氏は、新田義貞の一族を唱えるが、その一族の総領的地位にあった岩松氏の被官となっていた土豪であり、在室長端は国繁の弟に当たる、との旨を述べている。なお、これとは別に伝承として太田山金龍寺開山は、大見禅竜とする文書（福井県慈眼寺蔵「若柴記」→曹洞宗宝調査委員会蒐集書）が存する。

(17)『続群書類従』の各巻冒頭には「総検校保己一集／男源忠宝校」と記されている。これによれば、塙保己一が古文書を収集し、四男の忠宝が校訂したことになっているが大部のこともあり、忠宝が一人でなしたとは思えない。しかし、他に特定の人物名は不明である。

(18) 岸沢文庫蔵「(仮題)道元禅師行業記」の命名は、昭和五十年前後『曹全書　解題・索引』の編集当時、実務員の高橋全隆氏（現、總持寺宝物館館長）により考案され高橋秀栄氏（当時、金沢文庫主任学芸員、後に文庫長、現在退職）が表題に染筆したとのことである。

(19) 前掲注(11)参照。

(20)『洞谷記』(『常済大師全集』収録「洞谷伝灯院五老悟則并行業略記」)の「行業略記」は、他に永享四年筆写本の『洞谷記』（現、金沢大乗寺蔵〈県美術館寄託〉、碧参四七号。→曹洞宗全書刊行会蒐集書、一一五―W二六二）や『洞谷記補写』（現、鶴見總持寺蔵、秘書第四号乙。→曹洞宗全書刊行会蒐集書、一一五―W二七五）にも収録されているが、小間氏蔵本の『永平寺三祖行業記』中の「懐奘伝」「義介伝」と対照しても完全には一致しない。

(21) 前掲注(9)東論文参照。小間氏蔵本の『永平寺三祖行業記』末尾の識語には、「于時元亨三年癸亥九月十三日、嗣法小師紹瑾謹記」、「洞谷伝灯院五老悟則并行業略記」の末尾には「于時元亨三年癸亥九月十三日、釈迦牟尼仏五十四世法孫洞谷紹瑾記」とある。後半の署名が異なるものの前半の年次が同一であり、この「行業略記」は瑩山紹瑾禅師の撰述に関係するといい得るが、これを以て『永平寺三祖行業記』の撰述者とするわけにはいかない。

(22) 『永平伝法記』合綴一冊、大円満徹編、雪庵義黙写、元禄四年写、石川県羽咋市永光寺所蔵↓曹洞宗全書刊行会蒐集書、一一四・三―W九一、（WN）S四―三三。

これには、(1)「天童如浄禅師行業記」、(2)「永平道元禅師行状事」、(3)「二祖懐奘禅師行状記」、(4)「大乗義介和尚伝法事」、(5)「總持開山瑩山禅師行状記」、(6)「二世峨山和尚行状記」などを含む。

(23) 『元亨釈書』の「釈道元」伝は、いかなる史料を用いたのであろうか。『永平伝法記』中の「永平道元禅師行状事」（永平道元禅師行実）の本文には、その「釈道元」伝と一致する文が三、四か所含むが、どちらが先か後かはわからない。両書共、元亨三年の年次になっているのである。次に両所の共通する語句を上げよう。

(1)「姓源氏京兆人、紳纓之胤也」、(2)「謁（詣）建仁明菴、庵（菴）為法器」、(3)「平副帥時頼、招以名藍不就」、(4)「叢規一則太白」。

(24) 前掲注(5)伊藤秀憲論文参照。九〇～九三頁

(25) 同右。九三～九四頁

(26) 『仏祖正伝記』一巻一冊、天性融石（然）撰、写本、応永六年自序、福井県小浜市永福庵所蔵↓曹洞宗全書刊行蒐集書、一一四―W一〇。本書の成立に関し、充分な解明がまだなされていない。特に「三大尊行状記」「三祖行業記」との関係において撰者の天性がいかなる文書より収集し編集したのか不明である。今のところ、「行状記」の抄出本と見做し得る程度である。融石は『弘化系譜伝』巻五に「融然」とあり、無雑融純の法嗣で、福岡市光明寺二世・松浦市慈光寺三世・大分県泉福寺輪住三十六世である。

(27) 静嘉堂文庫蔵の『続常陸遺文』第五「河内郡若芝金龍寺記録」には、同寺の縁起をはじめ校割帳が収められている。大寂智定の代、元文三年（一七三八）当時の記録である。「希明代什物」とある「希明」とは、福井県南条郡今庄町の慈眼寺四世希明清良を指すが、希明は金龍寺の世代には入っていない。ここでは「永平三祖行業」が応永二十年（一四一三）以降、金龍寺に伝承されていたことを確認しておきたい。

(28) 前掲注(2)東論文参照。

(29) 高祖の入宋中の「新到列位問題」は、「三大尊行状記」「三祖行業記」が初出でその後、『建撕記』などにも継承されるがそれを証する史料がないことから否定的な傾向が強い。一方、『宝慶記』における如浄禅師の説示（薬山の高沙弥が菩薩戒のみを受持していた）より肯定する考えも存する。吉田道興「高祖道元禅師伝考――新到列位の問題をめぐって」（『宗学研究』二八号、一九八六年）に両論を上げつつ、筆者は否定論を展開した。なお、概して皇帝への上書は否定的であるが、天童山住持への上書はあったかもしれないとする論が多い。本書では、第三章第一節。

前掲注(2)大久保論文参照。一二四～一二八頁

柴田道賢『禅師道元の思想』一六三～一六五頁

今枝愛真『道元――坐禅ひとすじの沙門』四二～四四頁

中世古祥道『道元禅師伝研究』一八六～一九〇頁

鏡島元隆『道元禅師とその周辺』一六〇～一六六頁、三〇〇頁

(30) 伊藤秀憲「道元禅師の在宋中の動静」（『印度学仏教学研究』三二巻一号、一九八三年、『駒澤大学仏教学部研究紀要』四二号、一九八四年）

前掲注(29)鏡島論文参照。二九七～三二一頁

石井修道『中国仏蹟見聞記』第七集「道元禅師の大梅山の霊夢の意味するもの」

(31) 高祖の入宋中の記事（（ ）の記事は『行状記』『行業記』にはない。）

天童山にて無際了派・惟一西堂・宗月長老などの嗣書を見る↓『正法眼蔵』嗣書

諸山遍歴―育王山↓『正法眼蔵』仏性・『典座教訓』

―慶元府↓『正法眼蔵』袈裟功徳・伝衣

―雁山・天台山・大梅山↓『正法眼蔵』嗣書

（補陀洛迦山）↓『永平広録』第十

天童山の掛錫・入室請益願い↓『宝慶記』冒頭・『舎利相伝記』（如浄禅師と相見）↓『正法眼蔵』面授

如浄禅師の説示「身心脱落」話↓『宝慶記』・『正法眼蔵』行持・三昧王三昧

大事了畢、広平侍者の介添え↓『正法眼蔵』仏祖・『嗣書』・『菩薩戒作

法』奥書
如浄禅師の遺嘱「隠居山谷」「着用黒衣」→『宝慶記』
(32) 前掲注(5)伊藤論文参照。九五頁『洞谷記』には「坐夏四十」とある。
(33) 前掲注(2)東論文参照。一〇二〜一〇三頁
(34) 例えば、『三大尊行状記』に属する「小間氏蔵本」と「岸沢文庫蔵本」との語句で③④⑤⑥と⑧⑨、⑪⑬⑮は、『三祖行業記』の語句に一致する。この点から厳密に言えば、「小間氏蔵本」と「岸沢文庫蔵本」とを別の系統として立てる必要がある。

追記

脱稿直後、石川力山氏より『傘松』(五八一号、一九九二年二月)に掲載されている熊谷忠興氏執筆の原稿「三百回忌を迎えた晃全禅師㈠――『僧譜冠字韻類』百冊・百五十巻と総目次八冊」に版橈晃全撰『僧譜冠字韻類』(百五十巻、二五冊)中の巻八十八(第十五冊)の末尾に「道元禅師」伝があることを知らされた。前掲注(1)の中に入れるべきものである。石川氏・熊谷氏に感謝の意を表したい。「道元禅師(『僧譜冠字韻類』巻八十八)、版橈晃全撰、元禄元年、中村五兵衛開版」

本節は、平成三年度国内研修の成果の一端である。「無著道忠筆『永平禅寺三祖行業記』の翻刻・紹介」〈『宗学研究』三四号、一九九二年〉と姉妹編をなす。次項、本書第四章第四節に該当する。

第四節　無著道忠筆『永平禅寺三祖行業記』の翻刻・紹介

高祖道元禅師（以下、高祖と略称）の伝記史料の中、初期に属するものとして知られるのは、石川県金沢市大乗寺所蔵（現、石川県立美術館寄託）の『元祖孤雲徹通三大尊行状記』（以下、三大尊行状記と略称）と『続群書類従』第九輯伝部三六・巻二二五に所収する『永平寺三祖行業記』（以下、三祖行業記と略称）とである。周知のごとく両書は、元同一本であり、伝写の過程で部分的に異なってきたものとされる。

ここに紹介する無著道忠[1]（一六五三〜一七四四）筆写の『永平禅寺三祖行業記』は、既に昭和四十年三月発行の『無著道忠禅師撰述書目㈠龍華院所蔵之部』（財団法人禅文化研究所編）に所載されているが、この書目の前後を通し、この書に言及している論文類を寡聞にして知らない。よって以下に書誌的紹介をする次第である。右の書目「自筆写本・禅学類の部」中、通し番号三〇・リール番号二五―二七六には、該当書が次のように記されている。

永平禅寺三祖行業記
總持開山仏慈禅師行実　その他　――――　曹洞系諸師の伝記

なお、「總持開山仏慈禅師行実」、及びその他諸師の伝記として六師（懐奘・義介・峨山・通幻・不見・寒巌）のものが所収されているが、ここでは触れない。

本書は、識語も奥書もないが、「三祖介禅師」の末尾に「南極常陸杉室天童山大雄院開山行状有之」とある。実際には、その南極寿星（?〜一四九〇）の「行状」は所載されていないが、無著が本書を入手した経路の一端を示すものであろう。大雄院か、その関係の寺院の文書と思われる。同じくこの入手経路と想定できるのは、貞享四年（一六八七）に妙心寺に入寺した大嶽祖清（生没年不詳）から貸与された線の可能性である。当時、大雄院の住職は、連山交易（一六三五〜九四）であり、道交の可能性もある。大嶽は、水戸光圀の外護を受けた常陸潮来の海雪山長勝寺の中興開山であり、『照冰紀年録』貞享四年（一六八七）条によれば、済洞二宗の秘奥を極め、無著に印受（印可証明）を与えた人物である。

○道忠本翻刻の凡例

※紙幅の関係上、三祖介禅師伝は割愛せざるを得なかった[2]。

(1)　漢字――新旧・異体字　現今の基準からいえば、旧漢字・新漢字の相違区別をつけて使うが、写本を忠実に翻刻したいとの願いで、新旧両用が混在する。なお、「続群書類従本」との対校では新旧の漢字の相違は指摘していない。異体字は、約三十ほど使われているが、すべて教育漢字にした。

○異体字の例　　垩（聖）、秊（年）、戠（職）、棱（棱→楞）、亗（歳）、美（美カ、義カ）、冝（宜）、嗣（嗣）、决（決）、徃（往）、𥁞（盡・

尽)、候(候)、虽(雖)、幽(幽)、叓(事)、微(微)、与(輿)、或(或)、灵(霊)、頤(願)、羕(承)、嫡(嫡)、皈(歸・帰)、躭(耽)、緇(緇)、開隔(関隔)

(2) 句読点　道忠本には、字句の間(真中)に朱点を付している。ただし、句読点の区別はしていないので、前後の関係で筆者が適宜判断して付した。

(3) 返り点　道忠本には、必ずしも完全に付されていない。返り点の「一」があっても「二」がなかったり、その逆の場合もあるが、欠けている点は筆者が補った。

(4) 送り仮名　道忠本に付されているものを判読できる限り記した。すべて付されている訳ではなく、あってしかるべき箇所の分はそのままにし記さなかった。

大日本國越州吉祥山永平禅寺三祖行業記

初祖元禅師

禅師生ニル源氏一。諱ハ道元、洛陽人也。村上天皇九代之苗裔後中書八世之遺胤。初生時相師見テ曰、此ノ兒異ニ于常ノ童一必是聖子也。七処平満、骨相奇秀、眼在重[1]瞳、須レ非ニ凡流一[2]。古書ニ曰、誕聖子ヲ時、其母命危シト、此ノ兒七八歳時、卽喪ニ其母一ヲ。母雖レ聞ニ此言一ヲ[3]、寵[4]愛掬養メ、不レ驚不レ怪。又自念ク。此子懐妊ノ時ニ、空中有レ聲告言、此ノ兒五百年來、無レ齊レ肩聖人也。倭國爲レ興ニ隆正法一ヲ、詫[5]生シ來ル。符ニ合セリ相師ノ之言一ニ。果メ八歳之ノ冬、其ノ／母卽死。四歳ニメ而読ニ李喬カ之百詠一ヲ、七歳ニメ而讀ニ左傳毛詩一。于時古老名儒賛[6]曰、此兒非レ凡、可レ作ニ大器一ト。須レ稱ニ神童一ト。承元々丁卯冬、八歳ニメ而遇ニ[7]悲母之喪一ニ。觀ニ香火ノ之烟一[8]、潜ニ悟ニ世間之無常一ヲ。深ク立ニ求法ノ之大願一ヲ。九歳ニメ而讀ニ世親ノ之倶舎論一ヲ。耆年宿徳云、利ナルヿ如ニ文殊一ノ、眞大乘ノ機也。師幼稚ヨリ耳底ノ蓄ニ此等ノ之言一ヲ[9]。苦學刺レ股、晝夜励レ心[10]。于レ時松殿禅定尊閤者[11]、摂関家ノ之職者、天下無レ齊レ肩、古今之明鏡、王臣ノ之師範。收レ師爲レ猶子一ト、教ニ國ノ之要切一、授家之ノ大事一ヲ、以將欲ニ朝家ノ之要臣一。欲レ令ニ元服一日、自謂世俗ノ昇進、本／非所レ望、出家學道、尤所ニ欣求一。終ニ十三歳建暦二年壬申春、夜中ニ不レ被レ知レ人ニ、而密カニ遁ニ出木幡ノ之山庄一ヲ、尋テ到ニ叡山之麓下一ル、入ニ良顯法眼ノ之室一ニ。卽師ノ之外舅也。慇懃ニ欣ニ求ス出家一ヲ。法眼大ニ驚問云、元服期近シ。親父猶父、定テ有ニ其瞋一。如何。師云、悲母逝世時、遺嘱メ云[12]、出家学道メ、可レシト訪ニ我カ後世一ヲ。祖母姨母等ノ養育ノ之恩尤重。出家修道メ而欲レ資ニ彼菩提一ヲ。法眼感涙、卽聽ニ入室一ヲ。卽登ニ横川首楞嚴院般若谷ノ千光房一。建保元年癸酉四月九日、十四歳ニメ而礼ニ初任[13]座主公圓僧正一ヲ剃髪。同十日、於ニ延／暦寺ノ戒壇院一ニ、以ニ公圓僧正一ヲ為ニス和上一、受ニ菩薩戒一、作ニル比丘一ト。自尓習ニ天台ノ之宗風一ヲ、兼テ南天ノ之秘教、大小義理、顯密ノ之奥旨、無レ不レ習學。十八歳ニメ内看ニ閲スルヿ一切經一ヲ二遍、宗家ノ之大事、法門之大綱ハ、本來本法ノ性ト、天然自性[14]身ナリ。顯密両宗、不レ出ニ此ノ理一ヲ。大ニ有ニ疑滞一。如ニハ本自法身法性一者、諸佛爲ニテカ甚歴一、更ニ發心修行。三井ノ之公胤僧正ハ者、顯密ノ之明匠、法海ノ之龍象ナリ。卽致ニ此ノ問一ヲ。胤教示メ曰、此問輒不レ可レ答、雖レ有ニ家訓訣一、未レ尽レ[15]美。傳聞太[16]宋有ニ傳佛心印ノ之正宗一。宜レ入宋求覓一。師聞ニ此誨勵一ヲ。建保五年丁丑十八歳ノ秋、／始テ離ニ本山一ヲ、投ニ洛陽建仁寺一ニ、従ニ明全和尚一ニ。猶極ニ顕密ノ之奥源一ヲ、習ニ律蔵ノ之威儀一ヲ、兼テ聞ニク臨濟ノ之宗風一。卽列ニル黄龍ノ之十世一ニ。遂ニ従ニテ明全一ニ航レ海入宋ス。日本貞應二年癸未、大宋嘉定十六年也。掛ニ錫天童一ニ、初見ニ派無際一ニ、問道求法ス。雖レ及ニ嗣書拝看一、未レ決ニ択大事一ヲ。其ノ外惟一西堂宗月長老傳蔵主及萬年寺

元靠和尚皆是帶二スル嗣書一ヲ尊宿也。同ク雖二親近一未レ契レ心、又見二ヘ琰浙
翁ニ於徑山一ニ、見二ユ卓老ニ於小翠岩一ニ。問答往来而謂ク、日本大宋兩國ニ
無二如レ我善知識一、生二ノ大憍慢一ヲ、欲レ帰二日本一ニ。始メ掛二錫ヲ于天童一ニ、
時ニ廿四歳也。不レ依二／戒次一ニ、欲レ列二新戒ノ位一。師表書ノ曰、此娑婆
世界内　釋尊遺法流布国、戒法已弘通ス。佛法ノ位次、不レ論二尊卑老
少一ヲ、先受レ戒者在レ先座[17]、後受レ戒者在後座[18]。蓋是七佛諸仏ノ通戒也。
何ノ至二日本大宋可レシト有二ル別異一。天童ノ一山住持兩班[19]、前資勤旧以二テ先
例一ヲ、尚定二新戒。其ノ故ハ先人唐諸僧始[20]二于傳教弘法一ニ、至二于汝師翁
用詳上人一ニ、盡著二新戒一ニ。蓋是國例也。大國小國之別異也。師又重テ
表書。諸佛教法依レ國、而豈ニ可レカ異乎。一家之兄弟、一佛之戒脉、都
不可レ有二差異一。先座先[21]、後座後[22]、支干分明ナリ。年月争乱、一寺不レ／
能レ斷。五山評議[23]ノ、尚用二旧規一。三二ニ表書ノ曰、佛法徧二シ沙界一ニ戒光照二
十方一ヲ。況ンヤ乎經ニ曰、今此三界ハ、皆是我有。其中衆生ニ悉是吾子。
就中此娑婆世界者、釋迦牟尼佛ノ々土[24]也。國已佛國、人皆佛子也。兄
弟不レ可レ混二亂次位一、自尓具[25]ニノ佛法世法、皆任二正理一ニ。天神地祇、不レ
昧二理非一ヲ。此理若不レンハ達、恐ハ是乱世也。賢者不レ居二亂世一。直人不レ
雑二詎[26]者一。佛家臘次、已ニ不正者、王法ノ正理、豈可二ンヤ明察一ナル乎。幸
仰二中和之聖徳一、位[27]宣二フ倭僧ノ之鄙懐一ヲ。　天裁若無レンハ私伏乞正戒次、
取意、嘉定聖王被レ下勅宣ヲ云　倭儒[28]所レ申有二リ其ノ謂一須レ／依二臘次一、
自レ尓師ノ名不レ隠二叢林一。倭國ノ僧臘依レ之定了。遂ニ掛二錫ヲ于天童一ニ。
于時有二老璡者一。勸云、大宋国裏ニ。独有二浄和尚一ノミ。具二道眼一ヲ者。
你欲レ学二佛法一ヲ者、看レヘヨ他ニ。必有二所得一。師雖レ聞二璡ノ語一、未レ遑レ參
他ニ将レニ満二タント一年一ニ。爰浄和尚作二天童ノ之主一ト而來ル。卽焼香禮拜、
遂ニ取二ル師資ノ礼一。慢幢乃倒ル。正信忽ニ發云。　道元幼年ニノ發一ノ菩提
心一ヲ、本國ニ訪二道ヲ於諸師一ニ、聊識二因果ノ之所由一ヲ。雖レ然如レ是未レ明二

佛法ノ之實帰一ヲ、徒ニ滞二ル名相ノ之懐標ニ。後入二于千光禅師ノ之室一ニ、初
聞二臨濟之宗風一ヲ。今随二全法師一ニ而入大宋一ニ。航レ海万里ニ任二幻身ヲ於
波濤一ニ、遂達二大／宋一ニ、得レ投二コトヲ和尚ノ之法席一ヲ。蓋是宿徳ノ之慶幸也。
和尚大慈大悲[29]、外國達[30]方之小人、所レハ願者不レ拘二時候一ニ、不レ論二威儀
不威儀一、頻々上二方丈一、欲拜二問愚懐一。無常迅速、生死事大ナリ。時不レ
待レ人[31]、去レ聖必悔ン　本師堂上大和尚大禅師、大慈大悲[32]、哀愍聽許
天童淨和尚云、元子參問、自今已後、不レ拘二昼夜時候一、著衣衲[33]衣ニノ
而來、問道無レ妨。老僧一三如親父ノ恕二スルニ子ノ無礼一。然間独ニ歩於堂奥一ニ、
昼夜問道入室所請益、不レ拘二時節一、聞二未聞一、傳二不傳一、脇不レ至レ席、
將レニ兩歳一。天童五更坐禅、入堂巡堂、責二テ衲子ノ坐睡一ヲ云、坐禅／者身
心脱落也。祇管打睡ソ恁カ生セン。師聞テ豁然トノ大悟ス。早晨ニ上二テ方丈一ニ、
焼香禮拜。天童問テ云、焼香ノ事作麼生。師云、身心脱落[34]來。天童云、
身心脱落、〻〻身心。師云、這ケ[35]是暫時ノ伎倆、和尚莫三レ乱印二スルヿ某甲一ヲ。
童云、吾不二乱ニ印レ你。師云、如何カ是レ不二乱リニ印一底。童云、脱
落々々。于時福州ノ廣平侍者侍立ノ云、非細ナリ也。外國ノ人、得二恁麼ノ
大事一ヲ。師珍重ス。便チ道ノ幾回カ這裏ニ喫二ス拳頭一ヲ脱落雍容還テ霹靂。
遂ニ以二洞上ノ宗旨付囑、授曩祖佛戒。遺囑云、汝早帰於本國、弘通[36]於
祖道。時[37]師問云、師已為洞山嫡孫、何不露嗣法。童云、雲／衆雖[38]請嗣
法、香且在涅枠堂裏、當焼之。汝不可覆蔵本国、而隠居山谷、長養聖
胎。師又問云、和尚為甚麼著黒衣、一如常僧。童云、諸方無鼻孔長老
不捨名利、杜撰禿子等、通著之。我為異彼等、不著班衣。汝在于本国、
化導人天時、須著班衣無妨。此我意巧耳。芙蓉衲法衣傳來。而雖在這
裏、吾不著用之。師受付囑而帰於本国。卽大宋宝慶三年丁亥歳、當日
本安貞元年丁亥。于時二十八歳。　洞山高祖一十四世之祖師、釈迦如
来五十二代之古仏。始帰於本国、寓止／於建仁寺、漸求隠居地。有縁

旦那、所施處所[39]歴觀僅一十二所。遠國畿内、皆不合意。暫隱居洛陽之東南深草里極樂寺之旧跡。四衆雲集、徳風漸扇、自然作宝坊。不待作叢林、号興聖宝林寺。正覺禅尼建法堂、弘誓院殿搆法座。始説法開堂、爲人垂手。最初度懐奘、授戒法。以達磨授恵可儀、卽一會之上首。普[40]諸人之教授。雖得法人多。奘公僧海詮恵三輩是法嗣也。後波多野雲州大吏義重、依固請、移下越州。寛元二年甲辰七月。草創吉祥山永平寺。土木未備、堂閣僅／兩三。然而以深山幽谷。占以爲一生幽棲之地。寶治元年丁未、東関西明寺召請、受菩薩戒。奉留住、建立寺院、欲開叢席。雖堅請留、堅辞去下越州。恭敬餘爲遂願心。雖供養越州六条不受之。道風遠聞、緇白普帰。受具[41]剃頭弟子三百餘人、受菩薩戒弟子七百余人。建長四年壬子秋示病。建長五年癸丑八月廿[42]八日夜半、示偈自書云、五十四年、照第一天。打箇跨跳、觸破大千。咦渾身無覓[43]、活陥黄泉。擲筆而逝。俗壽五十有四、僧臘三十有七。塔本山之西北隅。奘首座者[44]繼住永平寺、惠首座者[45]住洛陽求[46]興寺、海首座者[47]師在生[48]死于興聖寺。

二祖奘[49]禅師

禅師生ル二藤氏一ニ懐奘洛陽ノ人也。九条ノ相國爲通ノ曾孫鳥養《トリカイ》ノ中納言爲實卿ノ孫也。建久九年戊午生下。礼〆二延暦寺横川圓能法印一ヲ剃頭[50]。同於テ二本寺戒壇院一ニ、建保六年戊寅、受二菩薩戒一ヲ爲二比丘一ト。學山家ノ之止觀、捨二文字之學解一ヲ倶舎成實三論法相皆知二有爲一ナルコヲ。尚入二淨土之一門、雖レ極二其ノ奥源一ヲ、又知レ非ルコヲ二出世ノ之舟航一ニ。參〆二多武峯達磨宗学[51]晏上人一、聞二／見性成佛之旨一ヲ。至テ二首楞嚴之頻伽瓶ノ喩一ニ、知二無空之去來一ヲ、明ム二無識[52]之生滅。晏卽坐[53]卽記〆曰、汝無始曠劫ノ之無明、卽解脱了也。晏公會裏ノ学徒、半百中、師独抜群ナリ。人所ナリ二仰賛一矣。

師聞三元公傳法帰朝〆而寓二止建仁寺一、往而論談法戰。知レ有二長処一帰心信伏ス。遂ニ聞二元公ノ住菴一ヲ。文暦元年甲午冬、參〆二深草一改レ衣ヲ。次年八月十五日、傳二授佛祖正傳ノ戒法一ヲ。達磨授二祖儀也。有時元公舉三示一毫穿衆穴之因縁一ヲ。師言下大悟〆礼拝。元問礼拝事作麼生。師云、不レ問一毫、如何是衆穴。元微笑曰、穿了也。師／礼拝了退。元大悦而爲二真ノ法嗣一。師爲二典座一ニ。時元鳴レ鼓報レ衆陞座、令三立僧入室、元卽入室ス。師下座[54]、低頭叉手〆問云、二祖三拜依レ位而立。未審傳二什麼法一ヲヤ。元曰、老僧ヤ答話、且ツ寄二露柱一ニ。自レ尓一衆、皆爲師。元和尚ノ會裏諸頭首不レ許二秉拂一ヲ。師首座初任、結夏十四日也。卽令二秉拂説法一。義信首座有才有言ニ〆、一會無レ齊レ肩。雖レ望二秉拂一、元不レ許。師充ルレ職時、独爲レ衆説法ノミ耳。僧海詮恵等深草ノ諸衆、尽以レ師爲二教授闍梨一會ノ上足一也。師知客[55]典座及首座、多年之間、兼二行ス侍者一ヲ。從二元公一ニ二十年中、依テ二師命一ニ、／病暇十箇日ノ際、不レ看[56]二師ノ顔一ヲ而已。先師在生ノ之際、及住[57]後十五秋ノ内、如レ望カ二生身一ニ向二眞像一ニ、晨朝夜間、和南珍重ノ之事師ノ法未二曾懈怠一、古今未聞ノ行持也。元公以レ重スルコ師、有二室中其ノ礼、宛モ如二師範一ノ。衆皆所レ知。元公移二永平寺一ニ、始二衆ニ行法ヲ時、必以レ師令ニム始テ行。師有時問云、和尚爲カ什麼行ルニ二一切ノ事一、必以二某甲一ヲ令二始行一。時[58]、和尚不自行乎。元曰、當山ハ者佛法ノ勝地也。令レ法久注[59]、是所望也。我自レ公雖レ少、必可短命。公自レ我雖レ老、必可二長壽、我カ佛法、必至レ公、弘通來際ニ、流傳無レ窮。即公兒孫ノミ耳。所三以鎮スル二山門一ヲ。故ニ令二公ヲシテ行事始一。蓋是レ爲レ令二法久住一也。師勝資强ノ之有徳、永平門下、只師独而已。建長五年癸丑七月十四日、卽著二住持ノ位。夜間小參、早朝上堂。元公和尚、乍レ臥二病床一ニ、乘レ輿ニ來而聽聞證明。然而不レ捨二事師之礼。元公上洛八月五日、随従〆而上ル。公没後荷二擔〆遺骨一ヲ還テ二下本山ニ、以レ骨如法喪礼ス。

遂継㆓ク遺跡㆒ヲ。一切不㆑異。一衆帰伏四衆群集、道價聞高、柔和懐㆑衆ヲ、納㆑身ヲ節簡、臨㆑衆ニ寛放、於㆑入札深シ。於㆑己ニ儀正シ。十五年間、衆不㆑下㆓半百㆒。梵宮漸調、百色現成ス。文永四年丁卯有㆑病立㆓付法ノ弟子義介㆒ヲ、欲㆑継㆓住持ノ／位ヲ。大檀越波多野出雲次郎金吾自來テ請㆓介公㆒ヲ。及㆓花山院ノ宰相禅門釈圓㆓下㆑ノ状ヲ、請㆓ソ介公㆒ヲ而令㆓ム住持㆒。病氣[平]癒。雖㆑居㆓スト東堂、学徒群集メ、受戒ノ者多。付法ノ弟子義介義尹義準佛僧寂圓、傳戒[60]ノ弟子義演道荐皆此ノ七人、開山元公小師ナリ。学徒紹續參学。各爲㆓傳法傳戒本師㆒。或住持本寺ニ、或接化諸方、其外得法密證、不能悉記。弘安三年庚辰夏四月示疾。六月中、必可有圓寂。都鄙陰陽ノ勘之大檀那、自㆓六波羅㆒、三十日ノ請㆑暇而下㆑國ニ。師集㆓衆徒ヲ、顧相那、語曰、予生々世々、乃至先師、至㆓マテ成道／度生之時節㆒ニ、一日之不㆑離㆓先師㆒。有㆘致㆓如影隨形之給侍㆒ヲ。願是故死期又[61]期㆓八月下旬㆒。此ノ願㆑不㆑可㆑差。相那三十日之請暇、芳恩難㆑謝、須㆑所㆓還上㆒。其ノ身不㆑私、国ノ法可㆑恐、慇懃ニ垂示ス。相那仰歎、啼涙メ帰洛ス。又示㆓門人㆒云、吾沒セハ以㆓遺骨㆒、安 先[62]師ノ塔旁侍者位ニ、別ニ勿㆑立㆑塔。今現存ノ居所、又構㆓フ先[63]師ノ塔旁㆒。昔六祖塔主令瑫(ママ)、慕古ノ之住持、退後雖㆑居㆓東堂㆒ニ、介公又退院ス。一寺兩堂、名字可㆑迷。吾ヲ号㆓ヨ塔主㆒ト。蓋令瑫㆒ノ勝躅如㆑是遺囑ソ果八月廿四日、沐浴如㆑常。入㆑夜ニ示曰、先師半夜ニ圓寂ス。予又慕㆑之至㆑丑ニ可㆑往。師／日々記㆑事。至其日ニ記云、今日予死スト。所㆓ナリ世ノ奇異㆒トスル。時至テ鳴㆑鐘集㆑衆求㆑筆書偈曰、八十三年如㆓夢幻[64]㆒一生罪犯[覆]㆓弥天㆒。而今足下無絲㆓ソ去。瑫㆓飜虚空㆒沒地泉。擲筆而顧㆓視一衆㆒珍重メ逝。俗壽八十有三。[65]僧臘六十有三。霊前祭礼一七日。顔貌如㆑生。胸間尚煖[66]ナリ。霊骨任遺命ニ納ルニ之無㆑塔。介公継㆓テ本寺第三組位㆒、晩年ニ開㆓闢ス加州ノ大乘寺㆒ヲ。尹公ハ住㆓鎮西聖福寺㆒、開㆓肥州三日大慈[67]兩寺㆒ヲ。準者雖㆓モ永徳歡喜兩院住持㆒スト、晩年輕㆓蔑宗旨故ニ師沒後爲㆑竜天ノ所治罸ヤ、最後ニ蒙㆓テ魔擾㆒ヲ死ス。演公住㆓本寺㆒ニ、荐公ハ住㆓西願／衆林両寺㆒。僧首座ハ師ノ逝去後未㆑滿三回在㆓本寺㆒ニ逝ス。圓公ハ越州妙法寺宝慶寺兩山開闢ス。師雖㆓美味山住菴㆒スト、師沒後其庵焼失ス。師又爲㆑遺㆓末世ノ規矩㆒、在㆓越前ノ中濱㆒ニ半夏頭陀[68]院行化ス矣。

○無着道忠筆写本と続群書類従本との対校

1在—有（群） 2須非—若異（群） 3此—其（群） 4寵—至（群） 5詑—託（群） 6賛—讃（群） 7悲—慈（群） 8烟—煙（群） 9言—語（群） 10心—精（群） 11閣（欄外に「閤」）—閤（群） 12云—曰（群） 13任—仕（群） 14性—然（群） 15尽—盡美（群） 16太—大（群） 17座—坐（群） 18同上 19班—斑（群） 20始—如（群） 21座—坐（群） 22同上 23評—詳（群） 24土—主（群） 25自尓—法爾（群） 26誑—誰（群） 27位—泣（群） 28儒（欄外に「僧」）—僧（群） 29悲—慈（群） 30達—遠（群） 31不待人—待人（群） 32悲—慈（群） 33衩（欄外に「衩」）—双（群） 34脱落—落々（群） 35ヶ—爾（群） 36通—道（群） 37時—恃（群） 38衆雖—雖々（群） 39處所—所々（群） 40普—普ノ下「為」アリ（群） 41具—其（群） 42廿—二十（群） 43無覓—無處覓（群） 44者—ナシ（群） 45同上 46求（欄外に「永」）—永（群） 47者—ナシ（群） 48生—世（群） 49弉—奘（群） 50頭（欄外に「髪」）—頭（群） 51学—覚（群） 52識—職（群） 53坐—座（群） 54座—坐（群） 55知客—四客（群） 56看—見（群） 57住—往（群） 58時—ナシ（群） 59注（欄外に「住」）—住（群） 60戒—介（欄外に「戒歟」）（群） 61又—人（群） 62先—元（群） 63同上 64幼（欄外に「幻」）—幻（群） 65三—一（群） 66煖—暖（群） 67慈—茲（群） 68陀—院（群）

本書の表題は、書目に『永平禅寺三祖行業記』となっているが、実際の題僉には何も書かれていない。その書目の編集責任者の一人であった花園大学の加藤正俊教授に聞くと、禅文化研究所において昭和三十九年十一月にマイクロフィルムに撮影した際に便宜的に命名したものという主旨を伺った。それは、内題に「大日本国越州吉祥山永平禅寺三祖行業記」と記されているところから、冒頭部分を略して付したものと思われる。内容は、同類書と同じく高祖、奘祖、介祖の伝記を集録したものであり、冒頭を含め末尾にも撰述年や撰述者に関する記述はない。無著の真筆と伝えられている通り、それは、他の撰述書の筆跡から見ても間違いないと思われる。なお、通し番号三四には、三〇と重複して所載する「二祖奘禅師」「三祖介禅師」の伝記は、筆跡が乱暴で彼のものとはにわかに断定しがたい。

本書の形式（体裁）は、原物の拝覧が現在のところできないので正確に把握できない面もあるが、マイクロフィルムの複写から見て次のような点が判明する。まず、合綴本の一冊で前述の「總持開山仏慈禅師行実」他六師の伝記と總持寺の寺史資料類が所載する。料紙と大きさは不明であり、装丁は袋綴じで表裏の紙がつき、題僉が貼られているが何も記されていない。丁数は全体で五四丁あり、該当部分は一六丁である。各祖師の冒頭と末尾の部分はさておき、一丁の字数は一行一八字の一〇行あり、平均一八〇字である。

本書は系統の上で『三大尊行状記』よりも『三祖行業記』に近い[3]。それは両書の語句を比較対照した結果（高祖の法脈数など）、総合的に無著の筆写本が『三祖行業記』と一致するからである。スペースの上ですべて列挙できないが、両書の相違する語句の内、特に代表的に目立つ語句は次の通りである。

『三大尊行状記』	『三祖行業記』
洞山高祖一十三世之祖師、	洞山高祖一十四世之祖師
釈迦牟尼如来五十一代古仏	釈迦牟尼如来五十二代之古仏
本師堂上老師大禅師	本師堂上大和尚大禅師
波多野雲州大守義重	波多野雲州大吏義重
鎌倉西明寺殿	東関西明寺

しかし、本書と『三祖行業記』が他の箇所を含め、完全に一致するものではない。新旧の漢字の相違はさておき、その他の語句の違いが、五十余箇所に亘ってあるのである。特に大きく異なる点は、『三祖行業記』「三祖介禅師」伝の末尾にある「遺偈」二種の中、後の「且遺偈云、看行業記忽驚情、没後生来思給師、埋骨塔邊侍者位、松風白月是聞奇」が本書にないことである。この点において、本書は『三大尊行状記』と同一である。そもそも「遺偈」が二つあること自体おかしいことであり、東隆眞氏が指摘するとおり、後者のそれは明らかに後に付加されたものと推定される。従って、本書は付加される以前の形態を持つ『三祖行業記』ということになるであろう。また少なくとも後者の「遺偈」のあるなしで『三大尊行状記』の新旧は即断できないことは、本書の存在によって知られるであろう。

『続群書類従本』と本書は、両書とも当初、外題がなく後人が付したものであり、信が置けないものの、初祖を除く他の二祖師の表記が一致し、内容の上でも比較的共通するので同じ系統に属すると見られる。但し、初祖伝は、前者が単に「初祖元禅師」となっているのに対して、後者は「大日本国越州吉祥山永平禅寺三祖行業記」と内題があり、続いて段落を変えて「初祖元禅師」となっている。その内題と良く似たものに、小間氏蔵本がある。それには、「日本国越州吉祥山永平禅寺初祖道元禅師行業」とあり、冒頭に「大」の字がなく、末尾が高祖伝の命名になっていて、「記」の字がない。「大」と「記」の二字は、簡単に加減が可能である。ちなみに岸沢文庫蔵の「(仮題)道元禅師行業記［能州諸嶽山惣持寺来由記所載］」の内題は、「日本国越州吉祥山永平禅寺初祖道元禅師行業」であり、小間氏蔵本と全く一致することが知られる。この岸沢文庫蔵本は初祖伝のみで他の二祖師の伝記はない。更に、この末尾に「建長元年九月十日、永平和尚云」に始まる高祖の「御遺状（尽未来際置文）」が付されている点と、小間氏蔵本が初祖伝の後に前述した『洞谷記』の二祖・三祖の伝記を載せ、末尾に同じく高祖の「御遺状」を付している点と軌を一にする。恐らく、この二書は、同一の写本を元にしたものであろう。小間氏蔵本は、単にその二祖師伝を挿入したに過ぎないものと思われる。

注

（1）無著道忠の略伝。但馬（兵庫県）養父郡竹野邑出身、俗姓熊田氏、道号無著、別号保雨堂・照冰堂、諱道忠。八歳ころ出石の如来寺にて得度。後に京都妙心寺龍華院竺印祖門の下で養育され、当初、祖忠と名づけられ、後に道忠と称す。各地を行脚、諸師を歴参、延宝五年（一六七七）二十五歳で竺印に嗣法し、遺命で龍華院二世となる。五十五歳で妙心寺に初住、正徳四年（一七一四）に妙心寺再住、享保六年（一七二一）に妙心寺三住、翌年に龍華院に退休。その後、著述に専念し九十二歳で没する。編纂の語録・辞書類は合計三七種九一一冊（「無著道忠撰述書目」昭和四十年調査）に及ぶという。『禅林象器箋』二十巻、『葛藤語箋』十巻、『小叢林略清規』三巻、『正法山誌』十巻、『正法眼蔵僭評』一巻（道元の大慧への言及を批判）、『黄檗外記』一巻（黄檗批判）、『金鞭指街』一巻（鈴木正三の仁王禅批判）等は、その一部である。参考書、飯田利行『学聖無著道忠』（青悟堂、一九四二年）、柳田聖山「無著道忠の学問」（『禅学研究』五五号、花園大学国際禅学研究所、一九六六年）、片山晴賢「無著道忠編纂の語録辞書について」（『駒沢短期大学研究紀要』一八号、一九九〇年）。

（2）「三祖介禅師伝」。当該の伝記は、無著道忠が収集し書写し、時に門人に書写させた中の一部として保持していた当該史料は、吉田道興『道元禅師伝記史料集成』の二箇所（四～二七頁〔花園大学国際禅研究所編無著の「撰述書目」の通し番号30〕。三〇～五〇頁〔同右の通し番号34〕）にその本文が所収されているので参照されたし。

（3）『三大尊行状記』系と『三祖行業記』系の二系統を暫定的に分類したものが、前掲論文「道元禅師伝の史料研究――『三大尊行状記』と『三祖行業記』を中心に」の七六～七八頁に所蔵先を、さらに後掲論文「瑩山禅師撰とされる『道元禅師伝』考」（本書「伝記編」第四章第五節の一一六～一一七頁に三祖伝の構成に焦点を当てて挙げ対比している。他にもその異本が今後新しく発見される可能性がある。

追記

本節は、国内研修の成果として、『駒澤大学禅研究所年報』三号、一九九二年所収の論文「道元禅師伝の史料研究――『三大尊行状記』と『三祖行業記』を中心に」（本書「伝記編」第四章第三節）と姉妹編をなすものである。

第五節　瑩山禅師撰とされる『道元禅師伝』考

はじめに

近年、「道元禅師伝」の研究は、「古写本建撕記」を中心にしたものが比較的多い。しかし、その素材となった古い伝記史料類の研究も見逃してはならない。

瑩山紹瑾（一二六四～一三二五）撰と伝承される『道元禅師伝』には、正安二年（一三〇〇）垂示の提唱録『伝光録』「第五十一祖永平元和尚章」と元亨三年（一三二三）九月十三日記の「洞谷伝灯院五老悟則并行業略記（以下、「行業略記」と略称）」曽祖章（大乗寺本・智灯照玄重輯本『洞谷記』所収）とがある。『伝光録』は瑩山が提唱し、門人が筆録したものと伝承し純粋な撰述書とは異なるものの、瑩山の思想が込められているという点で尊重されている。次の「行業略記」曽祖章が一般的に瑩山の撰述書として認知できるものであろう。

右の二書の他に撰述年不詳の永光寺蔵本『永平伝法記』「永平寺道元和尚行実」（『曹洞宗全書刊行会蒐集書』）と撰述者・撰述年不詳の大乗寺蔵本『元祖孤雲徹通三大尊行状記』、続群書類従刊本『永平寺三祖行業記』（以下、『行状記』『行業記』と略称。この二書は元同一の原本より生じた異本）とがある。

「永平寺道元和尚行実」の末尾に「遠孫比丘紹瑾記」があり、あたかも瑩山の撰述書と見做されそうであるが、後述するように他の諸本と対照すると問題がある。同じく『行状記』『行業記』に関しても東隆眞氏が瑩山撰述説を主張されているが、これも後述するとおり、その後数種の異本が発見され、その結果、それらを総合的に見直し把握する必要が判明した。本節では、主に東説の検討を通じ、その問題点を指摘し、些か推測的であるが私なりの考えを述べてみたい。

一、『行業記』『行状記』の作者（撰者）をめぐって

東隆眞氏の論文「『行業記』と『行状記』――『行状記』の作者・成立年代の問題」（『宗学研究』六号、一九六一年）を要約すれば、次のようになる。まず第一、表題の差異について。『行業記』における三祖師（道元・懐奘・義介）伝は永平寺中心の表題であり、禅師の敬称で統一されていること。『行状記』は永平寺・大乗寺を意識した表題であり、和尚の敬称を使っている。宗門では禅師の敬称よりも和尚の方が古い用法であること。また『行状記』冒頭の「門人集記」の門人とは単数を示し、それは義介の門人と推察され、かくて瑩山を指すとしている。次に第二、記述内容の差異について。『行業記』義介伝の

末尾にある遺偈は『行状記』にないもので後人の追加したものであること。前後するが原作者を瑩山とする根拠について、道元の法脈上の算定法における『行状記』の記述「洞山高祖一十三世之祖師、釈迦牟尼如来五十一代古伝」は、瑩山の『伝光録』や『報恩録』上巻十一等と全く同じ見解であるとしている。その上、『伝光録』の本文「大宋国五十一祖なりといへども、今は日本の元祖なり」を引き、『行状記』の表題との共通点を指摘している。なお『行業記』では「洞山高祖一十四世之祖師、釈迦牟尼如来五十二代之古仏」と記す。（傍線は筆者の付記。以下同じ）

同じ東氏の論文「小間氏所蔵『永平三祖行業記』紹介」（『宗学研究』二七号、一九八五年）では、その史料『永平三祖行業記』の三祖師伝中、懐奘・義介の伝記が『洞谷記』所収のものと大方一致することを指摘しつつ、その末尾の識語「于時元亨三年癸亥九月十三日、嗣法小師紹瑾謹記焉」を挙げ、更に『永平伝法記』「永平寺道元和尚行実」末尾の識語「遠孫比丘紹瑾記」、「永平二代懐奘和尚行実」末尾の識語「比丘紹瑾記」、卍元師蛮撰『本朝高僧伝』の「援引書目」に掲げられる「孤雲禅師行状、瑩山瑾撰」、「徹通禅師行状、同撰」を挙げて瑩山にこのような撰述があったものと推測している。

伊藤秀憲氏は、右の東氏の説を受け、「『三大尊行状記』の成立について」（『印度学仏教学研究』三四巻一号、一九八五年）の論文で『行業記』よりも『行状記』の方が原形を保持しているという説に賛同を示しつつも『行状記』全体を瑩山撰と推定する点には疑問を感じるとし、種々の根拠を挙げ「懐奘伝」と「義介伝」は瑩山撰、「道元伝」は義介撰が考えられるとしている。特に道元の僧臘に関し、『行状記』「道元伝」（「僧臘三十有七」）と『洞谷記』（「坐夏四十一」）とで明らかにその数え始める基点が異なっていることを指摘している。また「道元伝」が他の二伝よりもその成立が古く、他の伝も夫々独立していたとし、前述した小間氏所蔵『永平三祖行業記』の内容・構成からも「道元伝」は独立して存在または伝写されたことを物語っている、との旨を推定している。

二、東説の根拠――『行状記』『行業記』の題名と本文の冒頭・末尾の点検

東氏は、「大乗寺本」「続群書類従刊本」「小間氏蔵本」の三本しかご存じないようであるが、筆者は他に四本、合わせて七本の確実な異本を把握している。今、それらの題名を列挙してみたい。まず便宜的に前掲の道元の世代数により二系列に分けた。なおⓐは外題または内題、ⓑは初祖の表題、ⓒは二祖の表題、ⓓは三祖の表題を示す。④・⑤のⓒとⓓの傍線部は『洞谷記』所収の文である。なお⑤には『行状記』のⓒとⓓも重複してあるが、便宜的に表記は略した。

(1)「行状記」系

①大乗寺本「三大尊行状記」
ⓐ元祖孤雲徹通三大尊行状記
ⓑ越州吉祥山永平開闢道元和尚大禅師行状記
ⓒ永平二代懐奘和尚行状記
ⓓ大乗開山義介和尚行状記

②長円寺本「永平三祖行業記」
ⓐ永平三祖行業記
ⓑ越州吉祥山永平寺開闢道元和尚大禅師行業記

ⓒ永平二代懐奘和尚行業記
ⓓ永平三代義介和尚行業記

③岸沢文庫蔵本（ⓐ・ⓒ・ⓓナシ）
ⓑ日本国越州吉祥山永平禅寺初祖道元禅師行業

④小間氏蔵本「永平寺三祖行業記」
ⓐ永平寺三祖行業記
ⓑ日本国越州吉祥山永平禅寺初祖道元禅師行業
ⓒ祖翁永平二世和尚
ⓓ先師加州大乗寺開山和尚

⑤河村孝道氏蔵本「永平寺三祖行業記」
ⓐ大扶桑国越州吉祥山永平禅寺三祖行業起
ⓑ初祖元禅師
ⓒ祖翁永平二世和尚
ⓓ先師加州大乗寺開山和尚

(2)「行業記」系

⑥続群書類従刊本「三祖行業記」
ⓐ永平寺三祖行業記
ⓑ初祖道元禅師
ⓒ二祖奘禅師
ⓓ三祖介禅師

⑦龍華院蔵本「三祖行業記」
ⓐ永平禅寺三祖行業記
ⓑ大日本国越州吉祥山永平禅寺三祖行業記、初祖元禅師
ⓒ二祖奘禅師
ⓓ三祖介禅師

右の異本中、長円寺本・岸沢文庫蔵本・龍華院蔵本等に関しては、「道元禅師伝の史料研究――「三大尊行状記」と「三祖行業記」を中心に」（本書「伝記編」第四章第三節）と「無著道忠筆『永平禅寺三祖行業記』の翻刻・紹介」（同右第四節）を参照頂きたい。

さてそこで東氏は、主に大乗寺本と続群書類従刊本との二本の表題で新旧を比較しているが、夫々に数種の異本があり、それらを見る限り単純には決められない。すなわち大乗寺本と本文の内容を対照すると酷似する長円寺本の題名中、ⓐは『行業記』に近く、ⓓの義介の肩書きが「永平寺三代」となっていることが注目される。更に岸沢文庫蔵本と小間氏蔵本との表題ⓑが同名であり、しかも岸沢文庫蔵本は「道元伝」のみの単行である。また末尾は「行業」とあり「記」がない。これは応永二十年に記された「河内郡若芝金龍寺記録」（『続常陸遺文』巻五所収）の「永平三祖行業」を想起させる題名であり、『洞谷記』の成立以前に「道元伝」が既にあったことを示唆する。敬称も東氏が古いという「和尚」ではなく「禅師」を使っている。

次に『行状記』冒頭の「門人集記」の語句に関し、他の異本には「門人」の語がなく「集記」（長円寺本）、「謹記」（小間氏蔵本・岸沢文庫蔵本）となっている。他の異本には何も記されていない。その「門人」が瑩山を特定する証左はこの箇所に限り何もない。

小間氏蔵本の末尾にある識語「于時元亨三年癸亥九月十三日、嗣法小師紹瑾謹記焉」は、河村氏蔵の『永平寺三祖行業記』にもあり、前掲『洞谷記』所収「行業略記」の末尾の識語「于時元亨三年癸亥九月十三日、釈迦牟尼仏五十四世法孫洞谷紹瑾記」に対応するものである。後半部は相違するが、前半部は同一の年月日であり、同じ「義介伝（先師加州大乗寺開山和尚）」に付されているものであるから、明らかに小

間氏蔵本及び河村氏蔵本は『洞谷記』所収の「行業略記」に関連するといってよいであろう。従って別の「道元伝」を載せる小間氏蔵本の『永平三祖行業記』を以て瑩山撰とするわけにはいかない。

三、『永平伝法記』所収「永平寺道元和尚行実」の撰者について

東氏は、『永平伝法記』の「永平寺道元和尚行実」[1]と同じく「永平二代懐奘和尚行実」の本文を検討せずに夫々の末尾「遠孫比丘紹瑾記」と「比丘紹瑾記」を以て直ちに瑩山撰とされている。筆者は他の諸伝と比較対照した結果、確かに『行状記』や『洞谷記』の「行業略記」に対応する文もあるが、冒頭や末尾に虎関師錬撰の『元亨釈書』と関連する文を含み、後人が合糅した可能性を残していることを窺い得た。次にその箇所を示す。

永平寺道元和尚行実	元亨釈書
①姓源氏京兆人、神纓之胤也 〈中略〉 ②詣建仁明菴、菴為法器。 〈中略〉 ③叢規一則太白。平副帥時頼招以名藍不就、回越之旧院。	釈書元、姓源氏京兆人、神纓之胤也。始謁建仁明菴、菴為法器。平副帥時頼招以名藍不就、乃如越州構精舎而居名曰永平禅寺、叢規一則太白。

なお、『本朝高僧伝』の「援引書目」に挙げている「孤雲禅師行状」「徹通禅師行状」をその本文と『行状記』や『洞谷記』の「行業略記」に対照しても卍元が独自に展開した文になっているため相応せず、元資料がどのようなものか追求する手だてがない。

四、道元の法脈上の算定法の相違

東氏は、『行状記』の原作者を瑩山とする推定の根拠に道元の法脈上の算定法を挙げているが果たしてどうであろうか。『行状記』の記述「洞山高祖一十三世之祖師釈迦牟尼如来五十一代古仏」は、瑩山の『伝光録』や『洞谷記』等と全く同じ見解であっても独自のものではない。中世古祥道氏の論文「道元禅師実父研究上の一資料」（『宗学研究』二三号、一九八一年）には、宗門における伝統的な法系の挙げ方は道元の時代より十五世紀初頭まで首唱者を省き世代を数えた、との旨を述べられている。ただし、道元の場合、またその時代、すべてそうであったとは言えない面がある。例えば『正法眼蔵』「仏性」における天童如浄の世代数に関し、本文に「五十代」とある箇所が異本や注釈書により「五十一代」（「五十一世」）としているのである[2]。

参学しきたること、すでに二千一百九十年、当日本仁治二年辛丑歳、正嫡わづかに五十代至先師天童如浄和尚、西天二十八代、代々住持しきたれり、東地二十三世、世々住持しきたる、十方の仏祖ともに住持せり。
「仏性」

これに依れば天童如浄は「五十代」となるが、『御聴書抄』中の該当箇所の注釈には次のように述べられている。

又達磨大師西天ニテハ廿八祖、東土ニテハ初祖、二タヒ奉算也。（天童如浄は）一度奉算時ハ五十世、二度奉算時ハ五十一世ナリ。
「泉福寺蔵本」［（ ）は筆者による挿入］

ここでは、道元の在世時もしくは没後間もない頃、詮慧・経豪が天童如浄を「五十世」とも「五十一世」とも数えていたことを知ればよい。そうであれば道元は、「五十一世」または「五十二世」となる。従って『行業記』が「洞山高祖一十四世之祖師、釈迦牟如来五十二代之古仏」と記すのもあながち間違いと断定することはできない。「洞山高祖一十四世之祖師」の部分は、むしろ伝統的表記なのである。東氏の指摘するように『行状記』と『行業記』の記述は一得一失である。なお、十五世紀後半以降の成立になると思われる「仏性」巻の異本（静岡最福寺蔵本、大阪陽松菴蔵本、兵庫永沢寺蔵本）にはその部分が「五十一代」とある。

五、『行状記』と『行業記』との対照、及び両系の異本対照

東氏は、『行状記』が『行業記』より古い根拠として『行状記』にない『行業記』（続群書類従刊本）の「義介伝」末尾の遺偈「且遺偈云、看行業記忽驚情（中略）松風白月是聞奇」は前文との続き具合が不釣り合いであり、遺偈が二つあることなどの理由により後人の書き加えたものと推測している。この点、筆者も同感である。なおその加筆と思われる遺偈は、『行状記』系の大乗寺本と長円寺本・河村氏蔵本とには当然ないが、『行業記』系の龍華院蔵本にもない。

『行状記』と『行業記』との両系における相違は、他にも数か所ある。ここでは「道元伝」に限り幾つか挙げてみよう。

『行状記』系の大乗寺本と長円寺本には、接化の記述「道風遠聞。緇白普帰、受具剃頭弟子三百余人」とある文はそこで一段落しているが、同じ系統の小間氏蔵本と岸沢文庫蔵本それに『行業記』系の続群書類従刊本と龍華院蔵本には続いて「受菩薩戒弟子七百余人」と記されている。この記事は、前と同じく後人の書き加えたものであり、それがない大乗寺本と長円寺本が果たして古いといえようか。なお『洞谷記』の「行業略記」（道元伝）には、「戒弟緇白七百余人」という文があり、これと何らかの関連があると思われる。

次に末尾の付法の弟子の動向に関する記事「奘首座者継踵、住永平寺。恵首座住洛陽永興寺。海首座者、師在生唱滅興聖寺」は、『行状記』系の大乗寺本と長円寺本・河村氏蔵本にあり、多少字句の相違はあるが『行業記』系の続群書類従刊本と龍華院蔵本にもある。しかし、『行状記』系の小間氏蔵本と岸沢文庫蔵本にはない。ちなみに『洞谷記』の「行業略記」（道元伝）にもない。

付法の弟子について言えば、伊藤氏が指摘しているように「奘公僧海詮恵三輩是法嗣也」の記事は、『御遺言記録』の「懐奘某甲一人伝之」や「義鑑附法状」、『行状記』（義介伝）等に記す文とは異なる作者を示唆する。

前後するが、道元の俗寿・僧臘の記事「俗寿五十有四、僧臘三十有七」にしても伊藤氏が既に指摘するように『洞谷記』の「俗寿五十有四、坐夏四十一」と相違し、明らかに『洞谷記』の作者とは異なる。なお、『永平伝法記』「永平寺道元和尚行実」には、「寿五十有四、臘三十七」とあり、『行状記』『行業記』と僧臘の数え方が同じである。

次に便宜的に『行状記』系と『行業記』系とに分けたのは前述したとおり道元の法脈上の相違からであったが、両系統の異本（冒頭の一字）を対照してみると必ずしもきれいに分けられないことが判明した。以下、本文中の例として名称における語句上の対照をしてみよう。

行状記系（大・長）	行業記系（続・龍） 行状記系（小・岸・河）
①浄長老	浄和尚
②今随全和尚入大宋	今随全法師入大宋
③本師堂上老師大禅師	本師堂上大和尚大禅師
④天童浄老	天童浄和尚
⑤波多野雲州大守義重	波多野雲州大吏義重
⑥鎌倉西明寺殿	東関西明寺

東氏は、表題の「和尚」と「禅師」との敬称における比較で「和尚」が古く「禅師」が新しいといわれるが、文中には「長老」「法師」「老師」等もあり、⑤⑥を含め、これらを文献資料により歴史的に新旧の判定をしていく必要があろう。

ここで注目すべきは、『行状記』系に属する小間氏蔵本・岸沢文庫蔵本・河村氏蔵本が世代数を除き、他の名称では『行業記』系の語句に多く一致することである。紙幅の関係で挙げられなかったが、その他の語句でも多数に亘り『行業記』系と一致する。詳しくは前掲の「対照表」を参照頂きたい。

六、伊藤氏の「義介伝」瑩山撰述説

伊藤氏の説は、大旨妥当なのであるが、『行状記』の「義介伝」に諸種の史料を挙げている中で「徹通義介禅師喪記」を用い、その内容がほぼ一致しているとの旨を述べているが、多少見当違いをされている。次にその二書の相違点を表記する。①は出身地、②は道元への帰投時期、③は大乗寺退院後から遷化までの期間、④は示疾時期である。

徹通義介禅師喪記	行状記「義介伝」
①右本貫越州稲津保人事。	越州丹生北足羽郷人也。
②仁治三年四月十二日。二十四而掛搭於洛陽興聖寺。	仁治二年辛丑春、参深草改衣。于時二十三歳也。
③永仁六年戊、戌告退菴居十二年。	隠居独庵経十年。
④延慶二年己酉、八月廿二日示疾。	延慶二年己酉、八月二十四日示疾。

「徹通義介禅師喪記」が瑩山の真撰であれば、たといその他の事項は瑩山の書に由来するとしても「喪記」と相違する「義介伝」の作者は別人となろう。つまり現存する『行状記』「義介伝」の作者は、瑩山ではない。

おわりに

作者不明の『行状記』『行業記』の「道元伝」は、『洞谷記』の「行業略記」成立以前に存し、単行していた。その単行の形が岸沢文庫本である。それとは別に瑩山の「行業略記」が成立し、その中の「懐奘伝」と「義介伝」とを合糅したのが小間氏蔵本と河村氏蔵本である。『行状記』の大乗寺本は、題名や道元の法脈数に瑩山以来の大乗寺の伝承を色濃く反映しているものかも知れない。紙面の制約から十分な説明と論証はできなかったが、大略『行状記』『行業記』の「懐奘伝」はさておき「道元伝」及び「義介伝」は瑩山の撰述ではない事が判明した。諸種の異本の成立や相互関係などの書誌学的考察を通し更にはっきりするであろう。

注

(1) 東氏の挙げる『永平伝法記』「永平寺道元和尚行実」は、『曹全書　解題・索引』(七二二頁)によれば、石川県羽咋市永光寺蔵大円満徹編及筆、元禄四年(一六九一)写『永平伝法記』(合綴一冊)所収「永平道元禅師行状事」となっている。これによれば撰者は不明、編者は大円満徹(行実・生没年不詳)とあるが、むしろ撰者とみなしてもよかろう。

(2) 如浄の世代数を「五十代(世)」とする例は『正法眼蔵』「仏性」巻ばかりではなく、それを前提に道元自身が「五十一世(伝)」としている例が「東西都盧五十一伝すなはち正法眼蔵涅槃妙心なり」(鉢盂巻)、「しるべし、のがれずおこなはるる九旬坐夏安居なり(『全書』二巻『眼蔵』「鉢盂」二一三頁)、「しるべし、のがれずおこなはるる九旬坐夏安居なり(中略)正伝まのあたり五十一世なり」(同右「安居」二二一頁)がある。また如浄を「五十一世」とする例と思われるのが「この仏祖現成せるには、世尊・迦葉・五十一世・七代祖宗の影現成なり」(同右「面授」五七頁)がある。

追記

撰述者を特定するには、まず作業として諸種の『三大尊行状記』と『三祖行業記』の異本を整理したうえで「原本」(オリジナル)の形を設定することが大事である。おそらく三祖の伝記は、東氏と伊藤氏が推定しているように、一人ではなく個々の撰述者が想定できる。次にその異本中の代表的なもの、つまり、大乗寺蔵本と続群書類従刊本の二本が、どのように展開していったのかを他の伝記史料と比較して影響度を見ていく作業になっていく。筆者は試論として、大乗寺蔵本を写した山田霊林本が『曹全書　史伝』所収(初版底本)、永久岳水写本が駒澤大学図書館の影写本(複写)となり、その影写本が『曹全書　史伝』所収(再版底本)となっていることを、調査の結果明らかにした。また『続群書類従本』の底本は、内閣文庫蔵・宮内庁書陵部・静嘉堂文庫等に所蔵されていたものを編集校訂の過程で塙保己一が合綴、『続群書類従』九輯伝部三六・巻二二五として一九三〇年に刊行したものである。それらの研究成果の一端が、前掲「道元禅師伝の史料研究――「三大尊行状記」と「三祖行業記」を中心に」の「系統図」(本書一〇一頁)である。

第六節　宮城県瑞川寺蔵『永平開山道元和尚行状録』について

道元禅師（以下、高祖と略称）の伝記史料中、単独でまとまった内容の最も古い『元祖孤雲徹通三大尊行状記』『永平寺三祖行業記』[1]、そして『永平開山道元禅師行状建撕記』に次いで成立したのが『永平開山道元和尚行録』である。

この『道元和尚行録』は、あまり研究対象として採り上げられることはなかった。それは撰述者が不明である上に高祖の父を「久我通忠」（通親の子息通光の嫡子）とする等、史実考証で誤った説を出し、また異本が比較的少なく、その点さほど識者に注目されず人々に知られなかったせいと思われる。

この異本には、既に次の四本が知られている。

(1)　延宝元年（一六七三）刊本、西村又左衛門板行
内題『永平開山道元和尚行録（外題、道元和尚行録）』
復刻本、『曹洞宗全書』史伝下の底本

(2)　昭和五年刊本、続群書類従、九輯上－伝部三六－巻二二五
内題『初祖道元禅師和尚行録』

(3)　昭和（初期）写本、旭伝院岸沢文庫蔵。
駒澤大学図書館（MN）F一〇－九〈曹洞宗全書刊行会蒐集書〉
外題『祖山蔵／御開山行録（内題、御開山行録）』

(4)　文政元年（一八一八）写本、知仙書。
宮城県古川市（現、大崎市）瑞川寺蔵〈曹洞宗宗宝調査委員会収集書〉
内題『永平開山道元和尚行状録（外題、玄和尚行状録）』

右の岸沢文庫蔵『御開山行録』は、内題横に「□光紹禅師代歟」と書き入れがあり、永平寺三十世光紹智堂の在住時代（一六六四～七〇）に本山に所蔵され、岸沢師ないしその門下の人によって昭和の初め書写されたことが判明する。

瑞川寺蔵『永平開山道元和尚行状録』は、昭和五十七年七月、曹洞宗宗宝調査委員会により収集され、その存在は昭和六十二年一月『曹洞宗報』誌上の「宗宝調査委員会目録及び解題、65」に掲載され宗門一般に知られている。

瑞川寺は、寺伝（「瑞川寺記」）によると開創の紀年は不明ながら永禄年間（一五五八～七〇）兵乱に遭い衰微していたところ「松雪」という僧が復興し、その後、慶長の初め、伊達政宗の老臣で古川城主鈴木和泉守元信が開基となり、松音寺六世の松庵堅貞（一五九一年没）が勧請開山として招請されている。没年から実の開山は、同寺二世花庵大春（一六三一年没）であろうか。

なお、瑞川寺蔵『永平開山道元和尚行状録』の内容は、前掲『曹洞宗報』誌上の解題に『曹全書』史伝下所収『永平開山道元和尚行録』（底本、延宝元年刊本）に同じとし、「末尾に某師の開堂演法に当たり、

道元禅師の得悟布化を垂語として五十項の参問を録す」とある。しかし、厳密に言えば後に指摘するように刊本とは数十箇所にわたり字句が相違する異本であり、また末尾の「五十問答」は「某師の開堂演法」ではなく、真偽はともかく道元禅師の帰朝直前における天童山の開堂演法という体裁をとっている。

次に右の四種の異本を部分的に対校してみよう。

延宝元年・続群書類従刊本	岸沢文庫・瑞川寺蔵写本
①禅師、諱希玄、後更名曰道元、京兆人也。	①（禅）師、諱希玄、後日道元、京兆人也
②懐有父母難報恩、遂有出世意	②於是感父母難報恩、無経世之意
③以是稱曰文字童子	③又以是稱曰文殊童子
④欲師歸洛都、師志益堅	④緇素欲誘歸洛都、師益堅出塵之志
⑤松殿、通忠等知其不為塵縁可奪從之	⑤松殿、通忠等知其不可覊絆許之
⑥建保元年夏四月十日、薙髪師年十三	⑥建保元年夏四月十日、薙髪師歳十四
⑦閲大蔵二遍	⑦閲大蔵二遍六更涼燠
⑧貞應二年春二月、師歳二十有四	⑧貞應二年春二月中有二日、師歳二十有四
⑨隨商舶入宋、著明州界	⑨隨商船入宋、著州界
⑩無際一見、便器許、然以日本国人	⑩無際一見、便器許、然以外域人
⑪師之江西路、日暮無投、便宿荒草中、忽有一虎、鼓牙来噛師、主杖子忽化為龍、以護師身、虎疾潜去／［割注］主杖子存于今、倭謂之虎搏主杖／	⑪師之江西路、日暮又矣、便宿［荒］草裡、一虎鼓唇牙欲咬師、主杖化龍防之、虎遂潜跡去／［割注］主杖存于今、倭謂之虎歯根主杖／
⑫師趨太白告別浄和尚、付以芙蓉伽梨并自讃頂相／［割注］異本此有六祖大鑒念誦六字念誦現在永平庫蔵、是乃高休禅師所持来也。添以偈二首與記。自本朝往曹渓途程之書。則知非乃祖所持来。故今除去之／曰、汝以外国人授此衣、為表法信。	⑫師直趨大白告別浄和尚、付以芙蓉伽梨并自讃頂相　曰、汝以外国人為法信。
⑬是日薄暮得碧岩集善本、手繕之到三更、思念忽劇難全。	⑬是日薄暮得碧岩集善本、繕寫之到四更、思念難全備。
⑭乃即化為三寸許白蛇、屈蟠鉢嚢中。	⑭乃為三寸計白蛇、入鉢嚢中屈蟠。
⑮俄爾海風悪發、波濤震怒。	⑮又海風俄悪、波濤怒鼓。
⑯一船人喜獲重生、懽喜踊躍、帆行如飛、忽着筑之前州博多／［割注］異本作著肥之後州河尻。余行河尻問居人。居人曰、未聞異邦船着此處。則知作着河尻非是矣／	⑯一舩横目生難遭思、懽喜踊躍讃嘆矣。以故、孤帆如飛、着肥之後州河尻。
⑰師登岸、乃手圖海上観音妙體。後系賛于上。梓像流布。	⑰未浹旬自圓《（ママ）》于海上観音妙體。系賛于上。梓之其像今流布天下、釈迦文佛茵褥六祖惠能念珠鬱多羅僧安陀會鉢多羅尼師壇黒竹篦白拂子洞山頂相如浄語録等皆師帯来者也。今／［割注］在永平庫蔵／

⑱時頼以六條保、充山厨供、師拒之不受。

三年春正月、立羅漢供會。時應眞自空放光降臨。

緇素磋異、歎未曾有。又行菩薩大戒布薩到今不怠。

⑲建長二年、義重捨蔵経於永平寺。四年夏、講遺教経。黒白駢擁聳聽。五年夏示疾。

⑳三五夜有月倭歌。満多見無登於裳伊志登幾乃阿幾堂仁裳古夜伊乃津幾仁爾羅禮屋和須流。

㉑五十四年、照第一天、打箇跉跳、觸破大千。夷渾身無處。覓活陥黄泉。投筆恰然坐化。朝野聞訃、無不磋慟。即遷龕於興聖。

㉒師嘗著正法眼蔵、叢林清規、学道用心集等語録、并行于世。

㉓事縁軌迹、不克悉布遺粗綴清略、紀其萬一而已。

---

⑱於是以六條保、充山厨供、師峻拒之不受又本州有除鑵［鑵］男永平者、其愛妾死化蛇、師憫之授菩薩戒血脈、便変成男子［之］身、乗光明登天。

三年春正月、立羅漢供會。時應眞自空放光降臨。止老桧／［割注］時人呼曰羅漢松在于今／瞻禮師以團扇／［割注］現在本庵庫蔵／擲下山門内。緇素磋異、歎未曾有勝曾。又行菩薩大戒布薩到今不怠。

⑲建長二年、義重捨入蔵経於本庵。四年夏講遺教経。黒白駢擁聳聽。五年夏示微恙

⑳三五夜有月倭歌。又見登思志時［農］秋駄尓茂今宵農月尓寝羅連也和須流。

㉑五十四［五］年、照第一天、打箇跉跳、觸破大千。夷渾身無處。覓活陥黄泉。投筆恰然坐化。朝野聞訃、無不磋慟者。［即遷龕於興］聖

㉒師嘗著正法眼蔵、叢林清規、学道用心集等書、並行于世、又有語録。

㉓事縁軌迹也。不克悉布遺粗綴清言萬［々］之一而已矣。［終］

このように異本対校の結果、刊本二種系と写本二種系が各々同系統であり、「五十問答」が付いているのは、現在のところ瑞川寺蔵本だけである。しかし、問答中、第十一問の右横に「却異作功」とあるので、「五十問答」の付いた他の異本があったことが知られる。(2)

四種の異本対校により語句や文章上の細かな相違点を挙げると四十か所以上になる。その中で特に目立つ項目を分類すると⑴数字、⑵名称、⑶文章の増減等の相違がある。

数字の違いは、次の三か所。得度の年齢（「建保元年夏四月十日、薙髪」）について、刊本は割注に「(師年) 十三」、写本は「(師歳) 十四」。碧岩集書写の際、白衣の神人（白山明神）が出現し助力してくれた時刻について、刊本は「(到) 三更」、写本は「四更」。道元禅師の遺偈の第一句について、刊本と写本中の岸沢文庫蔵本も同じ「五十四年」であるが、瑞川寺蔵本では「五十五年」となっている。

名称の違いは、次の四か所。九歳で「倶舎論」を閲覧し文義に通暁していたことへの賛嘆として、刊本では「文字童子」、写本では「文殊童子」。入宋し無際了派に相見した時に新戒位に列せられた理由の一つとして、刊本では「以日本国人」、写本では「外域人」。帰朝の港について、刊本では「着筑之前州博多」、写本では「着肥之後州河尻」。なお、刊本の割注に「異本作着肥之後州河尻云々」の語が入っているが、写本には異本に関し何も触れていない。波多野義重が建長二年（一二五〇）に大蔵経を喜捨した所蔵先について、刊本では「永平寺」、写本では「本庵」となっている。

語句や文章の増減などの相違は、次の七か所。冒頭にある「道元」の名の由来について、刊本では「諱希玄、後更名曰道元」、写本では「諱希玄、後曰道元」とあって「更名」がない。明全との入宋の年月

（「貞応二年春二月」）に関し、刊本では日にちはないが、写本では「中有二日」と日にちが入っている。帰朝の際に如浄禅師より「芙蓉伽梨（袈裟）并自讃頂相」と付されたと記した後に、刊本では割注に「異本此有六祖大鑒念誦六字、念誦現在永平庫蔵云々」とあるが、写本にはない。ただし、これとの関連で帰朝の際、海上が荒れ、高祖が「観音普門品」を読誦し荒波を静めたことに因み「登岸（到着）」直後に「観音妙体」を描いたとのエピソードの後に、写本では「釈迦文仏茵褥、六祖恵能念珠、欝多羅僧安陀会、鉢多羅尼師壇、黒竹篦、白拂子、洞山頂相、如浄語録等皆師帯来者也。今在永平庫蔵」とあるが、刊本にはない。「ねんじゅ」に「念誦」と「念珠」との違いがある。単なる誤写ではなく、伝承の相違とせざるをえない。写本に記す品々の中には、にわかに信じられないものを含む。次に「宝治三年春正月、立羅漢供会」の記事の前後において、刊本にない記事が写本にある。すなわち越前に「除饉男（比丘）永平」という者の愛妾が死亡し蛇となったので、高祖がそれを憐れんで「菩薩戒脈」を授け成仏させたエピソードが入っている。刊本にはこの箇所にその記事はない。ただし、延宝元年の刊本には、附録四条の中に「血脈度霊」があり、その女性は波多野義重の愛妾となっている。また、写本には、「羅漢供会」（「羅漢供養」の講式）の縁起譚として、羅漢が降臨した松（羅漢松）及び高祖がその折にあおぎ見た団扇に関する記事がある。しかし、刊本にはない。他の細かな語句の相違は省略する。

更に、建長五年（一二五三）、京洛の西洞院において「中秋」の名月を歌った「倭歌」の万葉仮名が刊本と写本とでは違っていることなどが指摘できる。以上のことから現存する刊本二種と写本二種の伝承系統が明らかに別であったことを示している。しかし、新旧の判断はこれらの事項からは直ちにできない。次に瑞川寺蔵本末尾の「五十問答」を掲げる。

永平元禅師得悟ノ後侍二天童一四載一日辞二天童一々付以二芙蓉伽梨
并自賛頂相一曰汝以二外国人一授レ之為レ信皈レ国布レ化開二示衆生一
云々乃云預就二于當山一可二開堂演法一便命二五十人禅客一佐二賛師一々
不レ得レ已明日陞堂拈レ香云此香　今上皇帝聖壽万安階下還會麼珎
重々々嗣法此香天地不二覆戴一佛莫二側度一祖無二謾量一奉レ祝二献天童
和尚大禅師一欲レ酬二法乳之恩一／〔割注〕次登座卓主杖／曰山僧此
日随二大和尚命一曲登二此座一中忽若有二出格人一各々請出来證據時一
僧進曰

一　和尚掬二天童一滴一成二扶桑国裏河一。学人上来請師一滴水。師曰、雷轟々霖瑟々。

二　進曰、西天上堂与二今日上堂一相去多少。師云、十世古今不レ離二一念一。

三　進曰、向上人来時如何接。師曰、茶分与二湯分一。

四　進曰、機輪轉レ位時如何。師曰、船行到レ處。

五　進曰、把住放行古人手段請師一句。師曰、下レ座便柁開。

六　進曰、位階級学人病請師療レ病。師曰、放二下問話一。

七　進曰、借レ位明レ功時如何。師曰、以レ一知レ万。

八　進曰、借レ功明レ位時如何。師曰、以レ万知レ一。

九　進曰、始知衆生本来成仏、和尚出世何為。師曰、我出世證二明不成仏者一。

十　進曰、佛眉間放二大光明一如何是和尚神通。師云、眼見二東南一心有二西北一。

十一進曰、如何是学人自己。師云、千日辛苦一日没却。［却異作功」

十二進曰、如何是本来常位底人。師曰、眼裏沙耳。

十三進曰、一切声是佛声也否。師曰、渓声即是廣長舌。

十四進曰、諸法是法身也否。師曰、山色渓声即法身。

十五進曰、佛土是浄頭不二佛土一否。師曰、随レ處成レ主立處皆真。

十六進曰、三界唯心時草木瓦礫皆具レ心也否。師曰、心無心周扁法界。

十七進曰、悟道人有二貪瞋癡一麼也否。師曰、水長流不レ知レ流。

十八進曰、衆生入二地獄一時佛性落也否。師曰、鴈過二長空一影沈二寒水一。

十九進曰、破戒者可レ有二成佛一也否。師曰、昨日雨降今日晴。

廿　進曰、三種病人来時如何接。師曰、便打。

廿一進曰、不亘這邊那邊時如何。師曰、電轉星飛。

廿二進曰、如来禅与二祖師禅一外如何行李。師顧二視左右一。

廿三進曰、如何是超佛越祖事。師云、三千里外打二筋斗一。

廿四進曰、九十六種外道一時来如何接。師展二開両手一。

廿五進曰、有レ跨閟闔二出那入一如何接。師云、能行覆。

廿六進曰、無一切事不起妄念時如何。師云、葵華向レ日。

廿七進曰、大死底人還活時如何。師云、破鏡重不レ照。

廿八進曰、赤脚走二刀山一時如何。師云、射二斗牛一。

廿九進曰、雪覆二千山一孤峰為二甚麼一不レ白。師云、不レ混二月白裏一。

卅　進曰、如何是行脚事。師曰、東西南北。

卅一進曰、如何是末後一句。師曰、西天打レ鼓大唐作レ舞。

卅二進曰、露柱如何説法。師曰、唵阿盧々賀野然婆訶。

卅三進曰、如何是目前大道。驀直去。

卅四進曰、和尚還有下不與人説广法上麼。師竪二起拂子一。

卅五進曰、拄杖頭上有二三世諸佛一轉二大法輪一時如何。師曰、呑二尽大地一。

卅六進曰、万法皈レ一一皈二何處一。師云、今日開堂。

卅七進曰、孤峰頂上有二出身路一麼。師曰、雖レ嶮夜行人更多。

卅八進曰、和尚受二人天供養一有二信施一也否。師曰、無。

卅九進曰、人有二六波羅蜜行一有二功徳一麼。師曰、無功徳。

四十進曰、悟道有二因果法一否。師云、有。

四十一進曰、和尚已傳レ衣是得二何事一。師曰、得レ度二衆生一。

四十二進曰、天童山一燈成二扶桑万灯一意旨如何。師云、善哉々々。

四十三進曰、六瑞光時如何。師云、今日會与二靈山會一不レ別。

四十四進曰、諸天捧レ花二輪発レ光時如何。師云、諸佛感処生二天福一。

四十五進曰、一花開二五葉一時如何。師曰、扶桑結レ果。

四十六進曰、到處斉二祇園一旦越同二須達一時如何。師云、万歳々々。

四十七進曰、四教囲レ門時如何。師云、接着自在。

四十八進曰、大衆歡喜時如何。師云、應機説法。

四十九進曰、伽藍繁昌時如何。師云、放二大光明一。

五十進曰、子孫繁昌時如何。師曰、枝葉周四海。僧曰二信受奉行一作礼去。

師乃云、山僧到上裏這下轉二大法輪一放二大光明一発二神通一以明――朝為二扶桑導□□□禅師恩徳太深。久立珎重下レ座。

次日辞レ□□曰

生死事大無常迅速与レ汝相見期レ今日言訖磋嘆。師曰、東天雲起則證明某甲香烟縦雖三波濤隔二万里一同風句有二言詞外一仰願

只佛法繁昌誓度二群品一出去諸友送到二山下一
宝慶三年冬解レ纜発レ舩矣　終

前後の文を読み、これは高祖が天童山を送行する際、如浄禅師より開堂演法を命じられ、翌日、上堂して五十人の禅客を相手に問答したと伝える史料であることが判る。

この記事は、伝記本文を元に敷衍展開したものであることは明らかである。裏付けの史料こそ見当たらないが嗣法分限者たる高祖が天童山で開堂演法することは、あり得ないことではない。しかし一方、「五十問答」の内容を検討してみると、二、三意味不明の文を含むが、さほど苦労せずに読み下すことができ、どことなく和臭を帯びていることが感じられる。第一、この問答が仮にあったとし、誰が記録し将来したのか、その伝承経路がまったく不明である。『宝慶記』の断簡類に属するものなのであろうか、よく判らない。

写本二種の中、岸沢文庫蔵本の題目（「御開山行録」）と書き込み記事（「光紹禅師代歟」＝三十世智堂光紹）により恐らく寛文十三年（延宝元年〈一六七三〉）、「釈水皿」が識語を書き、「探牛首座」の尽力で印刻される以前、永平寺関係者（歴代住持、またその命を受けた有識者）が、創作したものと推定できる。以上、新出史料の大雑把な紹介をした。

注

（1）道元伝の初期史料。一般に曹洞宗の祖師伝として注目されるのは、応永年間（一三九四〜一四二八）に成立したと推定できる『三大尊行状記』と『三祖行業記』であるが、それよりも約七十年前の元亨三年（一三二一）頃に瑩山紹瑾が撰述した『洞谷記』に所収する「洞谷伝灯院五老悟則并行業略記」中に「曽祖（永平初祖道元伝）」章、「祖翁（二祖懐奘伝）」章、「先師（三祖義介伝）」章が所収されている。なお同書は、永享四年（一四三二）筆写本になく、享保三年（一七一八）、大乗寺二十三世智燈照玄による写本に由来しているので、瑩山自身の撰述か、後人の手が入っている可能性もあり、断定的に瑩山の撰述といえない面を有することをお断りしておきたい。

これに続く同様な古い史料が天性融石（一四二七年没）撰『仏祖正伝記』（福井永福庵蔵本、『続曹全　史伝上』所収）であり、所収の仏祖は「過去七仏・西天二十八祖・東土二十三祖・扶桑七祖（泉福寺無著妙融派系）」である。前掲の「行業略記」と当該書とも伝記の内容項目が極めて少ない「略伝」である。

ごく最近、菅原研州氏が『仏祖正伝記』の研究」を発表（『禅研究所紀要』四三号、愛知学院大学、二〇一四年）し、その底本、著者天性、各則の出典、本文からの諸検討を行い、かなり詳しい内容が判明してきたといえる。

（2）「五十問答」所収の異本。その後、愛知県宝飯郡一宮町（現、豊川市）松源院蔵『道元禅師行状之記』（建撕記の異本）、大了愚門撰『永平仏法道元禅師紀年録』があり、その本源は『眼蔵第九十四陞坐』に由来することがわかり、その四本を吉田道興『道元禅師伝記史料集成』（一六八〜二三八頁）に所収し対比した。

第七節　道元伝における天童山の「開堂演法」に関して

ここに紹介する道元伝の逸話は、一般にはあまり知られていない史料に拠るもので、天童山景徳寺において如浄が帰朝直前の道元に対し、「陞座」ないし「開堂演法」をさせたというものである。「陞座」とは、古くは「上堂」と同義であったが、次第に師家が高座に上り説法する意になった。また「開堂演法」とは、新命住職が初めてしかるべき寺院に着任し、法堂で説法することであり、「祝国開堂」とか「祝聖上堂」と称される。ここでは如浄が特段の配慮で嗣法を終えた道元の帰朝に際し、激励や祝意を込め五十人の禅客に命じて、道元と問答させた、という体裁をとっている。

その史料は、宮城県古川市（現、大崎市）の瑞川寺に所蔵する『永平開山道元和尚行状録』（「道元和尚行録」系の異本）の巻末付録にあるもので三年前に紹介したことがある（『宗学研究』三六号、一九九三年、前節）。その後、今年（一九九六年）になり愛知県宝飯郡一宮町（現、豊川市）の松源院に所蔵する『道元禅師行状記』（「建撕記」系の異本）の本文にも同種の文章があることを見出した。

前者の瑞川寺本は、文政元年（一八一八）、知仙により書写されたものであることが判明する。しかし、伝承を示す文はどこにもなかった。これに対し後者の松源院本の本文末尾には、「従永平寺伝来之体二而拝書／元禄十五壬午春二月日／洞流沙門闓山叟」とあって、その伝承・筆写年月・筆写者が明らかである。すなわち永平寺より伝来した本を元禄十五年（一七〇二）二月に闓山が写したものである(1)。また裏表紙には、「松源院十一世代／置焉」とあり、同寺院の十一世符撃伝虎の代に備えられていたことが判る。筆写者の闓山に関する資料は現在のところ松源院の関係者であることの他、何も判らない。

しかし、上記の二本を比較すると以下の事柄が指摘できる。まず年代の上で松源院本が瑞川寺本よりも百十六年古く、しかも永平寺より伝来された書本を写したとあることから他にも同様な異本の存在が想定できること。換言すれば、この間、複数の異本により、この「開堂演法」が伝承され続けられてきた事実がある。また当然ながら、その逸話は「付録」の末尾にではなく、本文中に挿入されていたことなどが知られ、形式上からいっても松源院本が「本流」であろう。一方、瑞川寺本のそれが末尾に付されているのは、恐らく系統が異なるからであり、明らかに「傍流」の伝承である。更に瑞川寺本の文中には、異本を対校させた書き入れも見られるので、時代が下っても同種の別の異本が存在していたことを示唆している。しかし、残念ながら現在は上記の二本だけが知られるので、これに関する「伝説」の伝承過程につき充分な考証はできない(2)。

この逸話で真先に想起できるのは、（長円寺本）『正法眼蔵随聞記』

巻五に所載する道元の後継者懐奘の「首座秉払」である。これは嘉禎二年（一二三六）十二月除夜、深草の興聖寺において「小参」の次いで懐奘を首座に任じ秉払させたというものであった。この時、懐奘は「洞山の麻三斤」を挙揚しただけと伝えられる。これに対し当該逸話の道元は五十人もの禅客と「問答」を交わしているのである。

また道元は如浄の要請とはいえ、果してこの様な「開堂演法」を引き受けたであろうか。同じ『随聞記』の史料（巻一）には、如浄に要請された「侍者」職を丁重に辞退している感性からして否定的な方向に傾く。

そもそも「開堂演法」が上記の如き形で日本僧により行われた中国の例は寡聞にして知らない。尤も中国の文献を丹念に点検した訳ではなく、現存する中国禅の祖師達に残る『語録』類の一部を参照した程度であり、今後も鋭意、文献の探索を続ける所存である。同時に「宗教伝説」の伝承経路やその信仰形態も辿りたい。(3)

注

（1）宮城県古川市（現、大崎市）瑞川寺の「知仙」、愛知県宝飯郡一宮町（現、豊川市）松源院の「闔山」の経歴。總持寺発行の『住山記』（編者納冨常天・尾崎正善、二〇一一年）中の瑞世師名を点検したが、時代や関係寺院の面から当該者二人の手がかりは何も得られなかった。

（2）「開堂演法」の伝承。後日、その逸話「五十問答」の源流と思われる『眼蔵第九十四陞坐』は、室内の伝授関係資料（「松竹梅之切紙」永光寺蔵、「太白峰記」等）の範疇に入るものであり、江戸元禄期、版橈晃全（永平寺三十五世）により一時、『眼蔵』に編入されそうになったが、後日偽書であることが判明した。その資料に影響され、諸種の道元伝に挿入されることになったと思われる。「五十問答」所収の異本（前節「宮城県瑞川寺蔵『永平開山道元和尚行状録』について」）に四本（延宝元年本、続群書類従刊本、岸沢文庫本、瑞川寺蔵写本）を提示し、対比した（本書一二三〜一二四頁）。参考論文、飯塚大展「道元に擬せられる典籍について――『梅花嗣書』を中心に」（道元禅師七百五十回大遠忌記念出版『道元禅師記念論集』永平寺、二〇〇二年）。版橈晃全が『眼蔵』に編入しようとした事情は、次の論稿「愛知県松源院所蔵『道元禅師行状記』について」中に若干言及している（本書、一三三頁）。

（3）「宗教伝説」の語。その意味用法が広すぎる表現。ここでは、限定的に道元禅師の伝記にかかわる「神話」「伝説」「逸話」という領域を念頭に他宗教や民族等に伝わる物語などをできるだけ参考にして考慮する必要性を示した。

第八節　愛知県松源院所蔵『道元禅師行状記』について

数種の「古写本建撕記」の中で特殊な内容を有する貴重な写本（複写）を河村孝道先生から提供して頂いた。それが松源院所蔵の『道元禅師行状記』である。平成七年十一月六日、松源院に拝登し、原本を確認させて頂いた。

愛知県宝飯郡一宮町（現、豊川市）の松源院は、乾坤院末東漸寺開山亨隠慶泉の法嗣である大中一介[1]（一五三二没）が開山（明応四年〈一四九五〉五月開創）となって以来、約五百年の歴史を有し、宗門では「永平二代（懐奘）御影（頂相）」を所蔵することで知られる。

次に同院所蔵『道元禅師行状記』の書冊形式を記す。

一、冊　数　一冊
一、料　紙　楮紙
一、大きさ　縦28・3㎝×横19・7㎝
一、装　丁　袋綴じ
一、題　目　外題＝ナシ（題箋の残滓あり）
　　内題＝道元禅師行状之記
　　（日本越前吉田郡志比庄吉祥山永平寺初祖／道元禅師行状之記）
　　本文末尾＝永平和尚行状
一、枚　数　表紙共二一丁（本文一七丁）
一、行字数　毎葉十一行、毎行二〇～二五字
一、刊　写　写本
一、書写年　元禄十五年二月
一、書写者　閠山（「洞流沙門閠山叟」）
一、所蔵者　愛知県宝飯郡一宮町（現、豊川市上長山町）南宝地三
　　本宮山松源院（調査当時の住職、戸田俊晴師）

この松源院所蔵『道元禅師行状記』（以下、本書と称す）は、松源院の寺僧らしき閠山[2]（生没年不詳）によって元禄十五年（一七〇二）春二月に書写されたものである。書写者閠山の行実は不明である。なお、松源院の『校割帳』（宝暦六年備品）には、十一代符擎伝虎（一七〇四没）の項に「元禅師行状記、壱巻」と記されている。本書の所蔵を示す記載と思われる。本書の裏表紙にも「一冊／松源院十一世代置ㇾ焉」とある。

本書の伝承経路は、本文末尾に「従永平寺伝来之本ニ而拝書」とあるので、閠山が何らかの縁で永平寺から入手した写本（「永平寺本」）を書写したことが判明する。しかし、具体的な入手の経緯は不明であるし、その元本を閠山がどの程度忠実に写したか、個人的に書き加えたり省略した文がなかったかどうかも元本が所在不明なので判らない。少なくとも元禄十五年以前、永平寺に本書の元本が所蔵されてい

たことが推定できる程度である。元本の成立に関しては、若干後述する。

本論では、本書の内容の一部であるが、特徴と思われる点に限って記述したい。本書の特徴的な点とは、河村先生の編著『諸本対校 永平開山道元禅師行状建撕記』において定められた項目番号でいえば、⑿より⒁までの内容で、所謂、高祖道元禅師（以下、高祖と称す）の一般的に知られない伝記記事の文章が挿入されている事である。その内容とは、高祖の入宋後の事項で⑿「如浄ニ参学」〔一〕、⒀「如浄ニ参学」〔二〕、⒁「帰朝」の各記事である。

この中、一部は偶然、平成五年の宗学大会で「宮城県瑞川寺蔵『永平開山道元和尚行状録』について」（本書所収）を発表した際、高祖が帰朝前、天童山で「開堂演法」した記事にあり、当時は本書の存在を知らずにそれを紹介した。この瑞川寺蔵『永平開山道元和尚行状録』は、撰者不明の『道元和尚行録』系の写本であるが、その本文末尾に上記の記事を付録として載せていることを指摘し、珍しく感じたこともあり、その文「五十問答」を論文末尾に収録した。その後、最近になり河村先生より入手した本書に同種の内容記事が付録としてではなく本文中に載せてあることを知った。それを平成七年、沖縄で開催された日本宗教学会で「宗教伝説の一形態」として両書の該当箇所を対校して採り上げ、若干論じた。発表の意図は、高祖の伝記中の逸話に「史実」とは異なるものの、「真実」として受け取られてきた「観音霊験」等の神話・伝説類に属する逸話のひとつとして、それの意義付けを試みようと注目したものである。

その時、書誌学的説明はゆとりもなく詳しく触れられなかったが、その「開堂演法」を含む⑿「如浄ニ参学」〔一〕の大半が、実は偽撰とされる『正法眼蔵陞座』（『続曹全　宗源補遺』に所収。以下、『陞座』と略称）の記事に由来していることが判明したので、ここに紹介する次第である。

以下、本書と『陞座』との記事と他の写本との相違関係をあらすじを辿りながら述べることにする。写本の略称は、河村本『諸本対校 永平開山道元禅師行状建撕記』の用法を踏襲する。

まず本書では、⑿「如浄ニ参学」〔一〕㋑に嘉定十七年五月十日、高祖は天童山に入院した如浄に「丹首座」を通じて初めて相見したことが記され、次に「訂補本」に所載する『宝慶記』の記事「㋩入室参問ノ自由ヲ請ウ」、「㋥如浄、入室参問ヲ許ス」を挿入し、高祖が栄西ゆかりの建仁寺よりの「指南の僧」であることを如浄が認めている記述になっている。文中、「丹首座」の名は、「延宝本」に「丹知客」という人物が見え、それには如浄が高祖と初相見して法器たることを認めたことについて、その故を問うた寺僧として登場することが想起できる。本書の「丹首座」は高祖を如浄に相見させる仲介役として登場する。また周知の如く「丹知客」の名は、[3]『日域曹洞列祖行業記』『道元和尚行録』『道元禅師紀年録』に見られ、それを「延宝本」が承けたものと思われる。ただし、他の「古写本建撕記」系の写本にはない。

右の㋩㋥の後に続く「脇不至席将及両歳」の句は、「明州本」「門子本」「元文本」に見える。また㋬「身心脱落ニオイテ得法ス」の記事は諸本にあるが、その中で本書は、「明州本」に近い叙述である。続く次の記事は、㋣の「九月十八日、仏祖正伝菩薩戒脈ヲ受ケ宗旨ヲ付属サル」の記事に該当する内容であるが、文章は異なる。

高祖は、次に如浄の下で「五位」や「五位君臣」を授けられた後、諸山歴遊を申請して許され、拄杖を与えられる。そして蜀州（四川省）

の無象和尚の会下で臨済の「四料揀」や「四賓主」を授けられる記事が続く。その後に野宿した後、虎が現れ、拄杖が龍と化して追い払い、更に江西方面へ行こうとすると十七、八歳の童子が現れ、天童山へ戻り帰朝することを勧める。その童子は「曹山（本）寂和尚、出世の時、仏法を守護していた韋駄天」[4]であると名のり姿を消す。その後、高祖は天童山に戻り、如浄に帰朝することを願い出ると、如浄より翌日に「陞座」することを命じられ、そこで行われた五十人の禅客との問答が記されているのである。

　これに対し、本書の典拠となったと思われる『陞座』の該当箇所では、概略、以下のようになっている。「丹首座」の仲介で如浄に参随した後、「五位」の教示された記事が続く。次に蜀州の無象和尚の下で「四料揀」「四賓主」を授けられ、また天童山へ戻り、「五位君臣」を参得し、行脚の請暇を願う。その際、如浄より拄杖を授けられ、江西方面への行脚の途次、その拄杖が「虎刎拄杖」となった逸話があり、二十八程の若僧が現れ、天童山へ戻り帰朝することを勧めるが、その化人は「護法韋駄天」であったという筋になっている。その後、天童山における帰朝前の「陞座」と続く。

　本書と『陞座』との構成で言えば、次の点で相違する。すなわち蜀州無象和尚に参随した時期が、如浄の下で「五位」と「五位君臣」との二つの教示の間に設定されている『陞座』に対して、本書はその教示を同時に並べていることである。また、如浄下の「五位」と「五位君臣」、無象下の「四料揀」と「四賓主」の各教示は、『陞座』では詳しく叙述されているのに対し、本書では、『陞座』の該当部分の主要項目だけを採り上げ略述している。そもそも如浄が「五位」や「五位君臣」の教示をしたとの記事は、その『語録』を含め他にない。蜀州無象和尚の存在も歴史的に不明である。従って『陞座』の記事は、何の典拠によるのか、誰の創作なのか、いずれも現在のところ判らない。

『陞座』には㋬の「身心脱落」話と㋣の「仏祖正伝菩薩戒脈付属」話はない。これは、本書が「建撕記」系に属し、「訂補本」と同様に『宝慶記』の記事を重視し、それを挿入したからにほかならない。更に「虎刎拄杖」話の後で現れた化人が『陞座』では二十八程の若僧（護法韋駄天）であるのに対し、本書では十七八の童子（曹山出世の護法韋駄天）になっている。「童子」とする点でこれも本書が、「建撕記」系に属し「延宝本」などに影響された結果であろうか。

　本書の天童山における帰朝前の「陞座」の記事は⑿の項目の最後に付いている。これに相当する逸話は、前述の如く瑞川寺蔵本の末尾に付録として所載してあるものを含め、現在知られる所で合計三本[5]あることになる。勿論、『陞座』の記事が元になり、本書と瑞川寺蔵本に反映したものと推測できる。

『陞座』では、「虎刎拄杖」話の後、高祖は天童山に戻り、帰朝の申請をして如浄より「陞座」を命じられ行っている。この点、本書も同じ筋であるが部分的に文章が異なる。例えば、『陞座』の「可帰郷治人天業病」の箇所は、本書に「可弘通於祖道」となっている。すなわち「人天業病」の差別性に富む強烈な表現が当たり障りのない語句に言い換えられていることが判る。他の文章も微妙に異なる。なお、瑞川寺蔵本では、この逸話を高祖が得悟の後、天童山で如浄の下に侍ること四載（四年）が経過したある日、高祖は帰朝を申し出、「扶桑伽梨（衣）・自賛頂相」を授けられ、如浄より帰国して布教すべきことを言われ、その時に「開堂演法」を命じられる筋立てになっている。『陞座』と本書の「陞座」と瑞川寺蔵本の「開堂演法」との語句の相違はともかく、「五十問答」の内容はほぼ同じである。厳密に言えば、問答の順番や字句の表現が数箇所に亘り相違するが、本論では割愛する。

ここまで漠然と『陞座』（『正法眼蔵陞座』）を本書と瑞川寺蔵本に先行する文献として想定し叙述してきたが、具体的にその成立年代に関して論及していない。ここで、ある程度究明しておく必要があろう。

まず本書は前述した通り元禄十五年の写本であり、瑞川寺蔵本は文政元年（一八一八）の写本であることが判明している。当然、『陞座』の成立は、元禄十五年以前に遡ることになる。『曹洞宗全書　解題・索引』には、『陞座』に関し、河村先生が旧版『曹全書』の「会報」二〇号誌によって岸沢惟安師所蔵本中、寛巌書写本の「古鑑書写本」に依拠したものであることを推定し、それが『太白峰記』の諸雑記文の中の一篇であったこと、晃全がこれを抜き出して、当初『正法眼蔵』九十六巻の編集に収録・列次（正法眼蔵第九十四陞座）されたこと、内容面において説相・文体とも稚拙なる表記であり、その他の面でも高祖の立場と矛盾する説相が多々見られるものの、高祖の語話・行状の断片などについて軽々に看過すべきではないとの旨を述べている。なお、この『陞座』の成立に関する手がかりとして、河村先生は天桂伝尊（一六四八〜一七三五）の『正法眼蔵弁註』の「凡例」の文、すなわち「梅花」「嗣書」と並び「陞座」を挙げ、これらは「一百年前代僧之偽作託名於祖師者乎」との箇所を示唆的に引いている。天桂が『弁註』を撰述し終わったのは享保十四年（一七二九）頃であるので、それより約百年程前と推定している天桂の説を挙げている訳である。これが妥当な説かどうかは不明であるが、『陞座』に登場する「丹首座」に類似する「丹知客」の名は、前述の如く『日域曹洞列祖行業記』『道元和尚行録』『道元禅師紀年録』に見られるので、あながち見当違いではない。「丹知客」の名は、右の三書と「延宝本」もこれを踏襲していることは、既に指摘した。素姓不明の「丹首座」ないし「丹知客」に関し、その原史料が『陞座』とすれば、上記の文献が成立する以前である。そこでまずその『列祖行業記』は、撰者の懶禅舜融（一六一三〜七二）が没した翌年の寛文十三年に刊行、撰者不明の『（永平開山）道元和尚行録』は、右と同年の延宝元年（一六七三）に刊行されている。『（永平仏法）道元禅師紀年録』は、撰者の大了愚門（一六一三〜八七）が没した二年後の元禄二年（一六八九）の刊行である。つまり、『陞座』の成立は、これらの人々の在世時に各撰述書に反映しているわけであるからそれ以前の時代といえよう。なお、瑞川寺蔵本は、上記の『道元和尚行録』系の写本であるから、本書より遅い書写であるが、その元本はむしろ早い成立とも想定できる。

次に本書の⒀「如浄ニ参学」〔二〕の内容構成は、「明州本」の㋑「宋宝慶三年、帰朝ニ当リ如浄ニ参問ス」と㋺「碧巌集ヲ書写ス」の間にその本文に挿入された「異本」の前半部の文と㋥「如浄、五箇条ノ垂戒」の文がある。またその「明州本」に挿入された「異本」の後半部は、次の⒁の「帰朝」の末尾に付いている。この点からいって本書は、「明州本」（天文七年〈一五三八〉）の一部に成立当時に存した「異本」が挿入していたのであり、部分的にかなり古い写本の形態と逸話の伝承を有している可能性を持つとも言える。

⒁の「帰朝」の①「安貞元年帰朝ス」の記事中、本書は「延宝本」の文章に近い。しかし、その帰朝時に高祖の前に現れた化神（龍天護法善神）の名を「延宝本」で「招宝七郎大権修理菩薩」とするが、本書では「大宋国祠山正順昭顕威徳聖利大帝王招宝七郎大権修理菩薩」

と称し伝灯擁護の霊神なりと増幅し権威づけられていることが判る。これは、無著道忠の『禅林象器箋』第五類霊像門の記述によって、1、廬山の帰宗寺の土地神「大宋国祠山正順昭顕威徳聖利大帝王」（祠山張大帝）と2、招宝山の護法神・ないし阿育王山の護法神（護塔神・土地神）・更に護船神とされる「招宝七郎大権修理菩薩」との二神が融合されているものと思われる。しかし、このようになった経過は不明である。同種の古写本の出現が期待される。本書は、この箇所に「延宝本」と同じく「一葉観音ノ事」の記事があり、肥後河尻の大渡に着船すると続くものの、㋺「肥後河尻ニ居住」と㋩「如来寺・大慈寺ノ事」との記事はなく、前記の如く「明州本」に挿入されている「異本」の文章が綴られている。

本文における他の箇所に関しても言及したいが、残念ながら紙幅の関係で割愛する。本文末尾にある「御詠歌」（通称「傘松道詠」）について、一言付しておきたい。本書は、「題法華経　五首」「初雪一尺余降詠歌」「詠教外別伝」（この後に末尾に補足した「詠尽十方世界真実（人）体」「詠見桃華悟道」の二首が挿入されるべき旨の割注あり）「父母未生」「本来面目」「応無所住而生其心」「不立文字」「行住坐臥」「坐禅工夫」「即心是仏」「正法眼蔵」「涅槃妙心」と記す十九首に亘る作品がある。その後に、「伊呂歌」と題する見慣れぬ次の作品がついている。

「古ヱモ今モ代ラヌ法リノ路チ知人ヲコソ仏トハイヱ」

この作品（古へも今も代わらぬ法の路知る人をこそ仏とはいへ）は、少なくとも「建撕記」系古写本、更に『道元禅師和歌集』（大久保道舟編『道元禅師全集』下巻、鈴木格禅他校訂・註釈『道元禅師全集』七巻）には見当たらない。どこから混入したのであろうか。この「和歌」の作品の出拠を探索することが、本書の伝承経路を解明するひとつの糸口となる可能性もあろう。なお本書には、「草庵偶詠」三十数首は付いていない。おそらく省略したものと思われる。

以上、本書の概略を紹介した。特に『陞座』の文が部分的に挿入され、その箇所の叙述が増大しているので違和感があるものの、元来、伝記の持つ付加性が表れているという特徴を示していることを強調しておきたい。最後に史料を提供して頂いた松源院様・河村先生に甚深なる感謝の意を表したい。

注

（1）松源院開山大中一介。大中は、愛知県乾坤院六世・東漸寺開山亨隠慶泉の法嗣、出自・俗姓名・修行歴等は不明。『總持寺開山以来住持之次第』（略称、住山記）によると永正十三年（一五一六）九月七日、能登總持寺に瑞世していることが知られる。そこに受業師「川僧」・嗣法師「亨陰」とある。これによれば、受業（得度）師は川僧慧済（?～一四七五、乾坤院開山）、嗣法師（本師）は亨隠慶泉である。この亨隠慶泉は、他の資料『面山広録』（『曹全書　語録三』八〇二頁）では亨隠慶泉、『面山瑞方逸録』（『続曹全　語録二』五七五頁）では亨隠泉和尚、『曹全書　大系譜』（四七五頁）では亨隠慶泉である。東漸寺の世代と面山瑞方（一六八三～一七六九）は深い関係にあったようであり、『面山瑞方逸録』巻三「像讃」には、大中の本師亨隠の「参州東漸寺開山亨隠泉和尚」と「同寺二世大中介和尚」、さらに「参州東漸寺傑仙和尚」「参州東漸寺瑛石和尚」が所収されている。そのうち面山撰「大中介和尚像讃」は次のとおり。

「川僧手度、亨隠嫡伝。一□擘破白骨之関鎖、両脚踢飜鐵圍之層巓、礼拝兮虚空相、透脱兮自他縁、遠近三昧遊戯、八十七歳泊然、四哲各分化、共興永平禅」

これは、大中の経歴を織り込んだものであり、大中の世寿「八十七歳」、すぐれた弟子四人「四哲」（静室與安・華雲瑞薫・壁〈碧〉渓慧球・もう一人は不明。『曹全書　大系譜』参照）等が窺える。また面山輯の歌頌『洞上夜明簾』（『曹全書　歌頌』三二七頁）に「赴東漸寺」（大中一介　参河州松源寺《ママ》）の七言絶句がある。これは、大中自身の作品（『歌集』の存在？）であり、それを面山が評価したものであろう。

「休罷萬機透祖関、因縁大事重於山、単伝密旨本来相、無是無非心性閑」（同右）

（2）筆写者「闔山」。当該書の末尾に「従永平寺伝来、之本ニ而拝書、元禄十五壬午春二月日、洞流沙門闔山叟」とある。本書は「永平寺より（松源院へ）伝来」また「永平寺に伝来していたもの」を謹んで「拝写」した年月が元禄十五年（一七〇二）二月であり、筆写したのが闔山である。闔山は道号か諱《いみな》かも不明、また永平寺において修行中に書写したのか、松源院において書写したのかも判然としない。闔山は松源院の世代にはいない、修行者の一人のようである。「叟」とあるので、それなりの年配者である。ちなみに『弘化系譜伝』（『曹全書　史伝上』五五一頁）に「闔山孝洲」（大分県速見郡日出町、朝日寺六世）の名が見えるが、同一人であるかどうかは、不明。地理的に別人の可能性が高い。

（3）「丹首座」の名は、「五十問答」関連の四本中、『眼蔵陞座』と本書『行状記（内題「行状之記」）』、「丹知客」の名は『永平紀年録』と瑞川寺蔵『道元和尚行状録』に見える。また表記の伝記のほか、『僧譜冠字韻類』、『日域洞上諸祖伝』がある。この「丹知客」の丹は号か諱か不明であるが、『日本洞上聯灯録』には、「知客宗端」、『永平開山和尚実録』と『始祖道元禅師伝』にも「宗端知客」と記されている。

（4）韋駄天。梵語 Skanda、音写――塞建陀・私建陀・揵陀・韋陀。意訳――大肩・偏昬鬼・陰狂とも。元はバラモン教のシヴァ神の子、天軍の一将。甲冑姿で剣を持つ。後に仏教の護法神となる。「韋駄天走り」の語は、仏舎利を盗んだ魔神を追いかけ取り戻した逸話から、邪鬼や魔神などを退治することに由来。彼は、仏法、とりわけ僧や伽藍および斎供の守護を掌るとされる。これとは相違し、中国の民間信仰（道教）では「韋天将軍」と称す。「天神、姓は韋、諱は琨。南方天皇八将の一臣、四天王合わせ三十二将の主（中略）清浄梵行、童真行を修し天欲を受けず」（『霊威要略』）とある。古来、中国仏教中、禅門では韋駄天と混同して用いられ（『禅林象器箋』第五、霊像門）、日本でもそれを踏襲している。

（5）この当時、大了愚門撰『永平仏法道元禅師紀年録』の存在を知りながら、そこに「五十問答」の本文を省略していることの認識が不十分であった。その相当箇所末尾には小文字で「具見別録」と記され、撰者の大了自身、その「陞座」を史実とみなしていたことが知られる。従って関連書は、三本ではなく四本となる。

第九節　愛知県西明寺所蔵『永平祖師行状記』について

はじめに

道元禅師の伝記研究の一環として、愛知県豊川市八幡町寺前の西明寺所蔵『永平祖師行状記』について、その内容の一端を紹介し、伝記上の位置付けを他の資料（「古写本建撕記」）と比較しながら検討してみたい。

まず、この『永平祖師行状記』（以下、本書と略）の書冊形式を示しておく。

一、冊　数　一冊
一、料　紙　楮紙
一、大きさ　縦24・5㎝×横17・0㎝
一、装　丁　袋綴じ
一、題　目　外題＝永平祖師行状記（題簽）
　　　　　　内題＝ナシ
　　　　　　末尾＝本寺開山道元和尚行状之記終
一、枚　数　表紙共五〇丁（四九丁半）
一、行字数　毎葉九～一〇行　毎行二〇～二五字
一、刊　写　写本
一、書写年　安永七年（一七七八）夏安居之日
一、筆写者　不明
一、所蔵者　愛知県豊川市八幡町寺前七
　　　　　　西明寺（調査当時の住職　永田鈞山師）

本書は、『建撕記』の異本の一つである。書写年は記されているが、残念ながら筆写者不明で伝写経路を示す「識語」もない。その内容構成を河村孝道先生の編著『諸本対校　永平開山道元禅師行状建撕記』の項目で概要を示すと、(1)「述作ノ縁由」に始まり、(48)「永平寺開闢檀那如是ノ事」まで所収し、(49)「永平寺二十世建撕識語」以下の記事はない。この点から全体的構成は「門子書写本」に近いが、部分的に見ると各記事の文章は他の異本（「明州手書本」、「瑞長書写本」［以後「門子本」「明州本」「瑞長本」と略］、「延宝本」「元文本」）にそれぞれ相似する表現もあり一定せず、中にはまったく独自な文章もある。単純な誤字・誤写と思われる箇所も多数含む。

以下、本書の記述内容が他の古写本と相違する箇所の中から特に興味深く思ったものを抜き出し、他の異本と対比しながらどうして相違するようになったか、それらの背景や意味を探っていきたい。中には各記事における筆写者の認識や力量・心情、さらには筆写当時の教団や教義の動静が反映している場合もあるのではなかろうか。こうした

視点に立ち、前掲の河村先生編著本の項目を元にして各記事を考察していこう。

一、世代数・嗣承に関する記事

まず建撕（一四一五～七五）の世代数。[1]「述作ノ縁由」の記事には、沙弥元忠の要望により「法孫比丘建撕記之」と諸本にあるが、本書は「法孫比丘永平二十世建撕記之」と世代数「永平二十世」が加筆されている。建撕は、寂円派の伝承では「十三世」（玄透の世代改め以後「十四世」）、「明州本」の表紙の表題横には「八世」（由来不明）とある。「永平二十世」の世代数は、「瑞長本」の「識語」に「吉祥山永平禅寺二十世建撕老漢記焉」とある記事に由来するものか、別の史料や伝承によるものか、その根拠も判らない。

次に如浄（一一六二～一二二七）の世代数。「道元禅師縁記[2]」の記事中、如浄の天童山における世代位を「瑞長本」を除く他の諸本には「師之先師明州天童山景徳寺三十世如浄和尚也」と記され、「三十世」である。しかし、本書には「師之先師明州天童山景徳禅寺三十一世如浄和尚」、「瑞長本」にも「明州臨安府天童山景徳禅寺之三十一世ニテマシマス」とあって「三十一世」とする点で一致する。「三十世」と「三十一世」と、わずか一代の違いであるが、これには各々伝承する史料に二系統があることに依るものであろう。

「三十世」説は、『正法眼蔵』「梅華」巻（如浄を「第三十代堂上大和尚也」とする）と『天童寺続志』（民国九年序編。「第二十五無用全禅師」の五代後に「長翁浄禅師」を置いている）がある。「三十一世」説には、『扶桑五山記』（玉村竹二校訂本。「第三十一、浄禅師」）と『洞谷伝灯院五老悟則并行業略記』（「高祖、大宋国裏、明州天童、三十一代和尚、諱如浄」）とがある。恐らく建撕の元本は、道元禅師の前掲書の記述により「三十世」としていたものを「瑞長本」が別の有力な史料によって訂正したのであろう。本書は、それを踏襲したのか、偶然の所産（誤写？）か、判然としない。

さらに曇希（一二九七？～一三五〇？）の世代数。暦応三年（一三四〇）、曇希の代に永平寺が炎上した記事において、本書は「永平六世兼テ宝慶三世曇希和尚之住院也」とある。ところが他の異本は、文中の「兼テ宝慶三世」の語句はない。従ってこの箇所は、加筆と思われるが、同様な記述形式を『宝慶由緒記[3]』の末尾に付す「識語」の「永平伝法第十二世兼宝慶伝法第十四世嗣祖比丘建綱為後鑑澄記焉」に見ることができる。このように永平寺と宝慶寺の世代数を並べて記している点は、意識的に「寂円派」を強調したものと思われる。

次に「嗣承問題」に関する記事について。『建撕記』諸本は、「如浄ニ参学」の中で如浄が「大陽・投子嗣承問題[4]ヘノ示誡」をしたとあり、その「密付」説を述べているのであるが、本書は部分的に「代付」説と誤解を招く箇所がある。すなわち諸本は、大陽と投子の間に浮山を立てることを否定する叙述「史者ノ云、属浮山言者非也」（「瑞長本」）としているのに対し、この箇所を本書では「史者ノ属浮山言者也」と記し「非」の字がなくあたかも「代付」説を述べているようにも解されるのである。前後の叙述から本書のこの箇所は単純な誤写と判断できるが、当時の宗門における「宗義と史実」論争も反映している可能性もある。周知のごとく、元禄十六年（一七〇三）、卍山道白等の尽力により「宗統復古運動」が一応決着した。幕府の裁決「面授嗣法、一師印証」は、宗義上の理想・建前であり、教団内における論争は引き続き行われたのである。徳翁良高は、既に『洞門亀鑑』（元禄十六年）の記述で、上記の件につき史実上「代付」説であるが、以後は「面授嗣法」を遵守すべき旨を述べている。ところが面山は、『洞上金剛杵』（元文三年）、『雪夜炉談』（元文四年）、『訂補建撕記』（宝暦四年）の中で「密付」説を述べている。これに対し万回一線は『青鷂原夢語』（元文五年）の中で「代付」説を唱えている。更にこの「代付」説に反論し、宜黙玄契が『禅林甑瓦』（寛保元年）、乙堂喚丑が『洞上叢林公論』（同右）で「密付」説を支持するというように両説が相互に交されたのである。こうした当時の宗門の動静や論争を筆写者がどの程度知っていたか、その手がかりはない。従ってそれが反映しているとは断定できない。

次に「三代相論ノ事」の「幕府ニ依ル官裁」は、「三代四代位ヲ不定、前住介和尚、前住演和尚ト位牌ニ可書定メタマウ也」（明州本・瑞長本・元文本）とあるのが、標準的記述である。「幕府ニ依ル官裁」の有無はさておき、「三代相論」[5]の真相は、いくつかの説があり、いまだ定説を見ないが義介と義演との間に永平寺の世代をめぐり生じたもので、以後しばらく両者とも「前住」の名を冠して称されていたのである。なお、その「前住」の前後関係について『建撕記』諸本は、義介を前にし義演を後にしていることが多いが、その中の「門子本」は「前住義演和上、前住義介和上」と逆になっている。義演を優先する意図が入っているのであろうか。本書は、「三代四代位ヲ不定」の箇所を「三代ノ位ヲ不定」とあって「四代」の語句がない。これは多数の諸本が共通しているので、本書の筆写者が書写の際にその字を抜かしたものと思われる。しかし、視点を変え「三代相論」の争いは、義介と義演のいずれを三代に据えるかという点で解釈すれば、「四代」の語句がなくてもよいであろう。

次に道元禅師が帰朝して肥後川尻に到着し「如来寺・大慈寺ノ事」に関する記事の中で「三日山如来寺大慈寺トテ在之、三日山ト号スルコトハ、師帰朝アリテ三日ノ内ニ此寺建立ソロウタリトテ萬民申伝エタリ、此寺ニハ義尹和尚住シ給フト云」（門子本）とある。なお「瑞長本」には、前掲の末尾「萬民申伝タリ」の後に続き「此寺ニハ義尹和尚住シ給フト云々、此即法王長老ノ御事也」とある。

本書では「三日山如来寺、三日山ト号スルコトハ、師皈朝有テ三日ノ内ニ此寺建タリトテ萬民申伝、此寺義尹和尚・法雲和尚住シ給フト云」とあって「大慈寺」の語がなく、三日山如来寺に義尹の他に法雲なる僧が住したと読める文がある。「瑞長本」の「法王」が「法雲」と誤写されたものか、とも考えられるが文章の構成や前後の繫がりから不自然さが残る。なお、懐奘の「伝戒ノ弟子」として『建撕記』諸本には「義演和尚、道荐和尚」の二人を上げているが、本書では「義演和尚、道嚴和尚」となっている。これは「道荐」の「荐」の草書体が誤写されたものと思われる。ここにおける「法王」と「法雲」とは、前記の単純な誤写とはまったく異なる。

三日山如来寺の由来は[6]、寺伝によれば、永延年中（九八七〜九八九）、東大寺僧の奝然（?〜一〇一六）が入宋し、肥後国宇土郡三日村の地に釈迦・弥陀・薬師の三如来を将来し安置したことに創まる。この如来寺と「一葉観音」など、道元禅師との関係は寺伝（曹洞宗務庁「寺宝調査表」他）に記述がなく不明である。下って文永六年（一二六九）、入宋・帰朝して博多聖福寺に留錫中の義尹を古保里越前守の母（娘か）素妙尼が招請して開山としたと伝えられる。問題は、如来寺の世代であり、義尹の後に法雲という僧が果たして存在したか、ということである。結論的にいえば如来寺の「世代表」には記載されず、今の段階では不明である。ちなみに如来寺の第二代は東洲義勝、第三代は浦帆遠となっている。

二、伝承（宗教的粉飾）と史実との問題

「一葉観音ノ事」について、『建撕記』諸本では、「今推量スルニ一葉ノ観音ハ此時出現シ給ウカ、但シ本記録ナシ」（瑞長本）、「此船中ニテ一葉ノ観音ハ出現シ、但無本記録云」（門子本）とあって、史実に疑問を呈する記述である。これに対し、本書では、「彼船中ニ一葉観音出現ス、師於船中自筆写之」とあり、伝承重視の立場をとっていて、例の「観音賛」「観音図像」も道元禅師の撰述・筆写と受け止めているのであろう。

同様に「永平寺再興ノ事」の「大乗寺奉安ノ永祖像ヲ永平寺ニ納ム」の中、「尊像ノ寵辱ニ『一夜碧巌録』ヲ大乗寺ニ寄ス」には、『建撕記』諸本に「此尊像ノ寵辱ニ一夜ノ碧巌ヲ大乗寺下給、六世和尚下状至今迄大乗精舎有之」（瑞長本）、「此ノ寵辱ニアリ、一夜ノ碧巌ヲ大乗寺ヘイダサル、六世和尚自筆ノ状ヲ添ラレタリ、于今大乗寺在之」（門子本）とあり、『一夜碧巌』の筆写者には何も触れない。これに対し本書では、その前半部において「此ノ寵辱ニ依リ、開山御自筆ノ一夜ノ碧巌ヲ加州大乗寺エ送ラル」とあるように「開山御自筆」すなわち道元禅師が書き記し日本へ将来したものとする。

周知のごとく大乗寺に所蔵する『一夜碧巌』（『仏果碧巌破撃節』二巻）に関して面山瑞方は、『訂補建撕記』の本文と「補注」で道元禅師が帰朝の際、「白山権現」の助筆を得て繕写した（「合作説」）とし「祖筆ト神筆ト墨痕分ル、稀有ノ法宝ナリ」とある。本書の筆写者は、『訂補建撕記』の刊行後に書写しているので、この説を一部受けて記している可能性もある。

現在では、西有穆山の『大乗寺一夜碧巌弁』に日本達磨宗系（仏照徳光→練中・勝弁→大日能忍→覚晏→懐鑑→義介→大乗寺）の伝来とする説が道元禅師将来説より有力であるが、構成や文章上、まだ解明の余地がある。それにしても本書の筆写者は、「一葉観音」と「一夜碧巌」との逸話をそのまま「開山（道元禅師）御自筆」と受け止めていることから篤実な信仰者であったことが知られる。

三、異本の伝承経路

建長五年（一二五三）八月二十八日、道元禅師が「示寂」に際し、「遺偈」(7)を残したとして次のように記されている。『建撕記』諸本の中、本書とのつながりが深いと判断される代表的な二本を上げよう。

「五十四〈天〉《年》、照第一天、打箇跨跳、触破大千、渾身無覓生陥黄泉、乃謂咦畢、擲筆而逝、行状記ニハ大千ノ次ニ咦ノ字アリ」（瑞長本）。「五十四年、照第一天、打箇跨跳、触破大千、渾身無覓、活落黄泉、咦、擲筆入寂、行状記ニハ大千ノ次ニ咦ノ字アリ。又落黄泉、或陥黄泉トアリ」（門子本）。

本書には、この二本を受ける形で次のようにある。「五十四年照第一天、打箇跨跳触破大千、咦、或在之、渾身無覓活落黄泉、又ハ在之、咦、擲筆入寂、行状記ニハ大千ノ下ニ咦之字有。落黄泉或陥黄泉ト有」

文中の「行状記」は、『三大尊行状記』『三祖行業記』であり、「生陥黄泉」「活落黄泉」の部分は「活陥黄泉」となっている。ちなみに

他の『建撕記』諸本には、この「行状記」の引用はない。

本書の筆写者は、文中に「或在之」「又ハ在之」とあるように前掲の二本に限らないが、少なくとも二本の異本を踏まえて書写していることが知られる。つまり、写本においてそれらの異本を元に筆写者の裁量で叙述が書き換えられる一面を示している。

次に義雲の弟子・宗可が入元し、天童山南谷庵の祖廟に奉祀していた道元禅師の位牌を新しく造り安置し、その「支証」を「太白（天童山）閑房」に居た明極楚俊（一二六二～一三三六）に依頼して書いてもらった文の後に「智琛乞語ノ賛」の記事がある。その賛は「坐断乾坤全身独露、喚作本師和尚、当甚冬瓜茄瓠、更好笑、金剛倒上梅花樹」と認められている。これは一般に「如浄禅師画像賛」[8]（「伝如浄頂相賛」）と称されているものである。しかし、近年、これは明極楚俊の頂相ではないかとの説もあり、決着がついていない。また智琛は寂円とする面山の説もあるが、これらの説に関し、ここでは言及を割愛する。

本書は、この賛の前に他の異本にない次の文がある。「天童如浄和尚自賛曰、［割注］御影モ賛モ御自筆于今申伝」。これによれば頂相は如浄のものであり、賛も如浄の自筆とするものである。

なお『建撕記』諸本の中、この賛について「瑞長本」には「此正本ハ加州大乗寺アリ」、「門子本」には「此書ノ正本ハ加州大乗寺在之」とあるように、この二本は、大乗寺に所蔵していることを伝えている。更に「元文本」には「此賛之御影ハ大乗寺在之、亦宝慶寺在之云々」とあり、この書写当時には大乗寺と宝慶寺の二ヶ寺に所蔵していたと読むことができる。本書では賛の後「徒弟、智琛乞語」に続いて「太白毛［割注］本字不知、私云書歟」とあり、次に「此賛之御影ハ宝慶寺在之」と記している。本書の筆写者は、大乗寺所蔵に触れず、宝慶寺所蔵の原物を実際に拝覧して記したもののような叙述をしているので、この時代には大乗寺になかった事を示している。また文中、「太白毛」の「毛」の字は草書体の「笔」に似ているので「書」であろうかという見解である。しかし、その「毛」の字形は、「花押」のようにも見える。「花押」とすれば日本製ともなる。また「書」よりも「筆」の異体字のようにも見え判然としない。これも今後の検討課題としておきたい。

最後に「永平寺開闢檀那如是ノ事」の「入寂」の年記であるが、「瑞長本」に「正嘉二年二月廿三日圓寂」と干支を記していない。ところが「門子本」には「正嘉元年戊午《ママ》二月廿三日圓寂」とあり、年数（元年）が違う。次の「元文本」には「延喜《ママ》二年戊午二月廿三日圓寂」とあり、元号（延喜）が違う。そして本書は「正嘉二戊午年二月廿三日圓寂」とあり、元号も干支も正しく書かれている。これは、伝承過程で記事が多少増幅したり誤りが正されていく例の一としてよいであろう。

末尾の「本寺開山道元和尚行状之記終」の「本寺」の字が本書の伝承経路の一端を示すものか、これも今後の研究課題とする。

注

（1） 河村孝道編著『道元禅師行状建撕記』（大修館書店、一九七五年）「解題」（一九九頁）参照。

（2） 「古写本建撕記」の道元伝末尾（示寂・詠歌の後）箇所に河村氏が編集上に付した記録の名称。同種のものに寂後「永平寺諸般雑記」があり、道元伝の本文記事に漏れた事象を写本の筆写者が列挙したもの。古い記事をそのまま受け継いだり、中には個々の記事を削除や追加、訂正などが行われる場合がある。

（3）『曹全書　寺誌』の解題には、『越前宝慶由緒記』として所収。別名として『建綱記』・『宝慶由緒記』（通称）とある。福井県大野市宝慶寺十四世・永平寺十二世建綱（一四一二?～六九）が宝慶寺の由緒を記録したもの。特に永平寺と宝慶寺の歴史的関連を述べている。石川力山「『宝慶由緒記』の資料的価値」（『印度学仏教学研究』二五巻一号、一九七六年）、『曹全書解題・索引』（二七四頁、曹洞宗宗務庁、一九七八年）。

（4）曹洞宗の祖師梁山縁観の法嗣大陽警玄（九四一～一〇二七）と投子義青（一〇三二～八三）との嗣法に関する問題。大陽は、既に臨済宗の葉県帰省の法嗣であった浮山法遠（九九一～一〇六七）に自分の頂相や皮履と直綴を託した。大陽の没後、浮山は、その会下中の俊秀「青華厳」と推称されていた投子義青に曹洞宗の嗣承を「代付」した。これが史実である。ところが「古写本建撕記」の記事には、如浄が道元への「示誡」として語った内容に、浮山はかつて大陽の門下（学人）であったが嗣法を許されず、一時的に大陽の皮履と直綴を預かっていた（それが「密付（密授）」である）。その点を伝記に記されなかったとの旨を述べている。その如浄の言が果たして本当にあったのか、その真偽はともかく、曹洞宗の命脈を護持する上で如浄のごとく「代付」を否定する論は当然生じ、「面授」嗣法を重視する道元の立場が考慮された。大久保道舟氏は、宗門が一時的に衰滅の危機にあった史実と共に投子がそれを復興し、さらに門下の芙蓉道楷により発展したことを強調している（同氏『道元禅師伝の研究』五一六～五二〇頁）。

（5）「古写本建撕記」の記事によれば、永平寺の世代に関し、三代義介と四代義演の滅後、その門下間において永平寺の祖師堂に世代牌を安置する際、いずれを「三代」にするかという点で争論を生じたとして、その理由を述べている。その背景には、義介が懐奘の在世中に後席を継ぎ三代になったのであるが、病気により懐奘が再住し、懐奘が入滅後、また義介が再住し、その後に義介が大乗寺へ転住し同寺で入滅した。その間、義演が永平寺の住持となり、義介を「前住当山大乗義介和尚」と書き記しているのである。これが争論の起因となった、と思われる。「日本洞上枝派之図」末尾の記事「永平寺三代相論」や『碧山日録』の記事も世代争いの様相を示すが、後世までそれが続いていた根底には、むしろ日本達磨宗、臨済宗および曹洞宗という法系上の争い（法系論）であった（大久保説）等がある。

竹内道雄「三代相論の社会的考察・その問題点」（『宗学研究』七号、一九六五年）、村上聖尚「永平寺三代相論について」（『駒沢史学』一六巻、一九六九年）、松田文雄「三代相論の意味するもの」（『宗学研究』一五号、一九七三年）、石川力山「三代相論再考、道元僧団の社会的経済的背景を中心として」（『宗学研究』三一号、一九八九年）。

（6）本文にも示すごとく「古写本建撕記」の記事中、「瑞長本」では、「九州肥後国求麻之庄中、河尻之大渡ト云処ニ居住アリ。至今、三日山如来寺、大慈寺トテ両寺有之、三日山ト号スル事ハ、師（道元）帰朝在テ三日ノ内ニ彼精舎造畢シタリトテ万民申伝タリ。此寺ニハ義尹和尚住シ給フと云々、此即法王長老ノ御事也」と記す。この記事中、「如来寺、大慈寺トテ両寺有之（中略）此寺ニハ」の箇所から道元の帰朝時に関係して、如来寺と大慈寺は義尹和尚が住したと述べ、義尹の活動に焦点を置き「寒巌派」の勢力の一端を説示している。なお面山撰『永平開山和尚実録』の注釈書に当たる『永平実録随聞記』（文政六年〈一八二三〉）には、この如来寺について「肥後ノ宇土郡ニアリ、今ハ一両人クラス小院ナリ」と幕末頃の様子を伝えている。如来寺は、現在も宇土市岩古曽町にある。ちなみに「三日山」は、「さんちざん」と読む。

（7）『永平寺史』上巻、第一章第六節「示寂・茶毘」の項には、「古写本建撕記」の記事中の「遺偈」の文を引用すると共に「伝『親筆遺偈』京都安養寺蔵」の写真を掲げている。「五十四年照第／一天　打ヶ跨跳触／破大千咦／渾身無覓／活陥黄泉／道元」（『道元禅師真蹟関係資料集』大修館書店、一九八〇年。二九三頁、「解説」九六一～九六二頁）。ちなみに道元の正師如浄の「遺偈」は、「六十六年、罪犯弥天、打箇跨跳、活陥黄泉、咦、従来生死相干」（瑞長本『建撕記』）であり、道元がこれを元に呼応したことが判り、師資一体の親密性がよく現れている。

（8）大野市宝慶寺に所蔵するものであり、このほかに東京岡崎正也氏蔵・永平寺蔵・宇治興聖寺蔵とのあわせて四本の「如浄頂相」があり（『道元禅師真蹟関係資料集』河村氏の「解説」一〇一一頁）、永平寺と興聖寺のものは宝慶寺の写しである。その「賛」の後に「徒弟智琛　乞語太白」と認められ、寺伝では「智琛」は寂円ではないかという説がある。これを「如浄頂相」と積極的に主張するのが伊藤慶道氏の説（『道元禅師研究』（内容はむしろ「如浄禅師の研究」）第一巻、二「天童如浄禅師頂相の研究」一五五〜一九四頁）である。同氏は、その中で岡崎氏蔵の「如浄頂相」に関しても宝慶寺蔵本のそれと対比し言及している。これに対し、大久保氏は「誤られた明極楚俊禅師画像」（『中外日報』一九三五年）や前掲書（注（4）『道元禅師伝の研究』一七一〜一七二頁）には「明極楚俊の頂相」とする説（道元将来のものは散佚）もある。ちなみに伊藤氏は、岡崎氏蔵「如浄頂相」の賛「玉殿簾垂向奉時、九苞祥鳳沢神芝、千尋太白深如澱、劫外金梭度一絲。天童長翁浄禅師遺像、嘉暦元年丙寅、真浄清拙正澄敬賛」を挙げ、わが国の嘉暦元年（一三二六）八月に来朝した清拙正澄（一二七四〜一三三九）が、おそらく原本（宝慶寺）を写したと推定でき、その「頂相」に賛語を加えたものであろう、と指摘している。

第五章　道元禅師の「絵伝」

第一節　道元禅師「絵伝」考――長野県松巌寺所蔵掛幅を中心に

はじめに

本論は、道元禅師（以下「高祖」と略称）の「絵伝」の意義と位置付けを序説的に論じようとするものである。それは、昭和六十年頃に河村孝道監修・解説『永平道元禅師行状図』[1]を読んだことがきっかけになっている。次に平成九年春に堤邦彦「道元絵伝の成立」[2]を購読、同年夏に同書の文中に採り上げられている高祖の「絵伝」を所蔵する長野県鬼無里村（現、長野市鬼無里）松巌寺へ拝登、当該の掛幅を拝覧させて頂いた。本節は右の二書に啓発されたものである。

特に前書の解説「道元禅師顕彰の事業について」は、文献の歴史的視点（大遠忌事業）からまとめられ、同じく「諸種絵図伝とその分類」は書誌学的形態と内容における分類である。後書からは、絵伝による「絵解き説法」が民衆教化の一種の有効な視聴覚教材であったことをあらためて教えられた。それは、唱導文化の一であり、「説経祭文」「節談説教」「落語」「講談」等の唱導師（絵解き法師・比丘尼）による芸能へと発展する要素をもつ文化遺産である。また結果的に「伝道教化」の一翼として普及していたのである。

ルーツをたどれば、それはインドにおいて神話・仏伝・経文の挿話等が洞窟や寺院の壁画や彫刻・浮彫に表現され、その内容や意味が説かれていた。さらに中国において同種の教材が「変」「変相」、解説を「変文」[3]と称し、やがてそれらの形態が掛幅となった。そのような系譜に日本のそれらも繋がる。これらの基本的把握を踏まえて論を進めたい。

一、道元禅師「絵伝」概説

数ある「道元禅師伝」に「挿絵」が入るようになったのは、後に掲げるように江戸時代（元禄年間以降）からである。それにより一段と一般庶民に普及していくことになった。それは、宗門による「高祖像」の視聴覚を駆使した大衆化である。民衆は、その「絵解き」説法を通し親しみ受容していった。

中でも長野県地方で知られる絵伝[4]は、私的見解であるが美術的価値の高い肉筆画掛幅『道元一代曼陀羅』（長野県鬼無里村松巌寺蔵）である。これに焦点を絞り、広く紹介してみたい。まず管見による高祖の「絵伝」を以下に列挙しておく。

(1)『越前国永平寺開山記』一巻、元禄二年刊、大夫結城孫三郎、十二景、説経浄瑠璃台本。東京大学総合図書館蔵、横山重編『説経正本集』第一所収、角川書店、昭和四十三年刊。

(2)『訂補建撕記図会』二巻、面山瑞方訂補、瑞岡珍牛・大賢鳳樹図会、六八景、文化三年序・文化十四年刊、洛陽柳枝軒。仙台林香院蔵（彩色掛幅仕立て）、広島県比婆郡千手寺蔵（無彩色掛幅仕立て）等多数。

(3)『永平道元禅師行状図会』二帖（折本）、文化五年、瑞岡珍牛撰、文化六年刊、五七景、①源経豊序刊本、②昭和十三年翻刻本。

(4)『永平道元禅師行状之図』双幅、黄泉無著撰、四六景、文化十三年刊、雖小庵蔵版。尾張・三河を中心に全国的に多数あり。

(5)『高祖大師御絵伝』四幅、文化・文政頃か、絵師不明、六一景、詞書なし、永平寺蔵（一九世勘太夫献納）。

(6)『道元一代曼陀羅』四幅、然山大廓詞書、臨江斎省行画、七〇景、①文政二年画、長野市篠ノ井玄峰院蔵、②文政四年画、千曲市小島満照寺蔵、③文政五年画、長野市鬼無里村松巖寺蔵。

(7)『永平高祖一代記』五幅、奥郁周栄画、六九景、文政九年、詞書―訂補図会踏襲、三原市香積寺蔵。同寺には右の「絵解き」台本『永平高祖一代記画説』一巻がある。天保四年八月記、本文三一丁。

(8)『高祖道元禅師行跡図』双幅、「春信画」、四八景、嘉永五年刊か、永平寺蔵版。永平寺蔵・会津長福寺蔵。右の「絵解き」台本『永平高祖行跡図略伝』一冊、永平寺知蔵編。駒澤大学図書館蔵。

(9)『永平高祖行状摘要』一冊、木村文明輯、華樵義徳画、一五景、明治十一年刊、宮城曹洞宗中教院。駒澤大学図書館蔵。

(10)『承陽大師御行状図』一紙（銅版）、明治十二年版、六〇景＋永平寺伽藍図、永平寺蔵。

(11)『高祖承陽大師行実図会』一冊、仏鑑宝成編輯、明治二十六年、森江商店。駒澤大学図書館蔵。cf.『洞上太祖圓明国師行実図繪』明治二十六年、森江商店。

(12)『承陽大師御行状図解説』一冊、鷲尾透天著、明治二十九年、岩見長浜港進教会発行。cf.『圓明国師御行状図解説』〈未見〉

(13)『道元禅師行状記図会』一幅、図景数・絵師不明、大正十三年、東京富田能次〈未見〉。

(14)『承陽大師御図伝』一冊（折本）、高橋竹迷著、伊藤龍崖絵、二三景、昭和十五年、永平寺発行、鴻盟社発売。再版、昭和十八年。cf.『常済大師御絵伝』一冊（折本）、山田霊林著、伊藤龍崖絵、二〇景、昭和二十三年、總持寺発行、鴻盟社発売。再版、昭和三十三年。〔伝道啓蒙書〕

(15)『曹洞高祖承陽大師御行状図』一幅、昭和二十七年、絵師不明、五五景、永平寺蔵。cf.前掲の堤邦彦「道元絵伝の成立」。

(16)『道元禅師行状記図絵』一紙（銅版）、編者不明、四五景、昭和二十七年、鴻盟社発行。①中央上、高祖倚座像。②中央上、釈迦三尊と両祖倚座像。①と別刷り。

(17)『道元さま』一冊、絵と文―小早川好古、一三景、永平寺刊。〔子供向伝道書〕昭和二十七年。

〈以上、七百年遠忌までの分。「未見」の資料も含み、不完全な部分を残す。〉

上掲の(1)は、高祖伝の「挿絵」入りの嚆矢といえるものである。これは、大衆芸能（説経浄瑠璃・説経節）の台本であり、中野東禅氏により触れられているのでここでは略す。[5]

享徳元年（一四五二）、高祖二百回大遠忌以後であるが、建綱や建撕等により発意企画された高祖の伝記が編纂されたのは、応仁元年（一四六七）から文明四年（一四七二）頃と推定されている。[6]それが『永平道元禅師行状建撕記』（通称『建撕記』）である。今日、各種の「古写本建撕記」が伝えられている。周知のごとく宝暦二年（一七五二）、高祖五百回大遠忌の直後の宝暦四年に刊行されたのが、面山瑞方撰『訂補建撕記』である。

その後、享和二年（一八〇二）の高祖五百五十回大遠忌における奉讃事業の一環として発願され、刊行されたのが前掲(2)の『訂補建撕記図会』であり、また(3)の『永平道元禅師行状図会』であろう。[7]『訂補建撕記図会』は、浪華法華寺蔵版さらに京師柳枝軒によって何度も版を重ね出版されている。なお、頒布数の多さにおいては、(4)の掛幅仕立て用『永平道元禅師行状之図』（木版）が一番であろう。尾張・三河では、これを元に高祖の忌日に「吉祥講」「道元講」が営まれ、掛幅の「絵解き」が盛んに行われたのである。[8]この二講に関しては、稿をあらためて論じたい。これに刺激され、肉筆画の(5)・(6)・(7)が作成されたものと思われる。(6)に関しては後述する。

次に嘉永五年（一八五二）の高祖六百回大遠忌の奉讃事業として作成されたと推定されるのが(8)の『高祖道元禅師行跡図』と、その台本『永平高祖行跡図略伝』である。続いて明治十二年（一八七九）、高祖へ「承陽大師」の諡号宣下による記念の作成と思われる(10)の『承陽大師御行状図』がある。

なお、遠忌とは無関係であるが、(11)の両祖の『行実図会』（森江出版）巻末の販売広告欄に、次の二書が掲載されている。

『承陽大師御一代行状図』半折銅版美画（版画）

『承陽大師御（行）実図会』一冊

この二書に関しては、刊年時から明治二十六年以前に発行されたものと推定されるが、現在のところ、その存在の有無や内容については確認できないので言及を保留する。

さらに明治三十五年（一九〇二）、高祖六百五十回大遠忌の記念奉讃につながる出版として(12)の『承陽大師御行状図解説』(10)の「台本」か）があるものの、未見である。

そして昭和二十七年（一九五二）、高祖七百回大遠忌の奉讃出版物中の高祖絵伝は、(15)・(16)・(17)である。(15)の『曹洞高祖承陽大師御行状図』は、これも未見である。

(16)の『道元禅師行状記図絵』（銅版）二種の構成は、前掲(4)の『永平道元禅師行状之図』に由来する。小型版で安価なこともあり相当数が頒布普及されたものと思われる。

以上の考察から気がつく点は、高祖伝に鑑真の『東征伝絵巻』や『一遍上人絵伝』等に類する横長に続く「肉筆絵巻」物が現在のところ発見されていないことである。それは、恐らく宗門では特定の人に限って見せるよりも当初から多数の人々へ公開することを意図していたもの、つまり「伝道教化」の素材として制作され使用されたと思われる。

二、『道元一代曼荼羅』解題

題名の『道元一代曼陀羅』に付いている「曼荼羅」の語は、密教の両界（両部）曼荼羅ないし四種曼荼羅等の狭義の意ではなく、顕教の中で「浄土曼荼羅」とされる類（『当麻曼陀羅』等）の広義の意のそれである。上掲の「変相（図）」に属し、『春日曼荼羅』『那智参詣曼荼羅図』の類もある。多数の祖師の伝記中に『弘法大師行状曼荼羅和解』（大竹祐憲述、一八八二年刊）の例がある。他にもいくつか存するであろう。

なお右の題名に関し、上掲玄峰院の箱書（文政二年撰）には「宗祖行状図」、満照寺の奥書および箱書（文政四年撰）には「高祖曼荼羅」、松巌寺の掛幅の奥付（文政五年撰）には「宗祖元禅師一代曼陀羅」、また同裏書に「道元一代曼荼羅」とあり、各々異なる。そこで詞書全文が明確に読み取れ、比較的保存の良い松巌寺の題名を重んじ、便宜的に使用することをお断りしておきたい。右の三書共、画工と詞書の撰者は、各々同一人である。

詞書の撰者は、信濃更級郡布施郷（現、長野県長野市篠ノ井岡田）雪巌山玄峰院十五世の然山大廓（一八四五没）である。然山の行実は不明である。しかし、彼が周辺地域において「学僧」として一目置かれていたことは確かであろう。恐らく彼が近隣の更級郡中氷鉋村境（現、長野市稲里町中氷鉋境）に住む評判の絵師臨江斎省行（本名、中村喜惣浩治〈一八三一没〉）に掛幅の絵図制作を依頼したものと推定される。

画工臨江斎は、右三ヶ寺の宣伝出版書『日本曹洞宗道元絵伝』（池田魯參監修、一九九一年刊）の解説等の執筆者中島正利氏によれば江戸で本格的に絵を学び帰郷し、「涅槃図」や「地獄図」、さらに中国浄土宗の善導、日本浄土宗の法然の肖像画等を描き有縁の菩提寺や墓寺、後裔の中村家に所蔵されている。これらもその素材から「絵解き」に使用されたに違いない。それらの作品について詳しくは同書を参照されたい。

当然ながら詞書の撰者然山と画工の臨江斎の二人が相談をしながら進めたと思われる。然山は、臨江斎に主要な参考資料として前掲の絵入版本の瑞岡・大賢図会『訂補建撕記図会』（以下、『訂補図会』と略）』二巻〔六八景〕と掛幅用版画の黄泉撰『永平道元禅師行状之図』（以下、「永平行状之図」と略）』双幅〔四六景〕、ないし折本の瑞岡撰『永平道元禅師行状図会』（別称、永平高祖行状記。以下、『永平行状図会』と略）』二帖〔五七景〕等を提供した。二人は、それを素材にして総合的に勘案し制作したことが、当該書の絵図の構成や詞書の文面から知られる。

すなわち当該書の掛幅（四幅）には、七十景の絵図が描かれ、その大半の絵図は『訂補図会』の六八景に由来していること。次に「韋将軍勧還郷」と「大権修利衛護」の二景に関し、前の逸話は『永平行状図会』と『永平行状之図』に既に掲載され、後の逸話は『永平行状之図』にあること。さらに「中秋翫月」逸話の順序が一般の伝記に設定されている永平寺滞在中の所作ではなく、最晩年の覚念邸にて療養中のものである。これは『永平行状図会』に準拠していること。以上、絵図の構成面から、それらを比較対照し、容易に判断できる。

なお子細に見ると当初に制作された玄峰院の絵図中に部分的な錯綜がある。それは第二幅の下段、すなわち六列目の四景（「印可証明」「江西弾虎」「神仙解毒丸」「韋将軍勧還郷」）と五列目の三景（「告暇受芙蓉衣」「一夜碧巌集」「大権修利衛護」）とが後年制作された満照寺と松巌寺と上下が逆になっている。恐らく表装する段階で貼り間違えたものと思われるが、それにより決して作品の価値が低くなるものではない。

当該書の掛幅は、初めに玄峰院、次に満照寺、そして松巌寺の順序で成立している。これら三ヶ寺の各絵図は、テーマに沿った内容に相違ないものの、肉筆のせいもあり、厳密に言えば全く別の絵図といってよかろう。人物の位置や数、着物の色や柄、背景の山川草木類も微妙に異なる。例えば「天童山上山」の場面は、伴僧が一人（玄峰院）と二人（満照寺・松巌寺）である。また「韋将軍勧還郷」の場面は、韋将軍が甲冑を着けた壮年（玄峰院）と甲冑を着けず剣を待った少年（満照寺・松巌寺）である。そして「霊山院聞霊鐘」の場面は、左上に雲間に浮かぶ鐘楼から室内へ二本の線が伸びている（満照寺）もの、左上からただ二本の線が伸びている（松巌寺）もの、室内で高祖ともう一人がそれぞれ左右に向いて鐘楼や二本線もない（玄峰院）ものなどの相違点が比較的目立つ。

詞書は、紙幅の関係で対照表を掲載できないが、瑞岡・大賢図会『訂補図会』と黄泉撰『高祖行状之図』を元に適宜アレンジしているといえる。概略的に言えば、『訂補図会』の詞書は周知のとおり「漢字カナ交じり文」であり、比較的短文である。これに対し『高祖行状之図』の詞書は、長短取り混ぜた「漢文」である。当該書のそれは、「漢文」である。この点からも推定できるように、大半は『高祖行状之図』の文に依拠しているのである。「漢文」は、元のそれよりも集約するせいか概して短い。なお『訂補図会』が絵図を分けているものはこれを踏襲し、詞書も付随して『高祖行状之図』の文を分解している。また『訂補図会』にない前掲の二つの逸話を加え、同時に詞書も添えていることは言うまでもない。

最後になったが、当該書の絵図の順序が一般と相違することについて触れておきたい。普通、各段の絵図は、まず「右から左へ」横に進み、次にそれが「上から下へ」縦に続いていく。当該書の四幅とも各段は「右から左へ」進むのは同じである。しかし、第一幅と第三幅の各段の縦線の進み方が「下から上へ」となっている。つまり第一幅は「下から上へ」、第二幅は「上から下へ」、第三幅は「下から上へ」、第四幅は「上から下へ」と蛇行している。これは、視線の効率的動きに添っているものの違和感が伴う。どうしてこのような体裁になっているのであろうか。

恐らく臨江斎の発案と推定される。それは彼が浄土宗の信徒に属する絵師であり、他の諸宗派の「絵伝」掛幅を多く見聞する機会があったことに拠るものと思われる。

前掲書『宗祖高僧絵伝（絵解き）集』には親鸞聖人の在地伝承の絵解き『枕石山願法寺略縁起絵伝』、蓮如上人の絵解き『三河西端蓮如絵伝』、『尾道浄土寺弘法大師絵伝』等が載っている。これらの絵図を見ると、各段は雲や山川樹木などが描かれ、すべて物語は「下から上へ」ないし「下から上へジグザク」に進んでいる。各段の順序も「右から左へ」ばかりではなく「左から右へ」進んでいるものもある。作品の内容、成立年代等の検討も必要であるが、このような用例から判断すると「絵図」は絵師（画工）の裁量に任されていたように思われる。唱導師はそれを正しく知った上で一般民衆へ「絵解き」をしたのであろう。「下から上へ」と進む解釈として、仏界の位置や修行階梯の志向に由来していると思われることをひとつ挙げておこう。

次節は「絵解き」台本としての教材、『永平高祖一代記』（香積寺蔵）、『永平高祖行跡図略伝』（駒澤大学図書館蔵）、『承陽大師御行状図解説』（永久岳水蔵）等が首尾よく入手し対照できれば、「唱導の語り」部分に幾分か接近してみたい。

注

（1）『永平道元禅師行状図』大法輪閣、一九八四年。これとは別に『大法輪』「特集・絵入り道元禅師伝」大法輪閣、一九八四年六月号もある。

酒井大岳著『道元禅師御絵伝』仏教企画、一九八四年。右の絵図は、すべて『訂補建撕記図会』に由来している。

（2）伝承文学資料集成一五『宗祖高僧絵伝（絵解き）集』（三弥井書店、一九九六年）所収。

（3）「変」「変相」「変文」。サンスクリットでparinamaを「変」と訳し、「あるものよりあるものを生じ現す」「変化して現れたもの」の意。同じくparinataを「変相」と訳し、「相を変えること」「（例えば）浄土・地獄の相状を描き出した図」などの意。また「変文」は、右の二語より派生した中国語であり、それら仏教経典の神変にわたる記事などに取材してこれを敷衍し、民衆の教化に当てた解説書・台本を指す（参照、中村元著『仏教語大辞典』東京書籍）。

（4）監修池田魯參・解説中島正利『日本曹洞宗道元絵伝』和広出版、一九九一年（松巌寺・満照寺）刊、一九九四年（玄峰院）。

（5）中野東禅「高祖伝における庶民芸能の影響――『越前国永平寺開山記』」（『宗学研究』一一号、一九六九年）、「説経節『越前国永平寺開山記』を通してみた道元禅師信仰」（『教化研修』四三号、一九六九年）。

（6）河村孝道編『道元禅師行状建撕記』（大修館書店、一九七五年）「解題」（二〇〇～二〇一頁）参照。

（7）参照――熊谷忠興「『訂補建撕記図会』開版の発願」『永平寺史』下巻、七章四節（一二二二～一二二五頁）。

（8）尾張・三河の「吉祥講」「道元講」。永平寺五十七世載庵禹隣（一七六八～一八四五）は、瑞岡珍牛と共に『訂補建撕記図会』を開版した大賢鳳樹「仙台城北山輪王寺三十五世」の法嗣である。その載庵禹隣が文政十年（一八二七）四月永平寺へ入院し、二年後の「二代尊（懐奘）五五〇回大遠忌」を控え、かねてその事業を推進していて諸堂復興・香資勧化を推進するために全国に徹底しようと全国にあった講を「吉祥講」としてまとめ結成したのである。翌文政十一年正月に「吉祥講の口演」（吉祥講勧誘の口陳）を出し、次の天保年間ないし明治期まで使われていることが知られている（『永平寺史』下巻、「吉祥講の勧諭と祖蹟の復興」一二六六～一二八一頁、大本山永平寺、一九八二年）。その際、道元禅師の絵伝である『訂補建撕記図会』や『永平道元禅師行状図会』『永平道元禅師行状之図』などが使用されたのである。「吉祥講の口演」の後半部に「茲に尾州若州三州江州濃州等其外近国より吉祥講幾組も在之毎年八月の御忌には参詣致候所」云々とある（同右、一二六八頁）。堤邦彦「道元絵伝の成立」（伝承文学資料集成『宗祖高僧絵伝（絵解き）集』「五、道元絵伝の普及と吉祥講」三〇〇～三〇三頁、三弥井書店、一九九六年）。特に「愛知県下の例では、奥三河を中心に祖師称揚の「道元講」が組織され、毎年八月に遠忌（現在は九月）に道元絵伝の掛幅を開帳して宗祖をしのぶ年中法会が行われた」（同右、三〇三頁）と記す。

第二節　道元禅師「絵伝」台本考――広島県三原市香積寺所蔵本を中心に

前節では、長野県鬼無里村の松巌寺所蔵『道元一代曼陀羅』を軸にして数種の「絵伝」を紹介、宗門における「絵解き」の概要を述べた。今回、その続きとして筆者の管見による高祖道元禅師の「絵伝」台本三種に関し言及したい。ここで扱う「絵伝」台本とは、「絵解き」の解説書であると共に、そのまま「語り」に使用できる資料である。

まず高祖の「絵伝」台本の成立・展開について略述する。『訂補建撕記図会』（面山撰、瑞岡・大賢図会。文化三年序・文化十四年刊）は、絵入り版本の最初の企画と言えよう。しかし、出版が遅れてしまい、これより先に『永平道元禅師行状図会』（瑞岡撰・文化五年、文化六年刊）の折本絵入り版本、及び『永平道元禅師行状之図』（黄泉撰、文化十三年刊）の掛幅用絵入り版本が出されている。

これらの「絵伝」には、いずれも簡略な詞書（漢文または和文の絵詞）が付され、これを元にして「絵解き」が行われたと思われる。「絵解き」をする際、多数の対象者のためには掛幅が最も適切である。従って上記の版本や折本を掛幅に仕立てる例もあった。同時に線描画を独自に彩色したり、また大量に彩色する工房ができたり、さらに肉筆画であれば臨場感があり、視聴者に喜ばれるため、専門の絵師が現れてくるのは当然である（参考―堤邦彦「道元絵伝の成立」『近世説話と禅僧』第三章―Ⅳ。一九九九年、和泉書院）。

同様に「絵解き」も文語調「絵詞」から次第に実演のための口語調（唱導風）「台本」が別に作成されるようになっていった。なお『高祖大師御絵伝』（文化・文政頃作成か、肉筆画、永平寺蔵）に「絵詞」が付されていないのは、むしろ「台本」の存在を積極的に示唆するものといえる。しかし現在のところ、その「台本」の存在が確認できないので、唱道師（能化師）が自由に語れるようにした可能性もある。

次に現在、筆者が把握している高祖の「絵伝」台本三種を挙げて紹介する。

(1)『永平高祖一代記画説』一冊、撰者不明、天保四年記。写本（縦27・5㎝×横22・0㎝）、表裏三二丁（本文三一丁）、広島県三原市香積寺所蔵。

(2)『永平高祖行跡図略伝（内題）』一冊、撰者・出版年不明。吉祥山永平寺知蔵（謹誌）編、駒澤大学図書館所蔵。柱「永平高祖行跡図略」、表紙の「題箋」なし。

(3)『承陽大師円明国師御行状図解説』一冊、鷲尾透天著、明治二十九年八月刊、岩見長浜港進教会発行・進教会蔵版。売捌所京都貝葉書院、駒澤大学図書館（永久文庫）所蔵。

上記、『永平高祖一代記画説』は、香積寺に所蔵される肉筆彩色掛幅『永平高祖一代記』五幅（御絵所奥郁周栄画、文政九年、七十景）の台本（解説書）である。この掛幅図の絵師奥邨周栄に関しては、生没年や活躍状況、「御絵所」の所在など全く判らない。中央の三幅目上方（五段抜き）に類例のない容貌の正面向き「高祖像（曲彔座）」がある。残り六十九景の図絵は『訂補建撕記図会』（六十八景）に準拠し、さらに一景「加州白山社にて渡宋の冀願し玉う」（第十六、絵詞）を渡宋出帆図の前に加えている。これは、その逸話（渡宋前の白山参詣）を示す資料（『金岡用兼禅師行状記』）が芸州（広島県）廿日市応龍山洞雲寺に伝えられ、高祖真筆とされる「袱紗」と「白山石」が所蔵[1]されていたことが関係している。当然それは周辺地域の香積寺住持などにも知られ、その「逸話」を挿入したのであろう。

なお『永平高祖一代記画説』の撰者[2]は、現在のところ不明である。天保四年（一八三三）当時の住持は、二十七世志徹孝義（一八四〇没）である。現有する写本には、文中にいくつか誤字があり、また「第五十二」話の数字が重複し以下の番号がズレているなどの難点から門下の僧の筆記と思われる。恐らく原本は、掛幅の制作された文政九年（一八二六）十一月前後に成立したものと推定できる。

この『画説』の内容は、ほぼ『訂補建撕記図会』の絵詞を踏襲しているが、その『図会』にない記事が三箇所あり、いずれも『訂補建撕記』の「訂補」に依拠している。その内、一つは前掲の「（第十六渡宋前の白山参詣」逸話である。他の二つは、「第十七」話に渡宋時、乗った商船は勢州津の城下の芝原四左衛門の所有であったこと、「第四十八」話に大仏寺法堂上梁時、参詣人の中に雲州大守波多野義重の他に前大和守清原真人、源蔵人、野尻入道実阿、左近将監、安主公文等を挙げていることとである。なお「第六十五」話（実は「第六十六」）には、高祖の茶毘の焼香師として「肥後国流長院の開山傳志麟的和尚」が登場する。傳志麟的（生没年不詳）は、戦国時代の武将肥前竜造寺の一族竜造寺隆信（一五二九〜八四）の実弟とされ、広徳山流長院は慶長五年（一六〇〇）、肥後守加藤清正によって開基されたと伝えられるので、約三百五十年後の人である。全くの時代錯誤であるが、何らかの背景があり、挿入したのであろう。それはさておき本書は、現存する江戸時代末期の宗門における「絵解き」台本として貴重であり、その価値は決して失われない。

次に『永平高祖行跡図略伝』は、保存状態等から嘉永五年（一八五二）の高祖六百回大遠忌頃の記念奉讃事業として出版されたと思われる木版『高祖道元禅師行跡図』（双幅、全四十八景、永平寺蔵版。紙本手彩色。左幅題「吉祥山永平寺宝蔵」。漢文「絵詞」）の和文台本である。この双幅の木版紙本と台本の出版年は、短時日に前後して出されたと推定できるが、どこにもその年記がなく不明である。

この掛幅『行跡図』は、『永平道元禅師行状之図』（黄泉無著撰、文化十三年刊、四十六景。漢文「絵詞」）と対比できる。内容項目を概説すると「中秋翫月」の部分が前後するものの他は大同小異である。なお鎌倉下向と玄明首座擯出の逸話が一つにまとめられている。また、『行状之図』にはない寛元二年（一二四四）の大仏寺法堂上棟式・入滅前覚念邸にて『法華経』を柱に書きつける・茶毘後に永平寺に帰山し法事が勤行された記事がある。これらの記事は、既に『訂補建撕記図会』に掲載されている。『行跡図略伝』は、これを勘案し追加したものと思われる。

『承陽大師円明国師御行状図解説』は、文字通り「承陽大師御行状図解説」と「円明国師御行状図解説」との両祖の行状図解説である。本書は、末尾に「進教会出版書籍類　曹洞宗の部　目録」が付され、その中に次のように両祖の行状図（彩色表装用線描画）と本書が掲げられ宣伝されている。

越大本山特許●図数五十五段、大画仙紙全面摺

「曹洞高祖 承陽大師御行状図全壹枚」 縦五尺二寸／横二尺六寸 定価貳拾五錢／郵税貳錢

能大本山特許●図数四十五段、大画仙紙全面摺

「曹洞太祖 円明国師御行状図全壹枚」 縦五尺二寸／横二尺六寸 定価貳拾五錢／郵税貳錢

両本山貫主大禅師題字、大内青巒居士校閲、鷲岳道人編

「承陽大師 円明国師 御行状図解説全壹冊」 正価拾貳錢 郵税貳錢

このように画仙紙に木版で摺った両祖の行状図を対にして島根県岩見地方で編纂・発行し京都貝葉書院より売り出し普及しようとした訳で、宗門の「絵解き」史上に意義がある。『御行状図解説』は、この両祖行状図の解説書である。著者の鷲岳道人（鷲尾透天〈生没年不詳〉）は、島根県大田市竜昌寺二十九世森口恵徹師の周旋により藹々居士（大内青巒）に校閲を依頼し編集したものである。凡例や本文の筆致から僧籍を有し宗門の事情に通じた人物と判断できるが、その素性は現在のところ不明である。

編者は、主に『訂補建撕記図会』を依用して曹洞宗の宗徒に対し悉く両祖の恩徳を蒙らし感知せしめんが為に図絵とよく符合する細密な伝記（解説）作成を目指した。しかし紙面に限りがあるので「感覚上重なるところを図して余は省き」まとめた、との主旨を述べる。

高祖伝に関して言えば、その生涯を第一章「端緒」、第二章「前生期」（成育・学識）、第三章「中生期」（其一出家学道・其二渡宋求法）、第四章「後生期」（其一帰朝化益・其二山居饒益・示寂）、第五章「遺徳」の五部構成をとっている。この内、図絵の解説は、第二章（七段）、第三章（二十四段）、第四章（二十四段）までの三期部分（全五十五段）に区切りなおされている。

次に右三種の「台本」中、劇的趣向の逸話「江西にて猛虎を伏せしむ」を掲げ比較してみよう。なお、ここでは逸話の成立や内容に関する分析は既に発表した論文があるので割愛する。

(1)『永平高祖一代記画説』第三十四

此の処は、江西のほとりにて猛虎にあい玉ふ処なり。抑々、此の処は、祖師、大白《ママ》山を下りて江西に行き玉ふに日暮に猛虎にあい玉うがゆへに、拄丈をなげて岩上にのぼり玉へば、虎おそれてにげさりぬ。じきに岩をおりてあとを見玉へは、岩をにはあらずして竜頭にのぼり玉ふなり。これふしぎのいたりにあらずや。かくのごとき急なんを救ひ玉ふことは、白山権現の所為なり。これに依りて末世子孫の者は白山権現を奉るべきこと勘《ママ》要なり。

(2)『永平高祖行跡図略伝』第十九

高祖、太白山を下て、江西に往玉ふ。日暮に猛虎の来るに値て、柱《ママ》杖を擲て巌上に坐し玉ふ。虎怖異してさる。見玉ふに是柱《ママ》杖の龍と化したるなり。今に虎は子の柱《ママ》杖と称すと云々。〈原文は漢字片仮名交り文〉

(3)『承陽大師御行状図解説』第廿六

大師一日江西に遊歴したまふ途中、日暮蒼然人絶へ道迷ふ。忽ち猛虎あり。大師を敢取し去んとす。大師柱《ママ》杖を座右に安して岩上に端座儼然たれば、猛虎怖畏して忽ち去る。此事、大師御在世には知る者なかりしが、曽孫寒岩《ママ》禅師入宋の時、諸方の叢林に此事蹟を図画しあるを視て其由を尋ねたまへば、人前記の因縁を示すに依り、寒岩《ママ》禅師は深く是を感じ、不可思議の事蹟なりとて、自ら摸写して皈朝せられける。之に由て我国の人々喧伝して益々大師の聖徳を仰感するに至れるなり。而して、其図及柱《ママ》杖今尚現存

して、江州大津の青龍寺に宝蔵すと云ふ、俗に駆虎の柱《ママ》杖と云へり。

『永平高祖一代記画説』の中で頻繁に使用される近称代名詞「此の処は」とは、絵伝の各場面を杖などで指示する句であり、他の「絵解き」では一般に「ここは」とか「これは」「これ」「此の絵は」「是において」等とも云われる。また接続詞「抑々（そもそも）」は、唱道師が絶好調で物語を展開しようとする時に自然と発せられる起句でもある。この『画説』は、この二つの語句からも「絵解き台本」として実際に使用されたものであることが判明する。

『永平高祖行跡図略伝』の文は、比較的短文であり、これだけでは充分な考察はできないが、「唱道風」の響きは少なく普通に閲読する「解説文」と変わりないように思われる。他の箇所も語句の調子は同様である。しかし、これに抑揚等を付けて「唱道風」にすることもできよう。基本的に「絵解き」をする際、能化師はその「台本」をすべて暗記し、適宜アレンジを加え展開したものと思われる。

次に『承陽大師御行状図解説』は、「徒弟檀信徒の教育」に有益であり、「行状図」を理解する上で、閲読すべきものとされる。またこれを工夫して「絵解き」にも使える。巻末の宣伝文には、「今ま図解説と云うは信徒に図を説明するの最も要書なるを以て名けたり」と記す。さらに「凡例」には「能化師は誕生会、御遠忌、月並教会、其他の法莚にも法堂上の傍間に図絵を奉掲して、香華燈燭等を供備し、時々参詣の檀信徒に対し丁寧なる言語を以て、殊勝なる説明をなし、最勝の因縁を増長せしむべし」とある。

このように見てくると高祖の「絵伝」における「絵解き」の語り口調「台本」は、初めに掲げた『永平高祖一代記画説』だけになりそうである。右に掲げた文は、他の二言に合わせ読みやすい量に句読点を付したが、実際の本文では墨書の横に朱で「語句」毎に区切りを付けている。勿論、他の箇所も同様に付けられ、一見すると「煩瑣」なほど多い量である。しかし、これは実際の「絵解き」能化師が、その口演の過程で、その都度、音を長く伸ばしたりして息継ぎをする必要があり付けたものと解釈できる。

他の箇所には、句読点ばかりではなく、わずかながら補足的な語句を本文横に朱で書き入れている部分（第三十九）や逆に削除している部分（第六十二）、また長い文節を訂正し朱で書き換えている箇所（第四十一・第四十三・第四十七）などもある。これらは、恐らく何度も実演する過程で聴衆に受け入れられるよう、語句を整え内容の充実を目指していたからに違いない。つまり、伝記を通じ高祖の人格を高揚することに意を用いていたのであろう。

他宗派の「絵解き台本」には、欄外（頭注）に声の抑揚や大小の別を注記したり（『善光寺如来絵詞』等）、語句の横に傍線をほどこして音曲部分を表したり（『往生寺現行絵解き詞章』）するものもある（伝承文学資料集第十一輯『絵解き台本集』所収。林雅彦・徳田和夫編、三弥井書店）。一般的には、「唱道」部分を示すため文節の冒頭に山形の符号をつけたり、語句の横に傍点を付ける場合も多々ある（『絵解き万華鏡』林雅彦編著、三一書房）。概して云えば、芸能的要素が強い傾向にある。

周知のごとく仏教関係の「絵解き」を行う目的は、その絵図を通し民衆に仏教の教えを広めるためである。祖師伝系統に属する「絵伝」の「絵解き」は、視聴覚教材を駆使するのでその宗派の雛僧や檀信徒にその祖師の恩徳を知らしめる上で効果的なものであろう。特に檀信徒は、仏教ないし各宗派との縁を結び、信仰を深める契機ともなる。

前掲の両祖の『御行状図』とその台本『御行状図解説』の巻末についている宣伝文によると、「図絵」の各下段一列に法名と一名宛ての施主名とを記入する罫が加えられていたことが判る。もし、一々の施主名を必要としない場合は、表具の際、罫を除去することも可能であるとの旨を記している。『御行状図』そのものは、廉価なもので檀信徒も容易に購入できたはずである。それにも関わらず多くの施主を想定したのは、専門の絵師に依頼し「図絵」に彩色させ表具すると、それ相応に高価なものとなる。そのため勧募を設定したものと推測される。それが掛幅となって寺院に数代にわたり伝えられ、「絵解き」をする際に施主名が聴衆の目にいやでも触れることになる。施主本人及び子孫はその都度、内心満足する訳である。購買を促進するためとはいえ、版元はよく考えたものである。

現代、宗門における「絵解き」は、ほとんど行われていないように思われる(3)。民衆へ迎合過ぎると史実と離れ荒唐無稽な内容になることもあるが、教化面では普及に効果がある。二十一世紀に向け、「絵解き」に限らずビジュアルな機器を駆使して、宗門の教えをもっとアピールしては如何か。

注

(1) 広島県廿日市市応龍山洞雲寺蔵、『金岡用兼禅師行状記』中の逸話。史実的には問題である（大久保道舟『道元禅師伝の研究』一二一〜一二二頁）が、伝道元真筆「仏法大統領、白山妙理大権現、貞応二癸未二月二十四日、沙門道元、二十四歳にて入宋す」（祈願文）と記す「袱紗」と「白山石」も同寺に所蔵する。また香積寺には、『金岡和尚行状記』（前掲書の異本か）を所蔵。撰者はこれを元に「絵伝」の台本に挿入した可能性が大である。その金岡用兼（一四三六〜一五一三頃）は、当該の洞雲寺・阿波徳島丈六寺等の開山、師の為宗仲心等と地方に勧募して永平寺の伽藍復興に寄与す（『続日域洞上諸祖伝』巻三等）。洞雲寺には、金岡の「頂相」があり、その自賛末尾に「前永平三十二世洞雲金岡叟」とある。これとは別に、孫弟子に当たる興雲宗繁の要請に応じた賛の末尾に「永正八年辛未八月念八日、前永平三十二世洞雲金岡」（『広島県史』古代中世資料編Ⅳ所収、『永平寺史』上巻、四二六頁）とある。その「前永平三十二世」とは、「出世（一夜住職）者」の世代数であろうが、永平寺の復興に尽力した功績を称えた意味合いも多少含むものではなかろうか。

(2) 最も有力な人物は、当該書の記述年の天保四年（一八三三）と絵伝掛幅の制作年文政九年（一八二六）との年号から香積寺二十七世志徹孝義（一八四〇没）が有力である。しかし、その記述者（筆者）は門弟中の別人である可能性も想定できる。

(3) 宗門の「絵解き」における現状。各種の「道元絵伝」の所在や分布状態、さらにその使用等に関する宗門の公的調査は残念ながら行われていない。現在のところ筆者も個人的には何も行っていないが、愛知県下に「吉祥講」「道元講」が残っているとすれば、「絵解き」も存続している可能性があろう。

第六章　道元禅師の伝記と切紙資料について

第一節　室内関係資料を中心に

はじめに

昭和五十三年夏、発足間もない「曹洞宗宗宝調査委員会」（現、曹洞宗文化財調査委員会）の実務員となった。前後し『永平寺史』の執筆兼編集実務員となり、これらを昭和五十六年春まで兼務した。この間、各地の寺院を拝登し所蔵する貴重な資料を拝覧することができた。駆け出しの研究者として宗門の歴史や思想を知る上で大変勉強になり、今でも感謝している。拝覧した資料の中には、後に触れる愛知県西明寺や神奈川県香林寺・岐阜県龍泰寺等の「切紙」類も含まれていた。

当時、筆者の認識は、『曹洞宗全書　拾遺』に「室内諸記拾遺」と「日域曹洞宗室内嫡嫡秘伝密法切紙」、『続曹洞宗全書　拾遺』に「十六通秘訣」等が所収されていること。また「切紙」に関して面山瑞方（一六八三〜一七六九）の『洞上室内断紙揀非私記』における低い評価に影響され、また実際に各寺院に拝登して見た数点の資料の内容が「俗信」風で荒唐無稽に近い点などから、さほど重視しなかった。しかし、畏友石川力山氏（一九九七年八月急逝）は、中世曹洞宗の教団史や教理史を埋める貴重な資料として、その収集に精力的に取り組み、やがて立派な成果を挙げられた。ここに敬意を表したい。

ところで、最近、道元禅師に関する諸種の伝記史料の記事中、特に如浄禅師に投機した後の重要課題、「身心脱落」および「嗣法」の時期等について、種々の説が出ている。(1)これらの論議に対し筆者も関心を抱いている。

本節では、故石川氏の遺著『禅宗相伝資料の研究』上・下巻に所収されている中世文書「切紙」資料の内、主に右の課題との接点である室内関係のものを適宜抜き出し、その他の資料からも副次的に引用して諸種の伝記資料の記事と照らし合わせ、その相関性を試論的に探ってみたい。

差し当たりの考察項目として、

一、如浄禅師と道元禅師との師資関係
二、「身心脱落」の「三脱落話」への展開
三、帰朝時の諸瑞相
四、鎮守（白山妙理大権現）逸話関係

五、如浄禅師よりの付授相承物を挙げておく。なお今回は、六、「嗣法（伝法）」論・嗣法の経緯・内容、七、「仏祖正伝菩薩戒」等の切紙資料の検討は、紙幅のこともあり割愛する。

一、如浄禅師と道元禅師との師資関係

道元禅師は、貞応二年（南宋嘉定十六年〈一二二三〉）二月下旬、明全和尚と共に京を出発し博多港より商船に乗り入宋し、四月に明州（寧波）の港に到着した。天童山景徳寺の掛錫は、明全和尚が特別の配慮を得て同年五月であったが、道元禅師は同年七月中旬と遅れた。また時の天童山住持無際了派（一一四九〜一二二四）と多少そりが合わなかったのか、暫らく天童山を離れ諸方行脚に出発した。ところが翌年秋、無際が遷化し、その後住に声望の高い如浄禅師が入院する。

如浄禅師の天童山への入院年月は、諸説あり不明である。無際の遷化後、嘉定十七年（一二二四）秋、また宝慶元年（一二二五）春の二説がある。[2]入院後間もなく、道元禅師と相見することになるが『正法眼蔵』「面授」巻には、「面授」の時期を「宝慶元年五月一日」と感激を込めて二度も記している。この相見は文中に「道元はじめて先師天童古仏を妙高台に焼香礼拝す」とあるが、その「はじめて」とは、伊藤秀憲氏の指摘するように文字通りの「初相見」ではないであろう。[3]また中世古祥道氏が分析するように末尾箇所の「道元大宋宝慶元年乙酉五月一日はじめて先師天童古仏を礼拝面授す、やや堂奥を聴許せらる、わづかに身心を脱落するに」とある文中の語「やや」と「わづかに」の語感や用法から「堂奥」に出入中の教示、「身心脱落」や「伝法」を予感しての「面授」であり、それを通しての師資一体の信順に基づく特別の「相見」であると思われる。[4]恐らくこれより以前に「初相見」があり、数度の接触があったと考えられている。

さらに同時期に『宝慶記』の冒頭にある道元禅師より如浄禅師への「請益」要求書簡に対し、「老僧一如親父恕無礼也」との父親のごとき温情を込めた応じ方は、その辺の消息を伝えるものであろう。「切紙」資料中には、両者の一体感をさまざまに表すものが見られる。例を挙げると「証浄訓訣之切紙」「白紙之大事」「天童遍界不蔵参」（永光寺所蔵）等である。これらは、「身心脱落」後の両者の問答応酬の体裁をもって師資一体・本来清浄身の両者、そして綿密な宗旨の消息を語るものである。

なお『正法眼蔵』や『正法眼蔵随聞記』の記事には、道元禅師が如浄禅師の豪毅で峻烈な人格や率先して坐禅を行なう厳しさと懇切な坐禅指導に共感し、同調しようとする内容が数多く見ることができる。[5]

二、「身心脱落」と「三脱落話」への展開

右の修行過程を経て、道元禅師は「身心脱落」に至る。「身心脱落」こそ、道元禅師の「大事了畢（悟証体験）」であり、帰朝後の「弘法救生」の原点（源泉）でもある。この「身心脱落」が、その機縁となったことは、『正法眼蔵』「仏経」・「三昧王三昧」巻や『御遺言記録（室中聞書）』等に述べられているが、その状況や時期が明確に記された記録がないため、種々の説が出されることにつながっていく。なお「大事了畢」の機縁に関しては、後に用いる『仏家一大事夜話』（龍泰寺所蔵「切紙」）にいくつか述べられているとおりである。

その最たる説が、伝記では『三祖行業記』(『三大尊行状記』)や『建撕記』諸本(明州本・延宝本・訂補本)等に叙述する僧堂内で坐睡する僧に対して如浄禅師が叱咤激励の語句「参禅者必身心脱落也」に触れ「豁然大悟」したとする逸話である。次に『三祖行業記』の該当文を挙げてみよう。

天童五更坐禅、入堂巡堂、責二衲子坐睡一云、坐禅者身心脱落也、祇管打睡恁生、師聞豁然大悟、早晨上二方丈一、焼香礼拝、天童問云、焼香事作麼生、師云、身心落落来、天童云、身心脱落、脱落身心、師云、這爾(箇カ)是暫時伎倆、和尚莫三乱印二某甲一、童云、吾不二乱印一レ儞、師云、如何是不二乱印一底、童云、脱落脱落。(6)

なお文中の「身心落落来」と「脱落脱落」の箇所は、『三大尊行状記』において「身心脱落来」と「脱落身心」となっている点に留意しておきたい。

右の話は、『御遺言記録』の「先師大悟因縁、依二身心脱落話一聊得レ力」、『宝慶記』の「参禅者身心脱落也、不レ用二焼香・礼拝・念仏・修懺・看経一、祇管打坐而已」や『永平広録』巻二の「由レ聞レ得二天童脱落話一而成仏道」等に叙述する記事を駆使して劇的な展開描写をしたものである。しかし、誠に説得力のある逸話であるが、一種の創作であり、証左するものはない。ただし、伊藤秀憲氏は、この場面を想起させる資料として『正法眼蔵』「大悟」巻の真福寺所蔵草案本や『正法眼蔵随聞記』の文中に夜分の雲堂(僧堂)において、「身心脱落」の教示や坐睡する僧への叱咤激励をなしている逸話を載せていると指摘していることに注意しておきたい。(7) 所謂「叱咤時脱落」(杉尾玄有説)の根拠となりうるからである。以後の多くの伝記資料や「切紙」資料にも、この逸話が前提となって展開する。

切紙資料中の「三脱落話」には、(1)永平寺所蔵の元和四年(一六一八)のもの、(2)石川県永光寺所蔵の寛永六年(一六二九)十一月十七日、久外媄良(前住永光・兼總持寺自得院十四代)所伝のもの、(3)岩手県正法寺所蔵(年代不明。『曹洞宗文化財調査資料集』第二所収)のものが知られる。(8)

永平寺所蔵の切紙は、元の年号が元和「三丙辰」とあり、その上に元和「四戊午」と重ね書きしている。その理由や背景は不明であるが、何らかの意図があろう。永平寺所蔵「三脱落話」は、冒頭の書式形態が上部の圏内図に影響を受け、多少解読に手間取る。また文中の語句・否定詞「不」が一箇所消されているため文意が通らない。また末尾の語句に関する辞書的な「注記」以下の文はないなど、永光寺所蔵本と多少相違し難点がある。しかし前文は、ほぼ同一内容である。なお同種の資料は、他にも存在する可能性がある。

次に比較的整った形態と内容を有する永光寺所蔵の「三脱落話」を掲げてみよう。

二代曰、永平門下有三脱落話、蓋是開山和尚在二天童一時悟処也

○ 如何是身心脱落処

◉ 如何是脱落身心処

● 如何前脱落々々処

此《ノ》三句《ハ》只《ダ》是一句也、一句亦《モタ》無《トシ》可レ参《ズ》、尚不レ獲《シ》レ已《ヤムコトヲ》、某甲注《シ》破《シ》了《ヲハル》也、所《ロ》レ謂《ル》脱《ハ》偏《デ》曰《フ》二凡身《ヲ》一、落《ハ》正《ノ》黒、聖心《ノ》処《ロ》、半白半黒《ナリ》也、謂《フ》二之《レヲ》転凡入聖《ノ》一句一、不レ可《ラ》下無《ンバ》二如《ノ》レ是分一大休大歇去《シル》上也、次脱聖身《ハ》、外辺《ノ》白《ナリ》、落本《ハ》心、中間黒《ノ》処《ナリ》、外辺白《ハナリ》、中間黒《ハク》也、謂《フ》二之《レヲ》転《シテ》レ功《ヲ》就《ク》レ位《ニ》一句《ト》一、不レ可下無《ニ》二恁麼会取《スル》一、深透深徹去《シ》上也、上下内外全分《クッ》二黒底処《ヲ》一、脱落烏鵠、豈《ニ》二漆桶《ナラン》一乎、離《レ》二四句《ヲ》一絶《ス》二百非《ヲ》一、直外無《ニシ》二第

二人一、◒◉●不レ同《ジカラ》二五位君臣之《ノ》圏児《ニ》一、聴《ヒテ》二奇分《ヲ》一和合《ス》、私《シノ》黒処也《ナリ》、不レ可レ備レ《ツブサナル》本《ト》、洞家《ノ》玄奥《ワウ》、宗旨《ノ》髄也、恐《ラクハ》属《セバ》二流布《ニ》一滅二
却《セン》吾《ガ》宗《ヲ》一、可レ秘《ス》々々、

奇　ソムク、アヤシ、タマサカ、／アヤシム、アヤシク、カクツ

カツ　備　ソナフ、ソナハル、ツブサ、ツクス、ツカサ、／キハ

ム、アヅカル、ミミムラ

于時寛永六己巳年雪月十七日

勅住前住永光兼總持自得媖良

私《シ》、永平二代懐奘和尚之注也、当一派第一秘処貴裡紙

附二授児孫和尚一畢

この内容は、前掲の「身心脱落話」を前提として、一の「身心脱落」は「転凡入聖」、二の「脱落身心」は「転功就位」、三の「脱落脱落」は「離四句絶百非」と三種に分けて把握され、功勲的な五位説の援用により説示している。なお、この説は、「注」を含め懐奘のものとしているが、懐奘が「五位」を駆使し、門下に示したかどうかなど、これを証する確かな伝承等を示す資料はない。

これら「三脱落話」（切紙）の成立は、永平寺所蔵の資料に記す「元和」の頃に遡れるが、構成や語句の上から『三祖行業記』の伝記資料成立の後であり、確かな年代は現在のところ不明である。

永光寺所蔵の「切紙」資料には、(1)右の逸話である天童寺僧堂で如浄禅師が坐睡する僧を責め叱咤して、道元禅師がそれを聞き大悟した話、(2)宋国より帰朝する際、大権修理菩薩に擁護され、これを護法神とする経緯、さらに(3)帰朝の時、如浄禅師による道元禅師への教誡、(4)峨山禅師の「不識上之一句」に係る機縁の四種を一本にした「永平秘伝書」と題されるものがある。このうち、最初の一つが、前掲の「身心脱落話」であり、他の三話は後に随時、追加されたものであろう。

ここでは(4)の一話を省き、次に前三話を掲げる。

（端裏）永平秘伝書

永平元和尚参二天童浄禅師《ニ》一、脇《キ》不レ著レ席、将既《ニ》且《トク》二両歳《ヲ》一、天童《ノ》門風不レ尋常《ナラ》、五更坐禅、入室巡堂、責《メテ》二衲子坐睡《ヲ》一曰、参禅者《ハ》須《ク》二身心脱落《ナル》一、也只《タ》管打睡《シテ》作二甚麼《ヲカ》一、元蒙二師《ノ》示諭《ヲ》一、豁然大悟、早晨《ニ》上レ方丈焼香礼拝《ス》、浄問曰、焼香《ノ》事作麼生《ン》、元云、身心脱落来《シル》、浄云、身心脱落、脱落身心、元云、這箇是《ハ》斬《レ(ママ)》時《ノ》伎倆、和尚莫《レ》三乱印二《スルコト》某甲《ヲ》一、浄云、吾不《レ》レ印二乱《リニ》汝《ヲ》一、元云、如何是不《レ》二乱《リニ》印《ヲ》一底《ノ》事、浄云、脱落脱落、元便《チ》自恣《ス》、従レ其元和尚、入《テ》レ宋《ニ》伝法帰朝《ス》、時於《テ》二西海船中《ニ》一、天雪大降《ル》、俄《ニ》有二化神一謹《ンテ》現二師《ノ》前《ニ》一、元問云、汝《ハ》是什《レ》麼《ゾ》、神答云、我是《ハレ》護法善神天、号二称大宋国祠山正順昭顕威徳聖烈太帝招宝七郎大権修理菩薩《ト》一、送行

元和尚帰朝時以云、白樺星飛《シテ》化《ス》二活竜《ト》一、一声霹靂震《フ》二青空《ニ》一、不《ンバ》レ入二這般《ノ》児女隊《ノニ》一、乱花飄《ヲ》レ袖舞二春風一、浄和尚付二嘱于元和尚《ニ》一以云、莫レ近二国王大臣一、不レ居《ヲ》二聚落城塵《ニ》一、須《ク》レ住《ス》二深山幽谷《ニ》一、不レ要《シテ》二雲集《ノ》閑人《ヲ》一。(9)

帰朝時における如浄禅師の教誡は、周知のごとく『宝慶記』の記事を元に『古写本建撕記』や『道元和尚行録』等に展開されてきた「五箇条垂誡」中の四条である。

この資料の成立年代と撰述者は不明であるが、石川氏は同寺所蔵の多くの資料を一覧した上で、その経験に照らし、その筆致から天正期（一五七三～九二）頃の成立と推定している。(10)

三、帰朝時の諸瑞相

右の第二話は、道元禅師の帰朝時、降雪に伴い船上に護法神大権修理菩薩が現れ、航路の擁護をした奇瑞を示している。その護法神大権修理菩薩を奉祠するに至った経緯、および看経の口訣を併記した資料の二種が、神奈川香林寺に所蔵されている。一は天正八年（一五八〇）、香林中興葉山所伝の「道元帰朝本則」と称される切紙、二は永禄十三年（一五七〇）、宗禅所伝の「帰朝本則之参」である。この「永禄十三年」「天正八年」という年時に資料上、書誌的に問題がなく、またこれ以前の伝記資料にこの話の記述がなければ、これ以後の伝記資料に影響を与えたものとして意義があるといえる。事実、『三大尊行状記』『伝光録』ないし「古写本建撕記」（明州本・瑞長本）にこの記述はない。

次にその資料を列記してみよう。

（端裏）道元帰朝本則

永平和尚之秘伝云

初祖道元禅師覧《ノ》、入《テ》レ宋伝法帰朝時《ノキ》、於《テ》二西海船中《ノ》一天雪大降《ニル》、有《リ》二俄化神一、謹《テス》現二師前《ノニ》一、師問云《テク》、汝是《ハレ》什麼《ンノゾ》神、答云《テク》、我是《ハレ》護法善神也、号《シテ》称《ス》二大宋国祠山正順昭顕威徳聖列大帝招宝七郎大権修理菩薩《ト》一、伝灯法斎擁《ノ》護《ノ》霊神也、和尚已伝《ニテ》二曹洞無上正《ヲ》一今帰《マル》二本国《ニ》一、我《レ》為《メニ》三守二護《ンカ》祖門《ノ》仏法《ヲ》一相随《イ》来《ル》也、師歓喜《シテ》而言、若然者《シ》仮《ハリニ》現《シテ》二小神容《ノスガタヲ》一納二受《セヨ》吾袈裟《カノ》嚢中《ニ》一、即時《ニ》神滅《シテ》成《テ》二三寸之白蛇《ト》一而入《ル》二嚢中《ニ》一、船中《ノ》衆人、皆《ナ》驚《シテ》二耳目《ヲ》一信《マコトニ》感《シテ》無《シ》レ窮《リ》、自《リ》レ爾以来《シノタ》、於《テ》二日本寺院《ニ》一建二立《シテ》処々《ニ》一、称《シテ》崇《ム》二土地神《ト》一、又会《シテ》二初祖伝戒之二十二社《ニ》一、分二付《ス》吾《カ》朝《ノ》天地便是《レ》護法竜天善神《ト》一、天大《ニ》感応《シテ》、児孫繁栄《ノ》処《ロノ》霊験《ナリ》矣／古徳看経之法要云《ニ》、於《テ》二看経時《キニ》一外人不《ス》二寵受《セ》一、不レ冤増（ママ）、内心《ニ》不レ思レ善不レ思レ悪、十二時中須《ク》レ具《ス》二看経《ノ》眼《フ》一、看経《ノ》意《ロ》、但《タ》能《ク》如《ナラバ》レ是《ノ》、上《ニ》報《シ》二四恩《ニ》一、下《モ》資《ク》二三有《ニ》一、誠《ニ》此《レ》如《ク》レ是《ノ》人者《トハ》、一期《ノ》間《タ》可《ヘシ》二天冥慮竜天《ノ》恩助《ナル》一、云々

時天正八年庚辰初夏念八日

香林中興現住葉山(11)

（端裏）帰朝本則之参

天雪大降タルヲ　云、和尚ノ心ヲヒキ見ウ為デソウ、護法神ト成リ様ヲ、即今修証ナニ因テ、沙門ノ仏法ヲ守護シテ走、護法神ト成レ一切ノ義憶念成就ス、又天雪大降タルキヲ、良久シテ云、マツココガ漫々タル大虚仏法ノ田地テ走、三寸ノ白蛇ト成様ヲ、縮則方寸ノ中、又一様有リ、我為法王、於法自在、二十二社ト現シ様ヲ、展則遍沙界、畢竟ヲ、大坐禅

永禄十三庚午年八月四日　宗禅(12)

この二種の資料「道元帰朝本則」と「帰朝本則之参」にある逸話中、「神仏習合」思想に関わる「二十二社」については、後出する箇所で簡単に触れたい。

右の逸話は、撰者不詳『永平開山道元和尚行録』（寛文十三年〈一六七三〉以前撰、延宝元年〈一六七三〉刊）、懶禅舜融撰『日域曹洞列祖行業記』（寛文十三年刊）、『永平仏法道元禅師紀年録』（延宝六年〈一六七八〉跋）、「古写本建撕記」「延宝本」（延宝八年〈一六八〇〉書写）、湛元自澄撰『日域洞上諸祖伝』（元禄七年〈一六九四〉自序刊）、および面山瑞方（宝永七年〈一七一〇〉）撰『永平開山和尚実録』（宝暦十三年〈一七六三〉刊）、嶺南秀恕撰『日本洞上聯灯録』（享保十二年〈一七二七〉

撰、寛保二年〈一七四二〉刊）等[追1]にも見られる。これらの伝記資料は、前掲の香林寺所蔵の資料より年代の上で後の成立である。次にこれら伝記の記事を挙げ、比較してみよう。

宝慶三年冬解レ纜、天寒雪密、忽有二化神一現レ前、師云、汝什麼神、曰、我龍天也、在二支那一曰二招宝七郎一、知下師佩二祖印一還上レ郷、我来随護二正法一、師異曰、若然現以二小身一、乃即化為二三寸許白蛇一、屈二蟠鉢嚢中一、俄爾海風悪発、波濤震動怒、舟人欲下入二死地一而不上レ可レ得。師誦二普門品一、到二入於大海乃至羅刹之難一、風波恬如、観自在菩薩、乗二蓮葉一浮二海上一、妙相端厳、光彩赫熾、師即瞻仰展拝、未レ畢、忽隠去、一船人、喜レ獲二重生一、懽喜踊躍、帆行如レ飛、忽着二筑之前州博多一（中略）、乃本朝安貞元年丁亥也。

『永平開山道元和尚行録』[13]

宝慶三年冬、解レ纜発レ舶、天寒白雪霏霏、忽有二神人一、現二船舷一曰、弟子龍天也、在二支那一、曰二招宝七郎大権修理菩薩一、知下師佩二祖印一還上レ郷、我随レ師護二正法一、師曰、汝能易レ形乎、乃化為二三寸許白虵一、延縁入二鉢嚢中一屈蟠、又海風俄悪、波濤怒皷、一船無二人色一、師誦二普門品一、忽補陀大士、乗二蓮葉一泛二海上一（中略）、少頃風波恬如也、以レ故孤帆無レ恙、速着二肥之後州河尻一。

『日域曹洞列祖行業記』[14]

右の『永平開山道元和尚行録』と『日域曹洞列祖行業記』との二種を成立の前後や本文の語句に限り比較すれば、帰着港が「筑前博多」と「肥後熊本」と相違する点を除き、恐らく後者は前者の文意を踏まえてまとめたように思われる。後者の『日域曹洞列祖行業記』の記事は、以後の整理された伝記資料に受け継がれていく。

この『列祖行業記』の記事の本文と大同小異なのが「古写本建撕記」「延宝本」と『日域洞上諸祖伝』とである。具体的に指摘すれば、文中の「曰」が「云」、「白蛇」が「白虵」、「汝」が「卿」、「又」が「亦」等と語句の字が異なる箇所が見える程度である。なお、これらと相違するのが、次に挙げる『永平仏法道元禅師紀年録』および『永平開山和尚実録』の記事である。

冬初帰棗蕭然歩下得レ便船、一葉漸漸泛レ大洋、海天凝閉、白雪如レ織、有レ化人立レ船舷曰、弟子龍天也、在レ支那曰二大権修理菩薩一、已知三師向後転二無上論一矣、而今相随入レ扶桑、護二師法幢一、師曰、兪麯二吾盔盂一、卒為二一白虵一、長三寸許、蜿転入レ鉢嚢、時颶風捲レ海、飛澇涵レ天、舟子奔忙、同人失レ色、師誦二普門品一不レ輟、寖久之有二円光碧螺踞レ軽舟而来一、廼是南方補陀尊、為レ師現焉、舟蓮葉也（中略）、無レ何風静浪恬、自レ是一帆千里、逹二肥之後州一、舎二求麻庄河尻大渡一、実今茲丁亥之臘也。

『永平仏法道元禅師紀年録』[15]

この文章は、前掲の資料によりモチーフは同じであるが、洗練かつ整備された独自の展開をしている。なお中略箇所の内容は、「一葉観音」の図像に関する割注記事である。

宝慶三年丁亥（中略）、既而発レ舶、天寒飛雲如レ織、忽有二異人一現二船舷一云、弟子是招宝七郎大権修理菩薩、知下師佩二祖印一還中本国上、我随護二大法一、師諾而神隠レ形矣（中略）又海風俄悪、波濤怒激、満船無二人色一、師乃黙坐移レ時、忽補陀大士、乗二蓮葉一泛二海面一少頃風波恬如、以レ故帰帆無レ恙。逾レ歳著二肥之後州河尻津一、実本朝安貞二年戊子孟春也、当二宋紹定元年一。

『永平開山和尚実録』[16]

右の文中の中略箇所における前半分の内容は、(1)如浄禅師からの付嘱品（↓後出）、(2)帰朝にあたっての教誡、(3)「一夜碧巌」の逸話、後半分のそれは⑷大権修理菩薩に関する解説等が記載されている。本文の内容に関しては、ほぼ同じであるが、より一般向けに判りやすい表現になっている。なお帰朝の年次が「本朝安貞二年戊子孟春」とあり、後に引く『日本洞上聯灯録』の記事と共に注意しておきたい。その『日本洞上聯灯録』は、これをさらに簡略化した記事である。

宝慶丁亥冬、師往二大白《(ママ)》一告レ帰、翁延入室（中略）、已而発レ舶、須臾有二神人一、現二船舷一曰、我是招宝七郎大権修理菩薩、知下師佩二祖印一而還上レ郷我随護二正法一、便作レ礼而没、翌年正月、著二肥之河尻一。[17]

この『日本洞上聯灯録』の記事では、後半の叙述である補陀大士（観音菩薩）の出現はない。また肥後河尻の到着は、『永平開山和尚実録』と共に「翌年正月」になっている。この資料の帰朝時期に関する説の根拠は、『正法眼蔵』「弁道話」の冒頭に近い箇所の文節「大宋紹定のはじめ、本郷にかへりし」に由来する。これに関し、大久保道舟氏が指摘しているように『永平開山和尚実録』を記した面山自身が後年、『訂補建撕記』の「帰朝」（増補34－36）の叙述箇所に「安貞元年冬」説に変更していることが知られる。

前掲の資料中、道元禅師が帰朝する際、白山妙理大権現、招宝七郎大権修理菩薩、観音菩薩が各々登場し、種々護ってくれるという奇瑞に属する逸話があった。

これに関連し日本曹洞宗では、古くから修行僧の携帯物に「龍天護法善神」（大権修理菩薩）および「白山妙理権現」と二行に記した軸があり、修行者の守護神として大切に保持している。十七世紀前半における「切紙」「参」の中には、その白山妙理大権現（鎮守）関係の資料が多数存在する。[18]「白山信仰」が影響しているのは、間違いない。

次にそれと伝記の資料を挙げ検討してみよう。

四、鎮守（白山妙理大権現）逸話関係

伝記資料中、所謂「一夜碧巌」の逸話が最初に掲載されているのは、宗門人の資料ではなく臨済宗東福寺の大極蔵主（長禄四年〈一四六〇〉）撰『碧山日録』「永平道元禅師行状」の記事である。恐らく宗門にこれに関する先行資料があったものの、いつの間にか逸亡したものであろう。登場するのは、次のように「招宝七郎大権修理菩薩」であり、「白山妙理大権現」ではない。

又天童入室之暇、一夕書二碧岩録百則及頌一、忽有二一異人一来、焼二青蒻一束一而照レ之、始二於亥一而畢二功於寅一、異人自号二招宝七郎一、乃不レ見也（弾虎逸話略）、師之属徒名レ之曰二一夜碧岩弾虎主丈一。

『碧山日録』巻二[19]

『碧山日録』とは断定できないが、この逸話を踏まえる同様の記事を「古写本建撕記」数種に載せている。その中で「明州本」「瑞長本」の該当箇所を次に挙げてみる。

来日可二帰朝一定《玉》一夜《ニ》、碧巌集一部《ヲ》書写《シ》玉、其《ノ》時大権修理菩薩助筆并燈火《ヲ》挑王《(ママ)》、故《ニ》土地神奉レ用也。

『建撕記』「明州本」[20]

来日帰朝ニ定メ給、其夜、碧岩《(ママ)》集一部百則之公案ヲ書写シ給、至今一夜之碧岩《(ママ)》ト是ヲ云也、大権修理菩薩助筆シ給イ、燈明ヲ挑ケ給、故ニ今土地神ト安置シ給也。

『建撕記』「瑞長本」[21]

文中の「土地神」とは、本来、道教の神で封境を守護する存在であり、中国仏教でも依用する。例せば径山の霊澤龍王、霊隠（武林）山の霊鷲山王、雪峰山の松山などである。この「大権修理菩薩」は、阿

育王山の土地神・護法神である。伝説に依れば、大権修理はインドのアショカ（阿育）王の令息で仏舎利塔建立に際し、神力により中国へ飛来し明州招宝山に止まり、手を額に加え周囲を回望しているとされる（無着道忠『禅林象器箋』第五類「霊像門」）[22]。

右の『碧岩集』加筆逸話とほぼ同じ内容が「門子本」「元文本」の記事である。ところが「延宝本」は、次に挙げる『永平開山道元和尚行録』と『日域曹洞列祖行業記』と同様に「大権修理菩薩」ではなく「白山明神」に摺り変わっている。

是日薄暮、得二碧岩集善本一、手繕レ之、到二三更一思念、忽然劇難レ全、時有二白衣神人一、来乞二加助一、卒闋二其功一、倭謂二之一夜碧岩存于今一、師怪レ之問二其姓名一、曰我乃日域男女元神也、言已則隠、越《ココニオイテ》知、白山明神也、師辞而帰、諸友相送出レ山。

『永平開山道元和尚行録』[23]

師薄暮得二碧巌集一、繕写之、鶏鳴後、白衣老翁来乞二加助一、許之未レ到二明相一竟二書功一、倭謂二之一夜碧岩（ママ）一今在二賀州大乗寺一、師投レ筆問二其姓名一、則曰日域男女元神也、倏然失二其所在一、因知二白山明神一矣。

『日域曹洞列祖行業記』[24]

右の資料二種は、寛文十三年と延宝元年（一六七三）の刊本である。『建撕記』「門子本」「元文本」を除き、これ以降における伝記資料の大半は、中国の「大権修理菩薩」より日本の「白山明神」へと変わっていく訳である。要するに「白山信仰」と関連し、この頃が転換の時期となっている。先に触れた『建撕記』「延宝本」もご多分にもれず、その加筆者は「白山明神」であり、やがて面山撰の『永平実録』および『建撕記』「訂補本」では、「白山権現」となっていく。

下出積與編『白山信仰』（民衆宗教史叢書第一八巻、雄山閣出版）、本郷真紹著『白山信仰の源流』（法蔵館）等[25]によれば「白山信仰」は、平安時代初期に始まり、それに「観音信仰」や「本地垂迹説」も絡まり、鎌倉・室町時代に北陸地方において盛んに行なわれていた様子である。石川氏や佐藤俊晃氏なども指摘しているように[26]、曹洞宗では室町時代、文献上、能登永光寺において瑩山禅師撰『瑩山清規』巻上「土地堂諷経」の回向文に「当山土地護法竜天（中略）招宝七郎大権修理菩薩」、さらに「大般若経結願疏」に「仏法大統領白山妙理大権現」とある[27]。また『總持寺中興縁起』中、三社権現の一に「白山社」があり、久留米市千光寺所蔵の「竜天白山之書」（伝瑩山禅師筆「竜天・白山」軸）にその語句が見られる[28]。これらの点から、その頃、北陸地方を中心に九州などの曹洞宗寺院では、それを護法神・鎮守として祀っていたことが窺える。

石川氏の所収した白山関係の「切紙」資料として年代が銘記され古いものは、元和六年（一六二〇）正月と年月の入った岐阜県妙応寺所蔵の図説を中心とした「白山之切紙」である。

（端裏）白山之切紙

永平道元和尚　是於曰白山授戒切紙

●―妙理――┐
　　　　　　権現
○―白山――┘

前永平真高十代万室桝嶽（花押）

付与守清首座

于時元和六年庚申正月吉日[29]

これは文中に「白山授戒」とあるので恐らく道元禅師が「白山明神」に授戒したという逸話を伝える関連資料であろう。しかし、それを伝える逸話資料は、今のところない。

この図説の意味は、説明の文言がなく不明であるか、白黒を白山と妙理に配し大変シンプルなデザインであり、この種の「白山切紙」の原形といえよう。

次に古い「白山妙理切紙并参禅」（埼玉県正龍寺蔵）は、寛永十一年（一六三四）二月の年月が記され、縦に白黒白と三つに配した白山と妙理および本分不二の図の下に「参禅」の問答がついている。[30] これとほぼ同様の図に「参」を加えて意味を付した形態の資料が長野県徳運寺所蔵、寛文十二年（一六七二）正月、盾英首座所伝の「鎮守之切紙」「白山妙理之図」[31] 等である。しかし、「鎮守之切紙」には「天童従如浄和尚道元和尚流伝」、「白山妙理之図」には「天童如浄禅師、道元伝授了図」とそれぞれの冒頭に記されるが、時所や他の具体的な師資間の伝授の消息を伝える文はない。ただ文末に「釈迦牟尼仏大和尚●○」とあり、続いて「正夜理文殊家風、唯仏与仏始覚本覚之二也」「偏昼事普賢境、乃能究尽至（ママ）覚本覚不二処也」とあって、室内伝法における儀軌道の一端を示している。

なお「寛文十二年」は、前掲の『道元和尚行録』および『曹洞列祖行業記』の刊行された前年であり、当然ながら、その記事の内容は右の「切紙」資料に反映していない。元来、室内の「切紙」は、刊行物に左右されることは少ないと思われる。

さて「白山」や「竜天」を勧請し「鎮守」にすることを権威づけるために、史実とは思われないものの、それを如浄禅師が道元禅師へ伝授したとする「切紙」資料がいくつかある。「鎮守参」ないし「廿日帰参」と称されるものである。それは、道元禅師が帰朝の際に明州津（寧波）へ赴きながら、また天童山へ戻り二十日程滞在し、如浄禅師より参得したというもので、傍証資料は何もない。

それらの資料中、石川氏は、相模最乗寺・越中瑞龍寺所伝（共に能登永光寺所蔵）、美濃龍泰寺・武蔵長徳寺に所蔵する「鎮守切紙」「鎮守参」を挙げ、分析している。[32] 同様に佐藤俊晃氏の一連の論文も参考にしつつ、次に伝記資料としての価値や叙述されている「白山信仰」から派生してくる民間信仰の一面について簡単に触れておきたい。

鎮守参

天童如浄禅師云、曹洞鎮守有《リ》二参禅一、未《タ》レ了《ヲワラ》人《ト》者洞上不レ為二道《ナラ（ママ）》師《ト》一、道元明州津迄御帰朝催《ヲモヨヲス》ガ、亦天童山帰《ニ》テ廿日在《マシ》レ居在ツテ此話ヲ参得在ル故《ニ》、廿日帰ノ参ト号ス、師云、鎮守参ヲ、代云、一円空テ走ウ、師云、其主ヲ、代云、急度良久、師云、当人ナラバ説破ヲ、代云、ドノ諸仏三宝四生凡夫、共ニ従《リ》レ空出テ円ニ帰シタトミレバ汚穢不浄ワ走ウヌ、心ワ、先ツ神ハ死人ノ処ニ行ケバ、七十五日不《ヌ》二参詣一、其内《ニ》、神《ニ》参ズレバ大地七尺烈破スルト云、在ルガ、葬送ノ場ヨリモ参ルト云ワ、此参ガ眼コナリ、去間、社頭ノ前テ端的ノ眼ガ肝要テヲリヤル、在中派信汲和尚伝授後参也。（旧最乗寺蔵〔現永光寺所蔵〕）[33]

（端裏）鎮守切紙

鎮守切紙

先以二白山明理大権現一為二総鎮守一、其余ハ其寺因《ノ》縁、人々ノ心ニ随テ、何レノ神ニテモ、幾ク神ナリトモ勧請スルナリ、白山権現と云ハ、垂迹ノ名、洞上ノ偏位ナリ、妙理ト云ハ、本体《ノ》名、洞上ノ正位ナリ、本迹不二偏正叶通ヲ以テ、我宗ノ鎮守とスルハ、理ノ当然ナリ、鎮守参アリ、師先ヅ鎮守ノ請ジヤウヲ云ヘト扣ク也、トキニ学到《テ》二師前《ノニ》一打《スル》一円相ナリ、師云、其主ヲ云へ、学、端然《トシテ》良久ス、是ハ不《ル》レ渉二善悪《ニ》一一心《ノ》妙相、鎮守ノ本体ヲ表スルナリ、此ニ着語アリ、云、従二円通一出、入二円通一、是ヲ浄穢一致、生死不二、神仏衆生、蠢動含霊、唯一円相ノ義ト云也、此観…スル者ハ、葬送《ノ》野辺ヨリ直ニ鎮守ヘ参詣スルニ、神不レ忌レ之也、不レ会二此観一者、人ヲ葬テ鎮守ヘ参詣スレバ神是ヲ忌嫌テ、七尺地下ヘ沈ミ入リ玉フト云ナリ、葬送《ノ》後《ニ》参詣スルトキ、社ニ向テ二種《ノ》歌ヲ唱ベシ、云、

○イメバイム、イマネバイマム、イムトイフ、イムトハ己ガ、心ナリケリ、

○チハヤフル、我心ヨリ、ナストガハ、何レノ神カ、ヨソニミルラン、

此参ノ道理ハ、道元和尚御帰朝ノ時ニ、廿日路帰リ留テ、浄和尚ヘ尋玉ヒテ、倭字ヲ以テ書キ記シ、後人ノ為ニナシ玉フト相伝スルナリ、故ニ廿日帰ノ参ト云、又ハ野帰参トモ云也、

右嫡々相承至今

現住瑞龍良準授二与愚謙一　（旧、瑞龍寺蔵（現、永光寺蔵(34)））

右の二種において、まず前者は鎮守の神名を示していないが、後者で「白山妙理大権現」と明記していること、また「白山妙理」を二分して「白山」は垂迹名、「妙理」は本地名に当て「浄穢一致、生死不二、神仏衆生」等の密接な関係を強調している。二種とも後半部に葬送風習の儀礼に関する叙述がある。特に後者には、野辺送り後に鎮守参りをする際に触穢（不浄）を払う機能を持つとされる歌二種が挙げられ、当時の風習の一端を知ることができる。「汚穢不浄」の観念を一層深く意識した内容を持つ資料が次の龍泰寺蔵の「鎮守之参」である。

△鎮守之参、天童如浄禅師云、曹洞有二鎮守参禅一、未了《ノ》人《ハ》洞上《ノ》不レ可レ道（ママ）師《タル》一、道元和尚、従二明州津一慶（ママ）徳寺《ニ》御帰《リ》、廿日在居被成、此参得了也、故ニ是ヲ廿日帰ノ参云也、先ツ心得、定（ママ）白山ヲ鎮守トスヘキ也、白山ト云ハ、自己ノ功也、妙理ト云ハ、那時也、大権現ハ、垂迹ナリ、今時ヘ出タレトモ、権《カリニ》現タト見レバ、本位ヲバ離ヌ故ニ、白山妙理大権現ヲ其儘曹洞ノ三位トスル也、末向定テ於イテ、伊勢ヲモ春日ヲモ鎮守ニ勧請スルヘシ、師云、鎮守ノ請シ羊ヲ、爰《ノ》嫌道ハ、何ト云モ其レハ皆紅粉ヲヌル神トミタソ、其レハ汚穢不浄タソ、曹洞宗ノ鎮守ノ請シ羊ヲ不知シテ、人ヲ弔テ参詣スレハ、七尺大地ヱワリ入玉ウ也、挙着ハ、学、師ノ前ニ至テ円相ヲナス也、爰ハ聞キ相通シテ挙セバ其レハ空見外道ニ引レテ機空劫ニ沈タコトヨト嫌ヘシ、師云、其ノ主ヲ、良久ス、此時キ善ニ不レ渡悪ニ不レ渡ソ、別ニ鎮守カ有テコソ、師云、当人ナラバ説破ヲ、円ヨリ出テ円ニ入《カヘ》シタ時、嫌ヘキ汚穢不浄カ在コソ、茶毘場、直ニ鎮守ニ参ルハ、爰至テクルシユモナイソ、此参禅セスンバ、七尺大地ヱワリ入玉ウト云也、亦常ニ巡堂ノ時キモ、経テモ呪テモ読ンテ、キツト念シテ両眼ヲフサイテ帰ル、此時見余《アマ》シテ処ハナイソ、爰ニアル天神七代地五代テ走、別ニ神カ在コソ、此参禅スル時、歌ヲ引ク也、

イメバイム、忌アネバイマヌ神ナルニ、イムゾ己レカ心ロナリケリ、

亦、チワヤフル吾カ心ヨリ成ス禍ヲ、何レノ神カ余所ニ見ルヘキ、

是レハ元和尚ヨリ以来ノ秘参ナリ、不可犯語也。

（龍泰寺蔵『仏家一大事夜話』(35)）

この資料に関し、佐藤氏は葬送儀礼における「白山」の役割という点から『長吏由緒書』（『近世被差別部落関係法令集』明石書店所収）の

内容や奥三河の「花祭り」に伝わる「白山行事」に触れながら、文中の「嫌ヘキ汚穢不浄カ在コソ、茶毘場、直ニ鎮守ニ参ルハ、爰至テクルシユモナイソ」の部分に対し、茶毘場の汚穢不浄を白山社に参詣することにより浄化する機能があり、白山社は死穢を浄化する装置として勧請されたのではなかろうかと指摘し、宗門における在来の民間葬法を吸収する側面にも言及している。[36]

次の資料は、「鎮守参」の具体的な儀軌（看経）、伝承と鎮守のいわれ、「神仏習合」的な内容や意味を叙述している。和歌と禅語の相唱、「一円空」「一円相」「円相」にすべてを内含させる牽強付会の強引な論理が展開されている。特に「宗旨端的の眼」が肝要とその心得を強調している。

鎮守看経之目録

洗浄口己離呪三返、呪曰、吽修唎々々——娑婆訶、歌云、本ヨリモ本アル神ノ我レナレバ、汚レ不浄ハイカデアルベシ、三返唱テ三拝而、其後一円相ヲ打ツ、円満ノ印ヲ結ンデ当胸、唱テ曰、三界唯一心、心外無別法、心仏及衆生、是三無差別、是迄デ三返唱也、次ニ心経三巻、消災呪七返、誦捨也、

一、伊勢、稲荷ヲ拝而、其後其ノ処ノ鎮守ヲ拝スル也、

一、永平道元和尚廿日帰リノ参、天童如浄禅師云、曹洞宗有リ二鎮守ノ参一、未レ知レ之、不レ可レ為二洞上導師一、道元和尚不知明州ノ津迄御帰参被成玉フ也、其レヨリ天童山御帰在廿日在居シテ参得被ルレ成之故、号二廿日帰リノ参ト一也、夫レヨリ已来夕日本ヱ御帰参在テ弘給也、師云、鎮守ヲ、代、一円空デ走、心ワ、此ノ一円相ニ余夕処ワ無イゾ、地獄・餓鬼・畜生・修羅・人道・天道・声聞・円覚《（ママ）》・仏・菩薩ニ至ル迄デ共ニ一円ノ中畝、師云、一円中ノ主ヲ、代、良久、心得ハ、急度良久ワ、空劫以前ノ主、本分ニ元ト付キ羊也、向見レバ汚レハ無イゾ、当人ナラバ猶ヲ子細ニ説破セヨ、云ク、従レ円出デ円ニ帰タト見レバ、汚穢不浄ワ走ヌ、心ワ、死人ノ処エ行デワ、七十五日ガ中ニ神ニ参レバ、大地ガ七尺烈破スルナゾ、扠テ此ノ参ヲ看経スレバ、アナタヨリ白ラスヱ御下礼拝ナサルルト云イ走ゾ、代、円相ガ肝要也、円相中ヨリ神モ仏モ人間モ天人モ蠢動含霊、蝦蟆蚯蚓、依草付木ノ精霊ニ至ル迄、円相ニ外レタ者ハ無イゾ、総ジテ眼ガ肝要也、宗旨端的ノ眼ヲ用也、続松取時モ霊供スル時モ此ノ端的ノ眼ガ肝要也、塔婆ヲ書時モ念誦ヲ誦ム時モ如是也、類則ハ念誦ノ参、趙州三喫茶、竜天看破参也、是皆後生三昧也、出家タラウズ者ワ、此ノ参ヲ能々心得デワ、叶ヌ事也、謹秘密々々大事々々。

于時享保壬子歳

三月吉祥日　　伝秀叟

附与湛海丈[37]

次に掲げる信州竜洞院所蔵の「鎮守切紙（漢文抄）」は、延宝五年（一六七七）林鐘（六月）、同院六世丹心三咄が同七世補月寅佐に伝授したものである。これは、前掲の「道元帰朝本則」（香林寺所蔵）と前半部の文章が同工異曲である。船上に現れた「大権修理菩薩」が三寸程の白蛇となり日本にもたらされ、土地神ないし護法龍天善神となって「二十一社」ないし「三十二社」に奉祀されたこと、また白山妙理・護法龍天・招宝七郎は皆一体との多層信仰が述べられている。

永平伝中曰、日本初祖道元禅師入宋伝法帰朝時、於テ二西海船中ニ一天雪大ニ降ル、俄ニ有二化神一、謹デ現二師前ニ一、師問云、汝ハ是什麼ソ神、答曰、我ハ是護法神也、号シテ称二大宋国祠山正順照顕威徳聖利大帝招宝七郎大

権修理菩薩《ト》、伝灯法斎擁護霊神也、和尚既伝《ニ》曹洞無上正法、今帰本国、我為《メ》祖門仏法守護相随来也、師歓喜《シテ》云、若然《ラバ》仮《リニ》現《シテ》小身容納吾袈裟袋中、即時《ニ》神威成《テ》三寸計白蛇入嚢中、船中《ノ》衆人皆驚《ナス》来因《ヌ》、心感無窮、自《リ》爾《レ》已来《タ》於《テ》日本寺院建立《スル》処、称崇土地神、又会《シテ》初祖伝戒之二十一社《ト》、分付《ヲ》与《ス》吾《ガ》朝《ノ》天地、便是護法竜天善神、天大感…殊繁栄処、霊験、所《ル》謂伊勢、石清水、賀茂、松尾、平野、稲荷、春日、大原、大明神、地立、大和、石上、大和広瀬、立田、住吉、丹生、貴布禰也、其後代々聖主、吉田、広田、梅宮、祇園、北野、日吉等、号二十二社、然則永平開山伝法後《ノ》、各々有巡礼神、看経誦呪之次《デ》、最《モ》回向於《テ》日本国三千余座大小《ノ》神祇、同《ク》其回向被加護念可《ト》興《ス》隆仏法僧《ヲ》、云々

故於《テ》宗門、仏法大統領、白山妙理、護法竜天、招宝七郎、皆以一体、仏法祈誓《ノ》輩者、竜天看経之次《ニ》誦《ミ》此書《ヲ》、諸願満足伝灯弥輝者也、諸願成就皆令満足、衆病悉除、寿命長遠、富貴自在、万福多幸、至祝々々、西天四七、東土二三、諸祖諸大権現、諸大天王、仰願《ハ》有感応守護吾仏法南無光天娑婆訶。

今分附寅佐禅伯(38)

時延宝五丁巳歳林鐘吉辰　丹心咄叟

この資料は、前述のごとく多層信仰を示すもので興味深い。ここで「仏法大統領、白山妙理」と「護法龍天、招宝七郎」と二大別している。まず神仏混交（習合）信仰の「本地垂迹」説からいえば、「白山妙理」（垂迹）は「去来冉尊（伊奘冉尊）」であり、「十一面観音菩薩」（本地）と一体であること、次に「招宝七郎」はインドの龍天信仰と中国の護法善神信仰が融合していること。それらが、すべて同一であるといっている。この説をさらに明確に示す伝記資料が『永平開山元禅師行状伝聞記』巻之下「師住持弘法之事并白山詣之事」（享和二年〈一八〇二〉頃）である。龍天（天竺）、招宝七郎（中国）、白山権現（日本）は、「三国応化ノ霊神」となっている。

師帰朝マシマシテ、河尻ニ著船ノ時、彼ノ龍天鉢嚢ノ裏ヨリ光ヲ放テ、白雲ニ乗ジテ賀州ノ白山ニ飛ビ玉フ、是ニ由テ是ヲ観レバ龍天モ、又白山権現モ、一体分身ニシテ、支那ニハ招宝七郎ト称シ、天竺ニテハ龍天ト称シ、日本ニテハ但ダ緇ニオキ白ニオキ、信心如法成時ハ、一切ノ所願其祈《モトメ》ニ玉ワズト云フ事ナシ、是レ去来諾尊《イザナミノミコト（原文のママ）》、本地ハ十一面観世音、三国応化ノ霊神也、故ニ吾宗僧徒常ニ龍天白山ノ二神ヲ仰デ、求法ヲ祷ル。人果シテ霊応ニ預カラザルハナシ。(39)

なお「二十一社」に関し、岐阜県龍泰寺所蔵の切紙集成『仏家一大事夜話』中に「廿一社順（巡）礼参」が含まれる。石川氏によれば「二十一社とは、宮城鎮護の神と定められ奉幣されて中世を通じて常に諸社の首班に列した二十一社から、大和生駒の竜田社を除いた数え方でいずれも五機内及び伊勢に存する。この二十一社を仏教者として修行する者が信仰礼拝する理由を、自問自答の形で解釈会通したもの(40)」としている。

その「廿一社順（巡）礼参」には、「師云、上七社、中七社、下七社ト云タソ、云、上七社ハ仏法ヲ守リ、中七社ハ子孫ヲバ繁昌ノ為、下七社ハ此器ヲ全カラシメン為テ走」と、巡礼の機能（利益）を述べている。これがどれほど普及していたか不明であるが、神仏習合による信仰形態の一端が垣間見える。

五、如浄禅師よりの付授相承物

道元禅師の入宋の本懐は、如浄禅師に相見し当下に「眼横鼻直」なることを認得し、人に瞞せられず「空手還郷」した（『永平広録』巻一）とされる。要は、大事了畢の「身心脱落」による悟証体験が第一であり、伝法付授されたものは第二義的存在に過ぎないとの意味である。

ところが、後に掲げるごとく伝記資料には種々の相承物を挙げている。また「切紙」資料の中にも、次のように如浄禅師より拄杖・払子・竹篦を同時に授けられたとする永光寺所蔵、天正三年（一五七五）十二月、宗寿より慶松へ伝授した「曹洞家天童如浄禅師道元和尚嗣法論」がある。

曹洞家天童如浄禅師道元和尚嗣法論

師問云、如何是一箇柱杖（ママ）、元云、人々具足《ス》、師云、具足《セヨ》看《ン》、元云、無心、師云、言語尽、元便立《ツ》、師云、礼《セヨ》、元即礼《ス》、師云、如何是露柱《ノ》一句、元云、六根不具、師云、直《ニ》具足《スル》也、元云、答話在二問処一、師云、道々、元即喝《ス》、師云、是何《ソ》、元即払レ袖去、師云、問、如何是即心即仏之鏡裡像、師云、如何是明鏡也、元云、古鏡磨、師云、磨《シテ》何処《カ》落在《ス》、元云、破鏡、師云、彼落処《ヲ》道《ヘ》、元云、火中氷、師云、其時節作麼生、元即放身《ス》、師云、礼《セヨ》、師云、如何是一霊真性、元云、電光智了剣、師云、在二何処一正智得、師云、会処如何、元云、天地同根万物一体、師、会乎々々、元呵々大笑、師云、是誰人《ノ》章句《ソ》、元立拝、師下座《シテ》授拄杖、師云、如何是亀毛払子、兎角拄杖、喚何《カ》道《ン》、元云、世界恁麼広《シ》、師云、其外在指頭直《ニ》云《ヘ》、元、挙二一指一、師云、問、如何是払子上《ノ》一句、元云、吾在二一言一、師云、無言授二白払子一、師問、如何是三尺竹篦、元云、問話者《ノハ》喫レ棒、師云、不恁麼時如何、元云、三日前五日後、師云、前後際断時如何、元云、不レ会、師云、唯為《ニ》不二開口一、師即下坐而授二竹篦一畢、元九拝而珍重

日本曹洞永平開闢道元和尚詞（ママ）法論

天正三年臘月仏上堂日

従宗授慶松九拝

（永光寺所蔵）[41]

これと同様な資料が相模香林寺所蔵の「天童如浄禅師道元和尚嗣法論」（年代不詳）である。[42] また拄杖・払子・竹篦の三種個々に関する「切紙」や「参」も何点かあるが、ここでは、それらも全て割愛する。

次に伝記資料に所載する道元禅師の相承物（将来物）を列記してみよう。

(1) 芙蓉衲法衣。『三祖行業記』、『三大尊行状記』

(2) 芙蓉楷祖法衣、竹篦、白払、宝鏡三昧、五位顕訣。『明極和尚語録』第三「日東可禅人回郷」→『建撕記』（延宝本・瑞長本・明州本・門子本・元文本）、『永平祖師行状記』、『建撕記并御詠歌』

(3) 洞上的要伝受戒文、芙蓉衲信衣。一夜碧岩、弾虎主丈。『碧山日録』巻二

(4) 芙蓉伽梨并自讃頂相。（異本）六祖大鑑念誦六字『永平開山道元和尚行録』曹全本

(5) 釈迦文仏之茵褥、四祖道信香合、六祖恵能念珠、洞山頂相、其余鬱多羅僧・安陀会、鉢多羅、竹篦、払子等甚衆。『日域曹洞列祖行業記』、『僧譜冠字韻類』

(6) ①芙蓉楷祖法衣、宝鏡三昧、五位顕訣并自賛頂相。『建撕記』（延宝本「五箇条垂誡」前記事）

②釈迦文仏之茵褥、四祖道信香合、六祖恵能念珠、洞山頂相、其余鬱多羅僧、安陀会鉢多羅、竹篦、払子等甚多。『建撕記』（延宝本「帰朝時将来物」記事）、『僧譜冠字韻類』

(7) 釈迦文仏茵褥、六祖恵能念珠、鬱多羅、安陀衣、鉢多羅、尼師壇、竹篦、白払子、洞山頂相、如浄語録等。『永平開山道元和尚行録』（永平寺本・明和本）

『建撕記抜萃』

(8) 伽梨、頂相。『継灯録』

(9) 芙蓉楷祖法衣、宝鏡三昧、五位顕訣并自賛頂相。『洞上諸祖伝』、

(10) 僧伽梨并自頂相。『延宝伝灯録』

(11) 僧伽梨并自頂相。『本朝高僧伝』

(12) 芙蓉楷祖法衣、宝鏡三昧、五位顕訣、嗣書、自賛頂相。『洞上初祖永平開山和尚実録』

(13) 芙蓉楷祖法衣、宝鏡三昧、五位顕訣及自賛頂相、嗣書。『日本洞上聯灯録』

(14) 芙蓉楷祖法衣、宝鏡三昧、五位顕訣并自賛頂相。『訂補建撕記』

前掲の切紙資料で「拄杖・払子・竹篦」の三種を挙げていたが、その内の「拄杖」はなく、「払子・竹篦」は『明極和尚語録』『永平開山道元和尚行録』（永平寺本）『日域曹洞列祖行業記』『建撕記』（延宝本）に見える。特に天正年間以前に成立した文献として『明極和尚語録』に注目しておきたい。なお加賀大乗寺に伝承する「如浄払子」に関して、彫金・木彫部分が宋代製という外、その確証はない。明峰素哲の書（康永四年）に記す「一夜碧岩並捺櫚払子云々」の記述は瑩山禅師以来の伝承物であり、その「捺櫚払子」は鎌倉時代特有のものである。同書に載る『宝鏡三昧』と『五位顕訣』は『洞上諸祖伝』『洞上初祖永平開山和尚実録』『日本洞上聯灯録』『訂補建撕記』に受け継がれる。

右に掲げる伝記資料中(追2)、冒頭の「芙蓉衲法衣」（芙蓉道楷〈一〇四三～一一一八〉が着衣した法衣）は、『正法眼蔵』「嗣書」や『宝慶記』に叙述されているように如浄禅師が伝承奉持していながら、一度も着用されなかったとされる(43)。大久保氏が指摘するように、それを道元禅師へ授与した可能性もある。同氏は、面山瑞方（一六八三～一七六九）撰『釈氏法衣訓』（明和五年〈一七六八〉序刊）と同じく『正法眼蔵嗣書渉典録』（宝暦九年～明和六年〈一七五九～六九〉刊）に、その「芙蓉法衣」に関し、各々異なる記述をしていることを指摘している。

永祖天童祖師へ離別ノ時、芙蓉楷祖ヨリ正伝アリシ青黒色ノ衣ヲ以テ付嘱セラル今ニ吉祥山ノ室内ニ遺在セリ、余親ク拝見ス。

『釈氏法衣訓』(44)

面山考、芙蓉法衣名曰花車袈裟、今現在豊後国泉福寺室中、細川三斎修治世之云

『正法眼蔵嗣書渉典録』(45)

この点から「芙蓉法衣」には、永平寺所蔵の「青黒色ノ衣」と泉福寺所蔵の「花車袈裟」との二伝があること、また同氏が大正十年（一九二一）八月、永平寺にて拝観したものは破損が激しく「麻糸と絹糸とを交織した焦茶色のもの」と記しているが、いずれもその確証はない。

次に如浄禅師の「自賛頂相」に関しては、現在、大野市宝慶寺所蔵「伝如浄禅師画像」と東京都岡崎正也氏旧蔵「天童如浄画像」が知られているが伝承経路を含め、その確証はなく不明である。「古写本建撕記」には、懐奘の使者として義介が正元元年（一二五九）に入宋して伝来したとする。

義介正元元己未年入唐、奘和尚之御使渡、其故、天童如浄和尚御

影之為、天童規矩法度、四節之礼等之用処也、四十二歳ニテ入唐。

『建撕記』（明州本）[46]

右と同様な記事は、同じ『建撕記』の「瑞長本」「門子本」「元文本」にも所載する。しかし、内容は大同小異であり、史実的には真偽不明である。なお宝慶寺所蔵（重文指定）のものは、その後、江戸期（享保年間頃）に模写されて永平寺と加賀大乗寺に襲蔵されている。頂相の「自賛」がある宝慶寺と永平寺の賛文と付記は、次のとおりである。

坐断乾坤、全身独露、喚作本師、和尚当甚、冬瓜茄匏更好笑、金剛倒上梅花樹。徒弟智琛、乞語太白[47]

文中の「徒弟智琛」の素姓が不明であり、如浄禅師頂相とは断定できない。この賛文と付記の記事は、「古写本建撕記」（明州本・瑞長本・門子本・元文本）中の義雲に関する項で宗可侍者が入元し、天童山南谷庵祖廟に道元禅師の位牌を新造奉祀する際、第一座の明極楚俊（一二六四～一三三八）がその「支証文」（「泰定丁卯秋七月望太白閑房老僧楚俊」）を書した後にある。因みに大久保氏はこの点から右の「頂相」は、如浄禅師のものではなく明極楚俊のものと推定したが、これへの反論もあり、現在のところ不明である。[48]

なお前述の岡崎氏旧蔵の「如浄禅師画像」の賛文と付記を次に掲げよう。

玉殿簾寺向奉時、九苞祥鳳啄神足、千尋太白深如瀲、劫外金棱度一熊。

天童長翁浄禅師遺像、嘉暦元年丙寅、真浄清拙正澄敬賛[49]

賛文の作者清拙正澄（一二七四～一三三九）は、臨済宗楊岐派の人、方山円の法嗣、浙江省松江の真浄寺住持である。嘉暦元年（一三二六）は、北条氏の招聘により来朝し鎌倉建長寺に入院した年である。法系が異なる清拙正澄が、この画像に賛文を寄せるいきさつが不明であるものの、右の宝慶寺所蔵の画像よりある意味で信憑性があるように思われる。しかし現在、その所在が不明とのことである。

「洞山頂相」は、『曹洞列祖行業記』、『建撕記』（延宝本）、『道元和尚行録』に所載するが、他には叙述がなくその伝承経路や所在等、全く不明である。なお宝慶寺に「雲居道膺画像（頂相）」が所蔵されているが、その関連で存在する可能性も若干ある。

「釈迦文仏茵褥」（釈尊のしとね）と「六祖恵能念珠」等を伝える『日域曹洞列祖行業記』をはじめ『建撕記』（延宝本）、『永平開山道元和尚行録』（永平寺本）の典拠は不明である。『建撕記』（瑞長本）の末尾「諸般雑記」中には、「釈迦仏之袈裟」について「開山大和尚御道具」の中にあると述べられているが荒唐無稽に近いものである。また「六祖恵能念珠」は恐らく「六祖大鑒念誦六字」を記載する『永平開山道元和尚行録』（延宝本以前の異本）の字句を読み違えた可能性も想定できる。[50] また『日域曹洞列祖行業記』と『建撕記』（延宝本）には、それらが「今在永平庫蔵」と記されている。さらに『建撕記』（延宝本）の「四祖道信香合」の右傍注に「今存能州總持寺ショツユウノ錦也」とあり、流伝したことが記され興味深い。

曹洞宗の宗意を表す経典語録類として洞山の『宝鏡三昧』と『五位顕訣（並逐位頌）』（曹山撰『解釈五位顕訣』も含むか）を挙げているが、前者はさておき後者に関し道元禅師は思想的に否定しているので問題である。宗門の「五位」説の援用は、峨山韶碩（一二七六～一三六六）の『山雲海月』巻下の「五位」説示に始まる。また中世の傑堂能勝、南英謙宗等を経て「五位」研究の隆盛は江戸末期になってからであり、「切紙」資料にも多数ある。

『如浄（禅師）語録』二巻は、紹定二年（一二二九）刊行された。右の『道元和尚行録』には、帰朝時の将来物に入れているが、これは二巻本のことであろう。若しそうであれば、勿論その可能性はあるが、『正法眼蔵』等の著述に反映されていない。帰朝後の仁治三年（一二四二）八月五日に送寄され翌日上堂している記事「『天童浄和尚語録』初到」は、『続語録』一巻を含む正続三巻が揃って届いたものであり、伝記作者の錯誤である。

それに対し、確実に将来したとされるものが伝法の信を表す「嗣書」である。これに関しては、比較的遅い成立の伝記資料である『永平開山和尚実録』と『洞上聯灯録』に所載する。その現物が、現今、永平寺に所蔵するものである。しかし、梅花紋の絹地や如浄禅師の親筆とされる字形、印鑑・印泥等の専門家による分析検討は、充分になされているとはいえない。従って伝法の時期と推定される宝慶元年と相違する「宝慶丁亥（三年）」の年次も含め真偽未了というのが実際である。

おわりに

「切紙」と伝記との両資料における相関性を探ってみたが、各資料の前提となる歴史的・思想的吟味が不充分のため、表面的考察に終始した感を免れないと自覚している。

しかし、宗門の中世より近世に至る間の限定的であるが室内相伝の「切紙」と伝記の資料を通し、宗侶が道元禅師の思想と行動をどのように受け止めて形成し信奉してきたか、その一端に触れ得たと思っている。

「帰朝時の諸瑞相」中、降雪に伴い化神（大権修理菩薩）が現れて航路を擁護した逸話は、「切紙」資料の記事の方が伝記資料より早い可能性のあることを指摘した。要するに室内に伝承された逸話が伝記として表面化する一例になり得るものである。

「如浄禅師の付授相承物」の中には、系統が違い記載されていないもので熊本県玉名市広福寺に所蔵されている小宝塔入り「六祖霊牙」[51]は、六祖慧能の歯（臼歯）である。これは「嗣書之助証」（嘉元四年、義介授之招瑾）として日本達磨宗の相承者、すなわち大日能忍—覚晏—義鑑—義介—紹瑾—素哲—大智（広福寺開山）と次第し「臨済家嗣書、祖師相伝血脈」と共に受け継がれた「六祖普賢舎利（一粒）」に該当するものかどうか定かではないが、同寺に伝えられている。慧能が果たして「六祖普賢」と称された例があるのか、「歯牙」を舎利といえるのか、いくつか疑問も残る。なお、京都正法寺には「六祖舎利」を所蔵するという。しかし、これは日本達磨宗の「舎利信仰」の一環に属するものと推定できる。このように他の宗門寺院にも同種の室内相伝の文物が多数所蔵されていると思われ、真偽はさておき中世の宗門における歴史を研究する上で興味深いテーマといえよう。

注

（1）杉尾玄有「原事実の発見——道元禅師参究序説」（『山口大学教育学部研究論叢』二六巻一号、一九七七年、二五～三三頁）。中世古祥道『道元禅師伝研究』国書刊行会、一九七九年、二四四～二四五頁。伊藤秀憲『道元禅研究』大蔵出版、一九九八年、一〇四～一一七頁。

（2）大久保道舟『修訂増補 道元禅師伝の研究』筑摩書房、一九六六年、二六九頁。鏡島元隆『天童如浄禅師の研究』春秋社、一九八三年、二六九頁。伊藤前掲書、九一～九八頁。

（3）伊藤前掲書、一〇五～一一一頁。

(4) 中世古前掲書、二三六〜二四二頁。
(5) 『宝慶記』には随所にあるが『正法眼蔵』には、「行持」下・「四禅比丘」「三昧王三昧」「仏教」「仏道」「梅華」等の巻に散見できる。鏡島前掲書、一〇八〜一三三頁。池田魯参編『正法眼蔵随聞記の研究』北辰堂、石井修道「中国禅と随聞記」一八一〜一九八頁。
(6) 河村孝道『諸本対校 永平開山道元禅師行状建撕記』大修館書店、一九七五年、『三祖行業記』底本—曹洞宗全書本。
(7) 伊藤前掲書、一一四〜一一五頁。
(8) 「三脱落話」の三資料。①永平寺所蔵。元和四年書写、筆者不明。②永光寺所蔵、寛永六年、久外書。石川前掲書、七九三頁。③正法寺所蔵、元禄十年、大訥書、『仏祖嫡秘訣』所収。『曹洞宗文化財調査目録解題集』2収録。
(9) 石川力山『禅宗相伝資料の研究』下巻、法蔵館、二〇〇一年、七九四〜七九五頁。
(10) 石川前掲書、七九四頁。
(11) 石川前掲書、七九五〜七九六頁。同種の資料『三祖行業記（貴外本）』中、「永平秘伝曰」に始まる記事の前半「初祖道元禅師（中略）天大感応、児孫繁栄処霊験矣」の語句数箇所は異なるが、この資料とよく似ている。すなわちこの香林寺蔵の天正八年筆「道元帰朝本則」の冒頭句「永平和尚之秘伝云」は、この「三祖行業記（貴外本）」の資料と極めて近い関係にあること、また同類の他の資料と共に「切紙」資料が「道元伝」に挿入されたひとつに数えられるものである。
(12) 石川前掲書、七九六頁。
(13) 『行録』河村前掲書、一六九頁、底本—延宝元年版本。
(14) 『列祖行業記』河村前掲書、一七一頁、底本—寛文十三年版本。
(15) 『紀年録』河村前掲書、一七五頁、底本—元禄二年版本。
(16) 『実録』河村前掲書、一八七頁、底本—宝暦十三年版本。
(17) 『聯灯録』河村前掲書、一八九頁、底本—曹洞宗全書本。
(18) 石川前掲書、上巻。岐阜県妙応寺蔵「白山切紙」・長野県徳運寺蔵「鎮守之切紙」「白山妙理之図」三五九〜三六〇頁。府中高安寺蔵「白山妙理本則」三八八頁。同書下巻。石川県永光寺蔵「鎮守切紙」九一〇頁。福生市長徳寺蔵「鎮守看経之目録」九七九頁。
(19) 『碧山日録』河村前掲書、一九一頁、底本—『史籍集覧』。
(20) 『明州本』河村前掲書、二六〜二七頁、底本—天文七年明州書写本。
(21) 『瑞長本』河村前掲書、二六〜二七頁、底本—天正十七年瑞長書写本。
(22) 無著道忠『禅林象器箋』誠信書房、一九五三年、一四六頁。
(23) 『行録』河村前掲書、一六八〜一六九頁、底本—延宝元年版本。
(24) 『列祖行業記』河村前掲書、一七一頁、寛文十三年版本。
(25) 下出積與編『白山信仰』雄山閣出版、一九八六年、第二編「白山信仰の展開」八九〜一〇八・一三九〜一七〇頁。本郷真紹著『白山信仰の源流』法蔵館、二〇〇一年、八〜二四・九七〜一一八頁。
(26) 佐藤俊晃「曹洞宗教団における「白山信仰」受容史の問題」（一〜三）（『宗学研究』二八号〜三〇号・一九八六〜八八年）。「鎮守白山考」（上・下）（『曹洞宗研究員研究紀要』一九号〜二〇号、一九八七〜八八年）。「「白山」の位相——曹洞宗教団史研究の一試論」（『駒澤大学仏教学部論集』一九号、一九八八年）。「曹洞五位説と白山切紙」（『宗学研究』三二号、一九九〇年）。
(27) 『瑩山清規』巻上「土地堂諷経」（『曹全書　宗源下』四四三頁）。「大般若経結願疏」（同右）。
(28) 『瑩山禅師遺墨集』掲載（石川前掲書、三五三〜三五四・三八八頁）、佐藤前掲書、「曹洞宗教団における「白山信仰」受容史の問題」（2）、一五九〜一六〇頁。
(29) 石川前掲書、三五九・九五六頁。
(30) 石川論文、「中世曹洞宗切紙の分類試論（六）」（『駒澤大学仏教学部論集』一六号、一九八五年、一三三頁）。
(31) 石川前掲書、三五九〜三六一頁。
(32) 石川前掲書、三五九〜三六〇頁。
(33) 石川前掲書、三五二〜三六三・八五七〜八六四・九〇六〜九一五頁。
(34) 石川前掲書、三五四〜三五五頁。
(35) 石川前掲書、一〇四・一六四・三五七頁。
(36) 佐藤俊晃「曹洞五位説と白山切紙」（『宗学研究』三二号、一九九〇年）。
(37) 石川前掲書、（福生市長徳寺蔵）九七八〜九七九頁。

(38) 石川前掲書、三五八頁。

(39) 『永平開山元禅師行状伝聞記』巻下(『曹全書　史伝下』二五四頁)。「享和二年写本」(小坂機融師蔵)の外題は「勅賜仏法禅師永平開山道元大和尚行状伝聞記」となっている。引用句「去来諾尊」のルビは正しくは「イザナギノミコト」である。原文のルビは誤りである。異本四種中、正しいルビは、泉岳寺本と盛林寺蔵本、誤りのルビは、岸沢文庫本と曹全本である。ただし、白山妙理の本地は去来冉尊《いざなみのみこと》である。

(40) 石川前掲書、一六一・九〇八頁。

(41) 石川前掲書、三四三・五五〇頁。

(42) 石川前掲書、五五一頁。

(43) 『正法眼蔵』「嗣書」「先師天童堂頭(中略)みづからまだらなる袈裟をかけず、芙蓉山の道楷禅師の衲法衣つたはりといへども上堂陞座にもちゐず、おほよそ住持職として、まだらなる法衣かつて一生のうちにかけず」。『宝慶記』(岩波文庫本―三〇・三四)「堂頭和尚慈誨曰、如浄住院以来、不三曽著二斑袈裟一也。近代諸方非二長老儀一長老只管著二法衣一随レ衆、如レ無二実証一所以、如浄不三曽著二法衣一也」「拝問、和尚住院以来、不三曽塔二法衣一意旨如何。和尚慈誨曰、吾做二長老一後、不三曽著二法衣一也。蓋乃倹約也。仏及弟子欲三著二糞掃衲衣一、欲三用二糞掃鉢盂一也」。

(44) 『釈氏法衣訓』(『続曹全　清規』「第二青黒色衣訓」五五三頁)。

(45) 『正法眼蔵嗣書渉典録』(『曹全書　語録三』面山広録所収「正法眼蔵渉典録」)。

大久保前掲書、一七〇頁。

(46) 『建撕記』(明州本)河村前掲書、一一一頁、底本―天文七年写本。

(47) 如浄自賛。宝慶寺蔵本(像の作者等不明、真偽未詳)、永平寺蔵本(宝慶寺三一世、享保十一年六月寄進)。

(48) 大久保前掲書、一七二頁。大久保氏への反論。伊藤慶道『道元禅師研究』第一巻、二、天童如浄禅師頂相の研究、第一章如浄禅師頂相の大観〜第三章宝慶寺本如浄禅師頂相の考察、一五七〜一九四頁。

東隆眞「如浄禅師の画像をめぐって」(『駒沢女子短期大学研究紀要』四号、一九七〇年)。

(49) 如浄画像賛文・付記、大久保道舟『修訂増補 道元禅師伝の研究』挿図。

鏡島元隆『天童如浄禅師の研究』口絵。

(50) 「六祖念珠」関連の資料として、永平寺に「六祖念珠授受証明之偈」(大明成化七年・日本文明三年、高休伝授)と「六祖大師珠数伝来記」(同右、滝谷琢宗禅師識語)を所蔵するが、真偽未詳である。

(51) 「六祖霊牙小塔」『広福寺縁起並びに寺宝目録解説』所収、「文化財めぐり」(二一五)、玉名市文化財保護委員、田添夏喜氏執筆。因みに同寺には、「聖徳太子舎利塔」も伝わる。

追記1 (一五九頁)「帰朝逸話」。①『三大尊行状記(貴外本)』(享保年間写本、河村氏所蔵本)末尾に「永平和尚帰朝歴」として「永平秘伝曰、初祖道元禅師、入宋伝法帰朝時、於二西海船中一、天雪俄降。有レ土地神謹現二師前一、師曰弥是甚広者也。神云我是護法善神也。号二称大宋国祠山正順照顕著威徳聖列(烈か)大帝招宝七郎大権修理菩薩一、伝燈法斎擁護霊神也。和尚已伝二曹洞無上正法一今帰二日本一。我為二祖門仏法守護一相随来。師歓喜曰、若然仮現二小神一納二給我袈裟袋中一、即時神現成二三寸白蛇一而入二嚢中一船衆皆驚レ耳目信感無レ窮。自レ爾以来於二日本寺院一建二立処々一、称二崇土地神一。又乃初祖伝二戒之一廿二社分附二与我朝天地一護法竜天也。大感応見二繁栄書霊験一矣」との文を入れている。この冒頭語の「秘伝」とは明らかに「切紙」資料を指す。他には②『永平寺初祖道元禅師行状之記』(元禄十五年写本、松源院蔵本)の帰朝時の事項。③『永平開山道元和尚行状録』(文政元年写本、瑞川寺蔵本)の帰朝時の事項。④『日域洞上諸祖伝』の帰朝時の事項に簡単に内容を述べる。

追記2 (一六七頁) 如浄よりの相承物。①『永平仏法道元禅師紀年録』には「浄公付芙蓉楷祖法衣、竹篦、白払(子)并宝鏡三昧、五位顕訣、大陽卵形図、十八般妙語及自賛頂相」、②『永平開山道元和尚行状録』には「天下釈迦文仏茵褥、六祖恵能念珠、欝多羅像(僧か)、安陀会、鉢多羅、尼師壇、黒竹篦、白払子、洞山頂相、如浄語録、皆師帯来也」と記す。

第七章　版橈晃全撰『僧譜冠字韻類』所載の「道元伝」と「懐奘伝」

第一節　『僧譜冠字韻類』所載の「道元伝」考

はじめに

『僧譜冠字韻類』は、曹洞宗の版橈晃全（一六二七～九三）が江戸高輪の泉岳寺に在住中の延宝四年より貞享二年まで（一六七六～八五）の間に中国の高僧を中心に五千九人の略伝を撰述したもの。索引の機能を持つ冠字の韻により排列し利用の便を図っている。

晃全は、武蔵龍穏寺より貞享五年（一六八八）七月に台命を受け永平寺に昇住し、同年（九月三十日、元禄元年と改号）十二月上旬、京都寺町三條下の中村五兵衛に開版させた。略伝には九人の日本僧（空海、南浦、貞慶、道元、夢窓、蘭渓、最澄、俊芿、覚阿）が含まれ、巻八十八末尾に「宋道元」（以下「道元章」と称す）が載っている。

本書は熊谷忠興氏の論稿「三百回忌を迎えた晃全禅師㈠――『僧譜冠字韻類』百冊、百五十巻と総目次八冊」（『傘松』五八一号、一九九二年二月）により概要が知られている。同氏は面山瑞方が享保十九年（一七三四）九月、門下の公音道鏞[1]に「道元章（当該書では「永平章」）」を書写させた（『傘松日記』、『続曹全　法語』）ことを指摘している。後日、面山が『永平実録』『訂補建撕記』に反映することになる。しかし、現在まで本書の本格的な研究と紹介がほとんどない。例えば『禅籍目録』と『禅学大辞典』に本書の「道元章」に何も触れていない。今般『永平寺史料全書　禅籍編』第三巻に本書を所収し、駒澤大学教授佐藤秀孝氏が解説する運びになった。この期に筆者がその「道元章」の部分を取りあげ、些か内容を紹介し伝記史上の位置付けを試みたい。

一、『僧譜冠字韻類』諸本

管見によれば『僧譜冠字韻類』の所蔵先は、次のとおりである。記事内容と印刻の状態から「初版本」と「再版本」および「増補本」の区別をしておきたい。

(1)　国立国会図書館所蔵本

本文一四九巻（欠本一）一一二冊。茶表紙（27・4㎝×18・1㎝）。「初版本」

(2)　永平寺「瑠璃聖宝閣」所蔵本

本文一五〇巻一〇〇冊。薄墨（茶）表紙（27・1㎝×18㎝）。「初版本」

⑶　駒澤大学図書館所蔵本
本文一五〇巻一一八冊。柿表紙（27・1㎝×18㎝）。「再版（補訂）本」

⑷　国立公文書館（内閣文庫）所蔵本
本文一五〇巻一一八冊。茶表紙（27・1㎝×18㎝）。「再版本」

⑸　その他に大谷大学・東洋大学・龍谷大学・高野山金剛三昧院・お茶の水図書館成簣堂文庫に所蔵されているが未調査。

⑴は、元禄元年の「初版本」であろう。本文前の「目録」六冊は後に記す「総目録」とは異なる通常の目録。巻八十八「道元章」に活字の直しはない。巻一五〇は欠けている。

⑵は、いずれの書冊にも「大乗常住《ママ》」の印が押され、元は加賀大乗寺に所蔵されていたもの。寄贈ないし貸与等の事情でいつの頃からか不明ながら永平寺に所蔵されている。

本文は、⑴と同じく「初版本」とみなされる。別冊の「総目録」の中、冒頭の「巻次統名」と「府州沿革」は逸亡、巻末の「僧譜冠字或問」の後に「永平晃全版橈野水禅師行業記」が付いている。この「行業記」の末尾に元禄二年（一六八九）三月十四日の「入内（参内）」記事があり、「初版本」後に編纂されたことが明瞭である。注意すべきは、その刊記「永平三十五世勅特賜応安禅師晃全版橈野水禅師行業記終」の「永平三十五世」の表記である。すなわちこの世代数は、熊谷氏が指摘するように元禄三年六月十八日付けの石刻文（福井県平泉寺「無尽燈銘」）では「（永平寺）三十四世応安万円禅師」、『正法眼蔵』画餅巻の書写（寛巌本）の識語では「元禄四年未正月四日、三十五世沙弥晃全敬写之」とある。この点から晃全による永平寺の「世代改め」が行われたのは、前年六月以降より翌元禄四年（一六九一）一月までの間と推定される。「初版本」が元禄元年の開版とすれば、この「総目録」はそれ以後の成立、おそらく元禄四年前後の頃と推定され、その体裁から「増補本」といえる。永平寺本は本文の「初版本」を入手後、新たに「総目録」を購入したものと思われる。

⑶は、巻八十八「道元章」の部分に関し本文中の活字に不自然な点が二箇所ある。それはいずれも道元の父親とする「通親」の没年に関する記事中の文字である。まず「初版本」の⑴と共通の箇所（二二丁表の三行目下から四行目上）で「以其年十月／二十日薨」とあるのが、⑶では「以建仁二十／月二十日薨」と一字増えているのである。当初は「其年」と元号がなく後に「建仁二」とし「年」が抜けている。なお厳密に言えば、「建仁二ノ十／月二十日」と「建仁二」の後にカナの「ノ」を右横に付け、「二十月」と読まれるのを避けている。これは限られた文字数の範囲に無理に埋め木を入れ、急遽補訂した措置であろう。次に「初版本」と同じ二二丁表の十行目下の「喪父于初生之年」の箇所が「初生」と年齢が漠然としていたが、⑶では新しく具体的に「三歳」と変わっている。これは晃全が『公卿補任』や『尊卑分脈』等に所載する「通親」条の薨の年月日を参照し確認して、前掲箇所と同時に補ったものと推定される。従ってこの「道元章」の訂正から⑶の本書は「再版（補訂）本」とみなされる。他の箇所にも同様な補訂がある可能性もある。なお駒澤大学図書館には別冊の「総目録」がない。

⑷の通称「内閣文庫本」の本文は、⑴⑵の「初版本」や⑶の「再版（補訂）本」とも異なる字形による版木であり、「後刻本」と称すべきものといえる。なお本書の出版年月も今のところ不明である。また⑷には完備した別冊の「総目録」がある。以上、本文の分析前に書誌的基本事項を確認した。

二、巻八十八「道元章」の新添記事

本書における「道元章」中には、当時までに知られている主な資料、すなわち『三祖行業記』『三大尊行状記』、『伝光録』『洞谷記』、『永平開山道元和尚行録』『日域曹洞列祖行業記』（以下、道元和尚行録・列祖行業記と略称）、「古写本建撕記」等と相違する説、また既にあってもそれ以後はあまり採られない説を多数出している。次にそれらのいくつかを挙げてみよう。なお原文の字句は便宜上、返り点・送りがなを省く。

(1)　家系――「建撕録曰、永平道元禅師、村上帝九世孫亜相通親之季子、通光之弟、通忠之伯父（中略）師之母者基房公之女」

まず『建撕録』とはいうが、現存する「古写本建撕記」に該当する文章はない。古くは「村上天皇九代之苗裔、後中書八世之遺胤」（『三祖行業記』等）と記すだけであった。「古写本建撕記（延宝本を除く）」の大半もそれを継承する。父の名を初めて記すのは、寛文十三年（一六七三）刊の懶禅舜融撰『列祖行業記』および延宝元年（同右）刊の撰者不詳『道元和尚行録』の「通忠」説である。延宝本『建撕記』には「人王六十二代、村上天皇九世孫、中書王八世之遺胤、亜相通忠子也」とある。晃全が「建撕録曰」として記す文章の該当書は現存しない。

なお晃全は、前掲文の後に割注し「或書」として「通忠」説に対し、『公卿補任』を引き道元と通忠との生没年等の年齢上の矛盾点から明確に否定している。次に何を典拠に「通親」としたのか。そのヒントは面山瑞方撰『永平実録』宝永七年（一七一〇）刊の「凡例十条」の最初の項目「按㆓久我氏家譜㆒曰、永平元禅師者、通親之季子、通光之弟、通忠之伯父也」にある。晃全も用いたと思われるその『家譜』（久我家系譜）とは、いかなるものか。永平寺に伝承する『久我家系譜』に道元の名は、中ほどに記載され「通親之季子」に合致しない。そもそも現存の『久我家系譜』の原本は所在不明であり、果たして道元の名が当初よりそこに記入されていたのか甚だ疑問である。大久保道舟氏が『修訂増補　道元禅師伝の研究』（五六〜六一頁）に指摘するように種々の矛盾を含む問題の書である。

それはさておき『僧譜冠字韻類』の初版本（元禄元年刊）が道元を通親の子とする初出の伝記資料といえよう。これより先の慶安五年（一六五二）八月二十八日、「道元禅師四百回忌日祭文」（道正庵卜順撰、高国英峻識語）に「大禅師者内府通親公桂子」[2]〈「桂子」とは他人の子への美称〉とあるのが最も早い記述である。ちなみに永平寺第三十一世（後に三十二世）大了愚門（一六八七年没）撰『永平仏法道元禅師紀年録』（以下、紀年録と略称）の延宝六年（一六七八）跋刊本では、冒頭に「天暦皇帝九世苗裔、後中書王八世嫡孫亜相忠通《ママ》之子也」（通忠の錯誤。後に他説も含む）説であったのが、なんと元禄二年（一六八九）版では「通親」説に変わっている。従来、これをもって「通親」説の初めとしているが、これは大了の没後、門下の誰かが『僧譜冠字韻類』の叙述を思いはかり、部分的に補ったものと推定できる。

道元の母を「（藤原）基房公之女」とする初出資料も上記のように本書である。湛元自澄（一六九九年没）編述、元禄七年（一六九四）刊行の『日域洞上諸祖伝』（以下、洞上諸祖伝と略称）に道元の両親を「村上天皇九世孫、亜相通親公之子、母摂政九條基房公之女也」と記すものを初出とする従来の説も、改めねばなるまい。上記と同じく刊行年の上から湛元が『僧譜冠字韻類』を依用し補訂したと推定できるからである。これは後述する外舅の「良観」説とも密接に関連する。

(2) 出家時、叡山の「外舅」を頼る――「十有三歳、竊出二基房殿一謁二舅氏良観法師於叡嶽一、(中略) 良観者基房公八男」

晃全の頃まで、多くの資料において道元の出家は、建暦二年(一二一二)春に比叡山横川の外舅良顕法眼を頼ったとされていたが、その「良顕」の素姓が不明である。ところが『尊卑分脈』(藤原氏系図)に基房の子として「良観、法務大僧正」(寺門派)が載っている。名も一字違いである。大胆に言うと晃全はそれを誤認し採用したと思われる。いわば母を「基房之女」とすることで「外舅」の根拠になり辻褄が合う。以後、この説が踏襲されることになるが、現在は父母の出自を混乱させる基にもなっている。やはり古来の伝承通り、中世古祥道氏の説「天台遮那業系譜」三昧流下(山門派)の良顕が有力であろう(『道元禅師伝研究(正)』八五~九一頁)。

(3) 比叡山における登壇受戒の「戒師」――「十有四歳而禮二公胤僧正一祝髪、其年乃蹈二戒壇一受二具戒一、精二通経律論一」

この事項は、『三祖行業記』をはじめ延宝本『建撕記』を除く他の「古写本建撕記」に比叡山座主の公円僧正に就き剃髪し、また菩薩戒を受けたとされる。延宝本『建撕記』に公円の名はない。三井寺(園城寺)公胤僧正が登場するのは、道元が比叡山において「疑団」を抱いた後に参問し、そこで入宋ないし栄西への師事を勧められる場面である。

(4) 十八歳で栄西に相見[3]――「当時建仁栄西禅師入宋碩徳(中略)師年十有八歳而見二西公于河東一」

栄西の示寂[4]は建保三年(一二一五)七月五日(『祠堂記』『塔銘』等)である。しかるに道元が十八歳では相見は不可能である。晃全のこの説は『洞上諸祖伝』に継承されるが、面山は、『訂補建撕記』の中で栄西の示寂を建保三年とし、栄西との相見を道元の十五歳(建保二年)と設定しているが、現在では疑問視されている。

(5) 入宋時、木下隆英(道正)を随伴――「藤原顕盛朝臣之男金吾隆英(中略)、受二道正法諱一取二沙弥一(中略)、賜下師與二明全并道正一渡宋詔上」

面山撰『訂補建撕記』補注32には、「道正庵卜純(ママ)撰スル『系譜記』ヲ案スルニ」として「乃随二伴永平開山一之入宋而同見二天童浄和尚一」とある。真偽はさておき前掲一の「道元禅師四百回忌日祭文」にも道正の随伴を記し、晃全がこの説を伝記資料の「道元章」に初めて採用したのである。その『系譜記』は、寛延四年(一七五一)納附の永平寺所蔵『久我家系譜』の序(大久保氏前掲書、五六頁)によれば道正庵第十九世徳幽卜順(一六一六~九〇)が源(久我)通名を訪ね禅師の俗系譜を求めて書き与えられ、それを元に『道正庵系譜』を編集したと推定できる。さらに卜順は、寛永十六年(一六三九)に『道正庵元祖伝』と『道正庵神仙解毒円記』を撰述し、次項と共にこの逸話を「創作」したと思われる[5]。

(6) 道正庵家伝の「神仙之妙術」のこと――「師又欲レ帰二太白一在レ途係二師体於痼疾一(中略)、薬与道正曰、這薬者神仙之妙術也」

晃全が卜順撰の前掲二書を元に構成しているこの逸話は、卜順が接触して二書を提供し晃全が依用したのではなかろうか。特に「参内・出世」の上で永平寺と道正庵との関係が密接になるのも二十七世高国英峻(一五九〇~一六七四)の頃からであり、この時期に双方の利益が一致する点、看過できない。

(7) 帰朝地肥後河尻の外護者――「州之牧太宰小貳権卒忠常、大帰二仰于師一、創二精舎于河尻一経二三日一落成之故、至二丁亥之正月二十日一、開二傳来之法于法堂一／（割注）今之三日山大慈寺也。（中略）号観音大慈寺三日落成数」

「牧太宰小貳権卒忠常」の素姓およびその典拠は現在のところ不明である。忠常は大慈寺と如来寺の両寺の外護者かも不明。寒巌義尹と河尻泰明・同娘（素明尼）の逸話との混同も窺える。この人物の究明は今後の課題である。(6) なお「古写本建撕記」では「三日山如来寺大慈寺」とあるが、周知のごとく大慈寺の山号は「大梁山」が正しい。

(8) 微恙の時期、建長五年――「建長五年、夏示微恙」

『三祖行業記』をはじめ「古写本建撕記」等は「建長四年夏頃示微疾」説。これは晃全独自の説、その意図や根拠は不明である。

(9) 後継者懐奘の出自――「京極之相国為光公五世孫、従五位下公綱之子也。（中略）従横川円能薙染而名円範」

『三祖行業記』をはじめ、従来の説は「九條相国為通曽孫、鳥養中納言為実卿孫」等であり、具体的な名は示されていなかった。この晃全の新説は、『尊卑分脈』『大系図』を使用しているが、結局「失考」と思われる。しかし、それを証明するには相応の資料の吟味が必要である。そこで別の学術大会の場でその是非を詳しく言及する予定(7)である。

三、延宝本『建撕記』との比較対照

熊谷氏は、前掲論稿中「道元章」に関して延宝本『建撕記』に近いといえる。しかし、細部を点検すれば晃全禅師独自の主眼で立伝したと言える面も多い」と述べている。

紙幅上、それらの全てを列挙し論ずることはできない。まず前掲二の九項目は、ほとんど重複するので略する。次に大幅に削減した代表例を挙げて対比し、若干検討する。その際、延宝本『建撕記』を(1)とし、『僧譜冠字韻類』を(2)として両書を掲げ比較する。

【在宋参学】

(1) 有二僧老璡一者、師語云、子既ニ参二諸名宿一、然今具二大眼目一宗匠、長翁如浄和尚也。子欲レ了二己事一、往参ジ給、必有二所得一。然師謂、参レ他イトマアキアラズ。早帰国志ノミ御座処。于レ時寧宗、以二浄公一道価高二当時一、詔董二天童席一、依二如浄和尚一、越国入院為来給。希代不思議ノ機縁也。（傍線は筆者の注記。以下同）

(2) 又僧老璡語レ師曰、師已参二詣耆宿一、然不レ如二師之見解一、如今当時第一宗匠、尚有二如浄一人在一。師去見レ彼、必有二所得一。寧宗帝以レ高二翁如浄道誉于当時一、詔董二天童席一。

この逸話は、道元が数人の尊宿を訪ねたが失望し帰国しようと思っていた時、僧の「老璡」に偶然出会い、評判の高い如浄和尚への参問を勧められる場面である。既に同様の記事は『道元和尚行録』『列祖行業記』『紀年録』等にある。しかし、傍線箇所の文(2)は、(1)の延宝本『建撕記』が他本より最も近く、これを元に晃全が案配したと思われる。

【如浄に参学】

(1) 師初見二浄和尚一、当二喜（ママ）定十七年一也。浄一見甚器二重之一。有二丹知客一問二其故一。浄云、前夜夢見二悟本大師一、今此子至恐是後身。向後当三大宏二吾道一ト也一。

(2) 師飛錫再抵二天童一、長翁一見甚器二重之一。丹知客以二其所謂一問二如浄一。浄曰、前夜夢二悟本大師到レ山、這子恐是洞山後身也。

この逸話は、道元の如浄との初相見の記事であり、既に同じく前記の『道元和尚行録』や『列祖行業記』『紀年録』等に見える。しかし、「古写本建撕記」の中では「延宝本」にしかなく、後に面山撰『訂補建撕記』等にも踏襲されていくものである。

【如浄に得法】

(1) 浄一日責二衲子坐睡一云、参禅須二身心脱落一、只管打睡為二什麼一。師於言下豁然大悟。服勤四歳也。

(2) 或時師聞三浄和尚責二衲子坐睡一曰、参禅須二身心脱落一、只管打睡為二什麼一。師於レ是豁然大悟。服勤四歳、日有二所得一尽窮二其蘊奥一。

この有名な逸話も既に『三祖行業記』をはじめ『伝光録』および『道元和尚行録』『列祖行業記』『紀年録』等に掲載されている。「古写本建撕記」の中では、それらと多少字句は相違するものの「明州本」にある。しかし、晃全は文面より「延宝本」を主に依用した可能性が大であると判断できよう。

【大仏寺の開堂】

(1) 同年七月十八日、開堂説法。師今日此山名二吉祥山一、寺号二大仏寺一。則在頌レ曰、諸仏如来大功徳、諸吉祥中最無上、諸仏倶来入二此処一、是故此地最吉祥。(中略)説法後、師語二雲州一曰、這一片地、主山北高、案山南低、東嶽連二白山神廟一、西渓接二碧海龍宮一、峰巒重畳、人烟阻隔、実霊勝之区也。其上予在宋時、天童坐禅之法要、三十余ケ條示給(後略)

(2) 同二年夏諸堂落二成于此一。其歳秋七月十有八日、所レ行二入院開堂規範一、天龍興レ雲山神現レ形、万木土石有二喜色一、以レ呈二万山許多之吉祥一為二山号一、曰二寺于大仏一。師謂二義重一曰、就相二這地一、主山高案山低、東岳連二白嶺神廟一、西渓接二碧海馮宮一、峯巒重畳、人烟阻隔。実弘法霊場也。義重帰仰思愈切以為二祖道金湯一、未レ幾四衆輻湊。丙午夏改二大仏一曰二永平一。準下漢明初興二隆仏一法暦号上。

道元が大仏寺開堂の際、大檀那波多野義重に語った偈頌とされるものである。その偈頌はすべての「古写本建撕記」に大同小異ながら所載するが、一番近い語句は「延宝本」である。特に「西渓接碧海龍宮」の箇所は、他の「古写本建撕記」では「西流曳於滄海龍宮」となっている。しかし、晃全はそれを対比して判るようにその前後の語句を含め、大幅に独自のアレンジを施している。その点、如何なものであろうか。大胆な加筆は勇み足の感がする。

【示寂】

(1) 建長五年癸丑八月廿八日、寅剋及テ藻浴罷整レ衣、索レ筆書偈云、五十四年、照第一天、打箇跨跳、触破大千。咦、渾身無レ処レ覓、活陥二黄泉一。投レ筆恰然坐化。朝野訃聞無二不レ嗟動者一。師以二正治二年庚申正月二日一生。世寿五十有四、僧臘四十有一也。(中略)東山赤辻小寺ノ在ル二龕移給イテ依レ法ト喪。九月六日、設利羅収出レ京、同十日酉刻、越州志比庄吉祥山到。

(2) 同廿有八日夜、做二藻浴一整レ衣、書遺偈曰、五十四年、照二第一天一、打二箇跨跳一、触二破大千一。咦、渾身無レ所レ覓、活陥二黄泉一。投レ筆恰然坐化。朝野聆レ訃無下不二嗟動一者上。即遷二金棺于興聖一留三日顔貌如レ生、有二異香一充二京師一。闍維得二設利一者無数。季秋初六日門人神足胥鳩持二霊骨一出二京師一、覃二同十日薄暮一、到二越之永平一。(中略)師世寿五十有四、僧臘四十有一。

前半の(2)における傍線箇所の語句は、これも『道元和尚行録』と『列祖行業記』に近い文章があるものの「延宝本」を除く他の「古写本建撕記」に「藻浴整衣」の語句はない。後半の傍線箇所の語句は、前掲の二書に「即遷龕於于興聖留三日顔貌如生、室有異香」とあるところを晃全は「龕」を「金棺」、異香を「室」より「京師」（京洛）に広げ、荘厳さを一段と増幅させている。また「古写本建撕記」類に荼毘所として「東山赤辻小寺在、龕移奉依法火喪」とあるが、⑵にはない。要するに晃全は、「延宝本」に限らず前掲二書等の複数の「道元伝」を参照しながら加筆訂正を加えていることが判明する。

おわりに

『僧譜冠字韻類』は、晃全が道元の両親を「(久我）通親」「(藤原）基房の女」および外舅を「良観」とした最初の資料であることを指摘した。この説は道元の伝記史上、どのように位置付け、評価できるのか。端的に言うと功罪半ばするので誠に難しい。彼の研究は、あくまで善意から導き出したものであり、それまで曖昧であった道元の出自を打開しようとしたと解される。当時、この説はそれなりの根拠と説得力があり、次第に広まった。その背景には、永平寺住職という知名度もあったであろう。また後にそれを敷衍する結果になった面山の『訂補建撕記』等の普及も影響したと思われる。

その「通親」説に絞って言うならば、依然として「通親」を主張する方もおられる。しかし、最近では山端昭道氏の『三祖行業記』等における「村上天皇九代之苗裔」の世代数に関する研究とか、前掲の大久保氏や中世古氏の研究による『永平広録』所載の忌辰上堂「為育父源亜相上堂」等の「源亜相」に関する究明により「通具」説の方が有力視されてきている。その研究傾向と相まって晃全の「通親」説が低下し、「通具」説が向上する結果となろう。一方母親は、外舅が原点の「良顕」に還ったので不明となり、あらためて解明されなければならないことになった。

注

（1）道鏞（一七〇一～没年不詳）は、出自不明（摂津か）、別号午庵。得度師は智潮。若い頃、面山に参随し薫陶を受け、後に慈麟玄趾（一六九〇～一七六四）の法嗣となり、浪花城南の地に住す。師の『慈麟玄趾和尚語録』（『曹全書　語録四』所収）巻十一末尾に道鏞の撰述『慈麟和尚行業記』を「師翁麟和尚行業記」として付記されている。彼は「天桂不レ知二正法眼蔵由来事一」や万回一線撰『証道歌直截』の破却を曹洞宗の総僧録所関三刹に訴えている（『禅学大辞典』九四三頁）。それは参学師面山の宗風を受け、その影響から生じたものと思われる。

（2）諸橋轍次『大漢和辞典』巻六には、「一、かつらの実。二、他人の子の美称」とあり、その二に『宋史　宝儀伝』の文『書言故事、子孫類』を引き、「称人子、曰桂子」と記す。ここで木下道正庵十九世卜順（一六一五～九〇）が「通親公桂子」と述べる語句の意味用法は、この辞典を正しく解釈すると「通親公（親）とは異なる子、つまり別人の子」となる。しかし、卜順撰の「祭文」の文脈では「通親公の御子《みこ》、つまり通親公は父親」とならざるを得ない。いわば、卜順自身に対する教養の有無が問われることになろう。

（3）道元が建保二年に栄西と「相見」したとする伝記中には「古写本建撕記」をはじめ、『永平紀年録』、『列祖行業記』、『扶桑禅林僧宝伝』、『洞上諸祖伝』、『本朝高僧伝』、『洞上聯灯録』、『始祖道元禅師伝』、『建撕記抜萃』（年月日なし）、『永平寺高祖行跡図略伝』等がある。面山撰『永平祖師年譜偈』には「翌春（建保二年）見三井公胤、蒙教参建仁栄西」と述べている。

（4）年次に二説あり、①建保三年六月五日、『吾妻（東）鏡』「建保三年六月五日条」（『新訂増補国史大系』第三二所収）、②建保三年七月五日、虞樗

撰『千光法師祠堂記』、虎関師錬撰『元亨釈書』巻二「建仁寺栄西」、如蘭「洛城東山建仁禅寺開山始祖明庵西公禅師塔銘」（『続群書類従』第九輯上）等である。栄西の寂（入滅）地として、①鎌倉寿福寺、積翠庵（祖師塔の岩窟）、②京都建仁寺の二説ある。舘隆志「栄西の入滅とその周辺」（『駒澤大学禅研究所年報』二一号、二〇〇九年）。この間、曹洞宗系の代表的資料「古写本建撕記」では、建保二年（月日なし。道元十五歳）、栄西に参学した後、「三年、今年七月五日、建仁寺開山栄西和尚七十五歳ニシテ涅槃アリ」と記す。ところが、面山瑞方は「建保二年甲戌、師十五歳、熟渉猟経論、自有疑謂顕密二教共談、本来本法性、天然自性身」との疑団を抱き、三井寺の公胤僧正を尋ねて「此問不可輒答、雖有宗義恐不尽理、須参建仁寺栄西ト指揮セラル。同年ニ入建仁開山千光禅師之室、初聞臨済之宗風。同三年乙亥、師十六歳、トキニ千光祖師七十五歳ニテ七月五日ニ寂ス」（『訂補建撕記』）と述べる。

（5）吉田道興「高祖伝の形成と道正庵――策謀家道正庵十九世徳幽卜順」（『曹洞宗総合研究センター学術大会紀要（第十二回）』二〇一一年、本書第十章に所収）を参照されたい。

（6）中世古祥道氏「大慈寺の檀那河尻氏について」（『宗学研究』三六号、一九八四年）。当該論文には、大慈寺の檀那河尻領主（源）泰明や川尻三郎徳実明等の名は見えるが、当該書の「牧大宰小弐権卒忠常」の名はなく出自は不明である。

（7）詳しくは次節「永平寺二祖孤雲懐奘禅師の出自考」を参照されたい。

第二節　永平寺二祖孤雲懐奘禅師の出自考――『僧譜冠字韻類』道元伝付記の懐奘略伝を中心に

はじめに

道元禅師の没後、永平寺教団を率いたのは、孤雲懐奘禅師（永平寺二祖道光普照国師〈一一九八～一二八〇〉。以下「懐奘」と略称）である。その懐奘の出自に関して従来の説とは異なる史料がある。それが永平寺三十五世版橈晃全撰『僧譜冠字韻類』である。この史料は、今日まで一部の識者を除き、ほとんど知られていないので紹介し、従来説と合わせて検討することにしたい。果たして進展を見るものか、否か。まずは、関係史料を時系列的に並べて挙げる。

一、懐奘の「出自」関連史料

(1)「禅師姓藤氏諱懐奘洛陽人也九條相国為通曽孫鳥養中納言為実卿孫也建久九稔戊午年生下」『元祖孤雲徹通三大尊行状記』（永平二代懐奘和尚行状記、曹洞宗全書本）（『永平寺三祖行業記』「二祖奘禅師」もほぼ同じ）

(2)「師諱懐奘俗姓ハ藤氏イワユル九條ノ大相国四代孫秀通ノ孫也叡山円能法印房ニ投」『伝光録』（「第五十二祖永平奘和尚」、乾坤院本）

(3)「師諱懐奘、洛陽人、姓藤氏、九條大相国曽孫」『洞谷記』（洞谷伝灯院五老悟則并行業略記、「祖翁、永平二世和尚」、曹洞宗全書本）

(4)「建久九戊午年生㆓下藤原氏㆒諱懐奘洛陽人也九條相国為通曽孫鳥養中納言為実郷《ママ》孫也」明州本『建撕記』（永平二代懐奘和尚、天文七年〈一五三八〉写、河村諸本対校本）

(5)「禅師諱懐奘字孤雲平安城人九條相国為通之曽孫鳥養中納言為実之孫也以㆓建久九年㆒生㆓藤氏㆒」『日域曹洞列祖行業記』（孤雲奘禅師、寛文十三年〈一六七三〉刊本）

＊(6) 版橈晃全撰『僧譜冠字韻類』元禄元年（一六八八）刊↓後掲

(7)「師諱懐奘、号孤雲、洛陽人、九條相国為通公之曽孫、鳥養中納言為実公之孫也」『日域洞上諸祖伝』（永平寺孤雲懐奘禅師伝、元禄七年〈一六九四〉刊本）

(8)「釈懐奘、号孤雲、姓藤氏、九條相国為通裔孫也、十八従㆓横川円能法師㆒落草」『本朝高僧伝』（越前州永平寺沙門懐奘伝、元禄十五年〈一七〇二〉初刊・宝永四年〈一七〇七〉刊本）

(9)「洛陽人、姓藤氏、相国為通公九條之曽孫、黄門為実卿鳥養之孫也」『日本洞上聯灯録』（永平道元禅師法嗣、越前州永平二世孤雲懐奘禅師、寛保二年〈一七四二〉刊本）

右のほか、『仏祖正伝記』の「生藤氏、洛陽人也」、『扶桑禅林僧宝伝』

の「洛陽宦（ママ）族、藤氏子」および『延宝伝灯録』の「姓藤氏」の三本は、単に藤原氏の出自のみの記述で具体的な手がかりがないのでここでは省く。これに対し、(1)の略称『三大尊行状記』に述べる「九條相国為通曽孫、鳥養中納言為実卿孫也」と(2)の『伝光録』の記事「九條ノ大相国四代孫秀通ノ孫也」が重要である。現在までこれらに記される名前を基に研究者たちが検討してきた。そこに新しく『僧譜冠字韻類』の記事が加わってきたのである。

二、『僧譜冠字韻類』の書誌解題

『僧譜冠字韻類』の撰者は、版橈晃全（一六二七〜九三）（号、野水）であり、江戸高輪泉岳寺に在住していた延宝四年より貞享二年（一六七六〜八五）までの約十年間に編纂され、貞享二年に鶴山野節（素性不明）の「序」と同四年に東皐心越（一六三九〜九六）の「序」を得て、永平寺に昇住した元禄元年（一六八八）陰暦十二月上旬、京都書肆・中村五兵衛により刊行された。

なお晃全は、元禄四年（一六九一）前後に「永平寺世代改め」を行い、三十五世（在住一六八八〜九三、応安万円禅師）となっている。これらの事項は本文と元禄四年刊行（推定）の増補版「総目録」に含まれる『永平晃全版橈野水禅師行業記』等の記事から窺える。

『僧譜冠字韻類』百五十巻の内容は、主に中国の高僧五千九人を索引の機能を兼ねた冠字の韻に排列し、略伝を記したもの。「頭韻僧譜」とも略称され、体素堯恕（一六四〇〜九五）編『僧伝排韻』[1]に類す。日本僧の九人（空海大師・南浦紹明・解脱上人（貞慶）・道元・夢窓石国師・大覚禅師隆蘭渓・最澄伝教大師・俊芿・覚阿上人）の略伝があり、巻八十八末に「宋、道元」を所載し、その末尾に「懐奘」伝を付している。この「道元」伝に関しては、既に二〇〇五年八月、大阪の四天王寺国際仏教大学における日本印度学仏教学会・第五十六回学術大会で発表したが、ここでは、その内容に触れる遑はない。前掲第一節を参照頂きたい。

次に管見による『僧譜冠字韻類』の異本各種を列挙しておく。諸本の冊数の相違は、編集上の各巻の合冊数による。

(1) 国立国会図書館本、一四九巻（欠一五〇）、一一二冊。
(2) 内閣文庫本、一五〇巻、一一八冊。「再版本」
(3) 駒澤大学図書館本、一五〇巻、一一八冊。「補訂本」
(4) 永平寺瑠璃聖宝閣蔵本、一五〇巻、一〇〇冊。「初版本」

その他、大谷大学・東洋大学・龍谷大学・高野山金剛三昧院・お茶の水図書館成簣堂文庫の諸本は筆者未見である。これらの内容紹介も前述と同様、ここでは割愛する。[2]

次に『僧譜冠字韻類』巻八十八「道元」伝の末尾、「懐奘」の略伝中の「出自」箇所（原、漢文）の書き下し文を次に示す。〈 〉は割注の部分、傍線の文は要注意箇所（傍線、筆者）。

「師の高弟あり。懐奘と名づく。字は孤雲、京極の相国為光公五世の孫、従五位下公綱の子なり。〈或る伝に相国為通の曽孫為実の孫とす。諸家古今、為通の相国なし。〉定家の五世の孫に至り左中将為通あり。また壬生の祖利基の五世に至り斎院の次官為通あり。而れども這の二たりの為通は微官にして且つ時世参差す、渋るに足らず〉建久九戊午三月五日を以て公綱の家に生まる。幼きより児と嬉戯することを喜ばず、横川円能に従って薙染す。而して円範と名づく。行年二十有一にして延暦の戒壇に登り苾蒭戒を受く。天台の教観を學びて聲あり。また博く倶舎成実三論法相の源底を究む。故に権律師の法位に至ることを得。〈今の大系図に円範の名籍を載図す。また諸史伝に父子の名を具出す〉

晃全は、相国（太政大臣）ではない微官の「為通」、御子左・冷泉家の左中将為通と壬生の祖利基・良門孫の斎院次官為通の二人を挙げているが、他に頼宗公孫坊門家の宗通孫に参議為通（丹波権守・中宮権大夫）がいる（『改訂増補国史大系』第一編『尊卑分脈』二六九頁）。この人物を探し得なかったことは惜しい。なぜなら晃全はその参議為通の父が太政大臣「伊通」で「九条太相国」と称され、また兄弟に権中納言「伊実」が存し、後述するようにその父の「伊通」と兄弟の「伊実」が原典の名前「為通」や「為実」を音通で置き換えられるという発想を持ち得なかったからである。肩書きの「九条太相国」に着目していたならば事情は変わっていたであろう。

三、「出自」関連の研究論文

この研究の先駆者・村上素道氏は、『尊卑分脈』『公卿補任』『大系図』等の諸史料に検討を加え、要旨を次のように述べている。永平二祖孤雲懐奘の御親父は、伊実息伊輔（伊実孫）、母親は不明である。曽祖父の「為通」は「伊通」（九条太相国）、祖父「為実」は「伊実」（白河流の祖、権中納言・正三位）の誤りとし『尊卑分脈』の頼宗公孫坊門の宗通孫の系譜を示している（『永平二祖孤雲懐奘禅師』大阪参禅会、一九二八年）。表記の「為通」（参議）は前述したように晃全が見落とした人物である。ここでは伊時の弟たち僧職者の伊氏・伊円・浄尊を紙幅の上から略した。

〈直系部分の抜粋〉

宗通―伊通┬為通
　　　　　└伊実┬清通
　　　　　　　　└伊輔┬伊時
　　　　　　　　　　　└（懐奘）

大久保道舟氏は、史的考察を加えず「九条相国為通公を曽祖父として、当時文化の中心地たる京都に誕生遊ばされた」（『永平二祖孤雲懐奘禅師御伝記』鴻盟社、一九三〇年）と記している。

古川治道氏は、『尊卑分脈』『公卿補任』を中心に網羅的に史料を把握し、当時人名を音読で通称する例を挙げ、「鳥養中納言為実卿」の字句に注目し『平家物語』巻十一「重衡被斬」の文中「鳥飼の中納言惟実のむすめ」の「惟実」は「伊実」が正しいとし、また典拠の「九条《（ママ）》大相国四代孫、秀通孫也」は「秀通孫、所謂九条大相国四代孫」と読み替え、次にその「秀通」は伊通父「宗通」であり、二祖は宗通の子孫すなわち「九条相国伊通息伊実孫」とし、実父を伊通孫・伊実息の中から決定することはできないものの、伊輔の可能性を「推測」している。また母親は家父長制度とは異なる「招婿婚」から究明すべきとしながら、結局不明である（「二祖国師の俗縁について」『懐奘禅師研究』所収、祖山傘松会、一九八一年）との旨を述べている。

竹内道雄氏は、『傘松』誌に昭和五十二年三月号から同五十四年十二月号まで「孤雲懐奘禅師伝」を連載されていた。出自に関しては、村上説を踏襲し二祖の実父は藤原伊輔、母は日本達磨宗の大日能忍および平景清の縁者であろう（『永平二祖孤雲懐奘禅師伝』春秋社、一九八二年）と推定している。[3]

中世古祥道氏は、前掲の村上論文等を踏まえつつ「諸伝が曽祖父や祖父名をあげながらも、父名をあげない以上は、今に残される系譜のみから判断して云々するのは早計とも思われる」（「叡山における二祖国師」、前掲『懐奘禅師研究』所収）と述べる。この点、筆者も同感である。他の傍証資料をさらに集め、多角的かつ総合的に究明する必要がある。それにしても現在まで傍証資料類が仲々見つからない。

四、『僧譜冠字韻類』の問題点

晃全は、『三大尊行状記』の文「相国為通曽孫為実孫」により『尊卑分脈』『公卿補任』等を探索し「諸家古今に為通の相国なし」と結論づけたのはよいとしても、典拠の「九條相国」とは見当違いの「京極の相国為光公五世の孫、従五位下公綱の子なり」とした。「相国」の肩書きと名前の「為光」に何か引かれる点があったのであろうか。後述するごとくこの飛躍的論理は僭越ながら杜撰の譏りを免れがたい。

また誕生年と月日を「建久九戊午三月五日」とする。この「建久九戊午年生」は、上記の『三大尊行状記』に拠るが、「三月五日」の典拠は現在のところ全く不明である。

そして最大の難点は「横川円能に従い薙染して円範と名づく」と断じていることである。

ここで受業師円能の出自を『尊卑分脈』（『改訂増補国史大系』第一編）から見ると高祖と同じく「村上源氏」につながる人である。摂関家の人々の帰依を受けたこともこの点から納得できる。次にその直系部分を抜粋する。

村上天皇―具平親王―師房―俊房―師頼―師能―通能―円能

この系図の円能の名の左右に次のごとき文がついている。「蓮花坊円豪弟子、法印、碩才／横川般若谷尊勝坊、于後改坊号尊勝院」と。

この「横川般若谷尊勝坊」から二祖の受業師円能であることは間違いなかろう。

ちなみに村上論文には、円能の「法系」として『諸嗣宗脈紀』巻下天台宗脈図の法系図を示している。ここでは便宜的に同じく直系部分のみを抜粋しておきたい。

良源―源信―明豪―賢豪―陽範―覚延（廷）―円能┬良超
　　　　　　　　　　　　　　　　　　　　　├浄遍
　　　　　　　　　　　　　　　　　　　　　└智円

次に晃全の主張する「京極の相国為光公五世の孫、従五位下公綱の子」「円範」（権律師）を『尊卑分脈』（『改訂増補国史大系』第一篇所収、三九三～三九四頁）から俗縁の直系部分を次に抜粋してみよう。

為光┬斉信
　　└公信―保家┬公基
　　　　　　　└公綱―円範

この『尊卑分脈』の頭注には、「円範、按寺門伝記補録園城寺伝法血脈保家子」とあり、ここに円範の伝記史料『寺門伝記補録』が示され、確かに同書第十五「権律師円範龍華院」（『大日本仏教全書』第三七）が所載する。次にその本文記事を挙げておこう。

円範　春宮亮藤保家之子。権僧正長守入室弟子也。二会已講。任㆓本博士㆒。呼号㆓内院㆒。承保三年十一月二十八日。礼㆓頼豪阿闍梨㆒受㆓三部大法職位㆒。四年補㆓龍華院初阿闍梨㆒。承暦三年最勝講聴衆。永（徳）初。二。三。応徳元年連綿勤仕。今年二会講師。寛治六年八月二十九日化。終㆓権律師㆒。

円範は、文中の頼豪阿闍梨（一〇〇二～八四）の「付法」の弟子ともされる。円範の伝記には、他に『本朝高僧伝』第十一「江州三井沙門円範伝」（『大日本仏教全書』第六三史伝二）もある。次に掲げよう。

釈円範。備後守藤保家之子。就二長守僧正一。学二台密法一。康平四年任二龍華院阿闍梨一。承暦三年列二最勝講会聴衆一。永保応徳間。屡為二一会講師一。（考。寺門補録云寛治六年八月廿九日化終権律師）

この記事では『寺門伝記補録』を基にしつつ、円範の龍華院初阿闍梨の就任年を康平四年（一〇六一）としている。

次に『園城寺伝記五之六』（『大日本仏教全書』第三七）や『僧伝資料二』所収の『寺門伝記補録』第十五に掲載する入室の師匠「権僧正長守」を手がかりに円範の「法系」を示しておこう。長守は「摂州太守従四位下典雅之子、文範之孫」で智弁権僧正入室の弟子と記されている。治暦元年（一〇六五）十二月三十日に権僧正に任じられ、同四年（一〇六八）六月二十四日、七十七歳で没している。

大師（智証）―行誉―長守┬道範
　　　　　　　　　　　　├信覚
　　　　　　　　　　　　└（円範）

前掲の中世古論文では、横川円能は藤原定家（一一六一～一二四一）と知音（幼馴染み）であった（『明月記』建保元年十月二十一日条）ことに触れている。円範は伝記により寛治六年（一〇九二）八月二十九日の遷化である。この「円範」がその年代から横川円能を受業師とすることはあり得ない。

まとめ

版橈晃全が『僧譜冠字韻類』を撰述し、永平寺の世代改めをし、『正法眼蔵』の収集と書写が後に本山版『正法眼蔵』九十五巻の基本となった業績は大きく後世にまで残る。

平成十八年夏、筆者は印仏学会の発表で当該書が高祖のご両親を久我通親・藤原基房女、外舅を良観としたこと、また木下道正（隆英）を入宋時に随伴、その道正が妙薬の「神仙解毒万病円」を将来したとする最初の伝記であったことを指摘した。

今回、その晃全が同じく当該書で二祖国師の父を「京極の相国為光公五世孫・公綱」であり、また二祖を藤原定家と幼なじみであった横川般若谷尊勝院の円能に薙染した「円範」としているが、生没年の上から人違いであることを述べた。

その間違いは、「相国為通の曽孫為実の孫」という史料にある「為通」に相国はいないという一面的分析から生じている。村上素道氏は、音通の上から「為通」を「伊通」、「為実」は「伊実」として柔軟に解釈し、その後の研究者もそれを承け今日に至っている。晃全在世時には『尊卑分脈』や『大系譜』に今日のような頭注や略伝が付載されず、また『寺門伝記補録』等も参照できなかったのであろう。

晃全の説は、従来説を更新するものではなかったが、今後二祖国師懐奘の研究が一層進展することを願ってやまない。

注

（1）『僧伝排韻』。天台座主体素堯恕（一六四〇～九五）編、百八巻十冊、貞享五年（一六八八）、中野小左衛門版、本書は、中国仏教の各種僧伝（高僧伝以下四八種）に所載する人名の下字を韻によって分類した人名索引（『禅籍目録』参照）である。『大日本仏教全書』九九・一〇〇巻（巻末に「五十音索引」あり）所収。駒図一二二・一一四。

（2）前節「『僧譜冠字韻類』所載の「道元伝」考」参照。書誌的な「法量」等の形態を示す程度の表記。参考文献『国書総目録』第五巻、岩波書店。

（3） 竹内道雄「孤雲懐奘禅師伝について」（『宗学研究』一二号、一九七〇年）では、懐奘の父は、藤原伊輔であり、「伊輔の伯母範子は道元禅師の父通親の正妻であり、伊輔は通親と共に後鳥羽院政下にあって院の別当、蔵人頭に任じられている」と述べられている（同書、一二二頁）。

第八章　道元禅師伝の粉飾的記事　その二

第一節　『永平開山元禅師行状伝聞記』における「伝説・説話」の類型――「混交信仰」を中心に

はじめに

偉人伝・聖人伝の類には、乏しい史実資料のみでは充分な「構成」ができないため、伝説・説話や信仰的叙述（神話・奇跡・神異等）や文学的粉飾の記事を加えているものがある。筆者は、かつて高祖道元禅師の伝記の価値に関連し「史実如何の区別をしつつも、粉飾的記事に対し教団史における高祖像の変遷という視点から眺める必要がある。すなわち、宗門僧侶と檀信徒における高祖信仰の過程である。その伝記の考察を通して各々の時代に高祖がいかに受容されてきたかが浮き彫りにされることであろう。」（要旨）と述べたことがある。(1) 本節でもこの視点にたち、江戸末期頃の宗門に受容された「高祖像」を描きたい。

今回紹介する『永平開山元禅師行状伝聞記』は、約二百年前に成立したもので史実的記述の価値は低いものの、後述するごとく、それまで宗門で伝承されてきた高祖の「伝説」「説話」類をほとんど網羅し、更にその種の「挿話」をいくつか独自に追加している点に特徴がある。この点に筆者はつきせぬ興味と魅力を感ずるのである。「伝説」「説話」(2)の語は、英語の legend, folklore 等に該当するであろうが、ここでは大雑把に宗門の共同体の歴史に関する伝承により、高祖に対する称揚・賛嘆の心情、また偉徳の表現が次第に形成されていった「挿話」とする。中にはそれが歴史化・合理化され、いつの間にか「史実」とみなされるものも含む。

一、「伝聞記」の異本類

本テキストには、管見によれば現在のところ以下の四本が知られる。

［以下―①題号、②巻冊数、③著編者名、④刊写年時・筆写者、⑤所蔵者、⑥注記・出拠］

(1)　①（外題ⓐ昭和期、岸沢文庫編集）永平開山道元禅師行状伝聞記・（外題ⓑ江戸期、元本題簽）日域曹洞高祖伝聞記。（内題）永平開山道元禅師行状伝聞記。②二巻一冊四五丁（本文四三丁）。③不詳。④写本―享和二年夏。毒海慧舟筆。⑤ⓐ旭伝院岸沢文庫所蔵（元、海禅寺蔵）。ⓑ駒澤大学図書館（ＭＮ・影写本）。⑥

奥書あり。

(2) ①（外題）勅賜仏法禅師永平開山道元大和尚行状伝聞記・（内題）勅賜仏法禅師永平開山道元大和尚之行状伝聞記。②上下二巻一冊四五丁（序二丁、本文四三丁）。③不詳。④写本―享和二年夏。南海散人胡乱斎筆。⑤小坂機融師蔵（東京泉岳寺）。⑥序文あり。

(3) ①永平開山元禅師行状伝聞記。②上下二巻一冊。③不詳。④刊本―文化二年（萬松山宗泉院主宰）。⑤元、山梨県興因寺蔵（現在、所在不明）『曹洞宗全書　史伝下』所収。

(4) ①日域曹洞高祖伝聞記。②一巻。④写本か刊本か不明、刊写の年次も不明。⑤『新纂禅籍目録』に項目名を所収するも原本は所在不明。⑥「図睡快庵随筆」。

前掲四本中、(1)と(2)は享和二年（一八〇二）の写本であり、この年は「高祖正当五百五十年諱」に相当する。両本は、期せずして同時期に写されたもの。(1)の書写者・毒海慧舟は、勢州一志郡松崎浦（現、三重県松阪市松崎浦）の福聚山海禅寺十三世住持である。奥書によると「黒江之西方浄刹借来奉拝写」とあり、借用した寺院名は判らないが、毒海がその元本を写して海禅寺に所蔵していたものである。それをどのような経路を辿ってか、いつの間にか現在は「岸沢文庫」に所蔵され、更にその本を駒澤大学図書館がマイクロフィルムに撮影し、またその影写本を所蔵しているのである。これを「岸沢本」とする。(2)は五年ほど前に駒澤大学の小坂機融教授より内地研修中の筆者にご親切にも研究推進のためにと複写資料をご提供頂いたもの。ここに記して感謝申し上げる。(2)の書写者・南海散人胡乱斎は、序文中に「今五百五十年ニナンナントシテ門下已ニ二万五千餘院其ノ枝葉ヲ栄ルモ根ヲ尋ルニ禅師ノ厚恩ニアラズヤ」との筆致から宗門の僧侶であり、おそらくその雅号であろう。実名は不明。書写の場所を「於布施氏草庵書写」とあるが、具体的にはこれも不明。これを「小坂本」とする。(3)の文献は、(1)・(2)の文献が一般人には入手しにくいものであるのに対し、表記のごとく『曹洞宗全書　史伝下』に所収されているので、これを本節では底本にして以下論じることにする。この刊本は、奥書より文化二年（一八〇五）に「萬松山宗泉院［現、山梨県韮崎市］主宰」にて出版されたものであり、元は興因寺（現、山梨県甲府市）に所蔵されていた。(4)は、『新纂禅籍目録』にその項目を記載しているが、現存しない。ただ注目すべきは、表題が一の「外題（外箋）」と同一であること、また出拠の「図睡快庵随筆」とある「図睡快庵」は丘宗潭の筆名（雅号）である。いずれにしても撰述者を特定するには、その原本か同種の写本を捜し出し点検することが肝心であろう。

現存する三本は、上巻（一～七）・下巻（八～十四）の二巻の構成で同一内容である。次に底本とする「曹全本」の目次を列挙し、その特徴的な内容を記そう。

(1) 御誕生事　付発心シ給フ事
(2) 若君愁傷シ玉フ事　付将監慰奉ル事
(3) 若君花見　付高充悪賊退治之事
(4) 若君夜半遁叡山　付高充尋出シ申事
(5) 蓮常法師神罰蒙ル事　付三輪示現之事
(6) 師渡唐之事　付旅行解毒圓之事
(7) 師太白星ニ値玉フ事　付戒臘公事ノ事
(8) 悪僧共神天ノ罰ヲ蒙ル事
(9) 師臘ヲ質シ了テ如浄ニ依ル事　付亡霊ヲ救ヒ玉フ事

⑽　虎歯痕之拄杖之事　付帰朝之路悪儻ニ逢玉フ事
⑾　龍天善神并一葉観音現ジ玉フ事　付師御父母生天之事
⑿　師住持弘法之事　并白山詣之事
⒀　時頼師ヲ請シ寺ヲ建ル事　付師亡霊救并勅ヲ受玉フ事
⒁　師病ニ由テ入洛之事　付師遷化示滅之事

この目次は、他の「岸沢本」と「小坂本」と比較して大差ないが、特に目立つ項目を挙げると次の通り。⑴は「岸沢本」で「発心シ給フ事、并御誕生之事」と語句が前後していること、⒀は「小坂本」で「勅シテ号并紫衣ヲ賜フ事、附時頼寺ヲ建テ師ヲ請スル事、并師亡霊ヲ救玉フ事」とこれも前後していること、⒁の「付師遷化示滅之事」の部分は「小坂本」で「附師御遷化之事」、「岸沢本」で「并師遷化之事」となっていること。また「小坂本」は他の二本にない字句を加えるなど、いくつかの点で相違する。

内容上、三本は大同小異であるが、高祖の父親を「曹全本」で「源ノ亜相公通親」としているのに対して「岸沢本」と「小坂本」では「源ノ亜相公通忠」としている点が大いに異なる。なお、総体的に言えば「小坂本」は他の二本にはない割注が随所にあり「書き入れ本」といえる。他の語は、紙幅の関係で便宜的に割愛する。

『伝聞記』の特徴的な内容といえば、第一に史実を度外視した仮想上の人物が数人登場すること、第二に高祖が諸種の霊瑞・奇瑞を生起させていること、第三に高祖を援護する神人・異人・神仙類が示現し「神奇性」を帯びた逸話が多数あること、第四に高祖が数度にわたり中国・日本において亡霊・悪霊の類を救済していること（「思想編」六章一節で触れるのでここでは省略）などであり、高祖の他の伝記類に掲載されている「伝説」「説話」系の挿話をほとんど網羅している点にある。この中、第二・第三に関して焦点を絞って論じようと思う。

二、霊瑞・奇瑞、神人・異人・神仙類の挿話

『伝聞記』では、次のような「伝説」「説話」系の挿話を掲載している。物語の順に沿って、まず私的にまとめた項目を掲げ、次に内容を簡単に解説しよう。

⑴誕生時に「空中に声」あり。⑵比叡山の良顕に投じた際、二人の老翁（山王・客人）示現。⑶建仁寺留錫中、「虚空に声」―三輪明神示現。⑷入宋途次、暴風中に黒島で石清水主神と山代飯成山の姫神が示現、解毒円授与。⑸太白山へ行く途次、「太白星」が導引。⑹太白山にて、悪僧四人に加害を受けそうな賀明侍者を護法神「掌簿」が救助。⑺悪僧三人、高充の尽力と掌簿の守護にて天罰下る。⑻太白山西嶽の東南で李氏婦人の亡霊を救済―加持「一字水輪法」。⑼江南西への途次、原野で大虎出現。拄杖、龍と化し追い払う―虎歯痕之拄杖。⑽同右、童子（韋将軍）出現。⑾太白山にて、碧岩集書写の際、白衣の神人が加担。⑿帰朝の海路、神人（龍天・招宝七郎）同船。風波恬如、観音示現し順風となる。⒀白山参詣の途次、白山権現と問答詠歌。⒁鎌倉行化の帰途、星井の女人亡魂へ血脈授与、生天せしむ。⒂同右、越前湯尾峠にて疫病神を済度。⒃越前藤原永平《ながひら》の妻、死して蛇となるを菩薩戒血脈授与し成仏せしむ。⒄「羅漢供養」にて羅漢降臨―羅漢松。

右の中、⑴と⒄は「霊瑞・奇瑞」に相当するもの。⑶や⒀も部分的に含めてもよいと思われる。また同種のものに『建撕記』諸本に掲載される「志比庄不思議日記事（布薩瑞雲記）」「僧堂芳香瑞相事」「不思

議鐘声事」のいわゆる「三箇霊瑞記」が知られるが、「布薩瑞雲記」に該当する話を除き、他の二はどうした訳か『伝聞記』にはない。

(2)の比叡山に出現した二人の老翁とは、山王・客人《まれびと》である。その山王は比叡山東麓の日吉大社（東本宮）の地主神である「大山咋神〈オオヤマクイノカミ〉・小比叡神〈オビエノカミ〉」、客人は同じく比叡山の白山宮の「客人権現〈マレビトゴンゲン〉」である。この両神が良顕の眼前に現れ高祖を「真の仏子菩薩」であるので愛護せよと命じている。

(3)の「三輪明神」も元は奈良の三輪大明神であるが、それを天智天皇七年（六六八）に比叡山へ勧請したものであり、右の比叡山日吉大社の「大物主神・大己貴神〈オオナムチノカミ〉・大比叡神〈オオビエノカミ〉」である。その三輪明神が、高祖が建仁寺で坐禅中に示現し激励しているのである。このように前と同じく比叡山の護法神が揃って高祖の道念に打たれ示現し援護している事を表現している訳である。また、この記事により当時の比叡山は「山王神道」が盛んであり、所謂「神仏習合」であった事をよく反映しているといえよう。ちなみに「本地垂迹」説では、大比叡神が釈迦如来・小比叡神が薬師如来・八幡権現が阿弥陀如来とされている（『山王神道の研究』菅原信海著、春秋社、一九九二年）。

(4)の挿話は、高祖が入宋の途次、暴風雨に巻き込まれ名も怪しげな「黒島」という島に漂着した際、一行の前に翁と少女が現れ、火を起こし粥を煮て薬を与えてくれ、全員が服用して元気になったというもの。その翁が石清水の主神であり、少女は山代飯成山の姫神であり、その薬は万病に効きめがある神薬の「解毒円」であるという。この石清水の主神（石清水八幡）は、清和天皇貞観元年（八五九）に奈良大安寺の僧、行教が豊前宇佐八幡大神の「国家鎮護」の託宣を受け、京都の男山の麓に勧請したことに始まったとされ、歴代天皇の行幸や源氏の崇敬があった。以後、この石清水八幡宮は源氏（清和源氏）の氏神として尊ばれ、武士（守護・地頭職）の活躍に伴い各地に勧請され多数の「八幡社」が造営されていく。高祖は久我氏の出身と伝えられ「村上源氏」であるが、この石清水八幡神がなんと中国に示現して神薬まで授与してくれたというもの。これは、道正庵の『系譜記』とは異なる伝承（『訂補建撕記』補注32。「白髪老嫗」＝稲荷神）であるが、いずれにしろこの当時、既に「解毒円（丸）」は、高祖と共に入宋したとされる木下隆英（一二四八没）の逸話を盛り込み木下道正庵の家伝薬として大々的に売り出され評判を得ていたのであろう。その神薬の由来因縁話は、創作である。ちなみに石清水八幡宮の祭神は、「誉田別尊〈ホムタワケノミコト〉＝応神天皇」、「比咩大神〈ヒメオオカミ〉＝多紀理毘売命・多岐津比売命」、「息長帯比売命〈オキナガタラシヒメノミコト〉＝神功皇后」とされている。なお、石清水八幡と同時に示現した山代飯成山の姫神も祭神として祀る神社名・神名も特定できないが、高祖の故郷山代（山城）付近の神で高祖の学道・護法のため加担しに来たという設定である。要するに高祖の俗縁・地縁の深い神々である。この挿話を通じ、はからずも当時の一般庶民の「八幡信仰」の一端が現れているといえよう。

次に(5)の挿話は、高祖が太白山へ行く途中、路に迷い、「木こり」*に身をやつした太白星に導引され、無事に到着できたというもの。これは「太白山＝天童山」の開山義興にまつわる「伝説」（童子に変身した太白星が昼夜、義興に仕えた〈『仏祖統記』巻三十六等〉）を高祖にも結びつかせている訳である。太白星は、金星の古称・宵の明星（明けの明星）を指し、古代の星占いでは「西方金徳」の精を備えているとされる（『中国方術大辞典』中山大学出版社）。

⑹の挿話に見える太白山の護法神「掌簿」は、高祖の朋友賀明侍者に危害を加えようとする鎮頭を谷底へ投げ入れ、こらしめる「異人」として甲冑をつけ登場する。この「掌簿」は、「掌簿判官」と称し、土地神（張大帝・大権修利など）等の属従者の一人であり、簿録を掌る官吏とされる（『禅林象器箋』第五類、霊像門）。慧日山東福寺の土地堂には、梵天・帝釈天像の東側に掌簿判官の立像があり、左手に巻軸を持ち、右手に筆を持つ。なお、その西側に感応使者の立像があり、右手に棒を持ち右肩に担ぎ、左手に槌を持つ。ここで、『三祖行業記（三大尊行状記）』の義介禅師の伝記記事の一節を想起できる。その箇所は、義介が入宋して帰朝後、永平寺の伽藍を整備する一環として山門・両廊の建立と三尊・祖師の安置に並び「土地五駆悉造之」と述べる部分である。「土地五駆」とは、土地堂に安置する五駆の諸像の意味であろう。その中にこの「掌簿判官」[3]も含まれていたと思われる。現存する「掌簿判官」像が義介の造営させたものかどうかは判らないが、永平寺五十三世仏星為戒（一七四一～一八一八）の没後に記された文政元年（一八一八）の「校割（帳）簿」に掲載されている伽藍所属の諸像類に「掌簿判官」が入っていることが知られる。

⑼は『碧山日録』に出拠する「虎歯痕之拄杖」の挿話で特に有名であり、別章で触れているのでここでは敢えて取り上げない。ただし、『伝聞記』の撰述された当時に、その杖を「宝物」（宝器）として宝慶寺に所蔵していた（『建撕記』諸本）ことに注目しておきたい。⑽は前の挿話に続き、未明に童子（実は「韋将軍」）が現れ、高祖に帰朝し法幢を建立すべきことを勧めている。同種の挿話は延宝本『建撕記』等にも所載する。なお『道元和尚行録』等では「韋駄天」とある。「韋将軍」は、韋天将軍・韋琨将軍とも称し、「三洲護法者」（『禅林象器箋』第五類、霊像門）と記す。続いて⑾は、これも有名な挿話「一夜碧岩」で太白山にて碧岩集を書写した際、白衣の神人が現れ助筆加担したというもの。この箇所でその神人は、「日域男女の元神」「白山明神」とされる。

⑿の挿話は、延宝本『建撕記』等にも所載する。続く有名な「一葉観音」の挿話「観音霊瑞」話は別章で論じたい。

⒀の挿話は、高祖が懐奘と僧海を誘い白山参詣の途次、神祠に向かい白山権現と問答詠歌を応酬するもの。ここでインドの「龍天」と日本の「白山権現」と中国の「招宝七郎」とは一体分身であるとし、また「白山権現」は「伊弉冉尊〈イザナミノミコト〉」、本地は十一面観音、三国応化の霊神」であると述べているごとく、混交信仰そのものである。この中、「招宝七郎」（封号―大権修理）とは、中国浙江省の招宝山の護法神であり、地理的位置から護船神でもあり、また阿育王山の護法神でもある。

このように享和二年ないし文化二年前後に成立した本書には、日本や中国の神々が高祖の生涯の節目に随時現れ、道業を後押ししていることが記されているのである。史実だけでは表現し得ぬ、高祖への崇敬の念が信仰に裏づけられ、一般庶民に受容されるように種々配慮し、ある意味で芸術的に昇華した作品といえる。

*本文語句「山賤」。山間に住む猟師や木こりを指し「やまがつ・やましづ」と読む差別語。『宇津保物語』や『古今和歌集』などに散見し、漂泊民や情趣を解さない人々に対し卑下し嘲笑する語。「山窩」に同じ。使用上要注意。

注

（1）「高祖道元禅師の伝記研究――粉飾的記事に関して」『佐藤匡玄博士頌寿記念・東洋学論集』一九九〇年（本書所収、「伝記編」第二章第二節「道元の仏祖崇敬（禅宗逸話）、史実と信仰、三箇霊瑞」）。

（2）「伝説」「説話」。宗教学では、伝説の定義として「ある共同体の歴史に関する伝承」とし、「これはその担い手となる集団、自然的社会的風土、宗教伝統などの諸要因に高度に依存するので、世界的で明確な定義・用語は存在しない」（『宗教学辞典』五六五頁、東京大学出版会）と記す。同じく説話の定義として「近代の造語で、判然とした概念規定なしに広く国文学・民族学・民俗学・神話学などの領域で用いられている」とし、「広義においては、神話・伝説・民話（昔話）など、古来語り伝えられてきた話のすべてを意味し、狭義においては、神話を除いた他の話もしくは民話のみを意味することが多い」（同右、四九八頁）という。以上の用法に見える広義の「神話」という語も、その語源を探るとギリシャ語のmythosがあり、それはまたlogosと同じく「ことば」を意味するが、W・オットーによればロゴスが「考えられ、意味深く、説得的な言葉」であるのに対し、ミュートスは「生じたことや生ずる定めとなっていることについての言葉であり、事実を報じ、あるいはそれを述べることによって事実となるに違いない言葉であり、権威ある言葉である」（同右、四四四頁）として、それらが相互にかつ有機的に関係することを示唆している。

（3）道教の神。土地神の属従者、護法の神天。左手に簿を持ち、右手に筆を握る。京の慧日山東福寺の土地堂に梵天・帝釈天を安置し、その東側に掌簿判官、西側に感応使者を安置する例がある（無著道忠『禅林象器箋』第五類霊像門、一六二〜一六三頁）。

第二節　羅漢信仰の進展と「十六羅漢図」の流布

はじめに

「羅漢」とは、周知のように「阿羅漢、ārhat; arhan」の略語であり、「供養を受けるにふさわしい人（→聖者）」の意味を持つ。原始仏教では、五比丘・十大弟子ないし五百羅漢等が知られる。部派（小乗）仏教では「声聞」四果の第四（阿羅漢果・無学果）に相当する最上の聖者であるが、大乗仏教では仏・菩薩・独覚（縁覚）の下位に置かれ、一方では「仏十号」の一にも数える。その後、四大羅漢、十六羅漢、そして十八羅漢が形成され、中でも賓頭盧尊者が突出して信仰され、やがて日本では賓頭盧尊者を「まじない」を帯びた民間信仰として「なでぼとけ」として崇拝するなど多様である。本節では、日本曹洞宗における十六羅漢信仰の進展とその図像の流布に関説したい。

まず道元禅師（以下「高祖」と略称）の「羅漢観」について触れる。それは『正法眼蔵』「阿羅漢」に詳しく述べられているが、ここでは、本文の一部を抜粋・引用するに止める。

「諸漏已尽、無㆓復煩悩㆒、逮㆓得己利㆒、尽㆓諸有結㆒、心得㆓自在㆒。これ大阿羅漢なり、学仏者の極果なり、第四果となづく、仏阿羅漢あり。（中略）

古云、声聞経中、称㆓阿羅漢㆒、名為㆓仏地㆒。いまの道著これ仏道の証明なり。論師胸奥の説のみにあらす、仏道の通軌あり、阿羅漢を称して仏地とする道理をも参学すへし。仏地を称して阿羅漢とする道理をも参学すへきなり。阿羅漢果のほかに一塵一法の剰法あらず。いはんや三藐三菩提あらんや。（中略）

而今の本色の衲僧、これ真出塵阿羅漢なり」

道元は修行僧に対し「阿羅漢」と「仏地」との同一性および「阿羅漢果のほかに一塵一法の剰法あらず」と述べ、「真阿羅漢」（真出塵阿羅漢）がすなわち「仏阿羅漢」であり、「真僧」（本色の衲僧）を目指すことを説き、また在家者には「僧宝」を尊重すべきことを示している。

本論

偉人・聖人伝の類には、霊瑞譚がつきものであり、ご多分にもれず道元の伝記中にもいくつか見られる。その中、十六世紀半ば頃に成立した「古写本建撕記」[1]に宝治三年（一二四九）正月一日、永平寺において「羅漢供養」をした際、仏前に殊勝な瑞光が生じ山奥より「生羅漢」が降臨し、さらに木像や画像の「羅漢」や「諸仏」が共に放光し供養を受けたという記事がある。次にその「古写本建撕記」の中から一例を示そう。

「宝治三年正月一日、生阿羅漢共法会在。此時供養受可為、生阿羅漢達放レ光山奥法会道場降臨。寺中木像画像羅漢、其外諸仏アイ共放光供養ウケタマウ也。大唐天台山五百生羅漢、我朝此山中出玉、師以二自筆一書置也。此記正本、檀方重書箱在レ之」（明州本『建撕記』天文七年〈一五三八〉写本）

この「古写本建撕記」の記事を受け、面山瑞方（一六八三〜一七六九）は自著の『訂補建撕記』[2]「補注83」（宝暦四年〈一七五四〉刊本）において、次のように解説している。

「コノ時ノ十六尊者ノ像、今ハ常陸州若柴ノ金龍寺ニアリ。祖師ノ真蹟ニテ、ソノ像ノ上ニ書セラレシ語アリ。左ニ記ス。（以下の文中、字句を部分的に金龍寺蔵本にて改む。筆者）

宝治三年酉正月一日、巳《ママ》午時、供養二十六大阿羅漢於吉祥山永平寺方丈一。于時現レ瑞華記、仏前（特殊勝美妙現）、木像十六尊者（皆現）、絵像十六尊者（皆現）、現二瑞花一之例、大宋國台州天台山石橋而已、餘山未二嘗聞一也。当山已現数番、寔是祥瑞之甚也。測知、尊者哀愍覆護、当山当寺之人法、所以如レ是。開闢当山沙門希玄。

已上

コノ供養ノ時、十六尊者、諸眷属等寺ノ、東岩ノ長松ノ上ニ、応現アリシユヘニ、其老松ヲ今ニ羅漢松ト号ス。ソノ時ニ羅漢ノ遺在セリトテ、異様ノ団扇一柄、今ニ室中ニ伝秘ス。其様檳榔扇ニ似テ大キナリ。今比ナキモノナリ。案スルニ、祖師ノ在宋ノ時、径山ノ羅漢堂ノ前ニテ、老僧ニ出逢テ、ソノ指揮ニテ、浄祖へ参見アリ。コレ羅漢ナルベシ。帰朝ノ後モ、右ノ趣ノ羅漢供アリ。又羅漢講式ヲ手撰セラル。今時一派ニ、依行スル本ソレナリ。余コノ艸稿ノ真蹟ヲ拝見ス。文字少異アリテ、流布本ヲ考讎ス。希有ノ冥感ナリ」（傍線および付点は筆者の注記。以下、同じ）

文中、冒頭の一文は茨城県龍ケ崎市の金龍寺に伝わる「十六羅漢像」（伝、李龍眠作。現、茨城県立歴史館寄託。十六軸）を指し、次に続く一文（一段下げの引用箇所）はこれを裏付ける「羅漢現瑞（華）記」（伝、道元筆。同右）を示すものである。ただし「祖師（道元）ノ真蹟ニテ」とあるが、末尾に「開闢当山沙門希玄」とあり「希玄」の用例から「懐奘の代筆或いは複製的な文章に多い」という説[3]もあり定かではない。このような霊瑞は、中国の天台山石橋と日本の吉祥山永平寺において生じ、他にはないと暗に誇っている点が注目される。

なお「異様ノ団扇一柄、今ニ室中ニ伝秘ス」とある団扇は、永平寺所蔵の文政元年（一八一八）記述の『校割帳』[4]に記入され、当時まで保存していたことが知られる。また道元の在宋遊歴中、「径山ノ羅漢堂ノ前」において「老僧」が如浄への参見を勧めたのは、実は「羅漢」であったと述べている。それ以前の伝記ではその場所も明示されず、その助言者の名前は「老璡」と記していた。その「老璡」を羅漢の応現（『訂補建撕記』補注24）という設定は面山の創作といえよう。

道元の「羅漢現瑞」逸話とは別に瑩山禅師（以下、瑩山と略称）は、『洞谷記』に正和二年（一三一三）八月、茅屋にて夢の中に十六羅漢の中、第八伐闍羅弗多羅尊者が応現し、洞谷山が永平寺より「勝地」であることを証明したので創建を決めた旨[5]を述べている。また元応二年（一三二〇）の除夜小参[6]、さらに元亨三年（一三二三）の仏降誕会にもそれを追憶して大衆に当山が「万事無障礙、如意仏法可興行」の地であることを説いている[7]。瑩山が何故、第八伐闍羅弗多羅尊者の信仰を抱いたのかは不明である。また瑩山は、祖忍尼が「十六羅漢召請供養」

を望んだの[8]に応じ、元応元年九月十五日より「羅漢供」を始めている。[9] その後、毎月十五日には「羅漢供」が修されている。『瑩山（洞谷）清規』（加賀大乗寺蔵）には、巻上の「月分行事」に「応供諷経」、末尾に「羅漢供養式」「羅漢供養堂荘厳座位」が所載する。また『洞谷記』の末尾に「羅漢供祭文」がある。これは『瑩山（洞谷）清規』に所載する「祭文」とは若干字句を異にしている。

周知の如く「十六羅漢図」の様式には、「古貌梵相」の「禅月（大師貫休）様式」と「写実細密」の「李龍眠（公麟）様式」、日本風の「和様式」の三様式が知られる。李龍眠様式の代表例として、東京芸術大学、東京霊雲寺・同天真寺、京都建仁寺・同天寧寺・同三聖寺（現米国フリア美術館蔵）、茨城金龍寺・同法雲寺、群馬長楽寺、兵庫太山寺等に所蔵されている。また鎌倉建長寺には、伝明兆筆（八幅対）等[10]がある。

歴史上、日本への「十六羅漢像」の伝来は、永延元年（九八七）に帰朝した奝然が将来し嵯峨清涼寺に所蔵されている「李龍眠様」のものが最初とされ[11]、続いて京都泉涌寺俊芿の将来した「禅月様」のもの、以後、各地の寺院等に多数所蔵[12]されている。

曹洞宗への伝来に関し、当該の金龍寺所蔵の「十六羅漢像」は、後に掲げる伝承資料と寺伝等によると道元が宋より将来し建長寺開山の渡来僧蘭渓道隆に贈呈した。その後、北条氏の宝庫に収蔵され、鎌倉入りをした新田義貞が討伐した平高時より入手したという。金龍寺の開創資料[13]に依ると元弘元年（一三三一）、義貞が天真（大見）自性（？〜一四一三）を開山として太田山金龍寺の開基となり、その後、兵火に遭い寺は焼失したが、応永二十五年（一四一八）、貞氏が再興して上野国（群馬県）金龍寺よりやがて天正年間、常陸国（茨城県）金龍寺に伝わった。それを江戸期に金龍寺住持大寂智定が化主周碩の求めにより模写し木版画にして普及したと伝える。大寂は、金龍寺中興二十一世であり、法系上の師事関係と法類寺院の世代数等より、明和年間から安永年間（一七六四〜八〇）頃に在住していたと推定される。彼が「中興」と称される由縁は、伽藍復興等、何らかの功績があったと思われる。恐らく同文を付した「十六羅漢像」が後掲の木版数種に使用され、宗門内とはいえ全国的に普及し金龍寺が喧伝され、その功が認められた可能性もある。なお道元の将来した「十六羅漢像」は、理宗皇帝（在位一二二四〜六四）より贈呈されたとする資料[14]もあり、益々権威づけられていく。次に、その伝承資料（仮称）「十六羅漢像由来記」を挙げよう。

「此十六大阿羅漢者宋李龍眠筆、永平道元禅師入宋帰朝之時将来。其後贈二恵鎌倉建長寺劉蘭渓一矣。我寺開基新田源義貞奉二勅命一而攻入二鎌倉一、誅二罰平高時一之日分捕焉。義貞之四男貞氏応永之際創二建当寺一於上野国新田之初秘襲二備之寺一鎮也。由来歳已尚矣。今模写以充二化主等一懇需云、金龍現住大寂智定畔睇。化主周碩等梓行」（金龍寺蔵版木版画、岩瀬文庫蔵。69㎝×32㎝）

右の資料による歴史上の金龍寺開山と開基には、多くの問題を含んでいる。[15] 山本世紀氏の論文[16]により結論的に言えば、まず開基を新田義貞とするには根拠に乏しく上野国方面の宗門寺院の進出は応永年間ではなく時代が下って、文明年間であり金龍寺の開創は文明十九年（一四八七）前後と推定している。開山は天真派無底霊徹の法嗣在室長端（「新田横瀬由良正系図」横瀬貞国の子息）であり、同開基は横瀬国繁（第一代）と想定されること。常陸入りは、横瀬氏の系譜につながる由良国繁（第二代）が開基となっていること。なお開基となっている横瀬氏は、新田氏の惣領的地位にあった岩松氏の被官となっていた土豪であり、ここでかろうじて義貞とつながるにすぎない。八世大拙脩藝が牛久郷に東林寺を新しく金龍寺として建立し、寛文六年（一六六六）、十五世淵室玄龍が現在地の若柴に再移転したとされる。このように見てくると前掲の大寂智定の「十六羅漢像」に関する伝承の説示は、根底から崩され歴史的に「怪しい」といわざるを得ないが、信仰上の伝承はこれも尊重しておきたい。なお「羅漢現瑞華記」の伝承（金龍寺への入手経路）に関する資料[17]は、現在のところ所在の有無を含め全く不明である。

上述の如く金龍寺の「十六羅漢像」の伝承をはじめ、それが果たして李龍眠の作か、また「羅漢現瑞記」も道元の真蹟かなどの問題がある。しかし、その信仰は聊かも揺るぎなく存続していた。

なお道元筆「羅漢供養式」の草稿とされる文書が金沢大乗寺と豊橋全久院に伝来している。曹洞宗の「羅漢講式」は、栄西の「羅漢供養式作法」（所在不明）や明恵の「羅漢供式」（高山寺蔵）などを道元が参考にして改編したものと推定される。さらにまた室町期に瑩山撰『瑩山（洞谷）清規』「羅漢供養式」を経て、江戸期に面山瑞方校訂「（重正）羅漢講式」、そして昭和・平成期に改訂し、現在も「入仏式」等の山門慶事の法要、さらに護法と弁道の安穏祈念に修されることがある。以前は毎月一日と十五日、現在は朝課の法要には、「応供諷経」が修され、羅漢崇拝がごく自然に折り込まれている。

次にかような日本における「羅漢講式」（羅漢供養式）関係の撰述例（記事を含む）を曹洞宗を中心にいくつか羅列しておこう。

(1) 高弁（明恵）撰『十六羅漢講式（四座講式の一）』建保三年（一二一五）正月、高山寺蔵

同『羅漢供式』元久二年（一二〇五）写本（第三部第三四号）、喜海書写、高山寺蔵。『明恵上人資料第五（高山寺資料叢書第二十冊）』所収

①明暦三年（一六五七）写本（第四部第一一三函七四号）、琳弁書写、高山寺蔵

②元禄六年（一六九三）写本（同部同函八二号）、智海書写、高山寺蔵

③寛永二年（一六二五）写本、備中正善坊書写、駒図二九二－二二／「十六羅漢讃」

(2) 栄西撰『羅漢供養式作法』『興禅護国論』巻下五、年中月次行事、謂正月羅漢会

(3) 道元撰「羅漢供養講式文（羅漢供養式文）」（草稿文）、宝治三年（一二四九）頃の成立か。

①石川県大乗寺蔵（石川県立美術館寄託、『続曹全宗源補遺』所収）―「一明住処名号」

②愛知県全久院蔵（『続曹全宗源補遺』所収）―「三明興隆利益、三明福田利益、四明除災利益（冒頭のみ）、五供世尊舎利は欠」

(4) 蘭渓道隆撰「羅漢講式」

①文化十三年（一八一六）仏成道日、居士刊、雲居菴幹事比丘某識、駒図折－四七。

②慶応元年（一八六五）季夏穀旦、京都中原勘兵衛刊、相国寺比丘某等識、駒図折－四八。

(5) 瑩山撰『瑩山清規』巻上、月中行事「応供諷経」、「羅漢供養式」「（羅漢）講式」元応三年九月。同「羅漢供祭文」（『洞谷記』末尾所載。洞上五講式の一）

(6) 面山瑞方校訂『(重正)羅漢講式(風版)』(羅漢供養式)明和四年(一七六七)序刊

同『洞上大阿羅漢講式』(巻尾「羅漢講式」)宝暦六年、京都風月荘左衛門刊

同『羅漢講式』(『僧堂清規行法鈔』巻五所収)

(7) 『明治新刻羅漢講式』(折本)京都貝葉書院

『昭和改訂羅漢講式』曹洞宗宗務庁

『訳註羅漢講式』平成二年(一九九〇)一月、正和会発行、井上義臣編著

高弁(明恵)撰『羅漢講式』の内容構成は、初めに「伝供」(表紙見返)の「僧讃(梵讃)」、二に「惣礼」、三に「勧請」、四に「祭文」、五に「画讃」となっている。

栄西撰「羅漢供養式作法」は所在不明書である。蘭渓道隆撰「羅漢講式」の構成は、一に「(羅漢)勧請」、二に「祭文」、三に「総礼偈」、四に「神文」である。

道元撰「羅漢供養講式文(草稿)」の構成は、上掲のごとく「一明住処名号」「二明興隆利益」「三明福田利益」「四明除災利益」「五供世尊舎利」であるが、「四明除災利益」は冒頭部分のみで次の「五供世尊舎利」は全文が欠損している。この「四明除災利益」と「五供世尊舎利」の欠損部分は、次の瑩山の「(羅漢)講式」により補う事ができる。

瑩山撰「羅漢供養式」の構成は、一に「用僧事」、二に「浄道場」、三に「四智讃」、四に「勧請文」、五に「祭文」、六に「総礼偈」、七に「梵唄」、八に「散華偈」、九に「梵音偈」、十に「錫杖偈」。次の「(羅漢)講式」には、右の道元の「羅漢供養講式文」と同じく「一明住処名号」ないし「五供世尊舎利」の五段を挙げ簡潔に解説している。

面山撰『(重正)羅漢講式』の構成は、一に「浄道場・散華文」、二に「四智讃」、「鐃鉢図」、三に「勧請文」、四に「祭文」、五に「梵唄」、六に「総礼偈」、七に「散梵錫」、八に「散華偈」、九に「梵音偈」、十に「錫杖偈」、十一に「式文」、十二に「普回向」、十三に「応供諷経」、末尾に「道場荘厳配位之図」となっている。

『明治新刻羅漢講式』ないし『訳註羅漢講式』の構成は、厳密には数か所の広略の相違はあるが面山の『(重正)羅漢講式』を基本としている。宗門の書は、相互に関連し影響し合っていることは明確に指摘し得るが、全体的な他宗門を含む「羅漢講式」「羅漢供養式」類の比較対照による詳しい分析は割愛する。

叙述は前後するが、前掲の「古写本建撕記」の記事は、その後、各種「道元伝」に羅漢現瑞の記事が引き継がれていく。曹洞宗の「羅漢信仰」は、面山瑞方(一六八三〜一七六九)撰『訂補建撕記』の記事および面山自身の羅漢信仰に至りピークを迎える。次に面山の「羅漢」に言及している関係書(上掲の『羅漢講式』を除き)を挙げてみる。

(1) 享保二年(一七一七)『(題箋)十六羅漢福田宜耕記(内題、十六大阿羅漢福田宜耕記)』末法乞士癡盲(面山)(願暉画「十六羅漢尊者図像」)―①京師六角通書林茨城多左衛門板行、②書林柳枝軒小川多左衛門刊。

(2) 宝暦三年(一七五三)『洞上僧堂清規行法鈔(題箋「洞上僧堂清規」)』京都柳枝軒刊、『曹全書清規』所収。巻二―「応供諷経」、巻五―羅漢講式

(3) 宝暦四年(一七五四)『訂補建撕記(内題「訂補永平開山行状建撕記」)』京都風月堂庄左衛門刊。ここでは「補注24」に注目。

(4)　同年（自序）『羅漢応験伝』、①宝暦十一年（一七六一）京都小川源兵衛・小川九兵衛刊、②刊年なし。京都柳枝軒小川多左衛門刊。道元・瑩山等の応験逸話掲載。

(5)　宝暦九年（一七五九）『洞上伽藍諸堂安像記』京都柳枝軒刊、『曹全書　清規』所収。「山門羅漢」（十六尊者、五百尊者）

(6)　安永六年（一七七七）『永福面山和尚広録』京都柳枝軒刊、『曹全書　語録三』所収。

『十六羅漢福田宜耕記』の序には、その一節に「十六尊者ノ住世利益ノ始末ヲ略述シテ自他ノ進修ヲ資助セントスルニ六章ヲ分ッテ梗概トセリ」とある。その六章とは「第一名義解釈章」、「第二内外徳行章」、「第三仏親付嘱章」、「第四名号住処章」、「第五随機応現章」、「第六化尽滅度章」という構成である。その後に「附四大阿羅漢」「附難提蜜多羅尊者（慶友）」、「跋」、末尾に「十六羅漢図説」と続く。

『洞上僧堂清規行法鈔』巻二の「月分行法次第」には「応供諷経」の項目、巻五の「別行法式十八條大綱」中の「羅漢講式」には、「コレハ密家ニ涅槃ト羅漢ト遺跡ト舎利トノ四座式ヲ略合シ、一座ノ羅漢講式トナシテ、永平祖師撰セラル、今マデノ印版ハ差誤多シ予ガ考正別本アリ」と述べる。面山の「羅漢講式」の構成は既に触れた通りである。

『訂補建撕記』の補注83は「羅漢現瑞」に関するもので既に前述したが、同書の本文「老璡、如浄への参問を指示す」に続く補注24では、次のように解説している。「瑩山和尚洞谷記ノ永平伝云、径山羅漢殿前、有老人。告云、浄慈浄老具道眼者、汝見必釈所疑。已上。コノ璡公ハ羅漢ノ応現ナルベシ」。このように面山は、ここでも自分の説を繰り返し述べ、老璡を「羅漢」の応現と見做していることが判る。

『羅漢応験伝』には、初めに「凡例七条」「訂誤八条」、次に中国における「羅漢」との交渉があった僧侶百十五名、日本では二十八名の僧侶を挙げている。その内、日本曹洞宗の僧侶には、上巻に「永平開山（道元）／行状」、「沙門紹瑾（瑩山）／洞谷記」、そして面山自身のことは下巻の末尾に高泉性潡との「感夢」等の逸話が縷々付され、縦横に羅漢の「応験利益」を語っている。道端良秀氏は、自著『羅漢信仰史』（『中国仏教史全集』第八巻・大東名著選3）の中で面山の広い「羅漢」研究と深い信仰に驚嘆している。

『洞上伽藍諸堂安像記』には、冒頭に「山門羅漢」（或安十六尊者、或安五百羅漢）の項目を挙げ、『入大乗論』『法住記』『弥勒上生経』『舎利弗問経』および『（釈氏）稽古略』等の文を引用し、「羅漢」の羅漢堂や山門安置に関する論を展開。その記に「羅漢承仏勅而護末代人法（中略）倶憑護法加被也。若其応験利益。具之別記」とある。

『面山広録』（『曹全書語録三』に所収）に所収している項目は、次の通りである。

巻第六「十六羅漢」、「摩頂尊者」、「羅漢供会慶讃」（七言律詩

巻第十六「十六羅漢」、「十六羅漢賛」（七言絶句）、「十六羅漢像同軸」

巻第十八「石像阿羅漢碑銘并序（彫造石像十六尊者）」

巻第十九「蛤蜊（はまぐり）羅漢銅像記」

巻第二十二「題十六尊者画軸尾」

この中で「蛤蜊羅漢銅像記」の「蛤蜊羅漢」とは、中国の北宋代、湖州（浙江省呉興県）の邵宗益という男がはまぐりの貝の中に合掌して袈裟を着けた羅漢を偶然に発見し、その霊験があたかで信者がそれをたくさん作り、諸人に布施したもの（『琅琊代酔』第三十一巻、『釈氏稽古略』第四巻）で、その一つが日本に伝来したものとし、その由

来を記している。[18] 面山の「羅漢」に関する該博な知識の深さには筆者も敬服するだけである。宗門の「羅漢信仰」を確立し推進した功労者は、まさしく面山と言い得よう。

ところで曹洞宗では、「羅漢（十六羅漢・五百羅漢）信仰」の盛況と相まって、その図像や木像・石像が全国各地で多数作成されるに至る。既述のとおり金龍寺所蔵の「李龍眠様式」（伝・李龍眠画）の「十六羅漢像」には、入手経路等に問題点が多いものの、その「写し」とも言うべきものが、宗門寺院に多数流布している。手元の資料『曹洞宗文化財調査目録解題集1〜6』六冊（東海、東北・北海道、九州、中国・四国、近畿、関東の各管区篇。曹洞宗宗務庁刊）を探ってみると、金龍寺系とその他の系統とに分けられる。恐らくそれらの図像は、各寺院において「羅漢講式」の法要や道元の逸話等の説法をする際、視聴覚教材（絵解き）として使用された可能性が最も高い。また人々の希望により美術品として、広く鑑賞に供せられたと思われる。

その木版例（一部に肉筆画と影印〈写真〉版を含む）を次に列挙してみよう。

(1) 明和〜安永年間（一七六四〜八〇）、茨城龍ケ崎金龍寺蔵版、廿一世大寂智定記、愛知県西尾市岩瀬文庫蔵

(2) 文政十三年（一八三〇）十一月、福井県三方郡臥龍院施行、廿八世大淵龍童記、三重県津市東雲寺蔵

(3) 天保十一年（一八四〇）六月、南陔散人富永韡「十六羅漢像記」、津市東雲寺蔵

(4) 嘉永三年（一八五〇）、「十六羅漢図」、豊川市西明寺蔵

(5) 嘉永四年（一八五一）六月十五日、金龍寺所蔵「十六羅漢像」の肉筆模写、栃木県大中寺蔵

(6) 明治十八年（一八八五）十二月十五日、「開光供養記」笠間龍跳（号起雲）、津市東雲寺蔵

(7) 明治二十五年（一八九二）、安川繁成識「龍眠画像十六羅漢縮図序」、京都府宮津市喜多盛林寺蔵

(8) 明治二十九年（一八九六）（上―現瑞記・転衣拝登、中―羅漢像、下―寺記）、津市東雲寺蔵

(9) 明治三十五年（一九〇二）（上―現瑞記・悟由賛「全体現成」、下―写真影像）、津市東雲寺蔵

(10) 時代不明、①（上―現瑞記、中―羅漢像（彩色）、下―金龍寺記）、津市東雲寺蔵

〔以下、「李龍眠様」とは異なるもの〕

②渡水十六羅漢像―「勢州四天王護國禅寺地中宗宝羅漢院玄亀印施」津市東雲寺蔵

③渡水十六羅漢像―右記と同様。上に釈尊・二弟子、下に十六羅漢、津市東雲寺蔵

④十六阿羅漢尊像―右下に「洛第五橋／宗仙舜良／謹印施之」。津市東雲寺蔵

〔未見画幅〕―米沢市林泉寺、広島県千手寺・鳥取県大岳院・島根県洞光寺・千葉県龍泉院。

その他―伝・明兆殿司画（秋田県天徳寺・岩手県正法寺・北海道法幢寺）、雪舟画（岩手県東顕寺・青森県隣松寺）、伝・狩野探幽画（岡山法泉寺、六幅対）等多数。

特に金龍寺所蔵の「十六羅漢図」は、江戸末期から明治末頃まで各地で木版（彩色も可能）や影印版で頒布されていることが知られる。

(1) 西尾市岩瀬文庫蔵の木版（比較的小さく廉価）のものは、寺院だけ

ではなく一般庶民も入手し親しまれたと思われる。その例として三重県津市東雲寺（東雲文庫雨宝室）所蔵品の中には、(2)文政十三年十一月に若狭臥龍院大淵龍童が印施したもの、(3)天保十一年六月に富永贛の「識語」を附したもの、(6)明治十八年十二月に笠間龍跳（愛知県普済寺二十二世・大光院三十一世）が図像と共に上部に『正法眼蔵阿羅漢』の本文を抜粋したもの、(8)明治二十九年四月に永平寺への「転衣拝登紀年」（瑞世）と右上に筆で記している通り、永平寺でも頒布していたと推定できるもの等がある。また、非金龍寺系のものとして(10)④京都宗仙寺や伊勢四天王寺（羅漢院）で印施していたものなども存する。それらが、曹洞宗寺院を中心に全国的に流布していたわけである。

なお(1)の木版画は、上から三段に分けられ、上段に「羅漢現瑞華記」、中段に「十六羅漢」（縦横に各四人）、下段に上掲の大寂撰の「十六羅漢像由来記」がある。また上段の「羅漢現瑞草記」の両側には、「清和源氏新田義貞開基常陸州河内郡若柴驛太田山金龍禅寺宝物」「有二請彫十七軸一乎、一紙者新田正嫡由良氏横瀬氏三家嘱累流布」と記されている。この形式は、(2)と(10)①も同じである。さらに(2)の下段には、下に福井県臥龍院二十八世大淵龍童の記「此尊像少世也故為レ令レ拝二諸人一判而再色表具施二与百幅一餘者当山為レ蔵判授二与心信輩者一至祷至祷、下時文政十三庚寅十一月吉日、無位山臥龍禅院、現住大淵童叟謹記」がある。

(3)の木版画（淡彩）は、四段に分けられ、上段に「十六羅漢」の列名、二段に「図像」、三段に「羅漢現瑞華記」、四段目には、素姓は不明ながら南陔散人富永贛の「十六羅漢像記」の文章[19]が載っていて本図の木版頒布の経緯と意義を語っていて貴重である。

(5)は、大中寺住持四十世犀月和尚が金龍寺所蔵の「十六羅漢像」を真龍斎（伝不詳）に肉筆模写（画師不詳）させ、四十一世大転昌隆和尚が本師の遺志を継ぎ大中寺の法宝としたもの。

(6)には、上部に笠間龍跳（号起雲、愛知県普済寺二十二世・同大光院三十一世等）の「開光供養記」があり、『正法眼蔵阿羅漢』の一節を引用して記述[20]、下部に断崖に座す彩色の十六羅漢群が味わい深く描かれている。

(7)には、既に金龍寺所蔵の「十六羅漢像」について道元が理宗皇帝より贈与されたという記事の中で触れ、注記（14）したもの。その安川繁成識「龍眠画像十六羅漢縮図序」には、明治二十五年当時の現住渡邊祥鳳師により「十六羅漢像」の縮図を広く頒布する旨が述べられている。この(7)と(8)(9)は、いずれも影印（写真）版であり、時代的にも極めて珍しいものといえる。(9)の上部には、森田悟由禅師直筆「全体現成」の墨痕が鮮やかである。その他、(10)の②③は、小幅ながら彩色で上に釈尊・二弟子の下に山岳中に十六羅漢が描かれ、その③には、下部に「勢州四天王護国禅寺羅漢院玄亀」（松坂福源院・大江玄亀か？）、左横に「平安住長谷川賀一画」とある。以下、紙幅の関係で割愛せざるを得ないが、多くの勝れた作品が津市東雲寺に所蔵されていることを強調しておきたい。

まとめ

日本において羅漢の数は、図像や木像類より石像の「五百羅漢」が圧倒的に多いように思われる。大分県耶馬渓や和歌山県和歌浦等の羅漢寺と称する寺院には、近世以降、その五百羅漢が境内に安置され、その中に自分や親しい人の姿を見いだすことができるとして人気がある。また僧形で喜怒哀楽の人間味あふれる豊かな表情をたたえ、自由奔放な言動をする羅漢を禅僧自身の理想像としたり、さらに庶民が親近感を抱いたりするのはごく自然である。その上、玄奘訳『大阿羅漢難提密多羅所説法住記』[21]には仏が涅槃時に十六羅漢に無上の正法を付属し、弥勒の下生前に汝等は涅槃に入らず、あたかも地蔵菩薩や弥勒と同様に「正法の護持と衆生を救済すべし」と遺言した。これを受け、人々には彼ら羅漢の出現・活躍により仏法の再興・興隆が図られると示される。

「羅漢」のさまざまな信仰と儀礼には、羅漢の属性として「神異性」「救済性」等に伴う「霊瑞」「夢告」が付随する。それを寺院建立や仏事等の行事を厳修する際に現れ「慶事」と受け止める心情が鎌倉末期ないし室町期の当時あったものと思われる。

『瑩山清規』「羅漢供養式」の「祭文」や面山の「羅漢講式」の「式文」には、人々の羅漢信仰の基本となる法句が示される。羅漢の役割について「夫れ二八の尊者は、内に菩薩行を秘し、外に声聞の形を現わして寸歩の間に法界の化を成し、一念の程に施主の田に応ず」と示す。特にその中の「伽陀」の一節には「稽二首大羅漢一、法性清涼月、衆生心水浄、羅漢影現中」ないし「十六大羅漢、無上勝福田、恭敬供養者、自然獲二大利一」、「二八入羅漢、猶如二護国珠一、一称一礼者、能除二諸厄難一」とある。すなわちこのように祈願し信ずる「こころ」が僧俗の信仰を深め、普及することになる。そうした一面が道元の霊瑞逸話とも結び付いて展開し、曹洞宗の「羅漢信仰」の一端に反映しているのではなかろうか。

注

(1) 明州本『建撕記』(天文七年〈一五三八〉大乗寺二十八世明州珠心写本、大乗寺蔵)。他に瑞長本『建撕記』(天正十七年〈一五八九〉瑞長写本、河村孝道氏蔵)、延宝本『建撕記』(延宝八年〈一六八〇〉写本・書写者不明、福井県立郷土歴史館蔵)、元文本『建撕記』(元文三年〈一七三八〉写本・書写者不明、岸沢文庫蔵)等の記事がある。河村孝道『諸本対校 永平開山道元禅師行状建撕記』(大修館書店、所収)。

(2) 「宝治三年己酉正月一日、羅漢供法会アリ、コノ時請ヲ受玉フ、木像画像ノ羅漢、其外諸聖相共ニ放光シテ供養ヲ受タマフナリ、大唐ニハ天台山ニ五百ノ在世羅漢アリ我朝ニハ此山中ニ在ト。師以自筆書置タマフナリ、此記ノ正本、檀方義重ノ書箱ニ在之」(面山瑞方撰『訂補建撕記』)は諸本中、元文本に最も近いように思われる。

(3) 大久保道舟『修訂増補 道元禅師伝の研究』筑摩書房、三五六頁。

(4) 「五十三世御交代、文政元年、校割帳」(内題「校割簿、監院寮」)。宝庫之部・宝庫一之笈部)に「一、羅漢団扇骨、箱入一柄、廿四」この文書の記帳により当時の「羅漢団扇」は既に団扇の骨を残すのみの状態であったことが判明する。

(5) 「正和二年癸丑八月。始結茅屋、為仮庫裏。其夜、感夢曰、羅漢第八(伐闍羅多羅)尊者来在告示。入山看山、眺望此山者、雖為小処、頗為勝地。尚勝于永平寺。永平寺者、方丈立処、当山凹。是障礙神之所居際、自古一切有障碍是故也。当山者不然、興化可如意、云々。自卓菴以来、一切無障碍、無為修練、逐年繁昌」『洞谷記』「洞谷山永光寺草創記」。

(6) 「元応二年庚申除夜小参(中略)憶夫、始縛茅屋時、十六羅漢内、第八伐闍羅多羅尊者、来於山中而入夢。看山熟視、告禁上座曰、当山雖為小所、頗為勝地。不当障礙神所居。興化門事、如願成就」同右、元応二年条。

(7) 「同(元亨三癸亥)四月八日(中略)予思惟、当山従最初、一切依夢想告思定。就中。羅漢、弗多羅尊者、卓菴初、告曰、当山萬事無障礙、如意仏法可興行、云々」同右、元亨三年条。

(8) 「昔瓶沙王(中略)遂元応元年己未、八月六日剃髪、為比丘尼、法名祖忍。抑彼平氏女者、永平和尚、建仁寺御座時御弟子、明智優婆夷再来也。予与女如磁鐵、不相離、師檀師弟也。即改自亭、為道場。望十六羅漢召請供養。誠知、冥顕加護之善所也」同右、「洞谷山永光寺草創記」。

(9)「同九月十五日、始羅漢供。而毎月十五日供養之、尊者望也」同右。

(10)⑴高崎富士彦『日本の美術二三四、羅漢図』至文堂、一九八五年。⑵梶谷亮治「十六羅漢像について」『仏教芸術』一七二、一九八七年。

(11)『百練抄』第四一、『元亨釈書』第一六。

(12)『重要文化財8、絵画Ⅱ』「仏画」、文化庁監修。毎日新聞社刊。

(13)⑴「(金龍寺、太田市金山町。寺伝によれば、応永年間(一三九四〜一四二八)、横瀬(新田)貞氏が祖父義貞の廟として越前宅良慈眼寺(現福井県南条郡今庄町)の大見自性を開山に迎え創建したといい云々」(『歴史地名大系10、群馬県の地名』平凡社、七二七頁)。

⑵「金龍寺(茨城県)龍ケ崎市若柴町八六六。由緒/太田山と号し、元弘元年新田義貞が天真自性を開山として開基。その後兵火にあい応永二五年新田貞氏再興、香華料若干と寺領四〇石寄進、寺地はもと上野金山にあったが寛文六年現在地に移転した。境内に新田義貞、同家累代の墓がある(大鑑)」(『全国寺院名鑑、北海道・東北・関東篇』全日本仏教会寺院名鑑刊行会、一九七〇年)。同趣旨の説明は、『歴史地名大系8、茨城県の地名』平凡社(六四四〜六四五頁)にも述べられている。「(前略)天正一八年(一五九〇)新田氏の一族由良国繁が牛久城(現稲敷郡牛久町)に移った時にともに移転、のち新地村(現牛久町)に移るが、寛文六年(一六六六)に現在地に移る云々」。

(14)「人有栄枯、物有顕晦。栄之時而不思其枯、顕之時而不慮其晦。者則非栄興顕之道也。往昔曹洞宗高祖承陽大師入宋朝修仏法極其奥義而還也。理宗皇帝贈以十六羅漢画像十六幅画像者成于元豊年間、李氏龍眠画伯之手者筆、筆生動真箇稀世之品也。宝治三年大師大修其供養于越前永平寺。永平寺者大師所創建、当時大師自書其顛末而画像外更成一幅矣。後大覚禅師創起建長寺于相州之鎌倉也。大師贈之禅師、当此之時兵革之変方盛焉。戦闘之事頻至焉。以故蔵之執権北條氏之宝庫。元弘三年五月新田左中将源義貞奉護良親王之令旨討北條高時於是乎北条氏九代之間、其所蓄積什宝玲器一□兵燹矣。而此幅擱路義貞之手中纔免其□蔵、其居城上野新田金山嗣更納之城内金龍寺。金龍寺者所創建従是之後、新田氏或興或衰焉。天正十八年、豊太閤命移新田氏之封于常　陸之牛久金龍寺亦回以遷焉。見今若柴村金龍寺即是也。

現住祥鳳和尚渡邊氏、夙憂此什宝後世或毀壊泯滅。曩者計縮図之以弘頒、同好之士蓋顕之時□其晦者非耶。近日刻成来。乞序于余、余於新田氏有旧縁文字之樸野何敢辞輒略叙。此幅之伝来以代序文落。夫縮図之精妙如何世間自有定評、余不敢贅也。

明治廿五年四月於東京　従四位勲三等安川繁成識　印/学習院助教授小此木辰太郎書(京都府宮津市盛林寺蔵「龍眠画像十六羅漢縮図序」曹洞宗文化財調査委員会資料。使用許可承認済)

(15)「夫寺名太田山金龍寺濫觴者応永二十四年義貞三男義宗之御子横瀬新六郎貞氏公、於金山被再営居城。其頃越前宅良普門山慈眼寺開山天真自性和尚孫弟子大観禅竜游化于此地、卓庵金山麓時貞氏公扣被禅扉、咨問禅法、頓葵之心日増、終為祖父新田義貞慈父義宗公造営一寺并位牌堂使大観禅竜修追福之仏事。禅竜嘆其孝心、贈号義貞公於金龍寺殿真山良悟大禅定門、義宗公法名大憧了闊大禅定門。(後略)」「金龍寺縁起」『上野国志』所収。

(16)「地方武士団の曹洞宗受容について」山本世紀(『禅宗の諸問題』今枝愛真篇、雄山閣、所収。二五三〜二七七頁)。山本氏は、『日本名刹大事典』(圭室文雄篇、雄山閣)の「金龍寺」の項目でも端的に同趣旨を述べている(一五四〜一五五頁)。

(17)「羅漢現瑞華記」の伝承。「古写本建撕記」の記事では「此記正本」というのが「羅漢現瑞華記」に相当し、それが「檀方之重書箱」に在りと記すが、『訂補建撕記』では所在を「檀方義重ノ書箱」となっている。それがいつ誰によりどのようにして金龍寺へ伝わったのか。金龍寺へ数回手掛かりを問い合わせてもご教示頂けないのは残念である。

(18)『曹全書　語録三』「永福面山和尚広録巻第一九」六七六〜六七七頁。

(19)「むかし仏法退転に及ひなんとせしに十六阿羅漢力をあはせ仏法を荷担し仏道再興せしより以来本朝に伝はりて此道の盛なることいふもはらなり。さるに此図は霊像出現の由来を道元禅師みつから筆記し玉へるを梓行せし匆、今はた烏有となれりとなむ。宝治三年は即ち建長の元年にして茲年まさに五百九十二の星霜を経たり。偶此図を得て模写して徳林精舎の澹空上人に託し剞劂氏に令して再刻せしむ。夫つらつら惟るに個の羅漢の功徳をもて仏法再興せしに、かへりて此図の近世に伝らさるはいかにあふき冀くは此霊像仏道とならひ行れんこと日月星辰の天に懸れるか如く長に海内に伝らむことを。／天保十一季庚子六月拝写謹書／六十有七　南陔散人富永贛」。

(20)「承陽大師曰く、古云声聞経中称阿羅漢名為仏地いまの道著これ仏道の證明なり。論師胸臆の説のみにあらす、仏道の通軌あり。阿羅漢を称して仏地とする道理をも参学すへし。仏地を称して阿羅漢とする道理をも参学すへきなり。阿羅漢のほかに一塵一法の剰法あらすいはんや、三藐三菩提あらんや、阿耨多羅三藐三菩提のほかにさらに一塵一法の剰法あらすいはんや、四向四果あらんや。阿羅漢の担来する諸法の正当恁麼時この諸法まことに八両にあらす、半斤にあらす。不是身不是仏不是物なり、仏眼也覷不見なり、八万劫の前後を論すへからす。抉出眼睛の力量を参学すへし剰法は渾法剰なり。／旹明治十八年十二月十五日開光供養／日本洞上伝法沙門龍跳和南」。

(21)「仏簿伽梵般涅槃時、以無上法付嘱十六阿羅漢并眷属等、令其護持使不滅没及勅其身与諸施主作真福田、令彼施者得大果報。（中略）修諸勝業於当来世逢事弥勒、解脱煩悩大涅槃生愛楽故、於仏正法護持建立令久不滅」（『大正蔵』四九巻、一二頁c～一四頁c）。

参考文献

1 道端良秀著『羅漢信仰史』（大東出版社、一九八三年。大東名著選3に所収）。インド・中国・日本にわたる羅漢信仰の発生から展開への歴史を民衆の信仰を基調として、広範囲にわたり判りやすく説示され、大いに参考になった。中国における道元と羅漢との交渉や曹洞宗と羅漢との関係および各地寺院の「羅漢像」につき若干の解説をしている。中には「羅漢和讃五十八句」（一九二六年、藤井佐兵衛出版、一九九頁）に羅漢の現世利益のみにあらず未来成仏までも祈っていたことが知られる。

2 大谷哲夫『十六羅漢の様相』（十六羅漢顕彰会刊、二〇〇七年）、「概要「十六羅漢」とその様相について」（『苫小牧駒澤大学紀要』一八号、二〇〇七年）。

第三節　「高祖弾虎図」の成立と展開

はじめに

以前、高祖道元禅師（以下、高祖と略称）の伝記中における逸話関連の図像である「一葉観音図」と「十六羅漢図」に関説し発表する機会に恵まれた。(1)江戸期以降、「絵伝」等、ビジュアルな木版・絵図（水墨・彩色）の作成および頒布が高祖伝の普及に寄与し、人々に広く受け入れられたことは間違いない。今回、同様の素材を扱う点からその続編といえる。

高祖の伝記上、「高祖弾虎」の逸話とは、高祖が入宋行脚中、某所で猛虎に遭遇したが、持っていた拄杖で虎をはらいのけたというもの。また、その拄杖がなんと龍に化して虎を追い払ったともされるものである。その場所や拄杖のはたらきは伝記資料によって各々相違する。

まずは、上述の逸話が所載する江戸期の伝記資料類を成立順に挙げて、その内容の類型を試論的に整理する。次にその図像化の成立に言及し、その展開を概観する。また、その「高祖弾虎図」の伝播の意義や信仰の基層を考えてみたい。

一、伝記資料――「高祖弾虎」の類型

高祖伝中の全般的逸話かつ個別的逸話に関し、二十年程前より何度か触れてきた。(2)今回は「高祖弾虎」の逸話に焦点を絞る。なお「高祖弾虎」の図像にまで広く言及するのは筆者が初めてであろう。以下にその逸話を記す伝記資料を列挙する。

(1)『正法眼蔵梅華嗣書』撰者・筆写者不詳、永享二年（一四三〇）写
(2)『碧山日録』東福寺大極聖淋撰、長禄三～四年（一四五九～六〇）記
(3)明州本『建撕記』明州珠心筆、天文七年（一五三八）写
(4)瑞長本『建撕記』瑞長筆、天文二十一年（一五五二）写
(5)『日域列祖行業記』懶禅舜融撰、寛文十三年（一六七三）刊
(6)『道元和尚行録』撰者不詳、延宝元年（一六七三）刊
(7)『延宝伝灯録』卍元師蛮撰、延宝六年（一六七八）跋刊
(8)『永平仏法道元禅師紀年録』大了愚門校、同右
(9)『永平元和尚道行碑銘』高泉性潡撰、延宝七年（一六七九）刊
(10)延宝本『建撕記』筆写者不詳、延宝八年（一六八〇）写
(11)『僧譜冠字韻類』版橈晃全撰、元禄元年（一六八八）刊

(12)『越前国永平寺開山記』結城孫三郎等記、元禄二年（一六八九）板

(13)『日域洞上諸祖伝』湛元自澄撰、元禄七年（一六九四）刊

(14) 門子本『建撕記』門子筆、元禄七年（一六九四）写

(15)『本朝高僧伝』卍元師蛮撰、元禄十五年（一七〇二）刊

(16)『永平実録』面山瑞方撰、宝永七年・正徳元年（一七一一）刊

(17)『日本洞上聯灯録』嶺南秀恕輯、享保十二年・寛保二年（一七四二）刊

(18) 元文本『建撕記』筆写者不明、元文三年（一七三八）写

(19)『訂補建撕記』面山瑞方訂補、宝暦四年（一七五四）前後刊

(20)『永平開山元禅師行状伝聞記』撰者不詳、享和二年（一八〇二）写

(21)『永平高祖行状記（行状図絵）』瑞岡珍牛撰、文化五年・同六年（一八〇九）刊（法華寺蔵版）

(一) 江西―三虎、化龍型　(1)『正法眼蔵梅華嗣書』[3]には、次のように述べる。高祖が天童山にて如浄禅師より嗣法し、拄杖と払子を授けられ、江西へ向かう途中、虎が三頭も出現した。すると高祖の傍にあった拄杖が龍と化して虎と闘い、その三虎を追い払う。かの龍は元のごとく拄杖となった。それ故、正師より伝授された什具（拄杖）は、よく信じ保つべきと示される。以上、拄杖の威力を強調する筋立てである。

(二) 天台―虎刎型　(2)『碧山日録』には、洞門僧からの伝聞に依り臨済宗東福寺大極蔵主[4]が次のように記す。高祖が天台に行遊し哨壁下で休息していると、突然、虎が現われた。高祖は杖で虎を弾ねて、深み（谷）へ陥落させたと述べる。虎は三頭ではなく一頭であり、杖は龍に化すことはない。また、その杖は室筐寺《ママ》（宝慶寺か）に所蔵しているという。

(三) 径山―虎刎型　(3) 明州本『建撕記』には、高祖が浙翁如琰に相見するため、径山へ登る途中、突然、老虎が現われた際、拄杖で虎をはねのけた[5]という筋。その杖は、今、宝慶寺にあると述べる。浙翁への相見という理由を別にして、前話とは場所が異なるのみ。これとほぼ同じ内容のものが次の(4)瑞長本『建撕記』、(14)門子本『建撕記』、(18)元文本『建撕記』である。要するに延宝本『建撕記』を除く、所謂「古写本建撕記」は、径山にて虎を杖で追い払った点ですべて等しい。

なお、「古写本建撕記」の叙述と軌を一にする史料『諸嶽山總持寺旧記』中に「虎刎主丈」の記事[6]がある。それによるとその時期は「永平和尚在唐大宋嘉定十七年春」と記しているが、どのような根拠に由来するのか不明である。

(四) 江西―化龍型　(5)『日域列祖行業記』では、高祖が太白山にて如浄禅師より大悟後、江西に行く途中、日が暮れて草中に蹲坐していると虎が現われ襲ってきたので拄杖を差し向けると忽ち杖が龍と化して闘い、遂に虎が敗走したというもの。この内容と大同小異なのは、(6)『道元和尚行録』、(7)『延宝伝灯録』、(8)『永平紀年録』、(9)『永平元和尚道行碑銘』、(10)『延宝本建撕記』、(13)『日域洞上諸祖伝』、(15)『本朝高僧伝』である。この中でも「古写本建撕記」に属する延宝本『建撕記』が他の諸本と相違している点[7]に留意して置きたい。恐らく筆写者は、当時の諸伝記の叙述に影響を受け改変したものと解される。

(五) 江西―虎刎型　(11)『僧譜冠字韻類』では、高祖が行脚の途中、江西にて日が暮れ、草中に蹲坐していると虎が出現、拄杖で虎をはねのけ追い払ったとするもの。[8]これと同様の内容のものが(16)『永平実録』、

(17)『日本洞上聯灯録』、(19)『訂補建撕記』（本文）である。場所は異なるが、「虎刎」の点で前述の㈡、㈢の両型にもどっている。

右の中、『訂補建撕記』の解説「補31」では、本文と異なる説を出している。それは撰者面山が寛延三年（一七五〇）夏、後述する江州大津（現、大津市）青龍寺を訪れ、同寺所蔵の「永平高祖弾虎像」[9]（伝、寒巌義尹画）に関する伝承を受け、次のような主旨を述べている。すなわち義尹が入宋し、叢林において龍頭に僧が踞し、虎が拄杖を噛んでいる図を見て奇異に思い、因縁を尋ねたところ、高祖が江西の荒村において虎に遭遇した際、拄杖が龍と化し虎は逃走したものであると知り、それを義尹が自ら写して日本へ将来したのである、と。この説には、多くの問題を含んでいるため、後で検討したい。

㈥　**天童山―大蛇・剣型**　前例と比較し異質なのは(12)『越前国永平寺開山記』[10]である。本書は、浄瑠璃芝居風「説経本」ということもあり、荒唐無稽な荒筋で終始する。当該逸話は次の通り。高祖が木下道正と入宋行脚中、老人が現われ、天童山へと案内する。問答を交している中に、その老人がなんと達磨大師に変身し、高祖に碧岩《ママ》集・払子・拄杖を授ける。その後、天童山に上る途中、山道で休んでいると悪虎が現われ二人を襲う。すると高祖の拄杖が大蛇となり、道正の方からは剣となり、悪虎と闘い斥ける。その直後、大蛇と剣は元の拄杖となったというもの。高祖はその拄杖を持ち帰り、永平寺の重物（重要什物）になっているとする。これによると虎に遭遇したのは天童山であり、拄杖は龍に化したのではなく大蛇と剣になって悪虎と闘った点が興味深い。

その大蛇は、姿形から龍にも通じるからである。また天童山への峠道（小白嶺頂）に「五仏鎮蟒塔」があり、蟒（うわばみ・おろち）退治の伝説[11]があるからである。

㈦　**江南西―化龍型**　(20)『永平開山行状伝聞記』には、高祖が天童山を送行後、江南西へ行く途中、原野で大虎に遭遇し、拄杖が龍と化し追い払った[12]となっている。この漠然とした地名「江南西」はどこを指すのであろうか。一般に「江南」とは周知の如く揚子江以南、江蘇・安徽・江西の三省を指す。その中の江西を指すのか、さらにその西方を云うのか不明であるが、前掲の「江西―化龍型」の範疇に入れてもよかろう。

二、「高祖弾虎図」の成立と伝播

「高祖弾虎」の逸話を裏付ける図像（水墨画）と関連文書の「（仮称）高祖弾虎像由来記[13]（寄贈証）」（延宝四年秋、雲白愚白書）、「永平祖弾虎像記[14]」（寛政四年五月、千丈実巌撰）および「永平高祖弾虎像由来[15]」（安政六年五月、近侍吉山書）が滋賀県大津市青龍寺に所蔵されている。本節では、右の図像を仮に「高祖弾虎図」と名づけ用いる。

右の青龍寺蔵の伝承文書によると熊本市大慈寺開山寒巌義尹（一二一七～一三〇〇）が入宋した際、かの地の叢林にて垣間見た図像が高祖ゆかりのものと判り、それを模写し将来したものとされる。前述した面山撰『訂補建撕記』（補引）は、それを集約したものである。

右の文書中、「由来記（寄贈証）」を書いた雲山愚白（一六一九～一七〇二）は、「前住大慈雲山白誌焉」とあるように寛文四年（一六六四）より約十年間大慈寺に止住していた（『泉南普陀開山雲山白和尚塔銘並序』[16]）。その雲山が、延宝四年（一六七六）秋、青龍寺に寄贈したと解される。当時の青龍寺住持は、世代表から六世亀峰光鑑（一七〇二年没）、または七世普峰照天（同上）であったと思われる。

その後、同寺十三世圭州琢之（一七九四年没）と峨山派丹嶺祖衷（一六二四〜一七一〇）の法孫同士という関係で道交のあった千丈実巌（一七二二〜一八〇二）により寛政四年（一七九二）五月、「永平祖弾虎像記」が撰述されている。これには、琢之が「高祖弾虎図」が幅小（30・4㎝×23・3㎝）であるため、湮滅を恐れ、雲山の「由来記」および千丈の「永平祖弾虎像由来」と共に白絹四尺許の巨幅に表装した旨が記され、同寺に丁重に保存されている。なお大慈寺および寒巌（法王）派の諸寺院に「高祖弾虎図」の所在を証する古記録等は、今のところ見当らないことに留意しておきたい。

その図像は、逆巻く雲の間、龍頭に坐す高祖、左側に杖を噛む虎（迫力に欠ける）が見える。その図案からいえば『日域列祖行業記』に始まる「江西―化龍型」に属し、その形成期（十六世紀後半から十七世紀前半）に成立したものと推定されるが、真偽等を確定する決め手に欠ける。

この青龍寺所蔵「高祖弾虎図」を元に多少加工したものが面山撰『宝慶記』（寛延三年序、明和八年〈一七七一〉柳枝軒小川多左衛門梓）の巻頭にある「承陽祖弾虎像」である。その左側の丁に「祖像因縁」[17]を載せている。これは前述の『訂補建撕記』（補31）の注記を集約したものである。この「高祖弾虎図」が宗門内外に有名になったのは、面山撰『訂補建撕記』と『宝慶記』による出版であったといえる。

しかし、それ以前、既に「高祖弾虎」の逸話は、高祖の諸伝記により宗門に広く知られ、図像化されていた例がある。それは、曹洞宗文化財調査委員会（以下、「曹文調委」と略称）によって蒐集した資料によって知られる。

(1) 姫路市景福寺蔵「道元禅師弾虎図」（水墨・一幅、狩野貞信画〈元和九年没〉、「曹文調委」蒐集書[18]）

(2) 鳥取市景福寺蔵「弾虎図」（水墨・一幅、狩野岑信画、二十世黠外愚中・享保二十年晩秋賛、「同右」[19]）

「道元禅師弾虎図」の画師は、狩野貞信（一五九七〜一六二三）と伝えられる。「曹文調委」蒐集の写真によれば、巨大な岩山の中復辺の洞窟内に小さく高祖が坐し、岩山の上方に龍、下方の岩の間によく見えない程小さく虎が描かれている。後者の図像「弾虎図」は、景福寺二十世黠外愚中（一七三七年没）の「賛」が図像の上方にあるもので、その「賛」と逆巻く雲間に龍が威嚇するように荒々しく大きな口を開け両手の爪を立て、下方には虎が伸び上がるように咆哮している。その中間の岩に泰然として瞑想し、不老帽を被る高祖の姿がある。傍の岩には、拄杖が立て掛けられている。

(3) 『訂補建撕記図会』（面山訂補、大賢・瑞岡図会、文化三年序、柳枝軒版）

(4) 『永平高祖行状記（内題「永平道元禅師行状図会」）』（瑞岡珍牛撰、文化五年・文化六年、法華寺蔵版）

享和二年（一八〇二）は、高祖五五〇回大遠忌の年であり、右の『訂補建撕記図会』は、その遠忌記念の出版[20]である。その当該絵図は、岩山の松樹上の龍頭に坐し、不老帽を被る高祖と右下に後方を見ながら敗走する虎がいる。次の瑞岡撰「行状図会」は、高祖が烈風の中で不老帽を被らず、龍頭に立ち敗走する虎を見ているもの。両図の虎の姿は、ほぼ同じ。

(5) 津市東雲寺蔵「(仮称)道元禅師弾虎図」（木版掛幅[21]）

本掛幅（42・0㎝×17・0㎝）は、上方枠内に「永平初祖道元和尚像讃」

〔永平五世兼宝慶義雲拝書〕があり、下方に「弾虎図」が描かれている。その図像は、右側の松樹下にある岩に坐し右手に拄杖を持つ無帽の高祖、右下に龍が開口して臥し、左上に杖を噛む虎が龍を睨みつけている。図の下側の枠内には「洞上遠孫鰲仙謹印施」と横書きで記されている。この鰲仙とは江戸青松寺三十三世越山鰲仙（一八二二年没）であり、「祖規復古」で有名な永平寺玄透即中の下で「新命御印鑑使」として活躍した人物、永平寺江戸別院の監寺であった[22]。「謹印施」と記されている如く、鰲仙が木版にして頒布したことが判る。恐らく永平寺か青松寺の印版であり、数年に亘り相当の部数が印刷されたものであろう。注目すべきは「永平五世兼宝慶義雲」の箇所「永平五世」である。義雲を「前住」から「五世」にしたもので、玄透による「永平寺世代改め」が反映していること、またこの木版は享和二年頃のもの、すなわち前述の高祖五五〇回大遠忌紀念出版の一つと推定される。

(6) 福岡市明光寺蔵「道元禅師弾虎図」（彩色・一幅、矢田広貫画、寂室堅光賛、文政九年、「曹文調委」蒐集書[23]）

(7) 岡山県小田郡洞松寺蔵「弾虎図」（絹本彩色・一幅、卓爾画、年次不詳、同右[24]）

明光寺蔵の「弾虎図」は、上方に寂室の「賛」、下方に不老帽を被り地面に坐す高祖、その右に龍、左に杖を噛む虎が向き合っている。同寺には、これに関連する絵図「道元禅師弾虎・聞鐘図」（水墨・二幅、尾形洞霄画・嘉永年間。箱書「高祖柱《ママ》杖化龍像・高祖聞鐘像」）を所蔵する。こちらの両図は、前掲の瑞岡撰「行状図会」の図案に相似しているが、季節を夏と冬、図像を動と静とする等、独自の工夫がある。

洞松寺蔵の「弾虎図」は、前述の姫路市景福寺の「道元禅師弾虎図」に相似するが、ズームインして拡大したもの。画師の卓爾は、それを参照した可能性も推定できる。

(8) 奈良県御所市不動寺蔵「高祖傘松坐像龍虎図」（彩色・三幅、画師・制作年代不詳、「曹文調委」蒐集書[25]）

(9) 大分県竹田市英雄寺蔵「道元禅師龍乗之図」（水墨・一幅、画師・制作年代不詳、同右[26]）

不動寺蔵の「傘松坐像龍虎図」は、真中の幅に高祖が傘松下に坐し、右側に雲間の龍（顔は左向き）、左側に岩上の虎（顔は右向き）が描かれ、関係図中、一番大きいもの。

英雄寺蔵「龍乗之図」は、同寺十九世正道義山（一九四八年没）代のもの。図像は、上方の逆巻く雲の中、龍の背中に立つ高祖がいて、下方に虎の姿はない。未完か。推定であるが、もう一幅があって虎を描いていた可能性もあるが不明。

まとめ

「高祖弾虎」の逸話は、江戸期における祖師信仰の高揚中に形成されたもので、高祖の神格化・聖人化の一産物である。

高祖伝として用いた室内資料『正法眼蔵梅華嗣書』の主旨は、高祖が如浄禅師より伝授された拄杖の神秘的威力に眼目を置いていた。三頭の虎・龍と化した拄杖は、それを荘厳する素材であった。また、その後に「虎刎拄杖」の所在を宝慶寺や永平寺に所蔵していたと設定するのは、逸話の真実性を仕立てるものであり、伝記作者の常套手段である。

「龍虎相搏」の図式も当逸話の普及に多大な効果があった。仮空の存在である龍に中国や日本などの人々は、その神秘的な魅力の虜となる。宗門内の寺院の号に「龍（竜）」の字が八百四十余も使われ(27)、また禅話として「龍吟」「龍象」「龍門」等を好んで用いるのは、その証左の一であろう。

青龍寺作成の宣伝パンフレット「道元禅師弾虎之図、由来書」(28)に「道元禅師が災難を除かれた因縁により災難よけの信仰があり、縁起のよい図」とされるのは、琵琶湖周辺にある「蛇神（龍蛇）伝承」「竜宮伝説」の信仰(29)（水火や風波の難除け・女人安産祈願・疱瘡等の難病免除）や習俗と無関係ではあるまい。

注

（1）「一葉観音図」。吉田道興「高祖道元禅師伝再考――粉飾的記述に関して」（『宗学研究』二七号、一九八五年、本書二六～三一頁）、「道元禅師伝の霊瑞逸話考――羅漢信仰の進展と『十六羅漢図』の流布」（『東海仏教』五二輯、二〇〇七年、本書一九二～二〇二頁）。「一葉観音画賛」（『永平寺史料全書　禅籍篇』第一巻「一葉観音像（木版）」）と同書、第四巻において解説と図版を掲載している。

（2）全般的逸話の論として、注(1)の拙論と「高祖道元禅師の伝記研究――粉飾的記事に関して」（『東洋学論集』佐藤匡玄博士頌寿記念論集、一九九〇年）、個別的逸話として「道元伝における『開堂演法』に関して」（『宗教研究』六九巻四号、一九九六年）、「愛知県松源院所蔵『道元禅師行状記』について」（『宗学研究』三八号、一九九六年）、「道元禅師外伝『血脈度霊』逸話考」（『宗学研究』三九号、一九九七年）、「道元禅師伝の霊瑞逸話考――羅漢信仰の進展と十六羅漢図の流布」（前掲注(1)）、「道元禅師伝の霊瑞逸話考（続）――「高祖弾虎図」の成立と展開」（『宗学研究』四九号、二〇〇七年）、「『聖徳太子伝』と『道元禅師伝』の霊瑞・神異譚考」（廣瀬良弘編『禅と地域社会』吉川弘文館、二〇〇九年）、「『道元伝』の霊瑞・神異譚と『最澄伝』および『空海伝』との比較考」（『印度学仏教学研究』五七巻二号、二〇〇九年）。

（3）『正法眼蔵（抽書）梅花嗣書』。『眼蔵陞座』と同様に室内伝授関係資料、版橈晃全編集の『眼蔵』に一時編集されそうになった偽撰書。詳しくは飯塚大展「道元に擬せられる典籍について――『梅花嗣書』を中心に」（道元禅師七百五十回大遠忌記念出版『道元禅師記念論集』永平寺、二〇〇二年）を参照されたし。

（4）『碧山日録』（『史籍集覧』二五、新加別記第五四所収本）の撰者東福寺蔵主大極聖淋（生没年不詳）の日記。長禄三年から長禄四年（一四五九～六〇）の項に記述す。「蔵主（蔵司とも）」とは蔵殿（経蔵と看経堂）を管理する役僧。本書は洞門僧（名前不詳）や東福寺同僚深蔵主や洞書記等からの情報を得てまとめたもの。

（5）「虎はねの拄杖」。杖で虎をはねのけた逸話の文献上の初出は、『碧山日録』（十五世紀半ば）であるが、その後、明州本『建撕記』（「虎羽」）、「元文本建撕記」（「虎刎柱杖」）、『道元和尚行録』類（「虎搏主杖」）、『永平初祖行状記』（「虎刎ノ柱杖」）、『永平寺祖師行状記』（「虎跱之拄杖」）等と称される。その拄杖が大野宝慶寺に所蔵されていると伝えられる初出書は明州本『建撕記』（天文七年〈一五三八〉写）である。

（6）『諸嶽山總持寺旧記』の記事。總持寺所蔵の古文書。(1)「瑩山和尚行実」（『洞谷五祖行実』中の「初祖瑩山紹瑾禅師」に近いか）、(2)「瑩山和尚瑞夢記」、(3)「峨山和尚行実」から(34)「總持寺開山二代并五院開基示寂」、(35)「孤峯覚明和尚行実」など三十五項目の内容を有する。その中に(29)「一夜碧岩之事」、(30)「虎刎杖拄之事」を含む。本『旧記』の内容は、比較的古いもので主に室町期から江戸初期頃の写本であろうが、個々の文書の成立年代や伝承経路は不明である。

（7）『延宝本建撕記』の記事。この逸話の場面は、天台山（『碧山日録』）から径山（明州本『建撕記』）へ、次に『日域列祖行業記』では太白山から江西へ行く途中、そして径山へと場面が移り変わっていく。またこの逸話の後半成立史料の多くは、径山へ向かう途次に設定している。ところが、『延宝本建撕記』では、行脚中、径山を経ず天童山へ帰り如浄と相見、「身心脱落」し、洞上の宗旨を付嘱され、帰朝前に江西に行く途中に起きた出来事として設定している点は異質で理解できない。

（8）『僧譜冠字韻類』の記事。江西に行脚中の出来事として設定、その上に末尾には「偏く江西の禅林を扣くと雖も敢て師の鋒に敵る者なし」（原漢文）として、江西への行脚を肯定し歴史的改変を加え、高祖を称揚している。

（9）『訂補建撕記』「補31」の当該逸話の概略は「本文」に述べたとおり。その文中の大津青龍寺蔵「永平高祖弾虎像」は、「永平祖師弾虎図」（伝、寒巌義尹模写）に延宝四年（一六七六）秋、雲山愚白（一六一九～一七〇二）の「誌（寄贈証）」と寛政四年（一七九二）五月に千丈実巌（一七二二～一八〇二）の撰述「永平祖師弾虎像記」を図上に併載している。またそれに付属して、安政六年（一八五九）五月に当時の住持十六世俊峰（芳）徳忍（嘉永七年没）の近侍（侍者）である舜喜〔同寺十七世物外俊亀〕と吉山（行実不明）の書による「永平高祖弾虎像由来」（一巻一冊）、そして黄檗宗の木庵性瑫（一六一一～八四）作の「五律偈」を書写収録したものが伝えられている（参照『曹洞宗文化財調査目録解題集5　近畿管区編』七～八頁、一九九九年、曹洞宗宗務庁）。

（10）『越前国永平寺開山記』（浄瑠璃師結城孫三郎等記、元禄二年（一六八九）五月版行。横山重編『説経正本集』第一に所収。

（11）小白嶺頂「五仏鎮蟒塔」逸話。唐代、明州棲心寺心鏡蔵奐（七九〇～八六六）にまつわるもの。会昌年間（八四一～四六）に清関潭に棲む神龍（蟒＝大蛇・おろち）が歩行者に害を及ぼすことを聞き、呪法（「五仏」は密教の五仏であり、五仏灌頂の加持祈祷か）を用いて鉢盂に閉じ込め、太白嶺（現、小白嶺頂）に移し傾けると神龍が飛び去り、そこに「鎮蟒塔」を建立した、という（『天童寺志』巻之二、建置攷、武宗会昌年間）。三十数年前天童山への途次、現地ガイドの説明では大蛇に土饅頭をだまして食べさせ退治した、と聞いた覚えがある。蔵奐の伝記は『宋高僧伝』巻十二、習禅篇第三之五「唐明州棲心寺蔵奐伝」にあり、棲心寺は現在寧波市内に七塔寺と改名し、立派な卵塔（墓石）も残っていて寧波観光名所の一寺である。

（12）『永平開山行状伝聞記』は、他の高祖伝中、霊瑞・神異譚が多く異色である。この逸話は宝慶三年の帰朝時、「江南西の路」という設定であり、その杖を「虎歯痕之拄杖」と称す。なお高祖の従者「御元人（将監）木下高充」は解毒円製造の道正庵木下隆英を想起させる人物であり、道正庵の意向が入っていると推定できる。

（13）注(9)参照。

（14）注(9)参照。

（15）注(9)参照。

（16）『続曹全　語録一』所収の略名「雲山愚白塔銘」（『雲山愚白語録』二〇六～二〇九頁）、他に「成合寺雲山白禅師伝」（『続洞上諸祖伝』巻四）、「泉州成合寺雲山愚白禅師」（『雲山愚白語録』所収。巻首「序」と巻尾「銘并序」は面山撰）、「泉州成合寺雲山愚白伝」（『続日本高僧伝』巻七）がある。

（17）『宝慶記』（明和八年刊）巻頭「承陽祖弾虎像」の原画はA大津青龍寺蔵であるが、それと比較してB当該書と相違するのは龍にまたがる高祖と龍の向きがA右とB左と逆になっていること、また虎の位置がA右上とB左下になっていることであり、特にBでは虎が後ろを振り返り躍動感があるのに対し、Aでは静止状態で姿形が不鮮明である。次に「祖像因縁」には、「弾虎像」の伝来が縷々記されている。

（18）『曹洞宗文化財調査目録解題集5　近畿管区編』四三九頁。当該書には図像の掲載なし。調査委員会に参照の申請書を提出し収録の写真「弾虎図」を拝見。

（19）『曹洞宗文化財調査目録解題集4　中国管区編・四国管区編』二三一頁。黠外愚中の「賛」は、「大野虎哮冷颸起、半天龍躍黒雲漫、叢皴拄杖靠岩角、利界三千択色闌。享保乙卯晩秋、遠孫愚中拝賛」と記す。浜町狩野家の家祖、画家狩野岑信（一六六一～一七〇八）、狩野探幽の甥、常信の次男にあたる。

（20）『訂補建撕記図会』は、享和二年（一八〇二）の「高祖五百五十回大遠忌」を期しての文化事業出版であるが、諸般の事情で出版が遅れた。その企画は既に宝暦四年（一七五四）に出版されていた面山瑞方撰『訂補建撕記』（高祖五百回忌の二年後）を元に仙台輪王寺大賢鳳樹と美濃龍泰寺瑞岡珍牛の図絵と文化三年（一八〇六）の瑞岡記「謹題（序）」を加え、文化十四年（一八一七）四月に出版された（『永平寺史』下巻、一二二三頁）ものであり、その遠忌の十五年後となった。

（21）三重県津市東雲寺蔵「弾虎図」。同寺の「東雲文庫雨宝室」には、多数の貴重な古文書と書画を所蔵する。その中の当該図は、ご提供いただいた『図録』に収載している。また近年『東雲文庫雨宝室目録①曹洞近世の書蹟』等を出版している。『永平寺史』上巻、口絵写真の「永平寺全山図」中の数枚は同寺所蔵品の一部である。

(22) 越山鰲仙。『永平寺史』下巻（一一四七～四八頁、一五〇九頁）参照。江戸青松寺住持であり、同寺の『寺史』類には詳しい事蹟の叙述が所載しているであろうが、納富常天・尾崎正善編『住山記――總持禅寺開山以来住持之次第』（大本山總持寺、二〇一一年）には、彼が永平寺派に所属しているせいか見当たらない。

(23)『曹洞宗文化財調査目録解題集3　九州管区編』一六～一七頁、図像掲載。

(24)『曹洞宗文化財調査目録解題集4　中国管区編』四九頁掲載。図像なし。調査委員会に参照の申請書を提出し収録の写真「弾虎図」を拝見。

(25)『曹洞宗文化財調査目録解題集5　近畿管区編』二六〇頁掲載。図像なし。調査委員会に参照の申請書を提出し収録の写真「高祖傘松坐像龍虎図」を拝見。

(26)『曹洞宗文化財調査目録解題集3　九州管区編』六八頁。図像なし。調査委員会に参照の申請書を提出し収録の写真「道元禅師龍乗之図」を拝見。

(27) 宗門の「龍（竜）」字の寺号。『曹洞宗寺院名鑑』平成十五年度版より各地寺院の寺号を検出し集計した。その後、多少増えている可能性がある。

(28) 現住桂川道雄師作と思われる。

(29)「龍神伝承・竜宮伝説」。琵琶湖周辺の「災難よけ」の素朴な民間信仰であろう。堤邦彦『女人蛇体――偏愛の江戸怪談史』（角川叢書33、二〇〇六年）「第二章、創られた女人蛇体――宗教・民族から都市文芸へ　Ⅰ蛇のいる近江の風景――竜宮・蛇身・性愛」の中に柳田國男により近江の琵琶湖畔を蛇神伝承や竜宮伝説（三井寺の鐘など）の原郷〔『妹の力』所収の「小野於通」一九三九年）とみなしていたこと、琵琶湖南などに収録された「口碑」のなかに竜蛇と人の交情や湖底の竜宮との往還を語る霊鐘伝説が珍しくないと指摘している（六四～六五頁）。

第九章　道元禅師伝の粉飾的記事　その三

第一節　「聖徳太子伝」と「道元禅師伝」の霊瑞・神異譚考

はじめに

「高祖道元禅師七百五十回大遠忌」のさい、記念文化事業の一環として、作家立松和平氏の戯曲「道元の月」が上演され、観覧することができた。[1]あらすじは、鎌倉に行化した高祖道元と執権北条時頼との邂逅と別離である。出家者と武士との間の葛藤ともいえよう。

その中で気になった「逸話」が、道元に随行した玄明首座の行動であり、戯曲上の設定である。それは、時頼が道元に帰依し、近いうちに建立予定の建長寺の住持を要請したが辞退された。そこで時頼は、六條保の地を寄進したいと申し出た。玄明は、いち早く、その「寄進状」を永平寺に持ち帰り、これを衆僧に自分の手柄のように報告した。あとに遅れて帰った道元は、その寄進を断っていたこともあり、玄明の言動に「喜悦の心きたなし」として、彼の僧堂（坐禅堂）の坐禅床の下にある地を掘り捨て、擯罰（衣鉢をとり追い出した）という内容である（明州本『建撕記』等）。これは、史実というわけではなく、道元の月の如く「高潔な心」を表現しているわけである。立松氏は、そのことをご存知であったかどうかは定かではないが、優れた脚色をしていると至極感心したおぼえがある。

大学時代の友人が、これを史実として扱う文章を読んだことがある。それはそれとして、一般の人々も、かようにして描かれる道元に共鳴し崇拝するのは確かである。

周知のようにインドに発生した仏教は、周辺各地の民族に伝播し受容され変容していく中で、次第にそれぞれの国や民族独自の仏教および文化を生み出してきた。すなわち端的にいえば国名を冠した中国仏教・チベット仏教・朝鮮仏教・日本仏教等である。本源が同じ仏教なのに歴史の変遷のなかで戒律のあり方や各種の法要儀礼や僧服など、今日ではまったく別の宗教という観が強いといえる。

細かい相違はさておき思想や信仰面の具体例として、中国仏教における各教団の僧侶は学派や教義色が強い。南北朝時代の三論宗・唯識法相宗・涅槃宗・天台宗等はもちろん、隋・唐代以降の実践的な禅宗・浄土宗も同様であり、それらの教えに傾注し、関係する祖師が長い期間にわたり、僧俗から熱狂的に崇拝されることは少ない。[2]

それに対し、日本仏教の平安時代および鎌倉時代に成立し、また現存する有力な教団や宗派において、各宗僧侶の法孫や信者はその教えを信奉する一方で、開祖ないし祖師を崇拝する傾向が強いように思われる。換言すれば、それら日本仏教の代表的な各教団・宗派の特徴は、「祖師信仰」「祖師崇拝」であるといえよう。祖師あっての宗派であり、教団なのである。

その「祖師信仰」の成立と形成に大きく寄与したのが各「祖師伝」である。「祖師伝」の叙述内容には、史実的内容のほかに、常に潤色（誇張・霊瑞・神異等）が伴い、また後人の付加が多い。その伝記作家（撰述者）の目的は、当然ながら各宗祖・祖師の顕彰であり、またその教線拡張による信者の増大などである。

本節では、序説的に飛鳥時代に百済より仏教を受け入れ、その仏教精神を政治に反映し、各宗から日本仏教成立の功労者として「和国の教主」[3]と讃仰・敬慕される聖徳太子の伝記を概観的に採り上げ、道元の伝記と部分的に比較してみたい。

一、伝記資料と研究書

まず聖徳太子と道元の主要と思われる伝記資料と研究書を列挙してみよう。なお以下の諸本は、紙幅の関係や入手不可能な文献もあり、本節で全て活用するわけではない。

［聖徳太子］

『日本書紀』巻二十二「推古天皇紀」（岩波書店『日本古典文学大系67』）

『上宮聖徳法王帝説』（知恩院蔵本・『大日本仏教全書第百十二』・『群書類従第六四』）

『上宮皇太子菩薩伝』（東大寺図書館蔵『延暦僧録』・『聖徳太子全集』第二巻、太子伝上）

『上宮聖徳太子伝補闕記』（元禄八年写本、水戸彰考館蔵本。『群書類従第六四』）

『聖徳太子伝暦』延喜十七年、藤原兼輔編纂（流布本『同右』・『群書類従第八』）

『聖徳太子絵伝』延久元年、東京国立博物館所蔵法隆寺献納宝物（国宝）異本各種（京都堂本家本・神戸浅田家旧蔵本・難波四天王寺本・茨城上宮寺本等、多数）

『聖徳太子略絵伝』（浄土真宗系寺院等にも多数所有するが所蔵先は省略する）

◎研究書

『聖徳太子集』（家永三郎他編、『日本思想大系』）

『聖徳太子全集』第二・三巻、太子伝（上・下）（聖徳太子奉讃会監修、臨川書店）

『東大寺図書館蔵／文明十六年書写『聖徳太子伝暦』影印と研究』（日中文化交流史研究会編）

『聖徳太子絵伝と尊像の研究』（田中重久、山本湖舟、写真工芸社）

『聖徳太子絵伝』（奈良国立博物館編、東京美術）

『太子信仰――その発生と発展』（林幹弥、評論社）

『聖徳太子絵伝』（監修文化庁、菊竹淳一編、日本の美術12、№91、至文堂）

［道元禅師］

『三祖行業記』・『三大尊行状記』撰者不詳、室町期

『伝光録』瑩山紹瑾撰、正安二年頃

『洞谷記』同右、正安三年頃

『（古写本）建撕記』建撕撰、文明四年頃。異本各種あり
『永平開山道元和尚行録』撰者不詳、延宝元年刊
『訂補建撕記』面山瑞方撰、宝暦四年刊
『永平実録』面山瑞方撰、正徳元年刊
『永平開山元禅師行状伝聞記』撰者不詳、文化二年刊
『訂補建撕記図会』面山瑞方訂補・輪王大賢等図会、文化三年刊
『永平道元禅師行状図絵』瑞岡珍牛撰、文化五年撰、文化六年刊
『永平道元禅師行状之図』黄泉無著撰、文化十三年刊
『諸本対校　永平開山道元禅師行状建撕記』河村孝道編著

◎研究書
『修訂増補　道元禅師伝の研究』大久保道舟
『道元禅師伝研究（正・続）』中世古祥道
『道元（人物叢書新稿版）』竹内道雄
『道元禅研究』伊藤秀憲

二、聖徳太子伝の霊瑞・神異譚

周知のように「聖徳太子の実像」は、原資料・史実に乏しく学問的に明確ではないとされる。また一家滅亡の悲劇的事件（没後二十二年、蘇我入鹿の上宮王家襲撃）間もなく「神話化」され始めた。没後、約一世紀を経た養老四年（七二〇）、舎人親王と太安麻呂によって撰進（編纂）された『日本書紀』「推古天皇紀」と『上宮聖徳法王帝説』（撰者・成立年不詳）、『上宮聖徳太子伝補闕記』等には、既に多くの「伝説」「俗説」や「奇瑞」に属する逸話が多数残され、超人的な「聖人」と見なされている。

それらの記事を受け、没後約三百五十年を経た延喜十七年（九一七）に成立した『聖徳太子伝暦』（藤原兼輔撰、以下『伝暦』と略称）がさらに潤色を加え、それを約百五十年後の延久元年（一〇六九）に図像化して民衆に普及したのが『聖徳太子絵伝』類である。

それが鎌倉時代から室町時代を経て江戸時代まで、さらに発展していくことになる。特に聖徳太子の「絵伝」は、室町時代と江戸時代を中心に庶民層に広がり、それと同時に各宗祖師の「絵伝」と共に数多く作成され、絵説法師による「絵説き（絵解き）」が盛んに行なわれ、通俗化し庶民に親しまれた様子である。

以下、聖徳太子（上宮太子聖徳皇・上宮聖徳法王）を「太子」と略称する。今回は資料として一般庶民に「太子像」として室町時代に普及し定着していた『聖徳太子絵伝』の代表的項目を抜粋し、論述の展開において必要に応じ、上記のねらいから、その原資料『日本書紀』（書き下し文。原漢文）と『伝暦』（同右）および付随的に「仏伝」資料の一・唐代地婆訶訳『方広大荘厳経』各品（章）を挙げ、太子の生涯を若干検討してみたい。

(1)　前生譚　母を勝鬘夫人の再生・太子を慧思禅師の転生〔釈尊の前生譚（ジャータカ）に倣う。太子を天台大師智顗の師匠慧思（五一五～五七七）の転生とする説。後述する。〕

(2)　入胎　母妃、金色の僧を夢見て懐胎す
「金色の僧の容儀太だ艶《うるわし》き有り。妃に対《むか》って立て之に謂って曰く、吾に救世の願有り。願はくは暫く妃の腹に宿らんと」云々『伝暦』〔釈尊の母マーヤの入胎逸話、「六牙の白象」が兜率天より降臨する瑞夢がある。『方広大荘厳経』処胎品第六。太子の母は「救世観音」菩薩が胎中に宿った（救世の化身）という。〕

(3)　誕生　厩前にて誕生
「（用明天皇）元年春正月壬子朔、立穴穂部間人皇女為皇后、是四男を生ず、其の一に厩戸皇子と曰う」『書紀』用明天皇紀
「母皇后立穴穂部間人皇女、皇后懐妊開始の日、禁中を巡行し諸司を監察し、馬官に至る。乃ち厩戸に当り、労せずして忽ち産之す」『書紀』推古天皇紀
「（同右）元年壬辰春正月一日、妃、第中を巡るに厩の下に到るとき覚えず産すること有り。入胎すること正月一日、開誕すること又た正月一日なり。（中略）忽ち赤黄の光有りて西方自り至て殿の内を照耀す。」『伝暦』（「厩戸皇子」の由来。中国唐代に伝来していた景教（キリスト教東方教会ネストリウス派）の知識（キリスト生誕逸話）を遣唐使の一員が持ち帰り太子の誕生説話に付会したのではないか、という明治期の歴史学者（文学博士）久米邦武氏の説（『聖徳太子実録』『聖徳太子全集』第三巻太子伝（下）所収）がある。」

(4)　二歳　合掌して南無仏と唱う
「始て十五日の平坦、掌を合わせて東に向て南無仏と称して、再拝したまふ」『伝暦』（釈尊、降誕後に東西に七歩あゆみ、右手で天を指し左手で地を指し「天上天下、唯我独尊」と叫んだと伝えられる逸話に相似する。）

(5)　五歳　文書を学ぶ
「秋八月に太子、妳母《めのと》に謂て曰はく、小子須く文書を習うべし。何ぞ妃筆墨を持ち来たらざるや」『伝暦』（釈尊の幼児童期の「帝王学」（文字をはじめ文典・技術・算暦・医学・論理および運動〈スポーツ〉等か）に擬す。『方広大荘厳経』現芸品第十二）

(6)　七歳　経論を披見（殺生禁断の日を設く）
「七年戊戌、百済の経論数百巻、持ち来たりて上奏す。春二月より太子、香を焼き披見（ひらきみたまうこと）、日別に一二巻、冬に至て一遍し了て（以下略）」『伝暦』（旺盛な向学心と精励。同右）

(7)　十一歳　諸童子と遊戯す
「太子、三十六人を率いて後園の中に遊びたまふ。（中略）童子の中に力、勝つこと能はず。弓石の戯の儕《ともがら》に比ぶこと得ず」『伝暦』（釈尊は「文武両道」に優れていた。武芸〈算数・弓射〉の競技に勝利す。同右）

(8)　二十二歳　推古天皇即位、太子摂政。四天王寺建立

(9)　二十四歳　同時に八人の訴えを聞く
「生ずるに能言、聖智あり。壮に及び、一に十人の訴を聞き、以って失することなく能く弁ず。」『書紀』推古天皇紀
「王の命、幼少、聰敏にして智有り。長大の時に至りて、一時に八人の白言を聞いて、其の理を弁ず。一を聞いて八を知る。故に号して厩戸豊聰八耳命と曰う」『帝説』（名号「豊聡耳」「八耳」の由来）

(10)　二十七歳　黒駒に乗り富士山に登る（釈尊、愛馬カンタカにて狩猟・「四門出遊」・出家入山（踰城）した故事に倣う。）

(11)　二十八歳　地震を予知す

(12)　三十三歳　十七条憲法制定

(13)　三十五歳　勝鬘経を講ず・法華経を講ず
「秋七月、天皇皇太子を請して勝鬘経を講ぜしむ。三日にして之を説き畢れり。是の歳、皇太子、亦た法華経を岡本宮にて講ず」『書紀』（釈尊、三十五歳時の鹿野苑における「初転法輪」に擬え

る。同一年齢。『方広大荘厳経』成正覚品第二十二）

(14) 三十六歳　衡山持経の探求を妹子に命ず　／　三十七歳　妹子、衡山より帰る

(15) 三十八歳　勝鬘経疏執筆　／　四十歳　勝鬘経疏成立

(16) 四十一歳　維摩経疏執筆

(17) 四十二歳　片岡山の飢人に会う

「還向の時、即日の申の時に道を枉げて片岡山の辺の道人《おこないびと》の家に入りたまふに即ち飢人有りて道の頭《ほとり》に臥せり（中略）使復って啓して曰く、飢人は既に死去せりと。太子大に悲しんで厚く葬《はふ》り、埋ましむ」『伝暦』（釈尊、「四門出遊」の際、病人との遭遇に相似する。飢人を達摩とする伝説あり。）

(18) 四十三歳　法華経疏執筆　／　四十四歳　法華経疏成る

(19) 四十六歳　再び勝鬘経を講ず

(20) 四十七歳　妃に前生を語る

「吾、昔の世に微賤の人と為て師の法華経を説きしに逢うて家を逃がれ剪《き》って沙弥と為して修行せしこと三十余年、身を衡山之下に捨て、今此の時を憶へば晋の末に当たれり（中略）誓願すらく、必ず東海の国に生まれて仏法を流通せんと。」『伝暦』（衡山とは、中国湖南省の聖山である南嶽を指す。慧思の修行地であり、「南嶽慧思」とも称し、冒頭の前生譚「慧思禅師の転生」と符合する。前掲の『伝暦』の後文に前生の慧思と達摩との出会いを付記する。）

(21) 五十歳　太子・妃、薨去

このように太子の伝記は、多数の先学が指摘するように入胎（母妃の夢）・合掌して「南無仏」を唱えたことをはじめ三十五歳時の勝鬘経と法華経を講じたことなど釈尊の伝記事蹟に擬して創作した点の多いことが判明する。また厩戸にて誕生したとされるのは、その撰述者にイエス・キリストも意識されていた可能性もあり、太子を洋の東西を問わず「聖人化」しようとする意図が一層高いといえる。

さらに上記の「片岡山の飢人」伝説に関し、室町時代に『元亨釈書』の撰者虎関師錬は同書の伝「智一」の劈頭「南天竺菩提達摩」章に太子と飢人との邂逅および「空棺故衣」と「隻履達摩（空棺隻履）」話との共通点から、この飢人を日本へ渡来（再生）した達摩と見なしている。その墓は現在も「達摩墳《はか》」と呼ばれ、その地に達磨寺（臨済宗南禅寺派）がある。この伝承は、平安時代頃（七世紀後半から八世紀初頭）に始まったとされる。一説として鑑真と共に来朝した僧思託撰『上宮皇太子菩薩伝』（前半欠損）、最澄の高弟光定撰『伝述一心戒文』の所述に由来するといわれる。（『聖徳太子全集』第二、太子伝（上）「解題」・荻須純道「聖徳太子と達摩日本渡来の伝説をめぐって」〈『聖徳太子研究』日本仏教学会編〉所収。）

三、道元伝の霊瑞・神異譚

次に高祖道元（以下、高祖と略称）の伝記資料は、聖徳太子の没後から伝記の成立する年数（約一世紀）よりも比較的早い時期に成立している。すなわち撰者は不明ながら元は一本と見なされる『三祖行業記』『三大尊行状記』は、高祖の没後約五十年から七十年前後の頃（室町期）である。この資料の該当する内容は、次のとおりである。

(1) 誕生後、「相師（占い師）」が見て常童と異なり、必ずこれ聖子である。すなわち「七処平満、骨相奇秀、眼有重瞳」であり、凡流と違うとする。（「七処平満」とは、仏と転輪王の身に備わる瑞

相である三十二相の一「七処平満相」（七処満好・七処斉満とも。両足下・両掌・両肩・頂中が平満で端正。）を指す。ここでは釈尊と高祖の共通点を言う。「眼有重瞳」とは、眸子が二つあること。中国の伝説の天子「帝舜」（『論衡』骨相）や英雄の項羽・王奔等（『五雑俎』人部一）がいる。また慧思の再生とされる太子も「智者目有重瞳」（『上宮皇太子菩薩伝』）であったという。高祖の重瞳伝承は『義雲語録』の「永平初祖賛」の句「鼻孔端有衝天気、眼瞳重具射人光」に始まる（中世古祥道『道元禅師研究』一一頁）という。また撰者不詳『永平実録随聞記』にも記す。「眼瞳重」と「重瞳」の字句は相違するが意味は同じである。〕

(2) また「古書」には聖子の誕生のさい、その母の命が危なく、この児の七、八歳の時、必ずその母を喪うと告げたこと、母の懐妊のとき、空中に声があり、この児は五百年来、斉肩なき聖人であると告げたこと。〔文中の「古書」の名は不明。釈尊伝の一『仏本行集経』姨母養育品第十の「摩耶夫人、寿命算数、唯在七日、是故命終、雖然但往昔来常有是法」の文意に相応する。また懐妊時に空中に声ありは、同書の私陀問瑞品第九の「童子生時、於童子上、自然而有無量音声、非人所作、復聞無量歌楽之声」に当たる。但し、本文は誕生時であるが、その相違は微小であまり問題とはならないであろう。〕

(3) 四歳で『李嶠百詠』を読み、七歳で『左伝』『毛詩』を読み、（八歳で母が死に、）九歳で『倶舎論』を読んだこと、これをときの古老や名儒が賛嘆し、この児は非凡で大器であり、神童と称すべきといったこと。〔これも釈尊の幼児童期の俊才振りを高祖にも相応させている逸話。実際に飛鳥・奈良時代はもちろん平安時代・鎌倉時代にも、皇族貴族の子弟教育として中国や日本の古典を学んでいた。『正法眼蔵随聞記』第二には、「我れ本と幼少の時より好み学せしことなれば」云々としてその素養を断片的に述懐している。〕

当該書の二本には、入宋の前後、さらにまた帰朝後にも「神異」「瑞相」の逸話はなく、見るべきものはない。誕生時の瑞相と少年期の俊才振りを強調しているのみである。

次に瑩山撰『伝光録』『洞谷記』では、次のとおり。

(1) 前掲の相師や古書の言および四歳で『李嶠百詠』ないし九歳で『倶舎論』を読んだことなどの記事を踏襲している。〔既述〕

(2) （以下、『洞谷記』にはないが）耆年宿徳は聡きこと文殊のようで大乗の機であるとし、高祖はそれを幼児期より耳底に蓄え苦学を重ねてきたこと。〔文殊とは文殊菩薩を指し、釈迦牟尼仏の脇侍菩薩の一人、普賢菩薩と共に「智慧」を掌る。時代が下ると幼名を「文殊童子」、「文殊丸」とも称される。〕

(3) 入宋中に大梅山護聖寺の旦過寮において「霊夢」を見たこと。〔これは『正法眼蔵』「嗣書」巻に高祖が天台山平田の万年寺にて住持の元鼒から「嗣書」を拝覧したさいに大梅山の法常が夢に現われ、「船舷をこゆる実人あらんには華をおしむことなかれ」と告げ、五日も経ず来訪したことを知り、夢想と符合することを知らされ「伝法」授与を示唆された話に由来するもの。〕

(4) 帰朝後に興聖寺在住中、神明が来たりて「聴戒」し、また「布薩」ごとに参見したり、龍神が来たりて「斎戒」を要請したこと等が綴られていること。〔多くの聖人伝・偉人伝に共通する手法。「聴戒」とは戒を聴くことではなく、戒を授け仏弟子となることを許すこと、「布薩」とは月の初めと中頃（一日と十五日）に修行者が集い「戒経」を読誦し懺悔すること。ここでは神明・龍神を授戒させ、帰依させたこと、高祖の感化力が強調されている。〕続いて「古写本建撕記」諸本には、前掲の叙述を踏まえ、次のごとく述べている。

(1) 誕生後の逸話として「相師（占い師）の言」として「七処平満、骨相奇秀、眼有重瞳」の容貌、母懐妊時の「天告」等、「聖人」扱いをしていること。〔既述〕

(2) また幼児童期（四歳・七歳・九歳）に夫々、『李嶠百詠』『左伝』『毛詩』『倶舎論』を読んだこと、八歳時に母を喪ったこと。〔既述〕

(3) 新しい記事として入宋後に諸方遊歴中に径山で虎に遭遇し拄杖で撥ね退けたこと。〔この逸話の初出資料は、室内資料の『正法眼蔵梅花嗣書』（撰述年不詳）と『碧山日録』、場所は天台山である。その後に明州本『建撕記』等では、場所がこの径山になり、さらに江西に変わり、また主杖が龍に化す等の展開がある（後述）。〕

(4) 宝慶三年冬、帰朝時に船舷に神人（龍天・大権修理菩薩）が現われ、帰朝後に随従して「正法」を守護することを誓っていること（延宝本『建撕記』）。〔神人（龍天・大権修理菩薩）は、のちに「白山明神」と共に修行者の護法神として奉られることになる。〕

(5) また波濤が荒れ『観音経』を唱誦すると補陀（観世音）大士が蓮葉に乗って現れ〈＝一葉観音〉風波が収まったこと。「延宝本」「訂補本」〔諸本により叙述箇所が相違する。「明州本」「瑞長本」「門子本」「元文本」は入宋前の出来ごとを帰朝後の嘉禎二年時に述懐、「延宝本」「訂補本」は帰朝時である。「訂補本」の補注34には、肥後河尻の南溟山観音寺の本尊一葉観音であり、その本尊は高祖ゆかりの逸話に基づき後に監院が画像を作り、高祖にその「賛」を請い彫版したと述べられている。高祖は在宋中に舟山列島の補陀洛山を訪れ、帰朝後の仁治三年四月に「観音」巻（『正法眼蔵』）を示衆している。ただし、その観音は「千手千眼」の観世音である。この「一葉観音」信仰は、その後、「観音賛偈」に付した「一葉観音像」（版画）が江戸時代に何度も作られ、広く普及した。吉田「一葉観音画賛」（『永平寺史料全書　禅籍編』第一巻）「一葉観音像（木版）」（同書、第四巻）

(6) 寛元二年二月二十五日に「天神宮」に参籠し、天神と月夜に梅花を見て「和韻」したこと。〔これに関して「訂補本」の注61には、「コノ本韻和韻共ニ広録ノ第十巻ニ載ス、文字少異アリ」云々とあるが、逸話の真偽は不明。面山はそのまま信じている。〕

(7) 同年、大仏寺開堂のさいに龍神が降雨し山神が雲を興し、草木が林樹して吉祥の瑞気を顕したこと。〔この類は、釈尊をはじめ中国の各宗祖師の伝記に多数見ることができる。次項を参照のこと。〕

(8) 寛元三年の夏「上堂」のさいにも同じく天花が乱墜し、高祖の法席や衆僧の座上や茶筅の中に散入したこと。〔「訂補本」の注70に「天華の降シト云コト支那ノ僧史ニ往々ニ見ユレドモ花ノ相状ヲ委クセズ」云々とあり、その後に摂州浪花天満の天徳寺に一幅の「法語」があり、祖師（高祖）の真蹟〈字計五十有一〉であるとして、近年は河州の大日寺に秘蔵されていると述べ、その「瑞相証」の存在を示している。〕

(9) 宝治元年正月十五日「布薩説戒」の時に五色の彩雲が方丈の正

面障子に立ち映ったこと。〔訂補本の注74に「コノ瑞雲ノ事ハ祖師（高祖）御真筆ニ三箇條ノ瑞雲ノ事ヲ記セラレル中ノ一條ナリ」として「方丈不思議日記証文」文永四年の懐奘の自筆「証文」を示している。〕

(10) 宝治二年四月より十一月まで殊勝なる異香が僧堂内外に薫じわたったこと。〔前記「三箇条霊瑞事」[4]の一。〕

(11) 宝治三年正月一日「羅漢供養法会」の際、生羅漢たちが光を放ち山奥より法会の道場へ降臨し、寺中の木像画像の羅漢や他の諸仏も共に放光したこと。〔「訂補本」の注83には「コノ時ノ十六尊者ノ像、今ハ常陸若柴ノ金龍寺ニアリ」云々として「羅漢現瑞記」の文を記す。吉田「道元禅師伝の霊瑞逸話考――羅漢信仰の進展と「十六羅漢図」の流布」（本書所収）〕

(12) 建長三年に山奥より常に鐘声が聞こえたこと。〔「不思議鐘声事」、その本文は「訂補本」の注90に所載するが、ここでは割愛。〕

(13) 入寂の相に関し、「形相、現厳たる時の如し」（「瑞長本」）とある。

原本の『建撕記』は失われているものの、幸い「古写本建撕記」が数本残っている。それぞれ書写の段階で字句が変わったり、追加事項があったりするが、この時代までの高祖伝としては、非常にまとまっている資料である。「神異」「瑞相」等の基本は、この当該書によって成立したと評してよいと思われる。

『永平開山道元和尚行録』では、以下のごとく記されている。

(1) 前掲の資料とは別に、高祖の誕生時に空中に声があったばかりではなく、白光が室内を照らしたことが加わっていること。〔既述、太子伝の『伝暦』には赤黄の光。〕

(2) 入宋後、江西行脚中に虎に遭遇したさい、拄杖が龍になって高祖を護ったこと。〔既述。この拄杖が龍と化して高祖を護ったとする記事の初出は、『日域列祖行業記』にあり、同種の資料に『延宝伝灯録』『永平紀年録』『日域洞上諸祖伝』等がある。〕

(3) 黎明に天神（「韋将軍」）が現われ、すぐに帰朝して「無勝幢」を建てることを進言したこと。〔既述〕

(4) また如浄禅師より付法した後、『碧巌集』を書写している時に白衣の老人（白山明神）が現われ助筆したこと。〔既述〕

(5) 宝慶三年冬・帰朝の際には天寒雪密で突然「化神（龍天・招宝七郎）」が現われ正法を護るために三寸ほどの白蛇が鉢嚢に納まったこと。〔既述〕

(6) 入寂の相「怡然坐化（中略）顔貌如生、室有異香、闍維得設利者無数」とある。

(7) 末尾の「附録四条」の中に「血脈度霊」（波多野義重の妾が正妻のさしがねで死に至らしめられ恨み死んだ霊を高祖より預かった「血脈」を用い、ある僧が救済した逸話）が入っている。〔この逸話は、附録から次第に伝記本文（瑞岡珍牛撰『永平道元禅師行状図絵』以後）になっていく。また「亡霊授戒」だけではなく、「畜生授戒」に発展していく。吉田「道元禅師外伝「血脈度霊」逸話考――血脈授与による救済と性差別」（本書所収）〕

面山撰『訂補建撕記』と『永平実録』では、前掲諸本の「神異」「瑞相」をほとんど踏襲している。特に前者では、既述のようにその「証明」文献を訂補の中に示したり、『正法眼蔵』等の高祖の撰述書を引用し傍証するなど史実的叙述に努めている。ただ補注31では、江西にて猛虎を撥ね退けた逸話を裏付けるように義尹が入宋したさい、叢林にその逸話を描いた図を写し持ち帰ったものが江州大津の青龍寺の室中にあること、またその帰路に病気になり困っていると「神人（日本の稲荷神）」が現われ丸薬（道正家伝の解毒丸）を与えられ治ったこと、『碧巌集』書写の助筆者白衣の「神人」は白山明神から白山権現となっていること等が多少注意される。〔吉田「道元禅師伝の霊瑞逸話考（続）――「高祖弾虎図」の成立と展開」（本書所収）〕

これに対し、内容に荒唐無稽ともいうべき大幅な「神異」「瑞相」および「伝説」類を加えているのが、次の『永平開山元禅師行状伝聞記』である。

(1) 誕生時に「空中に声あり」。〔既述〕

(2) 比叡山の良顕に投じたさい、二人の老翁（山王・客人）が示現したこと。〔山王とは、比叡山東麓の日吉大社（東本宮）の地主神「大山咋神」であり、客人とは、同じく比叡山の白山宮の「客《まれ》人権現《びとごんげん》」である。〕

(3) 建仁寺に留錫中、「虚空に声あり」、三輪明神が示現したこと。〔三輪明神は、元は奈良の三輪大明神、天智天皇七年に比叡山へ勧請したもの。比叡山日吉大社の「大物主神・大己貴神・大比叡神」である。いずれも比叡山の護法神であり、当時「山王神道」が盛んであった。〕

(4) 入宋の途中、暴風雨の中、黒島に漂着し、（石清水八幡宮の）石清水主神と山代飯成山の姫神が示現し、そこで「解毒円」を授与されたこと。〔石清水八幡宮は、清和源氏の氏神をまつる大社。またその祭神は、「誉田別尊・比咩大神・息長帯比売命」とされる。なお高祖は清和源氏久我家の出身。〕

(5) 入宋後、太白（天童）山へ行く途中、道に迷い「きこり」に身をやつした「太白星」が導引したこと。〔太白（天童）山の開山義興は、童子に変身した太白星に昼夜仕えられた逸話がある。〕

(6) 太白山において、悪僧四人たちに加害を受けそうになった侍者賀明が護法神「掌簿（判官）」によって、悪僧の一人鎮頭を谷底へ投げ入れたこと。

(7) 太白山において悪僧三人が高充の尽力と「掌簿」の守護により、天罰が下ったこと。〔「掌簿判官」は、太白山の護法神であり土地神の属僚、簿録を掌る官吏である。〕

(8) 太白山西嶽の東南において李氏婦人が死んで地獄の責め苦を受け苦しんでいる亡霊を救済し、加持「一字水輪法」を修し『大悲神呪』を読誦し生天させたこと。〔高祖が真言密教的手法によって亡霊を救済したという逸話。これに類似するものに「切紙」資料の「河原根本之切紙」（能登永光寺蔵）がある。舞台は太白（天童）山の大門付近、女人の亡霊に「大悲呪」「血盆経（差別文書）」「金剛経」を読誦し「血脈」を授け救済する。〕

(9) 江南西へ行脚の途中、原野で大虎が出現、拄杖が龍と化し追い払ったこと。〔既述〕

(10) その際、童子（韋将軍）が示現したこと。〔既述〕

(11) 太白山において『碧巌集』を書写したさい、白衣の神人が加担したこと。〔既述〕

(12) 帰朝時の海路、神人（龍天・招宝七郎）が同乗、風波が恬如となったところ観音菩薩が示現し順風となったこと。〔既述〕

(13) 帰朝後、白山に参詣した際、白山権現と問答詠歌を交わしたこと。〔本文では、インドの「龍天」と日本の「白山権現」と中国の「招宝七郎」は一体分身であり、「白山権現」は「去来諾尊《×いざなぎのみこと ○いざなみのみこと》」、

本地は「十一面観音、三国応化の霊神」であると述べている。〕

⒁　鎌倉行化の帰途、星井の里で女人の亡魂へ「血脈」を授け、生天させたこと。〔既述の「血脈度霊」（亡霊救済）の一例。〕

⒂　同じく、越前湯尾《ゆのお》峠において「疫病神」を済度したこと。〔この「疫病神」に説法し済度して、人々を疱瘡の厄から一生免れさせたという「悪霊化度」の逸話。現地の伝承では平安時代中期の陰陽師安倍晴明が疱瘡神を封ずる逸話「孫嫡子社」に由来する（『越前南條湯尾峠御孫嫡子略縁起』）。それがいつの間にか高祖にすりかわっているわけである。〕

⒃　永平寺帰着後、越前の藤原永平《ながひら》の妻、死して蛇となるを「菩薩戒血脈」を授け成仏させたこと。「畜生授戒」〔既述〕

⒄　「羅漢供養」において羅漢たちが降臨、ゆかりの松を「羅漢松」と称すること。〔既述〕

この『永平開山元禅師行状伝聞記』の叙述の特徴は、高祖の超人性・聖人性を表現する上で、その極限とも言える内容である。『建撕記』諸本に掲載される「神異」「瑞相」も部分的にあるが、大半は高祖が大事な行動をするさいに諸種の神々、それも高祖と地縁のある日本の神が登場し、守護し援助しているのである。これは、聖人のあらゆる言動に神々が共鳴し賛嘆していることを表現しているものと思われる。

結びにかえて

さて「太子伝」と「高祖伝」との同異を論ずる段階になって、特に言えることは両者とも誕生前後の逸話がすべて釈尊（仏陀）の伝記に関係して叙述されている点である。「太子伝」の冒頭に釈尊の前生譚に由来する推古天皇と太子の「再生」「転生」が付いていること、三十五歳時の『勝鬘経』と『法華経』の講義は、まさに釈尊の成道後の「初転法輪」に基づくもので、よほど仏教および「釈尊伝」に精通している複数の人物が携わり、撰述したことが推定できる。

太子の諸種の「絵伝」や彫刻・絵図等に注目してみると、いくつか「釈尊伝」を表す芸術作品（ガンダーラ出土の彫刻等）に相似するものがある。たとえば、太子の母妃「入胎」の場面において天界から雲に乗って金色の僧が舞い降りてきているものは、釈尊の母妃「入胎」（六牙白象の兜率天降下）を模した「絵伝」の一場面が想定できる。また釈尊の「天上天下唯我独尊」を表した「誕生仏」と太子の二歳時の「南無仏」は、どちらも上半身裸形のすがたである。続いて太子の少年期における「武芸」として弓術競技の場面は、『絵因果経』（上品蓮台寺蔵）における釈尊の弓術の様子（的が多数並んでいる）に相似し、同じく「片岡山の飢人」救済の場面も釈尊の「四門出遊」の老人と出会う場面構成が相似していることなどが指摘されている（『聖徳太子の世界』「仏伝図と太子絵伝」飛鳥資料館図録第20冊）。その他もあるがここでは割愛しておく。要するに「太子伝」の大雑把な特色は、「釈尊伝」が根底をなしていることであろう。なおイエスの誕生にまつわる「厩戸皇子」逸話は、当時の中国（隋）との国際性の一端が「太子伝」に浮き彫りになったといえるものであり、むしろ例外に属するといえよう。

これに対し「高祖伝」の特色は、誕生時前後と少年期の逸話に「釈尊伝」の一部が反映し、影響を与え、その超人性や聖人性を示しているが、それ以降の後半生は独自の展開を遂げているといえよう。

まず高祖の少年期、凡流と異なる「聖子」の容貌に関し、「七処平満」

は「三十二相」の一であり、仏教側の根拠であるが、「骨相奇秀、眼有重瞳」は中国の古典類にある聖人・英雄たちの姿形である点が斬新といえる。

入宋前、比叡山の叔父良顕に投じたさいに示現した二人の老翁（山王・客人）、建仁寺留錫中に示現した三輪明神、入宋途中に示現した石清水主神と山代飯成山の姫神や『碧巌集』書写の助筆をした白山明神は、高祖の出自の地に近い神々であり、転機や苦難に遭ったりするといち早く現われ、援助してくれる「護法神」である。

入宋後、高祖が太白（天童）山へ掛錫する途中、「太白星」に誘導されたり、修行を邪魔する者を排除する掌簿判官が現われたり、また諸方遊歴中に虎に遭遇しても拄杖が龍に化し追い払ったり、韋将軍が示現し帰国し演法することを促されたり、帰朝の際、「龍天神」や「一葉観音」が示現したりする逸話は、高祖に備わる人徳が自然と異国の諸神たちをも動かす結果を生み出すことを表しているものと解釈できる。

それは、帰朝後に白山権現との問答詠歌の交換、大仏寺や永平寺の「開堂演法」のさいの「天華」乱墜、僧堂内外の異香馥郁、「布薩説戒」時の「五色の彩雲」、「羅漢現瑞」等の「神異」「現瑞」にも通じていえることである。

なお入宋中、大梅山護聖寺の「霊夢」は、『正法眼蔵』「嗣書」に高祖が語っているものであり、伝記作者の創作ではない。なお、如浄との初相見において、如浄が前夜に「(洞山)悟本大師」を迎える夢を見て高祖をその再生（復肉・後身）ととる逸話は、瑞長本・延宝本の『建撕記』に始まり、『永平実録』『訂補建撕記』等にも見える。これは創作といえる。インド・中国・日本（中世）における「夢」への信仰は、非常に広く行なわれたことが知られる。特に有名なのは、高山寺の明恵上人（高弁）や總持寺の太祖瑩山禅師等がいる。最近、駒沢女子大学の菅原昭英教授は、「夢」に関する優れた多くの論考を発表されている。[5]

高祖の「衆生済度」関連の逸話「血脈度霊」や「疫病神済度」等も伝記資料として後世に現われてきたものである。すなわち江戸時代に「授戒会」の普及とあいまって宗門の民衆への教化の実際、またその理想として形成された例のひとつである。

本節の課題である「神異」「瑞相」の本質的解明は、過去、関連する数本の論文があるものの、まだまだ不充分であると認識していること、また今後も継続し発表していくことをあえてお断りしておきたい。

注

（1）立松和平『道元の月』（祥伝社、二〇〇二年）の戯曲化。堀淳一・立松和平の脚本により平成十四年、歌舞伎座にて初演。坂東三津五郎の道元役、中村橋之助の執権時頼役との対決、中村勘太郎の玄明役と各々好演していた。筆者は、平成十五年四月に名古屋の御園座で鑑賞し、史実はさておき脚色の素晴らしさに感銘した。

（2）中国仏教の民衆信仰例。道端良秀『中国仏教思想史の研究——中国民衆の仏教受容』（平楽寺書店、一九七九年）。本書は、説教などを各種芸能を用い仏教文化の一環としてわかりやすく展開し、民衆教化に尽力した僧たちの活躍を述べている。永井政之『中国禅宗教団と民衆』（内山書店、二〇〇〇年）。本書には、輪蔵の創作者傅大士（傅翕）、神異僧（散聖）の万廻、六祖恵能の真身（ミイラ像）信仰、民衆の救済教化に尽力した三平義中（忠）・普庵印粛・布袋（契此、「弥勒仏」への展開）、定光（燃灯）仏信仰などが庶民に支持され広く信仰されてきたことを詳述している。

（3）「和国の教主」。建長七年（一二五五）、親鸞聖人作『正像末和讃』中の「皇

太子聖徳奉讃」冒頭に「救世観音大菩薩、聖徳皇と示現して、多多（父）のごとくすてずして、阿摩（母）のごとくにそいたまう、和国の教主聖徳皇、広大恩徳謝しがたし、一心に帰命したてまつり、奉讃不退ならしめよ」とある。太子信仰に関し、川岸宏教「聖徳太子讃仰の文学・芸術」（『日本仏教学会年報』通巻三八号、一九七三年）、高田良信「聖徳太子信仰の展開」・玉城康四郎「太子仏教の特質」（『聖徳太子と飛鳥仏教／日本仏教宗史論集』通巻一号、一九八五年）等、多数ある。

（4）「三箇霊瑞記」（初頭の逸話から「聞鐘声記」とも称す）の文書については、東京国立博物館所蔵のものと豊橋全久院所蔵（三箇中の一部。「布薩説戒祥雲記・志比庄方丈不思議日記事」）の二種がある。くわしくは「道元禅師伝の粉飾的記事に関して　その一」第二節とその注4（本書四三頁）を参照されたし。この項、僧堂内外に「異香」が漂うという現象。一種の霊瑞神異譚、道元への崇敬心より自然に生じたもの。

（5）菅原昭英氏の「夢」関連論文。「古代日本の宗教的情操　1　記紀風土記の夢の説話から」（『史学雑誌』七八編二号、一九六九年）、「古代日本の宗教的情操、記紀風土記の夢の説話から　二」（『史学雑誌』七八編三号、一九六九年）、「中世初頭における状況把握の変質――『平家物語』の夢の説話を手がかりに」（笠原一男編『日本における社会と宗教』所収、吉川弘文館、一九六九年）、「南宋禅林における夢語り――無準師範の場合（上）」（『駒沢女子大学研究紀要』一一号、二〇〇四年）、「南宋禅林における夢語り――無準師範の場合（下）」（『駒沢女子大学研究紀要』一二号、二〇〇五年）、「道元禅師の夢語り」（東隆眞博士古稀記念論文集『禅の真理と実践』春秋社、二〇〇五年）、「道元禅師の夢語り――『永平広録』より」（『駒沢女子大学研究紀要』一四号、二〇〇七年）。

第二節　「道元伝」の霊瑞・神異譚と「最澄伝」および「空海伝」との比較考

はじめに

この数年間、「道元伝」中に含まれる霊瑞・神異譚および民間信仰（神祇を含む）に関わる諸種の伝説に注目し、教団史の視点からその発生と展開について発表してきた。それは、史実とは異なる神秘的な伝説の内容や意味に興味を抱いていたからである。今回は、「道元伝」を軸に、門外漢の身で僭越ながら他宗派の祖師「最澄伝」と「空海伝」を対比しようとするものである。本節は「祖師信仰」研究に属する。

一、使用テクストについて

【伝教大師最澄伝】　最澄の高弟仁忠（一説、真忠）撰〈天長二年（八二五）〉『叡山大師伝』（以下『別伝』と略）は、伝記資料中、最古で委曲を尽くした内容のため昔より重んじられ、以後の伝記の根本資料となっている。次いで智証大師円珍撰の二書『叡山大師略伝』『伝教大師行業記』になるが、一般にはほとんど流布していない。その後、多数成立したが大半は漢文体である。やはり、庶民に親しまれた資料は、江戸期、元禄二年（一六八九）覚深非際撰『伝教大師伝（仮名伝）』（以下『伝教伝』と略）（以上四本は『（新版）伝教大師全集』巻五（比叡山図書刊行所）に所収）と絵図を豊富に盛り込んでいる文久二年（一八六二）法龍編著『伝教大師・弘法大師／両大師利生記』（以下『利生記』と略）上巻に収載する最澄伝であろう。本節では、主に『別伝』と『伝教伝』『利生記』に注目し、検討していく。

【弘法大師空海伝】　「空海伝」の祖典は、承和二年（八三五）伝空海撰『御遺告（二十五カ条）』とされ、伝記の多くはこれより派生しているが、古来より真偽の問題があり、注意を要する。空海の伝記資料は膨大な数にのぼる。守山聖真著『文化史上より見たる弘法大師伝』（図書刊行会）の解説によれば、その資料は六五〇種に余ると記し、長谷宝秀編『弘法大師伝全集』（六大新報社）には、周辺の資料を含めると八五〇種にわたるとされ、他の祖師伝に比べ圧倒的数量である。

その中、九世紀代成立の三本（『空海僧都伝』『大僧都空海伝』『贈大僧正空海和上伝』）が重視されるが、十三世紀以降に成立した絵巻物や十六世紀後半の版本がある。梅津次郎氏は、それらの系統を五種に分類している（「弘法大師行状絵巻諸本と白鶴美術館蔵本について」『弘法大師伝絵巻』角川書店）。その中から本節では、文永九年（一二七二）前後成立の『高野大師行状図画（五十話）』六巻〔地蔵院蔵本、大法輪閣刊〕（以下『六巻本』と略）と『高野大師行状図会』（十巻）を主に用いたい。

これは『御遺告』に沿い、他の絵巻物と比べ後添の霊瑞話が少ない。

【道元禅師伝】「道元伝」では、撰者不詳『元祖孤雲徹通三大尊行状記』(『曹洞宗全書　史伝上』所収)をはじめ、河村孝道編著『諸本対校 永平開山道元禅師行状建撕記』(大修館書店)に所収する「古写本建撕記」数本が重要視される。その後、江戸期成立の面山瑞方撰『永平実録』と『訂補建撕記』は研究者によく使用される。一般庶民向けの版本は、面山瑞方訂補・大賢等図会『訂補建撕記図会』や瑞岡珍牛撰『永平道元禅師行状之図』、絵巻物では黄泉無著撰『永平道元禅師行状之図』が「絵解き」として親しまれた。右の書のほかに霊瑞・神異譚が多い撰者不詳『永平開山元禅師行状伝聞記』(以下『伝聞記』と略。文化二年〈一八〇五〉刊)がある。しかし、本節では他の資料を含め、随時ひろく用いたい。

二、三祖師の前半生における霊瑞・神異譚

(一) 家系・出自

《最澄》最澄(七六七〜八二二)の俗姓は、「三津首(みつのおびと)」、先祖は「後漢孝献帝苗裔登萬貴王也」、父は、「百枝」(『別伝』)。帰化人の子孫とされ、神護景雲元年(七六七)八月十八日、江州滋賀郡三津の浦で誕生した(『伝教伝』)。

《空海》空海(七七四〜八三五〈通説〉)の父は、「高皇産霊尊の後胤、(神別)讃岐佐伯直田公」(『大師年譜』(主旨))、「其父佐伯の真氏、御母は阿刀の氏」(『六巻本』)、「父、佐伯の直田公、母、阿刀氏玉依御前」(『弘法大師行状絵詞伝』)。

《道元》道元(一二〇〇〜五三)は「姓源氏(中略)、村上天皇九代之苗裔、後中書王八世之遺胤」(『三大尊行状記』(以下『行状記』と略))、「亜相(久我)通親之季子(中略)、師之母者(藤原)基房公之女」(『僧譜冠字韻類』)と伝えられる。

以上、三師は、伝承によるといずれも「貴種」の家系であるが、これは庶民に尊崇される前提条件なのであろうか。

(二) 誕生の祥瑞

《最澄》両親が日枝山東麓に行き、名香が馥郁とする巖の間の神祠に参籠し、四日目に夢告(夢感好相)(『伝教伝』上)を感得して懐胎。誕生の際、天より色鮮やかな花が降って人家の園が蓮池のようになった。また手に白銀の薬師如来像を持って誕生した。さらに誕生後、七日を経て母の懐から東にむかい七足歩み合掌して「捨於清浄土、愍衆故生此、能於此悪世、広説無上道」と『法華経』の文を誦した。父母は、「権化の再来」と申した(同右)。仏菩薩の誕生や説法に生ずる「天華乱墜」の荘厳、さらに白銀の薬師如来の小像を持ち、また釈尊の降誕を思わせる生後七日目に東に七歩あゆみ、「天上天下、唯我独尊」に代わり『法華経』の一節を誦したと将来の活躍を暗示している。名は「広野」という。

《空海》父母の夢に天竺から聖人が飛来し母君の懐中に入り懐胎。十二ケ月を経て誕生。わが子は昔、仏弟子であったので仏弟子にしよう(『六巻本』誕生奇特事・幼稚遊戯事)と両親が願った。その際、凡人と異なり「合掌」ないし「金剛合掌して生」じた(『行状要集』「或人作讃」)。名は「真魚」、両親は「貴物」と称す。一般人の懐胎期間と異なり、空海の場合は懐胎十二ヶ月である。『行状要集』には、この兆瑞は聖人降誕を表し、聖徳太子・不空三蔵も同じであったとの主旨

を述べる。後掲の道元は、何と「処胎十三月」という。

《道元》相師が見てこの児は常の童とは異なり必ず聖子である「七処平満、骨相奇秀、眼有重瞳」（『行状記』）とあり、聖人の特相が一致していると説かれる。また懐妊の時、空中に声があり、この児は「五百年来の聖人」である（同右）とし、時に白光があり室内を照らした（『道元和尚行録』）。さらに処胎十三月にして生まれ、その夕、「祥光燭室、異香氤氳」（『列祖行業記』）[1]と次第に「瑞兆」が増幅している。

このように、これら三師の誕生伝説は、「釈尊伝」の降誕逸話（託胎・出胎・占相）と驚くほど似ている。

㈢ 幼少期の聡明俊秀

《最澄》四・五歳頃、自然に学道を志し、七歳では学問の才智は同列より勝れ、深く仏道を慕い、そのうえに陰陽医方工巧等の技まで通達していた（『伝教伝』上）。同種の内容は『別伝』にもある。これは、まさに早熟の天才といえよう。

《空海》五・六歳の頃、夢にいつも八葉の蓮華中に坐し、諸仏と共に語り合い、また常に泥土で仏像をつくり、童堂をたてて仏をまつり、朝夕拝んでいた（『六巻本』幼稚遊戯事）とあり、後日の「仏縁」深き事象を装飾し、造寺・造仏の事業を示唆する。他の子どもと遊んでいる時にも四天王が天蓋を捧げ、その様子を見た勅使が礼拝（四天王執蓋事）する。六・七歳頃、険しい山に上り、自分がもし仏法を弘め衆生を導くことができなければ、諸仏があつまり命を続かせ給え、そうでなければ我を棄てようと誓って、三度も谷へ身をおどらせたが、その度に天人が身を受け止めた（誓願捨身事）と雪山童子の「施身」に匹敵するような逸話があり、にわかに信じがたいが幼児期からの仏天による加護を示す。

十二・三歳頃、外舅阿刀大足に文書を習い、文学の道では経史等を学び、十五歳で入洛し直講味酒浄成に随て毛詩左伝尚書を読み、岡田（牛養）博士に左詩〈氏〉春秋を学ぶ（明敏篤学事）という天才であった。その後、有名な「能満虚空蔵求聞持法」の習得（聞持受法事）等が続き、出家前、少年期に修行力や超能力も既に備わっていたことを暗示する。

《道元》四歳で李嶠百詠、七歳で『左伝』『毛詩』を読み、時に古老名儒からこの児は非凡で大器となるとし「神童」と称された。また九歳で世親の『倶舎論』を読み、耆年宿徳から「文殊」のようで真の大乗の機と嘆じられた（『行状記』）。貴族や豪族階層における教養書の一なのであろうか、『毛詩』『左伝』が空海と同じである点、誠に興味深い。

㈣ 出家——沙弥戒・比丘戒・菩薩戒

《最澄》宝亀九年（『血脈譜』では宝亀十年〈七七九〉）、十二歳で近江大安寺行表に随って出家、「最澄」と称す。行表より唯識論等を広く学んだ。天応元年十五歳の時、勅により国分寺の住持最寂の死闕を補い得度（『伝教伝』上）。具足戒の時期は「延暦三年（七八四）甲子正月廿日最澄御年十八歳」（同右。歴史的には『戒牒』により「延暦四年四月六日」）である。

この間、最澄の父百枝が一子の誕生を祈願した神祠で、最澄が一心に精進懺悔している際に「霊応」があり、香炉の中に「仏舎利」一粒を感得し、また暫くして灰の中に金の香合を得た。その大きさは菊花のようであり、すぐに舎利を入れると宛かも旧器のように一致（同右）との瑞縁にあう。その地に草庵を結び、後日、神宮寺と称される。

この逸話には当時の「仏舎利信仰」も含んでいると思われる。この「仏舎利」は、後掲の入唐時の暴風波浪、龍王に供養し波浪沈静させた逸話と関係するのであろうか。

《空海》『聾瞽指帰』撰述後の二十歳（延暦十二年）、石淵寺勤操大徳に伴われ和泉槙尾山寺にて出家、沙弥戒を受け「教海」、後に「如空」と改め、二十二歳、東大寺戒壇院にて具足戒を受け、「空海」と改称する〔『六巻本』〕。

《道元》道元は十三歳、建暦二年（一二一二）春、比叡山の山麓、外舅良顕法眼(2)の室に入る。翌年四月九日、座主公円僧正を礼し剃髪、翌十日東大寺戒壇院にて菩薩戒を受け比丘となる。

道元が良顕に投じた際、二人の老翁（？）、山王と客人（白山姫神）が示現し、道元は「真の仏子菩薩」であり、愛護せよと命ずる〔『道元和尚行状伝聞記』（以下『伝聞記』と略）〕。これは「山王権現」の神々による加護を表し、曹洞宗の「山王信仰」との接点（瑩山撰『總持寺中興縁起』(3)に鎮守三所権現の「白山」「山王」「行基」に含む）を示す。

(五)　修行習学

《最澄》延暦四年七月、十九歳で衆生済度の心が深く、世間の無常を観じ、閑静の地を求め修行しようと思い、日枝の山に攀登り千仭の険しい谿を見ると、そこは五百羅漢の精進修行地であった。羅漢と問答を交わし、霊鷲山の報土は劫火にも懐れない常寂の厳土であり、無明がどうして汚せようか。本願によりてここに住し、心澄み寂静にして慈氏（弥勒仏）の出世を期すと答え、この日枝（比叡）山の「霊峰」たることを教え、草庵を構えた〔『伝教伝』上〕。比叡山を羅漢在住の霊地と示す点は、後掲の「道元伝」にある吉祥山永平寺を中国天台山と同じく「羅漢現瑞地」とする逸話に通ずる。

それからさらに一つの峰〈東塔東谷、現山上書院〉に登ると威厳粛々たる天童に出逢う。その童子は「定心院の山王」（山の王か）であった。かくして日夜昏暁、修行に励んでいると、ある時、菴室の北峰辺で昼は紫雲がたなびき、夜は白い光がたち昇っていた。それを確かめ見ると古木が倒伏し、天龍八部が遶り守り、傍に仙人が数十人立ち並んでいた。そこで、この地は賢聖栖心修行の霊窟と知り、その霊木で三体の仏像（薬師如来・釈迦如来・阿弥陀仏）を同形に彫り、「山門三塔の本尊」に定めた〔同右、東塔北谷八部尾の由来〕。

次に延暦七年（七八八）、「根本中堂建立由来」に関する挿話が入る。「鬚しろし翁」（三輪明神）が中堂〈一乗止観院〉の建立を祝福するために示現。また、ある時、中堂に詣り修法念誦を終え帰途の際、「満土混淪の辻で異相の人（＝大黒天）」に逢い、その尊像を彫刻し安置したこと、すなわち天台宗の世間に福禄を与える「大黒天信仰」の由来も記す〔同右〕。これらは、天台宗による「民間信仰」を受容していく側面を表すものであろう。

延暦廿一年九月十二日、入唐求法の詔を受け、吉野金峰山に参詣し安全帰航の祈願をすると権現の託宣に「三輪明神に祈るべし」とあり、大和三輪明神に参詣すると杉むらの中からあやしく光る三つ玉が飛び出し、たちまち最澄の頭上に住まり、そのまま彼の光が先立ち飛行して東坂本の神祠に留まった。すなわち「日吉山王権現」（大山咋神）と三輪明神（三輪金光）が一体となり比叡山の「鎮守・護法神」となったいきさつを述べる〔同右〕。『利生記』〔伝教大師円宗守護神を勧請し玉ふ之事〕にも、金峰山参詣時の同じ逸話を所載する。ここでは、既に入唐前にも関わらず、その天台宗（＝『法華経』）の護法神である円宗守護神（山王神）の勧請をしているが、歴史的には後のことであろう。

《空海》「土佐の室戸の埼に留て虚空蔵求聞持の法を修し給に明星口に入り虚空蔵の光明てらし来りて菩薩の威徳をあらはし仏法の無二を現す」〔『六巻本』明星入口事〕は前掲の『十巻本』〔伏悪龍〕と対を成す逸話である。〔天狗降伏事〕ないし〔魔事品事〕は割愛。

空海の尋求する「不二法門」は大和国高市郡久米の道場、東塔のもとにあるとの「夢告」があり『大毘盧遮那経（大日経）』を発見。その内容の疑問を解くため入唐求法の志を発す〔久米寺東塔心柱〕。また渡海の無事を祈って白檀薬師如来の像をつくる〔『十巻本』渡海祈願〕と続き、入唐の目的を明確に示す。しかし、その実現は九年後のことになる。

《道元》出家後、比叡山で「天台の宗風と南天の秘教、大小の義理と顕密の奥旨」をすべて習学し、十八歳の内に一切経を二度も看閲、宗家の大事、法門の大綱を学ぶが「本来本法性、天然自然身、顕密両宗不出此理」と修行に関わる疑滞を持ち園城寺公胤に参問し、その指示により建仁寺明全に師事。臨済宗黄龍派の十世に列す(4)〔『行状記』〕とある。

建仁寺留錫中、坐禅の際、虚空に声があり、三輪明神（常世の神・国常立尊）が示現し、「道ハ夫レ極リ無シ（中略）務ヨヤ君勿怠ト」と道元を激励している〔『伝聞記』〕。

㈥ 留学――入唐・入宋

《最澄》延暦廿三年（八〇四）三月、渡海の無事を祈り、筑紫の宇佐八幡に参詣、大宰府竈門山寺で薬師如来尊像四躯を彫刻安置、諸大乗経を講讃。同年秋七月に船出、暴風波浪時、最澄が一心に三宝帰命し「仏舎利」一粒を海中へ沈めると龍神が納受し風波が沈静、無事に明州に着岸〔『伝教伝』下〕。なお帰朝の際、同種の逸話が『利生記』巻上にある（後述）。

天台山に拝登した最澄は、山容が「神仙の窟宅する所、玄聖の遊化する所」と感涙した。修善寺座主道邃に謁し「一心三観一念三千」の奥旨を得る。仏隴寺行満に謁し、智者大師の「懸記（予言）」に示す滅後二百余歳、東方への興隆予言たがわずとして「血脈相承」の奥義を伝授された。その際、智者大師が「法蔵」に鎖をかけ鎰を虚空に投げた。それ以来、閉じられていると謂う。そこで最澄が持参した鎰（根本中堂建立の際、土中より入手した鍵）と「法蔵」の鎖とが見事に一致し開扉、その経論聖教を授与された。山中の僧徒は、これを見て最澄は「智者大師の再誕」と讃嘆〔同右〕。これは「円宗の旨趣体得」を表す。

《空海》延暦廿三年五月、京を出発、七月肥前松浦より出帆〔大師御入唐事〕、八月衡州（福州）に着岸〔入唐着岸事〕。その時、上陸を拒否され、空海が「願書」を作成し観察使はその妙文に感銘し許可、十二月下旬、無事長安に入城〔入唐入洛事〕。その後、真偽はともかく左右の手足・口に筆をとり同時に書き、また一人の童子（＝五童子）に出会い、流水に詩を書き、「龍」の一字に一点を加えると真龍となった〔五筆和尚号事〕〔虚空書字事〕。これらは空海の能書家「執筆五法」に由来する逸話であろう。また「神童」に導かれ、白馬に乗り霊鷲山へ参詣して釈尊を礼拝、「弘法利生」の教勅を得た〔渡天礼拝釈尊事〕〔神験奇事〕。これは『般若心経秘鍵』末尾（奥書）の文に由来する逸話であろうか。

青龍寺の恵果より短期間に「伝法阿闍梨位」の灌頂を受け（「遍照

金剛」名を得て）、真言の弘通に尽力することを誓っている〔大師御入壇事〕。〔恵果御入滅事〕等は省略。

大同元年（八〇六）八月、帰朝の際、明州（寧波）の浜において、おのれの習い修めた法が「秘法相応の地」に達することを懇ろに祈願し三鈷を放擲。後述するように、それが高野山に到達し〔大師擲三鈷事〕、世に「飛行の三鈷」と称す〔『金剛峰寺建立修行縁起』『御影堂飛行三鈷記』〕。

《道元》貞応二年（一二二三）、明全に随従し入宋。その際、船中にて罹病した時、悪風吹来し船中が震動。道元は一心に観音経を誦むと一葉観音が化現し風波がやむ〔明州本『建撕記』〕。他の「古写本建撕記」類やそれ以後の「道元伝」には、入宋時より帰朝時における同じ内容の記述の方が多い(5)。

また入宋途次、暴風雨で黒島に漂着、体調を崩していると石清水八幡（源氏の氏神）と山代飯成山の姫神（？）が示現し、粥と薬（解毒円）を貰って服用し元気になる〔『伝聞記』〕。また道元が太白山（天童山）へ向かう途中、道に迷い困っていると、木こりに身をやつした「太白星〈金星・明星〉」（道教神）に導かれ、無事に掛錫できた〔同右〕(6)という。

天童山掛錫中、如浄より伝法（嗣法）後、碧巌録を書写していると異人（阿育王山の護法神・招宝七郎・大権修理菩薩〔『碧山日録』明州本『建撕記』〕・白衣神人〈白山妙理権現〉〔『道元和尚行録』『訂補建撕記』〕）が現れ、助筆加勢した。

また行脚中、猛虎に遭遇し杖ではね退けた「弾虎杖」逸話〔『碧山日録』等〕、病に罹り神人（稲荷神）が示現し与えられた解毒丸を服し治癒した（道正家伝薬となる）逸話〔『僧譜冠字韻類』〕、日本へ早く帰り「無勝幢」を建てるように促した一童子（韋将軍・韋天将軍）「韋将軍化現」逸話〔『日域曹洞列祖行業記』等〕(7)がある。

三、三祖師の後半生における霊瑞・神異譚

(一) 帰朝後の立教開宗

《最澄》最澄が帰朝時、逆浪に遭い祈念すると一人の童子が化現し、吾は「天台山の鎮守円宗擁護明神」、その称「上は竪の三点に横の一点を加え、下は横の一点に縦の一点を加ぅ（＝山王）」〈天台教学「三諦即一」の理に叶う〉と名乗ると、すぐに波が静まり無事に着岸〔『山家最要略記』・『三宝補行記』・『利生記』「風波の難に逢はせ下ふ時、山王権現出現之事」〕。この逸話は、後述する道元の帰朝時にまつわる神人（招宝七郎）逸話と重なる。

これは、最澄が中国天台山の「玄弼真君（道教の土地神・法華経護法神）」〔『天台山方外志』二〕信仰を将来した伝承を示すものである。その後、円珍が「日吉大社」を整備し、鎌倉中期以降、「神仏習合」と「本地垂迹説」の信仰が進む。

弘仁五年（八一四）、筑紫の宇佐八幡に無事帰朝できたお礼に参詣、白檀の千手観音像を彫刻し奉納、「法華八講」の法会を修すと八幡大菩薩の託宣があり、紫の袈裟一衣・衣一領を授与される〔『伝教伝』下〕。また賀春の神宮寺で講経した際、神殿上に紫雲がたなびき、人々はその「瑞雲」に驚いた〔同右〕という。この逸話は、『利生記』〔八幡大菩薩伝教大師に袈裟衣を施与し玉ふ之事〕にもある。

時期は不明であるが、最澄は「山王三聖」に戒を授けている。すなわち大比叡山王には「法宿菩薩」、小比叡山王には「華台菩薩」、比叡山王（田心姫神）には「聖真子菩薩」の法号を与えた〔『山家最要略

記』・『利生記』上〕。ちなみに鎌倉中期の「本地垂迹説」では、大宮権現（大己貴神・大比叡神）は「釈迦如来」、聖真子宮（宇佐八幡）は「阿弥陀如来」、地主権現（大山咋神・小比叡神）は「薬師如来」に当てられる。

興味深いことに『利生記』上巻には、最澄の生前中の霊験とは別に「没後の利生」として数種の逸話がある。次にそれらを時系列順に整理し列挙してみよう。

円仁〈慈覚大師〉（七九四〜八六四）が入唐の時、数度の夢告があり、最澄が種々の注意・助言・指示・保護等を告命したこと。また貞観八年（八六六）七月、少納言良峰朝臣経世が「伝教大師」贈号の勅書を披読した時、最澄が浄土院の廟中より偈文「諸法従来本来常自寂滅相」を誦す声を聴聞したこと。さらに恵心僧都源信（九四二〜一〇一七）が夢告により、最澄から「我が山の教法、今汝に嘱す」との告命をうけたこと〔『元亨釈書』四巻　恵心僧都伝〕。

享保四年（一七一九）六月四日の夜、湛賢法印が病悩し、「夢想」の中に薄木欄の御衣、紫の御袈裟、左手に水晶の念珠、右手に五鈷を持った最澄が来現し、「金剛瀧山」の観音来現地の瀧河を飛躍し、五如来の道場荘厳地（浄土）を神遊徘廻し、釈迦牟尼如来の金地七宝荘厳浄土で『法華経法師功徳品』を拝聴。次に阿弥陀仏の浄土で聖衆が最澄を礼拝・供養するのを見る。また観音菩薩の浄土に往詣し厄難厄病悪事諸障碍を免れる「千手四海秘法」を最澄が授法、その後、最澄が雲中より光明を放ち去っていった。八月に目覚めると病が快気した〔『伝教大師御夢想霊験記』〕。同書には、その後に〔万病符三種〕として「千手観世音菩薩四海秘法」「悪業破消之秘文」「三宝荒神祭祀供養法」の項目を掲げている。

また西教寺中興真盛（天台真盛宗開祖。円戒国師・慈摂大師）（一四四三〜九五）が最澄の夢告により『往生要集』を授かり戒法と念仏の融合「戒称一致」を唱えたこと、同じく『往生要集』の肝要は総結要行を領知し「衆生利益」のために弘めること、最澄が六ヶ所に安置した石像地蔵尊「隠房地蔵尊」の出現したこと〔『叡山参詣案内記』〕を載せている。

真迢上人（一五五九〜一六五九）が日蓮宗より改宗の時、願いがすぐに適わず困っている時、夢中に「伝教大師・慈覚大師・慧心僧都」の三人が示現し慰諭したこと〔『禁断義』二〕。

ある僧が阿弥陀仏像を背負い山を下り、伊勢一志郡仏心寺に安置、後に修復のため解体すると胎内文書より最澄作と判明。癘病が流行し、弥陀像の前で百万遍の念仏を勤修すると胸から白玉の汗が出て難を免れ、翌年も同様の霊瑞があり、後に「霊汗阿弥陀如来」と称され、最澄の「一刀三礼の懇志」の「霊験」と信じられている〔『法華直談』八〕。

《空海》弘仁元年（八一〇）、河内の聖徳太子廟に参詣して九十六日目、廟前に「光明輪」が現出、その弥陀三尊が日本へ衆生済度のために来たことを伝える〔『六巻本』大師参詣御廟事〕。弘仁七年、高野山に入り、地主神である高野明神（狩場明神・南山犬飼）の化現に逢い〔高野尋入事〕、大小二匹の黒犬（山神の使い）の道案内を得て修禅相応の地と見定め「上表」する〔巡見上表事〕。その後、狩場明神の母・丹生明神（天照大神の妹・丹生都比売）の社に宿泊、「神道の威福」を望むと託宣があり、土地を譲渡され〔『六巻本』丹生託宣事〕、比叡山の鎮守神（護法神）となることを誓っている。これは比叡開山の例等と同じく山神や周辺住民の同意・信任を得なければ布教できないことを意味する。

以前、中国明州の浜で投擲した三鈷杵を高野山の山林・松の枝に発見、さらに大塔を建てようとして土中より宝剣を発掘、「前仏（仏陀）の遊所、伽藍の旧基」と見究め〔三鈷宝剣事〕〔大塔建立事〕、神仏の加護を確信する。

弘仁九年（八一八）、疫病が流行した時、嵯峨天皇が『般若心経』一巻を紺紙金字で書写、開題を求められた空海は『般若心経秘鍵』を作成し宮中で講讃すると結願の及ばないうちに効験が現われ疫病が消滅した〔秘鍵開題事〕〔権者自称事〕というもの、『心経』の呪力・空海の威神力を示している。それに続いて山階寺（興福寺）守敏僧都との法力争い〔守敏降伏事〕と天長元年（八二四）に天下が日照りに遭った際の雨乞いの争いであり、結果的に龍王（善女）を神泉苑に勧請し供祭した空海が国土を助けた〔神泉苑事〕〔祈雨修法事〕と記す。次に大峰山にて『菩提心論』『釈摩訶衍論』（龍樹造）を読誦しているが、山岳信仰・修験道の頂点に位置する役行者と時空を越えて親交を深め、時に行者が高野山へも通ってくる〔大峰修行事〕とし、その修験道との深い関わりに触れている。

筑紫で老翁柴守長者（稲荷大明神）と遭遇し、王城と仏法擁護（鎮護国家）の約束をした逸話〔稲荷契約事〕がある。この出会いを東寺前に変えたのが「東寺稲荷縁起」である。

弘仁五・六年頃、清涼殿で諸宗の学徒による論議中、空海が「法身説法」し「毘盧遮那仏」（即身成仏）となり行化の実を挙げ、真言瑜伽宗の地位が確立した〔宗論事〕という。

承和二年（八三五）三月に「遺告」、弥勒仏の傍にいることを伝え、同二十一日結跏趺坐して入定〔入定留身事〕、永遠の衆生済度を示す。承和九年七月十五日、外護者嵯峨天皇が崩御し葬儀の際、五色の彩雲が生じ、空海が「出定」し茶毘・収骨に携わった〔嵯峨喪礼事〕と記す。

《道元》帰朝の際、白雲霏霏の中に忽ち神人（龍天・招宝七郎大権修理菩薩）が化現して三寸ほどの白蛇となり、鉢嚢に入り永平寺で雲水の護法神となる逸話〔『永平開山道元和尚行録』内閣文庫本・延宝元年本〕等がある。[8] 日本曹洞宗では、特に修行僧の守護尊として「龍天護法善神、白山妙理権現」の巻物を床の間に掛け大事に保持する。帰朝時に最澄が「山王神」を将来、道元が「招宝七郎」を将来し、いずれも道教神を「護法神」とした点に興趣がある。

道元の後半生における霊瑞・神祇記事を次に列挙する。まず興聖寺在住時、布薩ごとに神明（不明）が来て「聴戒（受戒）」した。永平寺では龍神が来て「八斎戒」を請い回向に預かった〔『伝光録』〕。神明・龍神の来訪は、道元への帰依と守護を表す。寛元二年（一二四五）二月、吉峰寺近くの「天神（天満）宮」に参籠〔『建撕記』〕。天神と月夜に梅花をみて「和韻」〔『永平広録』巻十〕。寛元四年九月、白山に参詣した時、権現と紅葉に関する詠歌を交わす。『伝聞記』には龍天も白山権現も一体分身であり、インドでは龍天、中国では招宝七郎、日本では白山権現・本地は十一面観世音であり、白山は「三国応化の霊地」という。

寛元二年、大仏寺開堂時に龍神が雨を降らし、山神が雲を興し、草木が林樹〔『伝聞記』〕。翌年夏、「上堂」の時、天花乱墜、茶筅中に入る〔同右〕。宝治元年（一二四七）正月十五日、「布薩説戒」時、五色の彩雲が方丈正面障子に映る「古写本建撕記」。宝治二年四月より十二月まで僧堂の内外で殊勝な異香が漂う〔『伝聞記』〕。建長三年（一二五一）、山奥より妙音不思議な鐘声が聞こえた〔同右〕。宝治三年正月一日、「羅漢供養」の際、生羅漢たちが放光し山奥より法会道場に降臨「古写本建撕記」等は、いずれも永平寺が霊地であることや瑞兆・吉祥相を表す。

宝治二年（一二四八）一月、鎌倉より永平寺へ帰山の途次、越前湯尾峠で「疫病神」を済度（『伝聞記』）。これは陰陽家の安倍晴明に纏わる「晴明疱瘡神を封ず」に由来する換骨奪胎話である。

また星井の里で女人の亡霊を救済〈亡霊度霊〉（『伝聞記』）、同じく永平寺帰着後、越前藤原永平の妻、死して蛇となっていたのを救済〈畜生度霊〉（「古写本建撕記」・同右）という逸話で江戸期における宗門の民衆教化として「授戒会」の普及に関連する挿話である。[9]

建長五年（一二五三）、入滅の様相は、怡然として坐化（坐禅したまま遷化・坐亡）し、顔貌は生きているようであり、室内に異香が漂い、闍維（火葬）し無数の設利（遺骨）を得た（『道元和尚行録』）と記す。

おわりに

三師に関わる霊瑞・伝説類を概観し、「霊夢（夢告）」関連話と「神祇」関連話の二つが相当多いことに気がつく。

この種の「夢告（霊夢）」は、有名な明恵の『夢記』、および道元の「霊夢」（大梅法常が開花した梅花を授ける『正法眼蔵』「嗣書」巻）、瑩山の永光寺開創にまつわる「霊夢」（『洞谷記』所収）など中世および近世における人々にとって、ごく当たり前に信じられ受容されていたものと思われる。

つぎに「神祇」関連話中、高野山と比叡山の開創逸話に注目したい。根底には山岳信仰・修験道との関係が密接である。

比叡山・高野山、いずれの開創にも外護者となる有力者や土地に根ざしていた信仰を無視できなかったのである。

道元の永平寺開創時に「神祇」との関わりを示す逸話はないが、永平寺周辺・北陸一帯には白山信仰があり、次第に白山明神と竜天（招宝七郎大権修理菩薩）の信仰が顕著となる。曹洞宗の本格的「神祇」の受容は、瑩山以降といえよう。[10]

道元は、山神鬼神等に帰依することを否定（『正法眼蔵』「帰依三宝」巻）するが、一方「出家修道せば諸天よろこびまもるべし、龍神うやまい保護すべし。諸仏の仏眼、あきらかに証明し、随喜しましまさん」（『正法眼蔵』「出家功徳」巻）とか、「誠に仏道に志しあらば（中略）、切に思う心ふかければ、必ず方便も出来様もあるべし。是天地善神の冥加も有て、必ず成るなり」（『正法眼蔵随聞記』第二）と述べている。これらは、人の出家・修行に切なるものがあれば自然と「仏天の功徳・加護」があることを強調したものと解釈できよう。

さらに「民間信仰」に通ずる素朴な祈願関連の挿話として最澄・空海・道元三師それぞれの安全渡航の祈願には、薬師如来や観音菩薩および仏舎利への各信仰が行われていたことが窺える。

一般に荒唐無稽と思われがちな霊瑞として、最澄の天台山滞在中、行満から智者大師以来、開かずの「法蔵」の扉が最澄の持参した鑰（鍵）と鎖（錠）が一致し開扉して経論聖経を得た逸話、空海が明州（寧波）の浜で投擲した三鈷が高野山を開く際、松の枝に掛かっていた「飛行の三鈷」により密教弘法の相応地と定めた逸話がある。時空を超越した神奇・奇瑞の典型である。どちらも後世に創作されたものではあるが、天台・真言両宗の設立や旨趣を伝える深い宗教的真実が含まれている。「祖師伝」類には、この種の凡慮の及ばぬ不思議な効験が多い。
　先に聖徳太子伝の霊瑞を考察した。今後は、法然・親鸞・日蓮・一遍の各祖師伝について、同様の視点から霊瑞類の類型や法則性およびその意味するものを探っていきたい。

注

（1）道元伝の記事「処胎十三月」は、このほか『僧譜冠字韻類』や『洞上諸祖伝』「処于十有三月」、『洞宗始祖道元禅師伝』「在胎十有三月」等がある。

（2）古伝（三大尊行状記・三祖行業記・伝光録・碧山日録等）では「良顕」と記されるが、面山瑞方撰『永平開山和尚実録』『訂補建撕記』以後、ほとんどが「良観」となった。それは面山瑞方によって藤原基房の子息にその名が同家の『大系図』に所載されている事により「基房の息にて、師（道元）の母の兄なり。上に見ゆ。叡山の学匠なり。観を顕となす本は筆誤なり」（『訂補建撕記』補5）と記す。この説は現在否定に傾き、古伝の「良顕」を再検討する方向に戻っている。

（3）本書は、瑩山紹瑾の撰述、寛永十七年（一六四〇）、林茂筆写本。「十種疑滞」「御開山遺偈」「御開山鏡御画像賛」「二祖禅師鏡御影賛」と合綴（『曹全書　解題・索引』附録（四）蒐集書目録所収、六七三頁。複写、駒図蔵）。

（4）「臨済宗黄龍之十世」の記述は、『三大尊行状記』『三祖行業記』『仏祖正伝記』にある。これは、『伝光録』（河村氏蔵本『曹全書』本）に栄西が「東林懐敞和尚の宗風、栄西僧正相嗣て黄龍八世の孫」とあるものから栄西の次に明全（九世）、そして道元（十世）と次第するというもの。永平寺に伝承される承久三年（一二二一）九月十二日附の「伝、師資相承偈」は、その内容や筆跡等から歴史的に問題視されている。

（5）帰朝時に「一葉観音」出現。『道元和尚行録』『道元禅師紀年録』『曹洞列祖行業記』『扶桑禅林僧宝伝』『永平元和尚道行碑銘』『僧譜冠字韻類』『永平開山和尚実録』『訂補建撕記』等以下の諸本にある。

（6）『仏祖統紀』巻三六と同巻五三には、「沙門義興」が山中の庵において太白星の化身した童子に薪水の給仕を受けた由来で山号と寺号をつけ「太白山天童寺」の開山となった（『（新纂）天童寺志』巻三、先覚攷（光緒十三年後刷本、中国仏寺志彙刊）とある。また義興が苦行修持していることに上天が感動し、太白金星を童子に化して遣わし、日々薪水の給仕をさせながら左右に随侍させた（天童寺志編纂委員会編『新修天童寺志』第四章「先覚」第一節、一三三頁。一九九七年、（中国）宗教文化出版社）とあり、本書では、この逸話に基づき変容させているといえよう。

（7）韋将軍・韋駄は、道元に帰朝を促す場面に現れる。『道元和尚行録』（内閣文庫本）「黎明天神化し（中略）韋将軍」、『開山道元和尚行録』（延宝本）巻末附録四條の一「初三日祝韋駄之説」、『扶桑禅林僧宝伝』『永平元和尚道行碑銘』『延宝伝灯録』『僧譜冠字韻類』『永平開山和尚実録』『始祖道元禅師伝』『道元禅師行状図絵』「守護神韋駄天」、『承陽大師行実図会』『永平祖師年譜偈』等。

（8）龍天・大権修理菩薩の化現の諸本には、『道元禅師紀年録』『曹洞列祖行業記』『永平開山和尚実録』『僧譜冠字韻類』『道元禅師行状記』（同類四本）等。白山神（白山明神・白山権現）の化現には、「一夜碧巌」逸話に関連し、『道元禅師紀年録』『道元和尚行状録』『曹洞列祖行業記』『僧譜冠字韻類』『永平開山和尚実録』『始祖道元禅師伝』『永平高祖略伝』『宗門略列祖伝』『建撕記抜萃』『永平高祖行状之図』『永平高祖行状記』等がある。無著道忠撰『禅林象器箋』第五類「霊像門」に「大権修利菩薩」の項がある。それによると右手を額にかざし遠望の姿勢をなし、阿育王山の護法神であるとし、「修利」の字を「修理」と誤記することもあると記す。また天竺（インド）の阿育（アショカ）王の郎子（令息）であり、王の建てた舎利塔（スツゥーパ）を護るために神通力で中国へ来訪して明州の招宝山に止まり、手をかざし四百州を回覧し、育王山にこれを祀り「土地（神）」としたという逸話を述べている（同書、一四六〜一四八頁）。さらに同書の「招宝七郎」の項には、曹洞宗の諸寺院に祀る土地（神）を「招宝七郎」と称し、道元の帰朝時に形を潜め随来し法を護ったとの旨を述べ、これを単に「大権」とのみ言う。「大権修利」とは封号で、本は「招宝七郎」であると述べている（同書、一四八〜一四九頁）。

（9）「血脈度霊」逸話。曹洞宗の「授戒会」は、道元に始まり、中世にも行われていたが、近世になってより盛況となったのは、隠元隆琦等の黄檗宗の僧侶によるその影響を受けたもの（『永平寺史』下巻、第六章第三節「黄檗禅の伝来と洞門の諸師」七三九〜七八九頁）。道元伝にそれが反映し、『道元和尚行録』（同類三本。当初「延宝本」の附録四條中に「血脈度霊」が付いていた）、その後、本文中に記述されるに至った。『道元禅師紀年録』『扶桑禅林僧宝伝』『永平元和尚道行碑銘』『延宝伝灯録』『僧譜冠字韻類』『日域洞上諸祖伝』『永平開山和尚実録』『訂補建撕記』『訂補建撕記図会』『道元禅師行状図絵』『永平高祖行状之図』等がそれである。

(10) 小池覚淳「瑩山紹瑾の密教的素質」（『宗教研究』一五四号、一九五八年）、光地英学「瑩山禅師と密教思想」（『印度学仏教学研究』八巻二号、一九六〇年）、佐藤俊晃「石動山信仰と能登瑩山教団」（『駒澤大学宗教学論集』一二号、一九八五年）、和田謙寿「瑩山禅師と民俗信仰」（『瑩山禅』一一巻、山喜房佛書林、一九九一年）、光地英学「瑩祖と密教」（『瑩山禅』一二巻、山喜房佛書林、一九九四年）、竹田鉄仙「鎌倉期初頭に観る禅密の交流と瑩山」（『禅と日本文化8　禅と思想』ぺりかん社、一九九七年）、竹内弘道「瑩山禅師と密教の関係について」（『印度学仏教学研究』四九巻一号、二〇〇〇年）。なお瑩山禅師撰『洞谷記』中の諸記事には、神祇・密教・民俗信仰・祈祷等が多いといえる。

第十章　道元禅師伝と道正庵

第一節　高祖伝の形成と道正庵——策謀家道正庵十九世徳幽卜順

はじめに

河村孝道氏は木下道正の「道元禅師との関連性は全く疑わしい。むしろその関連性は、江戸期に入って道正庵が曹洞宗門の禅師号や瑞世状の仲介をしたことから密接になり、やがて道元禅師との関連づけが行われていったものと思われ、加えてこの関連づけの上に、木下家家伝の秘薬は、曹洞宗寺院を通じて売られていったものであろう[1]」と論じている。中世古祥道氏も寛永十六年（一六三九）に徳幽卜順（一六一五～一六九〇）が撰述した『道正庵系譜』「道正庵元祖隆英」伝等に登場する複数の人物を歴史的に分析すると明らかに創作であり「あまりにもひどく、肯われにくい[2]」と述べられている。

道正庵の「威勢」は、いつ頃発生したのか[3]。『道正庵系譜』に従えば、天文年間から永禄元年（一五三二～五八）頃か、五条大納言為康の女（娘）と道正庵十五世玄養との婚姻が実り五条家に替わり、伝奏役勧修寺家との連携が形成され始めたと示唆している[4]。さらに家業として「神仙解毒万病円[5]」の製造販売を行っていたとする。その薬品名から伊勢神官・医業を司る久志本家の「解毒万病円」との関連が想起できるが、ここでは言及しない。

一、道正庵十九世徳幽卜順の才覚について

高祖道元禅師の入宋時、明全和尚の随伴者として他に天台宗系僧侶とみなされる「廓然・高照等」と記す『渡海牒[6]』がある。その中の「廓然」を「木下道正（隆英）」とする資料が前掲の『道正庵系譜』「道正庵元祖隆英」伝（末尾の追記を含む）とそれより独立して派生した『道正庵元祖伝』等である。以下、その関連資料四本を列記する。

(1)　旧木下家蔵『道正庵系譜』「元祖伝」現永平寺蔵①。文中「遁世薙髪法名道正」、末尾「称菴主仝仝者曹洞家呼二見性之人一曰二菴主一、入宋以前号廓然皈朝後曰二道正一」と追記。

(2)　『道正庵系譜』「元祖伝」旭伝院蔵、旧六桂書屋蔵・文化財調査委員会所収。(1)の末尾を修正し前半の文中に「遁世薙髪法名廓然、帰朝以後曰二道正一」とある。二十二代承順までの略伝。

(3)　『道正庵系譜』「元祖伝」永平寺蔵②〔罫線入。幕末か明治初期の写本か〕。文中に「遁世薙髪法名道正」とあり、(1)の前半と同じ。ただし、末尾の文はなし。

(4)　『道正庵系譜』「元祖伝」（『大日本仏教全書』七十三・史伝部十二所収、宝暦三年序跋、同四年刊『建撕記』参照）。(3)と同じ。

すなわち末尾の追記を除く旧資料(1)には外祖父（木曽義仲弟源三位頼政の養子源仲家）敗死後、薙髪し「道正」としたのに対し、新資料(2)では(1)の追記を踏まえ薙髪後に「廓然」と称し、帰朝後「道正」と改名したとするものである。(1)の追記は、後述する慶安五年（一六五二）卜順撰「高祖四百回忌祭文」（永平寺蔵）の後に書かれたものであろう。次の(2)はその後に修正したもの、(3)(4)は慶安五年以前、(1)の旧形を書写したものと推定できる。

「高祖四百回忌祭文」の文中には「（高祖）廿有三而在入宋之志、跂愉踰海之謀、同建仁栄西而伴二明全・郭然・高照之輩一、卜順　家始祖顕盛朝臣之男、金吾将軍隆英也」とあり、文中に「郭然《（ママ）》」との名を出しながら廓然を隆英（＝道正）と特定しないまま、上記の「元祖伝」に追記している。

また如浄よりの相見と印可を「一朝庭前有鶏声、浄日会麼、於レ是道正言下豁然悟徹、則焼香礼拝了」とし、内容・記述は極めて簡略粗雑であり、「虚構」と言わざるを得ない。道正が広野において、神人（稲荷神）より秘薬（神仙解毒万病円）を授与したこと、これが『元祖伝』の眼目である。「道玄《（ママ）》（高祖）」が身体困羸し、絶死せんとしている所に老嫗（稲荷神）が出現し、一丸薬を与えられ蘇生するというもの。その薬が「神仙解毒万病円」というわけである。次に挙げるのは、その「万病円」普及の関連資料である。

(1)　「是実神授希有之妙剤吾法守護神之製也、吾法盛二于後世一則毎歳饋後昆諸刹、且吾系族帰京洛営一宇、為加三眷遇接以二温色幸孔一、乃与二道正一所約契如二金蘭一也」

『元祖伝』

(2)　「帰二本朝一而吾法流盛二于後一世則毎歳冀饋二後昆之諸刹一、且吾系族儻帰二帝都一則営二一宇一為加三眷遇接以二温色幸孔一、乃与二道正一所約契、若二金蘭一脱落風塵也、是故至二于今一夤縁匡緉属不レ睽二其遺誡一而祖懺不レ虚也、使三予家陪僕持一丸薬而毎歳贈二投曹洞一宗之諸山並僧徒一也、諸山用二人馬一送迎焉、曹洞之務式而雖二戦国乱妨之時一終無二断絶一而到二于当世一矣」

寛永十六年、卜順撰「道正庵神仙解毒万病円記」

(3)　「帰二日東一而法流盛二于後世一、則汝之子孫相続、毎歳贈二吾後昆諸刹一。是故至二于今一、不レ背二其遺誡一者也」

宝暦三年序跋、面山瑞方撰『訂補建撕記』

この(1)と(2)では、「解毒円」の宗門寺院への饋賂（贈与）を「契約」しているが「遺誡」としているわけではない。しかし(3)では、面山が「遺誡」と展開し解釈していることが判る。これらは、史実的には何ら根拠がなく卜順の創案により生じたもの。

さらに「道正庵」の衆寮の設置・修複に関し、慶長五年（一六〇〇）三月五日「門鶴寄進状」には永平寺二十世門鶴が、卜順の父である道正庵十八世休甫宛に書状を送っている。その内容は、道正庵の衆寮造作と修理は宗門が責任を持つというもの。それを受け、寛永十二年（一六三五）二月、永平寺秀察代に卜順が「洛陽木下道正庵衆寮造営帳序」を撰述した。その後、寛永十六年（一六三九）八月に「道正庵衆寮壁書（五ヵ条）」「道正庵衆寮制法」が制定され、卜順は「永平寺秀察（宛）助成願」（衆寮破壊修復勧化につき）を差し出し、同年に「道正庵裡亦蒙二曹洞一宗僧侶之助力一而創二衆寮一号二選仏寮一而承顔接辞為二総角之好一也」（「道正庵神仙解毒万病円記」）と述べているのは、それを裏付けるものといえよう。

卜順は、慶安五年（一六五二）から没年まで曹洞宗寺院へ墨跡書画類の寄贈記録『道正庵備忘集』を残している。それは両大本山、関三刹、その他有力寺院との親交および「贈答作戦」を企画し実行した資料である。贈答の意図はおのずと明らかである。当該書には、それらの贈答品に付属した文書に道正庵元祖の行実を論述し、元祖と歴世の位牌を法壇に安置せしめている。そこに丸薬の販売を暗に企画していることが透けて見える。それら『道正庵備忘集』には『曹洞宗文化財目録』所収品も数点含まれ文化資料として貴重である。(7)

二、「高祖伝」中の道正庵元祖と神仙解毒万病円

「高祖伝」中に所載する「木下隆英（＝道正庵元祖）」「神仙解毒万病円」に関する記事を掲載する文献を系統的に列挙し、その内容を略述してみよう。丸の数字は成立順を表す。

(1) 版橈系諸本

①版橈晃全撰『僧譜冠字韻類』貞享二年撰、元禄二年（一六八九）刊【永平寺・駒澤大学図書館（以下、駒図と略）蔵】⑨撰者不詳『建撕記抜萃』享和二年（一八〇二）刊【駒図蔵】他 ⑪『訂補建撕記図会』面山瑞方訂補、大賢鳳樹・瑞岡珍牛図会、文化三年（序）・同十四年（一八一七）刊【駒図蔵】他 ⑫瑞岡珍牛撰『道元禅師行状図会』文化五年撰・同六年（一八〇九）刊【駒図蔵】他 ⑬黄泉無著撰『永平高祖行状之図』文化十三年（一八一六）写【駒図蔵】⑭知見禅達撰『永平寺開山道元禅師略行状記』文政三年（一八二〇）刊【河村孝道蔵】⑮撰者不詳『永平高祖一代記画説』文政九年画・天保四年（一八三三）説【香積寺蔵】⑯永平寺知蔵編『永平寺高祖行跡図略伝』嘉永五年（一八五二）頃【駒図蔵】他 ⑱佛鑑梵成撰『洞上高祖承陽大師行実図会』明治二十五年（一八九二）刊【駒図蔵】他 ⑲鷲尾透天撰『承陽大師御行状図解説』明治二十九年（一八九六）刊【駒図蔵】他

(2) 結城系

②結城孫三郎等記『越前国永平寺開山記（説経本）』元禄二年（一六八九）刊【東京大学附属図書館霞亭版蔵】横山重編『説経正本集一』所収。

(3) 卜順撰「元祖伝」系諸本

③嶺南秀恕撰『日本洞上聯灯録』享保十二年序、寛保二年（一七四二）刊 第十二拾遺「京兆道正庵主（木下道正伝）」【駒図蔵】④面山瑞方撰『訂補建撕記』宝暦三年序跋、同四年（一七五四）刊【駒図蔵】他 ⑥智顔白峰撰『永平高祖年譜偈註解訂議』明和五年（一七六八）筆、注釈「木下道正考」（『事類雑糅』・『続曹全注解一』所収、同書「附録」の「本祖道正考」）

(4) 旭伝院本系諸本

⑤撰者不詳『道元禅師行状記』宝永六年写・宝暦九年（一七五九）重写【旭伝院蔵】⑦撰者不詳『日域曹洞高祖伝聞記』享和二年（一八〇二）写【旭伝院蔵】⑧撰者不詳『勅賜仏法禅師道元大和尚伝聞記』享和二年（一八〇二）写【泉岳寺蔵】⑩撰者不詳『永平寺開山元禅師行状伝聞記』文化二年（一八〇五）刊【元、興因寺蔵】⑰撰者不詳『永平開山道元禅師行状伝聞記』幕末期写【京都盛林寺蔵】

(1)　版橈系諸本

①の撰者版橈と卜順との親密な道交を示す資料[8]がある。本書は老嫗（扶桑稲荷神）が高祖に一丸薬を出し、道正に神仙妙術の「薬方」を授与。本文の構成において道正との交渉は、上記の二部分。⑨は神人（日本稲荷神）より「道正家（伝）の解毒丸」授与。①と同様、本文の構成において道正との交渉は伝記の一部分。他の⑪⑫⑬⑭⑮⑰⑱⑲も同じ。⑪は神人（日本稲荷神）より「解毒丸」を授与。これは④の「補注」道正の記述がない。他の補注もない。⑫は、あやしき翁（稲荷明神）より一丸薬「解毒丸」授与。本書は漢文体。本文に「道正略譜」掲載。⑬老嫗（日東稲荷神）が高祖に一丸薬（解毒円）を与え道正に「薬方」授与。内容は⑪に由来。⑭は老人（日本の稲荷神）が高祖に丸薬を与え快復、⑮神人（日本の稲荷神）より「丸薬」授与。本書は「絵解き台本」。⑯は神人（日本稲荷神）より「丸薬（道正庵家伝解毒円）」授与。⑱は白髪の老嫗（日本稲荷神）が一丸薬（神仙解毒万病円）と「薬方」を高祖と道正に授与。本書、⑮と同じく「絵解き台本」。⑲は神人（日本稲荷明神）が一丸薬（解毒万病円）を高祖に授与、道正に「薬方」授与。

(2)　結城系　結城孫三郎等記『越前国永平寺開山記（説経本）』

②は高祖の父を「中納言通忠」、高祖の幼名を「神童丸」とする。入宋中、高祖が龍女より妙薬「神仙解毒万病円」を授け快復。「龍女」と妙薬の伝授者木下将監行正の子息「梅王＝道正」が注目される。本文の構成は全体が道正の活躍と神仙解毒万病円の宣伝普及が主になっている。あらすじは浄瑠璃風に脚色され、内容はあきれるほど荒唐無稽である[9]。

(3)　卜順撰「元祖伝」系諸本

③は神人（日国稲荷廟神）より道正が「一丸薬（神仙解毒方）」を授与。これは文字通り「道正庵元祖伝」に基づき、元祖に特化した記述。④は神人（日東稲荷神）より「解毒丸」を授与。冒頭に「道正菴卜純撰スル系譜記ヲ案ズルニ謂ク」とあるように当時の面山は卜順寄りの記述をしている。面山は承順との道交がある[10]。⑥は冒頭に「道正菴卜純撰系譜記曰」とあり、末尾に「見二建撕記補一焉」とあるごとく④の全文をそのまま引用している。

(4)　旭伝院本系

⑤は入宋前より高祖（幼名、神童丸）の「ヲモト（御許）人」として木下将監高充（＝道正）が活躍。入宋直後、「黒島」で高祖が五体不如意になり翁（石清水主神）と少女（山代の飯成山神）より「（神仙解毒円」授与し服薬し回復。全編に解毒円授与の場面が印象に強く残る。次の⑦⑧⑩⑰も⑤と同じ。ただし、高祖の父の名が相違する。「源ノ亜相公通親」が⑤⑩、「源ノ亜相公通忠」が⑦⑧⑰である。

おわりに

冒頭に触れたように宗門は、江戸期に道正庵に大変お世話になった。それを背景に卜順の巧妙な策により版橈撰『僧譜冠字韻類』は、最初に「高祖伝」中に「木下隆英」を挿入したといえよう。『越前国永平寺開山記』は史実より「神仙解毒万病円」の宣伝普及に重点が置かれている。また宗門は道正庵の「衆寮」建設と修理を担った。卜順は、両本山をはじめ全国の有力寺院へ贈答品を贈り、その「万病円」

の販売を促進する仕組みを考案実施し「中興」と称されるが、策謀家の一面を有し功罪半ばする人物と評価せざるを得ない。

注

(1)『永平寺史』上巻、第一章第一節、同行者、一三頁、一九八二年、大本山永平寺。

(2)「道元禅師入宋時の従者について(二)」(二)木下道正伝『永平正法眼蔵蒐書大成』月報25、大修館書店、一～三頁、一九八一年)。

(3)①『江戸時代　洞門政要』第一篇、第二節参内の礼式作法、一二一～一二二頁等、横関了胤師、一九七七年　②「江戸期の瑞世」(『永平寺史』上巻、五九八頁、廣瀬良弘、一九八二年)　③「曹洞宗と朝廷──中世から近世にかけての禅師号・紫衣・出世・綸旨、勅願寺」(『曹洞宗人権擁護推進本部紀要』一号、四六～一三二頁、廣瀬良弘、一九九四年)　④「江戸時代における勅許紫衣・転衣の展開」(同右、一三三～一六七頁、圭室文雄)　⑤「中・近世における木下道正庵と曹洞宗教団」(『道元禅師研究論集』廣瀬良弘、大本山永平寺、二〇〇二年)。

(4)「母五条大納言為康卿女」(永平寺蔵『道正庵系譜』)。なお旭伝院蔵『道正庵系譜』では「母五条中納言為康卿女」となっている。

(5)『永平寺史料全書　禅籍編』一巻、「万事智団円諸名家拝観姓名覚書」八三〇頁、高橋秀栄氏「解説」中の注(4)天文三年(一五三四)久志本常光撰『管蠡備急方』に関する記事を掲載。その中巻に「神仙解毒万病丹」のやや長文の効能書き・処方等が残っている(五五丁ウ～五七丁ウ)。『神官医方史』には「神仙解毒万病円」とあるが、神宮文庫蔵の原本には「神仙解毒万病丹」と記す。『神官医方史』には「天正年中、後陽成天皇に家伝の神仙解毒丸を献上、御宸筆を拝領した」という記事がある(一二四頁)。これとは別に宗門の「神仙解毒万病円服用之事」(神奈川龍法寺蔵・曹洞宗文化財所収文書)には、冒頭に「諸毒くひちがへには解毒一粒くだきぬりきしぶゆにていくたびものみおくべし」とあり、四十二種ほどの諸病に悉く効能のある旨を記している。

(6)『渡海牒』に記す「建仁寺住侶明全・道元・廓然・高照等」とある「廓然」は渡宋中の中国で客死か。『永平広録』巻十の「看然子終焉語二首」がある。

(7)『道正庵備忘集』永平寺史料全書二、八六七頁、菅原昭英師「解説」参照。同書には次のような例がある。①承応三年(一六五四)六月二十八日、薩摩福昌寺に後光明帝の「三墨竹之図」寄贈。②寛文九年(一六六九)十一月二十四日、薩州福昌寺へ狩野永真筆「近江八景跋」寄進。③寛文十一年(一六七一)、島根總光寺へ「後陽成院宸翰」および「諸家目録」を寄進。④寛文十三年(一六七三)正月二十四日、千葉延命寺へト順画・賛「大黒天」を寄進等多数掲載。

(8)愛知学院大学図書館蔵「道正庵文書」、「道正菴十有九世中興ト順菴主肖像画」の「偈頌」、末尾に「永平三十五世勅萬円禅師号晃全老衲誌」とある。月日は不詳。

(9)中野東禅「高祖伝における庶民芸能の影響──『越前国永平寺開山記』」(『宗学研究』一一号、一九六九年所収)。

(10)面山と道正庵二十二世承順との道交は『面山逸録』「諸賛、其六」に「應道正菴承順之招、因拝讀壁上所掛之峩山祖翁真蹟」(『続曹全　語録二』五九〇頁)により確認できる。なお「峩山祖翁真蹟」が何であるかは未確認。

追記──「道正菴由緒記」の本文とその内容概説

「道正菴由緒記」本文

瑞洞山總光玉刹、見不見禅師之開闢、而雲州之名境也。是レ以余家元祖藤原隆英卿、号縣山、居二華洛木下一、世曰二木下一。経左兵衛督正四位下、而叙従三位、任左衛門督。法名道正。第四世典薬頭忠俊朝臣、法名良信、始為二官医一。而及二老年一剃髪、称二元祖之法名一号二道正菴一。又曰二味杏堂一。自レ是累世至二于今一謂二道正菴一、而為二官医一也。元祖道正之榜及歴葉之榜立二法壇一。而献二後陽成院宸筆諸家目録一幅一矣。

于時寛文十一祀八月廿有八日

道正菴第十九法眼藤原徳幽ト順敬記

印　印　印

本書は、島根県仁多郡仁多町の瑞洞山總光寺に所蔵される文書であり、大久保道舟編『曹洞宗古文書』下巻（一二九七番　三二三～三二四頁、筑摩書房、一九七二年）、さらに『続曹全　寺誌・史伝』（一〇九頁、曹洞宗務庁、一九七六年）、および注(7)③にも示したように、『(道正庵)備忘集』にも所載されている。ただし、『備忘集』と文意は同じであるが、語句の上においては数箇所相違する。

総光寺の開山は不見明見（一三四七～一四一〇）である。彼の本師は總持寺通幻派の一大宗匠である通幻寂霊（一三二二～九一）である。彼は、応永元年（一三九四）に総光寺の開山に迎えられ、応永十三年に總持寺の住持となり、晩年には本師の開山地永沢寺へ移り、六十四歳で示寂している。

内容は、道正庵第十九世木下（徳幽）卜順が木下家の由緒を述べたものである。はじめに元祖隆英のこと、次に四世忠俊が初めて典薬頭になったこと、末尾に元祖道正と歴代の道正庵主の位牌と後陽成院宸筆と諸家目録一幅を献呈する旨を記している。本文で述べたとおり、元祖道正は卜順による創作であり実在した人物ではない。『道正庵系譜』にも載っているが四世忠俊の典薬頭・官医就任も疑わしい。元祖道正と同庵歴世庵主の位牌を当該寺院に祀ることを願い出ると共に、一方では容易に入手しがたい後陽成院のご宸筆などを献呈して住持の歓心を巧妙に誘おうとしている訳である。

これに類似する文書が卜順記の『(道正庵)備忘集』に多数あることにより、暗に元祖道正の位牌を各寺院に祀ることを要請しつつ、元祖の存在を定着させようと意図していることは明らかであろう。

第十一章　如浄禅師会下における道元禅師

第一節　『宝慶記』における叢林生活の一考察

はじめに

『宝慶記』は、道元禅師（以下、道元と略称）が在宋中、如浄禅師（以下、浄祖と略称）に師事した参学記録である。その記録によって吾人は、師資の親密度や道元の悟証体験の経過などを読みとることができよう。[1]さらに、そこには、以下に示すように当時の中国（南宋）における寺院（叢林）生活の一端も垣間見える。

秋重義治氏は、『宝慶記考』[2]の中で、その参学問答の内容を⑴正伝の一仏法、⑵信及修証、⑶因果、⑷仏経、⑸学道用心、⑹風儀伝承、⑺印可策励の七つに分類、さらに浄祖の誘掖（自発的慈誨）を⑴坐禅、⑵衣法、⑶法坐、⑷仏子、⑸印可策励の五つに分類し各々論じている。

鈴木哲雄教授は、「『宝慶記』にみる中国禅林の生活」[3]の中で、⑴戒律と清規について、⑵威儀に関すること、⑶食物に関すること、⑷衣類と建造物について、との四項目に分けて論じている。

これら先学の論文は、『宝慶記』全編を網羅的に把握して論及したものである。これに対し、本節では、道元が「学人の功夫弁道」に関する心意識（心得）や行住坐臥（威儀作法）を質問したのに応じ、浄祖がそれに答え示誨した部分を中心に探ってみたい。その部分を限定した理由は、その示誨が叢林生活の注意事項を集中的に説かれているからである。

勿論、その説示者が浄祖、その場所が天童山景徳寺ということで、当時の中国全体の叢林生活に亘るものとは言い難い。興味の中心は、浄祖がいかなる思想背景を元にその示誨をしているか、という点である。

『禅苑清規』や『入衆日用清規』、『摩訶止観』等の思想が、この『宝慶記』の説示に反映しているとすれば、具体的にどの箇所がどのように引用されているのであろうか。それらの点も興味がある。

一、叢林生活上の諸注意

本論で採り上げようとする『宝慶記』の箇所は、比較的入手し易いテキストでいえば、大久保道舟編『道元禅師全集』下巻（筑摩書房、一九七〇年）所収の『宝慶記』および宇井伯寿訳註『宝慶記』（岩波文庫、一九六四年）の通し番号５（両書共）が中心である。

以下に全久院所蔵『宝慶記』を底本とし、その本文を挙げ、順次に論及していこう。

(1)「不レ可二長病一、不レ可二遠行一、不レ可二多読誦一、不レ可二多諫諍一、不レ可二多営務一」

この語は、『摩訶止観』巻九上[4]に禅定の障として挙げた「長病」「遠行」「多諫諍」「多営事」「多読誦」を『止観輔行伝弘決』巻九之一[5]で羅漢果と禅定を退出させる五法「一長病、二遠行、三諫諍、四営事、五多読誦」と解釈したものを承けたとされている。[6]「営事」が「営務」になり、「諫諍」「営事」「読誦」の順位が「読誦」「諫諍」「営務」と変わり、「多」が付いたり付かなかったりするなどの相違がある。しかし、浄祖が上記の二書を踏まえていることが知られ、そこに「天台止観」の影響があったことを窺わせる。

右の項目中、「遠行」とは、遊行や遍参のことである。参師聞法の意で許されてもよいと思われるが、『慶元条法事類』の「行遊門」[7]には種々の規程があり、自由に遊行できなかったのである。「営務」とは、ここでは坐禅の行以外の世間的雑務を指す。

(2)「不レ可レ食二五辛一、不レ可レ食レ肉、不レ可二多食乳一并蜜等、不レ可二飲酒一、不レ可二多諸不浄食一」

禅宗寺院の山門の傍に「不レ許二葷酒入一山門一」の戒壇石（葷酒牌）が置かれていることがある。その「葷酒」とは、周知の如く葷辛（くさい蔬菜とからい蔬菜）と酒肉のことで、出家者の飲食として禁止されているものである。その葷辛の辛に「五辛」を数える。「五辛」の数え方にも種々あり[8]、『仏祖統紀』巻三十三[9]には以下の三種を所載する。①大蒜・茖（革）葱・慈葱・蘭葱・興渠〈梵網経[10]〉、②革葱・慈葱・木葱・蒜・興渠〈雑阿含経[11]〉、③葱・韭・薤・大蒜・小蒜〈此方＝中国〉。『梵網経』の本文では、五辛を列挙した後に「是五種一切食中不レ得レ食、若故食者、犯二軽垢罪一」と続く。

『禅苑清規』護戒に「不応食」[12]として「葱・韮・薤・蒜・園荽・酒肉・魚兎、及乳餅・酥酪・用螃蟹卵・猪羊脂」を挙げ、服食を禁じている。さらに続けて「如レ遇二病縁一、寧捨身命終不レ以二酒肉俗味毀禁戒一」と記すように厳しく規制しているのである。同書の磨頭園頭荘主解院主の中、荘主の項に「酒肉葱薤無レ使二入門一」[13]とあり、同じく延寿堂主浄頭の堂主の項に「如レ欲二沽酒下薬一、及以二浸薬一為レ名、食啖魚肉葱薤貴図補益、是時堂主当以二禁戒因果一善レ言開レ諭、令レ堅二正念一」[14]とある。このように酒肉葱薤の山門への持ちこみが規制され、「魚肉葱薤」が病僧の薬として効能があっても服用は許されなかった。さらに同書の訓童行の項に大僧に近事する際、五戒を保持すべきであり、その第五に「不飲酒食肉寧捨身命無犯此戒」[15]と示されている。なお同書には、間食の禁止も定めている。護戒の項、「非時食」に「小食・薬石・果子・米飲・荳湯・菜汁之類」[16]を挙げ、斎粥の二時以外の食物を全て禁じている。「訓童行」の項にも「不レ得二雑食一」として「果子并菜・粥・飲・餅・飥」[17]を挙げ、同じく禁じている。

このように叢林の食生活に関し、随処に葷辛酒肉類をはじめとする食物の禁止規制がされているのは、逆にいえばそれを守ることが難しく、度々破られていたといえようか。『法苑珠林』巻九十二に、「肉食十過」[18]ともいうべき警告が示されているが、僧侶はつい口にしてしまうのであろう。

「五辛」「肉」「酒」の禁止は、中国仏教徒の生活信条として当然の帰結であった。浄祖が、それを禁止するのもその流れに沿うものであったといえる。

「不レ可二多食乳一并蜜等」は、後に掲げる「莫多喫乳并蕪蜜等」と同様な規条である。この「乳」とは、牛乳のことであろうが、中国の叢林で、いつ頃から飲まれるようになったのか不明である。なお、この前項の細字「并蜜等」がない異本もある。[19]また後項の「莫多喫多乳」の下の字「并」が「餅」になっている異本もある。[20]「乳」が牛乳ではなく「乳餅」である可能性もある。「乳餅」とすれば、前記『禅苑清規』護戒の項、「不応食」の一として挙げられていた。それが、浄祖の在世時には、許容されていたのであろうか。単に「多食」の禁止になっている。そこに変遷が認められる。その「乳餅」とは、『本草綱目』巻五十に「乳腐」の釈名欄に挙げられる。[21]牛酪の如きものである。この「乳餅」の語は、『如浄語録』中、「浄慈寺語録」の上堂語に見出せる。「斎時三枚乳餅、七枚菜餅」[22]とあるように、当時、斎食に乳餅や菜餅が供されていたことを知る。

次に「蜜」とは、蜂蜜のことであろう。「蕪（蘇）蜜」とは、蘇と蜜とのことと思われるが、上の「乳」ないし「乳餅」との関連からいえば、蘇の存在が不自然である。「蘇」が「酥」であれば、「酥蜜」ということで、酥と蜜、またその両方を混合したものとなり、「乳」などとも自然に連なる。

「不レ可レ食二諸不浄食一」の「諸不浄食」に関して、面山撰『宝慶記聞解』巻上には、それを「邪命食」[23]であるとし、道元撰『知事清規』にも説く「四邪食・四口食・四不浄食」[24]を指摘している。それは、方邪（政治）、維邪（医方卜相）、仰邪（星占術数）、下邪（農業）を言い、仏道以外の生活形態を指す。「不浄食」「不清浄食」の語は、『四分律』[25]や『十誦律』[26]などにも既に所載する語である。

なお、この「諸不浄食」を「四不浄食」とするのではなく、前四項の「五辛」「肉」「乳」「酒」の後に続くことを重視して文字通りの「不浄食」と解釈することもできる。その場合、不潔・不衛生な食物類を口にするのを禁じていることになろう。

そうであれば、以上の五項目は、叢林における食生活の注意事項になろう。

(3)「不レ可レ聴二伎楽歌詠等声一、不レ可レ見二諸舞妓一、不レ可レ見二諸残害等一、不レ可レ見二諸卑醜事一謂男女婬色等、不レ可レ親二近国王大臣一」

この中、「不レ可レ聴二伎楽歌詠等声一」の「歌詠」が「歌舞」になり、下の「不レ可レ見二諸舞妓一」がない異本が数種ある。[27]つまり前二項が一つになり、「不レ可レ聴二伎楽舞等声一」となっているのである。これは、「塗飾香鬘歌舞観聴」（倶舎論巻十四）[28]、「不二自歌舞作楽一不レ往二観聴一」（智度論巻十三）[29]、「不レ作二倡伎楽故往観聴一」（菩薩善戒経）[30]などを承け、「不三歌舞作唱故往二観聴一」（禅苑清規）[31]を継いだものであり、聴の伎楽歌詠と観（見）の舞妓とを分けて示したものといえる。いずれも沙弥・沙弥尼の十戒や八戒に含まれるものである。

「不レ可レ見二諸残害等一」の「残害」とは、狩猟・魚獲・屠殺などの残酷行為。後に挙げる「不レ可レ歴二見屠所一」も同種の注意である。「不レ可レ見二諸卑醜事一」は、下に続く細字の注の通りであり、説明の必要はない。以上の四項目に関し、『宝慶記私記』には「已上皆見則心渉二散乱一妨二道念一故制レ之」[32]とある。

「不レ可レ親二近国王大臣一」とは、『宝慶記聞解』巻上に「（法華経）安楽品ノ大意也」[33]と示す通りである（「不親近国王王子大臣官長」[34]）。また流布本『禅苑清規』所収の「一百二十問」中に「不レ近二王臣一否」[35]の語がある。王臣と僧侶との関係は、浄祖在世当時の中国仏教も政治的に無関係ではあり得ないのであるが、信仰上では自由と独立を保持するのが理想であった。浄祖の潔癖な性格が反映しているかも知れない。なお、道元の伝記中、『建撕記』諸本に浄祖が道元の帰朝に際し、五箇条の垂誡として与えた語の一として「莫近国王大臣」[36]が所載している。後、道元が入越する時、浄祖の示誨を想起して下向を決意したとする伝記史料もある。[37]言うまでもなく、それが史実か、伝記作者の創作かは別問題であり、ここではその追求を割愛する。

(4)「不レ可レ食二諸生硬物一、不レ可レ著二垢膩衣一、不レ可レ歴二見屠所一、不レ可レ喫二久損山茶及風病薬一天台山有」

この項目中、「不レ可レ食二諸生硬物二」と「不レ可レ喫二久損山茶及風病薬二」とは、食生活の衛生や健康に関連する。「生硬物」とは、文字通り「生(なま)」で「硬(かたい)」もの、食品として充分に「ねれていないもの」「熟していないもの」である。「久損二山茶及風病薬一」とは、久(=旧)損(古くなり損した)の「山茶」と「風病薬」ということである。この「山茶」を「茶山花(さざんか)」と解する向き[38]もあるが果してどうであろう。『本草綱目』巻三十六の「山茶」の項には、「海石榴」[39](和名、つばき)とも記す。前記の「茶山花」は、ツバキ科の常緑亜喬木。この「山茶」は、同じツバキ科だが常緑喬木である。また同書に拠れば、「山茶」は「其葉類茗、又可作飲。故得茶名」(時珍曰)[40]とある。さらに同書に引用する周憲王の「救荒本草」には、「山茶𤏓熟嫩葉、水淘食。又蒸酒作飲」[41]とある。「風病薬」とは、「風病」の薬ということ。ちなみに「風薬」の語を『本草綱目』で引くと、「沢蘭」(巻十四)の釈名中の一に「風薬」[42](和名、さわあららぎ・さわらん、あさひらん・さわひよどりばな)、「石南」(巻三十六)の釈名に「風薬」[43](和名、しゃくなげ・さくなんげ。石楠・石南花)が見える。この後者「石南」は「茗に充たし酒に浸して飲めば風頭を愈す」[44](時珍曰)とある。この「風頭」は「風」の病気による頭痛と思われるが、その「風」の病名が不明である。諸橋『大漢和辞典』巻十二の「風」の項中、病の名として、①かぜ、風邪、②中風、③きちがい、④おこり、⑤癩病の五種を挙げているが、どれに相当するか不明である。いずれにしても、その「山茶」と「風病薬」が、天台山に有ったというのである。

「不レ可レ著二垢膩衣二」の「垢膩衣」とは、文字通り「垢(あか)」や「膩(汗あぶら)」で汚れた衣(法衣)のこと。『摩訶僧祇律』巻九[45]などにも説かれているように、僧侶は常に身に着けるものを清潔に保たねばならない。『禅苑清規』入室の項にも「入レ室人、常令三衣服浣浄無レ帯二垢膩[46]二」とある。

「不レ可レ歴二見屠所二」は、既に前で触れた。なお、後述する「十六悪律儀」にも含む「為利買已屠殺」に関連する。

(5)「莫レ喫二諸椹一、莫レ視二聴名利之事一、莫レ多二喫乳并蕉蜜等一、莫レ親二厚扇棉半茶迦等類一、莫レ多二喫梅干及乾栗一、莫レ多二喫竜眼茘枝橄欖等一、莫レ多二喫沙糖霜糖等一、莫レ著二厚綿襖一、又莫レ不レ著レ綿、莫レ喫二兵軍食二」

先に十九の「不可」項目に続く、「莫」項目であり、この後に「莫」項目は四種ある。この中、また叢林の食生活に関するものを順に抜き出してみよう。

「莫レ喫二諸椹二」の「諸椹」とは何か。古来、道元撰『典座教訓』に所出する「倭椹」[47]「椹」を日本製の「椎茸」とするのが一般的であった。しかし、最近、東隆眞教授によって、その「倭椹即日本製椎茸」説が崩されたといってよかろう。要点をいえば、「倭椹」とは「日本産の桑の木の皮、ないし桑の木に発生する珍しい菌[48]」のことで、出汁をつくる時に用いるというものである。ここでいう「諸椹」の「椹」は、桑の実のことである。『宝慶記聞解』巻上には、「諸椹」の「諸」は「葅」と通じて「つけもの」のこと、つまり塩でつけた桑の実と解釈する[49]が果して如何か。

「莫三多喫二乳并蕉蜜等一」は既述した。「莫三多喫二梅干及乾栗一」について、異本中に「梅干」が「梅子」[50]、「乾栗」が「乾菓」[51]となっているものがある。「梅干」であれば、所謂「うめぼし」であり、日本独自の食品である。『伊呂波字類抄』に、初めて「烏梅ウメホシ、梅干」とあらわれるという。従って「梅干」ではなく「梅子」となる。「梅子」であれば「梅の実」ということである。『本草綱目』巻二十九の「梅」の「実」の項に「多食損レ歯傷レ筋、蝕二脾胃一、令三人発二膈上痰熱一」[52]とある。次に「乾栗」は「梅子」との関係上、「乾栗」ではなく「乾栗」のままでよいと思われる。「乾栗」の具体的形状は不明である。『本草綱目』巻二十九の「栗」の「実」の項に「凡栗日中曝乾食、即下レ気補益、不レ爾猶有二水気一、不二補益一也。火煨去レ汗、殺二水気一、生食則発レ気、煮蒸炒熟食則壅レ気」[53]とあり、また「小児不レ可二多食一、生則難レ化、熟則滞レ気、膈食生レ虫往往致レ病」[54]と記す。鹿野白堂撰『宝慶記弁疑』には、「梅子ハ酸毒アリ、栗は渋毒アリ」[55]とある。梅や栗は、浙江省の随所に植えられていたであろう。僧衆もごく自然に口にできたものと思われる。

「莫レ多二喫竜眼茘枝橄欖等一」の「竜眼」「茘枝」「橄欖」の三種の果物は、叢林においては比較的高級なものであったろう。『本草綱目』巻二十九に拠れば、「竜眼」は「生者沸湯瀹過食、不レ動レ脾」[56]と過食の無害を説くが、「茘枝」には「生二茘枝一多食、発レ熱煩レ渇、口乾衄血」[57]、「橄欖」には「多食能致二上壅一」[58]と記し、多食の弊害を説いている。

なお、竜眼と茘枝を比較するならば、食品としては茘枝を貴しとするが、資益の上では竜眼を良しとする。また茘枝は性熱であるが竜眼は性和平であるという。竜眼は単なる果物、茘枝と橄欖は薬用にもなる。いずれにしても、叢林では贅沢品で、時に後者の二品に多食の害もあるので注意を促したのであろう。後項に同様の注意がある。

「堂頭和尚慈誨曰、功夫弁道坐禅時、莫レ喫二胡菰一、胡菰発熱也」[59]

「菰」の字は、大久保道舟編『道元禅師全集』下巻の活字で、諸種の異本と異なる。[60]「胡菰」は、菰[61]（まこも）の実のことで、「菰米」「彫胡米」ともいう。なお、異本中、面山撰の明和本『宝慶記』には、「胡椒」としている。恐らく「発熱」の語から造語したものと思われる。

「莫レ多二喫沙糖霜糖等一」では、「沙糖」と「霜糖」の多喫を禁じている。『本草綱目』巻三十三に拠れば、「沙糖」は、「石蜜」の釈名に「白沙糖」[62]として所載する。なお「沙餹」の項に甘蔗の汁から製し、乾いたものを「沙餹」、その沙餹中に凝結して石のようなものを「石蜜」、その石蜜を細かく砕いたものを「餹霜」、氷のようなものを「冰餹」[63]との旨を述べている。厳密には「沙餹」と「沙糖」とは相違するが、一般の日本人は区別しない。本文の「霜糖」は、「餹霜」の誤写かも知れない。塩分と同様、糖分の摂り過ぎもよくない。前掲書には「沙餹性温、殊於蔗漿、故不レ宜二多食一、與二魚笱之類一同レ食、皆不レ益レ人、今人毎用レ為二調和一、徒取二其適一レ口、而不レ知レ陰受二其害一也」[64]と記している。

「莫レ喫二兵軍食一」の「兵軍食」とは、兵糧（粮）のこと。戦時の非常食であるからあまり消化によくないと思われる。その「兵軍食」が、時に叢林へ流入することがあったのであろうか。なお、これを叢林から離れ（還俗や科犯）、兵卒となって生活してはならぬとの意味にもとれる。

「莫レ視二聴名利之事一」とは、出家の本懐を遂げるべきことを勧めたものである。「名利之事」は、所謂「世俗事」である。出家者は、それから出離していなくてはならない。『禅苑清規』所収の「一百二十問」中に「不レ希二求名誉一否」[65]があるのは、僧侶でありながら名利を求める者が絶えなかった証左である。

「莫レ親二厚扇楴半茶迦等類一」とは、性的異常者との親厚を禁じたものである。「扇楴」は、梵語 saṇḍha の音写で「扇搋」「扇侘」とも記し、「生不能男」と訳す。「半茶迦」は、梵語 paṇḍaka の音写で「半択迦」とも記し、「半月不能男」[66]と訳す。『十誦律』巻二十一では、「五種不男」中の第一と第二に挙げる。[67]『倶舎論』巻十五に「黄門」に二種[68]ありとして、右の二を挙げる。中国では、有名な「宦官」がいた。宮刑者と自ら進んで外科的手術を受ける者がいた訳である。そのような者は、出家して具足戒を受けることはできない。従って叢林内には居ない筈である。要するに「不婬戒」の上から倒錯的な性的行為（男色）も含めて禁止していると解してよかろう。勿論、差別的意識とは異なる立場からの説示である。

「莫レ著二厚綿襖一、又莫レ不レ著レ綿」は、衣服に関する注意である。厚い「綿襖」（綿入れの上衣）は動きも鈍くなり、視た眼も悪い。しかし、寒い時は多少の綿入れを著けてもよい、との老婆心が込められている。天童山などの深い幽谷では、夏でも朝晩冷えこむこともあるのであろう。[69]

(6)「莫レ往二観喧喧之声轟轟之声猪羊等之群一、莫レ往二観大魚及大海悪画傀儡等一」

この項は、いずれも定心を妨げ、散心の生ずる対象を挙げ、その往観を禁止している。

「喧喧之声」とは、巷間における人々や楽器などのかまびすしい音声。「森轟之声」とは、車馬のとどろく音声。つまり、市井の賑やかさは、心を浮わつかせ乱すばかりで無益だというのである。『禅苑清規』の「自警文」中に「市井閑談」[70]を慎しむべきことが説かれ、同じく「沙弥受戒文」の中にも「好色邪色、一無視聴」[71]と示されている。

「猪羊等之群」とは、猪（豬）と羊などの群、つまり代表的肉食の対象動物が群がっている所。肉食の禁止を規定されている僧侶に不要な刺激は避けるべきだとの立場であろうか。

「莫レ往二観大魚及大海悪画傀儡等一」の「大魚及大海」「悪画」「傀儡」とは何か。『宝慶記聞解』巻上に拠れば、「大魚、鯨ヲトルト、大勢人ガソコニヨル、又高イ処ニ上テ、大海ノ何十里先キガミエルト云テ遠見スルナ」と「大魚及大海」[72]を解している「悪画」は、「枕双紙ノ様ナモノ」[73]（春画）と釈している。「傀儡」は、巨人と小人のこと。恐らく雑技団などの見せもの小屋の芸人の類であろう。浮き立ち、興奮する心も定心を乱すというのである。

以上までの三十項目は、「不可〜」「莫〜」とある如く全て禁止ないし否定の内容であった。次に続く五項目は、「応〜」「直須〜」とある通り積極的な肯定の内容である。

(7)「尋常応レ観二青山谿水一、直須三古教照心、又見二了義経一」

「尋常応レ観二青山谿水一」は、一種の観法と判断してよいと思われる。「青山谿水」は、大自然そのものである。『摩訶止観』巻四下に止観の前方便として、具五縁の第三に閑居静処が説かれ、それに好処の三種①深山遠谷、②頭陀抖擻、③蘭若伽藍を挙げている。その中、「深山遠谷」の項に「若二深山遠谷一途路艱険、永絶二人蹤一。誰相悩乱。恣レ意禅観念在レ道、毀誉不レ起。是処最勝」[74]とあって、静坐の理想的環境を示しているのである。「青山谿水」を観ることと「深山遠谷」に処すことは、一面相違するようであるが、生活形態としては同一である。なお、道元は『正法眼蔵』の「谿声山色」や「山水経」などの巻において尽十方界に充ち溢れる「正法」の世界を独自の説示で展開している。

「直須二古教照心一」とは、仏祖の語に自己の心を照らして反省すべきことを勧めたもの。周知の如く、「古教照心」は、僧肇撰『宝蔵論』の「夫古鏡照レ精、其精自形、古教照心、其心自明」[75]に由来する。『禅苑清規』の「一百二十問」中に「古教照心否」[76]がある。なお道元撰「重雲堂式」には、「堂にしては究理弁道すべし、明窓下にむかふては古教照心すべし」[77]と記している。この明窓下は衆寮を指す。

「又見了義経」の「了義経」とは何か。道元は、別の日にこの「了義経」に関し、浄祖に拝問している。[78]浄祖は、初め一般的答えをした。そこで、道元は、広説（説了道理）と略説（未明義理）とによって了義と不了義というのかと再問する。そこで浄祖は、次の如く教示する。

「堂頭（浄祖）慈誨曰、汝言非也、世尊所説、広略倶尽二道理一也。縦広説究二尽道理一、縦略説究二尽道理一。於二其義理一無レ不二究竟一。乃至聖黙聖説、皆是仏事。所以光明為二仏事一、飯食為二仏事一、生天・下天・出家・苦行・降魔・成道・維衛・涅槃、尽是仏事也。見聞衆生、倶得二利益一也。所以須レ知、皆了義也。於二其法中一説二了其事一、名二了義経一。乃仏祖法也」[79]

道元は、この慈誨によって真の「了義経」の意を把握した。後日、『正法眼蔵』の説示を展開する上の思想的核心をなすものである。[80]

(8)「坐禅弁道衲僧、尋常直須二洗足一。身心悩乱之時、直須黯二誦菩薩戒序一。問云、菩薩戒何耶。和尚示曰、今降禅所レ誦戒序也」

坐禅弁道の実践を重んずる禅僧への衛生と心理上の効験を示したのが「洗足」であろう。それは、『金剛般若経』に示されるように釈尊が、托鉢し食事を了り、衣鉢を収めた後、洗足し坐禅を行じた[81]故事に由来するものと思われる。

「身心悩乱之時、直須黯二誦菩薩戒序一」とは、一種の精神安定法である。その「菩薩戒序」とは何かが問題である。

「菩薩戒序」とは、「梵網経菩薩戒経（詳しくは梵網経盧舎那仏説菩薩心地戒品第十）」の「序」ということであろうが、これに①僧肇作と伝える「梵網経序」[82]②慧因撰『梵網経菩薩戒注』巻二に所載する「諸仏子等合掌至心聴」に始まる「説戒序」[83]、と推定する二説がある。いずれにしても、当時、その「菩薩戒序」を諳誦する風習があったことを知る。なお、その「戒序」を誦していた典型的人物として「降禅」を挙げていることも興味深い。この降禅は、日本からの入宋僧で、『正法眼蔵』嗣書巻に見える「降禅上座」、『永平広録』巻十に出る「禅上座」、『正法眼蔵随聞記』巻二にある「五根房」等と同一人物であろうと見做されている。[84]なお、その『随聞記』では、道元が「五根房」の「持斎ヲ固ク守リテ、戒経ヲ終日誦セシヲバ教ヘテ捨シメタリシ也」[85]と述べられている。

(9)「莫レ親二近小人卑賤之輩一。拝問云、云何是少人。和尚示云、貪欲多者、便是少人也」

「小人卑賤之輩」が「貪欲多者」ということである。徳や修養のない小人ではなく、高徳な君子に親近せよというのである。貪欲が多ければ多い程、無慚無愧になり、心も卑しくなり勝ちなのが凡夫である。

(10)「莫レ飼二虎子象子等、并猪狗猫狸等一。今諸山長老等養二猫児一、真箇不可也、暗者之為也。凡十六悪律儀者、仏祖之所レ制也。慎勿二放逸慣習一矣」

道元の在宋当時、叢林において長老達が、種々の獣類を飼養していたことが判る。『涅槃経』巻二十九[86]や異本巻二十七[87]の「十六悪律儀」中の第一「為レ利餧二養羔羊肥已転買一」や第三「為レ利餧二養猪豚肥已転買一」などに該当する。その上での注意であろう。しかし、実際に利得の為に餧養したり、肥養して転買するようなことがあったかどうかは知らない。浄祖は、道元に敢えて弊風の事実を教えたのである。

おわりに

以上、本文に示す項目を便宜的に分けて論述してきた。その内容を見ると、衣食住の三形態に関する注意とも解せる。そこで次に本文に挙げられていた順位に各々番号をマルの中に付し、各項目をその三形態に分類して掲げておこう。その後に体系的な論書として知られる『摩訶止観』の構造に照らして、それらの項目と如何に対応するか考慮してみたい。

(1) 衣生活

不可著垢膩衣⑰、莫著厚綿襖、又莫不著綿㉗

(2) 食生活

不可食五辛⑥、不可食肉⑦、不可多食乳并蜜等⑧、不可飲酒⑨、不可食諸不浄食⑩、不可食諸生硬物⑯、不可喫久損山茶及風病薬天台山有⑲、莫喫諸椹⑳、莫多喫乳并蕪蜜等㉒、莫多喫梅干及乾栗㉔、莫多喫竜眼茘枝橄攬等㉕、莫多喫沙糖霜糖等㉖、莫喫兵軍食㉘、「功夫弁道坐禅時、莫喫胡菰、胡菰発熱也」

(3) 住生活

不可長病①、不可遠行②、不可多読誦③、不可多諫諍④、不可多営務⑤、不可聴伎楽歌詠等声⑪、不可見諸舞妓⑫、不可見諸残害等⑬、不可見諸卑醜事謂男女婬色等⑭、不可親近国王大臣⑮、不可歴見屠所⑱、莫視聴名利之事㉑、莫親厚扇椞半茶迦等類㉓、莫往観喧喧之声轟轟之声猪羊等之群㉙、莫往観大魚及大海悪画傀儡等㉚、莫親近小人卑賤之輩㊱、莫飼虎子象子等、并猪狗猫狸等㊲、尋常応観青山谿水㉛、直須古教照心㉜、又見了義経㉝、坐禅弁道衲僧、尋常直須洗足㉞、身心悩乱之時、直須黯誦菩薩戒序㉟

右の項目中、①～⑤は、『摩訶止観』巻九上の冒頭文に由来することを既に指摘した。その項目は『摩訶止観』の構成の上でいえば、(1)大意、(2)釈名、(3)体相、(4)摂法、(5)偏円、(6)方便、(7)正修止観（(8)～(10)は略）中の(7)に該当する。その(7)に説かれる「十境」の第六「観禅定境」の文で禅定の障害となる項目である。浄祖は、それを冒頭に示した訳である。⑥以下の項目は、その内容からいえば、(7)「正修止観」の前の(6)「方便」に相当する。その「方便」は、(1)具五縁、(2)呵五欲、(3)棄五蓋、(4)調五事、(5)行五法の所謂「二十五方便」と称されるものである。

(1)の五種中、「持戒清浄」に⑥⑦⑨⑩と⑪⑫、「具足衣食」に⑰⑱、「閑居静処」は右の項目にないが、『宝慶記』本文の他の箇所に「堂頭慈誨曰、不レ可下在二当風之処一而坐禅上」とある。「息二諸縁務一」は、全項目の根底にあるもの。「近二善知識一」は見当らない。次に(2)の五種中、「呵色欲」に⑫′⑭⑮㉑㉚、「呵声欲」に⑪′と㉙の前半、「呵味欲」に⑥′⑦′⑧⑨′⑳㉒㉔㉕㉖、「呵香欲」と「呵触欲」はない。さらに(3)の五種中、「棄貪欲蓋」は、上記の(2)「呵五欲」とも関連する。他の四種蓋（瞋恚・睡眠・掉悔・疑）には該当項目なし。また(4)「調五事」の五種中、「調食」は右記の(2)の「呵味欲」に関連する。そして(5)「行五法」の五種中、「念」に㉛㉟、「巧慧」に㉜㉝、「一心」に㉞が各々該当する。「欲」と「精進」はない。

以上、便宜的に諸項目を振りあててみた。元より天台学の門外漢であるので誤解も多くあろう。この『摩訶止観』と同様の構成なのが『禅門修証』である。関口真大氏は、『摩訶止観』に円頓止観、『禅門修証』に漸次止観を説くとされる。浄祖の思想的基盤が、どこにあるか。右の諸項目だけで判断はできない。『如浄語録』をはじめ、『正法眼蔵』『永平広録』などに説示される分も合わせて考慮されねばならないであろう。本節では、その分析は不可能であるが、少なくとも『宝慶記』のこの示誨では、総体的に漸次止観に傾いている。とはいえ、浄祖の示誨のねらいは、「止観」や「禅」というものに焦点を絞って説いたものではなく、一般的に初心の学人に「功夫弁道」の心得を示したものである。従って、『摩訶止観』や『禅門修証』と対照すること自体に無理があるかも知れない。むしろ、『禅苑清規』などの清規類との対比をすべきであるとの指摘も受けようが、それは本文でその都度、簡単に触れた通りである。今後、『宝慶記』全体をさらに検討していきたい。

（未完）

注

（1）黒丸寛之「宝慶記の一考察──道元禅師に於ける正法の基底」（『宗学研究』八号、一九六五年）、新野光亮「宝慶記の身心脱落考」（『傘松』三八六号、一九七五年）、吉田道興「心塵脱落と身心脱落について」（『宗学研究』二〇号、一九七八年、本書所収、「思想編」第二章第二節）等。

（2）九州大学哲学研究会編『哲学年報』五～七輯、一九四六～四八年（『秋重義治博士遺稿集　道元禅の大系』所収、八千代出版、一九八三年）。

（3）『傘松』三八五号、一九七五年（『傘松』臨時増刊号「特集・宝慶記の参究」所収、一九七五年）。〔『傘松』臨時増刊三八五号、特集『宝慶記』の参究、一九七五年〕①榑林皓堂「道元禅師と宝慶記」、②川口賢龍・中村道隆・服部元良・小倉玄照「入室参話「宝慶記と弁道の用心」〈対談〉」、③鏡島元隆「如浄語録と宝慶記」、④秋重義治「宝慶記考補遺」、⑤桜井秀雄「宝慶記参究の資料」、⑥中世古祥道「宝慶記首文の疑問」、⑦鈴木哲雄「『宝慶記』にみる中国禅林の生活」、⑧鈴木格禅「宝慶記の坐禅」。⑨新野光亮「宝慶記の身心脱落考」、⑩大野信光「宝慶記の法衣」、⑪川口常光「宝慶寺と宝慶記」、⑫木村清満「鈴木格禅先生の「宝慶記の坐禅」と題する論文について」。

（4）『大正蔵』四六巻、一一七頁a～b。

（5）『大正蔵』四六巻、四一〇頁a。

（6）『宝慶記事林』（『続曹全　注解一』一二八a）。

（7）『慶元条法事類』巻五十一。度牒・戒牒・公憑の保持、行先の屈出、期間の限定等。

（8）諏訪義純「中国仏教における葷辛禁忌の受容について」（『日本仏教学会年報』五一号、一九八六年、一九五～二一〇頁）の中で『梵網経巻下』以下十種の典拠を一覧表にして挙げている。

（9）『大正蔵』四九巻、三三二頁c～三三三頁c。

（10）『大正蔵』二四巻、一〇〇五頁b。

（11）『法苑珠林』巻九十四（『大正蔵』五三巻、九八一頁b）に「雑阿含云」として所載。

（12）鏡島元隆・佐藤達玄・小坂機融『訳註禅苑清規』（曹洞宗宗務庁）「護戒」一六頁。

（13）同右書、一四六頁。

（14）同右書、一五〇頁。

（15）同右書、三三三頁。

（16）同右書、一六頁。

（17）同右書、三三三頁。

（18）『大正蔵』五三巻、九七四頁c～九七六頁a。

(19)『宝慶記』の異本中、熊本広福寺蔵本・小浜永福庵蔵本等。
(20)同右。
(21)『本草綱目』(商務印書館版)巻五十・九二頁。
(22)鏡島元隆著『天童如浄禅師の研究』(春秋社)所載「天童如浄和尚録」の中、「浄慈寺語録」の「十月旦上堂」(二三三頁)。
(23)『曹全書　注解四』(曹洞宗全書刊行会編)所収「宝慶記聞解」巻上・二二一b。
(24)同右、宗源上所収「日域曹洞初祖道元禅師清規」中、「知事清規」六二八b。
(25)『大正蔵』二三巻、七六〇頁a、七六〇頁c、七六一頁b等多数。
(26)『大正蔵』二三巻、三九四頁a、四六五頁c等。
(27)熊本広福寺蔵本、越前宝慶寺蔵本(大久保道舟編『道元禅師全集』下巻所収の対校本)、小浜永福庵蔵本、京都龍華院蔵本等。
(28)『大正蔵』二九巻、七三頁c。
(29)『大正蔵』二五巻、一五九頁c。
(30)『大正蔵』二四巻、一〇二四頁c。
(31)前掲書(9)の「沙弥受戒文」三一二頁。『沙弥十戒法并威儀』(『大正蔵』二四巻、九二六頁b)参照。
(32)『宝慶記私記』信操堅撰、元治元年写・顕外道筆。駒澤大学図書館一三一・四－W三一〈本書は曹洞宗全書刊行会の蒐集書である〉旭伝院岸沢文庫に所蔵しているもの。
(33)前掲書(23)と同じ。
(34)『妙法蓮華経』巻五、安楽行品第一四(『大正蔵』九巻、三七頁a)。なお、この文の後に「不親近諸有兇戯相扠相撲及那羅等種種変現之戯。又不親近旃陀羅及畜猪羊鶏狗、畋猟漁捕諸悪律儀」等と続く。後述の「十六悪律儀」とも関連する。→(87)
(35)前掲書(12)の「一百二十問」中の句(二九〇頁)。
(36)河村孝道編著『諸本対校　永平開山道元禅師行状建撕記』(大修館書店)三一頁。明州本・延宝本・門子本・訂補本の四本が同一。瑞長本には「莫近付国王大臣」とある。
(37)前掲河村本、四四～四五頁。瑞長本・門子本・訂補本他。
(38)前掲書(23)の二二二頁。宇井伯寿訳註『宝慶記』(岩波文庫)の注記七一頁。
(39)前掲書(21)の巻三十六・一二三頁。
(40)同右。その「茗」とは、茶の別名である。
(41)同右。
(42)前掲書(21)の巻十四・五九頁。
(43)前掲書(21)の巻三十六・一一三頁。
(44)同右。
(45)『大正蔵』二三巻、三〇一頁b・三一〇頁b。『大比丘三千威儀』(『大正蔵』二四巻、九一四頁a)参照。
(46)前掲書(12)「入室」六八頁。
(47)前掲書(24)『典座教訓』五九六a。
(48)東隆眞「倭椹、柏――中国訪問余塵」(『中国仏蹟見聞録』一集、一九七九年)二六～二九頁。
(49)前掲書(23)の二二二頁。
(50)京都龍華院蔵本、無著道忠筆。
(51)伊勢四天王寺旧蔵本、智田道淳筆。
(52)前掲書(18)の巻二十九・四一頁。
(53)同右、巻二十九・五四頁。
(54)同右。
(55)『宝慶記弁疑』鹿野白堂撰、一八七七年序跋、駒澤大学図書館一三一・四－W二八〈(31)と同じく、曹洞宗全書刊行会の蒐集書〉一七丁右。金沢市浄住寺所蔵。
(56)前掲書(21)の巻三十一・四頁。
(57)同右、巻三十一・一頁。
(58)同右、巻三十一・五頁。
(59)大久保道舟編『道元禅師全集』下巻所収『宝慶記』の通算番号は23。三八〇頁。
(60)豊橋全久院蔵本。「葳」。
伊勢四天王寺旧蔵本。「莀」。
小浜永福庵蔵本。「莀」。

京都龍華院蔵本。「苽」。
面山撰（明和本）『宝慶記』。「椒」。

(61) 前掲書(20)の巻十九・一〇一頁。

(62) 同右、巻三十三・六〇頁。

(63) 同右、巻三十三・五九頁。

(64) 同右。

(65) 前掲書(12)の「一百二十問」、二九〇頁。

(66) 『翻訳名義集』巻二（『大正蔵』五四巻、一〇八三頁a）。

(67) 『大正蔵』二三巻、一五三頁c。

(68) 『大正蔵』二九巻、八〇頁b「扇搋及半擇迦」。

(69) 前掲書(12)の「弁道具」に「綿被」（二〇頁）、「装包」に「綿衣」（二二頁）が説かれている。

(70) 同右、二八四頁。

(71) 同右、三一四頁。

(72) 前掲書(23)の二二三頁。

(73) 同右。

(74) 『大正蔵』四六巻、四二頁b。

(75) 『大正蔵』四五巻、一四四頁b。

(76) 前掲書(12)の二八七頁。

(77) 『正法眼蔵』「重雲堂式」巻（岩波文庫、上巻、九六頁）。

(78) 前掲書(59)の通算番号は18。三七八頁。

(79) 同右、三七八～三七九頁。

(80) 例せば「現成公案」巻における冒頭の法句「諸法の仏法なる時節」から「しかあれども証仏なり、仏は証しもてゆく」までの論法、「行持」巻における発心修行菩提涅槃を行持道環と把握していること等に顕著である。

(81) 鳩摩羅什訳『金剛般若波羅蜜経』に「爾時世尊、食時著衣持鉢入舎衛大城乞食、於其城中次第乞已、還至本処飯食訖、収衣鉢洗足已敷座而坐」（『大正蔵』八巻、七四八頁a）とある。この中、「洗足」の箇所を天台智者大師が『金剛般若経疏』で「洗足已即是定慧無復垢累、塵沙無明永去、洗水清浄、故云洗足」（『大正蔵』三三巻、七六頁c）と釈している。

(82) 『梵網経』の中国偽撰説（大野法道著『大乗戒経の研究』）は、さておく。
この「菩薩戒序」は、『大正蔵』二四巻の冒頭にある二種の「梵網経序」中の後者、「沙門僧肇作」とあるもの。宇井伯寿訳註『宝慶記』（岩波文庫）の注記に「梵網経菩薩戒の序で、僧肇作と伝記して居る」とある。それが果して僧肇の作かどうかは今は問わない。

(83) 中山成二「『梵網経略抄』考」（『宗学研究』一七号、一九七五年）における説。これには、面山の撰「誦戒凡例」に附す『梵網菩薩戒経』を慧因注「菩薩戒注」と袾宏の『梵網菩薩戒経義疏発隠』巻一末にある「半月誦戒儀式」、さらに応永三十年刊本（大東急記念文庫蔵）の三本とを略式に対照させている。なお慧因の『菩薩戒注』に所載する「諸仏子等合掌至心聴」に始まる「説戒序」は誰の撰になるのか、またそれが『大正蔵』二四巻下に「梵網経菩薩戒序」として附されるようになったいきさつ、年代、関係者等は明らかにされていない。

(84) 中世古祥道著『道元禅師伝研究』（国書刊行会、一九七九年）二一九～二二〇頁。鏡島元隆著『天童如浄禅師の研究』（春秋社、一九八三年）一〇二頁。中尾良信「中納言法印隆禅について」（『宗学研究』二九号、一九八七年）等。

(85) 三河長円寺蔵本『正法眼蔵随聞記』巻二（大久保道舟編『道元禅師全集』下巻、四二九頁）大久保氏は、底本にある「五根房」を明和本の「五眼房」によって訂しているが、このような訂し方は「底本」の位置づけと関連し問題が残る。

(86) 曇無讖訳『大般涅槃経』巻二十九、師子吼菩薩品第十一の三（『大正蔵』一二巻、五三八頁b～c）。

(87) 慧厳等依泥洹経加之『大般涅槃経』巻二十七、師子吼菩薩品第二十三の三（『大正蔵』一二巻、七八三頁b～c）→(33)。

その他の関連論文
①水野弥穂子「『宝慶記』と十二巻『正法眼蔵』――特に「深信因果」巻について」（『宗学研究』二一号、一九七九年）、②同右「宝慶記」（『講座道元3』春秋社、一九八〇年）、③同右「『宝慶記』と『随聞記』」（『宗学研究』二三号、一九八五年）、④秋重義治「宝慶記考補遺」（『道元禅の体系』八千代出版、一九八七年）、⑤池田魯参「『宝慶記』道元の入宋求法ノート」

（大東名著撰16、大東出版社、一九八八年）、⑥水野弥穂子「現代語訳・註道元禅師『宝慶記』」（大法輪閣、二〇一二年）、⑦鏡島元隆「如浄語録と宝慶記」（『高祖道元禅師録参究叢書2・宝慶記の参究』国書刊行会、一九九七年）。

叢林生活のハード面である修行規定「清規」（『禅苑清規』類）と修行の場所（伽藍）が、ソフト面である指導者により修行者にどのように関わっていくか、具体的な時・所と人間（師弟）により形成されていく教育機関として寺院の役割は、非常に重要である。

第二節　如浄会下における道元禅師――相見・入室・身心脱落・嗣法・伝戒考

はじめに

高祖道元禅師（以下、高祖）の在宋中の行実に関し先学の優れた研究が多数ある。中でも鏡島元隆・伊藤秀憲両氏による『如浄語録』「上堂語」の排列分析により如浄禅師（以下、如浄）における天童山入院の時期を「嘉定十七年（一二二四）の秋（七〜八月）」、さらに無際了派の示寂は同年四月以前と決着された。[1]また佐藤秀孝氏は鏡島氏の説を踏まえ従来の文献資料（「古写本建撕記」等）の見直しにより如浄の示寂は「宝慶三年（一二二七）七月十七日、六十六歳」であり天童山の南谷庵に葬られたと設定された。[2]本節では、先学の研究成果に導かれながら正師如浄との相見・入室・身心脱落・嗣法・伝戒の時期を中心に整理してみたい。

一、如浄の天童山昇住前における高祖の諸事情と「老璡」の存在

高祖の正師如浄との相見に関し、『三祖行業記』では、高祖が天童山で「老璡」から如浄が道眼を備えた和尚なので参学すべきと勧められながら遑がなく（この間行遊？）満一年を経過してしまったと記す。[3]

『伝光録』では、行遊中に大驕慢を生じ帰朝せんと思っていた時に「老璡」から如浄の卓越した人物情報を得ながら参訪せず一年余が過ぎ、その間に無際が死去後、如浄が天童山に昇住してきたという。[4]「古写本建撕記（明州本等）」では、諸方遊歴後に天童山へ帰り、無際の示寂後、「老璡」から如浄への参学を勧められ、その遑がなく過ごしていたところ、如浄が天童山に昇任してきたとする。[5]これらは、いずれも如浄の天童山昇住の時期を明確に記していない。

『洞谷記』では高祖が遊歴中、径山羅漢殿の前で「老人」から道眼を具えた如浄の情報を得たとする。[6]この記事を面山が重視し『訂補建撕記』では諸方遊歴後、天童山に帰る途中、径山羅漢堂前で「老璡」（老人を変容）から天下の宗匠如浄が天童山に晋住したので早く戻るように助言したとする。この「老璡（璡じいさん）」なる人物像は全く不明である。また面山は如浄の入院時期を『正法眼蔵』「鉢盂」巻の記事から宝慶元年（一二二五）となし、高祖へ有効な助言を伝えた「老璡」を「羅漢の応現」と称えているのである。[7]

これは中世古祥道氏が『伝光録』第五十章、如浄の浄慈寺に昇住する因縁を説示する逸話「有時羅漢堂の前を過ぎしに、異僧ありて師にむかひて曰く、浄慈浄頭浄兄主、報道報師報衆人、といひをはりて、

忽然としてみえず」の文節をもとに面山が脚色したのであろうと指摘している。[8]

「老璡」の高祖への情報提供時期に関し、中世古氏は嘉定十七年五、六月頃までの径山山中、[9]伊藤氏は天童掛錫時の嘉定十六年（一二二三）七月[10]（中世古説の否定）、鏡島氏は大久保道舟氏と同様、無際の「嗣書」を拝看後の嘉定十七年一月二十一日[11]（伊藤説の修正）としている。

二、如浄の天童山入院と高祖の諸山遍歴時期

如浄の天童山昇住の時期は、冒頭に挙げたとおり「嘉定十七年の秋」と決着している。従来の伝記資料には「嘉定十七年」説（『日域曹洞列祖行業記』『初祖道元禅師和尚行録』『永平元禅師行状記』『永平語録標指鈔』）および、この嘉定十七年の入院時に高祖との相見も同時とする資料（『道元和尚行状録』古川市瑞川寺蔵本、『永平開山禅師之行状伝聞記』焼津市岸沢文庫蔵本）等があった。伊藤慶道氏は主に『如浄語録』の排列および『列祖行業記』等の記事から「嘉定十七年秋（月日不明）」説、柴田道賢氏・竹内道雄氏も同じ。[12]中世古氏は『眼蔵』「鉢盂」巻の説示により「宝慶元年四月頃まで」の説[13]であった。大久保氏は明示せず。[14]

「嘉定十七年五月十日」説には、『正法眼蔵陞座』（偽撰書）と『道元禅師行状之記』（愛知県松源院蔵本）がある。しかし、この説には確たる証左はない。

次に高祖の諸山遍歴（行遊）の時期に関し、前掲に挙げた資料等にも叙述されているように従来、(1)如浄相見前、(2)如浄相見後、(3)如浄相見前後の三説があり、現在はほぼ(1)に傾いているといえよう。

三、相見（面授）前後の事情と入室

高祖が如浄と相見した時期には、「嘉定十七年説」と「宝慶元年説」の二説が想定できる。「嘉定十七年（七・八月頃）説」を主張する伊藤秀憲氏は、高祖が諸山遍歴後天童山掛錫中に如浄の方から天童山に入院してきたと想定している。[15]

しかし、大久保氏、河村孝道氏等は従来の「宝慶元年五月一日説」を主張している。[16]特に鏡島氏は伊藤氏が高祖による無際の「嗣書」拝看記事を見落とし、如浄へはじめて書状を呈送したのは宝慶元年七月二日（『宝慶記』）、「宝慶のころ、道元台山雁山等に雲遊す」（『眼蔵』「嗣書」）、「大宋宝慶元年乙酉五月一日、道元はじめて先師天童古仏を妙高台に焼香礼拝す。先師古仏、はじめて道元をみる。そのとき道元に指授面授するにいはく、仏仏祖祖面授の法門現成せり」（『眼蔵』「面授」）を挙げ、[17]伊藤説を否定している。

大久保氏は、『宝慶記』冒頭部の「片束」（入室申請状）と許可を認めた往復書簡にある「宝慶元年七月初二日、方丈に参ず」を相見に先立つ資料とし、その叙述は、七月二日以後とは限らず、五月一日初相見以後のものも多数含むものとみている[18]〔要旨〕。これに対し秋重義治氏は、『宝慶記』の記録の順序は、そのまま道元と如浄との間になされた問答商量の経路を現すものとみなしている。[19]

竹内氏は七月二日以後、特に親しく拝問した記録[20]とし、角田泰隆氏は、これに先立つ宝慶元年五月一日を「初相見の日」、「相見問尋」が許された日、「七月初二日」を初めて方丈に参じた日とする。[21]柴田氏は、そのような「独参」とは異なる「普説入室」に関し『眼蔵』「諸

法実相」巻における宝慶二年（一二二六）三月の夜半四更（午前二時頃）に触れている。[22] また同氏は「安居」開始前に如浄の「大梅法常住山の因縁・釈尊の安居の因縁」を挙す頌、入室を促す「普説入室」の様子、如浄の峻厳な指導法と真剣な修行者の姿に高祖が感銘し信順している姿を活写し、『宝慶記』の記録次第について「大体参問の順を追っている」としている。[23] また文中に高祖が如浄の「風鈴頌」を絶賛したことに対し、「汝に眼あることを許す」と認めている逸話を指摘している。[24]

四、身心脱落――「大事了畢・大悟・証契即通」

高祖は正師如浄がみだりに「嗣法」を称することを戒め（「嗣書」巻）、師匠を明らかにすることを嫌い、昇住寺院で「嗣承香」を焚くことを慎しんでいた（『五灯会元続略』巻一、『枯崖漫録』等）。

石井修道氏は、高祖が「嗣法」の年次を示すことよりも、「いかにして」さとったかという「ありよう」を重視していた（「大悟」巻）と指摘[25]している。

高祖の「大事了畢」は「この単伝正直の仏法は、最上のなかに最上なり。参見知識のはじめより、さらに焼香・礼拝・念仏・修懺・看経をもちゐず、ただし打坐して身心脱落することをえよ」（『弁道話』）とある。

これは高祖が帰朝後間もなく寛喜元年に建仁寺と天福元年に観音導利院で書き記したものであり、その機縁は「身心脱落」に拠ることを明らかにしたもの。同じく『眼蔵』「三昧王三昧」巻には「先師古仏云、参禅者身心脱落也、祇管打坐始得、不要焼香礼拝念仏修懺看経」と示す。他に行持下・仏経・無情説法・偏参・優曇華の諸巻および『宝慶記』にも「身心脱落」の語が繰り返し述べられている。特に『永平広録』の136「臘八成道会上堂」語には、高祖ご自身が如浄の「身心脱落」話に拠って「大事了畢」したこと「一由聞得天童脱落話而成仏道。二由大仏拳頭力得入諸人眼睛裏」を明確に述べている。

これとは別に「叱咤時脱落」（杉尾玄有氏の命名[26]）とは、『行業記』『行状記』「古写本建撕記」等に所載する逸話、雲堂（坐禅堂）における後夜坐禅に如浄が打睡する僧を強く戒め、「参禅身心脱落也、不要焼香礼拝念仏修懺看経、祇管打坐始得」と述べた語を高祖が聞き大悟し方丈に上り「印可」された逸話は伝記作者が劇的に創作したもの。

高祖の「大事了畢」は、如浄の「身心脱落」話に依ることは明らかである。大久保氏が『宝慶記』の「参禅者身心脱落也、不用焼香礼拝念仏修懺看経、祇管坐禅而已」をその原点と把握し[27]、鏡島氏は前掲『広録』巻二136「臘八成道会上堂」の「一由聞得天童脱落話、而成仏道」を重視[28]している。

『眼蔵』「面授」巻にある「宝慶元年五月一日」（「面授時脱落」話）を杉尾氏とは別の視点から「身心脱落」（大悟）とみなす石井氏の説の趣旨を要約すると、高祖が諸方に行遊中、大梅山護聖寺において悟本大師の霊夢体験をされ、それが高祖の身心脱落へと導く重要な場所と自覚されていたに違いないとし、「面授」巻の文章（「道元、大宋宝慶元年乙酉五月一日、はじめて先師天童古仏を礼拝面授、やや堂奥を聴許せらる、わづかに身心脱落する」云々）と「仏祖」巻の文章「道元、大宋宝慶元年乙酉夏安居時、先師天童古仏大和尚に参侍して、この仏祖を礼拝頂戴することを究尽せり。唯仏与仏也」とは同じ内容であり、それはまさに「梅子熟せり」の話であり、その確信は「坐禅はこれ悟来の儀なり、悟は只管坐禅のみなり」（『広録』第四）と道得されたと考えられるとしている。[29]

中世古氏はこれらの諸説をまとめ、㈠機縁の二説、①面授即身心脱落説〔杉尾氏「面授時脱落」説〕と②「叱咤時脱落」説（僧堂裡の打睡僧に由来）、㈡身心脱落の時期についての諸説、①宝慶元年五月一日の面授〔「面授」巻を重視、杉尾説・石井説〕、②宝慶元年乙酉夏安居時の仏祖礼拝、「仏祖」巻「先師天童古仏大和尚に参侍して、この仏祖を礼拝頂戴することを究尽せり、唯仏与仏なり」を重視、面山の説〈四月望～七月望、『訂補建撕記』。河村説・竹内説〉。③宝慶元年九月十八日の「仏祖正伝菩薩戒儀付授」（『仏祖正伝菩薩戒作法』）と設定。ご自身はこの「宝慶元年九月十八日よりさほど遠くない一日と考えられる」とし、また伝戒と伝法は同時期としている。[30]

柴田氏は、宝慶二年夏安居中に「身心脱落」を了畢した（『紀年録』の記事に依拠したか？）とし、[31]伊藤俊彦氏は、それを宝慶二年か三年の出来事とし、[32]今枝愛真氏は、宝慶三年の「嗣法」の時としている。[33]これらを角田氏は次のようにまとめている。①宝慶元年五月一日の前日、②五月一日～七月二日の間、③七月二日以降～九月十八日の間、④九月十八日以降のほど遠くない日、⑤宝慶三年「嗣書」相承の時点。同氏は、「身心脱落および嗣法」に関し中世古説③に同調している。[34]

五、伝戒――『仏祖正伝菩薩戒』と嗣法

高祖は「身心脱落」（大事了畢）後、宝慶元年九月十八日、天童山において如浄より「伝戒」（戒脈の伝授）した。『仏祖正伝菩薩戒作法』（広福寺蔵本等）の奥書には、「大宋宝慶元年乙酉九月十八日、前住天童浄和尚示曰、仏戒者宗門大事也。霊山・少林・曹渓・洞山、皆附嫡嗣、従如来嫡嫡相承而到吾、今附法弟子日本國僧道元、伝附既畢」とある。

竹内氏は、これを『仏祖正伝菩薩戒脈』の授与とし、その「戒脈識語」により、「高祖の大悟の時期と事実を証する資料と考えられる」と述べられる。[35]中世古氏は「身心脱落」をこの「九月十八日よりさほど遠くない一日」とし、また伝法（＝嗣法）と伝戒は同時とされていた。[36]角田氏は、『眼蔵』「嗣書」巻の「この仏道、かならず嗣法するとき、さだめて嗣書あり。云々」を根拠として「嗣書相承の時をもって伝法嗣法の時とすべき」としている。[37]その『嗣書』に関して、最近、周辺の研究者により従来、看過されている面が浮き彫りになっているので、その一端を紹介したい。

宗門の秘宝・室中の秘書である『嗣書』（明治三十三年四月七日に「国宝」指定、昭和二十五年八月二十九日に国指定「重要文化財」）は、一般に公開されることはないはずであるが、いつの頃からか、各種の研究書等にカラー写真などで掲載されている現実がある。

この『嗣書』に対する研究の一端として、柴田氏は『正法眼蔵』「嗣書」巻から「合血の儀」の箇所の血液分析により「禅師の筆跡は明瞭に看取される」とし、その時期は宝慶三年の春頃と推定している。[38]

東隆眞氏は、以下の項目「ⅰ筆跡鑑定の必要、ⅱ「円相」の過去七仏名と「仏祖」巻との仏祖号の相違、ⅲ下段の四行の筆蹟は如浄の真筆か筆跡鑑定すべき、ⅳ宝慶寺の自賛画像との関連、ⅴ『嗣書』と「嗣書」との関連、ⅵ『嗣書』袋は嶺巌英峻のもの」を立て論じている。[39]

中世古氏は、次の三項目、疑念一「如浄の花押の他に号・諱の朱印、さらに三宝印あり」、疑念二「如浄の号「長翁」の朱印」、疑念三「年号「宝慶丁亥」のみで月日がない」とし「伝戒」と「嗣書」との関係、

宝慶元年九月十八日の位置づけ、「嗣書」の伝授が宝慶元年九月十八日とすれば、如浄下帰朝までの以後二年間の滞在はなぜか、との疑念も挙げている。(40)

次に大本山永平寺所蔵の『嗣書』を上に、面山瑞方が享保十五年（一七六九）三月二十五日に永平寺に上山し、住持大虚喝玄の許可を得て拝謁し記録した『嗣書』（『続曹全　語録二』「永福面山和尚逸録巻三　永福高祖嗣書賛并引」所収）の本文を下に掲げよう。

『嗣書』永平寺蔵

仏祖命脉證契即
通道元即通
大宋宝慶丁亥
住天童如浄〔花押〕

『嗣書』（面山「拝閲嗣書」）

仏祖命脉證契
即通如浄即通
道元即通
大宋宝慶丁亥
住天童如浄〔花押〕

右下の資料には『曹洞宗全書　拾遺』面山撰「室内諸記拾遺」中、「登祖山拝閲嗣書序」（四七五～四七六頁）もあるが、末尾にある面山の「賛」を省略している。また右の続きとして「御嗣書伝記」「御戒脈」（四七六～四七七頁）が付いている。

面山は、この「拝閲嗣書」の文中、上方の円相に関し、宝号勃陀勃地の円相・細字は高祖の親書、「新道元」の三字は浄祖の親蹟。下段に巨字五行〔「仏祖命脉證契」六字一行、「即通如浄即通」六字一行、「道元即通」四字一行、「大宋宝慶丁亥」六字一行、「住天童如浄」五字一行〕下に華押あり、となっていて始めの四行は高祖の親書、末の一行は浄祖の親蹟とし、さらに三宝朱篆を三処に押し、浄祖の朱章を両処に押してあると述べている。ところがこれを上の永平寺蔵と比較すると大いに相違する。すなわち永平寺蔵のそれは四行であり同一人の書であり、「如浄即通」の四字を欠く。

実はこれらに関し『永平寺史料全書　禅籍編』第一巻60（「嗣書」解説、高橋秀栄　九九〇～九九三頁）に熊谷忠興氏により三か所（①如浄②釈迦牟尼勃陀勃地　③新道元）の「三宝印」は後世の「祚棟附法状」（永禄三年七月二十八日）や「御州和尚秘参十六則」等と同じ寸法、同じ刻字印影、菅原昭英氏により「円相」部分に過去七仏名なしと各々指摘されている。

さらに岩永正晴氏により右下の『嗣書』と同じ五行書のものが『永福面山禅師宝物集』（二百四十回小遠忌記念　平成二十年〈二〇〇八〉九月、永福会）の口絵写真「面山嗣書」と本文「室中」に面山による「高祖嗣書写本」（これは永平寺蔵のものと同じ）と「衡田祖量嗣書」（これは五行書）を掲載している（『永平寺史料全書　文書編　第一巻』所収の解説「高祖嗣書」）と指摘されている。この面山が書写したものが、どうして、前掲の『逸録巻三』に述べる高祖嗣書の「解説」と矛盾しているのか。高祖の『嗣書』に複数があり伝えられたのか、その一本は「副本」的なものか。疑問や謎は深まるばかりであり、『嗣書』に関する研究は、この点からの参究が今後必要不可欠になるであろう。

注

（1）①鏡島元隆『天童如浄禅師の研究』（春秋社、一九八三年）、第二章第三節「出世時代」第二項「晋住期間」において、如浄の入院は「嘉定十七年秋」八四～八九頁。先行研究——伊藤慶道『道元禅師研究』（名著普及会、初版・一九三九年、復刻・一九八〇年）、内容は前篇に「如浄禅師語録の研究」、後篇に「如浄禅師紀伝の研究」。鏡島氏は本書を補訂している。ここでは伊藤説の嘉定十七年秋を支持（八八頁）。無際の示寂は「嘉定十七年四月以前」（八七～八八頁）とする。注(12)を参照のこと。②伊藤秀憲

論文「道元禅師の在宋中の動静」(『駒澤大学仏教学部研究紀要』四二号、一九八四年)、著書『道元禅研究』(大蔵出版、一九九八年)、如浄の入院は「嘉定十七年七月後半或いは八月頃」(一〇三頁)。無際の示寂は同年「四月以前」(同右)。

(2) 佐藤秀孝「如浄禅師示寂の周辺」(『印度学仏教学研究』三四巻一号、一九八五年)。如浄の示寂は「古写本建撕記」中、延宝本を除く、明州本・瑞長本・門子本・元文本には「大宋宝慶三年七月十七日示寂」(河村孝道編著『諸本対校 永平開山道元禅師行状建撕記』(大修館書店、一九七五年、九九頁))とあり、後の『永平祖師行状記』『建撕記并御詠歌』や前掲の伊藤慶道『道元禅師研究』等も踏襲。

(3) 『三祖行業記』「于時有老璡者。勧云、大宋国裏、独有浄和尚。具道眼者、儞欲学仏法者、看他必有所得。師雖聞璡語、未遑参他、将満一年」。『三大尊行状記』にも、ほぼ同様な文章がある。

(4) 『伝光録』(曹全書本)には「カクノ如ク諸師ト問答往来シテ、大我慢ヲ生ジテ、日本大宋ニワレニオヨブ者ナシトオモヒ、帰朝セントセシ時ニ、老璡ト云フモノアリ。ススメテ曰、大宋国中ヒトリ道眼ヲ具スルハ浄老ナリ。汝マミエバ、必ズ得処アラン。カクノゴトクイヘドモ、一歳余ヲフルマデ参ゼントスルニイトマナシ。時ニ派無際去テ後チ、浄慈浄和尚、天童ニ主トナリ来ル」とある。

(5) 瑞長本『建撕記』には、「偏参ノ後、天童ニ帰給処ニ派無際和尚入滅ス。弥帰朝ヲ志給。其時老璡ト云者アリ。道元ニ進メテ云、大宋国裡ニ知識多クマシマセトモ、如浄和尚只独リ而已然、明眼ノ知識也」と述べられている。

(6) 『洞谷記』(洞谷伝灯印五老悟則坪并行業略記、曽祖)「于時、径山羅漢殿前、有老人。告云、大宋国裏、浄慈浄老、具道眼者、汝見必釈所疑、為汝師」云々。

(7) 『訂補建撕記』(補24)に「鉢盂巻曰、先師天童古仏、太宋宝慶元年住天童云云瑩山和尚、洞谷記ノ永平伝云、径山羅漢殿前、有老人。告云、大宋国裏、浄慈浄老、具道眼者、汝見必釈所疑。已上 コノ璡公ハ、羅漢ノ応現ナルベシ」とある。

(8) 中世古祥道『道元禅師伝研究』(国書刊行会、一九七九年)一九六頁。

この発想は『伝光録』第五十章と『洞谷記』永平伝(曽祖)の本文中、場面が浄慈寺羅漢堂前と径山羅漢殿前という点から、面山は『訂補建撕記』において老璡を羅漢と設定したものであろうとし、氏は「その内容いささか劇的」と評している。

(9) 同右、中世古前掲書、第五章第二節「諸山遍歴」二二三頁。

(10) 注(1)②伊藤秀憲『道元禅研究』第二章三「如浄との出会い」九七頁。年表、一一八頁。同氏は『洞谷記』の同趣旨の史料も挙げる。一〇頁。また老璡との出会いを「嘉定十七年八月から翌年三月までの行脚中、台州瑞巌寺でのこと」とする石井説(前掲書、四二九頁)を挙げている。

(11) 鏡島元隆『道元禅師とその周辺』(大東出版社、一九八五年)第十四章五「如浄会下における問題」三一三〜三一四頁。

(12) ①伊藤慶道前掲書『道元禅師研究』一一四〜一一五頁、「年譜」一三九頁。②柴田道賢『禅師道元の思想——伝法沙門の自覚と発展』(公論社、一九七五年)一七三頁。道元は、如浄の情報を得て三月上旬径山送行後、下旬には天童山帰錫とし、同年七、八月頃とする。③竹内道雄『人物叢書 道元(新稿版)』(吉川弘文館、一九九二年、一二七頁)。

(13) 中世古前掲書『道元禅師伝研究』第五章第一節「如浄の生涯と思想」二〇一頁。

(14) 大久保道舟『修訂増補 道元禅師伝の研究』(筑摩書房、一九六六年)には、道元が「(前略)宝慶元年春にいたって、浄祖には浄慈寺より天童山に晋住せられたということを伝聞せられたので、ますますその帰錫をいそがれたものと想像する」(一四七頁)とし、如浄の天童山晋住の時期に関し、それを「宝慶元年春」としているが、それは提示のように道元の得た伝聞情報の時期であり、誤解といえる。

(15) 伊藤秀憲前掲書『道元禅研究』本論第二章第一節「入宋から出会いまで」一〇二〜一〇三頁。

(16) ①大久保前掲書『修訂増補 道元禅師伝の研究』一四八頁。正式の初相見として『正法眼蔵』「面授」巻の本文に依拠。②河村孝道担当『永平寺史』上巻(大本山永平寺蔵版、一九八二年)「如浄禅師との邂逅」一九頁。

(17) 鏡島前掲書『道元禅師とその周辺』同右、三一二〜三一五頁。関連論文——石井修道『道元禅の成立史的研究』(大蔵出版、一九九一年)第六章

第一節二「道元の在宋中の行動に関する文献整理」四二二〜四二三頁。

(18) 大久保前掲書『修訂増補 道元禅師伝の研究』「前篇、第六章第五節、如浄禅師の爐鞴に投ず」一四八〜一五〇頁。

(19) 秋重義治『宝慶記考 其二』（『哲学年報』五輯、一九九六年）一六六頁。『宝慶記』の記録や問答に関しては、伊藤前掲書『道元禅研究』第四章第二節、三「『宝慶記』記録期間」四〇四〜四〇八頁、同第五章第七節「『宝慶記』の問と答」、五五二〜五六九頁があり、詳細にまとめられている。

(20) 竹内前掲書『人物叢書 道元』「第三 身心脱落・六 身心脱落」一三六頁。

(21) 角田泰隆『道元禅師の思想的研究』（春秋社、二〇一五年）六〇七〜六〇八頁。

(22) 柴田前掲書『禅師道元の思想』一八四頁。

(23) 同右、一八六〜一九五頁。

(24) 同右、一八八頁。

(25) 石井前掲書『道元禅の成立史的研究』四四〇頁。本師如浄の姿勢、五六四頁。

(26) 杉尾玄有（守）論文「御教示仰ぎたき二問題——面授時脱落のことおよび『普勧坐禅儀』の書風の事」（『宗学研究』一九号、一九七七年）、「原事実の発見——道元禅参究序説」（『山口大学教育学部研究論叢』二六巻一号、一九七七年）。同氏は、坐睡する僧を如浄が叱咤した時に身心脱落したことを「叱咤時脱落」、宝慶元年五月一日に道元が如浄に面授した時に身心脱落したことを「面授時脱落」したと名づけ、同氏は「面授時脱落」を主張していたが、「道元禅師の疑団と開眼と身心脱落——勝義の自伝として書かれた《現成公案》」（『宗学研究』二八号、一九八六年）において、その自説を改められ、「無師独悟」説を主張されている。

(27) 大久保前掲書『道元禅師伝の研究』一五二頁。同氏は、同じく『永平広録』第四・五・九、『眼蔵』「仏経」「三昧王三昧」諸巻にも同種の語句を挙げている。

(28) 鏡島前掲書『道元禅師とその周辺』三一六〜三一八頁。

(29) 石井論文「道元禅師の大梅山の霊夢の意味するもの——宝慶元年の北帰行」（『中国仏蹟見聞記』一九八六年）、同前掲書『道元禅の成立史的研究』（第六章第一節、四一六〜四三八頁）に所収。

(30) 中世古前掲書『道元禅師伝研究』二三六〜二五九頁。

(31) 柴田前掲書『禅師道元の思想』一九三〜一九五頁。

(32) 伊藤俊彦「身心脱落考」（『宗学研究』九号、一九六七年）。

(33) 今枝愛真『道元——その行動と思想』（評論社、一九七〇年）七五〜七七頁。「宝慶三年のある日の早暁、のこと、これはいわゆる「叱咤時脱落」に相当する。『道元——坐禅ひとすじの沙門』（ＮＨＫブックス255、一九七六年）六三〜六四頁。同右。

(34) 角田前掲書『道元禅師の思想的研究』六一四頁。①佐藤秀孝説「如浄下の道元禅師——身心脱落と面授」（『印度学仏教学研究』三七巻二号）、②志部憲一説「「面授」と「脱落」について」（『道元思想大系2』同朋舎出版）等、③前掲書伊藤秀憲説「道元禅師の在宋中の動静」、④前掲書中世古説、⑤鏡島前掲書『道元禅師とその周辺』三一六〜三一八頁。

(35) 竹内前掲書『人物叢書 道元』一四四〜一四五頁。鏡島氏の説として「道元の悟道の時期等」に関し、諸伝には明確に記されず、「学会にも諸説があり、問題が残っている」と指摘。

(36) 中世古前掲書『道元禅師伝研究』二五二〜二五五頁。続いて身心脱落の「時日は適格に推定しにくいが、年次は、宝慶二年とか三年とかに措定するのには賛意を表し難い」と述べる。

(37) 角田前掲書『道元禅師の思想的研究』附論 第一章第四節「如浄参学と「身心脱落」」六〇七〜六〇八頁、注⑭六一四〜六一五頁。

(38) 柴田前掲書『禅師道元の思想』第五章四「嗣法と帰朝」3「嗣法式の問題」二一一〜二一四頁。文中「嗣書図」の様式を解説するなかに（注）を加え、血液分析を提唱している。その儀式の時期を宝慶三年春頃と推定している。

(39) 東隆眞「如浄が道元に授けた『嗣書』をめぐって」（『印度学仏教学研究』二五巻一号、一九七七年）。

(40) 中世古祥道「「仏祖正伝菩薩戒作法」と永平寺蔵『嗣書図』について」（『宗学研究』四三号、二〇〇一年）。

思想編

第一章　仏法の全道

第一節　正法眼蔵における声聞行

周知の通り声聞行とは、教えを聞く人（仏弟子）の修行という意味で、例えば四諦の境を観ずる十六種の行が声聞十六行（相・観）といわれた。三十七品菩提分法（三十七道品なども。以下、単に菩提分法と略）は、すでに『増一阿含』三[1]ないし『婆沙論』九六[2]などに四念処（念住）・四正勤（正断）・四如意足（神足）・五根・五力・七覚支・八正道の七科が立てられている。菩提（さとりの智慧）を得るための実践修行の方法をいうのであり、『倶舎論』分別賢聖品[3]や『瑜伽論』声聞地第二瑜伽処[4]などに体系的に述べられている。『倶舎論』に拠ると四念住は五停心観の後にある初業位（四念住法位）で、四正断は煖法位で、四神足は頂法位で、五根は忍法位で、五力は世第一法位でそれぞれ増す。次の見道位では八正道、修道位では七覚支が修せられるとある。阿羅漢は、崇拝されるべき人・供養を受けるにふさわしい人・修行完成者などの意味がある。倶舎・唯識などでは、声聞が修道位で逐次に預流→一来→不還と進み次に得る位で、大乗仏教興起以後は、小乗の聖者とされて、大乗の仏・菩薩の六波羅蜜の利他行などの点から比較すると縁覚と共に二乗と称され、劣なるものと見做されている。

道元禅師の『正法眼蔵』中にその二乗批判は、外道や経師論師と並んで至るところに見られる。例えば「いはゆる仏祖の保任する即心是仏は外道・二乗のゆめにもみるところにあらず、唯仏与仏のみ、即心是仏しきたり、究尽しきたる聞著あり、行取あり、証著あり」（即心是仏）、「経師・論師のやから、声聞・縁覚のたぐひ夢也未見在なり」（心不可得）、「四果・三賢のやから、および十聖のたぐひ、教家の論師経師等のたぐひは神秀にさづくべし、六祖に正伝すべからず」（伝衣）などがそれである。教学一般では、菩提分法は二乗の修行徳目であり、阿羅漢はその声聞の聖者・究竟者として位置づけられていた。しかし、これは単なる通仏教の伝統的立場からの一方的批判ではなく、何よりも「唯仏与仏」の正法の立場からのものである点に注意しなければならない。

道元禅師の仏法には、大乗菩薩行ないし仏行はあっても小乗声聞行はない。否、禅師の自受用三昧の境地すなわち本証上の風光から見るならば、大乗・小乗や菩薩・声聞などの差別はないといえよう。『眼蔵』における声聞行は、その意味で「仏法の全道」の一環として止揚されているのである。以下、菩提分法巻と阿羅漢巻それぞれの主旨を特に冒頭の句を中心に『御抄』等を手がかりに参究したい。

古仏の公案あり、いはゆる三十七品菩提分法の教行証なり、昇降階級の葛藤する、さらに葛藤公案なり、喚作諸仏なり、喚作諸祖なり。〔菩提分法〕

これを『御抄』にみると、仏祖の法談には特別に取り上げたり特別の依経というものはない。何を用い何を捨てるということもない。ただ一切の諸法に亘って法体を述べあらわすのである。仏法とか真如・諸法・実相といって仏教の名目に付けて法を述べることもある。また不思懸《ママ》・牆壁瓦礫・山河大地とか或いは画餅・梅華などという詞に付けて法の理を述べることもある。このように述べたからといって仏法真如ないし実相唯心などは真の法で画餅梅華牆壁瓦礫等はそれよりも劣った不必要な調度と云ってはならない。法性真如も画餅葛藤梅花山水などもゆめゆめ差別があってはならない。これを仏法というのである。また「三十七品菩提分法の教行証なり」というのは、菩提分法の上に教・行・証を述べるべきであるということである。次の「昇降階級の葛藤する、さらに葛藤公案なり」とは、普通に四念住はどの修行位か、四神足五根五力等はどの分位かと定めたり、ないし五十二位の階級を立てて述べていると解されようがそうではない。昇降階級を立てるといっても普通の意味とは異なり、葛藤が葛藤を纏う程のことをこのようにいうのである。「喚作諸仏なり、喚作諸祖なり」というのは、葛藤の葛藤をまつ間、諸仏と諸祖との間の程度で、究極のところ今この菩提分法を喚んで諸仏諸祖といっているのである。[5] 単に菩提分法は二乗のみが修するものではない。『倶舎』には覚者の別（声聞・独覚・無上）によって三菩提を立てる。[6] 菩薩も般若波羅蜜を行ずる中にあるというのは『大智度論』一九[7]に見える。これを受けて『摩訶止観』七上には、経証として維摩経・涅槃経・大集経を挙げている。[8] しかし、道元禅師のように菩提分法を諸仏諸祖とまでは言及していない。

菩提分法巻の巻尾には「この三十七品菩提分法、すなはち仏祖の眼睛鼻孔、皮肉骨髄、手足面目なり。仏祖一枚、これを三十七品菩提分法と参究しきれたり。しかあれども一千三百六十九品の公案現成なり、菩提分法なり、坐断すべし、脱落すべし」とある。これを『御聴書』に拠ると、（前述してきた通り）仏祖一枚を菩提分法と参学してきた。しかし、ここで一千三百六十九品の公案現成なりというのは、三十七品に各三十七品（十界互具のように）具足するのでそういうのであり、この意味を仏祖一枚という。一般に大小両乗に三十七品を説く際に、皆、初中後があり横に通ずることもあるが縦には次第階級がある。しかし、この三十七品はそのようなことはない。分々をわかつ時もあるが四念住から八正道には階級はない。唯、仏祖だけ（作略として）面目拄杖竹篦を使っても仏祖の道はこのように（無階級と）見るべきである、[9] とする。さらに『御抄』にも、同様の主旨[10]を述べている。

次に阿羅漢巻の冒頭には、

諸漏已尽、無㆓復煩悩㆒、逮㆓得己利㆒、尽㆓諸有結㆒、心得㆓自在㆒。[11] これ大阿羅漢なり、学仏者の極果なり、第四果となづく、仏阿羅漢なり。

とある。『御聴書』に拠ると、諸漏已尽（諸の煩悩が已に断尽した）といっても声聞程の已尽は、塵沙の無明等は断尽していない。只、三界だけのことであってこの已尽の詞に差別があると受け取るべきである。すなわち仏の上には塵沙の無明等も已尽であって、仏阿羅漢の位に達しないうちは無余涅槃を期すだけである。ただ八十八使の見惑、四十一品の思惑を断ずるのである。仏阿羅漢・大阿羅漢というのは同じ意味の詞である、[12] という。また、その大阿羅漢の煩悩は大海不宿死屍と心得べきであり、仏阿羅漢といっても三蔵教の仏と円教の仏との果は、はるかに異なっている。(13) さらにこの法華経（序品）の本意は、煩悩をいささかも残さない極果が大切なのであって、小乗四果の阿羅漢は至極といっても意味がない。阿羅漢が必ず仏になるのではないがここでは仏を阿羅漢というのである、(14) としている。これを『御抄』に拠ると、ここで述べる阿羅漢は唯だ声聞縁覚のそれではなく仏阿羅漢である。諸漏已尽以下の経文を一般には、悪なる煩悩等を皆な断尽して身上に火を出し身下に水を出し或いは虚空中に大身を満ち現わし、どのような思考もできるような神通自在を得られると解釈するであろうがそうではない。後に御解釈されているが、諸漏とは煩悩の名であり、逮得己利とは羅漢を指す。尽諸有結中の有結も煩悩の名である。心得自在とは、結局のところ声聞縁覚の小乗の心をどうして大阿羅漢とも学仏の極果とも仏阿羅漢とも名づけようか、今この仏祖と述べる羅漢をこのように名づけるべきである、(15) としている。阿羅漢巻第四段には「古云、声聞経中、称㆓阿羅漢㆒、名為㆓仏地㆒。(16) いまの道著、これ仏道の証明なり、論師の胸臆のみにあらず、仏道の通軌あり。阿羅漢を称して仏地とする道理をも参学すべし。仏地を称して阿羅漢とする道理をも参学すべきなり。阿羅漢果のほかに一塵一法の剰法あらず、いはんや三藐三菩提のほかに更に一塵一法の剰法あらず、いはんや四向四果あらんや」とある。これは先の巻頭の句をさらに押し進めたものである。『御抄』では、すでに阿羅漢を唯仏与仏と同じ程であると述べてきたからにはこの上疑うべきではなく信ずべきである。仏地と阿羅漢が差別や浅深のない上はこの道理は顕らかな事である。阿羅漢の外に実に一塵一法の剰法はないし、阿耨多羅三藐三菩提の外にまた一塵一法の剰法はない。さらにこの外に四向四果というものにまで言及しなくてもよかろう、これは一方を証する時、一方はくらき道理なのである、(17) という。阿羅漢が仏と同じという点では『有部律雑事』(18) 三五や仏十号の一（応供）がすぐに想起される。所謂、原始仏教では、初転法輪の五比丘と共に羅漢の一人として同等に数えられ、また応供は仏の徳目の一であった。しかし、『眼蔵』の菩提分法には、次第階級はなく仏祖一枚であり、その仏祖の眼睛鼻孔皮肉骨髄手足面目とすべきものであった。また阿羅漢も二乗のそれではなく学仏者の極果であり大阿羅漢・仏阿羅漢といわれるように唯仏与仏と同じ程のものであるということが強調されていた。

　ここで注意すべきは、これを単純に声聞と菩薩の教行証や三学などに差別がないと考えてはならない。そこのところを菩提分法巻、八正道中の正命道支には次のように説示されている。「正命道支とは、早朝粥午時飯なり、在叢林弄精魂なり、曲木座上直指なり。（中略）釈迦牟尼仏言、諸声聞人未㆑得㆓正命㆒。しかあればすなはち、声聞の教行証、いまだ正命にあらざるなり。しかあるを近日庸流いはく、声聞・菩薩を分別すべからず、その威儀戒律ともにもちゐるべしといゐて、小乗声聞の法をもて、大乗菩薩法の威儀進止を判ず。釈迦牟尼仏言、声聞持戒、菩薩破戒。(19) しかあれば声聞の持戒とおもへる、もし菩薩戒に比望するがごときは、声聞戒みな破戒なり。自余の定慧もまたかくのごとし。たとひ不殺生等の相、おのづから声聞と菩薩とあひにたりとも、かならず別なるべきなり、天地懸隔の論におよぶべからざるなり。いはんや仏仏祖祖正伝の宗旨と諸声聞ひとしからんや」とある。この文中、特に「声聞持戒、菩薩破戒」に関して『御抄』では二つの例話を示す。その一は、犯罪人が罪なき人を追いかけていて、その犯罪者に逃げた人の行方を教えるのが声聞であり教えないのが菩薩である。その二は、父母をはじめとする罪なき多くの人命をあやめている殺人者を（すぐ）殺すのが菩薩であり殺さないのが声聞である、[20]という。現代においてその菩薩の殺人についての是非はさておき、その法の理のけがれぬところを清浄命といっているのである。雑華蔵海の『私記』には、この箇所はたやすく自己の情量で分別してはならない、三十年五十年も学道して少分を知るだけである、[21]という。ともかく仏祖の参学だけが正命なのであって自利を先とするような二乗の行ではないことは勿論のことであり、所謂、行仏の威儀として仏行が要請されるのである。ここで特に留意すべきは、先に声聞と菩薩は本証上からその差別はないといったがそれは本質的理の立場であり、具体的事の上からはその差別はつけられる、といえよう。

道元禅師における仏行の中核をなすものは只管打坐である。『弁道話』には有名な「この単伝正直の仏法は最上のなかに最上なり。参見知識のはじめより、さらに焼香・礼拝・念仏・修懺・看経をもちゐず、ただし打坐して身心脱落することをえよ」とある。打坐の一行を強調して焼香等を用いることを否定しているのである。しかし、その否定した礼拝や看経が『正法眼蔵』という題名の下に礼拝得髄巻・看経巻としてある。一見これは二乗的行とみなされがちである。『眼蔵』には、さらに重雲堂式・洗浄・洗面・神通・安居・諸悪莫作・陀羅尼・八大人覚などの巻があり、いずれも仏行として止揚されている。また仏祖正伝菩薩戒として十戒も十六条戒の一項目として、さらに清規も日常の規範として重視されていることである。これらを貫ぬく修証観は「仏法には修証これ一等なり、いまも証上の修なるゆゑに初心の弁道すなはち本証の全体なり」〔弁道話〕とされる本証妙修であることはいうまでもない。

このように二乗的なものを仏祖や仏行ないし実践的に本証妙修とするのはどのような思想背景があるのであろうか。道元禅師の行業を追ってみるに『三祖行業記』[22]『（訂補）建撕記』[23]などにある疑団「本来本法性、天然自性身、（若如此則三世諸仏、依甚発心求菩提耶）」であり、その疑団が入宋して明州着岸後、船中で阿育王山の用典座や天童山で老典座との邂逅によってその解決への糸口をつかみ、如浄禅師との面授により感応道交して身心脱落し大事を了畢したのである。この「本来本法性云々」の疑団が実際にあったかどうかの真偽はともかく、この解答が『眼蔵』に種々の視点から懇切に示されているといえる。また先の「初心の弁道すなわち本証の全体なり」というのは、華厳経の「初発心時、便成正覚」にも通ずるが、禅師はこれを徹底して「仏祖の大道、かならず無上の行持あり、道環して断続せず、発心・修行・菩提・涅槃、しばらくの間隙あらず、行持道環なり」〔行持上〕と述べられ、さらに「釈迦牟尼仏言、明星出現時、我与大地有情、同時成道。しかあれば、発心・修行・菩提・涅槃は、同時の発心・修行・菩提・涅槃なるべし。仏道の身心は、草木瓦礫なり、風雨水火なり」〔発無上心〕ともいわれる。

このような境涯は、只管打坐・自受用三昧の打坐からおのずと生ずるものであると思われる。「もし人一時なりといふとも、三業に仏印を標し、三昧に端坐するとき、遍法界みな仏印となり、尽虚空ことごとくさとりとなる。ゆゑに諸仏如来をしては、本地の法楽をまし、覚道の荘厳をあらたにす。および十方法界、三途六道の群類、みなともに一時に身心明浄にして、大解脱地を証し、本来面目現ずるとき、諸法みな正覚を証会し、万物ともに化身を使用して、すみやかに証会の辺際を一超して、覚樹王に端坐し、一時に無等等の大法輪を転じ、究竟無為の深般若を開演す」（弁道話）と透体脱落した自内証の法門、所謂、本証上の風光を演べられている。すなわち自受用三昧に端坐する時、全世界が三昧となり、仏作仏行をなすのである。これは華厳の事々無碍法界や法華の諸法実相の世界に通ずるものであることは周知の通りである。

以上、「菩提分法」は仏祖の皮肉骨髄であり仏行であり、「阿羅漢」は仏祖であり仏地であった。この両巻に限らず他の巻にもあらゆる視点から十方の全世界は、みなすべて在るがままに仏の相・さとりとなることを縦横に説示されているのである。ただし、それは只管打坐・自受用三昧に端坐する時に身心脱落し万象と冥合し、向上の一路へと進むのであり、全世界が仏作仏事をなすのである。同じく自証三昧巻には、日常の起居動作がそのまま仏行となることを述べている。

注

『正法眼蔵』は岩波文庫本より引用、その注記は省略した。また『御抄』等は現代語訳し、時に意訳した。

(1) 『大正蔵』二巻、五六一頁b。
(2) 『大正蔵』二七巻、四九五頁c。
(3) 『大正蔵』二九巻、一三二頁b～一三三頁a。
(4) 『大正蔵』三〇巻、四三九頁c～四四〇頁a。
(5) 『正法眼蔵註解全書』八巻、一九一～一九三頁。
(6) 『大正蔵』二九巻、一三二頁b。
(7) 『大正蔵』三五巻、一九七頁b～c。
(8) 『大正蔵』四六巻、八八頁a。
(9) 『正法眼蔵註解全書』八巻、三二三頁。
(10) 同右、三〇四頁。
(11) 『大正蔵』九巻、一頁c。
(12) 『正法眼蔵註解全書』五巻、二〇二頁。
(13) 同右、二〇三頁。
(14) 同右。
(15) 同右、一七八頁。
(16) 『摩訶止観』（『大正蔵』四六巻、三三頁a）、『法華玄義』（『大正蔵』三三巻、七三九頁b）。
(17) 『正法眼蔵註解全書』五巻、一九一頁。
(18) 『大正蔵』二四巻、三八三頁a。
(19) 『大宝積経』巻九十（『大正蔵』一一巻、五一六頁c）に「有声聞乗持清浄戒、於菩薩乗名大破戒、有菩薩乗時清浄戒、於声聞乗名大破戒」とある。
(20) 『正法眼蔵註解全書』八巻、二九六頁。
(21) 同右、二九五～二九六頁。
(22) 『曹全書　史伝上』一頁下。
(23) 河村孝道編著『諸本対校　永平開山道元禅師行状建撕記』七・八頁下。

追記

稿了後、榑林皓堂先生の「道元禅における三十七道品」（関口真大編『止観の研究』岩波書店、一九七五年）が出された。合わせて参照されたい。

第二章　道元禅師の修証観「修証一等」

第一節　本証妙修と自己との間

本論は道元禅師の宗旨〝本証妙修〟[1]と日常の場における自己とを『正法眼蔵』（以下、眼蔵と略称）の中にどのように会通するかに当面の課題がある。題名の由来は「仏道をならふとは自己をならふなり云云[2]」と『御抄』の「修証ノ様モ普通ニ心得タル非修証、所詮自己ノ道理ヲ修証トモ名タル也[3]」にヒントを得たものである。その自己とは個人的なこのおのれであると共に仏性を具有した自己・万法の自己などともいえるであろう。ところで本証と自己を追求すればする程、それはどこまでも後退し把握しえざる什麼物となり、それを把握したといってもそれは本証でも自己でもないものになる[4]、と。この非難は当然であり、その実証は結局只管打坐の行証[5]しかないともいえよう。しかし現実の種々相の中に自己のありうべき存在の真相を正しく認識したいとする論究はこれも決して無駄ではなかろう。

「尽十方界是自己光明」の語は長沙景岑の上堂語の一部で[6]『眼蔵』光明巻の主題でもある。まずこの語を手掛りとしたい。その光明とは一般に考える光明ではない。「いはゆる仏道の光明は尽十方界なり尽仏尽祖なり唯仏与仏なり仏光なり光仏なり仏祖は仏祖を光明とせり[7]」というが如き光明である。十方巻に自己とは「父母未生以前の鼻孔なり鼻孔あやまりて自己の手裏にあるを尽十方界といふ。しかあるに自己現成して現成公案なり開殿見仏なり[8]」と示す。その主旨は自己が尽十方界である道理をいうのである。それをまず認識以前・是非得失を越えたところにありつつ自己の脚下にある、それを尽十方界という。その自己が現成して現成公案・開殿見仏という。それを諸法実相[9]・徧界不曽蔵[10]・全機現[11]などといっても同じである。それは森羅万象の絶対的相関、宇宙のあらゆる存在や現象はそのまま真実体であること、個々独立を保ちつつそれがあるままにあらしめられている事実、主客の別や差異などを越えた万法の自己ということで尽界自己ならざるはないといえるのである。そこをまた尽十方界真実人体[12]ともいう。次に「大悟底人の却迷は不悟底人と一等なるべしや。（中略）而今の自己これ却迷なるか不迷なるか検点将来すべし。これを参見仏祖とす[13]」とある文を解するにここでは要するに大悟底人と不悟底人ないし而今の自己と却迷と不迷とは同一のものでそれを参見仏祖ともいうのである。ここで特に注目したい而今の自己とは過現未の三時を越えた今時このままの絶対的自己[14]をいう。それは唯仏与仏[15]として仏が仏を行じ仏が仏に行ぜられるあり様それ自体をもいう。「われに時あるべしわれすでにあり[16]」とか「われに有時の而今あるこれ有時なり[17]」というのもそのわれ（＝自己）は前後際断された非有にして非々有なる存在、現時一刻との抜きさしならぬ緊迫した関係を表す。この存在や関係は切り離され止まっている状態ではなく他と密接な関係を保ちつつ絶えず経歴[18]しながら生動している実相である。その自己は我とか汝という人称に拘わらないのは勿論のこと、有情でも非情でもない[19]といわれる。そのように示して一般的人間観を完全に空中分離させ、かつ小量の自己[20]と否定して万法上の自己、あらしめられてあるこの自己にめざめさせようとされるのである。以上、主に本証の理の立場から自己を探ってきたが現実の事の立場からおのれを凝視するならば反省すべき身のほどが知られる。迷い疑い、ものごとにかたよりこだわりとらわれ、さらに誤ちを繰り返している自己。このような自己を倶舎・唯識の立場からいうと吾人迷情の根本識（＝第七マナ識）に由来するもので我見我執の自我意識[21]そのものであった。『起信論』の「一法界に達せざるを以ての故に忽然として念起る[22]」という念もそれで、まさしくそれは無明（煩悩）であった。ところで時というと一般の人はすぐ十二時という時を想起して疑わないが時にはそれだけに止まらないと指摘した後に「衆生もとよりしらざる毎物毎事を疑著すること一定せざるがゆへに疑著する前程かならずしもいまの疑著に符号することなり、たゞ疑著しばらく時なるのみなり[23]」といってその疑いも善悪を越えた時としてあると示される。また「諸悪なきにあらず莫作なるのみなり諸悪あるにあらず莫作のみなり諸悪は空にあらず莫作なり諸悪は色にあらず莫作なり。諸悪は莫作にあらず莫作なるのみなり[24]」といったり、同じく「諸仏は有にあらず無にあらず莫作なり。露柱灯籠払子拄杖等もあるにあらずなきにあらず莫作なり。自己は有にあらず無にあらず莫作なり[25]」などと示される。これは「諸仏のなかにも道得する諸仏あるべし[26]」「道不得なる諸仏あるべし」「われに道得底あり不道得底あり[27]」等というのと対応する語句である。要するに理事相即の法界[28]においては疑いも諸悪も否定されるべき対象として把握されるものではなくすでにそれは存在として諸法・諸仏ないし自己と同一線上にあったのである。『御抄』にはその諸悪を善悪無記の三性を越えた無性[29]とし、また無漏・実相・法性・真如・三昧[30]などともいう。誠にここに至るとおのれのはからいを離れた大いなる世界、仏の御いのちとしての自己[31]が眼前に表示された感じがするであろう。しかしここに大きな落し穴があることを我々には自覚しなくてはならない。それは悪も善と同じであるならば悪をなしてもかまわないと考えたり悪をなすことはなくても善をなす必要はないとする道徳破壊者や虚無論者[32]の出現することである。同じく自己と仏とは同一であると示されて仏法は自己にありとし、さらにこれを得道の全円であると考える者が生じることである。これらは一知半解の過ちで修行の儀則を忘却した天魔外道であると非難される[33]ことは当然である。河村先生は「道元禅に於ける行道の基本的性格[34]」の論文中に自己の位置している場を次の様に想定される。仮りに現実生活を事法界面として横軸に、無為真如の理法界面を縦軸に置くとすれば自己はその理事相即の接点にあり、その接点上のあるがままの相に於て刻々変化しつつ事々無礙にありえているとされ、さらにその事々無礙の実相は『眼蔵』が開示する世界そのものであるという主旨を述べられている。そのようにしてある自己は行持道環の不染汚行によって初めて自己たりうる。「しるべし修をはなれぬ証を染汚せざらしめんがために仏祖しきりに修行のゆるくすべからざるとをしふ[35]」や「この法は人々の分上にゆたかにそなはれりといへどもいまだ修せざるにはあらはれず証せざるにはうることなし」[36]の法文は単に修行の要請を説くだけのものではない。「仏祖の大道かならず無上の行持あり道環して断続せず。発心修行菩提涅槃しばらくの間隙あらず行持道環なり云々」[37]とある無限の反覆行が示される。それは「転境転心は大聖の所呵なり」[38]とある如く断惑証理の階梯的作仏行ではない。本来成仏ないし現成公案の事実に立った不染汚の行持であり、成仏已後の荘厳行であり、かつ成仏と同参する仏行[39]である。「妙修を放下すれば本証手の中にみてり本証を出身すれば妙修通身におこなはる」「万法に証せらる」[40]とも示される。そのような本証づからの発動は大いなる信と行によって展開されることはいうまでもない。所詮、本証受持の不染汚行が妙修であった。

さて、結論的に仮りに、自己を可能的自己と現実的自己とを想定してみるに本証上では一枚のものであり、かつ理事相即の上にあって行持道環する当処に事々無礙なる法界が開かれていくことを学んだ。ともすれば実際の日常生活面にはその本証の世界とは隔絶した場面も起るがそれは信と行との徹底度の如何によって本来一枚の本証との間にズレが生じたということである。その誤謬を重ねている自己を胡麻化してはならぬ。私は行持道環の反覆行をなさしめる源は自己の至らなさを自覚することがその重要な要素になっているのではないかと考える。それは仏のみことしての自覚から真摯に自己を凝視する時にそうならざるを得ないのではないか。至らなさと仏のみことを自覚することは矛盾するものではない。千万発の菩提心が説かれ、さらに徹魂の放捨による邁進が要請されるゆえんがそこにあると思われる。

注

(1)「知べし、修をはなれぬ証を染汚せざらしめんが為に、仏祖頻に修行の寛くすべからざると教ふ。妙修を放下すれば、本証、満手に余る、本証を出身すれば、妙修、通身におこなはる」（『道元禅師全集』春秋社〈以下略『全集』〉二巻〔別輯二〕「弁道話」五四七頁）。

(2)「仏道をならふといふは、自己をならふなり。自己をならふといふは、自己をわするるなり。自己をわするるといふは、万法に証せらるるなり。万法に証せらるるといふは、自己の身心および他己の身心をして脱落せしむるなり。悟迹の休歇なるあり、休歇なる悟迹を長長出ならしむ」（同右、一巻「現成公案」三頁）。

(3)『御抄』――『聴書』（詮慧の『眼蔵』注釈）に基づき経豪が注釈したものを『御聴書抄（正法眼蔵抄とも）』（略して『御抄』また経豪抄・豪注など）と称す。この箇所は『正法眼蔵註解全書』一巻（一九五頁、日本仏書刊行会）。同書は読者の便宜をはかり「平仮名混じり」と濁点を付している。

(4)「自己をはこびて万法を修証するを迷とす（中略）悟に大迷なるは衆生なり」（『全集』一巻「現成公案」二頁）、「忠言の逆耳するによりて、自己かへりみず、他人をうらむ」（同右「谿声山色」二八〇頁）、「ただ小量の自己にして、しばらく隣里の彼方をさすがごとし」（同右「古鏡」二三五頁）。「祇管打坐して始めて得てん」（同右、二巻「三昧王三昧」一七八頁）。

(6)「上堂。示衆云、尽十方界、是沙門眼。尽十方界、是沙門家常語。尽十方界、是沙門全身。尽十方界、是自己光明。尽十方界、在自己光明裡。尽十方界、無一人不是自己」（同右、一巻「光明」一三八頁）。

(7)「いはゆる仏祖の光明は、尽十方界なり、尽仏尽祖なり、唯仏与仏なり、仏光なり、光仏なり、仏祖は仏祖を光明とせり、この光明を修証して、作仏し、坐仏し、証仏す。このゆえに、此光照東方万八千仏土〈此の光、東方万八千の仏土を照らす〉の道著あり」（同右「光明」一三九～一四〇頁）。

(8) 同右「十方」九五頁。

(9)「唯仏与仏は諸方実相なり、諸方実相は、唯仏与仏なり（中略）乃能究尽といふは、諸方実相なり、諸方実相は、如是相なり」（同右「諸方実相」四五八頁）。

(10) 「尽界はすべて客塵なし（中略）妄縁起の有にあらず、偏界不曽蔵のゆえに。偏界不曽蔵といふは、かならずしも満界是有といふにあらざるなり。偏界我有は外道の邪見なり」（同右「仏性」一五頁）。

(11) 「尽諸有結は、尽十方界不曽蔵なり（中略）自在といふは、心也全機現なり」（同右「阿羅漢」四〇三頁）。

(12) 「身学道といふは、身にて学道するなり、赤肉団の学道なり。身は学道よりきたり、学道よりきたれるは、ともに身なり。尽十方界是箇真実人体なり、生死去来真実人体なり」（同右「身心学道」四九頁）。

(13) 「而今の自己、これ却迷なるか、不迷なるか、撿点将来すべし、これを参見仏祖とす」（同右「大悟」九六頁）。

(14) 「いはくの今時は、人人の而今なり。令我念過去未来現在〈我をして過去・未来・現在を念わしむ〉いく千万なりとも、今時なり、而今なり。人の分上は、かならず今時なり。あるいは眼睛を今時とせるあり、あるいは鼻孔を今時とせるあり」（同右「大悟」九七頁）。

(15) 「第一稀有難解之法、唯仏与仏乃能窮尽諸法実相」（『法華経』方便品）に由来する語。「仏位は、これ出家位なり（中略）この出家位の諸業、これ正業なり、諸仏七仏の懐業なり。唯仏与仏にあらざれば、究尽せざるところなり」（同右、二巻「三十七品菩提分法」一四四頁）、「あきらかにしりぬ、結跏趺坐、これ三昧王三昧なり（中略）釈迦牟尼仏、菩提樹下に跏趺坐しましまして、五十小劫を経歴し、六十劫を経歴し、無量劫を経歴しましま す（中略）ほとけの、ほとけをみる、この時節なり。これ衆生成仏の正当恁麼時なり」（同右「三昧王三昧」一八〇頁）。

(16) 「いはゆる、山をのぼり、河をわたりし時に、われありき、われに時あるべし。われすでにあり、時、さるべからず」（同右、一巻「有時」二四一～二四二頁）。

(17) 「時、もし去来の相を保任せば、われに有時の而今ある、これ有時なり」（同右、二四二頁）。

(18) 「要をとりていはば、尽界にあらゆる尽有は、つらなりながら時時なり、有時なるによりて吾有時なり。有時に経歴の功徳あり、いはゆる、今日より明日へ経歴す、昨日より今日へ経歴す、今日より今日に経歴す、明日より明日に経歴す、経歴は、それ時の功徳なるがゆえに」（同右）、「経歴といふは、風雨の東西するがごとく学しきたるべからず、尽界は不動転なるにあらず、不進退なるにあらず、経歴なり」（同右、二四四頁）。

(19) 「青山すでに有情にあらず、非情にあらず。自己すでに有情にあらず、非情にあらず。いま青山の運歩を疑著せんこと、うべからず。いく法界を量局として、青山を照鑑すべしとしらず。青山の運歩、および自己の運歩、あきらかに撿点すべきなり。退歩歩退、ともに撿点あるべし」（同右「山水経」三一七頁）。

(20) 「一丈、これを世界といふ、世界は、これ一丈なり（中略）この因縁を参学するに、世界のひろさは、世のつねにおもはくは、無量無辺の三千世界、および無尽法界といふも、ただ小量の自己にして、しばらく隣里の彼方をさすがごとし。この世界を拈じて、一丈とするなり」（同右「古鏡」二三四～二三五頁）。

(21) 「自我意識（己我・吾我）」、「第七末那識（染汚意・我痴我見我慢我愛）」のこと。「おもからざる吾我を、むさぼり愛するは、禽獣もそのおもひあり、畜生もそのこころあり。名利をすつることは、人天もまれなりとするところ、仏祖いまだすてざるはなし」（同右「行持下」一九六～一九七頁）。

(22) 「以不達一法界故、心不相応忽然念起、名為無明」（『大乗起信論』〈『大正蔵』三二巻、五七七頁ｃ〉）。「真如不守自性、忽然念起、名為無明。由於無明的妄念執着、従而生起生滅変化的森羅万象」（同右、五七九ａ）。

(23) 『全集』一巻「有時」二四〇～二四一頁。

(24) 同右「諸悪莫作」三四六頁。

(25) 同右。

(26) 同右「柏樹子」四四一頁。

(27) 「われに道得底あり、不道得底あり、かれに道得底あり、不道得底あり」（同右「道得」三七五～三七六頁）。

(28) 理事相即の法界。理と事、理は普遍的真理・本質的真実・真諦、事は差別的現象・現実・俗諦。絶対の真理と差別の現実が二にして一であること、一体不二であること。

(29) 「いまいふところの諸悪は、善性・悪性・無記性のなかに悪性あり（中略）諸悪は、此界の悪と他界の悪と同・不同あり、先時と後時と同・不同あり、天上の悪と人間の悪と同・不同なり。いはんや仏道と世間と、道悪・道善・同無記、はるかに殊異あり。善悪は時なり、時は善悪にあらず。善悪は法なり、法は善悪にあらず。法等・悪等なり、法等・善等なり」（『全書』一巻「諸悪莫作」三四三〜三四四頁）。

（30）「是は善悪性無記性の三性の中に、悪性あり、其性無生なり、善性無記性等、是又無生也無漏也、実相也と云ゆへに。悪性已下の三性等、皆無性の理也、我等が日来思つる、三性等にはあらざるべし、此の三性の裏箇に、許多般の法ありとは、只無性也、無漏也、実相也と許りかぎるべからず、法性なり、真如なり、陀羅尼也とも、いくらもいはるべき道理ある所を許多般の法ありと云也」（『御抄』『正法眼蔵註解全書』一巻「諸悪莫作」五五三頁）。

（31）「この生死は、即ち仏の御いのちなり、これをいとひすてんとすれば、すなはち仏の御いのちをうしなはんとするなり。これにとどまりて、生死に著すれば、これも仏の御いのちを、うしなふなり。仏のありさまを、とどむるなり。いとふことなく、したふことなき、このとき、はじめて仏のこころにいる」（『全書』二巻〔別輯八〕「生死」五二九頁）。

（32）「あるが云く、仏法には、即心是仏の旨を了達しぬるが如きは、口に経典を誦せず、身に仏道を行ぜざれども、敢て仏法に欠けたる所なし。只仏法は元より自己に有と知る。是を得道の円成とす。此外更に他人に向てもとむべきにあらず、況や坐禅辧道を煩しく為や」（同右、二巻〔別輯二〕「弁道話」五五二頁）。「円成」⇒「全円」（岩波文庫本）。

（33）「一知半解を心にとどむることなかれ、仏法の妙術、それむなしからず」（同右、四七八頁）、「祖師の言句、なほこころにおくべからず（中略）かくのごとくのともがら、いたずらに外道天魔の流類となれり」（同右、二巻「仏経」一九頁）。

（34）河村孝道「道元禅師に於ける行道の基本的性格――〝行持道環〟について」（『印度学仏教学研究』一四巻二号、一九六六年、九〇頁）。同論文は、三回シリーズの一。

（35）『全書』二巻〔別輯二〕「弁道話」四七一頁。

（36）同右、四六〇頁。

（37）同右、一巻「行持　上」一四五頁。

（38）「転境転心は大聖の所呵なり、説心説性は仏祖の所不肯なり、見心見性は外道の活計なり」（同右「山水経」三一八頁）。

（39）「坐禅は習禅にはあらず、大安楽の法門なり、不染汚の修証なり」（同右「坐禅儀」一〇一頁）、「たれか道取する、仏性必ず成仏すべし、と。仏性は成仏以後の荘厳なり、さらに成仏と同生同参する仏性もあるべし」（同右「柏樹子」四四二頁）。

（40）同右、二巻〔別輯二〕「弁道話」四七一頁（注(1)、参照）、同右、一巻「現成公案」三頁（注(2)、参照）。

追記

○本証妙修の主要論文・著書

①伊藤俊彦「本証妙修についての考察の二、三」（『印度学仏教学研究』一〇巻二号、一九六二年）

②榑林皓堂「道元禅の本流思想――曹洞禅の日本的展開」（『駒澤大学仏教学部研究紀要』二一号、一九六二年）

③鏡島元隆「本証妙修の思想――母胎をどこに求める」（『宗学研究』八号、一九六六年）

④榑林皓堂編『道元禅の思想的研究』（春秋社、一九七三年）

⑤石井修道『道元禅の成立史的研究』（大蔵出版、一九九一年）

⑥角田泰隆『道元禅師の思想的研究』（春秋社、二〇一五年）等。

第二節　心塵脱落と身心脱落について

はじめに

従来、道元の只管打坐ないし本証妙修の宗旨は理法の面から繰り返し説かれても事機の面から述べられることはほとんどなかったように思われる。山内舜雄先生は『真如観』と『漢光類聚』の考察を通して天台学の立場から道元の疑団を次のように指摘される。その疑団は、洞門宗学において機法二種のうち法に約して取り扱われ、自他二門にかけると自行門の立場からのみ理会しているが、日本天台では機が重視され、化他門において広く展開されている、と。また次に、最極下劣なる凡夫の一作一行も全てそれらが仏作仏行にほかならないと説くのが本覚思想の骨子であり、それに対し凡夫の一作一行を仏の仏作仏行へと積極的に高めてゆこうとする向上的傾向にあるのが道元禅師である、と述べられている。(1)

道元に『建撕記』に見える「本来本法性」の疑団が実際にあったかどうかは今は問わない(2)。ただそれに近い疑団を内に秘め如浄に相見問答したと想われる記事が『宝慶記』にある。

拝問、古今善知識曰、如二魚飲一レ水冷煖自知一、此自知即覚也、以レ之為二菩提之悟一。道元難云、若自知即正覚者、一切衆生皆有二自知一、一切衆生依レ有二自知一、可レ為二正覚之如来一耶。或人云、可レ然、一切衆生無始本有之如来也。或人云、一切衆生不二必皆是如来一、所以者何、若知二自覚性智即是一者、即是如来也、未レ知者不レ是也。如レ是等説、可二是仏法一否。和尚示曰、若言二一切衆生本是仏一者、還同二自然外道一也。以二我我所一比二諸仏一、不レ可レ免二未レ得謂レ得、未レ証謂レ証一也。(3)

道元は、魚が水を飲み冷煖自知するように実体験の自知が覚であり、それを菩提の悟りとする古今の善知識の言を前提にして如浄に問難している。すなわち、その自知を有する一切衆生は無始本有の如来であるとする説と、知と不知とにより必ずしも皆が如来とはいえないとする説は仏法であろうか、と問うた。それに応じ、如浄は一切衆生を本来仏であるとするのは自然外道と同じであり、我我所で諸仏と比べるのは中途半端な錯覚であると答えている。ここで道元は本覚ないし証悟の問題を提起したのに対し、如浄はあくまでも修行の必要性という立場からそれを真向から否定したものといえよう。

一

道元が如浄との初相見で「やや堂奥を聴許せら」れ、「わずかに身心を脱落する」に至ったのは大宋宝慶元年（一二二五）五月一日であった。これを直ちに大事了畢とするのは問題としても仏祖の面授の法門が現成したという自覚はあったといえる。『永平広録』の「由聞得天童脱落話而成仏道(4)」の語による限り、大事了畢が初相見の時になされたというよりも後になされた可能性が強い。ここではその時期を問題にするのではなく「天童脱落話」を検討することにしたい。勿論、『建撕記』の坐禅堂における劇的場面、すなわち如浄の坐睡せる僧を叱咤した時に豁然大悟(5)したというのは論外である。その「天童脱落話(6)」は『永平広録』『正法眼蔵』『宝慶記』等に散見される。特に『宝慶記』には、その前後における両者の問答が記され、種々の示唆を与えられる。

(1) 堂頭和尚示曰、参禅者身心脱落也、不レ用二焼香礼拝念仏修懺看経一、祇管打坐而已。
拝問、身心脱落者何。

堂頭和尚示曰、身心脱落者坐禅也。祇管坐禅時、離二五欲一、除二五蓋一也。

拝問、若離二五欲一、除二五蓋一者、乃同二教家之所レ談也。即為二大小両乗之行人一者乎。

堂頭和尚示曰、祖師児孫、不レ可三強嫌二大小両乗之所説一也。学者若背二如来之聖教一、何敢仏祖之児孫者歟(7)。

(2) 堂頭和尚慈誨曰、仏祖児孫、先除二五蓋一、後除二六蓋一也。五蓋加二無明蓋一為二六蓋一也。唯除二無明蓋一、即除二五蓋一也。五蓋雖レ離、無明蓋未レ離、未レ到二仏祖修証一也。
道元便礼拝拝謝、叉手白、前来、未レ聞二今日和尚指示一。這裏箇箇、老宿耆年雲水兄弟、都不レ知、又不二曾説一、今日多幸、特蒙二和尚大慈大悲一、勿蒙下未二嘗聞一、宿殖之幸、但除二五蓋六蓋一、有二其秘術一也無。

和尚微笑曰、你向来作功夫、作二甚麼一。這箇便是離二六蓋一之法也。仏仏祖祖不レ待二階級一、直指単伝離二五蓋一六蓋、呵二五欲等一也。祇管打坐作二功夫一、身心脱落来、乃離二五蓋五欲等一之術也。此外都無二別事一、渾無二一箇事一、豈有下落レ二落レ三者也(8)。


まずこの(1)と(2)を比べて気がつくことは、果してこの話が別時になされたか同時になされたかという問題である。いずれにしても相互に矛盾する点が生じているのはまぬがれない。それは史料としての『宝慶記』の価値に関連するものであるが、ここでは(1)(2)共に一応、如浄の真実語として取り上げておきたい。また如浄の「身心脱落」の語は「心塵脱落」であったのではないかという指摘もある(9)。確かに「五欲五蓋」は「心塵」であり、『如浄和尚語録』巻下の仏祖讃中、観音の項に「心塵脱落」の語が見える点からしても恐らくその通りであろう(10)。しかし、道元にとってその語は「身心脱落」として転化ないし展開していったものと思われる。

(1)において、如浄は参禅は「身心脱落」として「祇管打坐」の専一行を説き、次にその「身心脱落」は坐禅として「祇管打坐」時に五欲五蓋を除くと示す。特にそれは(2)において強調されていることは明瞭である。重要なのは「祇管坐禅時、離五欲除五蓋」と「祇管打坐作功夫、身心脱落来、乃離五蓋五蓋等之術也」の語で、その中の五欲五蓋を離れるという点が問題である。道元は、それは教家の所談と等しく果して大小両乗いずれの行人たる者かと難詰している。それに対し如浄は、仏祖の児孫たる者は大小両乗の所談を分別してはならぬ、如来の聖教として受けとめるべきであると教示している。これによる限り如浄が五欲五蓋の煩悩を特に意識していたことは確実である。断惑証理の教家の論とは別にしても煩悩を除くことが仏祖の児孫として肝要であり、それを離れる術が祇管打坐であると示す点に注目しなければならない。まさしく参禅は如浄にとって「心塵脱落」そのものであったといってよかろう。ところで『漢光類聚』一には、心地四重の機として次弟昇出の機・本住不下の機・本住不退の機・二相不立の機を挙げ、さらに還修有相の機を加えて解説している。(11)如浄の所説をこれに当てはめるとすれば悪くすると第一の次弟昇出の機か、またよくても第三の本住不進の機に相当すると思われる。次第昇出の機とは「六識迷情の念を捨てて九識本分の処に至らしめんが為に、諸の行業を修す」という説であり、本住不進の機とは「根塵相対介爾の一念の外に更に止観の本性あることなし。六識の当体、本有の妄情なりと意得る機(12)」という説である。なお根塵相対介爾とは『日本思想大系』本の冠注によると「人間の官能と対象とが相接した時、刹那的に起る微弱な心」と記されている。このように見てくると如浄における坐禅の境涯がいかにも低いように思われるかも知れないが決してそうではなく、還同有相門の立場、すなわち主客の相対を超絶した境智不二門の悟りを経て現実の人情の世界に真実を見ようとして「祇管打坐」に徹した禅者といえよう。『永平広録』巻九には「天童和尚云、我箇裡不用焼香礼拝念仏修懺看経祇管打坐始得」の語に七絶の頌古「放自手頭非不拈、是非抛却失将得、竜蛇混雑似竜蛇、渾坐蟠身元羽翼(13)」を附し如浄を推称している。渾坐すなわち只管打坐することにより無礙自由なることを止揚している。同じく「参禅者身心脱落」に続く頌古「弄来木杓風波起、恩大徳深報亦深、縦見海枯寒徹底、莫教身死不留心(14)」も如浄の活作略を激賞している。いずれも道元は如浄の「祇管打坐」「身心脱落」に絶大な讃辞を表し、その恩を感謝している。

二

ところで道元はその如浄の所説を受けながら、五蓋五欲には何ら触れずに独自な展開を遂げている。『正法眼蔵』弁道話にある本証妙修の説示をはじめ、仏経や三昧王三昧等の諸巻に見られるのがそれである。三昧王三昧巻には「あきらかに仏祖の眼睛を抉出しきたり、仏祖の眼睛裏に打坐すること四五百年よりこのかたは、ただ先師ひとりなり、震旦国に斉肩すくなし。打坐の仏法なること、仏法は打坐なることをあきらめたるまれなり(15)」と推称し、さらに「あきらかにしりぬ、結跏趺坐これ三昧王三昧なり、これ証人なり、一切の三昧はこの王三昧の眷属なり。結跏趺坐は直身なり、直心なり、直身心なり。直仏祖なり、直修証なり。直頂𩕳なり、直命脈なり(16)」とある。また諸悪莫作巻には「なんぢが身心を拈来して修行し、たれの身心を拈来して修行するに、四大五蘊にて修行するちから、驀地に見成するに四大五蘊の自己を染汚せず。今日の四大五蘊までも修行せられもてゆく、如今の修行なる四大五蘊のちから、上項の四大五蘊を修行ならしむるなり(17)」とある。四大五蘊すなわち身心は不染汚の自己とも称すべき語で、如浄の意識していた五欲五蓋とは大いに異なるといってよかろう。これを「心塵脱落」から「身心脱落」へと展開していった証左の一つとして把えることができるのではあるまいか。道元にとって修行はあくまでも行道としてあり、断惑証理的な階梯的作仏行を意味するものではなく不染汚の修証として説かれていることは明白である。また諸悪は否定的当為の対象としてあるのではなく、それはすでに存在としてあることを示しているともいえよう。そのような道元の立場を先述の四重の機でいえば、第四の二相不立の機ないしは還修有相の機に相当すると思われる。二相不立の機とは「止観とも止観にあらずとも分別せず、行とも解とも思量せず、不思議天真の機」であり、還修有相とは「不思議未分の上に立って、立ち還って諸行あり」というものである。

おわりに

吾人はともすれば最極下劣なる凡夫性を有する現実の自己を認識する時、道元の所説はあまりにも透体脱落・仏現成そのものでありすぎる、と感じるのではあるまいか。そのような吾人に対して「打坐すでになんぢにあらず、功夫さらにおのれと相見せざることを。これ坐禅のおのおのが身心をきらふにあらず、真箇の功夫をこころざさず、倉卒に迷酔せるによりてなり」（坐禅箴[18]）という語は強く耳朶に響く。また「もし人、一時なりといふとも、三業に仏印を標し、三昧に端坐するとき、遍法界みな仏印となり、尽虚空ことごとくさとりとなる。ゆゑに諸仏如来をしては本地の法楽をまし、覚道の荘厳をあらたにする。云々」（弁道話[19]）の語がおごそかに聞こえてくる。所詮、吾人の徹魂徹身心の放擲によって「自己の転仏祖を見脱落する」（看経[20]）参究に邁進するしかない。

当初における本論の狙いは「只管打坐の本証性」について論究する筈であったがその前提的な序論、それも梗概に終った。それは今後の課題としたい。

注

（1）①山内舜雄「『建撕記』における「本来本法性」疑団の考察——日本天台から見た一解明・『真如観』を中心として」（『駒澤大学仏教学部研究紀要』三五号、一九七七年）。②同右「『漢光類聚』における本覚思想の考察——「本来本法性」疑団解明の一視覚」（『宗学研究』一九号、一九七七年）。『真如観』（伝、源信撰）、『漢光類聚』（伝、忠尋撰）。

（2）「住山六季の間に、一切経を看給事二遍也。宗家の大事、法門の大綱、本来本法性、天然自性身、此理顕蜜の両宗にても不落居、大いに疑滞ありて、三井寺の公胤僧正の所ゑ参し」（瑞長本『建撕記〈他の「古写本建撕記」も同じ〉』、建保五年、道元十八歳）。疑滞（疑団）の年次を面山瑞方撰『訂補建撕記』では建保二年、道元十五歳に設定。

（3）『宝慶記』（『全集』七巻、〈鈴木格禅校訂・註釈〉六頁、春秋社、一九九〇年）。

（4）『永平広録』（同右、三巻「道元和尚広録」第二—一三六、〈鏡島元隆校訂・註釈〉八二頁）。

（5）「叱咤時脱落」（杉尾玄有氏命名）。「天童五更坐禅、入堂巡堂、責衲子坐睡云、坐禅者身心脱落也。祇管打睡恁生。師豁然大悟。早晨上方丈、焼香礼拝、天童問云、焼香事作麼生。師云、身心落々来。天童云、身心脱落、脱落身心」（『永平寺三祖行業記』）。『正法眼蔵随聞記　第二』に如浄が僧堂において眠りを警告する際、履物で打ち据えたり、謗言呵嘖しても、僧たちはその慈悲行を涙を流し喜んだ逸話を伝えている。

（6）「天童脱落話」。『永平広録』（「道元和尚広録」）には、第四—三一八、第四—三三七、第六—四三二・四三七、第九（玄和尚頌古）—八六。上記の注（4）第二—一三六が重要。他にも多数あり。『眼蔵』には、「行持　下」「三昧王三昧」「仏経」等。

（7）『宝慶記』（『全集』七巻、一八頁15）（頁の後の数字は通し番号）。

（8）同右（三六頁29）。

（9）高崎直道『古仏のまねび〈道元〉仏教の思想11』（角川書店、一九六九年）四八頁以下。

（10）『如浄和尚語録』には、次の五本（①「如浄禅師語録」卍山道白校訂・

延宝八年刊、②「天童浄禅師語録」面山瑞方改刻・明和四年刊、③「如浄禅師語録夾鈔」玄峰淵竜筆写・続曹全収録、④「如浄和尚録」永平寺蔵・断簡本、⑤「天童如浄和尚録」總持寺蔵・写本完本）が知られる。鏡島元隆『天童如浄禅師の研究』（春秋社、一九八三年）所収「後編　訳註『如浄語録』」の讃仏祖「観音」には「心塵脱落開嵓洞、自性円通儼紺容、天之敬龍之恭、不以為喜安然中、咦、更薦海濤翻黒風〈心塵脱落して嵓洞を開き、自性円通して紺容を儼にす。天の敬龍の恭、以て喜びとせず安然の中、咦、更に海濤に薦して黒風に翻る〉」とある。

（11）『漢光類聚　天台伝南岳心要鈔』（『天台本覚論　日本思想大系9』岩波書店、一九七三年所収、一八八～一九〇頁）。「心地四重の機」の説示、一九〇頁。

（12）同右「根塵相対介爾」一九〇頁冠注（大久保）。

（13）『永平広録』巻九〈頌古〉卍山本「放自手頭非不拈、是非抛却失将得、竜蛇混雑似竜蛇、渾坐蟠身元羽翼〈自らの手頭を放つに不拈に非ず、是非と抛却と失と得と、竜蛇混雑して竜蛇に似たり、渾坐蟠身元より羽翼〉」。祖山本「亀自手頭非不拈、之乎者也失将得、竜蛇混雑似竜蛇、渾坐蟠身元羽翼〈自らの手頭を亀む不拈に非ず、之乎者也失と得と、竜蛇混雑して竜蛇に似たり、渾坐蟠身元より羽翼〉」。

（14）注（6）参照。

（15）『全集』二巻「三昧王三昧」一七八頁。

（16）同右一八〇頁。

（17）『全集』一巻「諸悪莫作」三四五頁。

（18）同右「坐禅箴」一一二頁。

（19）『全集』二巻〈別輯〉「弁道話」四六二～四六三頁。

（20）『全集』一巻「看経」三二九頁。

追記

○「身心脱落」関係主要論文

①伊藤俊彦「道元禅師の身心脱落の年次について」（『駒澤大学仏教学部研究紀要』二四号、一九六六年）

②杉尾玄有「道元禅師の疑団と開眼と身心脱落」（『宗学研究』二八号、一九八六年）

③佐藤秀孝「如浄会下の道元禅師――身心脱落と面授」（『印度学仏教学研究』三七巻二号、一九八九年）

④東隆眞「道元の身心脱落体験を解読する」（『季刊仏教10』一九九〇年）

⑤角田泰隆「道元禅師の身心脱落の時期とその意義」（『宗学研究』三五号、一九九三年）

⑥志部憲一「「面授」と「脱落」について」（『道元思想大系2』同朋社、一九九四年）

⑦原田弘道「「身心脱落話」の意義とその歴史的展開」（同右）

⑧中世古祥道「身心脱落」（『道元思想大系7』同朋社、一九九五年）

⑨松岡由香子「道元の身心脱落承当の時」（『宗学研究』三七号、一九九五年）

⑩辻口雄一郎「身心脱落の思想的位置――身心脱落と面授時脱落説」（『宗学研究』四二号、二〇〇〇年）

⑪杉尾玄有「道元禅師の万象刻々一斉生滅の身心脱落と阿育王寺再訪――将軍実朝の納骨準備からスタートする道元禅と『正法眼蔵』」（『宗学研究』三八号、二〇〇八年）

⑫日高哲男「『永平略録』をめぐる諸問題――義遠の「心塵脱落」と道元禅師の「身心脱落」」（『駒澤大学大学院仏教学研究年報』四六号、二〇一三年）

⑬石井清純『構築された仏教思想　道元――仏であるがゆえに坐す』（佼成出版社、二〇一六年）

第三節　「本来本法性」疑団の考察

はじめに

高祖道元禅師（以下、高祖と略称）に関する多数の伝記中、まず元は同一本であったとされる撰者不詳の『元祖孤雲徹通三大尊行状記』・『永平寺三祖行業記』（以下、三大尊行状記・三祖行業記と略称）、次に『建撕記』そして面山撰の『訂補建撕記』と次第する順に内容が増加ないし訂補されて各各後世に大きな影響を与えてきた。就中、『建撕記』の異本が最近、続々と発見されている事とも相俟って高祖の伝記を根本的に再検討する傾向にあるといえよう。

本論はその一端として「本来本法性」疑団に関して若干の論及をするものである。山内舜雄氏は、最近この「本来本法性」疑団に関して一応史的事実とされた上で日本天台ないし本覚思想の面から解明している(1)。私は疑団そのものを史的事実とする点に多少の疑義を抱くものである。従って当時の教理上の問題すなわち天台本覚思想の面からの考察を否定するものではない。むしろ入宋以前における高祖の教学的背景がその天台本覚法門という面からのみ論及されている事に大いに不満を感じ、多角的に考察する必要性を望む者である。以下『建撕記』と『宝慶記』の関連記事を中心にしながらその点をいささか論及したい。

一

『建撕記』は周知の通り、永平寺十四世建撕（一四一五〜七四頃）の撰述になる永平寺開山道元禅師行状を指し、一般的に通称として用いられている。現在、河村孝道氏の編著『諸本対校　永平開山道元禅師行状建撕記』に掲載する明州本・瑞長本・延宝本(2)・門子本・元文本・訂補本の六種と石川力山氏の翻刻による承天本の一種と合計七種が公開されている。諸本は各々表題を異にしているがオリジナルは建撕のものであることはいうまでもない。厳密に諸本を対校していくと全体的には語句や文節、内容上にも多数の相違点がある。諸本の詳しい相違点について、ここで触れる遑はないが特に延宝本は他の諸本と流伝を異にしていること、また訂補本は比較的延宝本に近いが、それを更に増加訂補していることを指摘するに止めておきたい。

今はこれらの『建撕記』諸本七種とそれ以前に成立していたとされる『三大尊行状記』、『三祖行業記』、『伝光録』、『洞谷記』との疑団の記事を次に対照してみよう。

元祖孤雲徹通三大尊行状記

越州吉祥山永平開闢道元和尚大禅師行状記

建保元年癸酉四月九日。十四歳礼二初任座主公円僧正一剃髪。（中略）十八歳内。看二閲一切経一二返。学二宗家之大事。法門之大綱一。本来本法身。天然自性身。顕密両宗。不レ出二此理一。大有二疑濡一。如二本自法身法性一者。諸仏為二甚麼一更発心修行哉。三井之公胤僧正者。顕密之明匠。法海之竜象。即致二此問一。胤教示曰。此問輙不レ可レ答。雖レ有二家訓訣一。未レ尽レ義。伝聞。大宋有下伝二仏心印一之正宗上宜二入宋求覓一。師聞二此誨励一。建保五年丁丑十八歳秋。始離二本山一。投二洛陽建仁寺一。従二明全和尚一。猶極二顕密之奥源一。習二律蔵無律儀一兼聞二臨済之宗風一。即列二黄竜之十世一。遂随二従明全一。航海入宋。日本貞応二年癸未。大宋嘉定十六年也。

（曹洞宗全書本）

永平寺三祖行業記

初祖道元禅師

建保元年癸酉四月九日。十四歳而礼二初任座主公円僧正一剃髪。（中略）十八歳内。看二閲一切経二一遍。宗家之大事。法門之大綱。本来本法性天然自然身。顕密両宗。不レ出二此理一。大有二疑滞一。如二本自法身法性一者。諸仏為二甚麼一。更発心修行。三井之公胤僧正者。顕密之明匠。法海之竜象。即致二此問一。胤教示曰。此問輙不レ可レ答。雖レ有二家訓訣一未レ尽レ義。伝聞。大宋有下伝二仏心印一之正宗上宜二入レ宋求覓一。師聞二此誨励一。建保五年丁丑。十八歳秋。始離二本山一。投二洛陽建仁寺一。従二明全和尚一。猶極二顕密之奥源一。習二律蔵之威儀一。兼聞二臨済之宗風一。即列二黄竜之十世一。遂従二明全一。航レ海入宋。日本貞応二年癸未。大宋嘉定十六年也。

（同上）

伝光録

卒ニ十四歳建保元年、四月九日、座主公円僧正ヲ礼シテ剃髪ス、（中略）十八歳ヨリ、内ニ一切経ヲ披閲スルコト一遍、後ニ三井ノ公胤僧正、同ク又外叔ナリ、時ノ明匠、世ニナラビナシ、因テ宗ノ大事ヲタズヌ、公胤僧正示曰、吾宗ノ至極、イマ汝が疑処ナリ、伝教慈覚ヨリ、累代口訣シ来ルトコロナリ、コノ疑ヲシテ、ハラサシムベキニアラズ、遙カニ聞ク、西天達磨大師、東土ニ来テ、マサニ仏印ヲ伝持セシムト、ソノ宗風イマ天下ニシク、名ケテ禅宗トイフ、モシコノ事ヲ決択セントオモハバ、汝建仁寺栄西僧正ノ室ニ入テ、ソノ故実ヲタズネ、ハルカニ道ヲ異朝ニ訪フベシト

（仏洲仙英本）

洞谷記

十四歳。剃染受戒。十八歳。学通二顕密一。看二閲蔵経一。大生二疑滞一。広訪二諸師一。依二三井公胤僧正教示一。始離二本山一。投二建仁寺明全和尚一。受具入衆。尚極二教意一。麁学二律蔵一。聞二臨済宗風一。雖レ捨二算沙学一。所疑未レ釈。遂渡レ海入レ宋。

（智灯照玄書写本）

明州本（永平八世建撕和尚記）

自《リ》レ十三歳至《チ》レ十八歳《ニ》六箇年之間看二閲《スルヿ》一切経《ヲ》一二遍《ナリ》、宗家之《ノ》大事、法門之大綱、本来本法性、天然自性身、此《ノ》理顕蜜《（ママ）》之両宗不《ニテ》二落居一、大《ニ》有《リ》二疑滞一、三井寺《ノ》公胤僧正《ノ》所《ヘ》参《シ》、如《ン》二自本《ヨリト》法身法性《ノ》一者《バ》、諸仏《ノ》為二甚麼一更《ニ》発心《ノ》修二行《ス》三菩提之道《ヲ》一、此《ノ》公胤者顕密之明匠法海之竜象、即致《イタス》二此《ノ》問《ヲ》一、僧正教示曰《ク》、此《ノ》問輙《タヤスク》不レ可レ答、雖レ有《ト》二家《ノ》訓訣未《ス》レ尽《テ》レ義《ヲ》、伝聞《ク》大宋国《ニ》伝《フ》二仏心印《ヲ》一有《リ》二正宗一、直《ニ》入レ宋求覔《クミヤク》、

瑞長本（元古仏縁記永平開山御行状）

住山六季ノ間ニ。一切経ヲ看給《シ》事二遍也、宗家ノ大事。法門ノ大綱。本来本法性。天然自性身。此理ヲ顕密ノ。両宗ニテモ。不落居。大イニ疑滞。アリテ。三井寺ノ公胤僧正ノ所ヱ参シ。問イ給。様ハ。如来自法身法性ナラハ。諸仏為《ナニトシテ》二甚麼一。更発二心修行三菩提ノ道《ヲ》一、公胤僧正教示《ノ》云、此問所。我輙《レタ》合ヘカラス。吾宗家ノ。訓訣アリトイヱトモ一。未二尽其義《ヲ》一也。我伝聞《ク》。大宋国ニ伝《ル》二仏心印《ヲ》一正宗アリ。直ニ入宋ノ尋ヌヘシト、

延宝本（道元禅師行業記）

師自《リ》二十三歳一。至《リ》二迄十八歳《ニ》一。六ヶ年《ノ》之間《ヲ》。一切経看給《ヲミタマウ》事二辺《ヘンナ》也。宗家之太《（ママ）》事。法門《ノ》之大綱《コウ》。本来本法性。天然自性身。此理顕蜜《（ママ）》之両宗ニテ不レ為二落居一。大疑滞《タイギタイ》在リテ。三井寺公胤僧正《ノ》所《ヘ》参《シ》。即問云。如二本来法身法性一。諸仏為《ノウ》二甚麼一更《ニ》三菩提《ノ》之道《ヲ》発心修行《シトフ》。公胤僧正教示《ヲシヘノ》曰《ク》。此《ノ》問所我《レ》輙《スナワチ》不レ可《カラコトフ》レ答。我宗家《ガシウケ》之《ノ》雖《モ》レ為《ナリトグン》二訓訣。我《レ》未《ダ》二其《ノ》義尽《ヲツクサ》一。伝《ヘ》聞《ク》大宋国ニ仏心印《ノ》之在《リト》二正宗一。直《ニ》入宋可《シ》二尋《ネ》給《フ》一。

門子本（開山禅師之行状）

自十三歳。至十八歳。六箇年之間ニ。一切経看給フヿ二遍也。宗家之大事。法門之綱、本来法性。天然自性身。此理ヲ顕密之両宗ニテ不落居。大疑滞アリテ。三井寺ノ公胤僧正ノ所ヱ参シ。如来自性身。法性者《ナラハ》。諸仏為甚麼。更発心修《ノ》二行《トフ》菩提ノ道一ヲ。公胤僧正教示メ曰。此問所我輙《タク》不可答我宗家之訓訳アリトイヱ𪜈未レ昼《（ママ）》二其義一。我伝ヘ聞。大宋国ニ伝仏心印ノ正宗アリ。直ニ入宋ノ尋給フベシ。

元文本（祖山本建撕記）

自《リ》二十三歳一至《テ》二十八歳《ニ》一六箇年之間《ニ》、一切経《ヲ》看給事二遍也、宗家ノ大事法問《（ママ）》之大綱、本来本法性、天然自性身、此理《ヲ》顕密《ノ》両宗不《ニテ》二落居一、大疑《キ》滞《タイ》有三井寺《ノ》公胤僧正之所《ヘ》参《シ》、如本《シト》自法身法性成《ラバ》者、諸仏為《ノカン》レ甚麼更《ニ》発心《ノ》三菩提《ノ》道《ヲ》修行《シ》給《フ》、公胤僧正教示《ノ》云、此問所我輙《レタヤスク》不レ可レ答、我宗家《ノ》訓訳《（ママ）》有《アリ》イエ𪜈未レ尽《サ》二其《ノ》義《ヲ》一、我《レ》伝《ヘ》聞《ク》、大唐国《ニ》仏身印《ヲ》伝正宗有《リ》、直《ニ》入宗《（ママ）》可《シ》二尋給一、

承天本（永平建撕記全）

自十三年至二十八年一六《ケ》年《ノ》間一切経ヲ見給亊二遍也。宗家大亊、法門大綱、本来本法性、天然自性身、此ノ理ヲ顕蜜《（ママ）》両宗ニテ不二落居一。大疑諦有テ三井寺ノ公胤僧正ノ所エ参問曰、如来自法身法性者、諸仏為甚麼更発心修行三菩提道耶。公胤僧正教示曰、此間不可輙答。宗家《ノ》訓訳有トイエ𪜈未レ尽二其儀《（ママ）》一。我伝聞、大宋国《ニ》伝二仏心印一正宗有リト。直入宋《ノ》尋子給フベシ。

訂補本（永平開山御行状建撕和尚記）

建保二年甲戌。師十五歳。熟渉二猟経論《ヲ》一。自有レ疑謂《ヒヲ》。顕密二教共談《ニス》。本来本法性。天然自性身ト。若如《シナラハ》レ此《ノ》則《チ》三世諸仏。依《テカ》レ甚更《ニ》発《ニ》心求《ノヤ》二菩提《ヲ》一耶。時《ニ》質《スニ》二之《ヲ》耆宿《ニ》一。無二義釈《スル》者一。因《ニ》聞《テ》三三井寺《ノ》公胤僧正《ノ》之粋《ト》二観心《ニ》一而住問《テフ》。胤答曰、此《ノ》問不レ可二輙《ク》答《フ》一、雖レ有《ト》二宗義一恐《ハ》不レ尽《サ》レ理《ヲ》。須《ク》レ参《ス》二建仁寺栄西《ニ》一ト。指揮セラル。

煩瑣になるが右の合計十一本の内容を比較しながら記さねばならない。まず『三大尊行状記』以下の四本は、建保五年（一二一七）高祖十八歳の出来事とする点で共通している。初めの二本、『三大尊行状記』『三祖行業記』の内容を要約すると次の通り。十八歳の時、一切経を看閲すること二遍していくうちに、（天台）宗家の大事・法門の大綱である「本来本法身、天然自性身（本来本法性、天然自然身）」[3]とある点において顕密両宗はこの理を出ていない。そこで大いに疑滞を生じ、それを公胤僧正に参問したところ、僧正は答えを保留して入宋を勧め、遂に高祖は建仁寺明全に従って入宋する筋になっている。

『伝光録』によると高祖は「宗の大事」を公胤僧正にたずねたところ、僧正はその「疑処」を、仏印を伝持する禅宗があるから、その事を決択しようと思えば「建仁寺栄西の室」に入て、その故実をたずね、道を異朝（宋）に訪ねるべきだと指示している。『洞谷記』はそれを要約したような形である。すなわち、その時高祖は「疑滞」を生じ、その決択を公胤僧正の指示によって「建仁寺明全」に投じたことになっている。この『伝光録』と『洞谷記』は疑処・疑滞とあるだけで「本来本法性」の語句がない点に注意する必要があろう。なお『元亨釈書』には疑団の記事がなく、建仁明菴（栄西）に謁する記事があって、栄西との相見説を証する史料として用いられることもあるが、本論では高祖と栄西との相見問題に関しては触れない。

『建撕記』の諸本は、「訂補本」を除き大筋共通している。すなわち叡山六箇年の間に一切経を看閲すること二遍、そこで宗家の大事・法門の大綱である「本来本法性、天然自性身」は顕密両宗では「不落居」ということで大いに疑滞を生じ公胤僧正に参問したところ、僧正は宗家に訓訣あるがまだ義を尽くしていないから大宋国に仏心印を伝える正宗（禅宗）があるので入宋して訪ねよ、と指示している。

これらに対し「訂補本」のみは、建保二年（一二一四）高祖十五歳の時に経論を渉猟して「本来本法性」の疑団を生じ、それを公胤僧正に尋問すると僧正は「建仁寺栄西」に参ずべきであると指揮する筋になっている。ここに面山は高祖の年令を他の諸本より三歳も引き下げて栄西に相見させることを無理に意図しているように思うのは吾人だけであろうか。私はこの点において面山は独断の誹りを免れないと思っている。なお山内氏は「訂補本」の「顕密二教共談」の文句は、『三大尊行状記』の「顕密二教不出此理」や『建撕記』諸本の「顕密両宗ニテ不落居」と比較して、密教の事情に明るい面山の教学を指摘されている。[4]

この「訂補本」の記事はさておき、高祖が『三大尊行状記』以下の諸本に記す通り、十八歳の秋に叡山を下った理由は、これら「本来本法性」の疑団そのものであったのか。あるいはよく言われる如く、当時の叡山における僧侶の堕落振りに失望したのか。いずれにしてもその事情を記す史料は現在のところ見当らない。従ってそれは不明ということにならざるをえない。よって伝記作者としては、その理由を真実らしく叙述しなければならないことになる。その上で『三大尊行状記』以下の伝記作者がこの疑団を苦心して創作ないし継承したのであれば、誠に説得力に富むものであるといえよう。とはいえ、一概に史料がないからこれを創作ないし脚色・虚構という断定も下せない微妙な問題に属する。

近松門左衛門が芸術は実と虚との皮膜の間にあるとの主旨[5]を述べている如く、およそ伝記作者が偉人伝・聖人伝を製作する場合、その主人公を高揚ないし神聖化するために確実な史料を基にしながらも空白の部分には適当な追加や潤色を施すのは常套手段として当然の技巧である。その脚色によって一般大衆が結果的に印象や感動を深める効果をもたらすことになる。しかし、史実を追求する読者がその脚色の部分を考慮せず単純に鵜呑みにしてしまうと時に大変な誤りを起こしかねない。ましてそれが高祖の教えの中核をなす本証妙修・只管打坐などに関連するものであれば、相当慎重に考慮しなければならぬであろう。

元より『三大尊行状記』の作者や建撕自身には高祖の著述等を中心として冷静な史料批判をしながら厳密に取捨選択していったことと思われる。しかし、例えば『建撕記』における高祖の生涯三十六項目には、『三大尊行状記』『三祖行業記』になく新しく追加した十五項目を含み、その中で種々の点から史実とするには問題である「興聖寺僧堂勧進疏」の文や蘭渓道隆との交信書状等があることに注意しなければなるまい。

仮りに伝記の内容項目を分類するならば、⑴確実な史料があり史実として認められるもの、⑵典故はないが史実としてほぼ認められるもの、⑶典故はあるが史実としては疑わしきもの、また典故自体に問題を含むもの、⑷典故も史実も判別不明のもの、また典故なく史実として疑わしきもの、⑸高揚ないし神聖化のための神秘的詳瑞や霊験譚で潤色のもの、となろう。『建撕記』もこれにあてはめて分類できるが紙面の都合で割愛する。ここでは要するに内容を全て史実とするにはあまりにも早計であることを考慮すればよいであろう。

「本来本法性」の疑団は、『三大尊行状記』『三祖行業記』に初出するもので『建撕記』はそれを継承して多少文字を変更しているに過ぎない。すなわち前二書が「本来本法性」の句末に付す「不出此理」とあるのに対し、建撕が「不落居」と変えることでより天台教学の疑団として真実味を加えた結果になっている点を認めねばなるまい。その功罪はさておき、ここに少なくとも建撕の潤色ないし虚構があるといえるのではあるまいか。虚構の語感には抵抗もあるが、建撕の高祖を崇拝する念から生じた高い立場からの独創というのは可能であろう。

二

高祖の在宋参学中における備忘録と見做される『宝慶記』には、右の疑団に類似する設問を如浄に呈している記事がある。

拝問《ス》、古今《ノ》善知識曰《ク》、如《シ》㆓魚《ノ》飲《ンデ》㆑水《ヲ》冷煖自知《スルガ》㆒、此《ノ》自知即《チ》覚也《ナリ》、以《テ》㆑之《ヲ》為《スト》㆓菩提之《ノ》悟《ト》㆒。道元難《ジテ》云《ク》、若《シ》自知即《チ》正覚者《ナラバ》、一切衆生皆有《ナリ》㆓自知㆒、一切衆生依《テ》㆑有《ルニ》㆓自知㆒、可《シャ》㆑為《ル》㆓正覚之《ノ》如来㆒耶。或人云《ク》、可《シ》㆑然《ル》、一切衆生《ハ》無始本有之《ノ》如来也《ナリト》。或人云《ク》、一切衆生不《アラズ》㆓必《ズシモ》皆《ナ》是《レ》如来《ニ》㆒、所以者《ハ》何《イカン》、若《シ》知《ル》㆓自覚性智即《チ》是《ナリト》㆒者、即《チ》是《レ》如来也《ナリ》、未《タ》㆑知《ラ》者《ハ》不是也《ナリト》。如《キ》㆑是《ノ》等《ノ》説、可《シャ》㆓是《レ》仏法《ナル》㆒否《ヤ》。
和尚示《シテ》曰《ク》、若《シ》言《ハバ》㆓一切衆生本《ト》是《レ》仏《ナリト》㆒者、還《タ》同《ジ》㆓自然外道《ニ》㆒也。以《テ》㆓我我所《ヲ》㆒比《ス》㆓諸仏《ニ》㆒、不《ル》㆑可《カラ》㆑免《ル》㆓未得謂得、未証謂証㆒者也。
（大久保道舟編『道元禅師全集』下）(6)

この文を要約すると次のようになる。古今の善知識は「冷煖自知」の自知を覚とし、これを菩提の悟りとしている。高祖は、その自知が正覚ならば正覚の如来たることを自知する一切衆生が果して無始本有の如来といえるかどうか、またそれが仏法の説かどうか、と設問した。それに応じて如浄は、一切衆生これ仏と言えば自然外道と同じである、とそれを真向から否定している。如浄の真意は、恐らく一般の教学的知識を捨離し、打坐の実践に専念すべきことを暗示している様に思われる。次に多少飛躍するが、この高祖の設問は『大乗止観法門』の記事中に論旨が相似しているものがあるので注目しておきたい。

此就㆓凡聖不二㆒、以㆓明心㆒体為㆓如如仏㆒、不㆑論㆓心体㆒本具性覚之用也、問曰、若就㆑本無㆑不㆑覚名為㆓覚㆒者。凡夫即是仏何用㆓修道㆒為、答曰、若就㆓心体平等㆒、即無㆓修与不修、成与不成㆒、亦無㆓覚与不覚㆒、但為㆑明㆓如如仏㆒故擬㆑対㆑説為㆑覚也、又復若拠㆓心体平等㆒、亦無㆓衆生諸仏与此心体有㆑異、故経偈云、心仏及衆生是三無㆓差別㆒、然復心性縁起法界法門法爾不㆑壊、故常平等常差別、常平等故心仏及衆生是三無㆓差別㆒、常差別故流㆓転五道㆒説名㆓衆生㆒、反㆑流尽㆑源設名為㆑仏、以㆑有㆓此平等義㆒故、無㆑仏無㆓衆生㆒、為㆓此縁起㆒差別義故、衆生須㆑修㆑道。(『大正蔵』四六巻、六四三頁c)

この問答の要点は、凡聖不二につき心体平等であると説くならばどうして衆生が修道するのか、との設問に対し、心性縁起法界の法門(如来蔵縁起の法門)には常平等と常差別があり、差別の義をなす上から衆生は五道(五趣)に流転するので修道しなければならない、と説くことにある。この問答は『起信論』に説く一心二種の門すなわち真如平等心を体とする心真如門と阿梨耶識を相とする心生滅門の設問に由来し、それを展開したものである。『大乗止観法門』では特に如来蔵を空如来蔵と不空如来蔵に分別し、空如来蔵を心体平等妙絶染浄之相である無差別の世界、不空如来蔵を在纒の法身である差別の世界とする。前者が仏の世界、後者が迷いの世界である。この差別による迷いの世界は、出障の浄徳を具す浄法と無明の染法とに分かれる。そこで如来蔵ないし仏性を具す修行者は修道することによって浄法を増して成仏することになる、と示したものである。(この『大乗止観法門』の記事は、智周〈一六五九～一七四三〉撰『台宗二百題』巻九の如来染浄の項目に展開されている。また関連する記事は同じく巻十一に仏果修行、巻十二に顕密即身成仏、巻十三に発心即到にも各々所載)

なお、高祖は前の『宝慶記』中の「冷煖自知」の語を引用しているものとして『永平広録』巻七や『正法眼蔵』法性巻等にいくつか説示しているので次に掲げる。

上堂《ニ》云《ク》、夫《レ》学仏道《ハ》、見解須《ク》㆑正《シカル》。見解若《シ》邪《ナレバ》、光陰虚《シク》度《ル》。近代皆《ナ》云《ク》、諸人応諾《インナ》之処、即諸人《ノ》本命。冷煖《リヤウナン》自知之処、即諸人主人公。向来乃《チ》是仏性《ナリ》、更《ニ》不㆑可《カラ》㆑有《ル》㆓第二人㆒也。若《シ》恁麼《ニ》会《セバ》、則《チ》先徳之所㆑呵《スル》也。不《ヤ》㆑見、竺尚書問《フ》㆓長沙岑和尚《ニ》㆒、蚯蚓斯為《レテル》㆓両段《ト》㆒、両頭倶《ニ》働《ク》、未審《イブカン》、仏性在《ル》㆓阿那箇頭《ニ》㆒。沙云《ク》、莫《レ》㆓妄想《スルコト》㆒。書云《ク》、争《イカガセン》㆓奈動《ズルヲ》㆒何。沙云《ク》、只為《ダレ》風火未散《ナリ》。書無対。(7) 云々

しるべし、経巻知識にあふて法性三昧をうるを、法性三昧にあふて法性三昧をうる生知といふ。(中略)大道は、如㆓人飲㆑水冷暖《(ママ)》自知㆒の道理にあらざるなり。(8) 云々

この二書の記事は、『宝慶記』にある如浄の説示を高祖が想定した上での展開とみることも可能であろう。しかし、本論はさし当り高祖の疑団が『宝慶記』の記事といかなる関連を有するかに焦点を絞らねばなるまい。論点は、『三大尊行状記』の撰者ないし建撕が『宝慶記』の存在を知り、またこの記事を見ていたとすれば、法問の時処の違いがあるにしても、どうしてもう少し起信論の教学に近い語句を使用しなかったのであろうか(9)、ということにある。普通、この記事を知っていたという前提に立つならば、特別の配慮をせずに創作したと考えざるをえない。それを換言すれば、全く『宝慶記』の記事を知らずに創

作したといってよいかも知れない。いずれにしてもその点を簡単に判定することは困難であるが、高祖の『正法眼蔵』諸巻の中心思想の説示へと展開していく過程の話としてはよく出来ていると評価されよう。

おわりに

高祖が叡山において十三歳から十八歳までの六年間の修行時代、主に台密三昧流の作法儀軌を中心にした[10]であろうことは既に指摘されている。しかし具体的教学についてはほとんど究明されていない。恐らく聖教の謄写や素読が主であったと思われる。東京の瑠璃光寺には、高祖の当時における書写として『法華玄義』が伝来していると聞く[11]が、これも親筆であるかどうかを含めて問題が残るであろう。十八歳の若さでかの疑団を生じたとすれば、それ相当の基礎もあったと推察される。一方、かの疑団は当時、既に初歩的問題に属するものであったとの指摘[12]もあるので、この面からも考慮されねばなるまい。山内氏の論文も引続き執筆されるとの事であるので充分に参照して更に検討していきたい。

注

（1）①山内舜雄「『建撕記』における「本来本法性」疑団の考察――日本天台から見た一解明・『真如観』を中心として」（『駒澤大学仏教学部研究紀要』三五号、一九七七年）。②同右「『漢光類聚』における本覚思想の考察――「本来本法性」疑団解明の一視覚」（『宗学研究』一九号、一九九七年）。前項「心塵脱落と身心脱落について」に既述。③同右「『漢光類聚』における本覚思想の考察――「本来本法性」疑団解明の一視覚（その3）」（『駒澤大学仏教学部論集』一三号、一九八二年）、④同右「『漢光類聚』における本覚思想の考察――「本来本法性」疑団解明の一視覚（その4）」（『駒澤大学仏教学部研究紀要』四一号、一九八三年）、⑤同右「『天台法華宗牛頭法門要纂』（伝最澄）における本覚思想の考察――「本来本法性」疑団解明の一視覚」（『駒澤大学仏教学部論集』一四号、一九八三年）。⑥石井修道『道元禅の成立史的研究』（大蔵出版、一九九一年）において、「この疑団は、道元が語るものではなく、伝記作者の創作であるが、筆者は若き道元の内面的課題をあらわしたものとして、叱咤時脱落のように全面的否定を考えていない」とし、「入宋の動機を表現しているとみたい」（四七六頁）と述べ、この点は吉田も本文に触れている。

（2）「延宝本」には、この項目はさておき、全体的な伝記項目に道元の父を「通忠」「悲母の潔斎」「洞山の夢見」「帰朝時の将来物」「吉祥の山名」「後嵯峨院の紫衣・禅師号下賜」等、他の「古写本建撕記」にない記事があること、またその反対に「古写本建撕記」にある記事がないこともあり、筆写した当事者が独自の見解を持っていたと思われる。

（3）疑滞（疑処・大疑滞）語句の相違。「本来本法身、天然自性身」（三大尊行状記）、「本来本法性、天然自性身」（三祖行業記）、「本来本法性、天然自性身」（明州本・瑞長本・延宝本・門子本・元文本・訂補本）。

（4）瑞長本「此理ヲ顕密ノ両宗ニテモ不落居」を面山が訂補「顕密二教共談」に改めたことに対し、「密教を台密の範囲で処理しようという意図充分で、教学に明るい面山師の、スジの通った訂正というべきであろう」（注（1）①山内舜雄「『建撕記』における「本来本法性」疑団の考察」（八頁）と指摘している。

（5）「虚実皮膜」説。穂積以貫撰・木下蘭皐編『浄瑠璃文句標註　難波土産』（元文三年刊。『新群書類従』巻六所収、巻一、発端、国書刊行会、一九〇七年、三二四頁b～三二五頁a）。「ある人の云、今時の人はよくよく理詰の実らしき事にあらざれば合点せぬ、世の中むかし語りにある事に当世請とらぬ事多し、さればこそ歌舞伎の役者なども兎角その所作が事実に似るを上手とす、立役の家老職は本の家老に似せ、大名は大名に二つをもつて第一とす、むかしのやうなる子供だましのあじやらけたる事は取らず。近松答云、此論尤ものやうなれ共、芸といふ物の真実の生き方をしらぬ説也、芸といふものは実と虚との皮膜の間にあるもの也、成程今の世実事によくうつすを好む故、家老は真の家老などが立て役のごとく顔に紅骨白粉をぬる事ありや云々」。

(6)『全集』七巻『宝慶記』六頁。

(7)『全集』四巻『道元和尚広録』第七―五〇九、八八〜九〇頁。

(8)『全集』二巻『眼蔵』「法性」二六頁。

(9)「修証不染汚」「修証一等」「本証妙修」「只管打坐」「行持道環」等の用語。

(10) 中世古祥道『道元禅師伝研究』第二章第四節「叡山下の修学」一〇三〜一一二頁。

(11) 大久保道舟『修訂増補　道元禅師伝の研究』第三章第四節「行に対する懐疑」七八〜八〇頁。宝暦十三年六月、面山書「永祖之真蹟也（中略）拝読金龍山瑠璃光禅寺室内所秘之一套、幾乎五十幅、是永祖弱齢在叡山所手写天台玄義之抄出也」（市川市平野康太郎氏所蔵）。

(12) 山内前掲書　注(1)①。

第四節　道元禅師の人間性――「祇（只）管打坐」と「身心脱落」の展開

要　約

㈠　道元禅師、如浄禅師の膝下で「身心脱落（解脱・大悟）」

道元（一二〇〇～五三）は比叡山延暦寺の修行後、建仁寺の明全和尚に師事。一二二三年春、共に入宋。同年夏に天童山景徳寺に掛錫。当時天童山住職は、無際了派であった。入宋後、阿育王山と天童山の両典座と邂逅し、後に道元の基本となる「修行観」に影響を与えている。一二二四年春頃、無際が示寂。同年秋、如浄禅師が天童山に昇住。道元は翌年夏安居中、仏祖の命脈を伝え人間味あふれる如浄禅師のしたで「祇管打坐」の真意を体得し「身心脱落」し「嗣法」。一二二七年秋に帰朝、その「正伝の仏法」を宣揚することになる。

㈡　「祇管打坐」と「身心脱落」の構造

道元が正師如浄の教えを凝縮すると「不用焼香・礼拝・念仏・修懺・看経、祇管打坐而已。（中略）身心脱落者坐禅也。祇管打坐時、離五欲除五蓋也」（『宝慶記』）になる。この「身心脱落」の用語は『如浄語録』の「心塵脱落」を転換したもの。また如浄の境地は「風鈴頌」に表現されていると解釈している。その「祇（只）管打坐」の坐禅は、悟りや成仏を求めない「無所得・無所悟」「莫図作仏」の純粋行であり、「端坐参禅が正門」「単伝正直の仏法」（『弁道話』）と教示し、それを「正伝の仏法」と確信していた。「参禅者身心脱落也」（『正法眼蔵三昧王三昧』）とは、坐禅がそのまま「身心脱落」という意味。凡人の理解を超えているので「尽界超越の結跏趺坐」（同右）とも述べている。道元は「祇管打坐」の一行に宗旨の全生命を込めた、と言える。

㈢　「祇管打坐」と「身心脱落」の展開

「空手還郷」（『永平広録』）の語句は、「身心脱落」を体得した道元の気概を表す。帰朝早々『普勧坐禅儀』や『弁道話』を撰述したのは「立教宣言」と同時に「弘法救生」の願いそのもの。「慈悲」「柔軟心」の内面を持つ坐禅は、修行者に「上堂」「小参」の形で『永平広録』（漢語）となり、「示衆」「夜話」の形で『正法眼蔵』や『正法眼蔵随聞記』（和語〈以下『随聞記』と略称〉）として残っている。道元の生涯は、民衆教化の一端として授戒や八斎戒の印板配布等も行ったが、主に著述活動と教団運営及び「真人」の育成に専念された傾向がある。

㈣ 瑩山禅師以降、次第に「在家化した教団」の問題点

諸種の民間信仰を受容し、葬式・授戒などにより地方発展し教団も拡張した。特に明治時期以降、肉食妻帯し在家化し、椅子坐禅も推進する現代の教団は果たしてこれでよいのか。

序説――「身心脱落」への過程

㈠ 比叡山延暦寺の修行と「疑滞（疑団）」

史実の問題はあるが、道元の「伝記」（『三祖行業記』）「初祖」に一二一三年春、比叡山延暦寺において天台学をはじめ大小乗の義理や顕密の奥旨を修学し、約四年が経過する頃、次のような「疑滞」が生じたと記す。法門（仏法）の大綱は「本来本法性、天然自然身（自性身）」と教え、また「如本自法身法性」と示すが「諸仏為甚麼更発心修行」という疑問を抱いた。道元は切実な問題として、この決着を三井寺（園城寺）公胤僧正に訪ね求めると彼は「仏心印」を伝える正宗（禅宗）があると示唆し、入宋（留学）を勧める筋になっている。

同様の疑問は、後日、道元の在宋記録『宝慶記』四に見えるもので、入宋し如浄との相見後の間もない時期に提起したと推測される。その問答は、次の通りである。

拝問、古今善知識曰、「如㆓魚飲水冷暖自知㆒、此自知即覚也。以㆑之為㆓菩提之悟㆒」。道元難云、「若自知即正覚者、一切衆生皆有㆓自知㆒、一切衆生依㆑有㆓自知㆒、可㆑為㆓正覚之如来㆒耶。或人云、可㆑然、一切衆生無始本有之如来也。或人云、一切衆生不㆓必皆如来㆒、所以者何、若知㆓自覚性智即是㆒者、即是如来也、未㆑知者不㆑是也。如㆑是等説、可㆓是仏法㆒否」。

如浄「若言㆓一切衆生本是仏㆒者、還同㆓自然外道㆒也。以㆓我我所㆒比㆓諸仏㆒、不㆑可㆑免㆓未㆑得謂㆑得、未㆑證謂㆑證者也㆒」。

この二種の「疑団」に共通する要点は、人間が「仏性」「覚」を備えていながらどうして更に発心修行するのかという「修行と證悟」に関する問題である。これは道元が「理仏性」のみの理解に止まり、「行仏性」の実践を知らない段階のものともいえる。如浄の言「還同㆓自然外道㆒」は「仏性」（＝證悟）の顕現に修行が必要であるという意味で的確な応答である。なお道元自身は、後日（一二四一～四三）、『正法眼蔵』中の「仏性」「行仏威儀」「行持」等の各巻において、この課題を多角的に論じ決着することになる。

㈡ 建仁寺明全に師事し入宋準備

一二一七年秋、道元は比叡山の修行後、栄西禅師の建立した建仁寺を訪問し有能な後継者の一人明全和尚に師事し、「顕密戒禅」の四宗修学に努めている。建仁寺は栄西が二度も入宋している事情もあり、宋国の情報や入宋の準備（語学、渡航申請等）をする上で種々に教育環境が整備されていたと思われる。明全と道元の師資二人は、入宋の準備を整え、一二二三年春二月、建仁寺を出発し博多から商船に便乗し慶元府（寧波）へ向かった。

㈢ 寧波の船裏において阿育王山典座と問答

同年四月、無事に到着。しかし、すでに夏安居の制中に入っていたので念願の天童山景徳寺への掛錫ができず暫くの間、港に停泊中の船裏に滞在。その期間中、道元の著『典座教訓』には、次の逸話が綴られている。五月になり一人の老僧が小舟に乗りやって来た。対話を交

わし、彼は六十一歳、四川省出身の阿育王山典座であり、訪問の意図は翌日の端午節の料理に倭椹（桑椹、麺汁の薬味）を修行僧たちに供養するため購入に来たことが判明した。道元は、好い縁と喜び宿泊を勧め、あなたがいなくても誰かが代理を務めるでしょうと述べた。すると彼は「吾老年掌二此職一、乃耆及之弁道也。何以可レ譲レ他乎。又来時未レ請二一夜宿暇一」と答える。道元は不充分な判断で「座尊年、何不三坐禅弁道、看二古人話頭一、煩レ充二典座一、只管作務、有二甚好事一」と述べ、彼から大いに笑われ「外国好人、未レ了二得弁道一、未レ得二知文字在一」と婉曲に咎められ、道元は恥ずかしい思いを抱いた。同年七月、帰郷を控え天童山まで訪ねてきた典座と再会し、前の問答の続きをする。道元は文字と「弁道」の真意を知ることができたのは、彼のお陰であり大恩を受けたと深く感謝している。

㈣　天童山景徳寺の用典座との問答

同じ『典座教訓』には次の逸話も所載する。天童山景徳寺に安居していた時、夏の炎天下で竹杖を持ち笠も無く、仏殿前に苔（海藻・海苔）を晒す用典座、六十八歳に出会った。道元は気の毒に思い、彼に「如何不レ使二行者人工一」と声をかけた。すると彼は「他不二是吾一」と応じた。そこで道元はまた「老人家如レ法。天日且恁熱、如何恁地」と言うと、彼は「更待二何時一」と答えた。道元はこの問答を通じ「覚二此職一之為二機要一」と述懐している。この逸話の要点は、時所に関わらずなすべきことをなす、との主旨を淡々と語る典座に深く感銘を受けたのである。また坐禅の修行に比べ「典座職」は軽視されがちであるが、誇りと自信に満ちた老典座の「作務」の姿に従来の自分の誤解による認識を改めたと言うもの。

周知のように逸亡した『百丈古清規』や現存する『禅苑清規』等の各箇所に修行の一環として「作務」の重要性を説いている。日常生活のあらゆる場面に「作務」は等しく価値があり、「一挙手一役足」「喫茶喫飯」等すべての行為は決して疎かにできない。帰朝後の道元は、それを『正法眼蔵』『永平清規』の随所に示している。

一、如浄禅師の膝下で「身心脱落（大悟）」

㈠　如浄禅師との初相見・「面授」

道元は入宋後、天童山景徳寺に安居した頃の住職は無際了派（一一四九～一二二四）であった。臨済宗大慧派に属し拙庵徳光（一一二一～一二〇三）の法嗣である。『正法眼蔵』「嗣書」巻には道元が、一二二四年正月下旬、天童山に安居中、数人の山内僧から多くの「嗣書」を見る機会に恵まれた。特に了然寮において了派の弟子智庚を通し了派の「嗣書」を閲覧できた時、そこに師資相承の意義を深く知り喜悦感激し、直ちに方丈へ上り懇ろに焼香礼拝している。また『正法眼蔵』「伝衣」「袈裟功徳」両巻には、僧堂内で雲水が一斉に「搭袈裟偈」を唱える様子に仏法の伝承を実感し、感激の余り涙で襟をぬらしたことを繰り返し記している。いずれも入宋当初における道元の純粋に仏法を求める精神を表す事象である。

その後、道元は径山の浙翁如琰や天台山万年寺の元鼒・小翠岩の盤山思卓等を参訪している。一二二四年春（四月初旬か）、了派が示寂した。『如浄語録』に拠り浄慈寺再住の曹洞宗真歇派長翁如浄（一一六二～一二二七）は、遷化前の了派から「遺書」を受け取り「上堂」していることが知られる。同年八月頃、如浄は正式に勅命を受けて天童山に入院する。道元が後に「正師」「古仏」と仰ぐ如浄が天童山住職となって来向したのである。

道元が参師聞法の行脚から天童山に帰り、如浄と初めて相見した時期及び「身心脱落」はいつなのか。直接それを示す文献はない。近年、伊藤秀憲氏の著『道元禅研究』には、諸資料を分析し道元が遍歴の旅から天童山に帰ったのは、一二二四年三月頃と推定している。この説に従えば了派の示寂前、さらに如浄の天童山入院前ということである。

『宝慶記』の冒頭には、道元が如浄に参問の申請書を提出し、如浄が時候や威儀に関わらず問法する無礼を親父のごとく寛恕している記事がある。この如浄の措置に道元は感服し、期待に添うよう決意を固めたに違いない。如浄と道元との初相見の時期に関しては従来、『正法眼蔵』「面授」巻にある次の二つの記事により一二二五年五月説が有力であった。

「大宋宝慶元年乙酉五月一日、道元はじめて先師天童古仏を妙高台に焼香礼拝す。先師古仏はじめて道元をみる。」

「道元、大宋宝慶元年乙酉五月一日、はじめて先師天童古仏を礼拝面授す。やや堂奥を聴許せらる。わづかに身心を脱落するに、面授を保任することありて、日本国に本来せり」

確かに一見すると宝慶元年（一二二五）五月一日に初相見したように読みとれる。しかし、伊藤氏は「はじめて」の語句に注目して前述のごとく既に両者は邂逅していて二度も記すのは感動的な師資の礼拝を行った「面授」であったからとし、「身心脱落」はその後の夏安居中にあったという説である。中世古祥道氏はその著『道元禅師伝研究正』に関連の諸資料を把握し、文中の「やや」と「わづかに」という語句の意味用法を厳密に分析し、伊藤氏と同様に「面授」時の大悟を否定している。同氏はまた「身心脱落」（大悟）と「伝法」「伝戒」の時期との関係を綿密に論じ、大悟の時期は不明確ながらも同年九月十八日の「仏祖正伝菩薩戒儀」附授（伝戒）よりさほど遠くないある日と想定している。

(二)「身心脱落」話による大悟

『随聞記』には、如浄が僧堂で暁天・夜坐に睡眠する多くの雲水を叱咤激励する逸話があるが「身心脱落」の語はない。それを『永平寺三祖行業記』をはじめ、道元の伝記には如浄が坐睡する雲水を叱咤する言「坐禅者身心脱落也」によって道元が「伝法」（嗣法）したと劇的に描いている。所謂「叱咤時脱落」説であるが、学問的にはあまり採用されない。しかし、「坐禅者身心脱落也」の類語が大悟の機縁になったのは確かである。

『宝慶記』十五には、次のようにその問答が示されている。

「堂頭和尚示曰、参禅者身心脱落也、不レ用二焼香礼拝念仏修懺看経一、祇管打坐而已。（道元）拝問、身心脱落者何。
堂頭和尚曰、身心脱落者坐禅也。祇管打坐時、離二五欲一、除二五蓋一也。（以下略）」

この『宝慶記』の問答は、『弁道話』や『正法眼蔵』「行持上」と「三昧王三昧」の両巻をはじめ、「仏経」「遍参」「大悟」等の各巻に展開されている。

道元自身、成道会「上堂」の際、門下に釈尊成仏の因由を示す中で間接的に「由聞得天童脱落話而成仏道」（『永平広録』一三六）と述べている。同じく『永平広録』四三一の「上堂」にも次のように提示している。

「仏仏祖祖家風、坐禅弁道也。先師天童云、跏趺坐乃古仏法也。参禅者身心脱落也、不レ用二焼香礼拝念仏修懺看経一、祇管打坐始得。（以下略）」

道元は、一二二五年の夏から秋にかけ「大事了畢」（大悟）と「仏祖正伝菩薩戒儀」の附授（伝戒）を受けて悟後の修行を綿密に続け、一二二七年秋の頃、帰朝を前にして如浄より「嗣書」を授けられ、「嗣法」したと推定できる。

『弁道話』には、「つひに太白峰の浄禅師に参じて、一生参学の大事ここにをはりぬ。それよりのち、大宋紹定のはじめ本郷にかへりし、すなはち弘法救生をおもひとせり。なほ重担をかたにおけるがごとし」と綴られ、「弘法救生」の決意を固め帰朝する。

道元は、帰朝早々、最初の著作『普勧坐禅儀』を撰述し、坐禅の「宗旨」と実践の仕方を示し、これを上智下愚・利人鈍者の別なく普くすべての人に勧め弘めようとした。

二、「祇管打坐」と「身心脱落」の構造

㈠「心塵脱落」（『如浄語録』）と「身心脱落」（『眼蔵』）との懸隔・同異

ところで「身心脱落」の語句に関し、『宝慶記』十五の如浄の言「祇管打坐時、離二五欲一、除二五蓋一也」と続く文節と文意から「心塵脱落」と語ったのを道元が聞き間違えたのではないかという説がある。「心塵脱落」の語句は、『如浄語録』所収「讃仏祖」の「観音」の妙相を讃える中に一度あり、そこから類推され論議されてきた。次にその讃偈を挙げる。

「心塵脱落開岩洞、自性円通儼二紺容一、天之敬レ龍之恭、不二以為レ喜安然中、咦、更薦二海濤一翻二黒風一」

これに関して何燕生氏は『道元と中国禅思想』において道元の語学能力から誤聴説は成立せず、文脈からも「心塵脱落」と「身心脱落」はつながらない、との主旨を述べている。いわば「身心脱落」は、道元による独自の展開を遂げたという訳である。

ここで道元が在宋中、「最好中之最上、諸方長老、縦経三祇劫亦不能及也」（『宝慶記』三十三）と絶賛する如浄の「風鈴頌」に触れておきたい。

①「渾身似レ口掛二虚空一、不レ問二東西南北風一、一等與レ他談二般若一、滴丁東丁滴丁東」

②「通身是口掛二虚空一、不レ管二東西南北風一、一等與レ渠談二般若一、滴丁東丁滴丁東」

①は、一二三三年と一二四五年に『正法眼蔵』「摩訶般若波羅蜜」と「虚空」両巻の「示衆」、『永平広録』巻九「頌古」五十八にある。これらは『宝慶記』三十三の字句と同調していると言える。

道元は一二四二年八月「天童和尚語録」到来に伴う「上堂」を行っている。その原本と同一かどうかは不明であるが現存する異本四種『如浄語録』一〇五に掲載するのは②であり、②と部分的に語句の相違がある。字句上の相違は、編集や伝承の問題であり、ここでは論究を省く。『宝慶記』三十三の記述によれば、まず如浄が「謂二虚空者般若一也、非二虚空色之虚空一」と示し、次に道元が如浄のこの「頌」全体に対し「端直而有二曲調一也」と評すと「許二你有レ眼、你要做頌恁地做」と述べ、肝胆相照らす師資一体の仲が表れている。『正法眼蔵』「摩訶般若波羅蜜」巻には、風鈴の作用を「これ仏祖嫡嫡の談般若なり、

渾身般若なり、渾他般若なり、渾自般若なり、渾東西南北般若なり」と仏祖をはじめ身心・自他・東西南北のすべて般若であると示し、如浄の教えを展開している。

㈡「祇管打坐」と「身心脱落」の構造

次に如浄の教えに関し言句を縦横無尽に駆使し展開した道元の「祇管打坐」と「身心脱落」の内容の一端を先学の成果を踏まえながら試論的にまとめてみたい。

⑴「祇管打坐」がそのまま「身心脱落」であること＝「修証一等」

『宝慶記』十五には、前述のごとく如浄の垂示として「参禅者身心脱落也、不レ用二焼香礼拝念仏修懺看経一、祇管打坐而已」とか、「身心脱落者坐禅也。祇管坐禅時、離二五欲一除二五蓋一也」と示し、五欲・五蓋及び六蓋（無明蓋）の除去を説くが、道元はそれにはまったく触れず「参禅者身心脱落也」と「身心脱落者坐禅也」の語句に重点を置き、坐禅がそのまま「身心脱落」であるとする。例えば『正法眼蔵』「三昧王三昧」巻には、如浄の語句を承けて「参禅者身心脱落也、祇管打坐始得」とし、祇管打坐（坐禅＝修）と身心脱落（大悟＝證）の間に次第階梯や境地上の差をつけていないのである。それは凡人の価値観や理解をはるかに超えている「打坐」なので同巻の冒頭には「驀然として尽界を超越して、仏祖の屋裏に太尊貴生なるは、結跏趺坐なり」とも述べている。

『弁道話』には、このことを次のように示している。「それ、修證はひとつにあらずとおもへる、すなはち外道の見なり。仏法には修證これ一等なり。いまも證上の修なるゆゑに初心の弁道すなはち本證の全体なり」と。また同様に『普勧坐禅儀（流布本）』には、「原夫道本圓通、争假二修證一。宗乗自在、何費二功夫一（中略）身心自然脱落、本来面目現前、欲レ得二恁麼事一、急務二恁麼事一」と教える。更に道元は、『正法眼蔵』「遍参」巻に「遍参は、ただ祇管打坐、身心脱落なり（中略）渾体遍参なり、大道の渾体なり」と説く。ここでは「遍参」を単なる「行脚」の意味ではなく、禅の修行を集約的に強調して「祇管打坐、身心脱落」、そして渾体の「祇管打坐」の語に凝縮しようとしているのである。

⑵「作仏」を図らない――「待悟」の否定、「不染汚の修證」・「行持道還」

「仏法には修證これ一等なり」とは、換言すると「作仏」や「待悟」の否定と「無所得・無所悟」の坐禅を指す。またこれは『景徳伝燈録』巻五の曹谿慧能と南嶽懐譲との問答（祖曰「還假二修證一否」、師曰「修證即不レ無、染汚即不レ得」）に由来し、『正法眼蔵』「自證三昧」巻には、この問答話を前提にして「しかあればしるなり、不染汚の修證これ仏祖なり、仏祖三昧の霹靂なり」とある。一二四三年冬の「示衆」である『正法眼蔵』「坐禅儀」巻には「坐禅は習禅にはあらず、大安楽の法門なり。不染汚の修證なり」と述べ、前掲の『普勧坐禅儀』の鍵詞「坐禅非二習禅一也、唯是安楽之法門也、究二尽菩提一之修證也」を用いて「習禅」を斥け「安楽」の法門（坐禅）であることを高く掲げている。「安楽」の法門の語句は、『禅苑清規』の「坐禅乃安楽法門」に由来する。大事なことは、道元が「修証一等」の坐禅を「不染汚の修證」と称し「待悟」を否定していることである。

また同じ主旨は南嶽懐譲と江西馬祖との「磨甎作鏡（莫図作仏）話」

にもあり、道元はそれを『正法眼蔵』「古鏡」と「坐禅箴」の両巻に展開している。「坐禅箴」巻には「あきらかにしりぬ、坐禅の作仏をまつにあらざる道理あり、作仏の坐禅にかかはれざる宗旨かくれず」と説き、一方の「古鏡」巻には「磨甎もし作鏡せずは、磨鏡も作鏡すべからざるなり。たれかはかることあらん、この作に作仏あり、作鏡あることを」と示し、「己事究明」としての「磨鏡」の意義を述べ「作仏」否定にこだわる点も注意している。

「修證一等」は、単に修行と證悟だけに止まらない。『正法眼蔵』「行持」巻には「仏祖の大道、かならず無上の行持あり。道環して断絶せず、発心修行菩提涅槃、しばらくの間隙あらず、行持道環なり。このゆゑに、みづからの強為にあらず、他の強為にあらず、不曾染汚の行持なり」という。「不曾染汚の行持」とは、前掲の「不染汚の修證これ仏祖なり」という「仏祖」であり、また『正法眼蔵』「行持」巻の「不離叢林の行持」すなわち「祇管打坐」だけに限らず寺院生活の修行・作務等のすべてである。

(3) 専一行の「祇管打坐」

道元は、如浄の教示「参禅者身心脱落也、不レ用二焼香礼拝念仏修懺看経一、祇管打坐而已」『宝慶記』十五を承け焼香・礼拝・念仏・修懺・看経に優先し祇管打坐の一行を選択した。『永平広録』三一九には「仏仏祖祖正伝正法、唯打坐而已」、『随聞記』にも「学道の最要は坐禅これ第一なり」という。また如浄は『宝慶記』三十八に「(前略)坐禅直乃帰レ家穏坐、所以坐禅乃至一須臾一刹那、功徳無量」と述べ、道元は『正法眼蔵』「坐禅箴」巻で「初心の坐禅は最初の坐禅なり、最初の坐禅は最初の坐仏なり」「打坐仏」、同義語として「行仏」(『正法眼蔵』「行仏威儀」)と説示する。このように道元が「祇管打坐」の一行に「宗旨」のすべてを凝縮するのは、日本の鎌倉時代における仏教の代表的祖師である法然と親鸞が民衆を教化するために「専修念仏」(南無阿弥陀仏)を唱道し、同じく日蓮が「唱題」(南無妙法蓮華経)を高唱し、各々その「一行」を推進した点で共通する。

(4) 「正伝の仏法」

『永平広録』四三一の「上堂」に「仏仏祖祖家風、坐禅弁道也。先師天童云、跏趺坐乃古仏法也」と教示する。道元は、『弁道話』の冒頭に「諸仏如来、ともに妙法を単伝して阿耨菩提を證するに最上無為の妙術あり。(中略)この三昧に遊化するに端坐参禅を正門とせり」とか「宗門の正伝にいはく、この単伝正直の仏法は最上の中の最上なり」という。また道元が『正法眼蔵』「三昧王三昧」巻に「初祖の命脈ただ結跏趺坐のみなり」と述べ、所謂「正伝の仏法」を体現したとの強い自信を抱いていることが判る。道元が「正」の字を多用するのは、如浄を「正師」と仰ぎ、その「正法」を承け継いだ自分は、その「正嗣」であるという深い自覚から生じている。まさしく「感応道交」の世界といえる。

三、「祇管打坐」と「身心脱落」の展開

『宝慶記』三十一には、如浄が外道や二乗等の坐禅と比べ仏祖の坐禅は「大悲為レ先、誓度二一切衆生一之坐禅」とし、坐禅中において「不レ忘二衆生一、不レ捨二衆生一、乃至昆虫常給二慈念一、誓願レ済レ度、所有功徳廻二向一切一」の大切さを述べ、またそれには「弁二肯仏祖祖身心脱

落、乃柔軟心」が必要であり、それが「仏祖心印」と教示している。如浄と道元の坐禅は、この「慈悲」と「柔軟心」が内面に含まれているといえる。

『永平広録』四十八の「空手還郷」の語句は、「身心脱落」した道元の「弘法救生」の念に燃える烈々とした気概を示すものであり、それは『普勧坐禅儀』と『弁道話』の文面によく表れている。道元の生涯において、まず指摘できることは『正法眼蔵』の「示衆」と『永平広録』の「上堂」等を中心とした著述活動（思索生活）である。この二書の表面的相違は、その文体にある。『永平広録』が漢文であるのに対し『正法眼蔵』は和文で記されている。道元による和文体の『正法眼蔵』のねらいは、思想を自在に展開できる表現上のこと、また道俗に広く参究してほしいという願いもあると思われる。

道元が深草興聖寺と越前永平寺を開創し「祇管打坐」の実践とその展開をしたのであるが、主に門弟の育成（一個半個の真人打出）と「清規」類の整備に尽力した。前掲の「示衆」「上堂」「小参」の集大成の著作、また後継者となる懐奘に「夜話」等に語った『随聞記』は、その具体的例である。また民衆教化の一端として「授戒（菩薩戒）会」や八斎戒の印板配布、「法語」類の提示がある。ところで青年期の理想主義的「女人救済」が晩年になり「出家至上」主義へと傾斜した点は、草創期の教団の事情と理解すべきか。

四、瑩山禅師以降の「在家化した教団」の問題点

圭室諦成氏の『葬式仏教』に拠れば、臨済宗と曹洞宗祖師の代表的「語録」の叙述内容から中世前期より後期にかけて出家的なもの（坐禅）と在家的なもの（葬祭）との両者の比重が前期には坐禅で占められていたが、後期になると逆転し葬祭が多くなっている。

日本曹洞宗は、中世において諸般の事情から勢力が越前永平寺と能登總持寺とに分かれ、近世末にその二箇寺が二大本山となり現在に至っている。その間、教団は「神仏混交」の余波を受け、「民間信仰」を受容、また葬式や授戒会等による民衆教化で地方発展を遂げ教団が拡張、特に明治期以降の宗門は僧侶の多くが肉食妻帯し「在家教団化」した。

一九六五年より日本曹洞宗では、十年毎に「宗勢調査」を実施し報告書を出している。その中の「寺院の教化活動」に「坐禅会」の項目が含まれ、その実施状況が報告されているが必ずしも満足できる内容ではない。一方では「法要儀式」関係は盛況を極めている。これとは別に最近における宗門の深刻な問題は、寺院後継者の不足、同時に「子弟教育」のあり方、「祇管打坐」との関係で「授戒会」（受戒成仏の根源的意義等がある。

参考（引用）文献

『三祖行業記』（曹洞宗全書　史伝下）

『正法眼蔵』『弁道話』『永平広録』『普勧坐禅儀』『典座教訓』『宝慶記』『随聞記』（『道元禅師全集』第一巻〜第七巻、春秋社、一九八九〜九三年）。『永平広録』と『宝慶記』の番号は、時系列による編集。

『如浄語録』（『道元禅師全集』下巻、筑摩書房、一九七〇年）

『道元禅研究』（伊藤秀憲著、大蔵出版、一九九八年）

『道元禅師伝研究　正』（中世古祥道著、国書刊行会、一九七九年）

『道元と中国禅思想』（何燕生著、法蔵館、二〇〇〇年）

『葬式仏教』（圭室諦成著、大法輪閣、一九六三年）

『曹洞宗宗勢総合調査報告書』（一九九五年版、曹洞宗宗務庁、一九九八年）

追記

本論は、二〇〇五年十二月三十一日より二〇〇六年一月二日まで、台湾高尾県大樹郷の財団法人仏光山叢林学院における学会「禅宗と人間仏教」の寄稿論文である。【人間仏教】の意味には、(1)人間の本質や存在に関し、仏教を通し探究すること、(2)人の世・世間と仏教の関係を考慮し、仏教の志向する衆生済度（救済・慈悲の実践）が重要である。その面を道元の思想、「只管打坐」と「身心脱落」に凝縮して言及した。場所柄、西暦の年号を多用し、「祇管打坐」の用語を使い、「注」を割愛したことをお断りする。

如浄禅師の『語録』「偈頌」の「風鈴」は前掲（二八八頁下段②）の通りであるが、『永平広録（道元和尚広録）』巻九「頌古」五十八には、「天童和尚云、渾身似レ口掛二虚空一、不問レ東西南北風、一等与レ他談二般若一、滴丁東了滴丁東」とあり、微妙に字句が異なる。またその後に「渾身是口判二虚空一、居起東西南北風、一等玲瓏談二己語一、滴丁東了滴丁東」と道元禅師の偈を加え、同調和讃している。

第三章　道元禅師における諸種の観点

第一節　『正法眼蔵』における正と邪

一

道元禅師（一二〇〇～五三）の生涯は、中国天童山景徳寺において如浄禅師（一一六二～一二二七）に相見し嗣法した事実が、その後、「正法」の宣揚に徹頭徹尾、邁進することになった。帰朝後、間もなく『普勧坐禅儀』や『弁道話』を撰述したのは、その感激が強烈に残っている時分のものである。さらに、「摩訶般若波羅蜜」「現成公案」などをはじめとする、所謂『正法眼蔵』の諸巻、また『学道用心集』『永平清規』（典座教訓、弁道法、赴粥飯法、衆寮箴規、対大己五夏闍梨法、知事清規）『永平広録』等、どの一つを取っても「正法」の宣揚ならざるはない。しかし、本論では、『正法眼蔵』を中心にその「正法」を考察したい。

まず、その「正法」とは、一般に仏法・大法の意であり、また三時（正・像・末）の一として使用される。さらに『大梵天王問仏決疑経拈華品第二』に「吾有㆓正法眼蔵涅槃妙心㆒、並以㆓僧伽梨衣㆒、付㆓属摩訶迦葉㆒」（『卍続蔵』一－八七－四、三二七丁）とある文から「正法眼蔵涅槃妙心」もしくは「正法眼蔵」の句を抜き出して釈尊以来のさとりとか真理などの意味で使用される。道元禅師の以前に中国の大慧宗杲（一〇八九～一一六三）にも『正法眼蔵』の著書[1]がある。

道元禅師の撰述『正法眼蔵』には、驚く程「正法」に関する語句が多い。ここで加藤宗厚編『正法眼蔵要語索引』（理想社）を参照して、それらの語句を列挙してみよう。（数字はその頻度）

正（8）、正位（6）、正意（1）、正印（1）、正学（1）、正覚（10）、正観（3）、正儀（1）、正教（1）、正解（1）、正決（2）、正見（4）、正眼（7）、正語（1）、正業（6）、正業道支（1）、正師（28）、正嗣（5）、正直（6）、正邪（4）、正受（2）、正種（5）、正宗（1）、正手眼（1）、正修行（2）、正証（1）、正心（1）、正信（1）、正信心（1）、正信身（1）、正身端坐（1）、正信得及（1）、正説（1）、正智（1）、正的（1）、正嫡（26）、正伝（265）、正当（21）、正道（5）、正当恁麼（2）、正当開（1）、正当覚（1）、正当観（1）、正当時（2）、正当身心時（1）、正当到時（1）、正入（1）、正人（2）、正念（3）、正不（1）、正不正（1）、正分別（1）、正偏（5）、正遍知（4）、正法（87）、正法眼（2）、正法眼睛（1）、正法眼蔵（75）、正法眼蔵涅槃妙心（16）、正法眼蔵部（1）、正法眼蔵裏（1）、正方便（1）、正法輪（2）、正発心（1）、正本（1）、正稟（1）、正脈（2）、正命（11）、正門（5）、正聞（1）、正理（3）、正路（3）。

これらの語句を便宜的に「正法」の内容構成上から分類すると、(1)正法の内容、(2)正法の伝承、(3)正法を伝える人、(4)正法を嗣ぐ人、(5)正法の実践、となる。これに該当する語句を抜き出し表記してみる。

(1) 正法――正意、正宗、正覚、正観、正教、正見、正眼、正証、正心、正説、正智、正道、正法眼、正法眼蔵、正法眼蔵涅槃妙心、正本、正命、正理

(2) 正伝――正印、正直、正受、正入、正稟、正脈、正路

(3) 正師――正主、正人

(4) 正嫡――正位、正的、正嗣、正種

(5) 正門――正学、正儀、正行、正業、正修行、正信、正信心、正信身、正身端坐、正信得及、正発心

(1)の正法は妙法とか本証、(3)の正師は本師、また(5)は具体的に只管打坐（坐禅）を言う。なお、『正法眼蔵』には、この「正法」の正に対して「邪法」の邪の付いた多数の語句がみえる。同様にその語句（頻度数を除く）を先の分類に対応して列挙してみよう。

(1)′ 邪法――邪見、邪観、邪教、邪計、邪説、邪風

(2)′ 邪路

(3)′ 邪師――邪狂、邪魔

(4)′ 邪人――邪党、邪臣

(5)′ 邪道――邪思惟、邪執、邪心、邪念

この(1)′(2)′(5)′は、相方に関連するものであり、単に(1)正法、(2)正伝、(5)正門に語句上の対応したもので便宜的な区分に過ぎない。

次に道元禅師における「正」と「邪」の基本的概念を把握しておく。

しかあればすなはち、行者かならず邪見なることなかれ。いかなるか邪見、いかなるか正見と、かたちをつくすまで学習すべし。まづ因果を撥無し、仏法僧を毀謗し、三世および解脱を撥無する、ともにこれ邪見なり。〔三時業巻〕

この文で示されているように仏教で説く因果・三世・解脱を撥無し、仏法僧を毀謗することが邪見であることを強調している訳である。一般的にいう破邪顕正・捨邪帰正の尺度は、仏教を中心に据えていることが知られよう。これは当然のことであるが、具体的にその説示を先の「正法」に関する分類を目安に考察してみよう。なお(1)(1)′と(2)(2)′、さらに(2)(2)′と(3)(3)′は、共に関連するものであって切り離すことはできない。

二

正法と邪法の対決は、仏法と外道ないし正見と邪見との対決でもある。道元禅師の在宋当時、三教一致の思想が盛んであったらしいが、これを如浄禅師は否定しているのを承けて道元禅師も採用しない。

いま大宋国のともがら、おほく孔老と仏道と一致の道理をたつ、僻見もともふかきものなり。（中略）しるべし、仏法と荘老と、いづれか正、いづれか邪をしらず、混雑するは、初心のともがらなり。（中略）ひとり先師天童古仏のみ、仏法と孔老とひとつにあらずと暁了せり、昼夜に施設せり。（中略）いま澆運の衆生、宋朝愚暗のともがらの三教一致の狂言もちゐるべからず、不学のいたりなり。〔四禅比丘巻〕[2]

孔老の教えを否定する理由は、「孔老は、三世をしらず、多劫をしらざるのみあらず、一念しるべからず、一心しるべからず、なほ日月天に比すべからず、四大王、衆天におよぶべからざるなり。世尊に比せば、世間、出世間に迷惑するなり」[3]「いま孔老の俗人もて、仏法に比類せんは、きかんものを、つみあるべし。いはんや阿羅漢・辟子仏も、みなつひに菩薩となる、一人としても小乗にしてをはるものなし。いかでかいまだ仏道にいらざる孔老を、諸仏にひとしといはんや、大邪見なるべし」[4]（同右）というものであり、仏法のすぐれた教えを知らず、また仏道に入らない孔老を批判しているのである。

次に仏法の教えに浴しながら禅宗ないし五家の宗（臨済・潙仰・曹洞・雲門・法眼）を称している人々に対しても批難の矢を向けている。

いま五宗の称を立するは、世俗の混乱なり。この世俗にしたがふものはおほしといへども、俗を俗としれる人すくなし。（中略）しかあればしるべし、仏法の正命を正命とせる祖師は、五宗の家門あるとかつていはざるなり。仏道に五宗ありと学するは、七仏の正嗣にあらず。

先師、示衆云、近年祖師道廃、魔党畜生多、頻頻挙五家門風。苦哉、苦哉。

しかあれば、はかりしりぬ、西天二十八代、東地二十二祖、いまだ五宗の家門を開演せざるなり。祖師とある祖師は、みなかくのごとし。五宗を立して各各の宗旨ありと称するは、誑惑世間人のともがら、少聞薄解のたぐひなり。仏道におきて、各各の道を自立せば、仏道いかでか今日にいたらん。迦葉も自立すべし、阿難も自立すべし。もし自立する道理を正道とせば、仏法はやく西天に滅しなまし。各各自立せん宗旨、たれかこれ慕古せん。各各に自立せん宗旨、たれか正邪を決択せん。正邪いまだ決択せずば、たれかこれを仏法なりとし、仏法にあらずとせん。この道理あきらめずば、仏道と称しがたし。五宗の称は、各各祖師の現在の立せるにあらず。五宗の祖師と称する祖師、すでに円寂ののち、あるいは門下の庸流、まなこいまだあきらかならず、あしいまだあゆまざるもの、父にとはず、祖に違して、立称したるなり。そのむねあきらかなり。たれ人もしりぬべし。（仏道巻[5]）

『弁道話』には、その前半に「見在大宋には、臨済宗のみ天下にあまねし」と一応の世俗的立称をしながら、すぐそれに続けて「五家ことなれども、ただ一仏心印なり」[6]とあって、その同一源流を強調している。「仏道」巻には、「この道理を参学せざるともがら、みだりにあやまりていはく、仏祖正伝の正法眼蔵涅槃妙心、みだりにこれを禅宗と称す。祖師を禅祖と称す、学者を禅子と号す。あるひは禅和子と称し、あるひは禅家流の自称あり。これみな僻見を根本とせる枝葉なり。西天東地、従古至今、いまだ禅宗の称あらざるをみだりに自称するは、仏道をやぶる魔なり、仏祖のまねかざる怨家なり」[7]として、すべての宗名を立称することを否定し、さらに「学仏の道業を正伝せんには、宗の称を見聞すべからず、仏仏祖祖付属し正伝するは、正法眼蔵無上菩提なり。仏祖所有の法は、みな仏祖付属しきたれり、さらに剰法のあらたなるにあらず。この道理、すなわち法骨道髄なり」[8]と結ばれるのである。なお、この見解は、先に引用した文中にあるように、先師すなわち如浄禅師によって教示されたものを展開したものである。ところで現在、曹洞宗の宗名を教団として便宜的に自称しているのは、高祖道元禅師の教示に反するものであるが、これは全く世間的範疇に属した使い方である。

次に同じ「仏道」巻には、この禅宗五家の乱称を否定するばかりではなく、所謂、機関禅をも否定する箇所がある。

雲箇・水箇・真箇の参究を求覓せんは、切忌すらくは、五家の乱称を記持することなかれ、五家の門風を記号することなかれ。いはんや三玄・三要・四料簡・四照用・九帯等あらんや、いはんや三句・五位・十同真智あらんや。釈迦老子の道、しかのごとく小量ならず、しかのごとくを大量とせず、道現成せず、少林・曹谿にきこえず。あはれむべし、いま末代の不聞法の禿子等、その身心眼睛くらくしていふところなり。仏祖の児孫種子、かくのごとくの言語なかれ。仏祖の住持に、この狂言かつてきこゆることなし。（同右）[9]

「仏経」巻にも、臨済の四料簡・四照用、雲門の三句、洞山の三路・五位等を挙げて、如浄禅師がこれを仏祖正伝の大道という立場から批判している。特に「春秋」巻には、洞山の五位説を胡説乱話とし、ただまさに上祖の正法眼蔵を参究すべきことを強調している。[10]道元禅師にとって三教一致・禅宗の宗名・機関禅などの否定や批判は、純一の仏法・また正伝の仏法・正法眼蔵涅槃妙心・仏祖の大道の立場から枝葉末節の些事に過ぎないことから発するものである。

「仏祖の正眼」（仏経巻）「曩祖の正眼」（無情説法巻）、「単伝正直の仏法」（弁道話巻）「仏祖単伝の妙道」（同上）、「正法眼蔵涅槃妙心無上の大法」（同右）、「釈迦牟尼如来正法眼蔵無上菩提」（袈裟功徳巻）などは、「正法」の異名であり、これらの語句を通して種々に表現しようとしているのである。その「正法」とは、具体的にはいかなるものであり、どのように伝えられるのであろうか。

三

ここで再確認しておくが、「正法」は単独であるのではない。正法は、「正師」「正嫡」「正門」と共に相互に関連してある訳である。道元禅師にとって如浄禅師の下の大事了畢が、正法・正師・正嫡・正伝の実現であり、只管打坐が仏法の正門として実践されていくことになる。

「正法」の内容は、大悟の体験でもあり、その当人でなければ味わえない。その辺の消息を表わすのが、「諸仏如来ともに妙法を単伝して」（弁道話巻）「諸仏の妙法はただ唯仏与仏なるゆえに」（夢中説夢巻）などの「妙法」であろう。先に掲げた「正法眼蔵涅槃妙心」などの他に「三世諸仏の皮肉骨髄」（袈裟功徳巻）とも言われる。

「正法」が「正伝」とされていく際に衣鉢（三衣一鉢）や嗣書・血脈などがその証左とされた。今、その歴史的背景やその展開についての叙述は省略するが、道元禅師は袈裟・嗣書・血脈の相承を非常に重視する。ここでは袈裟の伝授、すなわち伝衣に関する説示をとりあげておく。

いま仏祖正伝せる袈裟の体・色・量を、諸仏の袈裟の正本とすべし、その例すでに西天東地、古往今来ひさしきなり。正邪を分別せし人、すでに超証しき。祖道のほかに袈裟を称するありとも、いまだ枝葉とゆるす本祖あらず。いかでか善根の種子をきざさん、いはんや果実あらんや。われらいま、曠劫以来いまだあはざる仏法を見聞するのみにあらず、仏衣を見聞し、仏衣を学習し、仏衣を受持することえたり。すなわちこれ、まさしく仏をみたて

まつるなり。仏音声をきく。仏光明をはなつ仏受用を受用す。仏心を単伝するなり、得仏髄なり。〔伝衣巻〕[11]

道元禅師が在宋中、天童山景徳寺の僧堂において開静（坐禅の終り）の時毎に、袈裟をさゝげて頭頂に安じ、合掌して「搭袈裟偈」を黙誦する儀則に仏衣を相承著用する歓喜に包まれ感涙したことが、大いに関連するものである。[12]その逸話は「袈裟功徳」巻の末尾近くにもみえる。ちなみにその巻には「おほよそしるべし、袈裟はこれ諸仏の恭敬帰依しましますところなり。仏身なり、仏心なり。解脱服と称し、福田衣と称し、無相衣と称し、無上衣と称し、忍辱衣と称し、如来衣と称し、大慈大悲衣と称し、勝幢衣と称し、阿耨多羅三藐三菩提衣と称す。まさにかくのごとく受持頂戴すべし」[13]とあり、いかに袈裟の受持が大事であるかを説いている。その袈裟は、釈尊や曹谿六祖以来、伝持してきた衣物を単に護持するというのではなく、「如来世尊の衣法正伝せる法にあふたてまつれる、宿殖善根の大功徳なり」（袈裟功徳巻）[14]とあるようにその伝衣の法そのものを重視するのである。なおその袈裟を受持し、形式的に著すだけではなく仏戒を受持することも同時に必要である。それは仏子であれば僧俗を問わない。

しかあれば仏子とならんは、天上・人間・国王・百官をとはず、在家・出家・奴婢・畜生を論ぜず、仏戒を受持し、袈裟を正伝すべし。まさに仏位に正入する直道なり。〔伝衣巻〕[15]

これにより袈裟は、単なる衣物ではなくなって仏衣となり、これを著す人は仏子となるという訳である。嗣書・鉢盂なども同様に「仏嗣仏の嗣書」「仏鉢盂」と見做す。これら袈裟・嗣書・鉢盂などは、仏家の什具という枠を越える。例えば「あるひは鉢盂はこれ仏祖の身心なりと参学するあり、（中略）あるひは鉢盂はこれ仏祖の正法眼蔵涅槃妙心なりと参学するあり」（鉢盂巻）[16]とすら説くのである。

次に道元禅師の仏法といえば、すぐに「只管打坐」の語が浮かんでくる。その中でも代表的文章を引用しておく。

この単伝正直の仏法は、最上のなかに最上なり。参見知識のはじめより、さらに焼香・礼拝・念仏・修懺・看経をもちいず、ただし打坐して身心脱落することをえよ。もし人一時たりといふとも、三業に仏印を標し、三昧に端坐するとき、遍法界みな仏印となり、尽虚空ことごとくさとりになる。〔弁道話巻〕[17]

この打坐の仏法は、「仏法は打坐なることをあきらめたるはまれなり。たとひ打坐を仏法と体解すといふことも、打坐を打坐としれる、いまだあらず、いはんや仏法を仏法と保任するあらんや」（三昧王三昧巻）[18]というものであり、その打坐は結跏趺坐、三昧王三昧ともいわれる。そこで「いま人間の皮肉骨髄を結跏して、三昧中王三昧を結跏するなり。世尊つねに結跏趺坐を保持しまします。諸弟子にも結跏趺坐を正伝しましませり。人天にも結跏趺坐ををしへましますなり。七仏正伝の心印すなわちこれなり」（同右）[19]の語句が続き、この打坐が正伝し、また打坐（結跏趺坐）が七仏正伝の心印そのものであると説かれる。

このように「弁道話」「三昧王三昧」の諸巻では、打坐を止揚している訳であるが、先の文中で並べられていた看経が別の箇所では論点を変えて止揚されている。これは、一見矛盾しているごとく解されるかも知れないが、道元禅師の境涯からいえば決して矛盾するものではない。次にそれを引用しよう。

韶州曹谿山大鑑高祖下、誦二法華経一僧法達来参。高祖為二法達一説偈云、心迷法華転、心悟転法華、誦久不レ明レ己、与レ義作二讐家一、無念念即正、有念念成レ邪、有無倶不レ計、長御二白牛車一。

しかあれば、心迷は法華に転ぜられ、心悟は法華を転ず。さらに迷悟を跳出するときは、法華の法華を転ずるなり。

法達まさに偈をききて、踊躍歡喜、以レ偈賛曰、経誦三千部、曹谿一句亡。未レ明二出世旨一、寧歇二累生狂一。羊鹿牛権設、初中後善揚、誰知火宅内、元是法中王。

そのとき、高祖曰、汝今後、方可名為念経僧也。

しるべし、仏道に念経僧あることを。曹谿古仏直指なり。この念経僧の念は、有念無念等にあらず、有無倶不計なり。ただそれ、従劫至劫手釈巻、従昼至夜無不念時なるのみなり、従経至経無不経なるのみなり。〔看経巻〕[20]

この冒頭の句は『景徳伝灯録』巻五の法達伝[21]に所載するものである。慧能の下に『法華経』の達人の法達が勇躍して来参したところ、慧能の説偈、とりわけその末尾の句「無念念即正、有念念成邪、有無倶不計、長御白牛車」によって心地が開明し、慧能より法達は念経僧と名づけられたという話である。これを道元禅師は、「この念経僧の念は、有念無念等にあらず、有無倶不計なり。云々」として念経を止揚していることがわかる。この念経は、看経・誦経・書経・受経・持経と同列に並ぶものである。それは「阿耨多羅三藐三菩提の修証、あるひは知識をもちゐ、あるひは経巻をもちひる。知識といふは全自己の仏祖なり、経巻といふは全自己の経巻なり。全仏祖の自己、全経巻の自己なるがゆえに、かくのごとくなり。自己と称すといへども我儞の拘牽にあらず、これ活眼睛なり、活拳頭なり。しかあれども念経・看経・書経・受経・持経あり、ともに仏祖の修証なり」（同右）[22]として経巻が「全自己の経巻」「全仏祖の自己」に高められているのである。先の打坐とこの念経また看経の説示は、何も矛盾するものではない。「一通は一法なり、一法通これ万法通なり」（画餅巻）という一法究尽の論法からくるものである。

「正法」と「正伝」について、多数の紙面を費しながら「正師」と「正嫡」についてほとんど触れられなかったが、それは決して「正師」「正嫡」を疎かにするものではない。「仏仏正伝しきたれるは正師なり」（無情説法巻）、「正師にあはざれば正法をきかず」（発菩提心巻）、「ひとり祖師正伝これ正嫡なり」（袈裟功徳巻）、「正嫡の仏祖にあらざれば正伝せず」（自証三昧巻）などの語句を見てもその重要さが知られよう。「正法」「正伝」を護持し、「正門」たる打坐を実践する人が、まさしく「正師」「正嫡」であるからである。なお、『学道用心集』には、その第五に「参禅学道は正師を求むべきこと」[23]が設けられ、正師の重大さが説かれている。

四

これまで見た道元禅師の説示は、破邪顕正の面が濃厚に表われていた。特に三教一致・禅宗の宗名・機関禅の否定は、純一の仏法・仏祖の大道を護持する立場からなされたことについて既に触れた通りである。また袈裟・打坐・看経に関し、それを「正法」「正伝」の視野から展開した。次に真如と邪との対比を通して独特な道元禅師の説示をみよう。


趣向真如亦是邪。

真如を背する、これ邪なり。真如に向する、これ邪なり。真如は向背なり、向背の各各にこれ真如なり。たれかしらん、この邪の

亦是真如なることを。〔空華巻〕(24)

この箇所について『御抄』の注釈を引いてみる。「真如ヲ背スルト云モ邪、真如ヲ向スルモ邪、真如ハ向背ナリ。向背ノ各々ニ是真如ナリト云歟。所詮真如ノ一法究尽スル時、向背共ニ真如ナリ、亦是邪トハ被嫌詞ト聞ユ、此邪則真如ナリ(25)」

一般の常識的概念からいえば、真如に背くことは邪であり、真如に向かうことは正といえる。ところがここでは、真如に向かうことも邪であるという。また「真如は向背なり、向背の各各にこれ真如なり」とは、真如に対して趣向と違背する面をみて、その両面の各々を真如とみている。さらに先に真如に向かうことも邪であるといったが、この邪もまた真如であるというのである。

これは一般の常識を越えた論法といえようが、道元禅師の世界からは現実のありのままの姿（諸法実相）を述べたものに過ぎないと思われる。あえて卑見を記そう。すなわち、まず真如に対する固定概念を払わなければならない。同時にそれへの姿勢も検討する必要がある。そこで冒頭句の「趣向真如亦是邪」とは、真如を求め、そこにある種の価値を見出そうとするのは、所謂、有所得心からの行為に過ぎない。無所得・無所期の立場からは当然否定されるものである。その状況を示すものである。しかし、道元禅師は、それをさらに転換してしまっているのである。その「趣向真如亦是邪」の邪もまた真如であるというのである。ここまでくると、正と邪との持つ価値的概念は雨散霧消してしまう。所謂、正と邪のあるがままが、真如であるという。そこにおいては、正と邪は単なる真如の綾模様であり、真如の種々相に過ぎないことになろう。まさにかくのごとき世界が『正法眼蔵』の随所に所述されている。

『正法眼蔵』の全体からいえば、破邪顕正ないし捨邪帰正の論法は、ほんの一部であり、諸法実相ないし現成公案を説く部分が大半を占める。なお、正と邪の範疇から三教一致などを否定するのは、いわば〝俗諦門〟の立場からのものであり、その否定を越えて邪をも真如とするのは、〝真諦門〟のものであるといえよう。

『正法眼蔵』中の正と邪に関する語句が、他の諸師と比較して多数であり、かつ多様であるとの印象が深い。これは「正法」の世界を宣揚しようとの意向が顕著に示されていると解釈してさし障りはないと思われる。本節では、その一部分を紹介したに過ぎない。

注

(1) 紹興十七（一一四七）年、大慧宗杲撰『正法眼蔵』三巻（三冊本と六冊本あり）（『卍続蔵』二編二三・一）、禅宗五家の祖師による語句六六一則に大慧が著語・評唱を付したもの。本書は『宗門聯灯会要』と密接な関係にあるという。
(2) 『全集』二巻『眼蔵』〈新草稿本〉「四禅比丘」四二五～四三八頁。
(3) 同右四三四頁。
(4) 同右四三八頁。
(5) 『全集』一巻『眼蔵』（「仏道」四八〇～四八一頁）。
(6) 『全集』二巻『眼蔵』（別輯）「弁道話」四六二頁）。
(7) 同右四七二頁。
(8) 同右四八八頁。
(9) 同右四七八頁。
(10) 同右『眼蔵』「春秋」四一一頁。
(11) 同右一巻「伝衣」三六八～三六九頁。
(12) 同右三六九～三七〇頁。
(13) 『全集』二巻『眼蔵』〈新草稿本〉「袈裟功徳」三〇八頁。同趣旨の語句は、前項「伝衣」三六五頁にも見える）。

(14) 同右「袈裟功徳」三〇八頁。
(15) 同右一巻「伝衣」三七二頁。
(16) 同右二巻「鉢盂」二一三〜二一四頁。
(17) 同右〈別輯〉「弁道話」四六二〜四六三頁。
(18) 同右『眼蔵』「三昧王三昧」一七八頁。
(19) 同右一八〇頁。
(20) 同右一巻『眼蔵』「看経」三三〇〜三三一頁。
(21) 『景徳伝灯録』巻五「洪州法達伝」(『大正蔵』五一巻、史伝部三、二三七頁c〜二三八頁b)。
(22) 前掲『全集』一巻『眼蔵』「看経」三三九頁。
(23) 『全集』五巻『学道用心集』二二〜二四頁。
(24) 同右一巻『眼蔵』「空華」一三四頁。
(25) 『御抄』(『眼蔵註解全書』六巻)「空華」三七頁。

追記

○臨済宗の大慧宗杲への批判と推奨

道元は『眼蔵』「説心説性」・「自証三昧」の両巻において大慧を「参学の倉卒なり、無道心のいたり」と批判しているが、『正法眼蔵随聞記』巻六には尻に腫れ物ができても勇猛に坐禅を続け腫れ物をつぶし治したことを称え、一方的に彼を卑下していない。なお『眼蔵』「王索仙陀婆」巻には宏智正覚(曹洞宗、黙照禅)と大慧(臨済宗、看話禅)を比肩するのは彼の人物を知らない道俗の誤りであると指摘している。

第二節　道元禅師における仏陀観

はじめに

道元禅師には、その撰述書中「仏陀」に関しまとめて論じたものはない。しかし、「釈迦牟尼仏・諸仏・仏・如来」の語を「仏陀」と同一とみるならば、それに関する説示は随処にある。例えば『正法眼蔵』中に仏・如来の語を付す巻を摘出すると、「即心是仏」「仏祖」「行仏威儀」「仏教」「仏向上事」「古仏心」「仏道」「仏経」「見仏」「如来全身」「供養諸仏」「唯仏与仏」の諸巻がある。勿論、仏・如来の語を付していない巻にも内容上、「仏陀」に関説しているものもある。それらの中からいくつか抜き出してみると、そこに一貫する道元禅師における「仏陀観」が考察できるのではなかろうか。

主に『正法眼蔵』と『永平広録』(両書は『道元禅師全集』上下巻、筑摩書房)(1)を史料にして、便宜的に次の語句を手懸りに道元禅師の「仏陀観」を探ってみたい。しかし、あくまでも試論的な範囲を出るものではない。

一、「唯仏与仏」の世界。
二、「如来全身」の宇宙。
三、「行仏」と「見仏」の実践。
四、「即心是仏」と自己。

なお、道元禅師における仏陀観に関連し、次の先行諸論文がある。執筆前に参照したことをあらかじめ、お断りしておきたい。

忽滑谷快天「道元禅師の仏陀観」(『実践宗乗研究会年報』一輯、一九三三年)
江口雪栄・北村説道「高祖の本尊観に就いて」(同右)
岡田宜法「正法眼蔵に現れたる釈迦牟尼仏」(『駒澤大学仏教学会年報』五ノ二、一九三四年)
保坂玉泉「法身観の発達」(『実践宗乗研究会年報』五輯、一九三七年)
光地英学「道元禅の仏身論」(『駒澤大学仏教学部研究紀要』一九号、一九六一年)
保坂玉泉「仏陀観の展開」(同右、二一号、一九六二年)
伊藤秀憲「道元禅師の釈尊観」(『日本仏教学会年報』五〇号、一九八五年)

一、唯仏与仏の世界

「唯仏与仏」の語は、周知の通り『法華経』方便品の一句「唯仏与仏、乃能究尽、諸法実相」(ただ仏と仏のみ、乃ち能く諸法の実相を究め尽くす）に由来する。

『正法眼蔵』唯仏与仏の巻の冒頭に「仏法は、人のしるべきにあらず。このゆゑに、むかしより凡夫として仏法をさとるなし、二乗として仏法をきはむるなし、ひとり仏にさとらるるゆゑに、唯仏与仏、乃能究尽といふ(2)」とあって、まずこの語の基本的把握をしている。しかし、その後に古仏（圜悟克勤・長沙景岑）の語「尽大地是自己法身(3)」「尽大地是真実人体(4)」等を引用しつつ、独自の解釈と展開をしているのである。

以下、この項目では、「唯仏与仏」の語を『正法眼蔵』唯仏与仏巻に限定せず、道元禅師が他の巻において、三世諸仏をはじめ、過去七仏ないし祖師、さらに得度（受業）や証契即通を得た伝法の本師にまで「仏」を広げているので、その意味と内容を含めて使用し考察したい。

> いはゆる諸仏とは、釈迦牟尼仏なり、釈迦牟尼仏、これ即心是仏なり。過去、現在、未来の諸仏、ともにほとけとなるときは、かならず釈迦牟尼仏となるなり。これ即心是仏なり。〈即心是仏(5)〉

「即心是仏」に関する道元禅師の解釈は、後述することにして、ここで「釈迦牟尼仏」が、「ほとけ（仏）」の総合的統一の本体とされていることを知ればよいと思われる。「過去・現在・未来の諸仏、ともにほとけとなるときは、かならず釈迦牟尼仏となるなり」というのは、「諸仏七仏、おのおの仏仏に究尽せしめ、釈迦牟尼仏に成就せしむるなり」（法華転法華(6)）に通ずる語である。

時間の前後を超越して、釈迦牟尼仏の永劫性を説いていると言えようか。それは、仏祖の師資関係における嗣法にしても前後際断しているのである。

> その宗旨は、釈迦牟尼仏は七仏以前に成道すといへども、ひさしく迦葉仏に嗣法せるなり。降生より三十歳十二月八日に成道すといへども、七仏以前の成道なり、諸仏斉肩同時の成道なり、諸仏以前の成道なり。一切諸仏より末上の成道なり。さらに迦葉仏は釈迦牟尼仏に嗣法すると参究する道理あり。この道理をしらざるは、仏道をあきらめず。仏道をあきらめざれば、仏嗣にあらず。仏嗣といふは、仏子といふことなり。釈迦牟尼仏、あるとき阿難にとはしむ、「過去諸仏、これたれが弟子なるぞ。」釈迦牟尼仏いはく、「過去諸仏はこれ我釈迦牟尼仏の弟子なり。」諸仏の仏儀かくのごとし。〈嗣書(7)〉

過去七仏の迦葉仏と釈迦牟尼仏の間に直接の師資関係はないものの時間的順位でいえば過去七仏の第六が迦葉仏、第七が釈迦牟尼仏である。釈迦牟尼仏が「七仏以前に成道」したというのは、総合的統一の本体である釈迦牟尼仏という前述の論理からいうことができよう。それが「ひさしく迦葉仏に嗣法」しているというのは、普通の信仰上でいう嗣法の順序である。さらに釈迦牟尼仏の成道が、「七仏以前の成道」「諸仏斉肩同時の成道」「諸仏以前の成道」「一切諸仏より末上の成道」とされる。これも同様に前述の論理からいえる。七仏・諸仏・一切諸仏といっても、釈迦牟尼仏の一仏に帰すのであり、時間的に「以前」「斉肩同時」「諸仏より末上」といって相違があるように思われるが、すべて「釈迦牟尼仏」が各時に成道していることを表しているのである。

さらに「迦葉仏は釈迦牟尼仏に嗣法する」「過去諸仏はこれ我釈迦牟尼仏の弟子なり」というように時間的に逆転して示されるのも同様の論法から出てくるのである。これは「この正伝面授を礼拝する、まさしく七仏、釈迦牟尼仏を礼拝したてまつるなり、迦葉尊者等の二十八仏祖を礼拝供養したてまつるなり」（面授）[8]といっても同じである。そして「いはんや霊山の授記というは、釈迦牟尼仏の授記なり。この授記は、釈迦牟尼仏の釈迦牟尼仏に授記しきたれるなり」というのも、摩訶迦葉の授記が、「釈迦牟尼仏の授記」とされ、さらに摩訶迦葉が「釈迦牟尼仏」と一体化していることを示しているのである。

『永平広録』（道元和尚広録）においても右の『正法眼蔵』の叙述と同様、釈迦牟尼仏の降誕や涅槃が諸仏と共に同時にあったとする。

四月八日浴仏上堂云、我本師釈迦牟尼仏大和尚、三千年前、今朝現生降二誕于浄飯王宮毘藍園裏一。周二行十方一七歩、一手指レ天一手指レ地、目二顧四方一云、天上天下唯我独尊。師云、大家要レ見二世尊降生一麼。拈二払子一作二一円相一云、世尊降生了也。尽十方界山河国土、其中諸人有情無情、三世十方一切諸仏、与二瞿曇世尊一同時降生了也。都無二一物為レ先為レ後。〈広録二、大仏寺語録〉[9]

二月十五日上堂、今我本師釈迦牟尼大和尚、般二涅槃于鳩尸那城跋提河沙羅林一。何啻釈迦牟尼仏而已哉、過去未来現在十方一切諸仏、悉皆向二今日半夜一而般涅槃。非二唯諸仏一、西天二十八祖・唐土六祖、有二巴鼻一有二頂𩕳一、悉皆向二今日半夜一般涅槃矣。無レ前無レ後、無レ自無レ他矣。未下向二今日半夜一而般涅槃上、非二其仏祖一矣、非二其作家一矣。既向二今日半夜一而般涅槃、乃作家也。〈同右〉[10]

「成道」に関しては、「我与大地有情同時成道」（興聖寺語録）とあるように、釈迦牟尼仏と大地有情が同時に成道した用例として『正法眼蔵』「発無上心」巻[11]や瑩山禅師の『伝光録』首章「釈迦牟尼仏」にも見られるものである。しかし、前掲のように、瞿曇世尊と尽十方界山河国土・其中諸人有情無情・三世十方一切諸仏が同時に「降生（降誕）」したとしたり、釈迦牟尼仏と諸仏だけではなく西天二十八祖・唐土六祖が「今日半夜（二月十五日）」に「般涅槃」したとする説は他に類例がない。

なお、道元禅師が「我本師釈迦牟尼仏大和尚」と呼称している点も注目しておきたい。釈迦牟尼仏を「我本師―大和尚」と呼称する心情には、親愛と敬意が込められているのである。あたかも正師如浄禅師に親近するような態度と等しい。

浴仏上堂、我仏如来今日生、十方七歩一時行、誰知歩歩生諸仏、諸仏単二伝今日声一。過去未来并現在、同生同処亦同名。云々。

〈広録一、興聖寺語録〉[12]

この上堂語では、前掲の「降生」と異なり、仏如来の降生の際、七歩の歩々に諸仏が生じたとし、さらにその三世諸仏は「同生」「同処」「同名」であるというのである。時処と名も同一と徹底して示している訳である。

これらの釈迦牟尼仏における伝記上の事象だけではなく、道元禅師自身の「上堂」の際にも諸仏が同じく上堂したとする。

上堂云、山僧今日上堂、三世諸仏亦今日上堂、諸代祖師亦今日上堂、帯二丈六金身一者上堂、具二百草妙用一者上堂。

〈同右〉[13]

丈六の金身を帯びる者とは、釈迦牟尼仏を指す。百草の妙用を具す者とは、薬師如来を示す。これらと三世諸仏、諸代の祖師が道元禅師の上堂の際、同じく上堂するというのは、いかにも道元禅師の自負心が高いと思われるかもしれないが、決してそうではない。それは道元禅師が玄沙師備の語「与二我釈迦老子一同参」（正法眼蔵遍参）[14]、「釈迦与我同参」（広録四、永平禅寺語録）[15]を挙揚して「釈迦老子は玄沙老漢と同参するゆゑに古仏なり、玄沙老漢は釈迦老子と同参なるゆゑに児孫なり」(遍参)[16]と説き、「非二但玄沙一、並及一切仏祖、元来落二在釈迦窟裏一跨跳」(永平禅寺語録)[17]と示していることから首肯される。つまり、玄沙師備や道元禅師に限らず、仏事の仏作仏行をする当体が「仏」そのものであるというのである。なお「仏行」に関しては、後述する。

釈迦牟尼仏を礼拝したてまつり、供養したてまつるといふは、あるいは伝法の本師を礼拝し供養し、剃髪の本師を礼拝し供養するなり。これすなはち見釈迦牟尼仏なり、以法供養釈迦牟尼仏なり、陀羅尼をもて釈迦牟尼仏を供養したてまつるなり。〈陀羅尼[18]〉

釈迦牟尼仏を礼拝供養することと、伝法の本師や剃髪の本師を礼拝供養することとは、同じであるといっているのである。つまり、伝法の本師や剃髪の本師を礼拝供養することが、釈迦牟尼仏を礼拝供養することになるのであり、伝法や剃髪の本師が釈迦牟尼仏そのものであるとし、それらの本師に釈迦牟尼仏を見るというのである。「見釈迦牟尼仏」、「見仏」に関しても後述したい。

二、如来全身の宇宙

道元禅師にとって尽十方界の現象や存在は、仏祖の現成・如来や仏祖の全身心に他ならない。それは、華厳の解境十仏たる毘盧舎那仏や天台の遍一切処の法身たる毘盧舎那仏などに相当するといえよう。

仏祖の現成は、究尽の実相なり。実相は諸法なり。諸法は如是相なり、如是性なり、如是身なり、如是心なり、如是世界なり、如是雲雨なり。如是行住坐臥なり、如是憂喜動静なり。如是拄杖払子なり、如是拈華破顔なり、如是嗣法授記なり、如是参学弁道なり、如是松操竹節なり。〈諸法実相[19]〉

はかりしりぬ、この三千大千世界は、赤心一片なり、虚空一隻なり、如来全身なり。捨未捨にかかはるべからず。〈如来全身[20]〉

上堂挙、僧問二忠国師一、教中但見二有情作仏一不レ見二無情授記一。且賢劫千仏孰是無情仏耶。国師云、如下皇太子未二受位一時上、唯一身耳。受位之後、国土尽属二於王一。寧有二国土別受位一乎。今但有情受記作仏之時、十方国土悉是遮那仏身、那得二無情受記一耶。宏智古仏曰、刹中之仏処処現身、仏中之刹塵塵皆爾。還体悉得麼。良久云、六国自清紛擾事、一人独擅太平基。師云、古仏既恁麼道、永平豈無二道処一、刹之仏通身全身、仏之刹法爾不爾。還体委悉得麼。良久云、主中之主主中之主、超境越レ人立二皇基一。〈広録四、永平禅寺語録[21]〉

仏祖の現成を説く中で如是相・如是性は『法華経』方便品の十如是に含まれるが、如是身以下のものは道元禅師流の展開である。身心は仏祖の身心、世界・雲雨は大宇宙と自然現象、行住坐臥・憂喜動静は日常生活の言動や心理、拄杖払子は師家などが接化に用いる什具、拈華破顔は禅の説話で釈尊と摩訶迦葉との機縁、嗣法授記や参学弁道は師資関係における行持、松操竹節は自然界の植物。これらが全て仏祖の現成というのである。

三千大千世界が如来全身であるというのは、「諸仏応化法身は、みなこれ三界なり」(三界唯心)[22]、「尽界は瞿曇の眼睛なり」(梅華)[23]、「いはゆる仏祖の光明は、尽十方界なり、尽仏尽祖なり、唯仏与仏なり、仏光なり、光仏なり、仏祖は仏祖を光明とせり」(光明)[24]、「この娑婆国土は、釈迦牟尼仏土となるがごとし」(十方)[25]、「いはゆる世界は、十方みな仏世界なり、非仏世界いまだあらざるなり」（古仏心(26)）等と同種の説示であるといえよう。

南陽慧忠国師の語「十方国土悉是遮那仏身」と宏智正覚の語「刹中之仏処処現身、仏中之刹塵塵皆爾」に対し、道元禅師は「刹之仏通身全身、仏之刹法爾不爾（中略）、主中之主主中主、超レ境越レ人立二皇基一」と一段と積極的に蓮華蔵世界を展開している。同様の説示に「仏法の大道は、一塵のなかに大千の経巻あり、一塵のなかに無量の諸仏まします。一草一木ともに身心なり。万法不生なれば一心も不生なり、諸法実相なれば一塵実相なり。しかあれば、一心は諸法なり、諸法は一心なり、全身なり」（発無上心(27)）がある。

右の文中に「一塵のなかに大千の経巻あり、一塵のなかに無量の諸仏まします」とあるが、その経巻に関し次の如く独自の展開をしている。「その経巻といふは、尽十方界・山河大地・草木自他なり、喫飯著衣・造次動容なり」（自証三昧(28)）、「しかあれば、経巻は如来全身なり。経巻を礼拝するは、如来を礼拝したてまつるなり。経巻にあひたてまつるは、如来にまみえたてまつるなり。経巻は如来舎利なり（中略）。而今の諸法実相は経巻なり。人間・天上・海中・虚空・此土・他界、みなこれ実相なり、経巻なり、舎利なり」（如来全身(29)）と。経巻は、尽十方界に遍満している訳である。

三、行仏と見仏の実践

前掲の「唯仏与仏」と「如来全身」において説示した「仏陀」は、まずその対象を第三者的に想定し、その後に自己との関わりを考慮していたように思われる。「行仏」と「見仏」はどうであろうか。

「行仏」とは、仏家のあらゆる修行や行持をなす当体を指し、その当体が自己そのものでなくてはならぬ、ということになろう。

諸仏かならず威儀を行足す、これ行仏なり。行仏それ報仏にあらず、化仏にあらず。自性身仏にあらず、他性身仏にあらず。始覚・本覚にあらず、性覚・無覚にあらず。如是等仏、たえて行仏に斉肩することうべからず。しるべし、諸仏の仏道にある、覚をまたざるなり。仏向上の道に行履を通達せること、唯行仏のみなり。自性仏等、夢也未見在なるところなり。〈行仏威儀(30)〉

この「行仏」は、次に挙げるように出家受戒、剃髪染衣、安居などを行ずる時処に現成するのである。

あきらかにしるべし。諸仏諸祖の成道、ただこれ出家受戒のみなり。諸仏諸祖の命脈、ただこれ出家受戒のみなり。いまだかつて出家せざるものは、ならびに仏祖にあらざるなり。〈出家(31)〉

しるべし、剃髪染衣すれば、たとひ不持戒なれども、無上大涅槃の印のために印せらるるなり。ひとこれを悩乱すれば、三世諸仏の報身を壊するなり、逆罪とおなじかるべし。〈出家功徳(32)〉

結夏上堂、（中略）宏智古仏雖下与二如来一合上、永平児孫還与二宏智古仏一合。還相二委悉三得這箇道理一麼。良久云、雲水安居共作家、豈拈二風聖一定二生涯一。（中略）十方諸仏集二永平拄杖頭上一而安居、永平拄杖於二十方諸仏頂𩕳一而弁道。所以云、諸仏法身入二我性一、我性同共二如来一合。云々〈広録四、永平禅寺語録(33)〉

受戒剃髪の儀礼を行ずる時（換言すれば初発心時）に、成道・涅槃が約束されているのである。なお、文中の「たとひ不持戒なれども」の語句は、剃髪を強調するために用いたものであり、僧形を保つ重要性を指摘しているのである。

安居にしても「十方諸仏集二永平拄杖頭上一而安居、永平拄杖於二十方諸仏頂𩕳一而弁道」と示し、永平道元の拄杖（接化）と十方諸仏が相即相入して安居弁道しているというのである。

道元禅師にとって「行仏」の最たる坐禅は「坐仏」と称せられる。

おほよそ西天東地に仏法つたはるといふは、かならず坐仏のつたはるるなり。それ要機なるによりてなり。仏法つたはれざるには、坐禅つたはれず。嫡嫡相承せるは、この坐禅の宗旨のみなり。この宗旨いまだ単伝せざるには、仏祖にあらざるなり。〈坐禅箴(34)〉

只管打坐の坐禅を行ずることが、仏仏祖祖の正伝の仏法を行ずることに他ならない。

次に「見仏」とは、三十二相を見ることではなく、仏の真面目を徹見徹通することである。『正法眼蔵』「見仏」巻には、「若見二諸相非相一即見二如来一」（金剛経）や「深入二禅定一見二十方仏一」（法華経安楽行品）、「若有レ受二持読三誦正憶四念修五習書六写是法華経一者、当レ知是人則見二釈迦牟尼仏一、如下従二仏口一聞中此経典上」（同普賢菩薩勧発品）、さらに「眉目策起」の頌（如浄語録下(35)）等を挙げ、見仏の宗旨を示している。

これらの中『法華経』普賢菩薩勧発品を引用した後、次の文が続く。

おほよそ一切諸仏は、見釈迦牟尼仏、成釈迦牟尼仏するを成道作仏といふなり。かくのごとくの仏儀、もとよりこの七種の行処の條條よりうるなり。七種行人は、当知是人なり。如是当人なり。これすなはち見釈迦牟尼仏処なるがゆゑに、したしくこれ如従仏口、聞此経典なり。釈迦牟尼仏は、見釈迦牟尼仏よりこのかた釈迦牟尼仏なり（中略）。いまの此経典にうまれあふ、見釈迦牟尼仏をよろこばざらんや。生値釈迦牟尼仏なり。身心をはげまして受持・読誦・正憶念・修習・書写是法華経者、則見釈迦牟尼仏なるべし。如従仏口、聞此経典、たれかこれをきほひきかざらん。いそがずつとめざるは、貧窮無福慧の衆生なり。修習するは、当知是人、則見釈迦牟尼仏なり。〈見仏(36)〉

『法華経』に限らず、前述の通り「経巻は如来全身なり（中略）経巻にあひたてまつるは、如来にまみえたてまつるなり」（如来全身）とあって、一般の経巻に遇い用いることも「見仏」といえよう。経巻といえば、知識も想定できる。「或従知識、或従経巻」は、仏道の入門・解脱の必須条件である。

諸仏七仏より、仏仏祖祖の正伝するところ、すなはち修証三昧なり。いはゆる、或従知識、或従経巻なり。これはこれ仏祖の眼睛なり。〈自証三昧(37)〉

阿耨多羅三藐三菩提の修証、あるひは知識をもちひ、あるいは経巻をもちひる。知識といふは、全自己の仏祖なり。経巻といふは、全自己の経巻なり。全仏祖の自己、全経巻の自己なるがゆゑにかくのごとくなり。自己と称すといへども、我爾の拘牽にあらず。これ活眼睛なり、活拳頭なり。〈看経(38)〉

知識・経巻を仏祖の眼睛と見ること、知識を「全自己の仏祖」、経巻を「全自己の経巻」とすることも「見仏」なのである。知識・経巻と並び、袈裟も「仏身」「仏心」「如来衣」等と称し護持すべきことを次の如く説く。

おほよそしるべし、袈裟はこれ仏身なり、仏心なり。また解脱服と称し、福田衣と称す。忍辱衣と称し、無相衣と称し、如来衣と称し、阿耨多羅三藐三菩提と称するなり。まさにかくのごとく受持すべし。〈伝衣(39)〉

これは「袈裟は三世諸仏の仏衣なり。その功徳無量なりといへども、釈迦牟尼仏の法のなかにして袈裟をえたらんは、余仏の法のなかにして袈裟をえんにもすぐれたるべし」（袈裟功徳）[40]と同義である。さらに鉢盂（応量器）も同様に説き示す。『正法眼蔵』「鉢盂」巻には、鉢盂を「仏祖の身心」「仏祖の飯椀」「仏祖の眼睛」「仏祖の光明」「仏祖の真実体」「仏祖の正法眼蔵涅槃妙心」「仏祖の転身処」等とする者のあることを挙げ、「仏鉢盂は仏鉢盂なり」「但以二鉢盂一合二成鉢盂一」[41]と示すように鉢盂の正法受持を「唯仏与仏」式に説いているのである。

さらに安居に遇うことも「見仏」という。

> しかあれば、夏安居にあふは諸仏諸祖にあふなり。夏安居にあふは見仏見祖なり。ひさしく作仏せるなり（中略）。その調度に、九夏安居あり。これ仏仏祖祖の頂𩕳面目なり、皮肉骨髄に親会しきたれり。仏祖の眼睛頂𩕳を拈来して、九夏の日月とせり。安居一枚、すなはち仏仏祖祖と喚作せるものなり。安居の頭尾、これ仏祖なり。このほかさらに寸土なし、大地なし。〈安居〉[42]

四、即心是仏と自己

「即心是仏」の語は、一般に唐代馬祖道一に始まるとされているが、これより前の梁代宝誌によって創唱された（忽滑谷『禅学思想史』上巻、三三九頁）という。「この心そのままが仏（心）」という意である。『正法眼蔵』「即心是仏」巻には、唐代南陽慧忠とある僧との問答等が中心になって説かれている[43]。なお「即心是仏」の語は、「弁道話」「王索仙陀婆」の諸巻にも引用されている。

「弁道話」巻には、「即心是仏」を「自己即仏」と誤解する人に対して、次のように示している。

> しるべし、仏法は、まさに自他の見をやめて学するなり。もし自己即仏としるをもて得道とせば、釈尊むかし化道にわづらはじ。しばらく古徳の妙則をもてこれを証すべし（中略）。あきらかにしりぬ、自己即仏の領解をもて、仏法をしれりといふにあらずといふことを。もし自己即仏の領解を仏法とせば、禅師さきのことばをもてみちびかじ、又しかのごとくいましむべからず。ただまさに、はじめ善知識をみんより、修行の儀則を咨問して、一向に坐禅弁道して、一知半解を心にとどむることなかれ。仏法の妙術、それむなしからじ。〈弁道話〉[44]

「仏法は、まさに自他の見をやめて学す」ことが大事である。自己が「本来の自己」であればともかく、己我の露現であっては、得道の全円は遠い。「現成公案」巻に「自己をはこびて万法を修証するを迷とす、万法すすみて自己を修証するはさとりなり（中略）。諸仏のまさしく諸仏なるときは、自己は諸仏なりと覚知することをもちゐず。しかあれども証仏なり、仏を証しもてゆく」[45]とある。

「即心是仏」は、「心」の問題というより「行」の実践如何に関わる。

> しかあればすなはち、即心是仏とは、発心・修行・菩提・涅槃の諸仏なり。いまだ発心・修行・菩提・涅槃せざるは、即心是仏にあらず。たとひ一刹那に発心修証するも即心是仏なり、たとひ一極微中に発心修証するも即心是仏なり、たとひ無量劫に発心修証するも即心是仏なり、たとひ一念中に発心修証するも即心是仏なり、たとひ半拳裏に発心修証するも即心是仏なり。〈即心是仏〉[46]

発心・修行・菩提・涅槃、すなわち発心修証することが「即心是仏」なのだというのである。一刹那・一極微中・無量劫・一念中・半拳裏とは、あらゆる時空を表わし、そこで発心修証することが「即心是仏」

につながる。

おわりに

道元禅師の『正法眼蔵』や『永平広録』等に展開される世界は、「正法」そのものである。「仏の世界」「さとりの境地」の開示といってもよかろう。その意味で、道元禅師の「仏陀観」は限られた紙数によって述べ尽くせるものではない。

道元禅師にとって「釈迦牟尼仏」は、単に仏教の開祖として崇敬するに止まらない。時空を超越し、各種の仏の中核に位置し、宇宙に遍満し、ごく身近な人に具現し、「自己」とも関連してくるのである。

上堂云、仏祖翻身《ス》五万回、見成公案百千枚、一莖草立十方刹、雲水不期得得來。〈広録一、興聖禅寺語録(47)〉

仏祖が種々に現われ、真実が様々に露出し、大自然が十方に広がり、修行者が無所得の行に徹している。これらの相が「仏」そのものなのであるという。

禅は、よく「殺仏殺祖」の語を用い、仏祖を超越すべき気概を示す。仏祖は勿論、自己も泯滅した境涯こそ「法界一如」「平等法身」に徹することにつながろう。

臘八上堂云、瞿曇老賊入《リ》二魔魅《ニ》一、悩二乱《シテ》人天一狼籍《ナル》時、打二失《シテ》眼睛《ヲ》一無《シ》レ処無レ覓《ムルニ》、梅華新《タニ》発《シ》二旧年《ノ》枝《ニ》一。〈広録三、永平禅寺語録(48)〉

「瞿曇老賊(49)」とは、禅家流の言い方で機鋒鋭く作略に長じた釈尊を指す。逆接的に讃嘆している訳である。

道元禅師は、釈迦牟尼仏を徹底的に崇敬すると共に、あらゆるもの、あらゆることにその相を認めて親近したということができよう。

注

(1) 執筆当時に使用した筑摩書房刊『道元禅師全集　上・下』(大久保道舟編)は、平成元年十月、「復刻版」として臨川書店より発行された。本論に限り、これを使用する。
(2) 『全集』、上巻『眼蔵』「唯仏与仏」七八〇頁。
(3) 同右、七八一頁。
(4) 同右、七八二頁。
(5) 同右、上巻『眼蔵』「即心是仏」四五頁。
(6) 同右、上巻『眼蔵』「法華転法華」七七〇頁。
(7) 同右、上巻『眼蔵』「嗣書」三三八頁。
(8) 同右、上巻『眼蔵』「面授」四四七頁。
(9) 同右、下巻『永平広録』四〇頁。以下『広録』と略称。
(10) 同右、三七頁。
(11) 「釈迦牟尼仏言、明星出現時、我與大地有情、同時成道」(同右『眼蔵』「発無上心」五二八頁、「発菩提心」一六四頁)。「上堂云、釈迦牟尼仏言、明星出現時、我與大地有情、同時成道、作麼生是成道底道理〈以下略〉」(同右『広録』一六頁、二八頁)。
(12) 同右、下巻『永平広録』二五頁。
(13) 同右、二二頁。
(14) 同右、上巻『眼蔵』「遍参」四九一頁。
(15) 同右、下巻『広録』七一頁。
(16) 同右、上巻『眼蔵』「遍参」四九一頁。
(17) 同右、下巻『広録』七一〜七二頁。
(18) 同右、上巻『眼蔵』「陀羅尼」四二三頁。
(19) 同右、上巻『眼蔵』「諸法実相」三六五頁。
(20) 同右、上巻『眼蔵』「如来全身」五三八頁。
(21) 同右、下巻『広録』二六九頁。
(22) 同右、上巻『眼蔵』「三界唯心」三五五頁。
(23) 同右、上巻『眼蔵』「梅花」四六一頁。
(24) 同右、上巻『眼蔵』「光明」一一七頁。

(25) 同右、上巻『眼蔵』「十方」四七五頁。
(26) 同右、上巻『眼蔵』「古仏心」八一頁。
(27) 同右、上巻『眼蔵』「発無上心」五二七頁。
(28) 同右、上巻『眼蔵』「自証三昧」五五三頁。
(29) 同右、上巻『眼蔵』「如来全身」五三七頁。
(30) 同右、上巻『眼蔵』「行仏威儀」四六頁。
(31) 同右、上巻『眼蔵』「出家」五九七頁。
(32) 同右、上巻『眼蔵』「出家功徳」六一〇頁。
(33) 同右、下巻『広録』七八～七九頁。
(34) 同右、上巻『眼蔵』「坐禅箴」九六頁。
(35) 「策起眉毛答問端、親曾見仏不相蔓瞞、至今応供四天下、春在梅梢帯雪寒」(『如浄語録』頌古9、鏡島元隆『天童如浄禅師の研究』春秋社、三四五頁、所収)。
(36) 前掲、上巻『眼蔵』「見仏」四八三頁。
(37) 同右、上巻『眼蔵』「自証三昧」五五二頁。
(38) 同右、上巻『眼蔵』「看経」二六八頁。
(39) 同右、上巻『眼蔵』「伝衣」二九四頁。
(40) 同右、上巻『眼蔵』「袈裟功徳」六三三頁。
(41) 同右、上巻『眼蔵』「鉢盂」五六五～五六六頁。
(42) 同右、上巻『眼蔵』「安居」五六九頁。
(43) 同右、上巻『眼蔵』「即心是仏」四二～四五頁。
(44) 同右、上巻『眼蔵』「弁道話」七四二～七四四頁。
(45) 同右、上巻『眼蔵』「現成公案」七頁。
(46) 同右、上巻『眼蔵』「即心是仏」四五頁。
(47) 同右、下巻『広録』二三頁。
(48) 同右、五五頁。
(49) 「瞿曇老賊」釈尊の姓、梵語 Gautama、巴利語 Goutama を中国語に音写して瞿曇と称した。「瞿曇仏」「瞿曇仙」「老瞿曇」とも。「諸方道旧至上堂。大道無門、諸方頂寧上跳出、虚空絶路、清涼鼻孔裏入来、恁麻相見、瞿曇賊種、臨在禍胎。咦、大家顛倒舞春風、驚落杏花飛乱紅」(『如浄語録』「清涼寺語録」一五八～一五九頁、所収)。同書は「瞿曇賊種」に関し「賊種は賊子。すぐれた児孫の反語的用法」と記す。同上堂語は、『眼蔵』「徧参」に引用されている。道元は、正師如浄の頌古中の語「瞿曇賊種」を「瞿曇老賊」と展開し使用したと推測できる。

第三節　道元禅師の比丘尼・女人観

はじめに

道元禅師は女性をどのように観ていたか。その一端を『正法眼蔵』を中心に探っていきたい。女性を表現する語句の中、最も多いのは「女人」、次に「女」「女流」である（参照――加藤宗厚編『正法眼蔵要語索引』上・下）。いわば、当時、道元において、女性一般を「女人」と称していたことが窺える。ちなみにこの語句の大半は「礼拝得髄」巻に使われている。「比丘尼」の語は、周知の如く出家した女性を指す。道元の「女人」観に関する先学の論改[1]は、ごく近年の二、三を除き、その多くが寛元元年（一二四三）以前の著作「弁道話」巻や「礼拝得髄」巻を主にした「男女平等論」「女人成仏論」であった。それらは、現代的思潮の一、女性の社会進出と相俟って支持され、讃嘆されてきた傾向がある。そうした理解の中で宗門人は、道元に一種の先見性を預度し一種の誇りさえ感じていたのではなかろうか。ところが『正法眼蔵』の諸種の編纂事情やその全体的内容に関する研究が進むにつれ、次第に前述の理解が修正されつつある。

そのきっかけは、寛元元年、あるいは『如浄録』到着以後、道元に大きな思想的変化、すなわち「出家至上主義」の傾向を強めていったとする説[2]が出されたことに始まる。さらに『正法眼蔵』の「三十七品菩提分法」「出家」「出家功徳」の諸巻には、「在家成仏」「女人成仏」をきっぱりと否定しているとの説[3]が出ている。これに対し、特に「女人成仏」に焦点を絞っていえば、「出家功徳」の巻の説示「聖教のなかに在家成仏の説あれど正伝にあらず」に続く文「女身成仏の説あれど、またこれ正伝にあらず。仏祖正伝するは、出家成仏なり」の意味は、転女成男して成仏するという説（『法華経』提婆達多品の「童女成仏」）を否定したものであり、道元の「女人成仏」説には何ら変化がなかったとする考え[4]も出ている。さらにこの説への反論[5]もある。

本論は、右の諸説を考慮しながら道元の女人観・比丘尼観を探っていこうとする試論である。まず初めは、道元の関わった女人や比丘尼達の事跡を通し、その感懐に触れてみたい。次に「礼拝得髄」巻に説かれる女人や比丘尼の「成仏」論について言及し、終りに出家主義を踏まえた中で「女身成仏」を否定していった道元の思想的変化の意味について考えてみたい。

一、道元の関わった女人・比丘尼

道元の生涯において、伝記やその他の史料に登場する女人や比丘尼は極めて少なく、わずか十指も満たない人数である。しかも彼女達の行実は、ほとんど不明といえる。もっとも道元自身の伝記も不透明な事項が多いのであるから当然であろう。

生母に関し、道元の出生を「村上天皇九代之苗裔、後中書八世之遺胤」（『永平寺三祖行業記』等）とする記事等から推定して、摂政藤原基房の女《むすめ》・伊子とか、藤原能円の女・信子など諸説あるが、確定できず、その伝は不詳である。『永平広録』巻五（永平寺語録）と巻七（同右）に各々「先妣忌上堂」が所載する。しかし、その偈文中には実像に迫る手懸りはない。ただその忌辰は、所載する前後の「上堂」語より、年暦は不明ながら十二月中旬と測定されている。

先妣（生母）の忌辰に当り、二回の上堂がなされたという事実は、「報恩」のためであることは言うまでもない。「先考」（実父）に当る「（育父）源亜相忌上堂」（『広録』巻五・七）も同じく二回なされているので、その偈文を合わせてみると、その「報恩」は在家の儒教的「孝」の精神から発する追善忌と同質のものではない。出家の立場から「棄恩早入無為郷（恩を棄てて早く無為の郷に入る）」ということを何よりも志向していたことが知られる。

『正法眼蔵随聞記』（懐奘編）は、道元の直接的言句とは言い難いが、副次的に用いてもよいであろう。この『随聞記』巻三（長円寺本）に右の「忌辰上堂」と父母の恩愛に関連する話が所載するので、その概要を次に記しておく。その話は、質問「父母ノ報恩等ノ事、可レ作耶」に発し、道元が応答する形で構成されている。その説示は「孝順」は重要であるが、それに在家と出家の別があるとしてその相違を述べているのである。ここでは出家の立場のみを記すことにする。「出家ハ棄レ恩入二無為一。無為ノ家ノ作法ハ、恩ヲ一人ニ不レ限、一切衆生斉ク父母ノ恩ノ如ク深シト思テ、所レ作善根ヲ法界ニメグラス。別シテ今生一世ノ父母ニ不レ限。是則不レ背二無為道一也。（中略）戒経ノ父母兄弟死亡ノ日ノ文ハ、暫ク令レ蒙二於在家一歟。大宋叢林ノ衆僧、師匠ノ忌日ニハ基儀式アレドモ、父母ノ忌日ハ是ヲ修シタリト見ザル也」と。前半の文は「棄恩入無為」の基本的立脚点について述べたものであり問題はない。しかし、後半の文、特に末尾の文の通りに、永平寺においてその「無為道」が徹底していたかと問えば、前掲の「忌辰上堂」がなされているのであるから不徹底と言わざるを得ない。もちろん、在家の行う「忌日ノ追善、中陰ノ作善」法要とは異なる「上堂」語であり、それを介して学人に真の「無為道」を教示したと言えなくもない。それにしても、ここに道元の父母への思慕の情を幾分かにじませていると言えよう。

明智優婆夷は、間接的史料である『洞谷記』によって、道元の建仁寺滞在時代の俗弟子（信者）の一人であったことが知られる。その記事は、能登酒井保の豪族酒勾八郎頼親の嫡女が永光寺開山瑩山について出家し、「祖忍」と命名した、その「祖忍」の下に「彼平氏女者、永平和尚建仁寺御座時御弟子、明智優婆夷再来也」というものである。またその明智は、「瑩山今生祖母明智優婆夷」と記され、東隆眞氏は智姉（『舎利相伝記』）に比定し瑩山の祖母でもあったというが、(6) 具体的な事象は何も記されていない。道元による記事はなく、従ってその感慨も知りようがない。

了然尼は、『永平広録』巻八越州永平禅寺玄（ママ）和尚小参に所載する「法語」（二種）の文中に見える「了然道者」のことである。その「法語」中の一（通し番号12）は、静岡県袋井市の可睡斎に伝承する『示了然尼法語』と一致するもので末尾の句から「辛卯〔寛喜三年〕（一二三一）

孟秋（秋）」、山城深草「安養院」に在住中に書き与えた法語であることが知られる。

その「法語」（通し番号4）には文中に「了然道者、夙に般若の種子あって、切に仏祖の大道を志す。これ女流なりといえども則ち大丈夫の志気あり」（原漢文）、同じく「法語」（12）に「了然道者の志道の切なることを顧眄す。余輩、未だ斉肩すべからず」（同右）とあって、道元は了然尼の抜群の志気・志道を讃嘆しているのである。特に「女流なりといえども大丈夫の志気あり」とは、男勝りの女性（比丘尼）というより智慧徳相を具えた大人物と高く評価している訳である。

了然尼の行実に関し、上記「法語」の一本（鳥取県倉吉市、明里氏所蔵本）を伝える明里家に、それを拝覧する人々の記録「尊名拝記帳」二帖中の第一冊の「序記」に記されている（『道元禅師真蹟関係資料集』九四六～九五〇頁、大修館書店）。また、同家に尊牌「皈了然道者」が伝承されている。これらの史料の分析は、筆者のこれからの課題である。

正覚禅尼は、『永平寺三祖行業記』等に深草の「興聖宝林寺」の法堂を建立した施主として記され、その素姓は藤原教家の室、波多野義重の室、源実朝の室などの諸説が出されているものの、根本的史料が発見されていないこともあって不明である。法堂を寄進するほどであるから相当の家柄と財力がなければできない。外護者正覚禅尼に対し、基深の感謝の意を表したと思われるが、それを証する史料も今のところ不明である。

道元の率いる興聖寺ないし永平寺の教団に何人位の比丘尼がいたか不明である。尼名の伝えられているのは、前述の了然尼と次に述べようとする恵信尼と懐義尼との三名に過ぎない。なお、『随聞記』には、昔、「上臈」であった老尼公など複数の名の知れぬ比丘尼のいたことを推測させる記事があるので、少なくとも五名以上はいたと思われる。

『永平広録』巻二（開闢越州吉祥山大仏寺語録）には、「恵信比丘尼」が亡き父の供養の為に道元に要請した「上堂」語、同じく巻五（永平禅寺語録）には、「懐義比丘尼」が亡き母の為に要請した「上堂」語を所載する。これら、恵信尼と懐義尼の亡き父母の為の「上堂」語は、報恩の誠を尽くそうとする二人の孝養心を肯いつつ、その提示の内容は共に「生死」を明らかにすることに主眼点を置き、出家の本懐を遂げることをうながしているように思われる。前掲の道元の両親への「忌辰上堂」語と合わせ考慮すべきである。

右の恵信尼の生没年をはじめ、その出自、さらに出家や帰投随身の年紀など一切不明である。少なくとも永平寺と改称された寛元四年（一二四六）六月十五日以前、「大仏寺」に在住していたことが知られるだけである。

懐義尼は、『御遺言記録（永平室中聞書）』の建長五年（一二五三）七月二十八日の条に「懐義師姑」とあることから、その筆者の義介と昵懇の同柄にある師姑（比丘尼）、すなわち日本達磨宗覚晏の門下同志（法兄弟）であったことが知られる。従って、道元に帰没した時期は、他の門下と同様に仁治二年（一二四一）頃かも知れない。もしそうであれば、道元の興聖寺在住時代から最晩年まで随侍していたことになる。また道元が義介へ最後の忠告を伝えた際、その部屋の外、障子を隔て、懐義尼もそれを聴聞していたとするならば、義介の後見役的立場にあったことも推定できる。道元からも懐義尼は、信用のおける比丘尼として認められていたのであろう。

山城国生蓮房の妻室（名は不明）は、特筆に価する篤信者として数えられよう。瑩山筆の『法衣相伝書』は、道元着用の法衣中の一領を懐奘を通し義介へ、義介から瑩山へと相承してきたことを記すものであるが、その冒頭部分に「初祖の在俗の弟子中に山城国の生蓮房なる人あり。彼の妻室、初祖に信心無二なり。自ら精進潔斎して調え織り、遙かに越州永平寺に持参し、供養し奉る所のものなり。初祖、信心無二の志に感じ、自ら裁縫して尋常に着用す」（原漢文）との文があることによって、かろうじて知られる信者である。

道元の山城の深草安養院ないし興聖寺に在住していた頃に帰依した人物であることは推定できるが、夫の生蓮房と共に妻室についてもその素性や行実は文面にあることの他は何も判らない。それにしても遠路を厭わず永平寺まで持参した「細布」を道元が自ら裁縫・着用し、その後、「伝衣」として相伝された訳で、彼女の「信心無二」の真心を道元がいかに推称していたかが窺知できるのである。

逸話的女人として、波多野義重の妾室が、延宝元年（一六七三）刊の『永平開山道元和尚行録』附録「血脈度霊」中に見えている。正室にうとまれ、池に投げ込まれ殺された妾室の霊を道元の「仏祖正伝菩薩戒血脈」によって済度されるという形で登場する。その頃に修されていた「授戒会」「血脈授与」を反映しているが、それ以前の伝記に所載していない人物であるので、ここでは採り上げない。

二、「礼拝得髄」巻における比丘尼と女人

前述した如く、寛元元年以前に撰述した『正法眼蔵』「礼拝得髄」巻は、「女人成仏」を説いた書としてよく引用されるものである。

その「礼拝得髄」巻は、前段奥書（乾坤院所蔵本）に「延応庚子清明日、記観音導利興聖宝林寺」、後段奥書（秘密正法眼蔵所収本）に「仁治元年庚子冬節前日、書于興聖寺」とあるので、前段を延応二年（一二四〇）三月清明節の日に、さらに後段を同年（七月、仁治元年と改暦）十一月冬至の前日に、いずれも深草の興聖寺において書き記されたものである。なお、この巻は、題名に示されているように「得髄」（阿耨多羅三藐三菩提を得る）、すなわち得道・得法を「礼拝」する、換言すれば「般若を尊重する」という主題であって、決して「女人成仏」が中心的主題ではないことに注意しておきたい。ただし、本節では、その「女人成仏」に焦点をあてる。

冒頭文中にある「導師」とは、得道・得法の人を指す。その導師は「男女等の相にあらず、大丈夫なるべし、恁麼人なるべし。古今人にあらず、野狐精にして善知識ならん云々」〈傍線、筆者、以下同〉と定義する。特に「男女等の相にあらず、大丈夫なるべし」の語句に注目して、その語意を解すと、男女の性別を越え仏の智慧徳相（相好）を具えた大人物、ということになろうか。

それは後に続く文、「法をおもくする」上で、たとい露柱・灯籠・諸仏・野干・鬼神・男女であっても、「無量劫に奉事するなり」とある語句に通ずる意味を持っている。つまり、男女いずれにも得法する可能性があるという印象を与え得る。さらにそれが展開し、「無上菩提を演説する師にあはんには、種姓を観ずることなかれ、容顔をみることなかれ、非をきらふことなかれ、行をかんがふることなかれ」と徹底して人間平等主義に立ち、出身や外面の違い、さらに世俗的尺度を用いることの否なることを強調するのである。また愚痴の類の見解である「われは僧正司なり、得法の俗男俗女を拝すべからず」や「われは三賢十聖なり、得法せりとも比丘尼等を礼拝すべからず」等を拒

け得法を重視する。

次に道元は、勝躅の諸例を挙げ推称する。趙州真際大師従諗が発心し行脚する際の決意の詞、志閑（臨済義玄の法嗣）が末山尼了然を礼拝求法した志気、仰山慧寂の弟子妙信尼が解主（寺院の外交・俗務機関の責任者）に充した際、蜀僧十七人が妙信尼を焼香礼拝し請問して教導を愛け、礼謝して師資の儀をなしたこと。得道得法の比丘尼たる末山尼了然・妙信尼に対し、師事礼拝した僧達の行為を讃嘆しているのである。従って、その逆の行為、「女人および姉姑《（師か）》等の伝法の師僧を拝不肯ならんと擬する」者を強く排することになる。

「たとへば正法眼蔵を伝持せらん比丘尼は、四果・支仏、および三賢・十聖もきたりて礼拝問法せんに、比丘尼、この拝をうくべし。男児なにをもてか貴ならん。虚空は虚空なり。四大は四大なり、五蘊は五蘊なり、女流もまたかくのごとし。得道はいづれも得道す、ただしいづれも得法を敬重すべし、男女を論ずることなかれ。これ仏道極妙の法則なり」

「また宋朝に居士といふは、未出家の士夫なり。（中略）しかあれども、あきらむるところあるは、雲衲霞袂、あつまりて礼拝請益すること、出家の宗匠におなじ。たとひ女人なりとも、畜生なりとも、またしかあるべし。仏法の道理いまだゆめにもみざらんは、たとひ百歳なる老比丘尼なりとも、得法の男女におよぶにあらず、うやまふべからず、ただ賓主の礼のみなり。仏法を修行し、仏法を道取せんは、たとひ七歳の女流なりとも、すなはち四衆の導師なり、衆生の慈父なり。たとへば龍女成仏のごとし、供養恭敬せんこと、諸仏如来にひとしかるべし。これすなわち仏道の古儀なり、しらず単伝せざらんはあはれむべし」

右の文は、得法者の比丘尼・居士・女人・七歳の女流に対し、礼拝問法さらに供養恭敬すべきことを説いているのであり、そうすることが「仏道極妙の法則」であり、「仏道の古儀」であると強調しているのである。一般の漠然とした対比の中で、比丘と比丘尼、出家者と在家居士、男児と女人、百歳の老比丘と七歳の女流などの前者を優位に見る傾向があるが、得法を基本としていえば、後者も敬重されるというものである。その上で何びとも平等に得法の可能性を有しているといってよかろう。これは、後年、道元が「在家成仏」や「女身成仏」を否定していることと大いに異なる点を注意しておきたい。

もう一つ重ねて確認すべき点は、恭敬する対象は「人」ではなく「法」である。「比丘尼もまたその人をうやまふことは、むかしよりなし、ひとへに得法をうやまふなり」との文は、それを端的に表わしている。それにも拘わらず、邪見を抱くのは「法をおもくこころざしあさく、法をもとむるこころざしあまねからざるゆゑなり」というのである。

次に「女人」や「比丘尼」に対する卑俗的偏見を排し、男女平等を主張している叙述の要旨を記そう。

「至愚のはなはだしき人」の思いとして、「女流は貪婬所対の境界であると見たり、忌み嫌ったりする。仏教者は決してそのようではいけない。もし「貪婬所対の境となりぬべしとて、いむことあらば、一切男子もまたいむべきか。染汚の因縁となることは、男も境縁となる、非男非女も境縁となる、夢幻空華も境縁となる」として、あらゆるものが対象となり、これらをすべて捨てたり、見なかったりするわけにはいかないというのである。

また『四分律』巻一「四波羅夷法之一」に説く取意文を示し、男女の生理器官類を、もし貪婬所対の境になると嫌えば、「一切ノ男子ト女人ト、タガヒニアヒキラフテ、サラニ得度ノ期アルベカラズ。コノ道理、子細ニ検点スベシ」というのである。

比丘と比丘尼との不婬戒は、修行の障礙と見做される愛欲心を制するものであり、もしこの法を犯せば「波羅夷」罪で比丘・比丘尼を成ずることはできない。これは原始仏教以来の原則論であり、『正法眼蔵』「四禅比丘」巻において、二箇所に亘り『摩訶止観弘決』巻五の文を引き、女人の手に接したり、見たりして「欲想」を生起したことによって「聖人」でないことを知った比丘の話を教訓的に用いられていることから道元まで連綿として受け継がれてきた。この「四禅比丘」巻は末尾の奥書に「建長七年乙卯夏安居日以御草案本書写畢　懐奘」とある通り、道元没後二年と建長七年（一二五五）夏安居中、他の数種の諸巻と共に懐奘が書写したものである。出家主義的傾向の内容から恐らく、入越後に道元が撰述したものであろう。

「貪婬所対の境」として異性を見る愚かさは、多言を要しない。それにも拘わらず、世間ないし出世間では、雑談の中で「交会・淫色等ノ事（猥談）」をなすが、それは「無レ利言説」であり、「障道の因縁」となる（『随聞記』巻二―2）という一面もある。

修行者個人においても（比丘であっても比丘尼であっても）「異性」に「欲想」を起こせば障道となる（前掲「四禅比丘」巻の展開）ということもできる。しかし、そうであるからといって、生涯、女人を見ないと誓願し出家することも極論である。「礼拝得髄」巻は、前段から引続き、その誤解を指摘しつつ、「女人ナニノトガアル、男子ナニノ徳カアル。（中略）断惑証理ノトキハ、男子・女人、簡別サラニアラズ。又ナガク女人ヲミジト願セバ、衆生無辺誓願度ノトキモ、女人ヲバスツベキカ。捨テバ菩薩ニアラズ、仏慈悲ト云ハンヤ」と述べて、得法の上で男女の差別はないとし、大乗菩薩道を強調する。

道元は、当時の比叡山や高野山などの「女人差別」に対し、「また日本国にひとつのわらひごとあり」として批判する。「女人禁制」や「女人結界」の用語はない。「結界の境地」「大乗の道場」と称し、「比丘尼・女人等を来入せしめず。邪風ひさしくつたはれて、人わきまふることなし。稽古の人あらためず、博達の士もかんがふることなし。あるひは権者の所為と称し、あるひは古先の遺風を号して、さらに論ずることなき、わらはば人の腸もたえぬべし」というのである。

「女人禁制」の発生や宗教的意味に関しては本書では触れない。ただ「女人」に対して「五障三従」などの差別的見解が底流に潜んでいることは、ほぼ間違いないといえる。

道元は、まず釈尊在世時の仏会において、四衆・八部・三十七部・八万四千部が、みな仏界を結していたのであり、そこにどうして比丘尼や女人がいなかったのであろうか、と述べ「仏会の法儀」を展開する。

仏会の法儀は、自界佗方、三世千仏ことなることなし。ことなる法あらんは、仏会にあらずとしるべし。いはゆる四果は極位なり。大乗にても、小乗にても、極位の功徳の差別せず。しかあるに比丘尼の四果を証するおほし。三界のうちにも、十方の仏土にも、いづれの界にかいたらざらん、たれかこの行履をふさぐことあらん。また妙覚は無上位なり、女人すでに作仏す、諸方いづれのものか究尽せられざらん、たれかこれをふさぎて、いたらしめざらんと擬せん。すでに遍照於十方の功徳あり、界畔いかがせん。また天女をもふさぎていたらしめざるか、神女もふさぎていたらしめざるか。天女神女も、いまだ断感の類にあらず、なほこれ流転の衆生なり、犯罪あるときはあり、なきときはなし。人女畜女も、罪あるときはあり、罪なきときはなし。天のみち、神のみちふさがん人はたれぞ。すでに三世の仏会に参詣す、仏所に参学す、仏所仏会にことならん、たれか仏法と信受せん。ただこれ誑惑世間人の至愚なり、野干の、窟穴を人にうばはれざらんと、をしむよりもおろかなり。

道元にとって「得法」は誰人でも可能である。従って比丘尼が四果を証したり、女人が作仏することは、何ら不思議なことではない。一体、誰がそれを阻止しようとするのか。結界を設けたとしても、天女や神女を阻むことはできない。その天女や神女は、流転の衆生であり、人女や畜生と同様に罪障のあるなしは不定である。それを一律に「女人」「比丘尼」の出入禁止というのは笑止の沙汰であると嘆くのである。

ところで「比丘尼いるべからずといふ道場」をみると、田夫・野人・農民・樵翁が乱入している。まして国王・大臣・百官・宰相が入らないことはない。その田夫などと比丘尼とが、学道や得位を論じた場合、その勝劣は歴然である。世法・仏法いずれの論においても比丘尼の方が優れている。その矛盾ないし錯乱は、小国の故か、誠に恥かしい。一方、結界と称する所に住む人々の実態は、「十悪」を恐れず、「十重」尽く犯している。まさしく「造罪界」そのもので「逆罪」も作っている。このような「魔界」はまさに破らなくてはならない、という。道元の直接に体験したり、間接に見聞したりした、当時の仏教界の弊風を舌鋒鋭く批判した叙述といえる。

三、出家主義と「女身成仏」否定

前述の通り、寛元元年（一二四三）夏、北陸越前の移錫を期し、その前後において、道元は思想的変化を生じたとする説がある。何がどのように変わったのか。全体的なのか、部分的なのか。もし、変わったとして、それが道元自身ないし教団自体にどのような影響を及ぼしたのか等々、まだ充分に論及されていない。そうした論義の中で、「在家主義」的傾向から「出家主義」的傾向への流れが指摘されている。

『普勧坐禅儀』（嘉禄三年・天福元年撰）と、『弁道話』（寛喜三年記）、そして「礼拝得髄」巻（仁治三年書）との三書は、出家在家を問わずにその教化を企ったものであるが、「在家主義」的傾向を濃厚に備えているといえる。その中の一、『弁道話』に所載する「十八問答」（別本「十九問答」）中の一設問に、次のように説かれる。

とふていはく、この行は、在俗の男女をもつとむべしや、ひとり出家人のみ修するか。

しめしていはく、祖師のいはく、仏法を会すること、男女貴賤をえらぶべからずときこゆ。

要するに坐禅の行は、出家人や在家人の別なく修され、男女貴賤をえらばず会得することができるというものである。なお、文中の「祖師」が誰であるか、特定できない。問答は、さらに続く。出家人はともかく、在家人が繁務に追われる中で、一向に修行し無為の仏道に入ることができるか、との問いかけに対し次のように答える。仏祖は憐愍の情から「広大の慈門」を開かれ、一切衆生を証入させようとされている。その証左として、中国唐代の代宗・順宗、李相国・防相国、宋代の馮相公（済川）、釈尊在世時の逆人邪見の人（阿闍世王や指鬘外道など）、祖師の会下の獦者（石鞏慧蔵）や樵翁（六祖慧能）を挙げている。

末尾の二人（石鞏と六祖）は、後に出家しているので問題はない。代宗等が果して「仏祖の大道」を会通していたかは、なお検討の余地がある。しかし、この箇所は、そうした在家人でも「得道」したものと強調している点が重要である。そして、この傾向は前掲の「礼拝得髄」巻まで引き継がれている。その中で、すぐれた比丘尼として「末山了然尼」と「妙信尼」との二人を登場させ、その「得法」を礼拝した比丘達の話を示した。

右の傾向から一転し入越後は、「出家主義」的傾向を滞びてくる。『眼蔵』の「三十七品菩提分法」巻（寛元二年示衆）、「出家」巻（寛元四年示衆）、「出家功徳」巻（撰述年不詳）の三書は、その代表である。いわゆる「十二巻本」眼蔵も、その巻目や内容構成から「出家者」至上主義をよく表現している。これらの中で端的に「出家主義」と共に「女人」成仏や達道のいかん（有無）に触れた「三十七品菩提分法」と「出家功徳」との両巻の文を次に引いてみよう。

(1) 正業道支は、出家修道なり、入山取証なり。釈迦牟尼仏言、三十七品是僧業。僧業は大乗にあらず、小乗にあらず。僧は仏僧・菩薩僧・声聞僧等あり。いまだ出家せざるものの、仏法の正業を嗣続せることあらず、仏法の大道を正伝せることあらず。在家わづかに近事男女といへども、達道の先蹤なし。達道のとき、かならず出家するなり。出家に不堪ならんともがら、いかでか仏位を嗣続せん。

(2) 三世十方諸仏、みな一仏としても、在家成仏の諸仏ましまさず。過去有仏のゆゑに、出家受戒の功徳あり。衆生の得道、かならず出家受戒によるなり。おほよそ出家受戒の功徳、すなはち諸仏の常法なるがゆゑに、その功徳なり。聖教のなかに在家成仏の説あれど、正伝にあらず。女身成仏の説あれど、またこれ正伝にあらず。仏祖正伝するは、出家成仏なり。

在家人の男女が学道しても、「達道」（得法）の先例はなく、「達道」の時、かならず出家する、というのである。また、三世十方諸仏に一仏として在家成仏の諸仏はいないとして、前掲の『弁道話』や「礼拝得髄」巻で説かれる「在家成仏」を完全に否定していることが知られる。「聖教のなかに在家成仏の説あれど、正伝にあらず」との文は、道元自身が、以前にその「在家成仏」説を唱えたことがあるという反省も込められているようにも考えられる。なお、その「聖教」とは、『維摩経』観衆生品や『法華経』提婆達多品等が想定されている。[7]

右の文に続く「女身成仏の説あれど、またこれ正伝にあらず、仏祖正伝するは、出家成仏なり」と示す文は、「女身成仏」の否定である。この「女身成仏」の語は、同類語的な「女人成仏」の語と比べると一段と「女性」性を強調する語感を持つ。そして直ちに「龍女成仏」の語を想起させる。

「龍女成仏」といえば、『法華経』第四の提婆達多品が代表的経典として有名であり、書誌学や思想史等の上で種々に論及されている。この「龍女成仏」の話は、周知の通り、八歳の龍女が変じて男子となり、菩薩行を具し、南方無垢世界へ往き宝蓮華に坐し等正覚を成じ、さらに妙法を演説したというもの。「変成男子」「転女成男」を経た上で成仏したもので、「女身」のまま、ないし「女人」のままに「成仏」するとは説かれていない。ところが、次第に拡大解釈がなされ、「龍女」

だけの成仏ではなく、一切の「女人」の成仏を説く経証とされてきたのである。

道元が、入越前、「礼拝得髄」巻で、「龍女成仏」の語を用い、得法の龍女に対し、諸仏如来と等しく供養恭敬すべきであると説いていたのであり、それを事実上、否定した訳である。この変化をどのように理解すべきであろうか。「仏性思想」や「男女平等論」からいえば、後退したとも見られそうである。

しかし現今、「仏性思想」は、大乗仏教の重要な思想であるが、根源的仏教の立場からの見直しが進んでいる。要するに道元の思想的変化は、当初、理想的な衆生の平等思想から「男女平等論」が発していると推定でき、それを後半期に否定修正して仏教の根源的立場に還帰しているとみることも可能である。いわば、道元の「女身成仏」説は、理想の後退というものではなく、本来の立場への回帰といってもよいかも知れない。

では釈尊が「女身不成仏」説を唱えているかとなれば、その確証はない。ただ、比丘尼教団設立の際に課せられていたと伝えられる「八敬法（八尊師法）」の条目中には、比丘尼を著しく低く位置づけている点からして、比丘を同等に見ていなかった事だけは言い得る。それらが「五障」の一として、女人は仏に成れないといった差別視となって、後世に表面化し説示されるに至ったと思われる。なお、比丘尼の成仏や不成仏に関する説示はどうであろうか。事象として、釈尊の在世中に比丘尼が阿羅漢位を得た例として蓮華色（優鉢羅華）が知られる。つまり少なくとも比丘尼は、得法や成仏の可能性がある訳である。

道元は、『眼蔵』中の「袈裟功徳」・「出家功徳」・「三時業」の各巻に蓮華色比丘尼を登場させている。「三時業」巻には、提婆達多の「殺阿羅漢」の対象者として描かれているのでこれを除き、他の二巻の叙述を採り上げてみよう。

「袈裟功徳」巻には、『大智度論』巻十三に「優鉢羅華比丘尼本生経」[8]なるものを引き、この比丘尼の阿羅漢得道の第一原因は、袈裟を戯れに被著した功徳であること、一生（前世）、迦葉仏の時にその法に会い比丘尼となったこと、三生（今世）、釈迦牟尼仏の時に同じく出家し大阿羅漢となったと記す。二生の時、禁戒を破り地獄に堕ちたが、三生に得道したのは、ひとえに袈裟を受持頂戴したからであるとしてその功徳を強調しているのである。

「出家功徳」巻にも、同じく『大智度論』の文をさらに長文に亘り引用して、同趣旨のことを述べる[9]のであるが、この比丘尼が大阿羅漢となったのは当初に袈裟を被著したことに起因しているのであり、従って初めから無上菩提心を発し、出家受戒すれば、その功徳は無量であるというのである。「出家受戒」の大いなる勧めであり、前掲の「衆生の得道、かならず出家受戒によるなり」の文にその論旨が連結するものである。

「在家成仏」はなく、「女身成仏」もなく、あるのは「出家受戒」による得道である。すなわち、女人を主体にいえば、まず女人が在家のままで成仏することはないとしても、「出家受戒」して比丘尼となることによって得道の可能性を有すると言い得るならば、比丘尼は「女身」と見做し得ないことになるが、それで問題はないだろうか。換言すれば比丘尼が「変成男子」と等しいと言えるかどうか、ということである。

この問題に関し、示唆に富む論文[10]がある。その文中「剃髪・着袈裟衣を変成男子とする例」として、『大乗不思議神通境界経』（『大正蔵』

一七巻、九二八頁a）、『（大方等）大集経』（『大正蔵』一三巻、一三三頁c）、『須摩提菩薩経』（『大正蔵』一二巻、八〇頁b〜c）、『無所有菩薩経』（『大正蔵』一四巻、六九四頁b〜c）の四例を挙げる。これら大半の例は、女身を転じて男子と成り、剃髪し袈裟を被著したとも読め、必ずしも剃髪した比丘尼が変成男子したと解せないものの、『無所有菩薩経』の話は大衆（比丘達）の中に頻婆沙羅王の少女（娘）と侍女とが「女身」を捨て「丈夫身」となっていたので、王が見分けられなかったとするもので、興味深い内容を含む。すなわち、その「丈夫身」とは、外形が「比丘」形であったと解されるのである。一般に女性が剃髪し袈裟を被著すると、男女の区別がつかないことは日常においても経験することである。一種の錯覚であるが、出家者の男女（比丘比丘尼）は性別を越え、同一の基盤に立って修行することを要請されているのである。

「丈夫身」ないし「丈夫相」「大丈夫」等の語の分析もすべきであるが紙数が足らない。「礼拝得髄」巻の冒頭文、「その導師は、男女等の相にあらず、大丈夫なるべし」が再度想起できる。その「大丈夫」は、阿耨菩提を得た出家者であって、男女の「性」を絶し「性」に関わらない大人物と言い得よう。

注

（1）①若木徳温「高祖大師と女性」（『禅学雑誌』二二巻一一号、一九一八年）②阡陌きぬ「道元禅師の女性観」（『達磨禅』一一巻一一号、一九二六年）③青龍虎法「道元禅師の婦人観」（『道元』一九三六年）④古川碓悟「道元の三大識見と男女平等論」（『孝道の行くえ』古川学園、一九五二年）⑤田島柏堂『曹洞宗尼僧史』一九五五年　⑥大久保道舟「道元と女性」（『文庫』一九五九年）⑦谷本順応「道元禅師における女人像」（『印度学仏教学研究』一五巻二号、一九六七年）⑧永久岳水「道元禅師と女犯」（『大法輪』一九七〇年）⑨今枝愛真「在家成仏・女人成仏の否定」（『道元――その行動と思想』一九七〇年）⑩田島柏堂「高祖道元禅師・太祖瑩山禅師の女性観」（『傘松』三六七号、一九七四年）⑪柴田道賢「道元禅師の女性観」（『大法輪』一九八〇年）⑫伊藤秀憲「『正法眼蔵』に見られる在家・女人の成仏非成仏について」（『宗学研究』二一号、一九七九年）⑬石川力山「道元の《女身不成仏論》について――十二巻本『正法眼蔵』の性格をめぐる覚書」（『駒澤大学禅研究所年報』創刊号、一九八九年）。

（2）古田紹欽「寛元元年を境とする道元の思想について」（『日本仏教史の諸問題――鎌倉・江戸』第十一章、一九六四年）。

（3）注（1）の⑨今枝論文、二〇九頁。

（4）注（1）の⑫伊藤論文。

（5）注（1）の⑬石川論文。

（6）東隆眞「瑩山禅師伝」（『大乗禅』四八―一〜五〇―一、一九七一〜七三年）、中世古祥道「明智優婆夷（太祖の祖母）について」（『瑩山禅師研究』一九七四年所収）。

（7）注（1）石川論文、一〇二〜一一〇頁。

（8）『大智度論』巻十三（『大正蔵』二五巻、一六一頁a〜b）、「優鉢羅華比丘尼本生経」の経典は不明。

（9）同右（『大正蔵』二五巻、一六〇頁c〜一六一頁b）。

（10）田上太秀「変成男子思想の研究」（『駒澤大学禅研究所年報』創刊号、一九八九年）。

追記

○「尼僧・女人」出家・成仏関係の論文

①田島柏堂『道元瑩山両禅師の尼僧観とその会下の尼僧』（曹洞宗高等尼学林出版部、一九五三年）

②古田紹欽「中世禅林における女性の入信」（『古田紹欽著作集2・禅宗史研究』講談社、一九八一年）

③田上太秀「女性解放と出家」（『道元がいいたかったこと』講談社、一九八五年）

④同右「女性解放と出家」（『道元思想大系20』同朋舎出版、一九九五年）
⑤中野優子（優信）「「女人救済」の構造——立山芦峅寺晶尊信仰を中心に」（『駒澤大学大学院研究年報』二三号、一九九〇年）
⑥同右「仏教における女性観研究序説——「変成男子」思想を中心に」（『駒澤大学大学院研究年報』二四号、一九九一年）
⑦同右「日本仏教における性差別の諸相——曹洞宗の問題を中心に」（『曹洞宗宗学研究所紀要』五号、一九九二年）
⑧林雅彦「道元と女人往生・成仏論——旧仏教への挑戦状」（『国文学　解釈と鑑賞』六四巻一二号、一九九九年）
⑨川橋範子「出家仏教と女性——曹洞宗の事例を中心として」（『宗学研究紀要』一九号、二〇〇六年）
⑩海老沢早苗「鎌倉時代における夫婦の共同祈願——紀伊和佐庄歓喜寺（薬徳寺）の事例を中心として」（『駒澤大学禅研究所年報』一三・一四合併号、二〇〇四年）
⑪同右「鎌倉時代における曹洞宗教団と女の信心」（『駒澤大学大学院仏教学研究会年報』三九号、二〇〇六年）
⑫同右「日本中世における禅宗と社会——女人の禅宗帰依を焦点として」博士論文（駒澤大学）二〇〇九年

第四節　「海印三昧」と道元禅師

はじめに

「華厳学」に門外漢の筆者が浅学を顧みず敢えて本論集の執筆依頼を承けたのは、次の理由からである。道元（一二〇〇〜五三）の撰述書『正法眼蔵』の諸巻中、「華厳学」の用語に由来している「海印三昧」と「三界唯心」との二巻が含まれていること、『永平広録』の上堂語に圭峰宗密の『禅源諸詮集都序』の語が引用されていることなど、それらを手がかりに、何とかその接点において論究できそうな気がしたからである。

しかし、実際にそれらを含む関連文献を調べていくと、その見通しはいささか甘いという思いが増してきた。なぜなら道元と「華厳学」との接点は、限られたもので文献上の記載が断片的で少なく、非常に薄いと思わざるを得ない。実際はどうであろうか。先学の多くの論文[1]に導かれ、具体的に『正法眼蔵』「海印三昧」巻を中心にその接点や手がかりを探ってみよう。なお、「三界唯心」巻は省略する。

一、入宋前後の修学と東大寺との接点

道元は、伝記によれば建保元年（一二一三）春、天台座主（第七十世）公円に就いて大乗「円頓戒」を正式に得度受戒して沙弥となって以後、建仁寺の明全に師事する建保五年夏まで北嶺（京都）比叡山に籍をおいていたとされる。その約四年間は「天台（法華）学」を中心に修学していた訳である。勿論、仏教の基礎的教養の教科、すなわち「倶舎」「唯識」「律」等と共に「華厳」の教学も含まれていたことは想像に難くない。道元の伝記『三祖行業記』『三大尊行状記』には、天台の宗風と兼ねて南天の秘教、大小の義理、顕密の奥旨を悉く習い、更に大蔵経（一切経）を二遍看閲したと述べる。しかし、『正法眼蔵』等の著書を通し大雑把に言えば「華厳」の影響や反映はほとんどないといってよかろう。比叡山時代は「天台学」、以後は「禅学」に関心を傾けていたからである。

なお、道元が入宋前、用意したと推定される南都（奈良）東大寺発行の「戒牒」は、当時の中国側寺院における受け入れ態勢（小乗比丘戒優先の体制）に応じ、おそらく便宜的に工面し入手したものであると思われる。[2]従って正式に東大寺戒壇院で受戒した「戒牒」でないと

すれば、東大寺へ参訪すらしていない可能性が大きい。なお、道元の「戒牒」は逸亡したが、道元の「奥書」を記した明全のもの（「明全和尚戒牒」）は現存し、永平寺に所蔵されている。

更に同時代、東大寺を中心とする南都仏教界は、教学や戒律の復興・再認識の傾向が進んでいた。栄西との交渉があり『華厳唯心義』『華厳仏光三昧観秘宝蔵』の撰述を残している栂尾高山寺の明恵上人高弁（一一七三～一二三二）をはじめ、東大寺大仏殿の前で「自誓受戒」を実行し人々に「菩薩戒」を授けた「南山律」の改革者である叡尊（一二〇一～九〇）や『華厳経探玄記三十講疑問論議抄』等の撰述がある宗性（一二〇二～七八）（藤原隆兼の子。尊勝院院主・華厳宗貫首。後日、東大寺別当職に就任した学僧。凝然の師）など、「華厳宗」ないし東大寺の人脈に関わる人々との親交も現在の時点であまり知られていない。

ただし、南都における最澄後の戒律改革運動は注目される。道元が『梵網経』に示される大乗菩薩戒の精神を活かし「十六条戒」を提示し、弟子の詮慧が道元のそれを盛り込んだ『教授戒文』を注釈して『梵網経略抄』を著したこと。これは、叡尊などが東大寺大仏殿で「自誓受戒」し、『梵網経』を重視し皇族や一般人に「梵網菩薩戒」を授戒させた点、この時代の潮流として多少共通することもあり、相互の影響度や交渉について探る必要がある。高弁の撰述書との関わりも気になるが、これらは今後の課題としておきたい。

二、『眼蔵』引用の『六十華厳』と『広録』引用の『都序』

『弁道話』の「十八問答」中に「とうていはく、いまわが朝につたわれるところの法華宗・華厳教、ともに大乗の究竟なり」との文が見えるものの、その後に続く文には「華厳」の教理に関わる言及はない。

また『正法眼蔵』[3]「洗浄」「洗面」の両巻に引用する『六十華厳経』浄行品第七[4]の文は、それぞれ洗浄と洗面との儀軌の偈文箇所である。

「左右便利、当レ願衆生、蠲ニ除穢汚一、無ニ婬怒癡一。已而就レ水、当レ願衆生、向ニ無上道一、得ニ出世法一、以レ水滌レ穢、当レ願衆生、具ニ足浄忍一、畢竟無垢」「以レ水盥レ掌、当レ願衆生、得ニ上妙手一、受ニ持仏法ニ」（洗浄巻）

「手執ニ楊枝一、当レ願衆生、心得ニ正法一、自然清浄」「晨嚼ニ楊枝一、当レ願衆生、得ニ調伏牙一、噬ニ諸煩悩ニ」「澡ニ漱口歯一、当レ願衆生、向ニ浄法門一、究竟解脱」（洗面巻）

道元は、他の諸経論と共に具体的な洗浄と洗面の方法を示しつつ、「不染汚の修証」「修証不二」という道元独自の斬新な修証論を展開しているのである。またそれは、禅宗の「清規」に関連するもので「華厳宗」の教理とは無関係といえる。

次に『正法眼蔵』第六十三「発無上心」（発菩提心）巻に引用する『六十華厳経』の文は、賢首菩薩品第八之一[5]の偈頌の箇所である。

「菩薩於ニ生死一、最初発心時、一向求ニ菩提一、堅固不レ可レ動、彼一念功徳、深広無ニ涯際一、如来分別説、窮劫不レ能レ尽（菩薩生死に於いて、最初発心の時、一向に菩提を求む、堅固にして動ずべからず。彼の一念の功徳、深広無涯際なり、如来分別して説きたまひ、劫を窮むるも尽くること能はじ）」（傍線箇所、本文と相違する）

これを元に文中「一向求菩提」の語を展開し、結論的に「かくのごとくの発菩提心積もりて、仏祖現成するなり」とまとめている。これは、「発無上心」ないし「発菩提心」の主題となる素材の字句を『六十華厳経』より採り上げただけに過ぎないものであろう。

次に道元は、中国華厳宗関係の人物として当然、「教禅一致」を唱え、『禅源諸詮集都序』等の撰述書で知られる圭峰宗密（七八〇～八四一）（華厳宗第五祖）の存在を知っていた。圭峰の受業師は、諸伝に記されているように大雪寺道円であり、その道円は神会系（荷沢宗）に属する禅者である。

道元は『道元和尚広録（通称、永平広録）』巻六[6]の中で『都序』巻上二の語句「遂明言知之一字衆妙之門」から荷沢宗の立場を示す「知之一字、衆妙之門」と、黄龍の死心悟新（一〇四三～一一一四）の「知之一字、衆悪之門」［典拠不明］とを合わせて引き、次のように暗に二人を批判しているのである。

「二員の先徳、後学口誦して今に至りて絶えず。斯れに因って闇き者は雌雄を論ぜんと欲し、数百年よりこのかた、用捨、人に随う。是くの如くなりと雖も、宗密の道う知の一字衆妙の門、未だ外道の坑を出でず。所謂知は必ずしも妙にあらず、必ずしも麁にあらず。黄龍の道う知の一字衆悪の門、所謂知は未だ必しも悪にあらず、未だ必ずしも是れ善にあらず。今日永平、両員の道う処を質さんと欲す。大衆、還た這箇の道理を委悉せんと要すや。良久して云はく、大海、若し足ることを知らば、百川、応に倒しまに流るべし」（原漢文）

鎌田氏によれば、『都序』の文中にある「知之一字衆妙之門」の語は、澄観（七三八～八三九）の『華厳経疏』巻十五や『演義鈔』巻三十四に見えるもので、中の「衆妙之門」は『老子道徳経』に由来するが、意味は仏教風のものであるとし、澄観はこの句を水南神会（荷沢）（六七〇～七六二）の言葉としていると指摘される。[7]

圭峰は、上記の如くそれを承け『都序』で「直顕心性宗」の説示中で馬祖系の「洪州宗」と比較し、神会の「荷沢宗」の立場を表す語として用い、更に後半ではそれを神会が達磨の宗旨の断絶することを恐れて敢えてこの句を明言したとの旨を述べる。

既に指摘されている如く[8]、圭峰が『円覚経』を重視し、「教禅一致」等の思想形成をしていったのに対し、道元は『広録』巻五に示すように『首楞厳経』と共にそれを排遣した背景には、宋朝禅批判が込められているとされる。[9]直接、圭峰の「教禅一致」（教宗一体）思想を批判している文章ではないが、圭峰の『都序』「顕示真心即性教」を説示する文中、荷沢宗の立場を表す語「如是開示霊知之心即真性、与仏無異」（是の如く霊知の心は即ち真性にして、仏と異なること無しと開示す）と述べられ、道元がその「知」に「未出外道之坑」と指摘するように先尼外道の霊知説に類するものとみなし、否定しているのである。これは「本覚思想」とも関連し、その批判は道元の帰朝以後晩年の著述（『弁道話』の「霊知」「霊性」から十二巻『正法眼蔵』）まで貫いている思想的基盤である。

道元禅師は、このように『広録』を見る限り、圭峰の『都序』を通し「華厳」への志向や関心を抱くとは思われない。実際はいかがであろうか。

三、「海印三昧」巻と華厳の「海印三昧」

『正法眼蔵』「海印三昧」巻は、その奥書に記されているように仁治三年（一二四二）孟夏（陰暦四月）二十日、道元が深草の興聖寺（観音導利興聖宝林寺）時代に撰述したことが知られる。これは、道元の帰朝当初に撰述した『普勧坐禅儀』をはじめとする「坐禅観」「修証観」

を表わす一連の書物であり、『正法眼蔵』七十五巻本では第十一「坐禅儀」、第十二「坐禅箴」と続く第十三に該当する巻である。なお第六十六「三昧王三昧」と第六十九「自証三昧」にも「坐禅」を表題とする巻がある。次にその本文を掲げ、華厳のそれと比較しながら内容を検討しよう。

「諸仏諸祖とあるに、かならず海印三昧なり。この三昧の游泳に、説時あり、証時あり、行時あり。海上行の功徳、その徹底行あり。これを深々海底行なりと海上行するなり。流浪生死を還源せしめんとする、是什麼心行にはあらず。従来の透関破節、もとより諸仏諸祖の面々なりといへどもこれ海印三昧の朝宗なり」

文中の「深々海底行」の語は、『景徳伝燈録』巻二十八に所載する薬山惟儼（七四五～八二八）の語に由来するとされる。

この冒頭文の語「海印三昧」は、道元が比叡山で課された「遮那業」「止観業」（台密教学）を修しながら、大蔵経の閲覧中に自然と学んだ華厳教学の素養から発したものなのか。華厳学の大家が延暦寺の中にいて、道元が師事し学んだのか。また、この「海印三昧」巻を撰述した当時、興聖寺に大蔵経を所蔵し披閲していたかどうかも不明である。部分的に『華厳大経』を手元に所有し、それを使用した可能性も想定できるが確かなことは判らない。いずれにしろ道元は「海印三昧」を主題にして「只管打坐」の世界を説示しようとしたのである。

杜順と智儼の華厳教学を継承し、大成したとされる法蔵（六四三～七一二）の『華厳一乗教義分斉章（五教章）』の冒頭に「今、将に釈如来「釈迦仏」の海印三昧により一乗教義を開かんとするに略して十門を作る」(10)とあり、「海印三昧」を華厳学体系の基盤としている。法蔵は、その十門を掲げ更に「立義門」と「解釈門」を設ける。その「解釈門」の第一「同時具足相応門」には、「立義門」たる「十義門」が同時に相応して一縁起を成じ、前後始終等の別がなく一切を具足し、自在に順逆するも混雑せず縁起の際を成ずるとし、これは「海印三昧」に依って炳然として同時顕現を成ずるのである、という。これを『華厳経探玄記』巻一(11)では、「海印炳現門」と称し、因果二位の立場があるとし、果位は如来の「海印定」でその定中に一切の差別・無尽の教法が同時炳然円明に顕現すると言い、因位は普賢等の諸菩薩の「海印三昧」にあてている。

これらの説示を通し、まず『華厳経』は毘盧舎那仏が「海印三昧」に入定して説かれた経典であること、次に『華厳経』において「海印三昧」は仏が一切のものは示現して余さない「勢力」（威神力）を意味し、その定中に無量一切の色像が顕現するものであることなどを表そうとしていることが知られる。これらにより「海印三昧」が華厳教学において構造的、かつ実践的に如何に重視されているかが判る。

道元が「諸仏諸祖とあるに、かならず海印三昧なり」というのは、『華厳経』に限らず他の経典にも諸仏諸祖がこの「海印三昧」を修して説かれているとも解釈できる。しかし同種の記述は、道元が『弁道話』に用いる「自受用三昧」の語や他の「三昧王三昧」の語を直ちに想起させ、華厳教学のそれとは明らかに相違する。すなわち、

「諸仏如来、ともに妙法を単伝して、阿耨菩提を証するに、最上無為の妙術あり。これただ、ほとけ仏にさづけてよこしまなることなきは、すなはち自受用三昧、その標準なり。この三昧に遊化するに、端坐参禅を正門とせり」

「あきらかにしりぬ、結跏趺坐、これ三昧王三昧なり、これ証入なり。一切の三昧はこの王三昧の眷属なり。結跏趺坐は直身なり、

直心直身心なり。直仏祖なり、直修証なり。直頂𩕳なり、直命脈なり」

『弁道話』中の「この三昧に遊化する」の句は、「この三昧の游泳」の句と共鳴する。また「三昧王三昧」巻中の「一切の三昧はこの王三昧の眷属なり」の句は、一見「華厳」の基盤である「海印三昧」に匹敵する坐禅の記述のようである。ところが周知のとおり道元の「修証観」は、「修証不二」の立場であり、ここでも「只管打坐」の坐禅についてそれを修す当人の自由自在な心作用を「自受用三昧」とも称し、諸種ある坐禅中の最高の坐禅との意で「王三昧」とも称しているのである。

続く「この三昧の游泳に、説時あり、証時あり、行時あり。海上行の功徳、その徹底行あり。これを深々海底行なりと海上行するなり」の文は、恐らく道元が「華厳」で説く「海印三昧」を踏まえ、波静かな海中に天辺の万象が印現することから、仏菩薩の心中に対機の説法・衆生を含む一切法が顕現することに重ね、この三昧に「游泳」し「説時」「証時」「行時」を設定し、広大で深遠な海の機能を坐禅の一面に合わせ説こうとしたのであろう。「海上行の功徳、その徹底行あり、これを深々海底行なりと海上行するなり」とは「只管打坐」の徹底的実践を言うのである。勿論、文中の語句は道元が「華厳教学」関係の経論疏類から直接引用した語句ではなく、道元独自の感性から発したものであろう。あるいは、後に引く馬祖道一（七〇九～七八八）の『語録』にある文に触発されたのかも知れない。

多少、疑問視されているが、法蔵の撰とされる『修華厳奥旨妄尽還源観』には、「海印三昧」に関し次のように説いている。

「海印と言うは、真如本覚なり。妄尽き心澄み、万象斉しく現ず。猶お大海の風に因りて浪を起こすも、若し風邪止息すれば、海水澄清にして象として現ぜざること無きが如し。起信論に云わく、無量功徳蔵、法性真如海なり、と。所以に名づけて海印三昧と為すなり。経に云わく、森羅及び万象は、一法の所印なり、と。一法と言うは所謂一心なり。是の心即ち一切世間出世間の法を摂す。即ち是れ一法界大総相法門の体なり。唯だ妄念に依りて差別あるも、若し妄念を離るれば唯一真如なり。故に海印三昧と言うなり。華厳経に云わく、或いは童男童女の形、天龍及び阿脩羅乃至摩睺羅伽等を現じ、其の所楽に随って悉く見せしむ。衆生の形相各同じからず。行業、音声も亦た無量なり。是くの如き一切皆な能く海印三昧威神力を現ず、と。此の義に依るが故に海印三昧と名づくるなり」[12]（原漢文）

文中の前半部『起信論』の引用文は、真諦訳の「帰敬偈」の字句を転倒したもの、「一法界大総相法門体」の語も「心真如」を示すものとしてある。鎌田氏は、次の「森羅及び万象は、一法の所印なり」の経は、偽作の『法句経』であり、多くの禅関係の文献にも引用されると指摘されている。[13]ちなみにこの句は、馬祖の『語録』（『江西馬祖道一禅師語録』）中にも引かれる。[14]後半部『華厳経』の引用文は、『八十華厳経』巻十四「賢首品」の「頌」[15]に掲げるものである。

ここには、「海印」とは「真如本覚」であり、「妄尽還源」とは「妄尽き心澄み、万象斉しく現ず」云々とあるように真如法性の海に還ることである。換言すれば、「海印三昧」の世界は妄念を離れた一真如の世界とするものである。「真如本覚」の語や『起信論』の引用文など、所謂「性起」思想が濃厚に出ているといえる。これに対し道元は、「流浪生死を還源せしめんとする、是什麼心行にはあらず」とあるように、現実の迷界である「生死」に流浪するのを断ち自己の本源に還ろうとしたり、悟りの世界に向かおうとするような計らい（心ばえ）を強く否定する。また「従来の透関破節、もとより諸仏諸祖の面々なりといへども、これ海印三昧の朝宗なり」との文意は、仏祖の活作略の諸相はすべて「海印三昧」に流入する、つまりその諸相は「海印三昧」が淵源であるとの主旨である。

道元は、次に馬祖道一の『語録』から「海印三昧」を採り出し拈提する。[16] 引用箇所は次のとおりである。

「仏言、但以二衆法一、合二成此身一。起時唯法起、滅時唯法滅。此法起時、不レ言二我起一。此法滅時、不レ言二我滅一。前念後念、念念不相待。前法後法、法法不相対。是即名為二海印三昧一（仏言わく、但だ衆法を以て此身を合成す。起時は唯法の起なり。滅時は唯法の滅なり。此の法、起こる時、我起こると言わず。此の法、滅する時、我滅すと言わず。前念後念、念々不相待前法後法、法々不相待。是れ即ち名ずけて海印三昧となす）」

文中、初めの「但以衆法」より「不言我滅」の語は『維摩経』文殊師利問疾品からの引用である。『維摩経』の文意は、維摩が文殊の質問に答えて「四大（五蘊）」の身に執著するところに「病」の本があるとし、「我想」「衆生想」を除き「法想」を起こすべきことを説いている箇所である。

馬祖の『語録』に拠ると、この前の文に馬祖は、ある僧の「修道」と「見解」との質問を受け「無量劫来、凡夫は妄想諂曲邪偽我慢貢高を合して一体としている」と述べる文があり、上記の『維摩経』につながる。その『維摩経』の引用の後に「一切法を摂するは、百千の異流を同じく大海に帰せしむるを都て海水と名づくるが如し。一味に住して即ち衆味を摂し、大海に住して即ち諸流を混ずるは、人の大海中に在りて浴し一切の水を用いるが如し。所以に声聞は迷を悟り、凡夫は悟りに迷う。声聞は聖心を知らず」云々と続く。この馬祖の語は、いかにも「海印」の喩えを踏まえていると思われる文体である。他の箇所には「心如工伎児、意如和伎者」[17]の語があり、『六十華厳』巻十にある有名な「心如工画師」[18]云々の語を想起させる。これらにより馬祖もそれなりの『華厳経』に関する素養を有していたことが推定できるが、その教学の程度は不明である。

道元は、前掲の『維摩経』の引用文を含む馬祖の語句を縦横に切り、それに『法華経』の譬喩品・提婆達多品や羅山道閑（生没年不詳）をはじめ曹山本寂（八四〇～九〇一）等の語を交えて、独特の世界を展開していく。

次に「海印三昧」の句を元に「海」「印」「水」の語など、「華厳の世界」に関連すると思われる箇所の段落をいくつか採り出し概観してみよう。

「従来の起処に忽然として滅すとも、起の滅にあらず、法の滅なり。法の滅なるがゆゑに不相対待なり。たとひ滅の是即にもあれ、たとひ起の是即にもあれ、但以海印三昧、名為衆法なり。是即の修証はなきにあらず、只此不染汚、名為海印三昧なり」

これは、馬祖の引用した『維摩経』の語句にある「起」と「滅」とを対立した概念とせず、法の起・法の滅であり、その関係を「不相対待」とし、更に滅の是即・起の是即（この「是即」とは「法」の意。「滅の法」「起の法」と言うに同じ）は、但だ「海印三昧」であり、衆法（わが身）と言う。すなわち起滅などあらゆる対立を絶した境地の坐禅を「海印三昧」とするのである。また次の「是即の修証はなきにあらず、只此不染汚、名為海印三昧なり」とは、南嶽懐譲の語「修証即不無、染汚即不得」（「修証はすなわちなきにあらず、染汚することはえじ」）を踏まえたもので、「但以」「名為」とそれに続く「衆法」「海印三昧」の語を前後に入れ替えて文法や意味の固定観念を排しつつ、「海印三昧」の自在性を表現していると思われる。これは、換言すれば真実をあるがままに修証することが「海印三昧」であるともいえる。

「三昧は現成なり、道得なり。背手摸枕子の夜間なり。夜間かくのごとく背手摸枕子なる、摸枕子は億々万劫のみにあらず、我於海中、唯常宣説妙法華経なり。不言我起なるがゆゑに我於海中なり。前面も一波纔動万波随なる常宣説なり、後面も万波纔動一波随の妙法華経なり。たとひ千尺万尺の糸綸を巻舒せしむとも、うらむらくはこれ直下垂なることを。いはゆるの前面後面は我於海面なり、前頭後頭といはんがごとし。前頭後頭といふは頭上安頭なり。海中は有人にあらず、我於海は世人の住処にあらず、聖人の愛処にあらず。我於ひとり海中にあり。これ唯常の宣説なり。この海中は中間に属せず、内外に属せず、鎮常在説法華経なり」

「東西南北に不居なりといへども、満船空載月明帰なり。この実帰は便帰来なり。たれかこれを滞水の行履なりといはん。ただ仏道の剤限に現成するのみなり。これを印水の印とす。さらに印空の印なり、さらに道取す、印泥の印なり。印水の印、かならずしも印海の印にはあらず、向上さらに印海の印なるべし。これを海印といひ、水印といひ、泥印といひ、心印といふなり。心印を単伝して印水し、印泥し、印空するなり」

冒頭「三昧は現成なり、道得なり」とは、前段を受け、真実のあるがままに修証する「海印三昧」を現前に行ずることを指す。その後に前掲の道悟や『法華経』ないし船子の語句を使い、「海印三昧」の自由無礙な作略、その波及する時空の広大さなどを表現する。それは、前掲の『華厳経探玄記』巻一の「海印炳現門」に説く、因果二位の仏菩薩における「海印三昧」の働きを想起させる(19)。まず「夜間にうしろ手で枕を探る」とはすべての自在な行為を表し、それは「億々万劫」という無限の時間のみならず、『法華経』が海中にて常に宣説されているごとく「海印三昧」が修されているという。海中の前面後面の一波万波が呼応し、そのすべてが「海印三昧」の面々である。この時、それを修す「我」は海（海印三昧）と一体となり、常に海中の中間・内外に関わらず真実を説き続けている。それは、船が港に帰るようにまさしく「実帰」であり、修すべくして修す仏道の際限におのずと現前するのである。これを「印水」の印、「印空」の印、「印泥」の印という。これは、明らかに『華厳経』に示す比喩として使われる「海印」の語を逆転した「印海」から派生した意味用法である。更にそれをも排するように「印水の印、かならずしも印海の印にはあらず、向上さらに印海の印なるべし。これを海印といひ、水印といひ、泥印といひ、心印といふなり」として、語句の逆転という表現を繰り返すことを通し、あらゆる固定観念からの発展「向上」を促している。その上で「心印を単伝して印水し、印泥し、印空するなり」といって、前述の内容を備えている「海印三昧」をしっかりと受け止め味わい「単伝」継承していくべきことを述べる。次に「海」の包容性について言及する。

「曹山元証大師、因僧問、承教有レ言、大海不レ宿二死屍一。如何是海。師云、包二含万有一(20)。（曹山元証大師、因みに僧問ふ、承るに教に言へること有り。大海、死屍を宿せず、と。如何なるか是れ海。師云はく、万有を包含す）」（中略）

「師いはく、包含万有は、海を道著するなり。宗旨の道得するところは、阿誰なる一物の万有を包含するとはいはず、包含万有なり。大海の万有を包含するといふにはあらず。包含万有を道著するは、大海のみなり。なにものとしれるにあらざれども、しばらく万有なり。仏面祖面と相見することも、しばらく万有を錯認するなり。包含のときは、たとひ山なりとも高々峰頭立のみにあらず。たとひ水なりとも深々海底行のみにあらず。収はかくのごとくなるべし、放はかくのごとくなるべし。仏性海といひ毘盧蔵海といふ、ただこれ万有なり。海面みえざれども、游泳の行履に疑著する事なし」

この段は洞山の法嗣曹山とある僧との問答の一節より始まる。道元は、まずここで説く大海ないし海の概念は一般的認識を排したものであるとの前提を立て、以下、宗門（曹洞宗）においてとる大海の作用・働きを示していく。試論的に現代語訳をする。

曹山がいう「包含万有」とは、海をいう。宗旨の言うところは、阿誰（だれ＝海）というものが、「万有を包含する」とはいわず、「包含万有」という。「大海が万有を包含する」というのではない。「包含万有」をいうのは、大海だけである。「なにもの」と知れるのではないが、しばらく「万有」である。「仏面」が「祖面」と相見することも、さしあたり「万有」を錯認（あやまりを認める）するのである。「包含」の時は、たとい山であっても「高々峰頭立」だけではない。たとい海であっても「深々海底行」だけではない。収（＝包含）とはこのようであり、放（＝万有）とはこのようである。これを「仏性海」と言い、「毘盧蔵海」と言う。ただこれが「万有」である。（「仏性海」「毘盧蔵海」と表現される広大で深遠な世界である海の）海面が見えないけれども、游泳する行履（行き先）に疑いを持つことはない。

これは、「海」と「包含万有」との主客関係を排した絶対性、一元性の世界を表す。その現成は「海印三昧」によって可能なのだ。あらゆるものが、相互に融通無礙の働きをしている。

『華厳経』の本文、華厳宗の各祖師の「海印三昧」の説示、及び「十玄門（十玄縁起門）」に説く「事事無礙法界」の諸門に対応させず、乱暴な言い方であるが、右のように述べる道元の「海印三昧」の世界は、『六十華厳経』「盧舎耶仏品」[21]に縷々示される普賢菩薩が毘盧舎那仏の本願力により「一切如来浄蔵三昧」に入定して表される「盧舎那仏大智海」たる「華厳」の「一真法界」、すなわち「蓮華蔵荘厳世界海」たる「事事無礙法界」に通じているのではなかろうか。道元は、この巻の末尾に次のごとく結んでいる。

「一盲引衆盲の道理は、さらに一盲引一盲なり、衆盲引衆盲なり。衆盲引衆盲なるとき、包含于包含万有なり。さらにいく大道にも万有にあらざる、いまだその功夫現成せず、海印三昧なり」

「一盲引衆盲」[22]等の語句は、「一多」の相即・「万有」の相入している「重々無尽」の一面を表しているように思われる。道元は、ここで諸種ある仏道修行の中で「万有（＝万法）」に証されない「自己」であれば、いまだその功夫（坐禅）は現成しない。「「万有」に証される「自己」ならば、それが現成する」「海印三昧」ばかりがあるだけである、と言う。

『華厳経』の「海印三昧」、華厳宗で説く「海印三昧」、道元の示す「海印三昧」。これらを安易に結びつけ、同一ということはできないが、「悟り」に共通する一面は確かにあると言えよう。

（未了）

注

(1) ①鎌田茂雄「海印三昧の世界」(『中国仏教思想史研究』二部、四章、春秋社、一九六九年)。②新野光亮「海印三昧の一考察――『正法眼蔵海印三昧巻』を中心として」(『印度学仏教学研究』一八巻一号、一九六九年)。③鎌田茂雄「華厳思想と正法眼蔵」(『傘松』五回シリーズ、一九七五年)。この中の第五回目が「海印三昧」に関する内容である。④鎌田茂雄「海印三昧――華厳と正法眼蔵」(『永平正法眼蔵蒐書大成』月報26、大修館書店、一九八二年)参照。この中、特に①を羅針盤として用いた。

(2) 吉田「高祖道元禅師伝考――新到列位の問題をめぐって」、「高祖道元禅師伝研究――戒牒に関する問題」(本書「伝記編」第三章第一節、および第二節)。

(3) 『正法眼蔵』の本文は、岩波文庫本(水野弥穂子校注)を使用。脚注の典拠・文意を利用させて頂いた。

(4) 『六十華厳経』巻六、浄行品第七(『大正蔵』九巻、四三一頁a~b)。

(5) 『六十華厳経』巻六、賢首菩薩品第八之一(『大正蔵』九巻、四三二頁c~四三三頁a)。偈の中「深広無辺際」と「窮劫猶不尽」との箇所は、『正法眼蔵』では「深広無涯際」「窮劫不能尽」となっている。

(6) 『永平広録』巻六(『道元禅師全集』第四巻、春秋社、三八頁)。冒頭部は「上堂。記得。圭峰宗密道、知之一字、衆妙之門。黄龍死心禅師道、知之一字、衆悪之門」である。なお死心の語句は、彼の『語録』『語要』に見えず典拠不明であるが、中川孝氏の論文「馬祖道一禅師の禅法」(『印度学仏教学研究』一三巻一号、一九六五年)の文中で「知の一字衆禍の門」とある。

(7) 荷沢神会・荷沢宗の立場を表す語としての「知之一字衆妙之門」については、鎌田茂雄「『禅源諸詮集都序』解題」(『禅の語録』九巻、筑摩書房、一〇〇~一〇一頁)と吉津宜英『華厳禅の思想史的研究』(大東出版社、二六二、三三二頁)、前掲注(6)の中川孝論文などがある。

(8) 古田紹欽「圭峰宗密の研究」(『支那仏教史学』二巻二号、一九三八年)。鎌田茂雄「『禅源諸詮集都序』解題」(前掲、一八七、三五四~三七〇頁)。吉津宜英「華厳と禅」(『講座大乗仏教』第三巻「華厳思想」所収、春秋社、三〇八~三〇九頁)。

(9) 『道元和尚広録』巻五所収の「上堂」語に、孔子・老子の言句と共に楞厳・円覚の教典を見てはならぬとし、その後に「三教一致」思想も排斥している。鏡島元隆「道元禅師と楞厳経・円覚経」(『道元禅師と引用経典・語録の研究』第二章第二節、木耳社、一三八~一四七頁)には、その経典を排遣した理由や引用の背景・意味などについて追求している。

(10) 『華厳一乗教義分斉章(五教章)』巻一(『大正蔵』四五巻、四七七頁a)。

(11) 『華厳経探玄記』巻一(「第九海印炳現門」『大正蔵』三五巻、一一九頁c)。

(12) 『修華厳奥旨妄尽還源観』(『大正蔵』四五巻、六三七頁b~c)。

(13) 鎌田茂雄「海印三昧の世界」(前掲注(1)、四二一頁)。『法句経』に関しては、水野弘元「偽作の法句経について」(『駒澤大学仏教学部研究紀要』一九号、一九六一年)参照。

(14) 『江西馬祖道一禅師語録』(『卍続蔵』一一九・四〇六右下)。

(15) 『八十華厳経』一四「賢首品」一二之一(『大正蔵』一〇巻、七三頁c)。

(16) 鏡島元隆監修曹洞宗宗学研究所編『道元引用語録の研究』(春秋社、四七二~四七三頁)。その中に『聯燈会要』巻四(『卍続蔵』一三六、二四四右上)、『大聖広燈録』巻八、『卍続蔵』一三五・三二六左上-下)、『江西馬祖道一禅師語録』(『卍続蔵』一一九・四〇六右下)とを『正法眼蔵』と対比している。

(17) 『江西馬祖道一禅師語録』(『卍続蔵』一一九・四〇八)。

(18) 『六十華厳経』巻一〇「仏昇夜摩天宮自在品」の偈(『大正蔵』九巻、四六五頁c)。

(19) 前掲注(10)参照。

(20) 鏡島元隆監修曹洞宗宗学研究所編『道元引用語録の研究』(春秋社、三四八~三四九頁)。『景徳伝燈録』一七(禅文化研究所本、三三一上-下)、『宗門統要集』巻八、七裏、『聯燈会要』二二(『卍続蔵』一三六・三九八右下)。

(21) 『六十華厳経』巻二-四「盧舎那仏品」(『大正蔵』九巻、四〇五頁a~四一八頁a)。

(22) この比喩は明らかに「障害」者を引きあいに出している。現代では決して安易に使用されてはならない。柚木祖元「宗典中の「如生盲」「一盲引衆盲」などに対する現代語訳や注記の問題について」(『宗学研究』三九号)参照。

第五節　道元禅師の霊魂観――「霊性」批判と忌辰「上堂」との間

はじめに

「霊魂」（霊・魂・たま）の概念を漢語と和語を含む豊富な用例がある諸橋轍次著『大漢和辞典』巻十二の「霊」と「魂」を参考までに抜粋する。まず「霊」の意味。

「かみ①八方の神、②天神、③雲の神」、「くしび、すぐれて神妙なこと」、「たま・たましい①亡き人のみたま、②万有の精気・元気、③人身の精気、④死者に対する尊称」、「いのち・命数」、「すぐれたもの・傑出したもの」、「たくみ・物の精巧なもの」、「あらたか・鬼人に祈ってしるしあること」、「ききめあること・医薬などの効験あること」、「みいづ・威光」、「みこ・かんなぎ」など、次に「魂」の意味。「たましい①人の生成長育をたすける陽気。精神を主るを魂、肉体をつかさどるを魄といふ。②精神。肉体を主宰するもの。魄をかねての称」、「こころ、おもひ」。

このように挙げてみると「霊魂」のもつ意味の多様性に驚く。和語中の古語「くしび」とは、霊妙・不思議、「みいづ」とは「身出づ」という意味。古語の「たま」「たましい」「みたま」の意味用法もほぼ同様と見なし得る。

なお、中村元著『仏教語大辞典』では、「【霊魂】れいこん」の語を次のように記している。「肉体から区別された精神的なもの。霊は不可思議なものを意味する。ただし、仏教では精神と肉体とを区別する二元論には立たない。」

仏教の基本的立場は、周知のようにあらゆるものは「無我」であり、「縁起」性の存在であり、かつ「身心一如」とし、「我（ātman）」、「神我（purṣa）」の実体が否定される。時にその語が「霊性」「霊知」「真我」「覚元」「本性」「本体」、「本覚」「本我」と訳され、その存在を主張する「先尼外道」が批判される。

しかし、中国仏教では、その「霊魂」を「神」「霊」「魂」「魄」「鬼」とも称し、長年にわたり仏教は儒教・道教との間で「神滅不滅」論争[1]が続き、葬祭儀礼と関連し本来の仏教とは異なる「神不滅」説を正しいと決着する。日本でも多くの仏教信者および一般人も、漠然としながらもアニミズム（有霊観）的思考より派生する「たま・たましい」を「亡き人のみたま」と受け止め、実体視する傾向があるように思われる[2]。

日本曹洞宗の開祖道元（一二〇〇～五三）の撰述書『正法眼蔵』や『永平広録』の中に「霊魂」の語はないが、後に指摘するごとく、それに相応する語をいくつか用いている。以下、最初に道元の「先尼外道」批判書をとり上げ、次に報恩の「追善」と「授戒」のあり方の問題、後半にあたかも「霊魂」を肯定するような「聖霊」「魂魄」等の語句を含む忌辰「上堂」語をとり上げる。すなわち道元は、「霊魂」を一方で否定しつつ、他方で肯定しているように見える。このズレをどのように解釈し、この矛盾する両論の「間」にはいかなる意味があるのか。この辺のところを些か探り指摘してみたい。

一、「霊性」・「霊知」批判

道元は、いわゆる「霊魂」の存在を否定している。まずはじめに帰朝後、深草に閑居していた寛喜三年（一二三一）仲秋日に『弁道話』十八問答中の第十に「先尼外道」の「霊知」「霊性」批判をしているのである。次に示そう。

とふていはく、あるがいはく、生死をなげくことなかれ、生死を出離するに、いとすみやかなるみちあり、いはゆる、心性の常住なることわりをしるなり、そのむねたらく、この身体は、すでに生あればかならず滅にうつされゆくことありとも、この心性は、あへて滅することなし、よく、生滅にうつされぬ心性わが身にあることをしりぬれば、これを本来の性とするがゆえに、身はこれかりのすがたなり、死此生彼さだまりなし、心はこれ常住なり、去・来・現在かはるべからず、かくのごとくしるを、生死をはなれたりとはいふなり（中略）かくのごとくいふむね、これはまことに諸仏諸祖の道にかなへりや、いかむ。

しめしていはく、いまいふところの見、またく仏法にあらず、先尼外道が見なり。いはく、かの外道の見は、わが身、うちにひとつの霊知あり、かの知、すなはち縁にあふところに、よく好悪をわきまへ、是非をわきまふ、痛痒をしり、苦楽をしる、みなかの霊知のちからなり、しかあるに、かの霊性は、この身の滅するとき、もぬけてかしこにむまるるゆえに、ここに滅するとみゆれども、かしこの生あれば、ながく滅せずして常住なり、といふなり。かの外道が見、かくのごとし。

しかあるを、この見をならふて仏法とせむ、瓦礫をにぎつて金宝とおもはんよりもなほおろかなり、癡迷のはづべき、たとふるにものなし。（後略）

（『道元禅師全集』第二巻、『正法眼蔵』別輯一、四七二頁、春秋社）

同様な「先尼外道」批判は、深草興聖寺の在住時代の延応元年（一二三九）五月、門下に示した『正法眼蔵』「即心是仏」巻にも見られる。次に引用する。

外道のたぐひとなるといふは、西天竺国に外道あり、先尼外道となづく。かれが見処のいはくは、大道はわれらがいまの身にあり、そのていたらくは、たやすくしりぬべし。いはゆる、苦楽をわきまへ、冷暖を自知し、痛癢を了知す。万物にさへられず、諸境にかかはれず。物は去来し、境は生滅すれども霊知はつねにありて不変なり。この霊知、ひろく周遍せり。凡聖含霊の隔異なし。（中略）また真我と称し、覚元といひ、本性と称し、本体と称す。かくのごとくの本性をさとるを、常住にかへりぬるといひ、帰真の大士といふ。これよりのちは、さらに生死に流転せず、不生不滅の性海に証入するなり。このほかは真実にあらず。この性あらはさざるほど三界・六道は競起するといふなり。これすなはち先尼外道が見なり。

（同右第一巻、『正法眼蔵』第五、五三～五四頁、春秋社）[3]

このように四十歳前後の若き道元は、「霊知」「霊性」等の語を用いていわゆる「霊魂」の存在を否定しているのである。この点に関し、道元は仏教の基本的教義の理解と展開をしているわけで、そこに少しもズレがないといえる。

二、父母・師匠等の葬儀と報恩

中国の北宋時代・崇寧二年（一一〇三）に長蘆宗賾（生没年不詳）によって撰述された『禅苑清規』巻八には、「亡僧」と「尊宿遷化」に伴う葬儀次第が綴られているが、在家用の葬儀に関しては何の記述もない。南宋時代・宝慶年間前後（一二二四～二八）に入宋した道元が帰朝し、深草興聖寺と越前永平寺において依用したのは『禅苑清規』である。圭室諦成氏は、『禅苑清規』には、儒教の葬祭儀礼や浄土教・密教の影響が強く現れていると指摘している（『葬式仏教』大法輪閣）。確かに「下火」「十念阿弥陀仏」や「挙火」「十念」「散念仏銭」、「念誦」には浄土・往生の用語等が多数入っている。[4]

ところで日本における「原始曹洞宗教団」である興聖寺と永平寺では、おそらく在家向けの葬儀の規定はなかったと思われる。文献上、その資料がまったくないのである。とはいえ、庶民はさておき貴族や武士・豪族等に対し葬儀をしなかったとは言えない。「無常偈」や「十念」「大悲呪」を唱えることなどをした可能性がある。[5]

時代は下るが『瑩山清規』には、「尊宿遷化」と「亡僧」と共に「亡者回向」と「檀那諷経」の章（項目）があり、その頃から「亡僧」葬儀に準じて在家葬儀が徐々に行なわれ始めたと推定できる。[6]この点は、後に触れるように「没後作僧」問題と関わる。

道元が「追善」（葬儀）や「授戒」のあり方について語っている箇所が『正法眼蔵随聞記』に所載する。まず「父母の報恩（＝追善）」等に関し、懐奘と道元との間で、次のような問答を交わしている。

> 夜話の次に、奘公、問て云、父母の報恩等の事、可レ作耶。
> 示云、孝順は尤も所レ用也。但し、其孝順に、在二在家出家之別一。在家は孝経等の説を守りて、生をつかふ、死につかふること、世人皆知り。出家は棄レ恩、入二無為一、無為の家の作法は、恩を一人に不レ限、一切衆生斉く父母の、恩の如く深しと思て、所作善根を、法界にめぐらす。別して今生一世の父母に不レ限。是、則、不レ背二無為道一也。日々の行道、時時の参学、只、仏道に随順しもてゆかば、其を真実の孝道とする也。忌日の追善、中陰の作善なんど、皆在家に所レ用也。衲子は、父母の恩の深き事をば、如レ実可レ知。余の一切、又、同く重して可レ知。別して一日をしめて、殊に善を修し、別して一人をわきて、回向をするは、非二仏意一歟。戒経の、父母兄弟、死亡の日、の文は、暫く令レ蒙二於在家一歟。大宋叢の衆僧、師匠の忌日には、其儀式あれども、父母の忌日には、是を修したりとも見ざる也。
> （『道元禅師全集』第七巻、『正法眼蔵随聞記』巻三、九八頁、春秋社）

父母や師匠に対する報恩・追善について在家と出家には、相違があるというもの。在家者は、儒教の『孝経』等に示すように生前中は親に仕え、親の死後は供養し（先祖崇拝）、子孫を残す「孝順心」を実践することが大切であり、忌日に追善法要や中陰の作善供養を行う。出家者は、結局「棄恩入無為」に帰すること。語句の「無為に入る」に老荘思想の痕跡を残すが、一世一代の父母に限らず、報恩を広く法界にめぐらし仏道に随順することが大事であるという。入宋留学の体験から南宋の叢林では、「上堂」などを師匠の忌日に修すが、父母のために修すことはない、という主旨である。

次に臨終前夜の「授戒」に関する説示をみることにしよう。

示云、学道の人は後日を待て、行道せんと思ふことなかれ。只今日今時を過ごさずして、日々時々を勤むべき也。爰に、ある在家人、長病あり。去年の春の比、相契て云く、当時の病、療治して、妻子を捨て、寺の辺に庵室を構へて、一月両度の布薩に逢、日々の行道、法門談議を見聞して、随分に戒行を守りて、生涯を送らんと云しに、其後、種々に療治すれば、少しき減気在りしかども、又増気在りて、日月空く過ごして、今年正月より、俄かに大事になりて、苦痛次第に責る呈に、思ひきりて日比支度する庵室の具足、運びて造る呈の隙もなく、苦痛逼呈に、先づ人の庵室を借りて移り居て、纔に一両月に死去しぬ。前夜菩薩戒を受、三宝に帰して、臨終よくて終りたれば、在家にて狂乱して、妻子に愛を発して、死なんよりは、尋常なれども、去年思よりたりし時、在家を離て寺に近づきて、僧に馴て一年行道して終りたらば、勝れたらましと、存るにつけても、仏道修行は、後日を待つまじきと、覚るなり。（後略）

（同右、『正法眼蔵随聞記』巻一、五六～五七頁、春秋社）

ある在家人（貴族か）が長病し、出家を考え精進している間、一時、回復傾向がみえ、それをとり止めていたが、急に病状が悪化し死去してしまった。臨終前夜に三宝に帰依し「菩薩戒」を受けたはいいが、一年ほど前に出家し行道して生涯を終えていれば一層勝れていた。出家を先延ばしするなど、仏道修行は後日を待ってはならないというものの。ここでは、「臨終授戒」の事例に留意したい。これは既に平安時代の天皇や貴族たちの「記録」や「日記」類に見られる「願行」や「受戒信仰」の展開とみなし得る。[7] 否定的文意から「臨終出家」とすることはできない。

ところで「受戒（授戒）」問題は、「不落因果」と「不昧因果」の因果問題と関連し、『正法眼蔵』「大修行」巻、「深信因果」巻の文中に禅宗内で有名な「百丈野狐話」を引き縷々述べられている。[8] ここでは「大修行」巻の部分をとり挙げてみよう。

老非人、また今百丈に告していはく、乞依亡僧事例。この道、しかるべからず。百丈よりこのかた、そこばくの知識、この道を疑着せず、おどろかず。その宗趣は、死野狐いかにしてか亡僧ならん、得戒なし、威儀なし、僧宗なし。かくのごとくなる物類、みだりに亡僧の事例に依行せば、未出家の何人死、ともに亡僧の例に準ずべきならん。死優婆塞・死優婆夷、もし請することあらば、死野狐のごとく亡僧の事例に依準すべし。依例をもとむるに、あらず、きかず、仏道にその事例を正伝せず。おこなはんとおもふとも、かなふべからず。いま百丈の、依法火葬す、といふ、これあきらかならず、おそらくあやまりなり。しるべし、亡僧の事例は、入涅槃堂の功夫より、到菩提園の弁道におよぶまで、みな事例ありてみだりならず。岩下の死野狐、たとひ先百丈の自称すとも、いかでか大僧の行李あらん、仏祖の骨髄あらん、たれか先百丈なることを証拠する。いたづらに野狐精の変怪をまことなりとして、仏祖の法儀を軽漫すべからず。仏祖の児孫としては、仏祖の法儀をおもくすべきなり。百丈のごとく、請するにまかすることなかれ。一事・一法もあひがたきなり。世俗にひかれ、人情にひかれざるべし。

（同右、第二巻、『正法眼蔵』第六八、一九一頁、春秋社）

そもそも「百丈野狐話」の公案は、「不落因果」と「不昧因果」の課題を修行者に思索推敲させるための教材であり「創作」といえる。道元は「いたづらに野狐精の変怪をまことなりとして、仏祖の法儀を軽漫すべからず」と看破している。問題は「乞依亡僧事例」すなわち百丈懐海が「野狐精」を教化し、野狐（畜生）にもかかわらず「亡僧」の扱いで「授戒」の有無は不明ながら火葬（葬儀）に付した（＝脱野狐）という点である。

道元は、野狐がどうして「亡僧」の処遇を受けるのか。僧としての戒律・威儀・僧宗（僧のおおもと）は何もない。これが許容されるならば、未出家の人すべてが「亡僧」として葬儀を行うことができる。また在家信者の要請があれば、それに応じざるを得ないことになる。さらに在家信者が、どうして「大僧の行履（行実）」や「仏祖の骨髄（真髄）」を備えているといえるのか、というもの。後代、瑩山の時代頃から始まったと推定され、現在、教団が修している在家葬儀の「没後作僧」は、前述の道元の立場（宗旨）からいえば明確に否定される。ましてや「畜生授戒」「畜生葬儀」は論外となろう。しかし、わが曹洞宗教団は、室町期以降、特に近世において葬式と授戒の普及によって拡大したことも事実である。

三、『永平広録』中の忌辰「上堂」と弔慰「偈頌」

道元は、前述の論旨からも出家者（尊宿遷化・亡僧）に対しての葬儀は『禅苑清規』に則り修していたが、一般在家者の葬儀は行っていなかった可能性が強いといえる。しかし、それを補うように在家死亡者への「弔慰」を表す忌辰「上堂」を出家者と同様に行っていたことが『永平広録』に所収されている。次にそれらの「上堂」語と「偈頌」を便宜的に出家者と在家者にわけ、その所収箇所を列挙する。

《出家者》

(1)天童和尚忌［184、249、274、276、342、384、515］、(2)仏樹和尚忌［435、504］、(3)千光禅師忌［441、512］、(4)覚晏和尚忌（懐鑑の要請）［185］、(5)僧海忌［111、112］、(6)慧顗忌［110］、(7)懐鑑忌（義準の要請）［507］、(8)「看然子終焉語二種」［広録巻十「偈頌」26、27］

《在家者》

(1)源亜相忌［363、524］、(2)先妣忌［409、478］、(3)先考忌（恵信比丘尼の要請）［161］、(4)先妣忌（懐義比丘尼の要請）［391］、(5)「訪禅入亡子」［広録巻十「偈頌」32］

（［ ］の数字は『永平広録』（『道元禅師全集』第三～四巻。春秋社）の編集番号）

前掲の『随聞記』において、「父母の報恩等の事」の問答でその「孝順」に在家と出家の別があると示していた。この『永平広録』の「上堂」語の文中にある「廻向・本孝」［435］や「孝順」［185］、さらに「知恩」および「報恩」［515・504・185・524・409・161］の語句等に亡き人への「報恩」の心情が直に現れているといえる。

正師如浄の「天童（二三回）忌」には、「今日、焼香す、先師古仏。知らず、鼻孔、何方にか現在する。今五千里海悲涙を縦ち、二十年来、幾たびか腸を断ちし」［342］（原漢文。以下同）、二七回忌に「（前略）恩を恋うる年月、雲何ぞ綻びん、涙衲衣を染め、紅にして斑ならず」［515］と述べ、遷化し何十年か経過しても紅涙を振り絞り追慕しているのである。ところが実父と想定される「源亜相忌上堂」には、「父母の恩を報ずる、乃ち世尊の勝躅なり。恩を知り恩に報いる底句、作麼生か道わん。恩を棄てて早く無為の郷に入る。霜露蓋ぞ消えざらん慧日の光、九族天に生ず、なお慶ぶべし、二親報地、あに荒唐ならんや（後略）」と出家の本分を淡々と述べるに止まっている。むしろ、愛弟子の僧海への二度にわたる「上堂」語や入宋時の同侶と推定できる廓然（然子）への「偈頌」および在宋時に交流のあった全禅人（居士）の亡き子への「偈頌」に「慰霊」「哀惜」の念が深く表されている。『永平広録』の「上堂」語中に「霊魂」と関連する用語に「聖霊」と「魂魄」の二語、「偈頌」中に「英霊」の語がある。次にその部分の文節を抜粋し、意味を探ろう。

(1)　「懐鑑首座、先師覚晏道人のために上堂を請う」［185］
　前来の孝順、誰人か斉肩ならん。今日の廻向、聖霊炳鑑せん。弟子の先師仰ぐ深志は先師独り知る。先師の弟子を憐れむの慈悲は弟子一《ひと》り知る。（原漢文。以下同）

(2)　「亡僧僧海首座のための上堂」［111］
　夜来、僧海枯れぬ。雲水、幾か鳴呼す。底に徹して、汝見《まみ》ゆといえども、胸に満てる涙、湖を鏁す。作に一払を拈じて魂魄を打つ。一語、臨行して蘇るを待たず。

(3)　「人定亥」［広録巻十「偈頌」125］
　（前略）舌端に眼を具う英霊の漢、敵に勝って他に還す獅子の児

　この(1)の「聖霊」とは、道元が懐鑑に代わり日本達磨宗大日能忍の弟子覚晏（生没年不詳）の亡き「みたま」を尊称したもの。(2)の「魂魄」も中国の陰陽思想により説示される語句であり、僧海の亡き「いのち」を指すもの。いずれも実体視しているわけではないが、この二語は「死霊」の存在を暗に認めている節も窺える。また俗信に属する死後の世界の裁判官「閻魔」（閻老）も忌辰「上堂」［110］と「偈頌」［32］に見える。次の(3)の「英霊」は、「十二時」（十二支）中の「人定亥」（夜四ツ時）が具える「すぐれた霊気」を指す。

　前掲の「霊魂」に関する類語は、『正法眼蔵』中にもいくつか見られるので触れておきたい。次にその代表例を挙げてみる。（［　］は『正法眼蔵』巻名を示す。）

(4)　「四句偈をきくに得道す、一句子をきくに得道す。四句偈および一句子、なにとしてか恁麼の霊験ある」　［伝衣］

(5)　「大梅山護聖寺の旦過に宿するに、大梅祖師きたり、開華せる一枝の梅をさづくる霊夢を感ず」　［嗣書］

(6)　「しづかに雪峰の諸方に参学せし筋力をかへりみれば、まことに宿有霊骨の功徳なるべし」　［行持上］

(7)　「むかはずして愛語をきくは、肝に銘じ魂に銘ず」　［四摂法］

(4)の「霊験」は神仏等の示す不思議な効験功徳、(5)の「霊夢」も同様の不思議な夢告・啓示・お告げ、(6)の「宿有霊骨」は元より備わっている霊妙な骨相・非凡な性（たち）を指すと思われる。特に「霊験」や「霊夢」は、当時（中世）の人々が一般的に備えていた心情ないし宗教心である。例えば栂尾明恵の『夢記（ゆめのき）』は有名であり、瑩山の『洞谷記』中にも神秘的「瑞夢」「感夢」が出てくる。[9]「ゆめうつつ」の間、異次元世界との「感通・感応」を表し、深層心理学の格好の対象となる。(7)の「魂」は「肝」と合わせ共に深く刻み込む「こころ」、「感銘」する意である。

おわりに

『正法眼蔵』中には、「業」「輪廻」および「中有」関連の用語が多数頻出する。例えば、「輪廻・流転・悪趣・六欲天・生死界・三界・五道・六道・浄土・天堂、本有・中有・中陰、続善根・宿善・宿殖の善種・宿殖陀羅尼の善根力、修因感果・因円果満・積功累徳・断善根・宿生の悪業力・宿殖般若の種子・業報の遂堕・悪業の所感、生生・世世、今生・今世、生をかへ身をかへても」等が仏道修行のあり方を叙述する中に出てくる。これらは、同時に「霊魂」との関係で追求し理解すべきであるが、紙幅の上で全面的に割愛せざるを得ない。この点、角田泰隆「正法眼蔵における輪廻観」と下室覚道「正法眼蔵における中有観」（『葬祭――現代的意義と課題』曹洞宗総合研究センター、二〇〇三年）の成果に譲りたい。

道元は、青壮年期において「霊魂」の存在を明確に否定した。これは「理法（道理）」の立場。しかし、一方で中年期以降、亡き人への追慕・慰霊において、出家者には「葬儀」と「上堂」、在家者には「上堂」を修していた。これは「事法（現実）」の立場。つまり、道元はその両面を保有していたように思われる。道元は、在家者の「葬儀」を行ってはいないが、出家者在家者を問わず「亡き人」に対する真摯な「思い入れ」や「記憶」などと共に強い「追慕」や「慰霊」の心情があった。それを「上堂」や「偈頌」に吐露したのである。それは庶民のもつ土俗的な「霊魂」の実在観から派生したものとは異なる。しかし、その「追慕」や「慰霊」は容易に「霊魂」の存在を認める過程にあると述べることも出来る。前述の如く道元の内面には、理法と事法の両面が矛盾なく同居していたのである、と理解される。それは、やがて瑩山が在家者側の「霊魂」観に立脚し、永光寺や總持寺で行った「亡者廻向」「檀那諷経」、そして在家「葬儀」へと展開していく。道元の内面に、その要素がすでに醸成されつつあった、ともいえる。

注

（1）①牧田諦亮編・校記『弘明集研究』（三冊、京都大学人文科学研究所弘明集研究班研究報告「神滅不滅」論争部分（巻中・巻下）、一九七三年）、②梶山雄一「慧遠の報応説と神不滅論」（京都大学人文科学研究所報告『慧遠研究　遺文篇』（創文社、一九六〇年））、③京都大学人文科学研究所報告『慧遠研究　研究篇』（創文社、一九六二年）、④吉田道興「初期中国仏教の業・因果論：「神滅不滅」論争」（「研究報告『伝光録』における「旃陀羅」について――瑩山禅師の人間観」（曹洞宗大本山總持寺、二〇〇五年所収））。

（2）①渡邊欣雄編『環中国海の民俗と文化3　祖先祭祀』（凱風社、一九八九年）、②C・ヘンツェ著・金子えりか訳『霊の住処としての家』（雄山閣、一九九六年）。

原始宗教の「祖先（先祖）崇拝」の「祭祀」「供養」等の儀礼は、「霊魂」の存在を前提にしている。素朴な人間に死後の世界「あの世」を信じる心情が伴い、東南アジアを中心に自然と形成され展開していった。家・墓（石棺・甕棺、五輪塔＝遺骨信仰）や木主（位牌、塔婆）、伽藍、仏壇、葬祭（土葬、水葬、火葬、鳥葬、風葬）等につながる風俗習慣、さらに霊魂の回帰信仰、宗教司祭者・僧侶やその組織が長い歴史の中で文化として成立してきた。特に中国仏教および日本仏教では、阿弥陀仏信仰、西方極楽浄土志向が庶民の琴線に触れて広く普及していった。

（3）「即心是仏」には来訪した僧が南陽慧忠への問いかけの語句に「此身即有㆓生滅㆒、心性無始以来未㆓曾生滅㆒（中略）即身是無常、其性常也」に対し、慧忠は「若然者、与㆓彼先尼外道㆒無㆑有㆓差別㆒」と説示している。来訪僧は「我此身中有㆓一神性㆒、此性能知㆓痛痒㆒、身壊之時、神則出去」とも述べ、

「神性」の存在を信じていたことが判明する（『即心是仏』巻、五四～五五頁）。「神性」と同義語である「霊性」関連の批判的論文の一部を次に挙げる。①梅原猛「日本文化論への批判的考察――鈴木大拙・和辻哲郎の場合」（『展望』一九六六年）、②石井修道「道元の霊性批判――鈴木大拙の霊性と関連して」（『駒澤大学禅研究所年報』二号、一九九一年）、後に『道元禅の成立史的研究』（第十章、大蔵出版、一九九一年に所収。鈴木大拙『日本的霊性』一九四四年の批判）、③船岡誠「日本的霊性について「特集・共同研究報告：近代日本における文化・文明のイメージ」」（『北海学園大学人文論集』一〇号、一九九八年）。

（4）近藤良一「禅苑清規における浄土思想」（『北海道駒澤大学研究紀要』一号、一九六六年）。『禅苑清規』中、「葬祭関係」の項目「亡僧」・「尊宿遷化」（第七巻）。他に語句として「念阿弥陀仏四聖名号」「願生安楽」「薦清魂於浄土」「唱仏銭」「資薦往生」「往生念仏」「資助覚霊往生浄土」等がある。同書第四巻「延寿堂主浄頭」に病僧に対し「もし道眼精明に非ずんば、みな勧めて専ら阿弥陀仏を念じ浄土に生ずることを祈らしむ（原漢文）」とあり、悟徹に達していない病僧に浄土信仰・往生を便宜的に勧めているわけである。それは、当然ながら生前の一般在家信者にも展開される。

（5）①圭室諦成『葬式仏教』第二部「葬域の展開」（大法輪閣、一九六三年）、②五来重『日本人の地獄と極楽』（人文書院、一九九一年）、③同右『先祖供養と墓』（角川選書、一九九二年）、同『墓と供養』（東方出版、一九九二年）、④同右『日本人の死生観――民俗の心のあり方をさぐる』（角川選書、一九九四年）、⑤同右『仏教と民俗――仏教民俗学入門』（角川選書、一九八三年・角川ソフィア文庫、二〇一〇年）、⑥同右『五来重著作集』全十二＋別巻（法蔵館、二〇〇七年）、⑦松浦秀光『改訂　禅宗の葬法と追善供養の研究』（山喜房佛書林、一九六九年）、⑧道端良秀『墓と仏教――その歴史と墓相批判』（百華苑、一九七七年）、⑨芳賀登『葬儀の歴史』（雄山閣出版、一九八〇年）、⑩新谷尚紀『日本人の葬儀』Ⅱ「葬儀の歴史」（紀伊国屋書店、一九九二年）、⑪圭室文雄『葬式と檀家（歴史文化ライブラリー）』（吉川弘文館、一九九九年）、⑫国立歴史博物館編『葬儀と墓の現在――民俗の変容』（吉川弘文館、二〇〇二年）、⑬曹洞宗総合研究センター編『葬祭――その役割と課題』（二〇〇八年）、⑭吉田道興「仏教における葬祭儀礼とその執行者」（『愛知学院大学教養部紀要』五六巻四号、二〇〇九年）。

（6）瑩山紹瑾（一二六四～一三二五）撰『瑩山清規』二巻は、瑩山が晩年に能州（石川県能登）洞谷山永光寺において撰述したもので『洞谷清規』、また『瑩山和尚清規』とも称す。元亨四年（一三二四）の制定とされ、江戸期、卍山道白の「序」、月舟宗胡の「跋」を付し、延宝八年（一六八〇）に刊行された。巻上「行事次第、日中行事、第二」に「檀那諷経」三日、十七日を所収、また「亡者回向」（共通の歎偈、さらに崇重人用と在家平人用の二つの回向）、「尊宿遷化」には入龕・龕前・挙龕・壇上・二七唱衣の各壇上、回向、仏事次第（入龕・移龕・鎖龕・法堂掛真・挙哀・奠茶湯・対霊小参・奠茶湯・起龕・山門首の真亭に真を掛く・奠茶湯・秉炬・安骨・提衣・起骨・入塔・入祖堂・全身入塔・撤土）があり、末尾に壇上念誦は先師徹通義介が制句したものと記し次第に整ってきたことが推定できる。次に「亡僧」の葬儀として龕前・挙龕・山頭・二七送骨・唱衣の各念誦、大悲咒、回向となっている。尊宿と比較し、随分と簡略されている。それ以前、中国仏教では、『禅苑清規』成立当時（北宋代）、俗人の葬儀規定はないが、南宋代になると自得慧暉（一〇九七～一一八三）撰『霊隠浄慈自得禅師語録』巻六に「臨安府王常侍玉田居士掩土」、応庵曇華（一一〇三～六五）撰『応庵和尚語録』巻十に「為留守枢密大資掩土」、長翁如浄（一一六三～一二二八）撰『如浄禅師語録』巻下「小仏事」に「医者下火」の諸例は、士大夫・医者に属する特権階層の葬儀である「掩土（土葬）」と「下火（火葬）」への「香語（追悼語）」である。一般庶民層ではないことに留意しておきたい。元代になると中峰明本（一二六三～一三二三）撰『幻住庵清規』「津送」部に「薦亡焼香諸疏」の文中に「（割注）僧俗男女皆通用すべし」とあるので、本書が在家への葬式に関与していく過程を示すものと指摘されている（松浦秀光著『新訂　禅家の葬法と追善供養の研究』参照）。元・明・清代になり「在家葬儀」が次第に流行する頃、在家信者に浄土教式の葬儀が行われることになる。それ以前の唐・宋代の在家葬儀は、道士による道教式の葬儀が主であったと思われる。

（7）①『日本往生極楽記』（『大日本仏教全書』一〇七所収）、②『続日本往生記』（同右）、③『拾遺日本往生記』（同右）、④『後拾遺日本往生記』（同

右)、⑤『拾遺往生伝』(同右)、⑥井上光貞『日本浄土教成立史の研究』(山川出版社、一九七五年)、⑦橋川正「平安朝における法華信仰と弥陀信仰(上)」(『藝文』一四巻一号、一九二三年)、⑧三橋正「臨終出家から死後出家へ」(『平安時代の信仰と宗教儀礼』続群書類従完成会、二〇〇〇年)。平安期の天皇・貴族が崩御・薨去前(十日以内)に複数「臨終出家」したことが、『公卿補任』『西宮記』『小右記』『玉葉』をはじめ、『源氏物語』『紫式部日記』『栄華物語』『続日本紀』『権記』『文華秀麗集』等に断片的に記され、皇后や女房が「尼削ぎ」し最晩年には正式に剃髪したことが知られる。

曹洞宗の在家葬儀関連の論文抜粋。①桜井秀雄「檀信徒喪儀法における二、三の問題」(『教化研修』一二号、一九六九年)、②皆川広義「伝道上からみた在家葬法の考察」(『日本仏教学会年報』四三号、一九七八年)、③廣瀬良弘「中・近世における曹洞禅僧の活動と葬祭について」(『宗学研究』二七号、一九八五年)、④石川力山「中世禅宗と葬送儀礼」(『印度学仏教学研究』三五巻二号、一九八七年)、⑤中野東禅「在家葬送供養について」(『曹洞宗教義法話大系』二二、一九九〇年)、⑥松浦秀光『禅家の葬法と追善供養の研究』(山喜房佛書林、一九九二年)、⑦佐藤俊晃「曹洞宗室内伝法と下火儀礼――曹洞宗教団の送葬観をめぐって」(『禅学研究』八三号、二〇〇四年)、⑧粟谷良道「曹洞宗における在家葬儀法の可能性」(『教化研修』四九号、二〇〇五年)、⑨中尾良信「曹洞宗の葬儀と霊魂観」(『日本仏教学会年報』七一号、二〇〇六年)、⑩同右「死者の出家――禅宗の葬儀・没後作僧」(京都・宗教系大学院連合　公開シンポジウム「死者を送る」『京都・宗教論叢』二号、二〇〇七年)。

(8)　『正法眼蔵』の「大修行」(第六八、寛元二年〈一二四四〉三月九日、吉峰寺の示衆)と「深信因果」(新草第七、「草案本(再治本)」道元没後、建長七年〈一二五五〉夏安居中に懐奘書写)との相違。冒頭の「百丈野狐話」は共通するが、説示の仕方が異なる。「大修行」巻には、大修行人の迷悟・因果の修証に処するあり方(因果の不落・不昧)とありようを示し、大修行を努めゆく行履の様子を説く。「深信因果」巻では、はっきりと「百丈野狐話」を因果の上で「不落因果」は「撥無因果」、「不昧因果」は「深信因果」であるとして、正しい因果論である「深信因果」を明証すべきことを強調している。同時に野狐の「亡僧扱いの授戒」や在家の「没後作僧」等も否定的であったといえる。

(9)　東隆眞「瑩山禅師の夢」(『跳龍』一九七一年七月号)、岩本勝俊「夢ものがたり――瑩山禅師の蹤を嗣いで」(『大法輪』一九六八年二月号)。瑩山紹瑾撰『洞谷記』中の「感夢」「夢告」や「夢占い」類には、自伝的に十八歳、達磨が夢に出て「発心」したこと、十九歳、弥勒の兜率天内院に参じ不退転位に至ったこと、釈尊が夢に現れ『宝積経』説時に三解脱等を五十八年(歳)に示されたとある。また洞谷山永光寺の開創関連の逸話として、外護者酒匂八郎頼親の亭に寄宿していた夜に「感夢」し寺院勝地として決めたこと、同じく茅屋を仮庫裏としていた時「感夢」し羅漢第八尊者(伐闍羅弗多羅)、別の時、同様に毘沙門・迦羅天(大黒天)・招宝七郎護伽藍神等が顕現し、夫々を永光寺の守護神としたことが記されている。また瑩山は、「自分が過去七仏の毘婆戸仏の時、雪山(スメール)で修行し羅漢果を証した鳩婆羅樹神であった」と自称している。門下の複数者も同じく「感夢」があったことが記されていた。日本の中世期、大事な物事を決めたりする際、「瑞夢」として神秘的・呪術的な信仰が広く普及していた。その当時、それらの情感は違和感なく受容されていたのである。

第六節　『正法眼蔵』における生死観考——道元の生と死

はじめに

小論は、道元の諸種の「生死観」に関する思索過程を時系列的に整理できないものか、という発想から生じた些細な試論である(1)。まず「出家」の動機となったと伝えられる実母の「死」による「観無常心」から、祖師の言「生死去来、真実人体」「生也全機現、死也全機現」の展開、さらに独自の言「有時（有はみな時）」「生死は仏道の行履、仏家の調度」等を経て、京高辻の覚念邸における「遺偈」にいたるまでの過程を概説的に辿ってみたい。

テキストの『正法眼蔵』（以下『眼蔵』）や『宝慶記』『学道用心集』『正法眼蔵随聞記』（以下『随聞記』）等は、春秋社刊の『道元禅師全集』（以下、『全集』）を使用、『永平広録』はすべて割愛する。

また道元の説示が判明する範囲で、以下、その書名・巻目名・年月日を末尾に添えておく。

一、「観無常心（＝発菩提心）」

道元の出家は、承元元年（一二〇七）、母の「死」が契機であったと伝える（『伝光録』第五十一祖永平元和尚・明州本『建撕記』承元元年条等）(2)。実母の「死」は、幼少期の道元にとって相当深刻な喪失感と悲哀を味わったように思われる。

後年（帰朝後）、道元自身は、『宝慶記』（〔宝慶二年〈一二二六〉頃成立〕『全集』七巻、二頁）冒頭(3)（原漢文）と『随聞記巻五』（懐奘編〔嘉禎年間〈一二三五～三八〉〕。長円寺本、『全集』七巻、一二〇頁）(4)には、幼少期に「無常」により道心を発した旨、感慨を込め述懐している。『学道用心集』「可発菩提心事」中の「誠にそれ無常を観ずる時、吾我の心生せず、名利の念起こらず、時光の太《はなは》だ速やかなることを恐怖す、所以に行道は頭燃を救う」（〔天福二年〈一二三四〉前後〕『学道用心集』可発菩提心事（原漢文）、『全集』五巻、一四頁）および龍樹の語（『大智度論』巻十九）「観心無常」(5)を「発菩提心」（道心）そのものとし、吾我名利を離れるには、それが仏道修行上、第一の用心であると述べている。

道元は入越後、『眼蔵』発菩提心（発無上心）を著わし、「生死を拈来して発心する、これ一向求菩提なり」（〔寛元二年〈一二四四〉二月十四日、示衆〕。『眼蔵』発菩提心（六十巻本「発無上心」）、『全集』二巻、一六七頁）、「流転生死する身心をもて、たちまちに自未得度他の菩提心をおこすべきなり」（『全集』二巻、三三六～三三七頁）と述べ、発心を利他行へ向けるべきであると一層その意義を深めていく。この「無常」話と関連するのが、次項の「五蘊仮和合」である。

二、「五蘊仮和合」の身心

人間は、父母の二滴より誕生し、「五蘊仮和合」にして刹那生滅、時に病に罹ったりして、いつかは泥土となるはかない身である（『随聞記巻五』、『全集』七巻、一一七頁）という。刹那生滅（無常）の道理により衆生（人間）は善悪の業を生じ、また発心・得道するのである（年月日不明、『眼蔵』出家功徳（建長七年〈一二五五〉夏安居日、懐奘書写）、『全集』二巻、二七四頁））。

生にありながら生に留められず、死にありながら死に礙えられない、いたづらに生を愛さず、みだりに死を恐れない。そうした境地の人が、すでに「仏性」の処在であり、同時に「浄妙国土」（仏土・仏身）である（仁治二年〈一二四一〉十月十四日、示衆）『眼蔵』仏性、『全集』一巻、三六頁）、とする。

仏教の基本的考えは、「身心一如（体と心は別ものではない）」（寛喜三年〈一二三一〉仲秋日、示衆）『弁道話』、『全集』二巻、五四九頁）であり、死後の霊魂の存在は否定される。それにも拘らず「生死」は除外すべきものと考えるのは仏法を厭う罪となる。その意味で「生死」を受け入れざるをえない。元もと「生死」は仏法と密接につながっているのである（前掲『眼蔵』出家功徳）。さらに「観心無常（＝観無常心）」について、六祖慧能は「無常」の現象（生死）が「仏性」そのものであると示している。[6] いろいろ考えられる無常はすべて仏性となるわけであり（寛元二年〈一二四四〉二月二十四日、示衆）『眼蔵』菩提分法、『全集』二巻、一三二頁）、草木叢林・人物身心・国土山河・阿耨多羅三藐三菩提・大般涅槃なども仏性であるとともに無常である（『眼蔵』仏性、『全集』一巻、二五頁）と示している。

三、「生の死となるといはず」（現成公案の主旨）

あらゆるものが仏法にかなっている場合（諸法の仏法なる時節）、迷悟があり、生死があり、生仏（衆生と諸仏）がある。あらゆるものがわれに関わっていない場合（万法ともにわれにあらざる時節）、迷悟もなく、生仏もなく、生死もない。一方、大自然の草花は、ありのままの姿である、という。これは、諸法（＝万法）と仏法、およびわれ（人間）との三者がどう密接に関わるかどうかにより、迷悟・生仏・生死の有無やそのありようが異なってくることを示している（天福元年〈一二三三〉仲秋の頃）『眼蔵』現成公案、『全集』一巻、二頁）。[7]

次に生と死について、たき木と灰の関係をたとえにして、たき木が灰となった後、たき木とならないように人が死んだ後、生とはならない（不可逆性）。薪と灰に前後はあるが、前後際断（非連続性）している。灰は灰の「法位」にあって、さきがあり、のちがある。ところで仏法では、生が死となるとはいわない。それを「不生」という。また死が生となるともいわない。それを「不滅」という。それは生も一時の位、死も一時の位であり、それぞれ独立の位だとする。たとえていえば、冬と春のようなものであり、冬が春になるとも思わず、また春が夏となるといわない（非連続性）のと同じである[8]（『全集』一巻、四頁）という。

さらに生と死における「仏性」の有無について「仏性」は生の時だ

けにあり、死の時になくなると思うのは、薄っぺらな理解力である。生の時も「有仏性」「無仏性」、死の時も「有仏性」「無仏性」であり、それは風火の具合（散とか未散）によっても「仏性」はいずれにあっても「有仏性」「無仏性」である。ところで、「仏性」の動・不動（活動）によって在・不在し、識・不識（認識）によって神・不神（霊性の有無）、知・不知（判断）によって性・不性（有仏性・無仏性）と誤って考えるのは仏教以外（外道）の考えである（仁治二年〈一二四一〉十月十四日、示衆）『眼蔵』仏性、『全集』一巻、四三頁[9]、とする。

四、「有はみな時」

『眼蔵』中、難解なものの一つが「有時」巻である。以下、部分的に意訳してみよう。

「有時」という、その有（存在）は、すでに時（時間）そのものであり、有はすべて時なのであり、別ものではない。たとえば仏身（丈六金身）と不動明王（三頭八臂）も同様に時であり、仏身に荘厳光明がある。さらに十二時（十二支）についても学ぶべきである。

その「有時」に経歴（経過）の功徳（はたらき）がある。それは単に今日から明日へ経過するだけではなく、今日から昨日に、昨日から今日へ、今日から今日へ、明日から明日に縦横無尽に経過するのである。それが時のもつはたらきである（仁治元年〈一二四〇〉開冬日書）『眼蔵』有時、『全集』一巻、二四〇～二四二頁[10]。十二時（十二支）の叙述部分は全面的に割愛する。

一般的に「時」はひたすら過ぎ去るとのみ考えがちで、まだ来ていない（未到）時は理解しない。その理解も「時」ではあるが、他（縁）に引かれ、時が至るをまって理解できる由縁（手がかり）もない。時は去来（経過）するとのみ認識し、そこにある「有時（存在と時間のあり方）」と徹底して知る人間はいない。まして彼ら（凡夫）は、この道理を透徹し解脱の境地に達する「時」があろうか、到底ありえない（『全集』一巻、二四〇～二四三頁[11]）。

「有時」巻は究極的に「尽時」を「尽有」と「究尽」（いつでもあらゆる時間をどこでもあらゆる存在として全生命を究め尽くすこと）を説示しているといえよう。

五、「生死去来、真実人体」「尽十方界、真実人体」

「身心学道」巻は、「生死」と「全機」の二巻にならんで重要である。この巻では、まず生と死について、次のように述べる。凡夫は生の時に何か一点が増すのかどうか、死に際し何か一塵（一物）が去るのかどうか、という見解を抱くものである。かような生死の見解の根拠をどこにおくべきなのか。今までは、それを心の一念（あの刹那）の山河大地とか二念（この刹那）の山河大地などとしてきた。ところで、その山河大地は、有無、大小、得不得、識不識、通不通ではないし、悟不悟によって変わるものではない。このように学道することが「心学道」と決定し、信受すべきである（仁治三年〈一二四二〉重陽日、示衆）『眼蔵』身心学道、『全集』一巻、四七頁[12]、という。

この「心学道」の説示を理解する一助になるのが『眼蔵』「三界唯心」の文節である。そこでは、身心の「五蘊仮和合」を前提に、万法一如の立場より身や心をはじめあらゆるものの生まれかた「四生（胎・卵・湿・化）」に触れ、それらのものの形や色や現象と同様に、生死去来する年月日時・夢幻空華・水沫泡焔・春花秋月・造次顚沛（次から次に移り変わりうろたえる）も「心」とし、むやみに破毀してはならない。そういう理由から諸法実相は心であり、唯仏も心である（寛元元年〈一二四三〉七月初一日、示衆）『眼蔵』三界唯心、『全集』一巻、四四六頁[13]）とする。分別取捨を超え、山河大地（諸法）をまるごと信受するという論理に重なっているといえよう。

次に鍵詞となる「生死去来、真実人体」が示される。凡夫にとって迷惑する「生死流転」こそが「大聖の所脱（解脱し仏陀となるところ）」である。生死は「超凡越聖（凡聖を超越すること）」であり、これこそ「真実体」（生死去来真実人体）なのである、という。これに種々あるが、仏法を究め尽くす上で恐れることはない。なぜなら生をすてず現に死を見ることができ、死をすてず既に生を見ているからである。生は死を礙（さまたげ）るものではなく、また死は生を礙るものでもない。しかしながら、このような「生死」のありよう（真相）は、凡夫の容易に知りうるところではない（『全集』一巻、五一頁[14]）、という。

さらに同じく鍵詞となる「生也全機現、死也全機現」が示される（『全集』一巻、二五九〜二六一頁）。この語句は、宋代臨済宗楊岐派禅僧圜悟克勤（一〇六三〜一一三五）の著『圜悟仏果禅師語録』巻十七の「拈古五十一則」に由来するものである。この語句と集約した語句「全機」の意味と用法は、「七、生也全機現、死也全機現」の箇所において若干述べてみたい。

次に「去来」（時間・流転）について学ぶと、去に「生死」があり、来に「生死」がある。また生に「去来」、死に「去来」がある。去と来、また生と死、それぞれが対応し、かつ別ものではない。その去来は、この宇宙（尽十方界）を自由に飛び去り飛び来たり、一進し一退している。さらに生を頭としたり死を尾としたりする。宇宙の真実の体は、自在に翻ったり回ったりして動いている（『全集』一巻、五二頁[15]）。

「生死去来、真実人体」の語句は、『眼蔵』の「身心学道」（『全集』一巻、四九・五一頁）、「諸法実相」（『全集』一巻、四六〇・四六四頁[16]）、「諸悪莫作」（『全集』一巻、三五一頁）等の各巻にも用いられている。まず「涅槃生死是空華」（典拠不明）について、涅槃を阿耨多羅三藐三菩提、生死を真実人体とそれぞれに配しつつ、それがともに空華とする。

ここで示す空華の意味は、その根茎・枝葉・花菓・光色の自然界の事実（諸法）が華開として捉えられ、それが生死・涅槃であり、またそれらがともに真実（実相）であることを表す。道元は、圜悟の語「生死去来、真実人体」を長沙景岑の語「尽十方界、真実人体。尽十方界、自己光明裏」（『景徳伝燈録』巻十、景岑章の主意）と結びつけて展開し、おなじく宇宙のありよう（生死去来・尽十方界）を「諸法実相」として讃えているのである[17]。さらに山河・天地・日月風雨・人畜草木（尽十方界）を「拈優曇華」とし、「生死去来も、はなの光明」であるとして、これも前の説示と全く同じ主旨（諸法実相）を述べている[18]。

六、「生死は仏道の行履、仏家の調度」

唐代の有名な詩人白居易（楽天）と鳥窠道林との道交にまつわる逸話がある。その中で白居易が質問した「仏法の大意」に対し、道林は「七仏通誡偈」を示したところ、白居易が「そんなことは三歳の孩児でもいえる」といったのに対し、道林は「三歳の孩児がいえても八十歳の老翁でも行えない」（『景徳伝燈録』巻四）と答えたという。

これについて道元は、「生をあきらめ、死をあきらむるは、仏家一大事の因縁なり」と示している。過去世の諸仏が示してきた「七仏通誡偈」の解明と同じく、この「生死去来」の中にいるわれ「真実（人）体」を正しく自覚し、釈尊の教えを果たし、生と死のありかたを追求することはまことに一大事であり、大因縁である（「延応二年〈一二四〇〉庚子月夕、示衆」『眼蔵』諸悪莫作、『全集』一巻、三五一頁[19]）、というのである。

圜悟克勤が「生死去来、真実人体」（前出）といっている。そうであれば、その「真実体」を明らかにすると釈尊の教えの功徳があろう。まことに一大事であり、たやすいことではない。三歳の孩児のおこないを明らかにすることも大因縁なのである（『全集』一巻、三五一頁[20]）。

前述のごとく「四生（卵胎湿化）」には、そのいずれにも生があり死のないものがあろうか、死だけ伝えられ生がないものがあろうか。これら生だけ、死だけの有無などについて、かならず学ぶべきである。わずかに「生がない」ということばを聞いて明らかにすることなく、身心への工夫参学（究明）を差し控えるのは、愚鈍の最たるものである（「仁治二年〈一二四一〉十月中旬、記」『眼蔵』行仏威儀、『全集』一巻、六四頁[21]）、という。

また生死は、仏道の行履（日常行為そのもの）であり、また仏家の調度（道具）である。これを使うと必ず用をなし、これを明らかにすると必ず敏（さと）くなる。諸仏は、その道理を心得、用法を知っているのである。この生死の際（きわ）に通じていなければ、だれがそなたを「そなた」と言い、「生死に通達した人」と言おうか。したがって生死に沈んでいると言ったり、生死のなかにいると考えてはならない。また生死は生死と信じてもならない、理解しないままにしてもならない、知らないままにしてもいけない（『全集』一巻、六四頁）。

生死に通達する大道について、豁然大悟した人により古くから次のように言われている。「大聖は生死を心にまかす、生死を身にまかす、生死を道にまかす、生死を生死にまかす」と。この宗旨を現わすのは、古（いにしえ）とか今の時ではない。行仏（行そのものが仏に適っている）の威儀（行住坐臥が作法に適っている）が即応すると、忽然として行じ尽くされるのである。発心・修行・菩提・涅槃の行持が道環（始終もなくめぐり）している生死を身心（われ）とする仏法の宗旨をすぐに納得し肯定するのである（『全集』一巻、六七頁）、という。

その工夫は、生とはなにか、死とはなにか、身心とはなにか、与奪とはなにか、任運（まかせる）とはなにか、（中略）等々をつぶさに点検し尽くすことである（『全集』一巻、六八頁）。

そうであれば、法の為にするか、身の為にするか、との消息（ありよう）は、ただ心にまかせる。生を脱け出し、死を脱け出す威儀（ふるまい）も、仏にまかせるのである。そこではじめて、「万法唯心、三界唯心」ということが体得できる（『全集』一巻、六八頁）という。

先に「道に達する人は生死を心にまかす」という。さらに同じく「我が身と云ことをも知り、我身のあらゆる威儀をも、あきらめならふなり。これをならふに、生といひ、死といふことのありやうをも、あきらむる也」（前出）とある。これらは「この生しりがたし、生か、生にあらざるか、老か、老にあらざるか。四見すでにおなじからず、諸類の見おなじからず。ただ志気を専修にして、弁道功夫すべきなり」（「仁治三年〈一二四二〉四月五日、書」『眼蔵』《仏祖》行持（上）、『全集』一巻、一五〇〜一五一頁）と呼応しているといえよう。次に「行持」巻の末尾文の意味を要約してみよう。

人間の一生は、いくばくもない。仏祖の語句のわずか二三句でも、仏祖の言われたことであり、仏祖そのものである。また仏祖は身心如一であり、仏祖のあたたかな身心である。その語句を学び会得すると き、仏祖の語句をわが身心として重なってくる。その時まさしく仏となり祖となり、さらに仏をこえ祖をこえるのである（『全集』一巻、二〇二頁）[22]、という。

七、「生也全機現、死也全機現」

圜悟の語「生也全機現、死也全機現」と集約語「全機」は、既に指摘したように『眼蔵』中、「全機」巻の文中にあった。この巻は、「生死」巻と並び、「生死」を主題にして説示したものである。

当該書の内容は、冒頭の文節「諸仏の大道、その究尽するところ、透脱なり、現成なり」という箇所に込められている。さとりの風光が「透脱」（あらゆるものの姿が、どこまでも透きとおり、明らかに脱却）してひろがり、「現成」（その真実の姿が目の前に現れている）しているというもの。その「透脱」の種々相のひとつとして「生死」のありようが次のように示されている（主意）。

生も生として透脱し、死も死として透脱している（生と死のいずれもそれ自体があきらか）。生死を出ることも、生死に入ることも自由自在であり、ともに大道を究め尽くしている。また生死を捨てることも、生死を度（わた）ることも、同じく大道を究め尽くしている。現成も生であり、生も現成である。その現成のとき、生の全現成でないものはないし、死の全現成でないものもない。生死のすべてが真実である（仁治三年〈一二四二〉十二月十七日、在雍州六波羅蜜寺側前雲州刺史幕下、示衆）『眼蔵』全機、『全集』一巻、二五九頁）。

その機関（しくみ・働き）は、生と死のありかたが、生と死のそれ自身になっている。このしくみが実現するときに、それは必ずしも大でもなく小でもない、世界に全体でもなく限られているのでもなく、長遠（ながく）もなく、短促（みじか）くもない。いまいう生としくみとの関係は、互いに相即の関係にあり、別ものではない（『全集』一巻、二五九頁）。

また生は来（くる）でもなく去（さる）でもなく、生は現（あらわれる）でもなく成（なる）でもない。しかし、生は全機現（すべて実現している）であり、死も全機現である。自己には無量の法（真実）のなかに、この生があり、死があることを知るべきである。

静かに考えてごらんなさい。この生、および生と同じく生ずる多くのものごとは、生と同じものなのか、別のものなのか。それらは、一事・一法（いかなることも、いかなるものも）、生と同じものはなく、一事・一法として生と別なものはない（『全集』一巻、二五九～二六〇頁）。生は生として絶対、死は死として絶対、他に変わりようがないのである。

この生のありかたを例えると、人が船に乗っているようなものである。この船は、自分が帆を使い、舵をとり、自分が棹をさしていると思いこんでいるが、実際は船が自分を乗せているのであり、船の他に自分がいるわけではない。また自分が船に乗っていることにより、船を船たらしめていることが判るのである（『全集』一巻、二六〇頁）。

次に「生也全機現、死也全機現」の参究がされている。まず「生也全機現」の道理について、それは始終に関わらず、尽大地・尽虚空（全宇宙）であって、「生也全機現」と互いに礙（さまた）げないだけではなく、「死也全機現」をも礙げないことと、尽大地・尽虚空と「生也全機現」および「死也全機現」は、相互に礙げないあり方が示される。この理由で、生は死を礙げないし、死は生を礙げない。また尽大地・尽虚空にも、ともに生と死がある。大自然に生と死があるとはいっても、ひとつの尽大地、ひとつの尽虚空が生にも死にも全機するのではない。ひとつ（おなじ）ではないが、異なるものでもない。また異なるものではないが即（おなじ）でもない。即ではないが多（おおい）でもない。このようなわけで生にも全機現にさまざまあり、死にも全機現にさまざまある。さらに生でもなく死でもないものにも全機現があり、全機現にも生があり、死がある（『全集』一巻、二六〇〜二六一頁）という。

尽大地・尽虚空（全宇宙・大自然）の中に、生と死という絶対的な「いのち」（仏性）があり、その生と死が繰り返し、そして躍動していることを高らかに謳い上げ、全肯定しているといえよう。

八、「生死は仏の御いのち」

父幼老卯（一七二四〜一八〇五）撰『正法眼蔵那一宝』所収の「生死」巻冒頭に次の文がある。「大梅常禅師、因夾山與二定山一同行、言話次、定山云、生死中無レ仏、即無二生死一。夾山云、生死中有レ仏、不レ迷二生死一。[23]（以下略）」。これは『聯灯会要』巻四と『宗門統要集』巻四の「大梅章」の合糅文とされる。[24]

この文の後半部分を読下すと「定山云く、生死の中に仏なければ、生死なし。夾山云く、生死の中に仏あれば、生死にまどはず」となる。ところが道元は、「生死の中に仏あれば、生死なし。又云く、生死の中に仏なければ、生死にまどはず」（撰述年月不明『眼蔵』生死）、『全集』二巻、五二八頁）と転換し、意味を深めていることに注意を要する。

「生死」巻では、「生死」が「仏」であることを述べ、それが「生死即涅槃」と心得て「生死」を厭い嫌ったり、「涅槃」を願い求めたりしないこと、その時に「生死（流転）」を離れる（解脱）ことができるという。[25]これは、「いたづらに生を愛することなかれ、みだりに死を恐怖する事なかれ、すでに仏性の処在なり」（前出『眼蔵』仏性）の言に通ずる。

次に生と死の独自性・絶対性を述べる。生は生だけ、死は死だけのこと、生と死の全分（不生・不死）として、「生きたらばただこれ生、滅（死）来たらばこれ滅（死）にむかひて、つかふべしといふことなかれ、ねがふことなかれ」と述べ、この生死を「仏の御いのち」と受け止めること、すなわち「生」にまかせ、「死」にまかすことが「仏」の心に入ることになる（『全集』二巻、五二九頁）[26]という。この生死を「仏の御いのち」とすることが、この巻の肝要のところである。「大聖は生死を心にまかす。（中略）生死を生死にまかす」（前出『眼蔵』行仏威儀）、「道に達する人は生死を心にまかす」（前出『眼蔵』仏向上事）等の語句も想起できる。これらがここに収斂しているともいえる。

さらに「ただ、わが身をも心をもはなちわすれて、仏のいへになげいれて、仏のかたよりおこなはれて、これにしたがひもてゆくとき、ちからをもいれず、こころをもつひやさずして、生死をはなれ、仏となる。」（『全集』二巻、五二九頁）に連動している。一見すると浄土信仰・他力本願的な文節であるが、前掲の「生死を生死にまかす」という限定された文脈の中でその意味を解釈すべきであろう。

「仏」となる早道として、諸悪をなさず、生死にとらわれず、生きとし生けるものに利他（同悲）の心を持ち、なにごとにも無我無心（空）に徹することが仏である（『全集』二巻、五二九頁）と述べる。たやすいようで実際はむずかしいが、一般の人びとにはわかりやすいであろう。

九、道元最後の説法「八大人覚」と遺偈

道元は、建長四年（一二五二）の夏頃より「微疾[27]」があり、体調を崩された様子である。『眼蔵』「八大人覚」（建長五年（一二五三）正月六日、書永平寺）は、釈尊の最後の教悔に倣い『遺教経』の一節「八大人覚」を門下の人びとに示誡として病床にて草されたものと伝える。その文中、「いま習学して生生に増長し、かならず無上菩提にいたり、衆生のためにこれをとかむこと、釈迦牟尼仏にひとしくして、ことなることなからむ」の「生生に増長し」の意味を若干考慮してみたい。それは「すでに帰依したてまつるがごときは、生生世世、在在處處に増長し、かならず積功累徳し、阿耨多羅三藐三菩提を成就するなり」（『眼蔵』帰依三宝）や「最勝の善身をいたづらにして、露命を無常の風にまかすることなかれ。出家の生生をかさねて、積功累徳ならん」（『眼蔵』出家功徳）等と同主旨である。さらに無上菩提の成就をめざし、生前の出家修行はもちろん、「死後にも・黄泉にても」永遠に修行を続けていこう、との心情を表しているように思われる。道元は、建長五年八月二十八日、京高辻西洞院覚念邸にて遷化し、次の「遺偈」を残したと伝える。

五十四年、照第一天、打箇䠥跳、觸破大千、咦、渾身無覓、活陥黄泉

これは道元の本師如浄禅師のそれと呼応する[28]。これを意訳すると次のようになろう。

「五十四年の生涯において、真理たる第一天（＝仏法・涅槃）を標榜（説示）照破してきた。今やそれ（生死）を打ちすえとび越え、また三千大千世界（尽十方界・宇宙）をもかすめ破ってきた。臨終にあたり何も求めることなく、このままに黄泉（よみじ）へ陥ちていこう」と。このように道元は、淡々と「透脱」の境地が語られている。

おわりに

道元は、「観無常心」より発心出家し、利他行へ向かった。無常（生死去来）なるもの、無常なるときのすべて（山川大地・尽十方界・諸法）が「仏性」であること、それを「尽十方界、真実人体」ともいう。また生死（無常）を「仏の御いのち」としている。

大聖（釈尊）が「生死」を解脱したように吾人にも「生死を透脱すること」「生をあきらめ、死をあきらめること」が大事であり、さらに進め「生死を心にまかす」「生死を生死にまかす」こと、それが「脱生脱死の威儀」であったことも判明した。図式的に諸法＝無常＝仏性＝心となる。「生死即涅槃」も同じく、とかく生を愛し死を嫌い、涅槃を求めがちであるが、その「生死」は「仏家一大事の因縁」であり、また「仏道の行履・仏家の調度」すなわち仏道修行として必要不可分であると捉えているのである。

自死者が増加し、脳死と臓器移植等の問題が種々論議されている今日、「生」と「死」を共にかけがえのない「仏の御いのち」と受け止めること（生也全機現・死也全機現）の大切さが強く問い直されている

といえよう。

注

（1）先行研究――①山田霊林『日本人の生死観と禅』（至文堂、一九四四年）、②増永霊鳳「道元禅師の生死観」（『大乗禅』三三巻四号、一九五六年）、③定兼範明「道元の生死観」（『岡山県立短大研究紀要』一〇号、一九六六年）、④富山はつ江「道元禅師における生死観」（『印度学仏教学研究』二三巻一号、一九七四年）、⑤河村孝道「『正法眼蔵』に於ける生死観の種々相」（『仏教における生死の問題』四六号、一九八一年）、⑥青山俊董「仏の生命を生死する――道元禅師に学ぶ」（『大法輪』六九巻二号、二〇〇二年）、⑦吉田隆悦「道元禅師の生死観」（『宗学研究』三一号、一九八九年）、⑧水野弥穂子「道元禅師の死生観」（『中外日報』二五〇二五号、一九九三年九月十日）。

（2）道元自身の懐旧談――①「我、初めてまさに無常によりて、聊か道心を発し、あまねく諸方をとぶらひ云々」（『正法眼蔵随聞記五』、長円寺本）、伝記への展開――②「八歳の時、悲母の喪に逢て哀歎尤も深し。即ち高尾寺にて香煙の上るを見て生滅無常を悟り、其より発心す」（『伝光録』第五十一章。諸嶽山蔵版）、③「承元元年丁卯冬。八歳而遇二悲母之喪一、香花之煙潜悟二世間之無常一深立二求法之大願一」（明州本『建撕記』等）。

（3）「道元幼年発菩提心」（『全集』七巻『宝慶記』冒頭、二頁）。

（4）注（2）①参照。

（5）①「右、菩提心、多名一心也。龍樹祖師曰、唯観二世間生滅無常心一亦名二菩提心一」（『全集』五巻『永平初祖学道用心集』一四頁）、②「観心無常は、曹渓古仏いはく、無常者即仏性也。しかあれば、諸類の所解する無常、ともに仏性なり」（『全集』二巻『眼蔵』「三十七品菩提分法」一三二頁・『景徳伝灯録五』（『大正蔵』五一巻、「江西志徹禅師章」二三八頁c～二三九頁a）。

（6）注（5）②参照。

（7）「諸法の仏法なる時節、すなはち迷悟あり、修行あり、生あり、死あり、諸仏あり、衆生あり。万法ともにあらざる時節、まどひなく、さとりなく、諸仏なく、衆生なく、生なく、滅なし。仏道もとより豊倹より跳出せるゆえに、生滅あり、迷悟あり、生仏あり。しかもかくのごとくなりといへども、花は愛惜にちり、草は棄嫌におふるのみなり」。

（8）「かのたき木、はいとなりぬるのち、さらにたき木とならざるがごとく、人のしぬるのち、さらに生とならず。しかあるを、生の死になるといはざるは、仏法のさだまれるならひなり、このゆえに不生といふ。死の生にならざる、法輪のさだまれる仏転なり、このゆえに不滅といふ。生も一時のくらいなり、死も一時のくらいなり。たとへば冬と春とのごとし。冬の春となるとおもはず、春の夏となるといはぬなり」。

（9）「又、仏性は生のときのみにありて、死のときはなかるべしとおもふ、もとも少聞薄解なり。生のときも有仏性なり、無仏性なり。死のときも有仏性なり、無仏性なり。風火の散・未散を論ずることあらば、仏性の散・不散なるべし。たとひ散のときも仏性有なるべし、仏性無なるべし。たとひ未散のときも有仏性なるべし、無仏性なるべし。しかあるを、仏性は動・不動によりて在・不在し、識・不識によりて神・不神なり、知・不知に性・不性なるべき、と邪執せるは、外道なり」。

（10）「いはゆる有時は、時すでにこれ有なり、有はみな時なり。丈夫金人、これ時なり、時なるがゆえに時の荘厳光明あり、いまの十二時に習学すべし。三頭八臂、これ時なり、時なるがゆえに、いまの十二時に一如なるべし。十二時の長遠・短促、いまだ度量せずといへども、これを十二時といふ。（中略）有時に経歴の功徳あり、いはゆる、今日より明日へ経歴す、今日より昨日に経歴す、昨日より今日へ経歴す、今日より今日へ経歴す、明日より明日に経歴す、経歴は、それ時の功徳なるがゆえに（後略）」。

（11）「時は一向にすぐるとのみ計功して、未到と解会せず、解会は時なりといへども、他にひかるる縁なし。去来と認じて、住位の有時と見徹せる皮袋なし。いはんや透関の時あらんや」。

（12）「生時は一点を増するか、増せざるか。死には一塵のさるか、さらざるか。この生死および生死の見、いずれのところにおかんとかする。向来はただこれ心の一念二念なり。一念二念は一山河大地なり、二山河大地なり。山河大地等、これ有無にあらざれば、大・小にあらず、得・不得にあらず、識・不識にあらず、通・不通にあらず、悟・不悟に変せず。かくのごとくの心、みづから学道することを、心学道といふと決定信受すべし」。

(13) 「身を生ずるに、胎・卵・湿・化の種品あり、心を生ずるに胎・卵・湿・化の種品あり。青黄赤白、これ心なり、長短方円、これ心なり、生死去来、これ心なり、年月日時、これ心なり、夢幻空華、これ心なり、水沫泡焔、これ心なり、春花秋月、これ心なり、造次顛沛、これ心なり。しかあれども、毀破すべからず。かるがゆえに、諸法実相心なり、唯仏与仏心なり」。

(14) 「生死去来は真実人体といふは、いはゆる生死は凡夫の流転なりといへども、大聖の所脱なり。超凡越聖せん、これを真実体とするのみにあらず。これに二種・七種のしなあれど、究尽するに、面面みな生死なるゆえに恐怖すべきにあらず。ゆえいかんとなれば、いまだ生をすてざれども、いますでに死をみる。いまだ死をすてざれども、いますでに生をみる。生は死を罣礙するにあらず、死は生を罣礙するにあらず。生死ともに凡夫のしるところにあらず」。

(15) 「去来を参学するに、去に生死あり、来に生死あり。生に去来あり、死に去来あり。去来は、尽十方界を両翼三翼として飛去飛来す、尽十方界を三足五足として進歩退歩するなり。生死を頭尾として、尽十方界真実人体は、よく翻身回脳するなり」。

(16) 『全集』一巻『眼蔵』「諸法実相」四六四～四六五頁。

(17) 「おほよそこの山河・天地・日月風雨・人畜草木のいろいろ、角角拈来せる、すなはちこれ拈優曇華なり。生死去来も、はなのいろいろなり、はなの光明なり。いまわれら、かくのごとく参学する、拈華来なり」(『全集』一巻『眼蔵』「優曇華」一七〇頁)。

(18) 「涅槃生死是空華。涅槃といふは、阿耨多羅三藐三菩提なり。仏祖および仏祖弟子の所住これなり。生死は真実人体なり。この涅槃・生死は、その法なりといへども、これ空華なり。空華の根茎・枝葉・華菓・光色、ともに空華の華開なり。空華かならず空菓をむすぶ、空種をくだすなり」(『全集』一巻『眼蔵』「空華」一三四頁)。

(19) 「三歳の孩児は、仏法をいふべからず、とおもひ、三歳の孩児のいはんことは容易ならん、とおもふは、至愚なり。そのゆえは、生をあきらめ、死をあきらむるは、仏家一大事の因縁なり」。

(20) 「又、古徳いはく、生死去来、真実人体なり。しかあれば、真実体をあきらめ、獅子吼の功徳あらん、まことに一大事なるべし、たやすかるべからず。かるがゆえに、三歳孩児の因縁行履、あきらめんとするに、さらに大因縁なり」。

(21) 「しばらく功夫すべし、この四生衆類のなかに、生はありて死なきものあるべしや。又、死のみ単伝にして、生を単伝せざるありや。単生単死の類の有無、かならず参学すべし。わづかに無生の言句をききてあきらむることなく、身心の功夫をさしおくがごとくするものあり。これ愚鈍のはなはだしきなり」。

(22) 「しづかにおもうべし、一生いくばくにあらず、仏祖の語句、たとひ三三両両なりとも道得せんは、仏祖を道得せるならん。ゆえはいかん。仏祖は身心如一なるがゆえに、一句両句、みな仏祖のあたたかなる身心なり。かの身心きたりてわが身心を道得す。正当道取時、これ道得きたりてわが身心を道取するなり。此生道取累生身なるべし。かるがゆえに、ほとけなり、祖となるに、仏をこえ、祖をこゆるなり」。

(23) 『眼蔵那一宝』(『眼蔵註解全書』第九巻、「生死」冒頭の冠註、四五一頁)。

(24) 『全集』二巻『眼蔵』〈別輯〉「生死」五二八～五二九頁冠註。会要四・統要四合糅文「定山云、生死中無仏即無生死。夾山云、生死中有仏即不迷生死」(会要四)五二九頁。ちなみに『眼蔵註解全書』第九巻、「生死」の「渉典録」の項には、「伝灯巻七大梅章云、夾山与定山同行、言話次定山云、生死中無仏即非生死。夾山云、生死中有仏即不迷生死(以下略)」とある。

(25) 「ただ、生死すなはち涅槃、とこころえて、生死としていとふべきもなく、涅槃としてねがふべきもなし。このとき、はじめて生死をはなるる分あり」。同右『全集』二巻〈別輯〉「生死」五二八頁。

(26) 「生といふときに、生よりほかにものなく、滅といふとき、滅のほかにものなし。かるがゆえに、生、きたらばこれ生、滅、来たらばこれ滅にむかひて、つかふべしといふことなかれ、ねがふことなかれ。この生死は、即ち仏の御いのちなり。これをいとひすてんとすれば、すなはち仏の御いのちをうしなはんとするなり。これにとどまりて、生死に著すれば、これも、仏のいのちを、うしなふなり。仏のありさまを、とどむるなり。いとふことなく、したふことなき、このとき、はじめて仏のこころにいる」。

(27) 「古写本建撕記」に「建長四年、今夏の比より微疾まします」とあり、外護者波多野義重（檀那如是）の事「入寂の死因」に関し、「如是は右手に腫物を出して死去し給う。開山も腫物にて御涅槃あり。誠に師檀不二の契約深きしるし也」（瑞長本『建撕記』）とある（「腫物」とは「皮膚病」？）。大久保道舟説「呼吸器系」説（『修訂増補道元禅師伝の研究』前篇第十一章、一九六六年、二八〇頁）。笛岡自照「高祖大師最後の御疾患について」（『傘松』三〇六号、一九六七年十一月）、河村道器「道元禅師示寂前後とその御死因」（『傘松』三一一号、一九六八年十二月）、大場南北「道元禅師最後の御病の「建撕記」の記述について　上・下」（『傘松』三二四・三二五号、一九七〇年三月・四月）、郡司博道「道元禅師の御病名、御病状」（『宗学研究』三七号、一九九四年）、斎藤俊哉「道元禅師示寂の御病因に関する諸論をめぐって」（『宗学研究』四〇号、一九九八年）、同右「道元示寂の御病因に関する諸論をめぐって」（『印度学仏教学研究』一三巻一号、一九九八年）。

(28)　如浄辞世頌「六十六年、罪犯彌天、打箇跨跳、活陥黄泉、咦、従来生死不相干」（六十六年、罪犯彌天、箇の跨跳を打し、活きながら黄泉に陥つ。咦、従来生死あい干せず。『如浄禅師語録』末尾・鏡島元隆『天童如浄禅師の研究』四〇五～四〇六頁）。「古写本建撕記」中、延宝本を除く他の明州本・瑞長本・門子本・元文本に所載する。但し門子本の初句が「六十四季」となっている（河村孝道編著『諸本対校　永平開山道元禅師行状建撕記』）。参考論文、伊藤秀憲「道元禅の遺偈と鎌倉行化」（①『駒澤大学仏教学部論集』一二号、一九八一年、②『道元禅研究』大蔵出版、一九九八年、菅原昭英「道元僧団における遺偈」（『宗学研究』三二号、一九九〇年）、中世古祥道「道元禅師の遺偈と鎌倉下向の捏造説について」（『宗学研究』三四号、一九九二年）。

第七節　道元禅師における仏弟子観

はじめに

道元禅師（以下、道元）の代表的撰述書『正法眼蔵』や『永平広録』には、「仏弟子」「仏子」などの一般的用語の他に「嗣法」「伝法」などの禅門用語中に「仏嗣」「正嫡」「令嗣」の語句がある。〔以下、『眼蔵』と『広録』の引用は、春秋社『道元禅師全集』の第一巻（眼蔵　上）・二巻（眼蔵　下）、第三巻（広録　上）・四巻（広録　下）を用い、『眼蔵』は巻名、『広録』は「上堂語」の編集番号を記す。〕

道元は、釈尊に向かい深い尊敬と親しみを込め中国風に「釈迦老子」[1]や時に「我が本師釈迦牟尼仏大和尚」「我が如来」「慈父大師」「釈迦慈父」、釈尊の道俗の心を取り込むすぐれた教育指導法を讃嘆し、禅家流の逆説的表現で「瞿曇の老賊」等と称している。また道元は、古来の「仏祖」は「仏法」を会得し、「神通」を保持しているとの前提のもと、禅宗の法系に属する祖師たちを一般的尊称の「仏仏祖祖」の他、個々の優れた禅者を「先仏」「古仏」等と称する。

さらに釈尊を嗣法・伝法の上で「仏祖（過去七仏の一人）」のトップないし中央に位置づけ、さらに祖師と釈尊を仏道上、同時・同参であると意味づける。たとえば唐代の禅僧玄沙師備は修行僧に「我は釈迦老子と同参」と示し、彼と釈尊が同等であるとするものであり、これは後に述べるように、道元自身も同様な捉え方をしている。

註1　仏弟子・仏子、仏嗣・正嫡・令嗣。〔「声聞」「羅漢」は除く〕

1―1　一般的「仏弟子」の意味　①釈尊の弟子、②仏教徒、③三宝に帰依した人。

1―2　「仏道をあきらめざれば仏嗣にあらず。仏嗣といふは仏子といふことなり。（中略）この諸仏に奉覲して仏嗣し成就せん、すなわち仏仏の仏道にてあるべし」嗣書。

1―3　「予道元、これを見しに、正嫡の正嫡に嗣法あることを決定信受す」嗣書。

1―4　「正嫡わづかに五十代至先師天童浄和尚」仏性。

註2　釈迦老子、慈父大師釈迦牟尼仏、釈迦慈父、我が本師釈迦牟尼仏大和尚。[2]〔親（父）子関係〕

2―1　「しばらくとふ、仙人たとひ釈迦老子をみるといふとも、見仏すやいまだしやといふべし」神通。

2―2　「釈迦老子の道、しかのごとくの小量ならず、しかのごとくを大量とせず、道現成せず、少林・曹谿にきこえず」仏道。

2－3　「〈玄沙師備の語・会要23玄沙章〉玄沙示衆云、我釈迦老子同参（中略）釈迦老子は玄沙老漢と問参するゆゑに古仏なり、玄沙老漢は釈迦老子と同参なるゆゑに児孫なり」偏参。

2－4　「慈父大師釈迦牟尼仏、十九歳の仏寿より、深山に行持して、三十歳の仏寿にいたりて、大地有情同時成道の行持あり(3)」行持。「同時成道」の語句に留意。

2－5　「釈迦大師道く、今この三界は、みなこれ我が有なり。その中の衆生は悉く吾が子なり（中略）かくのごとく吾子子吾、ことごとく釈迦慈父の令嗣なり」三界唯心。

2－6　「二月十五日の上堂。今、我が本師釈迦牟尼仏大和尚、鳩尸那城跋提河の沙羅林に般涅槃したまう」広録　一四六。

2－7　「四月八日浴仏上堂。云く。我が本師釈迦牟尼仏大和尚、三千年の前の今朝、浄飯王宮毘藍園裏に現生し降誕したまう」広録　一五五。

2－8　「上堂。我が本師釈迦牟尼仏大和尚、先世に瓦師と作る」広録　八二。

註3　瞿曇の老賊　後掲『永平広録』第三（二一三　上堂）に「瞿曇老賊」の用法あり。

3－1　「臘八の上堂。云く。瞿曇の老賊、魔魅に入る。人天を悩乱して狼籍なる時。眼睛を打失して覓むるにところなし。梅花新たに発く旧年の枝（原漢文、以下同）」広録　二一三。

参考　「瞿曇老賊口親屙、驢屎相兼馬屎多、打作一團都撥轉、潑天臭悪悩娑婆」（『如浄和尚語録』巻下、『大正蔵』四八巻、一二三二頁。偈頌「幹蔵(4)」）

註4　仏祖、仏仏祖祖。

4－1　「仏法を会し神通を得るは、古来の仏祖なり。仏となり祖と作る。容易なることを得ず。ただ神通を得るものは、これを老老と証す。仏法を会するものは、これを大大と称す。大を会し老を得るは、只管職究理弁道に由るなり」広録　三三。

4－2　「（『禅苑清規』に引く『梵網経』の「十重四十八軽戒」の信順に対し）仏仏祖祖、正伝の宗旨それかくのごとし」洗面。

4－3　「仏仏祖祖正伝の衣法、まさしく震旦国に正伝することは、嵩嶽の高祖（達磨）のみなり」袈裟功徳。

4－4　「仏仏祖祖正伝しきたれる宗旨あり、文字をかぞふるたぐひ、覚知すべからず、測量すべからず」伝衣。

4－5　「この宗旨は、正法眼蔵あきらかに正伝しきたりて、仏仏祖祖の心印、まさに直指なること嫡嫡単伝せるにとぶらひならふに、かならずその骨髄面目つたはれ、身体髪膚うくるなり」後心不可得。

4－6　「（霊山会上の釈尊と摩訶迦葉との面授嗣法を挙げ）これすなわち仏仏祖祖、面授正法眼蔵の道理なり」面授。

4－7　「（出家功徳の結語に）仏仏祖祖正伝の正法眼蔵涅槃妙心無上菩提なり」出家功徳。

4－8　「いま仏仏祖祖正伝するところの仏戒、只嵩嶽曩祖（達磨）まさしく伝来し、震旦五伝して曹谿高祖（慧能）にいたれり」受戒。

4－9　「単伝正直の仏法は最上のなかに最上なり」弁道話。

註5　過去の諸仏　過去七仏・過去仏・過去諸仏・諸仏如来。

5－1　「出家受具は過去諸仏の法なり」出家功徳。

5－2　「出家受戒は諸仏如来の親受記なり」同右。cf.「世尊の授記」広録 一三八。

5－3　「過去有仏のゆゑに出家受戒の功徳あり」同右。

註6　古仏、先仏。〔『正法眼蔵』のみ、『永平広録』を除く〕

6－1　「大鑑高祖（慧能）よの人これを古仏といふ」古鏡。

6－2　「しかあるを宏智古仏を古仏と相見せる、ひとり先師古仏のみなり」王索仙陀婆。

6－3　「先師古仏（如浄）より前後に、先師古仏のごとくなる古仏なきがゆゑに」梅花。

6－4　「向来の四十位の仏祖ともにこれ古仏なり」古仏心。

6－5　「黄檗はこれ古仏なり」面授。

6－6　「（慧忠）国師はこれ一代の古仏なり」佗心通。

6－7　「ただ吾之法門、先仏伝授と道現成す、吾之禅宗先仏伝受と道現成なし」・「先仏の伝受なきやから、あやまりていはく、仏法のなかに五宗の門風ありといふ」仏道。

註7　先師＝天童如浄禅師・先師古仏。〔この語、あまりにも多数につき、以下『眼蔵』諸巻の巻目を列挙す〕

（摩訶般若・洗浄・嗣書・看経・葛藤・仏道・諸法実相・仏経・無情説法・陀羅尼・洗面・面授・梅花・十方・見仏・偏参・眼睛・家常・優曇華・三昧王三昧・転法輪・虚空・鉢盂・安居・王索仙陀婆・供養諸仏・四禅比丘）

明全和尚＝仏樹和尚・先師大和尚・仏樹先師。「先師全和尚入宋せんとせし時」随聞記、広録 四三五・五〇四（文例略）。

道元によれば、「仏弟子」とは、基本的にまず出家・受戒・剃髪・染衣（青・黒・木蘭の衣を着る）すること、ついで「仏経」を伝持し、「仏法」を習い、「仏道」を明らめる人である。その際、師資相承の伝法・嗣法が「面授」を通し行われ、仏弟子の標識として重視される十八種物の受持、特に象徴的かつ代表的な袈裟・鉢盂が伝授される（衣鉢を継ぐ）。中国仏教（特に禅宗）では、いつの頃からか「嗣書」等(5)が加わり、道元及び日本曹洞宗もそれを伝承している。

註8　出家、受戒、剃髪、染衣。

8－1　「仏弟子となることかならず三帰による」帰依三宝。

8－2　「戒をうけざれば、いまだ諸仏の弟子にあらず、祖師の児孫にあらざるなり」受戒。

8－3　「剃除鬚髪して仏弟子と称する」・「剃髪染衣すればたとひ不持戒なれども無上天涅槃の印のために印せらるるなり」袈裟功徳。

8－4　「嫡嫡面授して仏袈裟を正伝せる」袈裟功徳。

8－5　「剃髪染衣すなはち回心なり明心なり」・「おほよそ袈裟は仏弟子の標識なり」身心学道。

8－6　「仏子なにとしてか仏衣を著せざらん」伝衣。

8－7　「諸仏のみに袈裟あり深く信受すべし」伝衣。

8－8　「嚼楊枝これ諸仏菩薩、ならびに仏弟子のかならず所持なりといふことを」洗面。

8－9　「仏経を伝持して仏子なるべし」仏経。

8－10　「ただ仏弟子は仏法をならふべし」弁道話。

8－11　「仏道をあきらめざれば仏嗣にあらず」嗣書。

8―12 「梵網菩薩戒経云、若仏子、常応二時頭陀、冬夏坐禅結夏安居（中略）此十八種物、常随其身、如鳥二翼（梵網菩薩戒経　巻下）この十八種物ひとつも虧闕すべからず」（洗面）。

「仏弟子」とは、上記のとおり出家・伝戒・伝法（嗣法）などの威儀具足が整うことであるが、特に伝法（嗣法）は、後述するように凡情では測りかねる師匠や弟子の上下の枠や凡夫の人知や時空を超える事象である。従ってそれらを表現する用語には「日月星辰をあきらめて嗣法す（嗣法）」「たとひ嗣法すべくば、無量劫ののちなりとも嗣法すべし（面授）」「諸仏如来の親受記（出家功徳）」とも述べられるように、その師資関係は現在の時処を離れ、過去の諸仏と現在の吾人にも及ぶ密接不離の関係を指す。

さらに『正法眼蔵』や『永平広録』の叙述には、道元自身が「仏弟子」としてだけではなく「仏祖」のひとりとして徐々に自覚していった過程が判明する。それらの事項を次に列挙していきたい。

一、天童山安居中、僧堂にて隣の僧たちが「搭袈裟偈」を誦唱するのに感涙す

道元は天童山景徳寺に安居掛搭した当初、僧堂において隣単の僧たちが開静時に「搭袈裟偈」を誦唱するのに感涙した。それは、経文「搭袈裟偈」（大哉解脱服、無相福田衣、披奉如来教、広度諸衆生）と律制（威儀作法）との合致であり、入宋して初めて体験できたことによる新鮮な感激であった。それを後に「袈裟」の威儀と功徳を示す『正法眼蔵』「袈裟功徳」巻に著し、同時に伝衣を信受する喜びの中でその意義を自覚的に体験し、「伝衣」巻として展開される。

「予、在宋のそのかみ、長連牀に功夫せしとき、斉肩の隣単をみるに、毎暁の開静のとき、袈裟をさゝげて頂上に安置し、合掌恭敬しき。一偈を黙誦す。ときに予、未曾見のおもひをなし、歓喜、みにあまり、感涙、ひそかにおちて襟をうるほす。阿含経を被閲せしとき、頂戴袈裟文を見るといへども、不分暁なり。いまは、まのあたりにみる。ちなみにおもはく、あはれむべし、郷土にありしには、おしふる師匠なし、かたる善友にあはず、いくばくかいたづらにすぐる光陰をおしまざる、かなしまざらめやは。いま、これを見聞す、宿善喜ぶべし。もしいたづらに本国の諸寺に交肩せば、いかでか、まさしく仏衣を著せる僧宝と、隣肩なることをえん。悲喜、ひとかたにあらず、感涙千万行。ときにひそかに発願す、いかにしてかわれ不肖なりといふとも、仏法の正嫡を正伝して、郷土の衆生をあはれむに、仏仏正伝の衣法を見聞せしめん」伝衣。　（ほとんど同じ文章が袈裟功徳巻にあり）

「大唐よりこのかた瞻礼せる緇白、かならず信法の大機なり。宿善のたすくるにあらずよりは、いかでかこの身をもちて、まのあたり仏仏正伝の仏衣を瞻礼することあらん。信受する皮肉骨髄はよろこぶべし、信受することあたはざらんは、みづからなりといふとも、うらむべし、仏種子にあらざることを」伝衣。

ちなみに道元は、嘉定十六年（一二二三）十月中、慶元府（明州。寧波）にて遭遇した高麗僧二人が、「袈裟なし、鉢盂なし、俗人のごとし。比丘形なりといへども比丘法なし」（袈裟功徳・伝衣巻の末尾の記述があり、表面的に比丘形（僧形）を呈しているが実質的に「衣鉢」を所持せず「比丘法」のない彼らを批判しているのである。

二、宝慶元年より二年頃、各種の「嗣書」を拝閲、信奉を深める

「嗣書」とは、師匠が弟子に授与する釈尊と直結する法系譜の証書であるが、河村孝道氏の説によれば「仏祖の命脈が、恰も葛藤の親密一如の糸線にも似て聊かも断絶することなく、仏祖たる師より資（弟子）へと証契面授し、嗣法相続する〝仏嗣仏〟の明証が〝嗣書〟である」（『道元禅師全集』第一巻、春秋社、四二三頁 冠注）という。

『正法眼蔵』「嗣書」巻によれば道元は、宝慶元年より二年（一二二四～二五）の頃、日本人の留学僧「隆禅上座」の斡旋により「伝蔵主」を屈請して五祖法演下（仏眼清遠）の「嗣書」を拝看することをきっかけに惟一西堂より法眼下、宗月長老より雲門下、智庾を通し仏照下の住持無際了派の各嗣書を焼香礼拝し、閲覧している。また平田万年寺住持元鼒より大梅法常の霊夢と道元の渡来が符合すると告げられ感涙している。なお、道元の「嗣書」への傾倒・信奉は「嗣法」との関連において「面授」巻にも縷々説示している。

まず「嗣書」巻冒頭の「第五十一世観音導利院興聖宝林寺入宋伝法沙門道元謹以記　仏仏祖祖嗣法之嗣書以欲証子孫者也」（底本・石川県龍門寺蔵本、天文十六年〈一五四七〉中の「第五十一世観音導利院興聖宝林寺入宋伝法沙門道元」に留意しておきたい（後述）。

先師古仏如浄より嗣法した自覚を抱く道元は、以下のように仏祖の証契となる「嗣法」の意義を説きつつ、その常識的な師匠と弟子間における授与とは大いに異なり、「六祖より向上して七仏にいたれば、四十祖の仏嗣あり、七仏より向下して六祖にいたるに、四十仏の仏嗣なるべし」とか「（過去七仏の）迦葉仏は釈迦牟尼仏に嗣法する」「過去諸仏は、これ釈迦牟尼仏の弟子なり」とあるごとく、前仏後仏による授受の順序が逆もあり（順逆一如の世界）、その証契は時空を超越して行われるというのである。

「夫、仏仏必ず仏仏に嗣法し、祖祖かならず祖祖に嗣法する、これ証契なり、これ単伝なり。このゆゑに、無上菩提なり。仏にあらざれば、仏を印証するにあたはず、仏の印証をえざれば、仏となることなし。仏にあらざるよりは、たれかこれを最尊なりとし、無上なりと印することあらん」

「（前略）六祖、曹谿にあるとき衆にしめしていはく、七仏より慧能にいたる四十仏あり、慧能より七仏にいたる四十祖あり。この道理、あきらかに仏祖正嗣の宗旨なり。いはゆる七仏は、過去荘厳劫に出現せるもあり、現在賢劫に出現せるもあり。しかあるに、四十祖の面授をつらぬるは、仏道なり、仏嗣なり。

しかあればすなはち、六祖より向上して七仏にいたれば、四十祖の仏嗣あり。七仏より向下して六祖にいたるに、四十仏の仏嗣なるべし。仏道祖道、かくのごとし。証契にあらず、仏祖にあらざれば、仏智慧にあらず、祖究尽にあらず。仏智慧にあらざれば、仏信受なし。祖究尽にあらざれば、祖証契せず。しばらく四十祖といふは、近をかつがつ挙するなり。

（中略）さらに、迦葉仏は釈迦牟尼仏に嗣法する、と参究する道理あり。この道理を知らざるには、仏道をあきらめず、仏道あきらめざれば、仏嗣にあらず。仏嗣といふことは、仏子といふことなり。

釈迦牟尼仏あるとき阿難にとはしむ。過去の諸仏はこれたれが

弟子なるぞ。釈迦牟尼仏の曰はく、過去の諸仏はこれ我釈迦牟尼仏の弟子なり。諸仏の仏義、かくのごとし。この諸仏に奉覲して、仏嗣し、成就せん、すなわち仏仏の仏道にてあるべし。

この仏道、かならず嗣法するとき、さだめて嗣書あり、もし嗣法なきは天然外道なり」（嗣書）。

「過去の諸仏はこれ釈迦牟尼仏の弟子なり、袈裟をささげてきたり、塔をささげてきたる。このとき釈迦牟尼仏いはく、諸仏神通不可思議なり」（神通）。

如浄による道元への「嗣法」の奥義ともいうべき説示は「嗣書」巻末尾の加筆部分にある。これは前掲の叙述を繰り返しながら、それを凝縮しまとめているともいえよう。要点となるところは、「迦葉仏入涅槃ののち、釈迦牟尼仏は始めて出世成道せり」「釈迦仏の、嗣法してのちに、迦葉仏は入涅槃すと参学するなり」とか「釈迦仏は迦葉仏に嗣法すると学し、迦葉仏は釈迦仏に嗣法すると学するなり」等である。

「先師古仏天童堂上大和尚、しめしていはく、諸仏かならず嗣法あり、いはゆる、釈迦牟尼仏者、迦葉仏に嗣法す、迦葉仏者、拘那含牟尼仏に嗣法す、拘那含牟尼仏者、拘留孫仏に嗣法するなり。かくのごとく仏仏相嗣していまにいたると信受すべし。これ学仏道なり。

ときに道元まうす、迦葉仏入涅槃ののち、釈迦牟尼仏は始めて出世成道せり。いはんやまた賢劫の諸仏、いかにして荘厳劫の諸仏に嗣法せん。この道理いかん。

先師いはく、なんじがいふところは、聴教の解なり、十聖三賢等の道なり、仏祖嫡嫡の道にあらず。わが仏仏相伝の道は、しかあらず。釈迦牟尼仏、まさしく迦葉仏に嗣法せり、とならひきたるなり。釈迦仏の、嗣法してのちに、迦葉仏は入涅槃すと参学するなり。釈迦仏、もし迦葉仏に嗣法せざらんには、天然外道とおなじかるべし、誰か釈迦仏を信ずるあらん。かくのごとく仏仏相嗣して、いまにおよびきたれるによりて、箇箇仏ともに正嗣なり。つらなれるにあらず、あつまれるにあらず。まさにかくのごとく仏仏相嗣すると学するなり。諸阿笈摩教のいふところの劫量・寿量等にかかはらざるべし。もしひとへに釈迦仏よりおこれりといはば、わづかに二千余年なり、ふるきにあらず。相嗣もわづかに四十余代なり、あらたなるといひぬべし。この仏嗣は、しかのごとく学するにあらず。釈迦仏は迦葉仏に嗣法すると学し、迦葉仏は釈迦仏に嗣法すると学するなり。かくのごとく学するときまさに諸仏諸祖の嗣法にてあるなり。この時道元、はじめて仏祖の嗣法あることを稟受するのみにあらず、従来の旧窠をも脱落するなり」（嗣書）。

つまり道元は「嗣法」における前仏後仏の順逆一如と時空超越に対し、「諸仏かならず威儀を行足す、これ行仏なり（中略）仏仏正伝する大道の断絶を超越し、無始無終を脱落せる宗旨、ひとり仏道のみに正伝せり」（行仏威儀）と述べられるのである。

次に大梅法常の「夢告」に関する平田万年寺元鼒の夢想と大梅山護聖寺の「霊夢」（＝「夢」信仰）に触れておきたい。それは、次のような概要である。

道元が宝慶年間（一二二五～二七）の諸方雲遊中、浙江省平田万年寺に赴いた。すると住持の元鼒が五日前、府城に出張して夢の中で大梅法常と思しき高僧が現れ、舶舩を超えてくるものに「梅花の一枝」

（嗣書の白地に描かれた梅の綾模様＝嗣書）を与えるように告げられ、その夢想に符合すると述べ、彼は「嗣書」を閲覧させてくれた。また道元が、天台山より天童山間の路次、大梅山護聖寺旦過寮に宿泊した折、夢中に大梅祖師が現れ開華した「一枝の梅花」を授けてくれる「霊夢」を感じた。道元は「夢中と覚中とおなじく真実なるべし。道元在宋のあひだ、帰国よりのち、いまだ人にかたらず」（嗣書）と述懐している。「古鏡」巻には第十八祖伽耶舎多尊者の誕生にまつわる母の「夢告」を引いている。中世の人々には、このような「夢告」をごく自然に信じているものと推察できる。

上記のごとく道元が天童山に安居したのち、一旦、天童山を離れ、「参師聞法」のため諸方へ行脚し、帰山したのは嘉定十七年（一二二四）三月末とする説がある。無際了派の示寂は、『如浄禅師語録』の分析によれば、「仏生日（上堂）」の後にある「派和尚遺書至上堂」の語句より同年春（月日不明）、また如浄の天童山入院は「退浄慈天童上堂」（西湖九箇月）の語より同年七月後半から八月にかけての頃（伊藤秀憲『道元禅研究』第二章[6]）と推定されている。もし道元が嘉定十七年八月以降、天童山において既に帰山していたとすれば、新住持如浄に相見し対話できた可能性があったはずであるが、その消息を示すものはない。従って道元の行脚における終局は、如浄の天童山入院後、宝慶元年春頃までの可能性も残るわけである。[7]

三、宝慶元年五月一日、如浄に「面授」し「参問」、夏安居中に「嗣法」

『宝慶記』冒頭には、年月不明ながら道元が如浄へ「参問」（入室参禅）の申請を出し、それに対し如浄は道元の申し出に対し、それ以降、昼夜の時候や著衣の有無は妨げない、「親父の無礼」を恕（ゆる）すと応じている。[8] 前掲の「面授」は、宝慶元年五月一日であるから、「参問」申請は、その直後かもしれない。道元は、如浄との「良き結縁」を喜び、勇んで「参問」を続けたに違いない。同書には、宝慶元年七月二日以降の参問が多数綴られ、道元の心境が次第に深まっていく様子が窺える。ある時、如浄は「儞（なんじ）はこれ後生なりと雖も、頗る古貌あり、直に須らく深山幽谷に居して、仏祖の聖胎を長養すべし、必ず古徳の証処に至らむと」と説き「能礼所礼性空寂、感応道交」と示し、さらに西天東地における仏祖の行履について教示し、道元は只ただ有難く感涙し襟を濡らしている（十話）。如浄が道元を見て「頗る古貌あり」と一目でその力量を見通していたのである。

道元が後日「正師」と仰ぎ、「先師天童古仏」等と尊称する如浄と相見（邂逅）したのは、単なる出会いではない。「希代不思議の機縁也」（古写本建撕記）とあるように、それは、まさに「千載一遇」「難値難遇」の邂逅であり、「我逢人なり、人逢人なり、我逢我なり」（有時）、「まのあたり先師（如浄）をみる、これ人にあふなり」（行持）等と称されるものであり、両者が直感的に「感応道交」したのである。それは「一世も師をみざれば、弟子にあらず、弟子を見ざれば、師にあらず。さだまりてあひみ、あひみえて、面授しきたれり、嗣法しきたれるは祖宗の面受処現成なり」（面授）とも述べる。

後日、それを「面授時脱落」[9]（面授の時に脱落＝悟証したという説）とも見做されるほど相互間における人格の契合と深い信頼感が湧出したといえる。その感激は次のように道元をして「面授」巻中に前後二回にわたり記述していることからも窺える。

「大宋宝慶元年乙酉五月一日、道元、はじめて先師天童古仏を妙高台に焼香礼拝す。先師古仏、はじめて道元をみる。そのとき、道元に指授面授するにいはく、仏仏祖祖面授の法門、現成せり。これすなはち霊山の拈華なり、嵩山の得髄なり、黄梅の伝衣なり、洞山の面授なり。これは仏祖の眼蔵面授なり。吾屋裏のみあり、余人は夢也未見聞在なり」

「道元、大宋宝慶元年乙酉五月一日、はじめて先師天童古仏を礼拝面授す。やや堂奥を聴許せらる。わづかに身心を脱落するに、面授を保任することありて、日本国に本来せり」

このような感動的な「面授」があったからには、間もなく「伝法（嗣法）」が訪れることを予感させるものである。事実、夏安居中に「伝法（嗣法）」があったことを示唆する文例が後述する『正法眼蔵』「仏祖」巻奥書に示されているのである。ところで、この「面授」と「嗣法」の微妙な「はざま」のところを河村孝道氏は次のように示される。「正師への参学礼拝とその印証による師資二面裂破の処が面授嗣法――仏法のいきいきたる嗣続に外ならなかった（面授）。師に相続される仏陀開顕の法に覚め、師資共命の法を「現挙」し「体証」して「住持」する人を仏祖という。（後略）」〈「仏祖」冠注解題〉。「仏祖」巻の冒頭文と内容的にそれを証する「嗣書」巻の文は次のとおりである。

「それ、仏祖の現成は、仏祖を挙拈して、奉覲するなり。過・現・当来のみにあらず、仏向上よりも向上なるべし。まさに仏祖の面目を保任せるを拈じて、礼拝し相見す。仏祖の功徳を現挙せしめて、住持しきたり、体証しきたれり」（仏祖）。

「仏仏かならず仏仏に嗣法し、祖祖かならず祖祖嗣法する、これ証契なり、これ単伝なり、このゆゑに、無上菩提なり。仏にあらざれば仏を印証することあたはず、仏の印証を得ざれば仏となることなし」（嗣書）。

「仏祖」巻には、過去七仏、西天二十八祖、東土二十三代、（末尾）如浄大和尚「東地二十三代」と並べ、次に「道元、大宋国宝慶元年乙酉夏安居時、先師天童古仏大和尚に参侍して、この仏祖を礼拝頂戴することを究尽せり。唯仏与仏なり」と付記している。

つまり、道元自身は、「宝慶元年夏安居」の時に「正師」如浄の許に「この仏祖を礼拝頂戴することを究尽せり。唯仏与仏なり」とあるごとく上記の仏仏祖祖と「同参」「同等」したことを意味する。言い換えれば「身心脱落（＝大悟・成仏道）」に他ならない。それは「大白峰の浄禅師に参じて、一生参学の大事をここにをはりぬ」（弁道話）そのものである。

「身心脱落」に関しては、上記の「面授時脱落」説と「叱咤時脱落」説がある。[10]「叱咤時脱落」説は、伝記（三祖行業記・古写本建撕記・伝光録等に記載するもの。僧堂において打睡する僧へ如浄による叱咤の語中の劇的構成に伴う逸話である。その機縁となる語話は『正法眼蔵』「三昧王三昧」「行持下」巻にみえる「先師古仏云、参禅者身心脱落也、祇管打坐始得、不用焼香・礼拝・念仏・修懺・看経」である。同種の語句は『宝慶記』・『正法眼蔵』「仏経」巻等に見える。[11]確かに道元は、この如浄によるこの教示で「大悟」したにちがいない。「祇管打坐（只管打坐）」という曹洞宗の宗旨は、ここから派生したものである。

「大悟」の時期は、前掲のごとく「大宋国宝慶元年夏安居時、先師天童古仏大和尚に参侍して、この仏祖を礼拝頂戴することを究尽せり、唯仏与仏なり」と記すのみで具体的月日はない。夏安居の時期は四月一日より七月十五日の間であり、具体的には不明であるが、「面授」巻の文脈から五月一日より七月十五日までの時期と限定できよう。

四、宝慶元年九月十八日、如浄より「仏祖正伝菩薩戒」を伝授

道元の「大悟」は「身心脱落」の体験であり、実践的には「祇管打坐」「修証一等」の坐禅といえよう。その後、道元は如浄の丈室（大光明蔵・妙高台）に入室し、「戒脈」の伝来を示す『仏祖正伝菩薩戒（大乗菩薩戒・十六条戒）』とその儀式作法書の『仏祖正伝菩薩戒作法』[12]を授けられたものと伝えられる。この資料は「室内もの」と称され、一般には非公開の文書に属する。ここでは単に資料紹介にとどめておきたい。その文書の所蔵先である熊本県広福寺本の「奥書」には次のように記されている。

「右大宋宝慶元年九月十八日、前住天童景徳寺堂頭和尚、授道元式如是、祖日侍者　時焼香侍者　宗端知客・広平侍者等、周旋行此戒儀、大宋国宝慶中伝之」

この宝慶元年九月十八日の時点において、如浄は「前住天童景徳寺堂頭和尚」とあるが、如浄の退院上堂は宝慶二年冬と宝慶三年冬の二説がある。[13]この相違は、『如浄語録』の編成上の解釈からくるものである。「戒脈」の伝戒式には、戒師如浄の他に祖日侍者・宗端知客・広平侍者等が周旋した事が知られる。なお関連の文書「覚心授心瑜戒脈奥書」（写本、大分県泉福寺蔵）には、如浄が「仏戒は宗門の大事なり。霊（鷲）山・少林（寺）・曹洞の洞山など皆な嫡嗣に附し、如来より嫡々相承して吾に至り、今弟子日本国僧道元に附せり。伝附已に畢る（原漢文）」と述べたと記している。「仏祖正伝菩薩戒」の伝戒記事は、「古写本建撕記」類、面山瑞方撰『永平実録』『訂補建撕記』等に掲載されている。

その後、道元は如浄の膝下で二年間修行を続け、「祇管打坐」「修証一等」の参究を積み重ね深めていたと思われる。この間、浙江省定海県の舟山列島にある観音霊場補陀洛迦山に参詣していると推定できる。そうしたさなか、如浄の五体不如意（体調不良）の状況下にあったが、高祖は宝慶三年七月、帰朝の念を生じ遂に如浄に告暇の挨拶をするに至り、その前後、如浄は道元に「嗣書」を授けたと推定できる。現存の「嗣書」には「大宋宝慶丁亥」（干支から宝慶三年と判明）とあり、月日がないものの、帰朝前に授けられたものと思われる。最近の研究によれば如浄の示寂は、延宝本を除く「古写本建撕記」に記す宝慶三年七月十七日である。[14]従って別離の直後となろう。

〔なお永平寺宝物館に所蔵する『嗣書』（明治三十三年四月七日「国宝」指定、昭和二十五年八月二十九日国指定の「重要文化財」）は、面山が永平寺へ上山し現物を閲覧した記録（『面山逸録』巻三「拝閲嗣書」）の文面と現存とは齟齬をきたしている。その相違から歴史的かつ文献学的に問題を残している。ここでは、それを指摘するにとどめておきたい。[15]〕

道元の帰朝年次は、中世古祥道氏の指摘するごとく「予嘉禄中、従宋土帰本国」（『普勧坐禅儀撰述由来』）と「紹定のはじめ本郷にかへりし」（『弁道話』）とあるように道元自身二説を示し混乱しているが、現在では宝慶三年（日本嘉禄三年〈一二二七〉）秋に天童山を告暇し帰朝して後、暫時、栄西・明全ゆかりの建仁寺に滞在したことに落ちついている。

五、帰朝後における「伝法」の自覚

㈠ 自称「入宋伝法沙門道元」

帰朝後、如浄に師事し伝法（嗣法）した感激は忘れがたく寛喜三年より仁治四年頃まで（一二二九〜四三）、「入宋伝法沙門道元」「伝法沙門道元」と自称して、「伝法」の意義を認識していたことが、次の撰述書の冒頭または末尾に記されていることによって判明する。これは、要するに道元が正師如浄より「伝法」した自覚（誇り）と責任を強く意識していたことを示すものに違いないと思われる。(16)

弁道話　寛喜辛卯（三年　一二三一）仲秋日「入宋伝法沙門道元」

普勧坐禅儀　天福元年（一二三三）中元日書于「観音導利院　入宋伝法沙門道元」

典座教訓　観音導利興聖宝林禅寺比丘道元撰「（末尾）観音導利院住持伝法沙門道元記」

正法眼蔵「伝衣」仁治元年（一二四〇）庚子開冬日「興聖宝林寺入宋伝法沙門道元」

（同右）「嗣書」仁治二年（一二四一）歳次辛丑三月七日「（同右）入宋伝法沙門道元」

（同右）「法華転法華」仁治二年（一二四一）夏安居日「（同右）入宋伝法沙門　道元記」

（同右）「菩提薩埵四摂法」仁治癸卯（一二四三）端午日「入宋伝法沙門　道元記」

和辻哲郎著「入宋求法の沙門道元」（『日本精神史研究』所収）は、意欲に燃える若い道元の息吹の一端を表したものである。

㈡ 仏祖「五十一代」の自覚

道元が仁治二年（一二四一）正月三日『正法眼蔵』「仏祖」巻を撰述し、前述のごとくはじめに過去七仏、西天二十八祖、東土二十三代、末尾に如浄大和尚「東地二十三代」と並べ、次に「道元、大宋国宝慶元年乙酉夏安居時、先師天童古仏大和尚に参侍して、この仏祖を礼拝頂戴することを究尽せり。唯仏与仏なり」と付記していた。それと同様に「嗣書」巻の冒頭に「第五十一世観音導利院興聖宝林寺入宋伝法沙門道元謹以記　仏仏祖祖嗣法之嗣書以欲証子孫者也（底本、石川県龍門寺蔵本、天文十六年〈一五四七〉書写）」がある。

その他に「五十一伝」「五十一世」の語句は、『正法眼蔵』の「鉢盂」巻、「面授」巻、「安居」巻にも散見する。また後日、それは仏祖の行実として瑩山の『伝光録』に展開される。

「東西都盧五十一伝、すなはち正法眼蔵涅槃妙心なり、袈裟鉢盂なり」鉢盂。

「釈迦牟尼仏を礼拝するとき、五十一世、ならびに七仏祖宗ならべるにあらず、つらなるにあらざれども、倶時の面授あり。一世も師をみざれば、弟子にあらず、弟子をみざれば、師にあらず。」面授。

「この仏祖現成せるには、世尊、迦葉、五十一世、七仏祖宗影現成なり、光現成なり、身現成なり、心現成なり、尖脚来なり、尖鼻来なり」面授。

「梵網経中に冬安居あれども、その法つたはれず、九夏安居の法のみつたはれり、正伝まのあたり五十一世なり」安居。

「第五十一祖永平元和尚、参天童浄和尚。（中略）浄和尚よのつね示して曰く、汝古仏の操行あり。必ず祖道を弘通すべし。われ汝をえたるは、釈尊の迦葉をえたるがごとし。因て宝慶元年乙酉、日本嘉禄元年たちまちに五十一世の祖位に列す。即ち浄和尚嘱して曰く、早く本国にかへり、祖道を弘通すべし。深山に隠居して、聖胎を長養すべしと」『伝光録』第五十一章。

六、「単伝正直の仏法」「正伝の仏法」「正法」・「全一の仏法」・「純一の仏法」を鼓吹

道元が如浄より伝授された仏法は、「正伝の仏法」・「正法」、「全一の仏法」・「純一の仏法」と称し、儒教・道教・仏教の融合した思想である「三教一致」を批判している（『正法眼蔵』「諸法実相」巻・「四禅比丘」巻。文例は略す）。

道元は、如浄よりの伝法をまさに「正法」とした。つまり仏法の正統な後継者として自覚したのである。三十年ほど前、「仏教における正と邪」（『日本仏教学会年報』四八号）との課題で筆者は『正法眼蔵』における正と邪」をまとめた。そこでは、「正法」の語句を内容構成から(1)正法の内容、(2)正法の伝承、(3)正法を伝える人、(4)正法を嗣ぐ人、(5)正法の実践に分け論究した。ここでは、その内容に関し、すべて割愛するものの、以下に用例の一端を示す。

「単伝正直の仏法は最上のなかに最上なり」弁道話。

〈「単伝」の語句は、「礼拝得髄」「袈裟功徳」「仏性」「坐禅箴」「行持」等に示す〉

「とふていはく、この行は、いま末代悪世にも、修行せば証をうべしや。しめていはく、教家に名相をこととせるに、なほ大乗実教には正・像・末法をわくことなし、修すれば、みな得道すといふ。いはむや、この単伝の正法には、入法出身、おなじく自家の財珍を受容するなり。証の得否は、修せんものおのづからしらむこと、用水の人の、冷暖をみづからわきまふるごと如し」弁道話。

「祖師西来ののち、直に葛藤の根源をきり、純一の仏法ひろまれり。わがくにも、又しかあらんことをこひねがふべし。いはく、仏法を住持せし諸祖ならびに諸仏、ともに自受用三昧に端坐依行するを、その開悟のまさしきみちとせり。」弁道話。

同様に上記の用語を使い説示している『正法眼蔵』には、「発菩提心」「発無上心」「菩提薩埵四摂法」「大悟」「自証三昧」「三昧王三昧」の諸巻があるが、ここではすべて便宜的に割愛する。

㈠　正師（如浄）・正嫡（仏嗣）のありよう

上記の「正法」に関わる人物としては、当然、能動者の「正師（たとえば如浄）」と受動者の「正嫡（仏嗣）」の存在がある。まず「正師」とは、人格の相契たる「面授」を通して交わされる。「正伝の面授あらざるを正師にあらずとはいふ。仏仏正伝しきたれるは正師なり」（無情説法）と示す。「正法」に背きがちなのは、「正師」と遭遇しないことによる。「菩薩の初心のとき、菩提心を退転すること、おほくは正師にあはざるによる。正師にあはざれば、正法をきかず。正法をきかざれば、おそらくは因果を撥無し、解脱を撥無し、三宝を撥無し、三世等の諸法を撥無す。いたづらに現在の五欲に貪著して、前途菩提の功徳を失す」（発菩提心）。「正師」の言及は、『正法眼蔵』の「弁道話」「即心是仏」「谿声山色」「山水経」「心不可得」「後心不可得」「恁麼」「行持下」「仏道」「密語」諸巻にも説く。[17]

㈡ 伝法（嗣書）・伝衣（袈裟・衣法）

前述のとおり伝法は「面授」が大事である。「おほよそ仏祖大道は、唯面授面受、受面授面のみなり、さらに剰法あらず、虧闕あらず。この面授あふにあへる自己の面目をも、随喜歓喜信受奉行すべきなり」（面授）。

道元は如浄に相見し「当下に眼横鼻直なることを認得し、人に瞞せられずすなはち空手還郷す。所以に一毫も仏法なし」（広録第一）とはいうものの、伝法（嗣法）に伴う主要な伝持物として、その証明書である「嗣書」がある。一般に中国禅宗では、その他に「袈裟」がある。石川県永光寺蔵の伝記資料（「曹洞家天童如浄禅師道元和尚嗣法論」）（切紙資料）には、拄杖・払子・竹篦を授けられたとするが、実際のところ不明である。

伝法に伴う事項の叙述は、『正法眼蔵』の随所にあり、枚挙に暇がないほどである。たとえば鍵詞（キーワード）として、「仏道・仏法・正法眼蔵・正法眼睛・正法眼蔵涅槃妙心・正法眼蔵無上菩提」等多数ある。『眼蔵』「坐禅箴」巻の「嫡嫡相承せるはこの坐禅の宗旨のみなり」とは、修証一如の宗旨である「只管打坐」を指すものであり、その実践である。また「嗣書」と「袈裟（仏衣）」に限定して、その相承に関する文例を挙げてみよう。

「正嫡に嗣法あることを決定信受す」嗣書。
「正嫡の相承」・「袈裟の功徳は正伝まさしく相承せり」伝衣。
「如来の嫡嫡相承なり一代も虧闕なし」袈裟功徳。
「嫡嫡面授しきたれる正師に受持せん」袈裟功徳。
「相伝の正嫡なることを信受護持すべし」伝衣。

ところで如浄は、「嗣法」について、自慢げに放言することを戒めている。また平田万年寺住持元鼒は、「嗣書」をみだりに他人に見せないのが「仏祖の法訓」である（嗣書）と注意を喚起している。

「先師天童如浄、ふかく、人のみだりに嗣法を称することを、いましむ。誠に先師の会は、これ古仏の会なり叢林の中興なり」嗣書[18]。

㈢ 各種清規の制定『典座教訓』『赴粥飯法』『知事清規』等

道元は、インド仏教の「戒律」制定はともかく、中国の『禅苑清規』を根底に置き、日本の風土に即して『典座教訓』『赴粥飯法』『知事清規』等を制定し、叢林生活の基礎固めを推進している。『正法眼蔵』中にも鉢盂・洗浄・洗面・嚼楊枝・安居等に関し詳細な説示をしていることが知られる。なお日本曹洞宗では、道元によって、中国仏教界、特に天台宗の大乗菩薩戒の研究動向、そして日本天台宗の動向を見据え、独自に近い「十六条戒」を定めている[19]。これもいわば道元のインド仏教の「戒律」や中国禅への憧憬の一端を収斂し凝縮したものといえよう。

七、『永平広録』の「上堂」と『正法眼蔵』の「提唱（示衆）」は釈尊の説法に準拠したか

道元の自負として、中国の禅宗寺院で住持が定期的に行っていた「上堂」（法堂に上り説法すること）を日本において最初に行ったこと、また「仏成道会（臘八）」の法会も初めて行じたと述べている。

「日本国の人、上堂の名を聞く最初は、永平（道元）の伝うるなり」広録 三五八。

「日本国の先代、曾て仏生会、仏涅槃会を伝う。然れども、未だ曾て仏成道会を伝え行ぜず、永平始めて伝え、已に二十年なり。今より已後、尽未来際伝えて行ぜん」広録　四〇六。

また道元は、周知のごとく『永平広録』（漢文）と『正法眼蔵』（和文）などを残しているが、その「上堂」と「提唱」を頻繁に行っていたのは、釈尊の説法に接近しようとなされたようにも思われる。

次に「涅槃会上堂」、「浴仏（降誕）会上堂」、「臘八（成道）会上堂」の数例を挙げ、その説示を見てみよう。それらは時空を超え、「今日の」道元と直結しているのである。

涅槃会上堂　広録　一四六・四八六（二二五・三一一・三六七は略）

「二月十五日の上堂。今、我が本師釈迦牟尼仏大和尚、鳩戸那城跋提河の沙羅林に般涅槃したまう。何ぞ啻だ釈迦牟尼仏のみならんや。過去未来現在の十方一切の諸仏、悉くみな今日の半夜に般涅槃す。ただ諸仏のみにあらず、西天二十八祖、巴鼻あり、頂寧あるは、悉くみな今日の半夜に般涅槃す。前もなく後もなし、自もなく他もなし」広録　一四六〔三世一切諸仏と同時涅槃・同参。前後・自他なし〕

「二千年前の今日（中略）今日に遇う毎に枝低れ葉萎む。如来の涅槃を憂うるなり」広録四八六。

浴仏（降誕）会上堂　広録　九八・一五五（二三六・二五六・三二〇・四九五は略）

「諸仏、今日の声を単伝し、過去、未来、ならびに現在に同生し、同処し、同名なり。南無釈迦牟尼仏、香水もて洗頭し老兄を浴せん。這れはこれ、浴する底の降生の道理なり」広録　九八。

「四月八日浴仏上堂。云く。我が本師釈迦牟尼仏大和尚、三千年の前の今朝、浄飯王宮毘藍園裏に現生し降誕したまう（中略）師云く、大家、世尊の降生を見んと要すや。払子を拈じて一円相を作りて云く、世尊降生し了れり。都て一物も先となり後となることなし。甚に因ってかくのごとくなる。所以は世尊、大仏の降生を受けて降生し、大仏の脚跟を受けて周行七歩し、大仏の開口を受けて便ち天上天下唯我独尊と道えばなり（中略）尽十方界山河国土、その中の諸人有情無情、三世十方一切諸仏と、瞿曇世尊と同時に降生し了れり。都て一物も先となし後となすことなし」広録　一五五〔尽十方界三世諸仏と同参・同時降誕、都て先後なし〕

臘八（成道）会上堂　広録　二一三・四〇六（八八・二四〇・二九七・三六〇・四七五・五〇六は略）

「臘八の上堂　云く、瞿曇の老賊、魔魅に入る。人天を悩乱して狼籍なる時、眼睛を打失して覓むるにところなし。梅花新たに発く旧年の枝」広録　二一三。

「臘八上堂　日本国の先代、曾て仏生会・仏涅槃会を伝う。然れども、未だ曾て仏成道会を伝え行ぜず。永平始て伝え、已に二十年なり。今より已後、尽未来際伝えて行ぜん」広録四〇六〔臘八（成道）会の日本への伝承を誇らしく語る〕

道元は、右の恒例仏事の他に平常時の上堂においても「三世の諸仏」が「同参」したと述べられることにも留意しておきたい。例えば「如来の慧に入る」の語句の上堂と「夜来三世仏、箇箇永平が窟裏に落在す」の語句の上堂を挙げる。これも道元が誓願を持つ点で釈尊と「同参」すること、また「三世仏」が「永平が窟裏に落在」し「米を搬びて庫堂に入れ」て祝意を示されたと述べられる。

「云く、山僧今日上堂するに、三世の諸仏もまた上堂す。諸代の祖師もまた今日上堂す。丈六の金身を帯ぶるものも上堂す。百草の妙用を具するものも上堂す。既に倶に上堂し、甚麼の法をか説く。他の法を説かず、這箇の法を説く。作麼生かこれ這箇の法。上藍院裏に挙し、観音院裏に挙し、僧堂裏に挙し、仏殿裏に挙す。」広録 七〇。

「上堂。我が本師釈迦牟尼仏大和尚、先世に瓦師と作る。名づけて大光明と曰う。（中略）日本国越宇、開闢永平寺沙門道元、また誓願を発す。当来五濁の世に仏となり、仏および弟子の国土・名号、正法・像法、身量・寿量、一に今日の本師釈迦牟尼仏のごとくにして、異ならざらんと。ただ願わくは、仏法僧の三宝、天衆・地衆、雲衆・水衆、拄杖・払子、この願を証明せんことを。かくのごとくなりといえども、今釈迦牟尼仏、親しく曾て古釈迦牟尼仏国にあり、仏および弟子、自が舎に来り宿りしとき、一に与に草座・石蜜を供養して誓願を発す。今已にその願を成就せり。而今道元、また今釈迦牟尼仏および仏弟子に見え、また仏説法を聞く也無。釈迦牟尼仏言く〈法華涌出品文〉「始て我が身を見、我が所説を聞き、即ちみな信受せば、如来の慧に入らん」と。既にかくのごとく仏の所説を聞くことを得れば、即ち仏身を見るなり。始て仏身を見て、自ら能く信受し、如来の慧に入るなり。況や耳に仏身を見、眼に仏説を聞き、ないし六処亦復たかくのごとからんには、仏の家に入って誓願を発すこと、一に昔の願のごとくにして異ならざるなり。」広録 一八二。

「上堂。云く、夜来三世仏、永平が窟裏に落在す。面面、米を搬びて庫堂に入れぬ。典座、米を得て粥を煮、僧堂に行く。兄弟、粥を喫し了れり也未。乃ち云く、粥を喫し了れり、粥を喫し了れり。粥これ喫し得ば、この鉢盂を洗う也未。鉢盂未だ曾て洗わず、且く作麼生か未だ曾て洗わざる。良久して云く、鉢盂底なくして未だ曾て洗わざるは、瞿曇の親授記に敵勝れり。」広録 二一〇。

八、最晩年、遺教経「八大人覚」提唱

道元は、最晩年（建長四年〈一二五二〉夏ころより微疾あり）、臨終の近きことを自覚し、釈尊への慕情やみがたく『遺教経』の「八大人覚（少欲、知足、楽寂静、懃精進、不妄念、修善定、修智慧、不戯論）」を提唱し、本文末尾において釈尊と自分とを重ね、次のように述べている。

「仏法にあふたてまつること、無量劫にかたし。人身をうること、またかたし。たとひ人身をうくといへども、三洲の人身よし。そのなかに、南洲の人身すぐれたり。見仏聞法、出家得道するゆゑなり。如来の般涅槃よりさきに涅槃にいり、さきだちて死せるともがらは、この八大人覚をきかず、ならはず。いまわれら見聞したてまつり、習学して生々に増長し、かならず無上菩提にいたり、衆生のためにこれをとかんこと、釈迦牟尼仏にひとしくしてことなることなからん。」眼蔵八大人覚第十二。

「衆生のためにこれをとかんこと、釈迦牟尼仏にひとしくしてことなることなからん」とは、「八大人覚」を人々に説示すること自体、釈尊と等しいと述べるのであるが、その心境は、釈尊の入滅になぞらえ接近しようとされたに違いないと思われる。「釈尊と等しい」といっても決して同じではない。その微妙な立ち位置を何度も反芻していたに違いない。

なお、この「八大人覚」の文書を後継者懐奘が建長五年正月六日、

永平寺において書写している。また懐奘の奥書には、その後、建長七年解制前日（七月十四日）に懐奘が義演に命じ、本書を書写させている。懐奘は「もし先師（道元）を恋慕し奉らん人は、必ず此の十二巻を書して之を護持すべし。此れ釈尊最後の教勅にして、且つ先師最後之遺教也。懐弉記之」とし、義演以後も伝承することを要請している。

九、建長五年八月二十八日示寂「遺偈」

道元の最期は、建長五年八月五日、永平寺より療養のため上洛し京高辻西洞院の俗弟子覚念邸に滞在されて、ある日、『法華経』を誦し、その巻七の一節を面前の柱に書付け「妙法蓮華経庵」と書きとめたと伝わる（『三祖行業記』『三大尊行状記』）。そして「正師」如浄の残した「遺偈」に共鳴しあうようにして「同道同唱」している。まさに道元の正師如浄への慕情の念が凝縮されたものといえよう。初句の年寿数や「打箇勃跳」と「活陥黄泉」の二句を示す点は同じである。その二人の「遺偈」を次にあげる。

「六十六年、罪犯弥天、打箇踍跳、活陥黄泉、咦、従来生死不相干」如浄録。

「五十四年、照第一天、打箇踍跳、触破大千、咦、渾身無覓、活陥黄泉」三大尊行状記。

釈尊最後の場面は、「サーラ双樹の間に頭を北に向け、右脇を下に着け、両足を重ね、横臥した」（『大般涅槃経（大パリニッバーナ経）』）と伝えられる。道元の場合、初期成立の伝記類（『三大尊行状記』『三祖行業記』等）には詳述していないが、江戸期（十七世紀後半から十八世紀前半）になると「投筆怡然坐化」（『永平開山道元和尚行録』〔外題〕『玄和尚行状録』）、「怡然坐化」（『元禅師行状記』『月坡全録』所収）等の語句が垣間見える。これらの語句中「怡然坐化」の「坐化」とは、横臥せずに坐禅したまま遷化することで「坐脱」「坐亡」とも称される。中国や日本の禅者の好みそうな「遷化」であるが、果たして道元がそうであったかどうかは判らない。

暫定的まとめ

道元は、出家当初「仏弟子」という素朴で基本的認識から出発しつつ、釈尊への憧憬やみがたく、その崇敬・信仰心を深め、それを根底に修行を展開する中でついに入宋し、「正師」如浄（先師古仏）と邂逅（＝面授）かつ「嗣法」した。ゆるぎなく「正伝の仏法」を体得し、仏祖（五十一代）としての自覚認識に立脚した生涯を貫いたように窺える。それは道元の根底に護法の念が強く意識され、さらに釈尊と共に如浄に深く信順していたことによる自然な帰結のように思われる。

仏教において釈尊との「付法伝持」を重視することは、何も禅宗（臨済宗・曹洞宗・黄檗宗）の「法系（系譜）」だけではない。一般仏教の他派（三論宗・四分律宗・地論宗・摂論宗・倶舎宗・華厳宗・法相宗・天台宗・真言宗・浄土宗・浄土真宗・時宗・日蓮宗等）でも同様に「法系（法灯・祖統・祖灯）」を示し重視する。当然、それらに関する経典類は多数ある。義浄訳『有部毘奈耶雑事 第四十』（『大正蔵』二四巻、律部三）「第八門」には経典編集（五百結集・七百結集）の継続性に関して、仏陀跋陀羅・法顕共訳『摩訶僧祇律第三十二』（『大正蔵』二二巻、律部一）「明雑跋渠法之十」には同じく「五百結集法蔵」に関して語る。吉迦夜・曇曜共訳『付法蔵因縁伝』（『大正蔵』五〇巻、史伝部二）には仏滅後、摩訶迦葉の法蔵結集以後に阿難以下、師子尊者にいたる二十四人の付法とその因縁を語る。これは禅宗の先駆的な「祖統説」（二十四祖）を示すものとされる。他に（仏大先所説）『達磨多羅禅経』巻上「序」の「二十八祖」説、『宝林伝』の「二十八祖」説、『歴代法宝記』の「二十九祖」説等多数の文献資料があるが、ここではすべて割愛する。

道元は、それらの「祖統説」に連なる一人としての自覚を確認するかのように大乗菩薩戒（十六条戒）を遵守し、只管打坐（修証不二）の行を純粋に貫き通すことにより保持し、信仰と実践を融合させた稀有の人物であり、「仏祖」であったとつくづく思われる。

注

(1)「釈迦老子」の語。これは、文例から「釈迦」と「老子」ではない。釈迦（釈尊）の尊称のひとつである。この「老子」は、諸橋轍次著『大漢和辞典』九巻「老部」によれば「①老人の自称、②父をいふ、③人を称する辞、④星の名、⑤老耼をいふ、子は美称（尊称、道家の祖）、⑥老莱子をいふ、⑦周の太史儋をいふ、⑧李伯陽、⑨書名。二巻。周、老耼撰、又、道徳経といふ」（一四六〜一四七頁）とある。ここでは①との合糅であり、仏教語・禅語の「老師」「老宿」「老叟」に該当する。

(2)「釈迦老子」の用例は他に『眼蔵』「観音」「安居」「仏向上事」の各巻にある。

「しかあれば、釈迦老子の道取する観音は、わずかに千手眼なり、十二面なり、三十三身、八万四千なり」（『全集』一巻『眼蔵』「観音」二二九頁）。

「釈迦老子の、阿那箇の文殊をか擯せんと欲すると道うを待って、便ち撃一椎を与えて看るべし、佗、什麼の合殺をか作さん（原漢文）」（『全集』二巻『眼蔵』「安居」二三九頁）。

「釈迦老子云、是の法、思量分別の能く解する所にあらず（原漢文）」（『全集』一巻『眼蔵』〈拾遺〉「仏向上事」五七三頁）。同義語に「釈迦老漢」がある。

「ある漢いはく、釈迦老漢、かつて一代の教典を宣説するほかに、さらに上乗一心の法を摩訶迦葉に正伝す、嫡嫡相承しきたれり」（『全集』一巻『眼蔵』「仏教」三八一頁）。

(3)「十九歳出家、三十歳成道」説の典拠。『景徳伝灯録』第一「釈迦牟尼仏章」。元は、南伝仏教の伝承。宇井伯壽監修『仏教辞典』の「釈尊」の項は、おもに北伝（大乗）仏教に拠るが、文中（ ）書きで、その伝承説による説示を添えてまとめているので参考になる。

(4) 鏡島元隆『天童如浄禅師の研究』の後篇に訳註『如浄語録』を所収（三八〇頁）の書き下し文「瞿曇の老賊口親しく屙す。驢屎相い兼ねて馬屎多し。一団に打作して都て撥転す。天に澆ぐ臭悪婆婆を悩ます」、現代語訳「釈迦が自ら親しく説いた説法。それは、驢の糞（経典）、馬の糞（律典）頗る多い。ひとまるめにひっくるめて輪転すると、天にもゆきわたる悪臭が娑婆世界を悩ます」と衆生済度の慈悲行を逆説的に述べている。

(5)「三物相承」。師資間の伝法を証明することを禅門では「衣鉢」を継ぐと称し、師匠の法衣（袈裟）と鉢盂を弟子が伝えられた。後年（唐代以降になり、合わせて「伝法偈」（証明の詩偈）が添えられ、嫡嫡相伝の正当性を主張されるようになった。さらに中国禅では「伝法偈」の展開として「嗣書」（伝法の印証）および「血脈」（得戒の系譜）が加えられ、それが「諸仏世尊以来の唯一大事因縁」であるとされていた。日本禅の中で曹洞宗では、いつの頃か、「大事」（宗意の秘奥を図示した書）が作成されるようになり、「嗣書」「血脈」「大事」を合わせ「三物」と称す。さらに前後して室町期ころには、室内にて秘密裡に伝授される物として「切紙」（儀礼や宗旨の秘訣助証）といわれるものも生じた。

○古典的参考書類――萬仞道坦撰『室内三物秘弁』『洞上伝法弁』『洞上伝戒弁』、瞎道本光撰『室内聯灯秘訣』、面山瑞方撰『伝法室内密示聞記』『洞上室内三物論』『洞上室内断紙揀非私記』、指月慧印『禅戒篇』等。

○現代的研究論文類――椎木祖仙・永久岳水『室内三物秘弁講話』（禅学普及会、一九三〇年）、杉本俊龍『洞上室内切紙並参話研究手記（二冊』（室内切紙研究頒布会、一九三八年）、丘宗潭述『洞上室内伝法口訣三物秘弁講話』（高乗寺、一九四九年）、永久岳水「室内伝法作法の研究」（『宗学研究』三号、一九六一年）、「室内伝法物の研究」（『駒澤大学仏教学部研究紀要』二一号、一九六二年）、『禅門室内秘録全集』（中山書房、一九七二年）、黒丸寛之「曹洞禅における室内儀軌について」（『日本仏教学会年報』四三号、一九七八年）、石川力山「中世曹洞宗における切紙相承について」（『印度学仏教学研究』三〇巻二号、一九八二年・『禅宗相伝資料の研究』上下二巻、法蔵館、二〇〇一年）、飯塚大展「永平寺所蔵切紙史料について」（『宗学研究』四七号、二〇〇五年）等。

(6) 如浄の天童山入院の時期。嘉定十七年（一二二四）説、①月日なしの史料――『洞谷記』『三祖行業記』『三大尊行状記』『伝光録』『仏祖正伝記』『碧山日録』「古写本建撕記」類。②同年秋（七月から八月）の説――鏡島元隆『天童如浄禅師の研究』第二章第三節第二項、八四～八九頁・「如浄年譜」四二三～四四三頁。③伊藤秀憲『道元禅研究』第二章第一節、二『如浄録』中の上堂の年時と天童山入院、八四～九一頁。④宝慶元年四月頃、中世古祥道説等がある。現在は①が有力である。

(7) 道元の行脚期間と行脚地、老璡による如浄情報を勘案した上で道元の行脚後の天童帰山の時期として、①如浄の天童山入院前・嘉定十七年（一二二四）七月以前、伊藤秀憲説（前掲書）、②如浄の天童山入院後、嘉定十七年以降、宝慶元年（一二二五）春までの間。従来の一般説。
　次に如浄との相見時期として、①如浄の天童山入院後――伊藤秀憲説（前掲書、注(6)③）、②大久保道舟説（正式には、宝慶元年（一二二五）五月一日（『正法眼蔵』「面授」の記事に依拠））。

(8) 「（前略）本師堂上大和尚大禅師、大慈大悲、哀愍して道元が道を問ひ法を問はむことを聴許したまへ。伏して冀はくは慈照。小師道元、百拝叩頭上覆。／元子が参問、自今已後、昼夜時候に拘らず、著衣衩衣にして方丈に来りて道を問わんに妨げなかるべし。老僧は親父の無礼を恕するに一如ならん。太白某甲（原漢文）」（一話）。

(9) 「面授時脱落」説。杉尾玄有「原事実の発見――道元禅参究序説」（『山口大学教育学部研究論叢』二六巻一号、一九七七年）中、僧堂における「叱咤時脱落」を否定し、「面授時脱落」説を主張。同右「御教示仰ぎたき二問題――「面授時脱落」のこと及び『普勧坐禅儀』の書風のこと」（『宗学研究』一九号、一九七七年）。同氏は後日、自説を撤回している。「道元禅師の疑団と開眼と身心脱落――勝義と自伝として書かれた《現成公案》」（『宗学研究』二八号、一九八六年）。佐藤秀孝「如浄会下の道元禅師――身心脱落と面授」（『印度学仏教学研究』三七巻二号、一九八九年）。

(10) 注(9)参照。

(11) 「一由聞得天童脱落話而成仏道（一に天童脱落の話を聞き得るによりて仏道を成ず）」『全集』三巻『道元和尚広録』（第二「臘八成道会上堂」一三六頁）、「先師大悟因縁、依身心脱落話聊得力」（『御遺言記録』建長七年一月七日条）、「得法は身心脱落話を以て要と為す」（瑞長本『建撕記』）等。

(12) 伊藤秀憲『道元禅研究』本論第二章、七「身心脱落」一一一～一一七頁。正師如浄より道元へ伝授された戒脈の儀式作法書。当該書は、道元―懐奘―義尹―釈運―大智へと伝承されたもの。『仏祖正伝菩薩戒作法』（熊本県玉名市広福寺所蔵。一巻（巻子）、道元撰、懐奘編、正中二年〈一三二五〉写・大智筆。駒図（複写）一七二―W二三、『続曹全　宗源補遺』所収）。別本に大乗寺本・總持寺本・永平寺等、多数あり、奥書に伝承系統が各々記されている。

(13) 「退院上堂。住院、住するを得れば便ち住し、退院、行かんと要せば便ち行く。還たあい委悉すや。前の条鳥拄杖。怪しむことなかれ太だ生獰なることを。拄杖を擲って下座す（原漢文）」（『如浄禅師語録』本文末尾）。伊藤慶道『道元禅師研究』（名著普及会、一九三九年、一一五～一一六頁）、中世古祥道『道元禅師伝研究』（図書刊行会、一九七九年、二〇一頁）は、宝慶二年中に設定している。鏡島元隆師は、前掲書において、これを「宝慶三年冬または紹定元年春の上堂であろう」（三〇八頁）と述べている。

(14) 佐藤秀孝「如浄禅師示寂の周辺」（『印度学仏教学研究』三四巻一号、一九八五年）と伊藤秀憲『仏鑑禅師語録』の上堂年時考――宝慶三年如浄示寂説を確かめる」（駒澤大学中国仏教史蹟参観団『中国仏蹟見聞記』七集、一九八六年）参照。

(15) 「嗣書」の真偽問題。前掲論文「如浄会下における道元禅師――相見・入室・身心脱落・嗣法・伝戒考」の末尾「五、伝戒「仏祖正伝菩薩戒」と嗣法」二五五～二五六頁参照。

(16)「伝法」上の「代付」問題。大陽警玄（九四二～一〇二七）の法嗣に複数いたが、いずれも大陽より前に示寂したため、学人の浮山法遠（九九一～一〇六七）を見込んで、後日、器量ある人物を選び、直綴と皮履を預け渡すように密嘱し依頼した。それを授けられた当該者が投子義青（一〇三二～八三）である。それは「面授」がなく嗣法の純粋性を失うことになる。世にこれを「代付（代授）」と称し、問題視された。「古写本建撕記（延宝本を除く）」に如浄が道元への示誡（口訣）には、史伝を否定する言も含むが、歴史的事実として容認せざるを得ないであろう。『投子義青語録巻下』（『卍続蔵』一二四冊、四七五頁a～四七六頁b、「行状」）。忽滑谷快天『禅学思想史』下巻、「第十六章　投子義青と曹洞禅」（名著刊行会、一九六八年、一三八～一五一頁）。

代付と弊風批判は独庵『護法集』「俗談」、天桂『眼蔵弁註』に始まる。親授説――卍山『眼蔵面授巻』「跋文」・『洞門衣袽集』、面山『雪夜爐談』・『洞上金剛杵』、乙堂『洞上叢林公論』、宜默『禅林甑瓦』、公音『拈来草』（逸亡）、嗣法の代付説――徳翁『洞門亀鑑』、梅峰『林丘客話』、天桂『参同契毒鼓』『宝鏡三昧金鎞』、万回『証道歌直截』『青鷂原夢語』、無得『洞上仏祖源流影讃』、玄楼『一槌砕瓦』等、これらの論争は、筆者の後掲論文「近世洞門における嗣法論争」後半、「史実と宗義（代付の問題）」本書四四三～四四四頁参照、および『永平寺史』下巻、第六章第七節「宗統復古運動」後半、「裁決後の諸問題」八九六～九〇五頁（吉田担当）参照。

(17)「正師」の言及。例文「（学人は）正師をみると、正師に嗣承せると、正法をきけると、いまだ正法をきかず、正師をみざると、はるかにことなるによりてかくのごとし」（『全集』一巻『眼蔵』「心不可得」八四頁）、「師承あると師承なきと、正師の室にとぶらふと正師の室にいらざると、はるかにことなるによりてかくのごとし」（同右二巻〈別輯〉「心不可得」五〇〇頁）。『学道用心集』第五章に「参禅学道は正師を求むべき事」を説示。「行道は導師の正と邪とに依る」「師の正邪に随って悟りの偽と真とあり」、また「正師」の人物や資格に関し、①年老耆宿を問わない、②正師は学人が正法を明らかにすると認証を与える、③文字や解釈を先とせず格外の力量を有する、④並外れた志気がある、⑤我見我執を離れている、⑥情識（感情）にこだわらない、⑦行解が相応している、これらを備えている人物が「正師」である、との主旨である。

(18) 如浄の最晩年における行実「（前略）後、太白山に於いて、疾を感じ席を退く。涅槃堂に下り、始めて大哭し、鑑足庵の為に焼香す（原漢文）」（『枯崖漫録』巻上）。枯崖円悟（生没年不詳）撰の「語録」（一二六三年成立）中に如浄に関する最も古い記録（逸話）である。当該書に如浄が臨終時に涅槃堂において本師雪竇智鑑（足庵禅師、一一〇五～九二）に対し、初めて「嗣承香」を焚いたことを枯崖が記している訳である。鏡島元隆『天童如浄禅師の研究』第二章第一節、六三～六四頁参照。

(19) ①青龍宗二「道元禅師の仏戒思想――特に十六条戒の成立をめぐって」（『印度学仏教学研究』二二巻二号、一九七四年）、②金丸憲昭「道元禅師における十六条戒の基本姿勢について」（『宗学研究』一七号、一九七五年）、③吉田道興「道元禅師の十六条戒の成立について」（本書「思想編」第四章第三節）、④金子和弘「道元禅師と十六条戒」（『曹洞宗宗学研究所紀要』三号、一九九〇年）、⑤佐久間賢祐「道元禅師の実体論批判――十六条戒の解釈に関連して」（『宗学研究』四号、一九九九年）、⑥晴山俊英「十六条戒の二重構造とその機能について」（『日本仏教学会年報』七四号、二〇〇九年）。

第四章　道元禅師の受戒と伝戒

第一節　道元禅師の受戒と伝戒考

はじめに

かつて、道元禅師（以下、道元と略称）の受戒に関連し、若干触れたことがある。そこで関心を抱き考察したのは、道元が入宋の際、どのような度牒や戒牒を持参したのかとの疑問に発し、当時の中国と日本との授戒制の相違を把握するものであった。その論攷で結論的に、道元は恐らく明全の書持した「戒牒」[1]と同様の便宜的な東大寺発行のそれを持参した可能性が強い、との主旨を述べた（「新到列位の問題をめぐって」と「戒牒に関する問題」〈『宗学研究』二八・二九号、一九八六・八七年〉本書伝記篇所収「新到列位に関して」「戒牒に関して」）。

今回の論攷もこれと前後するが、道元が日本でいつ誰からどのような「受戒」ないし「伝戒」をしたのかという問題に焦点を絞り、その史料批評を試みる所存である。

一、戒脈史料

道元の受戒を直接に証する原史料はない。著述中には何も言及していない。師明全の「戒牒」奥書（道元筆、明全略伝）にも自分のことは一言半句も触れていない。間接史料として「授理観戒脈」[2]（三国正伝菩薩戒脈）と「授覚心戒脈」[3]（覚心授心瑜戒脈）の戒脈史料と伝記史料が存するだけである。

まず手懸りとして「授理観戒脈」の内容について探ってみよう。この戒脈史料は、原本がなく、その写本が永平寺に伝えられているものである。それが、いつ誰によって写されたのか不明である。面山瑞方（一六八三〜一七六九）が『訂補建撕記』を撰述する宝暦三年（一七五三）頃には、その奥書の文を引用しているので既にあったことが判る。

この戒脈は、中国禅の南岳下（黄龍派）系と日本天台の円頓戒系とを一聯にしたものでいずれも道元が明全より伝承したことを示すものである。ここで注目したいのは、日本天台の円頓戒系のものである。その末尾は、栄西―明全―道元―理観と続く。栄西は次の二系統を受けている。

一つは、義真―円珍―尊意―慈意―慶命―覚尋―澄義―顕心―智心―千命―栄西。

他の一つは、最澄―円仁―長意―玄昭―智淵―明靖―静真―皇慶―頼昭―行厳―聖昭―基好―栄西である。

後者の系統中、皇慶―慈円―公円―道元と続く系譜が記されていないことに気がつく。この公円―道元と続く系統の記載は、後述の『元祖孤雲徹通三大尊行状記』（以下、三大尊行状記と略す）と『永平寺三祖行業記』（以下、三祖行業記と略す）とに初出する道元の伝記類に見えるものなのである。(4) この系統の検討は後述する。

ここで栄西の伝戒師として記される千命と基好について、栄西の伝記を通して触れておく。栄西は、十一歳で備中（岡山県）安養寺の静心（園城寺系の天台僧）について出家、十四歳で比叡山延暦寺で「登壇受戒」している。その後、保元三年（一一五八）、法兄の千命（安養寺住）に従い台密を修し、平治元年（一一五九）、延暦寺に入山し天台を学ぶ。応保二年（一一六二）、千命より「灌頂」を受け、さらに基好の膝下で修行し台密を学んでいる。栄西が千命より戒脈を受けたのは、その「灌頂」（戒灌頂）を受けた際であろう。基好より戒脈を受けた時期は不明である。なお、京都清浄華院所蔵の了恵筆「円頓金剛宝戒血脈譜」(5)（『天台円頓戒概論』所収、天台円教菩薩戒相師資血脈譜）には、栄西が受けたこの二系統の伝戒も記されているので、「授理観戒脈」のそれも伝承として正しいと見てよかろう。

「授理観戒脈」で問題となるのは、二つある奥書中、文暦二年八月十五日付けの方である。永平寺所蔵の写本は、一部破損して見えにくい箇所があるので、大久保道舟編『道元禅師全集』下巻に所載するものによって補い、次に示そう。(6)

予昔幼受二業於叡岳一長重誦二於両/師一。至二老年一征二斯那一。投二台嶺敞禅師一、/重誦二於菩薩戒一。今以二舎那七仏之/三師脈一、栄西接而與二授明全一。明全/授二道元一。道元授二理観一畢。若非下梵/行人帯二衣鉢一者上莫二授與一矣。/旹文暦二年乙未八月十五日道元示。

この文中、一行目の終り「長重誦於両」が問題の箇所である。『道元禅師全集』下巻では、この箇所を二行目の一字「師」と合わせ「長重誦於両師」としている。道元が長じて重ねて誦した対象は何か、または誰なのか。大体、動詞「誦」の目的語は、用例として『四分律』や『梵網経』の戒本である。それをあえて「両師」とした場合、守屋茂氏は、それを「栄西と明全」としている。

次に「師」は第二句第三句の主語で栄西を指すとし、「両」の一字で切った場合、その「両」はどういう意味を持つのであろうか。字句の用法として「重誦於」の下に続く語は、この史料の三行目に「菩薩戒」がある。栄西は前記の如く日本天台の千命と基好、さらに中国臨済禅の虚庵懐敞より菩薩戒を授与されている。栄西が虚庵の膝下で伝法の際、「四分戒を誦し、菩薩戒を誦し」（『興禅護国論』巻中、宗派血脈門）(7) ている。栄西は、伝法と伝戒を同時にし、四分戒（比丘戒）と菩薩戒を共に誦していることが注意される。「両」の字は、比丘戒（四分律）と菩薩戒（梵網経）を指すのであろうか。

道元は、この「授理観戒脈」に拠ると、前述の如く、明全を通じて栄西の二種の戒脈を受けている。この他『授覚心戒脈』には、中国禅の南岳下系と同じく青原下系の系統も伝承していることが明らかである。道元が伝戒を受けた二師は、この戒脈を見る限り、明全と如浄とである。つまり、道元は、戒脈上、日本天台円頓戒系（二種）、中国禅の南岳下系、同じく青原下系の合計三本を持っているのである。この中、円頓戒系と南岳下系の二本は、明全より伝戒したといえる。それと如浄よりの青原下系の伝戒とを合わせると、伝戒は二回となる。「両」の字は、恐らくこの明全と如浄に従って二回に亘り『梵網経』所説の「菩薩戒」を誦したことを表すと思われる。

二、伝記による受戒・伝戒史料

道元の数ある伝記史料の中に、(1)叡山の登壇受戒、(2)明全よりの伝戒、(3)如浄よりの伝戒の記事がある。(2)は前述の通り戒脈史料に拠れば、その可能性が大であり、逆に(1)が果してあったかどうか問題になった。(3)は(1)(2)の充分な検討を経た上で考慮すべきと思われるので今回は言及しない。

以下、(1)の初出史料(『三大尊行状記』『三祖行業記』)の記事を挙げ、その後の伝記史料の展開をみていきたい。

建保元年[8]癸酉四月九日、十四歳而礼二初任座主公圓僧正一剃髪。同十日、於二延暦寺戒壇院一以二公圓僧正一為二和尚一、受二菩薩戒一作二比丘一。

道元は、これより一年前(建暦二年)春、密かに木幡の山荘を遁れ出て、叡山の麓に住む外舅良顕[9]法眼の膝下へ投じ、出家の志を表して入室を許され、すぐに横川の首楞厳院般若谷千光房へ登った(前掲書)とされる。そして翌年四月九日、座主公円を礼して剃髪し、同十日、延暦寺戒壇院で公円が戒和尚となり、菩薩戒を受け比丘となった、というのである。

『伝光録』は、殆んどこの記事を踏襲[10]し、『洞谷記』も「十四歳、剃髪受戒」と略述し、これを承ける。臨済系統の虎関師錬撰『元亨釈書』にこの記事はないが、『碧山日録』には良顕の指南で座主公円により落髪と授菩薩戒がなされたと記す[11]。明州本『建撕記』は、欠字の一を除き、初出史料そのままである[12]。『永平開山和尚行録』には、四月九日の日付はなく、同十日に薙髪し受具したとする。『日域曹洞列祖行業記』および『永平仏法道元禅師紀年録』は、建保元年四月九日、公円により祝髪(薙髪)し、同十日に受具したと各々略記している。『扶桑禅林僧宝伝』には、年月日と師名はなく楞厳《ママ》院で髪落し、舞勺の年(十三歳)に登壇受具したという。なお、その後、髪落の場所を横川首楞厳院とし、得度師を公円とするものに『日本洞宗初祖永平元和尚道行碑銘』『日域洞上諸祖伝』『永平実録』『洞上聯灯録』『日本洞宗始祖道元禅師伝』『永平開山元禅師行状伝聞記』『永平道元禅師行状図会』等がある。これらは、また受戒師を明瞭に公円と名指していないが、「尋登壇受具」の如く文が続き、それとなく公円を想起させる。

受業師を良顕とするのが次に示す『継灯録』である。

遂投二舅氏台山良顕法師一出家、時年一十四矣、尋稟二具戒一[13]。

以上の如く『三大尊行状記』『三祖行業記』の記事は、公円の名がない『扶桑禅林僧宝伝』と良顕の名がある『継灯録』を除き、他はこれを踏襲していることが判明した。

では次に、道元が十四歳で受戒しえたか、さらに座主公円が実際に道元の剃髪(得度)と受具の師となりえたかどうかを先賢の諸説を挙げつつ考察してみたい。

大久保道舟氏は、道元が叡山の戒壇に登り公円より菩薩戒を受け比丘となったとする記事につき、これは「伝記作者の誇張的修飾によるもので、史実ではなかろうと思う」としている。そして最澄撰『菩薩戒儀』第六問遮の章の記事に着目し別授法（別受別持の授法）に拠れば、年満二十歳に達し、やっと比丘となれるのであるから、道元の十四歳では「出家入門の儀式を挙げられた程度（中略）、恐らく別授法の第三位に当る『文殊問経』所説の十戒を受け、菩薩の沙弥（九衆の第三位）となられたものと思われる」（『修訂増補　道元禅師伝の研究』[14]）と述べている。この説は原則上から正しいといえる。しかし実際は、平安時代末期から「戒観念の変容」もあって鎌倉時代には既に崩れていたのである（石田瑞麿著『日本仏教における戒律の研究』[15]）。

柴田道賢氏は、まず『華頂要略』門主伝を引用しつつ、慈源や良尋が九歳で入室相見式、十一歳で剃髪式、その後間もなく登壇受戒した例を挙げ、道元が十四歳で受戒したことは年齢的に問題はないとしている。しかし、建暦三年四月九日は、公円が新座主として初めての拝堂登山日であるから、道元と「いかに血縁の関係があろうとも、少年道元のために剃髪式の戒師となったとは認められない」とし、「当時の事例として、入室の師と剃髪の戒師とを異にする事例もほとんど見られないので、母の兄弟と見られる良顕について剃髪得度したものと推考する」（『禅師道元の思想』[16]）としている。（なお、公円は久我通親の猶子・善慧房証空に灌頂を授けている〈『本朝高僧伝』巻十四〉）柴田氏のこの説は、結論的に前掲の伝記史料中『継灯録』と同一である。

中世古祥道氏は、『楞厳院検校次第』『天台座主記（『華頂要略』所収）』を引用し、公円は「仰木僧正」と呼称されている如く横川の北麓仰木の里、妙法院に里坊を持ち、山上の寂静坊を管領していたことを指摘し、建暦三年四月九日は公円の新座主拝堂の登山であるので当日の動静から「寂静坊での剃髪は考え難い（中略）、仰木妙法院か」とする。また、道元の公円に就いての得度は、日程として「四月九日以前、正月十一日以後」の可能性を挙げている。つまり、中世古氏は、道元の得度を四月九日とするのでは無理であるという。しかし、翌十日の登壇受戒について『天台法華宗年分学生式（六条式）』『天台法華宗年分度者廻小向大式（四条式）』に拠ると、確かに大乗大僧戒は満二十歳にならなければ受けられないが、『三代実録』『元亨釈書』『門葉記』等の記事に拠れば、十四歳の登壇受戒はあり得るとしている。さらに『授覚心戒脈』や『授理観戒脈』に公円の名がないのは、「叡山での教え」は「栄西のあとを介して受用し、それ以外のものは、その中へ埋没させてしまったのではなかろうか」（『道元禅師伝研究』[17]）としている。この中世古氏の説は、前掲の大久保氏や柴田氏の説に比べ、説得力に富み傾聴に価する。ただ戒脈の上で公円の名がないことに対する推理は会通ともいうべきもので、現存の史料分析の上で首肯しかねる。叡山での受戒そのものは、不明ないし疑問とすべきである。

守屋茂氏は、横川首楞厳院の般若谷千光房の所在を江戸末頃の「叡山図」で探索し、その般若谷の位置は明確であるが、千光房は手掛りがないことを指摘している。また、道元の十四歳の得度・受戒、法然の十五歳、栄西の十四歳もあるので難はないとの旨を述べている。次に中世古氏が四月九日における道元の得度は、公円の当日の動静から無理であるとの説に対し、『校訂増補　天台座主記』に記す当日の日程を引用し、公円が「横川に着いた時が払暁であれば、寂静坊での道元の得度は可能であり（中略）、若しかりに当日公円の住所を寂静坊または仰木坊とすれば、径路上の難点があって日程が成立しないので、北谷の竹林院を拠点としての行動とせねばならない」（「道元禅師と比叡山横川の弁道」『叡山学院研究紀要』八号、一九八五年）としている。守屋氏は、四月九日早暁、公円に就いて密かに得度して沙弥となり、

「翌十日は同じく公円を戒師として、東塔戒壇院に於て如法の菩薩戒を受けて比丘」（同右）となったと述べ、道元が公円によって得度・受戒を受けたという伝記をそのまま認めようとする立場である。これは前述の如く種々に未解決の問題を残す。

三、明全からの伝戒の可能性

道元が本師如浄と共に、明全をいかに崇敬していたかは、左記の文によって明らかである。

予発心よりこのかた、わが朝の遍方に知識をとぶらひき、ちなみに建仁の全公をみる、あひしたがふ霜華、すみやかに九廻をへたり、いささか臨済の家風をきく、全公は祖師西和尚の上足として、ひとり無上の仏法を正伝せり、あへて余輩のならぶべきにあらず（『弁道話』[18]）

明全は、貞応二年（一二二三）春、道元と共に入宋したが、四十二歳の嘉禄元年（中国暦宝慶元年、一二二五）五月二十七日、天童山の了然寮で客死した（明全『戒牒』の奥書）。それまでの九年間、道元は明全に師事随従していたのである。

明全の行歴や学系は、彼の『戒牒』末尾に道元の記す「略伝」や虞樗撰『日本国千光法師祠堂記』[19]に示されている。彼は伊州（伊賀＝三重県北西部）の出身、俗姓を蘇と称す。横川首楞厳院本房下の椙井房に住し、明瑶（『正法眼蔵随聞記』には明融[20]）を本師とし天台の法門を学び、また叡山の円頓菩薩戒を受け、さらに建仁寺の栄西に修学している。「教戒亦精」とあるように、その教理と持戒の上でも秀れた僧であった。特に前記の「略伝」末尾には、後高倉院太上法皇に菩薩戒を授けていることが述べられている[21]。

後高倉院は、建暦二年（一二一二）三月二十六日に出家し、法名を行助という。承久三年（一二二一）八月十六日、後堀河天皇の即位と同時に太上天皇（法皇）の尊号を得ている。後高倉法皇は、高野山奥の院や嵯峨清涼寺に御幸し仏事を営んでいるが、明全や道元が入宋する直前の貞応二年（一二二三）二月頃の動静は不明である。法皇は同年五月十四日、四十五歳で崩じている。死因も不明であるが、二月頃、あるいは病床に臥していたのかも知れない。この時代、受戒は宮中などにおいて祈禱そのものの色彩を帯び、除病や安産を願う目的で受けることもあった。後高倉法皇の場合は、どうであったか判明しないが、時期的に明全がその戒師となった可能性も想定されてよいのではなかろうか（参考、石田瑞麿著前掲書[22]）。但し、これらを傍証するものはない。明全が、持戒保持の清僧としてイメージされていた叙述に「善持㆓木叉㆒、身心冰雪」（『延宝伝灯録』[23]）がある。

明全と道元の師資関係は、伝記史料上、どのように記述されているか、以下見よう。

『三大尊行状記』『三祖行業記』には、道元が所謂の「疑団」を三井（園城）寺の公胤に向けたところ、公胤は大宋（中国）に仏心印を伝える正宗（禅宗）があり入宋し求覓することを教示したとし、次の文が続く。

建保五年丁丑、十八歳秋、始離㆓本山㆒、投㆓洛陽建仁寺㆒、従㆓明全和尚㆒、猶極㆓顕密之奥源㆒、習㆓律蔵之威儀㆒、兼聞㆓臨済之宗風㆒、即列㆓黄竜之十世㆒、遂従㆓明全㆒、航㆑海入宋。[24]

『仏祖正伝記』もこれと同文であり、恐らく前掲書の全面的引用であろう。『伝光録』の該当箇所は次の通りである。

因テ十八歳ノ秋、建保五年丁丑八月二十五日ニ、建仁寺明全和尚ノ会ニ投ジテ、僧儀ヲソナフ（中略）、カノ明全和尚ハ顕密心ノ三宗ヲツタヘテ、ヒトリ栄西ノ嫡嗣タリ、西和尚、建仁寺ノ記ヲ録スルニ曰、法蔵ハタダ明全ノミニ嘱ス、栄西が法ヲトブラハントオモフトモガラハ、スベカラク全師ヲトブラフベシ、師、其室ニ参ジ、重テ菩薩戒ヲウケ、衣鉢等ヲツタヘ、カネテ谷流ノ秘法一百三十四尊ノ行法、護摩等ヲウケ、ナラビニ律蔵ヲナラヒ、マタ止観ヲ学ス、ハジメテ臨済ノ宗風ヲキキテ、オホヨソ顕密心三宗ノ正脈、ミナモテ伝受シ、ヒトリ明全ノ嫡嗣タリ[25]、

ここで注目すべきは、前掲の『三大尊行状記』『三祖行業記』および『仏祖正伝記』に「兼聞臨済之宗風、即列黄竜之十世」とあり、『伝光録』に「ハジメテ臨済ノ宗風ヲキキテ、オホヨソ顕密心三宗ノ正脈、ミナモテ伝受シ、ヒトリ明全ノ嫡嗣タリ」とある箇所である。前者は臨済宗黄龍派の十世に列し、後者は顕密心（天台・密教・禅）の三宗を各々道元が明全より伝受したとする。また後者には「師（道元）、其（明全ノ）室ニ参ジ、重テ菩薩戒ヲウケ、衣鉢等ヲツタヘ」との語句があり、道元は明全より伝法し「重テ菩薩戒」を受けたというのである。この「重テ」は、叡山の登壇受戒に次いで二度目との意で用いている。

『洞谷記』には、「投建仁寺明全和尚、受具入衆[26]」とある。「受具」は原則的に「具足戒（四分律の比丘戒）を受けること」であるが、ここでは意に沿わない。この「受具入衆」は、明全より単に「受戒」し、建仁寺における大衆の一人となったという意味であろう。また『伝光録』の記事を承け「菩薩戒を受けた」とも解せられる。

明州本『建撕記』には、「承久三年辛巳年、九月十三日、建仁小子明全和尚《ヨリ》、師資相伝《アリ》」との記事があり、他の『建撕記』諸本もほぼこれを踏襲する。同じく『永平仏法道元禅師紀年録』にも承久三年辛巳の項に「師（道元）二十二歳、一日與明全酬応数番、機機符契、通師資礼、伝法事畢、遂列派黄竜之十世[27]」とある。

道元が明全より伝戒したとする伝記史料には、前掲の『伝光録』『洞谷記』の他に次のものがある。列記してみよう。

(1) 西公歿後受二宗派図菩薩戒於明全一　〔永平開山道元和尚行録〕

(2) 西歿後受二菩薩戒於明全一　〔日域曹洞列祖行業記〕

(3) 千公示寂、時七十五歳、厥後師二事其嗣明全行勇禅師一諡曰二仏樹一又受二菩薩戒一　〔永平仏法道元禅師紀年録〕

(4) （建保）三年乙亥秋七月、西示寂、乃師二事西嗣明全禅師一、伝二禅壇菩薩戒一　〔永平実録〕

(5) 西遷化後、依二明全禅師一、稟二菩薩戒一　〔洞上聯灯録〕

（傍点は筆者の注視箇所）

(1)の「宗派図」が法系譜であれば、伝法もしたとの意味であろう。(3)の「明全行勇禅師」とは、明全と退耕行勇を同一視した撰者（大了愚門）の誤解である。(4)の「禅壇菩薩戒」とは、禅門戒壇の戒法授受であるが、当時に果してそれが確立していたか疑問であり、単に臨済禅黄龍派（南岳下系）の菩薩戒を稟けたことを指すものと思われる。

では次に道元の明全よりの伝法と伝戒に関して、その真偽を検討してみよう。まずその対象となるものは、永平寺所蔵の『明全筆伝授師資相承偈』ということになる。

承久三年九月十二日伝／授師資相承一偈曰／不思善不思悪正当／恁麼時如何本命／元辰云々

是則禅宗之眼目／得脱之根源／雖レ得二百千両金一／輒不レ可レ伝二

受之ニ而已　　　　　　　　　　　　　　　　　　　（花押）[28]

大久保氏は、これを種々考察して結論的に「禅師の円禅二戒継承の年月を、承久三年九月十二日とすることは蓋し妥当な見解のように思う」（前掲書）として、「円禅二戒」つまり天台円頓戒と臨済禅黄龍派の菩薩戒をこの日に道元が明全より継承したとし、その史料的価値をほぼ認めている。しかし、この史料をそのように問題なく認めてよいのか。明州本『建撕記』や『道元禅師紀年録』には、前記の如く、この偈を元にしたと思われる記述があった。その中の語句「師資相伝」や「通師資礼、伝法事畢」は師資証契（＝伝法）を表わすものであるが、この偈をもって直ちに伝戒と認める大久保氏の見解はどうであろう。[29]伝法と同時に伝戒という例が多数あっても、この文面には伝戒を示す具体的根拠がない。『授理観戒脈』を前提にし、恐らく、この頃に伝法と伝戒があったろうとの推論である。なお『訂補建撕記』には貞応元年（一二二二）に「仏祖正伝ノ大戒ヲ明全ニ伝授セリ」[30]とある。

　ここで明全の思想・宗派上の立場を示すならば、彼の「戒牒」奥書に記す如く、あくまでも天台僧であり、偶々栄西に参学し、禅と持戒に傾倒していたのである。明全が栄西から果してどの程度、禅の奥義を究めていたのか、これも不明である。また前掲の『伝授師資相承偈』を明全が道元に授けたものとすれば、明全は禅宗の師家分上の人となりはしまいか。明全はそれを自認していたのか。また道元が明全によって「得脱」したとすれば、どうして共に入宋する必要があったのか。花押の分析はさておき、これに明全や道元の名がないのも不審である。時代的に合致するにしても非常に疑わしい。道元が明全を「先師」「先師全公」「先師大和尚」「先師全和尚」（『典座教訓』『永平広録』『正法眼蔵随聞記』）と呼称し、本師如浄に次ぐ師とし尊敬していたことは間違いない。道元が明全に師資の礼を執っていたことも確かであるが、「伝法」（嗣法）は如何なものであろうか。

おわりに

　戒脈史料の検討で得た要点は、次の通りである。『授理観戒脈』における文暦二年の奥書で初めの第一行、「予昔幼受業於叡岳長重誦於両」の「両」の意味を問題にした。第二行目の「師」と合わせて「両師」とするのでは意味が通じない。「四分戒」と「菩薩」を合わせたものか、「菩薩戒」の二度をいうのか。結論的に後者の方を妥当とした。それは第二行目以下の文意と「戒脈」そのものから判断したのである。そして「両」の「菩薩戒」は、『授覚心戒脈』との兼ね合いから、その伝戒師は明全と如浄の両師に落ち着くものとした。そうなれば、天台座主公円の存在が微妙になる。

　伝記史料においては、前記の二師と共に公円を加え、三人の伝戒師が記述されている。とりわけ公円に就いて受戒したとの記事は、一、二を除き多数の伝記が踏襲していた。公円からの受戒が仮りにあったとすれば、それは道元が公式な登壇受戒の場と天台座主公円という人を得たということであり、〝由緒正しい受戒〟を示すもので結果的に世人の尊崇をも集めることになろう。そうした理由が、諸伝記の伝承にもつながっていったと思われる。反面、現存の伝戒史料には、公円と道元を結ぶものはない。また他にそれを証する具体的史料がないので、今のところ否定に傾かざるを得ない。

　また道元に明全からの伝法と伝戒があったのかという点では、次のように想定した。『伝授師資相承偈』を直ちに伝法と伝戒を証する史料と見做す説はさておき、両者が深く親密な師資関係にあったことは間違いない。しかし、道元が明全に伝法して臨済禅の「黄龍之十世」に列せられたとするならば、明全はその「九世」となる訳であるが、明全がそのような処遇を受けたという事実はない。従って道元が「十世」になれる筈がないのである。伝法はなかったにしても、伝戒は上掲の諸史料から確実にあったと思われる。ただそれは、いつ、どこで、どのような形式でなされたか不明である。

今後、如浄からの「伝戒」、とりわけ、道元の「十六条戒」との関連を探っていく所存である。

注

（1）「明全戒牒」――詳しくは「明全和尚具足戒牒」。正治元年（一一九九）十一月八日、東大寺戒壇で具足（比丘）戒を受けたと伝承される文書、末尾に道元筆の「明全略伝」を付す。一九五〇年八月、国指定重要文化財（元、国宝）、永平寺聖宝閣所蔵。

（2）「授理観戒脈」――道元が文暦二年（一二三五）八月十五日、理観に授けた「三国正伝菩薩戒血脈」（原本は逸亡）の写し。これは明全から伝授したもので、中国禅南岳下（臨済宗黄龍派）の禅戒と日本天台宗の円頓戒とを併せ綴られた戒脈を指す（栄西―明全―道元―理観）。永平寺聖宝閣所蔵。

（3）「授覚心戒脈」――道元が紀伊由良西方寺開山法灯円明国師覚心に授けた中国禅南岳下（臨済宗黄龍派）と同曹洞宗青原下との戒脈を覚心が正応三年（一二九〇）九月十日、弟子の心瑜に授けたもの（原本逸亡）の写し（「覚心授心瑜戒脈」）。大分県泉福寺に、その奥書部分の写しを所蔵。

（4）守屋茂氏は、道元の戒脈を「覚運、遍救、澄豪、慈円、公円と続く檀那流」「皇慶、慈円、公円と続く谷流」「円仁、皇慶、栄西と続く葉上流」「（明融）明全にかかわる栂生流」に関連するとし、中でも「主流としては（中略）、谷流ということになるのではなかろうか」（「道元禅師の法華思想の開顕」『叡山学院研究紀要』第九号、一九八六年）としている。守屋氏が主流として谷流を挙げているのは、『伝光録』の記事「師、其室ニ参ジ、重テ菩薩戒ヲウケ、衣鉢等ヲツタヘ、カネテ谷流ノ秘法一百三十四尊ノ行法、護摩等ヲウケ、ナラビニ律蔵ヲナラヒ、マタ止観ヲ学ス」を重んずるからであるが、果してどうであろうか。むしろ前掲の『授理観戒脈』上の栄西―明全―道元と続く葉上《ようじょう》流か、明融―明全―道元と続く栂生《すぎう》流とすべきではないのか、と思われる。

（5）「円頓金剛宝戒血脈譜」。一般に「円頓菩薩大戒」と称す。日本天台宗の円頓戒を指す。円頓戒（古くは梵網菩薩戒、天台円教菩薩戒、菩薩金剛宝戒、一乗戒、一乗円戒、一心円戒）とは戒徳を讃え、それを戒壇で受戒し「菩薩」となることを意味する。恵谷隆戒『改訂円頓戒概論』附録、二（三〇三～三〇七頁）。なお、一に「天台円教菩薩戒相師承血脈譜」、〔二に当該「血脈譜」〕、三に「珍養の広血脈」、四に「元応寺流血脈」を付している。金剛宝戒に関しては小寺文頴『天台円戒概説』第四章第三節「金剛宝戒体説」（七六～八八頁）を参照。

（6）大久保道舟編『道元禅師全集』下巻（初版一九七〇年、筑摩書房刊。再版一九八九年、臨川書店刊）二九〇頁所載。これと栄西の東林寺虚庵懐敞より授けられた臨済宗黄龍派系菩薩戒の奥書も併記。「授理観戒脈」と「授覚心戒脈」の「解題」は五三三～五三四頁参照。なお「授理観戒脈」は『永平寺史料全書　文書編』第一巻にも所収。

（7）『興禅護国論』巻中、「宗派血脈門」第五、五五頁〔書き下し文〕・一一一頁b〔漢文〕（『日本思想史大系』一六、柳田聖山校注、岩波書店、一九七二年）。古田紹欽訳『興禅護国論』（『禅入門1、栄西』講談社、一九九四年、二一八～二一九頁）。

（8）「建保元年」と記すが、改元は十二月六日で、四月九日はまだ建暦三年。

（9）外舅良顕――『三大尊行状記』『三祖行業記』に初出、「古写本建撕記」に踏襲されるが、後に面山瑞方撰『訂補建撕記』以降の諸伝に「良観」とされるが、これは藤原基房の子息と結び付けられたものであり、現在は古い伝承の「良顕」を重視している。

（10）『伝光録』（仏洲仙英本）「時に良観法眼と云あり、山門の上綱、顕密の先達也、即ち師の外舅也」（『曹全書　宗源下』所収『瑩山和尚伝光録』三九一頁下）。

(11)『碧山日録』「中夜逾城、尋叔父良顕法師於叡岳（中略）明季奉顕指南、依座主公円喜其英秀、加意教誘、因為落髪授菩薩戒」（『史蹟集覧』二五）。

(12) 明州本『建撕記』「終十三歳建暦二年春夜中、不被知人而密遁出木幡之山荘、尋到叡山之麓下、入良顕法眼之室、即此法眼師之外舅也」。『三大尊行状記』は、傍線の「下」がなく、次に「即」の字がある。また『三祖行業記』は、傍線の「下」があり、次の「即」の字がない。要するにこの三本の資料は密接につながっていることを表す。

(13) 道元伝中、古くは道元の比叡山延暦寺戒壇における受戒師を天台座主「公円」とする説が多いが、この『継灯録』巻一「道元禅師伝」（元禄五年刊本）では「良顕」とするものである。

(14) 大久保道舟『修訂増補 道元禅師伝の研究』七七～七八頁。

(15) 石田瑞麿『日本仏教における戒律の研究』第四章第五節「戒観念の変容」（中山書房仏書林、一九六三年、四二一～四三五頁）。ここでは、平安期に安然の即身成仏説が名字即に止まったが、鎌倉期になり覚超により「六即相即」の理が適用されるなど、受戒と持戒（破戒）の二つの面から論及されている。

(16) 柴田道賢『禅師道元の思想』（一一四～一一六頁）では、良顕が道元の剃髪出家式の師であり、春季授戒の戒師が座主公円で山門僧として公認したとする説である。

(17) 中世古祥道『道元禅師伝研究』（九六～一〇一頁）。要は、前掲の覚心と理観に授けた戒脈に「公円」のそれを全く窺えないことに疑義を呈している点にある。同氏の会通説はさておき、この疑義に関する限り、筆者も同感である。

(18)『弁道話』（『全集』第二巻、〈別輯〉四六一頁）。

(19)『日本国千光法師祠堂記』一巻、宋、虞樗記、宝慶元年（一二二五）撰。『続群書類従』二二五、六八一所収。

(20)『正法眼蔵随聞記』第六（『全集』第七巻、一九八頁）「示云、先師全和尚入宋せんとせし時、本師叡山の明融阿闍梨、重病に沈み、すでに死なんとす」。

(21)「明全和尚具足戒牒」の奥書末尾に「明全入宋之時、後堀川《ママ》院在位之、後高倉院為太上皇、全公太上皇奉授菩薩戒」とある。後高倉院の「菩薩戒」信仰を表すもの。臨終前の受戒で没後の「成仏」祈願と思われる。

(22) 前掲書、注(15)『日本仏教における戒律の研究』によれば、受戒が祈禱的意味（授戒の祈禱化）の例として、『源氏物語』『紫式部日記』『讃岐典侍日記』『兵範記』『山槐記』等の天皇や女院・貴族における除病・平産、これとは別に『梁塵秘抄』や『末法灯明記』等には法師・僧侶の破戒・犯戒が述べられている。四二一～四三五頁。

(23)『延宝伝灯録』巻六、建仁明庵栄西禅師法嗣、「宋国天童了然斎明全禅師」（『大日本仏教全書』六九巻、史伝部八、一八〇頁b）

(24)『三大尊行状記』・『三祖行業記』（『曹全書　史伝下』一二頁a・二頁a）

(25)『伝光録』第五十一祖永平元和尚（『曹全書　宗源下』三九一頁b）

(26)『洞谷記』「洞谷伝灯院五老悟則并行業略記」曽祖（『曹全書　宗源下』五一四頁a）

(27)『永平仏法道元禅師紀年録』（『曹全書　史伝下』一七六頁b）

(28)『永平寺史料全書　禅籍編　第一巻』54所収。八九四～八九六頁。解説は吉田が担当。日付に関して「古写本建撕記」では、すべて「承久三年九月十三日」になっている点が不審である。なお末尾の二行は、前文と墨色が異なっている。また花押も明全の筆跡かどうかも判らない。

(29) 明州本『建撕記』の古写本には、「承久三年辛巳九月十三日、建仁小子明全和尚ヨリ師資ノ相伝アリ」、『訂補建撕記』には、「承久三年辛巳九月十二日、建仁明全和尚ヨリ師資ノ許可アリ」と記し、いずれも二代和尚（懐奘）の話を義介が伝承してきたもので、あたかも明全より道元が「伝法（臨済宗黄龍派十世）」したかのように思われる。大久保氏は、文意は栄西が虚庵懐敞と交わした機縁の問答を記録したものとし、この日に「円禅二戒」の継承を遂げたと推定しているが、「伝法」はいかがなものであろう。

(30)『訂補建撕記』「貞応元年壬午師二十三歳コレマデニ大蔵経ヲ周覧スルコト二回ナリ」の後に、この文が続く。

第二節　如浄禅師よりの伝戒に関する問題点

はじめに

行実の上から「清僧」「持戒梵行者」のイメージが大変強い高祖道元禅師（以下、高祖と略称）は、どのような受戒と伝戒をしたのか。それらの「戒」が如何に高祖の内面生活に関わったのか。非常に興味深い課題であると思われる。

高祖の叡山における登壇「受戒」と入宋前になされたと思われる明全よりの「伝戒」に関しては、既に前節「道元禅師の受戒と伝戒考」の小論で触れた。本節では、主に入宋後の如浄よりの「伝戒」について、その問題点をいくつか指摘するに止めたい。なお、高祖の嗣法と伝戒の時期に関しても、学術上、決着を見ていない。これらも合わせて、今後の課題として論及することになろう。

一

高祖が、いつ、どこで、誰から、どのような「受戒」をし「伝戒」をしたのか。前節の論攷でも考察したのであるが、未解明な点が多い。それを知る手懸りとして栄西—明全—道元—理観と伝承される「授理観戒脈」文暦二年（一二三五）八月十五日付分の記事であった。

予昔幼受二業於叡岳一長重誦於二両／師一至二老年一征二斯那一、投二台嶺敞禅師一／重誦二於菩薩戒一、今以二舎那七仏之／三師脉(脈)一、榮西接而與二授明全一、明全／授二道元一、道元授二理観一畢　若非下梵／行人帯二衣鉢一者上莫二授與一矣／旹文暦二年乙未八月十五日　道元示

高祖が「叡岳（叡山）に於いて受業（出家得度）」したのは諸伝の一致するところで、それに問題はない。問題になるのは「長重誦於両」の箇所である。「両」の字は何の意味なのか。大久保氏のように「師」とつなげて「長重誦二於両師一」とすれば、意味が通じない。「重誦於」ないし「誦」の下につく用例は、右の文中に含まれている「菩薩戒」と、栄西が虚庵懐敞の許で「誦四分戒、誦菩薩戒已畢」（『興禅護国論』巻中㈤宗派血脈門）とある如く「四分戒」「菩薩戒」である。「両」の意味は、「菩薩戒」の二なのか、「四分戒」と「菩薩戒」なのか。この「授理観戒脈」（永平寺所蔵）は写本であり、原本は逸亡しているので、この「両」の箇所を確認し検討することはできない。もし、これが変体漢字（異体字）「卄（菩薩）〈↓卌（涅槃）〉」であれば、書写の段階で誤った可能性も考えられる。なお『曹洞宗全書　禅戒』所収の「授覚心戒脈」の奥書には、原本にない筈の「授理観戒脈」の文暦二年八月十五日付の奥書を載せている。これは済門の山城妙光寺住職続芳の要請に

よって永平寺玄透即中が染筆したものであり、前記の箇所を「長重誦於菩薩戒、両師至老年……」と「菩薩戒」の字を加え改竄している。これは明らかに独断的な誤りで不用意に使うことは避けるべきである。

高祖が「四分戒」（比丘戒）を受けたとする確固たる史料はない。ただ筆者は、高祖が入宋直前、臨時的処置として東大寺戒壇院発行の「戒牒」を書持したのではないか、と試論的に推察した（「新到列位に関して」本書所収）のは、一丈玄長撰『禅戒問答』の記事[1]に示唆されたものであった。周知の如く、高祖の伝戒として、明全を通しての天台円頓戒系と南岳下系の伝戒、如浄を通しての青原下系の伝戒との二回がある。明全よりの二系統を別々に伝えられたとして、如浄よりの一系統を加えて三回の伝戒があったともいえる。それらは、いずれも「菩薩戒」である。「両」の字は、上にある「重」の字と呼応してそれが二回であっても三回であってもよい訳である。恐らくこの「両」の字は、明全に従って誦した菩薩戒の二回を意味すると思われるが、高祖の意識下には如浄よりの伝戒も含まれていると解してよかろう。

二

「受戒得度」はさておき「伝法（嗣法）」と「伝戒」は室中の秘事である。『嗣書』は勿論、『授理観戒脈』『授覚心戒脈』、さらに『仏祖正伝菩薩戒作法』等が、今日まで伝承されているのは同慶の至りであるが、公開は本来、畏憚すべき事である。

これらの秘書中、『仏祖正伝菩薩戒作法』と『授覚心戒脈』の奥書とには、高祖が如浄よりの伝戒を宝慶元年（一二二五）九月十八日の年月日と記されている。次にその史料を示しておこう。

(1) 右大宋宝慶元年九月十八日　前住天童景徳寺堂頭和尚　授二道元一式如レ是　祖日侍者（時焼香侍者）　宗端知客　広平侍者等　周旋行二此戒儀一　大宋宝慶中伝之
右菩薩戒儀　先師親筆之本　懐弉伝二受之一　今法弟義尹蔵　主為二法器一者聴二許之一　並伝写已畢矣
〔仏祖正伝菩薩戒作法（広福寺本）〕

(2) 大宋宝慶元年乙酉九月十八日　前住天童浄和尚示二道元一云　仏戒者宗門大事也　霊山少林曹谿洞山皆附二嫡嗣一　従二如来一嫡々相承而到レ吾　今附二法弟子日本国僧道元一　伝附既畢　今覚心附二心瑜一　于時正応三年九月十日　覚心示
〔授覚心戒脈（泉福寺本）〕

上記の(1)は、奥書の末尾の文によって現存する最古の写本と知られる熊本広福寺蔵（大智筆）本で義尹系のもの。この異本に大乗寺蔵本の瑩山系と永平寺蔵本の寂円系のものがある。この三系統の『仏祖正伝菩薩戒作法』は、本文を含め多少字句が各々相違する部分があるものの、特別に意味を異にするものではない。

(2)の『授覚心戒脈』は写本であるが、その史料的価値は高い。法灯国師心地覚心が高祖より伝戒したことは、『法灯国師行実年譜』『法灯円明国師之縁起』に記されていることで傍証できる。この(2)は、その覚心が正応三年（一二九〇）九月十日、弟子心瑜に授けた青原下系戒脈の奥書部分である。

この(1)(2)の史料的価値を認めるとすれば、「宝慶元年九月十八日」は、高祖が如浄より「伝戒」した年月日であると信じざるを得ない。しかし本文全体に関しては果たしてどうか。

(1)に見える人名「祖日侍者」「宗端知客」「広平侍者」に関しては、

伊藤慶道著『如浄禅師研究』[2]や中世古祥道著『道元禅師伝研究』[3]等に考察されている。祖日は、『如浄語録』の『明州天童景徳寺語録』の編者（「侍者祖日編」）として知られるが、その他は不明。宗端は、『血脈法式』（『続曹全　禅戒』所収）の大慈寺本奥書に祖日・広平と共にその名が見える（広福寺蔵『仏祖正伝菩薩戒作法』奥書に同じ）。また伝記史料『永平実録』『洞上聯灯録』や切紙『自家訓訣』と『他家訓訣』（共に『曹全書　拾遺』所収）との奥書にその名がある。また「丹知客」として延宝本『建撕記』『日域曹洞列祖行業記』に登場する。広平は、『正法眼蔵』行持（下）に如浄の陞座を日録に記していた人物として、また『三祖行業記』等の伝記史料に高祖が伝戒や嗣法した際、近くに侍立していた人物（「福州広平侍者」「平侍者」）として登場する。三人の中では、広平が頻度の上で比較的実在感がある。これら三人の行実が、もう少しはっきり判れば、この『仏祖正伝菩薩戒作法』の史料的価値もさらに益すであろう。

三

ここで視点を転じ、高祖の伝記史料に表われている「伝戒」について一瞥してみよう。『三祖行業記』『三大尊行状記』には、如浄が坐睡する僧に叱咤した語「坐禅者身心脱落也、祇管打睡恁生」を聞いて、高祖が豁然と大悟し、その後、方丈に上り「身心脱落」の問答をして印可され、福州の広平侍者が立会い、遂に洞上の宗旨を付嘱され、曩祖の「仏戒」を授けられた[4]との旨を記している。つまり嗣法と伝戒が同時であると受けとれるものである。『伝光録』の本則には、如浄が後夜坐禅の時の語「参禅者身心脱落也」を聞き、忽然と大悟し、その後、方丈に上り「身心脱落」の問答をして印可され、その席に広平侍者が侍立し如浄と共に讃嘆したとある。同じく機縁には、坐睡する僧を如浄が叱咤し、それを聞き高祖が大悟した話を載せ、「宝慶元年乙酉、日本嘉禄元年、タチマチ二五十一世ノ祖位ニ列ス」と嗣法の年号を示しているが伝戒を表わす語句はない。本則には「身心脱落」の語話時の嗣法、機縁には打睡僧への叱咤時の嗣法、と二説を同一書の中で記している訳で、共に如浄よりの伝戒記事はない。

『仏祖正伝菩薩戒作法』に記す宝慶元年九月十八日の年月日を承けている伝記史料に明州本を始めとする『建撕記』諸本と『永平実録』がある。しかし、その前後の叙述において『建撕記』諸本の間には各々相違がある。比較的古い明州本『建撕記』は、ほぼ『三祖行業記』『三大尊行状記』の記事を踏襲する。ただし、末尾に前記の年月日が入った後に「大事授畢」とあるのが注目される。この「大事」は「大事了畢」（大悟）の意味なのか、菩薩戒を一大事としてその授受を「大事」とするのか、後世いわれる三物中の「大事」の先駆なのか、との疑問である。この明州本『建撕記』の成立（天文年間〈一五三二～五五〉頃）、果して宗門に「三物」があったかどうか定かではない。なお瑞長本『建撕記』の該当箇所には、前記の年月日の後に「伝授相承畢、御歳廿六也」とあって「大事」の語はない。『建撕記』諸本の該当箇所を総体的にいえば、「身心脱落」話において得法し、宝慶元年九月十八日に「菩薩戒」を授けられた、ということになる。『永平実録』には、その日に「伝戒嗣法方畢」とある。『永平紀年録』には、宝慶元年の条に記述がなく、同二年の条に坐睡僧叱咤時の身心脱落話に得法後、「師如ㇾ此喪二尽生涯一、瀝尽惨漏、即九月十八日也」とあるが菩薩戒授受の話はない。他の伝記史料は、その年月日と伝戒の記事もない。

四

次に高祖の撰述『正法眼蔵』受戒巻と『仏祖正伝菩薩戒作法』とにおける十六条戒の条目について比較してみたい。

『正法眼蔵』受戒巻は、示衆年時不明であるが、重要な位置づけをなす（新草十二巻本第二）巻であることは間違いない。この巻は、仏祖・嗣書・伝衣・自証三昧の各巻と同様、明治年間まで久しく室内書の一に数えられ、伝法資格者が私意や筆削を加えずに書写して伝えたものである。『仏祖正伝菩薩戒作法』もほぼ同様にして伝えられたものといえる。

次の対照表で判るように多数の箇所で相違する。両書は共に室中の秘書として扱われてきたものの、『正法眼蔵』受戒巻は、高祖の意図として当初から公開説示（示衆）であった筈である。一方、『仏祖正伝菩薩戒作法』は、文字通り室中の作法書（秘書）であった。従って条目間における地の文が相違するのは当然かも知れない。しかし、中核となるべき「十六条戒」の名称が、六条目も相違することにおいて、両書を同一人の撰述として見ることができようか。両書の相違をどのように理解すべきか。

正法眼蔵受戒	仏祖正伝菩薩戒作法
(1)和尚阿闍梨まさに受者ををしへて礼拝し、長跪せしめて合掌し、この語をなさしむ。	(1)′次正授レ戒。先三帰。和尚合掌授之、教授并受者、皆合掌而受
(2)帰依仏、帰依法、帰依僧。	(2)′南無帰依仏、南無帰依法、南無帰依僧。
(3)帰依仏陀両足尊、帰依達磨両足尊、帰依僧伽衆中尊。	(3)′帰依仏無上尊、帰依法離塵尊、帰依僧和合尊。
(4)帰依仏竟、帰依法竟、帰依僧竟。	(4)′帰依仏竟、帰依法竟、帰依僧竟。
(5)如来至真無上正等覚、是我大師、我今帰依。従今已後、更不レ帰二依邪魔外道一。慈愍故、慈愍故、慈愍故。三説。第三畳慈愍故三遍	(5)′和尚示曰、一受二三帰戒一如レ斯。従今已後、如来至尊正等覚是汝大師、更不レ帰二依邪魔外道等一。此是千仏之所二護持一、曩祖之所伝来也。我今授レ汝、汝善護持。
(6)善男子、既捨レ邪帰レ正、戒已周円。応受二三聚清浄戒一。	(6)′次三聚戒。
(7)第一、摂律儀戒。汝従二今身一至二仏身一、此戒能持否。登云、能持。三問三答	(7)′第一摂律儀戒。千仏之所二護持一、曩祖之所二伝来一。我今授レ汝、汝従二今身一至二仏身一、此事能持否。三問。能持。三答。和尚問授、受者答受。
(8)第二、摂善法戒。（同右）	(8)′第二摂善法戒。詞如レ先
(9)第三、饒益衆生戒。（同右）	(9)′第三摂衆生戒。詞如レ先
(10)上来三聚清浄戒、一一不レ得レ犯。汝従二今身一至二仏身一、能持否。答云、能持。三問三答是事如レ是持。受者礼三拝、長跪合掌。	(10)′〈ナシ〉

(11)善男子、汝既受二三聚清浄戒一、応レ受二十戒一。是乃諸仏菩薩清浄大戒也。	(11)′次有二十重禁戒一。
(12)第一、不殺生。汝従二今身一至二仏身一、此戒能持否。答云、能持。三問三答	(12)′第一不殺生。詞如レ先
(13)第二、不偸盗。（同右）	(13)′第二不偸盗。詞如レ先
(14)第三、不貪婬。（同右）	(14)′第三不貪婬。詞如レ先
(15)第四、不妄語。（同右）	(15)′第四不妄語。詞如レ先
(16)第五、不酤酒。（同右）	(16)′第五不酤酒。詞如レ先
(17)第六、不説在家出家菩薩罪過。（同右）	(17)′第六不説過。
(18)第七、不自讃毀他。（同右）	(18)′第七不讃毀自他。
(19)第八、不慳法財。（同右）	(19)′第八不慳法財。
(20)第九、不瞋恚。（同右）	(20)′第九不瞋恚。
(21)第十、不癡謗三宝。（同右）	(21)′第十不謗三宝。
(22)上来十戒、一一不レ得レ犯。汝従二今身一至二仏身一、能持否。答云、能持。三問三答是事如レ是持。受者礼三拝。上来三帰三聚浄戒十重禁戒、是諸仏之所二受持一。汝従二今身一至二仏身一、此十六支戒、能持否。答云、能持。三問三答	(22)′上来十六條仏戒、謂三帰三聚浄戒十重禁戒。此十六條戒、千仏之所二護持一、曩祖之所二伝来一。我今授レ汝、汝従二今身一至二仏身一、是十六條事能持否。三問 能持。三答 是事如レ是持。

①一方が如浄よりの伝承で他方が高祖の創案したものか。②両書共、高祖の創案で、撰述年や対象者を異にした為に相違を生じたのか。③一方ないし両方共、高祖以外の他者の撰述なのか。④伝承過程で変容したのか。その他、いろいろと想定することができる。

周知の通り、宗門にはこの両書の他に「十六条戒」を説示したものに『教授戒文（仏祖正伝菩薩戒教授戒文）』、瑩山訓訳『教授文』、面山較『出家略作法（永平祖師得度略作法）』、在家向け読誦経典『修証義』第三章等がある。その用途や対象を各々異にしているため、各書の条目が全て一致するものはない。これらも合わせて検討すべきであるが今回は割愛する。

おわりに

高祖が、宝慶元年九月十八日、如浄より菩薩戒を授けられたとして、その「十六条戒」はどのようにして形成されたものであろうか。中国撰述で直接に如浄から授戒したものか。日本撰述で天台円頓戒系から派生したものか。栄西や俊芿、覚盛や叡尊など、当時の戒律重視の風潮が関係するか。いずれにしても、その「十六条戒」の成立過程を探る必要がある。次回は以上を踏まえて考察する所存である。

注

本文中、一の冒頭部、一部削除・訂正。

（1）『禅戒問答』――一丈玄長撰『曹全書　禅戒』三〇一頁。本書「新到列位に関して」四六頁参照。

（2）伊藤慶道『如浄禅師研究』――『道元禅師研究』（初版一九三九年、大東出版社。再版一九八〇年、名著普及会）第一巻「天童如浄禅師の研究」第五章　如浄禅師の門流一般、一四一〜一五四頁。

（3）　中世古祥道『道元禅師伝研究』「第五章　中国時代、第一節　参学人」（国書刊行会、一九七九年、二一六〜二二〇頁）。他に大久保道舟『修訂増補道元禅師伝の研究』「第六章　在宋中の参学、第七節　仏祖正伝菩薩戒脈を稟受す」（筑摩書房、一九六六年、一五五〜一五八頁）等がある。

（4）「于時福州広平侍者、侍立云、非細也（中略）以洞上宗旨付嘱、授嚢祖仏戒」（『三祖行業記』『三大尊行状記』両書共同一文）。

第三節　道元禅師の十六条戒の成立について

はじめに

高祖道元禅師（以下、高祖と略称）に関連し、宗門に伝えられる「十六条戒」の主な史料を挙げ検討してみよう。

(1)「仏祖正伝菩薩戒作法」
(2)「出家略作法文（永平高祖受戒作法）」
(3)「(仏祖正伝菩薩戒) 教授戒文」
(4)『正法眼蔵』受戒巻（新草十二巻本第二）

以上の他、明治期編纂の『修証義』もあるが、これは在家向けに手直しをしたものである。

右の(1)は、末尾に「右大宋宝慶元年九月十八日、前住天童景徳寺堂頭和尚、授二道元一式如レ是。祖日侍者時焼香侍者、宗端知客・広平侍者等、周旋行二此戒儀一。大宋宝慶中伝レ之」とあるように高祖が宝慶元年（一二二五）九月十八日に天童山において如浄禅師（以下、浄祖と略称）より菩薩戒の戒脈を伝授され、伝戒の儀式作法を記したもの。熊本県広福寺蔵本をはじめ、永平寺・總持寺・大乗寺の各蔵本の末尾奥書には、各自の伝写系統が記されている。本文の字句には、ほとんど相違はなく、古くから大切に伝承されてきたことが判る。

(2)は、文字通り在家者の出家を志す者へ、その意義をはじめ受戒の作法を略述したもの。奥書に「嘉禎三季丁酉結制日撰レ之」とあり、高祖の三十八歳の撰述とされる。但し、「三聚浄戒」の典拠はさておき、「十重禁戒」の大部分は『梵網経』よりの引用によって占められる。瑩山禅師が孤峰覚明（三光国師）に授け、島根県雲樹寺に所伝し、その後東京今津洪嶽氏から京都花園大学に所蔵されている写本がある。これと大乗寺蔵本を比較すると、かなり相違が見られる。また面山瑞方が、延享元年（一七四四）に較訂し刊行した『永平祖師得度略作法』は、さらに前掲二本と比較するとかなり相違する。いずれにしても(2)は、出家得度者向けの受戒作法であり、その構成と撰述者において問題が残るので本節では考察の対象から除外する。

(3)は、「十六条戒」の各条目に関する宗意を明らかにしたものである。傍証史料の『梵網経略抄』（詮慧・経豪共撰）には、高祖が「十戒（十重禁戒）」を基に独自な説を展開している。しかし、この(3)と『梵網経略抄』における「十六条戒」の字句中、その「十戒」に関しては後述の通り、全て一致するものではない。恐らく伝承過程で相違したものと思われる。同系統に属する史料として、瑩山禅師が元亨三年（一三二三）八月二十八日、慧球姉公に(3)の伝承本を訓訳して授与し、さらに明峰素哲に所持され、明峰が心悟大姉に授与したものがある。[1]

⑷は、撰述年不明であるが、新草十二巻本の一として高祖の晩年の作と見做してよいと思われる。冒頭に『禅苑清規』受戒条が全文引用されているのは、「大小兼受戒」（四分律の二百五十戒と梵網経の十重四十八軽戒）を必ずしも全面的に肯定したものではなくて、むしろ日本天台叡山の「菩薩単受戒」に矜持を抱いていたとされる。末尾に「この受戒の儀、かならず仏祖正伝せり。丹霞天然、薬山高沙弥等、おなじく受持しきたれり。比丘戒をうけざる祖師あれども、この仏祖正伝菩薩戒をうけざる祖師いまだあらず、かならず受持するなり[2]」とあるが、歴史的に事実であったかどうかは、更に検討の余地があろう。ここで問題にしたいのは、右に挙げた四種の史料中、「十六条戒」の「三帰」「三聚」「十戒」の構成は共通するものの、各条目がすべて一致するものがない点であり、これをどのように理解したらよいかということである。つまり、四種の史料において、伝戒の室内儀軌⑴、出家の受戒作法⑵、授戒の宗意提示⑶、受戒の講戒（示衆）⑷というように、その用途や内容などの上で相違があっても、「十六条戒」そのものは、撰述者が同一であれば、当然、共通した条目になるのではなかろうか。それとも撰述の過程で変遷したのであろうか。

一般的に高祖の「十六条戒」とは、右の⑴⑶⑷を指すものと思われるが、この授受に関し、次のような諸説がある。

①栄西より受け、栄西はこれを叡山より受けた――境野黄洋説（「禅戒の由来について」『大乗禅』七巻一号、一九三〇年）。②浄祖の室中より受けた――永久岳水説（同右、二号）。③伝戒の問題に関しては、栄西をさながらに師承された――伊藤慶道説（『道元禅師研究』一九三九年）。④伝信・隆禅の再興した『机受戒略戒儀』の十六重戒に関係する――石田瑞麿説（「道元――その戒と清規」『金沢文庫研究』七六〜八二号、一九六〇〜六五年）。⑤日本で成立。浄祖より相伝したのは仏祖正伝の戒理念である――池田魯參説（「禅戒と鎌倉仏教」『宗学研究』一二号、一九七〇年）。⑥中国湛然の『授菩薩戒儀』が簡略化したもの――平川彰説（「道元の戒観と律蔵」『道元禅の思想的研究』所収、一九七三年）。⑦浄祖より相伝した仏祖正伝菩薩戒は梵網戒・単受菩薩戒であり得た――鏡島元隆説（「円頓戒と禅戒・仏祖正伝菩薩戒」『道元禅師とその周辺』第七章、一九八五年）。

以上の七種の説を詳しく検討すべきであるが、紙数の関係で割愛する。その中で②の説は宗門の伝承として信じられてきたのであるが、①と③はさておき、④の説以下で最近は疑問視されている。

各条目の点検

『正法眼蔵』受戒巻、『仏祖正伝菩薩戒作法』、『（仏祖正伝菩薩戒）教授戒文』の三書を比較してみよう（便宜的にこの三書を『受戒』『作法』『戒文』と略称する）。

まず「十六条戒」という通称は、『受戒』では「十六支戒」、『作法』では「十六条仏戒」と「十六条戒」「十六条事」、『戒文』では「十六条仏戒」となっている。なお浄土系の『授菩薩戒儀（机受戒略戒儀）[3]』には、「十六重戒品」と記されていて、「三帰、三聚浄戒、十重禁戒」の総括的名称として高祖の先蹤をなすものである。

『受戒』の「三帰」に相応する文は、中国天台の伝南岳恵思撰『受菩薩戒儀[4]』にある。それは、「請伝授菩薩戒師一人」「請戒師法」「戒師説戒開導」「菩薩戒有八種殊勝」「観五法」「興三願」「発四弘願」「奉請仏菩薩戒師」「敬礼諸仏菩薩」と続く後の文に、次の如く示されている。

上来礼二諸仏諸菩薩一竟。各自胡跪。受二三帰依一 隋戒師口高声導遇某甲処各自称名 弟子某甲等。願従二今一身尽二未来際一。帰依仏。帰依法。帰依僧　帰依仏両足尊。帰依法離欲尊。帰依僧衆中尊 已上三説 弟子某甲等。従レ今已去。帰依仏竟。帰依法竟。帰依僧竟 一説 従レ今已去。称レ仏為レ師。更不レ帰二依邪魔外道一。唯願三宝慈悲摂受。慈愍故 三字三説
（『卍続蔵』一〇五―三b～四a）

これは、荊渓湛然述『授菩薩戒儀』[5]の所謂「十二門戒儀」へ、さらには明曠撰『梵網菩薩戒経疏删補』[6]、そして日本天台の最澄撰『授菩薩戒儀式』[7]へと展開したとされている。

伝恵思撰『受菩薩戒儀』と「受戒」の三帰の文は次のように字句が多少違っている。「帰依仏両足尊」→「帰依仏陀両足尊」、「帰依法離欲尊」→「帰依達磨離欲尊」、「帰依僧衆中尊」→「帰依僧伽衆中尊」。『作法』の句も「帰依仏無上尊」「帰依法離塵尊」「帰依僧和合尊」となっていて、これも異なる。前後するが『作法』に「南無」の字が加わり、『受戒』にはそれがない。参考までに高祖の『正法眼蔵』帰依仏法僧宝巻において、これに相当する文を次に挙げる。

我某甲、今身より仏身にいたるまで、

帰依仏、帰依法、帰依僧。帰依仏両足尊、帰依法離欲尊、帰依僧衆中尊。帰依仏竟、帰依法竟、帰依僧竟。[8]

これは前記の『受菩薩戒儀』の「三帰」と同一である。ところが、『戒文』には、「一体三宝」「現前三宝」「住持三宝」の三種三宝を記している。また前掲の「帰依仏法僧宝」巻には、「住持三宝」「化儀三宝」「理体三宝」「一体三宝」の四種三宝を挙げている。次の如くである。

住持三宝　形像、塔廟仏宝。黄紙・朱軸所伝法宝。剃髪・染衣・戒法・儀相僧宝。

化儀三宝　釈迦牟尼世尊仏宝。所転法輪・流二布聖教法宝一。阿若憍陳如等五人僧宝。

理体三宝　五分法身名為二仏宝一。滅理無為名為二法宝一。学無学功徳名為二僧宝一。

一体三宝　証理大覚名為二仏宝一。清浄離染名為二法宝一。至理和合、無擁無滞、名為二僧宝一。[9]

四種三宝につき『四分律行事鈔資持記』[10]巻上一上には、「一体三宝」「理体三宝」「化相三宝」「住持三宝」を挙げ、一体と理体は理につき、化相は仏世により、住持は三時に通じて用いるとしている（『大正蔵』四〇巻、一六〇頁c）。高祖は、これを参照し創案した可能性もある。「化相三宝」と「化儀三宝」とは同義である。右の『資持記』の列位を逆に並べると前掲の順になる。各三宝の字句は典拠が不明である。

『受戒』の「三帰」を結ぶ文中「従レ今已後、更不レ帰二依邪魔外道一」の語は、前記の伝恵思撰『受菩薩戒儀』の「従レ今已去、称レ仏為レ師、更不レ帰二依邪魔外道一」（『卍続蔵』一〇五―四a）の語や湛然述『授菩薩戒儀』の「従レ今往帰レ仏為師更不レ帰二命邪魔外道一」（『卍続蔵』一〇五―一〇b）の語を想起できる。

同じく『作法』の「此是千仏之所二護持一、曩祖之所二伝来一也。我今授レ汝、汝善護持」の語は、浄土系の『授菩薩戒儀則（黒谷古本）』[11]の「十重禁」の受持後の文「諸仏所二護持一。曩祖所二伝来一。我今授二汝等一。汝等従二今身一尽二未来際一。於二其中間一不レ得レ犯。能持否」（『大日本仏教全書』四九―一〇c）の語に近似する。「諸仏」が「千仏」となっている箇所は、『梵網経』巻下の「不レ得丙為二利養一故於下未レ受二菩薩戒者前

若外道悪人前上説乙此千仏大戒甲」（『大正蔵』二四巻、一〇〇九頁a）の語句に関係するであろう。

次に「三聚浄戒」の名称について、『受戒』では「三聚清浄戒」と「三聚浄戒」、『作法』では「三聚戒」と「三聚浄戒」、『戒文』では「三聚戒」と使われている。その三項目も『受戒』では「摂律儀戒」「摂善法戒」「饒益衆生戒」、『作法』では「摂律儀戒」「摂善法戒」「摂衆生戒」、『戒文』では「摂律儀」「摂善法」「摂衆生」と用いられ、第三項が各々異なる。なお、『菩薩地持経』巻四の方便処戒品第十の一には、「律儀戒」「摂善法戒」「摂衆生戒」（『大正蔵』三〇巻、九一〇頁b）とあり、『菩薩戒本』も同様（『大正蔵』二四巻、一一一〇頁a）である。また、『菩薩戒羯磨文』[12]には、「律儀戒」「摂善法戒」「饒益有情戒」とある。『受戒』にある「饒益衆生戒」の例は少なく、梁僧伽婆羅訳『菩薩蔵経』に「饒二益衆生一」の語が見える程度である。

『受戒』『作法』の文中にある「汝従二今身一至二仏身一」の語は、『瓔珞経』巻下の「従二今身一至二仏身尽未来際一、於二其中間一不レ得二故殺生一」（『大正蔵』二四巻、一〇二一頁a）や浄土系の『授菩薩戒儀（机受戒略戒儀）』の「汝等従二今身一至二仏身一。於二其中間一不レ得レ犯。能持否」（『大日本仏教全書』四九－一二b）に近似している。高祖は、これらを基にして勘案したのであろうか。

『戒文』の「三聚戒」の文は、詮慧・経豪の共撰『梵網経略抄』の本文にも見当らず或いは高祖の独自な展開かも知れない。『受戒』の相応箇所の句「一一不得犯」は、前掲の『授菩薩戒儀』の「於二其中間一不レ得犯」などの句に関連して使われたのである。

次に「十重禁戒」とそれに含む各項目の名称について見てみよう。大項目の「十重禁戒」は、『受戒』と『作法』、「十戒」は『受戒』と『戒文』に各々用いられている。その小項目中では、第六・第七・第八・第十の四が異なる。すなわち、『受戒』では「不レ説二在家出家菩薩罪過一」「不三自讃毀レ他」「不レ慳二法財一」「不レ癡二謗三宝一」、『作法』では「不レ説レ過」「不三讃二毀自他一」「不レ慳二法財一」「不レ謗二三宝一」、『戒文』では「不レ説レ過」「不レ讃二毀自他一」「不慳法」「不癡謗三宝」となっている。

まず『受戒』の「不レ説二在家出家菩薩罪過一」の語は、『瓔珞経』巻下（『大正蔵』二四巻、一〇二二頁c）と前掲の伝恵思撰『受菩薩戒儀』（『卍続蔵』一〇五－七a）に見えるが、『瓔珞経』巻上には「不レ説二出家在家菩薩罪過一」（『大正蔵』二四巻、一〇一二頁b）とある。同種のものとして『梵網経』巻下の「自レ説二出家在家菩薩比丘比丘尼罪過一、教三人説二罪過一」（『大正蔵』二四巻、一〇〇四c）がある。『作法』と『戒文』は同一である。なお『戒文』の「十戒」は『梵網経略抄』[13]と相応するのであるが、この第六は「不説過」ではなく、「不レ説二四衆罪過一戒」「不レ説二四衆罪過一」となっている。因みに『出家略作法』には、「不レ説二四衆罪過戒一」とある。

『受戒』の「不三自讃毀レ他」と『作法』『戒文』の「不レ讃二毀自他一」に関しては、『梵網経略抄』の説示が参考になろう。宗意の上では「先師（高祖）ハ不レ讃二自他一ト被レ結レ之」となる。また「所詮無二自他一無二好悪一讃毀ナキト心得云二是仏戒一也、又不二自讃毀レ他ト習フ宗門相伝ノ義也」とあるように、いずれでも使用するのである。

『受戒』『作法』の「不レ慳二法財一」はともかく、『戒文』の「不慳法」は不審である。『梵網経略抄』では、「不レ慳二法財一戒」「不二慳貪一」となっている。従って「財」の脱字と思われる。

「十重禁戒」の最後、第十は『受戒』と『戒文』が「不癡謗三宝」、

『作法』が「不謗三宝」となっている。「不謗三宝」はともかく、「不癡謗三宝」は不審であるので、前と同様、『梵網経略抄』を参照してみよう。それには、「不謗三宝ト云フ先師今加ニ癡字一テ不癡謗三宝ト被レ仰、尤不審ナリ」として、この「癡」が三毒の一であり、三宝に対し「癡」のみが「皮肉骨髄一切只暗也」であるとの旨を説いている。そうすれば、「不レ謗ニ三宝一」の語は、一般的用語であり、高祖の示す「宗意」の語ではない。

高祖の編みだした語句として判明するのは、『戒文』の「十戒（十重禁戒）」の箇所である。しかし、『梵網経略抄』と照合するといくつか相違する箇所がある。

「第一不殺生」の下に続く文中、「可レ続ニ仏命一」は「可レ続ニ仏慧命一」となっている。「第三不貪婬」は「第三不婬戒」、「第六不説過」は前に指摘した通り「第六不レ説ニ四衆罪過一戒」、「第七不レ讃ニ毀自他一」は表に「第七不自讃毀他戒」とあるが文中に「不讃自他」と高祖が仰せられているとしている。「第八不慳法」は前述の通りで、それに続く語「一偈一句万象百草也」は「一句一偈万象百草也」となっている。「第九不瞋恚」に続く語の中、「非退不進、非実不虚」は「非退非進、非実非虚」となっている。このように『戒文』と『梵網経略抄』とにおいて相違があるのは、『戒文』を伝承していく過程の中で筆写する者が恐らく誤ったものと推定できる。それら諸種の異本を対照していく必要があろう。

おわりに

高祖のオリジナルな「十六条戒」は、どれであろうか。『受戒』と『作法』との末尾の文を額面通りに受けとると中国において浄祖より受持したものとなるが、右に述べてきたように両書には形式の他に字句の上で相当の違いがある。これを直ちに同一時、同一撰者のものと見做すことはできない。一方が正しく、他方が正しくないという判断もできない。『戒文』の「十戒」は、『梵網経略抄』によって高祖の撰述であることが傍証できる。詮慧と経豪が高祖の下で『梵網経』の講経示衆を聴聞した年時は不明ながら寛元元年（一二四三）以前、高祖の深草興聖寺時代ということになろうか(14)。

この時代、高祖が「授戒」に多く携り、その一環として『梵網経』の講経示衆もあったのであろう。『出家略作法』は、その『梵網経』に依拠したものであるが、あまりにも経に傾き過ぎの感がある。これに関しては、渡部賢宗氏等の一連の論文があるのでそれに譲る(15)。

中国および日本における『菩薩戒』関係の儀軌を考察しても高祖の「十六条戒」は、その類例がない。勿論、前述の如く浄土系の『授菩薩戒儀（机受戒略戒儀）』に「十六重戒品（三帰・三聚浄戒・十重禁戒）」の語や相似する文はあるが内容の上では相違するのである。

以上の考察で直ちに最終的な結論は下せないが、『作法』と『受戒』の「奥書」をどのように解釈するかに関わってくる。「仏祖正伝」ないし「正伝の仏法」等の語も高祖の内面的信仰の吐露といえる。それを直ちに歴史的に裏づけられるとは限らない。そこで可能性として、三書を高祖の真撰とするならば池田魯參氏の説(16)にある通り、浄祖から「仏祖正伝の戒理念」を相伝し、その後に先ず『戒文』、次に『作法』、そして『受戒』の撰述をされたのではなかろうか。右に考察した三書の相違は、それらの用途も手伝って、次第に変遷していったものと思われる。

注

(1) この「教授戒文」は、①慧球姉公（慧球尼『洞谷記』）に授与した史料「仏祖正伝菩薩戒教授文」（瑩山自筆本、富山県海岸寺蔵）、②心悟大姉に授与したことを示す史料は、①の末尾（瑩山の署名・花押の後に「今心悟大姉に戒法を授時、同此本を用。同洞谷第二代、沙門素哲（花押）」と連署していることに拠って判明する（大久保道舟編『道元禅師全集』下巻、二八二～二八五頁〔右①②の本文所収〕・解題五三一～五三二頁。『曹全書　解題・索引』一〇〇～一〇一頁参照）。

(2) 『全集』第二巻、『眼蔵』〈新草校本〉「受戒」二九九頁。

(3) 慧亮（八一二～六〇）撰『授菩薩戒儀』（『机受戒略戒儀』とも。『大日本仏教全書』七二巻、『続浄土宗全書』第九所収）。「一乗菩薩戒」を授ける略式法。「三帰」「三聚浄戒」「十重禁戒」（以上「十六戒品」）を各三説する。慧亮―長意―慈念―……叡空―源空と次第相承するという（『仏書解説大辞典』五巻、〈解説、大野法道〉一一二頁）。一般に「授菩薩戒儀」といえば、荊渓湛然述の書名（『卍続蔵』一〇五冊、一〇～一五頁所収。次の注（5））をさすことが多いが、ここでは相違する。

(4) 梁、南岳恵思（五一三～七七）撰『受菩薩戒儀』（『卍続蔵』一〇五冊、一六～二二頁所収）。所謂、「大乗戒法」として式次第が述べられ、その中に「三帰」「三相（三聚浄戒）」「十重禁戒」を授ける。

(5) 唐、荊渓湛然（七一一～八二）述『授菩薩戒儀』（『妙楽十二門戒儀』とも。『卍続蔵』一〇五冊、『大日本仏教全書』二四巻、『浄土宗全書』一五所収）。大乗菩薩戒の「三聚浄戒」と『梵網経』の「十重禁戒」を授ける儀式。本書は天台系の菩薩戒、すなわち「円頓戒」系に重視される戒儀である。

(6) 唐、明曠（生没年不詳）撰『梵網菩薩戒経疏刪補』（『天台菩薩戒疏』『梵網経疏』『戒疏刪補』『明曠刪補』『天台菩薩戒明曠疏』『梵網註疏』等と略称）。本人の伝記は不明であり、章安灌頂の門人という説もあるが、荊渓湛然の門人とする説が有力である。本書は、天台大師智顗撰『菩薩戒経義疏』、荊渓湛然撰『授菩薩戒儀』等との説示とも共通する部分が多い。但し天台大師の「戒学」とは一致しない（『仏書解説大辞典』八巻、〈解説、田島徳音〉一四一頁）。

(7) 伝教大師最澄（七六七～八二二）撰『授菩薩戒儀式』（『十二門授大乗円教出家菩薩別解脱戒』『十二門儀式』『叡岳儀式』『和倭国本』『十二門授一乗比丘戒儀』とも称す）。本書は、荊渓撰『授菩薩戒儀』を伝教大師が刪補し、円頓戒授戒の式文としたもの。これに智証大師円珍（八一三～九一）が、朱書を以って添註している（朱註本）。日本天台円頓戒壇における授戒作法に極めて重要な意義を有する（『仏書解説大辞典』五巻、〈解説、田島徳音〉、一一三～一一四頁）という。

(8) 『眼蔵』「帰依仏法僧宝巻」（『全集』二巻、〈新草稿本〉三七三頁）。

(9) 同右、三七四頁。

(10) 宋、元照（一〇四八～一一一六）述『四分律行事鈔資持記』（『四分律鈔資持記』『行事鈔資持記』『資持記』とも称す）一六巻（『大正蔵』四〇巻所収。同書の四二巻本は、『卍続蔵』本に所収）。南山道宣撰『四分律行事鈔』の註釈書、広く教義規範を述べ、戒律の行持に資助しようとしたもの。日本では、本書が特に重視され、凝然が「資持宗」の名を立てるほどであり、その一因は本書の註釈が周到詳細に亘っている（『仏書解説大辞典』四巻、〈解説、大野法道〉）からという。

(11) 作者不明『授菩薩戒儀則』（『黒谷古本戒儀』とも称す）一巻（『大日本仏教全書』七二巻、『続浄土宗全書』第九所収）。「円頓菩薩戒」を授ける作法儀則書。荊渓撰『授菩薩戒儀』の戒儀と同じ十二門を主部として展開、内容も大体同書に則っているが、文句は著しく相違している。第七正受戒門に相伝戒（円頓戒の相伝脈譜）と発得戒（三聚浄戒）、第十説相門に十重禁戒（新羅太賢『古迹記』に依拠）が説かれている（『仏書解説大辞典』五巻、〈解説、大野法道〉）。

(12) 唐、弥勒菩薩説・玄奘訳『菩薩戒羯磨文』（『菩薩羯磨』『菩薩羯磨文』とも称す）一巻（『大正蔵』二四巻、受戒羯磨第一、一一〇五頁a）。本書は、『瑜伽師地論』本地分中菩薩地第十五初地瑜伽処戒品所説の大乗戒（瑜伽戒）由来するもの（『大正蔵』三〇巻、五一〇頁c～五二七頁b）。

(13) 経豪（生没年不詳）撰『梵網経略抄』（延慶二年〈一三〇九〉筆写、伝経豪自筆本、大分県泉福寺所蔵。『曹全書　注解二』所収、一九七一年刊・鴻盟社、一九〇三年刊）。

当該書末尾の識語に「延慶二年六月十六日梵網経抄物遂に功了す。此十戒四十八経、乃至懺悔、仏供養等の詞は一一先師上人（道元禅師）の説なり、更に余詞を交えず。仰せことは信ずる可き者なり」云々と記されている。前掲『曹全書　注解二』所収の解説には、本書について「梵網経の抄物の価値としてよりは、我々が原始永平僧団における戒儀の根本理念を垣間見ることが出来る唯一無二の貴重な法宝であったのである。（中略）この『略抄』は、梵網経で説いていない、三帰、三聚浄戒、十重禁戒の所謂十六条戒を体系的に詳述しているということである」（酒井得元）と指摘している（『曹全書　解題・索引』二一四〜二一五頁）。

(14)　高祖道元が興聖寺在住時代に『梵網経』を講述したのは間違いないと思われるが、ここでは詮慧と経豪の①『眼蔵抄』（同書の「聞書」と「抄」）および②『梵網経略抄』の撰述期間と成立について述べておきたい。①は経豪が師詮慧の「聞書」を証明として、永興寺において乾元二年（一三〇三）四月十五日から延慶元年（一三〇八）十二月二十二日にいたる足掛け六年間をかけ撰述に専念し（『正法眼蔵註解全書』別巻、三三頁）、その後、②の撰述を始め翌年六月十六日に終了した（当該書末尾の識語。前掲、注(13)文中）。高祖が寛元元年（一二四三）に興聖寺を詮慧に譲り入越し、建長五年（一二五三）八月二十八日、高祖の寂後、その荼毘地に永興庵（寺）を建立し、そこで①および②が成立したことになると思われる。

(15)　後掲の先行論文。特に渡部賢宗論文①⑥⑩⑬、黒丸寛之論文②③④⑤⑫、鏡島元隆論文⑦と直接「十六条戒」に言及した青龍宗二論文⑪と金丸憲昭論文⑭に留意していただきたい。

(16)　池田魯參論文・先行論文⑧「禅戒と鎌倉仏教」（『宗学研究』一二号、一九七〇年）。

追記

○先行論文

①渡部賢宗「禅戒論における一研究」（『印度学仏教学研究』四巻一号、一九五六年）、②黒丸寛之「宗門の戒律——その性格とその実践の意義について」（『宗学研究』三号、一九六一年）、③同右「禅戒論の一考察——円頓戒との異同をめぐって」（『印度学仏教学研究』一〇巻一号、一九六二年）、④同右「禅戒における懺悔論——『梵網経略抄』の所説について」（『印度学仏教学研究』一二巻二号、一九六四年）、⑤同右「懺悔と戒行について——『梵網経略抄』研究序説」（『宗学研究』六号、一九六四年）、⑥渡部賢宗「禅戒実践の二重性」（『宗学研究』八号、一九六六年）、⑦鏡島元隆「禅戒の成立と円頓戒」（『日本仏教学会年報』三二号、一九六七年）、⑧池田魯參「禅戒と鎌倉仏教」（『宗学研究』一二号、一九七〇年）、⑨鏡島元隆「円頓戒と禅戒」（『伝教大師研究』宗祖大師千百五十年遠忌事務局、一九七三年）、⑩渡部賢宗「曹洞宗団と戒儀」（『日本仏教学会年報』三九号、一九七四年）、⑪青龍宗二「道元禅師の仏戒思想——特に十六条戒の成立をめぐって」（『印度学仏教学研究』二二巻二号、一九七四年）、⑫黒丸寛之「禅戒思想論考」（『印度学仏教学研究』二五巻一号、一九七六年）、⑬渡部賢宗「『梵網経菩薩戒作法』の栄西真撰の根拠について」（『宗学研究』一八号、一九七八年）、⑭金丸憲昭「道元禅師における十六条戒の基本姿勢について」（『宗学研究』一七号、一九七五年）等。

○後続論文

①金子和弘「道元禅師と十六条戒」（『曹洞宗宗学研究紀要』三号、一九九〇年）、②晴山俊英「十六条戒について」（『曹洞宗宗学研究紀要』五号、一九九三年）、③同右「十六条戒の二重構造とその機能について」（『日本仏教学会年報』七四号、二〇〇九年）、④葛西好雄「道元禅師と菩薩戒——「仏祖正伝菩薩戒」と『御遺言記録』」（『駒澤大学部仏教学部論集』二五号、一九九四年）、⑤池田好雄『禅の十六条戒——教授戒文に学ぶ』（曹洞宗宗務庁、一九九八年）、『傘松』（同上書紹介、六六二号、一九九八年）、⑥林鳴宇「成立背景から見た『仏祖正伝菩薩戒作法』の意義」（『宗学研究』四二号、二〇〇〇年）、⑦同右「鎌倉時代における諸流の菩薩戒儀について——十六条戒再考」（『宗学研究』四四号、二〇〇二年）。

第四節　道元禅師と懐奘禅師との戒律観

高祖道元禅師と二祖孤雲懐奘禅師（以下、高祖と二祖と略称）による日本曹洞宗の草創期の教団・永平寺における戒（十六条戒）と律（清規）の形成される背景の一端を考察してみたい。〈発表の席上、高祖と二祖の在世当時における南都（奈良）や北京（京都）の戒律復興運動との関連を言及したが、本論では全面的に割愛する。〉高祖は、なぜ入越後に出家道的傾向を強めたのであろうか。

高祖と二祖との受戒と伝戒に関する歴史的記述を次に列挙してみよう。

(1)　建暦三年（一二一三）四月九日、高祖、叡山天台座主公円[1]に就き剃髪。翌十日、戒壇院で菩薩戒を受く（『三祖行業記』『三大尊行状記』）。

(2)　建保三年（一二一五）、二祖、円能法師に就き出家得度（『伝光録』）。

(3)　建保五年八月二十五日、高祖、建仁寺明全の室に参じ、重ねて菩薩戒を受け、顕密心三宗の正脈を伝受す（『伝光録』）。

(4)　建保六年、二祖、叡山戒壇院にて菩薩戒を受く（『三祖行業記』『三大尊行状記』）。

(5)　承久三年（一二二一）九月十三日、高祖、明全より師資の許可を受く（明州本『建撕記』）。明全、後高倉院に菩薩戒を授く（『明全和尚戒牒奥書』）。（永平寺本「九月十二日」）

(6)　大宋宝慶元年（一二二五）九月十八日、高祖、天童山にて如浄より仏祖正伝菩薩戒を受く（『仏祖正伝菩薩戒作法』奥書、『授覚心戒脈』奥書）。

(7)　文暦二年（一二三五）八月十五日、高祖、興聖寺にて二祖に「仏祖正伝（菩薩）戒（作）法」を伝授す（『三祖行業記』）。同日、高祖、理観に「菩薩戒脈」を伝授す（『授理観戒脈』奥書）。

(8)　嘉禎三年（一二三七）結制日、高祖、『出家略作法』を撰す（同書奥書）。

(9)　仁治三年（一二四二）、高祖、覚心に「菩薩戒脈」を伝授す（『法灯円明国師之縁起』）。

(10)　寛元五年（一二四七）正月十五日、永平寺にて、高祖、「布薩説戒」を行う（『永平寺三箇霊瑞記』）。〈二月二十八日改暦、宝治元年〉八月三日、鎌倉下向。高祖、西明寺（北条）時頼に菩薩戒を伝授す（『三祖行業記』、明州本『建撕記』）。

(11)　建長五年（一二五三）八月三日、高祖、義介へ「八斎戒」の印板を与う（『御遺言記録』）。〈同月二十八日、高祖示寂〉

(12)　建長六年九月九日、二祖、義介に「仏祖正伝菩薩戒作法」を伝授（広福寺蔵の同書奥書）。〈二祖、弘安三年八月二十四日示寂〉

これらの事項について多数の先学による論攷があり各々追求されている。筆者も同様に数本の論文で考察した(1)(3)(5)については、「道元禅師の受戒と伝戒考」(『印度学仏教学研究』三六巻一号、一九八七年、本書所収、「思想編」第四章第一節)、(6)(7)(9)は、「高祖道元禅師の如浄禅師よりの伝戒に関する問題点」(『宗学研究』三〇号、一九八八年、本書所収、同右、第二節)。本節は、各事項の真偽を確認することにねらいがあるのではない。それらが当時における他宗派の戒律復興運動とどのように関連しているかに興味を持ったのである。

高祖の叡山における授戒師とされる公円は、種々の問題を含み[2]確定できない。高祖が、叡山で出家受戒した天台僧として出発したことに間違いはない。その後、建仁寺明全に師事し、(3)の記事の如く、重ねて菩薩戒を受け、その菩薩戒が(7)の理観に授けた「戒脈」と同じものとするならば、まず高祖の当初受戒した日本天台円頓戒系(系統不明)と明全が参学師栄西より伝戒を受けたもの、すなわち日本天台円頓戒系(一は最澄下、基好―栄西と続く系統。他は義信下、千命―栄西と続く系統)と中国禅南岳下(黄龍派)系となり、この時点で四本の戒脈を保持したことになる。

日本天台円頓戒系のものは、系統不明を一つに数えると合計三本になるが、これを便宜的に一本にまとめて数えることも可能である。栄西が中国の虚庵懐敞より伝戒した中国禅南岳下系のものは、「誦四分戒、誦菩薩戒已畢」(『興禅護国論』宗派血脈門)とあるように「大小兼受戒」である。さらに高祖は、(6)の如く如浄より中国禅青原下系の「菩薩戒」を受けている。中国禅の伝統からいえば、如浄の伝戒は虚庵と同様に「大小兼受戒」であったと思われるが、高祖はあえてその「菩薩戒」だけを求請し伝戒を受けたのであろう(『宝慶記』薬山高沙弥条、『正法眼蔵』受戒)。それにしても高祖は、大きく分けて日本天台円頓戒系、中国禅南岳下系、中国禅青原下系の三本の戒脈を受けている訳であり、「清浄梵行者」の人徳が自然と備わっていったと推察される。勿論、高祖は数種の伝戒をしている中、正師如浄の戒脈を精神的支柱にしていたが、思想的依拠は円頓戒にあり、先学に指摘されている通り心情的には「単受菩薩戒」を奉じ、具体的には「十六条戒」に凝縮していったものと思われる。

栄西が当初の日本天台円頓戒系を省みず、中国禅南岳下系の「四分律」「菩薩」の「大小兼受戒」に傾き、俊芿がその日本天台円頓戒を「四分律」によって補完しようとした戒律観を考えると、高祖がいかにそれと相違しているものであるかが判るであろう。

高祖は、帰朝後、建仁寺に留錫してから洛外の地深草に興聖寺を建立し、「正伝の仏法」を広宣流布していた。その当時の「戒律観」は、『正法眼蔵随聞記』巻二(長円寺本)や『弁道話』に説かれているように思われる。その『随聞記』巻二の冒頭部において、高祖は「戒行持斎」の実践法について注意をしている。すなわち「戒行」だけを宗として奉公し、これによって得道すると思うのは誤りであり、「戒行」は只「衲僧ノ行履、仏子ノ家風」「仏家ノ儀式、叢林ノ家風」であるから従うのであるという[3]。『弁道話』にも同様に、「持戒梵行」は「禅門の規矩なり、仏祖の家風なり」と述べ、続いて坐禅と「真言止観」との兼修を批判し、「まことに一事をこととせざれば一智に達することなし」と道破している[4]。栄西が『興禅護国論』中に「禅宗以二戒律一為レ宗、故立二令法久住義一耳」と述べ、四宗(円禅律密)を兼修していたことは知られている。これへの批判的文言と見做し得る。

『随聞記』では前の記事に続いて、栄西の弟子五根房(五眼房隆禅か)

が、持斎を固守し、終日、戒経を誦していたのを止めさせたという。(5)五眼房の行は『梵網経』の説示に基づくものである。そこで二祖は次の質問を呈している。

「叢林学道の儀式は、百丈の清規を守るべきか。然に、彼（禅苑清規）にはじめに、受戒護戒をもて先とすと見たり。亦、今の伝来相承の根本戒（大乗菩薩戒）をさづくと見たり。（中略）然るに今の戒経（梵網経）に、日夜に是を誦せよと云へり。何ぞ是を誦を捨しむるや」(6)と。これに対し、高祖は「学人最百丈の規縄を守べし」と肯いながら、その儀式は「護戒・坐禅等也」と坐禅を入れ、『梵網経』に説く誦経と護戒とは「古人の行李(ママ)にしたがうて、祗管打坐すべきなり」(7)として、坐禅をする時、あらゆる功徳が備わっているとの主旨を説く。「禅戒一如」の句を高祖は用いないが、ここに坐禅の一行に持戒が含まれるとする主張がなされている。

『随聞記』では、引き続き、「犯戒」（受戒以後の所犯と未受以前の所犯）、「（梵網経）四十八軽戒中の未受戒の所犯」、「受戒」と「懺悔」と「誦戒」の関係、「七逆の懺悔」に関し、問答が交される。(8)当時、二祖が『梵網経』の参究によって得た知識を基に高祖にくい下り、一方、高祖はその理論面を実践面に具体化させようとする意向もこれらの問答によって窺える。竹内道雄氏は二祖の「罪業」意識が根底にあって、かような問答がなされたとの主旨を述べている（『永平二祖孤雲懐弉禅師伝』春秋社）。

「七逆の懺悔」の問答において、高祖はたとえ逆罪であっても懺悔すれば清浄となるので受戒させるべきであるとし、また菩薩は「真《たと》饒《ひ》、自身は破戒の罪を受とも、他の為に受戒せしむべし」(9)とある如く、自分は破戒の罪を受けても他のために受戒させ、利他行を実践すべきことを説示している。

元より破戒放逸を勧めるのではない。高祖は、さらに二祖の、出家者が破戒したならば還俗し在家者となるべきではないか、との問いに対し、次のように答えている。すなわち「只、強て道心をこし、仏法を行ずべき也（中略）誰人か、初めより道心ある。只、如レ是発し難きを発し、行じ難きを行ずれば、自然に増進する也。人人皆有二仏性一也。徒に卑下すること莫れ」(10)と説き、出家者の自覚を促し、激励している。

高祖が各種の「清規（箴規）」類を制定し、教団の運営に意を注いでいたことはよく知られている。興聖寺時代に属するものは、『典座教訓』（嘉禎三年春）であるが、『正法眼蔵』中の「重雲堂式」（延応元年〈一二三九〉四月）と「洗浄」「洗面」（同年十月）もそれに準ずる清規といえる。これだけでも栄西や俊芿の制定した清規よりも完備したものといえる。

次に入越後の「清規」類を羅列しておく。『眼蔵』中に属す巻も含めよう。

『正法眼蔵』陀羅尼巻　寛元元年（一二四三）（月日不明）
『対大己五夏闍梨法』寛元二年（一二四四）三月
『正法眼蔵』安居巻　寛元三年六月
『知事清規』寛元四年六月
『示庫院文』寛元四年八月
『正法眼蔵』出家巻　寛元四年九月
『弁道法』不明（大仏寺時代〈一二四四〜四六〉）
『永平寺庫院制規』宝治二年（一二四八）十二月
『衆寮箴規』宝治三年正月

『永平寺住侶制規』　建長元年（一二四九）十月

『赴粥飯法』　不明（『典座教訓』成立の嘉禎三年前後か）

右の『示庫院文』の後に、「（永平寺）告知事文」が附載している(11)。

また『眼蔵』洗面巻は、寛元元年（一二四三）十月と建長二年（一二五〇）正月に重ねて示衆している。入越前のものと合わせ、これらの撰述が永平寺教団を支える規程として機能し、「戒」としての「十六条戒」と相即して、修行者のより充実した生活を促進した。

『衆寮箴規』の冒頭に戒律を遵守し清規に一如すべきことを説き、次のように示している。

寮中之儀、応当下敬二遵仏祖之戒律一。兼依二随大小乗之威儀一、一中如百丈清規上。清規曰、事無二大小一並合二箴規一。然則須レ看二梵網経、瓔珞経、三千威儀等一。寮中応下看二大乗経並祖宗之語句一、自合中古教照心之家訓(12)上。

この中で『禅苑清規』巻二「小参」の文を引き、大小乗を区別することなく、箴規にかなった戒律生活をすべきことを述べている箇所に注意したい。この説示と矛盾するかのような叙述を『眼蔵』菩提分法巻に見ることができる。

しかあるを、近日庸流いはく、声聞・菩薩を分別すべからず、その威儀戒律ともにもちゐるべし、といひて、小乗声聞の法をもて、大乗菩薩法の威儀進止を判ず。

釈迦牟尼仏言、声聞ノ持戒ハ、菩薩ノ破戒ナリ。

しかあれば声聞の持戒とおもへる、もし菩薩戒に比望するがごときは、声聞戒みな破戒なり。自余の定慧も、またかくのごとし(13)。

有名な『大宝積経』の語「声聞持戒、菩薩破戒」を引き、「仏祖正伝の宗旨」と「声聞」のそれとは隔絶しているという訳である。この両説は、矛盾した「戒律観」を表明しているのではない。基本は「仏祖正伝の宗旨」にあり、これに「戒律」や「清規」が沿っているかどうかにある。声聞の法は単純に用いないというのではない。

高祖が『随聞記』中で出家者の「所犯」や「破戒」に関する説示をしていたことに触れたが、入越後のそれは如何なるものであろうか。『眼蔵』の「出家功徳」と「袈裟功徳」の両巻には、『大智度論』巻十三の文「仏法中出家人、雖二破戒堕一レ罪、罪畢得二解脱一、如二優鉢羅華比丘尼本生経中説一。（中略）今以レ此証知、出家受戒、雖二復破戒一、以二是因縁一、可レ得二道果(14)一」を引いていることに注目しておきたい。高祖は、「袈裟功徳」巻におけるこの段の結びとして、蓮華色比丘尼が袈裟を身に着けた功徳により得道したとし、「戒の因縁あるときは、禁戒を破して地獄におちたりといへども、つひに得道の因縁なり(15)」と説き、袈裟を受け、さらに出家受戒することによる功徳を述べているのである。前掲の『随聞記』で出家者が破戒した後に懺悔し、また受戒すべきことを説いたものとは筋が違う。しかし、出家後の「所犯」や「破戒」が問題視され、さらにその後になされる「受戒」の意義を考慮されていることに共通点がある。これは、俊芿が入宋して当時の律学界に投げかけた「重受菩薩戒」の問題と関連して論及されねばなるまい（参照、土橋秀高「俊芿律師の提起せる菩薩戒重受の問題」『俊芿律師の研究』所収）が、本節では割愛して次の機会に譲る。

要するに入越後の高祖ないし永平寺教団は、「出家道」が益々強調されていくのである。『眼蔵』の「出家」と「出家功徳」との両巻は、周知の如くその最たるものである。

「出家」巻では、『禅苑清規』巻一「受戒」の全文を引用した後に「諸仏諸祖の成道、ただこれ出家受戒のみなり。諸仏諸祖の命脈、ただこれ出家受戒のみなり。（中略）仏をみ祖をみるとは、出家受戒するなり⑯」とあり、同じく『大般若経』巻三「初分学勧品」の一部を引き、「無上菩薩は、出家受戒のとき満足するなり。（中略）自利利佗ここに満足して、阿耨菩提不退不転なるは、出家受戒なり。（中略）出家の日のうちに、三阿僧祇劫を修証するなり。出家の日のうちに往㆓無辺劫海㆒転㆓妙法輪㆒するなり⑰」とある箇所に、その「出家受戒」における高祖の特徴的「戒律観」が出ている。

「出家功徳」巻には、前掲の『大智度論』巻十三の引用の直前の文に「居家戒（在家戒）」と「出家戒」を比較し、「出家修戒、得㆓無量善律儀㆒、一切具足円満、以㆑是故、白衣等応㆔当出家受㆓具足戒⑱㆒㆓」とある箇所が注目される。また『大毘婆沙論』巻七十六の文「出家之人雖㆑破㆓禁戒㆒、猶勝㆘在俗受㆓持戒㆒者㆖。（後略）」を引き、「しるべし、出家して禁戒を破すといへども、在家にて戒をやぶらざるにはすぐれたり。帰仏かならず出家受戒すぐれたるべし⑲」と述べ、一方的に「出家受戒」に肩入れし、在家戒を否定し去っているのである。

最後に『眼蔵』受戒巻を採り上げ触れねばなるまい。この巻では、所謂「十六支戒（十六条戒）」を説示している。「十六条戒」に関しては、前論で多少論及した（「道元禅師の十六条戒の成立について」本書「思想編」第四章第三節）ので重複を避け、ここでは触れない。

冒頭に『禅苑清規』巻一「受戒」を引用している点は、「出家」巻と同様であるが、その着眼点と展開が違う。引用の末尾句「既受㆓声聞戒㆒、応㆑受㆓菩薩戒㆒、此入㆑法之漸也⑳」とは、本来、『明全和尚戒牒奥書』にもある如く「宋朝之風」の「先受㆓比丘戒㆒、後受㆓菩薩戒㆒也」を反映するものである。しかし、高祖の力点は、「応受菩薩戒」にあって「先受声聞戒」を一瞥だにしない。「十六支戒」による受戒の儀を説示した末尾の結びには、『宝慶記』の如浄禅師の慈誨語「薬山之高沙弥、不㆑受㆓比丘具足戒㆒、也非㆑不㆑受㆓仏祖正伝之仏戒㆒也（中略）是菩薩沙弥也」を想起できる語句が示される。「この受戒の儀、かならず仏祖正伝せり。丹霞天然、薬山の高沙弥等、おなじく受持しきたれり。比丘戒をうけざる祖師あれども、此ノ仏祖正伝菩薩戒をうけざる祖師、いまだあらず、かならず受持するなり㉑」と。

ところで筆者が論及するまでもなく、高祖の説示する「十六支戒」は、少なくとも中国でなされていたという例を見ない。如浄禅師よりの伝承とも想定されるが、根拠はない。また薬山の高沙弥を挙げているが、その受持は史実的に疑わしい。もし、あったとしても特例に近いといえるのである。

高祖の説く「仏祖正伝菩薩戒」の「仏祖正伝」とは、あくまでも自内証の法門であり、他者の窺い知れない面を有するといっては言い過ぎになろうか。それはさておき、高祖は勿論、二祖をはじめとする門弟衆は、それを毫も疑うことなく保任していることに宗教的意義を吾人が見出せるのである。

当時の永平寺教団、ないし現代の曹洞宗教団は、一般にいう「十六条戒」を除いて別の戒律を考えることはできない。決して他宗派の教団における戒律と比べて遜色のないものであることに多言を要しない。

結論的に言えば、高祖と二祖を中心にした永平寺教団の「戒律」は次のようにまとめられよう。まず、高祖と二祖との禁欲的ないし内省的な性格が、より厳格で綿密な「戒律（十六条戒）」と「清規」の実践をなさしめたであろうこと。さらに当時の戒律復興運動の煽りで、一層、戒律護持の気運が高められたことが推測できること。そして北越の地、永平寺の地理的状況も出家者本位の「真人打出」に拍車をかけ、効果があったであろう。

注

(1) 比叡山延暦寺座主公円（一一六八〜一二三五）、建暦三年（一二一三）正月、天台座主・護持僧に就任、同年十一月、座主を辞任。この間、『三祖行業記』『三大尊行状記』には、四月九日に道元が公円に就き剃髪、翌十日に戒壇院で公円より菩薩戒を授けられたと記すが、本書「思想編」第四章第一節の「道元禅師の受戒と伝戒考」において異論があることを指摘した。剃髪は外舅良顕（良観）によりなされた（『継灯録』）という説や戒壇院で公円より菩薩戒（円頓戒）を授けられた確実な史料に乏しいことも述べた。道元の戒脈伝戒史料である『授理観戒脈』や『授覚心戒脈』には、公円の名がないのである。

(2) 公円の師匠である『愚管抄』の著者慈円（一一五五〜一二二五）は、全玄から灌頂を受け「台密三昧流」を継ぎ、青蓮院を伝領し、無動寺・三昧院・平等院も伝領しているので、公円はその「台密三昧流」かと思われるが、慈円自身、他に澄豪より「檀那流（また慈光房流とも）」と皇豪より「谷流」をも継いでいる（守屋茂「道元禅師の法華思想の開顕」）ので明白には断定しがたい面がある。

(3) 『正法眼蔵随聞記』巻二（『全集』七巻、六五頁）。

(4) 『眼蔵』「弁道話」（『全集』二巻、〈別輯一〉四七四頁）。

(5) 同右、注(3)六五頁。「五眼房」は流布本「岩波文庫本」の表記。

(6) 同右、注(3)六五頁。

(7) 同右、注(3)六五〜六六頁。

(8) 同右、注(3)六八頁。

(9) 同右、注(3)六九頁。

(10) 同右、注(3)七七頁。

(11) 「永平寺告知事文」（大久保道舟編『道元禅師全集』下巻「結集第三　清規」所収、三四七頁。原本は岐阜県妙応寺所蔵。大久保氏は「禅師の自筆と称しているが、恐らくは弟子懐奘の代筆であろう」（解題、五三八〜五三九頁）と記す。

(12) 同右、注(11)『（吉祥山永平寺）衆寮箴規』所収、三六三頁。解題、五四〇頁。

(13) 『眼蔵』「三十七品菩提分法」（『全集』二巻、一四九頁）。

(14) 『大智度論』（『大正蔵』二五巻、巻十三、一六〇頁c〜一六二頁a。『眼蔵』「出家功徳」（『全集』二巻、二六六〜二六七頁）、「袈裟功徳」（同右、三一五〜三一六頁）。「優鉢羅華比丘尼」に関する逸話からの展開。

(15) 同右、注(14)『眼蔵』「袈裟功徳」三一七頁。

(16) 『眼蔵』「出家」（『全集』二巻、二六一頁）。

(17) 同右、二六一〜二六二頁。

(18) 同右、「出家功徳」二六五〜二六六頁。

(19) 同右、二七六頁。

(20) 同右、「受戒」（『全集』二巻、〈新草稿本〉二九四頁）。

(21) 同右、二九九頁。

第五節　道元禅師の菩薩戒重受について

高祖道元禅師（以下、高祖と略称）の宗教「正伝の仏法」を構成している要素の一つとして、戒律観を抜きにしては考えられない。鏡島元隆先生の高祖に関する一連の論文(1)は説得力と示唆に富むものであるが、後述する通り、「単受菩薩戒」の語によって高祖のそれを規定しようとされていることに関し、筆者はむしろ「重受菩薩戒」という語の概念によって把握する視点の方がより自然のように考えている。その試論である。

始めに受戒・伝戒における単受・重受・更受の概念を確認し、次に高祖の戒律観を「単受菩薩戒」で把握できるかという問題提起をした。なお拙論は、土橋秀高著『戒律の研究』所収論文「俊芿律師の提起せる菩薩戒重受の問題」に触発されたものである。

時代によって多少その事情は異なろうが、原則として、日本僧が中国へ渡り仏教々団に入門しようとする際、直面する難関が「度牒」「戒牒」の点検であった。東大寺系の南都律で受戒した僧に摩擦はなかったが、比叡山延暦寺の戒壇で受戒した僧は入門時に特別誂えの「戒牒」を携帯せざるを得なかったのである(2)。

最澄によって創始された「大乗戒壇」は、仏教史上、画期的意義を持つ。声聞の比丘戒（具足戒）を捨て、大乗菩薩戒のみを受けるだけでよかった。菩薩戒(3)とは、一般に『梵網経』の十重四十八軽戒を指し、これに三聚浄戒などを配し、円頓戒ともいう。この大乗菩薩戒は、内容的に「仏」を誓願の対象にし、尽未来際を期しての自律的受戒であるが、冒頭の如く種々の問題を含む。中国で「単受菩薩戒」を認めないのは、伝統を重視し安易な出家者の打出を制限し、具足戒護持の純粋な比丘僧の育成を目指していたからであろう。

中国仏教で普遍的な「大小兼受戒」は、小乗比丘戒の上に大乗菩薩戒を重受したものである。抑、小乗比丘戒の声聞律儀は、『四分律』と『成実論』に説かれ、前者は①三帰戒、②十戒、③具足戒（二百五十戒）、後者は①受戒（三帰戒）、②優婆塞（在家）戒、③沙弥戒、④具足戒、⑤禅定、⑥無色定、⑦無漏（七善律儀品）という諸項目がある通り加上重受である。また『菩薩地持経』や『菩薩善戒経』に説く菩薩戒も実は声聞律儀と菩薩律儀との加上重受である。

『地持経』は、菩薩の一切戒として在家・出家を通じて三聚浄戒を説き、その中、「律儀戒」は七衆所受の戒で在家出家に共通し、「摂善法戒」は菩薩所受の戒で上に大菩提を三業に修し、「摂衆生戒」も菩薩所受の戒で十一種に亘って衆生を救済すべきことを示している(4)。『善戒経』には、菩薩摩訶薩戒として①自性戒、②一切戒、③難戒、④一切自戒、⑤善人戒、⑥一切行戒、⑦除戒、⑧自利他戒、⑨寂静戒が同じく加上的に重受すべきことを提示している(5)。

以上、各種の受戒の重受ないし加上重受を見てきた。本来、受戒は、個人的立場で仏教徒としての自覚を持つことであり、教団的立場でいえばその構成員を受け入れる儀式である。教団内部における受戒の重受は、例えば、在家教団から出家教団へ、小乗教団から大乗教団へ（従小向大）、大乗教団から小乗教団へ（従大向小）、同種の教団中のある教団から別の教団へなどが想定できる。これらは、各々別個の教団へ移る際、旧教団の戒を捨て新教団の戒を受ける形で単受のようにも見えるが、戒相からいえば、やはり重受である。なお各戒の中核となる戒体は、一度受ければ失うことがなく、重発はないとされる。重受は、戒相（条文）をいくらでも増受することができるのである。

このような重受とは別に、破戒・犯戒後に更に受戒を重ねる場合、それを「更受」という。『四分律』に所載する具足戒には、その罪の軽重によって五篇（波羅夷・僧残・波逸提・波羅提提舎尼・突吉羅）、七聚（波羅夷・僧残・偸蘭遮・波逸提・波羅提提舎尼・悪作・悪説）に分類され、その第一の波羅夷罪を除き他は原則的に更受が可能であるが、小乗律の場合、懺悔の作法は明確に説示されていない。ところが『梵網経』の十重四十八軽戒に関し、天台智顗撰『菩薩戒義疏』の「三帰懺悔説十重」には、受戒法の次第が述べられ、まず受戒前の懺悔が説かれている。その後、荊渓湛然撰『十二門戒儀』に至り、「懺悔法」が確立されることになったとされる。罪業・懺悔・受戒の関係が宗教的に追求され、所謂「懺悔滅罪」（罪障消滅）の効果を期待したのである。

高祖の受戒と伝戒に関しては、既に論述した如く、「授理観戒脈」（三国正伝菩薩戒脈）と「授覚心戒脈」（覚心授心瑜戒脈）の戒脈史料と『三大尊行状記』『三祖行業記』をはじめ、『伝光録』や各種の『建撕記』類等の伝記史料に見ることができる（拙論①『印度学仏教学研究』三六巻一号、一九八七年、②『宗学研究』三二号、一九九〇年）。再録する形になるが、これを史料中心に暦年順にまとめると、次の如き受戒と伝戒がある。（以下、⑴〜⑹は前回の稿にも挙げた。）

(1) 建保元年（建暦三年〈一二一三〉）四月九日、十四歳而礼㆓初任座主公円僧正㆒剃髪。同十日、於㆓延暦寺戒壇院㆒、以㆓公円僧正㆒為㆓和上㆒、受㆓菩薩戒㆒、作㆓比丘㆒（『三祖行業記』『三大尊行状記』）

(2) 建保五年（一二一七）丁丑八月二十五日ニ建仁寺明全和尚ノ会ニ投シテ僧儀ヲソナフ（中略）九月ニ衣ヲカエシメ即十一月ニ僧伽梨衣ヲ授シム以器ナリトシテ（中略）、始テ臨済ノ宗風ヲ聞テ凡顕蜜（ママ）心三乗ノ正脉皆以テ伝受シ独明全嫡嗣タリヤ（ママ）（乾坤院本『伝光録』）

(3) 承久三年（一二二一）辛巳年九月十三日、建仁小子明全和尚ヨリ師資ノ相伝アリ（明州本『建撕記』）。貞応元年（一二二二）壬午（中略）マタ仏祖正伝ノ大戒ヲ明全ニ伝授セリ（『訂補本建撕記』）

(4) 大宋宝慶元年（一二二五）九月十八日、前住天童景徳寺堂頭和尚（如浄）授道元式如是、祖日侍者（時焼香侍者）・宗端知客、広平侍者等周旋行此戒儀、大宋宝慶中伝之（広福寺本『仏祖正伝菩薩戒作法』）

(5) 文暦二年（一二三五）八月十五日、（懐奘）伝㆓授仏祖正伝戒法㆒（『三祖行業記』『三大尊行状記』）。同日、高祖、理観に「菩薩戒脈」を伝授す（「授理観戒脈」奥書）

(6) 仁治三年（一二四二）、高祖、覚心に「菩薩戒脈」を伝授す（「授

覚心戒脈」奥書）

これらの記事は既に先学が考究している如く、前三者は裏付け史料に欠け実証性に乏しいのに対し、後三者はその史料自体がほぼ認証されている。

なお鏡島氏は、『訂補建撕記』を用いて右の六項目の中、(1)、(3)（後半）、(4)の三記事によって、高祖は次の三系統の戒脈を相承したと述べられている（「円頓戒と栄西・道元」〈『道元禅師とその周辺』第二章、二三頁〉「円頓戒と禅戒・仏祖正伝菩薩戒」〈同右、第七章、一五七頁〉）。

①天台円頓戒系統の戒脈

②栄西—明全所伝の禅宗南岳下の戒脈

③如浄所伝の禅宗青原下の戒脈

この三系統の戒脈は、「授理観戒脈」によって右の②と円頓戒の系統（明全所伝）、「授覚心戒脈」によって③の系統を傍証できるとの旨を述べているのである。筆者は、前掲の論文中にその「授理観戒脈」の図系表によって二種の円頓戒の系統を補足的に記した。その一は義真和尚系智証大師下（七代略）の千命—栄西の戒脈、その二は伝教大師系慈覚大師下（九代略）の基好—栄西の戒脈とがそれである。これは、いずれも天台宗遮那業相承の系譜を表すもので、栄西が千命と基好との二師によって継承したことを示す。さらに栄西は、入宋し虚庵懐敞より中国禅南岳下の戒脈を授与されている。その戒脈は「四分戒（比丘戒）」と「菩薩戒（梵網戒）」との所謂「大小兼受戒」である。こうしてみると栄西の受戒・伝戒は、戒相の上から加上的重受の重楼戒といえる。

栄西が前述の如く、天台円頓戒（二種）と「大小兼受戒」とを重受していることは、明らかであるが、『興禅護国論』や『出家大綱』に拠って総体的にいえば、その立脚地は円頓戒の「単受菩薩戒」の立場を捨てた禅門相承の戒であったとされる（前掲鏡島論文、二五頁）。勿論、それは内面的なものであり、帰朝後における晩年の半生は台密・葉上流の祖として活躍した訳で決して叡山との関係を断絶できなかったことも念頭に置いていた方がよい。

ここで注目すべき事象は、そうした栄西の戒脈を明全が継承している点である。また明全にしても、栄西に帰投する以前、叡山杉井坊明融阿闍梨に師事していたのであるから、その師明融の戒脈も受けていたと思われるが、その「戒脈」は残されていない。明全が栄西より受けた「戒脈」は、どのような形で伝戒されたのか不明であるが、少なくとも「戒相」（戒の条文）の異なりに関しての説示はあったと思われる。入宋し、仮りに客死しなければ、高祖と同様に契合したある師に就き嗣法ないし伝戒して帰朝し、その「戒脈」も残したであろう。歴史に仮定は成立しない。従って栄西の保持した「戒脈」は、明全を介して高祖に伝えられはしたが、その伝戒の実態は不明のままである。いずれにしても、栄西と明全、そして高祖も戒相の上で「菩薩戒重受」という点において同一なのであり、それがどのように内面化し、また表面化し相違を生じていったのかに筆者の関心がある。

鏡島氏は、前掲論文に栄西・高祖両師における円頓戒・禅戒などに対する受不受の態度について言及している。詳細は、同論文を参照願うことにし、次にその両師の見解の相違を箇条書きにまとめよう。

(1)　栄西は兼受菩薩戒の立場であり、別受菩薩戒（単受菩薩戒）の主張者としての伝教を尊敬したが、自らは中国の伝統（大小兼受戒）に従った。円頓戒との内面的関係は切れている。高祖は兼受菩薩戒を否定した立場であり、円頓戒との内面的関係はつながっている。また単受菩薩戒の立場は円頓戒の立場を相承したのではなく、その師天童如浄の菩薩戒の相承において行われたところに注意すべきものがある。

(2)「声聞持戒、菩薩破戒」という語において、栄西は「四分・梵網等の戒、是れ正に宜しき所なり。外、声聞の威儀を学び、内、菩薩の慈心を持するが故なり」(『興禅護国論』巻下、第七門)として大小両戒兼受の立場、高祖は「近日庸流いはく、声聞菩薩を分別すべからず。その威儀戒律ともにもちいるべしといいて、小乗声聞の法もて、大乗菩薩法の威儀進止を制す」(『正法眼蔵菩提分法』)と栄西を批判する単受菩薩戒の立場である。

(3)「戒」において、栄西は戒律を以て禅の必須条件として戒と禅との間に次序を設けるものであり、円頓戒が戒定慧の三学を戒において収摂した立場であって三学一体は反映されていない。高祖は必須条件としての戒律は否定し、戒定慧の三学を定において収摂した立場であり、三学一体に対応するものが見られる。また「禅戒」の言葉について、栄西は『興禅護国論』巻中に使っているが、高祖は用いず「仏祖正伝菩薩戒(仏戒)」と言っている。

以上、端的に両師の相違を言えば、栄西は大小兼受戒(兼受菩薩戒)の立場、高祖は如浄より相承した単受菩薩戒の立場ということになる。問題は、鏡島氏も指摘の如く、当時の中国仏教界の一人、如浄自身、当然大小兼受の菩薩戒の人であったと考えられ、その如浄が単受菩薩戒を授けることができたか、ということである。氏は『宝慶記』の薬山の高沙弥に関する記事を挙げ、如浄が具足戒の授受にいささかもとらわれることのない自由な立場な人であったことを示すものと解し、授ける可能性を示唆しているが、やはり依然として疑問が残ると思われる。なおその菩薩戒の内容が、「十六条戒」として如浄に定型化されていたかどうか、またそれがいつ誰によって成立したのか等の問題も残り、筆者も以前、若干論及したが、決定的な結論を得るには至っていない。

鏡島氏が整理した如く、高祖の戒律観として「単受菩薩戒」という語句でまとめられ得るのか、些か疑義がある。こうした疑義は、氏も元より承知で次のように述べる。

道元禅師は菩薩戒によりながら、『正法眼蔵』、『永平清規』等に『十誦律』『僧祇律』『大比丘三千威儀経』等を数多く引用しており、また『対大己五夏闍梨法』を撰述する等、小乗律を受用しているが、『正法眼蔵』、とくに『永平清規』における小乗律の引用、受用は大小を超越した立場から高められ、意義づけられた小乗律であって、いわゆる大小兼受の立場とは自ずから異なることに留意しなければならない。(前掲書、一六六頁注)

氏の指摘する高祖が矜持を抱いていた「単受菩薩戒」とは、日本天台の円頓戒に直結して相承したものではなく、正師たる如浄より相承した菩薩戒というのであるが、果たしてどうであろう。むしろそれは師資契合の人格上の一体観より生ずる高祖の要請といったものが如浄の言動をそのように思い込ませたといえる面があるのではないだろうか。

如浄は、あくまでも大小兼受戒を保持していたのであり、その上の菩薩戒とは「兼受菩薩戒」以外にない。ただ、高祖が日本天台の円頓戒(単受菩薩)の持つ付帯価値について説明し、如浄の同意を得るという機会もあり得たとすれば、それを反映した高祖の文が『宝慶記』における如浄の慈誨として、薬山の高沙弥を「菩薩沙弥」として肯定する形に表現されていると解することもできる。この点、鏡島氏は、文意のまま高祖に対して沙弥戒・具足戒抜きの菩薩戒を授けたということも当然あり得たとするのであるが、筆者はあくまでも同感のみに終って実際に「単受菩薩戒」、もしくは「十六条戒」も如浄が高祖に授けることはなく、高祖自身のオリジナルと考える。

『正法眼蔵』「受戒」の末尾に「十六条戒」を挙げた後に次の文で結ばれる。「この受戒の儀、かならず仏祖正伝せり。丹霞天然・薬山高沙弥等、おなじく受持しきたれり。比丘戒をうけざる祖師あれども、この仏祖正伝菩薩戒をうけざる祖師、いまだあらず。かならず受持するなり[6]」（傍点は筆者）と。同種の文は、例の『宝慶記』にもある。「堂頭（如浄）和尚慈誨して云く、薬山の高沙弥は比丘の具足戒を受けざりしも、また仏祖正伝の仏戒を受けざりしにはあらず。然り而して僧伽梨を搭け、鉢多羅器を持したり。これ菩薩沙弥なり。排列の時も、菩薩戒の臘に依りて、沙弥戒の臘に依らず、これ乃ち正伝の稟受なり[7]（後略）」（同右、原漢文）と。

「十六条戒」の「戒儀」は、当該書の『正法眼蔵』「受戒」や『仏祖正伝菩薩戒作法』など高祖に関わるもの以外、同一のものが中国や日本に伝来してきたという事象を寡聞にして知らない。丹霞天然や薬山高沙弥が、これを受持してきたという歴史的史料はない。また中国禅の祖師で比丘戒を受けず菩薩戒のみを受けたという例を知らない。さらに新到列位において、菩薩戒の臘に依り沙弥戒（ないし比丘戒）の臘に依らなかったという先例もないと思われる。今、高祖の法文を簡単に歴史事象に照らして、否定的に述べたが、勿論、厳密な分析を必要とする。その意味で、この課題は別の機会に継続して追求していく所存である。それはさておき、右の引用文中、筆者が傍点を施した箇所に注目して頂きたい。

「仏祖正伝」「仏祖正伝菩薩戒」「仏祖正伝の仏戒」「正伝の稟受」という語が頻出しているのである。ここで『正法眼蔵』の他の諸巻において、この「正伝」「仏祖正伝」の語がいかに多く使用されているかを想起する必要がある。「祖祖正伝」「仏仏正伝」「仏仏祖祖正伝」「諸仏正伝」「仏仏祖嫡嫡正伝」等も同類語。これらの語の対象となっているのは、「無上の仏法」「袈裟」「衣法」「諸仏の大戒」「仏正法眼蔵」「正法」「祖道」「祖風」「大道」「仏道」「嗣書」「法儀」などであり、高祖の唱道する所謂「正伝の仏法」の中核となるものばかりといっても過言ではない[8]。要するに高祖にとってこれら「正伝」の語は、正師如浄より相承した「正法」という確信によって自然に得た実感的語句といってよかろう。それは一種の宗教的実体験であって、他人に窺い知れぬ面を有しているのである。従って吾人はそうした叙述を歴史的事実と即断すると大きな誤りを犯すことになると思われる。

高祖の戒律観を右の鏡島氏が説示するように解することにも一理ある[9]。筆者はそれを認めつつ、前掲の如く数種の受戒・伝戒を体験していく中で、徐々に内面化し、大小戒の戒相を「正法」の視点から是々非々していったと想定するものである。つまり「重受」の体験が一種の起爆剤の働きをなしていると思うのである。「十六条戒」もそうした成果の一に他ならないと考えるのである。

注

（1）鏡島元隆論文 ①「禅戒に就て 上・下」（『道元』八巻、九月・十月号、道元禅師鑽仰会、一九四一年）、②「禅戒思想の展開」（『道元禅師とその門流』所収、誠信書房、一九六一年）、③「禅戒の成立と円頓戒」（『日本仏教学会年報』三二号、一九六七年）、④「円頓戒と禅戒」（『伝教大師研究』

宗祖大師千百五十年遠忌事務局、一九七三年）、⑤「禅戒思想と授戒会」（『教化研修』一六号、一九七三年）、⑥「円頓戒と栄西・道元」、「円頓戒と禅戒・仏祖正伝菩薩戒」（『道元禅師とその周辺』第二章・第七章、学術叢書・禅仏教、大東出版社、一九八五年）。

（2）中国と日本の授戒制による相違。『禅苑清規』第一巻、「受戒」「護戒」「弁道具」「掛搭」等に所述。『慶元条法事類』巻五十・巻五十一の「道釈門」、松尾剛次「官僧と遁世僧——鎌倉新仏教成立の授戒制」（『史学雑誌』九四巻三号）他。中国仏教は、「大小兼受戒」であり、「比丘二百五十戒（具足戒）」を重視し、その上に「菩薩戒」を授けられる。「度牒」「戒牒」「六念」等は実需携帯品である。日本仏教は、東大寺系の「具足戒」と延暦寺系の「大乗菩薩戒」の二系統があり、入宋し掛搭する際は「具足戒」の「戒牒」が必要であった。本書「伝記編」の「新到列位問題、新到列位に関して、戒牒に関して」を参照されたし。

（3）菩薩戒。「大乗戒」「仏性戒」とも。単独では受けられず、僧侶は沙弥（尼）、比丘（尼）戒、菩薩戒と次第するのが原則。『菩薩瓔珞経』、『菩薩地持経』・『菩薩善戒経』（『瑜伽師地論』「菩薩地」三五～五〇巻に由来、その抄本ないし別行）、『梵網経』等に説示すもの。多くは『梵網経』の「十重禁戒」「四十八軽戒」に拠る。

（4）『地持経』。曇無讖訳『菩薩地持経』（『大正蔵』三〇巻、八八八頁）に所収。『菩薩地持経』『地持経』『菩薩地経』とも称す。『瑜伽師地論』「菩薩地」中、「発正等菩提心品」を欠如す。三段二七品より成る。序品を欠くが「菩薩戒文」と「菩薩戒本」を有する（『仏書解説大辞典』九巻〈解説、林岱雲〉大東出版社、三九九頁）。

（5）『善戒経』。劉宋、求那跋摩訳『菩薩善戒経』（『大正蔵』三〇巻、九六〇頁）に所収。『善戒経』『菩薩地善戒経』とも。三十品から成る。当該経は、序品を有するも「菩薩戒文」と「菩薩戒本」を欠如する。それ故に「別本」とする（『仏書解説大辞典』九巻〈解説、林岱雲〉四〇五頁）。

（6）『眼蔵』「受戒」（『全集』二巻、〈新草稿本〉二九九頁）。

（7）『宝慶記』（『全集』七巻、四六頁）。

（8）本書所収、「思想編」第三章第一節「『正法眼蔵』における正と邪」参照。

（9）前掲注（1）の①「禅戒に就いて　下」において、道元禅師の戒律観に関する鏡島氏のまとめは、⑴戒律を揚棄した立場（始終「只禅」）、⑵禅戒は戒に非ず（禅戒非戒）、⑶禅にいたる道程は只管打坐の裡に揚棄されている。注意すべきは、「禅戒非戒」の立場は「禅戒無戒」の立場ではないことであるとしているが、時代が推移すると共にそれに堕す危険性を含んでいると鋭く指摘している。

第五章　宗門祖師の嗣法観

第一節　独庵玄光の嗣法観とその背景

一、序説　独庵の位置づけ　思想形成――生い立ち、病気、修学、交友

一般世間において功なり名を遂げた人にとかく「毀誉褒貶」は、つきものである。独庵玄光(1)（一六三〇～九八）の場合も在世当時より褒められたり貶められたり、その浮き沈みが激しい。その評価は、以下に示す通り時代や人によってさまざまになされ、一定していない。

独庵の人物像を考える時、諸種の資料より基本的に次の事項が想定できる。

まず第一に近世の曹洞宗に表面化した釈尊や達磨以来の法（ダルマ・真理）の伝承＝「嗣法」上の内容と形態における乱れ、すなわち「濫嗣問題」を改正すべく真剣に追求した人であること。第二に「護法」の念が厚く、当時の日本仏教界、特に禅宗僧侶における諸種の弊風堕落を嘆き、道者超元(2)（一六〇二～六〇）など中国・明僧の言動を通じて仏法や禅の理想を見出し、それを各種の著述を通じ表明し、日本に実現しようとして僧俗へ啓蒙したこと。第三に若い頃から内外の典籍を広く学び身につけ、当時の学問水準を遥かに越えた学僧であったこと。第四に僧侶として清廉潔白で、特に長崎の晧台寺退院後は、病身をかばいながら可能な限り名利から離れようと身と心を律し努力したこと、等々である。これら多角的才能や性格を有する独庵を今日の仏教界においてどのように評価することができるであろうか。この序説では、右に上げた項目を基にその一面を整理して採りあげ、独庵のイメージを結ぶ縁《よすが》にしておこう。

革弊運動の先駆者

まず多くの研究者は、近世曹洞宗の歴史における独庵を「宗統復古（宗弊革新）」運動の先駆的功績者の一人として挙げている。それは、『宗統復古志』の序文末に(3)「革弊従事諸師芳啣」として、連山交易（一六三五～九四）、独庵、梅峰竺信（一六三三～一七〇七）、卍山道白（一六三六～一七一五）、田翁牛甫（?～一七二四）の五名を列記していることに基づくものである。

本来、禅僧は多数の師匠に参学しても、その中で「この人こそ」と敬慕する師匠に随侍し、やがてその一人の師匠に法を嗣ぎ一生を貫くのが通常である。師匠（人）の法を大事にし、寺院（伽藍）に法の継承をするいわれはない。ところが、一人の師匠に法を嗣ぐだけではなく、安易に複数の師匠の法を嗣いだり（「多師相続」）、また寺院を変わるごとに前住職の法を嗣いだり（「以院易嗣」「伽藍相続」）する傾向は、ほとんどが世俗的な名誉や利益に基づく行為であった。当時のそうした濫嗣の弊害を改革しようとしたその運動は、数年を経過し元禄十六年（一七〇三）八月七日、幕府の官裁によって「面授嗣法」「一師印証」と決着する。その事情は、後に詳しく述べることにしたい。その決着の五年前に示寂した独庵に対して、運動の中心的推進者の一人である卍山道白[4]は、次のように慨嘆したと伝えられる。

　嗚呼《ああ》、吾已に老いたり、時をば失うべからず、唯だ玄光、早く寂し玉いて、余をして孤立せしむ。
　隻輪の遂に転じがたきことを恨み、両翼の能く飛ぶことを羨まれける。[5]

これを記し伝える『宗統復古志』の撰者三洲白龍（一六六九〜一七六〇。卍山の法嗣）が、独庵を失った卍山の慨嘆を「隻手を失うがごとく嘆き玉えり」とし、「この光老は知見広大にして多くの書をあらわせり、誠に一代の龍象なり」[6]と解説している。

卍山が傑僧の独庵をどれほど頼りにしていたか。その独庵を失った悲痛な嘆きがよく伝えられている。卍山や三洲は、独庵の主著『護法集』における「革弊」思想を高く評価し、「知見広大」「一代の龍象」と賛嘆したのである。

しかし、元来、形式的・儀軌的な「面授嗣法」を重んじない彼の「嗣法観」は、後に卍山下の人々や面山瑞方（一六八三〜一七六九）及びその門下の人々に批判される。一方、独庵門下の人々がそれを擁護するといった「嗣法論争」がある。なお、卍山・面山下の人々に独庵の一派とみなされる天桂伝尊（一六四八〜一七三五）なども、厳密に言えば部分的に独庵とは異なる「嗣法観」を展開している。これらの論争や独庵と天桂との交渉についても、後に若干触れるつもりである。

博学・能文の人

独庵の『護法集』[7]中、儒教と仏教との関係に渉る博識とも言うべき所論等に対し快く思っていなかった仙台泰心院の住職損翁宗益（一六四九〜一七〇五）の『見聞宝永記』[8]は、仏祖正伝の禅に関説する文中で次のように独庵を厳しく批判している。

　日本の玄光、未だ永覚の識量に及ばず、況や生涯終に南面して大衆にたいし法堂に莅《のぞ》まず。語録なきによりて知るべし。但だ聡明を以て冊子上に向かって自ら仏祖の蹤跡を摸索す。故を以て護法集中、僻説に渉ること頗る多し、具眼の者、看破すべきのみ。[9]（原漢文）

文中の永覚とは、独庵の敬慕した明僧の永覚元賢（一五七八〜一六五七）のことで、福建省福州閩県の鼓山に住し、『洞上古轍』等の撰述がある。また、永覚の法嗣為霖道霈（一六一五〜一七〇二）と独庵とは後に触れるごとく書簡を通じて親密な交渉がある。なお損翁は、近世曹洞宗の学問（宗乗・宗学）を代表する一人・面山瑞方の本師に当たる。

損翁は、独庵の「聡明」さ・博識ぶりを認めつつ、現代風にいえば所詮、文献学上の知識であり、特に「嗣法観」や儒教と仏教の同一性に関する所論は「僻説」に過ぎないと退けているわけであるが、果たしてそう断言できるものであろうか。それら独庵の所論は、これも後に言及し検討することにしたい。

このように宗門（曹洞宗）内の損翁は、独庵に対し厳しい批判をしているが、宗門外の総体的評価はどうであろうか。

独庵の『護法集』を見ると仏典は言うまでもなく、中国の古典、儒教や道教などの教典に亙って熟知し博引傍証していることが知られる。

永井政之氏は、論文「独庵玄光をめぐる諸問題(二)」の中で独庵と同時代の後輩格である臨済宗の学僧・無著道忠（一六五三～一七四四）について、飯田利行氏の著書『学聖・無著道忠』の文中より無著が独庵の著作をいくつか読んでいたことに彼の関心度の強さが表れているとし、両者の学風の相違を比較している。まず両者の共通点を飯田氏の文中にある「彼（無著）は宗師の無い当代に於てこそ寧ろ学問が必要である」と「教外暗証の禅者への痛烈な批判から発したもの[10]」とする文に見出している。次に相違点として、氏は「無著の学問があくまで祖録への厳密な訓詁にその特徴があるに比し、独庵の場合は学問を否定はしないもののあくまで実参実究に重点が置かれる点」にあるとの旨述べている。「実参実究」とは、実践的な修行と本質的な悟りやその究明を指す。けだし妥当な説であるといえよう。

ちなみに少年時代、独庵に私淑し、『護法集』を注釈して『独庵護法集砕金』を著した宗門の下野那須大雄寺住職・廓門貫徹（?～一七三〇）は、無著と交流があり、その著『註石門文字禅』に無著の「序」を得ていることが知られる。廓門の『独庵護法集砕金』も後述するように独庵や無著の学問水準に勝るとも劣らないほどの優れた「訓詁学」の成果と評価してよいであろう。

高橋博巳氏が著書『江戸のバロック　徂徠学の周辺』（ぺりかん社、一九九一）で紹介しているように、江戸中期の代表的儒学者・荻生徂徠（一六六六～一七二八）は、『蘐園随筆』において独庵の『護法集』の中に所収する「譫語」に対し、次のように評したとされる。

> 近歳、僧玄光、博学にして古書に渉り、能く文を属す。此の方の諸儒の及ばざる所なり。其の『譫語』中に、『孟子』の「弟子斎宿して而して後に敢えて言う」というを論じて、「宿」読んで「粛」と作す。「坤の文言」に「陰、陽に疑せば必ず戦う」というを、「疑」は「擬」と通ずとす。（中略）皆な鑿鑿として拠有り[11]。

「能く文を属す」とは、優れた文章を作ること。「鑿鑿」とは、鮮やかな様の意味。

荻生徂徠は、日本の儒者達の遠く及ばない独庵の「博学にして古書に渉り、能く文を属す」才を認め、それを越えようとした人物である。彼は、中国の各種の古典に明るい独庵を敬慕していたといってよいであろう。なお有名な幕府の儒官・新井白石（一六五七～一七二五）は、これも高橋氏が指摘しているように文章家としての独庵を詩歌の達人・深草の元政上人（一六二三～六八）と並べて「文は玄光師、詩は元政師、儒家にこれほどこなれ候も見え来らず候」と称えている。

独庵の『睡庵自警語』と『独庵独語』との二書は、中国商人を通じ前掲の為霖にもたらされ、高い評価を受け『護法集』の序を得る契機になっている（『渉勃下』末[12]）。

同様に日本の摂津・花薬庵の住職公音道鏞（一七〇一～?。卍山下、慈麟玄趾の法嗣。午庵と称す）も「嗣法観」に違いがあるものの独庵の博学ぶりを『道鏞魔子管訟願』（『天桂叟事』条。原漢字カナ混じり文）で部分的に、次のように称えている。

玄光自作の俗談は御条目以前のことと雖も永平（道元）所立の宗旨に違背せり、しかし彼師（独庵）は博学能文の高名、扶桑国中古今独歩せり、世間偏に此れを畏許し衽を斂めて正視せず、別して天桂一線が邪解曲見の根本骨目とす。願くは永平元祖の真語家訓を以て、玄光の邪解を矯る糧墨とし、摂州大道寺に告て俗談二巻の中、嗣法の論一段を削り去て永永後人禍心の根本を除かんことを[13]（後略）

文中、「御条目」とは、前掲の元禄十六年の幕府決裁「面授嗣法・一師印証」を指す。「衽《えり》を斂《おさ》めて正視せず」とは、恐縮し慎み敬う様の意味。「天桂」は天桂伝尊、「一線」は天桂下の学僧である万回一線（?～一七五六、『證道歌直截』の著者）の事。文中の「博学能文」という評価は、前記の徂徠の独庵評価と通じるものだ。

ただし、公音は卍山の「面授嗣法」「一師印証」と多少異なる独庵の「嗣法観」に関しては必ずしも賛意を表していない。むしろ批判的な「邪解」の語を使っているように、公音自身に独庵を認める面と否定する面との両面が存したことがわかる。

以上、いくつか独庵に対する評価を見てきたが、いずれもその立場や視点上の相違で、一定したものではない。多角的性格や多彩な能力を有する独庵のほんの一面に過ぎない。それだけに独庵は、奥行きの深い魅力的人物であるといってもよいのではなかろうか。

時代を的確に判断し、問題点と本質性をわきまえていたこと、卓越した学問意識と純粋な宗教者の心を合わせ持ち、醜い現実を清い理想へと常に目を向けていたことなどは、いつの時代においても誰にでも必要な心情と思われる。

独庵の「博学能文」の才能や孤独と激しさの入り交じった性向さらに清廉潔白な性格などは、いつどこでどのようにして形成されたのであろうか。

その手がかりは、幼少年期から青年期頃の生い立ちや修学・交友などを探ることによって幾分知ることができるかもしれない。

(一) 生い立ち――「原体験」

伝記資料によると独庵は、肥前（佐賀県）佐嘉の出身、幼児より敏捷で「一を聞けば〔一を挙げれば〕十を知る」ほどであり、「髫年」（七、八歳頃）に郷里の高伝寺天国泰薫（?～一六五三）に就き沙弥（見習い僧）となっている。「竺墳漢籍（インドの仏典や中国の古典籍）」類については、師天国に教授されることなく、ひとたび目にするだけでその概略や意味を知り、永く記憶することができたという。天国は「わが家の千里の駒、前程（先行き）測ることができない[14]」と称え、将来を嘱望しているのである。二十歳で正式に得度受戒した後、南詢（行脚）して有名な尊宿（有徳の指導者）を訪ねている。

ところでこの伝記記事には、誇張表現がある。受業師（出家得度の師匠）の天国から何も教授されなかったように読み取れるが、実際は『護法集』所収の「渥勃下」に述べられている通り、出家後に『法華経』を授けられている。それを基に独庵が経文中の字句「積」の音義に関し、諸種の注釈・経論を用い詮索した事実を示している[15]。

さてここまで見ると少年期より俊才ぶりを発揮した面が浮き彫りになるだけで、独庵の特性はなんらわからない。そこで独庵自身が出家前後の事情を語る資料で窺おう。

卑僧、本と貧賤より出で、剃髪染衣、饑寒を釈門に逃ぐるのみ。大いに富貴顕栄を捨て、真正求法の出家と異なれり。

（『護法集』自序。(16) 原漢文）

某《それがし》幼稺より出家し飢寒を空門に逃ぐ。方に謂えらく、沙門は但だ衣食を求むるを貴ぶのみ、と。竊《ひそ》かにその書を披《ひら》き、漸くその教えを求めて方に知れり、出家は大丈夫の事にして、その任重く、その道遠し。所以に近くは則ち師友を当世に求め、遠くは則ち師友を陳篇《ママ》断簡に尋ね、孜孜兀兀、之を求むること四十余年なり。

（「渡勃下」、上書。(17) 原漢文）

この回顧によれば、まず自分の出家の動機は、貧困家庭で育ち衣食を得る為であり、所謂、求道心からではなかったと告白している。その後書を読んで、出家者は「大丈夫（衆生済度をする大乗仏教相応の菩薩の機根）」となるべきで、その責任は重大である事を認識し、同時代に「師友」の人を求め、「陳編断簡（古文書・典籍類とその切れ端）」に「師友」の範を尋ね、一生懸命に努力して四十年余りになった、というわけである。しかし、ここには具体的な手がかりとなる家庭環境は、何も語られず皆目判らない。

ところが、前掲高橋氏の著には、独庵の生い立ちと出家に示唆を与える逸話を紹介している。それは、初め徂徠学を修め後に朱子学に転じた儒者・西山拙斎（一七三五～九八）の『間窓瑣言』（『日本儒林叢書』2）に所載するもので、拙斎が独庵の没後、約半世紀を経過してある禅僧から伝聞したものと極めて相い類似しているという。次のようなあらすじである。

ある藩の臣某氏に十四歳で才知にあふれる一人の子供がいた。母を喪った父子家庭で、父が再婚した。継母は美人であり、父の友人と浮気していい仲になった。うすうす気づいた父は子供に自分が江戸へ旅に出る留守中、継母の監視を命じ、それを守ったため、不義は行われなかった。しかしこれを恨んだ二人は、子供を殺そうと一計を案じ、溺死させようとした。ところがその謀を炊事料理係の少年が聞きつけ、当該の子供に知らせると、自分で死を免れる計略がある、このことは誰にもいわないでと約束させた。翌朝、子供が姦夫に連れられて行くのを見た少年は、その族兄（従兄）へ知らせた。驚いた彼は、すぐに岸辺沿いに後をつけ、様子をうかがった。一方、船の中では、姦夫が子供に網打ちを教え突き落とそうとする。しかし、子供は言葉巧みに網打ちの仕方を教わり、姦夫は逆に水中に落とされ、子供に両腕を切られ溺死する。子供は従容と岸に上がり、族兄にことの成り行きを告げ、家に帰った。継母は出迎えて今日の漁は楽しかったかと尋ね、子供が楽しかったと答えた。継母は、籃《かご》の中の両腕を見て失敗したことを知り、厨房で自殺してしまう。この事件は、官の知るところとなったが、藩主は子供の行為を壮挙と認め、継母を死に至らしめた罪を免れさせようと企り、仮に属籍を削り隣国に逃がした。その際、遠地へ行くな、しばらく後命を待てと諭した。子供の胆力を愛し、後日に徴用しようとするためである、(18) というものだ。

どの部分が独庵と類似しているのか不明だが、高橋氏が指摘しているように「利発な子供が機転をきかせて災厄から逃れるというもの。しかし、その結末は悽惨なもので、これによって一家は事実上崩壊した」のである。

まさか独庵が出家前、少年時代に継母を死に至らしめるようなことをした訳ではないと思われるが、尋常な出家ではなかったことが想像でき、おぼろげながら家庭の事情が垣間見えてくる。

高橋氏は、独庵の生涯に見受ける「激しさ」は、こうした家庭崩壊による「原体験」が関係しているのではなかろうかとし、更にその激しさの道連れは、孤独ないし孤立であろうと独庵の性向に鋭く迫っている。示唆に富む論といえる。

(二) 病気

晧台寺に住していた延宝元年（一六七三）、独庵が病気を理由に辞意を表明した。実際の晧台寺退院は、翌年になって、後住の逆流禎順（?～一六九四）が決定してからと思われる。次の語は発病時の感慨である。

延宝丁巳夏、予患レ瘧。一熱一寒、水火交攻。求二一時安便一不レ可レ得、此日方知、平生休適清閒之日月実一刻価千金也。不下以二此時一進レ道、求中度脱上。営営馳二騁乎栄名利養之間一、徒廃二棄時日一者、真入二宝山一空レ手之謂也。古人云、健時多為二別人一忙。雖二平生所レ誦。始覚平二生未曾誦一也。記以為二他日之鍼艾一。[19]

〔延宝丁巳の夏、予、瘧を患う。一熱一寒水火交いに攻む。一時の安便を求むれども得べからず。此の日、方に知りぬ、平生、休適清間の日月は実に一刻価千金なり。此の時を以て道を進め、度脱を求めず。営々と栄名利養の間を馳騁し、徒に時日を廃棄するは、真に宝山に入り、手を空ずるの謂なり。古人云わく、健やかな時、多く別人の為に忙し。平生、誦す所なりと雖も、始覚は平生、未だ曾て誦せざるなり。記し以て、他日の鍼艾と為さん。〕（「自警語下」）

「休適清間」とは休みが程よくとれ、俗を離れた清らかな時間。「度脱」は生死の苦悩を超越し解脱する。「馳騁」は広くあさりわたる・奔走する。「鍼艾」は教訓・戒め・鍼戒。

独庵の後半生で最も悩ませたものが、この病気である。以後、『護法集』の随所に述べられている如く、常に「病僧」という意識があり、各地を点々として療養生活をしているのである。独庵の病気とは、文中にある「瘧」であり、当時「おこり（やまい）」「わらはやみ」と称される一種の熱病である。現代の「マラリア」病に属する。症状は、日を隔て、また毎日時を定めて、寒くなったり熱くなったりするのである。

隠退し療養先の筑前金丸月海寺や安房勝山の庵名を「打睡庵」としたり、自分の別号を「睡庵」としたのは、臥床することの多い自分の姿を第三者的かつ自虐的に投影したものであろう。また書名の「溲勃」と「譫語」も同様な心境から命名したように思われる。「溲勃」とは、「牛溲・馬勃」（牛の小便と湿地や腐った木の上にできる菌の一種）の略で、共に下等な薬品をいう。それを自分の語る「文」に当てはめ謙遜して、世人にいくらかでも役に立ってほしいとの意味が込められている。「譫語」とは、熱に浮かされて言う「うわごと・たわごと」の類を指す。

独庵は冬になると必ず「大病」に罹ると自覚していた。そのため、貞享二年（一六八五）十月、天桂伝尊の招きで厳寒を避け、駿河の大沢山静居寺で暖をとったのも療養の為である。更に年月不明であるが、「予曾因レ病就二医京師一数月」[20]（「自警語下」）とあるように療養の為に京師（京都）に数か月滞在したり、「病僧寓二於松山一、於今二歳」[21]（「独庵稿二」）とある通り、四国松山の道後温泉に二年ほど湯治している。

独庵は、延宝元年以後、示寂するまで各地（長崎、若狭、大和郡山、防府、大坂、摂州、松山、筑前、安房、京都、彦根、駿河、江戸、江ノ島など）を点々と移動し、多くの医師に診療を受けたと思われるが、そのほとんどは無名の人である。その中で、独立性易、順庵、一祐との三名が知られる。まず長崎滞在中の時期に、黄檗僧の独立性易と交渉がある。彼は後述するように出家前は医者であり、有力大名などから招請されている。独庵の発病時期との兼ね合いで、果たして独立に診療を受けたのかは不明であるが、可能性としてはあり得る。

上記のどこの地の医者か特定できないが、順庵と一祐との両医に診察を受けて、次のような詩歌の贈答があった。

「次レ韻和二順庵医工元旦一、二首」擁レ被空房坐、蒙然四始晨、佳賓歌二白雪一、野衲澡二精神一、字字含二元気一、声声帯二義仁一、知君医国技、万病亦回レ春。往来天歩頻、経レ歳似レ経レ晨、道業豈無レ意、吟詩宜レ有レ神。松呈二霜雪節一、梅露二化工仁一、触目応レ明レ徳、勿レ教レ背二此春一。[22]

〔韻に次す、順庵医工元旦に和す、二首。被を擁して空房に坐す、蒙然四始の晨。佳賓、白雪を歌い、野衲、精神を澡う。字字元気を含み、声声義仁を帯ぶ。知りぬ、君医国の技、万病も亦た春に回らさんことを。／往来天歩頻りなり、歳を経ることは晨を経るに似たり。道業、豈に意無からん、吟詩、宜しく神有るべし。松は霜雪の節を呈し、梅は化工の仁を露わす。触目、応に徳を明らむべし、此の春に背かしむること勿かれ。〕

「蒙然」は、さかんなさま。「四始」は、歳・時・日・月の始め。「佳賓」は、順庵を指す。彼は「陽春白雪之歌」を作ったことがわかる（『護法集砕金』巻八）。「天歩」は天体の運行・天のめぐり。「化工」は造化のたくみ。「触目」は目に触れる・目につく・そのもの。

ここには独庵の順庵への感謝と共に正月を迎えられた生の喜びが込められている。同じく一祐に対しても感謝の詩偈を呈している。

「謝二一祐老医診脈一、称二其指下之妙一。」

指下電眸光二蔵腑一、於レ君万病叵レ逃レ蹤、越人死後無二斯術一、今世如レ公不レ可レ逢。[23]

〔一祐老医の診脈を謝し、其の指下の妙を称す。指下の電眸、蔵腑を光らす、君において万病、蹤を逃げがたし。越人死して後斯の術なし。今世、公の如きは逢うべからず。〕

「電眸」は身体のツボに稲妻が走るような痛痒を惹起する指圧の技。一祐老医は、よほど指圧に長けていたとみえ、その腕を絶賛している。このように多くの医師に世話を受けながら胸中に去来したものは何であったろうか。

独庵は、常に意識下に「死」を抱いていたわけであり、「生」を確認できるのは、人との出会いや著作などに打ち込んでいる時であったろう。当時、禅宗における「嗣法」の乱れに象徴される仏教界の堕落に対し、激しく批判して『護法集』をまとめさせたエネルギーは、真摯な性格や正義感の他に持病を抱え、自然とストイック（禁欲主義者）になっていったものと思われる。

晧台寺に伝わる独庵の「頂相」[24]は、元禄二年（一六八九）、後住逆流の要請で撰した「自賛」[25]（「独庵稿四」所収）が記されているものである。「頂相」は「自賛」と共に、彼の風貌ばかりか「宗風」も表現しているように思われる。傑作と言ってよい。

曲椽に座った独庵は、黒衣で赤茶の袈裟を着け、払子を左手に持って正面を向いている。六十歳の年齢であり、年相応であるが、頬がこけ目が落ちくぼみ痩せている。いかにも「病僧」そのものであるが、穏やかな静けさの中にも透徹した眼光に「護法」への強い信念が感じられる。

三　修学・交友

(1)　受業師天国泰薫

先に多少触れたとおり、独庵の伝記によれば、七、八歳ころに沙弥となり二十歳ころ受具（戒を受け正式に出家）し行脚するまでの十二、三年間、佐賀県（佐賀市本庄町）恵日山高伝寺九世天国泰薫に師事している。さらに彼自身の述懐によって、師天国から『法華経』を授けられたことも前に記した。その際、独庵が「音義」の書誌学的分析に使用した典籍類は、明代・上天竺寺一如撰『法華経科註（一如集註）』七巻、宋代・婁機撰『漢隷字源（漢隷碑）』六巻、唐代・飛錫撰『念仏三昧宝王論（宝王論）』三巻、宋代・仲玄延寿撰『万善同帰集』三巻である。(26) これを見ても、二十歳前の独庵が、いかに優秀であったかを示すものだ。その他、高伝寺に収蔵されていて、普段使用した「竺墳漢籍」の巻冊は、膨大な数に上るであろう。

曹洞宗の名刹の一・高伝寺の開創は天文二十一年（一五五二）、開山は玲巌玄玻、開基は鍋島藩主鍋島清房である。そもそも鍋島氏の菩提寺であった高伝寺代々の住職は、藩主の信任厚き有徳の僧であったはずだ。天国も少年独庵に基本的な各種の経論や禅籍をそれなりに教授したに違いない。前掲の伝記記事の主旨は、独庵の能力が師を越えるほど優れ、典籍類の「大義」を的確に把握し、永く記憶できた才知を強調して伝えるものであろう。

二十歳以後、禅門の習慣である「行脚」「尋師訪道」、すなわち優れた師匠を訪ね真理探究の旅へ出発している。恐らく当初から長崎へ向かったと推定できる。なぜなら長崎の地は、明清間の戦乱を避け明僧をはじめ民間人が多数渡来して、異国情緒あふれる「黄檗文化」が花開きつつあったからである。

なお、有名な明の遺臣・鄭成功（一六二四～六二）が台湾から幕府へ援軍の派遣を要請してきたのは、その当時、慶安元年（一六四八）と万治元年（一六五八）の間である。

長崎には「唐三ヶ寺（四ヶ寺）」と称される興福寺（三江幇＝江蘇省・安徽省・江西省・浙江省各省出身者の幇）、福済寺（福建省泉州・漳州出身者の幇）、崇福寺（福建省福州出身者の幇）、聖福寺（広東省広州出身者の幇）があった。「幇」（郷幇）とは、一種の同郷人による相互扶助の団体の意味で各寺院はその表徴的存在であった。渡来する明僧は、その出身地に拠り居住寺院がおのずと決まっていたようである。

(2)　参学師道者超元――「真参実践」の人

独庵は、慶安四年（一六五一）（一説、慶安三年）に来朝して長崎・崇福寺の三代住職になっていた福建省興化府莆田県出身の道者超元（一六〇二～六二）に師事している。伝記（『続日域洞上諸祖伝』巻四、『日本洞上聯灯録』巻十二）に拠ると、道者が独庵の「法器（力量）」たることを知り侍者にして薫育し、独庵も道者に信服して仕えたことを記している。両者の相互一体を示すものであろう。

その頃、道者の許には、多くの僧侶が参訪して問答を挑み、その力量を測ったり、独庵のように信服随侍する門弟もいた。その中で曹洞宗の鉄心道印（一五九三～一六八〇）、悦巌不禅（一六一六～八一）、月舟宗胡（一六一八～九六）、雲山愚白（一六一九～一七〇二）、惟慧道定（一六三四～一七一三）、黙室（風外）焉智（?～一七一三）、絶巌（生没年不詳）、臨済宗の盤珪永琢（一六二二～九三）、慧極道明（一六三二～一七二一）、潮音道海（一六二八～九五）、鵬州碩搏（生没年不詳）などが知られる。いわば独庵と同学の仲間たちだ。なお、後に大通詞となる林道栄居士（一六三六～一七〇四）とも親交を結んでいる[27]。

道者は、福建省福州侯官県の雪峰山に住していた亘信行弥（一六〇三～五九）の法嗣である。この亘信の師が福建省福州府福清県の黄檗山万福寺の費隠通容（一五九三～一六六一）であり、その法嗣が隠元隆琦（一五九二～一六七三）であるから、隠元と亘信とは法兄弟、隠元と道者との関係は法の叔姪ということになる。

独庵の撰した道者の『真像賛』（冒頭句）「這老漢派出天童密雲、道慕寿昌無明[28]」に拠れば、独庵が道者に惹かれたのは、臨済宗の人だが、黄檗山万福寺等の住持を経て浙江省寧波府天童山景徳寺にも住した密雲円悟（一五六六～一六四二）の派下（密雲の法嗣が費隠）であり、求道の姿勢は曹洞宗の一派・寿昌派の無明慧経（一五四八～一六一八）の遺風を慕っていた点であるという。「天童山」や「寿昌派」に一種の魅力を感じたのであろうか。寿昌派と言えば、後年に来朝する心越興儔（東皐心越）（一六三九～九五）とも交渉があるが、道者と比較すると形式的である。次に関係者の法系を示しておこう。

△臨済宗

密雲円悟—費隠通容—隠元隆琦—木庵性瑫—慧極道明
　　　　　　　　　　　　　　　　　　　—鉄牛道機
　　　　　　　　　　　　　—即非如一—千呆性侒
　　　　　—亘信行弥—道者超元……独庵

△曹洞宗（寿昌派）

無明慧経—永覚元賢—為霖道霈
　　　　—晦台元鏡—覚浪道盛—潤堂大文—心越興儔

道者は、承応元年（一六五二）、平戸藩主松浦鎮信の招請で普門寺に入り、崇福寺と兼務する形になった。おそらく独庵を含む随身者や門弟たちも両寺を互いに行き来したと思われる。

承応三年（一六五四）七月、隠元が多くの弟子たちを伴い来朝し、一時的に興福寺に止住した。法姪の道者はそれを扶助している。そして明暦元年（一六五五）、法叔の隠元が崇福寺に正式に晋山すると、道者は監寺役に下がり補佐している。また明暦三年に隠元の法嗣・即非如一（一六一六～七一）が来朝し、崇福寺に晋山すると、道者は五帝室に退き間もなく隠退している。即非の晋山は、隠元と崇福寺の檀越衆が推戴したものであろう。道者は内心忸怩たるものがあったかもしれない。そうした身辺の忙しさの中でも、道者は独庵・悦巌・慧極など少数の随身者への指導を怠ることはなかったようだ。その教育指導ぶりは、後に触れたい。

道者——帰国の真相

その道者が、万治元年（一六五八。一説、万治二年）、なぜか戦乱の激しい故郷へわざわざ帰国している。その帰国は尋常なものではなかった筈だ。傷心抑えがたいものがあったものと推定できる。「独庵稿一」には、道者が帰国に至る真相の一端を伝えると思われる「送別偈」二編が所載されているので掲げよう。

一、「送二道者和尚帰レ明」

祖道久陵夷、禅林狐兎場、惟南山有レ節、四衆将レ知レ方、道非レ干二棒喝一、微微笑二禅狂一、糧無レ畜二米粒一、禅悦供二什加一、行践二不軽迹一、謙謙如二橋梁一、跫音響二空谷一、幽夜仰二大陽一、此土絶二外侮一、兄弟徒閲レ牆、仏論尚在レ耳。獅蟲能自傷、苦哉無諍法、叔世変二戚

揚一、我師忍辱鎧、兵没レ所レ投レ鉈、舟虚逐レ浪転、無心時行蔵、商飈吹二枯葉一、飄然理二帰檣一、滄溟元匪レ広、不レ可二随レ師杭一、但願臏士璞、早発二連城光一、離思不レ可レ巻、卒爾著二斯章一。[29]

〔祖道久しく陵夷たり、禅林狐兎の場、惟うに南山に節たること有り、四衆将に方《むか》うことを知らんとす、道は棒喝に干わるにあらず、微微として禅狂を笑う。糧は米粒を畜うることなし、禅悦は什邡に供す。行は不軽の迹を践む。謙謙として橋梁の如し。跫音空谷に響き、幽夜大陽を仰ぐ。此土に外の侮りを絶す。兄弟徒らに牆に鬩く。仏の諭尚ほ耳に在り。獅蟲能く自を傷つけり、苦《にがにが》しきかな無諍の法。叔世戚揚と変ず。我が師忍辱の鎧、兵も鉈を投ずる所なし、舟虚にして浪を逐うて転じ、無心の時に行蔵す。商飈枯葉を吹く、飄然として帰檣を理《おさ》む。滄溟元より広にあらず、師に随って杭《わた》りすべからず。但だ願う臏士の璞、早に連城の光を発せんことを。離思巻くべからず。卒爾として斯の章を著わす。〕

「陵夷」とは、次第に衰え廃れるさま。「狐兎場」とは、きつねとうさぎ、英傑でない人の喩えか。「南山有節」とは、「南山有台」「南山有竹」と同義で（終南山において）賢者・偉人を得ることか。「禅狂」とは、真実の禅から遠いさま。「禅悦」とは、坐禅にひたり楽しむこと。「什邡」とは、四川省成都の北にある地名か？「什宝」（宝物）と同義か。「不軽迹」とは、『法華経』常不軽菩薩の行跡、つまり迫害されてもその相手を敬う言動をしたこと。「跫音響空谷」とは、足音が人けのない谷に響くさま。「空谷跫音」は普通人けのない谷で突然人の足音を聞くことで、予期しない喜びの意。「外侮」とは、外部（他人・外国）からの侮り・辱め。「鬩牆」とは、内輪もめ・兄弟げんか。「獅蟲」とは「獅子身中の虫」のこと、内部から生じる災い・味方の中の裏切り。「叔世」とは、末世の意。「戚揚」とは、おのとまさかり、武器の名。「鉈」とは、武器の切っ先。「商飈」とは、五行思想から商風・秋風の意味。「帰檣」とは、帰りの舟の帆柱。「滄溟」とは、海・あおうなばら。「臏士璞」とは、足切りの刑に処せられた人の璞《あらたま》、ここではいわれなき誹謗で傷ついた道者の飾りけのない優れた人格の喩えか。「連城光」とは、戦国時代、趙の恵文王が持っていた宝石「連城璧」の放つ光。「離思」とは、別れの悲しさ・離別の情。「卒爾」とは、不意に・だしぬけにの意。

道者が渡来した頃の日本の禅界は、疲弊衰退状態にあった。そこに彼が現れて清貧な生活と献身的行と謙譲な精神を保ち指導に当たり、あたかも日本仏教界に一条の光を発するような存在であったのに、何としたことか、渡来僧の中で内輪争いがあり、彼は帰国のやむなきに至ったのである。その「内輪争い」の実際は、よく解らない。独庵は、師道者に従って行けないが、中国において本質的に保持している人徳の光を発揮されますように、と祈りながら別離の悲しみをこらえ綴っているのである。

次の「送別偈」は、冒頭に見える謙禅人の素姓は不明だが、道者の下における同学の人の「送別偈」に呼応して作ったものである。

二、「次二韻謙禅人一、送三道者禅師帰二大明一」

時言道者之本師亘信禅師、遙贈二衣払一附二商舶一来、而有三同門之師妒二道者一、横奪二衣払一、諷二執政一而逐レ之（割注）大庾嶺頭争未レ了、又因二間事一困二盧能一、信衣遮莫君将去、無物何妨継二祖燈一、雲払二長空一天愧レ浄、風休万頃海推レ瀲、帰舟更駕驚濤嶮、不レ奈人間擅二愛憎一。[30]

〔韻を謙禅人に次で、道者禅師の大明に帰るを送る。

時に言う、道者の本師亘信禅師、遙かに衣払を贈り商船に附し来たって、同門の師に道者を妒むもの有り。横《よこしま》に衣払を奪い、執政を諷じて之を逐う。
大庾嶺頭、争い未だ了らず、また間事に因りて盧能を困らす。信衣、遮莫《さもあらばあれ》君をして将ち去らしむことを。無物何の妨げならん祖燈を継ぐことを。雲、長空を払いて、天、浄きを愧じ、風、万頃を休し、海、澂めるを推る。帰舟更に駕す驚濤の嶮、不奈《いかんせん》人間、愛憎を擅《ほしいまま》にするを。」

「大庾嶺頭争」とは、六祖慧能が五祖弘忍の法を継いで「衣鉢（袈裟と鉢盂）」を持ち大庾嶺（江西省大庾県の南、広東省南雄府の北）にさしかかった時に、その「衣鉢」を取り返そうと後を追いかけてきた人々と争ったと伝えられる故事。「盧能」とは、その盧行者《ろあんじゃ》・慧能のこと。「万頃」とは、極めて広い空間。「澂」は「澄」の本字、住む・清らかの意。「濤嶮」とは、荒波であるが、中国国内事情と日本の紛争も含む道者の内心忸怩たる心情を象徴するものか。

「詞書き」によると、道者の本師亘信より商船に付せられてきた「衣鉢」を同門人（隠元門下の渡来僧か）の道者を妬むものが横取りし、執政（崇福寺の経営か）を諷諫（遠回しにいさめ、けなす）して追い出したとの意味に解される。

道者がなぜ亘信の「衣鉢」を取り寄せる必要があったのか。それをどうして奪われ（あり得ないことであるが）、寺を追われ帰国せざるを得なかったのか。さまざまな疑問が湧く。大胆に推測すれば、隠元が来朝して崇福寺の住職を譲り監寺役に退いたのは叔姪の関係で納得しても、次にたとい隠元の推挙があり、その法嗣とはいえ自分より一回りほど年下の即非が住職と決められる際、道者の嗣承関係、つまり亘信の「衣鉢」の有無を疑われるなど、自尊心を傷つけられたのではなかろうか。その後、正式に即非が住職となると、結果的に崇福寺を隠退し間もなく帰国しているのは、即非や檀徒たちとの折り合いも悪化していったのではなかろうか。

独庵は、この「偈」で「大庾嶺頭争」の故事を引き、「衣鉢」の物証がなくとも、実質的に人徳すぐれた道者を高く推賞し、帰国に至らざるを得なかった事情に深く同情していることが、しみじみ伝わってくる。

八年ほど前より道者に帰投し随侍してきた独庵は、具体的年次は不明だが、道者の帰国前に嗣法している。伝記によれば、ある日、問答後、道者は「今日摩耶生悉達（今日、摩耶、悉達を生ず）」[31]の偈を示し認証した。「悉達」とは、釈尊の名「シッダッダ」であり、独庵を暗に喩えているのである。また独庵は、亘信行弥の遺照（遺影）と「印証偈」を呈されている。その「真像」と「印証偈」とが実際に独庵へ伝えられたとすれば、後述するように独庵の「嗣法観」とも関わり問題となってくるので、ここで注意しておきたいと思う。なぜなら後述するように、長崎晧台寺の月舟宗林にも嗣法し、結果的に二人の師匠から嗣法しているからである。

道者の人柄・門弟教育

独庵は道者が帰国して三十年を経た貞享三年（一六八六）六月、同学であった慧極道明と摂州堺の旅館で再会し、慧極の記録していた道者の『語録』の出版を相談され、七月末にその「序」を撰している。この時のいきさつは後で触れる。道者の人柄について、その『道者禅師語録序』の文中で次のように述べている。

（前略）嗚呼予依レ附二道者一十有余歳、其間無三一語之渉二於玄妙理性一、無三一行之流二於有漏生滅一、令下予至二今日一発二足乎陰界之表一、遊中仏祖之藩籬上者、皆師左提右攜之所レ致也。粉骨砕身未レ足レ酬也。師不レ読レ書、不レ長二文字一、而応レ求卒然説レ偈作レ頌、而自然有二古道之顔色一、蓋山韜レ玉而艸木艶、川抱レ珠而波浪媚也。如題二世尊拈華之像一、云下家常這箇冷茶飯、切莫レ教二壊人家男女上好。示二念仏参禅一、云天四三三四不レ作二方便一、又無上二漸次一、与二禅林一作二点眼薬一而可也。旹貞享丙寅七月廿九日、独庵叟玄光和南拝書。[32]

〔嗚呼《ああ》予《われ》道者に附して依り十有余歳、その間、一語も之れ玄妙の理性に渉ることなく、一行も之れ有漏の生滅に流るることなし。予をして今日に至りて陰界の表に発足し、仏祖の藩籬に遊ばしむる者は、皆な師に左提右攜の致す所なり。粉骨砕身も未だ酬うるに足らざるなり。師、書を読まず、文字に長ぜずして、求めに応じ卒然として偈を説き頌を作りて、自然に古道の顔色あり。蓋し山は玉を韜《つつ》みて艸木艶《うるわ》しく、川は珠を抱きて波浪媚うるなり。世尊拈華の像に題して、「家常這箇の冷茶飯、切に人家の男女を教壊することなければ好し」と云い、念仏・参禅に示して「四三三四、方便を作さず、又た漸次なし」と云うが如し。禅林に与えて点眼薬と作して可なり。旹に貞享丙寅七月廿九日、独庵叟玄光、和南して拝書す。〕

文中、「道者に附して依り十有余歳」とあるが、実際は約八年であり、ここは記憶違いか、概数である。宝暦三年出版の『南山道者禅師語録序』（再刊本）には、「道者に附して依り八九年」とある。そもそも道者の日本滞在が約八年だ。「玄妙の理性」とは、仏教の奥深い教理のこと。「有漏の生滅」とは、俗世間の欲望や迷いによる生活のこと。「陰界」とは、「陰界入」「蘊処界」（五蘊・十二処・十八界）を指し、「一切諸法（あらゆるもの）」の意味。「藩籬」とは、かきね、この個所では学問の入口のこと。「左提右攜」とは、左右にそば近く仕えること。「教壊」とは、悪く教育すること。

独庵の受けた道者の門弟教育は、難しい仏教用語を使わず日常語を用い、読書せず、文字（文章）に長ぜず、求めに応じすぐに偈・頌を作るという風で、おのずと古禅者の風貌を備え、さらに人徳を内に秘めていたが、自然と外に滲み出ていたようだ。臨機応変に偈頌を示して、仏祖を超越するほどの力強く活きいきとした語句で門弟を指導していたことが判る。なお、念仏と禅に相違を認めず、いわゆる当時の黄檗禅の特徴「念仏禅」を修していたことも知られる。また、貞享三年（一六八六）は、『語録』（初刊本）の出版年次であり、慧極との相談後、ほどなく「序」を撰し上梓していることが判る。

この他、これも叙述は後年の述懐になるが独庵が道者の人柄や門弟教育の一端を示す資料として「題道者元禅師真賛」（真像賛）がある。その冒頭句は、すでに示したので、それに続く前半の句を次に示そう。

不レ用二徳山棒一、不レ学二臨済喝一、常語布二鎗旗一、談咲有二奇兵一、問著則俄答、敢保未レ有レ禅、鄭衛競奏、幸聴二大巻一。嗚呼以二師之真参実践恭謙温譲一、而宗党不レ容、謗レ之逐レ之、至レ今猶悪罵。[33]（後略）

〔徳山の棒を用いず、臨済の喝を学ばず、常語は鎗旗を布き、談咲するに奇兵あり。問著するときは俄かに答う。敢保す、未だ禅にあらず。鄭衛競い奏す。幸いに大巻を聴く。嗚呼、師の真参実践・恭謙温譲を以てして、宗党は容れず、これを誇《ののし》り、これを逐う。今に至りて猶お悪罵す。〕

「徳山の棒」とは、徳山宣鑑（七八〇～八六五）が修行者を導くため棒で打った故事。「臨済の喝」とは、臨済義玄（?～八六七）が修行者を導くために喝（大声でしかる）した故事。「鎗旗」とは、槍のついた旗、ここでは人の肝をつぶすほど鋭い語の意味。「談咲」は「談笑」に同じ。「鄭衛」とは、春秋時代の国名・みだらな音楽、ここでは論争し混乱する意味。恐らく当時の仏教・禅界のあれこれ疲弊していたり紛糾していたりする様子を指すのであろう。「大巻」とは、中国の伝説上の帝王である黄帝が創始した音楽の名、その徳普く、民は同族の人々が共に楽しむことができるという状態、ここでは道者の人徳や指導の言句を慕う形容か。「真参実践」とは、仏教や禅に対し真摯に取り組み実行すること。ないし実質的悟りに到りつつ、日常生活に淡々と実践しているさま。「恭謙温譲」とは、恭しくへりくだる心情。

禅の師家（指導者）、とりわけ臨済系の師家の常套手段である「棒喝」を使用せず、日常語を使いながらその中に本質をつく内容を含み、談笑の中にもキラリと光る語を用い、何か問うとすぐ答え、ひとつのことにこだわると、それは禅ではないという。こうした道者の優れた指導ぶりを「真参実践」と称し、徳性を「恭謙温譲」と讃え深く共鳴している。それにも拘わらず、隠元門下の人々は、道者を排除するような冷たい仕打ちをして悪口を言っている、と独庵は嘆いているのである。

なお、道者が日本人の門弟たちに対し使った言葉は、日本語であったのか中国語であったのか不明だが、少なくとも独庵は「一語も之れ玄妙の理性に渉ることなく」とか、「常の語は鎗旗を布く」とあるので、よく理解していた訳である。独庵が中国語を操ることができた可能性もあるが、大部分は筆談であったと思われる。

ここで注目したいのは、「真参実践」の語が前掲の『道者禅師語録序』の引用文の直前にも「世に紙伝払伝の外、更に真参実践の禅師ありて此土に来化するに、此土は福薄、栖栖として国を去ることを知らしむ」（原漢文）とあり、道者を「真参実践の禅師」と形容している点である。独庵にとって師道者を「真参実践」の人と位置付けていることが、ここではっきり判る。これは、後日、その対比において「紙伝払伝」の形式的嗣法を否定する根拠にもなってくるのであろう。

道者の日本に滞在した約八年間は、起伏に富み必ずしも満足する日々ではなかったが、隠元とは異なる面で日本の人士にさまざまな影響を与えた人物であると思われる。中でも道者の「超俗孤高性」を継承しているのが、独庵と同学の悦巌不禅（一六一八～八一）である。

悦巌は、独庵と同様に比較的早い時期から道者に師事し、帰国するまで随侍私淑し嗣法もした人だ。独庵より十四歳の年長で、師事の期間は三十代半ばから四十代初め頃だから人生半ばで最も脂の乗りきった時期と言える。道者に傾倒し、その影響も大なる面があったのであろう。

悦巌の伝記（『続日域洞上諸祖伝』巻四・『日本洞上聯灯録』巻十二・『続日本高僧伝』巻八）[34]に拠ると道者が帰国した後、悦巌は勝尾の般若峰に迹を晦《くらま》していた。ある日、道者を参礼・交渉のあった同学の先輩・泉州蔭凉寺の鉄心道印（一五九三～一六八〇）は僧を遣わし、悦巌を招いたが下山せず応じなかった。そこで鉄心が親しく訪れ、連日問答を交わし、遂に鉄心の法を嗣いでいる。悦巌は鉄心に後席を継ぐことを望まれたが断り、茅舎に移り鳩嶺別峰に入り独笑庵を構え隠れ住んだ。城州山城に一宇を創し、慈眼山真成院に住したのは最晩年であったという。名利を避け、隠棲を志向する点などは、独庵と共通項があり、道者に拠る教えの影響が残っている例といえる。

独庵が道者に師事随侍した約八年間は、実りある時期であった。独庵にとって道者は、理想的な禅者・宗教者として以後の人生の精神的支えであった。特に「護法」の念の根幹は、独庵自身の純粋潔癖性と融合し道者の感化に由来していると判断できる。道者は、独庵の後半生に影響力を及ぼすほど大きな存在だったのである。

この時期、中国の古典類の勉学は、道者を通して可能であったが、果たしてどの程度、教授されたのかまったく不明だ。道者は、上記の如く「学」の人というよりも「行」の人と言える。従って独庵の仏典をはじめ中国古典類に対する知識は、独自に体得していったと想像できる。さらにその上で独庵の中国古典類の学問は、大通詞林道栄居士や独立性易などとの接触により示唆を得たりして、切磋琢磨する面が大きく影響したようにも思われる。なお、来朝僧の一人・東皐心越との交渉は、後述するように文芸的なものに限られ、さほど影響は受けなかったようである。

(3) 正師・晧台寺三世月舟宗林

道者の帰国後、独庵はどのような行動をしたのであろうか。道者への傾倒ぶりから少なからず師を失った衝撃があり、多少の動揺があったと推測できるが、『護法集』や諸伝記には、それに関して何ら手掛かりがない。年次は不明だが、間もなく長崎晧台寺の月舟宗林（一六一四～八七）に参じたようだ。道者の帰国した万治元年（一六五八）であれば、独庵二十九歳、月舟四十五歳ということになる。しかし独庵と月舟との出会いは、月舟の晧台寺へ昇住した明暦二年（一六五六）頃、恐らく月舟も道者に参じ、その縁で独庵と顔見知りであったと思われる。当時から崇福寺と晧台寺とは、徒歩でも数分で通える距離にあり、僧侶双方の往来も盛んであったと考えられるからである。

ここで晧台寺の縁起に関し簡単に触れておきたい。晧台寺の創建は、慶長十三年（一六〇八）、亀翁良鶴（?～一六三六）が岩原山の下に草庵を営み、キリシタン相手に仏教の布教に尽くし健闘している様子を長崎奉行長谷川左兵衛が見て、幕府に上申し、「笠頭山洪泰寺」と号したことに始まる。いわば幕府の肝いりでキリシタン取り締まりの寺院として開かれたのだ。現「海雲山普昭晧台寺」の号は、中興開山（伝法一祖・中興第一世）一庭融頓（一五六二～一六五九）の代からである。一庭を洪泰寺に招聘・推薦したのは、鈴木正三（一五七九～一六五五）である。その弟の天草代官鈴木重成は、それより前、一庭を招いて天草の布教を行わせている。

月舟宗林は、安芸岩国藩士・朝枝半兵衛景近の三男として生を受け、晧台寺二世雪山鶴曇（?～一六四九）の法嗣（一説、一庭の法嗣）と伝えられ、安芸（広島県佐伯郡廿日市町）の洞雲寺より転住して、前述のとおり明暦二年に同寺の三世になった人である。

独庵の月舟への帰投は、彼自身の本意とは異なり、さほど積極的ではなかったように思われる。それは、帰投後、年次は不明だが、短期間の内に嗣法しているもののほどなく（寛文二年ないし四年頃か）若狭（小浜藩）へ行き、『大蔵経』を看閲して数年滞在しているからである。二人の仲がしっくりしているならば、月舟の補佐をするのが当然のように考えられる。それとも独庵が「参学（研究）」を強引に願い出たのかも知れない。若狭行きの伝《つて》は、前後の事情から小浜藩主酒井忠直を頼ってのことと思われる。

月舟自身は、独庵の力量を認め、寛文八年（一六六八）に晧台寺を隠退する際、後席を独庵に委譲している。独庵の月舟評価は、月舟の示寂した貞享四年（一六八七）六月三日の後、宸位（東山天皇）より月舟へ翌年九月に「大機盤空禅師」の勅賜があったのを受け、林道栄居士の祝韻に次韻した語句に多少表れている。

触処明明方悉南、頭頭物物当レ堪レ参。大機本自出二区宇一、雖レ地雖レ天豈可レ凾。僧徳非レ関二褒与レ貶、俗論仮設二苦并レ甘。我師面目無二蔵覆一、便是今朝九月三[35]。

〔触処明明方に悉く南、頭頭物物当に参ずるに堪うるべし。大機本自り区宇を出づ、地と雖も天と雖も豈に凾《ふく》むべけんや。僧徳は褒と貶とに関わらず、俗論は仮りに苦《にがみ》并びに甘《あまみ》を設く。我が師の面目は蔵覆なし、便ち是れ今朝九月三。〕

（『独庵稿 一』）

「触処」とは、触れる所・到る所・随所。「南」は、北の反対・午の方角・四時では夏・月では八月・五行では火に配す。ここでは「南服」の侯伯、つまり宸位にかなう臣僧の意味か。「頭頭物物」とは、多くの人々。「物」も人の意。「区宇」とは、区域・境内・天下の意。「蔵覆」は、隠し覆うこと。

林居士の祝韻が不明であるので、正確にこの韻の意味を理解できないが、「僧徳は褒と貶とに関わらず」の句は独庵自身の自覚と共に「我が師の面目は蔵覆なし」とあるように真摯に生きた師月舟を讃えているのである。

先のことだが、独庵が月舟の後席を継ぎ晧台寺に住し、やがて退院した後、古寺を復旧したり、小庵に住したりして大刹には意識的に住していない。損翁宗益の『見聞宝永記』に「日本玄光未レ及二永覚之識量一、況乎生涯不三南面莅二大衆於法堂[36]二」とあるように住職の「上堂」をしていない。それは、名利を求めない姿勢の表れだが、止住寺院において「師承香」を焚く際、師の名を明かさず、また明かそうとしなかった点が注意される。独庵にとって師匠は、道者超元と月舟宗林の二人がいて、どちらを出すにしても、問題を残すと意識していたものと思われる。

(4) 曹洞宗寿昌派・東皐心越との交渉

長崎へ来朝した僧侶の大半は、臨済宗系黄檗禅者である。独庵が道者と極めて親交が厚かったことは前述したとおりだが、文献上では何故か隠元や木庵との交渉を示すものはない。それは、道者との軋轢を周知していたことに起因しているのであろう。なお、道者の帰国後、約二十年を経過して同学の慧極とは親しくしているが、晧台寺住職時代の後半期、即非への「賛」を撰したことを除いてその他の臨済宗系黄檗禅者とは全くつき合いがないといってよいほどである。

そうした折り、長崎興福寺の第四代澄一道亮（覚亮とも）（一六〇八～九一）が、同郷（浙江省杭州）や同姓（陳氏）のよしみからか、西湖の金華山永福寺で活躍していた曹洞宗の東皐心越（諱は興儔、字は心越、別号東皐、初名兆隠。覚浪道盛下、翠微寺潤堂大文の法嗣）に譲席の心を伝え招聘した。まだ止まぬ兵乱を避けるように延宝五年（一六七七）一月、忻然勇躍して長崎に到着した東皐は、澄一の興福寺に迎えられることになった。

ところが澄一の思惑とは別に、隠元下の臨済宗系黄檗禅者の大半は、曹洞宗の東皐を長崎唐三ヶ寺の住職に受け入れるには必ずしも賛意を示さなかったようである。崇福寺の千呆などは長崎奉行所に上申し、東皐を帰国させようと画策したと伝えられる。一方、宇治万福寺の木庵は「臨済曹洞を論ぜず、只だ法門（禅宗）を興さんことを要す」（『日本来由両宗明弁』文中）と寛大な心を示した。しかし、態勢はいかんともしがたかった。こうした状況に応じ東皐は、澄一の勧めで澄一に対して弟子の礼をとったが騒ぎは納まらず、また通事（通訳）が便宜的に改名し黄檗宗侶の列に加わること（＝転宗）を勧めたが断固として拒否し、曹洞宗の法系嗣法者を主張したとされる。

延宝六年（一六七八）夏、朱舜水門下で水戸光圀の臣・今井小四郎（弘済）が来訪し、光圀の東皐を招聘する意向を伝えた。東皐は、同年冬に京都南禅寺（当時の住職は英中玄賢）に逗留して宇治万福寺の木庵と会ったり、興聖寺の梅峰竺信を訪ねたりして待機したが、この時ばかりは、江戸入府は成功しなかった。翌七年五月に一旦、長崎へ戻ると、七月に官命（幕府の裁定）により興福寺に幽閉されることになってしまった。

東皐の来朝当初、こうした「宗趣」の争いがあったことを断片的に綴られている資料が延宝八年五月に東皐自身の撰述した『日本来由両宗明弁』[37]である。

当時、晧台寺の住職をしていた逆流禎順は、来朝当初の東皐に毘盧舎那仏の開眼式の導師を依頼し引き受けてもらった縁や常陸天徳寺の月坡道印（一六三七～一七一六）の書状による要請もあり、佐賀慶誾寺の絶江淳清（?～一六八三）や牧牛等をはじめとする宗門の有力者と謀り、関三刹や水戸侯に働きかけ、東皐の救出運動に乗り出し、前住の独庵へも協力を申請したものであろう。

当時、安房勝山の打睡庵に寓居していた独庵もそれに応じ、尽力したのは勿論である。そうした甲斐があり、天和元年（一六八一）春頃に東皐は幽閉を解かれた模様である。あらかじめ東皐の侍者宛に天和二年（一六八二）、江戸小石川の水戸侯別墅に寄寓中の東皐に書簡を送っている（「与心越禅師書、四首」「独庵稿三」所収）[38]。その中で独庵は、東皐が曹洞宗の祖統を継ぐ人であるばかりか、「琴碁書画」の才は「度生の方便」「大菩薩の高蹤（立派な事跡）」であると推奨している。

同年五月三日、病身を押して江戸の水戸侯別墅（第内の杉山）へ赴き邂逅している。同道したのは、侍者の他に関三刹の一・下総（千葉県市川市国府台）総寧寺の丹心了墀（龍墀とも）（?～一七〇八）がいた。更に下野（栃木県下都賀郡太平町）大中寺の住持（連山交易〈一六三五～九四〉か）や武蔵（埼玉県入間郡越生町）龍隠寺の住持（当時、無住か）が臨席していた可能性もある。この時、二人は次の「七言律詩」を交わしている。まず東皐の作。

萍迹無レ期若レ有レ期、相二逢劫外一更堪レ奇、道容似三月離二雲翳一、心鏡如レ空豈覚レ疲、古曲非レ音高二白雲一、新詩不レ彩赫二朝曦一、雖二然蟻屈茅庵内一、応レ見鵬搏在二此時一[39]。

〔萍迹、期なくして期あるが若し。劫外に相い逢う更に奇とするに堪えたり。道容は月の雲翳を離るるに似て、心鏡は空の如し豈に疲るるを覚えんや。古曲、音に非ず白雲高く、新詩彩らず朝曦赫たり、然も蟻屈茅庵の内と雖ども、見るべし鵬搏、此の時に在ることを。〕

「萍迹」は、浮き草のような旅路の喩え。「劫外」は、仏教の世界観の中で説かれる時期（成・住・壊・空の四劫）を越えた絶対の世界。「道容」、ここでは東皐自身の姿を言う。「朝曦」は、朝の日光。「蟻屈」は、蟻が身をかがめている様。ここは東皐が狭い庵で居住している喩え。「鵬搏」は、大鵬が羽ばたくこと。これも今後、東皐が独庵の教法を布演することを期待する意。

九歳年長の独庵に対して敬意を表し、邂逅の奇縁を喜び、健康に気遣いを示し、かの地でもあなたの名声は素晴らしいですよと称えている。これに対応し独庵の詩は次の通りである。

晦昔無レ縁恨レ未レ期、今朝覿面始称レ奇、重扶二祖印一渾忘レ倦、再振二宗風一豈力疲、徳佈二桑邦一昭若レ日、名聞二華国一朗如レ曦、刹竿竪起光二三際一、迴出威音那畔時。[40]

〔晦昔（むかし・きのう）縁なく未だ期せざることを恨む。今朝、覿面し始めて奇と称す。重ねて祖印を扶けて渾て倦むことを忘れ、再び宗風を振るう豈に力疲れんや。徳、桑邦を布いて昭《あき》らかなること日の若し。名、華国に聞いて朗なること曦の如し。刹竿竪起、三際に光る。迴かに出づ威音那畔の時。〕

「覿面」は、まのあたり。「桑邦」は日本のこと。「華国」は、中国。「曦」は、太陽の色・日光。「刹竿」は、寺の法要のあることを示す旗を掲げる竿。「三際」は、過去現在未来。「威音那畔」は、全ての分別・対立の発生する以前を指す。

独庵も東皐との奇遇を慶び、東皐の姿をまのあたりにして疲れも忘れるほどと述べ、「琴楽」の演奏を聴いたのか、その音色に託して、これからの活躍に期待する旨を歌っているのである。

この時、独庵は体調を崩し急に具合を悪くして第内の山池も見ないで俄かに打睡庵へ帰っている。後日、丹心から第内の山池の絶景ぶりを聞いて残念がっている。十月に同地を再訪し再会を果たしているのであるが、この水戸侯第内を称えた詩「遊二水戸侯源公山池一、并序」（「独庵稿二」所収[41]）がある。

独庵は、江戸小石川水戸侯別墅の訪問の際にかねて願っていながら会えなかった今井小四郎宛に書状で東皐との邂逅を伝え、その取り持ちを願っている（「与二今井氏一書、二首」の第一。「独庵稿三」所収[42]）。

また独庵は、この訪問（天和二年五月）の際、東皐から『羅湖野録』と『五祖演禅師語録』を借用している。『野録』の校讐と『五祖語録』の謄写・上梓を目的にしたものである。同年十月十八日付けの書状（「与心越禅師書、四首」中の第三。「独庵稿三」所収[43]）は、その二書を返納する礼状である。おそらく再会直前のころのものと思われる。

なお二度目の水戸侯別墅を訪問し、諸種の清談をした時、持参した自著『独庵譫言』（延宝八年刊）を東皐に贈り、返礼として東皐から「扇布（扇子）」一面を与えられていることが判る（「呈心越老禅師」『東皐全集』坤巻所収[44]）。その扇には、東皐筆の字句や絵図が描かれていたであろう。

同種のものに年月日不明であるが、独庵は東皐より初祖達磨画像を恵存され、四偈の「賛」を呈し答えている（「心越禅師自画二初祖之像一、并製二其賛一、見レ恵演為二四偈一答レ之」「独庵稿二」所収[45]）。

天和三年（一六八三）四月、東皐は公許を得て水戸入りを果たし、北三の丸の地・石野氏屋敷跡に仮寓することになった。同年六月十五日以後の間もないころに認めたと推定される独庵の今井氏宛の書状では、上梓したばかりの自著『独庵独語』（天和三年六月序刊）を水戸侯へ進覧してもらうことを願い、合わせて東皐の安否を問い、一書を送達する旨を述べている（「与今井氏書、二首」の第二。「独庵稿三」所収[46]）。

丹心からの情報により東皐が水戸城内に移ったことを知った独庵は、貞享二年（一六八五）二月二日、約二年ぶりに東皐宛に書状を送り、いまだ難渋生活を余儀なくされた儘の状態に同情し、東皐の志念を「有源の水」に喩え、いずれ川となり潤沢にあふれ道俗の人々を潤すであろうことを期し、決して本願を退出せず法体を護持すべきことを切に祈っている。末尾には、前年夏から病床に臥していること、自著『独庵独語』を贈呈し、その批評を乞い願っていることが知られる（「和漢高僧文章」『祇園寺文書』・「与心越禅師書、四首」の第四「独庵稿三」

所収)[47]。独庵が自著の批評を東皐より受け取ったのかどうか定かではないが、以後は次第に疎遠になっているのは、何故であろうか。その理由のひとつは、貞享四年(一六八七)、河内経寺山龍光寺や摂津大道寺の復興・移住するという地理的事情がある。

間接的な二人の接触は、元禄三年(一六九〇)、当時の下総総寧寺住職・融峰本祝(?〜一七〇〇)が『玄沙広録』(大中寺所蔵)を上梓する際、東皐に序題「新刻玄沙録序」、独庵に後序をそれぞれ依頼していることに見られる程度に止まる。

このように独庵の東皐との交渉は、詩文の交換、諸本の贈呈や借用、自著の批評を乞うなど、専ら文芸上のものに限られる。自著『独庵独語』の批評・意見を受け取っていたならば多少その接触は続いていたであろうが、東皐の側に独庵の有する憂愁護法の立場に同調・同感する点が余りなかったといえるかも知れない。独庵の側から言えば、道者に比べ東皐の余りの「文人墨客」振りに当初の曹洞宗の振興に対する期待を裏切られたという感を強くしていったのであろうか。その辺の詳しい事情は不明である。

東皐は、元禄三年五月、水戸府内の仮寓所から天徳寺へ移住し、同五年十月、天徳寺の祝国開堂の盛儀が厳修され正式に住職となった。東皐と人縁・地縁の深い壮々たる宗門僧が多数陪席したり、祝語・賀儀を呈した。如何に曹洞宗を挙げ、東皐に諸種の期待をかけていたかが窺い知れる。

(5) 黄檗禅者との交流

親友の慧極道明

独庵と共に来朝僧・道者超元の下で切瑳琢磨した道友に慧極道明(一六三二〜一七二一)がいる。慧極は、長州萩の出身で済門僧として出家し初名を慧斑と称した。慶安三年(一六五〇)、江戸より長崎へ向かい、来朝して間のない道者を旅館に訪ね相見している。続いて翌年、道者が正式に崇福寺へ移るのに従い師事している。

独庵と前後して道者に投じた訳で、二歳年長の独庵とは兄弟のように練磨し合い、道者の帰国まで行動を共にしている。なお、この二人より一回りほど年長の洞門僧・雲山愚白(一六一九〜一七〇二)とも親しく交渉していることが知られる。

万治元年(一六五八)、道者が帰国の際、将来は隠元法門(黄檗宗)の柱梁となるべくしばらく閉関するよう諭され帰郷している。その六年後、寛文四年(一六六四)に門下の僧数人を伴い、宇治の万福寺に住した木庵性瑫(一六一一〜八四)と松隠堂に隠退していた隠元に謁している。間もなく万福寺の浴主につき、黄檗宗の受戒を経て、寛文十一年三月、木庵の印可を受けている。臨済宗から黄檗宗へ転じたわけでこの時、諱の「道明」を授けられたものと思われる。

寛文十二年、河内丹南郡今井村(現、大阪府堺市美原区今井)の真言宗寺院・長安寺の宗月(生没年不詳)の招請を受け、慧極が晋山して再興を図り、翌年に大宝山法雲寺と改めた。勧請開山として本師木庵を請している。その後、加賀金沢の献珠寺、江戸紫雲山瑞聖寺、河内瑞雲山大龍寺、長州萩藩菩提寺護国山東光寺、摂津麻田藩摩耶山仏日寺などに住している。慧極が独庵と旧交を復したのは、前後のいきさつから法雲寺と瑞聖寺を兼務していた貞享三年(一六八六)六月の頃で、約二十年振りであった。

独庵が江戸に滞在中、大坂より来訪した梅友なるものから慧極の消息を知らされ、書信を送ったものがある。

奉別二十余年、記在二海雲一日、承二長箋一而嬾放稽二奉答一。尋退二海雲一、掩二関於前筑月海辺一五歳、又移蒲団来坂東、掩二関於安房勝山一五歳、前後杜二絶人縁一十年、則前之稽答、終成二失答一。皐負不レ可レ言。近因レ養レ疾、僑二寓於江府一、頃有二梅友者一、来レ自二大坂一、能道二公之起居一詳、今将レ帰二大坂一、所以寄二数字一問二法候一、兼謝二失答之咎一矣。某癸亥夏、因レ寝二疾於関中一、有二独語一、今既鐫二於木一、寄二一本一、不レ吝二弁詰一則幸甚。

吁法門今日之弊、花繁実乏、喩二之疾病一、則皮肥而髄病、盗レ名竊レ器者、充レ溝溢レ壑、而伝レ真続レ実者、則如レ無如レ絶、当今起レ廃救レ弊、則在二公等一而已。某進則不レ能三伝レ灯嗣二仏慧命一、退則不レ能二利レ己適一レ俗、有レ志不レ能レ行、猶如下病鶴不レ忘二霄漢一、而羽翮既廃上、所以祝二有レ力有レ器六翮摩レ霄者一、而道レ志耳、晤語何日臨風レ不レ堪二瞻注一、此日残暑、為レ法自愛。[48]

〔奉別二十余年。記す、海雲に在りし日、長箋を承けて嬾放し奉答を稽む。尋いで海雲を退き、前筑月海辺に掩関すること五歳、また蒲団を移し坂東に来たりて安房勝山に掩関すること五歳、前後に人縁を杜絶すること十年、則ち前の答を稽め、終に失答と成る。皐負、言うべからず。近ごろ、疾を養うに因り、江府に僑寓す。頃《このごろ》梅友という者ありて、大坂より来たり、能く公〔慧極〕の起居を道《い》いて詳し。今将に大坂へ帰らんとす、所以に数字を寄せて法候を問い、兼ねて失答の咎を謝す。某《それがし》癸亥の夏、関中に寝疾の因《よすが》に「独語」あり。今既に木を鐫《ほ》り一本を寄す。弁詰を吝《お》しまざれば則ち幸甚なり。

吁《ああ》法門今日の弊、花繁く実乏し。之を疾病に喩うるときは、則ち皮肥えて髄病む。名を盗み器を竊む者、溝に充ち壑に溢れ、真を伝え実を続ぐ者は、則ち無きが如く絶ゆるが如し。当今、廃を起こし弊を救うときは、則ち公等に在るのみ。某、進むときは、則ち灯を伝え仏の慧命を嗣ぐこと能わず。退くときは則ち己を利し俗に適《かな》うこと能わず。猶お病鶴の霄漢を忘れずして羽翮既に廃るるが如し。所以に力あり器あり、六翮霄を摩する者を祝して、志を道《い》うのみ。晤語、何れの日ぞ。風に臨みて瞻注に堪えず。此の日々の残暑、法の為に自愛せよ。〕

（「与慧極禅師書」「独庵稿三」）

「嬾放」とは、怠け捨て置くこと。「掩関」は、関門を閉じること。「皐負」の「皐」は、罪の本字、つみ・とが・そむく意。「僑寓」は旅ずまい・仮住まい。「法候」は仏法生活。「候」は時候の意。「候問」に同じ。「寝疾」は病気で寝る。「臥病」に同じ。「弁詰」はよしあしをわきまえ相手をなじること。ここでは批評の意。「霄漢」は大空。「蒼穹」に同じ。「羽翮」は羽のもと・くき・根本。「六翮」は六枚の羽茎。「晤語」は語り合うこと。「瞻注」は仰ぎ注視する。

道者が帰国し、その後、独庵が晧台寺に住していた期間（一六六八～七四）に慧極から「長箋」を受け取ったが返書を認めず、約二十年経過してしまったことを深く詫びている。筑前金丸月海寺・安房勝山打睡庵に各々五年、江府に仮寓し療養生活中に慧極の消息を知り書簡を綴る由縁を記し、その上で、「癸亥（＝天和三年）」夏に開版した『独庵独語』を送付する旨を述べ批評を乞うている。

次に独庵が、信頼している慧極へ日頃から憂慮している仏法の堕落をつい漏らしているのだ。そして、病気がちで非力な自分ではどうすることもできない、それを救うのは、力を有する公（あなた＝慧極）たちしかいない、と励まし期待しているのである。

これに応えて慧極は返事を送っている。

闊別廿春、渇して一見を欲す。去秋、華翰并びに「独語」に接して、再三披読、恍として対談するが如し。蓋し足下、尋常苦学、心を労し、形を困しむるが故にこの病有るなり。報縁、限り有り。学問、限り無し。早晩、室中、宜しく保愛を加うべし。又た聞く、居を畿内に卜して終焉の計を為さんと。之れが為に大いに喜ぶ。江城、寒風凛凛として、人事、匆匆たり。勢、久居し難し。畿内、庶民の止まる所、風物寛和、人の帰隠に宜し。必ずしも前を思い、後を慮らざれ。

（『慧極禅師語録』巻九）(49)

「闊別」は久しく会わないこと。「匆匆」は忙しい・慌ただしい様。独庵と慧極にとって二十年の空白は、なんら支障がない。息の合った二人の鼓動が聞こえてきそうだ。慧極は、独庵の病気は普段の苦学から生じたものとし、読書もほどほどにと気遣っているのである。畿内のほど近くに居を据えようと計っていた独庵に何かと住みづらい江戸から早く当方へ来ることを促し再会を心待ちしている様子である。

この書簡に応えたものと思われる「七言絶句」五首がある。

「寄二慧極禅師一五首、有引」（『独庵稿二』）

その「引」には、まず独庵自身の廬（草庵）生活において書冊中の古人と語り合って楽しんでいる読書三昧を述べ、次に賓主との唱和による筆記録を貽《のこ》すことが何もしないより多少はましであると自嘲気味に言って普段の生活ぶりを説き、その後に旧友・慧極との親密さを次のように記している。

慧極禅師者、予之旧友。至レ今不レ忘二提攜一。切切偲偲。尤愛レ予者也。頃日有レ書。誡レ予曰、宜下捨二看読一養レ神延上レ寿矣。因綴二五偈一答レ之。蓋予之愛二慧極禅師一、猶如二慧極禅師愛一レ予。非二便辟善柔之友一矣。(50)

〔慧極禅師は、予の旧友なり。今に至るも提攜を忘れず。切切偲偲、尤も予を愛する者なり。頃日、書有り。予を誡めて曰く、宜しく看読を捨てて神を養い、寿を延ぶべし、と。因りて五偈を綴り、之れに答う。蓋し予の慧極禅師を愛すること、猶お慧極禅師の予を愛するが如し。便辟善柔の友に非ざるなり。〕

「提攜」は手を携える・助け合うこと。「切切」はねんごろ・ていねいな様。「偲偲」は善を励まし合う様。「便辟」は媚びへつらい機嫌をとる人。「善柔」は顔つきは穏やかであるが誠意のない人。

この書簡文は、独庵が自分のために健康と長寿を祈ってくれる旧友・慧極の思いやりに感謝して綴ったものであり、互いに「愛している」と臆面もなく記し、羨ましいほどの深い友情で結ばれていることが判る。

続いて「五首（五偈）」を掲げているが、その中の第一首と第五首のみを挙げよう。

君誡レ看レ書苦指揮、養レ神延レ寿誨諄諄、我居地僻少二朋友一、古紙堆中多二故人一。

白昼成レ群入二棘榛一、声伝二紙墨一欲レ呼レ人、誰知窮釈独庵叟、身在レ山兮遺在民。(51)

〔君、書を看ることを誡めて、苦《ねんごろ》に指揮す。神を養い寿を延べよと誨《おし》うること諄諄たり。我が居、地僻にして朋友少なし、古紙堆中、故人多し。

白昼、群を成して棘榛に入る。声、紙墨に伝えて人を呼ばんとす。誰か知らん、窮釈独庵叟、身は山に在り、道は民に在り。〕

「棘榛」は、いばらとはしばしばみのこと。当時の乱れた仏法の状態を喩えたもの。

第一首では前の「引」の文を部分的に繰り返して慧極の配慮に感謝し、第五首では前掲の第一信にも触れていた仏法界の疲弊堕落を何とか改めようと著述に込めてはいるが、片田舎住まいの身でどうすることもできない、とその嘆きを漏らしているのである。

この書簡を送って間もなく、独庵は、摂津大道寺（あるいは河内龍光寺址）に向かう途中、六月二十五日前後、大坂へ立寄り、居士貯月の懇な接待を受け、旅館に訪ねてきた慧極と会っている。さぞかし、肝胆相照らしたものと想像される。その際、相互に詩偈を交わした作品が残っている。

「訪二独庵禅師之寓居一」

「至坂津聞寓於旅館、卓烏藤倒訪禅兄」

坂津に至りて旅館に寓すと聞きて、烏藤倒しまに卓して、禅兄を訪う。未だ逢わざる先に見る頭に白の生ずるを、相遇して頻りに潭心旌挂す、指を僂《かがむ》れば廿年、道義遠し、眉を開きて一旦幽情を叙ぶ、当に覿面余祝無し、河北河南化城に立つ[52]

（「瑞聖詩偈」）

「烏藤」は拄杖。「潭心」は深い淵の底・心底。「旌挂」は、はっきりさせること。「覿面」は、まのあたり。「余祝」は、余計な祝いごと。「河北河南」は、その後の二人が住むことになった摂津と河内の地を指す。

これに応じ独庵は「喜慧極禅師見訪旅宿、而次其韻」と題する「七言律詩」の偈を作っている。

六環得得訪レ吾来、相見依然如二弟兄一、自愧漂流斉二木偶一、公能有レ立植二風旌一、笑談無レ諱出二纏網一、礼数不レ拘越二世情一、我輩道交元快活、胸懐不レ置郭兼レ城[53]。

（六環、得得として、吾を訪い来たる。相見、依然として、弟兄の如し。自ら愧ず、漂流すること、木偶に斉し。公、能く立つこと有りて、風旌を植ゆ。笑談して諱《い》むこと無く、纏網を出づ。礼数に拘わらず、世情を越ゆ。我輩《われら》の道交、元より快活。胸懐、置かず、郭は城を兼ぬる。）

「六環」は、錫杖の頭部に六個の環がついたもの。慧極の持参した「烏藤」（拄杖）の形状を指す。「風旌」は、風にたなびく旌（＝旗）で「法幢＝説法道場の標幟」の意。「纏網」は、纏わり付くこと、「葛藤」に同じ。「礼数」は、身分に応じ定められた儀式の等級。「郭」は外囲い・外城。

この独庵の認めた書簡により二人の相見の様子は、木偶のごとき自分と法幢を建て布教に邁進している慧極を対比しつつ、依然として血の通う弟兄の様に談笑し、心底うち解け合ったことが判る。勿論、話題の中心は二人の師匠・道者であり、慧極はかねて収録していた道者の『語録』の出版について相談し、その「序」を独庵に依頼し、独庵は約一ヶ月後、それを書き終えている。

独庵は、この後、大道寺（または龍光寺址）を見て泉都（堺）の帰路、慧極の住する河内今井村の法雲寺へ立ち寄っている。その際の「偈」が次の「丙寅秋七月朔、予胥二清間可レ廬郷一、至二泉都一帰路、分レ路出二今井邨一、訪法雲慧極禅友」（丙寅（貞享三年）七月朔《ついたち》。予、清間の廬にすべき郷を胥《み》て、泉都に至る帰路、路を分かちて今井邨に出でて、法雲慧極禅友を訪う）と題する「七言律詩」である。

我朋気魄万夫雄、豈與二亀囚鼈縛一同。昔歳談論出二窠窟一、今宵際会起二清風一、杖頭点発群盲瞽、茎艸挿成釈梵宮。道友要レ遺名拾実、買レ鄰吾短願相攻[54]。

（我が朋の気魄、万夫雄、豈に亀囚鼈縛と同じからん。昔歳《こぞ》、談論して、窠窟を出で、今宵際会して、清風起これり。杖頭点発す、群盲の瞖。
茎艸挿成す、釈梵の宮。道友、名を遺《す》てて、実を拾わんことを要す。
鄰を買いて、吾が短、願わくは相攻めんことを。」

「万夫雄」は、万人に慕われる勇壮。「亀囚蠶縛」は、亀に捕らわれ蚕に縛られること。つまらぬものに束縛される様。「釈梵宮」は、天界の帝釈天と梵天の宮殿。「買鄰」は、隣の地に家を選んで買うこと、近所づきあいをすること。

慧極の住する法雲寺（現、大阪府堺市美原区今井）と独庵の住そうとしていた摂津大道寺（現、大阪市東淀川区の加茂神社（現大隅神社）付近）ないし経寺山龍光寺（現、大東市龍間の山中に遺址あり）とは、地図上の直線距離で大まかに約二〇キロ余りあるが、当時とすればさほど遠くないという感覚であろう。

その後、相互の訪問が幾度も想定されるが、文献上にはなぜか見当たらない。

医僧・独立性易――博識多才の人

独庵の師・月舟宗林を通じて、晧台寺において知り合った黄檗僧の一人に独立性易（一五九六～一六七二）がいる。独立は、中国浙江省杭州府仁和県の人。俗姓は戴、名は観胤（後に名を笠、字を曼公、号を荷鉏人・天外一閒人・就庵と称す）という。青年期、医術を学び、詩文に優れ、能筆家であった。承応二年（一六五三）三月に来朝、翌年十二月に隠元に就き出家した。五十八歳である。寛文四年（一六六四）三月、月舟の仲介で周防（山口県）岩国藩主の吉川広正・広嘉父子の診療で岩国へ赴いている。岩国は、月舟の出身地である。また翌寛文五年三月、豊前（福岡県北九州市）小倉の広寿山福聚寺が創建されると即非如一（一六一六～七一）が晋山して、独立は記室（書記）に迎えられている。さらに寛文七年から九年にかけて、数度岩国藩主のもとへ診療で出かけている。しかし次第に体調を崩し長崎に滞留するようになった。そうした折り、寛文八年に晧台寺に住した独庵と、その最晩年の四、五年間の時期に道交を温めていることが知られる。そうしたある年、仲秋の名月の頃、独庵が独立の住む庵（「就老庵」か）を訪ね、月光の下、夜を徹して互いに「五言律詩」の応酬をしている。独庵は四十前後、独立は七十半ばという年代である。

独立には、詩文集の『西湖懐感三十韻』『一峰双詠』『東矣吟』や語録集の『斯文大本』『就庵独語』などの外、『痘診治術伝』『治痘用論』『舌唇訣』『独立老人用薬方』等の著書がある。これらの一部を独庵が何らかの形で知っていたのであろう。

独立も博識多才・学者で知られた人だ。二人はさぞかし意気投合したことであろう。次の「偈」は、独庵のものだ。「次韻」とあるので、独立の「韻」に呼応したものであるが、その作品は所在不明である。

次ニ韻独立老衲仲秋月下一、兼謝レ写レ字。
冷坐三間屋、白生窓紙中、清波栖ニ玉兎一、夜色照ニ冥鴻一、句仮ニ冰雪潔一、字呈ニ扛鼎雄一、朗吟不レ知レ倦、疑是対ニ瞳朧一。[55]

〔独立老衲の「仲秋の月下」に次韻を兼ねて字を写すを謝す。
冷坐す三間の屋、白は生ず窓紙の中、清波玉兎を栖して、夜色冥鴻を照らす、句は冰雪の潔きを仮り、字は扛鼎の雄を呈す、朗吟倦むことを知らず、疑は是れ瞳朧に対するかと。〕

「玉兎」は、月の別名。「冥鴻」は、極めて高いところを飛ぶおおとり・隠者の例え。「冰雪」は、白く清らかな肌のたとえ・心の純白清潔なたとえ。「扛鼎」は、鼎を持ち上げる・非常に力強いこと。「瞳朧」

は、月が出て次第に明るくなろうとする様子。

独庵は、延宝二年（一六七四）、病気を理由に晧台寺を退院することになるのだが、この当時の独庵の健康状態も余り芳しくなかったかもしれない。もしそうであれば、独立が独庵を診察することもあり得たと思われる。病弱な二人が互いに健康を気づかうことで一層親近感を抱いたことであろう。

独立は、崇福寺末庵の広善庵において寛文十二年（一六七二）十一月六日、七十七歳で没する。葬儀の際に晧台寺住持の独庵が列席したかどうかは資料がなく判らない。近隣寺院であるから何らかの弔慰は示したと思われる。

即非如一

独立の師にあたる即非如一は、独庵にとってあまり印象のよい人物とは言えない。なぜなら、かつて独庵の師・道者超元が崇福寺の住持職をしていた当時、来朝した法叔の隠元に住職を譲ったのはやむを得ないにしても、その後に道者の「嗣法」の「証明」が疑われるなどして、隠元の法嗣の即非（道者から言えば法従弟）に住職を継がれ、間もなく帰国しているからである。

しかし、即非は福済寺の木庵性瑫と並んで隠元門下の「二甘露門」と称された人物であり、崇福寺の住持職にはさほど執着している様子はない。道者の帰国した万治元年（一六五八）の十一月に開堂しているが、実質的に法嗣の千呆性侒（一六三六～一七〇五）に継席させている。寛文三年に黄檗山万福寺へ赴き隠元を補佐し、翌年九月に木庵の開堂に助化し、長崎経由で中国福建省雪峰山へ帰ろうとする途中、小倉で城主小笠原忠真に引き止められ、同五年四月に広寿山福聚寺の創建にともない開堂式をして住し、同八年七月に法嗣の法雲明洞（一六三八～一七〇六）に福聚寺を継席せしめ、長崎へ戻り、崇福寺の住持職を正式に千呆に譲り、自分は退院しているからである。即非は崇福寺の「中興開山」とされている。

その即非に対しての「賛」に附し、制作の由縁は不明だが、次のような独庵の「五言絶句」の詩偈がある。

「附即非禅師賛」

母胎度已畢、出レ嶺接二何人一、覷破一星子、重添眼裏塵。(56)

〔即非禅師の賛を附す。母胎度已に畢る、嶺を出でて何人をか接す、覷破す一星子、重ねて添う眼裏の塵。〕

「覷破」の「覷」は、うかがう・ねらう意。「一星子」とは、ひとつの星子（姓氏）。

これは、恐らく即非の没後に崇福寺の関係者からの依頼で、『語録』類にその「賛」を附したものであり、崇福寺当局が多方面に求め編集しようとしたひとつであろう。この作の前提となる諸種の逸話が無知の上不明であり、それらとの関連で正しい意味内容はつかめないが、何か批判的で冷たく形式的な語感がある点は否めないのはなぜであろうか。またこの「賛」は実際に収録されたのであろうか。不審である。

(6) 外護者——若狭小浜藩・安房勝山藩酒井公等

叙述は前後するが、独庵の若狭行きが寛文四年（一六六四）とすれば、酒井忠直の父・忠勝は既に寛文二年七月十二日に没しているので、この時点で独庵との出会いはなかったことになる。しかし、独庵及び黄檗僧との交渉を考慮する際、酒井忠勝の存在を無視できない。

忠勝は、幕府の大老などの重職を努め、儒教ばかりでなく仏教も重視し、天海の大蔵経出版、隠元等の黄檗僧を援助している。晩年に受戒し隠元から致仕号・法号の「空印」を与えられている。また遺言で黄檗山万福寺に法堂を寄進している。なお、小浜市伏原の建康山空印寺（曹洞宗。当初は泰雲山建康寺）は、忠勝が開基となっている。

独庵の在世当時、酒井忠勝・忠直・忠隆の親子三代が崇仏の人であり、かつ好学・仁に篤い人であることは、黄檗僧やそれに連なる人々の間ではよく知られていたのであろう。

独庵の若狭小浜藩滞在中の足跡は、「若州慧日山観世音記」[57]（寛文四年十一月十八日記）と「修理大夫酒井公哀辞、并序」[58]（天和二年七月記とにより幾分か辿れる。

この「観世音記」には、諸種の事項が盛られている。まず、寛文二年五月に大地震があり、三方郡気山村の湖（久々子湖）の水が溢れ、涌起した湖底から観音菩薩の銅像を見つけ、国主（忠勝）が堂閣を建て奉安したことを記し、その二年後（寛文四年）に独庵自身が「龍蔵（大蔵経）」を閲覧するために若州（小浜藩）に来たことを述べ、当時酒公（忠直）は神府（江戸）の私第（屋敷）にいたが、十一月十一日、近侍の貞則（不明）に道案内をさせ、慧日山の観音示現縁起を記すことを依頼させ、十一月十八日に稿了していることが判る。文中、独庵が閲覧した大蔵経は、忠勝の開基した空印寺に収蔵されていたものと思われる。

「修理大夫酒井公哀辞、并序」には、忠直が天和二年（一六八二）七月十日に卒した報告を受け、独庵が忠直の人徳を偲び哀悼の意を示したものだが、その文中にかつて若州（小浜藩）に寄寓したことを思い出しながら綴った箇所がある。

嗚呼予廿年前寓二若州一、受二四事供養於公一、閲二龍蔵一数歳、其間接見則相三忘勢位與二卑賤一、清話屢終レ霄、劇談数崇レ朝、所三以親知二公之淵奥一也。[59]

（嗚呼《ああ》、予、廿年前、若州に寓し、四事供養を公に受け、龍蔵を閲すること数歳、その間、接見するときは則ち勢位と卑賤とを相忘れ、清話屢しば霄を終え、劇談数しば朝を崇《おえ》る。以て親しく公の淵奥を知るゆえんなり。）

「四事供養」とは、房舎・衣服・飲食・散華焼香、また飲食・衣服・臥具・湯薬（医薬品）などを指す。「勢位と卑賤」とは、権勢地位ある者（忠直）と卑賤者（独庵）とのこと。「終霄」は、夜もすがら。「崇朝」は、夜明けから朝食まで。

この一文により、如何に忠直が独庵を優遇し、肝胆相照らした仲であったかが窺える。両者は、二十年間、何かと交渉を続けていたのである。

この忠直の兄忠朝の子・忠国に一万石を与え、安房勝山の地に小浜藩の支藩として勝山藩が創成されたのは、寛文八年（一六六八）である。独庵が延宝二年（一六七四）春に勝山藩へ出かけ、忠直の甥・忠国の接待を受け花園に遊んで、しばし病身を癒したのもその繋がりがあったからであり、その後、延宝七年以後五年間ほど、勝山の寺谷に打睡庵を築いてもらい止住できたのもそうした縁がとりもっていたと思われる。

「砥節礪行」（「砥礪」は、「といし」のこと。とぎみがく意。）と称されるほど学を好んでいた勝山藩主・酒井忠国が、何と叔父忠直の没した翌年、天和三年正月十一日、病のためその第（屋敷）において卒している。「追悼酒井大和守、并引」に依れば、独庵は釆邑（知行地—勝山）で葬儀の日、知らせを受け沸（引き綱）を引くべくすぐ赴こうとしたが、病身で果たせず、秋になって隴（丘─墓）へ上ることができたようだ。打睡庵の生活は、療養と創作が主であり、体調のよい時は時々外出していた。

更に忠直の子息・忠隆も貞享三年（一六八六）後三月乙巳（二十一日）、三十六歳の若さで知行地小浜藩において卒している。この年は閏年で前三月に観世音堂の銅鐘を施与したばかりであり、独庵は「若狭国慧日山観世音堂鐘銘、并序」[60]を撰述している。「薦遠江太守酒井公忠隆偈、并序」[61]には、公侯家（大名）にありがちな贅沢や歓楽を排し、儒書をはじめ仏典に及ぶ読書を嗜むような「崇儒拝仏」の人柄で、前年夏、独庵に「般若心経」の講義申請をしていたが果たせず、死後に贈る手向けの「偈」となってしまったことを独庵は忸怩たる気持ちを込め呈している。

独庵にとって小浜藩と勝山藩の酒井公は、寛文二年からこの頃までの二十二年余、物心両面にわたり最大の外護者であったといえる。

これら酒井公の外護者の他に備前守鍋島公[62]（不詳）、郡山城主下野守本多公忠平[63]（一六三二〜一六九五）との交渉もある。鍋島公は独庵と書簡の往信があり、貞享三年（一六八六）ころに元真言宗寺院・三大院乳牛山大道寺を復興し曹洞宗に改めた摂津大道寺（元、大阪市東淀川区の加茂神社（現、大隅神社）付近。明治維新の際に廃寺となる）を訪問しているし、本多公は独庵が元禄の初めころに復興して、元禄五年（一六九二）ころに「大蔵経」の疏を撰述した摂津経寺山龍光寺（現、大東市龍間の山中に遺址あり）の建立と元禄七年十月の同寺へのある居士（貯月か）による銅鐘の寄進に関わっている。換言すれば、大道寺と龍光寺の有力な外護者は、それぞれこの鍋島公と本多忠平であるとも言える。

更に外護者の一人として数えられるか問題であるが、四国松山の城主もいて道後温泉に療養中に何度か会い、詩歌の贈答をしていることが知られる（「予便二養病一西遊、松公賦二詩歌一見レ餞。次二其韻一酬レ之」[64]〔「独庵稿一二」〕）。

注

（1）　独庵は佐賀県出身、俗姓不詳。幼児期、佐賀高伝寺の天国につき得度、字を蒙山、若年時に睡庵と号し、晩年に独庵と号す。慶安四年（一六五一）、来朝黄檗僧道者超元に師事すること八年、大いに影響を受けた。長崎晧台寺月舟宗林の法嗣、後に晧台寺四世、更に河内経山寺、摂津大道寺（再興）等を歴住。宗統復古運動の先駆者。卍山道白の右腕として活躍。詳しくは本文参照。

（2）　道者は、中国興化府（福建省）甫田県出身、号を道者、諱を超元、字を若一と称す。臨済宗亘信行弥の法嗣、隠元の法姪。来朝後、黄檗の宗風を鼓吹し、長崎崇福寺や平戸普門寺に住し、独庵や鉄心道印、盤珪永琢、慧極道明、潮音道海など洞済の禅者に多大な感化を与えた。参照『禅学大辞典』（大修館書店）「超元」の項。

（3）　『宗統復古志』三洲白龍口授、卍海宗珊筆受、上下二巻、『続曹全　室中』所収。「洞上宗統復古志」（表題）とも。口授者三洲は、「宗統復古運動」の立役者卍山道白の法嗣。当該書の冒頭（「序」末尾）に「革弊従事諸師芳啣」があり、五人（連山交易、独庵玄光、梅峰竺信、卍山、田翁牛甫）を挙げている（五三四頁a〜b）。

（4）　卍山は、備後（広島県）の出身、号を卍山、諱を道白と称す。十歳で龍興寺の一線道播に得度、後に加賀大乗寺の月舟宗胡に参じ法を嗣ぐ。大乗寺に晋住、さらに摂津（大阪府）興禅寺、京宇治の禅定寺さらに源光庵に移住。その後、元禄十三年（一七〇〇）、宇治興聖寺の梅峰笠信と協力し江戸に上り、宗統の乱れを正すべく運動を始め、元禄十六年に目的を遂げた。以後、復古老人と自称した。参照『禅学大辞典』。

（5）　前掲書『宗統復古志』（『続曹全　室中』五四五頁b）。

（6）同右、五四四頁a～b。

（7）『護法集』。独庵玄光撰『経山独庵叟護法集』一四巻八冊、元禄十年（一六九七）刊、駒図一三三―W四九。『曹全書　語録一』に所収。当該書『護法集』のほかに『続護法集』（『経山独庵続護法集』、別名『弁弁惑指南』。『曹全書　語録一』に所収）二巻、『擬山海経』、『儒釈筆陣』等、十一部四十余巻に及ぶ（『曹全書　解題・索引』〈解説、田島柏堂〉一七八～一七九頁）。

（8）『見聞宝永記』。損翁宗益の「法語集」、面山瑞方撰『見聞宝永記』（別名『奥州損翁老人見聞宝永記（内題）』、『損翁老人見聞宝永記』。『続曹全法語・歌頌』に所収）。面山の随従した元禄十六年（一七〇三）より損翁示寂の宝永二年（一七〇五）までの二年間、聴聞した事項（示誡と法話）を漢文体で綴ったもの。損翁は山形米沢出身、若年時に月舟宗胡や卍山道白等に師事、後に仙台泰心院可山洞悦の法を嗣ぎ、元禄十年（一六九七）に同寺院に住した。面山撰『損翁和尚行状』（『曹全書　史伝下』所収）。

（9）同右『見聞宝永記』（『続曹全　法語・歌頌』四三九頁a～b。他に独庵批判は、「玄光未だ審らかに仏法の妙因妙果妙修妙証を解せず」（四二三頁）等がある。

（10）永井政之論文「独庵玄光をめぐる諸問題㈡――その思想的基盤について」（『宗学研究』二四号、一九八二年）。本論稿は、『独庵玄光と江戸思潮――天桂・卍山・荻生徂徠等に与えた思想的影響』（ぺりかん社、一九九五年）所収「独庵玄光と中国禅」に補訂している。同書に飯田利行『学聖無著道忠』の指摘（一一三頁）を簡潔に指摘している。

（11）高橋博巳『江戸のバロック　徂徠学の周辺』（ぺりかん社、一九九一年）。同氏の関係論文には「独庵玄光と荻生徂徠」（『文芸研究』九八号、一九八一年）があり、それを『独庵玄光と江戸思潮――天桂・卍山・荻生徂徠等に与えた思想的影響』（ぺりかん社、一九九五年）所収「独庵玄光の世界――人と文学」に「補訂」を加えている。徂徠の『蘐園随筆』の引用文は、前掲書の冒頭「独庵玄光と荻生徂徠」の2に提示（一九四～一九五頁）に見える。

（12）前掲書『護法集』（『曹全書　語録一』所収）「洩勃下」末尾に独庵が直接、為霖道霈へ宛てた往復書簡（八〇一頁a～八〇四頁a）とその斡旋を依頼した長崎商人許元芳との往復書簡を掲載（八〇六頁a～b）、為霖の「独庵独語序」は『護法集』冒頭に独庵の「自序」後（五七九頁b～五八〇頁a）に付している。

（13）「道鏞魔子管訟願」（公音撰、元文四年〈一七三九〉、他合冊。駒図複写一〇九―W五二所収）「天桂叟事」の文中。

（14）独庵伝記史料①「大道寺独庵光禅師伝」（『続洞上諸祖伝』巻四）、②「肥前晧台独庵玄光禅師」（『洞上聯灯録』巻十二）、③「肥前晧台寺沙門独庵玄光伝」（『続日本高僧伝』巻八所収）。このうち①が元になり、②③が形成されている（『曹洞宗近世僧伝集成』曹洞宗宗務庁、一九九一年刊所収）。

（15）前掲書『護法集』（『曹全書　語録一』所収）「洩勃下」七九三頁b。「積」の字の用法を文献『一如集註』『漢隷碑』『宝王論』『万善同帰集』の用例を引き、文義と音（子智切・子賜切）、訓（畳也堆畳）などを分析しているのである。

（16）同右、五七九頁a。

（17）同右、八〇一頁b。

（18）前掲書、高橋『江戸のバロック　徂徠学の周辺』「独庵玄光の世界――人と文学」、西山拙斎撰『間窓瑣言』の中で、家庭崩壊の話が「独庵玄光上人の出家の由」と酷似していると指摘（二六五頁の注3）。『日本儒林叢書』2所収。

（19）前掲書『護法集』「自警語下」六一五頁b。

（20）同右、六一五頁a。

（21）同右、「独庵稿二」七一一頁b。

（22）同右、「独庵稿二」六九七頁a～b。

（23）同右、七〇五頁b。

（24）「独庵頂相」（所蔵先長崎晧台寺では「四世蒙山玄光頂相」と称す）は、元禄二年（一六八九）の作、絵師名は不明。写真は曹洞宗文化財調査委員会で保管。

（25）同右「頂相」の「自賛　逆流長老請」（「独庵稿四」七六一頁a）、「功の称すべき無く、徳の縄むべき無く、相の画すべき無く、言の承くべき無し。唯だ怪しむべき有り、唯だ憎むべき有り。年老いて魔と作り、仏祖の灯を滅す。宗門の一座、隣を絶ち朋を絶つ」（原漢文）と書し、周囲の非難を冷静に受け止め、自逆的文言を連ねつつ、透体脱落の孤高な境地を静かに示している。

(26) 注(7)使用文献参照。

(27) 林道栄との親交。『護法集』「独庵稿二」（七〇九頁b、七言絶句の応酬。同右七一七頁b～七一八頁a、『華厳経』に関連する問答説示。「独庵稿三」七二五頁b～七二六頁a、本格的な仏法・禅道の教示の「書」等を通じ、次第林道栄居士の境地が進んでいる様子が窺える。彼は後に長崎清館大通詞となり活躍する）。

(28) 前掲書『護法集』「独庵稿四」七五九頁b。

(29) 同右、「独庵稿一」六九三頁b～六九四頁a。

(30) 同右、六九八頁b。

(31) 独庵伝記①「大道寺独庵光禅師伝」（『続洞上諸祖伝』巻四所収）、他の二史料（『洞上聯灯録』巻十二、『続日本高僧伝』巻八）の文章も大同小異である。

(32) 前掲書『護法集』「独庵稿三」七四三頁a～b。

(33) 同右、「独庵稿四」七五九頁b～七六〇頁a。

(34) 悦巌不禅の伝記①「真成院悦巌禅師伝」（『続日域洞上諸祖伝』巻四所収）、②「城州真成院悦巌不禅禅師伝」（『洞上聯灯録』巻十二所収）、③「山城真成院沙門不禅伝」（『続日本高僧伝』巻八所収）。この三書は『曹洞宗近世僧伝集成』（曹洞宗宗務庁、一九九一年刊）に所収されている。

(35) 前掲書『護法集』「独庵稿一」七〇〇頁b。

(36) 前掲書『見聞宝永記』（『続曹全　法語』四三九頁b）。

(37) 浅野斧山編『東皐全集』（東京一喝社、一九一一年）乾巻所収「日本来由両宗明弁」九～一二頁。両宗とは曹洞宗と臨済宗を指す。末尾に編者浅野氏の解説を付す。

(38) 前掲書『護法集』「独庵稿三」七二六頁b～七二八頁b。

(39) 同右、「附心越禅師詩」六九九頁a。

(40) 前掲書『護法集』「独庵稿一」「禅師以辱佳章、次韻」六九九頁a。

(41) 同右、「独庵稿一」六九四頁a～六九五頁b。

(42) 同右、「独庵稿三」七三一頁a。

(43) 同右、七二七頁b～七二八頁a。

(44) 前掲書『東皐全集』坤巻「呈心越老禅師」三〇頁。

(45) 前掲書『護法集』「独庵稿二」七一八頁b～七一九頁a。

(46) 同右、「独庵稿三」七三一頁a～b。

(47) 同右、七二八頁a～b。

(48) 同右、七三二頁a～b。

(49) 元鶴等編『慧極禅師語録』巻九（京都柳枝軒林五郎兵衛、元禄四年〈一六九一〉仲春刊、駒図忽―一九二・H一三五／六九―一～四。一八丁オ～ウ）「復二玄光禅師一（原漢文）」。

(50) 前掲書『護法集』「独庵稿二」七一三頁a～b。

(51) 同右。

(52) 前掲書『慧極禅師語録』「瑞聖詩偈」（四九丁オ～ウ）。

(53) 前掲書『護法集』「独庵稿一」七〇一頁a。

(54) 同右。

(55) 同右、六九七頁a。

(56) 同右、「独庵稿二」七一八頁b。

(57) 同右、「独庵稿四」七五〇頁a～七五一頁b。

(58) 同右、七六九頁b～七七〇頁b。

(59) 同右、七七〇頁a。

(60) 同右、七七二頁a。

(61) 同右、「独庵稿二」七一九頁b。

(62) 同右、「独庵稿三」七三二頁b～七三三頁b「答二鍋備前守一書　四首」。当時の鍋島藩主は二代勝茂（一五八〇～一六五七）か三代直朝（一六二二～一七〇九）であり、可能性としては三代と思われるが、確定はできない。

(63) 同右、「独庵稿二」七一四頁b～七一六頁b「寓郡山城主下野守本多公二首」。郡山城主（通算十四代）本多忠平は、貞享二年（一六八五）に入城し十年ほど城主を務めた。この間に独庵と交流したのであろう。

(64) 同右、「独庵稿一」七〇六頁b。伊予松山藩四代藩主松平定直（一六六〇～一七二〇）が該当するであろう。彼は号を三嘯・橘山・日新堂と称す。養父の定長没後に藩主就任、実父は松平定時である。藩の農政改革や文化の振興に努めた。彼自身、学問や俳諧を好み、道後温泉の入浴規定を定めた。また曹洞宗天臨山龍隠寺の伊予国僧録就任に尽力している。

二、独庵の思想「嗣法観」

(一) 独庵と近世洞門における嗣法論争

――伝法公事と宗統復古、独庵と天桂の嗣法観、宗門と宗旨、嗣法の師と法

(1) はじめに

中国で成立した禅宗は、教宗との相違を示したり、またその権威付けのため釈尊や達磨以来の伝法・嗣法を表明しようとした。唐代初めに道信・弘忍の「東山法門」、更に「西天二十八祖説」、慧能・神秀の二系統に由来する「南宗」「北宗」等の祖統説が生じ、同時に各種の灯史類・語録が編集されてその系譜・系統が強調されたのもその一環である。唐代末から五代の頃には、南宗系の禅より「五家七宗」(潙仰宗・臨済宗・曹洞宗・雲門宗・法眼宗・楊岐派・黄龍派)の宗派が成立し、発展する。またこの時期に『大梵天王問仏決疑経』(1)も撰述され、「さとり」を表す「正法眼蔵涅槃妙心」の語が重視されていく。

南宋代に入宋し留学を終えた道元は、如浄より曹洞宗の「法」を継いで帰国した。道元自身は、「禅宗」や「曹洞宗」の呼称を否定し、それを使用する意識はなかったのであるが、やがて教団は禅宗の一派「(日本)曹洞宗」として位置付けされていく。いずれにしても中国における「法」は、人に付属する「人法」が主流であり、寺院の世代間の継承(「伽藍法」)が、「人法」と異なるといってあれこれ問題になることはほとんどなかったように思われる。しかるに日本では、いつの頃からか、「人法」と並んで「伽藍法」も重視されるようになったのである。以上のことをまず踏まえておきたい。

本章のねらいは、近世日本の曹洞宗教団における嗣法のあり方を歴史的に探り、併せてそこに生ずる問題点を抽出することにある。

嗣法の「法」は、仏法・正法であり、また仏祖の慧命・如来の正法眼蔵などと称されるが、元より文字では到底表されるものではない。さらに「法」に実体はなく観念的なものに過ぎず、継承されるのは「法」とは無関係の個別の人格である、という主張などもあろう。いずれにしても、それが師資(師匠と弟子)間において継承されていくとしても、果たしてその「法」(仏祖の慧命)が現代の宗侶(禅宗の僧侶)、ないし自己自身に保持され、また伝持されていると自信を持って言える者が、どれほどいるであろうか。これはまさしくおのれの課題であり、一つの悩みでもある。

右のような問題意識を抱きながら、近世における洞門の嗣法論争を概観したい。

(2) 伝法公事と宗統復古

寺院が廃絶して後年に復興した場合、また転住の際、後住に「伽藍法」を渡さなかった場合、嗣承関係はスムーズに継続しないので世代の順位や本末（寺統）論争が生ずる。

近世において寺社奉行所の裁定を煩わせた嗣法問題として表面化したものに「伝法公事」[2]の事件が挙げられる。これは、承応元年（一六五二）八月、嶺巌英峻（一五九〇～一六七四、万照高国禅師）が幕命により下総総寧寺から永平寺へ伽藍法を伝えず晋住したことに端を発する。同じく幕命により遠州袋井可睡斎から総寧寺へ移った後住松頓（生没年不詳）は既に永平寺に昇り、他山（寂円派）の人となった嶺巌から嗣法はできないとして総寧寺の世代牌を立てず脱牌しようとしたのである。明暦二年（一六五六）十月、これを不満とする嶺巌の寺社奉行への訴状と同年十一月に差し出した松頓の返答（弁駁）書には、そのいきさつが記されている（栗山泰音『總持寺史』[3]、横関了胤『洞門政要』所収[4]）。松頓は、明暦三年二月に本寺の總持寺へ出した書状や同年七月に提出した寺社奉行所宛の訴状にも述べられているように（上州雙林寺秀察が永平寺へ昇住した際の例を挙げ、先住が寺院の後住に関して口出しすることやその先住の世代牌を立てる必要がないということ）、当時としては、松頓の処置が通例であった。しかし、同年七月二十二日、寺社奉行所の判定（「覚」）は「（前略）松頓一人之心を以申出儀新規非例ニ相聞候間、爾申分立間敷候、其上三ヶ寺を御定被成候茂、権現様、御朱印被下候より始候、右之御朱印之旨を以一宗之仕置等乍申付永平寺江被下候、御朱印を違背之儀不届千万候」（同右）[5]として嶺巌側に軍配を挙げ、松頓は敗訴し津軽家へ御預けの身となった。この論争は、僧録としての可睡斎と関三刹の勢力争いと見ることもできる。以後、万治三年（一六六〇）からは永平寺の住職は必ず関三刹より昇住する制度の元となった。

永平寺の昇住制度はさておき、この松頓の処分は、後の梅卍二老（梅峰竺信と卍山道白）による宗統復古運動以前とはいえ、その際に下した寺社奉行所の条目とは大いに矛盾することになる点を吾人は注意しておかねばならない。つまり、宗門における嗣法の成否に関する論議には、寺社奉行所の介入などでは簡単に決着のつかない内容を含んでいることを記憶する必要がある。換言すれば、宗侶がその裁定を願ったとはいえ、寺社奉行所がどのように権威を振り回したとしても宗教の微妙な問題には到底立ち入ることができないことを銘記すべきである。

卍山が宗統復古運動を起こす前、独庵玄光は、元禄五年（一六九二）、その代表的著述『護法集』を刊行した。その中に所収されている「俗談」[6]は、以後の嗣法論争には常に引用され、賛否両論に分かれるが、いわば嗣法の本義を踏まえ儀礼化して内実のない弊風を慨嘆した書物であった。

そこで独庵の嗣法観を考慮する上で、比較的近い立場にあるとみなされる天桂伝尊のそれと対比して探ってみよう。

(3) 独庵玄光と天桂伝尊の嗣法観

『宗統復古志』に「革弊従事諸師芳啣」[7]の一人として掲げられる独庵玄光と『正法眼蔵』（授記・面授・嗣書）の注釈（弁註）によって半ば江戸期における曹洞宗学の勃興を促したとも称すべき天桂伝尊（一六四八～一七三五）は、卍山道白（一六三六～一七一五）や面山瑞方（一六八三～一七六九）など当時の主流派ともいうべき人々から「一師印証・面授嗣法」や三物論、禅戒論ないし『正法眼蔵』などの解釈をめぐり、時に邪義の師として非難され、異端視されてきた。しかし独庵・天桂の諸説は、本質的な宗旨と宗門を考慮する時、現代においても決して古いものではなく、大いに傾聴に価するものを含んでいる点が知られる。

拙論では、独庵の思想とも言うべきものを『護法集』からいくつか抽出し、また従来、独庵との交渉を通して影響を受けたと見なされる天桂の『眼蔵弁註』(8)の中からその共通点や相違点について若干述べてみたい。

独庵の思想形成を考慮する上で看過できないのは、明僧の永覚元賢（一五七八～一六五七）の法嗣為霖道霈や渡来僧の東皐心越との交渉と共に道者超元に帰国するまで約八年間も師事したことが特に注目される。

道者と東皐との交渉については、「修学・交友」の項で触れたとおりであるから、繰り返しここで述べる必要はないが、独庵の主著とも言うべき『護法集』（独語・自警語・俗談・譫語・独庵稿・溲勃・般若九想図賛）と『続護法集』（弁弁惑・禅宗弁）だけを見ても、中国の古典・儒教・道教、そして中国禅・天台・真言などに深い造詣のあったことが知られる。

ところですでに指摘されているように仙台泰心院住職損翁宗益（一六四九～一七〇五）の法語集『見聞宝永記』(9)には、その独庵の博識も「但以聡明、向冊子上、自摸索仏祖之蹤跡、以故護法集中渉僻説頗多、具眼者可看破而已」(10)と否定し去っている。しかしそう簡単に否定できない面を多く有するのである。

一方、天桂の思想形成は、青年期に多数の善知識に参学しているうちに培われたものであろうが、『眼蔵弁註』の全体的な論調から独庵の影響が強く認められる。勿論、天桂本来の独自な性格も加味されているであろう。ここでまず簡単に天桂との交渉について触れたい。

天桂の伝記『退蔵始祖天桂和尚年譜』(11)によれば、天桂が独庵に「滅宗」の字を授けられたのは、貞享元年（一六八四）天桂三十七歳、独庵五十五歳の時である。なお、交渉はそれより以前、天和元年（一六八一）ころに始まっていると思われる。独庵の『護法集』には、貞享二年十月、病弱な独庵が天桂の招きに応じて駿河大沢山静居寺に滞在（「独庵稿一」）し、さらに同年十一月十五日静居寺の「僧堂記」を撰述（「独庵稿四」）していることが知られる（『年譜』は貞享元年撰）。また独庵は、貞享四年にも島田の駅に宿し、天桂へ「悼大沢山滅宗禅師講圜悟碧巌集五首并序」（「独庵稿二」）を残している。これ以後、双方の史料からはその交渉を示すものは見られない。あるいはこれを期して途絶えたものと推定できる。

宗門と宗旨

独庵・天桂二師の思想を探る手始めに『護法集』巻九所収「悼大沢山滅宗禅師講圜悟碧巌集五首并序」における独庵の説示を見ることにしよう。これは独庵が坂東へ遊行し駿州を経ての帰途、島田で偶然に宿した旅館の亭主から天桂が結制で『碧巌集』を講じ講筵の甚だ盛んなることを聞き、「五偈」を綴って亭主に託し天桂に投じたものである。その「五偈」中より三偈を次に示そう。

公案現成在二鼻尖一、碧巌雪竇悉相兼、法筵今日非二竜象一、故紙蠅鑽苦二滞淹一

禅須レ参不レ須レ講、解レ句釈レ文錯万千、可レ痛人家好男女、競頭奔

走瞰二邪涎一

禅非レ語語非レ禅、堪レ咲禅詮開二講筵一、見月レ可レ遺標月指、捨レ魚何事煮二空筌一。（「独庵稿二」）[12]

〔公案現成、鼻尖に在り。碧巌雪竇、悉く相い兼ぬ。法筵今日、竜象に非ず。故に紙蠅鑽、滞淹に苦しむ。

禅は須らく参ずべし、講ずべからず。句を解し文を釈す錯万千。痛む可し、人家の好男女、頭を競いて奔走して邪涎を瞰らう。

禅は語に非ず、語は禅に非ず。咲うに堪えたり、禅詮、講筵を開くことを。月を見て遺つ可し月を標す指に。魚を捨て何事ぞ、空筌を煮る。〕

これによって独庵における公案説法の否定と参禅修行の急務などを主張する見解が知られる。序にはその説法について「大凡説法渉文句、報身化身之説法、曹谿門下所謂俗説也、法身説法無文無句」[13]〔大凡、説法は文句に渉り、報身化身の説法は、曹谿門下の所謂俗説なり、法身の説法は無文無句〕（同右）という。また公案現成は鼻尖に在りというように参禅そのものを重視するのである。これは当時、盛んであった禅宗の講学に対する批判でもある。

今世未得未証之輩、有下講二習公案一称二禅宗一者上、有下学二習公案一称二禅師一者上、（中略）此土洞済禅林以二講習公案一、為二学道一由来久矣。是皆庸流不レ足レ讀、而焉知下後生有レ志二参禅一者、被二此伝染一弗上弗二真参之路一、豈可レ無レ弁。（同右）[14]

〔今世未得未証の輩、公案を講習して禅宗と称する者あり。公案を学習して禅師と称する者あり。（中略）此の土、洞済の禅林、公案を講習するを以て学道と為すこと由りて来たること久し。是れ皆な庸流、讀むるに足らずして焉んぞ後生、参禅に志ある者の此の伝染を被り真参の路を弗か弗ることを知らん。豈に弁無かる可けんや。〕

なお、独庵は「宗門公案之評唱、但止圜悟而可也。（中略）独対虚堂等集、則俄欠伸而已、未曾終巻矣」[15]〔宗門、公案の評唱は、但だ圜悟に止めて可し。（中略）独り虚堂等の集に対すれば、則ち俄かに欠伸するのみ、未だ曾て巻を終らず〕とある如く『碧巌集』の評唱は認めるが他の『虚堂集』等の語録は否定する。今、その判定はともかく「今日禅林向心意識中講之釈之、是猶如飾混沌、以蛾眉而必具六鑿、講得七穿八穴、碧巌死矣」[16]〔今日の禅林は、心意識の中に向かって之を講じ之を釈す、是れ猶お混沌を飾り、蛾眉を以て必ず六鑿を具うが如し。七穿八穴を講得すれば、碧巌は死す〕（「俗談下」）とあるように講釈の中に禅はないとするのである。同じく提唱にしても「宗門之提唱、覿面提示、不拘文字、不立句義、直指人心見性成仏而已」[17]〔宗門の提唱は、覿面の提示、文字に拘わらず、句義を立てず、直指人心見性成仏のみ〕（同右）という。この「直指人心見性成仏」の語は、悟証の意であるが、ここではまた参禅の必要性を主張しているともいえよう。真参実悟に務めず問答を学習したり、「不立文字教外別伝」を失って禅録を講習したりすることに対して繰り返し批難しているのである。

次に独庵が「宗門」という時、それは自己の属す曹洞宗をいうのではなく五派分裂前（曹谿慧能）の禅を意識している。またその本源は「如来正法眼蔵」であり、禅はそれを相承したものであるという。

(一) 則覚範未レ知二五派伝灯之法一也。曹洞臨済伝法相続者、非二曹洞之法一、非二臨済之法一、五派皆以二如来正法眼蔵一、代二仏祖一逓代相伝也。上自二大亀氏一、至二今日臨済曹洞一、伝灯付法、設雖二面稟付嘱一、其実則無レ不二代付一。（「俗談上」）[18]

(二) 是知、雖三五派各啓二門戸一、此事無二枝分派別一、所以谷隠、雖二首山之子一、自然得二石頭之骨髄一、言言皆逢二其源一、須レ知、仏法無二一。

（「俗談上」[19]）

三　五派皆出二於曹谿一、則曹洞臨済如レ兄如レ弟。（「俗談下」[20]）

一　〔則ち覚範、未だ五派伝灯の法を知らず。曹洞臨済の伝法相続者は、曹洞の法に非ず、臨済の法に非ず。五派皆な如来の正法眼蔵を以て、仏祖に代って逓代相伝するなり。上は大亀氏より今日の臨済曹洞に至るまで伝灯付法す。設い面稟付嘱すと雖も、其の実則ち代付せざるなし。〕

二　〔是く知れり、五派各おの門戸を啓くと雖も、此の事は枝の分れ派の別なし。所以に谷隠、首山の子と雖も、自然に石頭の骨髄を得。言々皆な其の源に逢う。須らく知るべし、仏法は無二なり。〕

三　〔五派、皆な曹谿より出づ。則ち曹洞・臨済兄の如く弟の如し。〕

＊「大亀氏」とは、摩訶迦葉のこと。

右の文中に見る如く嗣法のあり方についてたとえ「面稟付嘱」するといってもその実は「代付」ならざるはない[21]、とする。また「如来正法眼蔵」とは、我輩の現前の日用そのものである[22]、という。従って宗門の伝灯嗣法は師が法として弟子に与えるものなく弟子がまた法として師より得ることはない。「巫覡（神との通信をするかんなぎ）師授弟子受」のようなものではない。師資において「自心」を証明するに錯まらないのを止めるだけである[23]、という。独庵が「曹洞臨済非他自心也。自心即仏心也。一切衆生心也」[24]（「俗談下」）というのも自心が仏心であり一切衆生心である、ということで「自心」を重視している。

この様な独庵の説に対し、天桂はどのように述べているのであろうか。

授記昔日釈迦授二于迦葉一三世十方七仏諸仏同一自心授記也。雖二然如レ是不レ同レ或般漢所謂五派皆以二如来正法眼蔵代付一雖二面授付属一、実則無レ不二代付一之邪解上、這授記者三世十方諸仏七仏、同一授記而全無二前後一不一不異、何則昔時釈迦亦青原ト同一自心ノ授記ヲ以テ迦葉ニ授ク。（『授記弁註』[25]）

〔授記とは、昔日、釈迦、迦葉に授く。三世十方の七仏諸仏、同一自心に授記するなり。然も是の如しと雖も、或る般漢は所謂五派皆な如来の正法眼蔵の代付を以て面授付属すと雖も、実には則ち代付ならざるなしとの邪解と同じからず。這の授記は、三世十方の諸仏七仏、同一に授記して全く前後なく不一不異なり。何ぞ則ち昔時の釈迦また青原と同一自心の授記を以て迦葉に授く。〕

天桂は独庵の説を「或般漢所謂」として引用し、その「代付」説を邪解として斥け『正法眼蔵』授記巻の所説である「三世十方諸仏七仏同一自心授記」を重視する。独庵の「自心」の語を継ぎつつ、それに「授記」の語を付して「自心授記」としているところに天桂の展開があるといえよう。周知の通り、天桂は義雲編の六十巻本『正法眼蔵』を重んずる[26]。面授・嗣書の二巻を「杜撰譌辞不一二」（杜撰譌辞は一二ならず）[27]（調紘）として軽視し、授記巻に関しては「理致渾然無雖一言半句有今人疑訝」[28]（同右）〔理致渾然として一言半句と雖も、人をして疑訝せしむることあることなし。〕と高く評価している。これは「当レ知諸篇中間（ママ）有二無根花説一則為レ妄弗レ取、真不レ掩偽曲不レ蔵レ真、所謂苟不レ合レ理則妄也邪也。無妄実理自然之謂也。其理不レ然然レ之、其理不レ通以レ通通レ之、必勿レ怪焉」[29]（同右）〔当に知るべし。諸篇中（間）に無根花の説あり、則ち妄となし取らず。真は偽を掩わず、曲は真を蔵さず。所謂、苟も理に合せず、則ち妄なり邪なり。無妄実理は自然の謂なり。その理は然らずして之を然りとし、その理は通ぜずして通を以て之を通ぜり、必ず怪しむことなかれ。〕という天桂一流の見識によるものであり、これには多分に問題も存しよう。ついでながら独庵は、門下の石雲融仙著

『叢林薬樹』の跋語（無関瑞門）に「独庵一生片言、不レ渉二彼書一、有レ問レ之者、則曰、我不レ知、我不レ知、未レ見二彼書一」[30]（独庵、一生は片言、彼の書に渉らず、これを問うことある者に、則ち曰わく、我れ知らず、我れ知らず、未だ彼の書を見ず。」と云ったと記している。「彼書」とは『正法眼蔵』を指す。これが事実とすれば『正法眼蔵』の存在を知っていても用いることがなかった訳である。これは、当時『正法眼蔵』が「室中之秘書」として漫りに披見を許されなかった背景もあるが、無関は何よりもその「面授巻」を卍山などが面稟面授の「的証」として妄談することを批判しているのであり、独庵はその立場であったとする。

先に独庵は、嗣法・伝灯の本源を「如来正法眼蔵」とし、また「仏祖慧命」「自心」「仏心」「衆生心」などとした[31]。これらは換言すると宗門の「宗旨」を指しているともいえるが、さらにその内容についての説示をみよう。独庵は、霊源惟清（?〜一一一七）の伝法相承に因む説示を二回に亘って引用している。

夫此宗旨号二正法眼蔵涅槃妙心一者、乃聖凡共有之霊智也。由二喪レ本而狥レ情、則智用不レ続、以レ了レ情而契レ本、則霊鑿還通、霊鑿既通、謂二之法嗣一、不二亦可一乎。（「独語」・「俗談上」[32]）

（夫れ此の宗旨、正法眼蔵涅槃妙心と号すは、乃ち聖凡共有の霊智なり。本を喪いて情に狥《したが》うに由り則ち智用続かず。情の了るを以て本に契う、則ち霊鑿ちて還た通じ、霊鑿ちて既に通ず。之を法嗣と謂う。また可ならざるや。」）

独庵は、この霊源の説示を肯定しつつ、次の如く当時の弊風を批難する。

今日倭僧之紙伝、漢僧之払伝、謂二之法嗣一者皆化門表示也、非二法嗣之実一也。（「独語」[33]）然世之有レ名無レ実、而混二濫宗旨一者、其類尤多、如二霊源大士所レ云、則法眼円明、是得二法嗣之実一、而不レ昧二宗旨一者也。但得二化門表示一、紙伝払伝、有レ名無レ実者、雖二面稟付嘱一、有二源流表信一、亦混二濫宗旨一者也。（「俗談上」[34]）

（今日、倭僧の紙伝、漢僧の払伝、之を法嗣と謂うは、皆な化門の表示なり。法嗣の実には非ざるなり。」）

（然して世は之れ、名ありて実なし。而して宗旨を混濫する者、その類尤も多し。霊源大士の云う所の如し。則ち法眼円明、是れ法嗣の実を得て、宗旨を昧まさざる者なり。但だ化門の表示を得て、紙伝払伝し、名ありて実なき者、面稟付嘱すと雖も、源流表信することあるは、また宗旨を混濫する者なり。」）

要するに今日の「宗旨」は紙伝払伝の形式のみで有名無実であり、たとえ面稟付嘱し源流の表信（嗣書）があるといってもそれは化門の表示であり、「宗旨」を混濫させるだけだ[35]、というのである。

天桂もこの独庵の所説には、ほぼ同調している。天桂は嗣法や衣法について『正法眼蔵』各巻の文を引いた後に「明而嗣法、令得嗣法すの明得の二字、是聞仏知見嗣法の正眼目也。無二如レ是眼目而以二表信的紙背上文一為二仏祖印証之心法一者愚矇孔矣」（前略）是の如く眼目なくして表信的紙背上の文を以て仏祖印証の心法と為すは、愚矇の孔なり[36]」）（面授弁註）、「仏乗祖道共今日の嗣法は同是権乗化儀仏法住世様子なり」[37]（授記弁註）、「今日住持化儀の事法都不二相立一、已に嗣法の規則は仏法住持の化儀なり」[38]（面授弁註）、「如下初祖於二二祖使中後代人以二其衣法一為上証倶是嗣法表信之符而非レ為二嗣法宗旨一也」[39]（初祖と二祖により、後代の人、その衣法を以て証と為さしめるが如きは、倶に是れ嗣法表信の符にして、嗣法の宗旨と為すには非ざるなり」）（授記弁註）等と述べているのである。嗣法を「権乗化儀仏法住世様子」「仏法住持ノ化儀」、三物や衣法を「表信的紙背上ノ文」「表信之符」というのは、独庵と軌を一にしているといってよいと思われる。

嗣法の師と法

独庵はさらに、禅門の伝衣付法は仏祖の慧命（＝如来正法眼蔵・正法眼蔵涅槃妙心）を継ぐことであるが、それが名のみ続いて実には断じてしまっている現状を把握した上で、次の如き極端ともいうべき論をなしている。

予熟観㆓今世禅門之伝衣付法㆒、名続而実断久矣。今日続㆓仏祖慧命㆒者、独頼㆑有㆓無師自悟㆒、雖㆓名絶㆒実続者而已。否則紙伝払伝而已。仮使伝伝到㆓百千万伝㆒何益歟。以㆑予観㆑之、則今日面稟親承、有㆓源流表信㆒、綿伝不断之輩、其間不㆑得㆓無師自悟天然外道㆒、則仏祖之慧命㆑不可㆑救。（中略）此輩面稟付嘱、有㆓源流表信㆒、公然開㆓語録㆒、判㆓六祖本来無一物㆒、為㆓断見外道㆒者、未審、此輩所㆑続者、仏祖之法乎、抑又摩羅之法乎。（中略）則今日慧命之所属者、独頼㆑有㆓無師自悟者㆒而已。（『俗談上』[40]）

〔予、熟つら今世禅門の伝衣付法を観るに名は続きて実には断じること久し。今日、仏祖の慧命を続ぐ者、独り無師自悟することあるに頼り、名は絶すと雖も実には続ぐ者のみ。否なれば則ち紙伝払伝するのみ。仮使《たとい》伝々し百千万伝に到りても何の益かあらん。予を以て之を観れば、則ち今日の面稟親承し、源流の表信ありて、綿伝不断の輩、その間、無師自悟・天然外道を得ざれば、則ち仏祖の慧命、救うべからず。（中略）此の輩の面稟付嘱は、源流の表信ありて、公然と語録を開き、六祖の本来無一物を判じ、断見外道と為す者は、未審《いぶかし》、此の輩の続ぐ所の者は仏祖の法か、抑《そもそも》また摩羅の法か。（中略）則ち今日、慧命の所属者は、独り無師自悟者あるに頼るのみ。〕

独庵が「無師自悟」と言ったのは、正師たるに価する人物がいない（少ない？）現状に対して慨嘆した発言ではなかろうか。なお、この「無師自悟」の強調は独庵の独創ではない。玄策（慧能の法嗣。東陽策『祖堂集』では「神策」）が言い出したものである。それは、威音王以前も以後も「無師自悟」で尽く天然外道に属したものであり、近世にしても「無師自悟」で法を本師に得ていない、そこで出世拈香して僅かに名聞利養を間にあわせている輩が真実に悟証しているといってもそれは天然外道であることにかわりはない、というものである。独庵はこの玄策の説示について、これは俗諦門中における設《ママ》教の一端であり、まだ得ていないのに得たという類を未然に防ぐ為のものであって真諦門中においては元よりこのような事はない。生滅門中の夢幻の影跡で真如門中の仏祖伝灯の源流を遺てるのは大きな迷いである、とする。独庵はこのような立場を保持した上で次の如く述べる。

今日此土之洞宗、自㆓釈迦牟尼仏㆒、直下至㆓今日㆒、面稟付嘱、相続不㆑断、至㆓今日㆒、則枝分派衍、蒙㆓勅請㆒、出世者、年年不㆑下㆓三百四五十人㆒、今世支那日本所㆑之者、無師自悟、天然外道也。今日支那日本所有余者、有師無悟、紙伝払伝、成㆑群成㆑隊之禅師也。（『俗談上』[41]）

〔今日、此の土の洞宗、釈迦牟尼仏より、直下に今日に至りて、面稟付嘱し、相続して断ぜず、今日に至りて、則ち枝分派衍す。勅請を蒙りて、出世する者、年々に三百四五十人を下らず。今世の支那日本に乏しき所の者は、無師自悟、天然外道なり。今日の支那日本に余りある所の者は、有師無悟、紙伝払伝、群を成し隊を成すの禅師なり。〕

独庵は右に見てきた通り、単に奇をてらって「無師自悟」を強弁している訳ではない。「無師自悟、天然外道」「有師無悟、紙伝払伝」の語は、いずれも当時における嗣法の実状の一端を表しているのであり、仏祖の慧命をいかにして永続させていくかを真剣に考慮していた人の逆説的警鐘と解してもよいのではなかろうか。しかし、天桂はこの独庵の「無師自悟、天然外道」の語の用い方について、次の如く必ずしも賛意を表していない。

蓋夫天然外道語者、或師俗談分二弁玄策所謂威音已後無師自悟天然外道語一曰、威音王如来及無師自悟人非レ仏非二衆生人一、突然出二於今日一、則你們属二之於外道一乎、属二之於仏道一乎。想你們蝦蟆蚯蚓窟裡安排這般之人不レ得乎。嗚呼此等語俗諺自レ藪出レ榛者乎。料知這漢搪揬天然外道語似下胡孫喫二毛虫一呑吐上不レ下二相似一、仮令文字巧弁豎説横説終無二下落処一。（面授弁註[42]）

〔蓋し夫れ天然外道の語は、或は師の俗談に玄策の所謂、威音已後、無師自悟、天然外道の語を分弁して曰わく、威音王如来及び無師自悟の人、仏に非ず衆生人に非ず、突然に今日より出づれば、則ち你們、之を外道に属すか、之を仏道に属すか。想うに你們、蝦蟆蚯蚓の窟裡に安排す、這般の人得ざるか、嗚呼、此れ等の語、俗諺は、藪より榛を出す者か。料り知りぬ、這の漢、搪揬の天然外道の語は、胡孫の毛虫を喫し呑吐するに似て相似するを下さず、仮令《たとい》文字巧弁にして豎説横説するも終に下落処なし。〕

文中の「或師俗談」「這漢」とは、明らかに独庵とその『護法集』俗談を指している。歯に衣を着せぬ天桂一流の口吻である。ところで独庵が「天然外道」の語を出したのは、天桂の言う如く確かに搪突の感を免がれない。仏道であるからには、文字通りのことで弊風が改革され、真の嗣法が成立することはありえまい。しかし、独庵のねらいは、「有師無悟、紙伝払伝」という当時の形式的嗣法を批判するところにある。なお独庵が悟徹を重視した点は見逃せない。「所レ貴二於禅宗一者、貴大悟大徹也。所レ謂悟者、不レ由二他悟一、自知自得耳」（独語[43]）、「参学之急要見性成仏而已」（「俗談下」[44]）〔禅宗にて貴ぶ所は、大悟大徹を貴ぶなり。所謂、悟とは、他悟に由らず、自知自得するのみ。〕〔参学の急要は、見性成仏するのみ。〕等というのがそれである。「無師自悟」「有師無悟」の語の「師」について独庵はどのような見解を抱いていたのであろうか。

尋二正法之師於末法之中一、則終無レ師也。今世求レ師、宜下如二飢人於レ食、不上レ必二甘脆一、如中寒人於レ衣、不上レ必二軽暖一、則雖二街談巷議一可レ起レ予、雖二芻蕘雉兎一宜レ師、而況又此而上者乎。或因レ師起レ見、認レ邪為レ正、指レ鶏称レ鳳、師資止図二門庭之熱閙一、則不レ如レ無レ師。（「自警語下」[45]）

〔正法の師を末法の中に尋ぬれば、則ち終に師なきなり。今世、師を求むるに宜しく飢人の食において甘脆を必ずしもせざるが如く、寒人の衣において軽暖を必ずしもせざるが如くすべし。則ち街談巷議と雖も予を起つべし、芻蕘雉兎と雖も宜しく師とすべし。而して況んや又此の上者ならんや。或いは師に因り見を起て、邪を認めて正と為し、鶏を指し鳳と称す。師資、止めて門庭の熱閙を図れば、則ち師なきにしかず。〕

独庵は、今世において真の「師」（人師）を求めてもいない、と強調している訳である。独庵自身、道者超元の帰国後、一応、形式的に月舟宗林（一六一四～八七）の法嗣となって長崎晧台寺の住持になっているが、それは本意ではなかったようである。独庵が「上無師下無資[46]」（「渡勃下」）と述懐したり、『見聞宝永記』に「日本玄光未及永覚之識量、況乎生涯終不南面莅大衆於法堂[47]」（日本玄光、未だ永覚の識量に及ばず、況んや生涯終に南面して大衆にたいし法堂に莅まず」とあって住持の「上堂」をしなかったことを伝えているからである。これは独庵が当時の「嗣法」や「伽藍相続」に対する問題意識を持っていた上の反撥行動といってよかろう。

独庵が「伝法」や「秘訣」を考慮する時、「不立文字教外別伝」「直指人心見性成仏」の標幟を常に意識していた。「師」と共にその「法」についての説示を見よう。

禅門之秘訣、不レ可レ教不レ可レ伝、非二可レ教而不一レ教、非二可レ伝而不一レ伝也。可レ教者非三我之所二以教一、可レ伝者非二我之所一レ以伝也。（中略）禅門秘訣亦如レ是。世間生死之法、則有二秘密一、有二伝受一、可下以二学習一得上、而出世間脱生死之法、禅宗之禅、則不レ然、不レ可二秘密一也。猶如二目前虚空一、不レ可二覆蔵一也。猶如二目前山河大地一、無二学習一、無二伝受一也。（中略）明眼大宗師無二秘密一、無二学習一、無二密伝一、無二顕伝一、無二玄妙一、無二奇特一、顕露明白、至簡至易、公然之禅也。（「独語[48]」）

（禅門の秘訣、教うべからず伝うべからず、教うべきにして教えざるに非ず、伝うべきにして伝えざるに非ず。教うべきは我の教うる所以に非ず、伝うべきは我の伝うる所以に非ざるなり。（中略）禅門の秘訣、また是の如し。世間生死の法は、則ち秘密あり、伝受あり、学習するを以て得べし、而して出世間脱生死の法、禅宗の禅は、則ち然らず、秘密あるべからず。猶お目前の虚空の如し、覆蔵あるべからず。猶お目前の山河大地の如し、学習なく、伝受なきなり。（中略）明眼の大宗師に秘密なく、学習なく、密伝なく、顕伝なく、玄妙なく、奇特なし。顕露明白にして、至簡至易、公然の禅なり。」）

これを要約すると、禅門の「秘訣」（奥義）は、いわば冷暖自知することであり、またその「法」は目前の「山河大地」そのものである、という。従って独庵にはそれを離れた「代付、面印」の諍論は枝葉末節の事柄に属する。要は既述の通り、仏祖の慧命ないし如来の正法眼蔵をいかに継承するかに重点があった。「苟得二其旨一、則鴉鳴鵲噪本師之法音、森羅万像本師之面目、雖二代付一、是名二面印一、真実続二仏祖之慧命一者也。苟失二其旨一、則所謂、師資面印者、不過行屍撞著走肉而已[49]」（苟もその旨を得れば、則ち鴉鳴鵲噪は本師の法音、森羅万像は本師の面目、代付と雖も是れは面印と名づけ、真実、仏祖の慧命を続ぐ者なり。苟もその旨を失すれば、則ち所謂師資面印は、屍の走肉に撞著するに過行せざるのみ」（「俗談上」）というのは当然の帰結であった。「鴉鳴鵲噪本師之法音、森羅万像本師之面目」の語に独庵における「本師」の概念を見てもよかろう。「師」は人師に限らない訳である。それはまた「法」そのものといってもよい。「師」と「法」は表裏一体をなし、自己の「見前之日用」として展開するものなのである。

天桂における「師」と「法」は、どのようなものであろうか。天桂は「面授嗣法」との関係から次の如く述べている。

当レ知仏祖真面授不レ論二面不面対与不対一、自己仏知見開発時ある是謂二仏仏祖祖面授正伝嗣法一。（当に知るべし、仏祖の真面授は、面と不面・対と不対とを論ぜず、自己の仏知見開発時ある是れ仏仏祖祖の面授正伝の嗣法と謂う）故仏教篇所謂正伝とは自己より自己に正伝するか故に正伝の中かに自己あるなり一心より一心に正伝するなりと。（中略）以レ此視レ此、正師に逢と云は自知見是汝か正師なり、故自仏知見開発現成、是謂下見其人逢二其人一正伝面授真

乗嗣法。上（授記弁註[50]）

何をか師と謂ふ、諸人者須く知るべし、汝日用光中行住坐臥満眼触耳、師とするに師ならずと云ふことなく、又汝自心外師なるものなし。（自証三昧弁註[51]）

日月星辰によりて発明すれば日月星辰に嗣法す、山河大地によりて発明すれば山河大地に嗣法す。（面授弁註[52]）

真の面授とは「自己仏知見開発時」にあるのであり、それが正伝の嗣法である。また「自己」が「正師」であり、その「自心」が「師」でもある、という。「仏知見開発」とは悟証体験の必要性を説いたものである。「自己」「自心」の「師」とは、人格的なものであるが、「日月星辰」「山河大地」に嗣法するという場合には、その「師」は「法」一般を指していることになる。天桂は『正法眼蔵』の本文を通して自己の見解を展開しているが、上述の如くそこには独庵の見解に相似する面と相違する点があった。

なお、嗣法において人格（人師）の経験的相見によってなされる場合と法を先験的ないし理念的に体験する場合が想定される。独庵は主に後者の立場、天桂は両者を兼ねながら幾分後者寄りの立場で論じているといえよう。

注

（1）『大梵天王問仏決疑経』（『卍続蔵』一、八七、四）所収。関連する「拈華微笑」話は二巻本第一品・一巻本第二品にある。成立は、『景徳伝灯録』（一〇〇四年）以降とされている。参照『禅学大辞典』。石井修道「『大梵天王問仏決疑経』をめぐって」（『駒澤大学仏教学部論集』三一号、二〇〇〇年）は、この経典の問題点について集大成的内容をもつ。

（2）伝法公事。師匠から弟子へと「仏法」が受け継がれていく大切な出来事をさす。

（3）栗山泰音『總持寺史』第四篇　世系史、第五章「永平寺英峻と総寧寺松頓の伝法公事」五六九～五七五頁（大本山總持寺、一九八〇年）。その内の該当箇所五七〇～五七五頁。

（4）横関了胤『江戸時代　洞門政要』第四篇「雑録」、第二節「伝法公事」七八〇～七八三頁（東洋書院、一九七七年）。当該書の「弁駁書」の年号「明暦二丁酉」は、干支から「三」の誤記である。

（5）前掲書『總持寺史』五八三頁。

（6）『護法集』（本書四二七頁、注（7）参照）巻四、「俗談上」。宗門の伝灯嗣法に関し、「名のみありて実を絶ち久し」と述べ、その実態を「化門の表示、紙伝払伝」等と鋭く批判した（『曹全書　語録一』六三三頁b。同類語に六三二頁b、六三三頁a、六三四頁bがある）。

（7）『宗統復古志』（本書四二六頁、注（3）参照）。

（8）『眼蔵弁註』。天桂伝尊撰『眼蔵弁註並調絃』（『眼蔵註解全書』一巻～十巻中の「題釈」を除く「文釈」に随時に「弁註」として掲載す。すべての巻にわたるものではない）。他に『天桂伝尊和尚法語集』『天桂禅師船歌』（『続曹全　法語・歌頌』所収）がある。

（9）『見聞宝永記』（本書四二七頁、注（8）参照）。『続曹全　法語・歌頌』所収。

（10）同右、四三九頁b。本書四二七頁、注（8）の本文（本書四〇三頁）参照。この前に「日本玄光未及永覚之識量。況乎生涯終不南面莅大衆於法堂。由無語録可知」の文がある。損翁は、玄光の批判をしながら、その存在を認めているわけであり、面山は、師損翁の影響を受け軌を一にして玄光の批判をしているといえよう。

（11）『退蔵始祖天桂和尚年譜』（曹洞宗近世僧伝集成編纂委員会編『近世僧伝集成』曹洞宗宗務庁、一九八五年刊、所収、五八九～六〇四頁）。天桂の伝記には、他に「退蔵峰天桂禅師石墳碑文」、『洞上聯灯録』巻十一、『続日本高僧伝』巻七がある。

（12）前掲書『護法集』巻九、「独庵稿二」七二二頁a。五偈（七言絶句）中の1・2・4番を抜き出す。

（13）同右、巻九、「独庵稿二」七二一頁a。「悼大沢山滅宗禅師講圜悟碧巌集五首并序」の「序」冒頭語。

(14) 同右、七二一頁a～b。この前に「所以禅語所謂公案者須参。不可講習。参得一句透、則千句万句一時透。不如文字学所講習得則暗也」と記す。

(15) 同右、巻三、「自警語下」六一九頁a。

(16) 同右、巻五、「俗談下」六四八頁b～六四九頁a。

(17) 同右、六四九頁a。

(18) 同右、巻四、「俗談上」六三〇頁b～六三一頁a。

(19) 同右、六三八頁b。

(20) 同右、巻五、「俗談下」六四七頁a。

(21) 同右、巻四、「俗談上」六三一頁a。

(22) 同右。

(23) 同右。同種の内容に「法眼未開輩方謂、禅宗伝法相続、師資面稟、如巫覡之授受然也」(『護法集』巻四、「俗談上」六三八頁a)がある。

(24) 前掲書『護法集』巻五、「俗談下」六四七頁a。

(25) 『眼蔵弁註』(『眼蔵註解全書』五巻、「授記弁註」三八頁)。

(26) 『眼蔵弁註並調絃』(『眼蔵註解全書』十巻、「縦使奘禅師所輯正法眼蔵、止雲師所輯六十篇之同本焉。(中略)其所謂振逸格機弘大法施。是為中興永平第五世、亦不敢誣也。是以老儂蹤迹於其纂次以弁註之」一〇五～一〇六頁、「(前略)其中或理義易暁者欠註弁、六十篇外或疑叵決、不為参学弁道之要」一〇七頁)。

(27) 同右、「面嗣二篇杜撰調辞也」一〇六頁。

(28) 同右。

(29) 同右、一〇八頁。

(30) 『叢林薬樹』(『曹全書　禅戒』、享保四年(一七一九)三月、無関瑞門書「書叢林薬樹後」三八頁)。この前に「独庵嘗評彼書、以為可怪者、不亦宜哉。嗚呼、又何世、無偽書可歎。夫如彼五千黄巻。支那天竺之三蔵法師等、世世奉詔以翻訳。猶為偽経、所混乱而多少。高僧選之択之。而後玉石初相分。則永平之正法眼蔵不亦怪哉。故」との文がある。当該書の撰者石雲融仙と跋語の撰者無関瑞門は共に独庵の門人である。

(31) 前掲書『護法集』巻四、「俗談上」六三三頁b。「所謂如来之正法眼蔵、不出我輩見前之日用。則宗門之伝灯嗣法、師無法与弟子、弟子亦無法於師。非如巫覡師授弟子受也」(六三一頁a)。同上前掲、『護法集』巻五、「俗談下」に「夫伝衣付払者、宗門之大政、仏祖慧命之所寄」(六四六頁b)とある。

(32) 同右、巻一、「独語」五八七頁a、「俗談上」六三三頁b。同様な批判的説系「化門表示」は『護法集』巻四、「俗談上」六三三頁a～bなどにもある。

(33) 同右、巻一、「独語」五八七頁a。

(34) 同右、巻四、「俗談上」六三三頁b。

(35) 同右、「俗談上」六三三頁b～六三四頁b。

(36) 『眼蔵弁註』(『眼蔵註解全書』七巻、「面授弁註」一一八頁)。

(37) 同右、五巻、「授記弁註」九頁。

(38) 同右、七巻、「面授弁註」一三三頁。同種の語「是亦為下機、仏法住持化儀嗣法のみの示誨に似て、住持し奉覲する」一二三頁。

(39) 同右、五巻、「授記弁註」八頁。

(40) 前掲書『護法集』巻四、「俗談上」六三四頁b～六三五頁a。

(41) 同右、六三二頁b。

(42) 前掲書『眼蔵弁註』(『眼蔵註解全書』七巻、「面授弁註」一三四頁)。

(43) 前掲書『護法集』巻一、「独語」五八六頁b。

(44) 同右、巻五、「俗談下」六四八頁a。

(45) 同右、巻三、「自警語下」六一五頁b～六一六頁a。

(46) 同右、巻十三、「溲勃下」八〇三頁b。

(47) 前掲書『見聞宝永記』四三九頁b。

(48) 前掲書『護法集』巻一、「独語」五八六頁b。

(49) 同右、六〇二頁b。

(50) 前掲書『眼蔵弁註』(『眼蔵註解全書』五巻、「授記弁註」二七頁)。

(51) 同右、八巻、「自証三昧弁註」四三〇頁。

(52) 同右、七巻、「面授弁註」一九六頁。

三、独庵の思想「嗣法観」

㈡　近世洞門における嗣法論争——事本位と理本位、史実と宗義、三物論

「宗統復古運動」に関しては、吉田「宗統復古運動と永平寺」（『永平寺史』下巻、第六章）に詳述した。[1]当初はそれを要約してまとめる所存であったが、事情により割愛せざるを得ない。本論と合わせて参照願えれば有り難い。

以下は、元禄十六年（一七〇三）の幕府による裁定前後の宗門における「嗣法論争」を集約したものである。特に「理事論」「代付論」「三物論」に焦点を絞って論じた。

『宗統復古志』の「革弊略表年」には、元禄九年（一六九六）の項に「独庵・卍師合謀告僧統、即現嗷訴官府」[2]（独庵・卍師、謀りごとを合わせ僧統に告げ、即現、官府に嗷訴す）と見え、これ以前に独庵と卍山の接触があり、同調したものと思われる。独庵は、元禄十一年（一六九八）二月十一日、六十九歳にて没した。

元禄十三年（一七〇〇）、卍山の同志、梅峰竺信（一六三三～一七一〇）が『洞門劇譚』を著し、「一師印証、面授嗣法」の烽火をあげた。その序文には、卍山がこの運動の同調者および先駆者として連山交易や独庵玄光の名を記している。[3]ちなみに三洲白龍編『宗統復古志』の冒頭にも「革弊従事諸師芳啣」[4]五師中にも二人の名がある。連山はともかく独庵に対して卍山下の人々が激しく「俗談」を批難するようになったのは、それ以後のことである。『洞門劇譚』の本文には、最初に中華の名徳十余師の嗣承因縁を出し、後には依院易師などによって生じた謬紊乱統の弊跡を挙げている。[5]

翌年、これに直ちに反駁したのが岩手県黒石の正法寺住職定山良光（一七三六没）である。定山は『正法嫡伝　獅子一吼集』を撰述し、正法寺の世代および他の各寺院における開山の法脈を護持しようという伽藍法による相続の立場を主張した。[6]周知の如く、正法寺二世月泉良印（一三一九～一四〇〇）は、開山無底良韶（一三一三～六一）の法を拝塔嗣法している。定山は、

諸仏祖与諸仏祖、須弥頂上重須弥ノ無縫塔ノ授記ナリ（中略）況挙授記無縫塔高多少ヲ道得スベキナリ（中略）アヘテ欲糾劾天下、以及三百年来之父祖、ソレ以院易師ハ仏仏祖祖嫡嫡ノ面授ナリ、古往今来最上乗ノ法輪ナリ[7]

〔諸仏祖と諸仏祖、須弥頂上に須弥を重ねる……（中略）況んや授記を挙げて無縫塔……（中略）アヘテ天下を糾劾せんと欲し、以て三百年来の父祖に及ぶ……〕

と述べている。各寺院としては、開山の法脈を重視し、山規を設けたりすることは当然のことであろう。しかし、この定山の論に対し、臨

下の桂林崇琛（一六五二～一七二八）が『獅子一吼集弁解』[8]（宝永元年撰）、また梅峰が『林丘客話』[9]（同三年刊）を著し反論している。

定山等、伽藍相続擁護者の努力にも拘わらず、元禄十六年（一七〇三）八月七日、幕府より「師資面授、一師印証」を正統とする「定」が下った。

一、嗣法了畢之僧侶、経二二十五年之臘一、而有転衣之望者、弥守二御条目之旨一、以二嗣法師之推挙状一、可レ致二登山一、若嗣法師有二故障一者、或本寺或僧録、遂吟味可レ令二添状一事

一、師資面授一師印証者、為二道元禅師之家訓一、自今以後何之寺院雖レ令二移住一、最初伝授之三物、一生全可レ帯レ之、師資相承之外、以他人附法停止之事

一、伝法之僧入院之節者、其寺院之嗣書除レ之、血脈大事二可重授レ之、移転之砌者、可附二属于後住一、当住令遷化者、其寺之隠居、又者於二本寺一同門可二授受一事

右条々永平寺總持寺就レ願被二仰出レ之、向後一宗之僧侶、堅可相守二此旨一、若違犯之輩於有レ之者、可レ為二曲事一者也[10]

〔一、嗣法了畢の僧侶は、二十五年の臘を経て、転衣の望みある者は、弥いよ御条目の旨を守り、嗣法師の推挙状を以て、登山を致すべし。若し嗣法師、故障あらば、或いは本寺或いは僧録、吟味を遂げ添状せしむべき事。

一、師資面授一師印証は、道元禅師の家訓の為に、自今以後、何れの寺院に移住せしむと雖も、最初伝授の三物、一生全く之を帯ぶべし。師資相承の外、他人を以て附法停止の事。

一、伝法の僧、入院の節は、その寺院の嗣書は之を除き、血脈と大事は之を重授すべし。移転の砌は、後住に附属すべし。当住遷化せしめば、その寺の隠居、又は本寺同門より授受すべき事。

右条々、永平寺總持寺、願に就いて之を仰せ出られ、向後一宗の僧侶、堅くこの旨を相い守るべし。若し違犯の輩、之あることにおいては、曲事と為すべき者なり。〕

これは損翁宗益（一六四九～一七〇五）の『見聞宝永記』（宝永二写）に「伽藍相続一培之勝而師資面授一培之負歟」[11]とも評される如く、正統を任ずる卍山側の人法が伽藍法に一歩押された形になったともいえる。すなわち条目には「自今以後何之寺院雖令移住、最初伝授之三物、一生全可レ帯レ之」（自今以後、何れの寺院に移住せしむと雖も最初伝授の三物は、一生全てこれを帯ぶべし）とあり、また「伝法之僧入院之節者、其寺院之嗣書除レ之、血脈大事可レ重二授之一、移転之砌者、可レ附二属于後住一」（伝法の僧、入院の節は、その寺院の嗣書は之を除き、血脈と大事は、之を重授すべし。移転の砌は、後住に附属すべし）とあることによって首肯できるのである。これはまた、先の「伝法公事」における松頓の追院という痛恨事は右の条目の文によって幾分その汚名を晴らされたとでもいえようか。ところでこの三物伝授・二物重授について、徳翁良高（一六四九～一七〇九）が『洞門亀鑑』[12]（元禄十六写）および『洞宗或問』[13]（同十七撰）を著し、この条目を遵守すべきことを縷々述べている。

宗統復古以後、論議の争点となったものを整理すれば次のようになろう。

(1) 独庵と卍山に代表される理本位（内容主義）と事本位（形式主義）の立場の対立。これは、未悟嗣法の是非に関する問題にも展開する。

(2) 大陽と投子の嗣承にまつわる史実と宗義の対立。これに付随するものとして師資面授一師印証に反する①拝塔嗣法、②隔世嗣法、③

重嗣相続等の問題がある。

(3)　卍山と面山（一六八三～一七六九）、および面山と万仭道担（一六九八～一七七五）による三物の意義、またそれら三物の比重の置き方の相違、さらに三物と同様の室内伝授の法物としての切紙（断紙）の扱い方。

以上、大まかにいえば三点が主な論争点になったものと思われる。以下、これらを概観してみよう。

(1)　理本位と事本位

理的本証を重視する独庵と天桂伝尊（一六四八～一七三五）、これに対して事的修習に努める卍山と面山、そして理事不二の万仭が論争の主要メンバーである。

独庵の『護法集』所収「俗談」は、時として誇張的表現を用いて衝撃的効果をねらっている傾向が強い。当時における嗣法の堕落状態を「有師無悟、紙伝払伝」[14]といったり、また嗣書を「化門表示」[15]という。同様に天桂は『正法眼蔵弁註』（享保十五序記）に室内式を「権乗の化儀」[16]、嗣書を「表信之符」[17]という。いずれも形式面に対する皮肉的かつ攻撃的表現をとって実質的内容である伝法、すなわち得法を重視する。独庵が仏祖の慧命を継ぐべきこと、天桂が自己の仏知見を開くことを強調するのはその立場からと思われる。何よりも弊風を慨嘆する心情が秘められている。

卍山は『洞門衣袽集』（三洲編、正徳一序刊）所収「対客随筆」において、

人有二悟未悟一、法無レ有二二致一、雖二化門表示一、亦不レ論二悟未悟一、同一表示也。大凡嗣法時節、未三法論二悟未悟一、但因縁現成寂然感通[18]
（人に悟と未悟あり、法に二致あることなし。化門の表示と雖も、また悟と未悟を論ぜず、同一の表示なり。大凡、嗣法の時節に未だ法の悟と未悟を論ぜず。但だ因縁現成すれば寂然として感通す。）

と言い、続いて『正法眼蔵』の授記巻と面授巻の各一節を引いて傍証している。面山もこれに軌を一にするかの如く『伝法室内密示聞記』（明和六写）に、

嗣法の端的は、悟未悟を超越す、唯因縁現成寂然として、証契即通する面授なり、授面なり、正法眼蔵なり、仏々の要機なり、祖々の要機なり、この面授にあへる自己の面目をも懽喜すべきなり[19]

とし、面授巻の一節を引用している。

これに対し、万仭は『洞上伝法弁』（宝暦八撰）の中で、当時における嗣法の悪弊として「知レ理失レ事者」、「著レ権不レ知レ理者」（理を知り事を失する者、権に著し理を知らざる者）があるとしてあたかも前の独庵および天桂、卍山および面山をこれに想定して批判している。そして万仭は、この両者を超えた第三の立場を主張する。すなわち、

所謂、仏祖一面、師資一体、其際有レ権有レ実、有レ理有レ事、而非二権実理事各別法一、猶如レ曰二諸法解脱相、一切法一心一也[20]
（所謂、仏祖一面、師資一体、その際、権あり実あり、理あり事あり、而して権実と理事は各別の法に非ず、猶お諸法解脱相、一切法一心と曰うが如し）

と言い、また「若二真面授一、則理外無レ外、事外無レ理」[21]（真の面授の若きは、則ち理の外に外なく、事の外に理なし）とか、「理事不二、権実一面也」[22]というものである。万仭の立場が理論的にすぐれていることはいうまでもない。しかし、現実においてそれを具体化することは困難である。

未悟嗣法に関するさらに細かい問題点は、新井（旧姓石附）勝龍先

生の論文（『宗学研究』六号所収「未悟嗣法の問題——万仭和尚の著作を中心として」一九六四年）があるのでそれに譲りたい。

(2)　史実と宗義（代付の問題）

大陽警玄（九四一〜一〇二七）と投子義青（一〇三二〜八三）の嗣承に関して、浮山円鑑（九九一〜一〇六七）を通しての代付とするのが卍山側の梅峰と徳翁良高（一六四九〜一七〇九）であり、他の卍山系の人々の主張とは異なっていることにまず注目すべきである。

徳翁の『洞門亀鑑』（元禄十六写）と梅峰の『林丘客話』（宝永三刊）の著書がそれである。徳翁は、伝法嗣承は本来面授にあるとしながらも「但、如下投子青依二浮山証一明受中大陽遺嘱上者、同レ塗不レ同レ轍也、向後代付二嗣書一儀、堅停止焉」[23]〔但だ、投子青の浮山の証明に依り、大陽の遺嘱を受けるが如きとは、塗を同じうして轍を同じうせざるなり。向後、代りて嗣書を付する儀、堅く停止す。〕とし、梅峰はこれを、

大陽投子撤手那辺千聖外、設有二妙悟一也須二吐却一。若以二教乗一言レ之、後得大悲勝流法界之薩埵、逆行順行非常之人、能行二非常之事一、遼迨数百年後、碌々稗帰子、謂下有二旧条所一レ仍、代付也好、逓伝也可上[24]

〔大陽と投子の撤手、那辺か千聖の外、設い妙悟あるも、也た須らく吐却すべし。若し教乗を以て之を言わば、後得大悲勝流法界の薩埵、逆行順行非常の人、能く非常の事を行ず。遼迨数百年後、碌々稗帰子、旧条の仍《よ》る所あり、代付も也た好し、逓伝も也た可しと謂う。〕

と評している。

この二人の説は正論であるが、卍山側では例外的である。すなわち卍山の『洞門衣裲集』、面山の『洞上金剛杵』（元文三撰）、乙堂喚丑（一七六〇没）の『洞上叢林公論』（元文六跋刊）、宜黙玄契の『禅林甑瓦』（同上序刊）、それに逸亡不伝（『青鷂原夢語』の跋文中に見える）である公音道鏞の『拈来艸（草）』（撰述年不詳）などは、大陽の親授説の立場である。

これに対し、浮山を通しての代付説を採るのは、前掲の二人、それに天桂の『参同契毒鼓』（享保六撰）と『宝鏡三昧金鎞』（同上）、万回一線（一七五六没）の『證道歌直截』（元文元撰）と『青鷂原夢語』（同五刊）、無得良悟（一六五一〜一七四三）の『洞上仏祖源流影賛』（元文三撰）、撰者不詳の『独庵俗談根源鈔』（寛保元写、愛知学院大学図書館所蔵）、玄楼奥竜（一七二〇〜一八一五）の『一槌砕瓦』（天明四撰）等がある。

史実の上で明らかに代付でありながら卍山とその門下が親授説をとるのは、彼等のいう宗義ないし「師資面授」の条目に反することであり到底容認できなかったものと思われる。その上、親授説の傍証として高祖の『永平広録』巻九の頌古に大陽・投子の話があり、また大了愚門の『永平紀年録』（元文五撰）が存した。一方、代付説は、『続灯録』巻二十六、『伝法正宗記』をはじめ、各種多数の史伝、語録類がそれを採っているのは周知の通りである。代付説の大著、万回一線の『青鷂原夢語』に対して、乙堂喚丑の『洞上叢林公論』、宜黙の『禅林甑瓦』が夫々反論した。また逆に宜黙玄契（生没年不詳）の『禅林甑瓦』に対して、玄楼が『一槌砕瓦』を著して、両論はいつ果てるともなく争いが続いたのである。

なお、定山が先の『正法嫡伝　獅子一吼集』の中で述べている月泉良印の重嗣相続・拝塔嗣法は、卍山の『洞門衣裲集』所収「対客随筆」の中に、

投子・月泉師資面授、一師印証明拠的証、如二青天白日一（中略）、

無底月泉同嗣二峨山一、其証見二總持住山簿上一、而言下返二峨山法一続中無底千無縫塔前上者、後人偽撰、不レ足レ弁レ之也[25]
〔投子・月泉の師資面授は、一師印証の明拠的証なり、青天白日の如し（中略）、無底と月泉は同じく峨山に嗣ぐ。その証、總持住山簿の上に見ゆ。而して峨山の法を返し、無底の無縫塔前に続ぐと言うは、後人の偽撰、之を弁ずるに足らざるなり。〕

と強弁し、実状と合わない論を展開する形になっている。卍山はさらに『衣袈集』に「無底月泉道叟嗣二峨山一考」も別に存する。

定山の『獅子一吼集』下巻には、「ソレ元古仏、旧両家嗣承ナリ、价老承レ之、則合而三家嗣続ナリ、ア、古今貞幹有レ倫有レ眷[26]」と述べているが、この高祖と義介の重嗣相続に関して宗門ではタブー視されている傾向にあるように思われる。なお、大谷哲夫氏に「宗学復興期における重嗣論の一側面」（『宗学研究』一八号、一六七六年）があって、この点を論究している。

(3)　三物論

独庵と天桂は、嗣書を夫々「化門表示」「表信之符」として内実を重視する立場であった。元禄十六年（一七〇三）の官裁は上述の通りであり、その三物に関する条目の制定の顚末を裏付けるものとして、田翁牛甫（一七二四没）の『感応護国徙薪論』（正徳三序刊）と損翁宗益の『見聞宝永記』がある。とりわけ田翁は復古運動の挺身者であり、その『徙薪論』の一節には当時の寺社奉行所との問答を伝えて興味深い。それに拠れば「官難云、三物有等差乎、曰、有之、嗣書所受入止一師、猶石女納釆也[27]」〔官難に云わく、三物に等差あるか。曰わく、之れあり、嗣書の所受入、一師に止む。猶お石女の釆を納むるが如きなり。〕とあり、嗣書を他の二物よりも重視する。また『見聞宝永記』には、

師茶話云、一師印証官訴時、従レ官見レ問下洞家室内三物従二何時一始也否上。関東三僧統云、従二永平開山一而起。卍山梅峰云、嗣書従二永平一而有焉、血脈・大事従二徹通瑩山一而起。答語各違、官問二僧統一、従二永平開山一而始、有二証拠一麼、答云、永平広録云、[28]（後略）
〔師の茶話に云わく、一師印証、官訴の時に、官より洞家の室内三物は何時《いつ》より始まるや否やと問わる。関東三僧統の云わく、永平開山より起これり。卍山と梅峰の云わく、嗣書は永平よりあり。血脈・大事は徹通と瑩山より起これり。答語、各々違う。官、僧統に問う。永平開山より始まる証拠あるや。答えて云わく、永平広録に云えり。（後略）〕

とある。

卍山の『衣袈集』に嗣書は嗣法の信、血脈は戒脈を伝え、大事は参学の事としている[29]。梅峰も『林丘客話』に同様、三物に等差を設ける立場である。

面山は卍山の『衣袈集』に対して『洞上室内三物論』（明和六写）を著し『衣袈集』の説を妄談として斥けている[30]。まず血脈の戒譜について卍山は「中華未レ聞三戒有二戒脈一。但起本邦而、済洞同伝[31]」〔但だ本邦より起こりて、済洞同じく伝う〕とするのに対し、面山は「仍是支那有二血脈一而虚庵授二栄西一[32]」〔仍ち是れ支那に血脈ありて虚庵、栄西に授く〕とする。また大事について卍山は「大事者血脈口訣之譜図、而又非二伝法譜信一也[33]」〔大事は血脈口訣の譜図は、又た伝法の譜信に非ざるなり〕とするのに対し、面山はこれを仏祖密伝の教示であり諸代祖師の授手付髄するものとする[34]。次に嗣書に関して卍山は、その表信は「中華本朝済家洞家同是嗣書一物耳[35]」とするのに対し、面山はそれを憶説・推量で済家に謟諛するものという[36]。さらに面山は『洞上室内口訣』（享

保十五頃撰）において三物は「三一円融、因果一如、此是三世仏洪範而歴代祖準縄也」[37]とする。

これら卍山と面山の三物に関する論議は万仭によって収拾される形になった。すなわち彼の『正法眼蔵面授巻弁』（明和六撰）と『（改訂）室内三物秘弁』（安永四撰）の著がそれである。その『面授巻弁』には、

嗣書血脈等の三物五物は、表信の物色紙背上の文字といひ、作法儀規を室中に行ずるは、表信の形儀と云て、これらの事相を捨てて、この外に理のみを取て、一師面授といはば断見の外道なるべし、夫れ吾がいわゆる一師面授は仏祖の煖皮肉、仏祖の大道なり、三物は横亘二十方一、竪極二三際一、尽二法界一無レ外、容二大千一有レ余、その中に有レ事有レ理、有レ権有レ実、有レ凡有レ聖[38]

〔横は十方に亘り、竪は三際に極め、法界に尽きて外なく、大千を容れて余りあり……その中に事あり理あり、権あり実あり、凡あり聖あり……〕、しかあれども別々の物にあらず

とし、また『三物秘弁』には、

然則嗣書、大事、血脈、其実則一体三名、如二法報応三身一、似二周鼎三足一、仏祖位中不レ可レ欠レ一、唯吾宗有レ之[39]

〔然れば則ち嗣書、大事、血脈、その実は則ち一体三名、法報応の三身の如し、周鼎の三足に似たり。仏祖位中に一も欠くべからず、唯だ宗に之あるのみ。〕

と示しているのである。

このように万仭により、三物は一体三名、権実不二の関係にあることが説かれたのである。

次に室内伝授の法物として口訣（断紙）の取捨に関する問題がある。面山は『洞上室内断紙揀非私記』（寛延二撰）本文に掲載する一四三通の断紙と付録の永平寺室中断紙の一四〇通は共に「代語者妄談僻説」[40]として破斥したものであり、『洞上室内訓訣』（延享二撰）と『十六通秘訣』の分は採用したものである。なお後の両書には「室内口訣諸式十四条」[41]も掲載され、各々の作法と意義が説かれている。

ところで面山は『（再治）洞上室内口訣』（宝暦十二撰）の末尾に卍山と口訣の取捨選択において相違することを述べ、これを批判している。それはまた明峰派と峨山派の対立という側面も見える。すなわち、

蓋明峰派謂、峨山法弟。峨山派謂、明峰派傍出。（中略）然室内伝授、宗旨口訣、与二峨山派一則大異。今考二其所レ示口訣等一、則卍老所二毀折一者、永平祖師正伝、峨山派法宝。而非二鹵莽底一也。由レ之観レ之、其所レ謂傍出蓋有レ基歟[42]

〔蓋し明峰派の謂えり、峨山は法弟なり。峨山派の謂えり、明峰派は傍出なり。（中略）然れば室内の伝授、宗旨の口訣、峨山派と則ち大いに異なれり。今、その示す所の口訣等を考うれば、則ち卍老の毀折する所は、永平祖師の正伝、峨山派の法宝なり。而して鹵莽底に非ざるなり。之に由り之を観ば、その所謂、傍出は蓋し基《もとい》あるか。〕

という。これに拠れば面山の属する峨山派の所伝する口訣が永平祖師の正伝であり、卍山の属する明峰派のそれは傍出ということになる。

しかし、この面山の批判はともかく、断紙の存在意義を改めて現代的視点に立って宗教学的に再検討する必要がある。

すなわち面山の破斥した断紙、卍山の毀折した口訣も、それらは師資間の伝法に属する諸事ばかりではなく民衆教化への足がかりとなって努力している諸相がそこに垣間見られるものであり、決してむやみに否定してはならない。そこに充分存在価値を認められる。民衆の信仰とそれに対応する宗侶の姿勢が、活きいきとしている史料といえよう。

おわりに

嗣法に関する元禄期の「定」や現行の「宗制」の条文を観ると建前としては申し分ない。しかし、現状の形式に走った「嗣法」を考慮する時、その差に愕然とする。本来、その嗣法は、本山をはじめとする僧堂生活と師家の指導、そして普段における各寺院住職の後継者養成の努力によって相乗的に高められていくものであろう。それは先の「定」や「宗制」の規定を云々する以前の問題である。その意味で先人に倣って我々宗侶は、現代の「嗣法」のあり方について再検討すべきと思われる。

注

（1） 吉田担当箇所『永平寺史』下巻、第六章「宗統復古運動と永平寺」、第七節「宗統復古運動」（「背景」「法脈乱統の弊」「宗弊を憂える人々と改革前における先駆者」「梅峰・卍山の革弊行動」「官府の裁定」「決定後の諸問題」）（大本山永平寺、一九八二年、八七六～九〇九頁）。参考書として栗山泰音『嶽山史論』第十八章「嗣承の次第と寺統の次第」、第十九章「元禄一師印証史の真相」、第二十章「卍山和尚と正法寺の悪因縁」、第二十一章「一師印証前後に於ける明峰派の消長」（鴻盟社、一九一一年、二七〇～三二八頁）。横関了胤『江戸時代　洞門政要』第四章「雑録」、第一章「顕著なる事件」、第三節「法統粛正運動」（東洋書院、一九三八年・二版、一九七七年、七八三～八一二頁）等を使用した。

（2） 『宗統復古志』（『続曹全　室中』）「革弊略表年」（五三六頁b）。

（3） 『洞門劇譚』（『曹全書　室中』一頁a）。

（4） 前掲書『宗統復古志』「序」末尾「革弊従事諸師芳啣」があり、五人（連山交易、独庵玄光、梅峰竺信、卍山道白、田翁牛甫）の名（肩書き・住職寺院）を挙げている（五三四頁a～b）。

（5） 前掲書『洞門劇譚』（『曹全書　室中』）、廬山開先暹・和州開聖覚老・西蜀顕禅師・西蜀表自禅師・真歇了禅師・了堂思徹禅師・仏照光禅師・且庵仁和尚・崇野堂・北山信禅師・秀巌瑞禅師・温州寿昌別源禅師の因縁を挙げ（三頁a～八頁b）、師資相承・嗣法上の問題を論じ紊乱の弊風があったことを指摘している。梅峰の述懐「仏祖大信者、窮ニ空劫前一尽ニ未来際一、森羅万象牆壁瓦礫、無レ不ニ一印信之印一。豈其紙絹葛布而已哉。然以ニ自己信一合ニ仏祖信一。信信無二無別。雖下末法庸流以ニ紙幅伝授一為中仮具上。和レ盤托ニ出箇信一。不ニ是真伝真授一乎。比ニ屋契田契一者、矯ニ証郷俗一無レ憚ニ於多嗣一之謂也。吾門全火行脚事畢。入室伝授、仏祖盛契、恰成ニ法身一。此事豈可レ再乎。以レ喩言焉」（一六頁b～一七頁a）。

（6） 定山良光撰『正法嫡伝　獅子一吼集』（『曹全書　室中』）、岩手県黒石正法寺の定山は「拝塔嗣法」を正当化する主張（伽藍法）を展開し、『洞門劇譚』の説（一師印証・面授嗣法）を実情に合わず、また歴史に反していると主張。「這回梅峰卍山ニ師水乳相投、作ニ猛虎匹儕一頻一師印証ノ嗷訴ニソナヘ、撰出流行ノ一巻目曰ニ洞門劇譚一ナリ。羌吾儔永平ノ支流ヲ酌ミ、曹溪ノ一滴に湿フ、シカアレドモ、伽藍相続ノ濫觴未ニ究明一、竊以既三百年来系連縄々タリ、争今時凡僧所レ測ナラント、堅鎖ニ意関一、彼二師ノ緯繣ヲ不レ聴」（「自叙」一九頁a）。『曹全書　解題・索引』（鏡島元隆解題、二五七頁）参照。

（7） 同右、二五頁b～二六頁a。

（8） 桂林崇琛撰『正法嫡伝　獅子一吼集弁解』（宝永元年〈一七〇四〉、京都林伝左衛門刊。駒図一七二・一―一〇蔵）。定山撰『獅子一吼集』の批判書。

（9） 梅峰竺信撰『林丘客話』（『曹全書　室中』）。所謂、先鋭的語句を用いる「宗統復古運動」には「冷笑的評語」を呈し、嗣法の本質的相承は仏祖の心印にあり、紙墨の辺（嗣書）にはないこと、歴代祖師で一師伝法でないものがあろうか、また多師相続を認めた祖師があろうか、と述べる。なお当該書では、史実で否定されている「大陽投子代付問題」に関し、古徳の法を尊重した美挙と挙げていることに留意したい。『曹全書　解題・索引』（鏡島元隆解題、二五八頁）参照。

(10) 元禄十六年「定」（『宗統復古志巻下』『続曹全　室中』五九四頁a〜b）。本文の後に「元禄十六年八月七日／本弾正、阿飛騨、永伊賀、丹後、但馬、佐渡、相模、豊後（各下に「在判」）、越前　永平寺、能登　總持寺」とあるが省略した。

(11) 損翁宗益撰『見聞宝永記』（『続曹全　法語』）中、「宗統復古」関連の発言、「不レ可レ言、卍山・梅峰之奮激于此一件也。可レ謂二吾門豪傑一也。然不レ復レ古者法運之塞也。（四一二頁b）」、「然永平門下二百年来、生二伽藍相続之弊一、依レ寺易レ師。可レ謂非法之上品。然以二卍老生涯之大願一今復二面授正統一。卍老実日本洞上之中興也（中略）荷二大法一者須慕二如レ此高範一縁二焉（四一四頁a）」、「一日昌伝庵仙台僧録東海力生訪レ師次、談及二宗弊復古事一。東海云、卍山・梅峰二師、多年願レ訴、今雖二円成一而可レ憾者室中三物之二物属二伽藍一一物属二面授一。是可レ謂伽藍相続一倍之勝而師資一倍之負歟。是喜中之憂也。師忽握レ拳瞋レ目、励声云、二尊宿懐二大志一経二官訴一、始終四年、諸方知識相扶得二遂大志一。欲レ得二十成者是素懐一也。（四一八頁b〜四一九頁a。後略）」等がある。傍線箇所は東海力生の発言であり、損翁はそれを嗜めているわけであるが、そのような評価も一方にあったといえよう。

(12) 徳翁良高撰『洞門亀鑑』（『続曹全　室中』）、「上件亀鑑、専本二古仏之垂範一、堅拠二台君之条章一、合山衆評而所レ詳二定之一也。就レ中嗣承之一事、中古之乱統法弊既極矣」（四四六頁b）。末尾に「新御条目（定）」を付す（四四八頁a〜b）。

(13) 『洞宗或問』（『続曹全　法語』）、「コノ比、洞門革弊ノ事、上奏ニ及デ、非礼ニ改メ、正統ニ帰セシコト、外護ノ明鑑クラカラズ、法門ニモ亦其ノ人アルニ依レルナラン（中略）、夫レ二百年来、幾多ノ師僧ノ中ニハ、此ノ弊ヲ知レルモアリ、知ラザルモアルベシ、知ル者モ、時節ノ然ラシムルニ因ツテ、此レヲ救フコトアタワズ、或ハ独リ本法ヲ守リテ、他ノ住院ヲ求メザルモアリ、或ハ住院スレドモ、院ヲ借レルノミニシテ、嗣ヲカエザルモアリ、今時モ亦タ此ノ例多キナリ（中略）公儀ノ御吟味ニナリテ、一師印証、伽藍相続トヤラン云ルコト、并ニ御条目ニ背クカソムカザルカナド、入リクミタル御沙汰ノヨシ、又タハ今度願ヒノスジハ正法、今マデノハ邪法ナシカナド、世間トリドリ、評判ニテ、我等モ代代此ノ宗門ナレバ、今マデ邪法ニ帰依シタル様ニテ、何ニヤラン、カタハライタク候（中略）、予此ノ言ヲ聞テ深ク感ジケルハ、サテモ見ゴトナルアイサツカナ、今マノ世ニモ箇様ノ善知識ノアリケルニヤ、縦ヒ梅峰・卍山・田翁ノミナランヤ」（一七一頁b〜一七二頁b）。

(14) 『護法集』巻四、「俗談上」に「今世支那日本所乏者、無師自悟、天然外道也。今日支那日本所有余者、有師無悟。紙伝払伝、成群成隊之禅師也」（『曹全書　語録一』六三二頁b）とある。

(15) 同右、「俗談上」に「但得化門表示、紙伝払伝、有レ名無レ実。雖二面稟付嘱一、有二源流表信一、亦混乱宗旨者也」（『曹全書　語録一』六三三頁b）等、数箇所ある。

(16) 天桂伝尊撰『眼蔵弁註』（『眼蔵註解全書』七巻、「面授弁註」一三三頁）。

(17) 同右、五巻、「授記弁註」八頁。

(18) 卍山道白撰『洞門衣裓集』「対客随筆」（『曹全書　室中』一二二頁a）。

(19) 面山瑞方撰『伝法室内密示聞記』（『曹全書　室中』一八〇頁b）。

(20) 万仭道坦撰『洞上伝法弁』「所レ謂、知レ理レ失事者（中略）又著レ権不レ知レ実者（中略）上件二、皆理事各別法、而非二仏祖一面、師資一体、真面授嗣法一」（『曹全書　室中』一三五頁a）。

(21) 同右、一三三頁a。

(22) 同右「或曰、無レ続不レ絶、這是嗣法、必也非二権門化儀嗣法一、以二表信的、紙背上文字一、為二仏祖印証之心法一者（一本法字作印）愚矇孔也（中略）上件二、皆理事各別法、而非二仏祖一面、師資一体、真面授嗣法一。若二真面授一則理外無レ事、事外無レ理、親弁二肯理一。則事在二其上一。細参二究事一。則理在二其中一。理事不二、権実一面也。粤以、理也、事也、権也、実也。若虧二一法一、則非二全面授、全嗣法一也（一三五頁a）」。

(23) 前掲書『洞門亀鑑』（『続曹全　室中』四四三頁b）。

(24) 前掲書『林丘客話』巻下（『曹全書　室中』一一六頁b）。

(25) 前掲書『洞門衣裓集』「対客随筆」（『曹全書　室中』一二二頁b〜一二三頁b）。

(26) 前掲書『正法嫡伝　獅子一吼集』巻下（『曹全書　室中』五〇頁b）。

(27) 田翁撰『感応護国徙薪論』下（『続曹全　室中』四九五頁a）。「三物」に関する官（奉行所）との問答は、この前に嗣書・血脈・大事に対する基本的教示をしている。

(28) 前掲書『見聞宝永記』（『続曹全　法語』四二九頁a～b）。

(29) 前掲書『洞門衣袽集』「対客随筆」（『曹全書　室中』一二五頁a）。同類の意味を表す文節「血脈大事二物依レ旧属二伽藍相続一。則大半如レ故。似レ非二全革レ弊。師如何。予云、不レ爾、嗣法之為レ信也。中華本朝済家洞家同是嗣書一物也」（一二四頁b）がある。大事を除く嗣書と血脈は、日中洞済とも同じ伝承というのである。

(30) 面山『洞上室内三物論』（『曹全書　室中』一九三頁b）。

(31) 前掲書『洞門衣袽集』「対客随筆」（『曹全書　室中』一二四頁b）。

(32) 前掲書『洞上室内三物論』（『曹全書　室中』一九三頁）、この後に「所謂五位顕訣者乃是大事也。探二根本一則曹山五相図是也。副以二宝鏡三昧一者、如是之法仏祖密付之教示也。是称二大事一（中略）三世諸仏証二此一段事一放光説法。諸代祖師証二此一段事一授手付髄」（一九四頁b～一九五頁a）とある。

(33) 前掲書『洞門衣袽集』「対客随筆」（『曹全書　室中』一二四頁b）。

(34) 前掲書『洞上室内三物論』（『曹全書　室中』一九五頁a）。

(35) 前掲書『洞門衣袽集』（『曹全書　室中』一二四頁b）。この文に続き「五山十刹謂二之印証書一。黄檗派下謂二之源流書一。同是嗣書也」とある。

(36) 前掲書『洞上室内三物論』（『曹全書　室中』）、「今謂二衣袽之言一皆臆説也、推量也。其様洞済大異。彼則未レ知二横継竪継義一」（一九五頁a～b）。

(37) 面山撰『洞上室内口訣』（『曹全書　室中』一六七頁a）。

(38) 万仭道坦撰『正法眼蔵面授巻弁』（『曹全書　室中』一五五頁a）。

(39) 同右『改訂室内三物秘弁』（『曹全書　室中』「一体三名」一五〇頁b）。

(40) 面山撰『洞上室内断紙揀非私記』（『曹全書　室中』）、「延享二年乙丑夏、余寓二永平寺之承陽庵一五十余日、請二室中法宝一周覧。中有二断紙一百四十余通一。逐一拝読二目録一以備二後鑑一。皆是代語者妄談僻説、而無下一補二於宗門一者上也」（二一五頁b～二一六頁a）。

(41) 面山撰『洞上室内訓訣』（『曹全書　室中』所収）、当該書は「眠芳惟安（岸沢惟安）」の校訂が加えられ、「洞上室内訓訣附室中口訣諸式十四条」と題される。また面山和尚所述「十六通秘訣」は『続曹全　室中』（六五九～六六七頁）に所収され、末尾に「室内口訣諸式十四条」の略述と関連項目の列記がある（六六六頁a～六六七頁a）。

(42) 前掲書『洞上室内口訣』（『曹全書　室中』一六九頁b）。

追記　本文「独庵玄光の嗣法観とその背景」

本論所収の論文集……鏡島元隆編『独庵玄光と江戸思潮――天桂・卍山・荻生徂徠等に与えた思想的影響』（ぺりかん社、一九九五年）。以下、所収論文。

神田喜一郎　日本漢学史上における僧玄光
《『神田喜一郎全集』Ⅱ、同朋舎出版》

古田紹欽　独庵玄光の思想
《『古田紹欽著作集』二、講談社》

大谷哲夫　独庵玄光師の特異性とその位置

永井政之　独庵玄光と中国禅――ある日本僧の中国文化理解

吉田道興　独庵玄光の嗣法観とその背景

高橋博巳　独庵玄光の世界

志部憲一　独庵玄光をめぐる問題点

古田紹欽　道者超元（独庵の師）に就いて

右、論者の関係論文・著書

大谷哲夫①「独庵玄光師の特異性」（『印度学仏教学研究』二五巻一号、一九七九年）、②「宗統復古史上における独庵師の位置」（『印度学仏教学研究』二八巻一号、一九七九年）。

永井政之①「独庵玄光をめぐる諸問題――その中国禅理解について」（『宗学研究』二三号、一九八一年）、②「独庵玄光をめぐる諸問題(二)――その発想の基盤について」（『宗学研究』二四号、一九八二年）、③「東皐心越と日本の禅者達――独庵玄光の場合」（『印度学仏教学研究』二八巻一号、一九七九年）。

吉田　前掲書

高橋博巳①「独庵玄光と荻生徂徠」（『文芸研究』九八号、一九八一年）、②『江戸のバロック　徂徠学の周辺』（ぺりかん社、一九九一年）。

志部憲一①「独庵玄光批判について」（『駒澤大学仏教学論集』二二号、一九九一年）、②「天桂と独庵の交流」（『印度学仏教学研究』三八巻一号、一九九一年）。

○関連著書

吉田道興・高橋博巳・永井政之

『独庵玄光護法集』・附別冊『砕金・根源鈔・道者語録　解題』至言社、一九九六年。

第二節　愛知学院大学図書館所蔵・横関文庫『独庵俗談根源鈔』翻刻

はじめに

元禄十六年（一七〇三）八月七日、寺社奉行所より「師資面授、一師印証」の条目を盛り込んだ「定」が下り、梅峰・卍山両老による宗統復古運動の労苦がようやく報われ、かつ結着したかに見えた。

しかし、その宗義としての建前、「師資面授」は、それ以後、大陽警玄と投子義青の師承問題（代付）をめぐって延々と論争が続いたのである。その梗概については拙論「近世洞門における嗣法論争」（『宗学研究』二四号、一九八二年、本書前節、四四〇頁に所収）に触れているので、本節では単にその大陽と投子の嗣承に関説している書物を年代順に挙げるだけに止めておく。

徳翁良高『洞門亀鑑』（元禄十六年写）
梅峰竺信『林丘客話』（宝永三年〈一七〇六〉刊）
○卍山道白『洞門衣裓集』（宝永七年序刊）
天桂伝尊『参同契毒鼓』『宝鏡三昧金鎞』（享保六年〈一七二一〉撰）
万回一線『証道歌直截』（元文元年〈一七三六〉跋刊）
○面山瑞方『洞上金剛杵』（元文三年撰）
無得良悟『洞上仏祖源流影賛』（同右）
万回一線『青鷂原夢語』（元文五年跋刊）
○大了愚門『永平紀年録』（同右撰）
○宜默玄契『禅林甑瓦』（元文六年序刊）
○乙堂喚丑『洞上叢林公論』（同右跋刊）
○公音道鏞『拈来艸』（撰述年不詳）
撰者不詳『独庵俗談根源鈔』（寛保元年〈一七四一〉撰）
玄楼奥龍『一槌砕瓦』（天保十四年〈一八四三〉刊）

〈右の中、○印が親授説、他は代付説、根源鈔は後述〉

これらの撰述書は『拈来艸《（章）》』と『独庵俗談根源鈔』を除き、他は『禅籍目録』や『曹洞宗全書』所収のものである。公音（午庵）の『拈来艸』については、『青鷂原夢語』の跋（丹山梅蘂撰）文中に見えている。また『雪夜炉談』の序文に公音の「書独庵和尚俗談語」がある。『独庵俗談根源鈔』については、現今まで関説している人を寡聞にして知らない。ここに翻刻紹介する次第である。

解題

愛知学院大学図書館に所蔵する横関文庫の『独庵俗談根源鈔』は、標題に示す如く独庵（蒙山）玄光（一六三〇～九八）の撰述書『経山独庵叟護法集俗談』（元禄三年序撰、以下『俗談』と略称。『曹全書　語録一』所収）の根源的立場を説いたものである。その書冊形式は次の通りである。

1　冊　数　一冊
2　料　紙　楮紙
3　大きさ　縦23・9㎝×横15・5㎝
4　装　幀　袋綴
5　標　題　独庵俗談根源鈔（横関了胤氏の覚書あり）
6　枚　数　表紙・裏表紙共二三丁（本文二一丁）
7　行字数　毎葉一六行、毎行二四字
8　撰述者　不詳
9　撰述年　寛保元年冬
10　刊　写　写本
11　書写年　明治九年春
12　筆　者　道海

標題の表紙下に題字・本文の字とは異なる横関了胤氏の筆記で、

　投子嗣承問題ヲ論ズ精読ヲ要ス　了胤記

とある。また内題の下に朱筆で、

　冬夜ノ咄ニ俗漢ナドエ申キケソロユヘ砕砕シクナリソロユヘ又冬夜ノ茶談トモ名クヘシ

と書かれ、別名「冬夜ノ茶談」と称していたことが知られる。次に本文の末尾には、

　明治九年春書写之／道海所持

とある。これによって「道海」が明治九年に書写し所持していたものを後に横関氏の手許に入ったことが判明する。なお、その書写した原本は、晧台寺か、その関係者が襲蔵していたものと思われるが、所在不明である。この筆者「道海」は道号諱号を含めて判明しない。横関氏の『洞門政要』『總持寺誌』の編集執筆の関係筋から總持寺独住九世天祐（伊藤）道海禅師を想起することもできるが、両氏共に遷化されている今日、それを確かめる術もない。識者の御教示を乞うところである。

　撰述者も書写の筆者と同様に不詳であるが本文中に手掛りになる箇所があるので列記しておく。

　当寺ノ四代蒙山光和尚ノ著シテゴサル独庵俗談ト云書ヲ云云（冒頭、一丁表）

　元禄十六年癸未ノ七月ニ弊風ニ御禁止ニ御条目カ出マシタ、其比拙僧ナドハ、廿四ノ時テコサタユヘニ、弊風ノ有様モ革タ次第モ能存知タ事テコサル（一〇丁表）

　鷹峰ノ法嗣槐樹老人ハ乃当寺ノ東堂大同庵ノ本師テコサルカ、老後マテモ時々ニハ言出シテ腹立ラレマシタ（一五丁表）

　支那デハ周五主ノ穆王五十三年壬申ノ歳テ御座、ソレカラ今年寛保元年マテ二千六百九十年ニナリマス（二丁裏）

〈傍点は、私見の注記〉

　これらの記事によって、撰述者は(1)長崎晧台寺関係者であり必ずしも住持職ではなかったにしても在留していたこと、(2)元禄十六年当時二十四歳であったこと、(3)卍山の法嗣槐樹老人（槐国万貞）の晩年、および大同庵主（晧台寺十一世古岳日峻）と何らかの接触のあった者、(4)撰述年は寛保元年であって(2)と勘案すれば、撰述者は当時六十二歳になる、という線が浮かんでくる。また本書の全体を流れる論の展開から晧台寺もしくは経山隠退の最晩年の独庵に随侍し、もしくは謦咳

に接して私淑した者かも知れない。

次に槐国と古岳を中心に法系を参考のために掲げよう（『曹全書　大系譜』参照）。

結論的にいえば、撰述者は前述の通り不詳である。しかし、槐国と古岳の周辺を大雑把に探ってみよう。

槐国の語録と行実は、『続曹洞宗全書　語録一』と同右史伝（鷹峰聯芳系譜）に所収する。これに拠って略伝を述べてみる。槐国は、若年の頃、月舟宗胡・独庵玄光・梅峰竺信・東皐心越・天桂伝尊などに参じたが、卍山道白の法を嗣いでいる。なお『語録』には、独庵の忌日などに三偈を呈していることが見出せ、槐国の独庵への敬慕が判る。元禄十三年（一七〇〇）、永平寺に瑞世し、その年秋、静岡大林寺へ晋住した。梅峰・卍山両老の革弊運動には側面から荷担援助している。享保二年（一七一七）五月には大林寺の席を古岳に継がしめ草庵を結び、扁額に「槐樹」と認めた。享保十二年（一七二七）十月十二日示寂、世寿七十六。

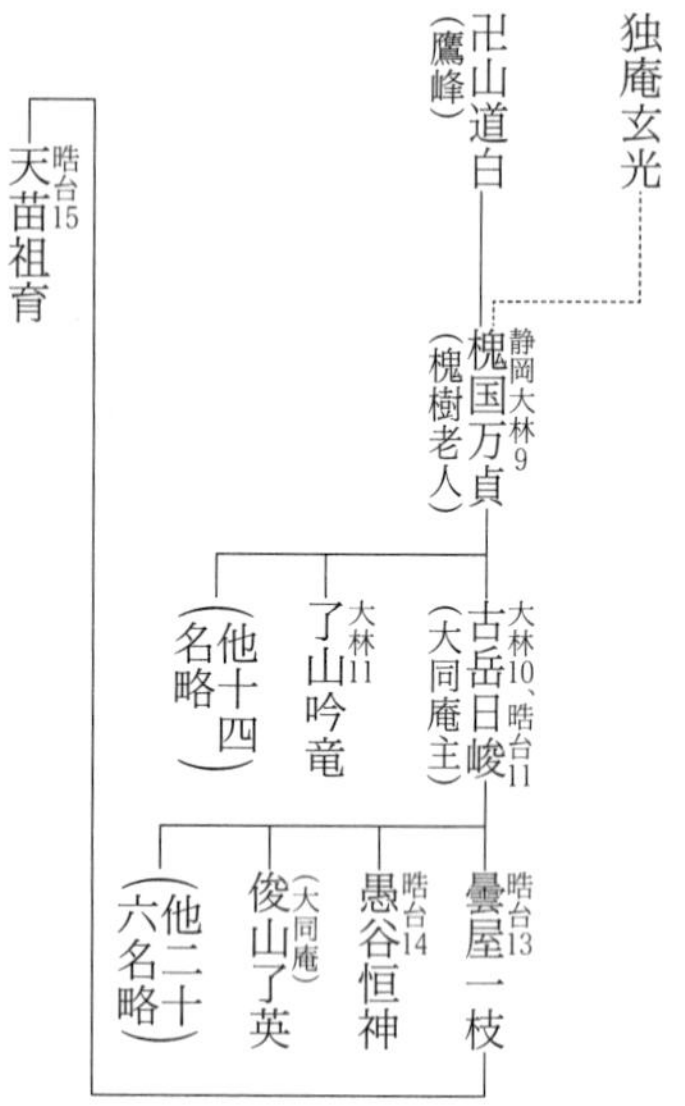

槐国は右に見るように本師卍山と参学師独庵との思想的傾向を充分承知していた訳である。本書の内容は、後に述べるようにこの槐国の立場も反映しているのである。独庵は晧台寺四世でもあるから、その法孫に列する者が支持する心情になるのも当然といえる。

本書よりの先述の引用記事から槐国の門下で古岳と同参の者、年齢的には古岳より幾分若く、またその上から古岳の門下とも推測できる。ところが槐国には古岳と了山吟竜の他十四人の法嗣、さらに古岳には曇屋一枝・愚谷恒神・俊山了英の他二十六名の法嗣がいて、これらの人々から想定することは不可能に近い。

撰述年の寛保元年（一七四一）は、『海雲山歴住略記』に拠れば、既に十一世古岳日峻（?〜一七四一）が大同庵に退院し、十二世一丈元長（一六九三〜一七五三）の代である。一丈の晋住は、これより四年前の元文二年（一七三七）である。寛保元年当時、晧台寺に在留していた確実な人物が一人いる。後に十四世となった愚谷恒神（?〜一七七〇）である。右『歴住略記』に「寛保辛酉、分二座本山一丈之会一、得二法於古岳一、住二邑之高林、深堀菩提寺一」との記事がある。愚谷は、この年、一丈の法会に分座し、古岳に嗣法したことが知られる。しかし、この事柄から愚谷はまだ若く、六十余歳とは思われない。従って彼が撰述者ではなかろう。かくして撰述者を追う線が切れてしまった。

さて本書の撰述の契機となったのは、当時『俗談』に悪評が立っていたのによる。先に引用した本書冒頭の「当寺ノ四代蒙山光和尚ノ著シテゴサル独庵俗談ト云書ヲ」に続いて、

今洞宗ノ間ニ悪様ニ評判スル仁モアリト聞ヱマスルイマ私カ俗談ノ根源ノ物語ヲ仕マセウ（一丁表）

とある。特に面山の『雪夜炉談』（元文四年撰）の中に面授のあり方に

ついて鷹峰（卍山）と蔵鷺（天桂）の間に見解の相違があり、蔵鷺の主張は彼独自の分別ではなく、独庵の僻解を本拠にしてされたものであろう、との評に対する弁護にあったようである。

今兹京都ニ板行シタ雪夜炉談トイフ物ヲ見マスルニ、右ノ面授ノ巻ノ見様ノ違ハヌノト云諍テコサル、其ノ諍ハ鷹峰ト蔵鷺トノ間ノ事テコサル、此諍ニ独庵ノカマワレタ事ハコサラヌ、然ルヲ蔵鷺ノ左イワルルハ独分別テハアルマイ、独庵ノ僻解ヲ本ニシテイワルルナシヘシト書レテコサル、敵手ノ蔵鷺ノ方柄独庵ヲ角《カフ》イハルルトモアラバナレトモ、無ㇾ左ニ此方カラ推量テ、左テアラフトノ言分ハ、敵手ガ蔵鷺一人デハ不足ナニ仍テ、外ニマタ敵手ヲ設ケラルルニテアルカ、但シハ常常独庵ノ噂カ仕タカツユヘニ、此度能キ序テト思フテノ事カ、右ノ言分テハ独庵カ蔵鷺ノ肩ヲ持テ尻ヲシヲセラレタ様ニキコヘマスル（一〇丁表～裏）

さらに『雪夜炉談』では、独庵の『俗談』は面授を嫌っているとするが、決してそうではなく、その証拠に梅峰卍山両老の願いにより先に独庵は使僧を遣して官府に訴えをしているとする。

また大陽と投子との嗣承に関して『俗談』を引用して、法のあり方の一として代付説の立場を述べるのであるが、後に「口伝」として次の様に述べ、そこに自分の心情の一端を吐露している。

投子青ノ十八歳ノトキ、太陽《（ママ）》ハ八十歳テコサル、此中ニ面授カコサツタレトモ、太陽《（ママ）》ハ老僧テ明日ヲモシラヌ命ナリ、投子ハイマタ二十ニ不ㇾ満ナレハ後ノ証拠ノタメニ、浮山遠ニ皮履直綴ヲ預置レタルヲ、誤テ代付トハイフ也、此口伝ハ天童ノ如浄ヨリ永平ニ直ニ物語セラレタヲ、伝来テ永平寺ニ住持メサレタ勅賜因光禅師ノ永平ノ紀年録ヲ撰セラレタルニ記シテオカレテコサル、実ニ如是アル筈テコサル（一一丁裏～一二丁表）

この「口伝」を肯定したいとする撰述者の見解は、特に末尾の語句「実ニ如是アル筈テコサル」によく示されている。しかし、この「口伝」は、先の独庵の立場と矛盾し、史実に相違していることに注意しなければならない。つまりこの撰述者は、前に独庵の説を弁護しながら、後にはこのように「口伝」に同調する心情を抱いているのであるから二律背反にあるといわざるを得ない。勿論、面授の重要性は多言を要しない。彼は史実の真偽は知らないまでも、宗義と史実とが一致してほしい、一致すべきである、との心情は充分に理解できよう。

本書には、さらに『雪夜炉談』において『俗談』に見える「無師自悟、天然外道」などの、とかく誤解を招く語を部分的に把えて邪解を展開していることに対し、よく前後の文を吟味してその真意を知るべきであるとして、これを斥けている。また、

独庵カ永平ノ面授ヲ嫌テ面授カイラズ、天然外道ガ宗門ノ大善知識ジヤトイハレタ事テハコサラヌ

と述べたり、

面授ヲステテ代付遙嗣セヨト教エラレタデコサマ《（ママ）》セヌ

との語にも窺えるように終始、独庵の主張を擁護していることが知られる。

翻刻に際し、次の諸点に留意した。

(1) 本書は、他に異本の存在が知られないため対校できず、意味不明の文なども、そのままにした。

(2) 新旧の漢字が混合しているが、便宜上新漢字に統一した。

(3) 漢文には返り点、文には朱筆で読点が付されているが、部分的に現代式に直した箇所もある。

(4)　書写の筆者によって記されたと思われる頭註（墨筆）や傍註（朱筆）は、相当する本文に番号を施し、一括して本文の後に付した。

(5)　「俗談」本文と相違する語句は、その右側に（　）で記した。また本文にない文節は〔　〕で示した。

(6)　当該書は大半段落のない文章であるため、いくつか整理上、筆者が随意に段落をつけたことをお断りしておく。

(7)　次の書写字（異体字）は、下に示す字に直した。

（例）

仸―仏　卆―衆　亊―事
歺―死　逺―違　厺―去
淂―得　凢―凡　胷―胸
脉―脈　ん―也　メ―シテ
𪜈―トモ　卜キ―トキ　卜云―ト云

なお衍字の「〱」「ゝ」「々」は、夫々の漢字やカナを重ねた。

以上

独庵俗談根源鈔(1)

当寺ノ四代蒙山光和尚ノ著シテゴサル独庵俗談ト云書ヲ今同（ママ）宗ノ間ニ、悪様ニ評判スル仁モアリト聞ヱマスルイマ私カ俗談ノ根源ノ物語ヲ仕マセウ、其善悪ハ聴セラルル方ノ御料揀ガコザリマセウ、先物語ノ始ニ、禅宗ノ根源ヨリ、近代マテノ形勢ヲ申シテ聴マセウ、日本人皇ノ九十一代伏見院ノ正応元年戊子ノ歳カ支那ノ元朝ノ世宗忽必烈ノ(2)全元廿五年テコサル、コノ年春、世宗ノ内裏ニ江南ノ教禅ノ諸徳ヲ召シテ論議ヲ聞レテコサル、此時、経山(3)ノ住持妙高ニ世宗ノ問ナサルルハ、禅以レ何為レ宗、ココニ於テ、妙高進前シテ答テ云ク、禅ト云ハ浄智妙円体本空寂、非二見聞覚知之所一レ可レ知、非三思量分別之所二能解《ク》一、世宗又勅シテ云、禅ヲ宗裔可二歴説一遍《ス》一ト、妙高マフサク、禅ノ宗裔ハ始《ル》下於釈迦世尊在二霊山会上一拈二起《ノ》一枝《ノ》金色皮羅花《ヲ》一普示《ク》二大衆《ニ》一唯迦葉微笑、世尊云、吾有二正法眼蔵涅槃妙心一分中付迦葉《ニ》上、由レ此世相授受而至二菩提達磨一望《テ》二此東震旦国《ヲ》一有《ル》二大乗根器一、航レ海而来、不レ立二文字一、直指人心見性成仏《セシム》是為《ニ》二禅宗《ト》一也、世宗コレヲ嘉ト玉フ、妙高因テ従容《ニ》進テ云、夫禅《レ》与《ト》レ教本《ト》一体也、譬《ハ》如下百千異流《ノ》同帰《ノ》二於海一而無中異味上、又如下陛《シ（ママ）》下ノ坐鎮《ヲメ》二山河《ヲ》一、天下一流四弟百蛮随レ方而至《ル》、必従《ノ》二順成門外一而入《リ》到《リ》二得《テ》黄金殿上《ニ》一、親覲中金面皮《ヲ》上方可《シ》レ謂《ヲ》二之到一レ家、若是教家《ナラハ》、只依《スルニ》レ著二文字語言《ニ》一、不レ達《ニ》二玄旨一、猶是順成門外人、君是禅《レ》家《ナラハ》、雖レ坐二破六七箇蒲団《ノ》未レ得二証悟《ショウコウ》一亦是順成門外人謂《ヲ》二之到レ家倶未《ニト》一也、是則習レ教者、必須達《ク》二玄者一、習レ禅者必須悟二自心一、如《ニハ》二臣等《カ》一今日親《ク》登《テ》二黄金殿上一、面覲《ニル┐》二金面皮《ヲ》一一番、方可《ニ》称二到家人《ト》一也、ソコテ世宗御喜悦ニ思召シテ、妙高賜《ニ》レ食而退出セシメラレテコサル、此一段《ノ》物語テ、禅宗ノ根元大意ヲ御合点ナサレマセ、釈迦牟尼仏御一代七十九歳、ソノ内三十成道ヨリ四十九年ノ説法、其説法ノ度毎ニ、無量無辺ノ聴聞ノ衆カ逮得己利イタシタノ、得二法眼浄一タノト、経ト云経ニシメシテ無ハ御座ラヌ、ソノ己利ヲ逮得シタトイフモ得二法眼浄一タトイフ手近ニ云時ハ、悟ノ事テコサル、ソノ悟ツタ大勢ノ中ヨリ、迦葉一人ヲ択出シテ、正法眼蔵ヲ付属アツタト云ニハ、仔細アル事テコサル、正法眼蔵トハ、総テ仏法ノ事テコサル、正ノ字ヲ付タハ、邪法テ無ト云フ義、眼ノ字ハ衆生ノマナコニ成ルト云義テ、蔵ノ字ハ三乗一乗権実頓漸共ニ此中ニ収ルノ義テコサル、涅槃妙心トハ、生死ノ人心ノ止ンタ不生不滅ノ当体ヲ云マスル、サテ、仏ハ本《ト》常在霊山、不生不滅テコサレトモ、権リニ人間ニ出生メサレテゴザレハ、世間ニ順ジナサルル道理ニテ、七十九歳ニテ御隠レアツタテコサル、其入滅ノ前方ニ、滅後ノ事トモヲ、被㆓仰置㆒ニ外護ノ事ハ、国王大臣有力ノ檀那ニ御頼ナサレ仏法ヲ総ル事ハ、迦葉一人御預ナサル、阿難ニハ副弐伝化トテ迦葉ニ副テ助ケニナレトノ御遺言テコサル、仏ノ方カラ総ベサセシメラレテモ迦葉ニ総ル器量カナケレハ、総ヘラレヌテコサル、拈華微笑カ、機用ノ発処テコサルソ、勿論迦葉ヨリモ上位ノ大菩薩達ニモ、遺法附属末（ママ）世弘通ノ仏勅カコサルトモ、此ノ衆ハ十方法界無量ノ国土ニ往返シテ天竺ハカリニ居ル人テコサラヌ故ニ、外現声聞ノ比丘僧迦葉ニ天竺ノ仏法ヲ附属テ御座、左御座リシテ、仏ハ二月十五日夜半ニ入滅テ御座、其ノ年カ日本テハ地神ノ第五代鸕鷀草胸不合尊ノ時ニ当リマスル、支那テハ周五主ノ穆王五十三年壬申ノ歳テ御座、ソレカラ今年寛保元年マテ二千六百九十年ニ成リマス、仏ノ滅度アツテ世界カ火ノ消タ様ニ思ハレテ諸ノ羅漢タチカ皆ナ涅槃ニ入フトセラレテ御座ル迦葉カソレヲ止マシテ一代ノ説法ヲ貝多羅葉ニ書キ記ルサレテ御座ル、此ヲ結集諸経ト申シテ今ノ一切経律論ト云ハ此ノ事テコサル、

左テ迦葉モ老僧テコサツタユヘニ、死期カ来タママニ阿難ヲ後役ニ立テ、入滅セラレマシタ、ソレカラ段段伝伝テ二十八代、菩提達磨ニ到テコサル、迦葉ヨリ二十四代師子尊者迄テノ事ハ、仏ノ未来記ニ説キナサレタ付法蔵因縁経（ママ）ニ逐一ニ説テコサル、二十五代ヨリ、二十八代マテノ名ハ経ニハ見ヘマセヌ、仏ハ未来永劫ノ末マテモ、正徧智ヲ以テ御存知テコサルトモ、果《ハテ》モ無ハ説レヌジヤニ仍テ、マツソコラ千年余リテノ事テ、経ハ終リマシタ、獅子尊者ノ入寂カ、日本神功皇后ノ御代、支那テハ後漢後チニ三国(4)ニ分レタ時分テコサルホドニ、仏滅ヨリ千二三百年ニ当リマス、天竺ノ二十八代ハ、代代三キ□迦葉ノ筋目ヲ以テ、仏法ノ頭執テコサル故ニ、戒定恵ノ三学ヲ該練シ、経律論ノ三蔵ヲ共通セラレテ、イマタ禅宗ト云名ハ始マリマセヌ、達磨(5)漢土ニ来ラレテハ天竺ノ格合（ママ）トハ違テコサル、ソレハナセニトナレハ、達磨西来以前ヨリ、ハヤ三蔵タチカ渡リテ、経律論ハ広置ヒタニ因テ、来方方ノセワヲハ其衆エ任テ、自分ニハ、直指人心見性成仏ノ旨ヲ専ラ教化セラレテコサル、左テ常ニハ向《テ》㆑壁《ニ》坐シテバカリ居ラレタユヘニ、坐禅ヲ宗トスル坊主ジヤト云テ、脇カラ付タ名カ、其ママ称号ニナツテ、禅宗ト云事ニ成テコサル、達磨ノ旨ニ叶タ衆カ、四人御座リマシタ、ソレヲ吾皮肉骨髄ヲ分タト云テ、其中テモ慧可ト云タ仁ヲ、得髄ト称シ、第二祖ト立マシテ天竺ヨリ伝来ノ袈裟ヲ授テ、付法ノ信トセラレテコサル、ソレカラ三祖四祖四祖（ママ）六祖マテハ、袈裟ヲ伝タヲ、正伝トイヒ余ハ旁出ト称シタテコサル、其代代ノ旁出ヲモ一一ニ、伝燈（ママ）録等ニ名ヲ挙テ記テコサル、天竺ノ二十八代ニモ、一代一代ニ旁出カアル筈テコサレトモ、阿難ノ旁出末田（ママ）底、其外ニモ少少コサレトモ、ソラニハ覚ヘマセヌ、多ク此ノ方ニ其名ノシレマセヌハ、遠国故テコサラフ、就㆑中第四祖ノ優婆(6)毱多ハイカイ弟子持テ有タケニコサル、毎㆑度㆓一人㆒以㆓一籌㆒置㆓石室㆒、縦十八肘、広十二肘、充㆓満其間《ニ》㆒籌木ニテ、遷化ノ時火葬シタニ、余ノ薪カ入ナンタトコサル、

左テ東土五祖ノ下ニ神秀上座ト云旁出カコサリマシタ、此人六祖ト化ヲ並テ、南能北秀ト申シマシタ、サレトモ神秀ハ帝王帰依ヲ得テ、門庭カ熱閙ニアツタテ衆モ大勢集タテコサル、因テ外カラノ見聞ハ、繁昌ノ様ニ見ヘテモ、大勢ノ中ニハ必スアル事テソコラノトビアリク、木葉天狗トモカ、雑居テ五祖ノ正伝ハ神秀ジヤト云テ、噪タケニコサルカ、様ノ事トモカアルユヘニ、六祖ノ分別メサレテ、衣ハ争端ジヤホドニ、我限ニ止メテ、此ノ次ニ七祖トイフハ立マイ、本此ノ衣ヲ伝

タハ、禅ノ宗旨カ、世間ニ広クシレナンタユヘニ、証拠ノ為ニ、伝ヱ来ツタレトモ、最早六代ノ伝衣天下ニ聞ヘテ法ハ徧㆓沙界㆒ニジヤホドニ、此達磨ノ袈裟ヲハ曹雞（ママ）ノ校割物ニシテ、収メヲケト、イヒメサラレテコサル、此ヨリ正伝ノ旁出ノト云コトハ、止メニナツテコサル、ミナ人人以㆓向上㆒ヲ奮フタデコサル、ソレカラ禅宗トイフモノガ、世界ニハヒコツテ、繁昌シタテコサルアルガ、繁昌ト云ガ実ハ衰微ノ基テアルユヘニ、悟リモセヌ増上慢ノ和郎タチカ在、贋ノ悟リヲ使フユヘニ、此ノ防ノ為ニ玄策禅師トイフカ在テ、日ク威音以前ハ無師自悟、威音以後ハ無師自悟尽属《クス》㆓天然外道㆒ニト、コノ威音王仏トイフハ、釈迦牟尼仏ヨリモ突ト昔ノ仏テコサル、其仏モ出タマハヌ以前ナラハ悟ノ目利キ者ガナイホトニ、無師自悟デモスムジヤカ、其以後ニハ現ニ伝法ノ仁カアル、其人ノ印可ヲ得ヌ悟リハ、真ノ悟デモ天然外道ジヤトノ、言分テコサル、永嘉真覚大師ハ天台宗デ居テ維摩経ヲ閲テ悟ラレマシタカ、六祖ノ処ニ来テ其ノ悟ヲ印可シテモラハレマシタ、然レハ禅宗ノ⑺伝法嗣法面稟面授トイフハ、他家ノ大法秘法ヲ伝ルトイヒ、名方妙方ヲ教ルトイフトハ様子ガ別テコサル、唯ソノ悟ノアヤマラヌトイフ事ヲ、印可スルバカリテコサル、法衣法具等ヲ授ケマスルハ、印可ノ手ユルシテコサル、ソレテ今炬ヤ香語ナトヲ唱ル時ハ、伝衣ノ九条ヲ著ルモノデコサル、総ジテ法語ハ悟リノ眼ヲ以テ唱ルモノジヤニ仍テ、此悟カ印可ヲ得テ、師承ノアル証拠ニ伝衣ヲ掛マスル、法語ヲ唱ヱ了テ、常ノ七条ニ掛カヘテ、行導諷経勤ルモノテゴサレトモ、今洞家ニハ此作法スタレマシタ、コレハ左テ置テ、六祖ノ後チニ、江西ノ馬祖大師ト湖南ノ石頭禅師ト大ニ化門ヲ開テ、学人ヲ接セラレマシタヱヘニ江西湖南ニ往来セヌ者ヲハ、人カ賤メタケニコサル、ソレカラ知識ニ偏参スル者ヲ、江湖ノ僧ト言始メト申マスル、右ノ二人ハ六祖ノ孫弟子テコサル、石頭ハ青原思禅師ニ嗣ク、馬祖ハ南嶽譲禅師ニ嗣レマシタ、南嶽青原ハトモニ六祖ノ直弟子テ御座ル、ケ（ママ）様ニタツタモノ禅宗カ繁昌イタシテモ、マタ禅寺ト云モノハ出来マセヌ、以前ヨリ在タ律院ニトモ住居セラレタモアリ、新ニ出来タモ庵ノ様ナ事テコサツタ、右馬祖ノ弟子ニ懐海ト云カ百丈トイフ山ヲ開キ叢林ト云事ヲ始メラレテコサル、僧堂ト云モノヲ作テ、大衆ヲ一ツニ入レテ勤メヲサセラレテコサル、ソノ僧堂ノ僧ノ字ハ唐音デハスセヱンノ音デ禅ノ字ノ音ト通ジタユヘニ、今ハ禅堂ト呼ヒマスル、年中月月日日ノ行儀作法ヲ能ク定メラレタヲ、百丈清規トイフテコサル、其清規ノ中ニ、毎月朔望ニハ住持カ上堂シテ、祝聖ト云事ヲ仕マスル、其上堂ヲ新住持カハジメテスル、開堂トイヒマスル、此儀式ハ後漢ノ代ニ西天ヨリ梵本経論カ段段渡トモ、梵本テハ埒カ明カヌユヱニ、漢語ニナオスヲ翻訳トイフ、翻訳ヲスルニハ、大勢役人カナケレハナラヌユヘニ、禁中カラ被㆓仰付㆒訳経院トイフ役所カ出来テソレニ集テ新ニ経カ一部翻スメハ其ノ経ノ始コサツテ、時ノ天子ノ長ク世ヲ持タセラルル様ト、万歳ヲ祝スル事テコサル、其例ヲ以テ禅林ニモ祝聖⑻開堂トイフ事ヲ創ラレテコサル、開堂ノ時ニ新住持カ天然ノ外道デモナク、胡乱ヲ悟テモナイトイフ証拠ニ本師ノ為ニ、拈香シテ諸人ニ披露ヲ仕マスル、其ノ本師ヲ定ムルニハ、本㆓干《ウ》所得㆒ト云テ、吾カ悟リタル筋目カ在テ、其筋目ノ人テナケレハ、本師ニサレヌ道理ヲ以テスル事テコサル、滅タニ誰レニナリトモ嗣タイ人ニ嗣ニハコサラヌ、然ルヲ独庵ハ悟リサヱスレハ誰レニナリトモ、弟子ノ方カラ抑付テ嗣タヒ、人ニ嗣クトイワレタト云ヒトカコサル、独庵俗談ノ趣ハ、左様テコサラヌ、得ト彼ノ書ヲ覧サセラレタラバ、御合点カマヒリマセフ、

左テ嗣法ニ付テハ上士ハ怨ニ嗣、中士ハ嗣ㇾ恩、下士ハ嗣ㇾ勢トイフ事

カコサル、ソノ怨トイフハ別ノ事デコサラヌ、又我ヲ悟ラセタ師家カ厳カツタニ依テ、青汁ヲ絞ダサレタ計リテハ無ヒ骨マテモ打キ抜ヒテモラフテ、今モ思出セハ恨シヒトイフ事テコサル、コレカ上士ノ嗣法ノ仕様テコサル、左テマタ恩ニ嗣トハ、吾ヲ可愛カラテ時時刻刻ニ言教ヲセラレタニ依テ法ノ道理ヲ叶タ此ノ恩カアルユヘニ、嗣ト云フハ中士ノ事テコサル、左テ下士ハ、右ノ様ナ所得ニモ本ツケワ、時ノ威光アル人ニ嗣法スルヲ、勢ニ嗣クトイフマスル、白雲梅峯ノメサレタ洞門劇(ママ)談ノ中ニ、開堂ノ日所得ニ不レ本、時ノ勢ヒアル人ニ香ヲ焼レタレハ、其坐ヨリ胸カ痛ンテ後ニハ、穴カ明テ終ニ死ナレタ古人カコサツタ、其ノ名ハ私カ記憶(ママ)カ無テソラニハ覚マセヌ、

左テ馬祖石頭ノ後ニ禅宗カ五家ニ別レマシタ雲門法眼臨済潙仰テコサル、後チニ亦林才(ママ)宗カ楊岐派黄龍派ト二ツニ別レタテ、五家七宗ト唱マスル、五家七宗ト分レテモ、心法ニ差別ハコサラヌ、家風ト云モノハ、家家ニサツツノカワリハコサリマスル、五家七宗イヤ増ニ、繁昌シテモ来テ世界ニ弥満スルニ及テ、其ノ中ニチヨツチヨツト常格トハ違タ師資ノ機縁トモカ出来マスル、ソレヲ臨済宗ノ洪覚範(9)イフ和尚カ評判サレタ事カコサル、此ノ和尚ハ悟リモ有リ、学問(ママ)モアツテ様様書トモ著レテコサルカ、悟タ上ノ修行カ、サシ不足ノ仁テ、学問カ勝タママニ言ツタコトカ、無益ノ事カ多コサル、其イヤツタ言ヲ独庵俗談ニ挙テコサル

覚範曰、古塔主去二ヿ(10)雲門之世ヲ一無慮スヘテ百年ニノ而称シ二其嗣一青華厳未レ識二大陽ヲ一特ニ以二浮山ノ遠公之語一故嗣レ之不レ疑ニ老皆以二伝言ヲ一行レ之自若也其於レ己ニ甚タシ重於レ法ニ甚タシ軽ノ古人於レ法重キ者ハ永嘉黄檗是也、永嘉ハ因テレ閲二維摩経ヲ一悟二仏心宗ヲ二而往チユ見二六祖ニ一曰吾レ欲レ定ント宗旨也、黄檗悟二馬祖之意一而嗣二百丈ニ一故百丈嘆メ為レ不レ及也

(11)右古塔主青華厳永嘉黄檗ノ四人中黄檗ハ臨済ノ師匠テ覚範ノ先祖テコサ惣シテ洞家ハ棒喝ナドヲ不レ用、ヌルイ様ニ見ルユヘニ動モスレハ済家ノ衆カ哢ル様ナコトヲイマスル此ノ覚範モ古塔主永嘉ハ添コトテ、吾カ先祖ノ黄檗ノ仕方ハ重ヒ洞家ノ青華厳ノ仕方ハ怪ヒトノ云分テコサル、人カ哢レテバカリハ、居スモノジヤニ仍テ、亦タ其言返シヲスルモノテコサル、拙僧ヲハ悟タ坊主テコサラヌ、悟ヌ身カラハ悟タ人ノ上ニハ我他彼此ノ諍ハ有マイ事ノ様ニ思ハレマスレトモ、語句アル左フテコサル、イナ事テコサル、独庵ノ方カラノ言分ハ、右ノ四人ト重ヒ軽ヒハ少モナイ、道理ヲ互ニ持合テ、天秤ノ針口ノ合タ様ヲトノ事テコサル、其言ハ此末ニ出マセフ、マツココテ青華厳ノ咄ヲ仕マセフ、此人ノ事ソ、支那ノ書ニモ記テコサルノト、日本ノ洞家ニ口伝シ来タノト、相違カコサル、ソノ口伝ノ通ハ、マタコレモ末ヘテ申マセフ、マツ支那テ言ヒ来タワ洞家ニ太陽ノ警(ママ)玄トイフカコサル、ソノ人遠録公ト世ニヨバレタ、出格ノ人カ附従テ、曹洞ノ宗旨ヲ参得セラレテコサル、此人後ニ浮山ニ住セラレタユヘニ、浮山遠トイフマスル旧ト此ノ仁ハ彼首山ノ竹篦ヲ拗折セラレタ葉懸省ノ下テ得悟シタ人デコサルユヘニ、曹洞ノ宗旨モ無レ滞会得セラレマシタ、

ソコデ太(ママ)陽カ能イ弟子ヲ得タト喜レマスルノ時浮山ノ申サレマスルハ、私ハ最早葉懸(ママ)トイフ師匠カコサルトイワレマシタレバ、太(ママ)陽カ左アラバ此ノ皮履直綴ヲ、足下ニ渡シ置ホトニ、足下ノ意ニカナフテ、洞曹内ノ宗旨ヲ得タ者ニ此遺物ヲ授テ、吾嗣法ノ弟子ニシテタモレト頼レテコサル、其後浮山カ会聖巌トイフ処ニ居ラレマスル時、青鷹ヲ夢ニ見ラレマシタ、此ハ吉相ジヤト思フテ居ラルル処ニ、義青トイフ僧カ来タラレマシタ、此人華厳ノ義ニ通セラレタニ仍テ青華厳ト人カ呼ヒマシテコサル、カノ夢ノ青鷹カ此ノ義青ジヤヨト心得テ、念比ニ

接得仕ラレマシテ、終ニ洞家ノ和尚ニナラレマシタ、コレカマツ、アノ方ノ書ニ記テコサル、一通テコサル　○口伝ノ一ト通ハマタ此ノ末デ申シマセフ

左テ古塔主トイフハ大川普済ノ編マレシ五燈会元ニ雲門ノ法嗣ニ列子《(ネ)》テ饒州薦福ノ承古禅師、一日覧ニ雲門《ノ》語《ヲ》一忽然《ノ》発悟自《リ》レ此韜蔵不レ未ニ名聞一、棲ニ止《ス》雲居弘覚禅師《ノ》塔所一、四方《ノ》学者奔湊因《テ》称ニ古塔主《ト》一也、景祐四年范公仲淹出ニ守鄱陽一聞ニ師《ノ》道徳一請《シム》居ニ薦福《ニ》一開ニ闡《セシム》宗風《ヲ》一トコサル、独庵俗談ニハ伝灯録ニアリトカカレテコサル、ソレハ独庵ノオホヘチガイテコサル、博学ノ人ハ、臨レ時《ニ》ソラニ書レマスルユヘニ、出処ノ引キ誤ハ多クアル物テコサル、嵩明教ノ輔教ノ夾証ニ引レタ古書ノ篇目トモハ、イクラモ違カゴサル、古塔主ノ薦福ニ住セラレタル年カ景祐四年ナレハ伝灯録ノ出来マシタ景徳年中ヨリ遙ノチ事テコサル、宋景徳元年ハ日本ノ人皇六十代一条院ノ寛弘元年ニ当リ、景祐四年ハ六十九代後朱雀院ノ長暦元年ニアタリマス、サテハココテ独庵ノ語ヲ出テ御目ニカケマセフ

曰《ク》善知識之一言一句、須《ク》レ帰ニ於輔レ教提《ルニ》レ宗《ニ》而覚範之議論 以《ハナハタ》似《リ》下今日《ノ》閑神野鬼依ニ托腐《ノ》骨《ニ》一劫《スメ》レ衣《ヲ》劫レ食《ヲ》者之宗派断続《ノ》之訟《ヘ》宗統旁正《ノ》之諍《ニ》上非レ所レ望《ニ》ニ於善知識《ニ》一也、黄檗参《スト》ニ百丈《ニ》一聞《ニ》下百丈挙《スルヲ》中 再ニ参《スルニ》馬祖一因縁《ヲ》上、悟《ル》ニ馬祖《ノ》之旨《ヲ》一雖レ承ニ嗣《スト》馬祖《ニ》一誰《レカ》曰ニ不可《ト》一、所以《ニ》百丈不レ能レ無レ疑問《テク》曰子己後莫《ンヤ》レ承ニ嗣《スヿ》馬大師《ニ》一、若元無下嗣《シトンハノ》ニ馬祖《ニ》一之理上、則百丈豈《ニ》レ有《ン》ニ此問一、黄檗《ノ》云不レ然今日因ニ師《ノ》挙《スルニ》一見ニ馬大師《ノ》大機大用《ヲ》一、若承《シ》ニ嗣《セハ》馬大師《ニ》一他日喪《ン》ニ我児孫《ヲ》一、黄檗悟《ルヿハ》ニ馬大師之旨《ヲ》一因《ル》ニ百丈《ノ》之挙《ニ》一百丈《ハ》者、馬大師《ノ》之真子《ナレハ》 則与レ嗣《ン》ニ己《ニ》遷化《シタ》去馬大師《ニ》一不レ如レ嗣ニ覿面相証《スル》馬大師《ノ》之真子《ニ》一、是於《レテ》ニ事理《ニ》一当《ニ》レ然《ル》也、雖レ然又有《タ》下古人不レ由ニ黄檗《ノ》之旧轍《ニ》一者上、天下古今無レ非レ之者不《ヤ》レ見興化禅師開堂之日拈《ノ》レ香云《ク》、此一炷香本《ト》為ニ三聖師兄《ノ》一三聖為《ニ》レ我大孤《タ》便《シ》合《シ》下承ニ嗣大覚《ニ》一大覚為《メニ》レ我大也《タ》賒《カニ》我レ於ニ三聖《ノ》処《ニ》一会ニ得《ノ》賓主《ノ》句一、若不《シハ》レ遇ニ大覚師兄《ニ》一泊《ホトント》乎、誤ニ却我平生《ヲ》一我レ於ニ大覚処《ニ》一喫《シ》レ棒《ヲ》見《ス》ニ得臨済先師在ニ黄檗《ノ》処《ニ》一喫レ棒《ル》底道理《ヲ》上、此一柱《ノ》香供ニ養《スト》 我臨済先師《ニ》一、覚範謂《フトキハ》下 黄檗於レ法大重《シト》上則謂《ンカ》ニ興化於レ法太《タ》軽《シト》一耶、彼此皆有《ナ》レ道於レ法元《ト》無ニ軽重一而覚範《モ》忘ニ意重《ニシ》レ一軽レ一、於レ法《ニタキハリ》太軽者独覚範《ノミ》而已、

古塔主去《ヿ》ニ雲門《ノ》之世《ヲ》一無慮百年《ニノ》 而時《ニ》無ニ百丈一独閲《リテ》ニ雲門《ノ》之語《ヲ》一、悟《スニハ》ニ 雲門之旨一則直《チニ》嗣ニ雲門《ニ》一於ニ事理《ニ》一又当ニ然也、所以続《ニヿ》ニ祖灯《ヲ》一如ニ道原《ノ》一者具《スル》ニ択法眼一如《キ》ニ楊太年一者伝灯録中《ニテ》列ニ之《ヲ》於雲門之嗣《ニ》一不レ疑青華厳未《タ》三始《ヨリ》識ニ太陽《(ママ)》一嗣レ之不レ疑者《ハ(ママ)》太陽所レ寄如レ是殷勤浮出所レ受如レ是、謹慎青華厳所レ得如レ是諦当仮使歌レ疑無ニ可レ疑者一也、覚範云《ク》青華厳未《タ》三始《ヨリ》識ニ太陽《(ママ)》一嗣レ之不レ疑於レ法太《タ》軽《ト》矣今青華厳之所レ嗣《ノ》者《ハ》嗣レ法也、非レ嗣レ人《ヲ》也、真正《ニ》得ニ其法《スハノヲ》一則不レ見ニ其人《ノ》一亦何妨《タソン》、今覚範亦《モ》未《タタ》三始《ヨリ》識ニ臨済一而嗣ニ臨済之法《ヲ》一以レ未レ見ニ臨済一疑《ヤ》レ之乎、況《ヤヿ》見ニ浮山《ヲ》一猶如レ異ニ太《(ママ)》陽一浮山雖レ嗣ニ臨済《ニ》一更得《ニ》ニ曹洞《ヲ》於明安《ニ》一、今又受ニ太陽《サハ(ママ)ノ》之寄託一則浮山所レ付即《チ(ママ)》太陽之所レ付也、仮《リニ》令《ルトキハ》下 浮山《ヲノ》 不レ嗣ニ葉懸《ニ》一嗣中太陽《(ママ)ニ》上、則覚範亦《モタ》不レ可レ作ニ是言《ヲ》一、而特以《ニ》下浮山既嗣中臨済《ニ》上更曹洞受ニ於太陽《(ママ)ニ》一代符《スルヲ》ニ 青華厳《ニ》一而作《オハ》ニ是言《ヲ》一、則覚範未レ知ニ五派 伝灯 之本《ヲ》一也、曹洞臨済伝法相続《スルハ》 者非ニ曹洞《ノ》之法《ニ》一非ニ臨済《ノ》之法《ニ》一五派皆《ナ》以ニ如来《ノ》之正法眼蔵一代《テ》ニ仏祖《ニ》一遞代相伝《トル》 也、上自《ミ》ニ大亀氏一至ニ今日一臨済曹洞伝灯付法設《ヒ》雖ニ面稟付属一、其実《ノ》則無《ノ》レ不《ト云ヿ》ニ代付一而所レ謂如来之正法眼不《スハ》レ出ニ我輩見前之日用一則宗門之伝燈嗣法師、無三法与ニ弟子《ニ》一亦《タシ》無ニ法《ノ》得ニ於師《ニ》一非レ如《キニ》ニ巫覡師授《ケ》弟子受《ルカ》一也、止《ル》下於師資証ニ明自《ノ》心《ヲ》一不《ルニ》上錯而《ノミ》已、今青華厳見ニ浮山《ヲ》一既見《ニ》ニ夢徴一令レ看下外道問レ仏不レ問ニ有言一不レ問ニ無言一因縁上了然開悟自レ此復経ニ三年一浮山時《ニノ》出ニ洞下之宗旨《ヲ》一示《ニ》レ之悉《ク》皆《ナ》妙契

付《スル》以二大陽頂相皮履直裰《ヲ》一嘱《ノ》曰《ク》代レ吾続《チ》二其《ノ》宗風《ヲ》一無《ン》二久《ク》滞《ヿ》レ此《ニ》善《ク》宜《ク》二護持一
遂《ニ》出《ノ》レ偈送《ノ》令レ依二円通秀禅師《ニ》一更《ニ》得《テ》二秀禅師《ノ》証明《ヲ》一道声籍甚《寸ハ》則於レ法太重《シ》
与《ト》下永嘉既《ニ》悟《テ》二見曹谿一一宿《シ》、黄檗悟《テ》二馬祖《ノ》之旨一嗣上百丈一豈《ニ》レ分二別《シ》軽重《ヲ》於
其《ノ》間《ニ》一哉、覚範於レ法太軽《ノ》之言、太《タ》似下今日閑神野鬼依二託《シ》腐骨《ニ》一、劫《ノ》レ衣
劫レ食者《ノ》之宗派断続《ノ》之訟宗統旁《ヘ》正之諍《ニ》上非レ所レ望《ム》二於善知識《ニ》一
右《ノ》一段カサキニ洪覚範ノ投子青ハ於レ法軽、黄檗ハ於レ法重ト言《イヤ》リマシタニ対シテ、ドチラモ当然ノ道理カ在テ、軽重ハ無イトイフノ返答テコサルマス、ココヲ能ク文義ヲ味テ、御覧ナサレマセフ

ココニ永平ノ正法眼蔵面授ノ巻トイフ書カコサル、仏祖ノ大法ハ的的面授シ来テ、代代モ胡乱ナ事ハ無イトイフ道理ヲ言述ラレマシテコサル、ソレニ付テ、古塔主ノ事ヲ大キニ呵リオカレマシタ、尤デコサル、永平ハ一千光ニ道元トテ禅宗ヲ吾朝ニ伝ヘ来テ一派ノ元祖トナル人テコサレハ、法度ヲ厳密ニ立テ、未々《(ママ)》ミダリニ無イ様ニトノ事テコサル、此法度カ立マセ子ハ、若空腸高心ノ者ノアツテ今現在ノ知識ハ、吾師ニスルニ不レ足、古人ノ内テモタレカシナトモ、吾師ニシテモ大事ナイナントテ、ヒタモノニ過去タ人ニ続ク事カ出来テハ、埒モナイ事テコサル、如是キヒシク法度シラレテモ、悪方ニハ流レヤスイモノテ、永平ノ滅後ニ百余年程モ過テ、一派ニ伽藍相続トイフ事ヲ言出シテ、ワケモナイ事ニナツテコサリ、其様子ハ、白地《アカラサマ》ニハ申シニクヒトホトホト恥カハシヒ事テコサル、其ノ時節ノ中テモ、有レ意人ハ笑止ニ思ハレマシテモ、大水ニ堤ノ切レタ様ニ日本国ニ行渡タ、弊風ジヤニ仍テ、手一ツハカリテ防事カナラヌテコサル、ソレテ梅峰卍山ノ両老カ江戸ニ下テ僧録タチニ相談セラレテモ、埒明ヌユヘシマリ公儀沙汰ニ反シテ、其間タ四年ホト経テ、元禄十六年癸未七月ニ其弊風ニ御禁止ニ御條目カ出マシタ、其比拙僧ナドハ、廿四ノ時テコサタユヘニ、弊風ノ有様モ革ヌ次第モ、能存知タ事テコサル、ソレヨリ最早四十年過タニ仍テ今三十四十ニナル坊タチハ、其時ノ様子ヲシラヌ衆テコサル、其時モ書キタ物カ証拠ニナルテ、右ノ面授巻カ出タニ仍テ、此ノ弊風カ改テコサル、物ハタシカニ書テオカク物テコサル、アルカ書タ物モ書書物ニヨルテコサリ、

今茲京都ニ板行シタ雪夜爐談[12]トイフ物ヲ見マスルニ、右ノ面授ノ巻ノ見様ノ違ハヌノト云諍テコサル、其ノ諍ハ鷹峰ト蔵鷺トノ間ノ事テコサル、此諍ニ、独庵ノカマワレタ事ハコサラヌ、然ルヲ蔵鷺ノ左イワルルハ、独分別テハアルマイ、独庵ノ僻解ヲ本ニシテ、イワルルナルヘシト書レテコサル、敵手ノ蔵鷺ノ方栖独庵モ角《カク》イハルルトモアラバナレトモ無レ左ニ此方カラ推量テ、左テアラフトノ言分ハ敵手カ蔵鷺一人デハ不足ナニ仍テ、外ニマタ敵手ヲ設ケラルルニテアルカ、但シハ常常独庵ノ噂カ仕タカツユヘニ、此ノ度能キ序デト思フテノ事カ、右ノ言分テハ独庵カ蔵鷺ノ肩ヲ持テ尻オシヲセラレタ様ニキコヘマスル、拙僧ハ近年マテ上ミ方ニマカリ在タケレトモ、蔵鷺ノ門ニハ立入タ事モコサラヌ、アアイヤ一度アノ門前ヲ通ハシテコサレハ宏智録ノ講談カ在リトテ、大勢カ外マテ立キシリテ居タテ椽ノ外ニ立チナカラチヨト聴テ通リマシタ、コレヨリ外ニ覗タ事モコサラヌ、駿河ノ島田ニ居ラレタ時分マテハ、独庵ニ子ンコロニモ仕ラレタゲニコサル、其後ハ結句《(ママ)》独庵ノ言ヤツタ事ヲ戻テ、書ニモ書キ著ハサレテコサルホドニ、独庵ノ口真似ハ仕ラレヌ筈テコサル、左テ又炉談ニ独庵ハ元ヨリ僻解ニテ面授ト云事嫌ナレトモ、自分モ永平下ナレハ面授ヲ知ヌフリニテ独庵俗談ノ中ニ面授ノ事ヲ議セラレシナリト、書レテコサル、面授ノ嫌トイフコト俗談ニ見ヘマセヌ、禅宗テ居テ、仏祖ノ正伝大統ノ面授カ嫌テ、スム物テコサルカ、嫌テ無イ証拠ニハ、卍梅両老ノ願

ヨリサキニ独庵ハ右ノ訴ノ為メニ、江戸ヱ使僧ヲ遣シ方方ニ頼ミ廻レタレトモ、時節カ来ラヌユヘニ、其願不レ叶ツイニ元禄十一年ノ二月遷化セラレテコサル、

其翌翌年ニコソ、両老ハ江戸ヱ不向セラレテコサル、独庵ノ革弊ノ願ヲ発サレタルヲハ洞門劇談ノ序ヲ鷹峰ノ書ナサレタルニモ記テコサル、マタ江戸ヱ使僧ナト被遣タル次第ヲハ、鷹峯（ママ）派下ノ即現ノ護法明鑑ニ悉クシルシヲカレタレハ、何レ御覧ナサレタデコサラフ、元禄十六年ノ御条目ノ出マシタヲ、存生拝見シラレマシタラバ、イカホトカ喜ヒマセフニ、先立テ遷化セラレテ、残念デコサル、永平ノ呵ナサレタ、古塔主ノ俗談ニ一ツノ道理アリト助ケテ、書レタカ炉談ノ気ニ合ヌニ仍テノ事ト見ヘマスカ、覚範ノ方カラ古塔主ト投子ヲ同類ニシテ議セラレマシタジヤニ仍テ独庵ノ方カラハ、元ト軽重ハナイトイフ議論テコサル（レハ）古塔主ニモ道理カ有ル事ヲ申サ子ハ投子青ノ方ノ道理カ立マセヌ、惣テ論義（ママ）トイフ物ハ抑揚褒貶擒縦与奪トキニ随テ転化スル事ハ必スアル事デコサル、気ニ御掛ナサレ、サテ投子青ノ事モ一派ノ口伝ノ通リニカカレマセヌヲ、遺恨ニ思召左ウユコサル、マヅ其口伝ヲココテ咄マセフ、投子⑬青ノ十八歳ノトキ、太陽（ママ）ハ八十歳テコサル、此トキニ面授カコサツタレトモ太陽（ママ）ハ老僧テ明日ヲモシラヌ命ナリ、投子ハイマタ二十ニ不レ満人ナレハ後ノ証拠ノタメニ、浮山遠ニ皮履直裰ヲ預置レタルヲ誤テ代付トハイフ也、此口伝ハ天童ノ如浄ヨリ永平ニ直ニ物語セラレタヲ、伝来テ永平寺ニ住持メサレタ勅賜因光禅師カ永平ノ記（ママ）年録ヲ撰セラレタルニ記シオカレテコサル、実ニ如是アル筈テザル、元祖口伝テコサルハ、一派ノ面面タレモ、信受セヌ者ハ一人モコサラヌ、⑭独庵モ信受セラレヌデハコサラ子ドモ、洪覚範ハ他流デコサリ、支那ノ仁テコサルアイタ、右ノ口伝ヲ証拠ニ出テモ他宗カラソレハ縁者ノ証人テ実《マコト》シカラズ支那ノ書物ニ其通リヲ少ニテモ記テアルナラハ、ソレヲ証拠ニ出セト被レ言タトキハ、言別カ仕ニクイ却テ祖師ノ口伝ヲ一派デコシラヘタ様ニ言消レテハ無レ詮事テコサル、ヤツハリアノ方テイフ通リノ上テ、大陽所レ寄如レ是殷懃浮山所レ受如レ是謹慎青華厳所レ得如レ是諦当タトヒ（托）欲レ疑無レ可二疑者一也ト、カカレマシタモノテコサル、独庵ハ随分吾宗ヲ荷担ニテ、他派カラ非太刀ヲ打レヌ様ニトノ意テコサルヲ、今一派ノ中カラ敵ノ様ニ言立ラレマスル、迷惑ノ至リデコサル、

左テ右ノ独庵ノ語ノ中ニ興化ノ開堂ノ日、拈香臨済ニ嗣レタ事カコサルマスル、ソレヲ炉⑮談ニ興化ノ臨済ニツキ漸源ノ道吾ニツカレシ様ナル邪解スル者ハ、滅後ニ弟子ノ方カラ押シ付ケツキタル様ニオモヘトモサニハアラス、興化モ臨済ニ久ク随従（侍）ナリ、漸源モ道吾ニ久ク随侍ナリ、共ニ在世ノ時ノ面授ノ法恩アルユヘニ、滅後ニ相続ヲアラハサレシノノミナリ、ソレヲ自悟サヘスレハタレニ成トモ此ノ方カラ押付テ嗣法スルト、心得ラレタラハ正理ニアラヌナリト書レマシタテコサル、此ヲ御覧ナサレヨ、自悟サヘスレハ誰ニナリトモ、此方ヨリ押付テ嗣法スルト、独庵ノ言レマセヌ事ヲ、言タ様ニ取リナシテノ評判テコサル、イカニ人カ悪トテ其人カ言モセヌ事ヲ、イフタト云テ、言掛ヲシテ人カ尤トオモ物テコサルカ、興化ハイカニモ林才（ママ）ニ随侍シタ人テコサカ大覚師兄ノ処テ喫レ棒ヲシテ林才ノ黄檗ノ下テ喫レ棒ヲセラレタ道理ヲ見得シタホトニ、林才（ママ）ニツカフトイハレマシタ此林才（ママ）ヨリ外ニハ、誰ニモ嗣レヌ訳デコサル、誰ニナリトモ此方ヨリ押付テ嗣ナラバ林才（ママ）デ無フテモノ事デコサル、漸源ノ道吾ニ随侍メサレタモ勿論テコサル道吾ノ処デ投機カ無クテ後ニアル寺ニテ、行者《アンジャ》ノ観音経ヲ誦シテ応以比丘身、得度者即現比丘身、而以説法ト唱ルヲ聴テ、忽然大悟

シテ言レ様ニハ、我当時誤テ怪㆓先師争知此ノ事不㆑在言句上㆒、コレ当時道吾ノ不㆑道不道ト云ヒメサレタ意ヲ、唯今会得セラレマシタテコサレハ、道吾ノ外ニ嗣ベキ方ハコザラヌ、誰ニナリトモ、押付テ此方カラ道吾テ無フテモ別ニ嗣レソフナ事デコザル、此ノ二人ニ準ジマスレバ、古塔主モ雲門ノ語録ヲ閲テ雲門ヲ見得セラレテコサル、ユヘニ雲門ニ嗣レマシタニクフモコサラヌ、黄檗ノ様子ニ違ヒマシタハ、黄檗ハ百丈ノ物語テ馬祖ヲ見得サレマシテ百丈ハ馬祖ノ弟子テコサルユヘニ、百丈ニ嗣レタ物テコサル、ソレテ独庵ハ黄檗ノ事ヲモ、是レ於㆓事理㆒当然也トイヒ、古塔主ノ事ヲモ、於事理又当然也ト言レマシタ、誰ニナリトモ嗣キタヒ人ニ、此ノ方カラ押付テ嗣クトノ義テコサリマセフナラハ、於㆓事理㆒当然也ト云語ヲハ、何ノ為ニ言レマシタワ、心ヲ静メテ文義ヲ合点ナサレマセイ、

サテ又興化モ林才（ママ）ニ久ク随侍也、漸源モ道吾ニ久ク随侍也、共ニ在世ノ時ノ面授ノ法恩有ル故ニ滅後ニ相続ヲ顕サレシノミ也ト、炉談ニアルモ、ツマラヌ、言ヒ分テコサル、宗門ノ面授トハ何ヲ云テコサルゾ、印可ノ事デハコサラヌカ、興化ハ若不《シ》㆑遇㆓大覚師兄㆒泊乎《ト》誤㆓却我平生㆒トイワレマシタ程ニ大覚ノ棒ヲ喫セラレヌ以前ハ、脚跟ノ定ヌ凡夫テコサツタニ、紛レコサラヌ、漸源モ我当時誤テ怪㆓先師㆒ト言レマスレバ、是モ其マテハ、凡夫デコサル、其凡夫ニ、何ヲ印可スル物デコサル、十其ニ、印可セラレマシタラバ、林才（ママ）モ道吾モ乍㆓慮外㆒無眼子ト云フ物テコサル、マタ在世ニ面授ヲ受タ、興化カ開堂ノ日ニ及シテ、シカモ須弥座上ニテ、三聖ニ嗣《ツク》フカ大覚ニ嗣フカイヤイヤ林才ニ嗣フトハ言ヌ筈テコサル、面授ノ巻ニ一言イマタ領覚セヌ、半句イマタ不会セズトイフモ、師スデニ、裏頭ヨリ弟子ヲ見、弟子スデニ、頂䫌ヨリ師ヲ拝シ来ルハ、正伝ノ面授ナリトコザル、コレハ面授ヲツヨク言ントテノ仮令ノ言葉テコサル、ソレヲ唯タヒラニ、面授サヘスレバ、悟ハ入ラヌト、心得ラレタラバ、左テ無テサヘ、済家ノ衆カラ、曹洞ハ提唱伝帕口耳誦習トノ哨ガアルニ、悟ハ入ラヌ、師ガ嗣書源流ヲ書テ渡シ、弟子ハ其ヲ頂テ受持スレバ、スムト云フ様ナ事デハ、永平ノ宗旨ヲ挙揚スル孝子順孫トハ、云ハレマスマイ、禅宗ガ余ニ勝レテ経師論師ノ及ハヌト云フハ、悟ノ沙汰カアルユヘデコサル、其悟ヲ取テ除キテハ何カ勝レマスルゾ、払子ハ馬ノ尻テコサル、鼠カキレハ散散ニナリマスル、血脈ハ絹デコサル、火ニ焼ハ焼ケマスル、焼モセス散モセヌ物カ有テ、伝授シ面授スルカ、永平ノ正法眼蔵、永平ノ面授ノ巻デアリサフナ物テコサル、何レモナント思召マスルゾ、

左テ独庵ハ無師自悟ノ天然外道カ宗門ノ大善知識ナリト云ハルルトノ事テコサルトモ、此ノ語ノアトサキガコサル、其前後ノ文ヲモ不考、アチコチヲ取合セテ、其ニ又尾鬣ヲ付テ、独庵ノ一口言出サレタ様ニカカレマシタ、人ノ書タ手本ヤ手紙ナトヲ、切抜テ又タ其ヲアチコチニ付キ合スレハ、手ハ其人ノ手ナレトモ、文言ハ其ノ人ノ意テコサラヌ、其ニ似タ事テコサル、其ノ様ナヲ謀書トハ申シマセヌカ、近代明朝ノ末ニ洞下ノ尊宿ニ寿昌経、雲門ノ徴トテ明眼ノ人カコサツタ、其頃ニ済下ニハ密雲費隠ト云カ居ラレマシタ、此《コノ》時ニハ五派ノ中三派ハ断絶シテ唯洞下済下バカリテコサル、右費隠ハ隠元和尚ノ師デコサル、嗣法衆モ大勢テ法威カ盛ンニコサマシタ、ソノ折シモ、洞家ニ遠門ノ浄桂ト云カ在テ彼ノ大川普済ノ編レマシタ五燈会元(16)ニ続テ会元続略ト云書ヲ出サレマシタカ、吾曹洞ハ根本六祖弟子青原テコサ（ママ）、青原ハ済家ノ元祖ノ南嶽ヨリモ法兄テコサルホドニ、今続略ノ首ニ洞下ヲ載、其ノ次ニ済下ハ、置ト云レテコサル、コレガ蜜雲派下ノ衆ノ気ニ合ヌ事テコサル、ソコテ費隠カ五燈厳統ト云書ヲマタ出サレマシタ

ガ、元ト洞下ニ当テノ事テコサル故ニ、此以前カラ済下ト洞下ト、天皇道吾ノ諍カコサツタヲ、洞下カラ云筋ヲ言消テ、済下テ云フ通リヲ、正説ニ立テ厳説ニ載ラレマスル、

左テ、右ノ寿昌ノ経ヤ雲門ノ徴ナドモ洞家トハイハルレトモ、其血脈ノ系カ胡乱ナホトニ、明眼テアラフトモ、天然外道ノ類ジヤト義テコサル、ソコテナニカ、洞下衆カ腹立マイ物カ、様様ニ言トモガ出来テ大モメニナツタ処テ、シマリ厳続ハアノ方テハ滅版ニナツタケニコサル、ソレヲ隠元和尚ノ此方ヱ渡リガケニ、右ノ厳統ヲ又日本版ニ彫セラレマシタ、ユヘニ此方ノ洞下衆モ、クタラヌ事ト皆オモヒマシタ、鷹峯ノ法嗣槐樹老人ハ乃当寺ノ東堂大同庵ノ本師テコサルカ、老後マテモ、時時ニハ言出シテ腹立ラレマシタ、其事テコサル、独庵俗談ニコサリマス、

或人問、玄策禅師云、威音以前《ハ》無‐師自‐悟、威‐音‐以後、無師自悟、尽《ク》属二天然外道一、然則近世無師自悟、不レ得三法于本師二、出世拈香僅《ニ》仮《ルニテ》二名色《ケヲ》一輩、雖三真悟実証《ト》二不レ出二于天然外道一乎、此問答テ独庵ノ弁カコサマスル如レ左

曰、你們但知二其一隅一未レ知二其三隅一者也、我今問二你們一、或有二威音如来一、突然出二於今日一則《ハ》你們属二之外道一乎、属二之於仏法一乎、属二之《ヲ》外道一則威音如来也、属二之於仏法一則奈出二於今日一、何或又有一人無師自悟《ニ》俄発二神通一不レ動二今日之世界一為《コヲ》二威音以前之世界一了《レリ》也、属二於外道一乎、属二之外道一則世界成二威音以前一了《リ》也、属二之於仏道一則奈レ不レ動二今日一、何你們逢《ハ》二這‐般《ノ》人出《ニ》一則安二排《セン》於仏位中《ニ》一乎、安二排外道位中一乎、想ニ你們蝦蟆蚯蚓窟裡安二排不レ得乎、或又有一人非レ仏非二衆生一突然出二於今日《ニ》一而世界亦不レ動二今日之一毫一而成二十世古今収《メ》不得世界《ト》一則你們属二之於仏法一乎、属二之於外道一乎、安二排仏位中《ニ》一乎、安二排外道位中一乎、安二排之《ヲ》仏位中《ニ》一則本非レ仏安二排之《ヲ》外道位中一則本非二衆生一、想你們蝦蟆蚯蚓窟裡安二排這般人一不レ得《ンカ》乎、仏果和尚対《テ》二五祖老和尚一云《ク》、老和尚如今世界別也、老大虫自会《ラ》レ上レ樹了《レリ》也、這般之説話你們未レ出二蝦蟆蚯蚓窟裡一者決所レ不レ知矣、曰然則玄策所レ言畢竟如何、曰玄策之所レ言俗諦門中説教之一端防二未‐得謂‐得《ヲ》於未然一也、真諦門中元無《ト》二如レ此之事一、威音以前威音以後、生滅門中夢幻之影跡也、真如門中則《寸ハ》絶二如レ此之跡一、真如《ハ》体也、生滅《ハ》影也、真諦者如レ根俗諦者如レ葉、今捨二俗諦門中設《（ママ）》教之一葉《ヲ》一捨二真諦門中屈盤三千界設教之根一以二生滅門中夢幻之影響一遺《トキハ》二真如門中仏祖伝燈之源脈《ヲ》一則大惑也、

古人論二威音以前威音以後一而設レ防者、本為下護二仏祖恵命一之計上而你們今日仮二此言一而倒成《ニ》二仏祖之恵命一、譬如二利剣本禦レ賊、為レ護二国家天下一而姦究得《寸ハ》二其柄一則為二劫盗於白昼《ヲ》一、乱二国家天下一也尋レ師訪レ道本為二真実悟証得《ン》一也、或有下宿《トメ》具二霊骨一不レ依レ師自悟或去《ハルヿ》レ聖時遙《ニメ》従二其語句一触発上者、断不レ容レ上二伝燈一尽付《クテ》属二天然外道一則是捨《テ、》二師資面稟伝灯之実一而収師資相続之虚跡也、法眼未レ開輩看二仏祖之語句一依レ語不レ依レ義眩乱顛倒往々多如是、曰然者今日目前是属《レ》二真如門一乎、属二生滅門一乎、是真諦乎、是俗諦乎、曰你若会得則生滅即真如俗諦即真諦未レ会則真如即生滅、真諦即俗諦、你若会得則今日即威音以前《ト》、你若不レ会則雖二威音以前一即堕二今時一、雖レ然真如生滅威音前後皆教迹中之空言也、真実踏二者《トキハ》本地之風光《ヲ》一則十世古今収レ你不レ得今日魑魅輩幸三教迹中有二威音以後之言一、抑《ヘテ》下或去レ聖時遙《ノ》従二其語句一触発《シ》真実続二仏祖恵命一者上《ヲ》、而欲レ売二彼痴肉団面稟相続不断之迹一雖レ然痴肉団面稟相続不断之迹則此猶《ハ》有レ勝於彼一、余宗且置《ハ》今日此土洞宗自二釈迦牟尼仏一直下至二今日一、面稟付属相続不断至二今日一、則枝分派衍蒙二勅請一出

世者年々不レ下ニ三百四百人《(五十)ヲ》一今世支那日本所レ乏者《ハ》無師自悟天然外道、今日支那日本所レ有レ余者《ハ(有)》右師無悟、紙伝払伝、成レ群《ヲ》成レ隊之禅師也

此レカ彼ノ五灯厳統ノ方カラ玄策禅師ノ威音前後ノ語ガアルヲ幸ニシテ、ソレヲ言立テ悪ト思、洞下ノ寿昌ヤ雲門ヲ天然外道ニ仕ナサレマスルニ、因テ出来マシタ議論テゴサルホドニ前後ノ大意ヲ得ト御吟味ナサレタガ能コザラフ、独庵カ永平ノ面授ヲ嫌テ面授カイラス、天然外道ガ宗門ノ大善知識ヲヤト、イハレタ事テハコサラヌ、思食テモ御免ナサレヨ、イツレノ御腰ニ帯レナサル、刃《ハ》物ガイカニ札折紙カ有テモ骨ガ切レマセ子ハ、重宝ニハ思召レヌ筈テコサル、然ルニ札折紙カ胡乱ナホドニ、骨ハ切テモナマクラ物ジヤトハ、オセラレヌ筈ジヤト、存シ知ラレマスル、ナント二胴《フタツドヲ》モタマラヌ、切ルル名作ヲ、似物同前ニイハレテハ、惜事デハコサラヌカ、唯今ハ末世テコサルユヘニ札ハ付テモ、切レスルヒノバカリテコサル、セメテ、天然外道カ一人テモ、出マシタラハ、ソレニ励サレテ、刃キレカ、能ナリマシタラハ、永平ノ叮嚀ニ言オカマシタ、面授カ、イヨイヨ真実ノ面授ニナリマセフテコサル、然時ハ独庵ハ面授ノ道ニ、真実ノ取持デコサル、右ノ議論次ニ又問ヲ挙テコサル、

或ハ曰ク、近(17)代尊宿ノ崛起如ニ寿昌経一、如ニ雲門徴一、因《(固)マコト》ニ是明眼ノ作家、洞上済上皆所ニ伏膺一、第寿昌嗣ニ廩山一、雲門嗣ニ大覚一、何曽得《ン》ニ法千《ク》本師一、出世拈香仮ニ名色一而已、従-上来-源全《ク》無レ可レ拠、所以近《ニ》来正ニ法統一者、列《ス》ニ之未詳法嗣一

コノ議論カコサル、左ノ如シ

曰《ク》、法-眼円-明豈《ニ》レ不ニ従-上来-源《ニ》一聊《カ》外《テノ》レ此《ヲ》別《ニ》求《ン》ニ従上来源《ヲ》一、是含《レ》-元殿-裡問ニ長安一者也、明眼作《ノ》-家是可《ノ》レ拠之真正者《モ》也、外《ニノ》レ此別求レ可《キヲ》レ拠、是不レ知ニ覿面之実拠《ノ》一仮《ヲ》ニ目《テ》於迹上ニ尋《ヲ》レ可《ニ》レ拠《ヌ》、是所謂水母之眼也、非ニ善知識之択法眼《ニ》一也、夫非《ンハ》下略ニ牝黄《ヲ》一者《ニ》上、焉得《ノ》ニ天下之馬一、今其不《ノ》レ拠ニ於所《ニ》レ可《キ》レ拠《ル》而拠ニ於其所《ニ》一不レ可レ拠不《ノ》レ正ニ於所《ヲ》レ可レ正而正ニ於所《ヲ》レ不可レ正則求ニ千里之馬《ノ》於玄牡牝黄之間一者也、眼-明(ママ)作-家出-世-拈-香仮ニ名色一則豈《ニ》レ所以一、別《ハ》レ玉須《ク》ニ倚頓一、焉知《ソ》ニ宝-玉《ニノ》而不レ題《ルニ》ニ之以《ヲ》レ右、古-人云《ク》吾恐季《ハ》孫之憂《カ》不レ在ニ顓臾一而在ニ蕭牆之内《ニ》一也、従-上来源全《クヲ》無レ可レ拠者《ハノ》不レ在ニ出世拈香一僅仮《ニルニ》ニ名色一〔而恐《クハンコトヲ》在ニ 師資面-稟一有ニ源流一表ニ信之内《ニ》一也、夫正《スコト》ニ法統一者須《ク》レ待ニ其人一来《タ》レ具ニ択法眼《ヲ》一忘-意是《ニ》ニ非伝-灯一欲《ント》レ正ニ法-統《ヲ》一則如ニ胸賈張レ肆真贋無《ニ》レ弁位-置失《シ》レ叙你所レ是、焉知《テ》レ不レ非你所《カ》レ非安知《ノ》レ不レ是出-世拈-香僅仮《ニ》ニ名色一（挿入句）？〕者豈《ニ》ニ独寿昌雲門而已一、従上五派之禅宗無下不レ然者上、此是化門之表-示全下威-音以後無師自悟属ニ天然外道一之防上耳、法眼未レ開レ輩方謂《ニ》ニ禅-宗伝-法相-続師-資面稟如ニ巫覡之授受一然《リト》也、夫祖宗《レ》門-下単伝心印、廻出ニ能-証所-証一豈《ニ》レ渉ニ師授資受《ルニ》一、所-以玄沙《ニ》曰《ク》、達磨不レ来ニ東土一、二-祖不レ往ニ西天一、南-院曰、捧下無-生-忍、臨レ機不レ見レ師、従上仏祖伝-灯相-続如レ是而已、你們向ニ陰界中一必待《ス》ニ痴肉団一撞ニ著痴肉団一紙伝払伝、而後為《スル》ニ面稟親承《ト》一者、百年後《ノ》四大分離身、壊識-謝日尽帰《ノス》ニ空-亡一、是皆世-諦之虚像耳、未下曹渓門下単伝心印之実上也、所-以霊源大士回ニ告其嗣甘-露単長老《タタ》、通《ルニ》ニ嗣法之書《ヲ》一曰、領レ書審《カニテ》迫ニ於不レ得レ已、従ニ住持一既開-堂明《ニ》ニ嗣法一遺来叙陳且《ツク》云嗣法之実、其信固己彰ニ於威音之先一而今所《ハ》レ陳化門表-示耳、善哉、汝能《ムク》知レ此真不《ニ》レ昧ニ宗旨一矣、（夫）此宗旨号ニ正法眼蔵涅槃妙心一者《ハ》、乃聖凡共-有之霊-智也、由喪レ本而狗《ニ》レ情智-用不レ続以ニ 了《トキハノ》レ情而契レ本、則霊-鑑還《テス》通、霊鑑既通謂《ニハヲ》ニ之法嗣一、不《キ》ニ亦可《タ》一然《セ》世之有《ノ》レ名無《ノ》レ実而混ニ-濫宗旨《ヲ》一者其頻尤多、如《ナルトキハ》ニ 霊源大士所レ言、則法-眼円-明、是得《レ》ニ法眼（嗣）之実一而不レ昧ニ宗旨一

者也、但得二化門表示《ノ》一紙《ヲ》‐伝払レ伝、有レ名無レ実者雖下面稟付属有二源流一表上レ信、亦混二濫《スル》宗旨一者也《ナリ》

此モ前段トオナジク厳統ニ雲門ノ徴寿昌経ヲ洞下トモ済下トモ方タ付ヌ、未詳法嗣ノ部ニ入レラレマシタ、ユヘニ出来マシタ議論テコサル、法眼円明ナカ、仏祖嗣法ノ根元テコサルニ、其法眼円明ノ択ヲハ、脇ニ成シテ寿昌ノ嗣レタ廩山ヤ雲門ノ嗣二大覚一ナトノ血脈ノ系カシカシカ世門ニモ知レヌ、和尚ジヤニ仍テ右二人ヲ未詳法嗣ニ入ルルトハ、善知識ノ択法眼トハ、申サレマイトノ義テコサル、今日本ニテモ費隠ノ様ナ衆カ出マシテ、本朝ノ厳統ヲ編レマシテ、近代洞下ノ傑出テコサル、月舟ヤ卍山ヲ未詳法嗣ノ部ニ入ラレマシタラハ、其分ニシテダマリテ、居ラレマセフカ、タコラレズシテ、理屈ヲ云フ日ニ成タラハ、独庵ノ申シ分ヨリ、外ノ道理ハ無イ筈ノ義テコサル、能々御思案ナサレマセ、此次ニ、又一段ノ議論ガコサル

僧問、従上仏祖相伝《ノ》、靡レ不《ト云ヿ》二面‐稟親承一必有《ス》二源流一表《ノ》レ信、而今日伝法有二代付之者一其嗣亦《モ》未レ知二其師一、特以《ニ》二伝言一嗣《ニ》レ之不レ疑、此輩《ノ》亦《モ》当《ニ》レ得二師資当‐機契‐悟之脈《ヲ》一否《ヤ》

曰《ク》、你們痾レ屎送レ尿、著レ衣喫レ飯、得二之《ヲ》於面稟親承一、必有二源流一表レ信乎、抑抑得《ルカ》二之《ヲ》於代付之《ノ》伝言送語一乎、僧不レ能レ対《ルヿ》曰《ク》某等愚‐昧不レ能レ究二代付面印之《ノ》是非一願請《テ》二一判《ヲ》一、知《ン》二今日禅林諍論之《ノ》是非一、曰、今日所《ノ》レ諍之代付面印皆《ハ》摘レ葉遺レ根論《ノ》二皮膚之肥痩一未レ知二脈之病否一者也、苟得《モ》二其者《ニハ》一則鴉‐鳴鵲‐噪本師之法‐音森‐羅万像(ママ)本師目‐触目雖二代付《ヲ》一是名二面印《ト》一其実続二仏祖之慧命一者也、苟失《モ》二其旨《トキハ》一則所謂師資面印者《ハ》不レ過三行‐屍撞二著《スル》走肉《ニ》一而已、所‐以《ニ》華厳経《ニ》曰、仮使《ヒ》百千劫常《ニ》二見《ルモ》二於如来一不レ依二真実《ノ》義《ニ》一而観《セハ》二救世者《ヲ》一是人取二諸相一増二長癡惑網《ヲ》一繫二縛《シ》生死獄《ノ》一胸冥《ニ》不レ見レ仏如《ノ》二華厳経一所レ説則師資面印者《ハ》、非下肉‐団撞二著肉団一之謂《ニ》上、得《ル》二真実義一之謂也、苟得《モ》二真実之義一則雖レ隔二万里一去二千歳一是師資面‐印也、所以先徳云《ク》、昔北済之文公上稟二龍樹《ニ》一地《ノ》之相去《ルヿ》数万里、古塔主嗣二雲門一時之后《ノ》先百有余歳而心同道同《ク》、無レ有二少異一如《シ》三経云二発レ真帰《ト》一レ元、上与《ミ》二仏祖一同一受用、而所謂続《ハ》二慧命一者是也《ナリ》、不《スハ》レ依二真実義一則所‐謂師‐資面‐印、有二源流一表レ信者是人、取二諸相一増二長痴惑網一繫二縛生死獄一胸冥不レ見二本師之面目一者也、或曰、如二師之議論一以三代付勝《ルニ》二面印《ニ》一曰雖《ク》之《ノ》一字其判《カ》白矣

元禄十六年以前ハ、洞下皆乎伽藍相続ト云事アリシユヘニ、代付取次カ多キ故ニ、此僧ノ問カ起タテコサル、其多中ニハ得レ旨人モコサラフジ、旨ヲ得ヌ人モ有テコサラフ、大乗寺ノ海天玄聚和尚ワ雪山[18]、格堂[19]、謙室[20]、虎室[21]ノ四代ヲ越テ、雪窓祐浦[補]和尚ニ嗣レマシタ、其後ノ越山闇越和尚ハ覚室麟等ノ一世ヲ隔テテ、州山昌和尚ニ嗣レマシタ、白峯玄滴和尚モ龍岩義門ヲ越テ明堂ニ嗣レマシタ、コノ衆ハ代付次取ジホドニ、血脈カツツカヌト申シタ時ハ、月舟和尚、卍山和尚ハ、何程明眼テモ、伝ニハ載ラレヌト、他脈カラテモイフナラハ、イヤテモ、南嶽慧丈(ママ)古塔主ナリトモ、例ニ取ラ子ハ、スマヌ事テコサル、慧丈(ママ)古塔主ノ事モ先徳ノ語ヲ引テイハレマスホドニ独庵ノ私シ了簡テモ無イ左フニコサルコトニ華厳ノ文ヲ引レマシタ御吟味ナサレマセ、禅宗ヲ、又ハ仏心宗トモ称シマスル、二千六百九十載以前ニ入滅アツタ釈迦牟尼仏ノ仏心モ、此後五十六億七千万歳スキテ出世アル弥勒尊仏ノ仏心モ此カラ横ニ西方十万億土ヲ過テアル極楽浄土ノ阿弥陀仏ノ仏心モ、又東方万八千土ノ諸仏ノ仏心モ同一仏心テコサルホトニ路ノ万里ヤ、歳ノ千年ナドハ、機機通スル筈テコサル、七仏以前ニ血脈ヲ通スルトハ申レマセヌカ、ソレ程ノ功能ナイ悟ナラハ、物ノ役ニ立ヌ事テコサル、乍レ去悟タトイフ人モ、今始テノ悟リテコサレハ、大津、伏

見ナトヲ、京ト思フテ居ラルルモ、脇カラ知レヌ事テコサル、悟ノ目利ハ、悟タ人テ無レハナラヌ事テコサル、故ニ印可面授ヲ専用ニ致シマスル、其目利者無イ時ニモ悟ル人ハアル筈テコサル、ソレカ真実ノ悟テコサラフバ、捨置レマセヌ故ニ、代付ト雖トモ是名二面印一ト、独庵ノイハレマシタニ、ドフヤラ面印ヨリ代付ガ能イ様ニキコヘマセフカト、雖ノ一字其判白カナリ矣ト申サレマシタ、雖二代付一トノ雖ノ字デコサル、此字ノ義理ヲ以テ御賢察アラレマセ、達磨門下ノ嗣法カミナガミナ慧丈（ママ）ノ龍樹ニ嗣レタ様ナ事ト申サレタテハコサラヌ、然ルヲ炉談ニ仏祖正伝ノ嗣法ノ証拠ニ慧丈（ママ）ヲ引カレタハ朱塗ノ赤無理ナリトカカレマシタ、其ノ上ニ若シ慧丈（ママ）ト古塔主トバカリカ悟タ故ニ、吾カ方カラ押付テツギタイモノニ、ツキタラバ四七二三ハ、悟ラヌ故ニ、師匠カラ付嘱ウケタト云ベキヤ、独庵ノ言分ハ僻見ノ至極ナリトカカレテコサル、ヤンチヤナ言分テコサル、四七二三ヨリ乃至元祖道元、ソレヨリ以後モ十五六代迄テノ様ナニハ、誰レ評判イタス者モコサラヌ、其ノ以後ニ、ソロソロ、代付遙嗣ノ伽藍相続ノト云フ事カ出来タユヘニ、起タ評判デコサル、ソレヲ三十ガ三八ニ、正伝面授ノ縄墨ニ違タホドニトテ、払捨テ御覧ナサレヨ、今ノ洞下ハトコカラ伝リマシタソ、面授ノ規則ニハ外レタレトモ、其代付遙嗣ノ中ニ、少シバカリ鼻息ノ通路カ在テ、元禄十六年ノ秋ヨリ又太鼻息カツカレマスルテ、コサリマセヌカ、其鼻息ノ絶切タテ、ナイトイフ事ヲ、独庵ハ言レマシタテコサル、此ノ以後ニ面授ヲステテ代付遙嗣ヲセヨト教ヱラレタデコサマセヌ、此訳ヲ何レモ御賢察ナサレマセ、又独庵ノ一段ノ議論カコサル如レ左

予熟《ツラツラ》観《スルニ》二今世禅-門之伝-衣付-法《ヲ》一、名続《ナテ》而実断《ルヿ》久《シ》矣、今-日続二仏祖之恵命《ヲ》一者、独頼《リ》レ有下無-師自-悟、雖三名絶二実続一者上而《ノ》已、否《イナルトキ》則紙伝払伝而已、仮使伝伝到《ヘテルモ》二百-千万伝一何益《ノナン》歟、以レ予観レ之則今-日面-禀親承有二源流一表レ信綿《ヲ》伝不-断《ノ》之輩、其門不レ得二無-師自-悟天然-外道一則仏祖《ノ》之恵-命不レ可レ救、所以《ニ》今世洞上有無-師自-悟《テ》道眼円明如二寿昌《ノ》一、如二湛老和尚一者出-世拈-香僅《ニ》仮二名色一続二仏祖之恵命一於二無何有之郷《ニ》一全下《トキハ》威音以後属二天然外道一之防上則有レ志二於宗門一者当《ニ》下随喜讃嘆称揚上レ之《ヲ》、而或-者以レ毛求レ疵列《ツラヌ》二之《ヲ》於未詳法嗣一欲レ断二其伝灯一是《レ》仏-祖之《ノ》用心乎《カ》、抑《モ〳〵》是魔羅之《ノ》用心乎《カ》、此輩面-禀付-嘱有二源流一表レ信公-然開《キ》二語録一判二六祖本来無一物一、為《ナル》二断見外道一者、未審此輩所レ続者仏-祖之《ノ》法乎《カ》、抑《〳〵》又魔羅之《ノ》法乎《カ》、渠獃漢有《レ》レ見二於意一容易《ク》発二之於言一取《ル》二笑《ヲ》於諸方一而已、或者幸《ハセ》レ有二威音以後之言一而属二之於天然外道《ニ》一欲レ沮《ント》二其道之《ノ》行一則損下此輩所レ仮二名於伝灯《ニ》一之本《ヲ》上也、所-謂獅-子身-中虫《ノ》自-傷也、非レ傷レ他也、仏-果円（ママ）悟禅師曰《ク》、仏-法本無《ト》二彼此一諸家総《ニ》是《レ》六祖下之《ノ》児孫、終不《ニ》レ説下我是《レ》臨済下人須《ク》レ得二我家宗派独盛伝《ヿヲ》一、寧可《ロトモ》二粉骨砕身一終不レ作二這見-解一続二仏祖之《ノ》慧命一者用-心皆如レ此、或者今煎《シ》レ神煎《リ》レ肝、寧可《ロトモ》二粉骨砕身一塞二断他派一独得《リント》中我-家宗派盛《ニ》伝上、此輩用-心与二圜悟禅師一背馳《トキハ》則其所二帰宿一可レ知非下続二仏祖之慧命一者上矣、況《ヤ》寿昌雲門等上有《ニ》二師承一下有《ニモ》二真嗣一、高出《クルヿ》二諸方《ニ》一一-頭-地、如二衆星中之一月一、如《ルキヿ》二鶏群中之独鶴一、則此-輩之言帰《トスル》下於党《シ》二同門一党《ミ》二道真一吹レ毛求上レ疵而已

此文ノ中ニ、天然外道ノ字アル故ニ、炉談ニ無師自悟天然外道カ、宗門ノ大知識ナリト、独庵俗談ニ言ヒツノラルトカカレタ物テコサルガ、独庵ノ言ヒメサレタ言意ノ趣向モ不老ノ、言中カラ引切テ独庵ニトカヲ付ラルルハ、アノ方カラ言ハハ朱塗ノ赤、無理ニ金薄ヲ押付、上上箱入ノ御無理様テコサリマセフ　以上

注（以下は、本文の冠注として上辺に記されている。）

（1）冬夜ノ咄ニ俗漢ナドエ申キケソロユヘ砕砕シクナリソロユヘ又冬夜ノ茶談トモ名クヘシ（朱筆）

（2）元朝ノ年号ニ両至元アリ、仍テ後ノヲハ重紀至元ト云也、後チノハ順宗ノトキ也、六年ニテ終ル也、日本後醍醐ノ光明院ノ比ニ当ル

（3）杭州径山雲峰妙高禅師ハ径山偃渓聞禅師ノ法嗣ナリ、増集続伝灯ノ巻ノ三続灯存藁ノ三ニ伝アリ

（4）魏呉蜀（朱筆）

（5）尊頂法論曰、五天有㆓僧達磨達《ト云》者㆒、有㆔弁恵師㆓事師子尊者㆒、尊者知㆓其語解㆒対㆑衆称㆑之、至㆓伝法嗣祖㆒則以㆓婆舎斯多㆒当㆑之、達心恨㆑之、一日独行渡㆑水有女子浣《テ》露㆓其足㆒、達念曰、此脛《ク》乃《ノ》尓白皙《カ》也耶、師子尊者忽在㆓其旁㆒曰、汝毎念我祖位付㆑汝、今日之心可授㆓祖位㆒乎、達於是摂㆑念礼㆑足求㆑哀曰、微細誤犯如㆑是之難敵乎

　コノ達磨達ハ師子尊者ノ旁出也

（6）西域記略曰、優婆毱多石室ニ四寸ノ細籌塡㆓積其内㆒説法化導シテ得㆑証者乃下㆓一籌㆒

（7）伝法嗣法面稟面授ト云フ事ハ洞下ハカリニアル事テハコサラヌ、日本テモ京鎌倉ノ五山十刹大徳妙心、近代ノ檗派心越派ニ押渡シテアル事テコサルヲ独庵ハ嗣法根元ニ気カツカレヌ可笑コトテコサル、禅宗ト名乗テ居ホドノモノガ嗣法ニ気カ付カヌモノアルモノデコサルカ

（8）和州開聖覚老初参㆓長蘆夫鉄脚㆒久無㆓所得㆒、聞㆓東山五祖法㆒道径造㆓席下㆒云云、覚於㆓言下㆒大悟、後出世住㆓開聖㆒、見㆓長蘆法席大盛㆒、乃嗣夫不㆑原㆓所得㆒、拈香時忽覚㆓胸前如㆑擣、遂於痛処発㆑癰成㆑竅以㆓乳香㆒作㆑餅塞㆑之、久而不㆑愈竟卒　武庫ノ下巻ニアリ

（9）覚範慧洪禅師嗣㆓法於真浄文㆒、自称㆓寂音尊者㆒又称㆓甘露済㆒伝、見㆓普灯ノ七、会元ノ十七、続伝灯三十六㆒也

（10）雲門文偃禅師、乾祐二年寂、日本六十二村上帝天暦三己酉年也

（11）古塔主住㆓薦福㆒、景祐四四ニテ八十九年ナリ

（12）アノ方テハ投子青ヲハアソコテモココデモ古塔主ト同様ニ云イマスル雪堂ノ拾遺ノ中ニモ標禅師久参㆓成枯峰㆒、与㆑成有㆑隙、出世シテ住㆓京之神禧㆒、遂ニ嗣㆓投子青㆒、開堂下座神綱己禅師問云、見㆓箇什麼㆒便嗣㆓投子㆒、標曰看㆓語録㆒有㆑省不㆑可㆑負㆑之已、曰在㆓什麼句中㆒、標無語已、興㆓一挙㆒遂喪㆑志道不㆑振、後住㆓福州普賢㆒、老禅代山門作㆑疏曰、向㆓句中㆒識㆓得古人㆒、便自謂不㆑欺㆓諸聖㆒、有㆓古塔主黙伝之旨㆒、越㆓青華厳已墜之風㆒、千歳家伝両両翁独歩トアリ

　東京浄固（因カ）ノ枯木法成禅師ハ芙蓉楷ノ法嗣也、梅山已モ嗣㆓芙蓉楷㆒

　東京天寧芙蓉道楷禅師嗣㆓投子青㆒、会元十四有㆑伝、青原下十一世也

元禄十一年二月　遷化独庵

（13）紀年録ニ曰、師服㆓侍太白㆒前後四載、浄公一日語㆑師云、言㆓大陽絶㆑嗣太惑矣、五灯浮山章言㆘大陽明安無㆓嗣者㆒、所以付㆗直裰皮履㆖者、作者ノ謬志也

（14）道鏞カ拈来草ニ実ニ壊㆓天下国家㆒傷㆓仏祖恵命㆒大奸トカキマシタカ、当寺ハ別シテ邪法降伏ノタメニ御公義ヨリ御建立ノ寺ナリ、ソレニ仰付タ住持ハ却テ天下国家ヲヤフリ仏ノ恵命ヲ傷テハ外道邪宗ト云モノナルヘシ、吃度御詮義

（15）共ニ在世ノトキ面授ハ法恩アルユヘニ滅後ニ相続ヲアラハシノミナリトノ言分モ何ニトテ痛ム腫物ヲ手ニテイラフヨナ事也、同シフテモ済下ノ衆ノイラフノヲゴ覧ナサレヨ、興化在㆓臨済㆒作㆓侍者㆒、参叩曰、久後於㆓大覚痛棒下ニ㆒会㆓得臨済喫三頓棒㆒麼、道理此宛如㆘臨済于㆓黄檗㆒、受㆑棒而後得㆗大愚《ノ》黙発㆖似同一徹、豈比今人毫無㆘干渉遽認為㆓師印㆒者㆖、可㆘同㆑年而共語㆖耶、又曰漸源ノ于石霜先亦中㆓其毒㆒、後乃発覚而嗣㆑之、乃不㆑忘㆓其本㆒、如㆑是、コレミナ能クキコヘマスルテコザラヌカ

（16）厳統凡例　曹洞宗派考㆓諸世譜㆒止㆓於青原下十六世天童浄㆒耳、今閲㆓五灯続略㆒天童浄之後更載㆓一十八世《ヲ》㆒、倶有㆓機語《ニ》㆒、不㆑知従㆑何而得反天童《ノ》僧某真抵宝寿面質《スニ》、乃文其詞曰、是皆得㆑之、少室殿前碑夫殿前碑所㆑記、僅有《ニ》㆓名氏歳月㆒、絶《テ》無㆓語録等述㆒、祇是評唱之儔未㆑明㆓本分《ト》一着㆒、容鑑冒㆓祖灯㆒耶云云

（17）厳統凡例　近代尊宿崛㆓起洞宗㆒如㆓寿昌経㆒雲門澄固是明眼作家第寿昌之嗣㆓稟山㆒、雲門之嗣㆓大覚㆒似覚㆑未㆑要稟山従㆓事異教《ニ》㆒曽自㆓寿昌親聞謦㆒薙髪梭《ニ》㆒未㆑聞㆓参悟㆒也、即大覚示伝怕之儔耳二老桀出之宗匠、何曽得㆓法于本師《ニ》㆒出世拈香僅仮㆓名色㆒、従上来源全《ク》無㆑可㆑拠云云、

(18) 諱ハ良昃（朱筆）
(19) 同、宗逸（同右）
(20) 同、呑益（同右）
(21) 同、春策（同右）

追記

本書『独庵俗談根源鈔』は、一九九六年一月に監修鏡島元隆駒澤大学名誉教授『独庵玄光護法集』と共に別冊附録『砕金・根源鈔・道者語録　解題』として、至言社より影写版になり所収され出版された。その解題担当は筆者吉田である。

第六章　近世の「受戒」・「授戒会」とその問題

第一節　道元禅師外伝「血脈度霊」逸話考——血脈授与による救済と性差別

高祖道元禅師の諸種ある伝記中、後世に増幅された部分には、その時代の要請や状況を反映している記事がある。その一つが近世に付加された「血脈度霊」の逸話である。本節では、この逸話の成立の背景と内容上の問題点「性差別」に焦点を当て考察してみたい。

「血脈度霊」といえば、識者にはさしずめ『永平開山道元和尚行録』（以下、『行録』）の本文後の付録に所載する記事と、それを継承し引用する『訂補建撕記図会』（以下、『図会』）を想起することであろう。この逸話は、『行録』の分析（考証）に指摘されているとおり、大覚禅師（蘭渓道隆）の来朝と建長寺創建の時期等、歴史的記述の上で矛盾や誤りがあり、史実としては否定されている。また『図会』に描かれているものの、「血脈度霊」の扱いは「正伝」の記事ではなく、あくまで「付録」（付伝）である。本節の表題で「外伝」とする理由は、そうした背景からである。

まずこの『行録』『図会』に由来する「血脈度霊」逸話のあらすじを紹介しておくことにしよう。

波多野義重の妾（側室）が、夫人より憎まれ、義重の留守中に殺され、山中の池に沈められた。妾は恨みを懐いて死に、その後、厲（霊・妖怪）となって出没するようになり、（地獄の責め苦に遭い）叫喚の声を発するようになった。ある僧が庵相応の地を訪ね歩き旅の途中、そこにさしかかると「妖怪（亡霊）」が現れる。妖怪は僧に身の上を語り、証拠の品である袖[1]を託す。同情した僧は、京へ行きそれを義重に示す。驚いた義重は、僧と共に深草の地（興聖寺）に高祖を訪ねる。高祖は、その僧に「仏祖正伝菩薩戒血脈」を手渡す。僧は早速かの地にもどり、その「血脈」を池の中に投げ入れると、忽ち空中に声があり、「自分は無上の妙法を得て、頓に幽冥の苦を脱することができ、疾く菩提の果を成じました」と告げる。その旨を聞いた義重は大いに喜び、新しく梵宇（寺院）を構築し、高祖を招請し開山第一祖となした。今の永平寺がそれである。池は永平寺境内にあり、「血脈池」と号する、というものである。——この逸話を仮にA型としておく。

同種の逸話は、他に『日域曹洞列祖行業記』「初祖道元禅師」の伝記にある。その中の逸話は次の如き内容である。

本州（越州）に一婦人がいた。彼女は、その性が酷妬（ひどく嫉妬深く）、死後に蛇となった。師（高祖）は、それを憐れみ菩薩戒（血脈）を授けた。すると蛇（婦人）は、男子の形となり、空を騰り去って行った。――この逸話をB型とする。

以上のA型とB型の逸話は厳密に言えば別の内容である。A型は「亡霊授戒」であり、B型は「畜生授戒」である。またB型には、『法華経』提婆達多品の「竜女成仏」[2]に代表される「変成男子」の話が含まれている。ここではA型を「亡霊授戒型血脈度霊」、B型を「畜生授戒型血脈度霊」としておく。

次に江戸末期までにおけるこのA型とB型に属する逸話を所載する高祖伝の書名・撰述者・撰述年・刊写年等を列記してみよう。

A型―①『永平開山道元和尚行録』「付録」撰者不明、寛文十三年（一六七三）刊記・延宝元年（一六七三）刊。

②『訂補建撕記図会』「付録」面山訂補、瑞岡珍牛・大賢鳳樹図会、文化三年（一八〇六）序刊。

③『永平道元禅師行状図会』瑞岡珍牛撰、文化五年（一八〇八）刊。

④『永平高祖行状記』黄泉無著撰、文化十三年（一八一六）識、嘉永二年（一八四九）写本・永平寺蔵版。

⑤『永平高祖行跡図略伝』撰者不明、嘉永五年（一八五二）刊。〔駒澤大学図書館蔵〕

B型―①『日域曹洞列祖行業記』「初祖道元禅師」懶禅舜融撰、寛文十三年（一六七三）刊。

②『道元禅師行業記』（延宝本『建撕記』）書写者不明、延宝八年（一六八〇）写本。〔福井市立郷土博物館蔵〕

③『僧譜冠字韻類』巻八十八「道元禅師」版橈晃全編、元禄元年（一六八八）版。

④『永平仏法道元禅師紀年録』大了愚門校、元禄二年（一六八九）刊。

⑤『永平開山和尚実録』面山瑞方撰、正徳元年（一七一一）刊。

⑥『日域洞上諸祖伝』巻三「道元禅師」湛元自澄撰、元禄六年（一六九三）撰、元禄七年刊。

⑦『永平祖師年譜偈』面山瑞方撰、延享元年（一七四四）刊。

⑧『高祖禅師和讃』万仭道坦撰、明和六年（一七六九）。〔『句双子』所収〕

⑨『永平開山道元禅師行状伝聞記』撰者不明、文化二年（一八〇五）刊。

⑩『永平実録随聞記』東奥大巓撰、撰述年不明、文政六年（一八二三）写本。〔駒澤大学図書館蔵〕

AB両型の逸話を比較すれば、次の如く大きな相違がある。

A型の五書は、ある僧が義重の側室の亡霊に高祖より預けられた「血脈」を授け、幽冥の苦から脱し菩提を成就ないし生天させる話である。なお五書中の一書『永平高祖行状記』では、主人公が「ある僧」ではなく直接、高祖が授与したことになっている。「血脈」授与の時期は、興聖寺時代であり、波多野義重の帰依と永平寺建立の機縁に結びつけている。一方B型の十書では、高祖が本州の嫉妬深い一婦人が死亡して「蛇」となったことを憐れみ「血脈」を授けると、彼女は「変成男子」して生天の利益を得るという話である。十書中の一書『永平開山和尚実録』には、「変成男子」の叙述はない。なお『永平祖師年譜偈』は、面山がその『実録』を踏まえて「偈」に略述したもの。また別の一書『永平開山道元禅師行状伝聞記』では、一婦人を「藤原永《なが》平《ひら》」の「妾」としている。またB型の時期は、具体的に「宝治二年（一二四八）」となっていて「鎌倉下向」の北条時頼等への菩薩戒授与を終え永平寺に帰山して一年後、〈宝治二年の記事〉「羅漢供養法会」の前に挿入されている。

ところで同種の逸話は、前述したA型とB型との二つばかりではない。『永平開山道元禅師行状伝聞記』巻下の中にはB型の一話の他に別の逸話が含まれている。すなわち同書の巻下の「九、師臘ヲ質シ了テ如浄ニ依ル事、并亡霊救ヒ玉フ事」に含まれる一話と同じく「十三、時頼師ヲ請シテ寺ヲ建ツル事、付師亡霊ヲ救ヒ并勅受給事」に含まれる二話である。まず最初にあるものは、高祖が中国に滞在中、太白山の西嶽に住んでいた李氏の婦人が死に地獄の責苦を受け亡霊となって現れ、それを「一字水輪の法」を加持し「大悲神呪」を読誦して生天させたという話である。次に高祖が鎌倉滞在中、「星井（ほしのい）の女人の亡魂」に「血脈」を授けて生天させた話と鎌倉から永平寺へ帰山の途中、越前の湯尾（ゆのお）峠において、疫病神に説法して済度し疱瘡の役から一生免れる事ができたという「悪霊化度」の話である。この後に前掲のB型の一話が続いている。

同書の太白山「亡霊救済」逸話は、「一字水輪法」（実態は不明）の加持や「大悲神呪」の読誦から見て真言密教色が濃厚である。なおこれに相似し、太白山（天童山）に場を設定した逸話は、石川力山氏の論文（「中世曹洞宗における切紙試論」『駒澤大学仏教学部論集』一五号、一九八四年）に紹介している能登永光寺に伝えられる「切紙」類の中、「河原根本之切紙」(3)にある。それは以下のとおり。天童山の大門の先に川があり、その橋のあたりの村に住んでいた十八九の女房が死ぬ。行生（「行状」か）が悪く輪廻して亡霊となり出没した。亡霊は天童山のある僧に「大悲呪」「血盆経」「金剛経」の読誦を要請し、更に翌日に「血脈」を持参する事を望み、それがかなう。その夜、かの女房の両親が夢を見て、娘が成仏した事を知り、翌日天童山へ参詣し供養をした後、「血脈」を授かり帰宅する、という話である。推定するにかの高祖の伝記にあるA型の逸話は、この「亡霊授戒」逸話の素材を用い、場所や人物を脚色したようにも考えられる。また今後、前掲の永光寺所伝の「切紙」以外の「切紙」史料にそっくりそのまま含まれ、発見される可能性も充分にあろう。

次の「悪霊化度」の話は、元々、平安時代中期の陰陽師・安倍晴明（九二一～一〇〇五）にまつわる逸話（疱瘡神を封ずる「孫嫡子社」に由来）である。それをいつの頃か高祖にすり変えたものであり、現地の伝承（『越前南条湯尾峠御孫嫡子略縁起』『越前地理指南』(4)）とは異なるが、民間信仰との習合を表し高祖の威徳を示す逸話として興味深い。

このようにして「血脈度霊」逸話は、多数の高祖伝の文中に取り入れられていく。伝記中の一部の叙述に過ぎないが、恐らくこれを洞門僧が民衆向けの説教・法話等に度々用いたに違いない。その逸話は、結果的に民衆にあたかも史実のように信奉され、更に「授戒会」の戒弟に加わるという形で、次第に民衆側に受容されていったのではなかろうか。

『行録』の「血脈度霊」本文の末尾（「附録四条」二）には、「大凡欲レ成二菩提一者、無三尽不レ受二師血脈一、授二与血脈于世俗一、権二輿于斯也二」とあり、「血脈授与」の起源を主張している。更に『伝聞記』の末尾には、「嗚呼法血ノ功徳不思議ノ至リ也」と「血脈授与」の功徳を宣揚しているように、これは「授戒会」の宣伝文と言える。

時代は下るが授戒の功徳を宣伝する資料として寂室堅光（一七五三～一八三〇）撰と伝える『普勧授戒之縁由』（嘉永四年〈一八五一〉七月、武州多摩郡吉祥村月窓寺現住如禅、印施）〔愛知学院大学図書館「横関文庫」所蔵〕(5)がある。これは新出資料で書誌学的吟味の必要もあるが、それは後日に回すとし、ここでは伝寂室撰という扱いで引用したい。その文に「夫授戒ハ仏々祖々正伝し来る最上無漏の妙法にして成仏得脱の基本たり（中略）。人間は申すに及ばず、たとひ畜生変化類たりとも此戒法を受ける時ハ無始よりこのかた造累所為罪過一時に消滅してただちに成仏に至る事疑いなし（中略）。その外龍神天狗また八亡魂の来りて戒をうけ血脈を祢がふ者今猶多し（後略）」とある。これは、「授戒成仏」を強調したものであり、近代に至る『修証義』[6]のそれと連動していく先駆的書物のひとつといえよう。現今「授戒成仏」を高祖の宗旨と受け止めてよいか躊躇されるものの、その是非や功罪はここでは触れない。大事なことは、その「授戒成仏」には、畜生・亡魂類も含んでいる点であり、上記に十分対応できる内容である。

以上の考察によってまず言えることは、これら「血脈度霊」の記事や関係資料は、近世における日本曹洞宗教団の「授戒」による民衆教化の隆盛と更にその促進を伝える資料としての側面である。換言すれば、高祖の伝記がそれに利用されたと見做してよいのではなかろうか。

中世（十五世紀後半）には、東海地方の一角で盛んに「授戒会」が行われていたことが廣瀬良弘氏の研究（『禅宗地方展開史の研究』[7]第二章第九節・第十節。他）で明らかになっている。詳しくは同氏の論文に譲るが、三河（現、愛知県知多郡東浦町）乾坤院における「授戒」資料（「血脈衆」「小師帳」）は具体的な人物名を記し臨場感があふれる。同じく石川力山氏の一連の研究（前掲書）により、中世の宗門僧たちによって伝来されてきた「切紙」の中にも多数の「授戒」資料が含まれていることが知られる。このことから、少人数にしろ多人数にしろ戒弟の対象が各層にわたり、当時かなり広範囲に「授戒会」が挙行されていたことが推定できる。要するに民衆教化としての「授戒会」は、すでに中世に行われ、近世になって、それが一層盛んに行われていくわけである。

『月舟和尚遺録』下巻所収「月舟宗胡伝」や『卍山和尚広録』所収「禅戒訣」、『卍山和尚対客閑話』等の記事に拠り、近世の「授戒会」は、月舟宗胡（一六一八〜九八）の加賀大乗寺の入院した寛文十一年（一六七一）以後、大乗寺を中心に盛んに行われ、やがて周辺に広まっていったことが窺える。それは大乗寺の世代となる月舟をはじめ卍山道白（一六三六〜一七一五）、徳翁良高（一六四九〜一七〇九）等が、かつて黄檗禅に参じ、黄檗戒壇[8]に加わった経験が下地にあり、その影響を受け、曹洞宗式の「血脈戒壇」すなわち「授戒会」を『仏祖正伝菩薩戒作法』等を応用創案し、挙行したものと思われる。その実態の分析は、これも後日を期したい。奇しくも前掲の二書『永平開山道元和尚行録』と『日域曹洞列祖行業記』との刊行年が寛文十三年（一六七三）であり、月舟の大乗寺入院の二年後であることは、月舟を中心とする「授戒会」興行の推進と無関係ではなかろう。換言すれば、「授戒会」隆盛の一面が高祖の伝記に反映しているといえよう。

次に「血脈度霊」の逸話中に含まれる「女性蔑視」の用語に「性差別」の思想的背景とその問題点を指摘してみたい。

前掲の「亡霊授戒型」（A型）と「畜生授戒型」（B型）の二話共、「血脈度霊」によって救済される対象は女性である。その女性の身分や性格・事件の設定にまず注目してみよう。A型では、波多野義重の「妾」（「嬖妾」。側室）（自らを「婢女」と称す）は、夫人（妻女）に妬まれて殺され、恨みを懐いて死に「亡霊」（妖怪・亡魂・怨霊）となって現れる。そこには「妾」と夫人との女性同士の争いがあり、双方の嫉妬と遺恨の感情が尾を引き、殺人や亡霊を惹起したと設定されている。一方、B型においては、本州（越前）の一婦人の性格がひどく嫉妬深かったため（「妬婦」「悍婦」とも）、死後に「蛇」（巨蛇・毒蛇）となったという。延宝本『建撕記』ではその婦人の性格を「其業ノ深キコトヲ憐レミ給イ」云々と記している。B型の範疇に入る『伝聞記』では、その一婦人は藤原永平の「妾」とされ、彼女の性格が「愛欲ノ浅マシク、嫉妬ノ情深シテ免レ難ケレバ」死んで「蛇」となったと設定している。その上、B型では有名な『法華経』提婆達多品に由来する「竜女成仏」の逸話に基づく「変成男子」して「生天」したとする筋立てになっている。「変成男子」の意義と功罪に関する言及は、ここでは割愛するが、「性転換」によってでないと女性は成仏できないとする仏教の差別性は明確に指摘できる。このように挙げてくると女性の救済を説きながら、背後に非常に偏重した「女性観」を持っていたことが浮かび上がってくる。すなわち相対的に、女性は男性に従属する存在としていること、嫉妬深いこと、恨みを懐いた相手には怨家の如く讎（あだ）を返そうとすることなどが描かれ、それをなぞらえて「蛇」に想定していることである。端的に言えば、女性は嫉妬深く「蛇」の様だというのである。こうした「女性観」は、極めて強い「男尊女卑」の価値観に根ざすものであろう。

ところで仏教における「女性観」の中で、女性を蔑視する経文が多数ある。その一つ『増一阿含経』第二十七巻「邪聚品」には、次の様に記し女性の「五種悪」を挙げている。「夫為女人有二五種悪一。如何為レ五。一者穢悪、二者両舌、三者嫉妬、四者瞋恚、五者無二反復一」（『大正蔵』二巻、七〇〇頁c）。更に女性に「五穢行」ないし「五過失」があるとし、それを「蛇」に喩えている記述がある。「女人有二五穢行一。如何為レ五。比丘、女人臭穢、言語麁獷、無二反復心一、猶如二蚖蛇一、常懐二毒垢一。此女人、増二益魔衆一、難レ得二解脱一」（『阿難同学経』〈『大正蔵』二巻、八七四頁b〜c〉）、「大黒毒蛇有二五過失一。如何為レ五。一者多瞋、二者結恨、三者恨讎、四者無恩、五者悪毒。女人亦爾。瞋恨多讎無レ恩悪毒。女人毒者、謂有二一類多欲染心一」（『根本説一切有部毘奈耶雑事』巻三十一〈『大正蔵』二四巻、三五七頁a〉）。よくもこれほど女性を卑下できるものかと呆れるほどである。勿論、「血脈度霊」の記事は、これらの経典を直接踏まえたものではないにしても、当時のアジア一般に共通する差別的「女性観」を持っていたことは確かであろう。「女人救済」を唱えながら、その根底に差別性に満ちた「女性観」を持っていた点に、吾人は厳しい批判の目を向け、自戒すべきである。

廣瀬氏の前掲書の史料によれば、女性の授戒者が男性の二倍前後に及ぶという。もし、その際に「血盆経」等を与え、差別的「女性観」の元に戒弟として勧めたとするならば、「恫喝と救済」を巧妙に仕組んだ残酷な「授戒会」といえよう。『普勧授戒之縁由』の文中に「殊に懐妊の女人受戒すれば胎内の子もその功徳によりて安産し柔和慈善の孝子となると如来も説き候へば妊身《ママ》の女人またハ子なる女人は猶受戒すべし」と述べている。これも上記の差別観を窺い勧めているとすれば功徳を額面通り安易に受諾できない。

近世において高祖の威徳を顕彰する伝記の中に「授戒会」に潜む「性差別」の問題を含んでいることを学んだ。今日、宗門もこの点十分注意しておくべきである。

注

（1）「幽霊の片袖」伝説。大阪平野の融通念仏宗総本山大念仏寺に伝わるもの。元和三年（一六一七）、修行者が箱根地獄谷にさしかかると女性の幽霊が現われ、摂津住吉宮の神官である松大夫に知らせるよう片袖と香合を託し供養するよう願ったという。同様の伝説は、亀山市の普門寺にもある。また講談「幽霊の片袖」や落語「片袖」もあり、その影響から宗門にも伝わったものと思われる。

（2）「竜女成仏」、『法華経』（後秦、亀茲国三蔵法師鳩摩羅什訳『妙法蓮華経』「提婆達多品第十二」〈『大正蔵』九巻所収〉に由来する逸話。八歳の娑竭羅（サーガラ）竜王の娘が文殊菩薩の導きで「諸方実相」の理を悟り、釈尊の前に来て感謝の意を込め宝珠を贈った。すると彼女は男子に変身し、南方無垢世界に赴き成仏した、という。従来、仏教は「女人成仏」を説いていなかったので、大乗仏教では、これを肯定的に受けとめる面と、「変成男子」後に成仏したとすれば、それは「性差別」につながる、として否定的に批判される面との二面を有する。このように羅什訳『妙法蓮華経』「提婆達多品」の説示は、現代において仏教の本質とジェンダー・「性差別」等から、学会において種々の問題を孕んで論議されている。

（3）「河原根本之切紙」、石川力山著『禅宗相伝資料の研究』下巻（法藏館、二〇〇一年）、「第三篇　中世後期における切紙相伝とその社会的機能、第一章　中世曹洞宗における授戒儀礼、三　授戒儀礼関係儀礼の種々相」において、著者は本資料を「非人引導」也「非人授戒作法」の口訣に位置付け得る切紙とする。具体的資料として、石川県永光寺所蔵の「天童山従如浄禅師元和尚附授之　河原根本之切紙」を挙げている（八八〇頁・一〇四二頁）。また同類の河原者の由来に関する切紙（一〇四二～一〇四三頁、永光寺蔵）資料も示している。

（4）『越前地理指南』、本書は徳川幕府が貞享二年（一六八五）、福井藩に「越前国絵図」の製作命令を下し、同藩が本書と『越前地理概要』、『越前地理便覧』の三書を編集し、総称として『越前国絵図記』と名づける中の一書。『福井県史』通史編三、近世一に所述。それには郡別・領主別、更に譲館・寺社・山川・池・森等の記録がある。疱瘡神逸話の出典は『越前南条湯尾峠御孫嫡子略縁起』中の一書である。

（5）伝寂室堅光撰『普勧授戒之縁由』（愛知学院大学図書館、横関文庫Y一八八・八―八一二）。寂室は宗門において「戒法の寂室」と称され、『十善戒法語』（江戸和泉屋庄次郎、文政元年版。『曹全書　禅戒』所収）、『菩薩戒童蒙談抄』（名古屋永楽屋東四郎、文政二（一八一九）年版。『曹全書　禅戒』所収）、『戒法の手引き』（東京永平寺出張所、一八九八年。弘津説三が『童蒙談抄』を改題）『菩薩戒落草談』（東京通俗仏教館、一八九九年刊。附録に①『勧戒指南』〈『童蒙談抄』を高田道見が改題〉。②『勧戒標的一綴』〉、等の撰述書がある。『普勧授戒之縁由』の解説は、本書において次の第二節で行う。

（6）『修証義』には、曹洞扶宗会・大内青巒著『洞上在家修証義』とこれを元に永平寺滝谷琢宗・總持寺畔上楳仙を中心にして明治二十三年（一八九〇）に編集・公刊された『曹洞教会修証義』（通称『修証義』）がある。当時はさておき、現代になり種々の問題（教義・教化・儀礼・人権差別等）が内在していることが判明した。そこで曹洞宗務庁では、曹洞宗総合研究センター編（プロジェクトチーム委員――宮地清彦・圭室文雄・尾崎正善・菅原研州・吉田道興）『曹洞宗近代教団史』（二〇一四年）を作成。なお、当該書における『修証義』の編纂と成立に関する担当は吉田である。

（7）廣瀬良弘「中世禅僧と授戒会――愛知県知多郡乾坤院蔵「血脈衆」「小師帳」の分析を中心として」（『木代修一先生喜寿記念論文集3』雄山閣、一九七六年）。これが後日、廣瀬良弘著『禅宗地方展開史の研究』に所収。また同氏の「中世林下禅林の布教活動――曹洞禅の授戒会について」（『印度学仏教学研究』二四巻二号、一九七六年）がある。関連する先駆的著書として鈴木泰山『禅宗の地方発展』（畝傍書房、一九四二年・吉川弘文館、再刊一九八二年）、同右『曹洞宗の地域的展開』（思文閣出版、一九九三年）がある。

（8）黄檗戒壇。曹洞宗では道元禅師の時代以来、厳修されていた「授戒会」であるが、黄檗宗禅僧（道者超元・隠元隆琦・木庵性瑫等）の来朝に伴う黄檗式「戒壇（授戒）」（三壇戒会）の盛況ぶりに刺激を受け、加賀大乗寺の月舟宗胡・卍山道白・徳翁良高・無得良悟等を中心に各地の宗門寺院において「授戒会」興行が展開されていった。

第二節　伝寂室堅光撰『普勧授戒之縁由』考――「神人化度」と「授戒成仏」について

一、はじめに――問題の所在と寂室堅光

筆者が『普勧授戒之縁由』を実際に研究資料として使用したのは、平成八年に駒澤大学で行われた「宗学大会」の発表であった[1]。その発表の主要資料は、『永平開山道元和尚行録』『日域曹洞列祖行業記』であり、本書は間接資料であった。その際、本書の叙述「血脈授与」が「授戒成仏」につながる点を指摘した。本節では、主に本書の成立の背景や異本の紹介と本文の内容、特に「神人化度」の一面と「授戒成仏」の問題に対し批判的に論じる。その意味で上掲の論文と姉妹編をなすことをお断りしておきたい。

まず『普勧授戒之縁由』の撰述者を後に引く「奥書」に寂室堅光としているにも拘らず筆者が「伝寂室堅光」とするのは、本書が原文を部分的に略し、本文も解りやすくするなど後人の手が加わり、寂室の真撰ではないと判断されるからである。次にその寂室について簡単に紹介しておこう。

江戸時代後期において活躍した曹洞宗の学僧寂室堅光（一七五三～一八三〇）は、宗門史で「戒法の堅光」と称される。禅門の戒律（禅戒）すなわち道元の説く「仏祖正伝菩薩大戒（十六条戒）」や「十善戒」の「戒法」の教化宣伝に専ら努めた人物である。彼の撰述書の中では、『十善戒法語』（文化十一年〈一八一四〉撰、文政元年〈一八一八〉刊）、『菩薩戒童蒙談抄』（文政二年撰・刊）が、その代表作である。幕末から明治にかけて前者は「十善戒信受の人に示す法語」（「十戒法語」「十善法語」とも）、後者は「戒法の手引き」「菩薩戒落草談」と題され、繰り返し出版されたベストセラー本であった。

また彼の『氷壺録（語録）』や『歌集』中に詩歌が多く含まれ詩文の才があったこと、さらに長門妙青寺・同功山寺・武蔵豪徳寺・近江清涼寺・同天寧寺など宗門の名刹に止住していたことが注目される。特に「禅戒」の専門家であると共に清涼寺で『寿山清規』の撰述をし、「清規」（禅僧の集団生活規則）の指導をしていたことから謹厳な律僧的風格を有する傑僧であったことが窺える。付言するに豪徳寺と清涼寺は、有名な幕末の大老井伊直弼の父である井伊直中の菩提寺である。寂室と直中とは住持・檀那の間柄であり、昵懇の仲であった。

叙述は前後するが、宗門の「禅戒」には、「伝戒」（嗣法）と「授戒」がある。寂室の在世時、「禅戒」の泰斗として先輩格に面山瑞方（一六八三～一七六九）、指月慧印（一六八九～一七五三）、万仞道坦（一六九八～一七七五）等がいた。更に同世代の雲櫺泰禅（一七五二～一八一六）、本秀幽蘭（?～一八四七）、月潭全龍（?～一八六五）等が輩出し

て「伝戒」並びに「授戒」の教義や「戒法」に関する著書が出され種々論議がなされる一方、民衆教化の一環として「授戒会」も盛んに行われていたのである。本書はそうした時代の産物であった。

二、異本の紹介と本文の内容

次に本書とその異本を挙げ、書誌的概説をしておく。

(1)『普勧授戒之縁由』、伝寂室堅光撰。曹洞沙門如禅（武蔵多摩郡月窓寺＝現、廃寺）印施本。嘉永四年（一八五一）刊。愛知学院大学図書館「横関文庫」所蔵（Y一八八、八－八一二）。

(2)『勧戒標的』、堅光和尚撰。写本（近世）。山形県飽海郡遊佐町大字小松字丸川戸四七、宗泉寺所蔵。曹洞宗文化財調査委員会蒐集文献。

(3)『勧戒指南』、戒光庵主人（寂室堅光）撰。『菩薩戒落草談』付録、明治三十二年印刷・東京通俗仏教館発行刊本。愛知学院大学図書館「横関文庫」所蔵（Y一八八、八－五一九）。

まず一見すると三本の題名がすべて違い、別本の趣がある。『普勧授戒之縁由』の「普勧」の字句は、道元の『普勧坐禅儀』を明らかに意識したものであろう。横関了胤氏が本書を入手した経路は不明であるが、暫時保持し、愛知学院大学図書館に寄贈した蔵書の一つである。表紙の左横に「曹洞沙門如禅印施」と記され、本文末の「奥書」に「維時嘉永四年秋七月武州多摩郡吉祥寺村月窓寺現住如禅、近古寂室堅光禅師の述しおかれたるに増補して梓に鏤めひろく有縁の道俗に施すものなり」とある。これより如禅が授戒会の戒弟向けに作成した施本であったことが判る。末尾に「助刻」として「上総国望陀郡貝淵村鹿島重良兵衛、同治兵衛母、同所榎木竹右衛門、同所安田平八母、木更津石屋金兵衛」の名が記され、檀信徒と目される彼ら五人の援助を得て印刷され、戒弟に無料で配られたものであろう。幕末の頃、各地の授戒会にもこの種の施本が多数あったと思われる。

『勧戒標的』は、山形県飽海郡の宗泉寺に所蔵されているもの。平成三年九月十日、曹洞宗文化財調査委員会の調査によって蒐集された[2]。表紙はなく、冒頭に「観戒標的、堅光和尚」とあり、筆者名・筆写年の記述はなく不明である。恐らく宗泉寺の関係者が近世（幕末頃か）に写したもの。用途は前掲書とほぼ同じと思われる。原題は、『観戒標的』となっているが、『曹洞宗報』一九九三年五月号に掲載された「解題」の執筆者椎名宏雄氏（当時、駒澤大学講師）により「観」の字を誤記とし「勧」に訂正された。「勧戒」の語句は「普勧授戒」の意であろう。『仏戒俚語』（撰者不詳、天保十二年〈一八四一〉刊）の条目名にもある。平成十年春、筆者は、これを編集した『曹洞宗宝調査目録解題集2（東北管区・北海道管区編）』（一九九四年）を閲覧し、同年三月に宗泉寺と同委員会へ資料の複製及び掲載等の申請をし、四月中旬に正式な許可を得て入手したもの。

次に『勧戒指南』は、明治三十二年、通俗仏教館より発行された『菩薩戒落草談』に付録として掲載されているもの。冒頭に「勧戒指南、戒光庵主人」とある。末尾に高田道見氏の『江州萬年山天寧禅寺開山寂室堅光禅師略伝』が付されている。高田氏がかねて保持していたものであろうが、同書に関して「凡例」には一言も触れていない。

以上、三本の本文を詳しく比較して見ると字句上に多数の違いはあるものの全体的な分量と内容構成の整備状態からいって『勧戒指南』（以下『指南』と略称）が元本であり、その前半部三分の二程から派生したのが『普勧授戒之縁由』（以下『縁由』と略称）と『勧戒標的』（以下『標的』と略称）であると推測できる。しかし、成立が古いと思われる『指南』の撰述所・撰述年は不明である。その手がかりのひとつは、「戒光庵」の庵名である。同書の撰述に携わった寂室の「方丈」の雅号・別号であればぴったりであろうが、残念ながら現在のところ不明である。他のひとつは、『十善戒法語』と『菩薩戒童蒙談抄』との両書と本書の戒律護持の志向や筆致が同一と言える点から、おそらく両書の成立した文化十一年ないし文政二年前後の頃、すなわち寂室の近江（彦根）清凉寺ないし天寧寺の住職時代であろうと推定される。

『指南』の構成は、次のように三部に分けられよう。初めの第一部には、「戒相」が「成仏得脱」の基本であり、これを受けると罪過が一時に消滅して直に「成仏」するとして、天竺唐土日本へとその「戒法」が伝えられてきた経過を略述し、それが「勧善懲悪」を元としてその功徳を示している。第二部では、日本の神々・龍蛇・山姥・天狗・山鬼・閻魔類が多くの禅僧達より各々受戒して弟子や守護神になり諸種の利益をもたらした伝承（「神人化度」逸話）を連ね、前と同じく「戒法」の功徳により「現世安穏、後世安楽」「子孫繁栄、運命長久」等のあらゆる願望が叶えられるとし、急ぎて「受戒」すべしと人々をせきたてている。第三部では、密教経典『灌頂経』（『大正蔵』一二巻所収）に示す「五戒」保持者は「二十五善神」が人身を護って万事吉祥ならしめるとして一々その功徳を挙げ、これを信ずべきことを説いている。

以上、概略的に相違をまとめる。まず第一部『指南』の冒頭句「夫れ戒相は」の「戒相」が『標的』『縁由』では「戒法」となっている点が目立つ。第二部の末尾、『指南』にある「一息が還らざれば後悔先に立たず、人の命の無常なることは風前の燈火の如し、古歌に明日あると思う心のあだ桜、よはにはあらしのふかぬものかは、と慎で諸の君子に告ぐ、暫時有為の名刹のために永く無間地獄の苦患を招くことなかれ」の文節は、『標的』にも字句は多少異なるが存する。しかし、『縁由』にはない。その他、文節・語句における三書の異同は多数にわたるが本節では全面的に略する。第三部は、『標的』『縁由』は共にない。この点が大きく異なる。

三、「神人化度」逸話

次に第二部の内容で「神人化度」[3] 逸話に登場する禅僧達の活躍に注目してみたい。なお民衆に圧倒的信仰のある伝教大師・弘法大師等も含んでいる。いずれも当時の仏教側優位の立場を反映した「神仏習合」ないし「民間信仰」を示しているものである。初めに三書の「化度者（授戒者）」を列挙する。なお個々の人物紹介は省略する。

(1)『指南』―①大空玄虎、②伝教大師、③弘法大師、④大徹宗令、⑤定庵珠（＝殊）禅、⑥金岡用兼、⑦璋山融珪、⑧徹通義介、⑨通幻寂霊、⑩中翁珠峯（＝守邦）、⑪守堂覚満（＝字堂覚卍）、⑫五峯《ママ》＝吾宝宗璨、⑬了庵慧明、⑭天先祖命

(2)『標的』―①大空玄虎、②孤峰覚明、③伝教大師、④弘法大師、⑤円爾弁円、⑥実峯良秀、⑦峨山韶碩、⑧徹通義介、⑨大徹宗令、⑩空庵《ママ》＝定庵殊禅、⑪金剛＝金岡用兼、⑫璋山融珪

(3)『縁由』―①大空玄虎、②孤峰覚明、③伝教大師、④弘法大師、⑤円爾弁円、⑥実峯良秀、⑦峨山韶碩、⑧金岡用兼、⑨大徹宗令、⑩璋山融珪

これで見ると孤峰覚明（三光国師）・円爾弁円（聖一国師）・実峯良秀・峨山韶碩の四名は、『指南』になく『標的』『縁由』にある。逆に通幻寂霊・中翁守邦・字堂覚卍・吾宝宗璨・了庵慧明・天先祖命の六名は、『指南』にあって『標的』『縁由』にない。また定庵殊禅と徹通義介は、『指南』と『標的』にあって『縁由』にない。この出入りの相違は、どのようにして生じたのであろうか。まず言えることは、『標的』と『縁由』の本文中、璋山融珪の事例を上げた後の文「その親施として宝物あるいは霊水温泉を献じ、または火災を除き山を移せしなどの奇瑞、数ふるに遑あらず」（部分的に語句は相違）は、『指南』にない文章であり、この点から推して両書は同系列に属する書である。ただし、『縁由』は上記の二人を欠き、順序もいくぶん違うので同一書ではない。要するに「化度者」の取捨選択は、『指南』を元にしつつ、後半の六人を除き新たに四人を挿入するというように『標的』と『縁由』の筆写者・作成者の自由裁量に任されたものであろう。また全体を簡略化し分かりやすくしたのは、両書が在俗者向けの「授戒会」用施本という面から考慮できる。

次に「化度者」達と「授戒」の対象となっている「神人・異人」達とその「霊験」を網羅的に表記してみよう。まずⓐ『指南』に掲載している分、そして『指南』になくⓑ『標的』『縁由』に掲載している分を掲げる。

ⓐ大空玄虎―天照大神宮。宝物、清泉湧出
伝教大師―豊前香良明神＝弟子
弘法大師―宇佐八幡宮＝弟子
大徹宗令―越中立山権現＝弟子
定庵殊禅―住吉明神＝弟子。温泉湧出
金岡用兼―芸州厳島明神。献茶湯水
璋山融珪―豊前彦山明神＝守護神
徹通義介―加賀白山権現＝守護神
通幻寂霊―丹波白蛇明神＝守護神
中翁守邦―周防長尾池大蛇＝鎮守、寺院建立
字堂覚卍―薩州山姥＝守護神
吾宝宗璨―豆州天狗（＝守護神）
了庵慧明―相州小田原天狗＝鎮守道了権現
天先祖命―尾州山鬼＝守護神・防火盗
ⓑ孤峰覚明―出雲大社明神（＝弟子）
円爾弁円―天満宮（＝弟子）
実峯良秀―諏訪明神（＝弟子）
峨山韶碩―能州石動権現（＝弟子）

三書には、以上のように「化度者」の活躍振りを記す。これらの逸話は、各祖師達の「伝記」類（各「寺社縁起」等）に基づくものであり、またそれらを集成した『禅戒本義』（万仭道坦撰）、『永平教授戒文略弁』（本秀幽蘭撰）、『説戒要文』（撰者不詳）、「授戒会式」（直翁梅指撰）、『戒会落草談』（雲欞泰禅撰）等に掲載され一般に知られていたのである。とりわけ伊勢・出雲をはじめとする神道の神々が仏教に帰服しているさまは、仏教者（禅者）の各地域における「神人」教化（神祇受戒）を示すものである。文面に記されていないが、同時に寺院建立に尽くした為政者（豪族・大名など）の帰依という形を通し、その土地の人々に仏教信仰および禅思想が受け入れられ根づいていく過程を表現していると解釈される。この種の逸話は、宗門に枚挙の遑がないほど多いが略する。

前掲の『標的』『縁由』の引用文に続いて次の文がある。「其外、天神地祇龍神天狗山鬼山姥、又は亡者来たりて戒脈（血脈）を願求すること甚だ多くして記するに遑あらず」（語句上、二書に広略あり）と。これらも呪術的「民間信仰」を摂取し、「授戒」の「霊験」を一方的に宣伝普及していく方針が見えている。なお、続く閻魔王が冥土より徳道上人・満米上人を請待して受戒し、その功徳により冥界の衆生が上天の果を得たという荒唐的逸話は、葬儀や法事を厳修する立場から言えば矛盾を含み蛇足的である。

四、「授戒成仏」問題――まとめ

三書は、いずれも『梵網経』の眼目である句「衆生仏戒を受ければ即ち諸仏の位に入る、位大覚に同うし已る、真に是れ諸仏の子なり」[4]を引き、積極的に授戒を勧める。殊に懐胎の女人・子なき婦人等の念願が叶うことは勿論、父母兄弟その外、恩ある人のために「代戒」を勧め恩徳を報じ追善の孝養をなすべしとし、貴賤貧富・老若男女を選ばず菩提心を発し受戒すべしと説く。受戒者に対し、戒師による「生前授戒」はさておき「没後授戒」さらに「代戒」をも認めているわけである。また「血脈」授与が罪過消滅すると説き、「免罪符」[5]化している。宗教の堕落といわざるを得ない。そこには在家化導とはいえ、なりふり構わぬ「授戒」の勧めが先行し、「授戒会」に付随する宗教的厳粛さや倫理的節制に欠ける面が存するといえよう。

三書は、在俗者に対し、この「戒相」「戒法」が「成仏得脱」の基本であること、また「授戒」を通じ「必得作仏」の因縁を結ぶことを強調しているが、これはまさしく現行の読誦経典『修証義』第三章「受戒入位」に説示する「授戒成仏」[6]と軌を一にするものといえよう。道元の説く「授戒」は、まず真摯な懺悔をした上、何よりも求道心の篤い「智人」の「出家授戒」であり「阿耨多羅三藐三菩提金剛不壊の仏果」を証する「得脱」への一歩としている（『正法眼蔵』三時業・出家功徳）のであり、決して安易に在家者の「授戒」即「成仏」を説くことはない。その意味で本書は、構造的に『修証義』「受戒入位」思想の先駆的位置付けをなすものであり、宗門の教義の在家化や「授戒会」の形式化・祈祷化を進め、それを象徴するものであろう。この問題は今後、教義・儀礼上などさまざまな視点から真剣に論じられるべきであろう。

元の撰述者とみなし得る寂室の『十善戒法語』と『菩薩戒童蒙談抄』と本書とを合わせ見ると、時代性とはいえ、そこには身分制度肯定の上に立った「王法」容認説や差別的「因果応報」説、「性差別」説などを垣間見ることができる。また他の「禅戒」関係書も同様である。本節ではそれらを指摘するに止め、詳しい考察は後日を期したい。

注

（1）「道元禅師外伝「血脈度霊」逸話考――血脈授与による救済と性差別」『宗学研究』三九号、一九九七年。（本書「思想編」第六章第一節に所収）

（2）曹洞宗宗宝調査委員会編『曹洞宗宗宝財調査目録解題集2』（東北管区・北海道管区編、一九九四年）、山形宗泉寺、典籍1、三二九頁。「曹洞宗宗宝調査委員会」の名称は、一九九六年一月より「曹洞宗文化財調査委員会」と改称された。

（3）「神人化度」の研究論文例。葉貫磨哉「洞門禅僧と神人化度の説話」（『駒沢史学』一〇号、一九六二年）、同右「中世会津領の禅宗諸派とその檀越」（『駒沢史学』一五号、一九六八年）、同右「近世禅宗寺院の住持と百姓」

(『日本仏教』三号、一九五九年)。廣瀬良弘「曹洞宗における神人化度・悪霊鎮圧」(『印度学仏教学研究』三一巻二号、一九八三年)、同右「中、近世における曹洞禅僧の活動と葬祭について」(『宗学研究』二七号、一九八五年)、同右「禅僧の活動と在地領主と民衆」(『歴史手帖』五巻一〇号、一九七七年)等。所謂、禅定力等のすぐれた能力を保持する「神僧(=禅僧)」、その代表格が那須の殺生石逸話で有名な玄翁心昭や了庵慧明、大空玄虎などであったといえよう。文献では『元亨釈書』『本朝高僧伝』等に所載する。また『戒会落草談』の中に「護戒神」として天照大神(戒師大空玄虎)、住吉明神(戒師長門大寧寺定庵和尚)、諏訪明神(戒師信州明徳寺鉄文道樹)、異質な存在である「琰魔王」(戒師大和矢田寺〔真言宗〕満米上人)を挙げている。

(4)『梵網経』(略称)は、後秦鳩摩羅什訳(中国偽托説もあり)、具には『梵網経盧舎那仏説菩提心地戒品第十』。下巻の「十重戒」「四十八軽戒」の説示から菩薩所持の大乗戒として単に『菩薩戒経』『菩薩戒本』とも称す。当該文は、本経の眼目となるもの。

(5)「免罪符」化。[独] Ablassbrief「贖宥状」とも。中世カトリック教会が発行した証書。聖人の功績が他人の免罪に用いられたり、ある大司教が借金返済のために販売したことなどに対し、ドイツのアウグスチヌス会修道士・ヴィッテンベルグ大学神学部教授マルチン・ルター(一四八三~一五四六)が一五一七年十月三十一日、「九五カ条の提題」を城内教会の扉に掲示したりしたため、バチカン(ローマ教皇)から破門宣告を受けた。それをきっかけに[宗教改革運動]を始め、所謂、プロテスタント(ラテン語「抗議する」意)の旗手となり、スイスや英国などに影響を及ぼした。参考『岩波キリスト教辞典』(二〇〇二年)、『ケンブリッジ世界宗教百科』(原書房、二〇〇六年)等。

(6)『修証義』第三章「受戒入位」。大内青巒(一八四五~一九一八)が、曹洞宗の安心を「懺悔滅罪、受戒入位、発願利生、行持報恩」の四大原則によるとした。これを当時の曹洞宗務局が受け入れ、四大綱領としてなんら変更することなく現在に至る。そして『修証義』は、「授戒会」のテキストとして用いられているのである。

第三節　「受戒」信仰について――「受戒入位」「受戒成仏」考

一、問題の所在

「受戒するが如きは三世の諸仏の所証なる阿耨多羅三藐三菩提金剛不壊の仏果を証するなり。誰の智人か欣求せざらん。／世尊あきらかに一切衆生の為に示しましまします。／衆生仏戒を受くれば即ち諸仏の位に入る、位大覚に同じうし已る、真に是れ諸仏の子なりと」――これは周知のごとく『（曹洞教会）修証義』（明治二十三年制定）第三章「受戒入位」の第十六節の文である。この文節は、順に『正法眼蔵』出家功徳巻、続いて同帰依三宝巻、そして『梵網菩薩戒経（以下、梵網経と略称）』と三箇所より寄せ集めたものであり、冒頭句「受戒するが如きは」の前にある「出家」を意図的に削除している点より、文意は「受戒成仏」を説いたものであるが、決して高祖道元禅師（以下、高祖と略称）の本意ではない。大内青巒居士の「創作」を元に両大本山貫首滝谷琢宗、畔上楳仙両禅師の咀嚼推敲を経て明治二十三年に宗門に採用され「聖典」となったものである。

　問題は、「受戒入位」「受戒成仏」の教義を派生させた経証が『梵網経』の「衆生受㆓仏戒㆒、即入㆓諸仏位㆒、位同大覚已、真是諸仏子」に存することであり、これが除災招福の現世利益的・祈祷性を帯びた密教的「授戒会」に連動していることである。なお、この経文は高祖が如浄禅師より授けられたと伝承する『仏祖正伝菩薩戒作法』[1]の文中にも存するが、その前後の文面に祈祷性を帯びた語句は一切ない。

　更に問題となるのは「宗旨」の上で「授戒会」と「只管打坐（坐禅）」とは、どのような関係にあるかという点である。すなわち坐禅重視の立場において、高祖は例えば「参禅者身心脱落也、祇管打坐始得。（中略）結跏趺坐、これ王三昧なり、これ証仏なり。（中略）ほとけのほとけをみる、この時節なり。これ衆生成仏の正当恁麼時なり。」（三昧王三昧[2]）と説かれる。「受戒」にしても「在家受戒」には触れず「三世十方諸仏、みな一仏としても、在家成仏の諸仏ましまさず。過去有仏のゆゑに、出家・受戒の功徳あり。衆生の得道、かならず出家・受戒によるなり。」（出家功徳[3]）と示される。要するに「在家受戒」を勧めることは、教化の上で当然生ずる方策としても、受戒により「成仏」（＝在家成仏）を説くのは、上記の文意に照らし明らかに高祖の本意を逸脱するものと考えられる。

二、受戒・持戒功徳

「受戒」といえば、基本的概念としてすぐ「受戒」前の当事者の点検（十遮・十三難）や式次の構成員（三師七証・一師受戒）、誓願方法（白四羯磨・自誓受戒）、戒条（二百五十戒・十重四十八軽戒・三聚浄戒等）、戒律の変遷史などの事項について関説されるが、本節では一切触れない。そもそも「受戒」は、戒律を受け、それを護ることを誓う儀式（入門・入信式）であり、それにともない仏教教団の一員となることであった。しかし、社会的・宗教的倫理観を備えている「受戒」は、次第に諸種の「功徳」を付随させて説かれるようになる。

まず初めに紹介するのは、インドの原始仏教経典の文献で「涅槃」に昇進したり「昇天」の因業や「神通力」などを得るとするものである。すなわち「戒徳」を念ずるに従い「正念・正知」に安住し直道に乗るとし、その「戒念」を修せば正しく「涅槃」に向かい「勝処」（天）に昇る（『雑阿含経』巻二十）[4]とか、悪名高い央掘魔羅（指蔓外道）でさえ「浄戒」に住し護持すると永く生死の渇が除かれる（『央掘魔羅経』巻二）[5]とか、在家者が「三帰五戒」を受けるとその福徳は計り知れず功徳は満具し、行者を生死の苦から滅し、ついに仏道を成就させるなど、その福は最勝である（『三帰五戒慈心厭離功徳経』）[6]とか、出家者は各種の戒を犯さず汚さず「持戒」を称誉すれば能く「沙門」「一意（解脱）」「涅槃」を各々得せしめる（『中阿含経』巻二十三、「穢品黒比丘経第八」）[7]等と示される。以上の叙述をまとめるならば、戒は「一切行功徳蔵根本、正向仏果道一切行本」であり、能く一切の大悪を除く（『菩薩瓔珞経』巻下）[8]と説かれ、「受戒」ないし「持戒」が「涅槃」等の理想を実現する元になると示していると言えよう。

次に中国では、『梵網経』の訳出が特筆される事項である。そこに説かれる戒すなわち「梵網戒」は、その内容より経文中に「一戒光明」「金剛宝戒」「仏性戒」等と称される。本節の問題の中心となる「衆生受仏戒、即入諸仏位」云々の句に対する注釈に注目してみたい。まず『梵網経菩薩戒本述記』（唐、勝荘）[9]には、「信」に三種ありとし、この戒を受けることにより「当已成仏」「戒具足」「同大覚」に対する信を生ずることを挙げている。つまり、この三種とも「信」位に属することである。同じく『梵網経注』（宋、慧因）[10]にも、それは諸仏法海の「因位」であり「果位」ではないとしている。また『梵網経菩薩戒本疏』（新羅、義寂）[11]には、『占察経』に説く四種仏位の一「初信満仏位」であり、「已成仏」とすることを恐れるとしている。なお、霊芝元照（一〇四八〜一一一六）の『芝苑遺編』巻中「第十歎徳発願」には、菩薩戒を受ければ功徳は量り難いとして八種の殊勝功徳（趣道勝・発心勝・福田勝・功徳勝・滅罪勝・處胎勝・神通勝・果報勝）を挙げ、仏菩薩の前で「四弘誓願」を発すべきことを説いている[12]。

ところが日本では、その「受戒」が「即身成仏」の叙述になる傾向が強い。大乗菩薩戒といえば、「大乗戒壇」設立の主唱者最澄である。彼は、周知のごとくこの「梵網戒」そのものを大乗菩薩戒・円戒（一乗円頓戒）として位置付けている。最澄の撰述とされる『顕戒論』『顕戒論縁起』『受菩薩戒儀』等の文中には見えないが、最澄の撰述とされている（実は最澄および円仁の弟子安慧〈七九五〜八六八〉の撰述とみなされる）『愍諭弁惑章』（『伝教大師全集』第三所収「示即身成仏文第一」）には「経文既云即入乃至覚已、故知即身成仏也」[13]とある。ただし、安然〈？〜八八九〉の撰述『普通授菩薩戒広釈』[14]中巻には、九品の「即身六即成仏」を説き、法華経の教示を須臾に聞き究竟の阿耨菩提を得ることが「即身入妙覚仏位」で上上品とされるのに対して、「受戒」は「名字即（名字即身成仏）」に過ぎず下下品に属するとの主旨を述べる[15]。これは上記のインドや中国の解釈とほぼ同等のものである。しかし、この「名字即」も覚超[16]（九六〇～一〇三四）の行実を記した『天台霞標[17]』第四編第三巻によると、彼は「六即」を究竟すれば一位を経ず「即身成仏」となり、若し次第すれば円教の相・相即の義・互具の義・円融の理・開権の妙・絶待の妙・不二の旨・無分別・不思議などに非ずとしている。要するに「受戒」そのものが「即身成仏」であることを強調している訳である。

　平安時代における在家信者の「受戒」信仰に関しては、恵谷隆戒氏・石田瑞麿氏の研究[18]があり、皇族・貴族達の日記や文学作品から彼らが病気平癒・安産・厄病除け等を願った現世利益の真言密教的な修法に対する補助的側面も窺われ、祈祷的色彩の濃いものであったことが論述されている。これは、「受戒」が上記の仏教教理とは別に一種の神秘的効験をもたらすものとして受容され、彼らの願望を満たしていたことが解る。特に重病人に対する再度の「受戒」（『左経記』治安元年八月二十九日条）、臨終間近い堀河天皇への「受戒」（『讃岐典侍日記』）は、「祈祷」そのものとして注目される。

　鎌倉時代になって俊芿が北条政子・泰時へ菩薩戒を授け、栄西が香椎宮側の報恩寺で授戒会を行い、明全が後高倉院に菩薩戒を授け、伝記資料に高祖が北条時頼に菩薩戒を授け、円爾弁円が藤原道家・後深草上皇・北条時頼に菩薩戒を授けたことなどにも、皇族や貴族・武士側の心情には、純粋な菩薩戒の信受とは別に前代と同様な現世利益を願う密教的内容が残存しているように思う。その傾向は廣瀬良弘氏の研究にある愛知県乾坤院所蔵の「血脉衆」の戒弟たる一般庶民にも、おそらく共通していたであろう。

　江戸時代中期になると隠元の来朝と共に「黄檗戒壇」が開かれ、それに刺激されて宗門でも加賀大乗寺の月舟宗胡や卍山道白等が中心となり、「授戒会」が盛んに興行された。そうした中で「梵網戒」に関説する諸師の文献を次にいくつか見てみよう。

　面山瑞方は、出家者と在家者に対し相違した説き方をしている。まず、出家者には「若諸菩薩受二是諸仏金剛宝戒一者、疾得レ成二就大菩薩果一。是故不レ用二声聞小戒一。但授二三世諸仏菩薩成仏大戒一、以為二直往戒一。是義応レ知。」（『仏祖正伝大戒訣』巻中[19]）と示し、「受戒」が「大菩薩果」を疾く得るので「直往戒」ともなすとしている。在家者には「サテサテ希有不思議ノ大因縁ニアラズヤ、ヨクヨク信心ヲ励（シ）諦信シ、戒室ニ入テ如法ニ他念ナク、コノ戒ヲウケラルベシ、直ニ如来ノ子ニ生レ出ルト云ハ、コノ戒ヲウケシソノ時ガ仏子ノ誕生ナリ、コノ因縁盡未来際互ニ忘レヌ様ニ、日々発願ヲヲコタルコトナカレ、穴賢」（『若州永福和尚説戒』坤[20]）と語り、「受戒」が「仏子」の誕生となること、その上に日々に発願すべきことを促しているのである。

　了派如宗（？～一七六五）は、「梵網戒」の文を引き、具縛の凡夫であってもこの菩薩大戒に対し一念の信を発せば「本源戒珠」がすぐ現成し、一切の諸善根を長養する（『禅戒伝耳録』勧信第三[21]）との主旨を述べている。「本源戒珠」とは「戒本第二」に示す「本来清浄生仏一如」のことであろう。蘭陵越宗（？～一七七九）は、同じく「梵網戒」の文について、その「真是諸仏子なるの深理を血脈にあらわし、一條の紅線、一円相にして始め終わりなし。これ心仏衆生、三無差別の円融無碍の金剛宝戒なり。是故に天神龍鬼も恭敬して受持す。一会の面面、難遇の想ひをなして信受せられよ」（『少林一心戒普説[22]』）と授戒会の戒弟に「血脈」に凝縮された「金剛宝戒」を受持し、菩提心を発すべきことを呼びかけ勧めているのである。蘭陵をはじめ多くの説戒師は、「受戒」ないし「血脈」の「重受」を認め、それによって何度も発心し増進すべきことを説いている。また「重受」と共に「代受」も三洲白龍が次のように認めている。「父母ノ代受、先亡ノ追福トテ、カワリテ受ル人アリ、凡ソ供養ヲ設ケ、仏僧ヲ請シテ、業障懺悔ノ行法事ヲ営ム、廣大ノ功徳ナリ、況ンヤ自身先亡ニカワリテ、加行ヲツトメ、懺悔ヲ修シ、大戒ヲ得受スルハ、第一ノ法供養ナレバ、是レホド至孝追薦アルベカラズ、誠ニ自他平等一枚ノ成仏道ナリ」(『禅戒游刃』巻之上[23])と。「代受」は、亡き両親の追薦に限らない。遠方であったり、病気・事故等、何らかの事情でその「授戒会」に参席できぬ人でも「代受」の訣あり(同右)とされている。このような「代受」の観念は、インドや中国ではおよそ生じないものと思われる。

「授戒会」の「血脈」の意義について、安土桃山時代の一般庶民の信仰を投影した文献にポルトガル人宣教師の記した『日葡辞書』(邦訳、岩波書店、一九八〇年)がある。それには「系統表のように書き記された技芸、あるいは教義、またはその教義や技芸を宣布した初期の人々とその後継者を記した表。そして坊主は、往々この表を教区内の信者に授けて、それで霊が救われるとか、その表に赤インク(朱墨)で記されている著名な人々の数に仲間入りするとか信じさせるのである。(中略)坊主から上のように書き物をその坊主の名前と一緒に受け取る。それによって霊が救われるに違いないと考えながら。」とある。

「戒法の堅光」と称される有名な寂室堅光(一七五三〜一八三〇)には、「梵網戒」及び「授戒」に関し、次に示す三種の説相が知られている。

(1) 「能持之人、与二所持之戒一不二、生仏不二、前後円成。如レ是本具底人受戒、且喚二大戒一。護二持大戒一、諸仏護二持諸仏一、仏仏有二相授一、祖祖有二相伝一」(月潭全龍『大戒要文』中に寂室の語として引用[24])

(2) 「戒法を授り、血脈をうくるは、扠扠有がたい事と一念信心のおこる時、直に仏ぼさつの身心があらわれ、釈迦如来と同じ位に至ることを、梵網経に衆生受仏戒、即入諸仏位。位同大覚已、真是諸仏子と御ときなされて、ぢきに出家の菩薩、在家の菩薩と成るなり。其中に男女の隔てはない、人人の信心一ツじゃ。」(『菩薩戒童蒙談抄[25]』)

(3) 「夫、授戒ハ仏々祖々正伝し来る最上無漏の妙法にして成仏得脱の基本たり(中略)、一たび受戒し奉れバ、決定成仏して三塗八難の悪より堕する事をまぬがれて、不退無上趣の浄土に往生するなり。三世如来十方の菩薩もみなこの受戒の功徳によって仏となり候へり。人間ハ申に及ばず、たとひ畜生変化のものたりとも此戒法をうくる時ハ、無始よりこのかた造る所の罪過一時に消滅してただちに成仏に到る事疑ひなし。」(『普勧授戒之縁由[26]』愛知学院大学図書館「横関文庫」一八八・八―八一二所蔵)

上記(1)は、高祖の『教授戒文』の一節「夫諸仏大戒者、諸仏之所護持也」について寂室が「有当当因縁、住当当法身、人人本具」とし『梵網経』の例の戒に続く解説文である。(2)は、在家者に対し易しく「梵網戒」を示した文であり、信心の大切さを説いているものである。(3)も同じく在家者への「授戒」を勧めている文であり、「授戒」が「成仏得脱」の基本として位置付けられ、所謂「受戒成仏」を明らかに説いている。これらとほぼ同様な説示を雲欞泰禅(一七五二〜一八一六)も次のごとく展開している。

「梵網ニモ一切意識、色心是情、是心皆入仏性戒中ト説ケテ、コレラノ比(たぐい)デモ、一度発心シテ授戒スレバ、直ニ諸仏位ニ入テ位大覚ニ同ジ了ルトアリ、爾レバ授戒サヘスレバ、イカ様ノ男女卑賤ノモノデモ、諸仏位ニ入テ諸仏ノ子トナルユヘニ、十方ノ浄土ニ御座ナサルル諸仏ハ、ミナ共共ニ我子也ト不便ニ思召シテ、コノ人ヲ憐愍シ玉ヘバ、現在ニハ一切ノ災難悪病等ヲ免レ、未来ハタトヒ三悪道ニオチタフテモオチハセヌ。是非トモ天上カ人間カ、或ハ浄土カ、人人ノ願ヒノ通リ叶ハヌトイフコトハナヒ」

（『戒会落草談[27]』）

文中の「イカ様ノ男女卑賤ノモノデモ」（傍点は筆者）には差別観を含み問題であるが、他の箇所は現世や来世においていかにも一般人の志向する現世利益を満たしてくれる内容である。

三、日本人の宗教観ないし日本仏教

資料の上では不十分であるが、右の記述において日本では在家者に「受戒成仏」と現世利益を説示する傾向が比較的多いことがわかる。とりわけ覚超や寂室堅光の撰述書に顕著であるが、このような発想の思想的背景はどこにあるのだろうか。勿論、『梵網経』の本文と本覚思想（そもそも「梵網戒」は「仏性戒」と称す）に由来することは言うまでもないが、その上に日本人の宗教心情が内在していると思われる。

いつの時代の頃からか、日本人は人間が死ぬと、その「死霊（亡霊）」は時間の経過の中で各種の「供養」を受け、清められ、昇華し、「祖霊」となり、やがてそれが同じく時間が経ち供養を受けて「カミ（氏神・始祖神）」となったり、「ホトケ（死者ホトケ）」となると信じられてきた。本来、「仏（ほとけ）」とこのような「ホトケ」は贅言を要するまでもなく本源的に相違するものであるが、それを考慮せず、同一視しようとしているのである。かくして生じた「死者ホトケ」の例として手近な国語辞典類[28]を引くと文献では『後撰和歌集』（「思いての煙やまさむなき人のほとけになれるこのみ見ば君」雑3－1227）や『宇津保物語』（「世の父母、ほとけになり給ひし日」俊蔭）等に見られるので平安時代中期以前からあったものと推定できる。江戸時代になると人間が死ねば、時間の経過に関係なく即「ホトケニナル」と言われる（『柳多留拾遺』「子どもらが為と仏の妹が来」）。また巫女が「ホトケオロシ」をし「新仏（死言）」の口寄せをするとされるのも、その延長線上にあると思われる。

更に日本仏教において「即身成仏[29]」に関しての諸説、すなわち既述した天台宗の「即身六即成仏」、それに華厳宗の「五種疾得成仏」（勝身・見聞・一時・一念・無念の各疾得成仏）、「三種成仏」（位成仏・行成仏・理成仏[30]）、真言宗の『即身成仏義[31]』に説く「三種即証大覚位」（理具成仏・加持成仏・顕得成仏）、日蓮宗の「即身成仏[32]」の三義（当体即成、受持即成、修得即成）等は、いかにも日本人好みの特徴的教義といえよう。修験道の「即身仏（ミイラ[33]）」信仰もその一環であろう。

高祖の所説とは明らかに相違する「受戒入位」「受戒成仏」を現代の宗門人は、どのように会通するのか大きな課題である。

注

（1）『仏祖正伝菩薩戒作法』。当該書は、道元禅師が宝慶元年（一二二五）九月十八日、天童山景徳寺において如浄禅師より「戒脈」を伝授された時の儀式作法を自ら記録されたものとして伝写され、一番古いものが熊本県玉名市広福寺に所蔵され、『続曹全　宗源補遺・禅戒・室中』に所収（「奥書」に他の諸本を羅列）している。「三帰戒」「三聚浄戒」「十重禁戒」（十六条戒）の後に当該文があり、教授師の唱えた後に受戒者が、この一句を唱えることが示されている。

（2）「参禅者身心脱落」云々の語句は、『全書』三巻『道元和尚広録』第四（三一八・三三九）二〇六頁・二一八頁、『全集』四巻『広録』第六（四三二・四三七）一八頁・二八頁、第九「頌古」（八六）二四〇頁。〔以上（　）数字は「上堂」番号を指し、いずれも如浄禅師の教示に由来する。〕『正法眼蔵』にも「三昧王三昧」の他に「行持下」にもある。さらに同義の文節に「端坐参禅を直道」（『全書』一巻〈拾遺〉「弁道話」五三六頁）がある。

（3）春秋社版『道元禅師全集』二巻〈新草稿本〉「出家功徳」二八二頁。この後に「おほよそ出家・受戒の功徳すなはち諸仏の常法なるがゆへに、その功徳、無量なり。聖教のなかに、在家成仏の説あれども、正伝にあらず、女身成仏の説あれど、またこれ正伝にあらず、仏祖正伝するは、出家成仏なり」と明確に述べる。

（4）『雑阿含経』巻二十（『大正蔵』二巻、一四三頁b～c）。

（5）『央掘魔羅経』巻一、「偈」（『大正蔵』二巻、五一三頁c～五一四頁c）。

（6）『仏説三帰五戒慈心厭離功徳経』（『大正蔵』一巻、八七八頁c）。

（7）『中阿含経』「穢品黒比丘経第八」（『大正蔵』一巻、五七六頁a～五七七頁a）。

（8）『菩薩瓔珞本業経』「大衆受学品第七」（『大正蔵』二四巻、一〇二〇頁b）。新羅、元暁撰『瓔珞本業経疏』下巻（『卍続蔵』六一冊）「大衆受学品」、五二三頁a。

（9）唐、勝荘撰『梵網経菩薩戒本述記』（『卍続蔵』六〇冊）巻一、二二五頁b～二二六頁a。

（10）宋、慧因撰『梵網経注』（『卍続蔵』六〇冊）「即入諸仏位。既受戒已便入於諸仏法海因位、次中摂故非果位也」五二三頁b。

（11）新羅、義寂撰『梵網経菩薩戒本疏』「即入諸仏位者、依占察経、仏位有四、一者信満法故作仏、謂依種姓地、決定信諸法不生不滅清浄平等、無可願求故（中略）得入初信満仏位者言入仏位、恐謂已成仏故」巻上、（『大正蔵』四〇巻、六六二頁a～b）。同右（『卍続蔵』六〇冊）巻上、一四七頁b。

（12）宋、元照作・道詢集『芝苑遺編』（『卍続蔵』一〇五冊）巻中、五四五頁b～五四七頁a。

（13）安慧撰『愍諭弁惑章』「示即身成仏文第一　即有二十五証文」（『伝教大師全集』第三）、「梵網経位同大覚位文二十」三八一頁。

（14）安然撰・憐昭述『普通授菩薩戒広釈』上巻（『大正蔵』七四巻、七六五頁b）。安然撰『即身成仏義私記』（『大日本仏教全書』二四巻）一九六頁b。

（15）同右、『即身成仏義私記』二〇一頁b。ここには、『法華秀句』の文を引き、三生成仏につき法華の機にのみ「六即成仏」を許すと示される。

（16）覚超（九五五～一〇三七）は平安中期の天台学僧、川流の祖（密教を含む）、顕密に通じ多数の著書（八三本余）があり、兜率院・横川首楞厳院に住し著述に専念、「兜率先徳（僧都）」と尊称される。最勝講の講師、権少僧都を経歴。『天台霞標』四編三巻の箇所には「即身成仏」の項目がある（『大日本仏教全書』一二五巻、四六九頁b）。それは彼の著書『即身成仏肝要』（『山家祖徳撰述篇目録集巻下』所収）・『即身成仏義私釈』（同上）を集約した内容である。

（17）敬雄編録・羅渓慈本追補『天台霞標』七編二八巻。明和八年（一七七一）・宗祖伝教大師九百五十回忌に敬雄（生没年不詳）が宗祖より二十五師の行実を蒐録しまとめた（初編）。その後、慈本（一七九五～一八六九）が二編以下七編までを追補、人師百五十六人の行実（広狭の相違あり）を編録した。『大日本仏教全書』一二五～一二六収録。

（18）恵谷隆戒氏の受戒関係論文。「平安時代の国文学に現れたる浄土教の思想」（『鷹陵説苑』二、一九三一年）、「今昔物語に現われたる平安仏教の側面」（『鷹陵説苑』三―一、一九三三年）、「叡山戒法復興運動の諸問題」（『印度学仏教学研究』九巻一号、一九六一年）、「鎌倉時代における円頓戒の復興について」（『竜谷史壇』五六・五七合併号、一九六六年）、「円頓戒の戒体論について」（『東洋文化論集・福井博士頌寿記念』早稲田大学出版部、一九六九年）、「円頓戒の戒儀について」（『仏教大学大学院研究紀要』二号、一九七一年）、『改訂　円頓戒概論』（大東出版社、一九七八年）。

石田瑞麿氏の受戒関係論文。「受菩薩戒儀の系譜」（『宗教研究』一三一号、一九五二年）、「菩薩戒について」（『宗教研究』一三三号、一九五二年）、「三聚浄戒について」（『印度学仏教学研究』一巻二号、一九五三年）、「鎌倉仏教に於ける戒律復興について」（『印度学仏教学研究』二巻一号、一九五三年）、「顕揚大戒論における一二の問題」（『印度学仏教学研究』三巻一号、一九五四年）、「平安中期に於ける在家信者の受戒精神の展開」（『仏教史学研究』四号、一九五四年）、「鎌倉仏教に於ける律宗の復興」（『大倉山学院紀要』一号、一九五四年）、「道元の戒律思想について」（『宗教研究』三五巻三号、一九六一年）、「円戒と密教との交渉」（『印度学仏教学研究』九巻一号、一九六一年）、『日本仏教における戒律の研究』（中山書房仏書林、一九六三年）、「叡尊の戒律について」（『金沢文庫研究』一九三号、一九七一年）、「無住一円とその戒律観（一）・（二）」（『三藏』一八一・一八二、一九七九年）。『鑑真——その戒律思想』（大蔵出版、一九七四年）、『梵網経仏典講座』（大蔵出版、一九八五年）。

(19) 面山瑞方撰『仏祖正伝大戒訣』巻中（『曹全書　禅戒』一〇五頁b）。この後に「初発心出家、欲紹菩薩位者、当先正法戒。戒者是一切行功徳蔵根本、向仏道果、一切行本、是戒能除一切大悪」とある。

(20) 面山撰『若州永福和尚説戒』巻坤（同右、一七九頁a）。この前に有名な『梵網経』の「衆生受仏戒、即入諸仏位、位同大覚已、真是諸仏子」の語句がある。

(21) 了派如宗編『禅戒伝耳録』「勧信第三」（同右、三九二頁a。原漢文「然則今縦雖具縛凡夫、於菩薩大戒発一念信。則本源戒珠当下現成。情知信是道源功徳母、長養一切諸善根、更須専精焉」）。

(22) 蘭陵越宗撰『少林一心戒普説』（同右、四二五頁b）。

(23) 三洲白龍撰『禅戒游刃』巻之上（同右、「加行」三一七頁b～三一八頁a）。

(24) 月潭全龍撰『大戒要文』（同右、五九〇頁a）。同書に「堅光和尚云、有当当因縁、住当当法身、人人円具」とあり、次に『梵網経』の前掲文（注19）を引き、当該文に続く。この『大戒要文』には、さらに堅光の引用文が三箇所ある（五九〇頁a～b）。

(25) 寂室堅光撰『菩薩戒童蒙談抄』（同右、四九九頁a）。

(26) 伝寂室撰『普勧授戒之縁由』冒頭箇所に提示。内容は本書「思想編」第六章第二節「伝寂室堅光撰『普勧授戒之縁由』考」を参照。

(27) 雲欞泰禅撰『戒会落草談』（『曹全書　禅戒』六二一頁b）。

(28) 『日本国語大辞典』（小学館、二〇〇六年）。「神（カミ）」の項目・第三巻九八〇～九八三頁、「仏（ホトケ）」の項目・第一二巻一六五～一六八頁。

(29) 語句「即身成仏」の初出は龍猛造・不空訳『菩提心論』（具名『金剛瑜伽中発阿耨多羅三藐三菩提心論』）「唯真言法中、即身成仏故、是説三摩地、於諸教中、闕而不言〈異本「書」〉。（中略）若人求仏慧、通達菩提心、父母所生身、速証大覚位」（『大正蔵』三二巻、五七二頁c、五七四頁c）である。

(30) 唐、智儼述『華厳経内章門雑孔目章』巻四章。「寿命品内明往生義・解脱章・明涅槃章・九次第定章」（『大正蔵』四五巻、五七六頁b～五八三頁a）に相似する教理を説示。これとは別にA「五種疾得成仏」（①勝身疾得成仏　②見聞疾得成仏　③一時疾得成仏　④一念疾得成仏　⑤無念疾得成仏）とB「三種成仏」（①位成仏　②行成仏　③理成仏）も説く。参照『望月仏教大辞典』4（三一三五頁a～b）。

(31) 空海（七七四～八三五）撰『即身成仏義（略称、即身義）』（『大正蔵』七七巻、三八一頁）。以下に異本五種を所収。その中、異本三「真言宗即身成仏義」に「三種即証大覚位」の「①理具成仏　②加持成仏　③顕得成仏」（三八七頁b）をあげる。参照『望月仏教大辞典』4（三一三五頁b）。

(32) 一妙院日導（一七二四～八九）記『法華即身成仏義』（安永九年〈一七八〇〉撰、明治十五年刊）の展開である日導作・事成院日寿刪『祖書綱要刪略』（享保二年〈一七一七〉刊・『日蓮宗全書』論述部第五所収。駒図H三六三、一－一〇。九丁オ～二八丁オ）における集約が「即身成仏」の三義「①当体即成、②受持即成、③修得即成」として説示。参照『望月仏教大辞典』4（三一三五頁c）。

(33) 「即身仏」信仰関係著書。安藤更生『日本のミイラ』（毎日新聞社、一九六一年）、堀一郎『宗教・習俗の生活規制』（未来社、一九六三年）、佐野文哉・内藤正敏『日本の即身仏』（光風社書房、一九六九年）、日本ミイラ研究グループ『日本ミイラ研究』（平凡社、一九六九年）、石田一良等『ミイラは語る』（毎日新聞社、一九七八年）、内藤正敏『日本のミイラ信仰』（法蔵館、一九九九年）等。

追記

曹洞宗の「授戒会」に関する研究の一として、『授戒会の研究』（曹洞宗宗務庁、一九八五年）がある。当時、宗門で展開されていた「総授戒運動」の中で曹洞宗宗学研究所と曹洞宗教化研修所（現在、両機関は「曹洞宗総合研究センター」に統合されている）との共催で「授戒の現代的意義」のシンポジウムや「成仏とは何か」の座談会、「授戒における成仏の意義」のエッセイ、戒弟の意識調査などをしてまとめた労作である。座談会では、「成仏とはどんなことか」、「本証と妙修の矛盾と相即」、「宗学と教化の乖離をうめることは可能か」、「仏心に関わる妙修のむずかしさ」、「〝成仏〟をどう具体化できるか」など真剣に語られている。また鏡島元隆氏の「授戒における成仏の意義」には、大内青巒居士の『洞上在家修証義』編纂意図として在家に対し坐禅に代わって、受戒だけで足りるものとされたこと、また後の『曹洞教会修証義』（略して『修証義』）は授戒の道を示すものであり、それゆえに宗門の授戒は、仏子としての自覚であり、信心決定であって、受戒後の言動はすべて仏子としての言動となって、授戒ははじめてその意義を全うするのである、との旨を述べている。

第四節　『修証義』成立後の諸問題

はじめに

現今の『修証義』は、周知のとおり曹洞扶宗会[1]の大内青巒居士[2]により明治二十一年（一八八八）二月、『洞上在家修証義』として出版され、それを曹洞宗務局が明治二十三年（一八九〇）十月四日、主に永平寺瀧谷琢宗・總持寺畔上楳仙両禅師等の修正を経て『曹洞教会修証義』として確定、同年十二月一日に「御告諭」があり「公布（制定）」された。当該書は、当初明治期における「宗門の近代化としての『在家教導』の必要性によるもの」から出発、公布後に出家在家が共に信受奉行することになった。

拙論のねらいは、公布百周年記念行事のシンポジウム[3]や研究報告として曹洞宗人権擁護推進本部編『修証義』について考える「旃陀羅・修証義」に関する専門部会中間報告（『曹洞宗ブックレット　宗教と差別12』二〇〇一年）があったのにも拘らず、宗門当局がほとんど有効な対策を講じていない現状を僭越ながら少しでも打開して頂きたいとの念願を込めている。

一、問題の所在——公布百周年記念行事（特別講義・シンポジウム）の一端

当該書の公布百周年に当たる平成二年（一九九〇）秋、『修証義』公布百周年記念特別行事[4]」が開催された。その間、山内舜雄先生の談によれば公布五十周年に相当する昭和十五年（一九四〇）には、記念行事らしき催し事が何もなく、当時、学内において「戦前、修証義の講義をする人はいなかった」と言われる。それは当該書の本文中に坐禅の説示がなく、そのためか宗乗や仏教学の講義では触れることもなく無視していた様子、坐禅実習の沢木興道老師は生涯読まれなかったという逸話を語っている（『教化研修』三五号、一九九二年）。同様に同書を「開山（道元禅師）を信ずることの薄い小利口の奴の仕事」と否定した西有穆山禅師も知られている[5]。

さらに山内先生は、まず大内本（『洞上在家修証義』）は、出家と在家の意識（区別）があること、次に宗門が「在家」の字を取ったことは、「出家主義」の放棄であること。そして「新・修証義」を願う声があるが、「在家宗学」の必要なセオリー・原理の確立や徹底の上から無理である旨を述べる。

また『戒』から『信』へ」の項目では、修証義は「受戒」中心の仏教であり、行（坐禅）がだめとすると戒もだめになる。そうなれば、『信』しか残らない。しかし、その信は行と一体であるべき、とする。また「本尊」論として、第五章（行持報恩）の本尊は、法・報・応三身の中、本師本尊という歴史的釈尊と解釈すれば、教学的に応身ではないか、とされる。しかしながら教化の点からは、拝む本尊がなければならないこと。その「拝む本尊」をどのように理論構成するかは非常に難しい、と指摘されている。

同記念行事の際、「百周年記念シンポジウム『修証義』は現代に何を与えるか」のパネリスト（問題提起者）のメンバーの方々の発言を順不同ながら要約して述べる。

司会担当の田上太秀先生は、『修証義』に四つの特色があると述べられる。一に人間の平等主義（出家・在家を問わない）を唱えた経典（教学の上でやや問題）、二に宗派を問わない経典（全仏教的）、三に分かりやすい特徴を持った経典、四に時代を選ばない（因果・懺悔・法の尊重・感謝報恩を説く）経典と優れた面を挙げられる。一方で第二章（懺悔滅罪）において「過去の自分は特定できない」わけであり、そこに因果「業報」の問題について明確に説いていないが、懺悔の功徳を強調されている点を指摘されている。

奈良康明先生は、冒頭（総序）の語句「生を明らめ死を明らむるは仏家一大事の因縁なり」の意味を深く斟酌し、「如実知見」をはじめ人間における人生の苦の克服など宗教的かつ哲学的、さらに具体的日常生活における状況まで深く論究されている。また当該書を元に「人間と自然との関係を見直す視座」や「現代の問題を解決するヒントを求める方向で敷衍する」などと多角的に「模索していく一つの根拠が見出されるのではないか」とされる。

松本皓一先生は、『修証義』について『正法眼蔵』とは全く別な教典であり、また当該書は出家の立場から在家を教導する教典であること、当時の時代背景に教育勅語の発布があり天皇制を中心とする臣民教育があったが、その特殊な価値観を超えたところの普遍性を持った実践倫理を説いていると位置づけている。特に第五章（行持報恩）の冒頭句「此発菩提心、多くは南閻浮の人身に発心すべき」に着目し、その意義と実践を強調。さらに当該書は「読誦教典」であったが、諷経され宗教儀礼の中の教典になったことを嘆いている。[6]

このシンポジウムの一員として参加した筆者（吉田）は、他の先生方がおおむね修証義擁護論を展開されたのに対し、当該書は功罪半ばするという立場を主張。同書は、『曹洞宗宗憲』第一章第五条、『曹洞宗規則』第一章総則第三条等において『修証義』に示す「四大綱領」に則り、「禅戒一如、修証不二」の妙諦を実践することを教義の大綱としているが、「受戒成仏」、坐禅の位置づけ、三帰依の「信」、さらに因果論や人権問題（障害者の待遇）など容易に決着しない問題を含み、果たして現代に即応しているか疑問であるとの旨を述べた。[7]

二、曹洞宗宗学研究所編『修証義と正法眼蔵との対比』の主張

平成三年（一九九一）四月、曹洞宗宗学研究所編『修証義と正法眼蔵との対比』が宗務庁より出版。序文で研究所長鏡島元隆先生は、「制定後百年の間に、宗門の読誦経典として揺るぎない位置を占めたが、それが宗学の上でどのように位置づけられるかについては、百年経た

今日においてもかならずしも明らかではない。宗門が二十一世紀に向けて『修証義』をもって教化の大旆とするならば、ぜひともその根を強固なものとし、幹を揺るぎのない物としなければならない。けだし、「根ほど葉広がる」という古いことわざがあるように、根が広く張ってこそ枝葉が栄えるからである。」と指摘された。(8)

その後、平成四年（一九九二）八月、「栃木県宗務所管内住職差別発言事件」が惹起し、宗門「同和審議会」の下に「栃木問題」に関する専門部会が設置された。すなわち、一「戒名・過去帳・檀家制度」、二「宗門の僧侶養成・研修全般」、三「旃陀羅・修証義」の各専門部会である。その中で『修証義』について考える「施陀羅・修証義」に関する専門部会中間報告」がある。本書は前半に「栃木問題」の中間報告、後半に『修証義と正法眼蔵との対比』を付している。

その「はじめに」の末尾に「本報告書は『修証義』の功罪を問うて、その存在意義を肯定、否定しようとするものではない。『修証義』の内包する諸問題を指摘し、今後、宗門人がこの教典をどのように扱い、どう位置づけて評価すべきかという広汎な議論を喚起すべく、その一助となることをねがうものである。(9)」として『正法眼蔵』と『修証義』の対比における基本的立場を『修証義』再検討への視座として、次のように具体的に示される。

一、「宗典無謬説」などの安易な立場に立たない。「修証義」無謬説を前提にしない。二、『正法眼蔵』と『修証義』を無条件に同一視する立場をとらない。三、『修証義』の内包する問題を指摘・提起し、今後宗門内でこの教典をどう扱い、その地位をどう評価すべきかという広汎な議論を求め本報告がその一助となることを願う(10)、という。その検討を進める経過で『修証義』の内容を次のように分析している。

『修証義』の教義内容として、「愚民」の理解の範囲におさまるように思想的に通俗化・単純化されたこと、また天皇集権的国家の秩序を逸脱する教義は徹底的に排除されたこと、『正法眼蔵』とは極めて異質な思想・論理構造を持つこと。「四大綱領」は、『修証義』が独自に体系化した思想である(11)、とする。以下、『修証義』の第一章から第五章に到る内容の問題点などを略述する。

第一章「総序」においては、第二節の説示中、人間に生まれ、仏法に出会えたことを単に感慨吐露の域にとどまり具体的な信仰と実践の教示がなく、出家による功徳が欠落していること。その「出家性欠落」の傾向は、本章の第三節における業・因果論の不徹底にもおよび、それは『修証義』全体にわたること。すなわち第三節では「無常観」が修行者の実践と不可分であると示す『眼蔵』の因果観に関する語句がなく、第四節では主体的な修行から離れた抽象的原理で他人事の如き因果観を『修証義』で展開しているとする。それが他の一般的な『修証義』解説本における「因果応報」論では出家性や実践性が説かれず、各著者の「見識」で野放図に拡大解釈されたり曲解される構図となっている、という。第五節・第六節では、『眼蔵』における文言を文脈とは切り離し、極めて恣意的に使用している例として否定している。(12)

第二章「懺悔滅罪」では、第三章「受戒入位」と共に「懺悔」や「受戒」の思想的意味を単純化し儀礼化している傾向が強い。特に『眼蔵』「三時業」巻では、善悪の業は「たとひ百千萬劫をふるといふとも不亡なり」と示すように「業不亡」論であるが、『修証義』では単純に「悪業は懺悔すれば滅す、また転重軽受す」との語句の表面的理解による薄い懺悔に基づく儀礼によって業の消滅が図れると思い込む誤解や邪見を招く恐れがある。(13)

第三章「受戒入位」では、冒頭句の「受戒するが如きは、三世の諸仏の所証なる阿耨多羅三藐三菩提金剛不壊の仏果を証するなり、誰の智人か欣求せざらん」の前に『眼蔵』では「出家」の語句があり、あくまで出家者向けの内容である。それを『修証義』では「在家」にまで及ぼしている。従って『修証義』の説示によって在家者の「受戒入位」即「受戒成仏」を意図していることは明らかであり、前述するように「懺悔」と「受戒」の安易な受け止めとなる儀礼化を促進することにつながる。さらに修行抜きにして「懺悔」し「受戒」すれば「成仏」することになり、『眼蔵』の主旨および道元禅師の説示とは天地懸隔し、大きな相違となる。(14)

第四章「発願利生」の冒頭第一八節では、「菩提心」をおこすことにより「先度他」（利他行）につなげるが『眼蔵』における菩提心は、いかにして人々に慮知心（理知）に基づく「菩提心」をおこさせ仏道に導くために日夜ひまなく努めることが大事であることを示す。ところが、『修証義』の菩提心は、「先度他」の心がそのまま「衆生を利益する」として仏道や修行との関係を何ら語らずに、安易に次の布施・愛語・利行・同事の「四摂法」が説かれ、それが世俗の道徳訓へと変質している。さらに一般の解説本では著者の都合でそれがとめどなく拡張されてしまう恐れがあるという。その例として、『修証義』では「布施」や「同事」のありようにおいて、世俗的道徳訓として不都合・不要と思われる語句（「へつらはざるなり」「儀なり、威なり、態なり」）『眼蔵』の語句より慎重に排除していることを指摘する。また第二五節では、章を接続し終結させるために「寄せ集め（切り貼り）で構成」していて、『眼蔵』本文の文脈を全く無視しているとし、同様な例は他にも見られる特徴という。(15)

第五章「行持報恩」では、冒頭二六節も四つの文言を寄せ集めたもので釈尊の教えに出会えたことを喜ぶべきと強調し、「報恩」の前提となる導入部とし、続く次節の「正法」に出会うことを願うべきことを述べ、『眼蔵』による、その後の修行には言及しない。すなわち人間としてこの世に生まれ仏法に出会い教えを聞くことの難値難遇を感謝する方向に向け、「報恩」の意味をさらに突きつめると「日々の行持」が正道であることを示し、両書の「報恩」の捉え方の違いが出ている。(16) 最後の第三一節は、本節末尾に「本尊論」として触れたい。

両書の「暫定的なまとめ」では、思想構造上、明白な相違二点を挙げる。（一部編集）

(1) 『眼蔵』の根幹をなす出家修行の意義と価値が『修証義』において欠落すること。『修証義』に導入されたのは、儀礼化された「懺悔」と「受戒」であり、実践的には世俗的道徳と違背しない限りの「四摂法」である。

(2) 右の欠落と導入は明治新政府による新国家体制の編成過程での要請であり、かつ宗門の近代化としての「在家化導」の必要によるものである。(17)

極端な例（安谷量衡『道元禅師と修証義』）を挙げ、『修証義』の構造的かつ潜在的にもつ志向は、帰属集団の規制体制および指導理念への服従・同化・奉仕であり、特に戦前戦中の中央集権的天皇制軍事国家への翼賛・迎合と批判する。

さらにその結果として「『修証義』の註釈・解説本等に流れる基本的な調子は、全体として既存の社会秩序や一般的道徳をほぼ無批判に踏襲した勧善懲悪説になる」と言い、「業・因果論」に関しても『修証義』の場合は物理法則同然の実在原理として語られていて、これが解説において「因果応報」的に（「親の因果が子に報い」のように）通俗化され、野放図な拡大解釈を横行させている」[18]と警告している。

三、本尊論

前述した『修証義』の五章末尾に触れているのが、「本尊論」の一端である。この課題は、特に明治期の宗門において「宗意安心（安心立命）」[19]と関連し、喧しく諸師によって論じられてきた。以下、簡略に列挙し考慮してみたい。

(1) 明治九年（一八七六）、栖川興巌撰『随喜称名成仏決義三昧儀（原漢文）』は、「南無釈迦牟尼仏」の七字唱名。[20]

(2) 明治十二年（一八七九）より明治十四年（一八八一）までの辻顕高撰『曹洞教会説教大意並指南』中の「説教大意」第一条に釈尊「一仏」（南無釈迦牟尼仏）の唱名を強く主張。第二条に「達磨」、第三条に「道元禅師」と「瑩山禅師」を挙げ、「仏法僧の三宝」が在家化導の標準として、その唱名を主張。[21]

(3) 明治十七年（一八八四）前後、大内青巒居士は『洞上在家化導義』（芳川雄悟著『洞上布教の小沿革』所収）中に「在家化導は極楽往生を以て仏意の旨帰となす」とし、出家の「自力即身成仏」とは別に在家の「他力念仏往生」を提示。[22]

(4) 明治十九年（一八八六）六月、大道長安師は「救世会」を設立し、本尊を観音・救世浄聖（観世音菩薩）とする。[23]

(5) 明治末期から大正初期にかけて高田道見師が「法王教」を開設。法王とは「法王大聖釈迦牟尼」の「一仏」（釈尊）を指し、他の一切の仏菩薩を排除。[24]

明治二十二年（一八八九）から翌年にかけ、滝谷琢宗禅師が『曹洞教会修証義』を集中的に一大改作を施し、管長畔上楳仙禅師に提出、その後も宗務局とのやり取りが数回続き、やっと完成した。特に『修証義』の末尾「三一節」の部分は、上記の両禅師と他の諸師による論争があり、それをどうまとめるかにおいて苦労した（『修証義編纂史』）。結局、「釈迦牟尼仏」の一仏を「即心是仏」の露現として『眼蔵』の「即心是仏」「王索仙陀婆」「礼拝得髄」の三巻を合揉して、現在の形態になった。

「謂ゆる諸仏とは釈迦牟尼仏なり、釈迦牟尼仏是れ即心是仏なり、過去現在未来の諸仏、共に仏と成る時は必ず釈迦牟尼仏と成るなり、是れ即心是仏なり（『即心是仏』）
即心是仏というは誰というぞと審細に参究すべし（『王索仙陀婆』）
正に仏恩を報ずるにてあらん（『礼拝得髄』）。」

ここでは、末尾に「即心是仏というは誰というぞと審細に参究すべし」とあるように、その答えを明示せず、その対象を釈尊、「成る仏」（修行者）、「拝む仏」（在家信者）を想定していると言えよう。また信者は「受戒入位」即「受戒成仏」であるとも説かれるので、僧侶の坐禅修行により「即心是仏」となる上から、これらをそれぞれどのように宗門で位置づけるのか、教義上はっきり示されていないと思われる。

おわりに

宗門における教義の核心「四大綱領」は大内青巒居士の『修証義』より派生したもの。その原本『修証義』に多くの問題が内包しているからには、抜本的に再検討すべきと愚考している。当局の積極的行動を切に望むものである。

注

（1）曹洞扶宗会。母胎は、明治十二年（一八七九）一月結成の「和敬会」、通仏教の理念「四恩十善」を活動理念とする諸宗派協同結社である。そこから大内青巒居士が中心となり、明治二十年（一八八七）四月、曹洞宗務局に認定され発足したのが「扶宗会」（正員僧侶・助員信徒）である。僧俗一体となり曹洞宗を扶助・護持することを目的にしていた。機関紙『曹洞扶宗会雑誌』を発行、同年十二月の会議ですでに準備中の『洞上在家修証義』の編集と頒布が決議、翌年二月に出版された。大内居士は、その中で「本証妙修」の四大原則（受戒入位・懺悔滅罪・発願利生・行持報恩。後に「四大綱領」と称す）を設定していた。その後、両本山禅師の修訂と公認を経て明治二十三年（一八九〇）十二月『曹洞教会修証義』が広く普及し、宗門の「曹洞教会」と合併する形で「曹洞宗宗務局扶宗会」、さらに「曹洞教会扶宗講社」になり、「扶宗会」の活動は明治二十三年十二月頃、停止するに至った。

参考書――横関了胤『曹洞宗百年のあゆみ』「第二　両寺一体行政期、二〇　扶宗会設立さる」（曹洞宗宗務庁、一九七〇年。一四九～一五七頁）、池田英俊『明治仏教教会・結社史の研究』第三章第二節「曹洞扶宗会の成立と教化思想の展開」一　曹洞扶宗会の結成とその性格」（刀水書房、一九九四年。二一六～二二七頁）。

（2）大内青巒居士（一八四五～一九一八）。仙台出身、本名は退、号は藹翁・露堂、字は巻之、通称は青巒。幼児期に父の没後、兄俊龍が住職をしていた七ヶ浜町の鳳寿寺にて母と過ごし、学問の手ほどきを受けている。また少年期に儒教の教史を学ぶ。一時、仙台藩医師大友松眠の養子となるが、養父没後はまた兄の元へ帰り、仙台藩学問所「養賢堂」に通い主に漢学を学ぶ。さらに仏門に志し出家、泥牛と名を改め一寺の住職にもなった。東京・京都・大阪に遊学。原坦山や福田行誡等に師事し交流して、仏教の改革や大衆化および社会福祉や教育、仏書刊行に努めた。参照『禅学大辞典』（大修館書店）「大内青巒」項、末尾の「追記」中の『曹洞宗近代教団史』所収菅原研州氏論文等。

（3）平成二年（一九九〇）、『修証義』公布百周年記念行事として、前年三月に小冊子『『修証義』布教のためのガイドブック』（同右）を出版している。内容は編輯のいきさつ、文言上留意すべき事項、布教上留意すべき事項、教説上における留意点を詳しく論述しているので、宗門僧侶には檀信徒の布教に必要で役立つ基本書物である。

（4）『修証義』公布百周年記念特別行事のシンポジウム。テーマ「『修証義』は現代に何を与えるか」。その内容は部分的に後掲の『教化研修』（三五号、一九九二年）に所載している。また本論の前半（シンポジウムの内容）は、当該誌の集約である。当該書の成立に関する編纂の歴史と過程は、岡田宜法『修証義編纂史』（代々木書院、一九四〇年。修訂復刻版、曹洞宗宗務庁、一九八六年）の構成は、第一編　明治初年以後における教界の動向と『修証義』の誕生、第二編『修証義』の修正事情、第三編『修証義』の完成頒布となっていて、詳しくまとめられている。

（5）『正法眼蔵啓迪道心玄談』（正法眼蔵啓迪頒布会、一九三〇年）中の提唱。『修証義』の「坐禅」抜きの内容を批判し「あれも百年も経たら、誰れが編輯したとも知らずして信ずるようになるかも知れぬ、開山を信ずることの薄い小利口の奴の仕事は困るじゃ」とある。同様に坐禅軽視を批判したものに菊池大仙撰『洞流正伝修証法』（一九〇九年編纂、愛知学院大学図書館蔵）。横関了胤解題『常済大師聖訓伝光抄』（『跳龍』、一九五八～九年掲載）、忽滑谷快天撰『道元禅師聖訓』（一九二三年、愛知学院大学図書館蔵）、中幡義堂撰『正法義』（仙台其心倶楽部、一九五二年。駒図蔵、一三一・二一―一一九）等がある。境野黄洋の随想「無我に就いて」には、『修証義』の懺悔・報恩の徳目は一種の説明法で世俗倫理の全般にわたり応用するのは難しい等、種々の視点から『修証義』を批判している。

（6）その例として『曹洞宗授戒聖典』（曹洞宗宗務庁、一九八一年）には、宗門の日常教典が網羅的に収められ、勿論、『修証義』（全五章）も含まれる。後半部には「授戒の意義」、「授戒会について」、「血脈について」、「代戒・亡戒・因縁血脈について」、「十六条の戒法」、「授戒会の用語解説」、「戒弟の心得」が付いている。また大本山永平寺東京別院御征忌・授戒、戒師・旃崖奕保大禅師猊下「『修証義』による戒法の話」（教材）二〇〇五年、永平寺東京別院発行）がある。但し本書における『修証義』の引用は、部分的な第一章の第一節・第五節、第二章の第七節、次に「三帰礼文」・「三帰依文」、さらに同書第三章の第一三節、三聚浄戒・十重禁戒、最後に同書第一六章であり、全文ではない。それぞれ文節の左側に小文字で判りやすく解説している。

（7）『修証義』に時代的制約があるという指摘は、すでに蛙蝉会の報告『明日の宗門を構想する』（曹洞宗宗務庁、一九八〇年）の中に「その表現や構成は当然明治の時代にふさわしいものであったが、しかし現代教化の営為に必ずしもマッチしない点が生じてきている」として、『新しい修証義』の必要性を提言している。同じく『『修証義』について考える　曹洞宗ブックレット　宗教と差別　12』（曹洞宗宗務庁、二〇〇一年）の末尾「暫定的なまとめ」（五九頁）にも当該書の説示する内容の宗旨・教義・儀礼に関し「再検討すべきこと」を強く要望している。

（8）『修証義と正法眼蔵との対比』（曹洞宗宗務庁、一九九一年）序文、一頁、二段目。当該書は、本文「資料」一〜一一三頁に記載する。これは、また前掲書『『修証義』について考える」の後半に合冊されている。「栃木問題」の中で糾弾された書物に『修証義説教大全』があり、そこに諸種の差別的内容を含んでいることが判明し、結果的に「差別図書」として回収され、今後、使用しないことが取り決められた。『修証義と正法眼蔵との対比』は、まさにそうした論議の過程で『正法眼蔵』とは相違していることに充分留意べきことが示されている。

（9）前掲書『『修証義』について考える』冒頭部、頁数なく二枚目。

（10）同右、「二、基本的立場」一四〜一五頁。

（11）同右、「明治政府の統制と『修証義』の性格」一八〜一九頁。「四大綱領」とは、「受戒入位、懺悔滅罪、発願利生、行持報恩」を指す（注(1)の「四大原則」と同じ）。

（12）同右、第一章「総序」二〇〜二九頁。

（13）同右、第二章「懺悔滅罪」二九〜三四頁。

（14）同右、第三章「受戒入位」三四〜三九頁。

（15）同右、第四章「発願利生」四〇〜四九頁。

（16）同右、第五章「行持報恩」四九〜五六頁。

（17）同右、「四、暫定的なまとめ」五七頁。

（18）同右、五七〜五八頁。

（19）宗門内の各種「安心論」をまとめた書物に曹洞宗選書刊行会編『曹洞宗選書』第五巻、教義篇「安心論」（同朋舎、一九八一年）があり、古域瑤月『曹洞教会安心問答』（石見進教会、一八九三年）、木田韜光『曹洞宗宗要問答』（国母社、一八九六年）、森田悟由『曹洞宗宗要講話』（草渓社、一九〇一年）、秋野孝道『洞上安心要義』（鴻盟社、一九〇二年）、大内青巒『安心のしをり』（鴻盟社、一九〇二年）、同右『よろこび草』（広島県潮音寺、一九〇二年）、西有穆山『洞上信徒安心訣』（鴻盟社、一九〇五年）、秋野孝道『洞上安心の妙訣』（一喝社、一九一六年）、横井泰明『修証の歌』（国民精神社、一九二四年）を所載し、解題・解説が付いている。永井政之氏の解説は、「安心ということば」、「禅戒一如ということ」、「宗意安心のながれ」、「教団と修証義」等、各々要点を踏まえ簡潔に論述され参考になる。

（20）栖川氏には他に『聖道安心立命真訣』（一八八八年刊）がある。また忽滑谷快天『随喜称名成仏決義三昧儀疏』（一九三三年）刊があり、栖川氏を「明治時代における曹洞宗不況の革新を計った嚆矢」と賞賛している。

（21）当時、宗門は「一仏両祖」として明治九年（一八七六）十月公布の「曹洞宗教会条例」の第五条「誓規」第一款において釈尊を「法界の教主」、高祖国師と円明国師を「本宗の開祖」と定めている。

（22）これは「曹洞宗宗教大意」（宗制第四号）の在家者向けの「原案」になったが、浄土門的教示であったので、『洞上在家修証義』では聖道門の立場から退けたと思われる。

（23）大道氏に対し、宗務局は「布教の体裁を変じ仏祖所立の宗旨を排斥して一種奇怪の教義」を唱えた（『普達全書』明治十九年（一八八六）八月二十五日付号外報告）として宗門から擯斥処分にされた。しかし、昭和十五年（一九四〇）三月、氏の三十三回忌に際し、彼を「赦免復位」し僧籍を復帰させ、名誉を回復している。

（24）高田氏の主催する法王教の布教書には『法王教概論』、『法王教或問対弁』をはじめ『通俗仏教要領』『通俗仏教新聞』『通俗観音講話』、『仏教疑問解答集』等があり、「通俗仏教」を展開・布教している。同氏は、前者大道氏と相違し、当局とは大きな摩擦もなく伝道（著書、講演）の範囲に止まっていたためか、宗門から擯斥処分を受けることはなかった。

追記

本論文は、曹洞宗総合研究センター編『曹洞宗近代教団史』（曹洞宗宗務庁、二〇一四年）の成果から派生したものである。ちなみに当論文の内容に関連する該当箇所は「第七章　大内青巒居士と『修証義』教会・結社」の「一、大内青巒居士評伝」「教会・結社」（担当菅原研州氏）、「二、曹洞教会の成立と『修証義』の編纂について」（一三六～二〇八頁。担当吉田）である。詳しくは当該書を参照いただきたい。

第七章　『学道用心集』の出版

第一節　永平六世・宝慶三世 曇希開版の延文二年版『学道用心集』をめぐって――現存する古本各種より初刻本を探る

はじめに

高祖道元禅師が最晩年である建長五年（一二五三）八月五日、「八齋戒」の印板を義介に授与したことが伝えられている（『御遺言記録（永平室中聞書）』）が、その印紙・印板は共に現存していない。また文永元年（一二六四）、寒巌義尹が二度目の入宋の際、高祖の「語録」を携え、浙江省瑞巌寺の無外義遠、霊隠寺の退耕徳寧、浄慈寺の虚堂智愚にその閲覧を請い、序・跋等を求め、二年後に帰朝した。これら義尹の行動は、その出版を意図していたものであるが、残念ながら何らかの事情により実らなかった。これらが、現存していれば、日本曹洞宗出版史上の嚆矢となったものである。義尹の志念は次に述べるごとく、九十二年後、曇希によって実現されることになる。

一、曇希の開版

永平五世中興義雲の後継者曇希（永平寺六世・宝慶寺三世）は、延文二年（一三五七）に宝慶寺の大檀那藤原（伊自良氏）知冬の助縁を得て、『義雲和尚語録』と『学道用心集』、翌三年に『永平元禅師語録』をそれぞれ出版した。しかし、この三本はいつの頃か、いずれも散逸してしまい、初刻本は今まで発見されていない。

たとえば江戸期・明和五年（一七六八）刊、面山瑞方撰『学道用心集聞解』坤巻末尾に「コノ用心集ノ延文版ノ本ハツイニ見アタラズ」と述べ、明暦二年（一六五六）開版本、寛文十三年（一六七三）頭書本、寛延二年（一七四九）序較正本の三本を用い、文字を考正した旨を記している。この文面から面山は、後に掲げる延文本を版下にした所謂「模刻本」の存在を知らなかったとみえる。ここでは、ただ明暦二年本と「模刻本」（寛永年間頃刊）の出版時期が近接していることに留意しておきたい。

川瀬一馬著『五山版の研究』（一九七〇年）では、『永平元禅師語録』と『義雲和尚語録』について、その開版が伝えられているとしながら、『永平元禅師語録』は「寛永頃に附訓刻本として復刻した一本を知るのみで、南北朝の原刻本には未だ接しない」としている。また『義雲和尚語録』についても種々書誌学上の疑問点をあげ、「義雲和尚語録の延文版と称するものは寛永頃刊永平元禅師語録の刊語から派生した兼文の偽妄かもしれないといふ気もする」（一八六頁）と推測し、『学道用心集』については一言半句も触れていない。

吉田所蔵本表紙

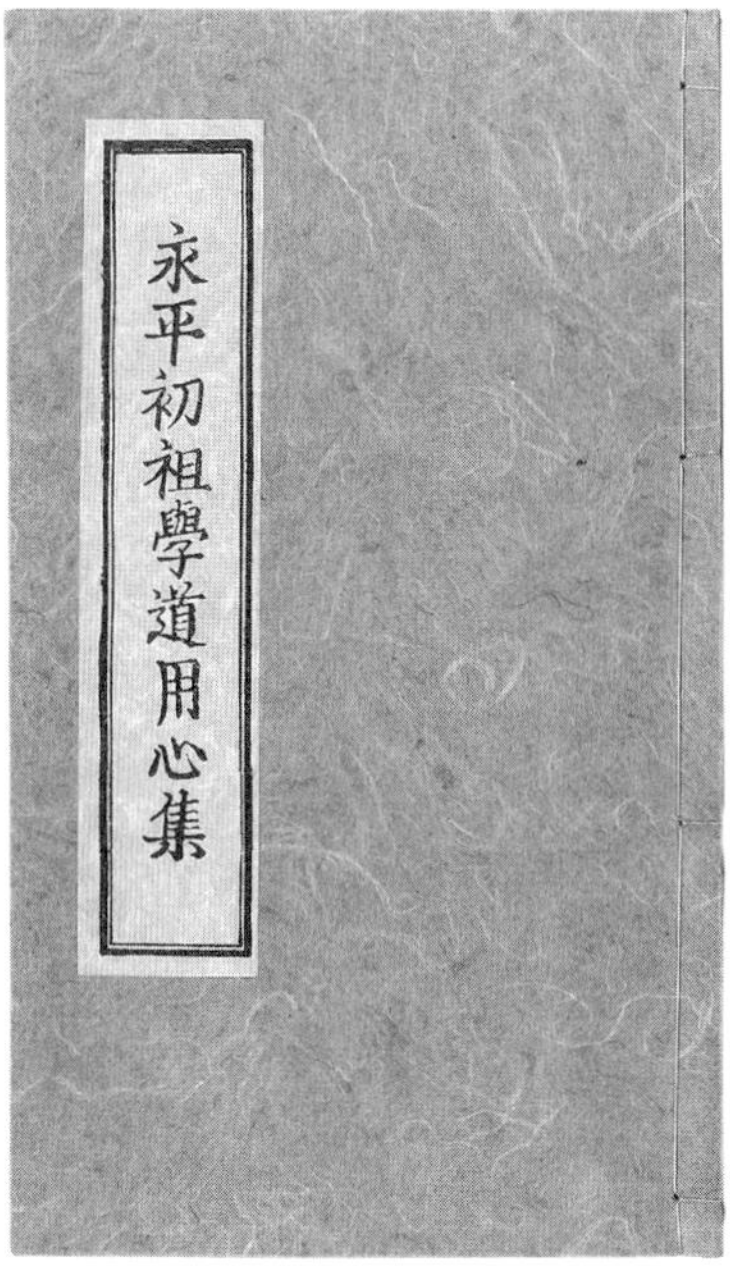

駒澤大学図書館蔵模刻本（影印本）表紙
（昭和48年駒澤大学図書館新築記念制作）

二、駒澤大学図書館所蔵の二本

また宗門内でも大久保道舟氏は、『道元禅師全集』下巻（筑摩書房、一九七〇年）の巻末「解題」において、駒澤大学図書館所蔵の古版本の一つ（模刻本、駒澤大学図書館〈以下、駒図と略〉〇八六・一二）は匡郭上の書き入れ文「天福二年甲午、今當寛永十癸酉四百年歟／師遷化建長五年癸酉八月廿八日也、今當寛永十癸酉三百八十年歟」（五丁ウ）より判断して「寛永十年（一六三三）以前に板行されたことがわかる」と述べられ、書き入れのない他の一本（駒図〇八六・一二A）には何も言及していない。『曹洞宗全書　解題・索引』（一九七八年初版）の「宗源上」中、当該書の解題には「この延文二年の開版は曹洞宗典開板の最初という意味において重要視すべきことである」としつつ、「昭和四八年駒澤大学図書館新築記念として影印した底本は延文本そのものではなく、その模刻本である」（榑林皓堂氏記）とし、原刻本が失われている状況を伝えている。これより先にその「模刻本（影印本）」の「解説」において、その底本は「延文本を版下とした模刻本である」とし、他の一本についても「内容的には本影印本とまったく同じ体裁である」（鏡島元隆氏）としておられ、厳密に右二本の相違を指摘せず「同本」とうけとめていると解釈できる。

三、筆者（吉田）、購入の古本

ところで平成二十二年（二〇一〇）五月初旬、京都の古書展市で延文二年刊と思しき『学道用心集（内題、永平初祖学道用心集）』（仮称「吉

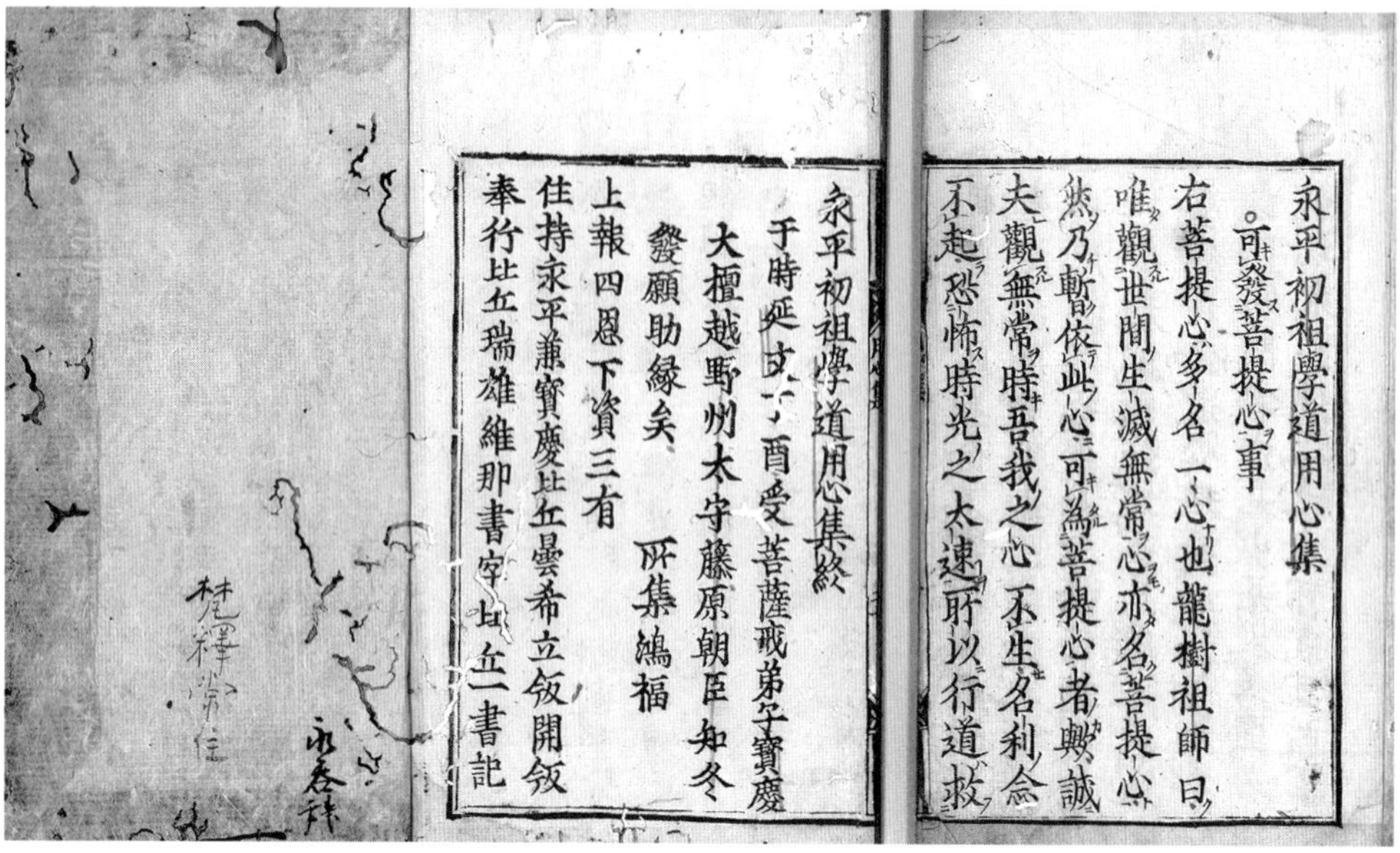
永平初祖學道用心集
可發菩提心事
右菩提心多名一心也龍樹祖師曰
唯觀世間生滅無常心亦名菩提心
然乃暫依此心可爲菩提心者歟誠
夫觀無常時吾我之心不生名利念
不起恐怖時光之太速所以行道救

永平初祖學道用心集終
于時延文丁酉受菩薩戒弟子寶慶
大檀越野州太守藤原朝臣知冬
發願助緣矣　所集鴻福
上報四恩下資三有
住持永平兼寶慶比丘曇希立版開版
奉行比丘瑞雄維那書字比丘一書記

覆刻本（吉田蔵）冒頭と末尾

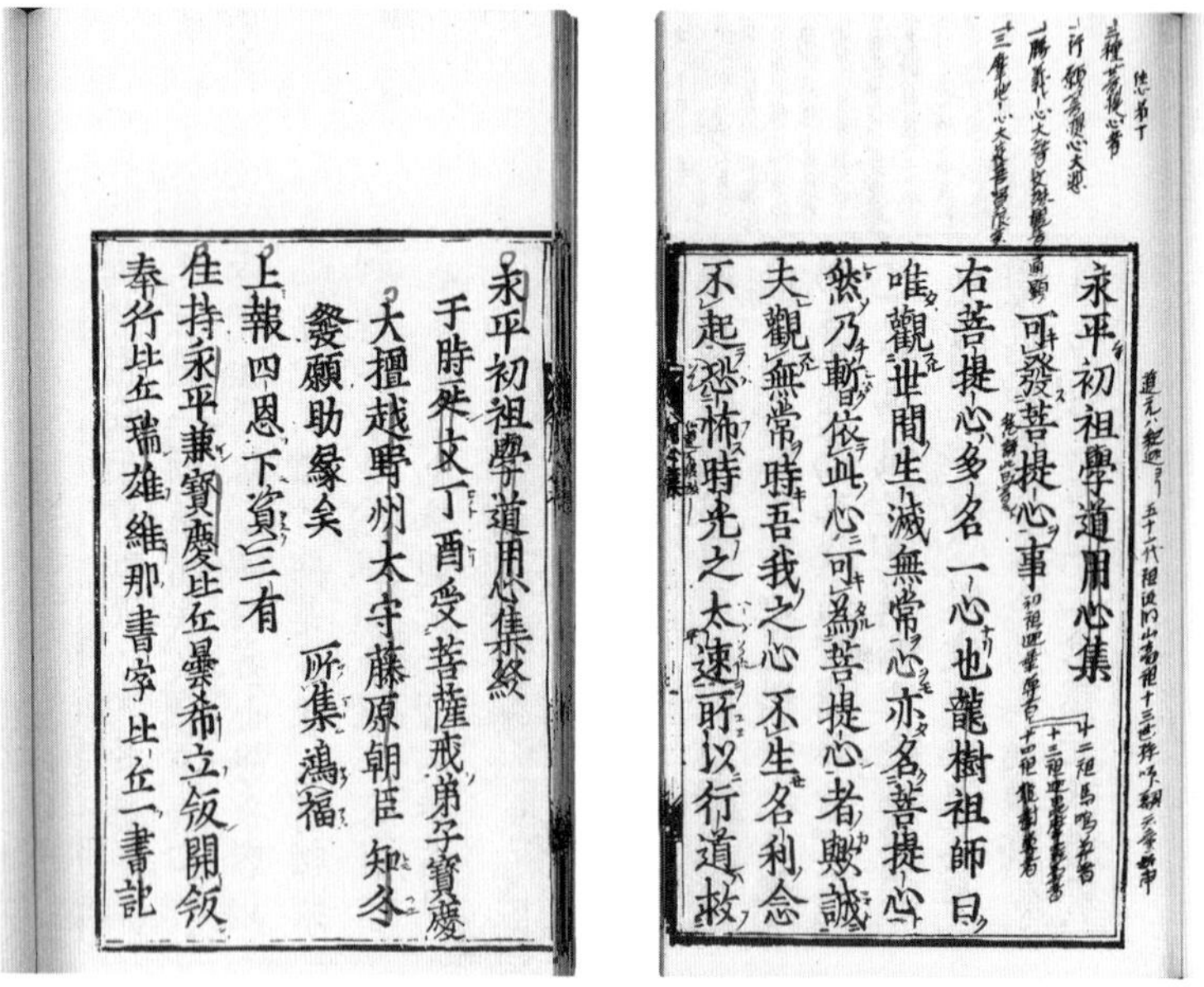
永平初祖學道用心集
可發菩提心事
右菩提心多名一心也龍樹祖師曰
唯觀世間生滅無常心亦名菩提心
然乃暫依此心可爲菩提心者歟誠
夫觀無常時吾我之心不生名利念
不起恐怖時光之太速所以行道救

永平初祖學道用心集終
于時延文丁酉受菩薩戒弟子寶慶
大檀越野州太守藤原朝臣知冬
發願助緣矣　所集鴻福
上報四恩下資三有
住持永平兼寶慶比丘曇希立版開版
奉行比丘瑞雄維那書字比丘一書記

覆刻本（駒図蔵 H086・12A）冒頭と末尾

田本」）を入手した。六月中旬、鶴見大学において元金沢文庫長のお二人（納冨常天氏、高橋秀栄氏）にそれをお見せしたところ、「原刻本であろう」と認定して頂いた。特に納冨氏には、便宜的に対比する参考資料としてあらかじめ本書と駒澤大学図書館蔵「模刻本」（駒図〇八六・一二）と称する一本の巻頭と巻尾および中ほどの寛永十年（一六三三）の書き入れのある一部を複写し、送付したところ、〔ここで筆者がもう一本もよく確認した上、送付すべきであったと反省している。〕お二人からは両本の活字全体はよく似ているが、印字を細密に見ていくと多数相違し版そのものが異なること、「吉田本」の表紙と題簽が古色蒼然とし、時代性を帯びている等というご指摘を頂き、本書を「初刻本（原刻本）」と思い込んでいた。

しかし、その後、念のため「吉田本」を駒大図書館蔵「模刻本」と称する他の一本（駒図〇八六・一二Ａ）の匡郭と印字を比較した結果、同一版であると確認するに至った。さらに故田島柏堂氏が所持されていた古本（仮称「田島本」。一九六四年、伊藤猷典氏より寄贈）も法嗣毓堂氏を通し拝覧することができ、対比すると体裁や印字・匡郭等から筆者の入手したものと一致した。以上の三本は、同一版であることが判明したのである。

結論的にいえば、三本は、諸種の分析を通し直ちに「初刻本」とするにはいくつか問題点もあること、同時に新しい発見も得たので、その内容の一端を披露し、江湖の老宿をはじめ識者の皆様にご批判、ご教示を頂きたいと願っている。

ここで前に掲げた諸本の整理をしておきたい。まず延宝二年（一六七四）版「初刻本（原刻本）」はいまだ正式に発見認知されていないということ。次に駒図蔵の一本（駒図〇八六・一二Ａ）・「田島本」・「吉田本」の三本は、加点（返り点・送り仮名）があることは別にして、「漢字」は恐らく「初刻本」か、「初刻本」を版下にした「覆刻本」と推測できること。また寛永十年の「書き入れ」がある他の一本（駒図〇八六・一二）は、右の「覆刻本」を版下にしていると思われるので「翻刻本」と称しておく。この名称は、後掲の故田島氏の説（曹全会報4）を踏襲するものであり、筆者の発案ではないこと。ちなみに故田島氏は、「覆刻本」の開版を寛永元年（一六二四）頃より同五年の間に、「翻刻本」は同六年より同十年の間に仮定されていること。これに関しては、筆者の考えを若干後述する。以下、「吉田本」の解題を示す。

次に先学（主に故田島柏堂氏の研究成果　①「日本曹洞宗印書史の研究序説」〈『愛知学院大学長小出有三先生古希記念論文集』所収、一九六三年〉②「曹洞宗における典籍開版の歴史、四～六（最終回）」〈『曹洞宗全書会報』一九七一年〉）に導かれ、示唆を受けつつ、その概要をいささか述べたい。

【解題】

書冊形式　一冊、二〇丁

表紙　柿渋色（裏に宿紙を貼る）

袋綴　明朝綴、角裂の有無不明、背の最下部に隷書体の「永」、その上に「永呑」の字。

本文用紙　楮紙（越前和紙か）

外題（枠付き貼り題簽。縦17・5㎝×横3・5㎝）

學道用心集　全

内題　永平初祖学道用心集。尾題　永平初祖学道用心集　終

法量　縦27・3㎝×横16・1㎝

匡郭（四周双辺）　縦19・8㎝×横12・7㎝。界線やや不揃い

匡郭の外側上部に5㎝、下部に1・7㎝の余白

行数　片面七行十四字詰。一丁裏は七行十三字詰、
　　　二〇丁裏面末尾二行は十五字詰

版心

版心　上下に象鼻の大黒口。中ほどの上下に「花口魚尾」。上魚尾
　　　の下に標題「用心集」、下魚尾の上に丁付。
本文　加点（返り点と送り仮名）あり。句読点に相当する書き入れ
　　　朱圏点あり。上欄と文中に少々の書き入れ（朱墨）
刊記　「于時延文丁酉受菩薩戒弟子宝慶
　　　　大檀越野州太守藤原朝臣知冬
　　　　　発願助縁矣　　所集鴻福
　　　上報四恩下資三有
　　　住持永平兼宝慶比丘曇希立版開版
　　　奉行比丘瑞雄維那書字比丘一書記」
本文末　（別丁）下方に「永呑拝」（墨字）、その左に横長の「書花押」。
　　　さらに左に別筆で「梵釋常什」。

末尾

表紙の題簽には、細い線で枠があり、中に版字で「學道用心集」と
ある。その下の空白に墨字で「全」と書かれている。墨字の下に版字
の「全」があったかどうかは不明。この題簽は、他の同一版に例がな
く、当初のものとして貴重である。

　表紙を含み、本文の用紙は、恐らく地元北陸の「越前和紙」を用いたものと思われる。具体的な種類（名称）は判明しないが、見本紙から「楮紙」か、近辺の「薄様（大和国樸産）」か、「吉野紙」であろう。

　版心の魚尾中に黒地白抜きの「花口魚尾」（黒地に白抜きの花模様。中心から左右上下に斜めに四弁）がある。その例として筆者の研究室にある『古典籍展観大入札会目録同書』（二〇〇七年版）から拾い出し見ると、1047『后山詩註』（宋、陳師道著。宋、任淵註。朝鮮古活字印、小汀氏蔵書）や1050『慕夏堂文集』（朝鮮刊、崇寧四年序刊）、同書（平成十五年版）の632『増補六臣註文選』（寛永二年刊、古活字版）とよく似ている。形態は、本書のそれとほとんど同じである。これらの版心の「花口魚尾」類は「もと元刊本に出で、朝鮮刊本を経て、江戸初期の刊本に多し」（長澤規矩也著『和漢書の印刷とその歴史』）と記される。

　本文中の文字には、冒頭の「永」から末尾の「飯」など、正字と混用して多数の「異体字」が用いられている。ここで「覆刻本」と「翻刻本」とで相違する「異体字」の数例を挙げる。《正字、該当丁数と続き次の異体字は上が「覆刻本」、下が「翻刻本」を表す。》

邪（三丁ウ）「𨚫」「𨚫」　遙（九丁オ）「遥」「遥」
派（一〇丁オ）「泒」「派」　衆（一四丁ウ）「衆」「衆」
撤（一七丁オ）「撤」「撒」　絶（一八丁オ）「絶」「絶」
辨（一八丁ウ）「辨」「辨」　礙（同上）「碍」「礙」
跡（同右）「跡」「跡」

また両書が全く版の違う「異本」であることを証明するものとして、

匡郭の切り込みの形が違う箇所がいくつかある。それは、各丁の下部にある字が送り仮名や熟語として次の上に続く字との繋がりで真中に縦線が入るときに、「覆刻本」は全体的にあまり目立つ切り込みはない。しかし「翻刻本」では、鋭く三角形の切り込みが入り、中には下まで貫いている所もある。次にそれらの該当する箇所〔丁数とオ（表）とウ（裏）〕を例示する。

六丁ウ（4）　八丁オ（3）　八丁ウ（3）　九丁オ（4）
九丁ウ（3）　一〇丁オ（1）　一〇丁ウ（3）　一一丁オ（3）
一一丁ウ（1）　一二丁ウ　一三丁オ　以下略。

また両書には、加点（返り点と送り仮名）がある。「五山版」中の「宋版」と「元版」の翻刻版には当然ながらない。しかし、日本での覆刻や版本にはそれがいくつか施されている例がみられる。川瀬一馬著『五山版の研究』下巻（図録篇）から、以下数例を挙げておきたい。弘安六年（一二八三）刊の1『伝心法要』（句点附刻。大東急記念文庫蔵）、正応四年（一二九一）刊の21『無門関』（由良興国寺刊、大中院蔵）、暦応五年（一三四二）刊の１３２・１３３『霊源和尚筆語』（大東急記念文庫蔵）、延文三年（一三五八）刊の１４５『禅源諸詮集都序』（三井家旧蔵）等。

田島氏は、「まず延文本が加点であったということは、全く考えられないことである」と述べられているが、これらの例から本書中の加点（返り点・送り仮名）の存在を以て、直ちに延文年間（室町期）のものではないという断定は必ずしもできないのではなかろうか。ところで本書の送り仮名（片仮名）の中には、「セ」の字が平仮名の「せ」に近い文字が各丁にいくつも見られる。また送り仮名の右下に濁音の「ズ」「ビ」「デ」「ガ」「ジ」「バ」「ブ」「ダ」などがある。さらに文中の「翹（足）」（一丁ウ）の右横に振り仮名として「ゲウ」、「不（如）」（一一丁オ）に「ジ」、「萃抜」（一二丁ウ）に「スイバツ」が各々付されている。この点、もし室町期のものであれば珍しい例かもしれず、多少問題を含むであろう。

「吉田本」の本文には、所持者の書き入れが朱墨で文中の左右や欄外上に施されている。文字中の人名には真中に、地名（国名）や寺院名には右横に、書名は左横に、年号は左横に二重線（長方形）に施し区別している。また各条（章）の上に小さな丸を付し、さらに句読点に当たる漢字の右下や真下に朱点を記している。ただし、全丁にわたりすべて付いているわけではない。なお前掲の「翻刻本（模刻本）」もそれはほぼ同じである。

延文二年（一三五七）〔月日不明〕に出版した当該本は、日本曹洞宗の出版史上の嚆矢ともいうべき書。その重責を担った曇希は、その功績で充分讃えられるべき人物である。開版奉行の維那瑞雄、書字（書写）役の書記以一（永平寺七世・宝慶寺四世）〔同三年版行の『永平元禅師語録』も同一メンバー〕。同年、前後して『義雲禅師語録』の出版に寄与した瑞雄をはじめ刊字奉行の蔵主等理、書写（書字）役の〔洛陽永興〕宏心等も同じ功労者である。この永興寺住持の宏心は、恐らく京の地の利から印刷所と工員の手配等も任されていたと思われる。また版行は助縁者の関係から永平寺ではなく大野宝慶寺であろう。

当該本の施財者は、「刊記」の冒頭に記す如く宝慶寺の大檀越藤原（伊自良氏）知冬である。当該本、『義雲禅師語録』、『永平元禅師語録』の三本の「助縁者」である。それ相当の経費を惜しげもなく寄進されたことにより、開版が可能になったわけである。宗門にとっても誠に有難い人物である。この藤原知冬については、先学の指摘のように時代的に貞治四年（一三六五）七月十八日の日付のある「圓聰沙弥寄進状」の圓聰沙弥が想定されている。彼に関する人物像や歴史的考察に関しての叙述は、大久保氏や田島氏の論考、また『修行の寺　宝慶寺』の執筆者（郷土史家河原哲郎氏）に譲り、ここでは割愛する。

　末尾の「梵釋常什」とは、梵釋寺の常什物の意。梵釋寺は近江蒲生郡岡本村（現、滋賀県東近江市蒲生岡本町）の天龍山梵釋寺（黄檗宗）であろう。当該寺院は、桓武天皇建立と伝える古址。独湛性瑩の法嗣圓通道成（一六四三～一七二六）が元禄初め、師独湛を開山に招請し再興している。その圓通と卍山道白（一六三六～一七一五）とは宇治万福寺辺で道交が始まったと推定でき、圓通の梵釋寺晋山を祝した七言律詩の法語「賀圓通禅師住江州梵釋寺」と「江州梵釋寺八景」（住山圓通禅師求題）が『鷹峯卍山和尚広録』巻三十九・巻四十二に所載する。同書には、二人の道交を示す資料が多数含まれている。

終わりにかえて――「初刻本」の形態

　最後になったが、田島氏が当該本を「覆刻本」として、寛永元年頃より同五年の間に開版、「翻刻本」は同六年より同十年の間に開版したと仮定されていた。これに関し、筆者は妥当な説として受け止めるが、「覆刻本」の方は寛永元年以前としても大過なかろうと思っている。大久保氏は駒図蔵の寛永書き入れ本はもと活字で組まれ、後に活字本を底本として今の平板に彫製されたとし「本書は既に慶長年間に上梓されたのではないかと考える」（『道元禅師語録』「解説」二二〇頁、岩波文庫、一九四〇年第一刷、一九七九年特装版）と記す。筆者は「初刻本」を「五山版」の流れにあるとすれば、(1)弘長三年（一二六三）十二月、興聖寺義奨写の『学道用心十則』のように加点なし（延文年間本）。(2)加点あり。但し濁点なし（慶長年間本の可能性）。「五山版」ではなく地方版として。(3)加点・濁点、共にあり（寛永年間本）と想定している。すなわち「送り仮名の濁点、振り仮名の濁点」がある当該書は、寛永年間をいくらか遡れる可能性があるとするのが穏当なところであろうか。

御礼

　本節の資料参照に関し駒澤大学図書館と愛知学院大学図書館および田島毓堂教授と駒ヶ嶺法子さんに大変お世話になりました。誌上を借り厚く御礼申し上げます。

追記一

　曇希の生没年。

　宝慶寺の伝承では、永仁五年（一二九七）～観応元年（一三五〇？）であるが、これは誤伝と思われる。寂円派（道元―懐奘―寂円―義雲―曇希―以一）に相伝された『仏祖正伝菩薩戒作法』奥書によれば、「本云、日本元弘三年九月廿七日夜半、従本寺前住永平兼宝慶二世堂上老師相伝之、比丘曇希四十六歳」とあるから、その「菩薩戒作法」の伝授は元弘三年（一三三三）、曇希四十六歳の年である。したがって延文二年（一三五七）は六十歳であり、これを元に逆算すると生年は正応元年（一二八八）となる。没年は、少なくても法嗣の以一に「菩薩戒作法」を伝授した康安二年（一三六二）以降ということになろう。なお『永平寺史』上巻、第三章第五節「曇希禅師の事蹟と開版事業」では、生没年を正応元年～貞治四年（一二八八～一三六五）頃と想定している（三三〇～三三三頁。石川力山氏担当）。

追記二

外題と所蔵（系統）

①　学道用心集　全　　吉田本（覆刻本）

②　永平初祖　学道用心集　城山学人題 □□　　田島本（覆刻本）

③　永平初祖学道用心集　　駒図蔵H〇八六・一二A　　模刻本（翻刻本）

④　永平高祖学道用心集　全　　駒図蔵H〇八六・一二　　模刻本（覆刻本）

③・④　駒図蔵　貴重書　分類NDC8：188-84

画像検索URL

http://wwwelib.komazawa-u.ac.jp/retrieve/kityou/YA0002001/01-frame.html

題簽と内題の印記

①は当初のもの。②〜④は近現代の貼付

②の「城山学人」とは伊藤猷典氏の号　捺印「猷典」

③の内題の印記「(佐々木) 雄堂蔵書」

④の内題の印記「喆丈印信」

先行研究・参考文献

増永霊鳳『永平初祖・学道の用心』（春秋社、一九六〇年）。

横井覚道「古刊本『学道用心集』復刻開版の思想的意義について」（『宗学研究』五号、一九六三年）。

同右「古写本『学道用心十則』について」（『印度学仏教学研究』一一巻二号、一九六三年・『道元思想大系』六、道元の著述、編集2、同朋舎出版、一九九五年に収録）。

榑林皓堂「学道用心集と正法眼蔵」（『傘松』三九六号、一九七六年九月）。

東隆眞「普勧坐禅儀と学道用心集」（同右三九七号、一九七六年十月）。

『学道用心集の参究』（『傘松』臨時増刊号、一九七六年十一月）。

小坂機融「学道用心集と永平大清規」同右。

奈良康明「大学教育と学道用心集」同右。

秋重義治『学道用心集考』（『秋重義治博士遺稿集・道元禅の体系』（八千代出版、一九八三年）。

同右『学道用心集考』（前掲書『道元思想大系』六、一九九五年）。

吉田道興「『学道用心集』の成立」、「『学道用心集』の伝承」、『学道用心集』の内容」（『曹洞宗教義法話大系』一七、同朋舎出版、一九九〇年）。

篠原寿雄『学道用心集――道元　学習と修行のこころえ』（大東出版社、一九九〇年）。

水野弥穂子「『学道用心集』と『正法眼蔵随聞記』」（『『正法眼蔵随聞記』の世界』、大蔵出版、一九九二年）。

桜井秀雄「学道用心集参究の資料」（高祖道元禅師参究叢書三、学道用心集の参究、国書刊行会、一九九七年）。

角田泰隆「『学道用心集』の読み方」（『宗学研究』四二号、二〇〇〇年）。

熊谷忠興「対向偈頌文体の『学道用心集』――図表化試案」（『東隆眞博士古稀記念論集・禅の真理と実践』春秋社、二〇〇五年）。

石井清純「『学道用心集』における龍樹の語の引用について」（『印度学仏教学研究』五七巻一号、二〇〇八年）。

○付記

吉田担当の(『永平寺史料全書』大本山永平寺刊)関係の「解説」一覧

「禅籍編」第一巻、二〇〇二年六月

①『正法眼蔵』「嗣書断簡」、②『正法眼蔵』「遍参(六十巻本)」、③『正法眼蔵』「祖師西来意断簡」、④『正法眼蔵』「仏性(修訂本)」、⑤『正法眼蔵』「仏性断簡」、⑥『正法眼蔵』「秘密正法眼蔵」、⑦『正法眼蔵』「空華(六十巻本)」、⑧『正法眼蔵』「渓声山色(同右)」、⑨『正法眼蔵』「身心学道」、⑩『正法眼蔵』(晃全本系瑞音書写本)、⑪「永平広録(門鶴本)」、⑫「身心脱落切紙」、⑬「一葉観音図」(勝木本・高木本・佐々木本・玄透本)、⑭「道元禅師行録」、⑮「明全伝授師資相承偈」、⑯「明全偈頌」。

「禅籍編」第二巻、二〇〇三年十二月

①「布薩瑞雲記」(付属文書「三箇霊瑞記」「布薩説戒祥雲記」「志比庄方丈不思議日記」)、②「碧巌集断簡」。

「禅籍編」第三巻、二〇〇五年二月

①「正法眼蔵影室」(融峰本祝本)、②「丹嶺本正法眼蔵」。

「禅籍編」第四巻、二〇〇七年十月

①「出家略作法」、②「授衣鉢法」、③「教授戒文」、④「十六条戒」、⑤「血脈略行儀」、⑥「一葉観音像」、⑦「古写本旧箱」。

「文書編」第一巻、二〇一二年十月

①「明全戒牒奥書」、②「普勧坐禅儀撰述由来」、③「普勧坐禅儀撰」、④「和訳金剛般若波羅蜜経」、⑤「紺紙金泥字妙法蓮華経譬喩品断簡」、⑥「正法眼蔵遍参(六十巻本)」、⑦「千手千眼陀羅尼経識語」、⑧「道元禅師行録」。

「文書編」第二巻、二〇一七年二月

①「古記擯罰書」、②「沈金軸物盆」、③「畠山随世極書」、④「酒井忠直硯銘」、⑤「道正庵卜順賛道正庵元祖隆英画像写」、⑥「福昌寺近江八景木下卜順跋」、⑦「釈尊誕生茵褥箱銘」、⑧「曲輪香盒旧箱」、⑨「大了愚門賛道正庵恒順画像」、⑩「首楞厳無上神咒」、⑪「山陰徹翁目子写」、⑫「山陰徹翁証文写」、⑬「東皐心越奉呈偈」、⑭「道正庵証文貞順奥書」。

「文書編」第三巻、二〇一八年三月

①「瑞音本『正法眼蔵』識語」、②「版橈晃全賛松径院画像」、③「融峰本祝常恒地免翰写」、④「堆朱香合銘」、⑤「頭陀袋裏書(一)」、⑥「頭陀袋裏書(二)」、⑦「漢蒔絵長盆」、⑧「古筆了珉極札」、⑨「伝祚玖所用硯」、⑩「道正庵衆寮造営帳序文写」、⑪「道正庵四世典薬頭伝写」、⑫「中尊文殊脇龍虎三幅対箱銘」。

以上〈二〇一八年、現在までの分〉

初出一覧

（〈　〉内は本書の章節）

伝記編

〈一章一節〉「『高祖伝研究』ノート――初学者の一資助として」（『曹洞宗研究員研究生研究紀要』一一号、一九七九年八月）

〈一章二節〉「興聖寺時代における懐奘禅師の行実」（『宗学研究』二二号、一九八〇年三月）

〈二章一節〉「高祖道元禅師伝再考――粉飾的記事に関して」（『宗学研究』二七号、一九八五年三月）

〈二章二節〉「高祖道元禅師の伝記研究――粉飾的記事に関して」（佐藤匡玄博士頌寿紀年論集『東洋学論集』朋友書店、一九九〇年三月）

〈三章一節〉「高祖道元禅師伝考――新到列位の問題をめぐって」（『宗学研究』二八号、一九八六年三月）

〈三章二節〉「高祖道元禅師伝研究――戒牒に関する問題」（『宗学研究』二九号、一九八七年三月）

〈三章三節〉「再考「新到列位問題」・是認論を否定する」（『曹洞宗総合研究センター第十三回学術大会紀要』、二〇一二年六月）

〈四章一節〉「宝慶記と高祖道元禅師伝」（駒澤大学『宗教学論集』一三輯、一九八七年三月）

〈四章二節〉「内閣文庫所蔵の道元禅師伝（二種）に関して」（『印度学仏教学研究』三八巻二号、一九九〇年三月）

〈四章三節〉「道元禅師伝の史料研究――「三大尊行状記」と「三祖行業記」を中心に」（『駒澤大学禅研究所年報』三号、一九九二年三月、国内研修成果の一）

〈四章四節〉「無著道忠筆『永平禅寺三祖行業記』の翻刻・紹介」（『宗学研究』三四号、一九九二年三月、国内研修成果の一）

〈四章五節〉「瑩山禅師撰とされる『道元禅師伝』考」（『印度学仏教学研究』四一巻一号、一九九二年三月）

〈四章六節〉「宮城県瑞川寺蔵『永平開山道元和尚行状録』について」（『宗学研究』三五号、一九九三年三月）

〈四章七節〉「道元伝における天童山の「開堂演法」に関して」（『宗教研究』三〇七号、一九九六年三月）

〈四章八節〉「愛知県松源院所蔵『道元禅師行状記』について」（『宗学研究』三八号、一九九六年三月）

〈四章九節〉「愛知県西明寺蔵の道元禅師伝について――「永平祖師行状記」を中心に」（『宗学研究』三七号、一九九五年三月）

〈五章一節〉「道元禅師「絵伝」考――長野県松巌寺所蔵掛幅を中心に」（『宗学研究』四二号、二〇〇〇年三月）

〈五章二節〉「道元禅師「絵伝」台本考――広島県三原市香積寺所蔵本を中心に」（『宗学研究』四三号、二〇〇一年三月）

〈六章一節〉「道元禅師の伝記と切紙資料について――室内関係資料を

中心に」（田中良昭博士古稀記念論集『禅学研究の諸相』大東出版社、二〇〇三年三月）

〈七章一節〉「版橈晃全撰『僧譜冠字韻類』所載の「道元伝」考」（『印度学仏教学研究』五四巻二号、二〇〇六年三月）

〈七章二節〉「永平寺二祖孤雲懐奘禅師の出自考――『僧譜冠字韻類』道元伝付記の懐奘略伝を中心に」（『宗学研究』四八号、二〇〇六年三月）

〈八章一節〉「『永平開山元禅師行状伝聞記』における「伝説・説話」の類型――「混交信仰」を中心に」（『宗学研究』四〇号、一九九八年三月）

〈八章二節〉「道元禅師伝の霊瑞逸話考――羅漢信仰の進展と「十六羅漢図」の流布」（『東海仏教』五二輯、二〇〇七年三月）

〈八章三節〉「道元禅師伝の霊瑞逸話考（続）――「高祖弾虎図」の成立と展開」（『宗学研究』四九号、二〇〇七年四月）

〈九章一節〉「「聖徳太子伝」と「道元禅師伝」の霊瑞・神異譚考」（廣瀬良弘編『禅と地域社会』吉川弘文館、二〇〇九年三月）

〈九章二節〉「「道元伝」の霊瑞・神異譚と「最澄伝」および「空海伝」との比較考」（『印度学仏教学研究』五七巻二号、二〇〇九年三月）

〈十章一節〉「高祖伝の形成と道正庵――策謀家道正庵十九世徳幽卜順」（『曹洞宗総合研究センター第十二回学術大会紀要』二〇一一年六月）

〈十一章一節〉「『宝慶記』における叢林生活の一考察」（鎌田茂雄博士還暦記念論集『中国の仏教と文化』大蔵出版、一九八八年十二月）

〈十一章二節〉「如浄会下における道元禅師――相見・入室・身心脱落・嗣法・伝戒考」（『曹洞宗総合研究センター第十四回学術大会紀要』二〇一三年六月）

思想編

〈一章一節〉「正法眼蔵における声聞行」（『宗学研究』一八号、一九七六年三月）

〈二章一節〉「本証妙修と自己との間」（『宗学研究』一九号、一九七七年三月）

〈二章二節〉「心塵脱落と身心脱落について」（『宗学研究』二〇号、一九七八年三月）

〈二章三節〉「本来本法性」疑団の考察――その虚構性に関して」（『宗学研究』二一号、一九七九年三月）

〈二章四節〉「道元禅師の人間性――「祇管打坐」と「身心脱落」の展開」（台湾仏光山四十周年開山紀念　学術検討会『禅宗與人間仏教』財団法人仏光山文教基金会、二〇〇六年六月）

〈三章一節〉「『正法眼蔵』における正と邪」（『日本仏教学会年報』四八号、一九八三年三月）

〈三章二節〉「道元禅師における仏陀観」（『日本仏教学会年報』五三号、一九八八年三月）

〈三章三節〉「道元禅師の比丘尼・女人観」（『日本仏教学会年報』五六号、一九九一年十月）

〈三章四節〉「「海印三昧」と道元禅師」（鎌田茂雄博士古稀記念論集『華厳学論集』大蔵出版、一九九七年十一月）

〈三章五節〉「道元禅師の霊魂観――「霊性」批判と忌辰「上堂」との間」（『日本仏教学会年報』七一号、二〇〇六年三月）
〈三章六節〉「『正法眼蔵』における生死観考――道元の生と死」（『日本仏教学会年報』七五号、二〇一〇年八月）
〈三章七節〉「道元禅師における仏弟子観」（『日本仏教学会年報』七八号、二〇一三年十月）
〈四章一節〉「道元禅師の受戒と伝戒考」（『印度学仏教学研究』三六巻一号、一九八七年十二月）
〈四章二節〉「高祖道元禅師の如浄禅師よりの伝戒に関する問題点」（『宗学研究』三〇号、一九八八年三月）
〈四章三節〉「道元禅師の十六条戒の成立について」（『宗学研究』三一号、一九八九年三月）
〈四章四節〉「道元禅師と懐奘禅師との戒律観」（『宗学研究』三二号、一九九〇年三月）
〈四章五節〉「道元禅師の菩薩戒重受について」（『宗学研究』三三号、一九九一年三月）
〈五章一節〉(1)「独庵玄光と天桂伝尊の嗣法観」（『宗学研究』二三号、一九八一年三月）
(2)「近世洞門における嗣法論争」（『宗学研究』二四号、一九八二年三月）
(3)「独庵玄光の嗣法観とその背景」（『独庵玄光と江戸思潮――天桂・卍山・荻生徂徠等に与えた思想的影響』ぺりかん社、一九九五年十一月、(1)と(2)を合綴）
〈五章二節〉「愛知学院大学図書館所蔵・横関文庫『独庵俗談根源鈔』翻刻」（『曹洞宗研究生研究紀要』一四号、一九八二年七月）
〈六章一節〉「道元禅師外伝「血脈度霊」逸話考――血脈授与による救済と性差別」（『宗学研究』三九号、一九九七年三月）
〈六章二節〉「伝寂室堅光撰『普勧授戒之縁由』考――「神人化度」と「授戒成仏」について」（『印度学仏教学研究』四七巻一号、一九九八年三月）
〈六章三節〉「「受戒」信仰について――「受戒入位」「受戒成仏」考」（『宗学研究』四一号、一九九九年三月）
〈六章四節〉「『修証義』成立後の諸問題」（『曹洞宗総合研究センター第十五回学術大会紀要』二〇一四年七月）
〈七章一節〉「永平六世・宝慶三世曇希開版の延文二年版『学道用心集』をめぐって――現存する古本各種より初刻本を探る」（『傘松』八〇四号、二〇一〇年九月）

あとがき

本書は、昭和五十一年（一九七六）から平成二十六年（二〇一四）までの間に筆者が道元禅師に関連して発表した論文類を便宜的に「伝記編」（二十九本）と「思想編」（二十六本）に分け、部分的に補筆・訂正・合揉を加え、『道元禅師の伝記と思想研究の軌跡』と題しまとめたものです。

本書のねらいは、まずおのれ自身の老い先を考え、初期から今日までの研究論文に関し、反省を込め、その軌跡《あとかた》を振り返ると同時に、読者の方々に筆者の伝記や思想における研究視点がどこにあり、どのように探ってきたかを知って頂き、率直にご批判やご意見を仰ぎたいとの願いがあります。

一般に日本仏教は「祖師仏教（祖師信仰）」の傾向があると評されるごとく、曹洞宗でも道元禅師を「宗祖」（明治以降は「一仏両祖」の一人「高祖」）、瑩山禅師を「太祖」と崇敬しています。本書の伝記編では、初期史料の『洞谷記』『三大尊行状記』『三祖行業記』『伝光録』等の本文中、既に両祖を尊崇敬愛する神秘的祥瑞記事がいくつか見られ、後代になるにつれ次第に増加し高揚化・神格化されてきた趣《おもむき》が見られます。その背景には、伝記作者（宗門僧侶が中心）が少ない史実（情報）の中で、いかに道元禅師を曹洞宗教団の「開祖（宗祖・高祖）」として位置づけ、若年僧や一般僧及び多くの信者にも広く普及教化しようと種々思索を巡らし、また教団側の意向（菩薩戒・授戒会の普及等）の総意も反映し、徐々に形成され定着してきた経緯があります。

道元禅師の本格的伝記研究書として近・現代の代表的なものには、大久保道舟著『修訂増補 道元禅師伝の研究』（一九六六年）、柴田道賢著『禅師道元の思想』（一九七五年）、中世古祥道著『道元禅師伝研究』（一九七九年）をはじめ、竹内道雄著『道元（新稿版）』（一九九二年）、伊藤秀憲著『道元禅研究』（本論第一章〜第三章）（一九九八年）等があります。これらの書物では、当然ながら史実を重視する学者として、偉人伝・聖人伝にある崇敬心を醸成する場面設定による逸話を採りあげ論ずることは、ほとんどありません。

それに反し筆者は、たとえば禅師の尊貌を七処平満・眼有重瞳、空中有声・白光照室の「瑞相」の誕生逸話、幼少期の「神童振り」、入寂時の「留三日顔貌如生、室有異香、舎利無数」等の類は、常套的で他宗派の祖師伝にもあり、その他の霊験的・神話的逸話についても排除せず、それらを祖師信仰の一環（聖僧化）として包括的に扱う立場にあります。

従って道元禅師独自の霊験的逸話として付加される韋将軍（韋駄天）の帰朝勧請は禅師自身の内面を慮り反映したもの、帰朝前夜における碧巌集書写助力の大権修理ないし白山明神の出現（歴史的には日本達磨宗の碧岩集伝来を示唆する」、帰朝時の天童山「開堂演法」は摩訶迦葉の半座説法を投影して創作したもの、海風波濤（入宋または帰朝）時の一葉観音出現等の「超人・神人」の出現は、禅師の徳性への助力（仏天の加護）であり、在宋中に如浄禅師への帰投を指示する仮想人物「老璡」は、人々から尊崇され供養を受けるに値する羅漢の如き存在《面山の説》と見なし、行脚中の「弾虎拄杖」は禅師自身の威神力（禅定力により拄杖は龍と化し虎をはねのける）の発揮、帰朝後の「玄明擯罰」の逸話は、禅師の人格的高潔さ、名利の否定を強調するもの、また寛元二年の大仏寺（後の永平寺）開堂法要時の瑞相（龍天山神出現）、寛元三年初結夏時の瑞相（天華乱墜）、宝治元年正月「布薩説戒」時の瑞相（五色彩雲）、宝治二年四月より十一月まで僧堂裡の「芳香」、宝治三年元旦羅漢供養法会時の瑞相（生羅漢出現）、建長三年時の「不思議鐘声」等の瑞祥類は本文に触れたごとく仏伝や中国・日本の各高僧伝にも常套的に多く見られ、ごく一般的で違和感なく受容されたものです。要するに筆者は学問上、史実を重視する立場を認めつつも、これらの逸話類は、道元禅師の偶像化ないし神聖化・神秘化に属し、自然と「祖師信仰」として形成し顕彰されるようになったものであり、史実とは異なるという理由だけで単純に無視（否定）できない構成要素と思われるのです。

　筆者は史実と共に各種の逸話（神異譚・霊瑞譚も含む）もその背景には、特に檀信徒への教化上、それらの法話は欠かせなかったものであり、檀信徒と共に歩む洞門僧も日常生活における仏祖への信仰と供養・奉仕などにつながっていたと思われるのです。私は「道元禅師の祖師像」が曹洞宗の「教団史」において複合的に形成増幅され、神格化されてきた面があったことを多数の史料と伝記を読みながら実感し認識しました。

　「新到列位」問題は、『三大尊行状記』『三祖行業記』および『建撕記』（訂補本も含む）等にあっては成立当初から現代までの伝記史料に継承され、史実と信仰との狭間で論議されてきた事案です。中世古氏と伊藤秀憲氏は、『行状記』『行業記』と『建撕記』における「新到列位」の構成上の順序が不自然であり、前後の文意が通じないという点から後に添入したものと指摘されています。私はそれらを踏まえ、根本的史料である『明全戒牒奥書』に禅師自身が東大寺発行の「戒牒」を「書持」したと記し、禅師が正式な「戒牒」ではない「偽書」であることを自覚している点から、入宋の新参者である禅師が「上訴」する筈はないと考えます。また日中の「授戒制度」に関わる重大問題であり、それ以後に変更されたことを記す中国側の史料が前後を通じ全くないのです。従って、この問題はなかったと断言できます。しかし、中国と日本における授戒制の相違をそれとなく読者に知らせるという一面があり、その点で許容できます。

　『道元和尚行録』（祖山蔵本）・『道元禅師紀年録』・『洞上諸祖伝』等の亡霊への「血脈」授与（血脈度霊）の説示は、十七世紀当時の黄檗戒壇の盛況に影響された宗門教団による「授戒会」の普及と要請があったと推定できます。

　『僧譜冠字韻類』・『訂補建撕記』・『建撕記抜萃』等の「神仙解毒万病円」と道正庵は他の説話と異なり、道正庵中興卜順が木下家の始祖道正（木下隆英）を道元禅師と共に入宋したと仮想してできたものです。すなわち中国で行脚中に禅師が病悩した際、日本の稲荷神が現われ丸薬を飲み忽癒したと主張する家伝薬品であり、その売り込み宣伝が内在しているのです。近世の道正庵は、勧修寺家と共に御所への禅師号や瑞世状の仲介役を果たし、宗門にとって恩義のある家柄であり、複数の禅師（門鶴、宗奕、宗察、光紹智堂、版橈晃全、さらに面山瑞方等）が同家と関与しています（本文「高祖伝の形成と道正庵」参照）。

次に思想編において、その先達として評価の高い秋山範二著『道元の研究』（一九三五年）、衛藤即応著『宗祖としての道元禅師』（一九四四年）をはじめ、榑林皓堂著『道元禅の研究』（一九八〇年）、鏡島元隆著『道元禅師とその門流』（一九六一年）・『道元禅師とその周辺』（一九八五年）・『道元禅師と引用経典・語録の研究』（一九六五年）・『天童如浄禅師の研究』（一九三年）、河村孝道著『正法眼蔵の成立史的研究』（一九八七年）・同小坂機融編著『永平正法眼蔵蒐書大成』、石井修道著『道元禅の成立史的研究』（一九九一年）、角田泰隆著『道元禅師の思想的研究』（二〇一五年）等は、本書において充分に反映することはできませんでしたが、筆者は益すること大であり参考になりました。

本書の伝記編と思想編とは、「自序」に示したようにいずれも大枠は時系列順ですが、同様な課題に叙述を重ね並べた箇所もあります。具体的に例示すると伝記編の課題「新到列位問題」の（三）は当初の論文より二十五年ほど後に発表したものですが、（一）（二）の後に付けています。思想編の本質的な課題を説く『正法眼蔵』の内容（本証妙修、只管打坐など）を前半に集めて並べ、次に「嗣法」「受戒（授戒）」「伝戒」に関連するものを後半に揃えて並べました。

なお「思想編」の論文中、①「独庵玄光と天桂伝尊の嗣法観」、②「近世洞門における嗣法論争」、③「独庵玄光の嗣法観とその背景」の三本は、重複する部分が多くあり、全体的な構成を勘案しながら①と②を合揉し、合わせて①②③における注の部分を整理し、合計二本の形にしました。従って前後の章や節も移動する等、複雑に変更し結果的にあるむ社編集部の方々に組版上、大変ご迷惑をおかけしました。茲に深くお詫び申し上げます。

なお末尾近くの一本は、宗門の人権問題推進委員会で数年間論議された延長線上で『修証義』に特化し、平成二十六年（二〇一四）三月に「近代教団史」研究プロジェクトチームのグループによって曹洞宗総合研究センター編『曹洞宗近代教団史』を三年がかりでまとめたものです。筆者はその一員として出版報告会の席上において発表したもので、本書における最終論文です。筆者の人権関係の論文類は他にも複数ありますが、本書では全て割愛しました。

本書の大半は、曹洞宗関係の研究雑誌（宗学研究、曹洞宗研究員研究生研究紀要、曹洞宗総合研究センター学術大会紀要、駒澤大学宗教学論集、永平寺月刊誌『傘松』）に発表した論文であり、他に学術雑誌（印度学仏教学研究、日本仏教学会年報、宗教研究、東海仏教、さらに鎌田茂雄博士還暦記念論集、佐藤匡玄博士頌寿記念論集、田中良昭博士古稀記念論集、〔台湾〕二〇〇六年佛教研究論文集）、および「単行本」の出版社（朋友出版、大東出版社、大蔵出版、吉川弘文館、ぺりかん社、財團法人佛光山文教基金會〔台湾〕）に投稿し掲載された論文です。誌上を借りて厚く御礼申し上げます。

また本論文に使用した資料は、前掲の『道元禅師伝記史料集成』において掲げた「資料提供者」・「所蔵先」と同じく河村孝道先生、小坂機融先生、駒澤大学図書館、愛知学院大学図書館、焼津市旭伝院岸沢文庫、横浜市永久文庫、内閣文庫、大本山永平寺、武雄市円応寺、豊川市西明寺、豊田市松源院、古川市（現、大崎市）瑞川寺、三原市香積寺、宮津市盛林寺であり、併せて深く感謝の意を表します。

さらに愛知学院大学田中泰賢博士には、前著に引き続き本書の英文目次を付して頂きました。また、株式会社あるむ取締役会長川角信夫氏および後藤和江さんには、本文中の内容や字句、索引の編集に有益なご助言を頂きました。同社の中村衛氏には原稿やゲラの数十回の受け渡しでお世話になりました。さらに菅原研州先生と川合功一氏には、本書の索引作成と校正に協力して頂きました。特に菅原先生には最終段階になり、本文と索引の点検をお願いし補訂することができました。いずれも本書の刊行において不可欠な方々であり、誌上を借り茲に厚くお礼申し上げます。

今後も元気でいる限り、道元禅師の伝記や思想研究を中心に邁進する心算です。　合掌

平成二十九年十二月八日　仏成道日

五色園の自宅において

著者　寂空山人　謹みて記す

Studies in the Life and Teachings of Zen Master Dōgen

Michioki (Dōkō) YOSHIDA

Contents

Introduction i
Introductory notes ii
Preface iii

I: Dōgen's Life

Chapter 1: A first step to studies of Dōgen's life 3

Section 1: Notes on "Dōgen's life": for beginners 3

Section 2: What Ejō really did when he practiced at Koshōji temple 20

Chapter 2: Embellished accounts of Dōgen's life No. 1 26

Section 1: Anecdotes about Dōgen's birth; how Dōgen chased away a tiger with a stick; a Chinese monk helped Dōgen to handwrite the entire text of *Hekigan-roku* (Ch., *Pi-yen-lu*) in one night; Avalokiteśvara Bodhisattva sitting on a lotus flower made a storm abate when Dōgen did zazen on his way home 26

Section 2: Dōgen's respect for the Buddhas and patriarchs (anecdotes of the Zen sect); historical facts and strong religious belief; three miraculous signs (1. images of arhats [saints of one of the highest ranks] on a hanging scroll appeared as if they were living when Dōgen held a Buddhist service for them. 2. flowers fluttered down on Dōgen and 3. Dōgen heard a temple bell when he lived in Eiheiji temple) 32

Chapter 3: A dispute over precedence for a new trainee 44

Section 1: About precedence for a new trainee 44

Section 2: About a certificate of having received precepts 50

1. The Japanese system of receiving precepts 50
2. The Chinese system of receiving precepts 51
3. The historical value of an account of Myōzen's death and his ashes ("Shari Sōden-ki") 52

Section 3: After my reconsideration of the story of precedence for a new trainee, I cast doubt upon that story 56

Chapter 4: Bibliographical studies in various historical documents on Dōgen's life 61

Section 1: *Hōkyō-ki* (Ch., *Pao-ching-chi*) and Dōgen's life 61

Section 2: Two versions of Dōgen's life in the collection of the Cabinet Library 69

Section 3: Research of historical documents about Dōgen's life: centering on *Sandaison Gyōjōki* and *Sanso Gyōgōki* 76

Section 4: Reprint and review of *Eihei Zenji Sanso Gyōgōki* transcribed by Muchaku Dōchū 108

Section 5: An inquiry into *Dōgen Zenji Den* by Zen Master Keizan 115

Section 6: On *Eihei Kaisan Dōgen Oshō Gyōjōroku* in the collection of Zuisenji temple, Miyagi Prefecture 122

Section 7: About *Kaidō Enpō* of Tendō-zan (Ch., Tien-tung-shan) in Dogen's life 128

Section 8: On *Dōgen Zenji Gyōjōki* in the collection of Shōgen-in temple, Aichi Prefecture 130

Section 9: On *Eihei Soshi Gyōjōki* in the collection of Saimyōji temple, Aichi Prefecture 136

Chapter 5: The life of Zen Master Dōgen in paintings 143

Section 1: An inquiry into the life of Zen Master Dōgen in paintings: centering on *Kakefuku* (a hanging scroll) in the collection of Shōgenji temple, Nagano Prefecture 143

Section 2: An inquiry into the life of Zen Master Dōgen in paintings and brief words about the paintings: centering on a book in the collection of Kōjakuji temple, Mihara City, Hiroshima Prefecture 149

Chapter 6: On the life of Zen Master Dōgen and materials of the transmission of Buddha's dharma from master to disciple (kirigami) 154

Section 1: Centering on materials in a place of transmitting Buddha's dharma (shitsunai) 154

1. The relationship between Nyojō zenji (Zen Master Ju-ching) as master and Zen Master Dōgen as disciple 155
2. Nyojō zenji initiated Dōgen in the practice of release of body and mind (shinjin datsuraku) and three aspects of release of body and mind (san datsuraku-wa) 155
3. Good omens at Dōgen's homecoming 158
4. Anecdotes of an incarnation of eleven-faced Avalokiteśvara (a local tutelary deity) 160
5. A sacred robe for monks (Okesa), for Buddhist rituals a hand-held instrument (hossu) and so on which Dōgen received from Zen Master Nyojō 166

Chapter 7: "The life of Dōgen" and "The life of Ejō" in *Sōfukanjiinrui* by Bangyō Kōzen 172

Section 1: An inquiry into "The life of Dōgen" in *Sōfukanjiinrui* 172

Section 2: An inquiry into the place of origin of Zen Master Koun Ejō (the 2nd abbot of Eiheiji Monastery): centering on "a simplified life of Ejō" as a supplementary note of "The life of Dōgen" in *Sōfukanjiinrui* 180

Chapter 8: Embellished accounts of Dōgen's life No. 2 186

Section 1: centering on "jumbled belief": the stereo-typical expression of "The legend and tales" in *Eihei Kaisan Gen Zenji Gyōjō Denmonki* 186

Section 2: The development of arhats (saints of one of the highest ranks) and a wide circulation of *Jūroku Rakan-zu* (pictures of the sixteen arhats) 192

Section 3: The formation and development of "Kōso-danko-zu" 203

Chapter 9: Embellished accounts of Dōgen's life No. 3 211

Section 1: An inquiry into miraculous signs and mystic stories of "The life of Shōtoku taishi" and "The life of Dōgen" 211

Section 2: A comparative study of miraculous signs and mystic stories of "The life of Dōgen" and "The life of Saichō" & "The life of Kūkai" 223

Chapter 10: The life of Dōgen and Dōshō-an 234

Section 1: A schemer, Tokuyū Bokujun, 19th master of Dōshō-an: in the formation of the lives of Dōgen and Dōshō-an 234

1. About a man of resources, Tokuyū Bokujun, the 19th master of Dōshō-an 234
2. The originator of Dōshō-an in " The life of Dōgen" and supernatural pills for detoxifying effects and all sorts of diseases 236

Chapter 11: Zen Master Dōgen practicing under Zen Master Nyojō 240

Section 1: An inquiry into Dōgen's practice in *Hōkyōki* 240

Section 2: An inquiry into Zen Master Dōgen under Zen Master Nyojō: to have an interview with Zen Master Nyojō (shōken), to receive the Buddha's teaching from Zen Master Nyojō (nisshitsu), release of mind and body (shinjin datsuraku), to succeed to the Buddhist law (shihō) and to transmit the Buddha's precepts (denkai) 252

1. Dōgen's situations and a meeting with a monk, Rōshō before Zen Master Nyojō becomes the new abbot of Tendō-zan (Ch., Tien-tung-shan) 252
2. A period when Nyojō became the new abbot of Tendō-zan and Dōgen went on a Zen pilgrimage throughout China to seek Zen Masters 253
3. Dōgen's situations before and after having an interview with Zen Master Nyojō (shōken) and receiving the Buddha's teaching from Zen Master Nyojō (nisshitsu) 253
4. Release of mind and body (shinjin datsuraku): "to have become enlightened (daiji-ryōhitsu), absolute enlightenment (daigo) and no gap in enlightenment between master and disciple (shōkai sokutsū)" 254
5. To transmit the Buddha's precepts to a Buddhist heir (denkai): *Busso shōden bosatsukai* and to succeed to the Buddhist Law (shihō) 255

II: The Teachings of Dōgen

Chapter 1: The essence of Buddha's teaching 259

Section 1: The practice of śrāvaka to attain arhathood in *The Eye Store-house of the True Law* (*Shōbō-genzō*) by Dōgen 259

Chapter 2: Dōgen's views of the identity of practice and enlightenment 266

Section 1: The relationship between wondrous practice of Dōgen's original enlightenment (honshō-myōshu) and himself 266

Section 2: "Release of mind and dust" and "Release of mind and body" 271

Section 3: An inquiry into Dōgen's doubt about an opinion that "a man is Buddha by nature" 276

Section 4: Dōgen's character: the development of "a single-minded zazen" (shikan-taza) and "release of mind and body" (shinjin datsuraku) 284

Chapter 3: Several viewpoints of Dōgen 293

Section 1: Right and wrong in *Shōbō-genzō* by Dōgen 293

Section 2: Dōgen's views about Buddha 301

Section 3: Dōgen's views about nuns and women 310

Section 4: "Zazen brings us the excellent mind (samādhi) like ocean" (kaiin-zammai) and Dōgen 321

Section 5: Dōgen's views about the soul: the relationship between Dōgen's criticism against the spirituality and his memorial service for the dead 330

Section 6: An inquiry into birth and death in *Shōbō-genzō*: birth and death of Dōgen 339

Section 7: Dōgen's views about the disciples of Buddha 350

Chapter 4: Dōgen's views about receiving the Buddha's precepts from a master and giving the Buddha's precepts to monks or lay devotees 368

Section 1: An inquiry into Dōgen's view about receiving the Buddha's precepts from a master and giving the Buddha's precepts to monks or lay devotees 368

Section 2: Some controversial points of Zen Master Nyojō's giving Buddha's precepts to Dōgen 377

Section 3: About the formation of Dōgen's sixteen precepts (jūrokujō-kai): to take refuge in the Buddha, the Law and the Buddhist Community [sanki-kai], the three pure precepts in Mahāyāna Buddhism [sanjujō-kai] and the ten grave prohibitions [jūjūkin-kai] 383

Section 4: Views about Dōgen's and Nyojō's precepts 390

Section 5: About Dōgen's receiving Bodhisattva precepts several times 396

Chapter 5: Views about to succeed to the Buddhist Law (shihō) of patriarchs in the Sōtō Zen sect 402

Section 1: The view about shihō in Dokuan Genkō and its background 402

1. An introduction to the position of Dokuan the formation of his teachings: his background, sickness, study and friendship 402
2. Dokuan's teachings about "shihō"
   (1) The discussion about shihō between Dokuan and other monks in the early modern age: the time to question what Buddhists should really receive as the transmitted Law and the restoration movement of the Sōtō Zen sect's traditions, views about precepts of Dokuan and Tenkei, the Sōtō Zen sect and its tenets, the master in shihō and the Buddha's teachings 429
3. Dokuan's teachings about "shiho"
   (2) The discussion about shihō in the early modern age: some monks on the basis of the phenomena (worldly things) and other monks on the basis of ultimate reality (the enlightenment), accurate historical details and tenets of the Sōtō Zen sect, the discussion about three important certificates (a genealogical book that a Zen master gives his disciples as a token of the Buddhist succession) [shisho], (a genealogy of the transmission of the Buddha's Law) [kechimyaku] and (to become enlightened and save all sentient beings from sufferings) [daiji] 440

Section 2: A reprint of *Dokuan zokudan kongen shō* at the Yokozeki Library in Aichi Gakuin University Library 450

Chapter 6: "Receiving the precepts" (jukai), "A Buddhist ceremony for jukai where lay devotees are given the precepts for bodhisattvas by the precept-teacher" (jukai-e) and their problems 468

Section 1: An inquiry into an anecdote in which "kechimyaku saves some souls" in a side story about Dōgen: the salvation by kechimyaku and sexual discrimination 468

Section 2: An inquiry into *Fukan jukai no enyū* by Jakushitsu Kenkō (according to an old tradition): "a holy man saves some people" and "people rest in peace" by giving the Buddha's precepts to people (jukai) 474

Section 3: About a belief of "receiving the Buddha's precepts" (jukai): "ordination and enlightenment" (jukai-nyūi) and "people receive the Buddha's precepts and rest in peace" (jukai jōbutsu) 480

Section 4: Some problems after *Shushō-gi* was published 488

Chapter 7: Publication of *Gakudō-yōjin-shū* 496

Section 1: About the Enbun 2 (1357) edition of *Gakudō-yōjin-shū* which was written by Zen Master Donki (?–1363), the sixth abbot of Eiheiji Monastery and the 3rd abbot of Hōkyōji Monastery: a study of the search for the first carved edition from many extant versions from the past 496

First recorded list 505

Afterword 509

Index 602

索　　　引

凡　例

本索引は、本書『道元禅師の伝記と思想研究の軌跡』に関する論文と注・追記に限定したものである。

本索引の「人名」「地名・寺名」「書名」「年号」「語彙」における各項目の掲載は、原則として五十音順とし、大半は漢字見出しとするが、一部にひらがなやカタカナも含む。漢字表記は資料で旧漢字であっても本索引では、すべて常用漢字（新漢字）に統一した。同音語句の配列は部首・総画数順とし、各見出し語には、同じ漢字でも語句により別の読み方がある場合や、難読語の場合は、該当する漢字の後に〈　〉で読みを「カタカナ」で示した。

なお論文の資料中には、明らかに「間違い」と思われる語句も含まれているが、その場合、本文中の該当箇所の右側に（ママ）と付し、索引の語句は→により正しい漢字に表記し配列してある。また語句によって複数の漢字表記がある場合、それを（　）のなかに示した。

一　人名

人名の前に研究者の参考になると思われる付加価値を有する語句も付けた。僧侶は、道号や諱（いみな）、肩書きとして役職や住職地などが付されているものを本文のまま採取した。それらの大半は「参照」を示す→により「号」や「諱」・通称名に収斂させている。日本の天皇・公卿・武士・庶民、中国の皇帝・官僚なども上記と同じく、肩書き等の属性を付けたまま採り上げ→により一般的固有名詞に収斂した。なお人名の後（　）中に別名・役職等の属性を一部並べた。それらは、筆者が主要なものと判断し適宜挙げたものであり、網羅的にすべてを並べたものではないことをお断りしておきたい。人名中、固有名詞の旧漢字はそのままにした。

天童や洞山等、文脈により人名ないし地名の意味になるが、随時その相違を区別している。この項目には外国人をはじめ神や仏、道教神・民間神の類も少々含んでいる。

○複数の読みの用例　〈　〉中の後者に統一した。

栄西〈ヨウサイ、エイサイ〉等

難読語の用例

去来諾尊〈イザナギノミコト〉、伊弉冉尊〈イザナミノミコト〉、鸕鷀草胸不合尊〈ウガヤフキアエズノミコト〉、圜悟克勤〈エンゴコクゴン〉、大己貴神〈オオナムチノカミ〉、息長帯比売命〈オキナガタラシヒメノミコト〉、虚庵〈キアン〉、虚堂〈キドウ〉、恵果〈ケイカ〉、元粛〈ゲンシ〉、千呆〈センガイ〉、葉県帰省〈セッケンキセイ〉、澄一道亮〈チンイドウリョウ〉、鳥養〈トリカイ〉、忽必烈〈フビライ〉、舎人親王〈トネリシンノウ〉、経資〈ノリスケ〉、真魚〈マオ〉、客人〈マレビト〉、三津首〈ミツノオビト〉、永嘉〈ヨウカ〉、永覚元賢〈ヨウカクゲンケン〉、無準師範〈ブジュンシハン〉、宏智正覚〈ワンシショウガク〉等

二　地名・寺名

日本や中国の地名・寺名（山号・寺号）・神社名、寺社の付属施設を採取した。寺名が同じでも国や地域が異なる場合は（　）の中にその相違を示した。また特別な読みの寺名なども（　）に「カタカナ」をつけた。なお国名や地域名には、広く漠然として限定できない場合のものも含む。

付加的修飾のついた地名・寺社は矢印 → で示した。

○複数の読みの用例　　（　）の中の後者に統一した。

霊隠寺（レイインジ、リンニンジ)、寧波（ネイハ、ニンポー）等

能登総持寺は、「總持寺」「惣持寺」と表記され異なるが、史資料のままにした。

難読語の用例

飯成山〈イナリヤマ〉、愛宕〈オタギ〉、径山〈キンザン〉、葉県〈セッケン〉、三日山〈サンチザン〉、浄慈寺〈ジンズジ〉、多武峰〈トウノミネ〉、星井〈ホシノイ〉、禅師峰〈ヤマシブ〉、湯尾峠〈ユノオトウゲ〉、永光寺〈ヨウコウジ〉、永興寺〈ヨウコウジ〉、永厳寺〈ヨウゴンジ〉、霊隠寺〈リンニンジ〉、霊山〈リョウゼン〉等

三　書名

本文に記載されている各書本（単行本、逐次刊行物、会報、紀要、年報、論文）の具名・略称・通称・別称を採取し、それら大半を → で正式名称に収斂した。各書の（　）には、判明する限り別名・略称などの他、同名の場合、編著名・所蔵・写刊の別を挙げ、他の異本と区別した。なお各書に巻名（巻数）・章名等が複数ある場合は、その項目を時系列、内容別に並べた。経典・語録類も同様である。また論文名も資料として重要と思われるものは、筆者の判断で「準書名」として多数採取した。また本文で使用される『　』「　」は一部を除いて大半は省いている。さらに永平広録は「広録」と略称し引用巻数・上堂番号を表記し、正法眼蔵や伝光録、洞谷記、曹洞宗全書、法華経等も特定できるものは巻名ごとに表記し並べた。

難読語の用例

行録〈ギョウロク、アンロク〉、諼園随筆〈ケンエンズイヒツ〉、当麻曼荼羅〈タイママンダラ〉、豊鐘善鳴録〈ブショウゼンメイロク〉、鼈頭宝鏡記〈ベツトウホウキョウキ〉、和論語〈ヤマトロンゴ〉、楞厳院検校次第〈リョウゴンインケンギョウシダイ〉、聾瞽指帰〈ロウコシキ〉、宏智録〈ワンシロク〉等

四　年号

元号・年月日・干支も本文のまま採取した。しかし干支の中には漢字の字形がよく似ているためか、写本の筆者が誤って表記したと推定できる用例が多数ある。特に多い混同例として、戊・戌、己・巳、甲・申がある。編集上、索引ではいずれも正しい干支で表記した。原文には、その字の右側に（ママ）と付したが、単純な誤写と明らかに推定できるものは訂正した。それとは別に上記とは異なる誤字の場合は、原文の右側に（ママ）とし、索引には正しい表記にしている。

なお元号・年・干支のいずれか無記入の項目は、前後の文脈から判明するものに関し（　）の中にそれらを記入し、該当箇所に並置した。また五十音順に元号を揃えた上で、月日の配列は本索引を利用する便を考慮して時系列順とした。

多くの年号は、日本元号であるが、中には中国のものを含んでおり、その場合は〔　〕に時代を示す後漢・北宋ないし中華民国等の王朝名・国名を付した。

五　語彙

本文における語彙の採取には、各論文のテーマに沿って関連する用語を筆者が任意に選び出し、網羅的に採取したものではない。さらに一定の基準を元に採取したものでもないことをあえてお断りしておきたい。また中には人名や書名に通ずる用語も含み双方に配列したものが複数ある。

多少長い「文節」も含み、また漢字に限らず「ひらがな」や「カタカナ」表記のもの、漢字と平仮名・片仮名混じりの「語句」も含んでいる。

難解語の用例

断紙〈キリカミ〉、知客〈シカ〉、只〔祗〕管打坐〈シカンタザ〉、竹篦〈シッペイ〉、相見〈ショウケン〉、塔司〈タッス〉、饒益衆生戒〈ニョウヤクシュジョウカイ〉、秉払〈ヒンポツ〉等

差別語（差別相当語）の用例

人天業病、山窩、山賎（やまがつ・やましず〔差別語〕)

本書では、これらを歴史文献資料として排除せず掲載し使用している。その点、ご寛恕をいただきたい。

索　引（人名）

あ

アショカ(阿育)王　161
安倍晴明　220, 231, 470
安房勝山藩酒井公　424
亜相通忠子　174
亜相通親公之子　174
亜相(久我)通親之季子　224
阿育王山の護法神　190
阿闍世王　317
阿刀　224
阿刀氏玉依御前　224
阿難　295, 302, 354, 365, 455, 472
阿飛騨　447
阿弥陀如来　189, 229
阿弥陀仏　226, 229, 464
阿羅漢　192, 202
相田二郎　60
靄々居士(大内青巒)　151
靄翁(青巒の号)　493
青山俊董　347
秋重義治　240, 248, 250, 253, 258, 503
秋野孝道　494
明里(了然尼ゆかりの家)　312
浅野斧山　428
朝川鼎　43
東隆眞　18, 24, 53, 55, 76, 77, 95, 97, 103, 104, 105, 106, 113, 115, 116, 117, 118, 119, 120, 171, 222, 243, 249, 255, 258, 275, 311, 319, 338, 503
畔上楳仙(法雲普蓋禅師、總持寺独住二世)　473, 480, 488, 492
穴穂部間人皇女　214
天草代官鈴木重成　415
天照大神(戒師大空玄虎)　479
荒井諦禅(涙光)　103
荒谷(仙峰)雲秀　70, 75
新井(旧姓石附)勝龍　442
新井白石　404
粟谷良道　338
安主公文　150
安州玄貞　103
安藤更生　486
安藤文英　33, 103
安慧　481, 485
安然　481, 485
晏(晏公)　85, 111 →覚晏

い

イエス　220
井伊直弼　474
井伊直中　474
井上義臣　196
井上光貞　338
以一(宝慶寺四世)　500, 501, 502
去来諾尊〈イザナギノミコト〉　165, 171, 219
去来冉尊(伊奘冉尊)　165
伊弉冉尊〈イザナミノミコト〉　190
伊子　32, 42, 311
伊藤慶道　142, 171, 253, 256, 257, 366, 379, 381, 384
伊藤秀憲　19, 45, 56, 60, 95, 96, 98, 104, 106, 107, 116, 119, 120, 121, 155, 156, 169, 170, 213, 252, 256, 257, 258, 287, 291, 301, 319, 349, 366
伊藤俊彦　17, 18, 255, 258, 270, 275
伊藤東涯　60
伊藤道海(總持寺独住九世)　451
伊藤猷典　499, 503
伊藤龍崖　144
伊予松山藩四代藩主松平定直　428
和泉屋庄次郎　473
威音　456, 463, 465
威音如来　462
威音王　435
威音王如来　436
威音王仏　456
為宗仲心　153
為霖(為霖道霈)　403, 404, 410, 427, 431
韋琨(韋琨将軍)　190, 457
韋将軍(童子)　188, 190, 218, 219, 221, 232
韋駄天(韋駄)　89, 132, 135, 190, 232
韋天将軍　135, 190
惟安　76 →岸沢惟安
惟一西堂(惟一)　8, 80, 106, 354
異人(阿育王山の護法神)　228
異相の人(＝大黒天)　226
飯成山神　237
稲荷　164, 165
稲荷明神　219, 228, 235, 237
飯田利行　114, 404, 427
飯塚大展　129, 208, 366
家永三郎　212
生羅漢　40, 231
育王山典座(育王典座、育王山の老典座)　8, 59, 72 →用典座
育父源亜相　5 →源亜相
池田好雄　389
池田朧水　68
池田英俊　493
池田魯參　68, 146, 148, 170, 250, 384, 387, 389
石井修道　43, 106, 170, 254, 255, 257, 258, 270, 282, 337, 438
石井清純　18, 275, 503
石川力山　18, 25, 55, 60, 107, 141, 154, 157, 161, 162, 165, 170, 171, 276, 319, 338, 366, 470, 471, 473, 502
石田一良　486

石田瑞麿　371, 372, 376, 384
482, 485
石屋金兵衛　475
磯村三喜右衛門　103
磯村三左衛門　103
一山祖栄　72
一書記　500 →以一
一十八世(青原下)　466
一丈(一丈玄長)　46, 58, 378
381, 452
一西堂　109 →惟一
一童子(韋将軍・韋天将軍)　228
一如(上天笠寺)　409
一妙院日導　486
一祐(一祐老医)　407, 408
一葉観音(一葉ノ観音)　9, 10
11, 26, 30, 35, 36, 138, 139
159, 188, 190, 217, 221, 232
一休禅師　69
一線　405 →万回一線
一線道播　426
一庭(一庭融頓)　415
乙堂(乙堂喚丑)　138, 367, 443
450
出雲大社明神　477
厳島明神　477
茨城多左衛門　196
今井小四郎(弘済)　417, 418
今枝愛真　17, 44, 46, 105, 106
201, 255, 258, 319
今津洪嶽　383
妹子(小野)　215
石清水の主神(石清水主神)
188, 189, 219, 221, 237
石清水八幡神(石清水八幡、源
氏の氏神)　189, 228
岩瀬弥助　70
岩永正晴　256
岩松(日田岩松)　105
岩本勝俊(總持寺独住十九世)
338
尹公　→義尹
因光禅師(永平寺三十二世)
453, 460 →大了愚門
胤　80, 277, 278 →公胤
寅佐禅伯　165
隠元(隠元隆琦、日本黄檗宗開
祖、大光普照国師)　232, 410
412, 414, 416, 419, 423, 424
425, 461, 462, 473, 482
隠元の法姪　426 →道者超元

う

右近蔵人入道経資法師　41
宇井伯寿　68, 240, 249, 250
365
宇助(岩瀬)　70
胡乱斎〈ウロンサイ〉(南海散人)
187
優婆毱多　455, 466
鸕鷀草胸不合尊〈ウガヤフキアエズノミコト〉　455
上野舜潁　25
優鉢羅華比丘尼　393, 395
厩戸皇子　214, 220
厩戸豊聡八耳命　214
梅王＝道正　237
梅津次郎　223
梅原猛　337
温州寿昌別源禅師　446 →別源
雲外性澈　16 →高泉性澈
雲居道膺(弘覚禅師)　168, 458
雲山愚白(雲山、雲山愚白禅師、
雲山白和尚)　29, 205, 206
209, 409, 419
雲師　439 →義雲
雲州(雲州太守藤義重、雲州大
守波多野義重)　74, 150, 177
雲峰妙高　454, 466
雲門(雲門文偃禅師)　296, 457
458, 461, 463, 464, 465, 466
雲門ノ徴(雲門徴)　461, 462
463
雲櫺泰禅　474, 477, 483, 486

え

江口雪栄　301
江崎接航　68
海老沢早苗　320
恵可　82
恵思　385 →南岳
恵首座　83, 98, 111, 119 →詮慧
恵信尼(恵信比丘尼)　312, 334
恵心僧都源信　229 →源信
恵谷隆戒　375, 482, 485
慧因　246, 250, 481, 485
慧遠(廬山)　336
慧顗　334
慧球姉公　383, 388
慧広　48
慧光　34
慧極(慧極禅師、慧極道明)　409
410, 412, 413, 416, 419, 420
421, 422, 423, 426, 428
慧厳　250
慧思　213, 215, 216 →南岳慧思
慧丈　464, 465 →南嶽懐譲
慧忠(慧忠国師)　304, 336, 352
→南陽
慧能(恵能、樵翁、六祖、大鑑高
祖)　167, 168, 169, 171, 221
297, 298, 303, 317, 340, 352
354, 411, 412, 429, 455, 456
465
慧斑　419
慧亮　388
衛藤即応　17, 18
懐海　456 →百丈懐海
懐鑑(懐監、懐鑑首座)　11, 20
88, 95, 99, 139, 334, 335
懐鑒和尚　88, 95
懐暉(義介の法嗣)　91, 96
懐義尼(懐義師姑、懐義比丘尼)
312, 334
懐敞　232, 377
懐奘(懐奘禅師、懐奘和尚、懐
弉)　10, 11, 15, 20, 22, 23
24, 25, 35, 37, 38, 39, 41, 43
55, 61, 77, 78, 82, 85, 93, 95
96, 98, 99, 104, 105, 108
111, 115, 116, 119, 120, 129
138, 141, 157, 167, 176, 179
180, 181, 182, 184, 190, 193
218, 311, 313, 315, 332, 338
339, 340, 363, 364, 366, 378
390, 392, 395, 397, 502
永伊賀　447
永慶開山孤雲奘和尚　23 →懐奘

永呑(梵釈寺)　499, 500
永福和尚　482, 486 →面山瑞方
永平和尚　94, 105, 130, 200, 311 →道元
永平開山(永平開山元禅師、永平開山道元禅師)　186, 197, 370, 444, 469, 470
永平開山道元和尚(永平開山和尚)　105, 159, 160, 167, 168, 364, 370, 373, 468, 469, 471, 474
永平兼宝慶比丘曇希　500 →曇希
永平元(永平元禅師、永平元祖、永平元和尚)　16, 125, 157, 74, 253, 405 →道元
永平五世(永平五世中興義雲)　207, 496
永平高祖　29, 31, 71, 209, 469
永平三十五世勅萬円禅師号晃全老衲　238 →版橈
永平寺英峻　438 →嶺巌
永平寺開山元禅師(永平寺開山道元禅師、永平寺開祖道元禅師)　71, 236
永平寺開闢檀那如是　136, 140 →波多野義重
永平寺玄透即中　378 →玄透
永平寺孤雲奘禅師　20 →懐奘
永平寺三祖　277 →義介
永平寺秀察　235
永平寺十四世建撕　276 →建撕
永平寺瀧谷琢宗・總持寺畔上楳仙両禅師　480, 488
永平寺道元和尚　118
永平寺二十世門鶴　235 →門鶴
永平寺二祖懐奘禅師(永平寺二祖孤雲懐奘禅師、永平寺二祖道光普照国師)　20, 179, 180
永平初祖(永平初祖道元和尚)　206, 216, 503
永平状和尚(懐奘)　95
永平奘禅師(孤雲懐奘)　20
永平祖師(道元)　58, 209, 445, 469
永平中興　90, 99 →義雲
永平道元(永平道元禅師、永平道元和尚)　4, 31, 71, 161, 164, 174, 194, 306, 370, 469
永平二世孤雲奘禅師(永平二祖孤雲懐奘、道光普照国師)　20, 182, 392
永平二代(懐奘、永平二代懐奘和尚)　20, 85, 87, 130
永平仏法道元禅師　159, 370, 373, 376, 469
永楽屋東四郎　70, 473
英中玄賢　417
栄西(栄西禅師、栄西僧正、栄西和尚、葉上房、用祥上人)　6, 16, 17, 18, 34, 37, 44, 45, 46, 47, 49, 50, 51, 52, 53, 54, 62, 63, 65, 72, 74, 89, 106, 118, 131, 175, 178, 179, 195, 196, 232, 235, 277, 278, 279, 285, 322, 358, 368, 369, 371, 372, 373, 374, 375, 376, 377, 381, 384, 389, 391, 392, 398, 399, 401, 444, 482
瑛石和尚(東漸寺)　134
叡空　388
叡山杉井坊明融阿闍梨　398
叡尊　54, 322, 381
越前永平寺沙門懐奘(越前州永平孤雲懐奘禅師、越前州永平孤雲奘禅師)　20
越前藤原永平　188
悦巌(悦巌不禅)　409, 410, 414, 428
越山鰲仙　207, 210
越山闇越和尚　464
越州稲津保人事　120 →義介
越州永平禅寺玄和尚　311
越州吉祥山永平開闢道元和尚大禅師　277
越州波著寺鑒和尚　95 →懐鑒
越中立山権現　477
榎木竹右衛門　475
榎本渉　55, 60
円戒国師(真盛)　229
円公　65 →公円
円公　87, 90, 112 →寂円
円豪　183
円宗守護神(山王神)　227
円宗擁護明神　228
円聰沙弥　502
円珍　228, 369 →智証大師
円通秀禅師　459
円通(円通禅師、円通道成)　502
円爾弁円(円爾、聖一国師)　48, 49, 57, 476, 477, 482
円仁(慈覚大師)　229, 369, 375, 398, 481
円能(円能法印房、円能法師)　85, 176, 180, 181, 183, 184, 390
円能法印　111
円範(権律師)　176, 182, 183, 184
円明国師　494 →瑩山禅師
円明国師(心地覚心、法灯円明国師)　375
偃渓広聞(偃渓聞禅師)　466
淵室玄龍　195
琰和尚(琰浙翁)　28, 92, 110 →如琰
遠門ノ浄桂(遠門浄桂)　461
遠録公　457 →大陽
演公　87 →義演
圜悟(圜悟克勤、圜悟禅師)　302, 342, 343, 344, 432, 462, 465
閻魔(閻魔王)　335, 476, 478

お

オットー、W　191
小笠原忠真　424
小川九兵衛　197
小川源兵衛　197
小川多左衛門　196, 197, 206
小倉玄照　18, 248
小此木辰太郎　201
小浜藩主酒井忠直　415
小比叡神　189, 229
尾形洞霄　207
尾崎正善　129, 210, 473
王奔　27, 216
央掘魔羅(指蔓外道)　481

応安万円禅師　173, 181
→阪槐晃全
応庵曇華　337
応神天皇　189
翁如浄　176 →如浄
黄檗(希運)　457, 458, 459
461, 466
黄龍　323
大内青巒(大内青巒居士、大内居士、巻之、藹々居士、藹翁)
103, 151, 473, 479, 480, 487
488, 492, 493, 494, 495
大江玄亀　199
大久保道舟　5, 16, 17, 19, 22
25, 30, 31, 32, 40, 41, 44, 45
46, 48, 49, 53, 55, 61, 62, 68
103, 105, 106, 134, 141, 142
153, 160, 167, 168, 169, 171
174, 178, 182, 200, 213, 238
240, 244, 249, 250, 253, 254
257, 258, 280, 283, 308, 319
349, 366, 369, 370, 374, 375
376, 377, 382, 388, 395, 497
502
大坂の高須家　62
大沢興国　103
大島武好　16
大竹祐憲　146
大谷哲夫　202, 444, 448
大友松眠　493
大己貴神〈オオナムチノカミ〉　189
219
大中臣眞安　39
大野信光　248
大野法道　250, 388
大場南北　349
大比叡神　189, 219
大宮権現(大己貴神・大比叡神)
229
大物主神　189, 219
大山興隆　18
大山咋神〈オオヤマクイノカミ〉
189, 229 →地主権現
太安麻呂　213
仰木僧正　371
丘宗潭　187, 366
岡崎正也　141, 142, 167, 168
岡田宜法　103, 301, 493
岡田(牛養)博士　225
荻須純道　215
荻生徂徠　404, 427, 448
息長帯比売命〈オキナガタラシヒメノミコト〉　189, 219
翁(石清水主神)　237
翁(稲荷明神)　237
奥郁周栄　144, 149, 150
陰陽師・安倍晴明　470
園城寺公胤　227 →公胤
遠孫比丘紹瑾　118 →瑩山

か

加賀の前田家　54
加賀白山権現　477 →白山
加藤清正　150
加藤宗厚　293, 310
加藤正俊　113
可山洞悦　427
何燕生　288, 291
伽耶舎多尊者　356
花庵大春　122
花山院宰相(花山院宰相禅門釈円、花山院宰相入道)　15
37, 41, 86, 112
狩野永真　238
狩野貞信　206
狩野探幽　198, 209
狩野岑信　206, 209
迦葉(迦葉尊者)　33, 121, 295
303, 359, 433, 454, 455
迦葉仏　302, 318, 354, 355
迦羅天(大黒天)　338
峨山(峨山韶碩、紹碩、大現宗猷国師)　96, 97, 108, 157, 168,
208, 444, 445, 476, 477
峩山祖翁　238
荷鉏人　423
華雲瑞薫　134
華樵義徳　144
葛西好雄　389
賀明(賀明侍者)　188, 219
過去有仏　352
過去七仏　302, 464
過去諸仏　351
嘉定聖主(嘉定聖王)　81, 110
→寧宗
介公(介公東堂老)　86, 87, 90
112 →義介
介祖(義介)　95, 97, 113
介弟(義介)　89
外舅阿刀大足　225
外舅良観　178 →良観
外舅良顕(外舅良顕法眼)　175
226, 370, 375, 395
→良顕
戒光庵主人(寂室堅光)　475
戒師如浄　358
海首座　83, 98, 111, 119 →僧海
海天玄聚　464
晦台元鏡　410
開基正覚尼　10 →正覚尼
開山(開山道元禅師、開山元公、開山元和尚、開山第一祖、開山道元、開山和尚)　39
40, 42, 71, 86, 112, 156
468, 488
開山法灯円明国師覚心　375
→覚心
開山無底良韶　440 →無底良韶
開祖道元(開祖道元禅師)　71
330
開闢当山沙門希玄(開闢永平寺沙門道元)　193, 363
槐国万貞(槐樹老人)　451, 452
462
鏡島元隆　17, 18, 30, 31, 43
45, 46, 48, 60, 64, 65, 106
169, 170, 171, 248, 249, 250
251, 252, 253, 254, 256, 257
258, 270, 274, 275, 309, 329
349, 365, 366, 367, 384, 389
396, 398, 399, 400, 401, 446
448, 467, 487, 489
学晏上人(=覚晏)　111
学聖無著道忠　427 →無著道忠
学僧寂室堅光　474 →寂室堅光
格堂宗逸　464
郭然　235
覚阿(覚阿上人)　172, 181

覚晏(覚晏上人、覚晏和尚、覚晏道人)　24, 85, 88, 99, 111, 139, 169, 312, 334, 335
覚運　375
覚延　183
覚室麟等　464
覚心(無本、心地房、心地覚心、法灯円明国師)　10, 57, 71, 375, 376, 378, 390, 397
覚深非際　223
覚尋　369
覚盛　54, 381
覚超　481, 484, 485
覚念　11, 15, 18, 71, 150, 339, 364
覚範(覚範慧洪禅師、寂音尊者)　432, 433, 457, 458, 459, 460, 466
覚亮　416
覚浪道盛　410, 416
廓然(然子)　59, 234, 235, 238, 334, 335
廓門(廓門貫徹)　404
鶴山野節　181
笠原一男　222
笠間龍跳(号起雲)　68, 198, 199
梶谷亮治　201
梶山雄一　336
片山晴賢　114
勝山藩主酒井忠国　424, 425 →酒井忠国
瞎道本光　365
黠外愚中　206, 209
桂川道雄　210
金丸憲昭　367, 389
金子えりか　336
金子和弘　367, 389
兼頼朝臣　41
鎌倉西明寺殿　84, 98, 100, 113, 120 →時頼
鎌田茂雄　323, 325, 329
狩場明神　229
川岸宏教　222
川口賢龍　248
川口常光　248
川尻三郎徳実明　179
川瀬一馬　496, 501
川橋範子　320
河尻泰明(河尻領主、源泰明)　176, 179
河原哲郎　502
河村孝道　3, 4, 18, 36, 56, 69, 70, 117, 119, 130, 131, 133, 134, 136, 137, 140, 143, 148, 170, 171, 200, 213, 224, 234, 236, 249, 253, 255, 257, 265, 267, 270, 276, 347, 349, 354, 357
河村道器　349
河村康　55
元暁　485
巻之(青巒の字)　493
神田喜一郎　448
桓武天皇　502
寒巌(寒巌義尹、寒巌義尹和尚、寒岩伊公、寒岩禅師)　11, 18, 29, 72, 108, 138, 151, 176, 205, 206, 209, 378, 496
寒山　28
寛巌(南総真如寺)　133
感応使者　190, 191
漢三道一　72
関白師家　71
観自在菩薩　159
観音(観音菩薩)　31, 159, 160, 188, 217, 219, 229, 231, 492
観音・救世浄聖　492
観音導利院住持伝法沙門道元　359
観音導利興聖宝林禅寺比丘道元　359
鑑公(監公)　88 →懐鑑
鑑真　145, 215, 486
鑑足庵　367 →雪竇智鑑
鑑澄(宝慶寺)　137

き

木更津石屋金兵衛　475
木代修一　473
木曽義仲　42
木曽義仲の妾　32
木曽義仲弟源三位頼政　235
木田韜光　494
木村清満　248
木村文明　103, 144
希玄(道元)　41, 123, 124, 193
希玄道元禅師　69
希明(希明清良)　93, 94, 97, 106
宜黙(宜黙玄契)　138, 367, 443, 450
紀州由良鷲峰法灯円明国師　57 →覚心
基好　54, 369, 391, 398
虚庵〈キアン〉(虚庵懐敞)　45, 232, 369, 375, 376, 377, 391, 398
虚堂(虚堂智愚)　432, 496
虚堂智愚〈キドウチグ〉　72, 432, 496
亀翁良鶴　415
亀峰光鑑　205
亀茲国三蔵法師鳩摩羅什　473
喜海　195
喜純(永平寺八世)　97
暉堂宋慧　76, 77, 104
義尹(義尹和尚)　8, 30, 61, 86, 87, 99, 112, 138, 141, 205, 218, 366, 496
義尹(法王長老)　138, 378 →寒巌
義雲　61, 140, 168, 207, 433, 439, 496, 502
義演(義演和尚)　86, 87, 112, 138, 364
義介(義价、徹通、永平寺三世)　20, 77, 78, 86, 88, 95, 96, 99, 104, 108, 112, 115, 117, 120, 138, 139, 141, 167, 169, 190, 277, 312, 313, 337, 376, 390, 444
義鑑　169
義興　189, 219, 232
義寂　481, 485
義準　12, 86, 87, 99, 112, 334
義奨　502
義浄　364
義信(義信首座)　86, 111, 391
義真(義真和尚)　369, 398

義青　457 →投子
義荐(懐奘下)　99
義璞(霊雲院)　61
菊竹淳一　212
菊池大仙　493
岸沢惟安　76, 77, 102, 104, 105, 122, 133, 448
北村説道　301
吉迦夜　364
吉川広正(岩国藩主)　423
吉山　209
橘山(松平定直の号)　428
木下高充(木下将監高充)　209, 237
木下将監行正　237
木下道正(隆英)　184, 205, 234, 238
木下卜順　174, 178, 179, 237, 239
木下蘭皐　282
木下隆英　175, 189, 209, 236, 239
紀武安　39
公綱(京極)　181, 183, 184
公信(京極)　183
公基(京極)　183
逆流(逆流禎順)　407, 408, 417
九世(黄檗派、明全)　375
九世宗(宋)吾(永平寺)　97
休甫　235
清原真人　150
許元芳　427
魚倶　27
御州和尚　256 →鉄心御州
京極の相国為光公五世の孫　181, 183
京極之相国為光　176
京都柳枝軒林五郎兵衛　428
経豪　119, 268, 383, 386, 387, 388, 389
仰山慧寂　314
行教(大安寺)　189
行厳　369
行助　372
行表　225
行満　227, 231
行勇禅師　373
行誉　184
凝然　322, 388
桐野好覚　55
径山ノ住持妙高　454 →妙高
径山の霊澤龍王　160
金吾将軍隆英(木下)　235
金岡用兼　153, 476, 477
金龍寺殿真山良悟大禅定門　201 →新田義貞

く

九条相国伊通息伊実孫　182
九条相国為通公　182
九条相国為通曽孫　85
九条大相国四代孫　182
九条太相国(九條相国)　182, 183
九条ノ相国為通ノ曽孫　111
九條相国為通公之曽孫　180
九條相国為通曽孫(九條相国為通裔孫)　176, 180, 181
九條相国為通之曽孫　180
九條大相国曽孫　180
九條ノ大相国四代孫秀通ノ孫　180, 181
久外媄良　156
久志本常光　238
久瀬有光　39
久米邦武　214
弘誓院(弘誓院殿)　10, 20, 82, 111 →藤原教家説
求那跋摩　401
救世観音　213
救世観音大菩薩　222
救世浄聖　492 →観音菩薩
拘那含牟尼仏　355
拘留孫仏　355
愚虚堂　72 →虚堂〈キドウ〉
愚謙　163
愚谷(愚谷恒神)　452
虞樗　52, 178, 372, 376
鳩摩羅什　250, 473, 479 →羅什
鼓山元賢　56 →永覚
瞿曇(釈尊)　309, 363
瞿曇世尊　303, 362
瞿曇仙　309
瞿曇賊種　309
瞿曇の老賊(瞿曇老賊)　308, 309, 350, 351, 362, 365
瞿曇仏　309
空庵　476 →定庵殊禅
空印(酒井忠勝の号)　425
空海　45, 81, 172, 223, 224, 225, 226, 227, 229, 230, 231, 476, 477, 486
空海大師　181
楠俊霊　68
熊谷忠興　25, 107, 148, 172, 173, 176, 256, 503
栗山泰音　430, 438, 446
榑林皓堂　25, 248, 265, 270, 497, 503
黒丸寛之　248, 366, 389
郡司博道　349

け

華厳宗貫首宗性　322
華台菩薩　228
解脱上人(貞慶)　181
圭州琢之　206
圭峰宗密　321, 323
京兆道正庵主　236 →道正
荊渓湛然　385, 388, 397
恵果〈ケイカ〉　227
恵然　72
恵文王　411
桂林崇琛　441, 446
経山独庵　450 →玄光
敬雄(天台宗)　485
慶松　166
慶命　369
瑩山(瑩山紹瑾、洞谷瑩山)　4, 103, 105, 115, 116, 118, 120, 127, 193, 195, 196, 197, 212, 216, 226, 231, 233, 311, 313, 332, 334, 335, 336, 337, 338, 359, 381, 388
瑩山和尚　197, 208, 257
瑩山紹瑾禅師(弘徳円明国師)　106
瑩山禅師　22, 53, 55, 56, 95

96, 100, 102, 104, 161, 167
193, 221, 233, 285, 303, 319
336, 338, 383, 492, 494
瑩祖 233
髻珠秀岳 58
芸州厳島明神 477
傑仙和尚(東漸寺) 134
傑堂能勝 168
月舟宗胡 23, 337, 409, 426
427, 452, 464, 471, 473, 482
月舟宗林(大機盤空禅師) 412
415, 416, 423, 426, 436
月泉良印 440, 443
月潭全龍 474, 483, 486
月坡道印 103, 417
元(元公(道元)) 4, 21, 71, 85
86, 111, 157, 166, 359
元和尚(道元) 85, 86, 88, 89
157
元鶴 428
元子(道元) 64, 81, 110, 366
元師(道元) 88
元粛〈ゲンシ〉(元粛和尚) 8, 28
71, 80, 100, 110, 216, 286
354, 355, 361
元照 388, 485
元政師(元政上人) 404
元禅師 364, 413 →道元
元祖孤雲徹通 277, 369
元祖道元 465
元祖道正 238, 239
元祖隆英 239 →木下隆英
元忠(永平寺七世檀那) 5, 137
→波多野通定
元灯 49
玄和尚 274, 311, 364 →道元
玄亀 198
玄光(玄光師、玄光禅師、独庵玄
光) 403, 404, 405, 428, 438
→独庵
玄策(玄策禅師) 435, 436, 456
462, 463
玄沙(玄沙師備、玄沙老漢) 303
304, 350, 351, 463
玄昭 369
玄奘 200, 388
玄養 234
玄透(玄透即中、永平寺五十世、
洞宗宏振禅師) 73, 103, 137
207, 378
玄翁心昭(源翁とも) 479
玄彌真君(道教の土地神) 228
玄峰淵竜 275
玄明(玄明首座) 13, 150, 211
玄楼(玄楼奥龍) 367, 443, 450
見不見禅師 238 →不見
建綱(永平寺十三世) 137, 141
145
建撕(永平寺十四世) 35, 36
38, 70, 137, 145, 213, 276
280, 281
建仁栄西(建仁寺栄西、建仁栄西
禅師) 63, 175, 179, 279
建仁開山千光禅師 65
建仁開山千光禅師室 65
建仁寺明全(建仁明全和尚) 227
279, 285, 376 →明全
建仁西公 63 →栄西
建仁明庵栄西禅師(建仁明庵、
建仁明庵西) 63, 65, 74, 106
118, 279, 376
堅光和尚 475 →寂室
源亜相 5, 178, 334, 335 →通具
源亜相通忠 73
源空 388
源三位頼政 235
源氏 189
源氏京兆人 106
源信(恵心僧都) 183, 229, 274
賢豪 183
謙室呑益 464
謙禅人 411
顕外道 249
顕心 369
顕禅師(西蜀) 446

こ

久我内大臣通親公 71
久我通忠 5, 73, 122, 123, 174
188, 237
久我通親 5, 32, 42, 71, 122
173, 174, 178, 184, 185, 188
237, 371
久我通具 5, 178
小池覚淳 233
小坂機融 171, 187, 248, 503
小寺文顥 375
小早川好古 144
小林哲 104
小林準道 17
小林文七(東京) 31
小間廉 76, 94, 97, 105
107, 117
古域瑤月 494
古岳日峻(大同庵主) 451, 452
古鑑 133
古谿秀蓮 16, 103
古塔主 457, 459, 460, 461, 464
古塔主 458, 466 →承古
古塔主青華厳永嘉黄檗 457
古保里越前守の母(娘か)素妙
尼 138, 176
居士貯月 422
虎関師錬 4, 65, 102, 103, 118
179, 215, 370
虎室春策 464
孤雲 19, 25, 180, 181 →懐奘
孤雲懐奘永平二祖 23
孤雲懐奘禅師(孤雲禅師、孤雲
奘禅師、孤雲奘和尚) 20, 23
118, 180, 185
孤峰覚明(三光国師) 383, 476
477
孤峰智璨 103
五眼房 250, 392, 395
五根房(仏眼房隆禅か) 246
250, 391
五十一世 359, 360, 379 →道元
五十一世観音導利院興聖宝林
寺入宋伝法沙門道元 354
五条大納言為康の女(五条大納
言為康卿女) 234, 238
五条中納言為康卿女 238
五祖(五祖演禅師、弘忍) 412
418, 429, 455, 466
五祖法演下(仏眼清遠) 354
五祖老和尚(法演) 462
五百生羅漢 193

五百羅漢　192, 199, 226
五峯　476 →吾宝宗璨
五来重　337
午庵　178, 404 →公音道鏞
吾宝宗璨　477
後漢孝献帝苗裔登萬貴王　224
後光明帝　238
後高倉院　53, 372, 376, 390, 482
後高倉院太上法皇(後高倉法皇)　372
後嵯峨院　13
後嵯峨帝　62, 67, 68
後朱雀院　458
後鳥羽院　185
後深草院(後深草上皇)　15, 482
後深草帝　74
後堀河天皇(後堀川院)　372, 376
後陽成院　238, 239
後陽成天皇　238
枯崖円悟　367
枯木法成　466
枯木法成禅師　466
悟宝宗璨　476
悟本大師　176, 177, 221 →洞山良价
悟由　198 →森田悟由
虚空蔵菩薩　89, 227
湖南ノ石頭禅師　456 →石頭
護船之神　30
護法韋駄天　132
護法神掌簿　190
護法神大権修理菩薩　158
護法善神　30, 171
護法竜天(護法竜天善神)　164, 165, 171
公　420 →慧極
公〔慧極〕　420
公胤(公胤僧正)　6, 7, 34, 35, 54, 62, 80, 109, 175, 178, 179, 227, 274, 277, 278, 279, 285, 372
公円(公円僧正)　6, 37, 54, 65, 80, 109, 175, 226, 277, 321, 369, 370, 371, 372, 374, 375, 376, 390, 391, 395, 397
公音(午庵、公音道鏞)　172, 367, 404, 405, 427, 443, 450, 466
孔子　329
広平(広平侍者)　82, 106, 110, 358, 378, 379, 382, 383, 397
弘覚禅師　458 →雲居道膺
弘忍(五祖)　429
弘法(弘法大師空海)　81, 223, 476, 477 →空海
亘信行弥　410, 412, 426
亘信禅師　411
光紹智堂(永平寺三十世、慧輪永明禅師)　122
光宅寺法雲　38 →法雲
光地英学　233, 301
光定　215
光統律師　34 →慧光
江州萬年山天寧禅寺開山寂室堅光禅師　475 →寂室
江西志徹禅師　347
江西馬祖(道一禅師)　289, 329, 456 →馬祖
宏心(永興寺)　501
享隠慶泉　130, 134
杭州径山雲峰妙高禅師　466 →雲峰
恒山一川　4, 103
恒信　411, 412
洪覚範　457, 459, 460 →覚範
皇慶　369, 375
皇豪　395
皇帝(寧宗)　56
香良明神　477
香林中興　158 →葉山
晃全(晃全禅師)　107, 133, 172, 173, 174, 175, 176, 177, 178, 181, 182, 183, 184, 238 →版桡
高休(高休禅師)　171, 123
高国英峻　174, 175 →嶺巌英峻
高沙弥　45, 48, 57, 58, 62, 68, 384, 391, 400 →薬山高沙弥
高照　59, 234, 235, 238
高泉性潡　16, 56, 103, 197, 203
高祖(道元)　3, 5, 18, 20, 21, 22, 23, 24, 26, 27, 28, 29, 30, 31, 32, 33, 34, 35, 36, 37, 38, 40, 41, 42, 44, 45, 46, 47, 48, 51, 52, 53, 54, 56, 57, 58, 59, 61, 62, 64, 65, 66, 67, 68, 76, 77, 78, 94, 96, 97, 98, 99, 100, 105, 108, 113, 122, 125, 127, 131, 132, 133, 143, 145, 149, 150, 151, 152, 183, 186, 188, 189, 190, 203, 204, 205, 206, 207, 208, 209, 215, 216, 217, 218, 219, 220, 221, 237, 252, 253, 254, 255, 256, 276, 279, 280, 281, 282, 298, 301, 358, 377, 378, 379, 380, 381, 383, 384, 385, 387, 390, 391, 392, 393, 394, 396, 397, 398, 399, 400, 443, 444, 468, 469, 470, 471, 472, 480, 482, 483, 484
高祖国師　494
高祖承陽大師　201
高祖禅師　469
高祖大師　349
高祖道元禅師　3, 20, 26, 32, 44, 50, 56, 60, 61, 76, 106, 108, 131, 149, 186, 191, 203, 208, 211, 215, 234, 252, 276, 295, 319, 329, 377, 383, 389, 390, 391, 396, 468, 480, 496
高伝寺天国泰薫　405 →天国
高弁　195, 196, 322 →明恵
高野明神(狩場明神・南山犬飼)　229
晧台寺二世雪山鶴曇　415 →雪山
晧台寺四世　452 →独庵玄光
黄泉(黄泉無著)　23, 43, 69, 70, 71, 72, 75, 103, 144, 146, 147, 149, 150, 213, 224, 236, 469
黄帝　414
黄門為実卿鳥養之孫　180
項羽　27, 216
興雲宗繁　153
興化(存奨、興化禅師)　458, 460

461, 466
興聖宝林寺入宋伝法沙門道元 359
興儔 416 →東皐
衡田祖量 256
講師妙雲 52
鰲仙 207, 210 →越山
郡山城主下野守本多公(忠平) 426, 428 →本多忠平
谷阿闍梨 6
谷隠 433
国師(慧忠国師) 334
国主(忠勝) 425 →酒井忠勝
近衛殿(近衛兼経) 11
駒ヶ嶺法子 502
伊円 182
伊氏 182
伊実(藤原、白河流の祖、権中納言・正三位) 182, 184
伊実息伊輔(伊実孫) 182
伊輔(藤原) 182, 185
伊時 182
伊通(九条太相国) 182, 184
伊通父宗通 182
近藤良一 19, 337
金剛 476 →金岡用兼
勤操大徳 226
権少僧都 485 →覚超
権律師円範 183 →円範

さ

且庵仁和尚 446
左近将監 150
左中将為通 181, 182
佐伯直田公 224
佐伯の直田公 224
佐伯の真氏 224
佐賀慶誾寺の絶江淳清 417 →絶江
佐久間賢祐 367
佐々木珍竜 103
佐渡(守、老中の一人) 447
佐藤匡玄 208
佐藤秀孝 19, 55, 58, 59, 163, 172, 252, 257, 258, 275, 366
佐藤俊晃 161, 162, 170, 233, 338
佐藤達玄 248
佐野文哉 486
座主公円僧正 226, 277, 370, 376 →公円
嵯峨天皇 230
在室(在室長端) 94, 103, 105, 194
西和尚 373 →栄西
西教寺中興真盛 229 →真盛
西公(西) 63, 373 →栄西
西禅師 74 →栄西
西天達磨大師 277
西天二十八祖 127, 303, 359
西明寺(北条)時頼 83, 390
西明寺殿 83, 84, 98, 100, 113, 120
宰相謝深補 55
済川 317
斎院の次官為通 181, 182
斎藤俊哉 349
最寂(国分寺) 225
最澄(伝教大師) 45, 81, 172, 215, 223, 224, 225, 226, 227, 228, 229, 231, 282, 322, 369, 370, 385, 388, 391, 396, 398, 400, 476, 477
最澄伝教大師 181 →最澄
犀月和尚 199
載庵禹隣(永平寺五十七世) 148
坂田守定 39
酒井公(小浜藩・勝山藩) 426
酒井大岳 148
酒井忠勝(空印) 424, 425
酒井忠国 424, 425
酒井忠隆 426
酒井忠直(小浜藩主) 415
酒井忠直の父・忠勝 424
酒井得元 389
酒公(忠直) 425
酒勾八郎頼親 338
酒勾八郎頼親の嫡女 311
境野黄洋 16, 59, 60, 384, 493
前関白近衛兼経 11
前大和守清原真人 150 →清原真人
桜井秀雄 61, 248, 338, 503
定兼範明 347
定政(藤原) 39
貞氏(新田) 194
薩州山姥 477
沢木興道老師 488
三光国師 383 →孤峰覚明
三国応化の霊神 165, 190
三十四世応安万円禅師 173 →応安
三十世如浄和尚 137 →如浄
三洲(三洲白龍) 23, 103, 403, 426, 440, 442, 483, 486
三洲護法者 190 →韋将軍
三嘯(松平定直の号) 428
三祖 455 →僧璨
三祖介禅師 78, 93, 95, 96, 104, 108 →義介
三蔵法師(支那天竺) 439
三代直朝(鍋島藩) 428
三平義中 221
山家祖徳 485
山神 217
山王(山王権現) 189, 226
山王三聖 228
山王神 230
山門系良顕 6 →良顕
参学師栄西 391
参学師道者超元 409 →道者
参学師独庵 452 →独庵
参議為通(丹波権守・中宮権大夫) 182

し

シッダッダ 412
支那ノ元朝ノ世宗忽必烈 454
四祖(道信) 167, 168, 455
四郎金吾重道(重通) 90 →波多野金吾
死心悟新 323
志閑(臨済義玄の法嗣) 314
志徹孝義 150, 153
志徹禅師(江西) 347
志部憲一 258, 275, 448
思卓 8, 71 →盤山
思託(唐僧) 215

指月慧印　365, 474
指鬘外道　317
師翁栄西　6
師翁用詳上人(葉上房栄西)　45
81, 110
師姑(比丘尼)　312
師子尊者　455, 466
師之母者基房公之女　174
地主権現(大山咋神・小比叡神)
189, 229
地蔵菩薩　200
地婆訶　213
字堂覚卍　477
寺門系良観　6 →良観
自水(空印寺)　68
自得慧暉　337
自得嫄良　157
自南聖薫　53
事成院日寿　486
治兵衛母　475
嗣法小師紹瑾　95 →紹瑾
慈意　369
慈円　369, 375, 395
慈覚(慈覚大師)　229, 277, 398
→円仁
慈眼寺五世希明清良　93
慈源　371
慈氏(弥勒仏)　226
慈摂大師(真盛)　229
慈念　388
慈父大師(慈父大師釈迦牟尼仏)
350, 351
慈本(羅漢)　485
慈麟玄趾　178, 404
椎名宏雄　475
椎木祖仙　365
塩沢勝五郎〈観山〉　103
鹿野白堂　244, 249
直翁梅指　477
竺印祖門　114
七祖(南嶽・青原)　455
七仏　464 →過去七仏
実阿(野尻入道)　150
実峯良秀　476, 477
拾得　28
執権時頼　221 →北条時頼
執権北条時頼　211
悉達　412
篠原寿雄　503
芝原四左衛門　150
柴田道賢　16, 44, 47, 60, 106
253, 255, 257, 258, 319
371, 376
柴守長者(稲荷大明神)　230
下室覚道　336
下野那須大雄寺住職　404
→廓門
下出積與　161, 170
沙　281
沙門希玄　40, 193 →道元
沙門義興　232
沙門元(道元)　30
沙門素哲　388 →明峰
沙門僧肇　250 →僧肇
沙門道元　22, 30, 31, 103
153, 359
沙弥円爾　49 →円爾
沙弥元忠(波多野通定)　5, 137
沙弥晃全　173 →版橈
沙弥長命　52
釈迦(釈尊)　365, 433
釈迦慈父　350
釈迦慈父の令嗣　351
釈迦世尊　454
釈迦大師　351
釈迦如来(釈迦牟尼如来)　189
226, 229
釈迦如来五十二代之古仏　82
100, 110
釈迦仏(釈迦文仏)　167, 171
355
釈迦牟尼如来五十一代古仏　78
82, 113
釈迦牟尼如来五十二代之古仏
78, 113, 116
釈迦牟尼仏(釈迦牟尼仏大和尚)　81, 110, 216, 263, 269
301, 302, 303, 304, 306, 307
308, 317, 318, 346, 354, 355
359, 362, 363, 393, 435, 454
456, 462, 464, 492
釈迦老漢　365
釈迦老子　303, 304, 350, 351
365
謝深補　55
石鞏　317
石鞏慧蔵　317
若一(道者の字)　426
寂円(円公)　86, 87, 90, 99, 112
140, 142, 502
寂音尊者　466 →覚範
寂室(寂室堅光)　207, 470, 473
474, 475, 476, 478, 483, 484
486
寂室堅光禅師　475
寂照　47, 49
釈運　366
釈水皿　127
釈尊　33, 34, 36, 80, 110, 213,
214, 215, 216, 220, 224, 297
301, 304, 308, 309, 315, 317
318, 338, 346, 350, 351, 354
360, 363, 364, 365, 402, 412
429, 491, 492
釈提桓因(帝釈天)　29
釈道元　103, 106 →道元
守清首座　161
守堂覚満(＝字堂覚卍)　476
守敏僧都　230
朱舜水　417
寿昌(寿昌経、寿昌明経)　461
462, 463, 464, 465, 466
→無明慧経
首山(省念)　433
修善寺座主道邃　227
修理大夫酒井公　425
鷲岳道人(鷲尾透天)　151
十一面観音(十一面観音菩薩、十一面観世音)　165, 190
220, 230
十八羅漢　192
十有九世中興卜順庵(木下)　238
十六阿羅漢(十六羅漢)　192
197, 199, 201, 202
十六尊者　40, 42, 193, 197, 218
十六大阿羅漢(十六大羅漢)
193, 194, 200
州山昌和尚　464

秀巌瑞禅師 446
秀察(仏山) 235, 430
秀禅師(円通) 459
周碩 194
重良兵衛 475
修明門院女房美作 53
従諗(趙州) 314
従五位下公綱の子 181, 183
就庵(独立の号) 423
俊山了英 452
俊芿(俊芿律師、不可棄) 46, 50
52, 54, 172, 181, 194, 381
391, 392, 393, 396, 482
俊峰(芳)徳忍 209
俊龍(大内) 493
春策(虎室) 467
春梁 61
盾英首座 162
順庵(順庵医工) 407, 408
順宗(唐代) 316
準(準公、義準) 87, 112
舜喜(青龍寺) 29, 209
潤堂大文 410, 416
初祖(初祖達磨) 34, 418, 434
初祖元禅師 84, 93, 94
初祖道元禅師 3, 84, 158, 170
171, 277, 468, 469
初祖道元禅師和尚 253
書記以一 501 →以一
上宮聖徳法王 213 →聖徳太子
上宮太子聖徳皇 213
小師道元 64, 366
小師比丘懐奘 39
少女(山代の飯成山神) 237
少納言良峰朝臣経世 229
少林(達磨) 350
正覚禅尼(正覚尼) 10, 20, 72
82, 111, 312
正師(如浄) 252, 254, 303, 309
334, 359, 360, 366, 391
正道義山 207
正法寺二世月泉良印 440
生蓮房 313
生蓮房の妻室 312
成枯峰 466
成尋 52
定庵和尚 479
定庵殊禅 476, 477, 479
定庵珠(=殊)禅 476
定山良光 440, 443, 444, 446
定心院の山王 226
承古禅師(古塔主) 458
承順 234, 238
承陽祖(道元) 209
承陽大師(道元) 103, 144, 145
147, 149, 150, 202, 236
招宝山の護法神 190
招宝七郎(招宝七郎護伽藍神、
招宝七郎大権修理菩薩) 29
30, 36, 133, 134, 159, 160
161, 164, 165, 188, 190, 218
219, 228, 230, 232, 338
昌円 39
松庵堅貞 122
松源院開山 134
松雪 122
松大夫 472
松頓(総寧寺) 430, 438
青華厳(投子義青) 457, 458
460, 466 →投子
邵宗益 197
定庵殊禅 476
城山学人(伊藤猷典の号) 503
城主小笠原忠真 424
城州真成院悦巌不禅禅師 428
浄(浄和尚) 81, 100, 120, 123
157, 163, 171, 176, 177, 359
360
浄和尚 110 →如浄
浄公(如浄) 466
浄慈浄頭浄兄主(如浄) 252
浄慈浄老(浄慈浄和尚) 197
257
浄祖(浄禅師) 64, 240, 241
243, 246, 247, 248, 256, 257
288, 383, 384
浄尊(伊時の弟) 182
浄長老(如浄) 81, 89, 100, 120
浄飯王 303, 362
浄遍 183
相国為通の曽孫為実の孫 181
184
相国為通公九條之曽孫 180
相国為通曽孫為実孫 183
貞慶 181, 172
貞則(忠直の近侍) 425
奘(懐奘、奘公) 74, 82, 89, 90
111, 119
奘和尚 89, 167
奘師 90
奘首座 83, 98, 111, 119
奘禅師 439
奘祖 95, 97, 113
祥鳳和尚渡邊 201
商隠令喆 72
常翁法転 103
常済大師 493 →瑩山
常不軽菩薩 411
章安灌頂 388
紹瑾(瑩山) 91, 95, 96, 102
105, 115, 116, 118, 169, 197
勝荘 481, 485
勝弁 139
勝鬘夫人 213
掌簿(掌簿判官) 188, 190, 191
219, 221
敞禅師 377 →懐敞
証空 371
聖一国師 48, 49, 57 →円爾弁円
聖主(寧宗) 44
聖昭 369
聖真子宮(宇佐八幡) 229
聖真子菩薩 228
聖徳太子(聖徳皇、厩戸皇子)
27, 36, 208, 212, 214, 215
220, 222, 224, 229
趙州 314 →真際大師
静室與安 134
静真 369
韶州曹谿山大鑑高祖(慧能) 297
璋山融珪 476, 477
樵翁(六祖慧能) 317
饒州薦福ノ承古禅師 458
新羅太賢 388
心越(心越興儔、東皐心越) 410
416 →東皐
心越禅師 418
心越老禅師 418, 428

心鏡蔵奐　209
心悟大姉　383, 388
心地覚心　10, 378 →法灯国師
心瑜(覚心の弟子)　375, 378
沈約　27
信覚　184
信公(道信)　465
信操堅(信操永堅)　249
神綱已禅師　466
神秀(神秀上座)　261, 429, 455
神人(稲荷神)　228, 235
神人(招宝七郎)　228
神人(日本稲荷神)　237
神人(日本の稲荷神)　219, 237
神人(日国稲荷廟神)　237
神童丸(道元)　237
神功皇后　189, 455
神会(荷沢神会)　323
神保如天　33, 103
宸位(東山天皇)　415
真歇了禅師　446
真際大師従諗(趙州)　314
真成院悦巌禅師　428
真浄文(真浄克文)　466
真迢上人　229
真盛(西教寺・円戒国師・慈摂大師)　229
真諦　325
真忠　223
真龍斎　199
深蔵主　208
新谷尚紀　337
新野光亮　248, 329
親鸞(親鸞聖人)　147, 221, 231, 290
暹(廬山開先)　446
璡公　8 →老璡

す

周防長尾池大蛇　477
師兄先師　89 →道元
栖川(栖川興巌)　492, 494
諏訪義純　248
諏訪明神(戒師信州明徳寺鉄文道樹)　477, 479
図睡快庵　103, 187
豆州天狗　477
水南神会　323
推古天皇　214, 220
瑞岡(瑞岡珍牛)　62, 68, 103, 144, 146, 147, 148, 149, 204, 206, 207, 209, 213, 218, 224, 236, 469
瑞長　4, 103, 200, 203, 274
瑞雄維那　500, 501
瑞龍良準　163
睡庵(独庵の号)　407, 426
崇野堂　446
嵩嶽曩祖(達磨)　351
嵩嶽の高祖(達磨)　351
嵩山高祖古仏(達磨)　34
嵩明教(仏日契嵩、明教大師)　458 →仏日
菅原研州　127, 473, 493, 495
菅原昭英　19, 25, 221, 222, 238, 256, 349
菅原信海　189
杉尾玄有(守)　17, 156, 169, 254, 255, 258, 274, 275, 366
杉本俊龍　365
椙井房明瑤　51 →明瑤
鈴木和泉守元信　122
鈴木格禅　134, 248, 274
鈴木重成　415
鈴木正三　114, 415
鈴木大拙　31, 337
鈴木泰山　103, 104, 473
鈴木哲雄　240, 248
住吉明神(戒師長門大寧寺定庵和尚)　477, 479

せ

世親　79, 109, 225
世尊　121, 303, 359, 454
世宗(忽必烈)　454
西蜀顕禅師　446
西蜀表自禅師　446
青原(青原行思)　369, 370, 378, 433, 456, 461
青原下十一世(芙蓉道楷)　466
青原下十六世天童浄　466
青原思禅師(行思)　456
青鷹　457 →義青
青巒(大内)　493
青龍虎法　319
青龍宗二　367, 389
星井の女人　188
清拙正澄　142, 168
清和天皇　189
石雲融仙　433, 439
石霜先　466
石頭(希遷)　433, 456, 457
関口真大　33, 248, 265
関恒久　25
拙庵徳光　286
浙翁　→如琰
浙翁如琰　8, 28, 204, 286
雪庵義黙　106
雪山鶴曇　415
雪山良昃　464
雪舟　198
雪山童子　225
雪窓宗月　8
雪窓祐浦和尚　464
雪竇智鑑(足庵禅師、鑑足庵)　367
葉県　457 →葉県帰省
葉県帰省〈セッケンキセイ〉　141, 457
摂政関白師家公　71
摂政九条基房公之女　42, 174
摂政藤原基房の女　311
絶巌　409
絶江淳清　417
千呆性侒〈センガイショウアン〉　410, 416, 424
千公　373 →栄西
千光(千光禅師、栄西)　6, 49, 53, 63, 64, 65, 81, 110, 179, 334
千光祖師　63, 179 →栄西
千光法師　52, 372, 376
千光法師栄西　17, 53
千丈実巌　29, 72, 205, 206, 209
千命　54, 369, 391, 398
川僧慧済　134
仙台僧録東海力生　447
先師(道元)　364

先師(如浄、天童如浄禅師)　352
356
先師加州大乗寺開山和尚(義介)
93, 102, 117
先師開闢和尚(道元)　90
先師覚晏道人　335
先師古仏(如浄)　253, 254, 352
354
先師古仏天童堂上大和尚　355
先師上人(道元禅師)　389
先師全公(先師全和尚、先師大和尚、明全)　374
先師徹通義介　337
先師天童古仏(先師天童古仏大和尚)　65, 253, 254, 255
257, 287, 294, 356, 357, 359
先師天童堂頭(如浄)　171
先師天童如浄　361
先師明全　6
先師明州天童山景徳禅寺三十一世如浄和尚　137
全和尚　81, 100, 120 →明全
全玄　395
全公　64, 372, 376 →明全
全禅人(居士)　335
全法師　64, 100, 110, 120
→明全
全苗(別号、洞水)月湛　72
阡陌きぬ　319
前雲州刺史　344 →波多野義重
前永平三十二世　153 →洞雲金岡
前永平三十二世洞雲金岡　153
前永平真高十代　161 →万室桝嶽
前住永平兼宝慶二世　502
→曇希
前住義演和上　138
前住義介和上　138
前住天童景徳寺堂頭和尚　358
378, 383, 397
前住天童浄和尚　378
前住当山大乗義介和尚　141
前住永光兼總持　157 →自得嫫良
旃崖奕保大禅師(宮崎)　493
船子(徳誠)　327
善導　146
善慧房証空　371
禅月(大師貫休)　194
禅師道元　258, 371
禅宗初祖(達磨)　33
禅上座　246
禅門覚念　11
詮慧(詮恵)　22, 82, 83, 85, 98
111, 119, 268, 322, 383, 386
387, 389
漸源　460, 461

そ

徂徠(荻生)　404, 405, 406, 427
448
祖永平元和尚　339
祖翁永平二世和尚(懐奘)　20
93, 102, 117
祖翁栄西僧正　89
祖師(達磨・禅宗)　211, 360
祖師(道元)　193
祖師西和尚(栄西)　64, 372
祖日(祖日侍者)　358, 378, 379
383, 397
祖忍(祖忍尼)　193, 200, 311
素哲　169, 388 →明峰
素妙尼　138, 176
蘇(明全の俗姓)　372
蘇我入鹿　213
蘇氏　52
蘇姓　52
宋国天童了然斎明全禅師　376
宋代臨済宗楊岐派禅僧圜悟克勤　342 →圜悟
宗逸　467
宗円　86, 91, 96
宗可(宗可侍者)　140, 168
宗月(宗月長老)　8, 80, 106
109, 354, 419
宗自　61
宗寿　166
宗性　322
宗仙舜良　198
宗禅　158
宗端(宗端知客)　135, 358, 378
379, 383, 397
相州小田原天狗　477
曹谿　350, 354, 459
曹谿慧能　289, 432
曹谿高祖(慧能)　351
曹谿六祖　297
曹雞　456 →曹谿
曹山　168, 328
曹山元証大師　327
曹山(本)寂和尚　132
曹山本寂　326
曹洞沙門如禅　475
僧海(僧海首座、僧首座)　10, 22
82, 83, 85, 87, 88, 98, 99
111, 112, 119, 190, 334, 335
僧伽婆羅　386
僧璨(三祖)　455
僧肇　246, 250
僧達　466
総寧寺松頓　438
蔵奐　209 →心鏡蔵奐
蔵山　61
蔵主等理　501
蔵鷺(天桂)　453, 459
即現　440, 460
即非(即非如一)　410, 412, 416
423, 424
即非禅師　424
足庵禅師　367 →雪竇智鑑
俗弟子覚念　15
則天武后　54
続芳(妙光寺)　377
荐公(義荐)　87, 112
尊意　369
尊慶　38, 39
尊勝院院主　322
損翁(損翁宗益、損翁和尚)　403
404, 416, 427, 431, 438, 441
444, 447

た

田上太秀　319, 489
田島毓堂　499, 502
田島徳音　388
田島柏堂　319, 427, 499
田添夏喜　171
田中重久　212
多紀理毘売命　189
多岐津比売命　189

太上天皇　372 →後高倉院
太政大臣伊通　182
伊達政宗　122
大愚(高安)　466
大陽(大陽警玄)　9, 137, 141, 171, 367, 441, 443, 446, 450, 453, 457, 459, 460, 466
大老井伊直弼　474
太極　29
太子　213, 215, 216, 218, 220
太上皇　376 →後高倉院
太祖　23
太祖瑩山禅師　22, 56, 221, 319
太白　168 →如浄
太白星　188, 189, 219
太白峯の浄禅師　64
太白某甲　366 →如浄
太陽(太陽ノ警玄、大陽警玄、遠録公)　457, 458, 460
体素堯恕　181, 184
帝釈天　190, 191
退耕行勇　373
退耕徳寧　72, 496
退蔵始祖天桂和尚　438 →天桂
退蔵峰天桂禅師　438
諦忍律師妙龍　43
大阿羅漢　192, 318
大慧(大慧宗杲)　8, 293, 299, 300
大円満徹　95, 103, 106, 121
大淵童叟(大淵龍童)　199
大覚(大覚師兄)　458, 460, 461, 463, 466
大覚禅師(隆蘭渓、蘭渓道隆)　181, 468 →蘭渓
大嶽祖清　108
大観禅竜　201
大鑑高祖(慧能)　352
大亀(大亀氏、摩訶迦葉)　432, 433, 458
大機盤空禅師(月舟宗林)　416
大極(大極蔵主)　4, 36, 103, 160, 204
大極聖淋　203, 208
大空玄虎　476, 477, 479
大見禅竜　94, 105
大賢(大賢鳳樹)　103, 144, 148, 149, 206, 209, 224, 236, 469
大権修利(大権修利菩薩)　190, 232
大権修理(大権修理菩薩)　29, 36, 133, 157, 158, 159, 160, 161, 164, 169, 171, 217, 228, 232
大虚喝玄　256
大黒天　226
大師(道元)　201
大寂(大寂智定)　106, 194, 195, 198, 199
大聖(釈尊)　346
大乗寺開山和尚　117 →義介
大乗寺第一祖　90
大乗寺ノ海天玄聚和尚　464
大乗第一祖　91
大拙裔藝　195
大川普済　458, 461
大禅師者内府通親公桂子　174
大宋国五十一祖　116 →道元
大宋国祠山正順昭顕威徳聖利大帝王(祠山張大帝)　134
大宋国祠山正順昭顕威徳聖利大帝王招宝七郎大権修理菩薩　133
大宋国祠山正順照顕威徳聖利大帝招宝七郎大権修理菩薩　164
大宋国祠山正順昭顕威徳聖列大帝招宝七郎大権修理菩薩　158
大宋国祠山正順昭顕威徳聖烈太帝招宝七郎大権修理菩薩　157
大宋国祠山正順照顕著威徳聖列大帝招宝七郎大権修理菩薩　171
大沢山滅宗禅師　438 →天桂
大旦越藤原家尚　90
大檀越野州太守藤原朝臣知冬　500
大檀那波多野義重　177
大智　18, 61, 169, 366, 378
大中一介(大中介和尚)　130, 134, 135
大通詞林道栄居士　415
大徹宗令　476, 477
大転昌隆和尚　199
大憧了闊大禅定門　201
大同庵主　451
大道　494
大道寺独庵光禅師　427, 428
大道長安　492
大日能忍　139, 169, 335
大日能忍平景清の縁者　182
大納言教家(藤原)　71
大梅(大梅法常)　231, 354, 355
大梅常禅師　345
大梅祖師　335, 356
大白峰の浄禅師　357 →如浄
大冥(大冥恵団)　56, 69, 72, 73, 75, 103
大夫結城孫三郎　144
大用禅師(育王山典座)　72
大了(大了愚門)　16, 22, 103, 127, 133, 135, 174, 203, 373, 443, 450, 453, 460, 469
代宗(唐代)　316
第五十一世観音導利院興聖宝林寺入宋伝法沙門道元　359
第五十一祖永平元和尚　4, 359, 376
第五十二祖永平奘和尚　20
第四祖ノ優婆毱多　455
第十八祖伽耶舎多尊者　356
第二十五無用全禅師　137
第二祖　455
第八伐闍羅多羅尊者　200
第八伐闍羅弗多羅尊者　193
提婆達多　318
平景清　182
平高時　194
平ノ時頼　74
平副帥時頼　106, 118 →北条時頼
高楠順次郎　103
高崎直道　17, 32, 274
高崎富士彦　201
高須家(大坂)　62
高田道見　473, 475, 492, 494

高田良信　222
高辻西洞院覚念　18
高橋秀栄　19, 25, 60, 105, 238, 499
高橋全隆　105
高橋竹迷　144
高橋広道　69
高橋博巳　404, 406, 427, 448, 449
高皇産霊尊の後胤　224
高充　187, 219
滝谷琢宗(永平寺六十三世、真晃断際禅師)　171, 473, 480, 488, 492
卓爾　207
卓老　80, 110
竹内弘道　233
竹内道雄　18, 20, 21, 23, 24, 25, 30, 31, 60, 141, 182, 185, 213, 253, 255, 257, 258, 392
竹田鉄仙　233
忠勝(酒井)　424, 425
忠隆　425
忠常(牧太宰小貮権卒)　176
忠俊(道正庵四世)　239
忠直(酒井)　415, 425
忠直の甥・忠国　424, 425
忠直の兄忠朝の子・忠国　425
忠直の子息・忠隆　426
斉信　183
舘隆志　18, 179
達念　466
立松和平　211, 221
立山権現　477
谷本順応　319
玉城康四郎　222
玉村竹二　137
玉依御前　224
圭室諦成　291, 332, 337
圭室文雄　201, 238, 337, 473
為実　182, 184
為通(参議)　182, 183, 184
為光　183
達摩　215
達磨　34, 82, 85, 111, 338, 402, 429, 455, 456, 463, 465, 492
達磨大師　118
丹霞天然　384, 394, 400
丹山梅蘂　450
丹知客　131, 133, 135, 176, 379
丹首座　131, 132, 133, 135
丹心　418
丹心三咄　164
丹心咄叟　165
丹心了墀(龍墀とも)　417
丹嶺祖衷　206
探牛首座　127
湛海丈　164
湛賢法印　229
湛元(湛元自澄)　16, 103, 158, 174, 204, 469
湛然(妙薬大師)　384
湛老和尚　465
澹空上人　201
檀越波多野氏(義重)　25
檀那理(波多野時光)　90

ち

知見禅達　103, 236
知仙　122, 128, 129
智円　183
智淵　369
智海　195
智顔白峰　103, 236
智顗　→天台大師
智庾(智庚)　8, 286, 354
智儼　324, 486
智姉　53, 311
智者大師　227, 231 →天台智顗
智周　281
智証大師円珍　184, 223, 228, 369, 388, 398
智心　369
智琛　140, 141, 142, 168
智潮　178
智田道淳　61, 249
智灯照玄　115, 127
智堂光紹(慧輪永明禅師)　127
智弁　184
近松門左衛門　279
嫡嫡正証二十八世菩提達磨尊者　34
中翁守邦　477
中翁珠峯(＝守邦)　476
中興永平第五世　439 →義雲
中興開山(崇福寺即非)　424
中興第一世一庭融頓　415
中書王八世之遺胤　174
中将兼頼朝臣　41
中納言通忠　237
中納言法印隆禅　250
中峰明本　337
仲玄延寿　409
忠国師(慧忠)　304
忠尋　274
兆隠(心越の初名)　416
長意　369, 388
長翁(長翁浄禅師、長翁如浄)　74, 137, 176, 255, 286, 337
長翁如浄和尚　176
長沙景岑(長沙岑和尚)　266, 281, 302, 342
長守　184
長西　71
長命　52
長蘆(長蘆宗賾)　332, 466
張大帝　190
鳥窠道林　342
超元　426 →道者
徴寿昌経　464
趙擴(寧宗)　55
趙の恵文王　411
潮音道海　409, 426
澄海阿闍梨　90, 96
澄観(華厳)　323
澄義　369
澄豪　375, 395
奝然　138, 194
勅賜因光禅師　453, 460 →大了愚門
勅賜仏法禅師永平開山道元大和尚　187
陳師道　500
陳尊宿　90
澄一〈チンイ〉(澄一道亮)　416, 417
鎮守円宗擁護明神　228
鎮守神(護法神)　229

鎮守道了権現 477

つ

通幻(通幻寂霊) 97, 108, 239, 476, 477
辻口雄一郎 275
辻顕高 492
辻善之助 60
土橋秀高 393, 396
堤邦彦 143, 144, 148, 149, 210
常信 209
角田泰隆 59, 253, 255, 258, 270, 275, 336, 503

て

丁福保 55
定家(藤原) 181, 184
亭隠泉和尚 134
帝舜 216
鄭成功 409
泥牛 493
鉄牛道機 410
鉄心(鉄心道印) 409, 414, 426
鉄心御州(永平寺二十九世) 256
鉄文道樹 479
徹通義介(徹通義介禅師、徹通禅師) 96, 116, 118, 120, 337, 476, 477
天海 425
天外一間人(独立) 423
天岸慧広 48, 49, 57
天桂和尚(天桂伝尊和尚) 438
天桂伝尊(天桂禅師、滅宗禅師) 133, 367, 403, 405, 407, 427, 430, 431, 433, 434, 436, 437, 438, 442, 443, 444, 447, 448, 450, 452
天国泰薫 405, 409, 426
天竺ノ二十八代(達磨) 455
天真自性 93, 97, 103, 194, 201
天神地祇龍神天狗山鬼山姥 478
天性融石 97, 102, 103, 106, 127
天先祖命 476, 477
天台座主公円 37, 374, 376, 390, 395 →公円
天台真盛宗開祖 229 →真盛
天台大師智顗 213, 388
天台智顗 397
天台智者大師 37, 250
天智天皇 219
天童(定心院山王) 226
天童(如浄) 65, 82, 110, 156, 274 →如浄
天童和尚 273, 288, 292, 334
天童和尚大禅師 125
天童古仏 155
天童山景徳禅寺三十一世如浄和尚 137
天童浄 466
天童浄和尚(天童如浄和尚) 64, 81, 98, 100, 110, 120, 140, 167, 175, 249, 359
天童浄禅師 157
天童浄老 81, 98, 100, 105, 120
天童祖師 167
天童長翁浄禅師 142, 168
天童如浄(天童如浄禅師) 118, 119, 162, 163, 164, 166, 171, 249, 250, 256, 366, 367, 382, 399
天童ノ如浄 453, 460
天童了然斎 376 →明全
天皇道吾 462
天苗祖育 452
天暦皇帝九世苗裔、後中書王八世嫡孫亜相忠通之子 174
天龍八部 226
典薬頭忠俊朝臣 238
転輪王 215
田翁(田翁牛甫) 402, 426, 444, 446, 447
伝教(伝教大師) 81, 229, 277, 388, 398, 400, 476, 477, 485
伝教弘法(最澄と空海) 45
伝教大師最澄 223, 388
伝志麟的 150
伝秀叟 164
伝信 384
伝蔵主 80, 109, 354
伝蔵主元粛 8
伝灯法斎擁護霊神 158, 165
171

と

土地神 160
土地護法竜天 161
戸田俊晴 130
多武峯達磨宗覚晏上人 85
杜順 324
投子(投子義青、投子青、青華厳、青鷹) 9, 137, 141, 367, 441, 443, 444, 446, 450, 451, 453, 457, 458, 459, 460, 461, 466
東奥大巓 469
東海力生(仙台僧録) 447
東関西明寺北条時頼 84, 98, 100, 111, 113, 120
東京浄固ノ枯木法成禅師 466
東皐(東皐心越、心越興儔) 181, 410, 415, 416, 417, 418, 419, 431, 452
東洲義勝 139
東大寺別当職 322 →宗性
東地二十三世(如浄) 118
東地二十三代(如浄) 359
東地二十二祖(智鑑) 295
東土五祖(弘忍) 455
東土二十三祖(如浄) 127
東土二十三代(如浄) 359
東福寺蔵主大極 4, 208 →大極蔵主
東林懐敞和尚 232 →虚庵
洞雲金岡 153 →金岡用兼
洞谷紹瑾 105 →瑩山
洞山(洞山良价、悟本大師) 82, 110, 167, 168, 176, 177, 221, 296, 328, 357, 358
洞山高祖一十三世之祖師 78, 82, 113
洞山高祖一十三世之祖師釈迦牟尼如来五十一代古仏 100, 118
洞山高祖一十四世之祖師 78, 82, 100, 110, 113, 116, 119
洞十四世越州吉祥山永平希玄道元禅師 69, 75

洞書記 208
洞上高祖承陽大師(道元) 236
唐土六祖 303 →慧能
桃庵禅洞 94
藤氏 180 →藤原
堂頭和尚 57, 65, 171, 272, 287 →如浄
童子(韋将軍) 219
道円 323
道海 451
道楷禅師 171 →芙蓉道楷
道元 19, 21, 23, 42, 43, 44, 49, 59, 63, 64, 65, 66, 68, 71, 79, 81, 85, 86, 88, 89, 94, 103, 105, 106, 109, 110, 111, 115, 116, 118, 119, 120, 121, 123, 124, 128, 129, 130, 141, 148, 157, 159, 162, 166, 172, 173, 174, 175, 176, 177, 178, 179, 181, 192, 193, 194, 195, 196, 197, 198, 199, 200, 202, 208, 211, 212, 224, 225, 226, 227, 228, 230, 231, 232, 236, 238, 240, 242, 243, 246, 247, 253, 257, 258, 265, 271, 272, 273, 274, 280, 282, 284, 285, 286, 287, 288, 289, 290, 291, 292, 300, 309, 310, 311, 312, 313, 314, 315, 316, 318, 320, 321, 322, 323, 324, 325, 326, 328, 331, 332, 334, 335, 336, 337, 338, 339, 342, 343, 345, 346, 347, 349, 350, 352, 353, 354, 355, 356, 357, 359, 360, 361, 363, 364, 365, 366, 367, 369, 370, 371, 372, 373, 374, 375, 376, 377, 378, 383, 395, 397, 398, 400, 401, 413, 429, 459, 465, 469, 474, 475, 485, 486
道元和尚 87, 163, 164, 166, 274, 292, 323, 329, 361, 485
道元和尚大禅師 98
道元禅師 15, 17, 19, 31, 35, 36, 43, 48, 59, 69, 70, 73, 104, 107, 118, 121, 122, 124, 129, 130, 136, 137, 138, 139, 140, 143, 148, 154, 155, 157, 158, 160, 161, 162, 166, 167, 168, 169, 180, 185, 191, 192, 201, 206, 207, 208, 210, 218, 222, 224, 234, 238, 240, 248, 250, 251, 257, 258, 261, 262, 264, 266, 271, 275, 284, 287, 291, 292, 293, 294, 296, 297, 298, 299, 301, 302, 303, 304, 305, 306, 308, 310, 321, 330, 331, 332, 347, 349, 350, 366, 367, 368, 371, 374, 375, 376, 382, 390, 391, 394, 395, 396, 398, 399, 400, 401, 441, 468, 469, 473, 478, 484, 492, 493
道玄(高祖、道元) 235
道厳和尚 138
道原 458
道吾 460, 461
道光普照国師 180 →懐奘
道者(道者超元、道者禅師、道者和尚) 402, 409, 410, 411, 412, 413, 414, 415, 416, 419, 420, 422, 424, 426, 431, 436, 448, 473
道者の本師亘信(道者之本師亘信禅師) 411, 412 →亘信
道詢 485
道正 175, 184, 205, 234, 235, 236, 237, 238
道正庵 175, 209, 234, 235, 237, 238
道正庵元祖隆英 234, 236 →木下
道正庵十九世卜順(徳幽卜順) 174, 178, 179
道正庵十五世玄養 234
道正庵十八世休甫 235
道正庵二十二世承順 238
道正庵卜純(道正庵第十九世木下卜順・徳幽) 237, 239
道信(四祖、信公) 167, 168, 429, 455, 465
道邃(修禅寺) 227
道荐(懐奘下) 86, 138
道忠 108, 109, 161 →無著
道白 426 →卍山道白
道範 184
道明(雪山の諱) 419
道鏞 178, 466 →公音
道了権現 477
道林 342 →鳥窠道林
貴物 224
遠江太守酒井公忠隆 426
栂尾明恵 335 →明恵
時頼 74, 106, 118, 124, 188, 211, 221 →北条時頼
徳翁良高 138, 367, 441, 443, 447, 450, 471, 473
徳巌養存 103
徳山宣鑑 413
徳田和夫 152
徳道上人 478
徳幽卜順 175, 178, 179, 234
毒海慧舟 186, 187
独庵玄光(蒙山玄光、独庵禅師、独庵和尚、独庵叟玄光、睡庵、晧台寺四世) 367, 402, 403, 404, 405, 406, 407, 408, 409, 410, 411, 412, 413, 414, 415, 416, 417, 418, 419, 420, 421, 422, 423, 424, 425, 426, 427, 428, 429, 430, 431, 432, 433, 434, 435, 436, 437, 438, 439, 440, 441, 442, 443, 444, 446, 448, 449, 450, 451, 452, 453, 454, 456, 457, 458, 459, 460, 461, 462, 463, 464, 465, 467
独住九世天祐(伊藤)道海禅師 451
独湛性瑩 502
独立性易(字は曼公、号を荷鉏人・天外一閒人・就庵) 407, 408, 415, 423, 424
利仁将軍遠孫 88, 95
俊房 183
舎人親王〈トネリシンノウ〉 213
富田能次 103, 144
富永韞 198, 199, 202
富山はつ江 347
具平親王 183
朝枝半兵衛景近 415

鳥飼の中納言惟実のむすめ 182
鳥養中納言為実卿 182
鳥養中納言為実卿孫 85, 111, 176, 180, 181
鳥養中納言為実公之孫 180
呑益 467
曇屋一枝 452
曇希(永平寺六世・宝慶寺三世、二世とも) 10, 13, 137, 496, 500, 501, 502
曇希禅師(曇希和尚) 137, 502
曇無讖 250, 401
曇曜 364

な

奈良康明 489, 503
直中 474
中尾良信 25, 250, 338
中川孝 329
中世古祥道 5, 16, 17, 18, 19, 25, 27, 42, 44, 49, 53, 55, 56, 60, 64, 65, 106, 118, 155, 169, 170, 175, 178, 179, 182, 184, 213, 216, 234, 248, 250, 252, 253, 254, 255, 257, 258, 275, 283, 287, 291, 319, 349, 358, 366, 371, 376, 379, 382
中島正利 146, 148
中嶋敏 55
中野小左衛門 184
中野東禅 144, 148, 238, 338
中野優子(優信) 320
中幡義堂 493
中村勘太郎 221
中村喜惣浩治 146
中村五兵衛 107, 172
中村道隆 248
中村橋之助の執権時頼 221
中村元 68, 148, 330
中山成二 250
永井政之 221, 404, 427, 448, 449, 494
永田鈞山 136
永久岳水 70, 76, 77, 102, 121, 319, 365, 366, 384
永久俊雄(岳水) 104
永平 405, 453, 459, 460, 461, 463 →道元
長崎興福寺の第四代 416 →澄一
長崎奉行長谷川左兵衛 415
長澤規矩也 500
鍋島公(備前守) 426
鍋島清房 409
成河峰雄 77
内藤正敏 486
南英謙宗 168
南海散人胡乱斎 187
南陔散人富永贛 198, 199, 202
南岳恵思(南嶽慧思) 213, 215, 216, 384, 388
南岳(嶽)懐譲 464, 465
南嶽(南岳、南嶽懐譲) 289, 327, 369, 370, 373, 378, 456, 461, 464
南嶽譲禅師 456
南極寿星 108
南山道者禅師 413 →道者
南山道宣 388
南宋寧宗趙擴 55 →寧宗
南天竺菩提達摩 215
南浦紹明 172, 181
南方補陀尊 159
南木国定 68
南陽慧忠(南陽慧忠国師) 34, 304, 305, 307, 336, 352

に

二十五代(婆舎斯多) 455
二十二代承順(道正庵) 234
二十八代(菩提達磨) 455
二十四代師子尊者 455
二祖(懐奘) 20, 21, 22, 23, 24, 85, 111, 390, 392, 394, 434, 463
二祖永平懐奘禅師 20
二祖孤雲懐奘禅師 390
二祖国師 184 →懐奘
二祖奘禅師 20, 78, 93, 104, 117
二代和尚(懐奘) 39, 376
二代勝茂(鍋島藩) 428
二代尊(懐奘) 148
丹生明神(天照大神の妹・丹生都比売) 229
日本越前吉田郡志比庄吉祥山永平寺初祖 130
日本玄光 437, 438 →独庵
日本後醍醐ノ光明院 466
日本初祖道元禅師 164
日本人皇ノ九十一代伏見院 454
日本達磨宗覚晏 312
日本洞宗始祖道元禅師(日本洞宗初祖永平元和尚) 370
日本ノ人皇六十代一条院 458
尼正覚 71 →正覚尼
西有穆山(西有瑾英、直心浄国禅師) 30, 31, 68, 139, 488, 494
西山拙斎 406, 427
日域男女の元神(日域男女元神、日域男女之神) 29, 161, 190
日寿 486
日導 486
日蓮 231, 290, 486
入宋伝法沙門道元 354, 359
新田左中将源義貞 201
新田貞氏 201
新田義貞(新田源義貞、金龍寺殿、貞山良悟、大禅定門) 105, 194, 195, 199, 201
如意輪菩薩 89
如琰(浙翁) 28, 71, 92, 110
如浄 8, 9, 11, 35, 45, 48, 56, 62, 64, 65, 66, 67, 81, 98, 100, 110, 113, 120, 128, 129, 131, 132, 133, 137, 140, 141, 142, 171, 176, 177, 197, 208, 221, 235, 248, 251, 252, 253, 254, 255, 256, 257, 258, 271, 272, 273, 274, 275, 280, 281, 285, 286, 287, 288, 289, 290, 291, 306, 310, 346, 349, 355, 356, 357, 358, 359, 360, 361, 364, 366, 367, 369, 370, 372, 374, 375, 378, 379, 381, 390, 391, 398, 399, 400, 429, 466
如浄(先師古仏) 364

如浄和尚 176, 257, 351
如浄禅師 32, 40, 57, 58, 61
98, 106, 107, 125, 127, 140
141, 142, 154, 155, 156, 157
159, 162, 166, 167, 168, 169
171, 204, 207, 218, 240, 252
264, 284, 286, 292, 293, 294
295, 296, 337, 377, 382, 383
391, 394, 473, 480, 484, 485
如浄大和尚 357, 359
如禅(月窓寺) 470, 475
如蘭 179
仁忠(最澄高第) 223
任淵 500

ぬ

忽滑谷快天 33, 43, 301, 307
367, 493, 494

ね

寧宗(寧宗帝) 44, 45, 55, 56
81, 110, 176
寧退耕 72 →退耕徳寧
念救 47, 49
然山(然山大廓) 144, 146
然子 334 →廓然

の

野崎崎次郎 103
野尻入道実阿 150
納冨常天 18, 129, 210, 499
能円女 5, 311
能州石動権現 477
能仁義道 68
後中書王八世之遺胤(後中書八世之遺胤) 79, 174, 224
311
信子(能円の女) 311
経資法師〈ノリスケ〉 41

は

芳賀登 337
波多野出雲次郎金吾(波多野出雲守次郎金吾、四郎金吾とも、義介代檀那) 86, 90, 112
波多野雲州大守義重 82, 98
100, 113, 120
波多野雲州大吏義重 82, 98
100, 111, 113, 120
波多野氏 25, 74
波多野時光(檀那理) 90
波多野通定(沙弥元忠) 5, 137
波多野義重(永平寺開闢檀那如是、如是居士、波多野義重公)
12, 20, 25, 41, 124, 125, 136
140, 150, 177, 312, 344, 349
468, 469, 471
波多野義重の妾(波多野義重の妾室) 218, 313
波着寺懐監和尚 88 →懐監
長谷川賀一 199
長谷川左兵衛 415
長谷宝秀 223
派信汲和尚 162
派無際 109, 257 →無際
葉貫磨哉 478
伐闍羅多羅尊者 200
伐闍羅弗多羅尊者 193
馬祖 289, 323, 325, 326, 456
457, 458, 459, 461
馬祖道一(馬祖、馬大師) 289
307, 325, 326, 329, 456, 458
馬祖道一禅師 329
婆舎斯多 466
梅山(修己) 466
梅峰(竺信) 359, 367, 441, 443
444, 446, 447, 450, 452, 459
梅峰竺信 359, 402, 417, 426
430, 440, 446, 450, 452, 457
梅峰卍山(梅峰卍山二師) 446
453
梅卍二老 430 →梅峰卍山
梅友(大坂) 419, 420
白雲梅峯 457 →梅峰竺信
白居易(楽天) 342
白山(白山権現) 36, 139, 151
161, 162, 165, 188, 190, 219
221, 230, 477
白山神(白山明神・白山権現)
232
白山妙理(白山妙理権現、白山妙理大権現) 30, 153, 160, 161
163, 164, 165, 230
白山明神 29, 30, 36, 71, 124
190, 217, 218, 219, 221, 231
白山明理大権現 162
白蛇明神 477
白髪の老嫗(日本稲荷神) 237
白髪老嫗 189 →稲荷神
白峯玄滴和尚 464
橋川正 338
八十八代後深草帝 74
八幡権現 189
八幡大菩薩 228
八世喜純 97 →喜純
服部元良 248
塙忠宝 105
塙(塙保己一) 78, 105, 121
林五郎兵衛 428
林岱雲 401
林伝左衛門 446
林道栄 415, 428
林道栄居士(林居士) 410, 415
416
林雅彦 152, 320
林幹弥 212
原田弘道 18, 25, 275
原坦山 493
春信(画師) 144
晴山俊英 60, 367, 389
版橈晃全(号、野水、応安万円禅師) 24, 107, 129, 172, 173
180, 181, 184, 203, 208, 236
237, 238, 469
范公仲淹 458
万回(万回一線) 138, 178, 367
405, 443, 450
万照高国禅師 430 →嶺巌英峻
万仭(万仭道坦、万仭和尚) 103
365, 442, 443, 445, 447, 448
469, 474, 477
坂東三津五郎 221
盤珪永琢 409, 426
盤山思卓 8, 28, 71, 286

ひ

日吉山王権現(大山咋神) 226
日高哲男 275

比叡山延暦寺座主公円　395
比叡山王(田心姫神)　228
比咩大神　189, 219
肥前皓台寺沙門独庵玄光　427
→独庵
肥前皓台独庵玄光禅師　427
費隠(費隠通容)　410, 461, 464
比丘一書記　500 →以一
比丘懐奘　39 →懐奘
比丘紹瑾　102, 116 →紹瑾
比丘瑞雄維那　500 →瑞雄
尾州山鬼　477
毘沙門　338
毘盧舎那仏　324, 328
毘盧遮那仏　230
備前守鍋島公　426
東山天皇　415
鬚しろし翁(三輪明神)　226
彦山明神　477
常陸天徳寺の月坡道印　417
→月坡
秀通孫　182
白衣の神人(白衣神人、白山明神)　71, 124, 190, 219
白衣の老人(白山明神)　218
白衣老翁　161
白檀薬師如来　227
百丈(百丈懐海)　333, 334, 338
392, 456, 457, 458, 459, 461
表自禅師(西蜀)　446
馮相公　317
標禅師　466
平井俊栄　43
平川彰　384
平戸藩主松浦鎮信　410
平野康太郎　283
広野(最澄の幼名)　224
広嘉(吉川)　423
弘津説三　103, 473
廣瀬良弘　208, 238, 338, 471
472, 473, 479, 482
瓶沙王　200
閩山　128, 129, 130, 135
閩山孝洲　135
賓頭盧尊者　192
頻婆沙羅王の少女(娘)と侍女
319

ふ

不空(不空三蔵)　224, 486
不見(不見明見)　108, 239
不禅(真成院)　428
不動明王　341
父幼老卵　103, 345
芙蓉道楷(芙蓉楷)　141, 171
466
芙蓉楷祖　167, 171
忽必烈　454
斧山玄鈯　68
浮山(浮山円鑑)　137, 141, 443
457, 458, 460
浮山遠(浮山遠公、浮山法遠)
141, 367, 453, 457, 460
符撃伝虎　128, 130
普庵印粛　221
普賢菩薩　216, 328
普峰照天　206
補陀大士(観音菩薩)　159, 160
217
傅翕　221
傅大士(傅翕)　221
無準師範〈ブジュンシハン〉　222
豊干　28
豊前香良明神　477
豊前彦山明神　477
風月堂庄左衛門　196
笛岡自照　17, 18, 349
副元帥時頼　74 →北条時頼
福済寺の木庵性瑫　424 →木庵
福州広平侍者　82, 382
→広平侍者
福田行誡　493
福田堯頴　6
伏見院　454
藤井佐兵衛　202
藤井光成　39
藤原顕盛朝臣之男金吾隆英　175
藤原家尚　90
藤原(伊自良氏)知冬　496, 500
501
藤原兼輔　212, 213
藤原伊輔　182, 185
藤原隆兼の子　322
藤原隆英卿(道正庵)　238
藤原定家　181, 184
藤原徳幽卜順　238
藤原知冬　500
藤原永平　188, 220, 469, 472
藤原永平の妻　231
藤原能円　311
藤原教家　71, 312
藤原道家　482
藤原基房　6, 175, 224, 232, 375
藤原基房の女(基房公之女、藤原基房女)　42, 184, 224, 311
藤原基房の女伊子　32
藤原師家　71
復古老人　426 →面山
仏阿羅漢　192, 263
仏阿羅漢大阿羅漢　262
仏果和尚(圜悟克勤)　462
仏果圜悟禅師　465 →圜悟
仏鑑(宝山)梵成　103, 144, 236
仏樹和尚　6, 334 →明全
仏樹先師　6 →明全
仏樹房明全　55
仏子尊慶　38, 39
仏星為戒　190
仏照徳光(仏照光禅師、仏照禅師)　88, 139, 446
仏僧　86, 112
仏陀　301, 308
仏陀釈尊　37
仏陀跋陀羅　364
仏日契嵩(明教大師)　458
仏法禅師　63 →道元
仏法大統領白山妙理大権現
161, 165 →白山妙理大権現
仏法道元禅師　159, 370, 373
376, 469
船岡誠　25, 337
文範之孫　184
古川碓悟　319
古川治道　182
古川城主鈴木和泉守元信　122
古田紹欽　19, 25, 319, 329
375, 448
古田梵仙　68

文公(北斉文宣帝)　464

へ

ヘンツェ、C　336
平田万年寺住持元肅　361
壁(碧)渓慧球　134
別源禅師(円旨)　446
遍救　375
弁円　49
弁海一雄　61
弁恵　466

ほ

保坂玉泉　301
補月寅佐　164
浦帆遠　139
穂積以貫　282
菩提達摩　34, 215
菩提達磨　33, 454, 455
布袋(契此、弥勒仏)　221
法華経護法神　228
方山円　168
細川三斎　167
北条時頼　74, 84, 98, 100, 106, 111, 113, 118, 120, 211, 469, 482
北条政子　482
北条泰時　482
北條高時　201
法雲　38, 138
法雲明洞　424
法王(法王長老)　138 →義尹
法王大聖釈迦牟尼　492
法眼　457
法眼円明　434
法宿菩薩　228
法常　216
法蔵　324
法達　298
法弟子日本国僧道元　378
法然　146, 231, 290, 371
法龍　223
鵬州碩摶　409
防相国　316
北山信禅師　446
卜順(道正庵)　175, 178, 179
235, 236, 237, 238, 239
牧牛　417
睦州陳尊宿　90
弗多羅尊者　200
法顕　364
法灯円明国師(法灯国師)　11, 57, 375, 378 →覚心、心地覚心
法灯国師心地覚心　378
誉田別尊
誉田別尊〈ホムタワケノミコト〉　189, 219
堀一郎　486
堀河天皇　482
堀淳一　221
本郷真紹　161, 170
本師千光(栄西禅師)　49, 53 →栄西
本師堂上大和尚大禅師(本師堂上老師大禅師)　64, 81, 98, 100, 110, 113, 120, 366
本師如浄(如浄禅師)　67, 258, 346, 372, 374
本秀幽蘭　474, 477
本田無外　103
本多公　426, 428 →本多忠平
本多忠平　426, 428
本弾正　447
虁山　463, 464
梵天　190, 191

ま

マーヤ　213
マルチン・ルター　479
味酒浄成　225
真魚〈マオ〉(空海の幼名)　224
摩頂尊者　197
摩耶(摩耶夫人)　216, 412
摩訶迦葉　303, 304, 351, 365, 432, 433, 458
磨達　466
退〈マカル〉(青巒の幼名)　493
松浦鎮信　410
松浦秀光　337, 338
松尾剛次　49, 51, 68, 401
松岡正信　49, 54
松岡由香子　275
松田文雄　141
松平定時　428
松平定直(松山藩四代藩主、三嘯・橘山・日新堂の号をもつ)　428
松殿(基房)　42
松殿禅定尊閣　79, 109
松殿基房　6 →藤原基房
松永光と光壮父子　62
松本皓一　489
牧田諦亮　336
牧太宰小弐権卒忠常　176, 179
牧野巽　55
増永霊鳳　347, 503
末山尼了然(末山了然尼)　314, 317
末法乞士癡盲　196 →面山
客人〈マレビト〉　189
客人(白山姫神)　226
客人権現〈マレビトゴンゲン〉　189, 219
万廻　221
万室桝嶽　161
卍海(卍海宗珊)　23, 426
卍梅両老　459
卍元(卍元師蛮)　16, 56, 69, 73, 75, 95, 103, 116, 118, 203, 204
卍山道白(卍山和尚、卍師、卍老、復古老人)　23, 137, 274, 337, 367, 402, 403, 404, 405, 426, 427, 430, 434, 440, 441, 442, 443, 444, 445, 446, 447, 448, 450, 451, 452, 459, 464, 471, 473, 482, 502
曼公　423
満米上人　478, 479

み

三井寺公胤(三井寺公胤僧正)　7, 34, 35, 80, 109, 278
三津首〈ミツノオビト〉　224
三輪大明神　189, 219
三輪明神(三輪金光、常世の神・国常立尊)　188, 189, 219, 221, 226, 227

壬生の祖利基 182
壬生の祖利基の五世 181
水戸侯 418
水戸光圀 108, 417
味杏堂 238
弥勒 200, 202, 338
弥勒尊仏 464
弥勒仏 230
弥勒菩薩 388
御子左・冷泉家の左中将為通 181, 182
水島剣城 17
水野弘元 329
水野弥穂子 68, 250, 251, 329, 347, 503
通忠(久我) 5, 73, 122, 123, 174, 188, 237, 282
通忠之伯父 174
通親(久我通親公) 71, 122, 173, 174, 178, 185, 188, 237
通親公桂子 178
通親公二男 72
通親公之子 72
通親之季子 174
通具(久我) 5, 178
通具室 5
通光の嫡子 122
通光之弟 174
通能 183
道端良秀 197, 202, 221, 337
三井公胤 178 →公胤
三橋正 338
光圀(水戸) 417
密雲(密雲円悟) 410, 461
皆川広義 338
源蔵人 150
源実朝 312
源忠宝(塙) 105
源時幸 39
源仲家 235
源ノ亜相公通忠 73, 188, 237
源ノ亜相公通親 188, 237
源(久我)通名 175
源満約 38, 39
峯玄光 17, 103
宮城鎮護の神 165
宮崎奕保 493
宮地清彦 473
妙雲 49, 52
妙高(雪峰妙高) 454
妙信尼 314, 317
明安 458, 466
明庵(明庵栄西、明庵西公) 4, 6, 63
明庵禅師 65 →栄西
明恵(明恵上人) 195, 196, 221, 231, 335
明恵上人高弁 195, 196, 322
明曠 385, 388
明豪 183
明靖 369
明全 6, 7, 22, 35, 37, 44, 46, 47, 48, 49, 50, 51, 52, 53, 54, 55, 56, 58, 62, 64, 80, 100, 109, 110, 120, 124, 175, 227, 228, 232, 235, 238, 277, 279, 285, 321, 322, 334, 358, 368, 369, 370, 372, 373, 374, 375, 376, 377, 378, 390, 391, 397, 398, 482
明全和尚(仏樹和尚、先師大和尚、仏樹先師) 6, 21, 55, 65, 80, 109, 155, 234, 277, 284, 285, 334, 352, 372, 373, 375, 376, 390, 394, 397
明全行勇禅師 373
明全禅師 373
明智 53
明智優婆夷 53, 55, 200, 311, 319
明兆(明兆殿司) 194, 198
明堂(雄暾) 464
明融(明融阿闍梨) 51, 372, 376, 398
明瑶(椙井房) 51, 372
明瑤阿闍梨 53
明蓮 49
明極楚俊(明極楚俊禅師) 140, 142, 168
眠芳惟安(岸沢惟安) 448

む

無外義遠(無外遠公) 72, 496
無涯智洪 96
無学(無学祖元) 23, 49
無関(無関瑞門) 434, 439
無際(無際了派) 8, 44, 58, 80, 98, 106, 109, 123, 124, 155, 252, 253, 256, 257, 284, 286, 354, 356
無雑融純 106
無象和尚 132
無著道忠(無着道忠) 61, 77, 78, 79, 102, 107, 108, 113, 114, 117, 134, 161, 191, 232, 249, 404, 427
無著妙融 127
無底良韶 440, 444
無底霊徹 94, 194
無得良悟 23, 367, 443, 450, 473
無本覚心 57 →覚心
無明慧経 410
無用全禅師(浄全) 137
夢窓(疎石) 172
夢窓石国師 181
宗通 182
村上聖尚 141
村上源氏 183
村上素道 20, 25, 182, 184
村上帝九世孫亜相通親之季子、通光之弟、通忠之伯父 174
村上天皇 71, 79, 183
村上天皇九世孫 174
村上天皇九世之裔 71
村上天皇九代之苗裔 79, 174, 178, 224, 311
村上天皇九代之苗裔後中書八世之遺胤 109
村上天皇之裔 71

め

明州珠心 103, 200, 203
明州天童三十一代和尚 137
明州臨安府天童山景徳禅寺之三十一世 137 →如浄

明峰(明峰素哲)　96, 167, 169, 383, 388, 445, 446
滅宗禅師　438 →天桂
面山(面山瑞方)　3, 4, 5, 16, 23, 29, 30, 35, 40, 43, 53, 58, 61, 62, 65, 67, 68, 73, 103, 134, 135, 138, 139, 140, 141, 144, 145, 149, 154, 160, 161, 171, 172, 174, 175, 177, 178, 179, 193, 196, 197, 198, 200, 204, 205, 206, 209, 213, 217, 218, 224, 232, 235, 236, 237, 238, 242, 244, 250, 252, 253, 255, 256, 257, 274, 275, 276, 279, 282, 283, 358, 365, 367, 368, 375, 381, 383, 403, 427, 430, 438, 442, 443, 444, 445, 447, 448, 450, 452, 469, 474, 482, 486, 496
面山和尚(永福和尚)　448, 482, 486

も

蒙山(蒙山光和尚、独庵玄光、晧台寺四世)　426, 427, 451, 452, 454 →独庵
木庵(木庵性瑫)　209, 410, 416, 417, 419, 424, 473
木像十六尊者　193
黙室〔風外〕焉智　409
物外俊亀(舜嘉)　209
基房(藤原)　175, 224, 232
基房の女(基房女)　5, 178, 224
基房公之女　42, 174, 331
百枝　224, 225
守屋茂　17, 19, 25, 369, 371, 375, 395
守山聖真　223
森口恵徹　151
森田悟由(永平寺六十四世)　198, 199, 494
師房　183
師能　183
師頼　183
諸橋轍次　178, 330, 365
文字童子　123
文殊(文殊丸)　216
文殊童子　123, 216
文殊菩薩　216, 473
門鶴(永平寺二十世)　235
門子　103, 204
門人道元　53

や

矢田広貫　207
疫病神　188
薬山惟儼　324
薬山の高沙弥(薬山高沙弥)　45, 48, 57, 58, 62, 68, 106, 384, 391, 394, 399, 400
薬師如来　189, 226, 227, 231, 303
安川繁成　198, 199, 201
安川浄生　17
安田平八母　475
安谷量衡　491
保家　183
泰時　482 →北条泰時
柳田國男　210
柳田聖山　19, 43, 114, 375
大和三輪明神　226
山内舜雄　35, 271, 274, 276, 279, 282, 283, 488
山代飯成山の姫神　188, 189, 219, 221, 228
山城真成院沙門不禅　428
山田霊林　77, 102, 121, 144, 347
山端昭道　17, 178
山本湖舟　212
山本世紀　105, 194, 201

ゆ

由良国繁　194, 201
柚木祖元　329
惟慧道定　409
友孔　27
友山士偲　57
結城孫三郎　31, 103, 144, 204, 209, 236, 237
融然　106
融峰本祝(永平寺三十六世)　419

よ

横川円能(横川円能法印)　85, 176, 181, 183, 184
永嘉(永嘉真覚大師)　456, 457, 459, 460, 461, 464, 465, 466
永嘉玄覚　457
永覚(永覚元賢)　16, 56, 103, 403, 410, 416, 431, 437, 438 →鼓山
永光寺開山瑩山　311
用詳(葉上、用祥)上人　49 →栄西
用典座(天童山)　286
用明天皇　214
葉山　158
陽範　183
楊太年　458
鷹峰　453, 459, 460 →卍山
鷹峰ノ法嗣槐樹老人(槐国万貞)　451, 452, 462
横井覚道　503
横井泰明　494
横瀬国繁　105, 194
横瀬(新田)貞氏　201
横瀬貞国　194
横瀬新六郎貞氏公　201
横関了胤　238, 430, 438, 446, 451, 475, 493
横山重　31, 144, 209, 236
横山秀哉　17
吉川広正　423
(吉川)広嘉　423
吉田寅　55
吉田道興　18, 31, 43, 60, 106, 114, 127, 179, 208, 217, 248, 282, 336, 337, 367, 446, 448, 449, 450, 467, 473, 489, 495, 503, 504
吉田隆悦　347
吉津宜英　329
良門孫の斎院次官為通　182
芳川雄悟　103, 492
義貞　194, 201 →新田
義貞三男義宗之御子横瀬新六郎貞氏公　201

義重　11, 40, 124, 177, 200, 468, 469 →波多野義重
義宗公　201
頼政(源三位)　235
頼宗公孫坊門家の宗通孫　182
四大羅漢　192

ら

羅漢　192, 218, 226
羅漢第八尊者(伐闍羅弗多羅)　338
羅渓慈本　485
羅山道閑　326
羅什　473
羅蕭　27
頼豪阿闍梨　183
頼昭　369
洛陽の智姉　53
懶禅舜融　16, 103, 133, 158, 174, 203, 469
蘭渓　14, 172, 181, 194, 195, 196, 280, 468 →蘭渓道隆
蘭陵　482, 486 →蘭陵越宗

り

李氏の婦人　470
李氏龍眠画伯　201 →李龍眠
李相国　316
李伯陽　365
李龍眠(公麟)　97, 193, 194, 198, 201
李煜　27
理観　10, 22, 37, 368, 375, 377, 390, 391
理宗皇帝　194, 199, 201
陸鉞巌　103
柳亭種彦　69
竜造寺隆信の実弟　150 →傳志麟的
笠(独立の名)　423
笠亭仙果　69, 71
隆英(道正)　175, 234, 235, 238
隆禅(隆禅上座)　8, 44, 246, 250, 354, 384
劉蘭渓　194 →蘭渓
龍岩義門　464
龍樹　339, 347, 464, 465, 503
龍女　317, 318
龍神　227, 230
龍天(招宝七郎大権修理菩薩)　159, 161, 162, 165, 188, 217, 218, 219, 230, 231, 232
龍天護法善神(大権修理菩薩)　30, 133, 160, 230
龍天神　221
龍天善神并一葉観音　188
龍猛　486 →龍樹
呂光　27
了庵慧明　476, 477, 479
了山吟竜　452
了堂思徹禅師　446
了然道者　10, 311, 312
了然尼　312, 314, 317
了派　8, 286, 287 →無際
了派如宗　482, 486
良観　6, 175, 178, 184, 232, 375
良観者基房公八男　175
良観法師(良観法眼)　175, 375
良顕(良顕法眼、良顕法師)　6, 80, 109, 175, 178, 188, 219, 221, 226, 232, 370, 371, 375, 376, 379, 395
良源　183
良信　238
良尋　371
良昃　467
良忠　71
良超　183
梁山縁観　141
遼雲古峰　61
霊山院　41
霊鷲山王(霊隠山)　160
嶺巌英峻(永平寺二十七世、万照高国禅師)　174, 175, 255, 430, 438
林才(臨済)　460, 461
林鳴宇　389
琳弁　195
臨江斎(臨江斎省)　144, 146, 147
臨済　296, 457, 458, 460, 466
臨済義玄　413
臨済先師　458

る

流支三蔵　34
留守枢密大資　337

れ

令嗣　350
令韜(令瑫、令滔、六祖塔主)　86, 112
冷泉家の左中将為通　182
玲巌玄玻　409
霊汗阿弥陀如来　229
霊源(霊源惟清、霊源大士)　434, 463
霊芝元照　481
霊澤龍王　160
嶺南秀恕　16, 103, 158, 204, 236
蓮花坊円豪　183
蓮華色(優鉢羅華)　318
蓮華色比丘尼　393
連山交易　108, 402, 417, 426, 440, 446
蓮常法師　187
蓮如上人　147
練中　139
憐昭　485

ろ

盧行者　412 →慧能
廬山開先暹　446
盧能(慧能)　411, 412
露堂　493
老嫗(稲荷神、扶桑稲荷神)　235, 237
老和尚　462
老瞿曇(釈尊)　309
老莱子　365
老子　329
老璡　6, 8, 81, 98, 110, 176, 193, 197, 252, 253, 257, 366
老人(日本の稲荷神)　237
老聃(老子)　329, 365
老典座(育王山)　7, 72, 264
婁機　409

獦者(石犖恵蔵)　317
六世和尚　139 →曇希
六世曇希　38
六祖　261, 317, 455, 456, 457
465 →慧能
六祖塔主令瑫　86, 112

わ

和国の教主聖徳皇　222
→聖徳太子
和州開聖覚老　446, 466
和田謙寿　233
和辻哲郎　103, 337, 359
若木徳温　319
我釈迦老子　303
我本師釈迦牟尼仏大和尚　303
鷲尾透天(鷲岳道人)　103, 144
149, 151, 236
渡部賢宗　387, 389
渡邊祥鳳　199, 201
渡邊欣雄　336
宏智古仏　304, 305, 352
宏智正覚〈ワンシショウガク〉　300
305

索　引（地名・寺名）

あ

安芸岩国藩　415
安房勝山　407, 417, 420, 424, 425
阿育王山（浙江省勤県）　134, 160, 228, 232, 264, 284, 286
天草　415
天照大神宮（伊勢神宮内宮）　477
安養院（山城深草）　10, 312, 313
安養寺（京）　141
安養寺（備中）　369

い

伊州（伊賀＝三重県北西部）　372
伊勢　163, 164, 165, 477
伊予松山　428
飯成山　188, 189, 219, 221, 228
育王山　106, 232 →阿育王山
石川県鳳至郡門前町　76
出雲　477
石上（神社、石神社）　165
一乗止観院（比叡山内）　226
茨城県龍ケ崎市　97
石清水　165
石清水八幡宮　189, 219
石淵寺（奈良市白毫寺町）　226
岩国（周防）　423
蔭涼寺（泉州）　414

う

宇佐八幡宮　189, 227, 228, 477
宇治（宇治県）　10
牛久城（現稲敷郡牛久町）　201
梅宮（梅宮神社）　165
温州寿昌（江西省建昌府）　446
雲居（江西南康府）　458
雲居庵　195
雲樹寺（島根）　383
雲州（島根県）　238

え

江戸小石川水戸侯別墅　417, 418
江戸の水戸侯別墅　417
江ノ島　407
慧日山（若州小浜）　425
慧日山東福寺の土地堂　190
永慶寺（大分大竜山）　23
永徳歓喜両寺　87, 112
永平　46, 58, 74, 177 →永平寺
永平寺　9, 10, 12, 13, 14, 15, 17, 23, 25, 30, 31, 37, 38, 40, 41, 43, 46, 50, 67, 70, 74, 75, 83, 84, 85, 88, 89, 93, 96, 97, 98, 111, 115, 116, 117, 118, 119, 124, 127, 128, 129, 130, 135, 136, 137, 139, 140, 141, 144, 148, 149, 150, 153, 156, 157, 168, 169, 170, 171, 172, 173, 175, 178, 180, 181, 184, 190, 192, 193, 199, 200, 201, 205, 207, 210, 211, 220, 226, 230, 231, 232, 234, 235, 236, 237, 238, 256, 291, 312, 313, 322, 332, 346, 368, 369, 373, 378, 383, 430, 441, 446, 447, 452, 453, 460, 468, 469, 470, 473, 488, 501
永平寺一華蔵　16
永平寺江戸別院　207
永平寺境内　468
永平寺聖宝閣（永平寺瑠璃聖宝閣）　49, 181, 375
永平寺の祖師堂　141
永平寺宝物館　57
永命寺（千葉）　238
英雄寺（大分竹田市）　207
叡岳（叡嶽）　46, 58, 175, 374, 376, 377 →比叡山
叡山　48, 58, 68, 80, 95, 175, 180, 183, 232, 282, 370, 371, 372, 373, 377, 390, 391, 398
叡山戒壇院　390
叡山之麓下　109
叡山横川千光房　6, 34, 80, 109, 371
越前永平寺（越前国永平寺）　67, 201, 205, 237, 291, 332
越前中浜　87, 112
越前の湯尾（ゆのお）峠（越前湯尾峠）　231, 470
越前湯尾　220
越前六条　83, 100
越州　74, 82, 87, 95, 111, 116, 177, 312, 468
越州永平寺　313
越州吉祥山永平寺　116
越州志比庄吉祥山　177
越州丹生北足羽郷　95
越州〈前〉六条　100, 111
越之永平　177
延暦寺　21, 44, 45, 49, 53, 85, 284, 285, 324, 369
延暦寺戒壇院　57, 80, 109, 370, 397
延暦寺横川　111 →横川

お

小浜市伏原　425
尾張熱田中瀬町　69
尾張大和町　72
近江蒲生郡岡本村　502
黄梅（湖北省黄州府）　357
黄檗山万福寺　424 →万福寺
大分県耶馬渓　199
大坂　407, 419, 420, 422
大阪市東淀川区加茂神社　423 →加茂神社
大阪府堺市美原区今井　423
大原（京都）　165
大渡（肥後河尻）　9, 141

太田山　201 →金龍寺
岡本宮(飛鳥)　214
奥三河　164
園城寺　7, 369 →三井寺

か

加賀大乗寺(加州大乗寺)　36
61, 117, 139, 140, 167, 168
173, 194, 426, 471, 473, 482
加州ノ大乗寺　112
加州白山社　150
加茂神社(大阪府)　423
可睡斎(遠州袋井)　311, 430
花薬庵(摂津)　404
鹿児島坊ノ津　9
華洛木下(京洛)　238
臥龍院(福井無位山)　198, 199
賀州ノ白山　165
賀茂　165
会聖巌　457
海雲　420 →晧台寺
海禅寺(勢州一志郡)　186, 187
開先(江西省廬山開先草蔵寺)
446
覚念邸高辻西洞院　15, 71, 346
笠松ノ西　11
春日(奈良春日野)　163, 165
上総国望陀郡貝淵村鹿島　475
片岡山(奈良)　215
川尻津　30
河尻(肥後)　123, 165
河内丹南郡今井村　419, 422
河内龍光寺址　422 →龍光寺
関東寿福　89 →寿福寺
歓喜寺(紀伊、旧薬徳寺)　320
観世音堂(若狭慧日山)　426
観世音寺(筑前筑紫)　51, 57
観音院裏　363 →興聖寺
観音寺(肥後南冥山)　9, 30, 217
観音大慈寺(三日山大慈寺の
号)　176
観音導利院　10, 254, 359
観音導利院興聖宝林寺　20, 354
359 →興聖宝林寺
観音導利興聖宝林禅寺　359
観音導利興聖宝林寺　313, 323
観音霊場補陀洛迦山　358
→補陀洛迦山
雁山(雁蕩山、浙江省)　47, 106
253

き

木更津　475
紀州由良　57
帰宗寺〈キスジ・キスウジ〉(廬山南
麓)　134
貴布禰(尼崎総氏神)　165
祇園　165
岸沢文庫　253
北三の丸の地・石野氏屋敷跡
418
北野(京)　165
吉祥古精舎　88
吉祥山永平寺　82, 111, 193
→永平寺
吉祥林(若州)　61
吉峰古精舎　11
吉峰寺(上志比村吉峰)　11, 12
吉峰ノ茆舎　11
清水寺(東山)　41
京都市右京区花園坤南町　77
78
京都寺町三條下　172
京都の男山の麓　189
京都府宮津市喜多　198
経寺山龍光寺　423 →龍光寺
旭伝院(駿河)　186, 234, 236
金峰山(吉野)　226
金龍寺(上野 新田)　194, 201
金龍寺(茨城河内若芝太田山)
14, 40, 93, 97, 98, 103, 105
106, 193, 194, 195, 198, 199
218
径山〈キンザン〉(浙江杭州余杭
県)　8, 28, 36, 40, 47, 80, 92
98, 100, 110, 160, 193, 204
208, 217, 253, 257, 286, 466
経山　451 →経山寺
経山寺(河内)　426

く

九品寺(京)　71
久米寺(大和高市郡久米)　227
求麻庄河尻大渡　159
鳩尸那城跋提河の沙羅林　351
鼓山(福建省福州)　403
空印寺(若狭小浜建康山)　68
425
百済　214

け

景徳寺(天童山)　68
景福寺(姫路)　206, 207
景福寺(明州寧波、明州景福寺)
44, 49, 52, 206
慶元府(寧波)　44, 49, 106, 285
353
慶誾寺(佐賀)　417
慶徳寺(明州津)　163
月海寺(筑前金丸)　407, 420
月窓寺(武蔵)　470, 474
建長寺(鎌倉)　13, 49, 57, 89
168, 194, 201, 468
建仁寺(京東山)　6, 10, 17, 20
21, 22, 34, 42, 46, 49, 53, 55
62, 64, 65, 80, 82, 85, 89
109, 110, 111, 131, 178, 179
188, 189, 194, 200, 219, 221
227, 238, 277, 278, 279, 285
311, 321, 358, 372, 373, 376
390, 391, 397
乾坤院(愛知)　130, 134, 180
471, 473, 482
献珠寺(金沢)　419
元応寺(京都元応国清寺)　375
玄峰院(信州)　141, 146, 147
源光庵(京北区鷹峯)　426

こ

小倉　424
木之幡山荘　80
木幡山荘　92
木幡之山荘(木幡ノ之山庄)　92
109, 376
湖州(浙江省呉興県)　197
湖南(湖南省)　215, 456
五山(中国禅宗五山)　56
五仏鎮蟒塔(浙江省太白嶺)　205

護聖寺(大梅山)　216, 221, 254, 335, 355
上野国新田　194
功山寺　474
広善庵　424
広沢寺(松本)　61
広福寺(熊本玉名市)　9, 18, 61, 64, 169, 249, 255, 358, 378, 379, 383, 484
光宅寺　38
光明寺(鎌倉)　71
光明寺(福岡)　106
江州滋賀郡三津の浦　224
江州三井　183 →三井寺
江西　28, 36, 151, 204, 205, 206, 208, 209, 217, 218, 289, 325, 329, 347, 456
江西方面　132
江南西　188, 205, 219
江府　420
杭州(浙江省)　416
杭州径山　466 →径山
杭州府仁和県　423
洪泰寺(長崎笠頭山)　415 →晧台寺
香積院(名古屋)　31
香積寺(三原)　144, 149, 150, 153, 236
香林寺(神奈川)　154, 158, 159, 164, 166
高安寺(府中)　170
高山寺(槙尾)　195, 221, 322
高乗寺(槙尾)　366
高台寺(東山)　16
高伝寺(佐賀)　409, 426
高野山　228, 229, 230, 231, 315
高野山奥の院　372
高野山金剛三昧院　173, 181
晧台寺(長崎海雲山普昭)　46, 402, 407, 408, 412, 415, 416, 417, 420, 423, 424, 426, 427, 436, 451, 452
豪徳寺(武蔵)　474
興因寺(現､山梨県甲府市)　187, 236
興化府甫田県　426
興国寺(由良)　11, 53, 71, 501
興正寺　71 →興聖寺
興聖寺(栃木)　10
興聖寺(深草→宇治)　10, 12, 16, 19, 21, 22, 23, 24, 55, 66, 67, 71, 74, 83, 84, 89, 95, 96, 98, 119, 129, 141, 216, 230, 291, 312, 313, 323, 324, 331, 332, 387, 389, 390, 391, 392, 417, 426, 468, 469, 502
興聖宝林寺　20, 82, 111, 313, 323, 354, 359
興禅寺(摂州)　426
興福寺(長崎)　409, 410, 416, 417
衡山(湖南省衡州)　215
衡州(福州)　227
郡山　428
国分寺(近江)　225
極楽寺(深草)　10, 11, 19, 22, 82, 111
根本中堂　226

さ

佐賀　409, 417, 426
相模　162, 447
讃岐　224
西天　118, 277, 295, 303, 359, 456, 463
西教寺　229
西塔院　18
西方寺(紀伊)　375 →興国寺
西明寺(豊川市)　83, 84, 136, 154, 198
最乗寺(相模)　162
最福寺(静岡)　61, 119
更級郡中氷鉋村境(現､長野市稲里町中氷鉋境)　146
三聖寺(京都)　194
三日山〈サンチザン〉大慈寺　138, 176
三日山如来寺　30, 138, 141, 176
三昧院　395 →金剛三昧院
傘松峰　11, 38

し

四季講堂　6
四国松山　426
四国松山の道後温泉　407
四川省　286
四川省成都　411
四天王護国禅寺(伊勢)　61, 198, 199, 249
四天王護国禅寺地中宗宝羅漢院　198 →羅漢院
四天王寺(難波)　214
志比庄(越前)　11, 17
地蔵院(倉敷)　30
地蔵院(高野山)　223
事成院　486
慈眼寺(越前宅良普門山)　93, 105, 106, 201
慈光寺(松浦市)　106
静岡県岸沢文庫　77
七塔寺(寧波)　209
室筐寺　204 →宝慶寺
島田の駅　431
島根県岩見地方　151
下総総寧寺　417, 419, 430 →総寧寺
若州(小浜藩)　425, 482, 486
寂静坊(横川般若谷)　6, 371
首山(河南許襄城)　457
首楞厳院(比叡山横川)　51, 92, 109, 370, 371, 372, 485
修禅寺(中国天台山)　227
寿昌寺　446
寿福寺(鎌倉)　6, 89, 179
什邡(成都北郊)　411
舟山列島(浙江省定海県)　358
笠頭山洪泰寺　415 →晧台寺
終南山(西安南郊外)　411
就老庵(長崎独立の庵)　423
小翠岩(浙江省)　47, 80, 98, 100, 110, 286
小白嶺頂(寧波勤県)　205, 209
少林〈寺〉(河南省登封県)　358
正善坊(備中)　195
正法寺(岩手黒石)　156, 198, 440, 446

正法寺(京都)　169, 170, 446
正龍寺(埼玉)　162
招宝山(寧波定海県)　29, 134, 161, 232
松隠堂(宇治万福寺)　419
松音寺(宮城仙台)　122
松岩寺(平塚)　23
松源院(旧一宮町、現豊川市)　127, 128, 129, 130, 134, 135, 171, 208, 253
松源寺(参州)　135 →松源院
松巌寺(信州)　143, 144, 146, 147, 148, 149
松巌寺(相州木沢)　23
相国寺(京都)　195
清浄華院(京都)　369
聖福寺(広東省広州)　409
聖福寺(鎮西)　87, 112
聖福寺(博多)　138
韶州曹谿山(広東省曲江県)　297
上天竺寺(浙江省杭州)　409
上品蓮台寺(京都北区真言宗)　220
上洛舘西洞院覚念之邸　15, 71, 346
丈六寺(徳島)　153
成合寺(泉州普陀山)　205, 209
定光院(大乗寺義介墓塔)　91
承陽庵(永平寺山内)　16
城州真成院　428 →真成院
城州山城　414
浄住寺(金沢)　249
浄土寺(尾道)　147
浄飯王宮毘藍園裏　351
趙州(河北省趙県)　314
静居寺(駿河大沢山)　407, 431
饒州薦福　458 →薦福寺
蜀州(四川省)　131, 132
新羅　481, 485
真成院(城州山城慈眼山)　414, 428
真浄寺(浙江省松江)　168
真福寺(千葉県佐原市)　156
震旦(震旦国)　351, 454
浄慈寺(杭州)〈ジンズジ〉　249, 252, 257, 286, 496
浄慈寺羅漢堂(杭州)　257
神宮寺(福岡県田川郡天台宗)　225, 228
神府(江戸)の私第(屋敷)　425

す

周防(山口県)岩国　423
周防長尾池　477
豆州　477
翠微寺(安徽省寧国府)　416
雖小庵　70
瑞巌寺(浙江省台州)　257, 496
瑞聖寺(江戸紫雲山)　419
瑞川寺(古川市)　122, 124, 125, 128, 129, 131, 132, 133, 135, 253
瑞泉寺(常滑)　30
瑞洞山總光玉利　238 →總光寺
瑞龍寺(越中)　162, 163, 167
嵩嶽　351 →嵩山
嵩山(河南登封県)　34, 357
椙井房　372
住吉(住吉大社)　165
住吉(摂津)　472
駿河　407, 431, 459
駿河ノ島田　459

せ

勢州津の城下　150
西願衆林両寺　87, 112
青松寺(江戸)　207, 211
青龍寺(江州大津)　29, 31, 152, 205, 208, 209, 219, 227
青蓮院(京都東山)　395
清凉寺(嵯峨)　194, 372
清凉寺(彦根)　72, 474, 476
清涼殿　230
盛林寺(京都宮津市)　171, 198, 201, 236
棲心寺(明州)　209
積翠庵　179
浙江省杭州　416
浙江省松江　168
雪峰山(福建省)　160, 410, 424
葉県〈セッケン〉(河南省南陽府)　141
摂州堺　412
千光寺(久留米市)　161
千光房(横川千光坊)　6, 34, 80, 100, 109, 370, 371, 372
千手寺(広島)　144, 198
千仏閣　47
泉岳寺(江戸高輪)　172, 181, 187, 236
泉都(堺)　422
泉南普陀　205 →成合寺
泉福寺(大分)　106, 118, 127, 167, 358, 375, 388
薦福寺(江西省饒州府鄱陽県)　458, 466
全久院(豊橋)　13, 38, 40, 43, 61, 62, 64, 195, 249
前筑月海　420 →筑前金丸月海寺
禅定寺(宇治)　426

そ

宗仙寺(京)　199
宗泉院(山梨萬松山)　187
宗泉寺(山形)　478
相州小田原　477
相州之鎌倉　201
崇福寺(長崎)　409, 410, 412, 415, 416, 419, 424, 426
崇福寺(福建省福州)　409
崇福寺末庵の広善庵　424 →広善庵
曹渓(広東省曲江県韶州)　123
曹谿　351 →曹渓
曹山(江西省撫州府)　327
惣持寺(能州)　77, 93, 94, 99, 102, 105, 114 →總持寺
総光寺(島根瑞洞山)　238, 239
総寧寺(下総安国山)　417, 419, 430, 438
總持寺　29, 77, 95, 105, 113, 114, 129, 144, 168, 208, 210, 221, 239, 336, 383, 430, 441, 447, 451, 473
雙林寺(上州)　430
竈門山寺(大宰府)　227
尊勝院(横川)　183, 184

尊勝房 183

た

大宰府(福岡県) 9
打睡庵(安房勝山) 407, 417, 418, 420, 425, 426
大寧寺〈タイネイジ〉(長門) 479
太山寺(兵庫) 194
太白 75, 106, 123, 168, 175
太白(天童山)閑房 140
太白(天童)山(寧波府) 151, 219, 221
太白山(天童山) 151, 188, 189, 190, 204, 208, 219, 228, 367, 470
太白山西嶽 188
太白山西嶽の東南 219
太白山天童寺 232 →天童寺
太白峰 288, 357 →太白山
太平興国寺資聖万善戒壇院 52
台湾高尾県大樹郷 292
退蔵峰(大阪府) 438 →陽松庵
泰雲山建康寺(旧名) 425 →空印寺
泰心院(仙台) 403, 427, 431
大安寺(近江) 225
大安寺(奈良) 189
大雄院(茨城天童山) 108
大岳院(鳥取) 198
大光院(愛知県) 199
大慈寺(肥後大梁山) 9, 30, 61, 134, 138, 141, 176, 179, 205, 206, 379
大乗寺(金沢) 9, 11, 14, 31, 36, 40, 61, 76, 78, 87, 90, 93, 94, 96, 102, 104, 105, 108, 112, 115, 116, 117, 119, 120, 121, 127, 139, 140, 141, 161, 167, 168, 173, 194, 195, 200, 253, 378, 383, 426, 464, 471, 473, 482
大雪寺 323
大宋国(大宋) 64, 81, 110, 137, 257
大宋国裡 81
大中院(由良興国寺内) 501
大中寺(下野) 198, 199, 417, 419
大東市龍間の山中 423
大同庵 451, 452, 462
大道寺(摂津三大院乳牛山) 405, 419, 422, 423, 426, 427
大徳寺(京兆) 69
大日本国越州吉祥山永平禅寺 84 →永平寺
大日寺(河州) 217
大梅山(浙江省寧波鄞県) 47, 106, 216, 258
大白峰 357 →太白峰
大仏寺(越州吉祥山) 12, 13, 17, 19, 37, 38, 150, 177, 217, 230, 312
大仏寺法堂 150
大本山永平寺東京別院 493
大庾嶺(江西省大庾県の南、広東省南雄府の北) 412
大庾嶺頭 411
大龍寺(河内大雲山) 419
大梁山(肥後大慈寺) 176
大林寺(静岡) 452
台山(浙江省台州府) 47, 263
台州小翠岩(浙江省) 28
台嶺 377 →台山
高辻西洞院(京) 15, 18, 346, 364 →覚念邸
但馬 447
但馬(兵庫県)養父郡竹野邑 114
立田(立田神社) 165
玉名市 171
達磨寺(飛鳥片岡山) 215
丹後 447
丹波 477

ち

知恩院(京都) 212
竹林院(北谷) 371
筑前金丸月海寺 407, 420
筑前博多 9, 159
筑前博多之津 72
筑之前州博多 123, 124, 159
長安寺(河内) 419
長円寺(西尾市) 22, 55, 77, 78, 92, 93, 94, 102, 104, 116, 117, 119, 250
長州萩 419
長勝寺(常陸) 108
長徳寺(福生市) 170
長徳寺(武蔵) 162
長福寺(会津) 144
長楽寺(群馬) 194
朝日寺(大分速見郡) 135

て

天竺 455, 476
天真寺(東京) 194
天神宮 12, 217
天台(天台山、浙江省) 28, 36, 40, 98, 106, 193, 200, 204, 208, 217, 226, 227, 228, 231, 356, 384
天台叡山(京東北) 384
天台山延暦寺 46, 51
天台山石橋(浙江省) 40, 193
天童 80, 81, 109, 110, 156, 176, 177, 257 →太白山、天童山
天童一山 81
天童景徳寺 358 →天童景徳禅寺
天童景徳禅寺 49, 59
天童山(浙江省鄞県) 7, 8, 17, 44, 45, 47, 49, 56, 58, 59, 60, 89, 98, 106, 123, 126, 127, 131, 132, 137, 155, 162, 164, 177, 189, 204, 205, 208, 209, 252, 253, 255, 257, 264, 287, 356, 358, 366, 383, 390, 410, 470
天童山景徳寺 44, 61, 128, 137, 155, 232, 240, 284, 285, 286, 293, 297, 353, 358, 484
天童山景徳禅寺 137, 410
天童山僧堂裡 8
天童山大雄院(茨城) 108
天童山の山門頭 47
天童山の南谷庵(天童山南谷庵) 140, 168, 252
天童山の了然寮(天童山了然寮・天童了然) 9, 372, 376

天童寺 232
天童寺僧堂 157
天童ノ一山 110
天童了然斎 376
天徳寺(秋田) 198
天徳寺(摂州浪花) 217
天徳寺(水戸) 417, 419
天寧寺(近江) 474, 475, 476
天寧寺(河南省臨汝県香山) 466
天寧寺(京都) 194
天寧寺(禅)寺(江州万年山) 475
天満宮 477

と

土佐の室戸の埼 227
兜率院(横川) 485
多武峰〈トウノミネ〉 21, 85
東関(鎌倉) 83, 113
東光寺(長州) 419
東顕寺(岩手) 198
東京永平寺(別院長谷寺) 473
東京浄固(浄因か。浄因禅院、河南省開封) 466
東京天寧(河南省開封府禹州) 466
東漸寺(参州) 130, 134
東大寺(奈良) 44, 47, 49, 50, 51, 53, 57, 212, 322, 368
東大寺戒壇院 46, 48, 50, 53, 226, 321, 378
東大寺大仏殿 322
東土(日本) 463
東塔戒壇院 372
東塔東谷、現山上書院 226
東濃玉泉室中 61
東福寺(京慧日山) 11, 49, 57, 89, 160, 190, 191, 203, 204, 208
東林寺(牛久郷) 375
洞雲寺(安芸) 150, 153, 415
洞光寺(島根) 198
洞谷山 193 →永光寺
洞松寺(岡山) 207
道後温泉 407, 426, 428
道正庵(京洛木下) 175, 179, 209
栂尾(京都右京区) 322, 335
徳運寺(長野) 162, 170
徳秀院(尾張) 72
徳林精舎 201

な

名越白衣舎(鎌倉) 13
那の津 7
長崎 407, 408, 409, 416, 419, 423
浪花城南 178
南嶽(湖南省衡州) 215, 327
南極常陸杉室 108
南山 410, 411 →終南山
南禅寺(京) 417
南都(奈良) 46, 48, 58, 322, 390
南都(奈良)東大寺 321

に

西洞院(高辻) 125, 346, 364
丹生(丹生社、丹生神社) 165
如意庵 →美味山住庵
如来寺(出石) 114
如来寺(肥後) 9, 30, 134, 138, 141, 176

ね

寧波 46
寧波市内 209
念仏寺(大阪) 472

の

能登酒井保 311
能登の祖院(總持寺) 105
能州諸嶽山惣持寺 94, 105, 114
能州(能登)總持寺 168, 447
能州大本山諸嶽山惣持寺 93, 102 →總持寺

は

波著寺(越州) 11, 95
波着寺(越州) 88
鄱陽(江西省) 458
博多 17
博多港 155
博多の津 46
白山(加州) 150, 163, 219, 230
白山宮(叡山) 189, 219
白山社(加州) 150
鳩嶺別峰独笑庵 414
浜町狩野家 209
般若谷(比叡山横川) 371
般若谷千光房(坊)(横川) 80, 100, 109, 370, 371, 372 →千光房
般若峰(勝尾) 414

ひ

日枝(比叡)山 226
日枝山東麓 224
日吉(日吉社) 165
日吉大社(比叡山東麓) 189, 219
比叡山 37, 95, 99, 175, 188, 189, 219, 221, 226, 227, 231, 315, 321, 324
比叡山延暦寺 284, 285, 369 →延暦寺
比叡山の白山宮 189, 219 →白山宮
肥後川尻(肥之河尻) 138, 160
肥後河尻(肥之後州河尻) 9, 123, 124, 159, 160, 176, 217
肥後河尻の大渡 134
肥後国宇土郡三日村 138
肥後国求麻之庄中、河尻之大渡 141
肥州三日大慈両寺 87, 112
肥前(佐賀県)佐嘉 405
肥之後州河尻津 159
美味山住庵(美味峰) 87, 112
琵琶湖周辺 208, 210
琵琶湖南 210
東山赤辻(赤築地) 16, 18
東山赤辻小寺 177, 178
備中(岡山県) 195
百丈(江西省南昌府奉新県) 456
平等院(山城) 395
平野(平野社) 165
広田(広田社) 165
備後(広島県) 426

ふ

不動寺(奈良御所市) 207
芙蓉山(山東省沂州) 171
浮山(安徽省舒州) 457
富士山 214
普済寺(愛知) 199
普陀洛迦山(浙江省定海県) 358
普陀山成合寺 205, 209
→成合寺
普門庵(信州) 61
普門寺(亀山市) 410, 473
普門寺(平戸) 426
豊前 477
豊前宇佐八幡 189
深江の津(長崎県南島原市) 7
深草(山城伏見の東北) 10, 72
85, 95, 96, 111, 331, 404
深草安養院 10, 312, 313
深草里 82
福源院(松坂) 199
福済寺(長崎) 424
福済寺(福建省泉州・漳州) 409
福聚寺(豊前広寿山) 423, 424
福州(福建省) 82, 110
福州普賢(福建省福州閩県普賢院) 466
福昌寺(薩摩) 238
福建省興化府莆田県 409
仏心寺(伊勢) 229
仏日寺(摂津) 419
仏隴寺 227
豊後 447
豊後州 20

へ

平泉寺(福井白山麓) 173
平田の万年寺(平田万年寺) 28
45, 354, 355, 361

ほ

補陀洛迦山 47
補陀洛山 217
菩提寺(深堀) 452
宝慶寺(越前大野) 13, 28, 61
87, 112, 137, 140, 141, 142
167, 168, 171, 190, 204, 207
208, 248, 249, 255, 496, 500
501, 502
宝蔵当院 96
法雲寺(茨城大宝山) 194, 419
422, 423
法勝寺(京洛､廃寺) 41
法泉寺(岡山) 198
法幢寺(北海道) 198
報恩寺(香権宮側) 482
報国寺(神奈川) 49, 57
鳳寿寺(七ヶ浜町) 493
防府 407
北越 19
北陸越前 316
北嶺(京都) 321
星井の里 220, 231
北京(京都) 390
法華寺(浪華) 62, 145, 206
本山(永平寺)之西北隅 98, 111
梵釋寺(江州天龍山) 500, 502

ま

槙尾山寺(和泉) 226
松尾 165
松山 407
万年寺(浙江省平田) 80, 100
109, 216, 286, 355, 361
万福寺(宇治) 416, 417, 419
424, 425, 502
万福寺(福建省) 410
満照寺(千曲市) 144, 146, 147
148

み

三井(園城)寺 6, 7, 49, 175
179, 183, 210, 274, 277, 278
372
三方郡気山村の湖(久々子湖)
425
三河 471
壬生〈ミブ〉(栃木) 181, 182
水戸侯源公山池 418
水戸侯第内 418
水戸侯別墅 418
水戸彰考館 212
水戸府内の仮寓所 419
妙応寺(岐阜) 161, 170, 395
妙光寺(尾張一宮市笹野) 72
73, 75
妙光寺(山城) 10, 377
妙興寺(尾張一宮市大和町) 72
妙高台(天童山←景徳寺内) 155
妙心寺(京) 72, 73, 76, 108
114
妙青寺(長門) 474
妙法院(仰木) 371
妙法寺(越州) 87, 112
妙法蓮華経庵(京覚念邸) 16
明光寺(福岡) 17, 207

む

無位山臥龍禅院 199 →臥龍院
無動寺(比叡山) 395

め

明州(寧波) 46, 47, 72, 155
228, 231, 264
明州界 123
明州ノ津(明州津) 162, 163
164
明州の界(寧波) 59
明州の港(明州港) 46, 47, 49
明州の浜 230
明徳寺(信州) 479

も

唐土 476

や

矢田寺(大和) 479
耶馬渓 199
薬山 45, 48, 57, 58, 62, 68
106, 384, 391, 394, 399, 400
薬山下 58
薬師寺戒壇 57
焼津市岸沢文庫 253
大和 165, 226
大和生駒の竜田社 165
大和郡山 407
大和国高市郡久米の道場 227
大和広瀬 165

山形米沢　427
山階寺〈ヤマシナデラ〉(奈良興福寺の旧称)　230
山代(山城)　188, 189
山代飯成山　189, 219, 221, 228, 237
山城国　312, 313
山城真城院　428
山城深草　20, 22
禅師峰〈ヤマシブ〉(平泉寺辺)　11, 12

ゆ

由良西方寺　53 →興国寺
涌泉寺(京)　194
融通念仏宗総本山大念仏寺(大阪平野)　472

よ

横川　111, 176, 180, 181
横川首楞厳院　92, 370, 485 →首楞厳院
横川首楞厳院本房下の椙井房　372 →椙井房
横川の首楞厳院般若谷千光房　370 →千光房
横川の北麓仰木の里　371
横川般若谷尊勝院　184
横川般若谷尊勝坊　183
永光寺(石川羽咋洞谷山)　77, 105, 106, 115, 121, 155, 156, 157, 161, 162, 163, 170, 200, 201, 219, 231, 311, 336, 361, 470
永興庵　25, 83, 98, 111, 389, 501 →永興寺(京東山)
永沢寺(兵庫)　119, 239
陽松庵(大阪)　119
養母堂　96
吉田(神社、吉田社)　165
吉野金峰山〈キンブセン〉(奈良)　226

ら

羅漢院(難波)　198
羅漢殿(径山)　252, 257
羅漢堂(径山)　193, 252
洛城東山　179
洛陽　53, 111
洛陽之東南　82
洛陽柳枝軒　144

り

流長院(肥後広徳山)　150
竜覚寺(松江)　104
竜昌寺(島根)　151
竜洞院(信州)　164
龍穏寺(武蔵天臨山)　172, 417, 428
龍ケ崎市若柴町　201
龍華院(京都)　61, 76, 77, 78, 79, 102, 108, 114, 183, 184, 249, 250
龍光寺(河内経寺山)　419, 422, 423, 426
龍泉院(千葉)　198
龍泰寺(岐阜)　154, 155, 162, 163, 165, 209
龍門寺(石川)　354, 359
了然斎　376
了然寮(景徳寺山内)　9, 72, 286, 372, 376
楞厳院　370 →首楞厳院
霊山〈リョウゼン〉(霊鷲山)　43, 226, 227, 303, 357, 358
霊山院庵室(越前)　15, 37, 41
林香院(仙台)　144
林泉寺(尾張)　68
林泉寺(米沢)　198
輪王寺(仙台北山)　148, 209
霊隠(武林)山(杭州銭塘県)　160
霊隠寺〈リンニンジ〉(浙江省杭州)　496
隣松寺(青森)　198

る

瑠璃光寺(武蔵金龍山)　282, 283
瑠璃聖宝閣(永平寺山内)　75

れ

霊雲寺(東京湯島真言宗)　194

ろ

廬山(江西省九江府)　134, 446
廬山開先　446
六條保(越前)　124, 211
六波羅(京都東山)　86
六波羅蜜寺(雍州、同上)　344

わ

和歌山県和歌浦　199
倭国　109
若狭　407, 424
若狭(小浜藩)　415, 425
若狭小浜　424
若柴(龍ケ崎市)　195
若柴村　201
和州(安徽省和県か)　446

索　引（書名）

あ

吾妻鏡(東鏡)　6, 178
明日の宗門を構想する　494
阿難同学経　472
愛知学院大学長小出有三先生古希記念論文集　499
秋重義治博士遺稿集　道元禅の大系　248, 503
悪業破消之秘文　229
飛鳥資料館図録第20冊　220
東隆眞博士古稀記念論集・禅の真理と実践　503
新しい修証義　494
安心のしをり　494
行録〈アンロク〉　28, 29, 30, 170, 468, 470
→永平開山道元和尚行録

い

伊予国僧録　428
伊呂(波)歌(愛知松源院蔵道元禅師行状記)　134
活ける宗教　16, 59, 60
異本巻二十七(涅槃経)　247
一如集註　427
一夜碧巌(一夜ノ碧巌、一夜碧岩)　28, 29, 44, 139
160, 161, 166, 190
一夜碧巌(一夜碧巌集、仏果碧巌破関撃節)　30, 36
139, 146
一夜碧巌弁　31, 139
一夜碧巌録　139
一葉観音画賛(一葉観音賛)　11, 208, 217
一葉観音図　203
一葉観音像　217
一葉観音版画　31
一休禅師御一代記　69
一切経　14, 80, 227
一槌砕瓦　367, 443, 450
一百二十問(禅苑清規)　242
一遍上人絵伝　145
一峰双詠　423
逸録巻三　256 →面山和尚逸録
茨城上宮寺本(聖徳太子絵伝)　212
妹の力　210
岩瀬文庫　70, 71
岩波キリスト教辞典　479
印度学仏教学研究　17, 18, 19, 25, 141, 258, 270
319, 329, 473, 503

う

宇治観音導利院僧堂勧進疏　10
宇津保物語　190, 484
有部毘奈耶雑事 第四十　364
有部律雑事　三五　263
優鉢羅華比丘尼本生経　319
雲居道膺画像(頂相)　168
雲山愚白語録　209
雲山愚白塔銘　209
雲山白禅師伝　209
雲門ノ語録　461

え

会元　73, 466 →五灯会元
会元続略　73, 461 →五灯会元続略
会要　54, 55, 348 →聯灯会要
会要二三玄沙章　351
江戸時代　洞門政要　238, 438, 446
江戸のバロック　徂徠学の周辺　404, 427, 448
衣裲集　444 →洞門衣裲集
恵思撰受菩薩戒儀　385, 386
恵心僧都伝　229
絵因果経　220
絵解き台本集　152
絵解き万華鏡　152
慧遠研究　遺文篇　336
慧遠研究　研究篇　336
慧極禅師語録　421, 428
慧日山観世音堂鐘銘并序　426
慧能研究　34
慧亮撰授菩薩戒儀(机受戒略戒儀)　388
懐奘自筆証文　13
懐奘禅師行状記　106
懐奘禅師研究　25, 182, 183
懐奘伝(三祖行業記)　96, 99, 104
永福高祖嗣書賛并引　256
永福面山和尚広録　197 →面山広録

永福面山禅師宝物集(二百四十回小遠忌記念) 256
永平和尚帰朝歴 171
永平和尚実録 16 →永平実録
(永平)高祖伝略 103
(永平寺)衆寮箴規 395 →衆寮清規
永平〔寺〕三祖行業記 104 →三祖行業記
永平開山和尚実録 44, 58, 135, 141, 158, 159, 160, 169, 170, 232, 233, 469
永平開山御行状(明州本) 63
永平開山行状記(大乗寺本、初祖跋尾) 92
永平開山元禅師行状伝聞記(永平開山行状伝聞記、永平開山禅師之行状伝聞記、永平開山道元禅師行状伝聞記) 103, 165, 171, 186, 187, 204, 205, 209, 213, 219, 220, 224, 236, 253, 370, 469, 470
永平開山道元和尚行録(永平開山和尚行録) 16, 28, 29, 30, 63, 67, 68, 103, 122, 158, 159, 161, 166, 167, 168, 170, 174, 213, 218, 230, 313, 364, 370, 373, 468, 469, 470, 471, 474
永平開山道元和尚行状録 68, 122, 128, 129, 131, 171
永平開山道元禅師行状建撕記 122
永平紀年録 15, 16, 22, 23, 28, 30, 63, 103, 127, 135, 158, 159, 170, 171, 174, 176, 177, 178, 203, 204, 218, 255, 370, 373, 376, 379, 443, 450, 453, 460, 469
永平教授戒文略弁 477
永平行状建撕記訂補(訂補本) 63
永平行状図会(瑞岡撰) 146
永平行状之図(黄泉撰) 146
永平建撕記(永平初祖道元和尚之御行状) 4, 103
永平建撕記(承天本) 63
永平元和尚道行碑銘 16, 30, 44, 65, 67, 203, 204, 232, 233, 370
永平元禅師行状記 253
永平元禅師語録 496, 497, 501
永平語録撃節(元禅師) 103
永平語録標指鈔 103, 253
永平広録(道元和尚広録) 14, 22, 23, 31, 47, 106, 156, 166, 178, 222, 230, 238, 246, 248, 254, 258, 272, 273, 274, 275, 281, 283, 284, 287, 288, 290, 291, 292, 293, 301, 303, 308, 311, 312, 321, 323, 329, 330, 334, 335, 339, 350, 351, 352, 353, 361, 362, 366, 374, 443, 444, 485
永平晃全版橈野水禅師行業記 173, 181
永平高祖一代記 144, 147, 149
永平高祖一代記画説 144, 149, 150, 151, 152, 236
永平高祖行実紀年略 63, 67, 103
永平高祖行状記(行状図絵) 63, 70, 75, 146, 204, 206, 232, 469
永平高祖行状摘要 103, 144
永平高祖行状之図 70, 232, 233, 236
永平高祖行跡図略 149
永平高祖行跡図略伝 103, 145, 147, 149, 150, 151, 152, 469
永平高祖御画伝 70
永平高祖受戒作法 383
永平高祖弾虎像 205, 209
永平高祖弾虎像由来 29, 205, 209
永平高祖年譜偈註解訂議 103, 236
永平高祖略伝 103, 232
永平三十五世勅特賜応安禅師晃全版橈野水禅師行業記 173
永平三祖行業記(長円寺本) 92, 93, 101, 116
永平三代義介和尚行業記 91, 92, 117
永平寺開山元禅師行状伝聞記 236
永平寺開山道元禅師行状 276
永平寺開山道元禅師略行状記 103, 236
永平寺開闢之事 104
永平寺庫院制規 392
永平寺元禅師語録考註　略伝 103
永平寺高祖行跡図略伝 178, 236
永平寺告知事文 395
永平寺雑考 17
永平寺三箇霊瑞記 38, 41, 390 →三箇霊瑞記
永平寺三祖行業記 3, 20, 26, 44, 56, 62, 76, 77, 78, 79, 93, 94, 101, 103, 105, 106, 108, 115, 117, 122, 180, 274, 276, 287, 311, 312, 369 →三祖行業記
永平寺史 75, 141, 153, 154, 209, 210, 233, 238, 257, 367, 440, 446, 502
永平寺史料全書　禅籍篇 31, 43, 49, 154, 172, 208, 217, 238, 256, 376
永平寺史料全書　文書編　第一巻 256
永平寺秀察(宛)助成願 235
永平寺住侶制規 393
永平寺初祖道元禅師行状之記 171
永平寺所蔵切紙史料について 366
永平寺全山図(文化・文政期製) 210
永平寺祖師行状記 208
永平寺祖師年譜偈 103

永平寺知事清規　46
永平寺知蔵編高祖行跡図略伝　149
永平寺道元和尚行実　115, 118, 121
永平寺道元禅師行実　95
永平寺二祖孤雲禅師　25
永平寺不立牌事　104
永平寺方丈彩雲記　13
永平寺本　130 →道元禅師行状記
永平室中聞書　61, 95, 496
永平室内古記(曇希筆)　9
永平実録(永平和尚実録)　16, 62, 63, 65, 67, 103
172, 174, 204, 213, 218, 221, 224, 358, 370
373, 379
永平実録随聞記　103, 141, 216, 469
永平初祖・学道の用心　503
永平初祖学道用心集　347, 497, 499, 503
永平初祖学道用心集(吉田本)　497
永平初祖賛　216
永平初祖道元和尚像讃　206
永平正法眼蔵蒐書大成　月報25　238
永平正法眼蔵蒐書大成　別巻　62
永平清規　51, 286, 293, 399
永平禅寺語録　304, 312
永平禅寺三祖行業記(無著写本)　79, 93, 101, 104
107, 108, 109, 112, 117 →三祖行業記
永平祖師行状記　136, 166, 257
永平祖師弾虎図　209
永平祖師弾虎像記(永平祖弾虎像記)　205, 206
209
永平祖師得度略作法　383
永平祖師年譜偈　16, 58, 63, 232, 469
永平祖弾虎像由来　206
永平大清規　7
永平第三代大乗開山大和尚遷化喪事規記　95
永平頂王三昧記　61
永平伝法記(永平寺道元和尚行実)　95, 101, 102
103, 106, 115, 116, 118, 119, 121
永平道元行状之図　71
永平道元禅師行状　70, 71, 75, 103
永平道元禅師行状建撕記　145
永平道元禅師行状事(永平道元禅師行実)　106
永平道元禅師行状図　143, 147
永平道元禅師行状図会(瑞岡撰)　144, 145, 146
149, 206, 370, 469
永平道元禅師行状図絵(永平高祖行状記)　103
213, 218
永平道元禅師行状之図(黄泉撰)　69, 70, 71, 75
100, 144, 145, 146, 148, 149, 150, 213, 224
永平二世懐奘和尚行状　104
永平二祖孤雲懐弉禅師御伝記　182
永平二祖孤雲懐奘禅師伝　20, 25, 182, 392
永平二祖孤雲懐奘禅師伝記　25
永平二祖孤雲禅師　附光明蔵三昧俗弁　25
永平二代懐奘和尚行業記　117
永平二代懐奘和尚行状記　92, 116
永平年譜書鈔　70, 103
永平八世建撕和尚記　4
永平秘伝書　157
永平仏法道元禅師紀年録　16, 22, 28, 30, 63, 103
127, 135, 158, 159, 171, 174, 203, 370, 373
376, 469 →永平紀年録
永平略録をめぐる諸問題――義遠の「心塵脱落」
と道元禅師の「身心脱落」　275
永平和讃　103
栄華物語　338
栄西と道元　18
栄西の入滅とその周辺　18
叡岳儀式　388
叡山戒法復興運動の諸問題　485
叡山学院研究紀要　第九号　375
叡山参詣案内記　229
叡山大師伝(別伝)　223, 224, 225
叡山大師略伝　223
叡尊の戒律について　486
越前国絵図(越前国絵図記)　473
越前国永平寺開山記　29, 31, 103, 144, 148, 204
205, 209, 236, 237, 238
越前州永平二世孤雲懐奘禅師　180
越前地理概要　473
越前地理指南　470, 473
越前地理便覧　473
越前南条湯尾峠御孫嫡子略縁起　220, 470, 473
越前宝慶由緒記　141
悦巌禅師伝　428
悦巌不禅禅師伝　428
越州吉祥山永平開闢道元和尚大禅師行状記　4, 79
92, 103, 116
越州吉祥山永平希玄道元禅師(大冥撰)　75
越州吉祥山永平寺開闢道元和尚大禅師行業記　92
116
円覚経　323
円頓戒概論　375, 485

円頓戒要義 6
円頓金剛宝戒血脈譜 369, 375
円明国師行実図絵 144
円明国師御行状図解説 144, 150
延文本学道用心集 497, 501
延宝伝灯録(延宝伝灯) 16, 20, 28, 30, 56, 63, 66, 67, 70, 73, 75, 167, 181, 203, 204, 218, 232, 233, 372, 376
延宝伝灯録(巻一、道元禅師伝) 103
延宝本建撕記(延宝本、延本) 5, 12, 30, 36, 131, 132, 133, 136, 156, 159, 161, 175, 176, 177, 190, 200, 203, 204, 208, 217, 221, 233, 249, 276, 282, 358, 379, 472
延暦僧録 212
演義鈔 323 →華厳経随疏演義鈔
縁由 476, 477, 478 →普勧授戒之縁由
圜悟仏果禅師語録 342
圜悟碧巌集 438 →碧巌集
圜悟碧巌集五首并序 431

お

尾道浄土寺蔵弘法大師絵伝 147
御聴書(正法眼蔵抄御聴書・御聴書抄) 118, 262, 268
御聴書抄 118
央掘魔羅経　巻一 481, 485
応庵和尚語録 337
応供諷経 194, 195, 196, 197
往生寺現行絵解き詞章 152
往生要集 229
黄檗外記 114
奥州損翁老人見聞宝永記(内題) 427 →見聞宝永記
大阪陽松庵蔵本(眼蔵仏性巻) 119
岡本素光博士喜寿記念論集　禅思想とその背景　春秋社 19
園城寺長吏次第 7
園城寺伝記五之六(大日本仏教全書第三七) 184
遠孫比丘紹瑾記(道元禅師行実) 95

か

加州大乗寺開山義价和尚行状 104
河原根本之切紙 219, 473
神奈川龍法寺蔵神仙解毒万病円服用之事 238
家譜 174 →久我家系譜
華頂要略 371
嘉泰条法事類 55
嘉泰普灯録 73, 466
嘉暦梵鐘銘 15
歌集 474 →寂室堅光和尚和歌集
峨山和尚行実 208
峨山和尚行状記 106
介祖伝(三祖行業記) 97
戒会落草談 477, 479, 484, 486
戒経(梵網経) 41, 217
戒疏刪補 388
戒牒 37, 46, 47, 48, 49, 50, 51, 52, 54, 55, 57, 58, 248, 321, 322, 368, 372, 378, 396
戒牒奥書 51, 52, 53, 368, 374
戒法の手引き 473
戒文 384, 386, 387
戒律の研究 396
海印三昧――華厳と正法眼蔵 329
海印三昧の一考察――正法眼蔵海印三昧巻を中心として 329
海印三昧の世界 329
海雲山歴住略記 70, 452
開光供養記 198, 199
開山禅師之行状(門子本) 4, 63, 103
開山道元和尚行録(延宝本) 232
開版本(学道用心集) 496
開闢越州吉祥山大仏寺語録 312
解釈五位顕訣 168
槐国和尚大林語録 452
革弊略表年 440
覚心授心瑜戒脈 375
覚心授心瑜戒脈奥書　写本 358
較正本(学道用心集) 496
学聖無著道忠 114, 404, 427
学道用心集 74, 124, 293, 298, 300, 339, 347, 367, 496, 497, 499, 501
学道用心集(模刻本、駒澤大学図書館蔵) 497
学道用心集考 503
学道用心集参究の資料 503
学道用心集と正法眼蔵随聞記 503
学道用心集――道元　学習と修行のこころえ 503
学道用心集における龍樹の語の引用について 503
学道用心集の参究(『傘松』臨時増刊号) 503
学道用心集の成立 503
学道用心集の伝承 503
学道用心集の読み方 503
学道用心集聞解 496

学道用心十則　502, 503
嶽山史論　446
春日曼荼羅　146
葛藤語箋　114
金沢文庫研究　17, 19
鎌倉遺文　7, 49
鎌倉時代における円頓戒の復興について　485
鎌倉時代における諸流の菩薩戒儀について
——十六条戒再考　389
鎌倉時代における曹洞宗教団と女の信心　320
鎌倉時代における夫婦の共同祈願　320
鎌倉新仏教の成立　49, 68
鎌倉白衣舎示衆　13
鎌倉仏教に於ける戒律復興について　485
鎌倉仏教に於ける律宗の復興　486
河内郡若芝金龍寺記録　103, 104, 106, 117
河村氏蔵本(永平寺三祖行業記)　117, 118, 119
120
河村本(瑞長本建撕記)　39, 40
看然子終焉語二首　238
神田喜一郎全集　448
寒岩尹禅師行状　104
間窓瑣言　406, 427
勧戒指南　473, 475
勧戒標的(標的)　473, 475, 476, 477, 478
寛厳書写本　133 →古鑑書写本
感応護国徙薪論　444, 447
漢光類聚　35, 271, 273, 274, 275
漢光類聚における本覚思想の考察　282
漢隷字源(漢隷碑)　409
漢隷碑　427
管蠡備急方　238
環中国海の民俗と文化3　祖先祭祀　336
観音経　26, 228, 460
観音賛偈　217
観音像賛　31
観音普門品　125
観無常心(＝発菩提心)　339
灌頂経　476
鑑真——その戒律思想　486

き

木代修一先生喜寿記念論文集3　473
木下道正考　236
木下道正伝　236
机受戒略戒儀　384
紀州由良鷲峰法灯円明国師之縁起　57
紀年録　15, 16, 170, 176, 177, 255 →永平紀年録
帰朝本則之参　158
起信論　267, 281, 325
寄慧極禅師五首、有引　421
虚堂集　432
祇園寺文書　418
義雲語録　5, 27, 216
義雲禅師語録(義雲和尚語録)　496, 501
義介伝(三大尊行状記)　96, 104
義价和尚行状　104
義介和尚行状記　88, 91, 92, 93, 116
義鑑附法状　95, 119
義能伝(大僧都)　12
戯曲　道元の月　211
擬山海経　427
聞書　389 →正法眼蔵聞書
聴書　268 →正法眼蔵抄・御聴書
聴聞鈔　118 →御聴書抄
岸沢文庫　76, 77
旧草仮名正法眼蔵　15
御州和尚秘参十六則　256
京都堂本家本(聖徳太子絵伝)　212
教化研修　338, 488, 493
教授戒文(仏祖正伝菩薩戒教授戒文)　322, 381
483
教授文　381
経豪抄　268 →正法眼蔵抄
行業記　5, 56, 64, 65, 66, 67, 68, 100, 116, 117
119, 120, 254 →三祖行業記
行業記(続群書類従刊本)　119
行業記(内閣文庫蔵)　100
「行業記」と「行状記」——「行状記」の作者・成立
年代の推定　18
行業略記　115, 118 →洞谷伝灯院五老悟則并行業略記
行事鈔資持記　388 →四分律行事鈔資持記
行実年譜(鷲峰開山法灯円明国師行実年譜)　57
行状記　5, 56, 64, 65, 66, 67, 68, 116, 119, 120
224, 225, 227, 254 →三大尊行状記
行状図会　207 →永平高祖行状記
行状要集(弘法大師行状要集)　224
玉葉(九条兼実日記)　338
旭伝院蔵道正庵系譜　238
近世説話と禅僧　149
近世禅宗寺院の住持と百姓　478
近世僧伝集成　438

近世洞門における嗣法論争　367
近世被差別部落関係法令集　163
金岡和尚行状記　153
金岡用兼禅師行状記　150, 153
金鞭指街　114
金龍寺縁起　105, 201
金龍寺記録　103, 104, 106, 117
金龍寺記録(永平三祖行業)　94, 97, 103, 104, 106, 117
経山独庵続護法集(経山独庵叟護法集)　427
経山独庵叟護法集俗談　450
禁断義　229

く

公卿補任　173, 174, 182, 183, 338
功夫弁道の心得　248
句双子　469
倶舎(倶舎論)　6, 75, 79, 85, 109, 111, 124, 182, 216, 217, 226, 242, 245, 261, 262, 321
宮内庁書陵部蔵(永平寺三祖行業記)　70, 100, 101
宮内庁書陵部蔵の清書本(永平寺三祖行業記)　94
弘明集研究　336
愚管抄　395
空海僧都伝　223
空海和上伝　233
空華日工集　12, 13
国東叢伝記　75
黒谷古本戒儀　388
群書類従　105, 212

け

華厳一乗教義分斉章(五教章)　324, 329
華厳経　264, 321, 324, 325, 328, 428, 464
華厳経疏　323
華厳経随疏演義鈔　323
華厳経探玄記　322, 324, 327, 329
華厳経内章門雑孔目章　486
華厳経夜摩天宮品偈　12
華厳思想と正法眼蔵　329
華厳禅の思想史的研究　329
華厳大経　324
華厳と禅　329
華厳仏光三昧観秘宝蔵　322
華厳唯心義　322
圭峰宗密の研究　329
系譜記　175, 237　→道正庵系譜(記)
京兆大徳寺沙門宗純伝　69
渓嵐拾葉集　11
景徳伝灯録　34, 43, 73, 289, 298, 300, 324, 329, 342, 347, 365, 438
継灯録　16, 56, 63, 65, 67, 103, 167, 370, 371, 376, 395
慶元重修勅令格式　55
慶元条法事類　50, 51, 55, 57, 241, 248, 401
瑩山和尚行実　208
瑩山和尚瑞夢記(瑩山和尚瑞夢之記)　104, 208
瑩山和尚伝光録　375
瑩山瑾撰(孤雲禅師行状)　95
瑩山(洞谷)清規　194, 195, 337
瑩山清規(瑩山和尚清規)　23, 161, 170, 195, 332, 337
瑩山清規　羅漢供養式　195, 200
瑩山禅師遺墨集　170
瑩山禅師研究　55, 319
血脈譜　225
血盆経　219, 470, 472
決疑経　43　→大梵天王問仏決疑経
月舟和尚遺録　471
月坡和尚全録(月坡全録)　20, 23, 103, 364
見聞宝永記　403, 416, 427, 428, 431, 437, 438, 439, 441, 444, 447, 448
建綱記(宝慶由緒記の別名)　141
建仁寺ノ記録　373
建長寺創建七五〇年記念特別展図録　鎌倉　禅の源流　49
建長寺草建入仏記本朝高僧伝十九　14
建撕記　3, 4, 22, 23, 35, 38, 39, 40, 41, 44, 63, 66, 103, 106, 132, 134, 136, 137, 138, 139, 145, 166, 201, 218, 221, 230, 243, 271, 272, 274, 276, 279, 280, 373, 397
建撕記(古写本)　217
建撕記延宝本　29, 30, 161, 166, 167, 168, 349
建撕記元文本　4, 5, 29, 30, 36, 131, 136, 140, 161, 168, 200, 204, 208, 217, 276, 278, 282, 349
建撕記　諸本　36, 67, 140, 156, 188, 190, 220, 379
建撕記瑞長本　28, 29, 98, 160, 168
建撕記并御詠歌　166, 257
建撕記における「本来本法性」疑団の考察　282
建撕記抜萃　68, 167, 232, 236
建撕記明州本　28, 29, 30, 160, 168, 171, 217, 339
建撕記門子本　元文本　161

建撕録　174
乾坤院所蔵本　313 →正法眼蔵礼拝得髄
乾坤院本伝光録　180, 397
顕戒論　481
顕戒論縁起　481
顕揚大戒論における一二の問題　485
蘐園随筆〈ケンエンズイヒツ〉　404, 427
元応寺流血脈　375
元古仏縁記永平開山御行状(瑞長本建撕記)　4, 63
元亨釈書　4, 5, 6, 14, 63, 65, 66, 67, 73, 95, 101, 102, 103, 106, 118, 179, 201, 215, 229, 279, 370, 371, 479
元禅師行状記(月坡全録)　364
元祖孤雲徹通三大尊行状記　4, 20, 26, 44, 56, 62, 76, 79, 92, 101, 103, 108, 115, 116, 122, 180, 224, 276, 369
元祖孤雲徹通三大尊行状記(写本、永久岳水蔵本)　76, 101
元祖孤雲徹通三大尊行状記(写本、山田霊林蔵、刊本曹全書の初版底本)　77, 101
元祖孤雲徹通三大尊行状記(駒図蔵本、刊本曹全書の再版底本)　101, 103
元祖禅師伝記　103
元祖伝(道正庵)　235
元文本　→建撕記元文本
幻住庵清規　337
玄和尚行状録(道元伝)　122, 364
玄沙広録　419
原刻本(学道用心集)　496, 497, 499
原始僧団と日本達磨宗との関係　25
原文対照現代語訳　道元禅師全集　第十七巻　法語歌頌　59
現瑞記　40 →十六羅漢現瑞記
現代語訳・註　道元禅師『宝慶記』　251
現代語訳・宝慶記　68
眼蔵　→正法眼蔵
眼蔵抄　389 →正法眼越抄
眼蔵註解全書　300, 348, 439, 447 →正法眼蔵註解全書
眼蔵弁註　367, 431, 438, 439, 447 →正法眼蔵弁註
眼蔵弁註並調絃　438, 439 →正法眼蔵弁註並調絃
源氏物語　338, 376
源平盛衰記　42
厳統　462, 464 →五灯厳統
厳統凡例　466

こ

久我家系譜　174, 175
久我氏家譜　5, 174
小間氏所蔵永平三祖行業記　104, 116, 117
小間氏蔵本　77, 92, 93, 94, 99, 102, 105, 107, 114, 116, 117, 120
古刊本学道用心集　503
古鑑書写本　133 →陞座
古今和歌集　190
古写本建撕記　34, 35, 36, 47, 56, 59, 115, 130, 131, 140, 141, 145, 157, 158, 159, 160, 167, 168, 174, 175, 176, 177, 178, 179, 192, 193, 196, 204, 213, 218, 224, 228, 230, 231, 252, 254, 274, 282, 348, 356, 357, 358, 367, 376
古写本建撕記　延宝本　349
古写本伝光録　乾坤院本　56
古迹記　388 →梵網経古迹記
古典籍展観大入札会目録同書(二〇〇七年版)　500
古仏のまねび〈道元〉仏教の思想11　17, 32, 274
孤雲懐奘禅師御伝記　附光明蔵三昧・永平室中聞書　25
孤雲懐奘禅師伝　20, 182
孤雲懐奘の参学と日本達磨宗　19, 25
孤雲禅師行状　95, 118
孤峯覚明和尚行実　208
枯崖漫録　254, 367
五位顕訣　166, 167, 168, 171
五雑俎　人部一　216
五山版　496, 501, 502
五山版の研究　496, 501
五十三世御交代校割帳　200
五祖演禅師語録　418
五祖語録　418
五灯会元　73, 458, 461, 466
五灯会元続略　73, 254, 461
五灯厳統　73, 461, 462, 463, 464
五灯続略(五灯会元続略)　73, 461, 466
五灯浮山章　466
後刻本(僧譜冠字韻類)　173
後拾遺日本往生記　337
後撰和歌集　484
後醍醐天皇綸旨他　104
後陽成院宸翰　238
御戒脈　256
御開山鏡御画像賛　232

御開山行録 122, 127
御開山遺偈 232, 346, 364
御行状図(承陽大師円明国師) 153
御行状図解説(承陽大師) 151, 153
御嗣書伝記 256
御抄(正法眼蔵抄・経豪抄・古抄・豪注・影室抄)
261, 262, 263, 266, 267, 268, 270, 299, 300
御遺言記録(永平室中聞書) 13, 15, 95, 96, 119
155, 156, 312, 366, 390, 496
御遺告(二十五カ条) 223, 224
御遺状(尽未来際置文) 94
語録(初刊本南山道者禅師語録) 413
護国正法義 11
護法集 367, 403, 404, 405, 406, 407, 408, 415
427, 428, 430, 431, 436, 438, 439, 442, 447
護集集砕金(砕金) 467
護法明鑑 460
上野国志 105, 201
広灯(広灯鍵) 73
広福寺縁起並びに寺宝目録解説 171
広福寺文書(法衣相伝書) 9, 15
広福寺本(宝慶記) 61, 64
広録 308, 309, 311, 322, 323, 350 →永平広録
広録 上(第三) 350
広録(第一)一・一〇五 10, 11
広録(第一)三三 351
広録(第一)四八 361
広録(第一)七〇 363
広録(第一)七九 308
広録(第一)八二 351
広録(第一)八八 362
広録(第一)九八・七〇 303
広録(第一)九八・(第二)一五五 362
広録(第二)一二七 13
広録(第二)一三八 352
広録(第二)一四六 351, 362
広録(第二)一五三 303
広録(第二)一八二 363
広録(第三)二一〇 363
広録(第三)二一三 308, 351, 362
広録(第三)二四〇 362
広録(第三)二五一 14
広録(第四)二六九・三二二 304, 305
広録(第四)二九七 362
広録(第四)三一九 254, 290
広録(第五)三五八 361
広録(第五)三六〇 362
広録(第五)三六三・(第七)五二四 5
広録(第五)四〇六 362
広録(第五)四〇九・四七八 5, 14
広録(第六)四三二・四三七 287, 290, 485
広録(第六)四三五・四四一、(第七)五一二 6
広録(第六)四三五・(第七)五〇四 352
広録(第七)四七五 362
広録(第七)四八六 362
広録(第七)五〇六 362
広録(第七)五〇七(準書状) 12
広録(第九)四・一二 10
広録(第十)真賛五・六五〜七〇・七七・七八 6
10, 12, 14
広録(第十)二六・二七 334
弘化系譜伝 106, 135
弘法大師絵伝 147
弘法大師行状絵詞伝 224
弘法大師行状絵巻諸本と白鶴美術館蔵本について 223
弘法大師行状曼荼羅和解 146
弘法大師空海伝 223
弘法大師伝 223
弘法大師伝絵巻 223
弘法大師伝全集 223
光明蔵三昧 20
光明蔵三昧俗弁 25
后山詩註 500
江州萬年山天寧禅寺開山寂室堅光禅師略伝 475
江西馬祖道一禅師語録 325, 329
孝経 332
孝道の行くえ 319
洪鐘銘并序(嘉永五年) 41
皇太子聖徳奉讃 221
神戸浅田家旧蔵本(聖徳太子絵伝) 212
晃全版梯野水禅師行業記 173
校割帳(永平寺) 193, 200
高祖行業(永平三祖行業記) 104
高祖行業記 104
高祖行状之図 147
高祖行跡図略伝 149
高祖傘松坐像龍虎図 207, 210
高祖嗣書(写本) 256
高祖柱杖化龍像・高祖聞鐘像 207
高祖承陽大師行実図会 103, 144
高祖承陽大師年譜和讃 103

高祖禅師和讃　103, 469
高祖大師御絵伝　103, 144, 149
高祖大師最後の御疾患について　349
高祖弾虎図　203, 205, 206, 208, 219
高祖弾虎像由来記　205
高祖道元禅師行跡図　144, 145, 150
高祖道元禅師・太祖瑩山禅師の女性観　319
高祖道元禅師録参究叢書2・宝慶記の参究　251
高祖の本尊観に就いて　301
高祖四百回忌祭文　235
高台寺文書　16
高野大師行状図会　十巻　223, 227
高野大師行状図画(五十話)六巻　223
構築された仏教思想　道元――仏であるがゆえに坐す　18, 275
興国寺開山法灯国師年譜　11
興聖寺語録　10, 23, 303
興聖寺僧堂勧進疏　280
興禅護国論　44, 195, 369, 375, 377, 391, 398, 399
興聖寺語録　10
衡田祖量嗣書　256
講座道元　68, 250
合一叢書(内閣文庫蔵)　69, 70, 71, 75
豪注　268 →正法眼蔵抄
谷阿闍梨伝(皇慶の記伝)　6
国書総目録　69, 184
国朝二十四流稽疑(上巻、洞上鼻祖永平元禅師)　103
国文学　解釈と鑑賞　六一巻一〇号　18
国宝・重要文化財大全８書籍　下巻　57
駒沢史学　141, 478
駒沢女子短期大学研究紀要　18, 114
駒澤大学学報　25
駒澤大学禅研究所年報　18, 179, 337
駒澤大学大学院仏教学研究年報　275
駒澤大学図書館蔵模刻本　499 →学道用心集
駒澤大学仏教学部研究紀要　18, 35, 45, 55, 60, 270, 274, 329, 366
駒澤大学仏教学部論集　18, 19, 43, 58
駒澤大学仏教学会学報　18
駒澤大学仏教経済研究　25
駒大図書館蔵本(三大尊行状記、三祖行業記)　101
金剛経(金剛般若経、金剛般若波羅蜜経)　219, 246, 250, 306, 470
金剛般若経疏　250
金剛峰寺建立修行縁起　228
金剛瑜伽中発阿耨多羅三藐三菩提心論　486
根本説一切有部毘奈耶雑事　巻三十一　472
権記(藤原行成の日記、権大納言記)　338

さ

左経記　482
左詩〈氏〉春秋　225
左伝(春秋左氏伝)　5, 73, 79, 109, 216, 217, 225
佐藤匡玄博士頌寿記念・東洋学論集　191
坐禅儀撰述由来書　53
再上寧宗皇帝表　8
(再治)洞上室内口訣　445
再版(補訂)本僧譜冠字韻類　173
西域記略　466
西宮記　338
西湖懐感三十韻　423
砕金・根源鈔・道者語録　解題　467 →護法集砕金
祭文　178
在家成仏・女人成仏の否定　319
在家葬送供養について　338
雑談集八　10
讃岐典侍日記　376, 482
三帰五戒慈心厭離功徳経　481
三箇霊瑞記　38, 39, 40, 41, 42, 43, 189, 222, 390
三国正伝菩薩戒脈　397
三聚浄戒について　485
三千威儀(大比丘三千威儀経)　393, 399
三祖介禅師(三祖行業記中)　88, 113, 117
三祖介禅師伝　114
三祖行業記　21, 22, 23, 24, 27, 28, 35, 45, 47, 49, 50, 76, 77, 78, 91, 92, 93, 94, 97, 99, 100, 101, 102, 104, 106, 107, 108, 113, 114, 117, 119, 121, 127, 139, 156, 157, 166, 170, 174, 175, 176, 178, 190, 212, 215, 232, 252, 264, 276, 279, 280, 282, 285, 291, 321, 357, 364, 366, 369, 370, 372, 373, 375, 376, 379, 382, 390, 395, 397
三祖行業記(貴外本)　170
三祖行業記(続群書類従本)　99
三代実録　371
三大尊行状記　21, 22, 23, 24, 27, 28, 35, 36, 45, 47, 49, 50, 76, 77, 78, 91, 92, 93, 94, 95, 96, 97, 99, 100, 101, 102, 103, 104, 106, 107, 108, 113, 114, 116, 121, 127, 139, 156, 158, 166, 171, 174, 181, 183, 190, 212, 215, 224, 232, 276, 279, 280, 281, 321, 364, 366, 369, 370

372, 373, 375, 376, 379, 382, 390, 395, 397
三大尊行状記(貴外本) 171
三大尊行状記(大乗寺本) 99
三百則(真字正法眼蔵) 22, 23, 24
三宝荒神祭祀供養法 229
三宝補行記 228
三物秘弁 445
三論 85, 111, 182
三論教学と仏教諸思想 43
山雲海月 168
山槐記 376
山居頌十五首(永平広録第十) 14
山家最要略記 228
山家祖徳撰述篇目録集巻下 485
山王神道の研究 189
参天台五台山記 52
参同契毒鼓 367, 443, 450
傘松 17, 18, 20, 25, 61, 65, 68, 172, 182, 248
319, 349
傘松坐像龍虎図 207
傘松道詠 13, 134
傘松日記 172
懺悔と戒行について—梵網経略抄研究序説 389

し

止観の研究 265
止観輔行伝弘決 241, 315 →摩訶止観弘決
史学雑誌 七八編二号 222
史記 五帝紀 27
史籍集覧 28, 29, 170, 208, 376
四分律 51, 242, 314, 369, 384, 396, 397
四分律行事鈔 388
四分律行事鈔資持記 385, 388
死者の出家——禅宗の葬儀・没後作僧 338
芝苑遺編 481, 485
志比庄方丈不思議日記 43
志比庄方丈不思議日記事(布薩瑞雲記) 38, 39
188, 222
私記 264 →仏果碧巌録私記
私陀問瑞品第九(仏本行集経) 27
始祖道元禅師伝 135, 178, 232
指南 475, 476, 477 →勧戒指南
師翁麟和尚行業記 178
師住持弘法之事并白山詣之事 165
祠堂記 175 →千光法師祠堂記
祠部牒 55
徙薪論〈シシンロン〉 444 →感応護国徙薪論
斯文大本(独立撰) 423
嗣書 253, 255, 256, 258, 359 →正法眼蔵嗣書
嗣書図(永平寺蔵) 258
嗣書之助証 169
嗣法論 166
獅子一吼集 444, 446
獅子一吼集弁解 441
資持記 388 →四分律行事鈔資持記
示紹瑾長老 95
示了然尼法語 311
寺祖縁起 477
寺門伝記補録(寺門補録) 183, 184
自家訓訣(切紙) 379
自警語(護法集) 407, 431, 436
自得禅師語録 337
事類雑糅 236
慈麟和尚行業記 178
慈麟玄趾和尚語録 178
静岡最福寺蔵本(眼蔵仏性巻) 119
室内三物秘弁 365, 445, 448
室内三物秘弁講話 365
室内諸記拾遺 154, 256
室内伝法作法の研究 366
室内聯灯秘訣 365
実録 170, 469 →永平開山和尚実録
舎利相伝記 9, 47, 48, 49, 50, 52, 53, 54, 55, 59
106, 311
舎利弗問経 197
釈迦応化略諺解 72
釈氏稽古略 45, 55, 197
釈氏法衣訓 167, 171
釈尊伝 216, 220
釈摩訶衍論 230
若州慧日山観世音記 425
若州永福和尚説戒 482, 486
寂室堅光和尚和歌集(歌集) 474
寂室堅光禅師略伝 475
沙弥十戒法并威儀(『大正蔵』二四巻) 249
沙弥受戒文 249
首書傍訓宝慶記 68
首楞厳経 323
修行の寺 宝慶寺 502
修証義 383, 471, 473, 487, 488, 489, 490, 491
492, 493, 494, 495
修証義 受戒入位 478, 479

修証義説教大全　494
修証義と正法眼蔵との対比　489, 490, 494
修証義について考える　曹洞宗ブックレット
宗教と差別　12　494
修証義編纂史　492, 493
修証の歌　494
衆寮箴規　14, 293, 392, 393, 395
衆寮箴規奥書　14
衆寮破壊修復勧化につき　235
須摩提菩薩経　319
寿山清規(堅光撰)　474
受菩薩戒儀(伝恵思撰)　384, 388, 481
受菩薩戒儀の系譜　485
授戒会式　477
授戒会の研究　486
授覚心戒脈(覚心授心瑜戒脈)　10, 54, 368, 369
371, 374, 375, 377, 378, 395, 397, 398
授覚心戒脈(泉福寺本)　378
授覚心戒脈　奥書　390
授記弁註　433, 434, 438
授菩薩戒(荊渓湛然撰)　385, 388
授菩薩戒儀(机受戒略戒儀、慧亮撰)　384, 386, 387
授菩薩戒儀式(最澄撰)　385, 388
授菩薩戒儀則(黒谷古本)　385, 388
授理観戒脈(三国正伝菩薩戒脈)　10, 37, 51, 54,
368, 369, 371, 374, 375
377, 378, 390, 395, 397, 398
授理観戒脈　奥書　397
儒釈筆陣　427
宗学研究　17, 18, 19, 25, 31, 35, 55, 60, 77, 116
141, 148, 179, 208, 248, 258, 270, 274, 275
329, 366, 368, 443, 450, 478, 503
宗教・習俗の生活規制　486
宗教学辞典　191
宗祖元禅師一代曼荼羅　146
宗祖高僧絵伝(絵解き)集　147, 148
宗祖としての道元禅師「第七章・面授嗣法」　17
宗典中の「如生盲」「一盲引衆盲」などに対する現
代語訳や注記の問題について　329
宗統復古史上における独庵師の位置　448
宗統復古志　402, 403, 426, 430, 438, 440, 446
宗門正灯録(正灯録)　73
宗門統要集　43, 329, 345, 348
宗門の戒律——その性格とその実践の意義につ
いて　389
宗門略列祖伝　72, 73, 232
宗門列祖伝　70
宗門聯灯会要(金要)　54, 299
拾遺往生伝　338
拾遺日本往生記　337
修華厳奥旨妄尽還源観　325, 329
修訂増補　道元禅師伝の研究　5, 16, 22, 25, 31
32, 44, 49, 53, 55, 169, 171, 174, 200, 213, 257
258, 283, 349, 371, 376, 382
就庵独語(独立撰)　423
渉勃〈シュウボツ〉　404, 406, 407, 431, 437
十誦律　242, 245, 399
十善戒信受の人に示す法語　474
十善戒法語　473, 474, 476, 478
十二巻正法眼蔵(眼蔵)　317, 323
十二門戒儀　397
十二門儀式　388
十二門授一乗比丘戒儀　388
十二門授大乗円教出家菩薩別解脱戒　388
十八般妙語及自賛頂相　171
十六条戒について　389
十六条戒の二重構造とその機能について　367
389
十六尊者画軸尾　197
十六大阿羅漢福田宜耕記　40, 196
十六通秘訣　445, 448
十六羅漢現瑞記　40
十六羅漢賛　197
十六羅漢縮図序　198, 199, 201
十六羅漢召請供養　193
十六羅漢図　194, 198, 203, 208, 218
十六羅漢図説　197
十六羅漢像　194, 195, 198, 199
十六羅漢像記　199
十六羅漢像同軸　197
十六羅漢像由来記　194, 199
十六羅漢尊者図像　196
十六羅漢の様相　202
十六羅漢福田宜耕記　196, 197
十六羅現瑞華記　97
住山記—總持禅寺開山以来住持之次第　129, 134
210
重要文化財８、絵画Ⅱ「仏画」　201
出家授戒作法　11
出家大綱　398
出家仏教と女性——曹洞宗の事例を中心として
320

出家略作法（永平祖得度略作法）　381, 386, 387, 390
出家略作法文　383
出家略作法文跋　11
十巻本　227 →高野大師行状図会
十種疑滞　232
十種疑問　104
俊芿律師の提起せる菩薩戒重受の問題　396
初期禅宗史書の研究　43
初期曹洞教団の性格　25
初期中国仏教の業・因果論　「神滅不滅」論争　336
初刻本（原刻本学道用心集）　499
初祖元禅師　117
初祖道元禅行業記　94
初祖道元禅行録　94
初祖道元禅師　94
初祖道元禅師和尚行録　122, 253
初版本僧譜冠字韻録　173
書紀　214 →日本書紀
書言故事　178
諸家系図纂十八　16
諸嶽山惣持寺来由記　104
諸嶽山總持寺旧記　28, 104, 105, 204, 208
諸嗣宗脈紀　巻下　183
諸祖行実　102, 105
諸本対校　永平開山道元禅師行状建撕記　3, 26, 34, 56, 70, 131, 136, 170, 200, 213, 224, 249, 257, 265, 276, 349
諸本対校　永平開山道元禅師行状建撕記』附録（解題）　18
女性解放と出家　319, 320
小叢林略清規　114
小右記（藤原実資日記）　46, 338
少林一心戒普説　482, 486
正宗記　73 →伝法正宗記
正像末和讃　221
正灯録　73 →宗門正灯録
正法義　493
正法眼蔵（眼蔵）　5, 13, 20, 22, 23, 33, 36, 65, 66, 74, 98, 124, 129, 169, 218, 246, 248, 261, 264, 265, 266, 267, 268, 272, 274, 275, 282, 284, 286, 291, 293, 294, 299, 301, 303, 308, 310, 319, 321, 322, 329, 330, 332, 334, 335, 336, 338, 339, 350, 352, 353, 357, 360, 361, 362, 391, 399, 400, 401, 431, 434, 438, 461, 485, 489, 490, 494
正法眼蔵（大慧宗杲撰）　300
正法眼蔵　阿羅漢　192, 199, 261, 263, 269
正法眼蔵　安居　46, 121, 221, 264, 307, 309, 359, 365, 392
正法眼蔵　一顆明珠　11
正法眼蔵　一顆明珠奥書　11
正法眼蔵　恁麼　360
正法眼蔵　有時　269, 341
正法眼蔵　優曇華　254, 348
正法眼蔵　王索仙陀婆　300, 307, 352, 492
正法眼蔵　家常　11, 12
正法眼蔵　画餅　173, 298
正法眼蔵　海印三昧　321, 323
正法眼蔵　葛藤　33, 34
正法眼蔵　看経　274, 275, 298, 300, 306, 309
正法眼蔵　観音　217, 365
正法眼蔵　眼睛　11, 12
正法眼蔵　帰依三宝（帰依仏法僧宝）　231, 346, 352, 385, 388, 480
正法眼蔵　行持　34, 65, 106, 170, 254, 264, 269, 270, 285, 287, 289, 290, 335, 343, 351, 356, 357, 360, 485
正法眼蔵　行仏威儀　285, 290, 305, 309, 343, 345, 355
正法眼蔵　空華　299, 300, 348
正法眼蔵　袈裟功徳　8, 106, 286, 296, 297, 298, 299, 300, 307, 309, 318, 351, 352, 353, 360, 361, 393, 395
正法眼蔵　谿声山色　34, 246, 268, 360
正法眼蔵　見仏　11, 306, 309
正法眼蔵　現成公案　20, 250, 268, 270, 293, 307, 309, 340
正法眼蔵　古鏡　268, 269, 290, 352, 356
正法眼蔵　古仏心　305, 309, 352
正法眼蔵　虚空　288
正法眼蔵　後心不可得　351, 360
正法眼蔵　光明　266, 268, 304, 308
正法眼蔵　坐禅儀　270, 289, 324
正法眼蔵　坐禅箴　274, 275, 290, 306, 309, 324, 360, 361
正法眼蔵　三界唯心　11, 304, 308, 321, 341, 342, 351
正法眼蔵　三時業　294, 318, 478, 490
正法眼蔵　三十七品菩提分法　34, 261, 262, 263, 265, 269, 310, 317, 340, 347, 393, 395, 399
正法眼蔵　山水経　11, 62, 246, 269, 270, 360

正法眼蔵　三昧王三昧　65, 155, 170, 254, 268, 269, 273, 284, 289, 290, 297, 300, 325, 357, 360, 480, 485
正法眼蔵　四摂法　335
正法眼蔵　四禅比丘　34, 170, 299, 315, 360
正法眼蔵　嗣書　7, 8, 11, 28, 35, 36, 47, 59, 106, 133, 167, 171, 216, 221, 231, 246, 254, 255, 256, 258, 286, 288, 302, 308, 335, 350, 352, 354, 355, 356, 357, 358, 359, 361, 378, 380, 430, 433
正法眼蔵　示庫院文　13, 392, 393
正法眼蔵　自証三昧　265, 289, 298, 300, 305, 306, 309, 324, 360, 380, 438
正法眼蔵　七十五巻本　324
正法眼蔵　十方　266, 268, 304, 309
正法眼蔵　受戒　46, 351, 352, 380, 384, 385, 386, 387, 388, 394, 395, 400, 401
正法眼蔵　授記　430, 433, 442
正法眼蔵　重雲堂式　246, 250, 264, 392
正法眼蔵　出家　309, 310, 392, 393, 394, 395
正法眼蔵　出家功徳　106, 231, 305, 309, 310, 317, 318, 340, 346, 351, 353, 393, 394, 395, 478, 480, 485
正法眼蔵　春秋　296
正法眼蔵　諸悪莫作　264, 269, 270, 342, 343
正法眼蔵　諸法実相　253, 268, 304, 308, 348, 360
正法眼蔵　生死　341, 344, 345, 348
正法眼蔵　心不可得　367
正法眼蔵　身心学道　269, 341, 342, 352
正法眼蔵　神通　264, 350, 355
正法眼蔵　深信因果　333
正法眼蔵　説心説性　300
正法眼蔵　洗浄　11, 264, 322, 392
正法眼蔵　洗面　7, 11, 264, 322, 351, 352, 353, 392, 393
正法眼蔵　全機　11, 341, 344
正法眼蔵　全機奥書　11
正法眼蔵　即心是仏　34, 261, 302, 307, 308, 309, 331, 360, 492
正法眼蔵　佗(他)心通　352
正法眼蔵　陀羅尼　264, 304, 308, 392
正法眼蔵　大悟　156, 254, 269, 287, 360
正法眼蔵　大修行　333
正法眼蔵　第九十四陞座　127, 129, 131, 132, 133, 134, 135, 208, 253 →陞座
正法眼蔵　伝衣　8, 47, 106, 261, 286, 297, 299, 300, 306, 335, 351, 352, 353, 361, 380
正法眼蔵　道得　269
正法眼蔵　梅華　9, 133, 137, 208, 304, 308, 352
正法眼蔵　柏樹子　269, 270
正法眼蔵　八大人覚　15, 264, 346, 363
正法眼蔵　鉢盂　121, 252, 253, 257, 297, 300, 307, 309, 359
正法眼蔵　仏教　365, 366
正法眼蔵　仏経　65, 155, 254, 258, 270, 273, 287, 296, 352, 357
正法眼蔵　仏向上事　345, 365
正法眼蔵　仏性　118, 121, 269, 285, 300, 340, 341, 345, 350, 360
正法眼蔵　仏祖　11, 106, 254, 255, 357, 359, 380
正法眼蔵　仏道　33, 295, 296, 352, 360
正法眼蔵　別輯　生死　270, 331, 348
正法眼蔵　別輯　心不可得　261, 360, 367
正法眼蔵　別輯　弁道話　275, 485
正法眼蔵　遍参　11, 254, 287, 289, 303, 308, 309, 351
正法眼蔵　弁道話　6, 10, 21, 33, 64, 160, 254, 264, 265, 270, 273, 274, 284, 287, 288, 289, 290, 291, 293, 295, 296, 297, 300, 307, 309, 310, 316, 317, 323, 324, 325, 340, 351, 352, 358, 360, 372, 376, 391, 395
正法眼蔵　弁道話　十八問答　316, 322
正法眼蔵　菩提薩埵四摂法　360
正法眼蔵　法華転法華　308
正法眼蔵　法性　281, 283
正法眼蔵　発菩提心　298, 308, 339, 360
正法眼蔵　発無上心　264, 305, 308, 309, 322, 339, 360
正法眼蔵　摩訶般若波羅蜜　20, 288, 293
正法眼蔵　密語　360
正法眼蔵　無情説法　254, 296, 298, 360
正法眼蔵　夢中説夢　296
正法眼蔵　面授　9, 11, 33, 57, 65, 106, 121, 155, 253, 254, 255, 287, 308, 351, 352, 353, 354, 356, 357, 359, 361, 366, 367, 430, 433, 442
正法眼蔵　唯仏与仏　302, 308
正法眼蔵　礼拝得髄　11, 310, 313, 315, 316, 317, 318, 319, 360, 492
正法眼蔵　竜吟　11
正法眼蔵　如来全身　308, 309
正法眼蔵　六十篇・義雲編六十巻本　433, 439
正法眼蔵聞書(聞書、御聴書抄)　118, 389

正法眼蔵啓迪道心玄談 493
正法眼蔵嗣書渉典録 167, 171
正法眼蔵重写記「略伝」 103
正法眼蔵抄(経豪抄、眼蔵抄) 268
正法眼蔵渉典録 171
正法眼蔵随聞記 5, 6, 7, 10, 11, 20, 21, 22, 23, 24, 25, 51, 66, 77, 128, 129, 155, 156, 216, 231, 246, 250, 274, 284, 287, 290, 291, 300, 311, 312, 315, 332, 333, 334, 339, 340, 352, 372, 374, 376, 391, 392, 393, 395
正法眼蔵随聞記五 347
正法眼蔵随聞記の研究 170
正法眼蔵随聞記　巻二(長円寺本) 128, 391
正法眼蔵僣評 114
正法眼蔵註解全書 265, 268, 270, 300, 348, 439, 447
正法眼蔵那一宝 103, 345, 348
正法眼蔵に現れたる釈迦牟尼仏 301
正法眼蔵に於ける生死観の種々相 347
正法眼蔵における中有観 336
正法眼蔵における輪廻観 336
正法眼蔵梅花嗣書(正法眼蔵梅華嗣書) 203, 204, 207, 208, 217
正法眼蔵弁註 133, 367, 438, 439, 442, 447
正法眼蔵弁註並調絃(調絃) 433, 438, 439
正法眼蔵面授巻弁 445, 448
正法眼蔵面授ノ巻 459
正法眼蔵要語索引 293, 310
正法山誌 114
正法嫡伝獅子一吼集 440, 443, 446, 447
正法嫡伝獅子一吼集弁解 446
尚書 225
承天本(建撕記) 3, 5, 18, 28, 29, 30, 276, 278
松源院の校割帳 130
松源院本(道元禅師行状記) 128
松竹梅之切紙 129
昭和改訂羅漢講式 196
勝鬘経 214, 215, 220
勝鬘経疏 215
証浄訓訣之切紙 155
証道歌直截 178, 367, 450
照冰紀年録 108
聖僧道元 103
聖道安心立命真訣 494
聖徳太子絵伝 212, 213
聖徳太子絵伝と尊像の研究 212
聖徳太子研究　日本仏教学会編 215
聖徳太子讃仰の文学・芸術 222
聖徳太子実録 214
聖徳太子集 212
聖徳太子全集 212, 214, 215
聖徳太子伝 208, 231
聖徳太子伝暦 212, 213, 215, 218
聖徳太子と飛鳥仏教／日本仏教宗史論集 222
聖徳太子の世界 220
聖徳太子略絵伝 212
上宮皇太子菩薩伝 27, 36, 212, 215, 216
上宮聖徳太子伝補闕記 212, 213
上宮聖徳法王帝説 212, 213, 214
上寧宗皇帝表 7, 60
上洛療養偈頌 15
成合寺雲山白禅師伝 209
成実論(成実) 85, 111, 182, 396
承陽古仏年譜吟 103
承陽祖弾虎像 206, 209
承陽大師円明国師御行状図解説 149, 150, 151
承陽大師御一代行状図 145
承陽大師御(行)実図会 145
承陽大師御行状図 144, 145
承陽大師御行状図解説 103, 144, 145, 147, 150, 151, 152, 236
承陽大師御図伝 144
承陽大師御伝記 103
承陽大師御伝記講話 103
承陽大帥御略伝及御和讃 103
承陽大師行実図会 232
承陽大師小伝(「正法眼蔵註解全書」付録) 103
承陽大師伝(「冠註修証義」付録) 103
承陽大師略伝 103
承陽大師和讃(高祖承陽大師年譜和讃) 103
承陽大師を懐ふ 103
長阿含経 27
城州真成院悦巌不禅禅師伝 428
浄土系　授菩薩戒儀(机受戒略戒儀) 387
浄土宗全書　一五 388
浄瑠璃芝居風説経本 205
浄瑠璃文句標註　難波土産 282
奘祖伝 97 →懐奘伝
常済大師御絵伝 144
常済大師聖訓伝光抄 493
常済大師全集 94, 104, 105
証道歌直截 405, 443

趙州録　104
趙州録附行状　104
続日本紀　338
心越禅師自画初祖之像并製其賛見恵演為四偈答之　418
心鏡蔵奥伝　209
心経　230 →般若心経
「身心脱落話」の意義とその歴史的展開　18, 275
身心脱落の思想的位置――身心脱落と面授時脱落説　275
神官医方史　238
神仙解毒万病円　238
神仙解毒万病円服用之事　238
神滅不滅論争　336
真言宗即身成仏義　486
真字正法眼蔵　22
真成院悦巌禅師伝　428 →悦巌禅師伝
真像賛(道者超元)　410
真如観　35, 271, 274, 282
陞座〈シンゾ〉(寛巌書写本)　131, 132, 133
新群書類従　282
新刻玄沙録序　419
新纂禅籍目録　187
(新纂)天童寺志　232
新・修証義　488
新修天童寺志　232
新草十二巻本　384
新草第十二ノ巻(正法眼蔵八大人覚)　15
人物叢書　道元　258
尽未来際置文　78, 105
尽未来際可為山居有誓約之法語　104
浄慈寺語録　249

す

図睡快庵随筆　187
睡庵自警語　404
雖小庵蔵(永平道元禅師行状之図)　144
瑞聖詩偈　422
瑞川寺記(寺伝)　122
瑞川寺蔵写本(建撕記の異本)　129
瑞川寺蔵本(同上)　124, 125, 132, 133
瑞川寺本(永平開山道元和尚行状録)　128
瑞長本(元古仏縁記永平開山御行状、道元古仏縁起、瑞長本建撕記、瑞長書写本)　5, 11, 30, 36 38, 39, 40, 41, 59, 136, 137, 139, 140, 141, 158 160, 168, 170, 200, 203, 204, 217, 221, 249 257, 274, 276, 278, 282, 349, 366, 379
随喜称名成仏決義三昧儀　492
随喜称名成仏決義三昧儀疏　494
随聞記　→正法眼蔵随聞記
随聞記　第五　23
随聞記　巻三(長円寺本)　311

せ

制度通　60
請峨山和尚住總持寺疏　104
青鵺原夢語　138, 367, 443, 450
静嘉堂文庫　77, 78, 100, 102, 106, 121
静嘉堂文庫蔵永平寺三祖行業記　77, 101
石像阿羅漢碑銘并序　197
説戒要文　477
説経正本集　31, 144, 209, 236
雪堂ノ拾遺　466
雪夜炉談　138, 367, 450, 452, 453, 459, 460, 465
舌唇訣　423
先祖供養と墓　337
千光法師祠堂記　9, 52, 53, 175, 179, 372, 376
千手(千眼観世音菩薩姥陀羅尼身)経　104
千手観世音菩薩四海秘法　229
占察経　481, 485
泉岳寺本(永平開山元禅師行状伝聞記)　171
泉州成合寺雲山愚白伝　209 →雲山愚白禅師伝
泉南普陀開山雲山白和尚塔銘並序　205
泉福寺蔵本(御聴書抄)　118
薦遠江太守酒井公忠隆偈、并序　426
譫語　404, 407, 431
全久院所蔵宝慶記　241
全久院所蔵三箇霊瑞記　222
全久院法宝目録〈題箋は「目録」のみ〉　62, 68
全久院本宝慶記　61, 62, 64, 68
全国寺院名鑑　北海道・東北・関東篇　201
善戒経　396, 401 →菩薩善戒経
善光寺如来絵詞　152
禅戒訣　471
禅戒思想の展開　400
禅戒思想論考　389
禅戒実践の二重性　389
禅戒伝耳録　勧信第三　482, 486
禅戒と鎌倉仏教　384, 389
禅戒における懺悔論――『梵網経略抄』の所説について　389
禅戒に就て　上・下　400

禅戒の成立と円頓戒　389, 400
禅戒篇　365
禅戒本義　477
禅戒問答　46, 58, 378, 381
禅戒游刃　巻之上　483, 486
禅戒論における一研究　389
禅戒論の一考察——円頓戒との異同をめぐって　389
禅学研究　55, 60, 114, 338
禅学雑誌　319
禅学思想史　33, 307
禅学辞典　33
禅学大辞典　172, 178, 426, 438, 493
禅家の葬法と追善供養の研究　337, 338
禅研究所紀要(愛知学院大学)　25, 127
禅源諸詮集都序　321, 322, 323, 329, 501
禅師道元の思想　44, 60, 106, 257, 371, 376
禅宗相伝資料の研究　154, 170, 366, 473
禅宗地方展開史の研究　471, 473
禅宗の諸問題　19, 105
禅宗の葬法と追善供養の研究　337
禅宗の地方発展　473
禅籍目録　26, 172, 184, 450
禅と地域社会　208
禅と日本文化8　禅と思想　233
禅苑清規　44, 46, 51, 55, 240, 245, 248, 251, 286, 289, 332, 334, 337, 351, 361, 392
禅苑清規　掛搭　45, 47, 50
禅苑清規　受戒　384, 393, 394
禅苑清規　受戒・護戒・弁道具・掛搭　401
禅苑清規　小参　393
禅苑清規　亡僧・尊宿遷化　332
禅苑清規　護戒　241, 242
禅苑清規　入室　243
禅苑清規における浄土思想　337
禅苑清規の「一百二十問」　246
禅の語録　九巻　329
禅の十六条戒——教授戒文に学ぶ　389
禅の真理と実践　222
禅門室内秘録全集　366
禅門修証　248
禅林僧宝伝(僧宝伝)　9, 56
禅林甑瓦　138, 367, 443, 450
禅林象器箋　30, 31, 54, 114, 134, 135, 161, 170, 190, 191, 232

そ

祖山蔵御開山行録　122 →御開山行録
祖山本建撕記(元文本)　4, 63, 103
祖書綱要刪略　486
祖跡巡拝記　18
祚棟附法状　256
宋高僧伝　巻十二、習禅篇第三之五　209
宋史　宝儀伝　178
相師占看品第八(仏本行集経)　27
草庵偶詠　三十数首　134
曹山五相図　448
曹洞家天童如浄禅師道元和尚嗣法論　166, 361
曹洞教会安心問答　494
曹洞教会修証義(修証義)　473, 480, 487, 488, 492, 493
曹洞教会説教大意並指南　492
曹洞五位説と白山切紙　170
曹洞高祖承陽大師御行状図　144, 145, 151
曹洞宗伽藍建築の研究　17
曹洞宗規則　第一章総則第三条　489
曹洞宗教会条例　494
曹洞宗教義法話大系　19, 25, 338, 503
曹洞宗近世僧伝集成　427, 428
曹洞宗近代教団史　473, 493, 495
曹洞宗古文書　7, 239
曹洞宗寺院名鑑　平成十五年度版　210
曹洞宗室内伝法と下火儀礼——曹洞宗教団の送葬観をめぐって　338
曹洞宗授戒聖典　493
曹洞宗宗教大意　494
曹洞宗宗憲　第一章第五條　489
曹洞宗宗勢総合調査報告書(一九九五年版)　292
曹洞宗宗要講話　494
曹洞宗宗要問答　494
曹洞宗人権擁護推進本部紀要　一号　238
曹洞宗選書　五巻　教義篇安心論　494
曹洞宗全書　解題・索引　4, 5, 41, 105, 232, 389, 446, 497
曹洞宗全書　歌頌　135
曹洞宗全書　語録　178
曹洞宗全書　語録一　427, 438, 447, 451
曹洞宗全書　語録三　201
曹洞宗全書　語録四　178
曹洞宗全書　史伝下　28
曹洞宗全書　史伝上　28, 49, 76, 77, 79, 91, 92

102, 121, 135, 265
曹洞宗全書　寺誌　141
曹洞宗全書　室中　446
曹洞宗全書　宗源下　5, 6, 8, 9, 13, 14, 15, 49
曹洞宗全書　宗源上　7, 10, 58
曹洞宗全書　宗源上口絵　10
曹洞宗全書　拾遺　154, 256, 379
曹洞宗全書　禅戒　46, 377, 450, 473
曹洞宗全書　大系譜　135, 452
曹洞宗全書　注解二　389
曹洞宗全書　注解四　249
曹洞宗全書会報(一九七一年)　499
曹洞宗総合研究センター学術大会紀要(第十二回)　179
曹洞宗団と戒儀　389
曹洞宗における在家葬儀法の可能性　338
曹洞宗における神人化度・悪霊鎮圧　479
曹洞宗における典籍開版の歴史　499
曹洞宗尼僧史　319
曹洞宗の葬儀と霊魂観　338
曹洞宗の地域的展開　473
曹洞宗ブックレット　宗教と差別　12　488
曹洞宗百年のあゆみ　493
曹洞宗文化財調査資料集　第二　156
曹洞宗文化財調査目録解題集 2　北海道・東北管区編　170
曹洞宗文化財調査目録解題集 4　中国管区編・四国管区編　209
曹洞宗文化財調査目録解題集 5　近畿管区編　209
曹洞宗文化財目録(道正庵備忘録所収品目)　236
曹洞宗報　18, 122 →瑞川寺蔵道元伝
曹洞太祖円明国師御行状図　151
曹洞扶宗会雑誌(一八八七年発行)　493
曹洞扶宗会の結成とその性格　493
曹洞扶宗会の成立と教化思想の展開　493
曹洞列祖行業記　36, 44, 67, 162, 168, 232
惣持寺来由記　77, 78, 83, 93, 94, 99, 101, 102, 104, 105, 114
惣持寺来由記抄出本　77
葬儀と墓の現在——民俗の変容　337
葬儀の歴史　337
葬祭——現代的意義と課題　336
葬祭——その役割と課題　337
葬式と檀家(歴史文化ライブラリー)　337
葬式仏教　291, 332, 337
僧祇律(摩訶僧祇律)　399
僧伝資料二　184
僧伝排韻　181, 184
僧堂勧進疏　10
僧堂清規行法鈔　196, 197
僧堂芳香瑞相事　188
僧譜冠字韻類　24, 42, 68, 107, 135, 166, 167, 172, 174, 176, 178, 180, 181, 184, 203, 204, 208, 224, 228, 232, 233, 236, 237, 469
僧譜冠字韻類の異本各種　181
僧宝伝　56 →禅林僧宝伝
総検校保己一集　105
總持開山瑩山禅師行状記　106
總持開山十箇条之亀鑑　104
總持開山仏慈禅師行実　104, 108, 113
總持寺開山以来住持之次第　134
總持寺開闢縁起　105
總持寺史　430, 438
總持寺誌　451
總持寺中興縁起　105, 161, 226
總持寺由緒書(惣持寺来由記)　77, 78, 93, 101, 105
總持住山簿　444
總持二世峨山和尚行状　104
叢林清規　74, 124
叢林薬樹　434, 439
雑阿含経　241, 481, 485
増一阿含経　261, 472
増冠傍註宝慶記　68
増集続伝灯(録)　8, 466
増補国史大系　178, 182, 183
増補六臣註文選　500
贈大僧正空海和上伝　223
贈蘭渓道隆書状　14
即身成仏肝要　485
即身成仏義　484, 486
即身成仏義私釈　485
即身成仏儀私記　485
俗系の研究　17
俗談(護法集)　431, 432, 433, 434, 435, 436, 437, 451, 452, 453, 454, 460
俗譜(久我家譜関係)　5
続語録　169 →天童浄和尚語録
続護法集(独庵撰)　427, 431
続群書類従　78, 91, 101, 102, 104, 105, 108, 116, 119, 129
続群書類従　第九輯上　179

続群書類従　第九輯伝部三六・巻二二五　77, 78
121
続群書類従　二二五　376
続群書類従本(「三祖行業記」)　78, 93, 94, 99, 112
113, 117, 121
続七国志七　16
続浄土宗全書　第九　388
続常陸遺文　93, 103, 106, 117
続曹全　底本(三祖行業記)　101
続曹洞宗全書　語録一　452
続曹洞宗全書　語録二　134, 238, 256
続曹洞宗全書　寺誌・史伝　70, 71, 72, 102, 127
239
続曹洞宗全書　室中　426, 446, 447
続曹洞宗全書　宗源補遺　9, 11, 14, 366
続曹洞宗全書　注解一　248
続曹洞宗全書　法語・歌頌　172, 447, 438
続灯存藁　466
続伝灯(録)　73, 466
続伝灯広録(小野方下)　12
続灯録(建中靖国続灯録)　443
続洞上諸祖伝　209, 427, 428
続日本往生記　337
続日本高僧伝　209, 414, 427, 428, 438
続日域洞上諸祖伝　153, 409, 414, 428
続類従目録(編纂台帳)　105
尊頂法論　466
尊卑分脈　16, 42, 173, 175, 176, 182, 183, 184
尊名拝記帳(倉吉市明里家)　312
損翁和尚行状　427
損翁老人見聞宝永記　427 →見聞宝永記

た

他家訓訣　379
田島本　499 →学道用心集
大正新脩大蔵経　34, 37, 202, 248, 249, 250, 265
269, 281, 318, 319, 329, 347, 351, 388, 401
472, 473, 486
大陽卵形図　171
太子信仰――その発生と発展　212
太白峰記　9, 129, 133
当麻曼荼羅〈タイママンダラ〉　145
対客随筆　442, 447
対向偈頌文体の学道用心集――図表化試案　503
対大己五夏闍梨法　293, 399
退蔵始祖天桂和尚年譜　431, 438
退蔵峰天桂禅師石墳碑文　438
大阿羅漢難提密多羅所説法住記　200
大慧宗杲撰『正法眼蔵』三巻　299
大戒要文　483, 486
大覚禅師語録　14
大漢和辞典　巻六・巻十二　178, 330
大系図(一巻、寛政十年刊か)　176, 182
大師年譜(伝教大師)　224
大集経　262 →大方等大集経
大乗戒経の研究　250
大乗開山義介和尚行状記　88, 91, 92, 93, 116
大乗開山行状記　91, 92
大乗起信論　269
大乗止観法門　281
大乗寺一夜碧巌弁　31, 139
大乗寺本　三大尊行状記　77, 92, 94, 101, 102
104, 116, 119, 120, 121
大乗禅　55, 384
大乗不思議神通境界経　318
(大宋)僧史略　54
大僧都空海伝　223
大蔵経(蔵経)　124, 415
大智度論(智度論)　242, 262, 318, 319, 339, 393
394, 395
大中介和尚像讃　134
大唐韶州雙峰山曹侯渓宝林伝　→宝林伝
大道寺独庵光禅師伝　427
大徳寺末法嗣記(四十七世一休和尚)　69
大日本国越州吉祥山永平禅寺三祖行業記　93, 94
104, 109, 113, 117
大日本史料　五　49
大日本仏教全書　182, 183, 184, 212, 235, 337, 388
大般涅槃経(大パリニッバーナ経)　364
大般涅槃経　巻二十九、師子吼菩薩品第一一　250
大般若経　巻三　初分学勧品　394
大般若経結願疏　161, 170
大悲神呪(大悲呪)　219, 332, 470
大比丘三千威儀(三千威儀、大比丘三千威儀経)
249, 393, 399
大毘婆沙論　巻七十六　394
大毘盧遮那経(大日経)　227
大扶桑国越州吉祥山永平禅寺三祖行業起(記)　117
大仏寺語録　312
(大方等)大集経　262, 319
大方便仏報恩経　27
大宝積経　265, 393

大法輪　147, 319, 338
大梵天王問仏決疑経　33, 43, 293, 429, 438
台宗二百題　巻九　281
第二青黒色衣訓　171
提婆達多品　473 →法華経
題道者元禅師真賛　413
滝谷琢宗禅師識語　171
搭袈裟偈　286, 297, 353
達磨禅　319
達磨多羅禅経　365
達磨の研究　33
弾虎図　206, 207, 209, 210
壇経　34 →六祖壇経
檀信徒喪儀法における二、三の問題　338
檀那諷経　337

ち

地持経　396, 401 →菩薩地持経
治痘用論　423
知事清規　13, 46, 51, 242, 361, 392
知事清規奥書　13
智琛乞語ノ賛　140
中・近世における曹洞禅僧の活動と葬祭について　338
中阿含経　481, 485
中国史籍解題辞典　55
中国禅宗教団と民衆　221
中国仏教史全集　第八巻　197
中国仏教思想史の研究——中国民衆の仏教受容　221
中国仏蹟見聞記　249, 366
中国方術大辞典　190
中世会津領の禅宗諸派とその檀越　478
中世禅宗と葬送儀礼　338
中世禅林における女性の入信　319
中世曹洞宗における切紙試論　470
中世曹洞宗における切紙相承について　366
中世漂泊　19
中納言法印隆禅について　250
註永平年譜偈(永平高祖年譜註解)　103
註石門文字禅　404
長円寺蔵本永平寺三祖行業記　77, 92, 93, 94, 99, 101, 102, 104, 116, 117, 119, 128
長円寺本　永平三祖行業記、附「義介自筆状」　104
長円寺本正法眼蔵随聞記　55
長吏由緒書　163
彫造石像十六尊者　197
彫宝慶記　61
朝鮮刊本(花口魚尾)　500
跳龍一九七一年七月号　338
調絃　433 →正法眼蔵弁註並調絃
勅賜仏法禅師永平開山道元大和尚行状伝聞記(勅賜仏法禅師道元大和尚伝聞記)　171, 187, 236
枕石山願法寺略縁起絵伝　147
鎮守看経之目録　164, 170
鎮守切紙(漢文抄)　164
鎮守切紙(鎮守之切紙)　162, 170
鎮守参(鎮守之参)　162, 163, 164
鎮守白山考　170

つ

通幻和尚行実　104
通俗観音講話　494
通俗仏教新聞　494
通俗仏教要領　494

て

帝説　214 →上宮聖徳法王帝説
(訂補)建撕記　264
訂補永平開山行状建撕記　196
訂補建撕記(永平事実図会建撕記)　103
訂補建撕記(訂補本)　3, 4, 5, 10, 12, 14, 29, 35, 36, 38, 40, 41, 44, 46, 47, 58, 62, 65, 67, 68, 73, 131, 132, 138, 139, 145, 150, 156, 160, 161, 167, 172, 175, 177, 178, 179, 189, 193, 196, 197, 200, 201, 204, 205, 206, 209, 213, 217, 218, 221, 224, 228, 232, 233, 235, 236, 249, 252, 255, 257, 264, 274, 276, 278, 279, 282, 358, 368, 374, 375, 376, 397, 398
訂補建撕記図会(訂補図会)　68, 103, 144, 145, 146, 147, 148, 149, 150, 151, 206, 209, 213, 224, 233, 236, 468, 469
訂補建撕記布鼓(承陽大師)　103
哲学年報　五～七輯　248
徹通義介禅師喪記　95, 96, 120
徹通禅師行状　95, 118
典座教訓　7, 8, 10, 13, 20, 47, 59, 98, 106, 243, 249, 285, 286, 291, 293, 361, 374, 392, 393
天桂和尚年譜　431, 438
天桂禅師石墳碑文　438
天桂禅師船歌　438

天桂伝尊和尚法語集 438
天桂と独庵の交流 448
天正本永平高祖行状建撕記 105
天聖広灯録 43, 329
天台円戒概説 375
天台円教菩薩戒相師資血脈譜 369, 375
天台円頓戒概論 369
天台霞標 482, 485
天台玄義 283
天台玄義之抄出 283
天台座主記 6, 371
天台山方外志 228
天台遮那業系譜 175
天台菩薩戒疏 388
天台菩薩戒明曠疏 388
天台法華宗牛頭法門要纂 282
天台法華宗年分学生式(六条式) 371
天台法華宗年分度者廻小向大式(四条式) 371
天台本覚論　日本思想大系9 275
天童和尚語録 288
天童景徳寺語録 379
天童山大雄院開山行状 108 →南極寿星
天童寺志 209, 232
天童寺続志 137
天童浄和尚語録 169
天童浄禅師語録 275
天童如浄和尚録 249, 275
天童如浄画像 167
天童如浄禅師行業記 106
天童如浄禅師頂相の研究 142
天童如浄禅師道元和尚嗣法論 166
天童如浄禅師の研究 43, 169, 171, 249, 250, 256
275, 309, 349, 365, 366, 367
天童遍界不蔵参(切紙) 155
展望 337
伝教大師行業記 223
伝教大師研究 389, 400
伝教大師御夢想霊験記 229
伝教大師・弘法大師／両大師利生記 223 →利生記
伝教大師最澄伝 223
伝教大師全集 223, 481
伝教大師伝(仮名伝、略称伝教伝) 223, 224, 225
226, 228
伝光録 4, 5, 20, 21, 23, 27, 28, 29, 35, 62, 98
100, 101, 102, 116, 118, 158, 174, 177, 180
181, 212, 216, 230, 232, 252, 276, 279, 336
339, 357, 359, 366, 370, 372, 373, 375, 376
379, 390, 397
伝光録　首章釈迦牟尼仏 303
伝光録　第五十一祖永平元和尚 103, 115, 347
360
伝光録　第五十祖天童浄和尚 252
伝光録　第五十二祖永平奘和尚 180
伝光録(曹全書本) 257
伝光録(仏洲仙英本) 277, 375
伝光録に示された高祖の慈父 17
伝師資相承偈 232
伝寂室撰普勧授戒之縁由 486
伝授師資相承偈 374
伝述一心戒文 215
伝心法要 501
伝灯録 455, 458 →景徳伝灯録
伝道上からみた在家葬法の考察 338
伝如浄禅師画像 167
伝如浄頂相賛 140
伝法室内密示聞記 23, 24, 365, 442, 447
伝法正宗記(正宗記) 73, 443
伝明全和尚筆師資付法偈 7
伝聞記 188, 189, 190, 224, 227, 228, 230, 231
470, 472 →道元和尚行状伝聞記
伝暦 213, 214, 215, 218 →聖徳太子伝暦

と

都序 322, 323 →禅源諸詮集都序
渡海牒 7, 53, 234, 238
度牒 37, 46, 47, 48, 49, 50, 51, 52, 54, 55, 57, 68
248, 368, 396, 401
投子義青語録　巻下 367
東雲文庫雨宝室目録①曹洞近世の書蹟 209
東海一休和尚一代記 69 →一休和尚一代記
東海一休和尚年譜 69
東海仏教　五二輯 208
東皐心越と日本の禅者達――独庵玄光の場合 448
東皐全集 418, 428
東寺稲荷縁起 230
東征伝絵巻 145
東北大学建築学報　三号 17
東北大学図書館狩野文庫 69
東洋学論集 60
東洋学論集　佐藤匡玄博士頌寿記念論集 208
東矣吟 423
洞下嗣書 88

洞谷記　4, 5, 8, 20, 22, 24, 27, 29, 44, 63, 66, 67
78, 92, 94, 95, 101, 104, 105, 107, 114, 115
116, 117, 118, 119, 120, 127, 174, 194, 195
197, 212, 216, 231, 233, 252, 257, 276, 279
311, 335, 366, 370, 373, 376, 388
洞谷記　大乗寺本　56
洞谷記　智灯照玄書写本　277
洞谷記　洞谷山永光寺草創記　200
洞谷記　洞谷伝灯院五老悟則并行業略記　77, 92
94, 95, 97, 101, 102, 103, 104, 105, 115, 127
137, 180, 257
洞谷記の行業略記　118
洞谷記補写　105
洞谷五祖行実　208
洞谷山永光寺草創記　201
洞谷清規　337 →瑩山清規
洞済交渉史　73
洞宗始祖道元禅師伝　232
洞宗或問　441, 447
洞松禅寺住山歴祖伝　20, 22
洞上安心の妙訣　494
洞上安心要義　494
洞上伽藍諸堂安像記　29, 197
洞上古轍　403
洞上高祖承陽大師行実図会　236
洞上金剛杵　138, 367, 443, 450
洞上在家化導義　492
洞上在家修証義　473, 487, 488, 493, 494
洞上室内口訣　444, 448
洞上室内訓訣　445, 448
洞上室内訓訣附室中口訣諸式十四条　448
洞上室内三物論　365, 444, 448
洞上室内切紙並参話研究手記　365
洞上室内断紙揀非私記　154, 365, 445, 448
洞上室内伝法口訣三物秘弁講話　366
洞上宗統復古志　426 →宗統復古志
洞上初祖永平開山和尚実録　167
洞上諸祖伝　22, 23, 44, 67, 167, 175, 178, 232
洞上信徒安心訣　494
洞上僧堂清規行法鈔　196, 197
洞上叢林公論　138, 367, 443, 450
洞上太祖円明国師行実図絵　144
洞上大阿羅漢講式　196
洞上的伝受戒文　166
洞上伝戒弁　365
洞上伝法弁　365, 442, 447
洞上布教の小沿革　492
洞上仏祖源流影讃(洞上仏祖源流影賛)　367, 443
450
洞上夜明簾　23, 135
洞上聯灯録　21, 22, 44, 65, 67, 72, 73, 169, 170
178, 370, 373, 379, 427, 428
洞水和尚語録　72
洞門衣裓集　367, 442, 443, 444, 447, 448, 450
洞門亀鑑　138, 367, 441, 443, 447, 450
洞門劇譚　440, 446, 457, 460
洞門政要　430, 451
洞門禅僧と神人化度の説話　478
洞流正伝修証法　493
唐明州棲心寺蔵奐伝　209 →心鏡蔵奐伝
悼大沢山滅宗禅師講圜悟碧巌集五首并序　431
痘診治術伝　423
登祖山拝閲嗣書序　256
統要巻四　345, 348 →宗門統要集
童蒙談抄　473
道元(人物叢書新稿版)　60, 213, 258
道元　坐禅ひとすじの沙門(NHK ブックス)　44
106, 258
道元　その行動と思想(評論社)　258, 319
道元　八巻　400
道元一代曼陀羅　143, 144, 145, 146, 149
道元引用語録の研究　329
道元絵伝　153
道元絵伝の成立　143, 144, 148, 149
道元和尚御遺状　104
道元和尚広録　274, 283, 323, 329, 366, 485
→永平広録
道元和尚行状伝聞記　171, 187, 226, 236
道元和尚行状之記　136
道元和尚行状録　135, 232, 253
道元和尚行録　36, 44, 122, 128, 131, 133, 157
162, 168, 169, 174, 176, 177, 190, 203, 204
225, 228, 231, 232, 233
道元和尚行録類　208
道元がいいたかったこと　319
道元帰朝本則　158, 164, 170
道元瑩山両禅師の尼僧観とその会下の尼僧　319
道元古仏縁記(瑞長本建撕記)　103 →瑞長本
道元高祖と二祖懐奘禅師　25
道元さま　144
道元思想大系　18, 25, 35, 320, 503
道元思想のあゆみ 1　19, 25

道元禅研究　169, 213, 257, 258, 287, 291, 366
道元禅師　18, 60, 103
道元禅師縁記（古写本建撕記）　137
道元禅師紀年録　44, 131, 133, 232, 233, 374
道元禅師記念論集　129, 208
道元禅師旧蹟紀行増補修訂版　18
道元禅師研究　5, 19, 27, 142, 171, 216, 256, 257
366, 384
道元禅師研究論集　238
道元禅師言行録　103
道元禅師御絵伝　148
道元禅師御旧蹟めぐり　18
道元禅師語録　502
道元禅師行業（岸沢文庫蔵本）　101
道元禅師行業記　4, 77, 78, 94, 97, 103, 104, 105
114, 469
道元禅師行業記（建撕記延宝本）　29, 63
道元禅師行状記　128, 129, 130, 208, 232, 236
道元禅師行状記図会　144
道元禅師行状記図絵　144, 145
道元禅師行状建撕記　140, 148
道元禅師行状図絵　103, 232, 233, 236
道元禅師行状之記　127, 130, 171, 253
道元禅師行状録（建撕記抜翠）　103
道元禅師最後の御病の「建撕記」の記述について
上・下　349
道元禅師示寂前後とその御死因　349
道元禅師示寂の御病因に関する諸論をめぐって
349
道元禅師慈母の出自考――安倍氏か　18
道元禅師実父研究上の一資料　18
道元禅師真蹟関係資料集　29, 31, 39, 40, 41, 43
54, 62, 141, 312
道元禅師聖訓　493
道元禅師全集（大久保道舟編、筑摩書房、臨川書
店）　10, 15, 60, 61, 62, 68, 134, 240, 244, 249
250, 280, 283, 308, 375, 388, 395, 497
道元禅師全集（春秋社）　22, 41, 55, 121, 213, 268
270, 274, 275, 331, 332, 339, 340, 341, 342
348, 350, 354, 365, 366, 367, 369, 485
道元禅師弾虎図　206, 207
道元禅師弾虎之図　由来書　208
道元禅師弾虎・聞鐘図　207
道元禅師伝　17, 103, 115
道元禅師伝記史料集成　114, 127
道元禅師伝研究　16, 25, 42, 45, 49, 55, 60, 65
106, 169, 175, 250, 257, 258, 283, 366, 376
379, 382
道元禅師伝研究（正・続）　213, 287, 291
道元禅師伝考（「大日本仏教全書」百十五ノ内）103
道元禅師伝の研究　30, 103, 141, 142, 153, 169
道元禅師と引用経典・語録の研究　30, 31, 329
道元禅師と栄西禅師の相見に就いて　18
道元禅師と鎌倉行化とその周辺　19
道元禅師と修証義　491
道元禅師と十六条戒　367, 389
道元禅師とその周辺　18, 31, 45, 65, 106, 257
258, 384, 398, 401
道元禅師とその門流　400
道元禅師と菩薩戒――「仏祖正伝菩薩戒」と『御
遺言記録』　389
道元禅師と楞厳経・円覚経　329
道元禅師における十六条戒の基本姿勢について
367, 389
道元禅師における生死観　347
道元禅師入宋帰朝地点の研究　17
道元禅師の遺跡　18
道元禅師の「育父」について　18
道元禅師の疑団と開眼と身心脱落　275
道元禅師の御病名、御病状　349
道元禅師の死生観　347
道元禅師の思想的研究　258, 270
道元禅師の実体論批判――十六条戒の解釈に関
連して　367
道元禅師の釈尊観　301
道元禅師の十六条戒の成立について　367
道元禅師の女性観　319
道元禅師の身心脱落の時期とその意義　275
道元禅師の身心脱落の年次について　275
道元禅師の生死観　347
道元禅師の僧団結成とその会下の僧衆　25
道元禅師の母を探ねて　16
道元禅師の仏戒思想――特に十六条戒の成立を
めぐって　367, 389
道元禅師の仏陀観　301
道元禅師の遺偈と鎌倉行化　19
道元禅師の遺偈と鎌倉下向の捏造説について 349
道元禅師四百回忌日祭文　174, 175
道元禅師龍乗之図　207
道元禅師和歌集　134 →傘松道詠
道元禅と天台本覚法門　35
道元禅における三十七道品　265

道元禅に於ける行道の基本的性格　267
道元禅の思想的研究　270, 384
道元禅の成立史的研究　257, 258, 270, 282, 337
道元禅の体系　250
道元禅の仏身論　301
道元僧団における遺偈　349
道元と懐奘との間　25
道元と女性(大久保道舟)　319
道元とその弟子　17
道元と中国禅思想　288, 291
道元と女人往生・成仏論――旧仏教への挑戦状　320
道元の戒律思想について　486
道元の鎌倉行化について　18
道元の生死観　347
道元の身心脱落承当の時　275
道元の身心脱落体験を解読する　275
道元の誕生地考　17
道元の月　221
道元の《女身不成仏論》について――十二巻本　319
道元の霊性批判――鈴木大拙の霊性と関連して　337
道者禅師語録　412, 413, 422
道者禅師語録序　412, 413, 414
道正庵元祖伝　175, 234, 237
道正庵元祖伝関連資料四本　234
道正庵系譜　175, 237, 238, 239
道正庵系譜(元祖伝、道正庵元祖隆英)　175, 234, 235
道正庵衆寮壁書(五ヵ条)　235
道正庵衆寮制法　235
道正庵神仙解毒円記(道正庵神仙解毒万病円記)　175, 235
道正庵の系譜記　189
道正庵備忘集(備忘集)　236, 238, 239
道正庵卜純撰系譜記　9
道正庵由緒記　238
道正略譜　237
道忠本　109 →永平禅寺三祖行業記
道徳経(老子道徳経)　365
道鏞魔子管訟願　404, 427
特集・絵入り道元禅師伝　147
特別展図録(建長寺創建七五〇記念特別展図録)　60
独庵和尚俗談語　450
独庵玄光護法集　467
独庵玄光護法集・附別冊　砕金・根源鈔・道者語録　解題　449
独庵玄光師の特異性　448
独庵玄光伝　427
独庵玄光と江戸思潮――天桂・卍山・荻生徂徠等に与えた思想的影響　427, 448
独庵玄光と荻生徂徠　427
独庵玄光と中国禅　427
独庵玄光批判について　448
独庵玄光をめぐる諸問題　427, 448
独庵護法集砕金　404
独庵光禅師伝　427
独庵稿　407, 410, 416, 418, 420, 421, 428, 431, 432, 438
独庵譫言　418
独庵俗談　452, 454, 456, 457, 458, 459, 462, 465
独庵俗談根源鈔　443, 450, 451, 454, 467
独庵独語　404, 418, 419, 420, 421, 431, 434, 436, 437
独語・俗談　434
独立老人用薬方　423
読誦経典修証義　381
虎刎拄杖(虎搏主杖・虎跨之拄杖)の逸話　203, 208

な

那智参詣曼荼羅図　146
内閣文庫蔵(内閣文庫蔵本、内閣文庫本)三祖行業記　94, 100, 101, 102, 121, 173
浪華法華寺蔵版訂補建撕記図会　145
南岳恵思撰受菩薩戒儀　388
南山道者禅師語録序　413
難波四天王寺本(聖徳太子絵伝)　212

に

二世峨山和尚行状記　106
二祖懐奘禅師行状記　106
二祖禅師鏡御影賛　232
日本往生極楽記　337
日本紀略　44, 46, 47, 49
日本古典文学大系　22, 212
日本国越州吉祥山永平禅寺初祖道元禅師行業(岸沢文庫本)　92, 93, 94, 99, 102, 107, 114, 117, 120, 124, 129
日本国越州吉祥山永平禅寺初祖道元禅師行業記(龍華院本の内題)　104

日本国語大辞典 486
日本国千光法師祠堂記 52, 372, 376
→千光法師祠堂記
日本思想史大系 375
日本思想大系 273
日本宗教史論集　上巻 31
日本儒林叢書 406, 427
日本書紀 212, 213, 214
日本浄土教成立史の研究 338
日本人の死生観——民俗の心のあり方をさぐる 337
日本人の生死観と禅 347
日本人の葬儀　II 337
日本人の地獄と極楽 337
日本曹洞宗印書史の研究序説 499
日本曹洞宗道元絵伝 146, 148
日本中世における禅宗と社会——女人の禅宗帰依を焦点として 320
日本洞宗始祖道元禅師伝 16, 63, 68, 370
日本洞宗初祖永平元和尚道行碑銘 370 →永平元和尚道行碑銘
日本洞上枝派之図 141
日本洞上聯灯録 16, 20, 63, 103, 135, 158, 160, 167, 180, 204, 205, 236, 409, 414 →洞上聯灯録
日本における社会と宗教 222
日本の古文書 60
日本の即身仏 486
日本の美術　二三四、羅漢図 201
日本のミイラ 486
日本仏教学会年報 222, 248, 366
日本仏教史　第三巻　中世編二 60
日本仏教史の諸問題——鎌倉・江戸 319
日本仏教全書　第六三史伝二 184
日本仏教における戒律の研究 371, 376, 486
日本仏教における性差別の諸相——曹洞宗の問題を中心に 320
日本ミイラ研究 486
日本名刹大事典 201
日本来由両宗明弁 416, 417, 428
廿一社順(巡)礼参 165
日域曹洞高祖伝聞記 103, 186, 187, 236
日域曹洞宗室内嫡嫡秘伝密法切紙 154
日域曹洞初祖道元禅師清規　知事清規 249
日域曹洞列祖行業記 16, 20, 28, 63, 103, 131, 133, 158, 159, 161, 166, 167, 168, 174, 180, 228, 253, 370, 373, 379, 468, 469, 471, 474
日域洞上諸祖伝 16, 20, 29, 42, 63, 103, 135, 158, 159, 171, 174, 180, 204, 218, 233, 370, 469
日域列祖行業記 203, 204, 206, 208, 218
日東洞宗初祖永平元和尚道行碑銘 28, 56, 63, 103
日葡辞書 483
新田横瀬由良正系図 194
入大乗論 197
入衆日用清規 240
入宋祈願文 7
入宋求法の沙門道元 359
女人蛇体——偏愛の江戸怪談史 210
如浄会下の道元禅師——身心脱落と面授 366
如浄和尚語録 272, 274, 351
如浄和尚録 275
如浄画像賛文 171
如浄語録(如浄録) 11, 32, 42, 43, 123, 125, 167, 169, 171, 242, 248, 252, 253, 275, 284, 286, 288, 291, 292, 306, 309, 310, 358, 365, 366, 379
如浄禅師画像 168
如浄禅師画像賛 140
如浄禅師紀伝の研究 256
如浄禅師研究 379, 381
如浄禅師語録 274, 337, 349, 356, 366
如浄禅師語録夾鈔 275
如浄禅師語録の研究 256
如浄遺偈 16, 349, 364
如来全身の宇宙 304
人天眼目 43

ね

涅槃経 262, 247, 250, 364
念仏三昧宝王論 409 →宝王論
拈来草(拈来艸) 367, 443, 450, 466

の

能州諸嶽山惣持寺来由記 105 →惣持寺来由記
能州大本山諸嶽山惣持寺来由記 77, 78, 93, 94, 101, 102 →同上
能州大本山諸嶽山惣持寺来由記抄出本 77

は

馬祖の語録 325, 326
婆沙論(毘婆沙論) 261
拝閲嗣書 256
墓と供養 337

墓と仏教――その歴史と墓相批判　337
白山授戒切紙　161
白山信仰　161, 170
白山信仰の源流　161, 170
白山信仰の展開　170
白山切紙(白山之切紙)　161, 170
白山妙理切紙并参禅　162
白山妙理之図　162, 170
白紙之大事　155
八十華厳経　325, 329 →華厳経
廿日帰参　162
蛤蜊羅漢銅像記　197
般若九想図賛　431
般若心経(心経)　230
般若心経秘鍵　227, 230
万事智団円諸名家拝観姓名覚書　238

ひ

非人授戒作法　473
肥後大慈寺開山寒岩尹禅師行状　104
肥前晧台寺沙門独庵玄光伝　427
比丘紹瑾記　95 →永平寺道元禅師行実
百丈規繩頌　45
百丈古清規　286
百丈清規　393, 456
百錬抄　44, 46, 47, 201
氷壺録(語録)　474
標的　476, 477, 478 →勧戒標的
広島県史　153

ふ

不見和尚行状　104
不禅伝(真成院)　428
不離吉祥山示衆　78, 105
付法蔵因縁伝　455
布薩瑞雲記　38, 39, 43, 189
布薩説戒祥雲記　38, 43, 222
扶桑画人伝　30, 31
扶桑五山記　137
扶桑禅林僧宝伝　16, 20, 28, 30, 56, 63, 66, 67, 73, 103, 178, 180, 232, 233, 370 →扶桑僧宝伝
赴粥飯法　293, 361, 393
普勧坐禅儀　10, 21, 284, 288, 291, 293, 316, 323, 366, 475
普勧坐禅儀(流布本)　289, 316
普勧坐禅儀撰述由来　358
普勧授戒之縁由　470, 472, 473, 474, 475, 476, 477, 478, 483, 486
普勧授戒之縁由考　486
普賢菩薩勧発品　306 →法華経
普達全書　494
普通授菩薩戒広釈　481, 485
普灯　73, 466 →嘉泰普灯録
普門品　159 →法華経
普曜経　36
豊鐘善鳴録〈ブショウゼンメイロク〉　20, 22
輔教ノ夾証　458
風鈴頌　284, 288
福井県史　通史編三　473
福生市長徳寺蔵　鎮守看経之目録　170
覆刻本(学道用心集)　499, 500, 501, 502
仏果碧巌破関撃節(仏果碧巌破撃節)　9, 31, 36, 139
仏果碧巌録私記(私記)　264
仏戒俚語　475
仏学大辞典(中国文物出版社)　55
仏鑑禅師語録(無準師範禅師語録)　366
仏教疑問解答集　494
仏教芸術　一七二　201
仏教語大辞典(中村元)　68, 148, 330
仏教辞典(宇井伯壽)　365
仏教と民俗――仏教民俗学入門　337
仏教における女性観研究序説――「変成男子」思想を中心に　320
仏教における葬祭儀礼とその執行者　337
仏家一大事夜話　155, 163, 165
仏慈禅師行実　104, 108, 113
仏所行讃　27, 36
仏書解説大辞典　388, 401
仏説三帰五戒慈心厭離功徳経　485
仏前斎粥供養侍僧事　13
仏祖正伝記　20, 21, 22, 23, 63, 97, 101, 102, 103, 106, 127, 180, 232, 366, 372, 373
仏祖正伝記(写本、永福庵蔵、刊本続曹全の底本)　101, 106
仏祖正伝大戒訣　482, 486
仏祖正伝大戒訣或問　58
仏祖正伝菩薩戒教授文　384 →教授文
仏祖正伝菩薩戒儀　287
(仏祖正伝菩薩戒)教授戒文　383, 384
仏祖正伝菩薩戒血脈　468
仏祖正伝菩薩戒作法(広福寺本)　9, 255, 258, 358

366, 378, 379, 380, 383, 384, 389, 390, 397
400, 471, 480, 484, 502
仏祖正伝菩薩戒脈 255
仏祖嫡秘訣 170
仏祖通載 73
仏祖統紀 189, 232, 241
仏陀観の展開 301
仏本行集経 27, 28, 36, 216
古田紹欽著作集 25, 448
文永四年記ノ懐奘自筆証文 13
文化史上より見たる弘法大師伝 223
文華秀麗集 338

へ

兵範記 376
兵範記紙背文書 22
平安時代の信仰と宗教儀礼 338
平安中期に於ける在家信者の受戒精神の展開 486
平安朝における法華信仰と弥陀信仰(上) 338
平家物語 182, 222
碧岩集善本 29, 123, 161
碧岩百則及頌 29
碧岩録百則及頌 160
碧巌集(碧岩集) 9, 26, 29, 30, 35, 36, 124, 133
160, 161, 188, 190, 218, 219, 221, 431, 432
碧巌録 228
碧山日録 4, 5, 13, 28, 29, 36, 63, 65, 103, 141
160, 166, 170, 190, 203, 204, 208, 217, 228
232, 366, 370, 376
別伝 223, 224, 225 →叡山大師伝
鼈頭宝慶記〈ベットウホウキョウキ〉 68
変成男子思想の研究 319
編年通論 73
弁道法 293, 392
弁道話 →正法眼蔵弁道話
弁弁惑指南 427

ほ

仏の生命を生死する——道元禅師に学ぶ 347
慕夏堂文集 500
菩薩戒羯磨文(菩薩羯磨、菩薩羯磨文) 386, 388
菩薩戒義疏 397
菩薩戒儀 370
菩薩戒経 479
菩薩戒作法 106
菩薩戒序 246, 250
菩薩戒注 250
菩薩戒童蒙談抄 473, 474, 476, 478, 483, 486
菩薩戒について 485
菩薩戒本 386, 401, 479
菩薩戒落草談 473, 474, 475
菩薩地経 401
菩薩地持経(地持経) 386, 396, 401
菩薩善戒経(菩薩地善戒経) 242, 396, 401
菩薩蔵経 386
菩薩瓔珞経 386, 393, 401, 481
菩薩瓔珞本業経　大衆受学品第七 485
菩提心論 230, 486
方広大荘厳経 213, 214, 215
方丈不思議日記事 13
方丈不思議ノ日記証文(方丈不思議日記証文) 13
218
宝延本　道元禅師行業記 278
宝王論 409, 427
宝鏡三昧 166, 167, 168, 171, 448
宝鏡三昧金鎞 367, 443, 450
宝慶記 6, 7, 9, 11, 12, 18, 23, 45, 48, 58, 61, 62
65, 66, 67, 68, 98, 106, 107, 127, 131, 132
155, 156, 157, 167, 170, 171, 206, 209, 240
247, 248, 249, 250, 253, 254, 258, 271, 272
274, 276, 280, 281, 283, 284, 285, 287, 288
289, 290, 291, 339, 347, 356, 357, 391, 394
399, 400, 401
宝慶記〈広福寺本〉 61, 64
宝慶記〈全久院本〉 61, 62, 64, 65, 66
宝慶記考 240, 258
宝慶記考補遺 250
宝慶記私記 242, 249
宝慶記事林 68, 248
宝慶記事林鈔 68
宝慶記渉典録 68
宝慶記随聞記 68
宝慶記摘葉集 68
宝慶記と十二巻正法眼蔵 250
宝慶記　道元の入宋求法ノート 68, 250
宝慶記にみる中国禅林の生活 240
宝慶記弁疑 244, 249
宝慶記弁々 68
宝慶記聞解 68, 242, 244, 245
宝慶由緒記 137, 141
宝積経 338
宝蔵論 246

宝林伝 34, 43, 365
法衣相伝書 95, 313
法王教概論 494
法王教或問対弁 494
法苑珠林 241, 248
法住記(大阿羅漢難提密多羅所説) 197
報恩録 22, 23, 116
北海学園大学人文論集 337
北海道駒澤大学研究紀要 337
北澗文集 29
法華経 15, 38, 150, 214, 215, 220, 224, 226, 242, 249, 297, 298, 327, 364, 405, 409, 411, 473
法華経(序品) 263
法華経　安楽行品(安楽品) 242, 306
法華経　観音普門品 125, 159
法華経　提婆達多品 310, 317, 326, 469, 472, 473
法華経　譬喩品 326
法華経　普賢菩薩勧発品 306
法華経　方便品 269, 301, 304
法華経　法師功徳品 229
法華経　涌出品(従地) 363
法華経科註(一如集註) 409
法華経疏 215
法句経 325, 329
法華玄義 37, 38, 265, 282
法華直談 229
法華秀句 485
法華即身成仏義 486
法華転法華 302
法華文句 37, 38
法灯〈ホットウ〉円明国師之縁起 378, 390
法灯国師縁起 57
法灯国師行実年譜 53, 378
本山版正法眼蔵 184
本寺開山道元和尚行状之記 136
本祖道正考 236
本草綱目 242, 243, 244, 249
本朝高僧伝 6, 7, 16, 29, 56, 63, 67, 69, 73, 95, 116, 167, 479
本朝高僧伝(懐奘伝) 20, 118, 180
本朝高僧伝(道元禅師伝) 73, 103, 167, 178, 204, 371
本朝伝来宗門略列祖伝 56, 69, 72, 75, 103
本来本法性疑団の考察――その虚構性に関して 18
翻刻本(学道用心集) 499
翻訳名義集 250
梵鐘銘文(嘉暦・嘉永、永平寺蔵) 15, 41
梵網経 51, 241, 248, 250, 322, 351, 359, 369, 370, 383, 384, 385, 386, 387, 388, 389, 392, 393, 396, 397, 401, 478, 479, 480, 481, 483, 484, 486
梵網経古迹記 388
梵網経疏 388
梵網経序 250
梵網経抄物 389
梵網経菩薩戒経 246
梵網経菩薩戒作法の栄西真撰の根拠について 389
梵網経菩薩戒序 250
梵網経菩薩戒注 246
梵網経菩薩戒本述記 481, 485
梵網経菩薩戒本疏 481, 485
梵網経略抄 250, 322, 383, 386, 387, 389
梵網経盧舎那仏説菩薩心地戒品第十 246, 479
梵網註疏 388
梵網菩薩戒経 250, 353, 480
梵網菩薩戒経義疏発隠　巻一 250
梵網菩薩戒経疏刪補 385, 388

ま

摩訶止観 240, 241, 245, 247, 248, 262, 265
摩訶止観弘決 315
摩訶僧祇律 243, 364
末法灯明記 376
万善同帰集 409, 427
卍山和尚広録 471, 502
卍山和尚対客閑話 471
卍山本(永平広録) 275
卍続蔵 43, 367, 385, 388

み

ミイラは語る 486
三井続灯記四(公胤伝) 7
三河西端蓮如絵伝 147
未来記(付法蔵因縁伝の説) 455
弥勒上生経 197
御影堂飛行三鈷記 228
源実朝の入宋企図と道元禅師 17
妙高開基通幻和尚行実 104
妙法蓮華経 249, 473 →法華経
妙楽十二門戒儀 388
明庵西公禅師塔銘 179
明恵上人資料第五(高山寺資料叢書第二十冊) 195

明曠刪補　388
明全和尚戒牒(明全戒牒)　50, 322, 375
明全和尚戒牒奥書(明全戒牒奥書)　9, 37, 44, 46, 48, 49, 50, 52, 57, 372, 390, 394
明全和尚具足戒牒　375, 376
明全筆伝授師資相承偈　373
明極和尚語録　166, 167
愍諭弁惑章　481, 485

む

無著道忠禅師撰述書目　76, 104, 108, 114
無著道忠の学問　114
無着道忠筆写本(永平禅寺三祖行業記、影写本 禅文化研究所所蔵)　92, 93, 99, 101, 102, 111, 112, 117
無住一円とその戒律観(一)・(二)　486
無所有菩薩経　319
無底月泉道叟嗣峨山考　444
無門関　501
無量寿院門山伝灯大僧都義能伝　12 →義能伝
紫式部日記　338, 376

め

名家譜　5
名僧行録　102, 105
明月記　建保元年十月二十一日条　184
明治新刻羅漢講式　196
明治政府の統制と修証義の性格　494
明治仏教教会・結社史の研究　493
明州手書本　136 →明州本建撕記
明州天童景徳寺語録　379
明州本　永平八世建撕和尚記　278
明州本建撕記　4, 5, 30, 36, 59, 131, 133, 136, 137, 156, 158, 160, 170, 180, 193, 200, 203, 204, 208, 217, 228, 249, 276, 282, 347, 349, 370, 373, 374, 376, 379, 390, 397
(明州本・瑞長本)建撕記　20
明和本正法眼蔵随聞記　250
明和本宝慶記(面山校、義璞刊)　8, 68, 244
面山和尚逸録(面山逸録、面山瑞方逸録)　134, 238, 358
面山瑞方校訂(重正)羅漢講式　195 →羅漢講式
面山広録　23, 134, 171, 197
面山嗣書　256
面授巻弁　445
「面授」と「脱落」について　275
面授弁註　434, 436, 438

も

模刻本(学道用心集、駒図蔵)　497, 499
毛詩　5, 73, 79, 109, 216, 217, 225
孟子　404
目録　62 →全久院法宝目録
諸橋大漢和辞典巻十二　243
文殊問経　371
文選(増補六臣註)　500
門鶴寄進状　235
門子本建撕記　4, 5, 29, 30, 36, 131, 136, 140, 161, 168, 204, 217, 249, 276, 278, 282, 349
門葉記　371
聞鐘声記　222

や

野録　418 →羅湖野録
山口大学教育学部研究論叢　17, 258
山城真成院沙門不禅伝　428 →不禅伝
山城名勝志　16, 103
山田霊林本(三大尊行状記)　121
訳註禅苑清規　55, 248
訳註羅漢講式　196
和論語抄八〈ヤマトロンゴシュウ〉　12

ゆ

由来記　205 →永平高祖弾虎像由来記
瑜伽師地論(瑜伽論)　261, 401
唯仏与仏の世界　301
維摩経　262, 317, 326, 456, 457
維摩経疏　215
遺教経　124, 346, 363
結城教授頌寿記念　仏教思想史論集　19
遊水戸侯源公山池并序　418
夢記　231, 336

よ

よろこび草　494
与慧極禅師書　420
与今井氏書、二首　418
与心越禅師書、四首(独庵稿三)　417, 418
永光寺草創記　200, 201
永沢寺蔵本(眼蔵仏性巻)　119
瓔珞経　386, 393 →菩薩瓔珞経
瓔珞本業経疏　485

鷹峰聯芳系譜 452
鷹峯卍山和尚広録 502 →卍山和尚広録
鷹陵説苑 485
横関文庫 450, 470, 475, 483
吉田本(学道用心集、個人蔵) 497, 499, 501

ら

羅漢応験伝 197
羅漢供会慶讃 197
羅漢供祭文 194
羅漢供養現瑞記 14
羅漢供養講式文 14, 195, 196
羅漢供養式(羅漢供式) 196
羅漢供養式作法 195, 196
羅漢供養式作法奥書 14
羅漢供養式の構成 196
羅漢供養式文 40
羅漢現瑞華記(羅漢現瑞記) 193, 195, 199, 201, 218
羅漢現瑞草記 199
羅漢講式 193, 195, 196
羅漢講式文章稿 62
羅漢信仰史 197, 202
羅漢和讃五十八句 202
羅湖野録 418
洛城東山建仁禅寺開山始祖明庵西公禅師塔銘 179
洛陽伽藍記 34
洛陽木下道正庵衆寮造営帳序 235
蘭渓和尚行実 14

り

利生記 223, 226, 227, 228, 229
→伝教大師・弘法大師両大師利生記
李嶠カ之百詠 109
李嶠之百詠 79
李嶠百詠(李嶠) 5, 73, 216, 217, 225
略抄 389 →梵網経略抄
竜天白山之書 161
(隆興仏教)編年通論 54
龍華院蔵本「三祖行業記」 117, 119
龍眠画像十六羅漢縮図序 198, 199, 201
梁塵秘抄 376
楞厳院検校次第〈リョウゴンインケンギョウシダイ〉 371
霊山院霊鐘記 15
林丘客話 367, 441, 443, 444, 447, 450
霊隠浄慈自得禅師語録 337 →自得禅師語録
臨終出家から死後出家へ 338

れ

霊威要略 135
霊源和尚筆語 501
霊瑞記 41 →永平寺三箇霊瑞記
霊の住処としての家 336
歴史地名大系 201
歴住略記 452 →海雲山歴住略記
歴代法宝記 34, 365
列祖行業記 22, 23, 28, 29, 30, 133, 159, 170, 174, 176, 177, 178, 203, 204, 206, 218, 225
→日域列祖行業記
蓮如絵伝 147
聯灯会要(会要、聯灯) 54, 55, 73, 329, 345, 348, 351
聯灯録 170 →洞上聯灯録

ろ

炉談 459, 460, 461, 465 →雪夜炉談
老子道徳経 323
琅琊代酔 第三十一巻 197
聾瞽指帰〈ロウコシキ〉 226
六十巻本正法眼蔵 339, 433
六十華厳経 322, 326, 328, 329
六祖大師珠数伝来記 171
六祖壇経(壇経) 34
六祖念珠授受証明之偈 171
六波羅探題下知状 53
六巻本 223, 224, 225, 226, 227, 229
→高野大師行状図画
論衡「骨相」 27, 216

わ

和漢書の印刷とその歴史 500
和倭国本(授菩薩戒儀式の別名) 388
若狭国慧日山観世音堂鐘銘 426
宏智録〈ワンシロク〉 459

索　引（年号）

あ

安土桃山時代　483
安永年間　194
安永四(年)　445
安永六年　197
安永七年夏安居之日　136
安永九年　486
安政六年五月　205, 209
安貞元年　30, 133
安貞元年丁亥　82, 110, 159
(安貞元年)丁亥之正月二十日　176
安貞元年十月十五日　53
安貞元年冬　160
安貞二年　21
安貞二年戊子孟春　159, 160

え

江戸末期から明治末頃　198
永延年中　138
永延元年　194
永享二年　56, 203
永享四年　105, 127
永正八年辛未八月念八日　153
永正十三年　134
永仁元年己亥　96
永仁五年　502
永仁六年戊戌　96, 120
永禄年間　122
永禄三年七月二十八日　256
永禄十三年　158
永禄十三庚午年八月四日　158
延応元年四月　392
延応元年五月　331
延応二年庚子月夕　343
延応二年三月清明節の日　313
延応庚子清明日　313
延喜二年丁午二月廿三日　140
延喜十七年　212, 213
延久元年　212, 213
延享元年　383, 469
延享二(年)　445
延享二年乙丑夏　448
(延慶二年)後から応永年間頃迄　77
延慶二年　96, 97, 104, 388
延慶二年から応永六年まで　97
延慶二年六月十六日　389
延慶二年己酉八月廿二日　96, 120
延慶二年己酉八月二十四日　91, 96
延慶二年己酉九月十四日亥剋　96
延載元年五月十五日　54
延文年間(室町期)　501
延文丁酉(二年)　496, 497, 500, 501, 502
延文三年　496, 501
延宝元年　5, 16, 122, 127, 133, 158, 161, 170, 174, 203, 213, 230, 313, 407, 469
延宝二年　424, 425, 499
延宝三年　16
延宝四年　172, 181, 205, 209
延宝四年秋　205
延宝五年(丁巳)　114, 407
延宝五年一月　416
延宝五年林鐘(六月)　164
延宝五丁巳歳林鐘吉辰　165
延宝六年　16, 158, 174, 203
延宝六年夏　417
延宝七年　16, 203, 425
延宝七年五月　417
延宝八年　4, 16, 61, 158, 200, 203, 337, 418, 469
延宝八年五月　417
延暦三年甲子正月廿日　225
延暦四年四月六日　225
延暦四年七月　226
延暦七年　226
延暦廿一年九月十二日　226
延暦廿三年三月　227
延暦廿三年五月　227

お

応永の頃　104
応永年間　97, 127, 194, 201
応永元年　239
応永六年　97, 102
応永七年～十二年　97
応永十三年　239
応永二十年　94, 97, 106, 117
応永廿癸巳年　93, 97
応永二十四年　201
応永二十五年　194, 201
応永三十年　250
応徳元年　183
応仁元年　145
応保二年　369

か

嘉永年間　207
嘉永二年　75
嘉永二年五月廿八日　70
嘉永二酉年六月十三日　70
嘉永三年　198
嘉永四年　475
嘉永四年六月十五日　198
嘉永四年(秋)七月　470, 475
嘉永五年　41, 42, 144, 145, 150, 236, 469
嘉永七年　209
嘉慶二年五月　97
嘉元四年　169
嘉泰二年〈南宋〉　51, 55
嘉定十六年〈南宋〉　80, 109, 277
嘉定十六年二月二十二日　46
嘉定十六年二月下旬　155
嘉定十六年四月初　59
嘉定十六年癸未五月中　59
(嘉定十六年)五月十三日　59

嘉定十六年七月 253
嘉定十六年也七月 59
嘉定十六年十月中 353
嘉定十六年癸未あき 59
嘉定十七年 31, 176, 253
嘉定十七年以降、宝慶元年春まで 366
嘉定十七年春 204
嘉定十七年一月二十一日 253
嘉定十七年三月末 356
嘉定十七年四月 256
嘉定十七年五、六月頃 253
嘉定十七年五月十日 131, 253
嘉定十七年秋 155, 252, 253, 256
嘉定十七年七・八月 253
嘉定十七年七月以前 366
嘉定十七年七月後半或いは八月頃 257, 356
嘉定十七年八月 356
嘉定十七年八月から翌年三月 257
嘉定十七年癸未冬十月中 47
嘉禎年間 339
嘉禎元年八月十五日 22, 23, 24
嘉禎元年十月廿日 57
嘉禎元年十二月日 22
嘉禎二年 74, 217
嘉禎二年十月十五日 23, 24
嘉禎二年十一月十八日 23, 24
嘉禎二年十二月除夜 129
嘉禎三年 390, 393
嘉禎三年春 392
嘉禎三季丁酉結制日 383
嘉暦元年(丙寅) 61, 142, 168
嘉暦元年八月 142
嘉暦二年 41, 42
嘉禄中 358
嘉禄元年 379
嘉禄元年(中国暦宝慶元年)五月二十七日 372
嘉禄三年 316
嘉禄三年十月五日 53
嘉禄三年十二月十日 9
会昌年間 209
咸平三年七月〈北宋〉 55
寛永 496
寛永頃 497
寛永元年 499, 502
寛永二年 71, 72, 195, 500
寛永六年 170
寛永六年十一月十七日 156
寛永六己巳年雪月十七日 157
寛永十年(癸酉) 497, 499
寛永十一年二月 162
寛永十二年二月 235
寛永十六年 175, 234, 235
寛永十六年八月 235
寛永十七年 232
寛延二年 445, 496
寛延三年 61, 205, 206
寛延四年 175
寛喜元年 21, 22
寛喜二年 22
寛喜三年(辛卯) 88, 316
寛喜三年より仁治四年頃まで 359
(寛喜三年)孟秋 311
寛喜辛卯(三年)仲秋日 331, 340, 359
寛喜五年丁未正月十五日 39
寛元元年以前 387
寛元元年 11, 19, 20, 310, 389, 392
寛元元年夏 316
寛元元年七月初一日 342
寛元元年十月 393
寛元元年癸卯冬 88
寛元二年 12, 38, 74, 150, 230, 317
寛元二年二月 230
寛元二年二月十四日 339
寛元二年二月二十四日 340
寛元二年二月二十五日 217
寛元二年三月 392
寛元二年甲辰七月 82, 111
寛元二年七月十八日 177
(寛元二年)其歳秋七月十有八日 177
寛元三年 13, 37
寛元三年の夏 217
寛元三年四月 38
寛元三年六月 392
寛元四年 13, 317
寛元四年歳次丁未正月十五日 39
寛元四年六月 392
寛元四年六月十五日 312
寛元四年八月 392
寛元四年九月 230, 392
寛元五年(丁未)正月十五日 38, 39, 43, 390
寛元五年宝治元年正月十五日 39
寛弘元年 458
寛治六年八月二十九日 183, 184
寛政四年 206, 209
寛政四年五月 205
寛政十年 62
寛政十一龍次戊午春 62
寛文二年 426
寛文二年ないし四年 415
寛文二年五月 425
寛文二年七月十二日 424
寛文三年 424
寛文四年 205, 419, 424, 425
寛文四年三月 423
寛文四年十一月十八日 425
寛文五年三月 423
寛文五年四月 424
寛文六年 195, 201
寛文七(年) 7
寛文七年から九年 423
寛文八年 415, 423, 425
寛文九年十一月二十四日 238
寛文十一年 238, 471
寛文十一年三月 419
寛文十一祀八月廿有八日 238
寛文十二年 419
寛文十二年正月 162
寛文十二年十一月六日 424
寛文十三年 16, 127, 133, 158, 161, 170, 174, 180, 203, 469, 471, 496
寛文十三年正月二十四日 238
寛保元年(辛酉) 138, 443, 450, 451, 452, 455
寛保元年冬 451

寛保二年　16, 46, 159, 180, 204, 236
観応元年　502
観応二年　13
観応二年四月二十一日　38

き

熙寧六年三月〈北宋〉　52
享徳元年　145
享保年間頃　168, 171
享保二年　16, 196, 452, 486
享保三年　56, 127
享保四年三月　439
享保四年六月四日　229
享保五年　61
享保六(年)　443
享保六年　114, 450
享保七年　61
享保十一年六月　171
享保十二年　16, 158, 204, 236
享保十二年十月十二日　452
享保十四年　133
享保十五年　16, 442, 444
享保十五年三月二十五日　256
享保壬子歳三月(十七年)　164
享保十九年九月　172
享保二十年晩秋　206
享保乙卯晩秋　209
享和元(年)　10
享和二年　145, 165, 171, 187, 190, 204, 206, 209, 236
享和二年頃　207
享和二年夏　186, 187

け

景徳元年〈北宋〉　458
景徳年　458
景祐四〈北宋〉　458, 466
慶安元年　409
慶安三年　409, 419
慶安四年　5, 409, 426
慶安五年以前　235
慶安五年　235, 236
慶安五年八月二十八日　174
慶応元年季夏穀旦　195
慶応四年二月九日　69
慶長年間　502
慶長五年　150
慶長五年三月五日　235
慶長七(年)　11
慶長十三年　415
建久九年(戊午)　85, 87, 111, 180
建久九戊午三月五日　181, 183
建長元年己酉　95, 201
建長元年九月十日　94, 105, 114
建長元年十月　393
建長二年　14, 124
建長二年正月　393
建長三年　14, 37, 41, 218, 230
建長三年辛亥春　88
建長三年正月　43
建長四年　15
建長四年夏　176, 346, 348, 363
建長四年七月日　39, 43
建長四年壬子秋　83, 111
建長五年　61, 125, 176, 231
建長五年正月六日　346, 363
建長五年癸丑七月十四日　86, 111
建長五年七月二十八日　312
建長五年八月三日　390
建長五年八月五日　364, 496
建長五年(癸丑)八月二十八日　74, 83, 111, 139, 177, 346, 389, 497
建長五年九月六日　177
建長五年(九月)十日　177
建長五年九月十日酉刻　177
建長五年十二月十日　61
建長六年九月九日　390
建長七年(乙卯)　95, 221
建長七年夏安居日　315, 340
建長七年解制前日(七月十四日)　364
建仁二(年)十月二十日　173
建保元年　375
建保元年春　321
建保元年(建暦三年)四月九日　80, 109, 277, 370, 397
建保元年夏四月十日　123, 124
建保二年　178, 179, 274, 279
建保年甲戌　278
建保三年　175, 390
建保三年正月　195
建保三年六月五日　178
建保三年七月五日　175, 178
建保五年(丁丑)　65, 80, 109, 274, 277, 279, 372
建保五年夏　321
建保五年(丁丑)八月二十五日　373, 390, 397
建保六年戊寅　85, 111
建暦二年(壬申)　71, 175
建暦二年(壬申)春　80, 109, 226, 370
建暦二年三月二十六日　372
建暦三年　375
建暦三年正月　395
建暦三年四月九日　371, 390
乾元二年四月十五日から延慶元年十二月二十二日〈唐〉　389
乾祐二年　466
元応元年己未八月六日　200
元応元年九月十五日　194
元応二年　193, 200
元応二年庚申除夜　200
元応三年九月　195
元久二年　195
元弘元年　194, 201
元弘三年　502
元弘三年五月　201
元弘三年九月廿七日　502
元亨二年　4
元亨三年　4, 56, 106, 127, 193, 200
元亨三癸亥四月八日　200
元亨三年八月二十八日　383
元亨三年九月十三日　115, 116, 117
元亨三年癸亥九月十三日　95, 105
元亨四年　337
元治元年　249
元和(二丙辰)　156
元和三年　472
元和四年　156, 170
元和六年正月　161

元和六年庚申正月吉日　161
元和九年　206
元文元年　443, 450
元文二年　452
元文三年　4, 97, 106, 138, 200, 204, 443, 450
元文四年　138, 427, 452
元文五年　443, 450
元文六年　443, 450
元禄期　129, 446
元禄年間　143
元禄初め　502
元禄元年　107, 172, 173, 174, 180, 181, 203, 469
元禄元年陰暦十二月上旬　181
元禄二年　16, 133, 144, 170, 174, 204, 223, 236, 408, 469
元禄二年三月十四日　173
元禄二年五月　31, 209
元禄三年　419, 451
元禄三年五月　419
元禄三年六月十八日　173
元禄四年　95, 106, 121, 181, 428
元禄四年一月　173
元禄四年未正月四日　173
元禄五年　16, 376, 426, 430
元禄五年十月　419
元禄六年　16, 195, 469
元禄七年　4, 158, 174, 180, 204, 469
元禄七年十月　426
元禄八年　212
元禄九年　440
元禄十年　170, 427
元禄十一年二月　460, 466
元禄十一年二月十一日　440
元禄十三年　426, 440, 452
元禄十五年　16, 130, 133, 171, 180, 204
元禄十五(壬午)春二月　128, 130, 135
元禄十六年　137, 138, 405, 426, 427, 440, 441, 443, 444, 447, 450, 451, 460, 464
元禄十六年ノ秋　465
元禄十六年癸未七月　451, 459
元禄十六年八月七日　403, 441, 447, 450

こ

後漢　455, 456
弘安三年　87
弘安三年庚辰夏四月　86, 112
弘安三年八月二十四日　86, 87, 390
弘安六年　501
弘安九年十一月八日　49
弘安九年十一月十日　57
弘仁元年　229
弘仁五年　228
弘仁五・六年頃　230
弘仁七年　229
弘仁九年　230
弘長二年壬戌　95
弘長三年十二月　502
康安二年　502
康平四年　184

し

(至元)廿五年〈元・世祖〉　454
治安元年八月二十九日　482
治暦元年十二月三十日　184
(正安元年)以降　99
正安二年　4, 115
正安二年頃　212
正安三年頃　212
正応元年　502
正応元年戊子　454
正応三年九月十日　375, 378
正応四年　501
正応五年廿一年　96
正嘉元年戊《ママ》午二月廿三日　140
正嘉二戊午年二月廿三日　140
正嘉二年二月廿三日　140
正元元年　167
正元元己未年　167
正元元年己未　89, 95
正治元年　48, 53
正治元年十一月八日　375
正治元季乙未十一月八日　48
正治二年　27
正治二年庚申正月二日　177
正徳元年　16, 204, 213, 442, 469
正徳三(年)　444
正徳四年　7, 114
正徳五(年)　5
正保年間　77
正和二年　193
正和二年四月八日　57
正和二年癸丑八月　200
紹定のはじめ　160, 358
紹定元年〈南宋〉　159
紹定二年　169
承応元年　410
承応元年八月　430
承応二年三月　423
承応三年六月二十八日　238
承応三年七月　410
承応三年十二月　423
承久元年己卯二月二日　88
承久元年十月二十日　49, 57
承久三年辛巳　373
承久三年八月十六日　372
承久三年九月十二日　232, 373, 374
承久三年(辛巳)九月十三日　376, 390
承久三年辛巳年九月十三日　373, 397
承元元年丁卯冬　79, 109, 339, 347
承保三年十一月二十八日　183
承暦三年　183, 184
承和二年　223
承和二年三月　230
承和九年七月十五日　230
貞永元年四月八日　95
貞応元年(壬午)　374, 376, 397
貞応二年　155, 228, 372
貞応二年癸未　80, 109, 277
貞応二年春二月　123, 125
貞応二年春二月中有二日　123
貞応二年二月頃　372
貞応二年みづのとひつじ二月二十二日　49, 53
貞応癸未二月廿二日　53, 80

貞応二癸未二月二十四日　153
貞応二年〔中国暦、嘉定十六年〕
　二月下旬　49
貞応二年四月上旬　49
貞応二年五月十三日　49
貞応二年七月　49
貞観元年　189
貞観八年七月　229
貞享元年　431
貞享二年　172, 181, 236, 428
　473
貞享二年二月二日　418
貞享二年十月　407, 431
貞享二年十一月十五日　431
貞享三年　413, 422, 426
貞享三年後三月乙巳　426
貞享三年六月　412, 419
(貞享三年)丙寅秋七月朔　422
貞享丙寅七月廿九日　413
貞享四年　108, 419, 431
貞享四年六月三日　415
貞享五年　184
貞享五年七月　172
貞治四年　502
貞治四年七月十八日　502
貞和三年十一月七日　10
神護景雲元年八月十八日　224

す

崇寧二年〈北宋〉　332
崇寧四年　500

せ

成化七年〈明〉　171
西蜀(後蜀〈934〜5〉)　446
全元(→至元)廿五年〈元、世宗〉
　454

そ

宋景徳元年〈北宋〉　458
　→景徳元年

た

泰定丁卯秋七月〈南宋〉　168
大中十年〈唐〉　55
大同元年八月　228

ち

(治暦)四年六月二十四日　184
長暦元年　458
長禄三年　208
長禄三〜四年　203
長禄四年　160, 208
長和四年五月七日　47, 49
重紀至元〈元、順宗〉　466

て

天応元年　225
天正期　157
天正年間(天正年中)　194, 238
天正二年　105
天正三年十二月　166
天正三年臘月仏上堂日　166
天正八年　158, 170
天正八年庚辰初夏念八日　158
天正十七年　4, 170, 200
天正十八年　105, 201
天智天皇七年　189, 219
天長元年　230
天長二年　223
天和元年　431
天和元年春　417
(天和三年)癸亥　420
天和二年　417
天和二年五月　418
天和二年五月三日　417
天和二年七月　425
天和二年七月十日　425
天和三年正月十一日　425
天和三年四月　418
天和三年六月　418
天和三年六月十五日　418
天福元年　20, 22, 316
天福改元癸巳　71
天福元年中元日　359
天福元年仲秋　340
天福二年(天福二年甲午)　339
　497
天文年間　379
天文年間から永禄元年　234
天文三年　238
天文七年　4, 133, 170, 171, 180
　193, 200, 203, 208
天文十六年　354, 359
天文二十一年　203, 409
天宝五年　54
天宝六(年)　54
天宝六年五月　55
天保四年　149, 150, 236
天保四年八月　144
天保十一年　198
天保十一年(庚子)六月　199,
　202
天保十二年　475
天保十四年　450
天明九年　61

と

唐宣宗大中十年　55 →大中十年

に

仁治元年と改暦十一月冬至　313
仁治元年開冬日　341
仁治元年庚子開冬日　359
仁治元年庚子冬節前日　313
仁治二年　312, 359
仁治二年辛丑春　88, 96, 118
　120
仁治二年歳次辛丑三月七日　359
仁治二年夏安居日　359
仁治二年十月十四日　340, 341
仁治二年十月中旬　343
仁治三年　11, 24, 35, 316, 390
　397
仁治三年四月　217
仁治三年〈一二四二〉四月五日　343
仁治三年四月十二日　95, 96
　120
仁治三年孟夏(陰暦四月)二十
　日　323
仁治三年四月二十六日　31
仁治三年八月五日　169
仁治壬寅歳九月初一日　30, 31
仁治三年重陽日　341
仁治三年十二月十七日　344
仁治癸卯端午日　359

ひ

(敏達天皇)七年戊戌 214

ふ

文安二年 97
文永元年 496
文永四年(丁卯) 13, 37, 86, 96, 112, 218
文永四年丁卯四月初八日 90, 96
文永四年九月二十二日 38, 43
文永四年九月廿二日 39
文永六年 138
文永九年 96, 223
文永九年壬申二月 90, 96
文永九年四月 90
文化・文政 149
文化二年 72, 187, 190, 213, 224, 236, 469
文化三年 144, 149, 206, 209, 213, 236, 469
文化五年 144, 149, 204, 206, 213, 236, 469
文化六年 149, 204, 206, 213, 236
文化十一年 474, 476
文化十三年 70, 71, 144, 149, 150, 195, 213, 236, 469
文化十三年(丙子)八月二十八日 69, 75
文化十四年 144, 149, 236
文化十四年四月 209
文久二年 223
文政元年 122, 128, 133, 171, 190, 193, 200, 473, 474
文政二年 144, 146, 474
文政二年前後 476
文政三年 236
文政四年 144, 146
文政五年 144, 146
文政六年 141, 469
文政九年 144, 149, 153, 207, 236
文政九年十一月 150
文政十年 148
文政十一年正月 148
文政十三年 198
文政十三年(庚寅)十一月 199
文明三年 171
文明四年 145
文明四年頃 213
文明十六年 212
文明十九年 194
文明中期以降十九年 105
文暦元年 21
文暦元年(甲午)冬 21, 22, 85, 111
文暦二年 374
文暦二年八月十五日 111, 369, 375, 377, 390, 397

へ

平治元年 369

ほ

宝永元年 441, 446
宝永元年五月 452
宝永二年 16, 427, 441
宝永三年 16, 61, 443, 450
宝永四年 61, 180
宝永六年 236
宝永七年 158, 174, 204, 450
宝永八年 16
宝亀九年 225
宝亀十年 225
宝慶年間〈南宋〉 355, 397
宝慶年間前後 332
宝慶元年(乙酉) 169, 252, 253, 257, 258, 360, 376, 379
宝慶元年より二年 354
宝慶元年春 28, 155, 257, 356
宝慶元年(乙酉)夏安居 254, 255, 357, 359
宝慶元年四月 366
宝慶元年四月頃 253
宝慶元年(乙酉)五月一日 66, 155, 253, 254, 255, 258, 272, 287, 356, 366
宝慶元年五月一日より七月十五日 358
宝慶元年五月二十七日 53
宝慶元年七月 253
宝慶元年七月初二日 253, 356
宝慶元年九月十八日 66, 255, 256, 358, 378, 379, 381, 383, 390, 397, 484
宝慶二年 13, 31, 339
宝慶二年か三年 255
宝慶二年とか三年 258
宝慶二年三月 254
宝慶二年夏安居 255
宝慶二年冬 358
宝慶三年(宝慶丁亥) 9, 29, 133, 159, 169, 209, 255, 256, 258, 358
宝慶三年丁亥 82, 110, 159
宝慶三年春頃 255, 258
宝慶三年(日本嘉禄三年)秋 358
宝慶三年七月 358
宝慶三年七月十七日 252, 257, 358
宝慶三年(丁亥)冬 127, 159, 160, 217, 218, 358
宝慶三年丁亥之臘 159
宝治元年(丁未) 13, 14, 37, 38, 39, 74, 83, 88, 111, 390
宝治元年正月十五日 218, 230
宝治元年丁未夏 88
宝治二年 37, 38, 469
宝治二年一月 231
宝治二年四月から十一月十二日 40
宝治二年戊申四月より十一月十二日 40
宝治二年四月より十一月 43, 218
宝治二年四月より十二月 230
宝治二年十二月 392
宝治三年 14, 37, 195, 201, 469
宝治三年正月 392
宝治三年正月一日 40, 192, 193, 218, 230
宝治三年酉正月一日 193
宝治三年己酉正月一日 200
宝治三年春正月 125
宝暦二年 145
宝暦三年 196, 235, 236, 368

413
宝暦四年　4, 145, 193, 196, 204
209, 213, 236
宝暦六年　130, 196
宝暦八(年)　442
宝暦九年　197, 236
宝暦九年～明和六年　167
宝暦十一年　197
宝暦十二(年)　445
宝暦十三年　158, 170
宝暦十三年六月　283
保元三年　369
北済　464 →北斉
穆王五十三年壬申　451, 455

ま

万治元年　409, 415, 419
万治元年(一説、万治二年)　410
万治元年の十一月　424
万治三年　430

み

民国九年　137

む

村上帝天暦三己酉年　466
→天暦三年
室町期　212
室町時代　161, 215

め

明応四年五月　130
明治初年　493
明治九年　451, 492
明治九年春　451
明治九年十月　494
明治十二年　144, 145, 492
明治十二年一月　493
明治十五年　146, 486
明治十七年　492
明治十八年十二月　199
明治十八年十二月十五日　198
202
明治十九年六月　492
明治十九年八月二十五日　494
明治二十年四月　493
明治二十一年二月　488
明治二十二年　492
明治二十三年　473, 480
明治二十三年十月四日　488
明治二十三年十二月　493
明治二十三年十二月一日　488
明治二十五年　198, 199, 236
明治廿五年四月　201
明治二十六年　144, 145
明治二十九年　144, 198, 236
明治二十九年四月　199
明治二十九年八月　149
明治三十二年　475
明治三十三年四月七日　255
358
明治三十五年　145, 198
明徳二年　97
明暦元年　410
明暦二年　415, 496
明暦二丁酉(干支から「三」の誤記)　438
明暦二年十月　430
明暦二年十一月　430
明暦三年　195, 410
明暦三年二月　430
明暦三年七月二十二日　430
明和～安永年間　198
明和年間　194
明和五年　167, 236, 496
明和六年　442, 444, 445, 469
明和八年　4, 6, 61, 206, 209
485

よ

(用明天皇)元年春正月壬子朔
214
(用明天皇)元年壬辰春正月一日　214
養老四年　213

り

両至元(世宗、順宗)　466
暦応三年　137
暦応三年三月十一日　38
暦応五年　501

索　引（語彙）

あ

下火(火葬)　332, 337
安芸岩国藩　415
安房勝山藩　424
阿育王山典座　286
阿育王山の護法神　29, 134
阿育王所造の八万四千塔　29
阿弥陀仏ノ仏心　464
蛙蝉会　494
悪霊化度の逸話　220
悪霊化度の話　470
天草代官　415
安居掛搭　46, 50, 56
安居掛搭の時期　46
安心論　494
安楽の法門　289
安陀衣　167
安陀会　166, 167, 171
安陀会鉢多羅　167
行脚期間と行脚地　366

い

いのち　330
以院易嗣　403
伊藤説(如浄入院)　256
医者下火　337
依院易師(以院易師)　440
怡然坐化　218, 364
威音以後、無師自悟　462
威音以前威音以後　462
威音以前無師自悟　462
威音前後　462
韋将軍勧還郷　146, 147
韋駄天走り　135
慰霊　335, 336
生羅漢　193, 218
育父　5, 178
育父源亜相上堂　5, 334, 335
石川県立美術館　76, 108
一丸薬(解毒万病円)　237
一毫穿衆穴話　22, 23, 24
一字水輪法(一字水輪の法)　188, 470
一乗円戒　375
一乗戒　375
一乗菩薩戒　388
一仏心印　295
一盲引衆盲　328
一夜碧岩並柁梱払子　167
一夜碧巌の逸話　159, 160
一夜碧巌の将来　18
一葉観音(一葉ノ観音)　31, 44, 139, 224, 228
一葉観音賛偈　35
一葉観音信仰　217
一葉観音像　31
一葉観音ノ事　35
一花開五葉　126
一戒光明　481
一向求菩提　322
一師印証　137, 403, 443, 450
一師印証、面授嗣法　440, 446
一師受戒　481
一師伝法　446
一師面授　445
一切衆生本是仏　280
一心円戒　375
諱希玄、後更名曰道元　124
諱希玄、後曰道元　124
岩国藩主　423
岩瀬文庫　→書名
印可証明　146
印可面授　465
印受(印可証明)　108
印証偈　412
印証書　448
因果応報　492
因果之所由　64
隠居山谷長養聖胎　82, 110
隠元法門　419
隠元門下の二甘露門　424

う

有師無悟　436, 463
有師無悟、紙伝払伝　435, 436
優婆塞(在家)戒　396
薄様　500
団扇　125, 193
団扇一柄　193
鬱多羅僧　166, 167, 171
鬱多羅僧安陀会　123, 125, 171
厩戸にて誕生　215
厩前にて誕生　214
雲門下ノ嗣書　8
雲紋　75

え

回向(廻向)　332, 334, 336, 337
江戸期における祖師信仰　207
江戸期の瑞世　238
衣鉢を継ぐ　365
恵果御入滅事　228
絵詞　149, 152
絵師　144, 146, 147, 150
絵像十六尊者　193
絵伝　143, 145, 148, 149
絵伝台本　149
絵解き(絵説き)　146, 147, 149, 151, 152, 153, 213, 224
絵解き史上　151
絵解き説法　143
絵解き台本　147, 150, 152, 153, 237
絵解き能化師　152
絵解き比丘尼　143
絵解き法師(絵説法師)　143, 213
慧遠の報応説と神不滅論　336
慧顗忌　334
慧思禅師の転生　215
懐鑑忌　334
懐奘自筆証文　37

懐奘ノ参学 10
懐奘秉払 11
永祖像 139
永平庫蔵 123, 125
永平高祖弾虎像 31
永平三代法席 96
永平寺伽藍図 144
永平寺帰山 14, 38, 469
永平寺教団 180
永平寺建立の機縁 469
永平寺三代 99, 117
永平寺三代相論 141
永平寺三代相論之事 104
永平寺世代改め 181
永平寺僧団 25
永平寺僧堂芳香瑞相ノ事 37
永平寺の梵鐘 41
永平寺派 210
永平寺瑠璃聖宝閣 172
永平二代(懐奘)御影(頂相) 130
永平秘伝日 170
英霊 335
栄西との相見 62, 175, 178
栄西との相見説 64
栄西・道元相見問題 17
栄西の示寂(入滅) 6, 18, 175
178, 179
栄西・明全ノ像 6
叡山の戒壇 370
叡山の大乗戒壇 53
叡山の天台僧 51
叡山の登壇受戒 370
越前和紙 499, 500
越州稲津保人事 95, 96, 120
越州丹生北足羽郷人 88, 96
120
円戒と密教との交渉 486
円宗守護神を勧請し玉ふ之事
226
円禅二戒 376
円禅二戒継承 374
円頓 370
円頓戒 58, 375, 388, 396, 398
399, 485
円頓戒系 370
円頓戒授戒 388
円頓戒と禅戒 384, 389, 400
円頓戒の戒儀について 485
円頓戒の戒体論について 485
円頓戒の相伝脈譜 388
円頓止観 248
円頓菩薩戒 372
円頓菩薩大戒 375
円爾の二種の度牒と戒牒 57
延暦寺(大乗)戒壇 57, 376, 396
延暦寺天台教団 21
延暦の戒壇 181

お

お茶の水図書館成簣堂文庫
173, 181
御元人 209, 237 →ヲモトニン
王三昧 325
王三昧の眷属 324
応受菩薩戒 394
往生念仏 337
黄檗戒壇(黄檗式戒壇) 471
473, 482
黄檗山万福寺に法堂 425
黄檗宗 502
黄檗禅 471
黄檗文化 409
黄龍之十世 65, 80, 277, 372
373, 375
黄龍派 457
大峰修行事 230
拝む仏 492
拝む本尊 489
折本絵入り版本 149
陰陽思想 335
陰陽師 470

か

かみ 330
カミ 484
かんなぎ 330
火葬 334, 336
加持一字水輪法 219
加上重受 396, 397
可帰郷治人天業病 132
可弘通於祖道 132
可能的自己 268
可発菩提心事 339
花口魚尾 500
花車袈裟 167
家父長制度 182
荷沢宗 323
華押 255, 256
掛搭願 59
過去七仏 127
嘉定十七年説 253, 366
嘉暦二年、梵鐘銘 42
瓦師 351
伽藍相続 403, 437, 448, 459
464, 465
伽藍法 429, 430, 441
峨山派 206, 445
峨山和尚之法嗣 104
蝦蟆蚯蚓窟裡 462
戒和尚 370
戒観念の変容 371
戒具足 481
戒光庵 476
戒次位 7, 35 →戒臘次位
戒相 398, 476, 478
戒壇 47, 51, 57, 375, 376, 396
戒壇院 52, 53, 85, 390, 395
226
戒壇所 52
戒壇石(葷酒牌) 241
戒牒 →索引45頁参照
戒弟緇白七百余人 119
戒徳 481
戒念 481
戒文の三聚戒 386
戒法 111, 475, 478
戒法の堅光 474, 483
戒法の寂室 473
戒脈 9, 10, 255, 358, 391, 398
戒脈の伝戒式 358
戒脈の伝来 358
戒脈識語 255
戒名・過去帳・檀家制度 490
戒律改革運動 322
戒律復興運動 390
戒臘 8, 35, 45, 50, 57, 58
戒臘公事ノ事 187
戒臘次位 45 →臘次

戒臘次位の問題 68
戒臘遵守ノ勅裁 8, 35
戒臘牌 59
改真言院為禅院 90, 96
海印三昧 324, 325, 327, 328
海印三昧の朝宗 326
海印定 324
海印炳現門 324, 327
絵画像十六尊者 40
開光供養 202
開山御自筆 139
開山自作ノ本尊 12
開山大和尚御道具 168
開山地永沢寺 239
開堂演法 122, 123, 127, 128
129, 131, 132, 208
開堂供養の陞座説法 38
開堂法要 12
開版本(学道用心集) →書名
開闢檀那 41
階梯的作仏行 273
槐樹(扁額) 452
懐胎十二ヶ月 224
懐妊時、空中有声の語 27
外域人 124
外舅の良観 175
各宗祖師の絵伝 213
革弊運動 452
革弊思想 403
革弊従事諸師芳啣 402, 430,
440, 446
革弊略表年 446
覚晏和尚忌 334
覚元 330
覚念ノ家系 16
隔世嗣法 441
学人の功夫弁道 240
学道者ノ用心ヲ示ス 12
掛幅用絵入り版本 149
片岡山の飢人 215, 220
活陥黄泉 139, 346, 364
活落黄泉 139
勝山藩主 425
豁然大悟 75
合掌被衣ノ儀 8
鎌倉行化 18, 188, 220
鎌倉下向 18, 469 →鎌倉行化
鎌倉下向ノ事 13
神 330
河内郡若芝金龍寺記録の校割
帳 93
河村孝道氏蔵本 →書名
河原根本之切紙 470, 473
官(祠部) 51
官医 15
官僧 68
官僧僧団の授戒制 68
官僧僧団の得度制 68
官僧僧団の入門儀礼システム
68
官府の裁定 446
看経之法要 158
看閲一切経 80
看話禅 300
看然子終焉語二種 334
勧善懲悪 476
寛元元年ノ動静 11
寛元三年ノ動静 13
寛元二年ノ動静 12
寛元四年ノ動静 13
感通 335
感応 335
感応道交 48, 356
感夢 335, 338
漢文絵詞 150
関三刹 178, 430
関東三僧統 444
観心無常 339, 340
観音賛 139
観音示現 188
観音信仰 161
観音図像 139
観音導利院僧堂勧進疏の史料
価値 19, 25
観音導利興聖宝林寺が創建 22
観音菩薩が示現 219
観音霊験 131
観音霊瑞 190
観無常心 339, 346
灌頂(戒灌頂) 369
丸薬(神仙解毒万病円、道正庵
家伝解毒円、道正家伝の解
毒丸) 219, 237
眼瞳重と重瞳 216
眼有重瞳(眼在重瞳) 27, 79
109, 215, 216, 217, 221, 225
願行 333
願生安楽 337

き

木下道正庵 189, 238
希明代什物 97, 106
忌辰上堂 6, 311, 312, 335
祈雨修法事 230
剞劂氏 201
帰朝 9, 154, 171, 176
帰朝逸話 171
帰朝時の諸瑞相 154
帰朝時ノ将来物 9 →付相承物
帰朝地 176
飢人 215
鬼 330
貴種 224
貴裡紙 157
棄恩入無為 311, 332
機関禅 298
偽戒牒 58
偽造戒牒 57
義介の入宋 167
疑処 282
疑滞 109, 274, 282, 285 →疑団
疑団 6, 34, 285, 372
岸沢文庫 253
岸沢文庫蔵本 101, 117
吉祥講 145, 148, 153
吉祥講の口演 148
吉祥山永平寺宝蔵 150
吉祥山永平禅寺二十世建撕老
漢記焉(瑞長本識語) 137
吉祥山山居頌ノ三首 14
吉祥山名ノ典拠 12
九世勘太夫献納 144
居家戒(在家戒) 394
虚構性 32
虚実皮膜説 282
京鎌倉ノ五山十刹 466
教育機関として寺院の役割 251
教外別伝 9

教外別伝話　62
教主釈尊(仏教の開祖)　34, 308
教禅一致　323
教団史における高祖像の変遷　186
経巻は、尽十方界に遍満　305
経巻は如来舎利　305
経巻は如来全身　305
行持道環　264, 283
行持報恩　489
行仏　290, 305, 306
行遊　51
切紙　166, 168, 169, 470
切紙資料　155, 170
切紙相承　366
切紙(断紙)の扱い方　442
断紙　445, 448
近代ノ檗派　466
金梭　168
金峰山参詣　226
金龍寺蔵版木版画　194

く

くしび　330
久米寺東塔心柱　227
口訣　445
宮内庁書陵部　70, 77, 78, 102, 121
庫院ニ示ス　13
瞿曇の親授記　363
瞿曇の老賊　350
具足戒(四分律の比丘戒)　226, 373, 396
具足戒牒　45, 375, 376
救世会　492
空手還郷　291, 361
空名度牒の売牒　47
黒竹篦　123, 125, 171
訓童行　241

け

化儀嗣法　439
化度者　477
化門表示　434, 438, 439, 442, 447, 463
華厳学　321
華厳教　322
華厳教学　325
華厳宗　322, 328
華厳の教理　322
華厳の世界　326
袈裟は三世諸仏の仏衣　306
下向の背景　17
解毒円　188, 189, 209, 219, 228, 235
解毒円之事　187
解毒丸　228, 237
解毒万病円　234
桂子(美称、他人の子)　174, 178
景教　214
慶元条法事類　違法剃度門の戸婚勅　51
慶元条法事類　違法剃度門の詐偽勅　51
慶元条法事類　師号度牒門の名例勅　51
慶元船裏(明州、寧波)　59, 285, 353 →慶元府
瑩山紹瑾の密教的素質　233
血脈　220, 365, 441, 444, 445, 447, 464, 468, 469, 478, 482, 483
血脈池　468
血脈授与　188, 470, 474
血脈衆　473, 482
血脈相承　227
血脈大事二物　448
血脈度霊(亡霊救済)　60, 125, 208, 218, 220, 221, 233, 468, 469, 470, 471, 472
血脈度霊逸話　232, 470
血脈度霊　逸話考　218, 478
血脈の戒譜　444
血脈法式　379
結夏秉払　23
結跏趺坐　284, 289, 324
見性　34
見性成仏之旨　85
見性霊知ノ事　21
見仏　305
建撕録日　174
建長三年ノ動静　14
建長四年ノ動静　15
建仁寺栄西僧正ノ室ニ入テ　277
建仁寺開山　179
建仁寺参学　6
建仁寺ニ寓止　10
建仁寺の草庵が破却　22
建仁寺寓居　20, 21
建養母堂　96
兼受菩薩戒　398
遣唐使　214
権門化儀嗣法　447
賢劫の諸仏　355
顕密心三宗ノ正脈　373
顕密心三宗の正脈を伝受　390
顕密之奥源　65, 109, 277
元祖道正と同庵歴世庵主の位牌　239
懸記(予言)　227
元和尚所伝菩薩戒儀式　88
玄明後日譚　13
玄明擯罰ノ事　13
原郷　210
原始永平僧団における戒儀　389
原始僧団と日本達磨宗　25
原事実の発見　17
現実的自己　268
現成公案　340 →眼蔵現成公案
現世利益　484
眼蔵の因果観　490
源亜相忌　334
源亜相忌上堂　5, 178, 311, 335
源氏　106, 189
源流書　448
還学生　45

こ

コノ璡公ハ、羅漢ノ応現ナルベシ　257
己事究明　290
戸婚勅　52
古教照心　245, 246
古仏　287, 350, 352
古老ノ賛辞　34
挙火　332
虚空書字事　227
虚空蔵求聞持法(虚空蔵求聞持

の法)　225, 227
五位　131, 132, 168
五位君臣　131, 132, 157
五位研究　168
五位顕訣　167, 448
五蘊仮和合　340, 341
五蘊仮和合の身心　340
五穢行　472
五家七宗　429, 457
五家の宗　295
五箇条垂誡　9, 35, 62
五過失　472
五山　8, 44, 81, 110
五山十刹　448
五山版　496, 501, 502
五山評議　8, 81, 110
五色光　39
五色瑞雲　39
五色のくも　39
五色の彩雲　38, 39, 218, 230
五色之雲　39
五十世　119
五種疾得成仏　484, 486
五宗の称　295
五十一代　118
五十一伝　359
五十一世　118, 119, 359
五十五年　124
五十代　118
五十代至先師天童浄和尚　350
五十代至先師天童如浄和尚　118
五十二世　119
五十二代之古仏　119
五十問答　123, 124, 125, 129
131, 133, 135
五十四年　124
五障三従　315
五辛　241
五派　433, 461
五派之禅宗　463
五筆和尚号事　227
五百尊者　197
五百ノ生羅漢　40
五仏灌頂の加持祈祷　209
五仏鎮蟒塔　205
五仏鎮蟒塔逸話　209
五篇(罪の軽重)　397
吾人迷情の根本識　267
後陽成院のご宸筆　239
悟世間之無常　109
御遺告　223
御絵所　149, 150
御条目　405
護戒　241
護戒神　479
護船之神　30
護法　402
護法韋駄天　132
護法善神　30
護法善神信仰　165
護法竜天善神　158
口語調(唱導風)「台本」　149
公案説法の否定　432
公胤の指示　62
公験〈クゲンとも〉　55
公憑　47, 51, 248
功勲的な五位説　157
広平侍者の介添え　106
弘法救生　284
甲州郡内暮地福昌会　70
亘信行弥の遺照　412
江西弾虎　146
江南ノ教禅　454
更受　397
庚申除夜　200
洪州宗　323
皇帝への上書　106
香語(追悼語)　337
香合　166, 167
高祖倚座像　144
高祖一百年遠忌の記念事業　97
高祖五五〇回大遠忌　145, 206
207, 209
高祖正当五百五十年諱　187
高祖信仰　186
高祖像　143, 186
高祖像(曲彔座)　150
高祖弾虎　203
高祖弾虎の逸話　203, 205, 207
高祖弾虎の類型　203
高祖と栄西との相見説　65
高祖との初相見　21
高祖道元禅師七百五十回大遠
忌　211
高祖七百回大遠忌　145
高祖二百回大遠忌　145
高祖の絵伝　143
高祖の諸山遍歴(行遊)　253
高祖の神格化・聖人化　207
高祖の宣揚・神格化　56
高祖の荼毘の焼香師　150
高祖の大事了畢　98
高祖の超人性・聖人性　220
高祖六百回大遠忌　145, 150
高祖六百五十回大遠忌　145
高麗僧二人　353
晧台寺の縁起　415
興聖寺開創(開堂)　10
興聖寺僧団　20, 25
興聖寺僧団の結成　17
興聖寺僧堂開単　24
興聖寺の旧跡　17
講談　143
業・因果論　491
業不亡論　490
業・輪廻　336
楮紙　500
告暇受芙蓉衣　146
国師　304, 352
国立公文書館　69
国立公文書館・内閣文庫　77
極楽寺破却　11
乞依亡僧事例　334
骨相奇秀　27, 79, 109, 215, 217
221, 225
駒澤大学図書館(駒図)　61, 70
76, 122, 173, 236
金剛宝戒　481, 482
根塵相対介爾　273
混交信仰　190
魂　330
魂魄　331, 335
近事男女　317
権現の託宣　226
権者自称事　230
権乗の化儀　442
権律師の法位　182

さ

作法　384, 385, 386, 387
作務　286
差別的因果応報説　478
詐偽勅　52
嵯峨喪礼事　230
坐化　231, 364
坐禅観　323
坐禅者身心脱落也　287
坐脱　364
坐仏　306
坐亡　364
西天二十八祖　127, 303, 359
西天二十八祖説　429
西天二十八代　118, 295
彩色雛形　70
済洞同伝　444
祭祀・供養等の儀礼　336
祭文　178
斎戒　216
斎粥米菜ニ対スル法　13
最勝講　183, 485
最勝講会　184
在家教団化　291
在家教導　488
在家化導　491
在家主義　316
在家受戒　480
在家成仏　310, 314, 317, 318
480, 485
在家葬儀　336, 337
在宋参学　7, 8
在胎十有三月　232
財団法人禅文化研究所　108
三韓の僧二人　47
三帰　352, 380, 384
三帰五戒　481
三帰懺悔説十重　397
三教一致　298, 360
三教一致の思想　294
三賢十聖　313
三鈷杵　230
三鈷宝剣事　230
三箇条霊瑞事　218
三箇霊瑞　13, 14
三江幇　409
三国応化の霊地　230
三師七証　481
三師の誕生伝説　225
三種成仏　484, 486
三種即証大覚位　484, 486
三聚(三聚戒)　384, 386
三聚浄戒　383, 396, 481
三聚浄戒の名称　386
三十七道品　261
三十七品菩提分法　261, 262
→眼蔵
三十二相　221
三乗一乗権実頓漸　454
三寸之白蛇(三寸白蛇)　158
171
三寸計白蛇　165
三寸ほどの白蛇(三寸許白蛇)
123, 159, 218, 230
三千大千世界　304
三代相論　141
三代相論ノ事　138
三代ノ位ヲ不定　138
三代四代位ヲ不定　138
三脱落話　154, 156
三脱落話(切紙)の成立　157
三壇戒会　473 →黄檗戒壇
三物　365, 445
三物の意義　442
三物の比重　442
三物相承　365
三物伝授　441
三物論　431, 440, 444
三宝印　255
三宝朱篆　256
山窩　190
山鬼　476
山王　188, 189
山王権現出現之事　228
山王信仰　226
山王神道　189, 219
山門派　51
山門羅漢　197
参(室内語句)　166
参禅者必身心脱落也　156
参禅者身心脱落　82, 254
参禅者身心脱落也　65, 66, 272
379
参禅者身心脱落也、祗管打坐始得　289
参禅修行の急務　432
参内の礼式作法　238
参深草改衣　85
参問　356
散念仏銭　332
算沙学　277
懺悔法　397
懺悔滅罪(罪障消滅)　397
讃仏祖観音　42
三昧王三昧　324
→眼蔵三昧王三昧

し

止観業　324
止観の前方便　245
只管坐禅　254
只管打坐(祗管打坐)　43, 264
271, 273, 280, 283, 292, 324
325, 361, 365, 480
只管打坐の行証　266
四恩十善　493
四月九日剃髪　34
四月十日菩薩戒ヲ受ク　34
四口食　242
四事供養　425
四邪食　242
四種三宝　385
四種曼荼羅　145
四十八軽戒　384, 392, 396
四摂法　491
四禅比丘　315
四祖道信香合　166, 167
四大原則　493
四大綱領　489, 490, 492, 493
494
四賓主　132
四不浄食　242
四分戒(比丘戒)　369, 374, 377
378, 398
四門出遊　214, 220
死優婆塞・死優婆夷　333
死者ホトケ　484

死野狐　333
死霊(亡霊)　335, 484
私度僧　68
知客〈シカ〉　85, 111
師資一体　442, 447
師資相伝　7, 374
師資面印　437, 464
師資面授一師印証　441, 443, 450
師資面稟(禀)　439, 463
師承香　416
祇管坐禅　65
祇管打坐　65, 272, 273, 284, 288, 289, 290, 291, 292, 357, 358, 392
祠部関係の人々　48
祠部牒　55
紙伝払伝　414, 434, 435, 438, 447, 463, 465
紙伝払伝、有名無実　464
紫衣黄衣　105
紫衣師号　52
紫衣と禅師号の下賜　67, 68
嗣書　8, 88, 110, 167, 169, 256, 286, 297, 352, 354, 355, 356, 358, 365, 441, 444, 445, 447 →眼蔵嗣書
嗣書を拝閲　354
嗣書一物　448
嗣書相承の時点　255
嗣書拝看　98, 253
嗣承香　254
嗣承問題　137
嗣法　22, 252, 254, 353, 354, 356, 357, 374, 408, 437, 446
嗣法の時期　154
嗣法観　403, 404, 430
嗣法小師紹瑾謹記(三大尊行状記)　95
嗣法問題　430
嗣法論争　403, 440
資助覚霊往生浄土　337
資薦往生　337
賜以紫衣徽号　63
賜以甚服徽号　63
賜紫衣・禅師号　62
賜紫衣徽号　63
賜紫衣并仏法之号　63
賜紫方袍　63
賜紫方袍并禅師号　63
示寂　15, 104, 175, 177, 178, 256, 257
地獄図　146
寺社奉行所　430
寺門派　51
自我意識　269
自己仏知見開発時　438
自賛頂相　132, 166, 167
自受用三昧　264, 265, 324, 325, 360
自受用三昧の打坐　264
自証三昧　265 →眼蔵自証三昧
自心授記　433
自誓受戒　322
自知自得　436
自内証の法門　265
事事無礙法界　328
事法(現実)の立場　336
事本位(形式主義)　441
持戒清浄　247
持戒梵行　391
持戒梵行者　377
慈父大師　350 →釈尊
直指人心見性成仏　432, 437, 454, 455
直須古教照心　246
竺墳漢籍　405, 409
静岡県岸沢文庫　76, 77
七逆の懺悔　392
七処斉満　27, 216
七処平満　27, 79, 109, 215, 217, 225
七処平満相　216
七処満好　27, 216
七仏西天二十八祖　34
七仏通誡偈　342
七聚(罪の軽重)　397
叱咤時脱落　156, 254, 258, 287
叱咤時脱落説　255, 357
竹篦　166, 167, 171, 361
室中鎮護の大事　23
室内儀軌　366
室内伝法物の研究　366
執筆五法　227
十戒(十重禁戒)　383, 384
十方国土悉是遮那仏身　305
沙弥　5, 49, 52, 137, 173, 321
沙弥戒　226, 396, 400
沙弥戒の臘　58
舎利　53, 171
舎利信仰　55, 169
娑竭羅(サーガラ)竜王　473
娑婆国土　304
釈迦慈父　350
釈迦仏之袈裟　168
釈迦牟尼仏五十四世法孫洞谷紹瑾記　117
釈迦文仏之茵褥(釈迦文仏茵褥)　123, 125, 166, 167, 168, 171
釈迦牟尼仏土　304
釈迦老漢　365
釈迦老子　350, 365
遮那業　324
蛇身　210
蛇神伝承　210
蛇神(龍蛇)伝承　208
釈梵宮　423
釈尊伝の降誕逸話　225
釈尊との付法伝持　364
釈尊の前生譚　220
嚼楊枝　352
寂円派　137, 502
朱子学　406
守護神韋駄天　232
拄杖(主杖)　28, 29, 31, 44, 166, 188, 190, 204, 205, 207, 208, 209, 250, 361
拄杖の神秘的威力　207
首座秉払　129
首楞厳見性義聞　88
首棱厳之頻伽瓶喩　85
修験道　230
修験道の即身仏　484
修証一等　283, 289, 358
修証一如の宗旨　361
修証観　323
修証即不無、染汚即不得　327

修証不二　322, 325, 489
修証論　322
寿昌派　410, 416, 466
受戒　37, 51, 368, 377, 481
482, 489
受戒信仰　333
受戒成仏　480, 483, 484
受戒と戒脈　54
受戒得度　378
受戒の三帰　385
受戒入位　480, 484, 491
受戒入位即受戒成仏　491, 492
受戒(授戒)問題　333
受具剃頭弟子三百余人　83, 111
119
受業師　409
受菩薩戒儀の三帰　385
受菩薩戒弟子七百余人　83, 119
授戒　331, 332, 471, 474, 475
477, 478, 483
授戒(菩薩戒)会　232, 291, 470
471, 472, 473, 478, 480, 482
483, 486
授戒会の形式化・祈祷化　478
授戒会の宣伝文　470
授戒会の普及　231
授戒儀礼　473
授戒成仏　471, 474, 478, 489
授戒制　50, 51
授戒即成仏　478
授戒と伝戒　54
州界　47, 123
宗教改革運動　479
宗旨端的の眼　164
宗祖　17, 42, 146, 147, 148, 485
宗典無謬説　490
宗統復古　430
宗統復古(宗弊革新)運動　137
367, 402, 426, 430, 446, 450
宗風　80
宗弊復古事　447
宗門(五派分裂前)　432
宗門(曹洞宗)　328
宗門の僧侶養成・研修全般　490
宗門ノ面授　461
宗論事　230
十九問答　316
十玄門(十玄縁起門)　328
十七条憲法　214
十重禁戒　383, 386
十重四十八軽戒　384, 396, 397
481
十善戒　474
十二門戒儀　385
十念　332
十念阿弥陀仏　332
十八種物の受持　352
十八問答　21, 316
十四歳の登壇受戒　371
十六悪律儀　247
十六支戒　381, 384, 394
十六重戒　384
十六重戒品　384, 387
十六条戒　322, 358, 361, 375
380, 381, 383, 384, 387, 390
391, 394, 399
十六条事　381, 384
十六条仏戒　381, 384
十六尊者　197
十六羅漢講式　195
十六羅漢信仰　192
十六羅漢図の流布　208
十六羅漢像　193, 194
重嗣相続　442, 443
重嗣論　444
重受　482, 483
重受菩薩戒　393, 396
重々無尽　328
祝聖開堂　456
祝聖上堂　128
宿有霊骨　335
出家戒　394
出家至上主義　310
出家主義　316
出家受戒　318
出家授戒　478
出家成仏　310, 485
出家道　393
出家得度　390
出山療養　15
祝国開堂　128
純一の仏法　298, 360
潤色的表現　53
処胎十三月　225, 232
初期永平寺僧団　25
初相見　9, 155, 253
初相見の日　253
初祖達磨画像　418
所犯　393
書持　37, 50, 58
庶民芸能　148
諸山遍歴　56
諸山歴遊　98
諸仏正伝　400
諸仏如来　352
女性の五種悪　472
女性蔑視　471
小参　129
小師帳　473
小乗戒壇系　51
小乗声聞行　261
小乗比丘戒　396
正師　287, 294, 296, 298, 356
360
正師の言及　367
正修止観　247
正嫡　294, 296, 298, 350, 360
正伝　294, 298, 437
正伝の嗣法　438
正伝の仏法　21, 284, 290, 360
391, 396, 400
正法　293, 294, 296, 298, 360
正法眼蔵(仏法)　454
正法眼蔵と修証義の対比　490
正法眼蔵涅槃妙心　33, 429, 454
正法眼蔵涅槃妙心無上の大法
296
正門　294, 296, 298
生陥黄泉　139 →活陥黄泉
生死観　339
生死去来、真実人体　341, 342
343
生死は仏の御いのち　345
生死は仏道の行履　342, 343
生死を生死にまかす　345
生仏　340
生也全機現、死也全機現　339
342, 344, 346

声聞戒 58, 263, 393
声聞行 261
声聞持戒、菩薩破戒 263, 393, 399
声聞十六行 261
声聞の比丘戒(具足戒) 396
声聞律儀 396
性起思想 325
招婿婚 182
招宝山の護法神 134
松源院十一世代 128
相見 17, 62, 64, 155, 178, 252, 356
唱道師(能化師) 143, 149
唱道風 152
唱導の語り 147
唱仏銭 337
荘厳劫の諸仏 355
焼香侍者 358, 378
摂衆生戒 380
摂善法戒 380
摂律儀戒 380
聖道門の立場 494
聖徳太子舎利塔 171
聖徳太子の実像 213
聖霊 331, 335
上魚尾 500
上堂 128, 336, 356, 361
丈夫身(丈夫相) 319
成仏 476
成仏得脱 476, 478
成仏論 310
定光(燃灯)仏信仰 221
浄祖の親蹟 256
浄土参部 88
浄土門的教示 494
浄土曼荼羅 145
浄頭拄杖 31
浄妙国土 340
浄瑠璃師 31
浄瑠璃風に脚色 237
触頭拄杖 31
贖宥状 479
白銀の薬師如来像 224
白銀の薬師如来の小像 224
心越派 466 →寿昌派
心性縁起法界の法門 281
心塵 43
心塵脱落 32, 42, 272, 273, 284, 288
心塵脱落と身心脱落 248
心塵脱落開嵓洞 275
心如工画師 326
心仏及衆生是三無差別 281
身心脱落 17, 18, 32, 131, 132, 154, 155, 177, 252, 254, 272, 273, 275, 284, 287, 288, 289, 291, 292, 357, 358, 379
身心脱落 脱落身心 82, 110
身心脱落の教示 156
身心脱落の時期 255
身心脱落の年次 18, 275
身心脱落者坐禅也 66, 289
身心脱落話 9, 23, 35, 62, 89, 106, 157, 379
身心如一 348
神異僧 221
神異譚 224
神祇受戒 477
神性 337
神人 188, 190, 219, 228, 235, 237, 335
神人化度 478, 479
神人化度逸話 476
神人教化 477
神仙解毒丸 146, 238
神仙解毒方 237
神仙解毒万病円 184, 234, 236
神仙解毒万病円の宣伝普及 237
神仙解毒万病円服用之事 238
神仙解毒万病丹 238
神泉苑事 230
神僧 479
神女 316
神会系(荷沢宗) 323
神秘的祥瑞 37, 191
神仏混交 291
神仏習合 164, 189, 228, 476
神仏習合思想 158
神話 191
真阿羅漢 192
真我 330
真言止観 391
真言宗寺院 419
真参実践の禅師 414
真出塵阿羅漢 192
真人打出 394
真諦門 299
真如本覚 325
真の仏子菩薩 189
真面授嗣法 447
陞座〈シンゾ〉 38, 85, 128, 131, 133, 134, 135
陞座説法 38
深々海底行 328
清規 322
新戒位 80
新到列位 44, 45, 50, 60
新到列位問題 7, 36, 48, 56, 59, 98, 106
新道元 256
親授説(対代付説) 367
人天業病 132
人女畜女 316
尽界自己 266
尽界超越の結跏趺坐 284
尽十方界真実人体 266, 341, 346
尽大地・尽虚空 344

す

図海上観音妙体 123
水葬 336
随聞記示衆語 10
瑞川寺蔵本 →書名
瑞相 13, 33, 37, 38, 42
瑞相の記事 42
瑞相ノ証 13
瑞夢 335, 338
崇儒拝仏 426
椙生流 375

せ

世寿並ビニ僧臘 16
世俗の道徳訓 491
生前授戒 478
生の死となるといはず 340
性差別 468, 471, 472, 473

性差別説　478
青原下系　369, 370
青原下系の伝戒　378
青黒色ノ衣　167
清和源氏の氏神　219
晴明疱瘡神を封ず　231
誓願捨身事　225
静嘉堂文庫　→書名
石動山信仰　233
席次是正の問題　60
隻履達摩(空棺隻履)　215
雪峰山の松山　160
説戒師　482
説経祭文　143
説経浄瑠璃台本　144
説経節　148
設利羅　74 →舎利
説話　186, 188, 191
絶対的自己　266
千光禅師忌　334
千光禅師之室　64
千手四海秘法　229
仙台其心倶楽部　493
仙台僧録　447
仙台藩学問所養賢堂　493
先考(実父)　311, 334
先考忌　334
先師　6, 65, 89, 90, 93, 102, 117, 137, 171, 253, 254, 255, 257, 287, 294, 295, 335, 337, 352, 354, 355, 356, 357, 359, 364, 374, 389, 458, 461
先受声聞戒　394
先聖　89
先尼外道　330, 331
先尼外道の霊知説　323
先妣(生母)の忌辰　311
先妣忌　5, 334
先妣忌上堂　5, 311
先仏　350, 352
宣読清規開始　14
専修念仏　290
旃陀羅　488
旃陀羅・修証義　490
遷化　332, 337, 364
薦清魂於浄土　337
薦亡焼香諸疏　337
全一の仏法　360
全久院文書　38
全経巻の自己　298
全自己の経巻　298, 306
全自己の仏祖　298
全仏祖の自己　298
前後際断　267, 340
前住　99, 138, 141, 157, 161
禅ノ宗旨　456
禅戒　401, 431, 474, 478
禅戒一如　392, 489, 494
禅戒非戒　401
禅戒無戒　401
禅戒論　431
禅学　33, 55, 60, 114, 319, 321
禅月(大師貫休)様式　194
禅月様　194
禅宗五家の乱称　296
禅宗青原下の戒脈　54
禅宗南岳下の戒脈　54
禅宗の宗名　298
禅宗ノ伝法嗣法面稟面授　456
禅定の障　241
禅壇菩薩戒　373
禅門の伝衣付法　435
禅林　9, 31, 54, 56, 114, 134, 456
漸次止観　248

そ

徂徠学　406
祖翁　89 →栄西
祖規復古　207
祖師　316, 317, 339, 350, 363
祖師信仰　60, 212
祖師崇拝　212
祖師西来の意義　34
祖先(先祖)崇拝　336
祖祖正伝　400
祖統説　365, 429
祖霊　484
宋僧蘭渓道隆トノ交信　14
宋代宗教法制の一資料　55
宋朝禅批判　323
宋朝禅林の法臘基準　48
相師ノ言　5, 27, 34, 36
相州松巌寺室中　24
相承物　166, 167, 171
送状年月・永平返書年月　14
送別偈　410, 411
崇福寺の「中興開山」　424
曹山出世の護法韋駄天　132 →韋駄天
曹洞教会　493, 495
曹洞教会扶宗講社　493
曹洞宗　163, 291, 295, 300, 416, 466, 473, 493
曹洞宗祖師　291
曹洞宗式の血脈戒壇　471
曹洞宗寿昌派　416
曹洞宗の宗名　295
曹洞宗ノ鎮守　163
曹洞宗派　466
曹洞宗扶宗会　473, 488, 493
曹洞鎮守　162
曹洞ノ三位トスル也　163
曹洞ノ宗旨　457
曹洞ハ提唱伝帕口耳誦習　461
曹洞無上正法　165
葬儀　334, 336, 337, 338
葬祭関係の項目亡僧　337
僧海忌　334
僧伽梨并自頂相　167
僧伽棃衣　57
僧正　6, 7, 34, 35, 54, 62, 80, 279, 285, 321
僧制　51
僧堂　10, 14, 456
僧堂芳香瑞相ノ事　14, 37
僧道　51
僧徳　416
僧臘(僧臈)　46, 58, 83, 110
僧録　430, 459
総授戒運動　486
総僧録所関三刹　178
總持寺開基二代並五院開山示寂之日　104
總持寺開山二代并五院開基示寂　208
總持寺十境　104
總持寺宝物館　105

叢林　240, 241, 456 →禅林
叢林生活の注意事項　240
叢林の食生活　241
藻浴整衣　178
即身成仏　481, 482, 484, 486
即身成仏の三義　484
即身入妙覚仏位　481
即身六即成仏　481, 484
俗寿五十有四、坐夏四十一　119
俗寿五十有四、僧臘三十有七　119
孫嫡子社　220, 470
尊宿遷化　332, 337

た

たま　330
たましい　330
他力念仏往生　492
多師相続　403, 446
打坐仏　290
柁櫚払子　167
荼毘拾設利羅　74
荼毘処　16
大刹叢林規矩　89
大庾嶺頭争　411, 412
大陽・投子嗣承問題　137, 141
大陽の皮履と直綴　141
太子信仰　222
太子摂政　214
太子仏教の特質　222
太白山の護法神　219
太白星　189, 219, 221, 228
台密三昧流　395
退浄慈天童上堂　356
大阿羅漢　262, 263
大安楽の法門　270
大和尚　98, 303
→釈迦牟尼仏大和尚
大疑滞　7, 35, 278, 282
大解脱地　264
大権修利衛護　146
大悟　22, 357, 358
大悟の機縁　22
大悟の時期　357
大黒天信仰　226
大師参詣御廟事　229
大師擲三鈷事　228
大事　365, 379, 441, 444, 445, 447
大事授畢　379
大事了畢(大悟)　106, 155, 254, 272, 288, 379
大慈寺の語　138
大慈寺の山号　176
大慈寺の檀那河尻氏　179
大蛇　205, 209
大小兼受戒(兼受菩薩戒)　384, 391, 396, 398, 399
大小二乗の兼受菩薩戒　46
大乗円頓戒　321
大乗戒　401
大乗戒壇　396, 481
大乗戒壇系　51
大乗戒法　388
大乗義介和尚伝法事　106
大乗大僧戒　371
大乗菩薩戒　37, 44, 45, 50, 57, 322, 365
大乗菩薩戒(単受菩薩戒)臘　58
大乗菩薩行　261
(大)禅師　98
大地有情同時成道　351
大塔建立事　230
大梅山護聖寺旦過寮　216, 356
大梅山の霊夢　106, 258
大仏寺開堂　12, 177
大仏寺僧堂上棟式ノ記　12
大仏寺の位置　12
大仏寺法堂上棟式　150
大仏寺法堂造営　12
代戒　478
代受　483
代付(代授)　367, 433, 437, 450, 465
代付説　137, 138, 367, 433
代付と弊風批判　367
代付の問題　367
代付之伝言　464
代付面印　464
代付遙嗣　453, 465
代付論　440
第一秘処貴裡紙　157
第五十一祖永平元和尚　359
第七末那識　269
第八伐闍羅弗多羅尊者の信仰　193
平景清の縁者　182
搭袈裟偈　353
塔主〈タッス〉　86, 112 →古塔主
達道(得法)　317
達摩墳　215
脱生脱死の威儀　346
谷流　375
谷流ノ秘法一百三十四尊ノ行法　373, 375
達磨大師の化身　29
達磨ノ袈裟　456
達磨門下ノ嗣法　465
丹知客　176
単受菩薩戒　46, 384, 391, 396, 398, 399, 400
単伝正直の仏法　254, 284, 290, 296, 360
端坐依行　360
端坐参禅　324
端坐参禅が正門　284
誕生逸話　26, 44
誕生奇特事(祥瑞)　224, 225
誕生にまつわる話　26, 27, 28
男女平等論　310, 318
断見外道　435
断惑証理的な階梯的作仏行　273
弾虎主丈　28, 160, 166
弾虎拄杖　44
弾虎杖　28
弾虎杖逸話　228
弾虎図　209
檀那諷経　332, 336, 337
檀那流(また慈光房流)　395
檀方之重書箱　201
檀方義重ノ書箱　201

ち

知之一字、衆妙之門　323
智者大師の再誕　227
智琛乞語ノ賛　140
畜生授戒　218, 220, 334, 469
畜生授戒型　471

畜生授戒型血脈度霊 469
畜生葬儀 334
畜生度霊 231
中陰の作善供養 332
中有関連の用語 336
中国禅青原下系 391
中国禅の南岳下(黄龍派)系 37
368, 369, 391
中国唐代の官制に定めた僧制
54
中国の陰陽思想 335
中国の授戒制 51
中国仏教徒の生活信条 241
中秋翫月逸話 146
長蘆法席 466
長老 120
鳥葬 336
朝鮮古活字印 500
超俗孤高性 414
聴戒(受戒) 216, 230
珍養の広血脈 375
頂相〈チンゾウ〉 142, 153
陳編断簡 406
鎮守(白山妙理大権現)逸話 154
鎮守三所権現 226
鎮守参禅 163
鎮守之参 163

つ

追善 331, 332
追善法要 332
追慕 336
通幻下 97
通俗仏教 494
通仏教 493
剣 205

て

剃除鬚髪 352
剃髪染衣 352
寺(戒壇所) 51
天岸慧広の度牒と戒牒 57
天狗 471, 476
天狗降伏事 227
天華の話 38
天告ノ神異 34
天上天下、唯我独尊 214
天真派 97
天台円教菩薩戒 375
天台円頓戒系 378
天台円頓戒の戒脈 54
天台(法華)学 321
天台座主 37, 184, 374, 376
395, 396
天台宗山門派 51
天台宗寺門派 51
天台真言 6
天台の円頓戒 50
天台本覚思想 276
天台本覚法門 276
天童一山 49
天童和尚忌 252, 257, 334, 358
366
天童(二三回)忌 334
天童帰山の時期 366
天童山掛錫 7, 56, 98
天童山規矩 89
天童山住持への上書 106
天童山昇住の時期 252
天童山上山 147
天童山晋住の時期 257
天童山に寓直(掛搭) 47
天童山評議 8
天童席 176
天童脱落話 272, 274
天童長翁浄禅師遺像 142
天童ノ一山住持両班 110
天徳寺の祝国開堂 419
天女 316
天女神女 316
天然外道(天然ノ外道) 355
435, 436, 447, 453, 456, 461
462, 463, 465
典座 72, 85, 111, 264, 286
典座職 286
転功就位 157
転女成男 317
伝戒 37, 287, 368, 374, 377
378, 379, 384, 474
伝戒弟子 99
伝戒の儀式作法 383
伝戒の時期 252
伝師資相承偈 232
伝授仏祖正伝戒法 85
伝説 186, 188, 191
伝奏役勧修寺家との連携 234
伝灯擁護の霊神 134
伝道教化 145
伝法 37, 287, 374, 376, 437
伝法(嗣法) 378
伝法阿闍梨位の灌頂 227
伝法帰朝 85
伝法偈 365
伝法公事 430, 438
伝法公事の事件 430
伝法沙門道元 359
伝法伝戒本師 112
伝法の自覚 359

と

多武峰達磨宗 21
多武峰焼打事件〈トウノミネ〉 21
兜率天内院 338
渡海祈願 227
渡天礼拝釈尊事 227
土葬 336
土地五駆 190
土地神 160, 165
土地堂諷経 170
度縁 60
当已成仏 481
東雲文庫雨宝室 209
東京大学総合図書館 70, 71
東西都盧五十一伝 359
東山五祖法 466
東山法門 429
東大寺戒壇 47, 375
東大寺系の南都律 396
東大寺受戒の戒牒 50
東大寺受具 50
東塔北谷八部尾の由来 226
東福寺僧団 11
東北大学図書館狩野文庫 69
洞家 457
洞家室内三物 444
洞済交渉史 73
洞山後身 177 →道元
洞山頂相 123, 125, 166, 167

171
洞山の五位説 296
洞山の麻三斤 129
洞山麻三斤 23
洞山麻三斤話 24
洞上ノ宗旨 9
洞曹内ノ宗旨 457
洞門の嗣法論争 429
透体脱落 265, 428
透脱 344, 346
登壇受戒 175
頭韻僧譜 181 →僧譜冠字韻類
頭書本 496 →学道用心集
同道同唱 364
恫喝と救済 472
堂奥 155
道元講 145, 148, 153
道元禅師慈母の出自 18
道元禅師伝 224
道元禅師七百五十回大遠忌
129, 208
道元禅師の育父 18
道元禅師の家訓 441
道元禅師の伽藍観 17
道元禅師の宋よりの帰着地 18
道元禅師の相承物(将来物) 166
道元禅師四百回忌 174
道元の帰朝年次 358
道元の修証観 325
道元筆羅漢供養式 195
道元への崇敬心 222
道釈門 51
道釈令 52
道正庵 60
道正庵家伝の神仙之妙術 175
道正庵の衆寮造作と修理 235
道正家伝ノ解毒丸 9
道正家(伝)の解毒丸 237
道正家伝薬 228
徳山の棒 413
独庵の頂相 408, 427
独庵ノ革弊ノ願 460
独参 253
読誦教典 489
栃木県宗務所管内住職差別発
言事件 490
栃木問題 490, 494
豊聡耳 214
虎 204, 205, 206
虎搏主杖 123, 208
虎に遭う話 28
虎はねの拄杖 208
虎歯根主杖 123
虎歯痕之拄杖 188, 190, 209
虎刎 205
虎刎主丈 204
虎刎拄杖 28, 132, 207, 208
虎刎ノ柱杖 208
虎羽 208
虎歯拄杖 28
虎跨之拄杖 208
遁世僧 68

な

亡き人のみたま 330
成る仏 492
那須の殺生石逸話 479
南無釈迦牟尼仏 492
内閣文庫 69, 78
内閣文庫蔵 →書名
長崎商人 427
長崎唐三ヶ寺 416
七百年遠忌 144
鍋島藩 428
南岳下系 370
南岳下系の伝戒 378
南山律 322
南宗系の禅 429
南都の戒壇 58
南都仏教界 322
南都律 396
南都六宗 51
南能北秀 455

に

二甘露門 424
二十九祖説 365
二十五善神 476
二十五方便 247
二十八祖説 365
二百五十戒 384, 481
二物重授 441
丹生託宣事 229
日本国人(外域人と対比) 124
日本達磨宗 19, 20, 25, 30, 36
99, 141, 169, 312
日本達磨衆徒 21
日本的霊性 337
日本天台円頓戒系 37, 391
日本天台円頓戒系(二種) 369
日本天台円頓戒壇 388
日本天台の円頓戒系 368
日本洞上之中興 447
日本の授戒制 50, 51
日本のミイラ信仰 486
尼師壇 123, 125, 167, 171
而今の自己 266
肉食十過 241
肉筆絵巻 145
二七回忌 334
入室 252
新田正嫡由良氏横瀬氏三家嘱
累流布 199
女身 317, 319
女身成仏 310, 314, 317, 318
485
女身不成仏 318
女人 310, 314, 315, 316, 317
318, 320
女人救済 472
女人禁制 315
女人結界 315
女人差別 315
女人成仏 310, 313, 317, 473
女人成仏論 310
女流〈ニョリュウ〉 314
西尾市立図書館岩瀬文庫 70
71 →岩瀬文庫
日蓮宗 484
入越下向 11
入寂の死因 349
入寂ノ相 16
入定留身事 230
入仏式 195
入滅 18 →入寂・示寂
饒益衆生戒〈ニョウヤクシュジョウ
カイ〉 380
入宋 7

入宋伝法沙門道元(七例)　359
入唐着岸事　227
如実知見　489
如浄語録到来　11
如浄参学　56
如浄禅師頂相　168, 171
如浄禅師の画像　171
如浄禅師の天童山への入院　155
如浄禅師よりの付授相承物　155
如浄頂相　142
如浄と相見した時期　253
如浄との相見時期　366
如浄ト初相見　9
如浄に得法　177
如浄ニ参学　9
如浄の花押　255
如浄の五体不如意　358
如浄の示寂　257
如浄の丈室(大光明蔵・妙高台)　358
如浄の入院　257
如浄の垂誡・遺嘱　62
如浄の退院上堂　358
如浄の天童山入院　98
如浄の天童山入院前　366
如浄の遺偈　364
如浄よりの伝戒　370
如来衣　306
如来寺の世代　138
如来寺の世代表　139
如来正法眼蔵　432, 433, 434
如来全身　304, 305, 306
如来蔵縁起の法門　281
如来之正法眼　458
如来之正法眼蔵　439, 458
人法　429, 441
仁治三年ノ動静　11
任首座　22

ね

涅槃会上堂　362
涅槃図　146
涅槃妙心　454
念阿弥陀仏四聖名号　337
念誦　123, 125, 166, 168, 332
拈華微笑　43, 455
拈華微笑話　33, 438

の

能登瑩山教団　233
能化師　152
能忍没後の達磨宗　25
能満虚空蔵求聞持法　225
曩祖の正眼　296

は

波多野一族邸宅　13
派和尚遺書至上堂　356
破戒　393
破邪顕正　298
拝閲嗣書　358
拝塔嗣法　440, 441, 443, 446
貝多羅葉　455
梅花の一枝　355
白山行事　164
白山切紙　162
白山権現と問答詠歌　219
白山参詣(白山詣)　150, 188, 190, 230
白山社　164
白山授戒　161
白山信仰　161, 162, 170, 231
白山石　150
白山に参詣　230
白蛇(白虵)　159
魄　330
八大人覚　15, 363
八幡社　189
八幡信仰　189
八敬法(八尊師法)　318
八斎戒　230, 390
廿日帰ノ参　163
法嗣　82, 96, 97, 111
鉢盂　→眼蔵鉢盂
鉢多羅　123, 125, 166, 167, 171
鉢多羅器　58
撥無因果　338
花園大学内の禅文化研究所資料室　78
花祭り　164
判憑式　47, 54

ひ

日帰リノ参ト　164
比叡山時代　321
比叡山の護法神　219
比叡山の鎮守・護法神　226
批憑式　47
肥後河尻南溟山観音寺本尊　9
非時食　241
非人引導　473
飛行の三鈷　231
飛錫　409
秘訣　437
秘鍵開題事　230
秘薬(神仙解毒万病円)　235
悲母の潔斎　28, 34
比丘戒(四分律)　46, 50, 58, 369, 384
比丘戒受得　58
比丘形　353
比丘具足戒　44, 46, 57
比丘尼　310, 313, 314, 315, 316, 318, 319
比丘法なし　353
毘盧蔵海　328
微疾　346, 348
必得作仏　478
苾蒭戒〈ビッシュカイ〉　181
→比丘戒
百歳なる老比丘尼　314
百丈の清規　392
百丈野狐話　333
百丈野狐話の公案　334
白衣神人〈白山妙理権現〉　228
白払(子)　166
白払子　123, 125, 167, 171
表信之符　442
謬紊乱統の弊跡　440
秉払〈ヒンポツ〉　24, 129
擯斥処分　494

ふ

不応食　241
不可逆性　340
不可親近国王大臣　66
不思議鐘声　15, 37

不思議鐘声事 218
不出此理 280
不染汚の修証 270, 273, 289
322
不曾染汚の行持 290
不落居 280
不離吉祥山示衆 14
不立文字教外別伝 432, 437
付授相承物 166, 167 →相承物
付法弟子 86, 91, 99
布薩 216, 217
布薩説戒 13, 43, 218, 221, 230
390
布薩説戒之時 39
扶宗会 488, 493
扶桑伽梨(衣) 132
扶桑七祖 127
芙蓉楷祖法衣 166, 167, 171
芙蓉伽梨并自讃頂相 123, 125
166
芙蓉衲信衣 166
芙蓉衲法衣 166
芙蓉衲法衣伝来 67, 110
芙蓉法衣 9, 167
附訓刻本 496
附法弟子日本国僧道元 255
普説入室 253, 254
風葬 336
風鈴頌 254
伏悪龍 227
袱紗 150
節談説教 143
藤原永平の妾 472
復古運動の挺身者 444
仏阿羅漢(大阿羅漢) 192, 262
263
仏家の調度 342
仏家臘次 110
仏戒者宗門大事 255
仏眼派下ノ嗣書 8
仏樹和尚忌 53, 334
仏行 261, 264, 304
仏袈裟 352
仏作仏行 265, 271, 304
仏子 38, 39, 350
仏嗣 350
仏嗣仏の嗣書 297
仏嗣仏の明証 354
仏舎利 225
仏舎利信仰 226
仏舎利塔建立 161
仏十号の一(応供) 263
仏性戒 401, 481, 484
仏性海 328
仏照禅師嗣書 88
仏成道会(臘八)の法会 361
仏心印 278, 285, 372
仏心印ノ之正宗 109
仏心宗 464
仏祖 263, 265, 350, 365
仏祖一面、師資一体 442, 447
仏祖恵命(仏祖慧命) 434, 435
436, 439, 462, 466
仏祖正伝 400
仏祖正伝の宗旨 393
仏祖正伝の仏戒 67, 400
仏祖正伝ノ戒法 111
仏祖正伝菩薩戒(大乗菩薩戒、
仏戒) 155, 358, 366, 384
394, 399, 400
仏祖正伝菩薩戒儀付授 255
仏祖正伝菩薩戒と十六条戒 54
仏祖正伝菩薩戒の授受 20
仏祖正伝菩薩戒法 22
仏祖正伝菩薩戒脈 66, 131, 382
仏祖正伝菩薩戒脈付属 132
仏祖正伝菩薩戒を受く 390
仏祖正伝菩薩大戒(十六条戒)
474
仏祖真面授 437
仏祖崇敬 32
仏祖大道 361
仏祖単伝の妙道 296
仏祖嫡嫡の道 355
仏祖の修証 298
仏祖の正眼 296
仏祖の大道 298
仏祖の飯椀 307
仏祖の法訓 361
仏祖之恵命(仏祖之慧命) 437
465
仏祖礼拝 255
仏弟子 350, 352, 353, 364
仏道 350 →眼蔵仏道
仏道極妙の法則 314
仏道の古儀 314
仏鉢盂 297
仏鉢盂は仏鉢盂なり 307
仏仏正伝 400
仏仏祖祖 350, 351
仏仏祖祖嗣法之嗣書 359
仏仏祖祖正伝 400
仏仏祖祖嫡嫡正伝 400
仏仏祖祖の正伝の仏法 306
仏仏相伝の道 355
仏法界の疲弊堕落 422
仏法僧之実帰 64
仏法之実帰 81
粉飾的記事 44, 186, 191
文語調絵詞 149

へ

平素不著彩衣 74
碧岩集一部百則之公案 160
碧岩集善本 →書名
碧巌集(碧岩集)書写 9, 35, 124
碧巌集書写に助筆 29
別受菩薩戒 398
別授法 371
蛇 220, 231, 468, 469
蛇(巨蛇・毒蛇) 471
片束(入室申請状) 253
変 143, 148
変成男子 124, 317, 318, 469,
472
変相 143, 148
変相(図) 146
変文 143, 148
弁道話十八問答 21 →十八問答

ほ

ホトケ 484
ホトケオロシ 484
菩薩戒 6, 10, 11, 46, 50, 175
333, 372, 374, 375, 377, 379
390, 393, 396, 400, 482
菩薩戒(円頓戒) 395
菩薩戒〔血脈〕 468

菩薩戒(梵網戒) 369, 398
菩薩戒関係の儀軌 387
菩薩戒血脈 124, 383
菩薩戒血脈授与 188
菩薩戒作法 502
菩薩戒授受の話 379
菩薩戒授与 469
菩薩戒重受 393, 398
菩薩戒の授受 21
菩薩戒の臘 58
菩薩戒本 →書名
菩薩戒脈 125, 390, 397
菩薩戒文 401
菩薩戒臘 58
菩薩金剛宝戒 375
菩薩沙弥 58
菩薩大戒布薩 124
菩薩単受戒 384
菩薩律儀 396
奉勅 55
宝慶元年説 253
宝慶元年の条 379
宝慶記と弁道の用心 248
宝慶記の身心脱落考 248
宝治元年ノ動静 13
宝治三年ノ動静 14
法王長老ノ御事 138
法眼下ノ嗣書 8
法師 120, 376
法師・僧侶の破戒・犯戒 376
法孫比丘永平二十世建撕記之 137
法孫比丘建撕記之 137
法と政治 55
法脈乱統の弊 446
法要三十余箇条 12
疱瘡神 470
疱瘡神逸話 473
訪独庵禅師之寓居 422
報恩 332
亡魂 471
亡僧 332, 333, 334
亡霊 469, 471
亡霊救済逸話 470
亡霊授戒 218, 469, 470
亡霊授戒型 471
亡霊授戒型血脈度霊 469
亡霊度霊 231
北越移錫の真相 19
北越下向 20
北越入山 11
北陸越前の移錫 316
星井〈ホシノイ〉 470
払子〈ホッス〉 166, 167, 204, 361
法華宗 322
法華八講 228
法身観の発達 301
法相 111, 182
発菩提心 322, 339
発無上心 322
没後作僧 332, 334, 338
没後授戒 478
没後の成仏祈願 376
仏の御いのち 345, 346
本我 330
本覚 271, 330
本覚思想 35, 323
本源戒珠 482
本孝 334
本地垂迹 189
本地垂迹説 161, 228, 229
本寺開山道元和尚行状之記終 140
本師 53, 303, 304, 350, 351, 362, 363 →正師(如浄)
本性 330
本証上の風光 265
本証妙修 35, 36, 264, 266, 270, 280, 283, 493
本証妙修の宗旨 271
本証妙修の説示 273
本尊論 491, 492
本体 330
本来本法性 44, 68, 276
本来本法性　天然自性身 105, 179, 278, 282
本来本法性　天然自然身 80, 100, 227, 277, 279, 282, 285
本来本法性疑団 3, 35, 271
本来本法性疑団の解明 35
本来本法身　天然自性身 80, 100, 277, 279
本来本法ノ性ト、天然自性身 109
翻刻本 499, 501, 502
犯戒 392
梵釈常什 502
梵網戒 384, 481, 482, 483, 484
梵網経所説の菩薩戒 370
梵網菩薩戒 322

ま

末那識 269
摩頂 197
磨甎作鏡(莫図作仏)話 289
牧太宰小貳権卒 176
莫近国王大臣 243
莫図作仏 284
万病円 235, 237 →解毒円
万病符三種 229
万法上の自己 267
万法の自己 266
卍山側の人法 441

み

みいづ 330
みたま 330
ミュートス 191
三井寺の鐘 210
未悟嗣法 442
未悟嗣法の問題 443
未出外道之坑 323
弥陀三尊 229
弥勒尊仏ノ仏心 464
通忠説 174
通親説 178
通親之季子 174
通具説 178
密付(密授) 141
密付説 137
源実朝の入宋企図 17
妙法蓮華経庵 364
妙法蓮華経庵ノ真跡 16
明星入口事 227
明全戒牒 50, 58
明全戒牒奥書 49
明全所伝の戒脈 24
明全像 6

明全と道元の師資関係 372
明全ニ参随 6
明全ニ師事 7
明全よりの伝戒 370
民間信仰 476, 478

む

夢告 224, 227, 229, 338, 356
夢想 229, 355
無為道 311
無為に入る 332
無窮会図書館織田文庫 69
無際の嗣書 253
無際了派と相見 98
無始本有之如来 280
無師自悟、天然外道 435, 436
447, 453, 456, 461, 462, 463
465
無師独悟説 258
無所得・無所悟 284
無所得・無所悟の坐禅 289
無勝幢 218
無常偈 332
無常迅速、生死事大 110
無尽燈銘 173
無本覚心の度牒と戒牒 57

め

命数 330
明敏篤学事 225
明峰派 445
免罪符 478, 479
面印 437, 465
面山嗣書 256
面授 155, 356, 357, 361
面授嗣法 137, 403, 437
面授嗣法・一師印証 405
面授時脱落 258, 356
面授時脱落説 255, 357, 366
面授時脱落話 254
面授正伝の嗣法 437
面授即身心脱落説 255
面稟親承 463, 464
面稟付嘱(属) 433, 458

も

亡者回向 332, 337
亡者廻向 336
妄尽還源 325
猛虎ヲ退ク 8
木主 336
木像十六尊者 40
黙照禅 300
文字童子 124
文殊童子 124
門人 53, 115, 117
門人集記 115, 117
門人道元記 53
聞持受法事 225

や

やまがつ 190
やましづ 190
野帰参 163
野狐精 334
野狐精の変怪 333
焼津市岸沢文庫 253
疫病神 220
疫病神済度 221
疫病神を済度 231
訳註羅漢講式の構成 196
薬山高沙弥の話 68
八耳 214
山賤〈ヤマガツ〉 190 →山窩
山城深草に閑居 20
山姥 476

ゆ

瑜伽戒 388
唯識 321
唯仏与仏 255, 261, 266, 359
唯面授面受、受面授面 361
遺偈 16, 113, 232, 346, 364
友山士偲の度牒 57
幽霊の片袖 473
幽霊の片袖伝説 472
夢占い 338

よ

幼稚遊戯事 224, 225
永光寺開創にまつわる霊夢 231
妖怪(亡霊) 468
葉上流 375
楊岐下ノ嗣書 8
楊岐派 457
楊枝 322
養母堂 90
横関文庫 →書名
浴仏(降誕)会上堂 362
吉野紙 500

ら

羅漢団扇 200
羅漢団扇骨 200
羅漢が降臨した松(羅漢松) 125
羅漢観 192
羅漢供 193, 194
羅漢供会 124, 125
羅漢供祭文 194, 195
羅漢供式 195
羅漢供法会 200
羅漢供養 188, 192, 220, 231
羅漢供養講式文(草稿)の構成
196
羅漢供養式 194
羅漢供養式作法 195
羅漢供養式作法奥書 37
羅漢供養式の祭文 200
羅漢供養堂荘厳座位 194
羅漢供養法会 37, 40, 218, 469
羅漢現瑞 197, 221
羅漢現瑞逸話 193
羅漢現瑞地 226
羅漢現瑞の記事 196
羅漢降臨 188
羅漢講式 195, 197
羅漢講式(羅漢供養式)関係の
撰述例 195, 196
羅漢講式の構成 196
羅漢講式の式文 200
羅漢講式の内容構成 196
羅漢講式の法要 198
羅漢松 193, 220
羅漢信仰 198, 200, 202
羅漢(十六羅漢・五百羅漢)信
仰の盛況 198

羅漢信仰の進展　218
羅漢像　202
羅漢の応現　8, 193, 197
羅漢の応験利益　197
落語　143
濫嗣問題　402
蘭渓示寂年　14
蘭渓伝史料　14
蘭渓道隆撰羅漢講式の構成　196
蘭渓ヘノ返状　14

り

李龍眠様　194
李龍眠(公麟)様式　194, 198
理事相即の法界　269
理事論　440
理法(道理)の立場　336
理本位(内容主義)　441
理本位と事本位　442
立教宣言　284
律　321
律院　456
留学生　45
竜宮　210
竜宮伝説　210
竜宮伝説の信仰　208
竜蛇　210, 476
竜天信仰　165
竜女成仏　469
龍　205
龍華院阿闍梨　184
龍華院初阿闍梨　183
龍虎相搏　207
龍神　217, 471
龍神伝承・竜宮伝説　210
龍天　165
龍頭　206
龍女　317
龍女成仏　314, 317, 318
了然開悟　458
両界(両部)曼荼羅　145
両祖倚座像　144
良顕法眼之室　376
霊山院聞霊鐘　147
霊山会上　33, 351, 454
霊山付嘱　33
霊山付法　33
霊山付法話　33
輪廻　336
臨済宗　300, 457
臨済宗黄龍之十世　227, 232
臨済宗黄龍派系菩薩戒　375
臨済宗系黄檗禅者　416
臨済宗大慧派　286
臨済宗妙心寺派　75
臨済禅黄龍派　373
臨済の喝　413
臨済の四料揀　132
臨済之宗風(臨済ノ之宗風)　64
81, 109, 179, 277, 372
臨終授戒　333
臨終出家　333
臨終前夜の授戒　333
霊隠(武林)山の霊鷲山王　160

る

瑠璃聖宝閣　172
盧舎那仏大智海　328

れ

令嗣　350
冷暖自知　285
冷煖自知　271, 280, 281
霊　330
霊験　335, 477, 478
霊魂　330, 331, 332, 335, 336
霊魂観　336
霊鐘伝説　210
霊瑞　39, 40, 41, 211, 224, 233
霊性　323, 330, 331, 332, 337
霊知　323, 330, 331, 332
霊夢　106, 231, 258, 335, 356
霊夢(夢告)関連話　231
列黄竜之十世　373
列新戒位　80
蓮華蔵荘厳世界海　328

ろ

ロゴス　191
老虎　204
老師　98, 120, 365
老宿　365
老叟　365
老璡、如浄への参随　98
六牙の白象　213
六祖恵能の真身(ミイラ像)信仰　221
六祖恵能念珠　123, 125, 166
167, 168, 171
六祖大鑑念誦六字　123, 125
166, 168
六祖塔主　86, 112 →令瑫
六祖念珠　171
六祖普賢　169
六祖普賢舎利　169
六祖霊牙　169
六祖霊牙小塔　171
六即　482
六即成仏　485
六代ノ伝衣　456
六念　47, 50, 51, 52, 54, 55, 401
臘月除夜秉払の記事　24
臘月仏上堂日　166
臘次(臈次)　45, 81, 110
臘八(成道)会上堂　254, 362

わ

我が如来　350
我が本師釈迦牟尼仏大和尚
350, 351, 362, 363
我釈迦老子　351
和敬会　493
和国の教主　212, 221
和文台本(高祖行跡図)　150
和様式　194
倭椹　59, 243, 249, 286
若狭小浜藩　424, 425, 426

を

ヲモト(御許)人　237

【編著者紹介】
吉田道興（よしだ　みちおき）
1942(昭17)年、東京に生まれる。
北海道芦別市禅法寺元住職。
駒澤大学仏教学部卒業、同大学院博士課程満期退学。
愛知学院大学名誉教授。

道元禅師の伝記と思想研究の軌跡

2018年７月10日　第１刷発行

編著＝吉 田 道 興 ©

発行＝株式会社 あるむ
〒460-0012 名古屋市中区千代田3-1-12　第三記念橋ビル
Tel. 052-332-0861　Fax. 052-332-0862
http://www.arm-p.co.jp　E-mail: arm@a.email.ne.jp

印刷＝興和印刷　製本＝渋谷文泉閣

ISBN978-4-86333-130-3　C3015